Akten zur Auswärtigen Politik der Bundesrepublik Deutschland

1970

Band I: 1. Januar bis 30. April 1970

Wissenschaftlicher Leiter
Rainer A. Blasius

Bearbeiter
Ilse Dorothee Pautsch, Daniela Taschler,
Franz Eibl, Frank Heinlein,
Mechthild Lindemann und Matthias Peter

R. Oldenbourg Verlag München 2001

Die Deutsche Bibliothek – CIP-Einheitsaufnahme

Akten zur auswärtigen Politik der Bundesrepublik Deutschland /
hrsg. im Auftr. des Auswärtigen Amts vom Institut für
Zeitgeschichte. – München : Oldenbourg

1970.
1. Januar bis 30. April 1970. – 2001
ISBN 3-486-56498-6

© 2001 Oldenbourg Wissenschaftsverlag GmbH, München
Rosenheimer Straße 145, D-81671 München
Internet: http://www.oldenbourg-verlag.de

Das Werk einschließlich aller Abbildungen ist urheberrechtlich geschützt. Jede Verwertung außerhalb der Grenzen des Urheberrechtsgesetzes ist ohne Zustimmung des Verlages unzulässig und strafbar. Dies gilt insbesondere für Vervielfältigungen, Übersetzungen, Mikroverfilmungen und die Einspeicherung und Bearbeitung in elektronischen Systemen.

Umschlaggestaltung: Dieter Vollendorf
Gedruckt auf säurefreiem, alterungsbeständigem Papier (chlorfrei gebleicht).

Gesamtherstellung: R. Oldenbourg Graphische Betriebe Druckerei GmbH, München

ISBN 3-486-56498-6

Akten zur Auswärtigen Politik der Bundesrepublik Deutschland

Herausgegeben im Auftrag des Auswärtigen Amts
vom Institut für Zeitgeschichte

Hauptherausgeber
Hans-Peter Schwarz

Mitherausgeber
Helga Haftendorn, Klaus Hildebrand,
Werner Link, Horst Möller und Rudolf Morsey

R. Oldenbourg Verlag München 2001

Inhalt

Vorwort	VII
Vorbemerkungen zur Edition	VIII
Verzeichnisse	XV
Dokumentenverzeichnis	XVII
Literaturverzeichnis	XCV
Abkürzungsverzeichnis	CIII
Dokumente	1
Band I (Dokumente 1–193)	3
Band II (Dokumente 194–412)	703
Band III (Dokumente 413–622)	1555
Register	2359
Personenregister	2359
Sachregister	2421

Anhang: Organisationsplan des Auswärtigen Amts vom Juli 1970

Vorwort

Mit den Jahresbänden 1970 wird zum achten Mal eine Sammlung von Dokumenten aus dem Politischen Archiv des Auswärtigen Amts unmittelbar nach Ablauf der 30jährigen Aktensperrfrist veröffentlicht.

Das Erscheinen der vorliegenden Bände gibt Anlaß, allen an dem Werk Beteiligten zu danken. So gilt mein verbindlichster Dank dem Auswärtigen Amt, insbesondere dem Politischen Archiv sowie den Damen und Herren in den Referaten, die beim Deklassifizierungsverfahren zur Offenlegung der Dokumente beigetragen haben. In gleicher Weise zu danken ist dem Bundeskanzleramt für die Erlaubnis, unverzichtbare Dolmetscheraufzeichnungen einbeziehen zu können. Desgleichen danke ich für die Genehmigung zum Abdruck wichtiger und die amtliche Überlieferung ergänzender Schriftstücke Herrn Bundespräsident a. D. Dr. Walter Scheel, dem Willy-Brandt-Archiv in Bonn (Nachlaß des Bundesministers des Auswärtigen bis Oktober 1969 und ehemaligen Bundeskanzlers Willy Brandt) und Herrn Bundesminister a. D. Professor Egon Bahr („Depositum Bahr" im Archiv der sozialen Demokratie der Friedrich-Ebert-Stiftung in Bonn).

Besonderer Dank gebührt ferner den Kollegen im Herausgebergremium, die sich ihrer viel Zeit in Anspruch nehmenden Aufgabe in bewährter Kollegialität gewidmet haben. Ferner sei die tadellose Zusammenarbeit mit den zuständigen Persönlichkeiten und Gremien des Instituts für Zeitgeschichte dankbar hervorgehoben. Gedankt sei auch dem präzise arbeitenden Verlag R. Oldenbourg.

Unter den in der Titelei genannten Bearbeitern ist der Anteil von Frau Dr. Ilse Dorothee Pautsch und Frau Dr. Daniela Taschler am Gelingen der Bände besonders groß. Die Vorarbeit und die Dokumentensammlung lagen weitgehend in ihren Händen. Frau Dr. Pautsch war anschließend mit der Kommentierung der Monate Januar und Juli befaßt. Frau Dr. Taschler war für die Bearbeitung der Monate Februar und März sowie für das Personenregister zuständig, Herr Dr. Franz Eibl für die Monate Mai und November sowie für das Sachregister, Herr Dr. Frank Heinlein für die Monate April und Oktober, Frau Dr. Mechthild Lindemann für die Monate Juli und Dezember und Herr Dr. Matthias Peter für die Monate August und September. Ihnen allen, insbesondere aber auch Herrn Dr. Rainer A. Blasius, der bei diesen Jahresbänden für die Edition der „Akten zur Auswärtigen Politik der Bundesrepublik Deutschland" zum letzten Male die wissenschaftliche Leitung inne hatte, sei für die erbrachte Leistung besonders gedankt. Beim Ausscheiden von Herrn Dr. Blasius ist es mir ein besonderes Anliegen, ihm für seine zehnjährige, unermüdliche und so erfolgreiche Tätigkeit den nachdrücklichsten Dank auszusprechen. Die Edition verdankt ihm Entscheidendes.

Ebenso haben wesentlich zur pünktlichen Fertigstellung der Edition Herr Dr. Wolfgang Hölscher durch die kompetente Beratung bei der Herstellung des Umbruchs und Herr Helmar Winkel M.A. durch vielfältige technische Unterstützung beim Deklassifizierungsverfahren der Dokumente beigetragen.

Berlin, den 1. September 2000   Hans-Peter Schwarz

Vorbemerkungen zur Edition

Die „Akten zur Auswärtigen Politik der Bundesrepublik Deutschland 1970" (Kurztitel: AAPD 1970) umfassen drei Bände, die durchgängig paginiert sind. Den abgedruckten Dokumenten gehen im Band I neben Vorwort und Vorbemerkungen ein Dokumentenverzeichnis, ein Literaturverzeichnis sowie ein Abkürzungsverzeichnis voran. Am Ende von Band III finden sich ein Personen- und ein Sachregister sowie ein Organisationsplan des Auswärtigen Amts vom Juli 1970.

Dokumentenauswahl

Grundlage für die Fondsedition der „Akten zur Auswärtigen Politik der Bundesrepublik Deutschland 1970" sind die Bestände des Politischen Archivs des Auswärtigen Amts (PA/AA). Schriftstücke aus anderen Bundesministerien, die in die Akten des Auswärtigen Amts Eingang gefunden haben, wurden zur Kommentierung herangezogen. Verschlußsachen dieser Ressorts blieben unberücksichtigt. Dagegen haben die im Auswärtigen Amt vorhandenen Aufzeichnungen über Gespräche des Bundeskanzlers mit ausländischen Staatsmännern und Diplomaten weitgehend Aufnahme gefunden. Als notwendige Ergänzung dienten die im Bundeskanzleramt überlieferten Gesprächsaufzeichnungen. Um die amtliche Überlieferung zu vervollständigen, wurden zusätzlich der Nachlaß des ehemaligen Bundeskanzlers Willy Brandt (Willy-Brandt-Archiv), die Papiere im Privatbesitz des ehemaligen Bundesministers des Auswärtigen, Walter Scheel, sowie das Depositum des damaligen Staatssekretärs im Bundeskanzleramt, Egon Bahr, im Archiv der sozialen Demokratie der Friedrich-Ebert-Stiftung ausgewertet.

Entsprechend ihrer Herkunft belegen die edierten Dokumente in erster Linie die außenpolitischen Aktivitäten des Bundesministers des Auswärtigen. Sie veranschaulichen aber auch die Außenpolitik des jeweiligen Bundeskanzlers. Die Rolle anderer Akteure, insbesondere im parlamentarischen und parteipolitischen Bereich, wird beispielhaft dokumentiert, sofern eine Wechselbeziehung zum Auswärtigen Amt gegeben war.

Die ausgewählten Dokumente sind nicht zuletzt deshalb für ein historisches Verständnis der Außenpolitik der Bundesrepublik Deutschland von Bedeutung, weil ausschließlich Schriftstücke veröffentlicht werden, die bisher der Forschung unzugänglich und größtenteils als Verschlußsachen der Geheimhaltung unterworfen waren. Dank einer entsprechenden Ermächtigung wurden den Bearbeitern die VS-Bestände des PA/AA ohne Einschränkung zugänglich gemacht und Anträge auf Herabstufung und Offenlegung von Schriftstücken beim Auswärtigen Amt ermöglicht. Das Bundeskanzleramt war zuständig für die Deklassifizierung von Verschlußsachen aus den eigenen Beständen. Kopien der offengelegten Schriftstücke, deren Zahl diejenige der in den AAPD 1970 edierten Dokumente weit übersteigt, werden im PA/AA zugänglich gemacht (Bestand B 150).

Nur eine äußerst geringe Zahl der für die Edition vorgesehenen Aktenstücke wurde nicht zur Veröffentlichung freigegeben. Hierbei handelt es sich vor allem um Dokumente, in denen personenbezogene Vorgänge im Vordergrund stehen oder die auch heute noch sicherheitsrelevante Angaben enthalten. Von einer Deklassifizierung ausgenommen war Schriftgut ausländischer Herkunft bzw. aus dem Bereich mulilateraler oder internationaler Organisationen wie etwa der NATO. Unberücksichtigt blieb ebenfalls nachrichtendienstliches Material.

Dokumentenfolge

Die 622 edierten Dokumente sind in chronologischer Folge geordnet und mit laufenden Nummern versehen. Bei differierenden Datumsangaben auf einem Schriftstück, z. B. im Falle abweichender maschinenschriftlicher und handschriftlicher Datierung, ist in der Regel das früheste Datum maßgebend. Mehrere Dokumente mit demselben Datum sind, soweit möglich, nach der Uhrzeit eingeordnet. Erfolgt eine Datierung lediglich aufgrund sekundärer Hinweise (z. B. aus Begleitschreiben, beigefügten Vermerken usw.), wird dies in einer Anmerkung ausgewiesen. Bei Aufzeichnungen über Gespräche ist das Datum des dokumentierten Vorgangs ausschlaggebend, nicht der meist spätere Zeitpunkt der Niederschrift.

Dokumentenkopf

Jedes Dokument beginnt mit einem halbfett gedruckten Dokumentenkopf, in dem wesentliche formale Angaben zusammengefaßt werden. Auf Dokumentennummer und Dokumentenüberschrift folgen in kleinerer Drucktype ergänzende Angaben, so rechts außen das Datum. Links außen wird, sofern vorhanden, das Geschäftszeichen des edierten Schriftstücks einschließlich des Geheimhaltungsgrads (zum Zeitpunkt der Entstehung) wiedergegeben. Das Geschäftszeichen, das Rückschlüsse auf den Geschäftsgang zuläßt und die Ermittlung zugehörigen Aktenmaterials ermöglicht, besteht in der Regel aus der Kurzbezeichnung der ausfertigenden Arbeitseinheit sowie aus weiteren Elementen wie dem inhaltlich definierten Aktenzeichen, der Tagebuchnummer einschließlich verkürzter Jahresangabe und gegebenenfalls dem Geheimhaltungsgrad. Dokumentennummer, verkürzte Überschrift und Datum finden sich auch im Kolumnentitel über dem Dokument.

Den Angaben im Dokumentenkopf läßt sich die Art des jeweiligen Dokuments entnehmen. Aufzeichnungen sind eine in der Edition besonders häufig vertretende Dokumentengruppe. Der Verfasser wird jeweils in der Überschrift benannt, auch dann, wenn er sich nur indirekt erschließen läßt. Letzteres wird in einer Anmerkung vermerkt. Läßt sich ein solcher weder mittelbar noch unmittelbar nachweisen, wird die ausfertigende Arbeitseinheit (Abteilung, Referat oder Delegation) angegeben.

Eine weitere Gruppe von Dokumenten bildet der Schriftverkehr zwischen der Zentrale in Bonn und den Auslandsvertretungen. Diese erhielten ihre Informationen und Weisungen in der Regel mittels Drahterlaß, der fernschriftlich oder per Funk übermittelt wurde. Auch bei dieser Dokumentengruppe wird in der Überschrift der Verfasser genannt, ein Empfänger dagegen nur, wenn der Drahterlaß an eine einzelne Auslandsvertretung bzw. deren Leiter gerichtet war. Anderenfalls werden die Adressaten in einer Anmerkung aufgeführt. Bei Runderlassen an sehr viele oder an alle diplomatischen Vertretungen wird der Empfängerkreis nicht näher spezifiziert, um die Anmerkungen nicht zu überfrachten. Ebenso sind diejenigen Auslandsvertretungen nicht eigens aufgeführt, die nur nachrichtlich von einem Erlaß in Kenntnis gesetzt wurden. Ergänzend zum Geschäftszeichen wird im unteren Teil des Dokumentenkopfes links die Nummer des Drahterlasses sowie der Grad der Dringlichkeit angegeben. Rechts davon befindet sich das Datum und – sofern zu ermitteln – die Uhrzeit der Aufgabe. Ein Ausstellungsdatum wird nur dann angegeben, wenn es vom Datum der Aufgabe abweicht.

Der Dokumentenkopf bei einem im Auswärtigen Amt eingehenden Drahtbericht ist in Analogie zum Drahterlaß gestaltet. Als Geschäftszeichen der VS-Drahtberichte dient die Angabe der Chiffrier- und Fernmeldestelle des Auswärtigen Amts (Referat Z B 6). Ferner wird außer Datum und Uhrzeit der Aufgabe auch der Zeitpunkt der Ankunft festgehalten, jeweils in Ortszeit.

In weniger dringenden Fällen verzichteten die Botschaften auf eine fernschriftliche Übermittlung und zogen die Form des mit Kurier übermittelten Schriftberichts vor. Beim Abdruck solcher Stücke werden im Dokumentenkopf neben der Überschrift mit Absender und Empfänger das Geschäftszeichen und das Datum genannt. Eine Sonderform des Schriftberichts stellt das sogenannte Privatdienstschreiben dar, mit dem außerhalb des offiziellen Geschäftsgangs zu einem Sachverhalt Stellung bezogen werden kann; darauf wird in einer Anmerkung aufmerksam gemacht.

Neben dem Schriftwechsel zwischen der Zentrale und den Auslandsvertretungen gibt es andere Schreiben, erkennbar jeweils an der Nennung von Absender und Empfänger. Zu dieser Gruppe zählen etwa Schreiben der Bundesregierung, vertreten durch den Bundeskanzler oder den Bundesminister des Auswärtigen, an ausländische Regierungen, desgleichen auch Korrespondenz des Auswärtigen Amts mit anderen Ressorts oder mit Bundestagsabgeordneten.

Breiten Raum nehmen insbesondere von Dolmetschern gefertigte Niederschriften über Gespräche ein. Sie werden als solche in der Überschrift gekennzeichnet und chronologisch nach dem Gesprächsdatum eingeordnet, während Verfasser und Datum der Niederschrift – sofern ermittelbar – in einer Anmerkung ausgewiesen sind.

Die wenigen Dokumente, die sich keiner der beschriebenen Gruppen zuordnen lassen, sind aufgrund individueller Überschriften zu identifizieren.

Die Überschrift bei allen Dokumenten enthält die notwendigen Angaben zum Ausstellungs-, Absende- oder Empfangsort bzw. zum Ort des Gesprächs. Erfolgt keine besondere Ortsangabe, ist stillschweigend Bonn zu ergänzen. Hält sich der Verfasser oder Absender eines Dokuments nicht an seinem Dienstort auf, wird der Ortsangabe ein „z. Z." vorangesetzt.

Bei den edierten Schriftstücken handelt es sich in der Regel jeweils um die erste Ausfertigung oder – wie etwa bei den Drahtberichten – um eines von mehreren gleichrangig nebeneinander zirkulierenden Exemplaren. Statt einer Erstausfertigung mußten gelegentlich ein Durchdruck, eine Abschrift, eine Ablichtung oder ein vervielfältigtes Exemplar (Matrizenabzug) herangezogen werden.

Ein entsprechender Hinweis findet sich in einer Anmerkung. In wenigen Fällen sind Entwürfe abgedruckt und entsprechend in den Überschriften kenntlich gemacht.

Dokumententext

Unterhalb des Dokumentenkopfes folgt – in normaler Drucktype – der Text des jeweiligen Dokuments, einschließlich des Betreffs, der Anrede und der Unterschrift. Die Dokumente werden ungekürzt veröffentlicht. Sofern in Ausnahmefällen Auslassungen vorgenommen werden müssen, ist dies kenntlich gemacht und in einer Anmerkung erläutert. Textergänzungen der Bearbeiter stehen in eckigen Klammern.

Offensichtliche Schreib- und Interpunktionsfehler werden stillschweigend korrigiert. Eigentümliche Schreibweisen bleiben nach Möglichkeit erhalten; im Bedarfsfall wird jedoch vereinheitlicht bzw. modernisiert. Dies trifft teilweise auch auf fremdsprachige Orts- und Personennamen zu, deren Schreibweise nach den im Auswärtigen Amt gebräuchlichen Regeln wiedergegeben wird.

Selten vorkommende und ungebräuchliche Abkürzungen werden in einer Anmerkung aufgelöst. Typische Abkürzungen von Institutionen, Parteien etc. werden allerdings übernommen. Hervorhebungen in der Textvorlage, also etwa maschinenschriftliche Unterstreichungen oder Sperrungen, werden nur in Ausnahmefällen wiedergegeben. Der Kursivdruck dient dazu, bei Gesprächsaufzeichnungen die Sprecher voneinander abzuheben. Im äußeren Aufbau (Absätze, Überschriften usw.) folgt das Druckbild nach Möglichkeit der Textvorlage.

Unterschriftsformeln werden vollständig wiedergegeben. Ein handschriftlicher Namenszug ist nicht besonders gekennzeichnet, eine Paraphe mit Unterschriftscharakter wird aufgelöst (mit Nachweis in einer Anmerkung). Findet sich auf einem Schriftstück der Name zusätzlich maschinenschriftlich vermerkt, bleibt dies unerwähnt. Ein maschinenschriftlicher Name, dem ein „gez." vorangestellt ist, wird entsprechend übernommen; fehlt in der Textvorlage der Zusatz „gez.", wird er in eckigen Klammern ergänzt. Weicht das Datum der Paraphe vom Datum des Schriftstückes ab, wird dies in der Anmerkung ausgewiesen.

Unter dem Dokumententext wird die jeweilige Fundstelle des Schriftstückes in halbfetter Schrifttype nachgewiesen. Bei Dokumenten aus dem PA/AA wird auf die Angabe des Archivs verzichtet und nur der jeweilige Bestand mit Bandnummer genannt. Dokumente aus VS-Beständen sind mit der Angabe „VS-Bd." versehen. Bei Dokumenten anderer Herkunft werden Archiv und Bestandsbezeichnung angegeben. Liegt ausnahmsweise ein Schriftstück bereits veröffentlicht vor, so wird dies in einer gesonderten Anmerkung nach der Angabe der Fundstelle ausgewiesen.

Kommentierung

In Ergänzung zum Dokumentenkopf enthalten die Anmerkungen formale Hinweise und geben Auskunft über wesentliche Stationen im Geschäftsgang. Angaben technischer Art, wie Registraturvermerke oder standardisierte Verteiler, werden nur bei besonderer Bedeutung erfaßt. Wesentlich ist dagegen die Frage, welche Beachtung das jeweils edierte Dokument gefunden hat. Dies läßt sich an den Paraphen maßgeblicher Akteure sowie an den – überwiegend handschriftlichen – Weisungen, Bemerkungen oder auch Reaktionen in Form von Frage- oder Ausrufungszeichen ablesen, die auf dem Schriftstück selbst oder auf Begleitschreiben und Begleitvermerken zu finden sind. Die diesbezüglichen Merkmale sowie damit in Verbindung stehende Hervorhebungen (Unterstreichungen oder Anstreichungen am Rand) werden in Anmerkungen nachgewiesen. Auf den Nachweis sonstiger An- oder Unterstreichungen wird verzichtet. Abkürzungen in handschriftlichen Passagen werden in eckigen Klammern aufgelöst, sofern sie nicht im Abkürzungsverzeichnis aufgeführt sind.

In den im engeren Sinn textkritischen Anmerkungen werden nachträgliche Korrekturen oder textliche Änderungen des Verfassers und einzelner Adressaten festgehalten, sofern ein Konzipient das Schriftstück entworfen hat. Unwesentliche Textverbesserungen sind hiervon ausgenommen. Ferner wird auf einen systematischen Vergleich der Dokumente mit Entwürfen ebenso verzichtet wie auf den Nachweis der in der Praxis üblichen Einarbeitung von Textpassagen in eine spätere Aufzeichnung oder einen Drahterlaß.

Die Kommentierung soll den historischen Zusammenhang der edierten Dokumente in ihrer zeitlichen und inhaltlichen Abfolge sichtbar machen, weiteres Aktenmaterial und anderweitiges Schriftgut nachweisen, das unmittelbar oder mittelbar angesprochen wird, sowie Ereignisse oder Sachverhalte näher erläutern, die dem heutigen Wissens- und Erfahrungshorizont ferner liegen und aus dem Textzusammenhang heraus nicht oder nicht hinlänglich zu verstehen sind.

Besonderer Wert wird bei der Kommentierung darauf gelegt, die Dokumente durch Bezugsstücke aus den Akten der verschiedenen Arbeitseinheiten des Auswärtigen Amts bis hin zur Leitungsebene zu erläutern. Zitate oder inhaltliche Wiedergaben sollen die Entscheidungsprozesse erhellen und zum Verständnis der Dokumente beitragen. Dadurch wird zugleich Vorarbeit geleistet für eine vertiefende Erschließung der Bestände des PA/AA. Um die Identifizierung von Drahtberichten bzw. -erlassen zu erleichtern, werden außer dem Verfasser und dem Datum die Drahtberichtsnummer und, wo immer möglich, die Drahterlaßnummer angegeben.

Findet in einem Dokument veröffentlichtes Schriftgut Erwähnung – etwa Abkommen, Gesetze, Reden oder Presseberichte –, so wird die Fundstelle nach Möglichkeit genauer spezifiziert. Systematische Hinweise auf archivalische oder veröffentlichte Quellen, insbesondere auf weitere Bestände des PA/AA, erfolgen nicht. Sekundärliteratur wird generell nicht in die Kommentierung aufgenommen.

Angaben wie Dienstbezeichnung, Dienststellung, Funktion, Dienstbehörde und Nationalität dienen der eindeutigen Identifizierung der in der Kommentierung vorkommenden Personen. Bei Bundesministern erfolgt ein Hinweis zum jeweiligen Ressort nur im Personenregister. Eine im Dokumententext lediglich mit ihrer Funktion genannte Person wird nach Möglichkeit in einer Anmerkung namentlich nachgewiesen. Davon ausgenommen sind der jeweilige Bundespräsident, Bundeskanzler und Bundesminister des Auswärtigen.

Die Bezeichnung einzelner Staaten wird so gewählt, daß Verwechslungen ausgeschlossen sind. Als Kurzform für die Deutsche Demokratische Republik kommen in den Dokumenten die Begriffe SBZ oder DDR vor und werden so wiedergegeben. Der in der Forschung üblichen Praxis folgend, wird jedoch in der Kommentierung, den Verzeichnissen sowie den Registern der Begriff DDR verwendet. Das Adjektiv „deutsch" findet nur bei gesamtdeutschen Belangen oder dann Verwendung, wenn eine eindeutige Zuordnung gegeben ist. Der westliche Teil von Berlin wird als Berlin (West), der östliche Teil der Stadt als Ost-Berlin bezeichnet.

Der Vertrag vom 8. April 1965 über die Einsetzung eines gemeinsamen Rates und einer vereinigten Kommission der Europäischen Gemeinschaften trat am 1. Juli 1967 in Kraft. Zur Kennzeichnung der Zusammenlegung von EWG, EURATOM und EGKS wird in der Kommentierung ab diesem Datum von „Europäischen Gemeinschaften" bzw. „EG" gesprochen.

Für häufig benutzte Publikationen wie Editionen, Geschichtskalender und Memoiren werden Kurztitel oder Kurzformen eingeführt, die sich über ein entsprechendes Verzeichnis auflösen lassen. Der Platzersparnis dienen ebenfalls die Rückverweise auf bereits an anderer Stelle ausgeführte Anmerkungen. Häufig genannte Verträge oder Gesetzestexte werden nur bei der Erstnennung nachgewiesen und lassen sich über das Sachregister erschließen.

Wie bei der Wiedergabe der Dokumente finden auch in den Anmerkungen die im Auswärtigen Amt gebräuchlichen Regeln für die Transkription fremdsprachlicher Namen und Begriffe Anwendung. Bei Literaturangaben in russischer Sprache wird die im wissenschaftlichen Bereich übliche Transliterierung durchgeführt.

Verzeichnisse

Das *Dokumentenverzeichnis* ist chronologisch angelegt. Es bietet zu jedem Dokument folgende Angaben: Die halbfett gedruckte Dokumentennummer, Datum und Überschrift, die Fundseite sowie eine inhaltliche Kurzübersicht.

Das *Literaturverzeichnis* enthält nur solche Publikationen, die häufig zur Kommentierung herangezogen und mit Kurztiteln oder Kurzformen versehen wurden. Diese sind alphabetisch geordnet und werden durch bibliographische Angaben aufgelöst.

Das *Abkürzungsverzeichnis* führt die im Dokumententeil vorkommenden Abkürzungen auf, insbesondere von Organisationen, Parteien und Dienstbezeichnungen sowie sonstige im diplomatischen Schriftverkehr übliche Abbreviaturen. Abkürzungen von Firmen werden dagegen im Sachregister unter dem Schlagwort „Wirtschaftsunternehmen" aufgelöst. Nicht aufgenommen werden geläufige Abkürzungen wie „z. B.", „d. h.", „m. E.", „u. U." und „usw." sowie Abkürzungen, die im Dokumententext oder in einer Anmerkung erläutert sind.

Vorbemerkungen

Register und Organisationsplan

Im *Personenregister* werden in der Edition vorkommende Personen unter Nennung derjenigen politischen, dienstlichen oder beruflichen Funktionen aufgeführt, die im inhaltlichen Zusammenhang der Dokumente wesentlich sind. Das *Sachregister* ermöglicht einen thematisch differenzierten Zugriff auf die einzelnen Dokumente. Näheres ist den Hinweisen zur Benutzung des jeweiligen Registers auf S. 2360 und S. 2422 zu entnehmen.

Der *Organisationsplan* vom Juli 1970 zeigt die Struktur des Auswärtigen Amts und informiert über die Namen der Leiter der jeweiligen Arbeitseinheiten.

Verzeichnisse

Dokumentenverzeichnis

1 03.01. Bundesminister Scheel an den dänischen Außenminister Hartling — S. 3

Scheel bittet um Überprüfung des Beschlusses der dänischen Regierung, einseitig die TTD-Regelung aufzukündigen.

2 06.01. Aufzeichnung des Ministerialdirektors Ruete — S. 5

Ruete resümiert ein Gespräch mit dem CDU/CSU-Fraktionsvorsitzenden Barzel über die Ostpolitik der Bundesregierung und die Initiative der Drei Mächte zu Gesprächen mit der UdSSR über Berlin.

3 06.01. Gesandter Baron von Stempel, Moskau, an das Auswärtige Amt — S. 6

Stempel übermittelt die sowjetische Antwortnote auf die Erklärung der Bundesregierung zur Nichtanerkennung der DDR, die anläßlich der Unterzeichnung des Nichtverbreitungsvertrags abgegeben wurde.

4 08.01. Gespräch des Bundeskanzlers Brandt mit dem algerischen Außenminister Bouteflika in Tunis — S. 8

Themen sind die Ostpolitik der Bundesregierung, der Nahost-Konflikt sowie die Verbesserung des bilateralen Verhältnisses.

5 08.01. Aufzeichnung des Vortragenden Legationsrats I. Klasse Mertes — S. 12

Mertes erläutert die Aufgaben von vier Arbeitsgruppen, welche die bevorstehenden Gespräche mit der UdSSR über einen Gewaltverzicht vorbereiten sollen.

6 12.01. Aufzeichnung des Ministerialdirektors Ruete — S. 16

Ruete erörtert einen amerikanischen Bericht über die Ergebnisse der Vorgespräche zur Begrenzung strategischer Waffen (SALT) in Helsinki.

7 12.01. Botschafter Grewe, Brüssel (NATO), an das Auswärtige Amt — S. 19

Grewe übermittelt Informationen über einen amerikanisch-sowjetischen Gedankenaustausch zur Einberufung einer Europäischen Sicherheitskonferenz.

| 8 | 14.01. | **Aufzeichnung des Staatssekretärs Bahr, Bundeskanzleramt** | S. 20 |

Bahr plädiert für eine rasche Fortsetzung der Gespräche mit der UdSSR über einen Gewaltverzicht.

| 9 | 15.01. | **Aufzeichnung des Vortragenden Legationsrats Graf zu Rantzau** | S. 23 |

Rantzau berichtet von Diskussionen im Ständigen NATO-Rat über ein Konzept für eine ausgewogene beiderseitige Truppenreduzierung zwischen NATO und Warschauer Pakt.

| 10 | 15.01. | **Staatssekretär Bahr, Bundeskanzleramt, an Staatssekretär Duckwitz** | S. 26 |

Bahr übermittelt seine Einschätzung der bevorstehenden Vier-Mächte-Gespräche über Berlin.

| 11 | 16.01. | **Gespräch des Bundesministers Scheel mit dem französischen Außenminister Schumann** | S. 27 |

Themen sind die Haushaltskontrollrechte des Europäischen Parlaments, der Vier-Mächte-Status von Berlin und die europäische politische Zusammenarbeit.

| 12 | 19.01. | **Instruktionen für Botschafter Allardt, Moskau (Entwurf)** | S. 34 |

Vorgelegt wird der Entwurf einer Weisung für das vierte Gespräch mit dem sowjetischen Außenminister Gromyko über einen Gewaltverzicht.

| 13 | 19.01. | **Gespräch des Staatssekretärs Duckwitz mit dem sowjetischen Gesandten Bondarenko** | S. 48 |

Bondarenko übergibt die sowjetische Antwort auf das Aide-mémoire vom 17. September 1969 zu den Verhandlungen über ein bilaterales Luftverkehrsabkommen.

| 14 | 19.01. | **Instruktionen für Staatssekretär Duckwitz (Entwurf)** | S. 51 |

Es werden Richtlinien für die am 5. Februar 1970 in Warschau beginnenden Gespräche über eine Verbesserung des Verhältnisses zu Polen vorgelegt.

| 15 | 19.01. | **Botschafter Pauls, Washington, an das Auswärtige Amt** | S. 61 |

Pauls faßt ein Gespräch mit dem Sicherheitsberater des amerikanischen Präsidenten, Kissinger, über künftige Regelungen des Devisenausgleichs zusammen.

Januar

16 22.01. Staatssekretär Bahr, Bundeskanzleramt, an S. 63
Staatssekretär Duckwitz

Bahr äußert sich zur Verhandlungsführung bei den bevorstehenden Gesprächen in Warschau.

17 23.01. Aufzeichnung des Staatssekretärs Duckwitz S. 66

Duckwitz berichtet über ein Gespräch mit den Botschaftern der Drei Mächte zum Thema Luftverkehrsverhandlungen mit der UdSSR.

18 23.01. Aufzeichnung des Ministerialdirektors Herbst S. 68

Herbst warnt vor den Folgen des Exports amerikanischer Rüstungsmaterialien aus der Bundesrepublik nach Israel.

19 23.01. Aufzeichnung des Vortragenden Legationsrats I. Klasse S. 71
Blumenfeld

Blumenfeld gibt ein Gespräch des Staatssekretärs Duckwitz mit dem sowjetischen Gesandten Bondarenko wieder. Thema war der Protest der UdSSR gegen Sitzungen von Fraktionen und Ausschüssen des Bundestages in Berlin (West).

20 23.01. Bundesminister Scheel an Botschafter Allardt, Moskau S. 73

Scheel informiert Allardt, daß Staatssekretär Bahr, Bundeskanzleramt, nach Moskau entsandt wird, um die Gespräche über einen Gewaltverzicht fortzuführen.

21 25.01. Botschafter Allardt, Moskau, an Bundesminister Scheel S. 75

Allardt kommentiert die Weisung für sein nächstes Gespräch über einen Gewaltverzicht.

22 26.01. Aufzeichnung des Vortragenden Legationsrats Wilke S. 83

Wilke resümiert ein Gespräch des Bundesministers Scheel mit dem Präsidenten des World Jewish Congress, Goldmann. Hauptthemen waren Entschädigungsleistungen für Gesundheitsschäden und die Lage im Nahen Osten.

23 26.01. Aufzeichnung des Ministerialdirektors Herbst S. 86

Herbst äußert sich zu den Konditionen eines über Bundesbürgschaft abgesicherten Kredits an die sowjetische Außenhandelsbank, mit dem der Ankauf von Rohren aus der Bundesrepublik finanziert werden soll.

24 26.01. Aufzeichnung des Ministerialdirektors Herbst S. 89

Herbst macht darauf aufmerksam, daß das Auswärtige Amt seinen Einfluß auf die Entwicklungspolitik an das Bundesministerium für wirtschaftliche Zusammenarbeit verlieren könne.

XIX

25	27.01.	**Aufzeichnung des Legationsrats I. Klasse Graf York von Wartenburg**	S. 92
		York faßt eine Besprechung im Auswärtigen Amt über finanzielle und wirtschaftliche Leistungen der Bundesrepublik an Israel zusammen.	
26	29.01.	**Aufzeichnung des Ministerialdirektors Ruete**	S. 95
		Ruete berichtet von der Konsultation im Ständigen NATO-Rat über die Vorgespräche zur Begrenzung strategischer Waffen (SALT) in Helsinki.	
27	29.01.	**Aufzeichnung des Vortragenden Legationsrats I. Klasse Behrends**	S. 99
		Behrends resümiert die deutsch-britischen Gespräche vom 16. Januar 1970 über Verteidigungsfragen.	
28	30.01.	**Gespräch des Staatssekretärs Bahr, Bundeskanzleramt, mit dem sowjetischen Außenminister Gromyko in Moskau**	S. 105
		Es werden drei Komplexe erörtert: das Problem der Unantastbarkeit der Grenzen, die Berlin-Frage und das innerdeutsche Verhältnis.	
29	30.01.	**Gespräch des Bundeskanzlers Brandt mit Staatspräsident Pompidou in Paris**	S. 119
		Die Gesprächspartner diskutieren hauptsächlich die Ostpolitik der Bundesregierung.	
30	30.01.	**Gespräch des Bundeskanzlers Brandt mit Ministerpräsident Chaban-Delmas in Paris**	S. 127
		Den Schwerpunkt der Unterredung bildet die bilaterale Zusammenarbeit im Bereich der Wirtschaft, insbesondere bei der friedlichen Nutzung der Kernenergie.	
31	30.01.	**Aufzeichnung des Vortragenden Legationsrats I. Klasse Müller**	S. 135
		Müller berichtet über ein Konsultationsgespräch des Bundesministers Scheel mit dem französischen Außenminister Schumann in Paris.	
32	30.01.	**Aufzeichnung des Vortragenden Legationsrats I. Klasse Soltmann**	S. 141
		Soltmann faßt eine Ressortbesprechung über die Verhandlungen zu einem Luftverkehrsabkommen mit der UdSSR zusammen.	

Februar

33 03.02. Gespräch des Staatssekretärs Bahr, Bundeskanzleramt, mit dem sowjetischen Außenminister Gromyko in Moskau S. 144

Die Gesprächspartner erörtern im Zusammenhang mit einem Gewaltverzichtsabkommen die Bedeutung von Grenzfragen, den Status von Berlin, das innerdeutsche Verhältnis, eine Europäische Sicherheitskonferenz und die Feindstaatenklauseln der UNO-Charta.

34 03.02. Aufzeichnung des Parlamentarischen Staatssekretärs Dahrendorf S. 157

Dahrendorf resümiert eine Ressortbesprechung über Post- und Verkehrsverhandlungen mit der DDR und Luftverkehrsverhandlungen mit der UdSSR.

35 04.02. Staatssekretär Duckwitz, z. Z. Warschau, an Bundesminister Scheel S. 159

Duckwitz berichtet über das erste Gespräch mit dem polnischen Stellvertretenden Außenminister Winiewicz über eine Verbesserung des bilateralen Verhältnisses.

36 05.02. Aufzeichnung des Vortragenden Legationsrats I. Klasse Mertes S. 161

Mertes hält die Mitbeteiligung des Referats II B 2 an den Gesprächen mit der UdSSR über einen Gewaltverzicht für erforderlich.

37 05.02. Staatssekretär Duckwitz, z. Z. Warschau, an Bundeskanzler Brandt S. 163

Duckwitz faßt eine Unterredung mit Ministerpräsident Cyrankiewicz anläßlich der Übergabe eines Schreibens des Bundeskanzlers Brandt zusammen.

38 05.02. Staatssekretär Bahr, Bundeskanzleramt, z. Z. Moskau, an Bundesminister Scheel S. 164

Bahr gibt ein Gespräch mit dem sowjetischen Stellvertretenden Außenminister Semjonow über einen Gewaltverzicht wieder.

39 06.02. Staatssekretär Duckwitz, z. Z. Warschau, an Bundesminister Scheel S. 166

Duckwitz informiert über zwei Gespräche mit der polnischen Delegation. Themen waren die Verbesserung des bilateralen Verhältnisses, humanitäre Fragen sowie polnische Beschwerden über die Tätigkeit von Radio Free Europe.

40	06.02.	Staatssekretär Bahr, Bundeskanzleramt, z. Z. Moskau, an Bundesminister Scheel	S. 170

Bahr referiert eine Unterredung mit dem sowjetischen Außenminister Gromyko. Im Mittelpunkt standen die Luftverkehrsverhandlungen, das innerdeutsche Verhältnis, ein Gewaltverzicht, der Status von Berlin, der Nichtverbreitungsvertrag und das Münchener Abkommen von 1938.

41	07.02.	Staatssekretär Duckwitz, z. Z. Warschau, an Bundesminister Scheel	S. 175

Duckwitz berichtet über zwei Gespräche mit der polnischen Delegation. Hauptthemen waren die Oder-Neiße-Linie, die Aufnahme diplomatischer Beziehungen, der kulturelle und wirtschaftliche Austausch, Erleichterungen des Reiseverkehrs, die Familienzusammenführung und die Wirtschaftsverhandlungen.

42	09.02.	Botschafter Sachs, Brüssel (EG), an das Auswärtige Amt	S. 179

Sachs informiert über Verlauf und Ergebnisse der EG-Ministerratstagung vom 5. bis 7. Februar 1970.

43	09.02.	Botschafter Limbourg, z. Z. Rom, an das Auswärtige Amt	S. 186

Limbourg gibt ein Gespräch mit dem im Exil lebenden König Konstantin II. wieder, in dessen Mittelpunkt die innen- und außenpolitische Situation Griechenlands stand.

44	10.02.	Gespräch des Staatssekretärs Bahr, Bundeskanzleramt, mit dem sowjetischen Außenminister Gromyko in Moskau	S. 189

Die Gesprächspartner erörtern die am 6. Februar 1970 vorgestellten Positionen zur Anerkennung der Grenzen in Europa, zum innerdeutschen Verhältnis, zum Gewaltverzicht sowie zu Berlin.

45	10.02.	Aufzeichnung des Ministerialdirektors Ruete	S. 198

Ruete faßt die Postverhandlungen mit der DDR am 30./31. Januar 1970 und die seitdem eingetretene Entwicklung zusammen.

46	10.02.	Staatssekretär Bahr, Bundeskanzleramt, z. Z. Moskau, an Bundesminister Scheel	S. 202

Bahr gibt den Verlauf eines Gesprächs mit dem sowjetischen Außenminister Gromyko wieder.

		Februar	
47	11.02.	Gespräch des Bundesministers Scheel mit dem algerischen Außenminister Bouteflika in Brüssel	S. 205

Themen sind das bilaterale Verhältnis sowie die mögliche Anerkennung der DDR durch Algerien.

48	11.02.	Aufzeichnung des Ministerialdirigenten Gehlhoff	S. 207

Gehlhoff faßt eine Besprechung im Bundeskanzleramt zur Nahost-Politik zusammen.

49	11.02.	Aufzeichnung des Botschafters Emmel	S. 215

Emmel unterrichtet über die Gespräche am 5./6. Februar 1970 in Moskau. Gegenstand war die wirtschaftliche und die wissenschaftlich-technologische Zusammenarbeit mit der UdSSR.

50	11.02.	Botschafter Allardt, Moskau, an Bundesminister Scheel	S. 221

Allardt berichtet über den Besuch des sowjetischen Außenministers Gromyko in der Botschaft der Bundesrepublik.

51	12.02.	Aufzeichnung des Ministerialdirektors Ruete	S. 224

Ruete referiert eine Diskussion in der Bonner Vierergruppe über die sowjetische Note vom 10. Februar 1970 an die Drei Mächte.

52	12.02.	Aufzeichnung des Vortragenden Legationsrats I. Klasse von Hassell	S. 227

Hassell äußert sich zur Frage einer Mitgliedschaft der DDR in den internationalen Organisationen.

53	12.02.	Botschafter Pauls, Washington, an das Auswärtige Amt	S. 240

Pauls informiert über die Haltung der amerikanischen Regierung zur Ostpolitik der Bundesregierung und zur Oder-Neiße-Linie.

54	13.02.	Gespräch des Staatssekretärs Bahr, Bundeskanzleramt, mit Ministerpräsident Kossygin in Moskau	S. 242

Die Gesprächspartner erörtern grundsätzliche Positionen zur Frage eines Gewaltverzichts.

55	13.02.	Aufzeichnung des Ministerialdirektors Ruete	S. 246

Ruete analysiert die sowjetische Note vom 10. Februar 1970 an die Drei Mächte.

56	16.02.	Staatssekretär Duckwitz an Bundesminister Scheel, z. Z. Bangkok	S. 251

Duckwitz bittet um Stellungnahme zum Entwurf eines Schreibens des Bundeskanzlers Brandt an den Vorsitzenden des Ministerrats, Stoph.

57	16.02.	Botschafter Böx, Warschau, an das Auswärtige Amt	S. 252

Böx berichtet von einer Unterredung mit dem polnischen Stellvertretenden Außenminister Winiewicz am 13. Februar 1970. Im Mittelpunkt standen eine Verbesserung des bilateralen Verhältnisses und die Wirtschaftsverhandlungen.

58	16.02.	Staatssekretär Duckwitz an die Ständige Vertretung bei der NATO in Brüssel	S. 254

Duckwitz erteilt Weisung für die bevorstehende Sitzung des Ständigen NATO-Rats zu SALT.

59	17.02.	Gespräch des Staatssekretärs Bahr, Bundeskanzleramt, mit dem sowjetischen Außenminister Gromyko in Moskau	S. 256

Zum Abschluß der ersten Gesprächsrunde wird der Zusammenhang zwischen einem Gewaltverzichtsabkommen und einer Wiedervereinigung Deutschlands erörtert.

60	17.02.	Aufzeichnung des Ministerialdirektors Ruete	S. 260

Ruete faßt den Verlauf einer Sitzung der Bonner Vierergruppe zusammen. Themen waren die Reaktion der Drei Mächte auf die sowjetische Note vom 10. Februar 1970 und die Frage des Tagungsorts für die Vier-Mächte-Gespräche über Berlin.

61	17.02.	Bundesminister Scheel, z. Z. Bangkok, an Parlamentarischen Staatssekretär Dahrendorf	S. 262

Scheel nimmt Stellung zum Entwurf eines Schreibens des Bundeskanzlers Brandt an den Vorsitzenden des Ministerrats, Stoph.

62	17.02.	Botschafter Pauls, Washington, an das Auswärtige Amt	S. 264

Pauls übermittelt Informationen über die amerikanische Haltung zur Ost- und Deutschlandpolitik der Bundesregierung.

63	17.02.	Botschafter Freiherr von Mirbach, Neu Delhi, an das Auswärtige Amt	S. 266

Mirbach berichtet über die Regierungsgespräche vom 13./14. Februar 1970. Hauptthemen waren die Ost- und Deutschlandpolitik der Bundesregierung, eine Europäische Sicherheitskonferenz, der britische Beitritt zu den Europäischen Gemeinschaften, das Verhältnis Indiens zur Volksrepublik China und der Nahost-Konflikt.

Februar

64 18.02. Aufzeichnung des Staatssekretärs Duckwitz   S. 278

Duckwitz faßt ein Treffen der Bonner Vierergruppe zusammen. Themen waren die sowjetische Note vom 10. Februar 1970, das Schreiben des Bundeskanzlers Brandt an den Vorsitzenden des Ministerrats, Stoph, die Gespräche mit der UdSSR über einen Gewaltverzicht und über Luftverkehr sowie die Regierungsgespräche mit Indien.

65 18.02. Aufzeichnung des Ministerialdirektors Frank   S. 280

Frank erörtert grundsätzliche Fragen der Beziehungen zu Israel und die Auswirkungen des Nahost-Konflikts auf die Ost-West-Beziehungen.

66 18.02. Sitzung des Ständigen NATO-Rats in Brüssel   S. 283

Die Teilnehmer legen ihre Positionen zu SALT dar.

67 18.02. Sitzung des Ständigen NATO-Rats in Brüssel   S. 286

Die Erörterung der Positionen der NATO-Mitgliedstaaten zu SALT wird fortgesetzt.

68 19.02. Aufzeichnung des Ministerialdirektors Ruete   S. 292

Ruete informiert über eine Ressortbesprechung zum Treffen des Bundeskanzlers Brandt mit dem Vorsitzenden des Ministerrats, Stoph.

69 19.02. Botschafter Allardt, Moskau, an Bundesminister Scheel   S. 295

Allardt gibt eine Einschätzung der bisherigen Gewaltverzichtsgespräche und der sowjetischen Deutschlandpolitik.

70 20.02. Staatssekretär Bahr, Bundeskanzleramt, an den Sicherheitsberater des amerikanischen Präsidenten, Kissinger   S. 299

Bahr resümiert die erste Runde der Gespräche mit der UdSSR über einen Gewaltverzicht und faßt eine Unterredung mit dem sowjetischen Außenminister Gromyko über die bevorstehenden Vier-Mächte-Gespräche zum Status von Berlin zusammen.

71 20.02. Ministerialdirektor Ruete an die Botschaft in Washington   S. 300

Ruete erteilt Weisung, den Wunsch der Bundesregierung zum Ausdruck zu bringen, die Vier-Mächte-Gespräche über Berlin vor dem Treffen des Bundeskanzlers Brandt mit dem Vorsitzenden des Ministerrats, Stoph, aufzunehmen.

XXV

72	22.02.	Botschafter Allardt, Moskau, an das Auswärtige Amt	S. 302

Allardt übermittelt Hintergrundinformationen zum Schreiben des Vorsitzenden des Ministerrats, Stoph, vom 11. Februar 1970 an Bundeskanzler Brandt sowie zu den Gesprächen über einen Gewaltverzicht.

73	24.02.	Aufzeichnung des Staatssekretärs Harkort	S. 303

Harkort äußert sich zur Bitte der guineischen Regierung um Unterstützung des Sicherheitsdienstes.

74	24.02.	Ministerialdirektor Ruete an die Ständige Vertretung bei der NATO in Brüssel	S. 306

Ruete informiert über die Sitzung der Bonner Vierergruppe und erteilt Weisung, mit den Drei Mächten das Vorgehen im Ständigen NATO-Rat hinsichtlich der Vier-Mächte-Gespräche über Berlin abzustimmen.

75	25.02.	Arbeitspapier der Bundesregierung	S. 308

In dem Arbeitspapier wird der Standpunkt der Bundesregierung zu den bevorstehenden Vier-Mächte-Gesprächen über Berlin zusammengefaßt.

76	25.02.	Bundeskanzler Brandt an Präsident Nixon	S. 311

Brandt berichtet von den Gesprächen mit der UdSSR und Polen und betont die Notwendigkeit einer baldigen Abstimmung der westlichen Position in bezug auf die Vier-Mächte-Gespräche über Berlin.

77	25.02.	Instruktionen für Staatssekretär Duckwitz (Entwurf)	S. 313

Vorgelegt wird der Entwurf einer Weisung für die zweite Runde der Gespräche mit Polen über eine Verbesserung des bilateralen Verhältnisses.

78	26.02.	Aufzeichnung des Ministerialdirigenten Gehlhoff	S. 321

Gehlhoff faßt eine Besprechung mit einer algerischen Delegation in Rom zusammen. Thema war eine Wiederaufnahme der diplomatischen Beziehungen.

79	27.02.	Aufzeichnung des Ministerialdirektors Ruete	S. 324

Ruete äußert sich zur Frage, ob Sitzungen von Ausschüssen und Fraktionen des Bundestages in Berlin (West) während der Vier-Mächte-Gespräche stattfinden sollen.

80	27.02.	Botschafter Grewe, Brüssel (NATO), an das Auswärtige Amt	S. 326

Grewe nimmt Stellung zum Thema beiderseitiger ausgewogener Truppenverminderungen von NATO und Warschauer Pakt.

81	02.03.	Gespräch des Parlamentarischen Staatssekretärs Dahrendorf mit dem DGB-Vorsitzenden Vetter in Düsseldorf	S. 330

Im Mittelpunkt stehen die Ostkontakte des DGB sowie die Ostpolitik der Bundesregierung.

82	02.03.	Deutsch-britisches Regierungsgespräch in London	S. 333

Hauptthemen sind die bevorstehenden Verhandlungen über den Beitritt Großbritanniens zu den Europäischen Gemeinschaften, die europäische politische Zusammenarbeit, die Ostpolitik, Berlin und der Vorschlag einer Europäischen Sicherheitskonferenz.

83	02.03.	Vorlage des Auswärtigen Amts und des Bundesministeriums der Verteidigung für den Bundessicherheitsrat	S. 341

Thema ist die Einbeziehung ausgewogener beiderseitiger Truppenreduzierungen (MBFR) in eine Europäische Sicherheitskonferenz.

84	02.03.	Aufzeichnung des Vortragenden Legationsrats I. Klasse van Well	S. 344

Van Well faßt den Verlauf einer Sitzung der Bonner Vierergruppe zu den bevorstehenden Vier-Mächte-Gesprächen über Berlin zusammen.

85	02.03.	Staatssekretär Duckwitz an Botschafter Böx, Warschau	S. 346

Duckwitz übermittelt den Entwurf der Bundesregierung für einen Vertrag mit Polen.

86	03.03.	Deutsch-britisches Regierungsgespräch in London	S. 348

Die Gesprächspartner erörtern die technologische und rüstungstechnische Zusammenarbeit, Abrüstungsfragen, die künftige Lastenverteilung in der NATO, die Situation in Griechenland, den bilateralen Jugendaustausch sowie den Nahost-Konflikt.

87	03.03.	Gespräch des Staatssekretärs Bahr, Bundeskanzleramt, mit dem sowjetischen Außenminister Gromyko in Moskau	S. 359

Im Mittelpunkt stehen Grenzfragen, eine Europäische Sicherheitskonferenz und das innerdeutsche Verhältnis.

88	04.03.	Aufzeichnung des Legationsrats I. Klasse Bräutigam	S. 369

Bräutigam äußert sich zu einer Berlin-Klausel in einem Gewaltverzichtsabkommen mit der UdSSR.

89	04.03.	Staatssekretär Bahr, Bundeskanzleramt, z.Z. Moskau, an Bundesminister Scheel	S. 371

Bahr faßt ein Gespräch mit dem sowjetischen Außenminister Gromyko vom Vortag zusammen. Hauptthemen waren Grenzfragen, die staatliche Einheit Deutschlands, eine Europäische Sicherheitskonferenz und Berlin.

90	05.03.	Botschafter von Hase, London, an das Auswärtige Amt	S. 375

Hase informiert über die britische Haltung zur Lieferung von Panzern des Typs „Leopard" an Spanien.

91	05.03.	Bundesminister Ehmke an Staatssekretär Bahr, Bundeskanzleramt, z.Z. Moskau	S. 376

Ehmke übermittelt Informationen über die Vorbereitung des Treffens zwischen Bundeskanzler Brandt und dem Vorsitzenden des Ministerrats, Stoph.

92	05.03.	Botschafter Lüders, Luxemburg, an das Auswärtige Amt	S. 379

Lüders berichtet über Äußerungen des Ministerpräsidenten Werner zur europäischen Wirtschafts- und Währungsunion.

93	06.03.	Gespräch des Staatssekretärs Bahr, Bundeskanzleramt, mit dem sowjetischen Außenminister Gromyko in Moskau	S. 381

Die Gesprächspartner erörtern die von beiden Seiten vorgelegten Arbeitspapiere.

94	06.03.	Aufzeichnung des Parlamentarischen Staatssekretärs Dahrendorf	S. 386

Dahrendorf faßt den Verlauf einer Sitzung des Bundessicherheitsrats zusammen. Hauptthemen waren die Abrüstungsverhandlungen, MBFR und Rüstungsexporte.

95	06.03.	Staatssekretär Bahr, Bundeskanzleramt, z.Z. Moskau, an Bundesminister Scheel	S. 389

Bahr gibt ein Vier-Augen-Gespräch mit dem sowjetischen Außenminister Gromyko zu den Vorbereitungen des Treffens zwischen Bundeskanzler Brandt und dem Vorsitzenden des Ministerrats, Stoph, wieder.

96	06.03.	Gesandter Gnodtke, Brüssel (NATO), an das Auswärtige Amt	S. 391

Gnodtke berichtet über eine Sitzung des Ständigen NATO-Rats zu MBFR.

März

97	07.03.	Aufzeichnung des Staatssekretärs Bahr, Bundeskanzleramt, z. Z. Moskau	S. 393

Bahr gibt eine Einschätzung des von der UdSSR vorgelegten Arbeitspapiers und legt ein Arbeitspapier der Bundesregierung sowie den Entwurf eines Schreibens zum Selbstbestimmungsrecht vor.

98	07.03.	Staatssekretär Bahr, Bundeskanzleramt, z. Z. Moskau, an Bundeskanzler Brandt	S. 401

Bahr übermittelt Informationen über die Haltung von DDR und UdSSR zu einem Gewaltverzicht und über die sowjetisch-chinesischen Beziehungen.

99	07.03.	Botschafter Jaenicke, Belgrad, an das Auswärtige Amt	S. 405

Jaenicke berichtet über Äußerungen des Bundesministers Schiller zu Wiedergutmachungsleistungen an Jugoslawien und gibt Empfehlungen für das weitere Vorgehen.

100	07.03.	Botschafter Sachs, Brüssel (EG), an das Auswärtige Amt	S. 408

Sachs legt den Stand der Vorbereitungen für ein Verifikationsabkommen zwischen EURATOM und IAEO dar.

101	09.03.	Runderlaß des Ministerialdirektors Frank	S. 411

Frank informiert über die Sitzung der Außenminister der EG-Mitgliedstaaten am 6. März 1970 in Brüssel. Im Mittelpunkt stand die europäische politische Zusammenarbeit.

102	09.03.	Staatssekretär Duckwitz, z. Z. Warschau, an Bundesminister Scheel	S. 414

Duckwitz berichtet vom Auftakt der zweiten Gesprächsrunde mit Polen. Erörtert wurden die von beiden Seiten vorgelegten Vertragsentwürfe.

103	09.03.	Staatssekretär Duckwitz, z. Z. Warschau, an Bundesminister Scheel	S. 415

Duckwitz nimmt Stellung zu den Vorbereitungen für das Treffen des Bundeskanzlers Brandt mit dem Vorsitzenden des Ministerrats, Stoph.

104	10.03.	Gespräch des Staatssekretärs Bahr, Bundeskanzleramt, mit dem sowjetischen Außenminister Gromyko in Moskau	S. 417

Diskutiert werden Formulierungsvorschläge für ein Gewaltverzichtsabkommen und weitere bilaterale Fragen.

105	10.03.	Aufzeichnung des Vortragenden Legationsrats Redies	S. 431
		Redies resümiert die Gespräche mit dem israelischen Außenminister Eban vom 22. bis 25. Februar 1970. Themen waren die Sicherheit im internationalen Luftverkehr, der Nahost-Konflikt, die bilateralen Beziehungen sowie die Ostpolitik.	
106	10.03.	Staatssekretär Bahr, Bundeskanzleramt, z.Z. Moskau, an Bundesminister Scheel	S. 434
		Bahr faßt ein Gespräch mit dem sowjetischen Außenminister Gromyko zusammen.	
107	10.03.	Staatssekretär Duckwitz, z.Z. Warschau, an Bundesminister Scheel	S. 435
		Duckwitz berichtet über ein Gespräch mit dem polnischen Stellvertretenden Außenminister Winiewicz, das bei der Erörterung der von beiden Seiten vorgelegten Vertragsentwürfe keine Fortschritte brachte.	
108	11.03.	Gespräch des Botschafters Roth mit dem Staatssekretär im amerikanischen Außenministerium, Richardson, in Washington	S. 437
		Themen sind MBFR und eine Europäische Sicherheitskonferenz.	
109	11.03.	Aufzeichnung des Ministerialdirektors Ruete	S. 440
		Ruete äußert sich zur Politik der Bundesregierung hinsichtlich der internationalen Anerkennung der DDR.	
110	11.03.	Staatssekretär Bahr, Bundeskanzleramt, z.Z. Moskau, an Bundesminister Scheel	S. 447
		Bahr informiert über ein Gespräch mit den Botschaftern der Drei Mächte in Moskau.	
111	11.03.	Staatssekretär Bahr, Bundeskanzleramt, z.Z. Moskau, an Bundeskanzler Brandt	S. 448
		Bahr referiert eine Unterredung mit dem sowjetischen Außenminister Gromyko über Schwierigkeiten bei der Vorbereitung des Treffens von Brandt mit dem Vorsitzenden des Ministerrats, Stoph.	
112	11.03.	Staatssekretär Bahr, Bundeskanzleramt, z.Z. Moskau, an Bundesminister Scheel	S. 450
		Bahr faßt ein Gespräch mit dem sowjetischen Außenminister Gromyko zusammen.	

113 11.03. Staatssekretär Duckwitz, z.Z. Warschau, an S. 452
Bundesminister Scheel

Duckwitz berichtet vom Abschluß der zweiten Gesprächsrunde mit Polen. Beide Seiten legten ihre grundsätzlichen Auffassungen zu einem Abkommen dar.

114 11.03. Arbeitstext des Redaktionsausschusses S. 455

Vorgelegt wird ein von Vertretern der Bundesrepublik und der UdSSR gemeinsam erarbeiteter Entwurf für ein Abkommen zwischen den beiden Staaten.

115 12.03. Staatssekretär Bahr, Bundeskanzleramt, z.Z. Moskau, S. 458
an Bundeskanzler Brandt

Bahr zieht eine Zwischenbilanz der Gespräche mit der UdSSR.

116 12.03. Aufzeichnung des Ministerialdirektors Ruete S. 460

Ruete analysiert die Vor- und Nachteile einer völkerrechtlichen Anerkennung der DDR.

117 12.03. Gespräch des Botschafters Roth mit dem S. 464
Abteilungsleiter im amerikanischen Außenministerium, Hillenbrand, in Washington

Themen sind MBFR und eine Europäische Sicherheitskonferenz.

118 13.03. Gespräch des Staatssekretärs Bahr, Bundeskanzleramt, S. 466
mit dem sowjetischen Außenminister Gromyko in Moskau

Erörtert wird ein gemeinsames Arbeitspapier.

119 13.03. Aufzeichnung der Vortragenden Legationsrätin Finke- S. 476
Osiander

Finke-Osiander bilanziert die zweite Runde der Gespräche mit Polen.

120 14.03. Aufzeichnung des Staatssekretärs Bahr, S. 481
Bundeskanzleramt, z.Z. Moskau

Bahr faßt ein Gespräch mit dem Abteilungsleiter im sowjetischen Außenministerium, Falin, zusammen. Im Mittelpunkt standen die die DDR betreffenden Aussagen in einem Abkommen mit der UdSSR.

121 17.03. Aufzeichnung des Botschafters Emmel S. 483

Emmel resümiert den Stand der Wirtschaftsverhandlungen mit Polen.

122	18.03.	Botschafter Allardt, Moskau, an Bundesminister Scheel	S. 486
		Allardt äußert sich besorgt über mögliche französische Bedenken gegen ein Abkommen mit der UdSSR.	
123	19.03.	Aufzeichnung des Ministerialdirigenten Oncken	S. 487
		Oncken plädiert für amtliche Beziehungen zur Volksrepublik China.	
124	21.03.	Aufzeichnung des Bundeskanzlers Brandt	S. 489
		Brandt faßt seine Gespräche mit dem Vorsitzenden des Ministerrats, Stoph, am 19. März 1970 in Erfurt zusammen.	
125	21.03.	Gespräch des Staatssekretärs Bahr, Bundeskanzleramt, mit dem sowjetischen Außenminister Gromyko in Moskau	S. 495
		Themen sind das Treffen des Bundeskanzlers Brandt mit dem Vorsitzenden des Ministerrats, Stoph, sowie die Ausformulierung einer Vereinbarung und des Kommuniqués.	
126	22.03.	Bundeskanzler Brandt an Präsident Nixon	S. 507
		Brandt übermittelt eine Einschätzung der Gespräche mit der UdSSR sowie des Treffens mit dem Vorsitzenden des Ministerrats, Stoph.	
127	22.03.	Aufzeichnung des Vortragenden Legationsrats I. Klasse van Well	S. 509
		Van Well resümiert eine Sitzung der Bonner Vierergruppe zu den bevorstehenden Gesprächen über Berlin.	
128	23.03.	Botschafter Böx, Warschau, an Staatssekretär Duckwitz	S. 511
		Böx gibt Empfehlungen für die dritte Runde der Gespräche mit Polen.	
129	23.03.	Runderlaß des Ministerialdirigenten Lahn	S. 514
		Lahn informiert über die Suspendierung des TTD-Systems durch die Drei Mächte zum 26. März 1970.	
130	24.03.	Aufzeichnung des Ministerialdirigenten Lahn	S. 515
		Lahn entwirft Richtlinien für Verhandlungen mit der DDR.	
131	24.03.	Aufzeichnung des Ministerialdirektors Frank	S. 518
		Frank analysiert den britischen Wunsch, an der europäischen politischen Zusammenarbeit teilzunehmen, und macht Vorschläge zur Haltung der Bundesregierung.	

		April	
132	24.03.	Botschafter von Hase, London, an das Auswärtige Amt	S. 522
		Hase berichtet über ein Gespräch des Bundesministers Schmidt mit dem britischen Verteidigungsminister Healey. Hauptthema war das Projekt eines Multi-Role Combat Aircraft.	
133	25.03.	Staatssekretär Duckwitz an Bundeskanzler Brandt	S. 524
		Duckwitz empfiehlt die Wiederaufnahme diplomatischer Beziehungen mit Algerien.	
134	26.03.	Gesandter Baron von Stempel, Moskau, an Bundesminister Scheel	S. 526
		Stempel erörtert die Verhandlungsposition der UdSSR in den Gesprächen über einen Gewaltverzicht.	
135	27.03.	Drahterlaß des Ministerialdirigenten Lahn	S. 528
		Lahn faßt das erste Vier-Mächte-Gespräch über Berlin vom 26. März 1970 zusammen.	
136	31.03.	Aufzeichnung des Ministerialdirektors Frank	S. 533
		Frank äußert sich zum Problem einer Teilnahme der DDR an der bevorstehenden ECE-Jahresversammlung.	
137	31.03.	Botschaftsrat Mikesch, Guatemala, an das Auswärtige Amt	S. 538
		Mikesch meldet die Entführung des Botschafters Graf von Spreti.	
138	01.04.	Gespräch des Bundeskanzlers Brandt mit dem indonesischen Außenminister Malik	S. 539
		Im Mittelpunkt stehen der indonesische Wunsch nach Umschuldung und zusätzlicher Kapitalhilfe sowie die Lage im Nahen Osten.	
139	01.04.	Gesandter Baron von Stempel, Moskau, an Bundesminister Scheel	S. 543
		Stempel analysiert die sowjetische Verhandlungsposition in den Gesprächen über einen Gewaltverzicht.	
140	02.04.	Gespräch des Staatssekretärs Bahr, Bundeskanzleramt, mit dem rumänischen Ersten Stellvertretenden Außenminister Macovescu in Paris	S. 545
		Themen sind die Gespräche und Verhandlungen mit der DDR, Polen und der UdSSR sowie die Frage einer Europäischen Sicherheitskonferenz.	

141	02.04.	Aufzeichnung des Ministerialdirigenten Lahn	S. 548

Lahn entwirft Richtlinien für die dritte Runde der Gespräche mit Polen über eine Verbesserung des bilateralen Verhältnisses.

142	02.04.	Botschafter Limbourg, Athen, an das Auswärtige Amt	S. 559

Limbourg plädiert für eine Lieferung von Panzern des Typs „Leopard" nach Griechenland trotz der dortigen innenpolitischen Verhältnisse.

143	03.04.	Aufzeichnung des Staatssekretärs Duckwitz	S. 560

Duckwitz faßt Gespräche mit dem Apostolischen Nuntius Bafile und dem guatemaltekischen Botschafter Gándara zusammen. Im Mittelpunkt standen die Bemühungen um eine Freilassung des entführten Botschafters Graf von Spreti.

144	04.04.	Ministerialdirektor Hoppe, z. Z. Guatemala, an Bundesminister Scheel	S. 563

Hoppe unterbreitet Vorschläge zur Verstärkung der Bemühungen um eine Freilassung des Botschafters Graf von Spreti.

145	06.04.	Botschafter Freiherr von Ungern-Sternberg, Brüssel, an das Auswärtige Amt	S. 564

Ungern-Sternberg übermittelt den belgischen Vorschlag einer Kompromißformel, die die Rückkehr Frankreichs in den WEU-Ministerrat ermöglichen soll.

146	07.04.	Gespräche des Bundesministers Schmidt in Washington	S. 565

Hauptthemen sind der Devisenausgleich, MBFR, die Wehrpflicht und SALT.

147	07.04	Aufzeichnung des Ministerialdirektors Frank	S. 574

Frank nimmt Stellung zum Antrag der DDR auf Mitgliedschaft in der WHO.

148	07.04.	Ministerialdirektor Hoppe, z. Z. Guatemala, an Bundesminister Scheel	S. 576

Hoppe erbittet Weisung bezüglich des Ablaufs der Trauerfeierlichkeiten für den ermordeten Botschafter Graf von Spreti.

149	08.04.	Gespräch des Bundesministers Scheel mit Ministerpräsident Rumor in Rom	S. 577

Scheel und Rumor erörtern die Ostpolitik der Bundesregierung, eine Europäische Sicherheitskonferenz sowie die wirtschaftliche, politische und technologische Zusammenarbeit in Europa.

April

| 150 | 08.04. | **Staatssekretär Duckwitz an die Botschaft in Washington** | S. 583 |

Duckwitz informiert über die jüngsten Konsultationen zu SALT im Ständigen NATO-Rat.

| 151 | 10.04. | **Staatssekretär Duckwitz, z. Z. Washington, an das Auswärtige Amt** | S. 584 |

Duckwitz berichtet über die deutsch-amerikanischen Regierungsgespräche. Hauptthemen waren die Ostpolitik, SALT, MBFR sowie die Lage in Südost-Asien und im Nahen Osten.

| 152 | 10.04. | **Botschafter Böx, Warschau, an das Auswärtige Amt** | S. 589 |

Böx übermittelt Informationen über die polnische Haltung zur Ostpolitik der Bundesregierung und bittet um Unterrichtung über den Stand der Gespräche mit der UdSSR.

| 153 | 11.04. | **Aufzeichnung des Bundeskanzlers Brandt** | S. 591 |

Brandt resümiert Gespräche mit Präsident Nixon über die amerikanischen Truppen in Europa, die Zusammenarbeit zwischen EWG und USA, SALT, MBFR sowie die Lage in Asien, im Nahen Osten und im Mittelmeergebiet.

| 154 | 13.04. | **Aufzeichnung des Staatssekretärs Duckwitz** | S. 596 |

Duckwitz berichtet von einem Gespräch mit dem Abteilungsleiter im amerikanischen Außenministerium, Hillenbrand, über die Luftverkehrsverhandlungen mit der UdSSR.

| 155 | 13.04. | **Aufzeichnung des Ministerialdirigenten Lahn** | S. 597 |

Lahn formuliert Vorschläge zu den Gesprächen mit Polen über eine Verbesserung des bilateralen Verhältnisses und legt den Entwurf einer gemeinsamen Erklärung zur Grenzfrage vor.

| 156 | 13.04. | **Botschafter Pauls, Washington, an Bundesminister Scheel** | S. 601 |

Pauls berichtet über die deutsch-amerikanischen Regierungsgespräche. Themen waren die Vier-Mächte-Gespräche über Berlin, die wissenschaftliche und technologische Zusammenarbeit sowie die International Development Association.

| 157 | 14.04. | **Aufzeichnung des Ministerialdirigenten Robert** | S. 604 |

Robert referiert den Stand der Wirtschaftsverhandlungen mit Ungarn.

XXXV

158	15.04.	Aufzeichnung des Ministerialdirigenten Lahn	S. 607
		Lahn nimmt Stellung zum Entwurf einer gemeinsamen Erklärung der Bundesrepublik und Polens zur Grenzfrage, der in einer Besprechung bei Bundeskanzler Brandt beschlossen wurde.	
159	16.04.	Aufzeichnung des Botschafters Roth	S. 609
		Roth informiert über die amerikanische Verhandlungsposition bei den bevorstehenden Gesprächen mit der UdSSR zur Begrenzung strategischer Waffen (SALT).	
160	16.04.	Aufzeichnung des Referats II B 2	S. 611
		Vorgelegt wird ein Arbeitspapier für die Besprechung im Ständigen NATO-Rat zu MBFR.	
161	17.04.	Aufzeichnung des Staatssekretärs Bahr, Bundeskanzleramt	S. 614
		Bahr äußert sich zur Verhandlungsführung in den Gesprächen mit der UdSSR über einen Gewaltverzicht.	
162	17.04.	Staatssekretär Bahr, Bundeskanzleramt, an Staatssekretär Duckwitz	S. 617
		Bahr bittet um Stellungnahme zu seinen Überlegungen hinsichtlich einer völkerrechtlichen Anerkennung der DDR.	
163	17.04.	Aufzeichnung des Ministerialdirigenten Lahn	S. 618
		Lahn analysiert die französische Verhandlungsposition bei den Vier-Mächte-Gesprächen über Berlin.	
164	17.04.	Aufzeichnung des Ministerialdirigenten Gehlhoff	S. 621
		Gehlhoff resümiert eine Besprechung zwischen Bundeskanzler Brandt und den Bundesministern Scheel und Ehmke über das Verhältnis zu Algerien.	
165	17.04.	Aufzeichnung des Ministerialdirektors Oncken	S. 622
		Oncken erörtert die Bedeutung Stettins in den Gesprächen mit Polen.	
166	17.04.	Botschafter Grewe, Brüssel (NATO), an das Auswärtige Amt	S. 624
		Grewe berichtet von den Beratungen im Ständigen NATO-Rat über MBFR.	

			April
167	20.04.	Bundeskanzler Brandt an den Ersten Sekretär des ZK der PVAP, Gomułka	S. 628

Brandt bittet, die Vorschläge der Bundesregierung in den Gesprächen mit Polen über eine Verbesserung des bilateralen Verhältnisses wohlwollend zu prüfen.

168   20.04.   Botschafter Schnippenkötter, Genf (Internationale Organisationen), an das Auswärtige Amt   S. 629

Schnippenkötter analysiert die Ablehnung des polnischen Antrags auf Vollmitgliedschaft der DDR in der ECE.

169   20.04.   Botschafter Schnippenkötter, Genf (Internationale Organisationen), an das Auswärtige Amt   S. 632

Schnippenkötter informiert über die Reaktion der westlichen ECE-Mitgliedstaaten auf die Politik der Bundesregierung.

170   20.04.   Botschafter Böx, Warschau, an das Auswärtige Amt   S. 634

Böx gibt eine Unterredung mit dem polnischen Stellvertretenden Außenminister Winiewicz zur Vorbereitung der weiteren Gespräche wieder.

171   21.04.   Gesandter Blomeyer-Bartenstein, Paris, an das Auswärtige Amt   S. 636

Blomeyer-Bartenstein bewertet Äußerungen des Präsidenten Pompidou zum Einsatz von taktischen Atomwaffen.

172   22.04.   Gespräch des Bundesministers Scheel mit dem spanischen Außenminister López Bravo in Madrid   S. 638

Themen sind die Lage im Mittelmeergebiet, die NATO, das Tajo-Segura-Projekt und das PAL-Farbfernsehsystem.

173   22.04.   Aufzeichnung des Ministerialdirigenten Lahn   S. 642

Lahn analysiert Erklärungen der Botschafter der Drei Mächte, die in den Gesprächen über Berlin abgegeben werden sollen.

174   22.04.   Abkommen zwischen der Bundesrepublik und Polen (Entwurf)   S. 644

Vorgelegt wird der Entwurf eines Abkommens zwischen der Bundesrepublik und Polen über eine Verbesserung des bilateralen Verhältnisses.

175   22.04.   Staatssekretär Duckwitz, z. Z. Warschau, an Bundesminister Scheel   S. 646

Duckwitz informiert über die Gespräche mit Polen, in deren Mittelpunkt die Grenzfrage stand.

XXXVII

176	23.04.	Aufzeichnung des Botschafters Roth	S. 649
		Roth berichtet über Expertengespräche zu einem Verifikationsabkommen zwischen EURATOM und IAEO.	
177	23.04.	Aufzeichnung des Ministerialdirigenten Gehlhoff	S. 652
		Gehlhoff äußert sich zu den Verhandlungen über eine Beteiligung Italiens und Belgiens am deutsch-britisch-niederländischen Projekt einer Gasultrazentrifuge.	
178	23.04.	Staatssekretär Duckwitz, z. Z. Warschau, an Bundesminister Scheel	S. 656
		Duckwitz resümiert ein Gespräch mit dem polnischen Stellvertretenden Außenminister, Winiewicz, über die bilateralen Wirtschaftsbeziehungen.	
179	23.04.	Drahterlaß des Staatssekretärs Harkort	S. 658
		Harkort faßt die Ergebnisse der EG-Ministerratstagung in Brüssel zusammen.	
180	23.04.	Staatssekretär Duckwitz, z. Z. Warschau, an Bundesminister Scheel	S. 662
		Duckwitz übermittelt erste Reaktionen der polnischen Regierung auf die Vorschläge der Bundesregierung für eine Verbesserung des bilateralen Verhältnisses.	
181	24.04.	Aufzeichnung des Vortragenden Legationsrats I. Klasse von Alten	S. 664
		Alten gibt die Diskussion in der Sondersitzung des Auswärtigen Ausschusses über die Gespräche mit Polen wieder, in deren Mittelpunkt die Oder-Neiße-Linie stand.	
182	24.04.	Aufzeichnung des Ministerialdirigenten Lahn	S. 668
		Lahn referiert die Beratungen in der Bonner Vierergruppe zur Vorbereitung des zweiten Vier-Mächte-Gesprächs über Berlin am 28. April 1970.	
183	24.04.	Staatssekretär Duckwitz, z. Z. Warschau, an Bundesminister Scheel	S. 670
		Duckwitz berichtet von einem Gespräch mit dem polnischen Stellvertretenden Außenminister Winiewicz über ein Abkommen zur Verbesserung des bilateralen Verhältnisses.	
184	24.04.	Botschafter von Hase, London, an das Auswärtige Amt	S. 672
		Hase informiert über britische Bedenken hinsichtlich einer Postvereinbarung zwischen Bundesrepublik und DDR.	

185	24.04.	Staatssekretär Duckwitz, z. Z. Warschau, an Bundesminister Scheel	S. 674

Duckwitz äußert sich zur polnischen Kritik an den Vorschlägen der Bundesregierung vom 22. April 1970 für eine Verbesserung des bilateralen Verhältnisses.

186	27.04.	Aufzeichnung des Ministerialdirektors Groepper	S. 676

Zur Unterrichtung des Kabinetts legt Groepper ein Memorandum über die Auswirkungen einer Entscheidung vor, mit Jugoslawien Verhandlungen über Wiedergutmachungsleistungen aufzunehmen.

187	27.04.	Aufzeichnung des Staatssekretärs Bahr, Bundeskanzleramt	S. 684

Bahr nimmt Stellung zur Fortsetzung der Gespräche mit der UdSSR über einen Gewaltverzicht.

188	27.04.	Drahterlaß des Staatssekretärs Duckwitz	S. 686

Duckwitz faßt die dritte Gesprächsrunde vom 22. bis 24. April 1970 mit Polen über eine Verbesserung des bilateralen Verhältnisses zusammen.

189	28.04.	Runderlaß des Staatssekretärs Duckwitz	S. 688

Duckwitz übermittelt eine Sprachregelung zur bevorstehenden Unterzeichnung einer innerdeutschen Postvereinbarung.

190	30.04.	Aufzeichnung der Vortragenden Legationsrätin Finke-Osiander	S. 690

Finke-Osiander referiert die Diskussion im Auswärtigen Ausschuß zur dritten Gesprächsrunde mit Polen.

191	30.04.	Aufzeichnung des Vortragenden Legationsrats I. Klasse von Schenck	S. 694

Schenck unterrichtet über das polnische Angebot, den beiderseitigen Handelsvertretungen konsularische Befugnisse zu übertragen.

192	30.04.	Bundesminister Scheel an den französischen Außenminister Schumann	S. 697

Scheel betont die Bedeutung einer engen Abstimmung zwischen der Bundesrepublik und den Drei Mächten bei den Gesprächen mit der UdSSR über Berlin.

193	30.04.	Aufzeichnung des Ministerialdirigenten Lahn	S. 699

Lahn faßt die Unterrichtung durch die Drei Mächte über den Verlauf des zweiten Gesprächs mit der UdSSR über Berlin am 28. April 1970 zusammen.

194	04.05.	Aufzeichnung des Ministerialdirektors Ruete	S. 703

Ruete macht auf Bedenken der Drei Mächte gegen die Deutschlandpolitik der Bundesregierung aufmerksam.

195	04.05.	Ministerialdirigent von Staden an Botschafter Lüders, Luxemburg	S. 707

Lüders wird angewiesen, dem luxemburgischen Außenminister Thorn einen Vorschlag für eine Lösung des Problems der während des Zweiten Weltkriegs zwangsrekrutierten luxemburgischen Staatsangehörigen zu unterbreiten.

196	05.05.	Aufzeichnung des Ministerialdirektors Ruete	S. 709

Ruete nimmt Stellung zu den Gesprächen mit der UdSSR und legt eine Synopse über eine Gewaltverzichtsvereinbarung vor.

197	05.05.	Aufzeichnung des Ministerialdirektors Oncken	S. 718

Mit Blick auf die NATO-Ministerratstagung am 26./27. Mai 1970 in Rom unterbreitet Oncken Vorschläge zur Haltung der Bundesregierung hinsichtlich einer Europäischen Sicherheitskonferenz.

198	11.05.	Aufzeichnung des Ministerialdirigenten Lahn	S. 722

Lahn vermerkt, daß auf der Sondersitzung der Bonner Vierergruppe vom 8./9. Mai 1970 die Berlin- und Deutschlandpolitik erörtert wurde.

199	11.05.	Aufzeichnung des Vortragenden Legationsrats I. Klasse van Well	S. 730

Van Well notiert, daß im Mittelpunkt eines Gesprächs von Vertretern der Drei Mächte mit Staatssekretär Bahr, Bundeskanzleramt, die Koordinierung der Ostpolitik der Bundesregierung mit den Vier-Mächte-Gesprächen über Berlin gestanden hat..

200	11.05.	Aufzeichnung des Ministerialdirektors Ruete	S. 735

Ruete legt einen Entwurf über „Grundlagen für die Beziehungen zwischen der Bundesrepublik Deutschland und der DDR" vor, die dem Vorsitzenden des Ministerrats, Stoph, am 21. Mai 1970 in Kassel übergeben werden sollen.

Mai

201	12.05.	Gespräch des Staatssekretärs Bahr, Bundeskanzleramt, mit dem sowjetischen Außenminister Gromyko in Moskau	S. 739

Bahr bekräftigt das Interesse der Bundesregierung an einer Normalisierung der Beziehungen zur UdSSR und unterbreitet Formulierungsvorschläge zu den die DDR betreffenden Aussagen in einem bilateralen Abkommen.

202	12.05.	Botschafter Sachs, Brüssel (EG), an das Auswärtige Amt	S. 744

Sachs erläutert die Beschlüsse des EG-Ministerrats zur Vorbereitung der Beitrittsverhandlungen mit Dänemark, Großbritannien, Irland und Norwegen.

203	13.05.	Botschafter Böx, Warschau, an das Auswärtige Amt	S. 747

Böx berichtet von einem Gespräch mit dem polnischen Stellvertretenden Außenminister Winiewicz über Äußerungen des Ersten Sekretärs des ZK der PVAP, Gomułka, zur Deutschland-Frage.

204	14.05.	Gespräch des Bundesministers Scheel mit dem japanischen Außenminister Aichi in Tokio	S. 749

Hauptthema ist die politische Entwicklung in Asien, insbesondere die Lage in Kambodscha. Erörtert werden zudem die Beziehungen Japans zur Volksrepublik China, zur UdSSR und zu den Europäischen Gemeinschaften sowie die Deutschland- und Ostpolitik der Bundesregierung.

205	14.05.	Staatssekretär Bahr, Bundeskanzleramt, z. Z. Moskau, an Bundeskanzler Brandt	S. 770

Bahr teilt mit, er sei von der sowjetischen Regierung um eine Stellungnahme zum Gespräch von Brandt mit dem Vorsitzenden des Ministerrats, Stoph, am 21. Mai 1970 in Kassel gebeten worden, und nimmt Stellung zu seinen Unterredungen mit dem sowjetischen Außenminister Gromyko.

206	15.05.	Gespräch des Staatssekretärs Bahr, Bundeskanzleramt, mit dem sowjetischen Außenminister Gromyko in Moskau	S. 773

Gromyko äußert sich zum bisher erarbeiteten Text eines Abkommens zwischen der Bundesrepublik und der UdSSR und übergibt Formulierungsvorschläge zu einzelnen Punkten.

207	15.05.	Staatssekretär Bahr, Bundeskanzleramt, z. Z. Moskau, an Bundesminister Scheel	S. 776

Bahr faßt ein Gespräch unter vier Augen mit dem sowjetischen Außenminister Gromyko zusammen, in dessen Mittelpunkt so-

XLI

		wjetische Formulierungsvorschläge für den Text eines Gewaltverzichtsabkommens standen.	
208	15.05.	Aufzeichnung des Ministerialdirigenten Lahn	S. 778
		Lahn nimmt Stellung zur Erwähnung der Oder-Neiße-Linie in einem Abkommen mit Polen.	
209	15.05.	Aufzeichnung des Botschafters Roth	S. 781
		Roth vergleicht die amerikanische Verhandlungsposition bei SALT mit der Haltung der Bundesregierung.	
210	15.05.	Aufzeichnung des Ministerialdirigenten von Staden	S. 785
		Staden unterbreitet Vorschläge, wie auf die Haltung Frankreichs zu einem Verifikationsabkommen zwischen EURATOM und IAEO zu reagieren sei.	
211	15.05.	Aufzeichnung des Ministerialdirigenten von Staden	S. 791
		Staden legt eine Stellungnahme der Bundesregierung für den Fall einer Aufnahme diplomatischer Beziehungen zwischen Algerien und der DDR vor.	
212	16.05.	Aufzeichnung des Ministerialdirigenten Lahn	S. 793
		Lahn notiert, daß sich die Bonner Vierergruppe mit dem dritten Vier-Mächte-Gespräch über Berlin vom 14. Mai 1970 befaßt habe.	
213	18.05.	Gespräch des Bundeskanzlers Brandt mit dem türkischen Außenminister Çaglayangil	S. 796
		Im Mittelpunkt stehen der Nahost-Konflikt, die Ostpolitik der Bundesregierung sowie die Beziehungen der Türkei zu Griechenland und zu den Europäischen Gemeinschaften.	
214	18.05.	Staatssekretär Bahr, Bundeskanzleramt, z.Z. Moskau, an Bundesminister Scheel	S. 802
		Bahr berichtet von einem Gespräch mit dem Abteilungsleiter im sowjetischen Außenministerium, Falin, über die Formulierung des Grenzartikels in einem Gewaltverzichtsabkommen.	
215	19.05.	Botschafter Sarrazin, Seoul, an das Auswärtige Amt	S. 803
		Sarrazin zieht eine Bilanz des Besuchs des Bundesministers Scheel am 15./16. Mai 1970 in der Republik Korea (Südkorea).	
216	19.05.	Staatssekretär Bahr, Bundeskanzleramt, z.Z. Moskau, an Bundesminister Scheel	S. 806
		Bahr weist darauf hin, daß der Staatsratsvorsitzende Ulbricht versucht habe, die sowjetische Regierung gegen die Bundesrepublik zu beeinflussen.	

		Mai	
217	19.05.	Botschafter Grewe, Brüssel (NATO), an das Auswärtige Amt	S. 807
		Grewe resümiert die Unterrichtung des Ständigen NATO-Rats durch die USA über die Gespräche zur Begrenzung strategischer Waffen (SALT) in Wien.	
218	20.05.	Aufzeichnung des Ministerialdirektors Groepper	S. 809
		Groepper nimmt Stellung zum Entwurf vom April 1970 für ein Abkommen mit der UdSSR.	
219	20.05.	Staatssekretär Bahr, Bundeskanzleramt, z. Z. Moskau, an Bundesminister Scheel	S. 820
		Bahr teilt mit, daß der sowjetische Außenminister Gromyko nicht bereit sei, die derzeitige Formulierung des Grenzartikels zu akzeptieren.	
220	20.05.	Aufzeichnung des Staatssekretärs Bahr, Bundeskanzleramt, z. Z. Moskau	S. 821
		Bahr vermerkt Einzelheiten aus einem Gespräch mit dem Abteilungsleiter im sowjetischen Außenministerium, Falin.	
221	20.05.	Leitsätze für einen Vertrag mit der UdSSR	S. 822
		Der zwischen Staatssekretär Bahr, Bundeskanzleramt, und dem Abteilungsleiter im sowjetischen Außenministerium, Falin, vereinbarte Entwurf für einen Vertrag mit der UdSSR („Bahr-Papier") wird vorgelegt.	
222	20.05.	Gespräch des Staatssekretärs Bahr, Bundeskanzleramt, mit dem sowjetischen Außenminister Gromyko in Moskau	S. 825
		Im Mittelpunkt steht eine eventuelle Unterbrechung der Gespräche zur Überprüfung der erarbeiteten Leitsätze für einen Vertrag.	
223	20.05.	Gespräch des Bundesministers Scheel mit dem israelischen Botschafter Ben-Horin	S. 830
		Ben-Horin äußert sich besorgt über das militärische Engagement der UdSSR in der VAR und bittet um Technische Hilfe.	
224	20.05.	Aufzeichnung des Ministerialdirigenten Lahn	S. 832
		Lahn gibt Ausführungen des sowjetischen Botschafters in Ost-Berlin, Abrassimow, beim dritten Vier-Mächte-Gespräch über Berlin am 14. Mai 1970 wieder.	

| 225 | 20.05. | Aufzeichnung des Ministerialdirigenten Lahn | S. 840 |

Lahn befaßt sich mit der Kabinettvorlage des Bundesministeriums für innerdeutsche Beziehungen zur Neufassung der „Richtlinien für die Bezeichnung Deutschlands".

| 226 | 21.05. | Aufzeichnung des Bundeskanzlers Brandt | S. 843 |

Brandt gibt einen Überblick über die Vier-Augen-Gespräche mit dem Vorsitzenden des Ministerrats, Stoph, in Kassel.

| 227 | 21.05. | Staatssekretär Bahr, Bundeskanzleramt, z.Z. Moskau, an Bundesminister Scheel | S. 846 |

Bahr teilt mit, daß er die Kritik des sowjetischen Außenministers Gromyko an den Leitsätzen vom 20. Mai 1970 schriftlich zurückgewiesen und den Entwurf für ein Schreiben der Bundesregierung zum Selbstbestimmungsrecht übergeben habe.

| 228 | 21.05. | Bundesminister Scheel an Staatssekretär Bahr, Bundeskanzleramt, z.Z. Moskau | S. 849 |

Scheel erteilt Weisung, die momentane Fassung des Grenzartikels nur zu akzeptieren, wenn sich die sowjetische Regierung zur Entgegennahme eines Schreibens der Bundesregierung zum Selbstbestimmungsrecht bereit erklärt.

| 229 | 22.05. | Gespräch des Staatssekretärs Bahr, Bundeskanzleramt, mit dem sowjetischen Außenminister Gromyko in Moskau | S. 850 |

Die Gesprächspartner einigen sich, die Leitsätze vom 20. Mai 1970 als Grundlage von Vertragsverhandlungen zu verwenden.

| 230 | 22.05. | Staatssekretär Bahr, Bundeskanzleramt, z.Z. Moskau, an Bundesminister Scheel | S. 854 |

Bahr gibt den erfolgreichen Abschluß seiner Gespräche in Moskau bekannt.

| 231 | 22.05. | Staatssekretär Bahr, Bundeskanzleramt, z.Z. Moskau, an Bundesminister Scheel | S. 855 |

Bahr berichtet über ein etwa einstündiges Gespräch mit dem sowjetischen Außenminister Gromyko.

| 232 | 23.05. | Gespräch des Bundesministers Scheel mit dem sowjetischen Botschafter Zarapkin | S. 857 |

Scheel und Zarapkin erörtern die Einberufung einer Europäischen Sicherheitskonferenz.

Mai

| 233 | 25.05. | Staatssekretär Bahr, Bundeskanzleramt, an den Sicherheitsberater des amerikanischen Präsidenten, Kissinger | S. 861 |

Bahr gibt Eindrücke aus den Gesprächen mit dem sowjetischen Außenminister Gromyko in Moskau wieder.

| 234 | 25.05. | Vortragender Legationsrat I. Klasse Blumenfeld an Bundesminister Scheel, z. Z. Rom | S. 862 |

Blumenfeld übermittelt vier Leitsätze vom 20. Mai 1970 für einen Vertrag mit der UdSSR und weitere Informationen über die Gespräche des Staatssekretärs Bahr, Bundeskanzleramt, in Moskau.

| 235 | 26.05. | Aufzeichnung des Staatssekretärs Harkort | S. 865 |

Harkort resümiert die Ergebnisse einer Staatssekretärbesprechung zur Wirtschaftshilfe an Rumänien.

| 236 | 26.05. | Staatssekretär Duckwitz, z. Z. Rom, an Bundesminister Scheel | S. 868 |

Duckwitz legt dar, daß Bundesminister Scheel die Außenminister der Drei Mächte am Vortag über die Ergebnisse der Gespräche mit der UdSSR, Polen und der DDR informiert habe.

| 237 | 26.05. | Runderlaß des Ministerialdirektors Frank | S. 873 |

Frank berichtet über ein Gespräch des Bundesministers Scheel mit dem französischen Außenminister Schumann. Themen waren mögliche Kandidaten für die Präsidentschaft der EG-Kommission, die europäische Wirtschafts- und Währungspolitik sowie die politische Zusammenarbeit und ein Verifikationsabkommen zwischen EURATOM und IAEO.

| 238 | 27.05. | Botschafter Allardt, Moskau, an das Auswärtige Amt | S. 876 |

Allardt plädiert dafür, auf der Grundlage der Leitsätze vom 20. Mai 1970 möglichst bald einen Vertrag mit der UdSSR auszuarbeiten.

| 239 | 27.05. | Botschafter Lahr, Rom, an das Auswärtige Amt | S. 878 |

Lahr teilt mit, daß die französische Regierung sich bemühe, Italien zur Einführung des SECAM-Farbfernsehsystems zu bewegen.

| 240 | 27.05. | Staatssekretär Duckwitz, z. Z. Rom, an das Auswärtige Amt | S. 880 |

Duckwitz informiert über die NATO-Ministerratstagung am 26./27. Mai 1970. Im Mittelpunkt standen die Ost-West-Beziehungen, MBFR, die sowjetische Präsenz im Mittelmeerraum, die Lage im Nahen Osten, das Eingreifen der USA in Kambodscha und die innenpolitische Situation in Griechenland.

241 29.05. Aufzeichnung des Ministerialdirigenten Lahn S. 884

Lahn nimmt zu den Leitsätzen vom 20. Mai 1970 für einen Vertrag mit der UdSSR Stellung.

242 29.05. Aufzeichnung des Legationsrats I. Klasse Henze S. 892

Henze resümiert die Ergebnisse einer Vorbesprechung zur vierten Runde der Gespräche mit Polen.

243 01.06. Runderlaß des Ministerialdirigenten von Staden S. 894

Staden berichtet von der Konferenz der Außenminister der EG-Mitgliedstaaten am 29. Mai 1970 in Viterbo. Hauptthemen waren die Ziele und der Konsultationsmechanismus einer europäischen politischen Zusammenarbeit sowie die Beteiligung der EG-Beitrittskandidaten.

244 02.06. Runderlaß des Ministerialdirigenten Lahn S. 897

Lahn informiert über die NATO-Ministerratstagung am 26./27. Mai 1970 in Rom, die sich hauptsächlich mit beiderseitigen ausgewogenen Truppenverminderungen (MBFR), Ost-West-Kontakten und einer Europäischen Sicherheitskonferenz befaßte.

245 03.06. Aufzeichnung des Staatssekretärs Bahr, Bundeskanzleramt S. 900

Bahr notiert Eindrücke aus einem Gespräch mit dem Präsidium des Bundes der Vertriebenen und informiert über eine Unterredung mit Staatssekretär Frank. Hauptthema war die Frage eines Vertrags mit der UdSSR.

246 04.06. Botschafter Allardt, Moskau, an Bundesminister Scheel S. 903

Allardt weist darauf hin, daß die sowjetische Regierung von einem baldigen Beginn der Verhandlungen über ein Gewaltverzichtsabkommen ausgehe. Er äußert sich ferner zum Verhandlungsspielraum der Bundesregierung.

247 05.06. Aufzeichnung des Ministerialdirigenten Lahn S. 905

Lahn bewertet die Leitsätze vom 20. Mai 1970 für einen Vertrag mit der UdSSR.

248 06.06. Botschafter Allardt, Moskau, an das Auswärtige Amt S. 913

Anläßlich der Gespräche des stellvertretenden Generalsekretärs des Deutschen Roten Kreuzes, Wagner, in Moskau über Familienzusammenführung empfiehlt Allardt, das Thema in die Verhandlungen mit der UdSSR aufzunehmen.

249	07.06.	Gespräch des Bundesministers Scheel mit Mitgliedern der CDU/CSU-Fraktion	S. 917
		Die Mitglieder der CDU/CSU-Fraktion werden über die Gespräche des Staatssekretärs Bahr, Bundeskanzleramt, mit dem sowjetischen Außenminister Gromyko in Moskau unterrichtet.	
250	08.06.	Aufzeichnung des Staatssekretärs Frank	S. 920
		Frank resümiert die Ausführungen des Bundeskanzlers Brandt in der Kabinettssitzung über die Gespräche mit der UdSSR und Polen.	
251	08.06.	Aufzeichnung des Ministerialdirigenten Lahn	S. 923
		Lahn faßt den Verlauf der ersten Sitzung der vierten Gesprächsrunde mit dem polnischen Stellvertretenden Außenminister Winiewicz zusammen.	
252	08.06.	Botschafter Böker, New York (UNO), an Bundesminister Scheel	S. 926
		Böker teilt mit, daß UNO-Generalsekretär U Thant den Wunsch geäußert habe, in Genf Gespräche mit Bundesminister Scheel und dem Außenminister der DDR, Winzer, zu führen.	
253	09.06.	Aufzeichnung des Vortragenden Legationsrats I. Klasse Sanne, Bundeskanzleramt	S. 931
		Sanne bilanziert ein Gespräch des Staatssekretärs Bahr, Bundeskanzleramt, mit dem polnischen Stellvertretenden Außenminister Winiewicz. Hauptthema war die Grenzformel in einem bilateralen Vertrag.	
254	10.06.	Aufzeichnung des Staatssekretärs a. D. Duckwitz	S. 933
		Duckwitz gibt Äußerungen des polnischen Stellvertretenden Außenministers Winiewicz zu den Beziehungen zwischen Polen und der DDR bzw. der UdSSR, zur Europäischen Sicherheitskonferenz, zur Haltung der Drei Mächte, zur Bundespräsenz in Berlin und zur Familienzusammenführung wieder.	
255	10.06.	Aufzeichnung des Staatssekretärs Bahr, Bundeskanzleramt	S. 936
		Bahr vermerkt, daß er mit den Staatssekretären Frank, Schäfer und Maassen sowie weiteren Völkerrechtsexperten die vier Leitsätze erörtert habe, die als Grundlage eines Vertrags mit der UdSSR vorgesehen sind.	
256	10.06.	Aufzeichnung des Ministerialdirigenten von Staden	S. 938
		Staden legt dar, daß die Drei Mächte in der Bonner Vierergruppe Informationen zum vierten Gespräch mit dem sowjetischen	

Botschafter in Ost-Berlin, Abrassimow, über Berlin gegeben hätten.

257	10.06.	Aufzeichnung des Ministerialdirigenten Lahn	S. 940

Lahn referiert Stellungnahmen der Drei Mächte zu den vier Leitsätzen, die den materiellen Inhalt eines Vertrags mit der UdSSR bilden könnten.

258	10.06.	Gesandter Blomeyer-Bartenstein, Paris, an das Auswärtige Amt	S. 942

Blomeyer-Bartenstein informiert über die französische Haltung zur Ostpolitik der Bundesregierung.

259	10.06.	Ministerialdirigent Bömcke, Brüssel (EG), an das Auswärtige Amt	S. 944

Bömcke berichtet von den Beratungen des EG-Ministerrats über den Zwischenbericht zum Stufenplan für eine Wirtschafts- und Währungsunion (Werner-Bericht).

260	10.06.	Botschafter Grewe, Brüssel (NATO), an das Auswärtige Amt	S. 951

Grewe unterrichtet über den Verlauf der siebten Ministersitzung der Nuklearen Planungsgruppe.

261	11.06.	Gespräch des Bundesministers Scheel mit dem britischen Botschafter Jackling	S. 957

Thema ist das vierte Vier-Mächte-Gespräch über Berlin.

262	11.06.	Aufzeichnung des Staatssekretärs a. D. Duckwitz	S. 959

Duckwitz faßt die vierte Gesprächsrunde mit Polen zusammen und legt einen neuen, mit der polnischen Delegation abgestimmten Vertragsentwurf vor.

263	11.06.	Aufzeichnung des Ministerialdirektors Sahm, Bundeskanzleramt	S. 966

Sahm notiert, daß der amerikanische Gesandte ihn auf den unzureichenden Informationsfluß in der Bonner Vierergruppe hingewiesen habe. Außerdem habe Fessenden vor einer Nichterwähnung der Rechte der Vier Mächte in einem Abkommen mit der UdSSR gewarnt.

264	11.06.	Aufzeichnung des Büros Staatssekretär	S. 969

In der Staatssekretärbesprechung vom 9./10. Juni 1970 wurden die Leitsätze vom 20. Mai 1970 für einen Vertrag mit der UdSSR unter völker- und verfassungsrechtlichen Gesichtspunkten geprüft.

			Juni
265	11.06.	Botschafter Lahr, Rom, an Bundesminister Scheel	S. 973
		Als Reaktion auf das französische Vorgehen empfiehlt Lahr, die Firma AEG-Telefunken zu finanziellem Entgegenkommen gegenüber italienischen Parteien zu bewegen, um die Entscheidung für das PAL-Farbfernsehsystem sicherzustellen.	
266	12.06.	Botschafter Grewe, Brüssel (NATO), an das Auswärtige Amt	S. 975
		Grewe berichtet vom Treffen der Verteidigungsminister der europäischen NATO-Mitgliedstaaten (Euro-Dinner). Themen waren die Reduzierung der amerikanischen Streitkräfte in Europa und die Studie über die NATO-Verteidigungspolitik in den siebziger Jahren.	
267	13.06.	Aufzeichnung des Vortragenden Legationsrats I. Klasse van Well	S. 978
		Van Well vermerkt, daß die Vertreter der Drei Mächte in der Bonner Vierergruppe eine Stellungnahme zu den vier Leitsätzen übergeben hätten, die Grundlage für einen Vertrag mit der UdSSR sein sollen.	
268	13.06.	Botschafter von Hase, London, an das Auswärtige Amt	S. 979
		Hase erläutert die britische Haltung zur Deutschland- und Ostpolitik der Bundesregierung.	
269	15.06.	Botschafter Pauls, Washington, an das Auswärtige Amt	S. 984
		Pauls analysiert die amerikanische Haltung zur Deutschland- und Ostpolitik der Bundesregierung.	
270	16.06.	Staatssekretär Frank an Staatssekretär Bahr, Bundeskanzleramt (Entwurf)	S. 988
		Frank beantwortet die Anfrage von Bahr vom 17. April 1970 hinsichtlich einer völkerrechtlichen Anerkennung der DDR.	
271	19.06.	Aufzeichnung des Vortragenden Legationsrats I. Klasse Blumenfeld	S. 992
		Blumenfeld notiert, daß die Drei Mächte in der Bonner Vierergruppe nachdrücklich um Unterrichtung über die Punkte 5 bis 10 der Leitsätze vom 20. Mai 1970 für einen Vertrag mit der UdSSR gebeten hätten.	
272	19.06.	Aufzeichnung des Vortragenden Legationsrats I. Klasse Behrends	S. 993
		Behrends berichtet über ein Gespräch des Bundesministers Schmidt mit dem amerikanischen Verteidigungsminister Laird. Themen waren der Devisenausgleich und eine Reduzierung der amerikanischen Streitkräfte in Europa.	

273 19.06. Botschafter Lüders, Luxemburg, an das Auswärtige Amt S. 995

Lüders gibt die Information weiter, daß Belgien, Frankreich und Luxemburg ihren Rechtsstandpunkt bezüglich der Entschädigung ihrer während des Zweiten Weltkriegs zwangsrekrutierten Staatsangehörigen gegenüber der Bundesrepublik künftig gemeinsam vertreten wollen.

274 19.06. Botschafter Grewe, Brüssel (NATO), an das Auswärtige Amt S. 997

Grewe teilt mit, daß Staatssekretär Bahr, Bundeskanzleramt, den Ständigen NATO-Rat über die Ergebnisse der Gespräche mit dem sowjetischen Außenminister Gromyko in Moskau unterrichtet habe.

275 22.06. Aufzeichnung des Ministerialdirektors von Staden S. 1001

Staden empfiehlt, im Frühherbst Gespräche mit Ungarn über eine Erweiterung der Befugnisse der Handelsvertretungen und eine Vertiefung der kulturellen Beziehungen einzuleiten.

276 23.06. Gespräch des Bundeskanzlers Brandt mit Ministerpräsident Maurer S. 1003

Themen sind die Haltung der Warschauer-Pakt-Staaten zu einer Europäischen Sicherheitskonferenz, die Wirtschaftsbeziehungen zu Rumänien, der wissenschaftliche Austausch und Fragen der Familienzusammenführung.

277 23.06. Aufzeichnung des Vortragenden Legationsrats I. Klasse von Schenck S. 1010

Schenck befaßt sich mit dem Entwurf für einen Vertrag mit Polen, der während der vierten Gesprächsrunde vom 8. bis 10. Juni 1970 ausgehandelt wurde.

278 23.06. Gespräch des Bundeskanzlers Brandt mit Ministerpräsident Maurer S. 1014

Brandt und Maurer erörtern die bilateralen Wirtschaftsbeziehungen, die rumänische Haltung zum Warschauer Pakt und zum COMECON sowie die Intervention von Truppen des Warschauer Pakts in der ČSSR am 21. August 1968.

279 24.06. Aufzeichnung des Ministerialdirektors von Staden S. 1021

Staden faßt eine Unterredung des Bundeskanzlers Brandt mit NATO-Generalsekretär Brosio zusammen. Im Mittelpunkt standen eine Europäische Sicherheitskonferenz, die Gespräche der Bundesrepublik mit der UdSSR, Polen und der DDR, eine Regelung für Berlin sowie eine Reduzierung der amerikanischen Streitkräfte in Europa.

L

Juli

280 24.06. **Aufzeichnung des Staatssekretärs Bahr, Bundeskanzleramt** S. 1024

Vor dem Hintergrund der innenpolitischen Situation in der Bundesrepublik und dem Verhalten der Ostblock-Staaten äußert sich Bahr zum weiteren Vorgehen in den Verhandlungen mit der UdSSR.

281 24.06. **Aufzeichnung des Staatssekretärs Frank** S. 1029

Frank gibt Anregungen zur Vorbereitung der Verhandlungen mit der UdSSR.

282 25.06. **Botschafter Grewe, Brüssel (NATO), an das Auswärtige Amt** S. 1031

Grewe informiert über die Haltung der NATO zur Ostpolitik der Bundesregierung und weist auf das wachsende Konsultationsbedürfnis der Bündnispartner hin.

283 29.06. **Aufzeichnung des Ministerialdirektors von Staden** S. 1034

Staden resümiert ein Gespräch mit dem amerikanischen Gesandten Fessenden über die Unterrichtung der Drei Mächte betreffend die Punkte 5 bis 10 der Leitsätze vom 20. Mai 1970 für einen Vertrag mit der UdSSR.

284 30.06. **Aufzeichnung des Ministerialdirektors von Staden** S. 1035

Zur Vorbereitung der Verhandlungen mit der UdSSR unterbreitet Staden Lösungsvorschläge für die noch offenen Fragen und gibt Empfehlungen zur Zeitplanung und Zusammensetzung der Delegation.

285 30.06. **Botschafter Allardt, Moskau, an Bundesminister Scheel** S. 1049

Allardt spricht sich dafür aus, der UdSSR noch vor Abschluß eines Gewaltverzichtsvertrags Verhandlungen über die wirtschaftlichen, wissenschaftlich-technischen und kulturellen Beziehungen vorzuschlagen.

286 30.06. **Staatssekretär Frank an Botschafter Allardt, Moskau** S. 1051

Frank äußert sich zu der Frage, zu welchem Zeitpunkt Allardt zur Berichterstattung nach Bonn gerufen werden könne.

287 01.07. **Aufzeichnung des Ministerialdirektors von Staden** S. 1053

Staden erörtert die Entwürfe für einen Vertrag mit Polen und legt Vorschläge für die fünfte Gesprächsrunde in Warschau vor.

288	01.07.	Aufzeichnung des Vortragenden Legationsrats I. Klasse Burchard	S. 1060

Burchard befaßt sich mit dem möglichen juristischen Vorgehen aufgrund der Veröffentlichung der Leitsätze vom 20. Mai 1970 für einen Vertrag mit der UdSSR in der Presse.

289	01.07.	Runderlaß des Vortragenden Legationsrats I. Klasse Poensgen	S. 1062

Poensgen berichtet über die Eröffnung der Beitrittsverhandlungen mit Dänemark, Großbritannien, Irland und Norwegen auf der EG-Ministerratstagung in Luxemburg.

290	01.07.	Gesandter Boss, Brüssel (NATO), an das Auswärtige Amt	S. 1067

Boss resümiert die Diskussion im Ständigen NATO-Rat über die Vorschläge der Konferenz der Außenminister der Warschauer-Pakt-Staaten in Budapest zur Einberufung einer Europäischen Sicherheitskonferenz.

291	03.07.	Gespräch des Bundeskanzlers Brandt mit Staatspräsident Pompidou	S. 1069

Hauptthemen sind die Gespräche der Bundesrepublik mit der UdSSR und Polen sowie die Berücksichtigung der Vier-Mächte-Verantwortung für Deutschland und Berlin. Erörtert werden außerdem sicherheits- und abrüstungspolitische Fragen sowie europapolitische Themen.

292	03.07.	Gespräch des Bundesministers Scheel mit dem französischen Außenminister Schumann	S. 1081

Im Mittelpunkt der Unterredung stehen die Verträge mit der UdSSR und mit Polen, die Vier-Mächte-Gespräche über Berlin und die Möglichkeiten für Gespräche mit der ČSSR.

293	03.07.	Gespräch des Bundeskanzlers Brandt mit Staatspräsident Pompidou	S. 1089

Brandt und Pompidou befassen sich mit der europäischen politischen Zusammenarbeit, dem Verifikationsabkommen zwischen EURATOM und IAEO, dem Nahost-Konflikt und Möglichkeiten der wirtschaftlichen und wissenschaftlichen Zusammenarbeit zwischen der Bundesrepublik und Frankreich.

294	03.07.	Gespräch des Bundesministers Scheel mit dem französischen Außenminister Schumann	S. 1098

Scheel und Schumann erörtern die Möglichkeit, einer Reduzierung der amerikanischen Streitkräfte in Europa durch ein Burden Sharing in der NATO entgegenzuwirken, und andere verteidigungspolitische Fragen. Weitere Themen sind das Verifikationsabkommen zwischen EURATOM und IAEO sowie eine Einbeziehung der vier EG-Beitrittskandidaten in die Gespräche über eine europäische politische Zusammenarbeit.

295 03.07. **Aufzeichnung des Ministerialdirigenten Lahn** S. 1105

Lahn referiert die Äußerungen des sowjetischen Botschafters in Ost-Berlin, Abrassimow, während des fünften Vier-Mächte-Gesprächs über Berlin am 30. Juni 1970.

296 03.07. **Aufzeichnung des Staatssekretärs Bahr, Bundeskanzleramt** S. 1109

Bahr äußert sich besorgt zum bisherigen Verlauf der Vier-Mächte-Gespräche über Berlin.

297 03.07. **Aufzeichnung des Ministerialdirektors Herbst** S. 1111

Herbst nimmt Stellung zum Vorschlag eines Burden Sharing in der NATO und zum Devisenausgleich mit den USA.

298 03.07. **Aufzeichnung des Ministerialdirigenten Gehlhoff** S. 1115

Gehlhoff empfiehlt, die Wirtschaftshilfe an Israel mit Blick auf die arabischen Staaten ausgewogener zu gestalten.

299 03.07. **Aufzeichnung des Vortragenden Legationsrats I. Klasse von Schenck** S. 1119

Schenck erörtert die Frage, welche Fassung der Leitsätze für einen Vertrag mit der UdSSR der Veröffentlichung in der „Bild-Zeitung" zugrunde gelegen haben könnte.

300 06.07. **Aufzeichnung des Ministerialdirektors von Staden** S. 1121

Staden befaßt sich mit dem Stand der Arbeiten an einem Vertrag mit der UdSSR und mit dem angestrebten Junktim zwischen dem Abschluß dieses Vertrags und den Vier-Mächte-Gesprächen über Berlin.

301 07.07. **Runderlaß des Ministerialdirigenten Gehlhoff** S. 1131

Gehlhoff unterrichtet über die deutsch-indischen Regierungsgespräche vom 29./30. Juni 1970.

302 10.07. **Vereinbarung der Vier Mächte über Berlin (Entwurf)** S. 1134

Die Vereinbarung soll den Status von Berlin, den Zugang nach Berlin (West) sowie dessen Bindungen an die Bundesrepublik sichern.

303 10.07. **Aufzeichnung des Legationsrats Ederer** S. 1137

Ederer resümiert die Ergebnisse der ersten Gesprächsrunde einer ad-hoc-Arbeitsgruppe zur weiteren Planung und Koordinierung der Haltung der Bundesrepublik zu MBFR.

304 11.07. Botschafter Pauls, Washington, an das Auswärtige Amt S. 1141

Nach einem Gespräch mit dem stellvertretenden Leiter der amerikanischen Abrüstungsbehörde, Farley, berichtet Pauls über den Stand von SALT und die neue amerikanische Verhandlungsposition.

305 13.07. Gespräch des Bundeskanzlers Brandt mit Papst Paul VI. im Vatikan S. 1144

Themen sind die Ost- und Deutschlandpolitik der Bundesregierung, eine mögliche Neugliederung der Kirchenprovinzen in den Gebieten des Deutschen Reiches unter polnischer Verwaltung und soziale Fragen.

306 13.07. Aufzeichnung des Vortragenden Legationsrats I. Klasse van Well S. 1150

Van Well vermerkt, daß er den Drei Mächten den Entwurf eines Vertrags mit der UdSSR sowie den Entwurf einer Note zu den Rechten der Drei Mächte übergeben habe.

307 14.07. Gespräch des Bundeskanzlers Brandt mit Ministerpräsident Rumor in Rom S. 1156

Erörtert werden die Europa-Politik, der zunehmende sowjetische Einfluß im Mittelmeerraum, die Ost- und Deutschlandpolitik der Bundesregierung sowie die militärische Zusammenarbeit in Europa.

308 14.07. Aufzeichnung des Ministerialdirigenten Ritzel, Bundeskanzleramt S. 1164

Ritzel resümiert ein Gespräch des Bundeskanzlers Brandt mit dem sowjetischen Botschafter Zarapkin, bei dem der Plan einer Europäischen Sicherheitskonferenz und der Stand der Gespräche über einen Gewaltverzicht erörtert wurden.

309 14.07. Aufzeichnung des Ministerialdirektors von Staden S. 1166

Staden führt aus, daß die Bundesregierung vor Verhandlungsaufnahme in Moskau der sowjetischen Regierung ihre Änderungswünsche zu den Leitsätzen vom 20. Mai 1970 darlegen sollte.

310 14.07. Aufzeichnung des Ministerialdirektors von Staden S. 1169

Staden schlägt vor, den Grenzartikel (Artikel 2) im Vertrag mit der UdSSR mit einem Verbindungssatz dem Gewaltverzichtsartikel (Artikel 1) zu unterstellen.

311 15.07. Aufzeichnung des Ministerialdirigenten Robert S. 1170

Robert erläutert die Positionen der Bundesrepublik und Polens zur Frage der Einbeziehung von Berlin (West) in das am 23. Juni 1970 paraphierte Langfristige Handelsabkommen.

Juli

312 16.07. Sitzung des Ständigen NATO-Rats in Brüssel S. 1175

Gegenstand sind die Gespräche zur Begrenzung strategischer Waffen (SALT), insbesondere eine Nichteinbeziehung der Mittelstreckenraketen.

313 16.07. Aufzeichnung der Vortragenden Legationsrätin Finke-Osiander S. 1183

Finke-Osiander faßt eine von Bundesminister Scheel geleitete Hausbesprechung über die Ziele der fünften Gesprächsrunde mit Polen zusammen.

314 17.07. Aufzeichnung des Legationsrats I. Klasse Fleischhauer S. 1185

Fleischhauer notiert den Inhalt eines Gesprächs am 13. und 15. Juli 1970, in dem Bundesminister Scheel Abgeordnete von CDU, SPD und FDP über den Stand der Gespräche mit der UdSSR unterrichtete.

315 17.07. Botschafter von Hase, London, an das Auswärtige Amt S. 1188

Hase informiert über ein Gespräch des Bundesministers Scheel mit dem britischen Außenminister Douglas-Home. Themen waren die Verhandlungen über einen britischen Beitritt zu den Europäischen Gemeinschaften und die europäische politische Zusammenarbeit.

316 17.07. Botschafter von Hase, London, an das Auswärtige Amt S. 1191

Hase berichtet über ein Gespräch des Bundesministers Scheel mit dem britischen Außenminister Douglas-Home zu den bevorstehenden Verhandlungen mit der UdSSR.

317 17.07. Staatssekretär Frank an Bundesminister Scheel, z.Z. Washington S. 1195

Frank resümiert eine Unterredung mit Vertretern der Drei Mächte. Themen waren der Vertrag mit der UdSSR und der Fortbestand der Rechte der Vier Mächte.

318 18.07. Ministerialdirigent Lahn, z.Z. Washington, an das Auswärtige Amt S. 1196

Lahn informiert über ein Gespräch des Bundesministers Scheel mit dem amerikanischen Außenminister Rogers. Gegenstand waren die bevorstehenden Verhandlungen mit der UdSSR.

319 19.07. Bundesminister Scheel an den sowjetischen Außenminister Gromyko S. 1199

Scheel teilt mit, daß er in den bevorstehenden Verhandlungen Präzisierungen zu den Leitsätzen vom 20. Mai 1970 erörtern möchte.

320 19.07. Botschafter Pauls, Washington, an das Auswärtige Amt   S. 1200

Pauls faßt ein Gespräch des Bundesministers Scheel mit dem amerikanischen Präsidenten zusammen. Nixon betonte, bei den Verhandlungen mit der UdSSR dürften die Rechte der Vier Mächte nicht beeinträchtigt werden.

321 20.07. Aufzeichnung des Vortragenden Legationsrats I. Klasse von Schenck   S. 1203

Schenck erörtert, auf welche Weise die Rechte der Vier Mächte im Text eines Vertrags mit der UdSSR berücksichtigt werden könnten.

322 20.07. Botschafter Allardt, Moskau, an Bundesminister Scheel   S. 1207

Allardt berichtet über das Gespräch mit dem sowjetischen Außenminister Gromyko anläßlich der Übergabe des Schreibens des Bundesministers Scheel vom 19. Juli 1970.

323 20.07. Gesandter Boss, Brüssel (NATO), an das Auswärtige Amt   S. 1208

Boss teilt mit, daß im Mittelpunkt der Diskussion im Ständigen NATO-Rat die Kritik an der Nichteinbeziehung der Mittelstreckenraketen bei SALT und die Frage des Schutzes vor sowjetischen IR/MRBM im Falle einer Reduzierung der amerikanischen strategischen Systeme gestanden habe.

324 21.07. Aufzeichnung des Ministerialdirigenten Lahn   S. 1210

Lahn erläutert die Verhandlungstaktik gegenüber der UdSSR.

325 21.07. Aufzeichnung des Vortragenden Legationsrats I. Klasse van Well   S. 1213

Van Well resümiert die Sitzung der Bonner Vierergruppe, in der Möglichkeiten erörtert wurden, die Rechte der Vier Mächte in einem Vertrag mit der UdSSR zu wahren.

326 21.07. Runderlaß des Ministerialdirigenten Gehlhoff   S. 1216

Gehlhoff informiert über Fortschritte auf dem Gebiet der europäischen politischen Zusammenarbeit.

327 22.07. Gespräch des Bundesministers Scheel mit dem sowjetischen Botschafter Zarapkin   S. 1218

Zarapkin erläutert die Vorschläge der Konferenz der Außenminister der Warschauer-Pakt-Staaten am 21./22. Juni 1970 in Budapest für eine Europäische Sicherheitskonferenz.

Juli

328 23.07. Instruktionen für Bundesminister Scheel S. 1222

Es wird die Weisung des Kabinetts für die bevorstehenden Verhandlungen mit der UdSSR wiedergegeben.

329 23.07. Aufzeichnung des Ministerialdirektors von Staden S. 1224

Staden informiert über das sechste Vier-Mächte-Gespräch über Berlin am 21. Juli 1970.

330 23.07. Staatssekretär a. D. Duckwitz, z. Z. Warschau, an Bundesminister Scheel S. 1229

Duckwitz berichtet von einem Gespräch mit dem polnischen Außenminister Jędrychowski. Im Mittelpunkt stand die Einbeziehung von Berlin (West) in das am 23. Juni 1970 paraphierte Langfristige Handelsabkommen.

331 23.07. Botschafter Ruete, Paris, an das Auswärtige Amt S. 1230

Ruete unterrichtet über die Position des französischen Außenministeriums, wonach eine Paraphierung des Vertrags zwischen der Bundesrepublik und der UdSSR zum jetzigen Zeitpunkt jegliche sowjetische Bereitschaft zu Konzessionen in den Gesprächen über Berlin beenden würde.

332 24.07. Staatssekretär Bahr, Bundeskanzleramt, an den Sicherheitsberater des amerikanischen Präsidenten, Kissinger S. 1231

Bahr erläutert das beabsichtigte Vorgehen in den Verhandlungen mit der UdSSR und die innenpolitische Diskussion in der Bundesrepublik.

333 24.07. Staatssekretär a. D. Duckwitz, z. Z. Warschau, an Bundesminister Scheel S. 1233

Duckwitz informiert über die Erörterung humanitärer Fragen im Rahmen der fünften Gesprächsrunde mit Polen.

334 27.07. Bundesminister Scheel, z. Z. Moskau, an Staatssekretär Freiherr von Braun S. 1236

Scheel berichtet von einem Höflichkeitsbesuch beim sowjetischen Außenminister Gromyko.

335 27.07. Gespräch des Bundesministers Scheel mit dem sowjetischen Außenminister Gromyko in Moskau S. 1237

Zum Auftakt der Moskauer Verhandlungen regt Scheel an, die Leitsätze vom 20. Mai 1970 zu präzisieren.

336	27.07.	Aufzeichnung des Staatssekretärs a. D. Duckwitz	S. 1247
		Duckwitz resümiert die fünfte Gesprächsrunde über einen Vertrag mit Polen vom 23. bis 25. Juli 1970 in Warschau und fügt einen Vertragsentwurf bei.	
337	28.07.	Gespräch des Bundesministers Scheel mit dem sowjetischen Außenminister Gromyko in Moskau	S. 1257
		Gegenstand ist ein von Scheel vorgelegter Vertragsentwurf.	
338	28.07.	Vertrag zwischen der Bundesrepublik und der UdSSR (Entwurf)	S. 1265
		Text des von Bundesminister Scheel vorgestellten Vertragsentwurfs der Bundesregierung auf der Grundlage der Leitsätze vom 20. Mai 1970.	
339	28.07.	Gespräch des Staatssekretärs Frank mit dem Abteilungsleiter im sowjetischen Außenministerium, Falin, in Moskau	S. 1267
		Frank erläutert den Vertragsentwurf der Bundesregierung, den Falin als Verhandlungsgrundlage zurückweist.	
340	29.07.	Gespräch des Bundesministers Scheel mit dem sowjetischen Außenminister Gromyko in Moskau	S. 1274
		Gromyko lehnt den Vertragsentwurf der Bundesregierung vom 28. Juli 1970 als Verhandlungsgrundlage ab. Er verweist auf die Zugeständnisse, die die UdSSR in den bisherigen Gesprächen gemacht habe.	
341	29.07.	Aufzeichnung des Professors Frowein und des Legationsrats I. Klasse Fleischhauer, z. Z. Moskau	S. 1282
		Frowein und Fleischhauer prüfen unter rechtlichen Gesichtspunkten den vom sowjetischen Außenminister Gromyko gegenüber Bundesminister Scheel am 29. Juli 1970 vertretenen Standpunkt zu Grenzfragen und zum Gewaltverzichtsartikel.	
342	29.07.	Aufzeichnung des Vortragenden Legationsrats I. Klasse van Well	S. 1285
		Van Well informiert über die Unterrichtung der Drei Mächte zur fünften Gesprächsrunde mit Polen vom 23. bis 25. Juli 1970.	
343	30.07.	Gespräch des Bundesministers Scheel mit dem sowjetischen Außenminister Gromyko in Moskau	S. 1287
		Auf Anregung von Scheel sollen zunächst die weniger strittigen Punkte eines Vertrags durch Staatssekretär Frank und den Abteilungsleiter im sowjetischen Außenministerium, Falin, erörtert werden.	

August

344	30.07.	Bundesminister Scheel, z.Z. Moskau, an Bundeskanzler Brandt	S. 1293
		Scheel resümiert die ersten vier Verhandlungstage in Moskau.	
345	31.07.	Gespräch des Staatssekretärs Frank mit dem Abteilungsleiter im sowjetischen Außenministerium, Falin, in Moskau	S. 1296
		Thema ist die Formulierung des Vertragstextes. Falin übergibt den Entwurf einer Präambel.	
346	31.07.	Gespräch des Bundesministers Scheel mit dem sowjetischen Außenminister Gromyko in Moskau	S. 1307
		Es werden die bisher erzielten Übereinstimmungen und die noch bestehenden Meinungsverschiedenheiten bei den Vertragsverhandlungen erörtert.	
347	31.07.	Aufzeichnung des Staatssekretärs Bahr, Bundeskanzleramt, z.Z. Moskau	S. 1314
		Aufgrund eines Beschlusses des Politbüros vertritt Bahr die Ansicht, daß die UdSSR die Verhandlungen bald abschließen möchte. Er rät davon ab, daß Bundesminister Scheel vor einer Paraphierung des Vertrags noch einmal nach Bonn zurückkehrt.	
348	31.07.	Botschafter Pauls, Washington, an das Auswärtige Amt	S. 1315
		Pauls übermittelt amerikanische Überlegungen zur Deutschland- und Berlin-Frage. Vorrangig sei die Wahrung der Rechte der Vier Mächte.	
349	01.08.	Gespräch des Staatssekretärs Frank mit dem Abteilungsleiter im sowjetischen Außenministerium, Falin, in Moskau	S. 1319
		Die Gesprächspartner einigen sich auf die Formulierung der Artikel 2 und 4 eines Vertrags mit der UdSSR.	
350	01.08.	Bundesminister Scheel, z.Z. Moskau, an Staatssekretär Freiherr von Braun	S. 1327
		Scheel informiert, daß er die Drei Mächte in Moskau über den Stand der Verhandlungen mit der UdSSR unterrichtet habe.	
351	01.08.	Gespräch des Bundesministers Scheel mit dem sowjetischen Außenminister Gromyko in Moskau	S. 1328
		Es besteht prinzipielles Einvernehmen über die Artikel 1, 2 und 4. Gromyko lehnt den Vorschlag von Scheel ab, den noch ausstehenden Friedensvertrag und die Rechte der Vier Mächte in einem Schriftwechsel zu erwähnen.	

352 01.08. Staatssekretär Bahr, Bundeskanzleramt, z.Z. Moskau, an Bundeskanzler Brandt   S. 1335

Bahr analysiert die bisherige Verhandlungsführung durch Bundesminister Scheel.

353 02.08. Aufzeichnung des Bundesministers Scheel, z.Z. Moskau   S. 1337

Scheel faßt ein Vier-Augen-Gespräch mit dem sowjetischen Außenminister zusammen. Nach einem Gedankenaustausch über eine Europäische Sicherheitskonferenz, MBFR und den Nahen Osten schlug Gromyko eine Formulierung zur Verknüpfung der Artikel 2 und 3 im Vertrag zwischen der Bundesrepublik und der UdSSR vor.

354 03.08. Bundeskanzler Brandt an Bundesminister Scheel, z.Z. Moskau   S. 1341

Brandt nimmt Stellung zu den Verhandlungen in Moskau. Es müsse eine verbindliche Erklärung erreicht werden hinsichtlich der Rechte der Vier Mächte und eines künftigen Friedensvertrags.

355 03.08. Gespräch des Staatssekretärs Frank mit dem Abteilungsleiter im sowjetischen Außenministerium, Falin, in Moskau   S. 1345

Erörtert wird der Text der Eingangsformel und der Präambel des Vertrags zwischen der Bundesrepublik und der UdSSR.

356 03.08. Gespräch des Staatssekretärs Frank mit dem Abteilungsleiter im sowjetischen Außenministerium, Falin, in Moskau   S. 1351

Frank und Falin einigen sich auf die Präambel des Vertrags zwischen der Bundesrepublik und der UdSSR.

357 03.08. Gespräch des Staatssekretärs Bahr, Bundeskanzleramt, mit Vertretern der Drei Mächte in Moskau   S. 1358

Bahr führt die Unterrichtung der Drei Mächte über die Verhandlungen mit der UdSSR fort.

358 03.08. Bundeskanzler Brandt an Staatssekretär Bahr, Bundeskanzleramt, z.Z. Moskau   S. 1362

Brandt bekräftigt, daß bei den Verhandlungen in Moskau auch über die Zukunft von Berlin gesprochen werden müsse mit dem Ziel einer substantiellen Erklärung.

359 04.08. Bundesminister Scheel, z.Z. Moskau, an Staatssekretär Freiherr von Braun   S. 1366

Schee teilt mit, daß Staatssekretär Frank mit dem Abteilungsleiter im sowjetischen Außenministerium, Falin, am Vortag Wortlaut und Übergabemodalitäten des „Briefs zur deutschen Einheit" erörtert habe.

360 04.08. **Gespräch des Bundesministers Scheel mit dem sowjetischen Außenminister Gromyko in Moskau** S. 1369

Themen sind Präambel und Artikel 3 eines Vertrags mit der UdSSR.

361 04.08. **Aufzeichnung des Ministerialdirektors Herbst** S. 1374

Herbst resümiert ein Gespräch des Staatssekretärs Freiherr von Braun mit dem israelischen Botschafter Ben-Horin über Wirtschaftshilfe für das Jahr 1970.

362 04.08. **Ministerialdirigent Lahn an die Botschaft in Moskau** S. 1376

Lahn übermittelt die Ergebnisse einer Unterredung mit dem Ministerium für Post- und Fernmeldewesen der DDR über die Schaltung zusätzlicher Telex- und Telegraphenleitungen zwischen Berlin (West) und Ost-Berlin.

363 04.08. **Staatssekretär Frank, z. Z. Moskau, an Staatssekretär Freiherr von Braun** S. 1378

Frank berichtet von einem weiteren Gespräch mit dem Abteilungsleiter im sowjetischen Außenministerium, Falin, über den „Brief zur deutschen Einheit" sowie eine geplante Note der Bundesrepublik an die Drei Mächte.

364 04.08. **Botschafter Allardt, Moskau, an das Auswärtige Amt** S. 1381

Allardt faßt die Unterrichtung der Vertreter der Drei Mächte in Moskau über die Verhandlungen mit der sowjetischen Regierung durch Staatssekretär Bahr zusammen.

365 05.08. **Aufzeichnung des Vortragenden Legationsrats I. Klasse von Schenck** S. 1385

Schenck notiert das Ergebnis einer Besprechung über Artikel 3 eines Vertrags mit der UdSSR.

366 05.08. **Drahterlaß des Ministerialdirigenten Lahn** S. 1387

Lahn informiert darüber, daß das amerikanische Außenministerium mit der Behandlung der Rechte der Vier Mächte in den Moskauer Verhandlungen zufrieden sei. Es solle jedoch versucht werden, eine Aufnahme in den Vertragstext zu erreichen.

367 05.08. **Gespräch des Bundesministers Scheel mit dem sowjetischen Außenminister Gromyko in Moskau** S. 1388

Themen sind Artikel 3 eines Vertrags mit der UdSSR sowie die sowjetische Erklärung über das Problem der Rechte der Vier

Mächte, die Bestandteil der Note der Bundesrepublik an die Drei Mächte werden sollte.

368 05.08. **Gespräch des Bundesministers Scheel mit dem sowjetischen Außenminister Gromyko in Moskau** S. 1393

Besprochen werden Möglichkeiten einer wirtschaftlichen und wissenschaftlich-technologischen Zusammenarbeit, insbesondere der Bau einer LKW-Fabrik in der UdSSR.

369 05.08. **Aufzeichnung des Staatssekretärs Bahr, Bundeskanzleramt, z. Z. Moskau** S. 1397

Bahr erörtert das weitere Vorgehen nach Paraphierung des Vertrags mit der UdSSR und der Rückkehr des Bundesministers Scheel nach Bonn.

370 05.08. **Bundesminister Scheel, z. Z. Moskau, an die Botschafter von Hase (London), Pauls (Washington) und Ruete (Paris)** S. 1399

Scheel übermittelt den Entwurf des Vertrags mit der UdSSR sowie weitere Erläuterungen für die Drei Mächte.

371 05.08. **Bundesminister Scheel, z. Z. Moskau, an Staatssekretär Freiherr von Braun** S. 1402

Scheel übersendet den Entwurf der Note an die Drei Mächte mit den Erklärungen der Bundesregierung und der sowjetischen Regierung über die Rechte der Vier Mächte sowie den Wortlaut des Artikels 3 eines Vertrags mit der UdSSR.

372 06.08. **Gespräch des Bundesministers Scheel mit den Vertretern der Drei Mächte in Moskau** S. 1405

Thema ist der Wunsch der Drei Mächte, die beabsichtigte sowjetische Erklärung zu den Rechten der Vier Mächte in die Präambel eines Vertrags mit der UdSSR aufzunehmen oder in anderer schriftlicher Form zu erhalten.

373 06.08. **Staatssekretär Freiherr von Braun an Bundesminister Scheel, z. Z. Moskau** S. 1407

Braun übermittelt die Stellungnahme des Bundeskanzlers Brandt zum bisherigen Ergebnis der Moskauer Verhandlungen.

374 06.08. **Botschafter Ruete, Paris, an das Auswärtige Amt** S. 1408

Ruete berichtet, daß er den Entwurf des Vertrags mit der UdSSR im französischen Außenministerium übergeben habe.

375	06.08.	Gespräch des Bundesministers Scheel mit dem sowjetischen Außenminister Gromyko in Moskau	S. 1410
		Die Gesprächspartner geben Erklärungen zu den Rechten der Vier Mächte ab und erörtern die Stellung von Berlin. Angesprochen werden ferner der Bau neuer Botschaftsgebäude und die Familienzusammenführung.	
376	06.08.	Staatssekretär Freiherr von Braun an Staatssekretär Sohn, Bundesministerium für wirtschaftliche Zusammenarbeit	S. 1415
		Braun nimmt Stellung zu Überlegungen des BMZ, regionale Schwerpunkte bei der Vergabe von Entwicklungshilfe zu setzen.	
377	06.08.	Botschafter Pauls, Washington, an das Auswärtige Amt	S. 1419
		Pauls übermittelt den Wunsch der amerikanischen Regierung, die Paraphierung des Vertrags mit der UdSSR zurückzustellen, um weitere Konsultationen über die Note der Bundesrepublik an die Drei Mächte zu ermöglichen.	
378	07.08.	Gespräch des Bundesministers Scheel mit dem sowjetischen Außenminister Gromyko in Moskau	S. 1420
		Gromyko regt an, den Vertrag zwischen der Bundesrepublik und der UdSSR auch von Bundeskanzler Brandt und Ministerpräsident Kossygin in Moskau unterzeichnen zu lassen.	
379	07.08.	Aufzeichnung des Ministerialdirigenten Gehlhoff	S. 1423
		Gehlhoff erörtert Vorschläge für den Fortgang der Gespräche über einen Vertrag mit Polen.	
380	07.08.	Gesandter Wickert, London, an das Auswärtige Amt	S. 1426
		Wickert berichtet von der Übergabe des Texts der Note an die Drei Mächte im britischen Außenministerium.	
381	07.08.	Bundeskanzler Brandt an Präsident Nixon	S. 1428
		Brandt informiert über den Abschluß der Moskauer Verhandlungen und regt ein Treffen der Staats- und Regierungschefs der Drei Mächte und der Bundesrepublik an.	
382	08.08.	Aufzeichnung des Staatssekretärs Bahr, Bundeskanzleramt	S. 1429
		Bahr faßt zwei Gespräche mit dem Abteilungsleiter im sowjetischen Außenministerium, Falin, in Moskau über den Status von Berlin zusammen.	

383 09.08. Botschafter Allardt, Moskau, an das Auswärtige Amt S. 1432

Allardt teilt mit, er habe den sowjetischen Außenminister Gromyko davon in Kenntnis gesetzt, daß Bundeskanzler Brandt zur Unterzeichnung des Vertrags mit der UdSSR nach Moskau kommen werde.

384 10.08. Botschafter Pauls, Washington, an das Auswärtige Amt S. 1433

Pauls berichtet von der amerikanischen Reaktion auf die Entscheidung der Bundesregierung, den Vertrag mit der UdSSR unverzüglich zu paraphieren.

385 10.08. Runderlaß des Vortragenden Legationsrats I. Klasse von Bismarck-Osten S. 1434

Bismarck-Osten resümiert den Stand der Arbeiten im Werner-Ausschuß über die stufenweise Verwirklichung der Wirtschafts- und Währungsunion in den Europäischen Gemeinschaften.

386 11.08. Botschafter Pauls, Washington, an das Auswärtige Amt S. 1436

Pauls teilt mit, die amerikanische Regierung sei darüber verstimmt, daß sowohl die Anregung des Bundeskanzlers Brandt zu einem Treffen der Staats- und Regierungschefs der Drei Mächte und der Bundesrepublik als auch der Text des Moskauer Vertrags bereits in der Presse veröffentlich worden seien.

387 12.08. Gespräch des Bundeskanzlers Brandt mit Ministerpräsident Kossygin in Moskau S. 1438

Erörtert werden Möglichkeiten einer bilateralen Zusammenarbeit auf der Grundlage des Moskauer Vertrags sowie eine Europäische Sicherheitskonferenz.

388 12.08. Gespräch des Bundeskanzlers Brandt mit dem Generalsekretär des ZK der KPdSU, Breschnew, in Moskau S. 1449

Themen sind die Bedeutung des Moskauer Vertrags sowie Fragen der Ost-West-Beziehungen.

389 13.08. Aufzeichnung des Staatssekretärs Bahr, Bundeskanzleramt S. 1465

Bahr vermerkt, daß er mit sowjetischen Gesprächspartnern die Schaffung eines vertraulichen Informationskanals und die Aussichten für einen Vertrag zwischen der Bundesrepublik und der DDR erörtert habe.

		August
390	13.08.	Gespräch des Bundeskanzlers Brandt mit Ministerpräsident Kossygin in Moskau S. 1467

Themen sind der Moskauer Vertrag, die Vier-Mächte-Gespräche über Berlin, Möglichkeiten einer wirtschaftlichen Zusammenarbeit sowie die Familienzusammenführung.

391 14.08. Bundeskanzler Brandt an Premierminister Heath S. 1473

Brandt unterrichtet über seine Gespräche am 12./13. August 1970 in Moskau.

392 14.08. Aufzeichnung des Botschaftsrats Sönksen, Washington S. 1475

Sönksen resümiert die Gespräche des Botschafters Roth mit der amerikanischen Regierung über SALT, MBFR, eine Europäische Sicherheitskonferenz sowie über ein Verbot biologischer und chemischer Waffen.

393 15.08. Aufzeichnung des Staatssekretärs Freiherr von Braun S. 1482

Braun nimmt Stellung zur Frage einer Weiterführung des Airbus-Projekts angesichts starker Konkurrenz auf dem Flugzeugmarkt.

394 15.08. Botschafter Hille, Amman, an das Auswärtige Amt S. 1483

Hille berichtet über die jordanische Reaktion auf das Wirtschaftshilfeabkommen zwischen der Bundesrepublik und Israel für 1970.

395 16.08. Ministerialdirigent Heipertz, Prag, an Staatssekretär Bahr, Bundeskanzleramt S. 1485

Heipertz äußert sich zu den Aussichten für Gespräche mit der ČSSR über eine Verbesserung des bilateralen Verhältnisses.

396 17.08. Gespräch des Staatssekretärs Bahr, Bundeskanzleramt, mit dem Sicherheitsberater des amerikanischen Präsidenten, Kissinger, in Washington S. 1487

Themen sind der Moskauer Vertrag, die Vier-Mächte-Gespräche über Berlin und die sowjetische Europa-Politik.

397 17.08. Gespräch des Staatssekretärs Bahr, Bundeskanzleramt, mit dem Abteilungsleiter im amerikanischen Außenministerium, Hillenbrand, in Washington S. 1492

Erörtert werden die Bedingungen für eine Berlin-Regelung und das weitere Vorgehen in den Vier-Mächte-Gesprächen.

Dokumentenverzeichnis für Band II

398 18.08. CDU/CSU-Fraktionsvorsitzender Barzel an Bundeskanzler Brandt S. 1496

Barzel bittet, die CDU/CSU-Fraktion in der Frage einer Berlin-Regelung in Zukunft zu informieren und zu konsultieren.

399 18.08. Aufzeichnung des Botschafters Roth S. 1499

Roth faßt seine Gespräche am 13./14. August 1970 in Washington über SALT, MBFR sowie ein Verbot biologischer und chemischer Waffen zusammen.

400 18.08. Ministerialdirigent Gehlhoff an die Botschaft in Teheran S. 1502

Gehlhoff informiert über ein Gespräch des Staatssekretärs Freiherr von Braun mit dem iranischen Botschafter Malek über die Vorgänge bei einer Demonstration iranischer Studenten in Darmstadt.

401 19.08. Aufzeichnung des Bundeskanzlers Brandt S. 1504

Brandt bewertet die Gespräche mit dem Generalsekretär der KPdSU, Breschnew, und Ministerpräsident Kossygin am 12. August 1970 in Moskau.

402 19.08. Aufzeichnung des Staatssekretärs Bahr, Bundeskanzleramt S. 1508

Bahr vermerkt Äußerungen des Sicherheitsberaters des amerikanischen Präsidenten, Kissinger, zur Frage eines Treffens der Staats- und Regierungschefs der Drei Mächte und der Bundesrepublik und gibt eine Bewertung seiner Gespräche in Washington über den Moskauer Vertrag.

403 19.08. Aufzeichnung des Ministerialdirigenten Gehlhoff S. 1510

Gehlhoff notiert Informationen über ein Gespräch des Bundeskanzlers Brandt mit dem ägyptischen Außenhandelsminister Zaki. Themen waren die Aussichten auf eine Beilegung des Nahost-Konflikts und die Verbesserung des bilateralen Verhältnisses.

404 20.08. Ressortbesprechung S. 1512

Vertreter des Auswärtigen Amts, des Bundesministeriums der Finanzen und des Bundeskanzleramts erörtern Einzelheiten einer Wiedergutmachungsregelung mit den osteuropäischen Staaten, insbesondere mit Jugoslawien.

405 20.08. Botschafter Löns, Bern, an das Auswärtige Amt S. 1528

Löns berichtet, daß er im schweizerischen Außenministerium wegen der Sondierungsgespräche zwischen der Schweiz und der DDR über den Austausch von Handelskammervertretungen vorstellig geworden sei.

406	24.08.	Aufzeichnung des Ministerialdirigenten Lebsanft	S. 1532
		Lebsanft äußert sich zum Wunsch der Deutschen Bank, Bundesbürgschaften für den Bau einer Erdölleitung von Eilath nach Ashkalon zu erhalten.	
407	24.08.	Gesandter Baron von Stempel, Moskau, an das Auswärtige Amt	S. 1534
		Stempel vergleicht die Modalitäten der Übergabe des „Briefs zur deutschen Einheit" mit denen der Übergabe des Vorbehaltsschreibens des Bundeskanzlers Adenauer vom 14. September 1955 an Ministerpräsident Bulganin.	
408	27.08.	Aufzeichnung des Staatssekretärs Freiherr von Braun	S. 1536
		Braun hält eine Diskussion im Kabinett zum Bau einer LKW-Fabrik in der UdSSR unter Beteiligung der Daimler-Benz AG fest.	
409	27.08.	Aufzeichnung des Vortragenden Legationsrats I. Klasse von Alten	S. 1538
		Alten resümiert seine Unterredungen in Warschau über eine Fortsetzung der Gespräche zum Abschluß eines Vertrags mit Polen.	
410	27.08.	Aufzeichnung des Vortragenden Legationsrats I. Klasse von Schenck	S. 1543
		Schenck nimmt Stellung zu den rechtlichen und politischen Fragen eines Austauschs von Vertretungen zwischen der Bundesrepublik und der DDR.	
411	29.08.	Botschafter von Lilienfeld, Teheran, an das Auswärtige Amt	S. 1549
		Lilienfeld berichtet von einem Gespräch mit Schah Reza Pahlevi über die Vorgänge bei einer Demonstration iranischer Studenten in Darmstadt.	
412	29.08.	Botschafter von Lilienfeld, Teheran, an das Auswärtige Amt	S. 1551
		Lilienfeld übermittelt Ausführungen des Schahs Reza Pahlevi zum Moskauer Vertrag und zur sowjetischen Politik im Nahen Osten.	
413	01.09.	Ministerialdirigent Gehlhoff an die Ständige Vertretung bei der NATO in Brüssel	S. 1555
		Gehlhoff äußert sich zu Vorschlägen, eine Botschafterkonferenz zur Vorbereitung einer Europäischen Sicherheitskonferenz in Helsinki einzuberufen.	

414 03.09. Aufzeichnung des Ministerialdirigenten Gehlhoff S. 1559

Zur Vorbereitung des siebten Vier-Mächte-Gesprächs über Berlin schlägt Gehlhoff vor, auf der Basis des Entwurfs der Bundesregierung vom 10. Juli 1970 an der Ausarbeitung eines gemeinsamen Positionspapiers der Bonner Vierergruppe mitzuwirken.

415 03.09. Botschafter Lüders, Luxemburg, an das Auswärtige Amt S. 1561

Lüders teilt mit, daß der luxemburgische Außenminister Thorn eine gemeinsam mit der französischen und der belgischen Regierung verfaßte Note zur Entschädigung ihrer während des Zweiten Weltkriegs zwangsrekrutierten Staatsangehörigen angekündigt habe.

416 03.09. Gesandter Noebel, Washington, an das Auswärtige Amt S. 1562

Noebel informiert über ein Gespräch des amerikanischen Botschafters Rush mit dem sowjetischen Botschafter in Ost-Berlin, Abrassimow. Thema waren die Vier-Mächte-Gespräche über Berlin.

417 04.09. Aufzeichnung des Ministerialdirigenten Robert S. 1563

Robert unterbreitet Vorschläge zur Frage der Streckenführung in einem Luftverkehrsabkommen mit der UdSSR.

418 07.09. Gespräch des Bundesministers Scheel mit dem Kanzler des Herzogtums Lancaster, Rippon S. 1566

Themen sind die EG-Beitrittsverhandlungen, die Ostpolitik der Bundesregierung und die Vier-Mächte-Gespräche über Berlin.

419 07.09. Aufzeichnung des Ministerialdirigenten Gehlhoff S. 1571

Gehlhoff faßt ein Gespräch des Bundeskanzlers Brandt mit Präsident Suharto zusammen. Im Mittelpunkt standen indonesische Kreditwünsche, die Erweiterung der Europäischen Gemeinschaften, die Ostpolitik der Bundesregierung und die Beteiligung von Firmen aus der Bundesrepublik am Bau des Cabora-Bassa-Staudamms.

420 09.09. Aufzeichnung des Ministerialdirigenten Gehlhoff S. 1575

Gehlhoff vermerkt, daß die Bonner Vierergruppe zur Fortsetzung der Vier-Mächte-Gespräche über Berlin ein Positionspapier ausgearbeitet habe, das weitgehend auf dem Entwurf der Bundesregierung vom 10. Juli 1970 beruhe.

421 10.09. Gespräch des Bundesministers Scheel mit dem norwegischen Außenminister Stray in Oslo S. 1578

Die Gesprächspartner behandeln die Ost- und Deutschlandpolitik der Bundesregierung, eine Europäische Sicherheitskonferenz, das Burden Sharing innerhalb der NATO und die EG-Beitrittsverhandlungen.

422 10.09. **Ministerialdirigent Robert an die Botschaft in Wien** S. 1583

Robert informiert über die Beratungen der Bonner Vierergruppe zum Antrag der DDR, mit der IAEO ein Kontrollabkommen abzuschließen.

423 11.09. **Aufzeichnung des Ministerialdirigenten Simon** S. 1586

Simon erläutert einen niederländischen Kompromißvorschlag, der es der Bundesrepublik ermöglichen soll, im Rahmen des WEU-Vertrags vier U-Boote nach Griechenland zu liefern.

424 11.09. **Gesandter Baron von Stempel, Moskau, an das Auswärtige Amt** S. 1589

Stempel berichtet, daß er im sowjetischen Außenministerium unter Hinweis auf den Moskauer Vertrag vom 12. August 1970 erneut den Wunsch der Bundesrepublik erläutert habe, ständiges Mitglied im Gouverneursrat der IAEO zu werden.

425 14.09. **Gespräch des Staatssekretärs Frank mit dem sowjetischen Botschafter Zarapkin** S. 1592

Gegenstand ist die Frage der Streckenführung in einem bilateralen Luftverkehrsabkommen.

426 14.09. **Aufzeichnung des Ministerialdirektors von Staden** S. 1594

Nach Unterzeichnung des Moskauer Vertrags vom 12. August 1970 unterbreitet Staden Vorschläge für die weiteren Gespräche mit Polen.

427 14.09. **Aufzeichnung des Ministerialdirektors von Staden** S. 1601

Staden stellt die von der Bonner Vierergruppe erarbeitete Studie über die Auswirkungen der Deutschland- und Ostpolitik der Bundesregierung auf die Rechte der Vier Mächte vor.

428 14.09. **Aufzeichnung des Vortragenden Legationsrats Ruth** S. 1604

Ruth faßt einen deutsch-amerikanischen Gedankenaustausch über MBFR zusammen.

429 16.09. **Aufzeichnung des Parlamentarischen Staatssekretärs Moersch** S. 1607

Moersch legt dar, daß Bundeskanzler Brandt mit dem CDU/CSU-Fraktionsvorsitzenden Barzel und dem Vorsitzenden der CSU-Landesgruppe, Stücklen, über Elemente einer Berlin-Regelung gesprochen habe.

430 16.09. Aufzeichnung des Ministerialdirektors von Staden   S. 1611

Staden spricht sich dafür aus, auf den tschechoslowakischen Vorschlag zur Aufnahme von Gesprächen einzugehen.

431 16.09. Botschafter Limbourg, Athen, an das Auswärtige Amt   S. 1614

Limbourg teilt mit, daß er mit Ministerpräsident Papadopoulos die Lieferung von Panzerersatzteilen sowie von 20 Bergepanzern aus Überschußbeständen der Bundeswehr erörtert habe.

432 17.09. Staatssekretär Frank an die Botschaften in Bern, London und Washington   S. 1617

Frank übermittelt eine Weisung für die Verhandlungen zur Befreiung der Geiseln aus der Gewalt von Flugzeugentführern in Jordanien.

433 18.09. Gespräch des Bundesministers Scheel mit dem Präsidenten der EG-Kommission, Malfatti   S. 1619

Themen sind die EG-Beitrittsverhandlungen, die Verwirklichung der Wirtschafts- und Währungsunion und der Moskauer Vertrag vom 12. August 1970.

434 18.09. Aufzeichnung des Vortragenden Legationsrats I. Klasse Klarenaar   S. 1622

Klarenaar erläutert das Langfristige Abkommen mit Ungarn über den Warenverkehr und die Zusammenarbeit auf wirtschaftlichem und technischem Gebiet.

435 21.09. Aufzeichnung des Ministerialdirektors von Staden   S. 1624

Staden legt eine Niederschrift über die Sondersitzung der Bonner Vierergruppe am 18./19. September 1970 vor. Thema war die Studie über die Auswirkungen der Ostpolitik der Bundesregierung auf die Rechte der Vier Mächte.

436 21.09. Aufzeichnung des Ministerialdirektors von Staden   S. 1630

Staden faßt die Erörterungen in der Sondersitzung der Bonner Vierergruppe am 18./19. September 1970 über Berlin zusammen. Grundlage war ein Papier mit Elementen einer Berlin-Regelung sowie ein Basispapier für eine Vier-Mächte-Vereinbarung über Berlin.

437 21.09. Aufzeichnung des Legationsrats I. Klasse Bräutigam   S. 1636

Bräutigam berichtet von einem Gespräch des Staatssekretärs Frank mit dem CDU/CSU-Fraktionsvorsitzenden Barzel betreffend eine Vier-Mächte-Vereinbarung über Berlin.

438 23.09. Aufzeichnung des Staatssekretärs Frank S. 1638

Frank resümiert Gespräche in der Bonner Vierergruppe. Themen waren eine Erklärung der Bundesregierung zu den Vier-Mächte-Gesprächen über Berlin sowie der Zeitpunkt des Beginns regulärer Verhandlungen.

439 24.09. Aufzeichnung des Vortragenden Legationsrats I. Klasse van Well S. 1640

Van Well vermerkt, daß die Fraktionsvorsitzenden Barzel (CDU/CSU), Mischnick (FDP) und Wehner (SPD) sowie der Vorsitzende der CSU-Landesgruppe, Stücklen, zum Stand der Vier-Mächte-Gespräche über Berlin unterrichtet wurden.

440 26.09. Gespräch des Bundesministers Schiller mit Ministerpräsident Kossygin in Moskau S. 1643

Im Mittelpunkt stehen die wirtschaftliche und technologische Entwicklung der Bundesrepublik und der UdSSR sowie Möglichkeiten einer bilateralen Zusammenarbeit.

441 26.09. Ministerialdirigent Lahn, z. Z. New York, an das Auswärtige Amt S. 1650

Lahn informiert über ein Gespräch des Bundesministers Scheel mit dem polnischen Stellvertretenden Außenminister Winiewicz über die Fortsetzung der Vertragsverhandlungen, eine Europäische Sicherheitskonferenz, die Zusammenarbeit zwischen EG-Mitgliedstaaten und COMECON sowie über eine Aufnahme der DDR in die UNO.

442 29.09. Aufzeichnung des Parlamentarischen Staatssekretärs Moersch S. 1654

Moersch erörtert die Zukunft des Airbus-Projekts und eine verstärkte britische Beteiligung.

443 29.09. Botschafter Allardt, Moskau, an das Auswärtige Amt S. 1656

Allardt bezeichnet die Einbeziehung von Berlin (West) in einen Handelsvertrag mit der UdSSR für erforderlich.

444 30.09. Gesandter Baron von Stempel, Moskau, an das Auswärtige Amt S. 1658

Stempel teilt die Ergebnisse des Besuchs des Bundesministers Leussink vom 17. bis 29. September 1970 in der UdSSR mit.

445 30.09. Botschafter Böker, New York (UNO), an das Auswärtige Amt S. 1660

Böker informiert über ein Gespräch des Bundesministers Scheel mit dem israelischen Außenminister Eban. Erörtert wurde die Situation im Nahen Osten, die Europa- und Nahostpolitik der

UdSSR sowie die Auswirkungen der Ostpolitik der Bundesregierung auf die bilateralen Beziehungen.

446 01.10. Aufzeichnung des Staatssekretärs Freiherr von Braun S. 1663

Braun referiert die Diskussion im Kabinett über die Besuche der Bundesminister Schiller und Leussink in der UdSSR.

447 01.10. Botschafter Grewe, Brüssel (NATO), an das Auswärtige Amt S. 1667

Grewe berichtet von der Sitzung der Verteidigungsminister der europäischen NATO-Mitgliedsstaaten (Eurogroup) über Burden Sharing.

448 02.10. Aufzeichnung des Ministerialdirektors von Staden S. 1671

Staden faßt das siebte Vier-Mächte-Gespräch über Berlin vom 30. September 1970 zusammen.

449 02.10. Aufzeichnung des Legationsrats I. Klasse Vergau S. 1676

Vergau protokolliert eine Besprechung bei Bundesminister Scheel zur Vorbereitung der sechsten Runde der Gespräche mit Polen.

450 05.10. Bundeskanzler Brandt an Staatspräsident Pompidou S. 1678

Vor dem Besuch von Pompidou in der UdSSR skizziert Brandt Grundgedanken der Ost- und Entspannungspolitik der Bundesregierung.

451 05.10. Aufzeichnung der Vortragenden Legationsrätin Baerensprung S. 1679

Baerensprung berichtet von einem Gespräch des Ministerialdirektors von Staden mit dem Mitglied des Nationalen Sicherheitsrats der USA, Sonnenfeldt, über die Reise des Präsidenten Nixon nach Italien, Jugoslawien, Spanien und Irland sowie über die 6. amerikanischen Flotte.

452 05.10. Vorlage des Auswärtigen Amts und des Bundesministeriums der Verteidigung für den Bundessicherheitsrat S. 1682

Gegenstand ist die Diskussion innerhalb der NATO über ausgewogene beiderseitige Truppenreduzierungen (MBFR).

453 07.10. Aufzeichnung des Vortragenden Legationsrats I. Klasse van Well S. 1690

Van Well referiert Gespräche des Staatssekretärs Frank in Paris anläßlich der Übergabe des Schreibens des Bundeskanzlers Brandt an Staatspräsident Pompidou.

454	07.10.	Vertrag zwischen der Bundesrepublik und Polen (Entwurf)	S. 1697
		Text des während der sechsten Runde der Gespräche mit Polen erarbeiteten Vertragsentwurfs.	
455	08.10.	Aufzeichnung des Vortragenden Legationsrats I. Klasse van Well	S. 1699
		Van Well informiert über ein Gespräch des Regierenden Bürgermeisters von Berlin, Schütz, mit dem sowjetischen Botschafter in Ost-Berlin, Abrassimow.	
456	08.10.	Runderlaß des Ministerialdirektors von Staden	S. 1702
		Staden unterrichtet über die sechste Runde der Gespräche mit Polen.	
457	09.10.	Aufzeichnung des Staatssekretärs Bahr, Bundeskanzleramt	S. 1704
		Bahr notiert, daß von tschechoslowakischer Seite die Bereitschaft zur Aufnahme von Verhandlungen erklärt wurde und er zu Gesprächen auf sehr hoher Ebene nach Prag eingeladen worden sei.	
458	09.10.	Aufzeichnung des Ministerialdirektors von Staden	S. 1707
		Staden berichtet über die Tätigkeit der Arbeitsgruppe „Bilaterale Fragen" bei der sechsten Runde der Gespräche mit Polen.	
459	09.10.	Aufzeichnung der Hilfsreferentin Ortmann	S. 1714
		Ortmann befaßt sich mit der Sicherung der Rohölversorgung der Bundesrepublik im Krisenfall.	
460	11.10.	Gespräch des Bundesministers Scheel mit dem jugoslawischen Außenminister Tepavac	S. 1720
		Erörtert werden die Ostpolitik der Bundesregierung und eine Europäische Sicherheitskonferenz.	
461	12.10.	Aufzeichnung des Bundeskanzlers Brandt	S. 1723
		Brandt äußert sich zur Ostpolitik der Bundesregierung sowie zur Situation im Nahen Osten und in Südostasien.	
462	12.10.	Gespräch des Bundesministers Scheel mit dem amerikanischen Botschafter Rush	S. 1726
		Im Mittelpunkt steht das achte Vier-Mächte-Gespräch über Berlin vom 9. Oktober 1970.	

463 12.10. Aufzeichnung des Ministerialdirektors von Staden   S. 1731

Staden analysiert das achte Vier-Mächte-Gespräch über Berlin.

464 13.10. Gespräch des Bundesministers Scheel mit dem   S. 1737
sowjetischen Botschafter Zarapkin

Hauptthemen sind der Nahe Osten, die angebliche Errichtung eines sowjetischen Militärstützpunkts auf Kuba sowie eine Europäische Sicherheitskonferenz.

465 13.10. Aufzeichnung des Ministerialdirektors von Staden   S. 1743

Staden erörtert die Frage einer Mitgliedschaft der Bundesrepublik und der DDR in der UNO.

466 13.10. Aufzeichnung des Ministerialdirigenten Lahn   S. 1748

Lahn erläutert den zwischen den Delegationen der Bundesrepublik und Polens abgesprochenen Entwurf vom 7. Oktober 1970 für einen Vertrag über die Normalisierung des bilateralen Verhältnisses.

467 13.10. Botschafter Grewe, Brüssel (NATO), an das Auswärtige   S. 1750
Amt

Grewe berichtet von der Konsultation im Ständigen NATO-Rat zu den Vier-Mächte-Gesprächen über Berlin.

468 14.10. Gespräch des Bundeskanzlers Brandt mit dem   S. 1752
belgischen Außenminister Harmel

Die Gesprächspartner befassen sich mit der Frage einer europäischen Wirtschafts- und Währungsunion nach der Vorlage des Werner-Berichts.

469 14.10. Gespräch des Bundeskanzlers Brandt mit dem   S. 1754
britischen Botschafter Jackling

Erörtert werden die Vier-Mächte-Gespräche über Berlin, die Ostpolitik der Bundesregierung sowie Fragen der europäischen Einigung.

470 14.10. Bundeskanzler Brandt an Präsident Nixon   S. 1757

Brandt bekräftigt, daß der Moskauer Vertrag nur ratifiziert werde, wenn zuvor eine zeitlich nicht begrenzte Regelung für Berlin gefunden werde.

471 14.10. Aufzeichnung des Bundesministers Scheel   S. 1759

Scheel vermerkt, daß er Staatssekretär Bahr, Bundeskanzleramt, gebeten habe, von offiziellen Gesprächen mit der tschechoslowakischen Regierung abzusehen.

472	14.10	Aufzeichnung des Vortragenden Legationsrats I. Klasse van Well	S. 1759

Van Well gibt eine Besprechung im Bundeskanzleramt wieder über die Formulierung einer Position der Bundesregierung zu den Vier-Mächte-Gesprächen über Berlin.

473	14.10.	Vortragender Legationsrat I. Klasse von Alten, z. Z. Prag, an Bundesminister Scheel	S. 1763

Alten berichtet von einem Gespräch mit dem tschechoslowakischen Stellvertretenden Außenminister Klusák zur Aufnahme von Verhandlungen über eine Verbesserung des bilateralen Verhältnisses.

474	15.10.	Gespräch des Bundeskanzlers Brandt mit Präsident Kaunda	S. 1765

Hauptthemen sind die Beteiligung von Firmen aus der Bundesrepublik am Bau des Cabora-Bassa-Staudamms und die militärische Zusammenarbeit mit Südafrika.

475	15.10.	Aufzeichnung des Ministerialdirektors von Staden	S. 1770

Staden formuliert Richtlinien für die Erörterung von humanitären Fragen in der siebten Runde der Gespräche mit Polen.

476	15.10.	Aufzeichnung des Ministerialdirektors von Staden	S. 1775

Gegenstand eines Gesprächs mit dem Generaldirektor im belgischen Außenministerium, Davignon, war dessen Bericht über die Europäische Politische Zusammenarbeit.

477	15.10.	Botschafter von Lilienfeld, Teheran, an das Auswärtige Amt	S. 1777

Lilienfeld übermittelt den iranischen Wunsch nach Lieferung von Panzern des Typs „Leopard".

478	15.10.	Ministerialdirigent Lahn, z. Z. Budapest, an das Auswärtige Amt	S. 1779

Lahn berichtet über ein Gespräch mit dem Abteilungsleiter im ungarischen Außenministerium, Barta, zu den Überlegungen, als Übergangslösung bis zur Aufnahme diplomatischer Beziehungen die Befugnisse der Handelsvertretungen beider Staaten zu erweitern.

479	16.10.	Aufzeichnung des Vortragenden Legationsrats I. Klasse von Schenck	S. 1782

Schenck analysiert die Bedeutung der Berlin-Frage in den Gesprächen mit Polen.

480	17.10.	Gesandter Noebel, Washington, an das Auswärtige Amt	S. 1786

Noebel informiert über ein Gespräch des amerikanischen Außenministers Rogers mit dem sowjetischen Außenminister Gromyko zu den Vier-Mächte-Gesprächen über Berlin.

481	20.10.	Gespräch des Bundeskanzlers Brandt mit Präsident Sunay	S. 1789

Im Mittelpunkt stehen die Krise im Nahen Osten und die Lage der türkischen Staatsbürger in der Bundesrepublik.

482	20.10.	Aufzeichnung des Ministerialdirektors von Staden	S. 1793

Staden unterbreitet und erläutert den Entwurf der Bundesregierung für eine Vier-Mächte-Vereinbarung über Berlin.

483	20.10.	Aufzeichnung des Ministerialdirektors von Staden	S. 1808

Staden legt einen Entwurf von Instruktionen für Bundesminister Scheel zur Führung der Verhandlungen mit Polen über einen Vertrag zur Normalisierung des bilateralen Verhältnisses vor.

484	20.10.	Ministerialdirektor von Staden an die Ständige Vertretung bei der NATO in Brüssel	S. 1812

Staden unterrichtet über die Sitzung des Bundessicherheitsrates vom 16. Oktober 1970 zum Thema ausgewogene beiderseitige Truppenreduzierungen (MBFR).

485	22.10.	Aufzeichnung des Staatssekretärs Bahr, Bundeskanzleramt	S. 1815

Bahr resümiert eine Unterredung mit dem Abteilungsleiter im sowjetischen Außenministerium, Falin, zu den Vier-Mächte-Gesprächen über Berlin.

486	22.10.	Aufzeichnung des Vortragenden Legationsrats I. Klasse von Schenck	S. 1817

Schenck äußert sich zur völker- und verfassungsrechtlichen Problematik eines Vertrags mit Polen.

487	23.10.	Gespräch des Bundeskanzlers Brandt mit dem französischen Verteidigungsminister Debré	S. 1823

Hauptthemen sind die rüstungswirtschaftliche Zusammenarbeit, die Ost-West-Beziehungen, eine Europäische Sicherheitskonferenz sowie ein Verifikationsabkommen zwischen EURATOM und IAEO.

488	23.10.	Staatssekretär Frank an CDU/CSU-Fraktionsvorsitzenden Barzel	S. 1828
		Frank übermittelt ein Positionspapier der Bundesregierung zu den Verhandlungen mit Polen.	
489	23.10.	Botschafter Ruete, Paris, an das Auswärtige Amt	S. 1831
		Ruete berichtet über ein Gespräch mit dem Abteilungsleiter im französischen Außenministerium, Arnaud, in dessen Mittelpunkt die Haltung der Bundesregierung zur Berlin-Frage stand.	
490	26.10.	CDU/CSU-Fraktionsvorsitzender Barzel an Bundesminister Scheel	S. 1833
		Barzel lehnt es ab, einen Vertreter der CDU/CSU-Fraktion zu den Verhandlungen mit Polen zu entsenden.	
491	26.10.	Aufzeichnung des Vortragenden Legationsrats I. Klasse von Schenck	S. 1835
		Schenck kommentiert die Stellungnahme der Drei Mächte betreffend den Entwurf der Bundesregierung für eine Note zum Vertrag mit Polen.	
492	26.10.	Sitzung des Ständigen NATO-Rats in Brüssel	S. 1835
		Der stellvertretende Leiter der amerikanischen SALT-Delegation, Parsons, informiert über den Stand von SALT.	
493	26.10.	Aufzeichnung des Vortragenden Legationsrats I. Klasse van Well	S. 1843
		Van Well vermerkt, daß sich die Bonner Vierergruppe am 23. Oktober 1970 mit der Gesamtanlage einer Vier-Mächte-Regelung für Berlin befaßt habe.	
494	27.10.	Note an die Drei Mächte (Entwurf)	S. 1845
		Die Bundesregierung stellt fest, daß durch einen Vertrag mit Polen die Rechte und Verantwortlichkeiten der Vier Mächte in bezug auf Berlin und Deutschland als Ganzes nicht berührt werden.	
495	27.10.	Bundeskanzler Brandt an Ministerpräsident Cyrankiewicz	S. 1846
		Brandt legt Grundgedanken und Ziele der Bundesregierung für die am 3. November 1970 beginnenden Verhandlungen mit Polen dar.	

496	27.10.	Gespräch des Staatssekretärs Frank mit dem sowjetischen Botschafter Zarapkin	S. 1848
		Im Mittelpunkt stehen die Verhandlungen zwischen der Bundesrepublik und Polen sowie die Ratifizierung des Moskauer Vertrags.	
497	27.10.	Botschafter Sachs, z. Z. Luxemburg, an das Auswärtige Amt	S. 1853
		Sachs teilt die Annahme des Werner-Berichts über die stufenweise Verwirklichung einer europäischen Wirtschafts- und Währungsunion durch den EG-Ministerrat mit.	
498	27.10.	Botschafter Osterheld, Santiago de Chile, an das Auswärtige Amt	S. 1856
		Osterheld berichtet über ein Gespräch mit dem neugewählten Präsidenten Allende zur Ausgestaltung der bilateralen Beziehungen.	
499	28.10.	Runderlaß des Ministerialdirektors von Staden	S. 1859
		Staden informiert, daß auf der EG-Ministerratstagung der Davignon-Bericht über die Europäische Politische Zusammenarbeit verabschiedet worden sei.	
500	28.10.	Botschafter Pauls, Washington, an das Auswärtige Amt	S. 1861
		Pauls legt dar, daß sich das amerikanische Außenministerium nicht ausreichend über den Entwurf eines Vertrags zwischen der Bundesrepublik und Polen informiert sehe.	
501	29.10.	Gespräch des Bundeskanzlers Brandt mit dem Stellvertretenden Leiter des Presseamtes beim Vorsitzenden des Ministerrats der DDR, Bertsch	S. 1863
		Thema ist die Aufnahme von Gesprächen zwischen der Bundesrepublik und der DDR.	
502	30.10.	Gespräch des Bundesministers Scheel mit dem sowjetischen Außenminister Gromyko in Kronberg	S. 1866
		Im Mittelpunkt stehen die Ausgestaltung der bilateralen Beziehungen im Anschluß an den Moskauer Vertrag, die Vier-Mächte-Gespräche über Berlin, das Verhältnis zwischen der Bundesrepublik und der DDR sowie eine Europäische Sicherheitskonferenz.	
503	30.10.	Runderlaß des Vortragenden Legationsrats I. Klasse von Bismarck-Osten	S. 1875
		Bismarck-Osten stellt den Bericht über die stufenweise Verwirklichung der Wirtschafts- und Währungsunion in den Europäischen Gemeinschaften (Werner-Bericht) vor.	

504	31.10.	Brigadegeneral Schulze, z. Z. Ottawa, an das Auswärtige Amt	S. 1879
		Schulze berichtet über die Ministersitzung der Nuklearen Planungsgruppe am 29./30. Oktober 1970.	
505	01.11.	Runderlaß des Ministerialdirektors von Staden	S. 1883
		Staden nimmt Stellung zum Vorschlag der DDR, die innerdeutschen Gespräche wiederaufzunehmen	
506	02.11.	Gespräch des Bundesministers Scheel mit dem französischen Außenminister Schumann in Paris	S. 1885
		Im Mittelpunkt der Unterredung stehen die Vier-Mächte-Gespräche über Berlin.	
507	02.11.	Aufzeichnung des Ministerialdirigenten Lahn	S. 1890
		Lahn referiert ein Gespräch des Bundeskanzlers Brandt mit Vertretern der Vertriebenenverbände über die bevorstehenden Verhandlungen mit Polen.	
508	02.11.	Aufzeichnung des Staatssekretärs Bahr, Bundeskanzleramt	S. 1893
		Bahr notiert, er habe den CDU/CSU-Fraktionsvorsitzenden Barzel über die Bereitschaft der Bundesregierung informiert, das Gesprächsangebot der DDR anzunehmen.	
509	03.11.	Gespräch des Bundesministers Scheel mit dem polnischen Außenminister Jędrychowski in Warschau	S. 1894
		Zu Beginn der Verhandlungen zwischen der Bundesrepublik und Polen erläutern beide Seiten ihre Positionen.	
510	03.11.	Staatssekretär Bahr, Bundeskanzleramt, an den Sicherheitsberater des amerikanischen Präsidenten, Kissinger	S. 1901
		Bahr informiert über die positive Reaktion der Bundesregierung auf das Gesprächsangebot der DDR.	
511	03.11.	Staatssekretär Frank, z. Z. Warschau, an das Auswärtige Amt	S. 1902
		Nach der ersten Plenarsitzung der Delegationen der Bundesrepublik und Polens übermittelt Frank die Stellungnahme des polnischen Außenministers Jędrychowski zu den einzelnen Elementen eines bilateralen Vertrags.	

512	04.11.	Gespräch des Bundesministers Scheel mit dem polnischen Außenminister Jędrychowski in Warschau	S. 1906

Schwerpunkte des Gesprächs sind humanitäre Fragen, der Grenzartikel sowie der geplante Notenwechsel zwischen der Bundesrepublik und den Drei Mächten bei Abschluß eines Vertrags mit Polen.

513	04.11.	Gespräch des Bundesministers Scheel mit dem polnischen Außenminister Jędrychowski in Warschau	S. 1913

Auf der zweiten Plenarsitzung der Delegationen der Bundesrepublik und Polens nimmt Jędrychowski Stellung zur Formulierung des Grenzartikels sowie zu humanitären Fragen.

514	04.11.	Gesandter Boss, Brüssel (NATO), an das Auswärtige Amt	S. 1918

Boss unterrichtet über das Gespräch des Präsidenten Nixon mit dem sowjetischen Außenminister Gromyko vpm 22. Oktober 1970.

515	04.11.	Aufzeichnung des Vortragenden Legationsrats I. Klasse van Well	S. 1921

Van Well legt den von einer interministeriellen Arbeitsgruppe erarbeiteten Entwurf für eine Vier-Mächte-Vereinbarung über Berlin vor.

516	05.11.	Gespräch des Bundesministers Scheel mit dem polnischen Außenminister Jędrychowski in Warschau	S. 1926

Erörtert werden das Problem der Familienzusammenführung, die wirtschaftliche Zusammenarbeit zwischen der Bundesrepublik und Polen, das Verhältnis der Bundesrepublik zur ČSSR und zur DDR, der Nahost-Konflikt sowie die Beziehungen zwischen den USA und der UdSSR bzw. der Volksrepublik China.

517	05.11.	Ministerialdirektor von Staden, z.Z. Warschau, an das Auswärtige Amt	S. 1936

Staden informiert über den Meinungsaustausch in der Arbeitsgruppe zu humanitären Fragen.

518	06.11.	Deutsch-polnisches Regierungsgespräch in Warschau	S. 1938

In der dritten Plenarsitzung der Delegationen der Bundesrepublik und Polens wird eine Bilanz der bisherigen Sitzungen auf Arbeitsgruppenebene gezogen. Anschließend befassen sich Bundesminister Scheel und der polnische Außenminister Jędrychowski mit dem Problem der Familienzusammenführung, dem Grenzartikel sowie einer Note der Bundesrepublik an die Drei Mächte.

519 06.11. Aufzeichnung des Staatssekretärs Bahr, Bundeskanzleramt S. 1944

Bahr berichtet von der Unterrichtung des CDU/CSU-Fraktionsvorsitzenden Barzel zu den Vier-Mächte-Gesprächen über Berlin.

520 06.11. Aufzeichnung des Vortragenden Legationsrats I. Klasse van Well S. 1946

Van Well notiert den Verlauf des neunten Vier-Mächte-Gesprächs über Berlin vom 4. November 1970.

521 06.11. Staatssekretär Frank, z.Z. Warschau, an Staatssekretär Freiherr von Braun S. 1950

Frank berichtet über die Diskussion in der Arbeitsgruppe der Delegationen der Bundesrepublik und Polens über die Formulierung des Grenzartikels in einem bilateralen Vertrag.

522 06.11. Ministerialdirektor von Staden, z.Z. Warschau, an Staatssekretär Freiherr von Braun S. 1952

Staden macht auf Bedenken der polnischen Regierung gegen den Entwurf einer Note der Bundesregierung an die Drei Mächte aufmerksam und informiert über einen polnischen Gegenvorschlag.

523 06.11. Staatssekretär Frank, z.Z. Warschau, an das Auswärtige Amt S. 1956

Frank übermittelt die polnische Stellungnahme zum Entwurf einer Note der Bundesregierung an die Drei Mächte.

524 07.11. Botschafter Pauls, Washington, an das Auswärtige Amt S. 1961

Pauls informiert über den Meinungsaustausch zur Berlin-Frage zwischen Präsident Nixon und dem sowjetischen Außenminister Gromyko am 22. Oktober 1970.

525 07.11. Ministerialdirektor von Staden, z.Z. Warschau, an Staatssekretär Freiherr von Braun S. 1963

Staden unterrichtet über die polnische Reaktion auf eine Einbeziehung von Berlin (West) in den Geltungsbereich des geplanten Vertrags zwischen der Bundesrepublik und Polen.

526 07.11. Ministerialdirektor von Staden, z.Z. Warschau, an Staatssekretär Freiherr von Braun S. 1964

Staden berichtet von einem Gespräch des Staatssekretärs Frank mit den Botschaftern der Drei Mächte in Warschau über den Stand der Verhandlungen zwischen der Bundesrepublik und Polen.

527	09.11.	Aufzeichnung des Vortragenden Legationsrats I. Klasse von Alten	S. 1966

Alten referiert die Sitzung der Auswärtigen Ausschüsse von Bundestag und Bundesrat am 28. Oktober 1970 über die bevorstehenden Verhandlungen mit Polen.

528	09.11.	Gespräch des Bundesministers Scheel mit dem polnischen Außenminister Jędrychowski in Warschau	S. 1973

Im Mittelpunkt der vierten Plenarsitzung der beiden Delegationen stehen humanitäre Fragen.

529	09.11.	Gespräch des Bundesministers Scheel mit Ministerpräsident Cyrankiewicz in Warschau	S. 1976

Die Gesprächspartner erörtern die noch offenen Fragen eines bilateralen Vertrags und bekräftigen den Wunsch nach einer beide Seiten befriedigenden Einigung.

530	09.11.	Staatssekretär Frank, z. Z. Warschau, an Staatssekretär Freiherr von Braun	S. 1985

Frank erläutert einen neuen Vorschlag für die Formulierung einer Note der Bundesregierung an die Drei Mächte und bittet, den Entwurf der Bonner Vierergruppe vorzulegen.

531	09.11.	Botschafter von Hase, London, an das Auswärtige Amt	S. 1988

Hase befaßt sich mit der möglichen Ausweisung von Rudi Dutschke aus Großbritannien.

532	09.11.	Ministerialdirektor von Staden, z. Z. Warschau, an das Auswärtige Amt	S. 1991

Staden übermittelt den in der vierten Plenarsitzung übergebenen Katalog der Bundesregierung zu humanitären Fragen.

533	09.11.	Vortragender Legationsrat I. Klasse von Alten an die Handelsvertretung in Warschau	S. 1995

Alten informiert über die Zustimmung der Bonner Vierergruppe zur Neufassung des Entwurfs einer Note der Bundesregierung an die Drei Mächte.

534	10.11.	Aufzeichnung des Staatssekretärs Bahr, Bundeskanzleramt	S. 1998

Nach einem Gespräch mit Bundesminister Scheel legt Bahr Überlegungen zur Fortsetzung der Verhandlungen mit Polen vor.

535	10.11.	Aufzeichnung des Vortragenden Legationsrats I. Klasse Menne	S. 1999
		Menne analysiert eine in der Sitzung der deutsch-französischen Studiengruppe für Sicherheitsfragen am 3. November 1970 übergebene französische Stellungnahme zu den militärischen Aspekten eines SALT-Abkommens.	
536	10.11.	Aufzeichnung des Staatssekretärs Bahr, Bundeskanzleramt	S. 2001
		Bahr äußert sich zu einer Aufnahme offizieller Gespräche mit der ČSSR über eine Normalisierung des bilateralen Verhältnisses.	
537	10.11.	Ministerialdirektor von Staden, z. Z. Warschau, an Bundesminister Scheel	S. 2003
		Staden resümiert die Verhandlungen in der Arbeitsgruppe über humanitäre Fragen.	
538	10.11.	Ministerialdirigent Gehlhoff an die Handelsvertretung in Warschau	S. 2005
		Gehlhoff übermittelt einen Formulierungsvorschlag für eine Note der Bundesregierung an die Drei Mächte, der verwendet werden soll, falls die polnische Regierung den bisherigen Entwurf nicht akzeptiert.	
539	10.11.	Ministerialdirektor von Staden, z. Z. Warschau, an Bundesminister Scheel	S. 2007
		Staden informiert über eine Sitzung auf Arbeitsgruppenebene, in deren Mittelpunkt die Modalitäten von Umsiedlungsverfahren standen.	
540	11.11.	Deutsch-polnisches Regierungsgespräch in Warschau	S. 2010
		In der fünften Plenarsitzung der Delegationen werden humanitäre Fragen behandelt.	
541	11.11.	Gespräch des Bundesministers Scheel mit dem polnischen Außenminister Jędrychowski in Warschau	S. 2017
		Im Mittelpunkt des Gesprächs stehen humanitäre Fragen und der Grenzartikel.	
542	12.11.	Gespräch des Bundesministers Scheel mit dem polnischen Außenminister Jędrychowski in Warschau	S. 2021
		Die polnische Seite erklärt ihre Bereitschaft, humanitäre Fragen in Form einer „Information" zu behandeln. Außerdem wird eine weitere Arbeitsgruppe gebildet, die sich mit dem Vertragstext und der Ausarbeitung einer Note der Bundesregierung an die Drei Mächte befassen soll.	

543 12.11. Deutsch-polnisches Regierungsgespräch in Warschau S. 2024

In der Sitzung der Arbeitsgruppe „Vertrag" überreicht die Delegation der Bundesrepublik den Entwurf für eine Note der Bundesregierung an die Drei Mächte.

544 13.11. Deutsch-polnisches Regierungsgespräch in Warschau S. 2026

Die Verhandlungen über die Formulierung der Note der Bundesregierung an die Drei Mächte sowie über einzelne Artikel des Vertrags werden fortgesetzt.

545 13.11. Gespräch des Bundesministers Scheel mit dem polnischen Außenminister Jędrychowski in Warschau S. 2030

Die Minister erörtern den Termin für die Paraphierung des Vertrags, die Aufnahme diplomatischer Beziehungen, die Behandlung des Vertrags in der polnischen Presse, das innerdeutsche Verhältnis sowie die Teilnahme des Bundeskanzlers Brandt an der Unterzeichnungszeremonie.

546 13.11. Deutsch-polnisches Regierungsgespräch in Warschau S. 2035

In der abschließenden Plenarsitzung wird der endgültige Wortlaut der „Informationen" der polnischen Regierung zu humanitären Fragen ausgehandelt.

547 14.11. Aufzeichnung des Ministerialdirigenten Sanne, Bundeskanzleramt S. 2042

Sanne faßt ein Gespräch des Staatssekretärs Bahr, Bundeskanzleramt, mit dem Abteilungsleiter im sowjetischen Außenministerium, Falin, vom Vortag zusammen, in dessen Mittelpunkt der Inhalt einer Vier-Mächte-Vereinbarung über Berlin stand.

548 14.11. Aufzeichnung des Ministerialdirigenten Sanne, Bundeskanzleramt S. 2046

Sanne referiert ein Gespräch des Staatssekretärs Bahr, Bundeskanzleramt, mit dem sowjetischen Journalisten Lednew in Berlin. Themen waren die Ausreise von Deutschen aus der UdSSR, das innerdeutsche Verhältnis, der Anschlag auf das sowjetische Ehrenmal in Berlin (West), die Vier-Mächte-Gespräche über Berlin, die Ratifizierung des Moskauer Vertrags und die bilateralen Beziehungen.

549 14.11. Vortragender Legationsrat I. Klasse von Schenck, z. Z. Warschau, an das Auswärtige Amt S. 2053

Schenck berichtet, daß die Botschafter der Drei Mächte über den Inhalt der anläßlich der Paraphierung des Vertrags mit Polen zu übergebenden Note der Bundesregierung unterrichtet worden seien.

550	14.11.	Botschafter Hermes, z. Z. Sofia, an das Auswärtige Amt	S. 2055

Hermes informiert über die Paraphierung eines Langfristigen Wirtschaftsabkommens mit Bulgarien.

551	15.11.	Vortragender Legationsrat I. Klasse von Schenck, z. Z. Warschau, an Bundesminister Scheel	S. 2057

Schenck übermittelt eine Aufzeichnung über das letzte Vier-Augen-Gespräch des Bundesministers Scheel mit dem polnischen Außenminister Jędrychowski in den frühen Morgenstunden des 14. November 1970 und nimmt Stellung zum weiteren Vorgehen.

552	16.11.	Aufzeichnung des Staatssekretärs Bahr, Bundeskanzleramt	S. 2061

Bahr gibt ein Gespräch mit dem Abteilungsleiter im sowjetischen Außenministerium, Falin, am 13. November 1970 in Berlin (West) wieder, in dem die Ausreise von Deutschen aus der UdSSR, die Ratifizierung des Moskauer Vertrags und das innerdeutsche Verhältnis behandelt wurden.

553	16.11.	Gespräch des Staatssekretärs Bahr, Bundeskanzleramt, mit dem rumänischen Ersten Stellvertretenden Außenminister Macovescu	S. 2065

Die Gesprächspartner erörtern die Ostpolitik der Bundesregierung, die Vier-Mächte-Gespräche über Berlin, eine Europäische Sicherheitskonferenz, die rumänische Außenpolitik, die Außenpolitik der Volksrepublik China und die Beziehungen zwischen der Bundesrepublik und Rumänien.

554	16.11.	Aufzeichnung des Legationsrats I. Klasse Hartmann	S. 2069

Hartmann faßt den Stand der militärischen Zusammenarbeit mit Portugal zusammen.

555	16.11.	Botschafter von Hase, London, an das Auswärtige Amt	S. 2070

Hase berichtet über ein Gespräch mit Premierminister Heath zur Europapolitik, Fragen von Burden Sharing, den Verhandlungen der Bundesrepublik mit Polen und zur Zusammenarbeit in der Weltraumforschung.

556	17.11.	Botschafter Allardt, Moskau, an das Auswärtige Amt	S. 2075

Allardt nimmt Stellung zum weiteren Vorgehen bei den Verhandlungen mit der UdSSR über die Errichtung von Generalkonsulaten in Hamburg und Leningrad.

557 19.11. Aufzeichnung des Vortragenden Legationsrats I. Klasse van Well   S. 2078

Van Well faßt den Verlauf einer Sondersitzung der Bonner Vierergruppe zusammen. Themen waren das zehnte Vier-Mächte-Gespräch über Berlin am 16. November 1970 und die Verhandlungen zwischen der Bundesrepublik und der DDR über Verkehrsfragen.

558 19.11. Aufzeichnung des Vortragenden Legationsrats I. Klasse Dietrich   S. 2085

Dietrich äußert sich zum weiteren Vorgehen in den Luftverkehrsverhandlungen mit der UdSSR.

559 20.11. Aufzeichnung des Ministerialdirektors Oncken   S. 2089

Oncken plädiert für die Herstellung amtlicher Beziehungen zur Volksrepublik China und zu Albanien.

560 20.11. Botschafter Emmel, Warschau, an das Auswärtige Amt   S. 2092

Emmel berichtet von der Übergabe des Notenwechsels zwischen der Bundesregierung und den Drei Mächten anläßlich der Paraphierung des Vertrags mit Polen.

561 23.11. Bundeskanzler Brandt an Premierminister Heath   S. 2093

Brandt appelliert an Heath, den Standpunkt der britischen Regierung zum Thema Burden Sharing zu überdenken.

562 23.11. Bundesminister Scheel an Bundesminister Schmidt   S. 2095

Scheel spricht sich für ein koordiniertes Vorgehen des Auswärtigen Amts und des Bundesministeriums der Verteidigung in der militärischen Zusammenarbeit mit Frankreich aus.

563 23.11. Aufzeichnung des Vortragenden Legationsrats I. Klasse van Well   S. 2098

Van Well faßt die Sitzung der Botschaftsräte der Vier Mächte über Berlin vom 20. November 1970 zusammen.

564 23.11. Runderlaß des Ministerialdirektors von Staden   S. 2100

Staden unterrichtet über die erste Konferenz der Außenminister der EG-Mitgliedstaaten im Rahmen der Europäischen Politischen Zusammenarbeit am 19. November 1970 in München.

565 23.11. Botschafter Sachs, Brüssel (EG), an das Auswärtige Amt   S. 2104

Sachs informiert über die EG-Ministerratstagung, in deren Mittelpunkt die Wirtschafts- und Währungsunion stand.

566	24.11.	Gespräch des Bundeskanzlers Brandt mit Ministerpräsident Colombo in Rom	S. 2108

Themen sind die Regierungskrise in Italien, die Europapolitik, die Ostpolitik der Bundesregierung, die Beziehungen der Europäischen Gemeinschaften zu den USA und Burden Sharing.

567	24.11.	Gespräch des Bundeskanzlers Brandt mit Staatspräsident Saragat in Rom	S. 2116

Die Gesprächspartner erörtern die Europapolitik, die Ostpolitik der Bundesregierung, die Beziehungen der Europäischen Gemeinschaften zu den USA sowie den Nahost-Konflikt.

568	25.11.	Aufzeichnung des Ministerialdirektors von Staden	S. 2119

Staden faßt das elfte Vier-Mächte-Gespräch über Berlin vom 23. November 1970 zusammen.

569	25.11.	Ministerialdirektor von Staden an die Handelsvertretung in Warschau	S. 2124

Staden informiert über die Bemühungen des Deutschen Roten Kreuzes, mit dem Polnischen Roten Kreuz einen Termin für ein erstes Gespräch über humanitäre Fragen zu vereinbaren.

570	25.11.	Botschafter Berger, Rom (Vatikan), an das Auswärtige Amt	S. 2126

Berger teilt mit, daß der Heilige Stuhl noch vor der Ratifizierung des Vertrags zwischen der Bundesrepublik und Polen einen residierenden Bischof im Ermland ernennen wolle.

571	26.11.	Gespräch des Bundesministers Scheel mit Staatspräsident Tito in Belgrad	S. 2128

Themen sind der Vertrag zwischen der Bundesrepublik und Polen, die Europäische Politische Zusammenarbeit, eine Europäische Sicherheitskonferenz und Fragen der Abrüstung.

572	26.11.	Aufzeichnung des Staatssekretärs Freiherr von Braun	S. 2133

Braun vermerkt, daß sich der britische Schatzkanzler Barber hinsichtlich des Verlaufs der Verhandlungen über einen britischen EG-Beitritt besorgt geäußert habe.

573	26.11.	Botschafter Allardt, Moskau, an das Auswärtige Amt	S. 2135

Allardt übermittelt die Stellungnahme des Abteilungsleiters im sowjetischen Außenministerium, Falin, betreffend eine Erklärung der Bundesregierung zur Vertretung von Berlin (West) durch ein Generalkonsulat in Leningrad.

574	27.11.	Gespräch des Staatssekretärs Bahr, Bundeskanzleramt, mit dem Staatssekretär beim Ministerrat der DDR, Kohl, in Ost-Berlin	S. 2137

Erörtert wird die Aufnahme eines vertraulichen Meinungsaustauschs, in dem zunächst Fragen des innerdeutschen Verkehrs besprochen werden sollen.

575	27.11.	Aufzeichnung des Staatssekretärs Bahr, Bundeskanzleramt	S. 2149

Bahr vermerkt Gesichtspunkte aus einem Gespräch mit dem Staatssekretär beim Ministerrat der DDR, Kohl, über organisatorische Fragen im Zusammenhang mit dem innerdeutschen Meinungsaustausch.

576	27.11.	Aufzeichnung des Ministerialdirektors von Staden	S. 2151

Staden legt die Studie der Bonner Vierergruppe über die Auswirkungen der Ost- und Deutschlandpolitik der Bundesregierung auf die Rechte und Verantwortlichkeiten der Vier Mächte für Berlin und Deutschland als Ganzes vor.

577	30.11.	Aufzeichnung des Staatssekretärs Bahr, Bundeskanzleramt	S. 2154

Bahr empfiehlt, auf die Bereitschaft der DDR zu einem Gespräch über ein innerdeutsches Verkehrsabkommen einzugehen.

578	01.12.	Aufzeichnung des Vortragenden Legationsrats I. Klasse van Well	S. 2156

Van Well resümiert Beratungen der Bonner Vierergruppe über die Reaktion auf den sowjetischen Protest gegen die Sitzung der CDU/CSU-Fraktion in Berlin (West).

579	01.12.	Botschafter Emmel, Warschau, an das Auswärtige Amt	S. 2159

Emmel berichtet, daß er mit dem polnischen Stellvertretenden Außenminister Winiewicz erörtert habe, wie die Ankündigung der Aufnahme diplomatischer Beziehungen bei Ratifizierung des Vertrags zwischen der Bundesrepublik und Polen formuliert werden soll.

580	02.12.	Aufzeichnung des Vortragenden Legationsrats I. Klasse von Schenck	S. 2161

Schenck legt die Probleme dar, die aus völkerrechtlicher Sicht durch den Vertrag zwischen der Bundesrepublik und Polen für die in den Gebieten des Deutschen Reiches unter polnischer Verwaltung lebenden Deutschen entstehen könnten.

581	02.12.	Ministerialdirigent Keller an die Botschaften in London, Paris und Rom	S. 2167

Keller erläutert den Rechtsstandpunkt der Bundesrepublik zur Gültigkeit des Münchener Abkommens und weist die Botschaften an, die Auffassungen der Vertragsparteien zur Rechtslage zu sondieren.

582	03.12.	Botschafter Grewe, Brüssel (NATO), an das Auswärtige Amt	S. 2170

Grewe berichtet über die Pläne der Verteidigungsminister der europäischen NATO-Mitgliedstaaten (Eurogroup) für ein gemeinsames europäisches Infrastrukturprogramm.

583	03.12.	Gesandter Boss, Brüssel (NATO), an das Auswärtige Amt	S. 2173

Boss faßt ein Gespräch der Außenminister der Drei Mächte und der Bundesrepublik über die Ostpolitik der Bundesregierung und die Vier-Mächte-Gespräche über Berlin zusammen.

584	03.12.	Gesandter Boss, Brüssel (NATO), an das Auswärtige Amt	S. 2179

Boss resümiert die Ministersitzung des Defence Planning Committee, die sich mit der Studie über die NATO-Verteidigung in den 70er Jahren (AD 70) befaßte.

585	03.12.	Runderlaß des Ministerialdirigenten Simon	S. 2184

Simon informiert über die Beratungen der Außenminister der EG-Mitgliedstaaten und der beitrittswilligen Staaten, in deren Mittelpunkt die Vorbereitung einer Europäischen Sicherheitskonferenz sowie der Nahost-Konflikt standen.

586	04.12.	Botschafter Grewe, Brüssel (NATO), an das Auswärtige Amt	S. 2185

Grewe berichtet von der Diskussion auf der NATO-Ministerratstagung am 3./4. Dezember 1970 über die Stärkung der Allianz, die Vier-Mächte-Gespräche über Berlin, eine Europäische Sicherheitskonferenz und die Lage im Mittelmeerraum.

587	05.12.	Aufzeichnung des Staatssekretärs Bahr, Bundeskanzleramt	S. 2193

Bahr gibt eine Unterredung mit dem Abteilungsleiter im sowjetischen Außenministerium, Falin, wieder, in der die Kontakte mit der DDR sowie die Vier-Mächte-Gespräche über Berlin besprochen wurden.

588	07.12. Gespräch des Bundeskanzlers Brandt mit Ministerpräsident Cyrankiewicz in Warschau	S. 2195
	Brandt und Cyrankiewicz erörtern eine Intensivierung der wirtschaftlichen und kulturellen Zusammenarbeit zwischen der Bundesrepublik und Polen nach Abschluß des Vertrags vom 7. Dezember 1970 sowie Probleme der Familienzusammenführung.	
589	07.12. Gespräch des Bundeskanzlers Brandt mit dem Ersten Sekretär des ZK der PVAP, Gomułka, in Warschau	S. 2201
	Themen sind die Ratifizierung des Vertrags zwischen der Bundesrepublik und Polen, die Intensivierung der Wirtschaftsbeziehungen, die Gewährung eines Kredits an Polen, das Verhältnis der Bundesrepublik zur DDR und zur ČSSR sowie die Vier-Mächte-Gespräche über Berlin.	
590	07.12. Aufzeichnung des Bundeskanzlers Brandt	S. 2221
	Brandt notiert Äußerungen des Ersten Sekretärs des ZK der PVAP, Gomułka, zur amerikanischen Haltung bei den Vier-Mächte-Gesprächen über Berlin, zur Europäischen Sicherheitskonferenz, zur Tätigkeit von Radio Free Europe und zur Haltung des Vatikans hinsichtlich der Kirchenorganisation in den Gebieten des Deutschen Reiches unter polnischer Verwaltung.	
591	07.12. Aufzeichnung des Ministerialdirektors von Staden	S. 2223
	Staden befaßt sich mit dem sowjetischen Vorschlag einer Erklärung der DDR über Details der Zugangsregelung nach Berlin.	
592	07.12. Aufzeichnung des Ministerialdirigenten Sanne, Bundeskanzleramt	S. 2224
	Sanne resümiert ein Gespräch des Staatssekretärs Bahr, Bundeskanzleramt, mit dem Abteilungsleiter im sowjetischen Außenministerium, Falin, in dem Vorschläge für die Grundsätze einer Berlin-Vereinbarung diskutiert wurden.	
593	07.12. Aufzeichnung des Vortragenden Legationsrats I. Klasse van Well	S. 2235
	Van Well berichtet von den Beratungen in der Bonner Vierergruppe zu einer Vier-Mächte-Vereinbarung über Berlin.	
594	07.12. Rundschreiben des Vortragenden Legationsrats I. Klasse Dietrich	S. 2239
	Dietrich schlägt vor, wie das sowjetische Aide-mémoire vom 27. Oktober 1970 zu den Luftverkehrsverhandlungen beantwortet werden könnte.	

595 08.12. Deutsch-polnisches Regierungsgespräch in Warschau S. 2241

Im Mittelpunkt des Gesprächs stehen eine Verstärkung der wirtschaftlichen, wissenschaftlichen und technischen Kooperation sowie der kulturellen Beziehungen, der Jugendaustausch und Fragen der Familienzusammenführung.

596 09.12. Aufzeichnung des Vortragenden Legationsrats I. Klasse van Well S. 2251

Mit Blick auf das zwölfte Vier-Mächte-Gespräch über Berlin am 10. Dezember 1970 informiert van Well über unterschiedliche Positionen der Drei Mächte zur Sicherung der Zugangswege.

597 10.12. Staatssekretärbesprechung S. 2255

Die Teilnehmer erörtern die Vorstellungen des Auswärtigen Amts und des Bundesministeriums für wirtschaftliche Zusammenarbeit über eine Schwerpunktplanung bei der Vergabe von Entwicklungshilfe sowie über das Verhältnis von Außen- und Entwicklungspolitik.

598 14.12. Aufzeichnung des Legationsrats I. Klasse Bräutigam S. 2265

Bräutigam erläutert die im zwölften Vier-Mächte-Gespräch vorgelegten sowjetischen Vorschläge für den allgemeinen Teil einer Vereinbarung über Berlin und für eine Zugangsregelung.

599 14.12. Aufzeichnung des Vortragenden Legationsrats I. Klasse von Schenck S. 2271

Schenck äußert sich zu möglichen Folgen des Vertrags vom 7. Dezember 1970 mit Polen hinsichtlich der Staatsangehörigkeit der Bewohner der Gebiete des Deutschen Reiches unter polnischer Verwaltung.

600 15.12. Bundeskanzler Brandt an Premierminister Heath S. 2273

Brandt übermittelt seine Bewertung des Vertrags vom 7. Dezember 1970 mit Polen. Er schlägt vor, den Vier-Mächte-Gesprächen über Berlin einen konferenzähnlichen Charakter zu geben.

601 15.12. Aufzeichnung des Staatssekretärs Bahr, Bundeskanzleramt S. 2275

Bahr faßt eine Unterredung des Bundeskanzlers Brandt mit dem sowjetischen Botschafter Zarapkin zusammen, in der die Vier-Mächte-Gespräche über Berlin sowie die Ratifizierung der Verträge der Bundesrepublik mit der UdSSR und Polen besprochen wurden.

602	15.12.	Aufzeichnung des Vortragenden Legationsrats I. Klasse van Well	S. 2277

Van Well erörtert, ob die Bundesregierung die fälligen Zahlungen an die Postverwaltung der DDR leisten solle, solange diese die Zusage zur Schaltung von Telefonleitungen zwischen Berlin (West) und Ost-Berlin nicht erfüllt habe.

603	15.12.	Botschafter Sachs, Brüssel (EG), an das Auswärtige Amt	S. 2279

Sachs berichtet von den Beratungen über die Wirtschafts- und Währungsunion auf der EG-Ministerratstagung.

604	16.12.	Gespräch des Bundeskanzlers Brandt mit König Hussein	S. 2285

Im Mittelpunkt stehen die Lage im Nahen Osten sowie mögliche Hilfeleistungen der Bundesrepublik an Jordanien.

605	17.12.	Aufzeichnung des Vortragenden Legationsrats I. Klasse van Well	S. 2290

Van Well vergleicht den sowjetischen Vorschlag vom 10. Dezember 1970 für den allgemeinen Teil einer Vereinbarung über Berlin mit dem Vorschlag der Bundesregierung vom 4. November 1970.

606	18.12.	Botschafter Pauls, Washington, an das Auswärtige Amt	S. 2292

Pauls informiert über die Einschätzung des Sicherheitsberaters des amerikanischen Präsidenten, Kissinger, zu den Vier-Mächte-Gesprächen über Berlin.

607	18.12.	Botschafter Pauls, Washington, an das Auswärtige Amt	S. 2293

Pauls berichtet, daß der Sicherheitsberater des amerikanischen Präsidenten, Kissinger, die Unterstützung für die Ostpolitik der Bundesregierung bekräftigt habe.

608	22.12.	Aufzeichnung des Ministerialdirektors von Staden	S. 2296

Staden befaßt sich mit möglichen Reaktionen auf die Forderung des Präsidenten Sékou Touré nach Abberufung des Botschafters Lankes aus Guinea.

609	22.12.	Aufzeichnung des Ministerialdirektors Herbst	S. 2301

Herbst erläutert die Ziele der Erdöl-Verhandlungen mit dem Iran und die Probleme der Erdölversorgung insgesamt.

610	22.12.	Botschafter Pauls, Washington, an das Auswärtige Amt	S. 2305

Pauls unterrichtet über das Gespräch des Bundesministers Ehmke mit dem Sicherheitsberater des amerikanischen Präsiden-

Dezember

ten, Kissinger, dessen Gegenstand angebliche Differenzen hinsichtlich der Vier-Mächte-Gespräche über Berlin und der Ostpolitik der Bundesregierung war.

611 23.12. Gespräch des Staatssekretärs Bahr, Bundeskanzleramt, mit dem Staatssekretär beim Ministerrat der DDR, Kohl, in Ost-Berlin S. 2310

Die Gesprächspartner erörtern die Situation in Berlin, insbesondere die Frage der Bundespräsenz in Berlin (West).

612 23.12. Aufzeichnung des Legationsrats I. Klasse von Braunmühl S. 2318

Braunmühl faßt die Diskussion in der Bonner Vierergruppe über den Vorschlag des Bundeskanzlers Brandt zusammen, die Vier-Mächte-Gespräche über Berlin in konferenzähnlicher Form fortzusetzen.

613 23.12. Aufzeichnung des Legationsrats I. Klasse Joetze S. 2322

Joetze gibt die Diskussion in der Bonner Vierergruppe über die Bestrebungen westlicher Luftverkehrsgesellschaften wieder, Flugverbindungen nach Ost-Berlin einzurichten.

614 26.12. Botschafter Allardt, Moskau, an das Auswärtige Amt S. 2325

Allardt berichtet über Äußerungen des Abteilungsleiters im sowjetischen Außenministerium, Falin, zu den Vier-Mächte-Gesprächen über Berlin.

615 28.12. Gespräch des Staatssekretärs Freiherr von Braun mit dem sowjetischen Botschafter Zarapkin S. 2327

Erörtert werden die Ergebnisse der NATO-Ministerratstagung vom 3./4. Dezember 1970 bezüglich einer Europäischen Sicherheitskonferenz.

616 28.12. Aufzeichnung des Legationsrats I. Klasse Bräutigam S. 2334

Bräutigam nimmt Stellung zu einem amerikanischen Fragenkatalog zur Vorbereitung des nächsten Vier-Mächte-Gesprächs über Berlin.

617 28.12. Botschafter Pauls, Washington, an das Auswärtige Amt S. 2339

Pauls übermittelt Informationen der amerikanischen Abrüstungsbehörde über die Gespräche zur Begrenzung strategischer Waffen (SALT) in Helsinki.

618 29.12. Aufzeichnung des Staatssekretärs Bahr, S. 2341
Bundeskanzleramt

Bahr resümiert eine Unterredung mit dem Abteilungsleiter im sowjetischen Außenministerium, Falin, über den Meinungsaustausch zwischen der Bundesrepublik und der DDR.

619 29.12. Botschafter Allardt, Moskau, an das Auswärtige Amt S. 2345

Allardt befaßt sich mit der Frage französisch-sowjetischer Sonderbeziehungen und deren möglichen Folgen für die Mächtekonstellation in Europa.

620 30.12. Aufzeichnung des Staatssekretärs Bahr, S. 2349
Bundeskanzleramt

Bahr faßt den informellen Teil des Gesprächs mit dem Staatssekretär beim Ministerrat der DDR, Kohl, zusammen. Erörtert wurden Probleme des Interzonenhandels und des Postverkehrs.

621 30.12. Aufzeichnung des Vortragenden Legationsrats I. Klasse S. 2351
van Well

Van Well berichtet von einer Ressortbesprechung über den allgemeinen Teil einer Vereinbarung betreffend Berlin, über den Verkehr auf den Zugangswegen und innerhalb der Stadt sowie über das Recht des Bundes zur Präsenz in Berlin.

622 31.12. Staatssekretär Bahr, Bundeskanzleramt, an den S. 2356
Sicherheitsberater des amerikanischen Präsidenten,
Kissinger

Aus einem Gespräch mit dem Abteilungsleiter im sowjetischen Außenministerium, Falin, gibt Bahr Ausführungen zu Berlin und zur Präsenz amerikanischer Truppen in Europa wieder.

Literaturverzeichnis

AAPD	Akten zur Auswärtigen Politik der Bundesrepublik Deutschland, hrsg. im Auftrag des Auswärtigen Amts vom Institut für Zeitgeschichte. Jahresband 1949/50. Jahresband 1951. Jahresband 1952. Jahresband 1963 (Teilbände I–III). Jahresband 1964 (Teilbände I–II). Jahresband 1965 (Teilbände I–III). Jahresband 1966 (Teilbände I–II). Jahresband 1967 (Teilbände I–III). Jahresband 1968 (Teilbände I–II) Jahresband 1969 (Teilbände I–II), München 1994–2000.
ADAP, D	Akten zur deutschen auswärtigen Politik 1918–1945. Serie D (1937–1941). Band II: Deutschland und die Tschechoslowakei (Oktober 1937–September 1938), Baden-Baden 1950. Band XIII/2: Die Kriegsjahre (15. September bis 11. Dezember 1941), Göttingen 1970.
ADENAUER, Erinnerungen II	Konrad Adenauer, Erinnerungen 1953–1955, Stuttgart 1966.
ADENAUER, Erinnerungen IV	Konrad Adenauer, Erinnerungen 1959–1963. Fragmente, Stuttgart 1968.
AdG	Archiv der Gegenwart, zusammengestellt von Heinrich von Siegler, Bonn/Wien/Zürich 1955 ff.
ALLARDT, Moskauer Tagebuch	Helmut Allardt, Moskauer Tagebuch. Beobachtungen, Notizen, Erlebnisse, Düsseldorf/Wien 1973.
AMTSBLATT DER EUROPÄISCHEN GEMEINSCHAFTEN	Amtsblatt der europäischen Gemeinschaften (EGKS, EWG, EURATOM), Brüssel 1958 ff.
AUSSENPOLITIK DER DDR	Dokumente zur Außenpolitik der Deutschen Demokratischen Republik. Band XVIII: 1970, hrsg. vom Institut für Internationale Beziehungen an der Deutschen Akademie für Staats- und Rechtswissenschaft „Walter Ulbricht" in Zusammenarbeit mit der Abteilung Rechts- und Vertragswesen des Ministeriums für Auswärtige Angelegenheiten der Deutschen Demokratischen Republik, Berlin [Ost] 1972.
BAHR, Zeit	Egon Bahr, Zu meiner Zeit, München 1996.
BEN GURION UND ADENAUER	Yeshayahu A. Jelinek und Rainer A. Blasius, Ben Gurion und Adenauer im Waldorf Astoria. Gesprächsaufzeichnung vom israelisch-deutschen Gipfeltreffen in New York am 14. März 1960. Dokumentation, in: Vierteljahrshefte für Zeitgeschichte 45 (1997), S. 309–344.

BGH Strafsachen	Entscheidungen des Bundesgerichtshofes in Strafsachen, hrsg. von den Mitgliedern des Bundesgerichtshofes und der Bundesanwaltschaft. Bd. 9, Berlin/Köln 1957.
Bonn und Ostberlin	Heinrich Potthoff, Bonn und Ostberlin 1969–1982. Dialog auf höchster Ebene und vertrauliche Kanäle. Darstellung und Dokumente, Bonn 1997.
Brandt, Begegnungen	Willy Brandt, Begegnungen und Einsichten. Die Jahre 1960–1975, München/Zürich 1978.
Brandt, Reden	Bundeskanzler Brandt. Reden und Interviews, hrsg. vom Presse- und Informationsamt der Bundesregierung, Bonn 1971.
Breschnew, Wege	Leonid Breschnew, Auf dem Wege Lenins. Reden und Aufsätze. Band 3: Mai 1970–März 1972, Berlin 1973.
BT Anlagen	Verhandlungen des Deutschen Bundestages. Anlagen zu den Stenographischen Berichten, Bonn 1950 ff.
BT Stenographische Berichte	Verhandlungen des Deutschen Bundestages. Stenographische Berichte, Bonn 1950 ff.
Bulletin	Bulletin des Presse- und Informationsamtes der Bundesregierung, Bonn 1951 ff.
Bulletin der EG	Bulletin der Europäischen Gemeinschaften, hrsg. vom Generalsekretariat der Kommission der Europäischen Gemeinschaften, Brüssel 1968 ff.
Bulletin der EWG	Bulletin der Europäischen Wirtschaftsgemeinschaft, hrsg. vom Sekretariat der Kommission der Europäischen Wirtschaftsgemeinschaft, Brüssel 1958–1967.
Bundesanzeiger	Bundesanzeiger, hrsg. vom Bundesminister der Justiz, Bonn 1950 ff.
Bundesgesetzblatt	Bundesgesetzblatt, hrsg. vom Bundesminister der Justiz, Bonn 1949 ff.
Charter of the United Nations	Charter of the United Nations. Commentary and Documents, hrsg. von Leland M. Goodrich, Edvard Hambro und Anne Patricia Simons, 3. Auflage, New York/London 1969.
Congressional Record	Congressional Record. Proceedings and Debates of the 89th Congress, Second Session, Band 112, Teil 16 (August 29, 1966, to September 12, 1966); Proceedings and Debates of the 91st Congress, First Session, Band 115, Teil 17 (August 5, 1969, to August 12, 1969) und Teil 27 (November 26, 1969, to December 4, 1969), hrsg. vom United States Government Printing Office, Washington D. C. 1966 bzw. 1969.

CONSTITUTIONS OF NATIONS	Amos J. Peaslee, Constitutions of Nations. Revised Third Edition in Four Volumes. Band II: Asia, Australia and Oceania. Band III: Europe, Den Haag 1966 bzw. 1968.
DAHM, Völkerrecht	Georg Dahm, Völkerrecht. Band 1, Stuttgart 1958.
DBFP 3	Documents on British Foreign Policy 1919–1939. Serie 3, Band V: 1939, hrsg. von E. L. Woodward und Rohan Butler: London 1952.
DBPO III	Documents on British Policy Overseas. Serie III, Band I: Britain and the Soviet Union, 1968–1972, hrsg. von G. Bennett und K. A. Hamilton, London 1997.
DDF 1890/91	Documents diplomatiques français (1871–1914). Serie I (1871–1901), Band 8 (20. mars 1890–28. août 1891), hrsg. vom Ministère des Affaires Etrangères, Commission de Publication des Documents Relatifs aux Origines de la Guerre de 1914, Paris 1938.
DEPARTMENT OF STATE BULLETIN	The Department of State Bulletin. The Official Weekly Record of United States Foreign Policy, Washington D.C. 1959 ff.
DEUTSCHES VERMÖGEN IM AUSLAND	Deutsches Vermögen im Ausland. Internationale Vereinbarungen und ausländische Gesetzgebung. Mit Unterstützung des Bundesministeriums der Finanzen, des Bundesministeriums für Wirtschaft, des Bundesministeriums für den Marshallplan und der Bank Deutscher Länder hrsg. vom Bundesministerium der Justiz, bearbeitet von Otto Böhmer, Konrad Duden und Hermann Jansen, Köln 1951.
DOCUMENTS ON DISARMAMENT	Documents on Disarmament, hrsg. von der United States Arms Control and Disarmament Agency, Washington D.C. 1963 ff.
DOKUMENTATION DER ZEIT	Dokumentation der Zeit. Analyse – Information – Chronik. 1970, hrsg. vom Deutschen Institut für Zeitgeschichte Berlin, Berlin [Ost] 1970 f.
DOKUMENTATION ZUR DEUTSCHLANDFRAGE	Dokumentation zur Deutschlandfrage. Band VI: Chronik der Ereignisse von der Regierungserklärung Brandts im Oktober 1969 bis Ende 1970, zusammengestellt von Heinrich von Siegler, Bonn/Wien/Zürich 1972.
DOKUMENTE DES GETEILTEN DEUTSCHLAND	Dokumente des geteilten Deutschland. Quellentexte zur Rechtslage des Deutschen Reiches, der Bundesrepublik Deutschland und der Deutschen Demokratischen Republik. Band 1, hrsg. von Ingo von Münch, 2. Auflage, Stuttgart 1976.

Literaturverzeichnis

DOKUMENTE ZUR BERLIN-FRAGE	Dokumente zur Berlin-Frage 1944–1966, hrsg. vom Forschungsinstitut der Deutschen Gesellschaft für Auswärtige Politik e.V., Bonn, in Zusammenarbeit mit dem Senat von Berlin, 3. Auflage, München 1967.
DOKUMENTE ZUR SUDETENFRAGE	Fritz Peter Habel, Dokumente zur Sudetenfrage, München/Wien 1984.
DzD I	Dokumente zur Deutschlandpolitik. I. Reihe: Vom 3. September 1939 bis 8. Mai 1945. Band 3: 1. Januar bis 31. Dezember 1942. Britische Deutschlandpolitik, bearbeitet von Rainer A. Blasius, Frankfurt am Main 1989.
DzD II	Dokumente zur Deutschlandpolitik. II. Reihe: Vom 9. Mai 1945 bis 4. Mai 1955. Band 1: Die Konferenz von Potsdam, 3 Teilbände, hrsg. vom Bundesminister des Innern, bearbeitet von Gisela Biewer. Band 2: Die Konstituierung der Bundesrepublik Deutschland und der Deutschen Demokratischen Republik. 7. September bis 31. Dezember 1949, 2 Teilbände, hrsg. vom Bundesministerium des Innern unter Mitwirkung des Bundesarchivs, bearbeitet von Hanns Jürgen Küsters unter Mitarbeit von Daniel Hofmann, München 1996. Band 3: 1. Januar bis 31. Dezember 1950, 2 Teilbände, hrsg. vom Bundesministerium des Innern unter Mitwirkung des Bundesarchivs, bearbeitet von Hanns Jürgen Küsters und Daniel Hofmann, Neuwied 1992 bzw. München 1996 und 1997.
DzD III	Dokumente zur Deutschlandpolitik. III. Reihe: Vom 5. Mai 1955 bis 9. November 1958. 4 Bände, hrsg. vom Bundesministerium für gesamtdeutsche Fragen, Frankfurt am Main 1961–1969.
DzD IV	Dokumente zur Deutschlandpolitik. IV. Reihe: Vom 10. November 1958 bis 30. November 1966. 12 Bände, hrsg. vom Bundesministerium für innerdeutsche Beziehungen, Frankfurt am Main 1971–1981.
DzD V	Dokumente zur Deutschlandpolitik. V. Reihe: Vom 1. Dezember 1966 bis 20. Oktober 1969. Band 1: 1. Dezember 1966 bis 31. Dezember 1967, 2 Teilbände. Band 2: 1. Januar bis 31. Dezember 1968, 2 Teilbände, hrsg. vom Bundesministerium für innerdeutsche Beziehungen, bearbeitet von Gisela Oberländer, Frankfurt am Main 1984 bzw. 1987.
DZIENNIK USTAW	Dziennik Ustaw Polskiej Rzeczypospolitej Ludowej, [Warschau] 1952.
ECKARDT, Leben	Felix von Eckardt, Ein unordentliches Leben. Lebenserinnerungen, Düsseldorf/Wien 1967.

EHMKE, Mittendrin	Horst Ehmke, Mittendrin. Von der großen Koalition zur Deutschen Einheit, Berlin 1994.
ENTSCHEIDUNGEN	Entscheidungen des Bundesverfassungsgerichts. Band 4, Band 5 und Band 19, hrsg. von den Mitgliedern des Bundesverfassungsgerichts, Tübingen 1956 bzw. 1966.
EUROPA-ARCHIV	Europa-Archiv. Zeitschrift für Internationale Politik, Bonn 1946 ff.
FALIN, Erinnerungen	Valentin Falin, Politische Erinnerungen, München 1993.
FRANK, Botschaft	Paul Frank, Entschlüsselte Botschaft. Ein Diplomat macht Inventur. 2. Auflage, Stuttgart 1981.
FRUS 1945	Foreign Relations of the United States. Diplomatic Papers 1945. Band III: European Advisory Commission; Austria, Germany, Washington D.C. 1968.
FRUS 1961–1963	Foreign Relations of the United States 1961–1963. Band XV: Berlin Crisis 1962–1963, Washington D.C. 1994.
DE GAULLE, Discours et messages	Charles de Gaulle, Discours et messages. Band 3: Avec le renouveau (Mai 1958–juillet 1962), [Paris] 1970.
DE GAULLE, Mémoires de guerre	Charles de Gaulle, Mémoires de guerre. Band 2: L'Unité 1942–1944, Paris 1956.
GEMEINSAMES MINISTERIALBLATT	Gemeinsames Ministerialblatt des Auswärtigen Amts, des Bundesministers des Innern, des Bundesministers für Wohnungswesen und Städtebau, des Bundesministers für Vertriebene, Flüchtlinge und Kriegsgeschädigte, des Bundesministers für gesamtdeutsche Fragen, des Bundesministers für Angelegenheiten des Bundesrates und der Länder, des Bundesministers für Familie und Jugend, des Bundesministers für wissenschaftliche Forschung, des Bundesministers für wirtschaftliche Zusammenarbeit, des Bundesministers für Gesundheitswesen, hrsg. vom Bundesministerium des Innern, Berlin/Köln 1951 ff.
GESETZBLATT DER DDR	Gesetzblatt der Deutschen Demokratischen Republik, Berlin [Ost] 1949 ff.
GOLDMANN, Leben	Nahum Goldmann, Mein Leben. USA – Europa – Israel. Band 2, München/Wien 1981.
HANSARD	Parliamentary Debates (Hansard). House of Commons, Official Report. Fifth Series. Band 292 (Session 1933–1934). Band 756 (Session 1966–1967). Band 797 (Session 1969–1970) bis Band 805, Band 807 (Session 1970–1971), London [1934, 1967, 1970 und 1971].

Literaturverzeichnis

KEWORKOW, Kanal	Wjatscheslaw Keworkow, Der geheime Kanal. Moskau, der KGB und die Bonner Ostpolitik, Berlin 1995.
KISSINGER, Memoiren	Henry A. Kissinger, Memoiren 1968–1973, München 1979.
LNTS	League of Nations Treaty Series. Publication of Treaties and International Engagements registered with the Secretariat of the League, hrsg. vom Publications Sales Department of the League of Nations, Genf 1920–1946.
MOSKAU–BONN	Moskau–Bonn. Die Beziehungen zwischen der Sowjetunion und der Bundesrepublik Deutschland 1955–1973. Dokumentation, 2 Bände, hrsg. von Boris Meissner, Köln 1975.
NATO FINAL COMMUNIQUES	Texts of Final Communiques 1949–1974. Issued by Ministerial Sessions of the North Atlantic Council, the Defence Planing Committee, and the Nuclear Planning Group, Brüssel o. J.
PARTEIPROGRAMM	Boris Meissner, Das Parteiprogramm der KPdSU. 1903–1961, Köln 1962.
PARTEITAG DER SPD	Außerordentlicher Parteitag der Sozialdemokratischen Partei Deutschlands vom 17. bis 21. März 1968 in Würzburg. Protokoll der Verhandlungen. Angenommene und überwiesene Anträge, hrsg. vom Vorstand der SPD, Bonn [1968].
PECKERT, Zeitwende	Joachim Peckert, Zeitwende zum Frieden. Ostpolitik miterlebt und mitgestaltet, Herford 1990.
LA POLITIQUE ETRANGÈRE	La Politique Etrangère de la France. Textes et Documents. 1969 (2 Teilbände). 1970 (2 Teilbände), hrsg. vom Ministère des Affaires Etrangères, Paris 1969–1971.
PUBLIC PAPERS, JOHNSON	Public Papers of the Presidents of the United States. Lyndon B. Johnson. Containing the Public Messages, Speeches, and Statements of the President. January 1, 1968 to January 20, 1969, Washington D.C. 1970.
PUBLIC PAPERS NIXON	Public Papers of the Presidents of the United States. Richard Nixon. Containing the Public Messages, Speeches, and Statements of the President. 1969. 1970, Washington D.C. 1971.
REICHSGESETZBLATT	Reichsgesetzblatt, hrsg. im Reichsamte des Innern bzw. vom Reichsministerium des Innern, Berlin 1913 bzw. 1919–1945.
SAHM, Diplomaten	Ulrich Sahm, „Diplomaten taugen nichts". Aus dem Leben eines Staatsdieners, Düsseldorf 1994.

C

SIEBENTER GESAMTBERICHT 1963/64	Siebenter Gesamtbericht über die Tätigkeit der Gemeinschaft (1. April 1963–31. März 1964), hrsg. von der Kommission der Europäischen Wirtschaftsgemeinschaft, [Brüssel] 1964.
STALIN, Krieg	Joseph Stalin, Über den Großen Vaterländischen Krieg der Sowjetunion, Moskau 1946.
STRAFGESETZBUCH	Strafgesetzbuch mit 77 Nebengesetzen. Textausgabe mit Verweisungen und Sachverzeichnis, 40. Auflage, München 1969.
STRAUSS, Erinnerungen	Franz Josef Strauss, Die Erinnerungen, 2. Auflage, Berlin 1989.
TEHERAN–JALTA–POTSDAM	Teheran, Jalta, Potsdam. Die sowjetischen Protokolle von den Kriegskonferenzen der „Großen Drei", hrsg. von Alexander Fischer, Köln 1968.
UN GENERAL ASSEMBLY, 24th Session, Plenary Meetings	United Nations. Official Records of the General Assembly. Twenty-Fourth Session. Plenary Meetings. Verbatim Records of Meetings 16 September–17 December 1969. 2 Bände, New York 1973.
UN GENERAL ASSEMBLY, 24th Session, First Committee	United Nations. Official Records of the General Assembly. Twenty-Fourth Session. First Committee. Political and Security Questions. Verbatim Records of Meetings 16 September–12 December 1969. 2 Bände, New York 1975.
UN MONTHLY CHRONICAL	United Nations Monthly Chronicle. Band VII, Heft 5, New York 1970.
UNITED NATIONS RESOLUTIONS I	United Nations Resolutions. Series I: Resolutions Adopted by the General Assembly, hrsg. von Dusan J. Djonovich, New York 1972 ff.
UNITED NATIONS RESOLUTIONS II	United Nations Resolutions. Series II: Resolutions and Decisions Adopted by the Security Council, hrsg. von Dusan J. Djonovich, New York 1988 ff.
UNTS	United Nations Treaty Series. Treaties and International Agreements. Registered or Filed and Recorded with the Secretariat of the United Nations, [New York] 1946/1947 ff.
VIERTER GESAMTBERICHT	Vierter Gesamtbericht über die Tätigkeit der Gemeinschaft (16. Mai 1960–30. April 1961), hrsg. von der Kommission der Europäischen Wirtschaftsgemeinschaft, [Brüssel] 1961.
WEIS, Nationality	Paul Weis, Nationality and Statelessness in International Law, London 1956.
WISCHNEWSKI, Leidenschaft	Hans-Jürgen Wischnewski, Mit Leidenschaft und Augenmaß. In Mogadischu und anderswo. Politische Memoiren, München 1989.

Wörterbuch des Völkerrechts	Wörterbuch des Völkerrechts, begründet von Karl Strupp, hrsg. von Hans-Jürgen Schlochauer, 3 Bände, Berlin 1960–1962.
Yearbook of the United Nations	Yearbook of the United Nations 1970. Band 24, hrsg. vom Office of Public Information. United Nations, New York 1973.
Zehn Jahre Deutschlandpolitik	Zehn Jahre Deutschlandpolitik. Die Entwicklung der Beziehungen zwischen der Bundesrepublik Deutschland und der Deutschen Demokratischen Republik 1969–1979. Sonderdruck Dokumentation (I), hrsg. vom Bundesministerium für innerdeutsche Beziehungen, [Bonn] 1980.

Abkürzungsverzeichnis

AA	Auswärtiges Amt	BMB	Bundesminister/ium für innerdeutsche Beziehungen
ABC-Waffen	atomare, biologische und chemische Waffen		
ABM	Anti-Ballistic Missile	BMBW	Bundesminister/ium für Bildung und Wissenschaft
Abt.	Abteilung	BMF	Bundesminister/ium der Finanzen
ACDA	(United States) Arms Control and Disarmament Agency		
		BMI	Bundesminister/ium des Innern
ACE	Allied Command Europe	BMJ	Bundesminister/ium der Justiz
ADM	Atomic Demolition Munition/Mines		
		BML	Bundesminister/ium für Ernährung, Landwirtschaft und Forsten
ADN	Allgemeiner Deutscher Nachrichtendienst		
AFL/CIO	American Federation of Labor /Congress of Industrial Organizations	BMPost	Bundesminister/ium für das Post- und Fernmeldewesen
		BMV	Bundesminister/ium für Verkehr
AFP	Agence France Press		
AG	Aktiengesellschaft	BMV(t)g	Bundesminister/ium der Verteidigung
AM	Außenminister		
Anl./Anlg.	Anlage/Anlagen	BMWi	Bundesminister/ium für Wirtschaft
AUA	Austrian Airlines		
AZ	Aktenzeichen	BMZ	Bundesminister/ium für wirtschaftliche Zusammenarbeit
BASC	Berlin Air Safety Center		
BBC	British Broadcasting Corporation	BND	Bundesnachrichtendienst
		BPA/BPI	Presse- und Informationsamt der Bundesregierung
BDI	Bundesverband der Deutschen Industrie		
		BR I	Botschaftsrat I. Klasse
BFR	Balanced Force Reduction	BRD	Bundesrepublik Deutschland
BGBl.	Bundesgesetzblatt		
BK	Bundeskanzler	BT	Bundestag
BKA	Bundeskanzleramt	BVG	Bundesverfassungsgericht
BKC/L	Berlin Kommandatura Commandant/Letter	CDU	Christlich-Demokratische Union Deutschlands
		CENTAG	Central Army Group, Central Europe
BK/O	Berlin Kommandatura/ Order		
BM	Bundesminister/ium	CENTO	Central Treaty Organisation

Abkürzungsverzeichnis

CERN	Centre Européen de recherches nucléaires	DRK	Deutsches Rotes Kreuz
CIA	Central Intelligence Agency	EAG	Europäische Atomgemeinschaft
CM	Council of Ministers	ECA	Economic Commission for Africa
CIM	Convention internationale concernant le transport des marchandises par chemins de fer	ECE	Economic Commission for Europe
		ECOSOC	Economic and Social Council
CIV	Convention internationale concernant le transport des voyageurs et des bagages par chemins de fer	EFTA	European Free Trade Association
		EG	Europäische Gemeinschaften
COCOM	Coordinating Commitee for East-West Trade Policy	EGKS	Europäische Gemeinschaft für Kohle und Stahl
COMECON	Council for Mutual Economic Aid/Assistance	ERP	European Recovery Program
ČSR/ČSSR	Československá Socialistická Republika	ESK	Europäische Sicherheitskonferenz
CSU	Christlich-Soziale Union	EURATOM	Europäische Atomgemeinschaft
CTS	Cosmic Top Secret		
D	(Ministerial-)Direktor	EWG	Europäische Wirtschaftsgemeinschaft
DAAD	Deutscher Akademischer Austauschdienst	FAO	Food and Agriculture Organisation
DAC	Development Assistance Committee	FAR	Fuerzas Armadas Revolucionarias
DB	Drahtbericht	FAZ	Frankfurter Allgemeine Zeitung
DDR	Deutsche Demokratische Republik	FDP	Freie Demokratische Partei
DE	Drahterlaß		
DEG	Deutsche Entwicklungsgesellschaft	FISA	Feria International de Santiago
Dg	(Ministerial-)Dirigent	FOB	Flying Object
DGB	Deutscher Gewerkschaftsbund	FRG	Federal Republic of Germany
DKP	Deutsche Kommunistische Partei	FS	Fernschreiben
		GATT	General Agreement on Tariffs and Trade
DM	Deutsche Mark	GDR	German Democratic Republic
DMV	Deutscher Militärischer Vertreter		
DPC	Defence Planning Committee	geh.	geheim
		GG	Grundgesetz

CIV

GK	Generalkonsul[at]	KPCh	Kommunistische Partei Chinas
GMBl.	Gemeinsames Ministerialblatt	KPD	Kommunistische Partei Deutschlands
GV	Gewaltverzicht		
HV	Handelsvertretung	KPdSU	Kommunistische Partei der Sowjetunion
IAEO	Internationale Atomenergieorganisation	KPF	Kommunistische Partei Frankreichs
IATA	International Air Transport Association	KRG	Kontrollratsgesetz
IBFG	Internationaler Bund Freier Gewerkschaften	KSE	Konferenz für Sicherheit in Europa
ICAO	International Civil Aviation Organisation	KZ	Konzentrationslager
		LPl	Leiter Planungsstab
ICBM	Intercontinental Ballistic Missile	LR I	Legationsrat I. Klasse
IDA	International Development Association	LS	Legationssekretär
		MB	Ministerbüro
IKRK	Internationales Komitee vom Roten Kreuz	MBFR	Mutual and Balanced Force Reduction
IMF	International Monetary Fund	MC	Military Committee
		MD	Ministerialdirektor
IRBM	Intermediate-Range Ballistic Missile	MdB	Mitglied des Bundestages
IRK	Internationales Rotes Kreuz	MDg	Ministerialdirigent
		MEZ	Mitteleuropäische Zeit
ISA	International Security Affairs	Mio.	Million/en
IWF	Internationaler Währungsfonds	MIRV	Multiple Independently-Targetable Reentry Vehicle
IZH	Interzonenhandel	MR	Ministerialrat
JAL	Japanese Airlines	MRBM	Medium-Range Ballistic Missile
KES	Konferenz für Europäische Sicherheit	MRCA	Multi Role Combat Aircraft
KfW	Kreditanstalt für Wiederaufbau	Mrd.	Milliarde/n
		MRV	Multiple Targetable Reentry Vehicles
KGB	Komitet gosudarstvennoj bezopasnosti	NASA	National Aeronautics and Space Administration
KH	Kapitalhilfe	NATO	North Atlantic Treaty Organisation
KP	Kommunistische Partei		
KPČ	Kommunistische Partei der Tschechoslowakei	NDAC	Nuclear Defence Affairs Committee

Abkürzungsverzeichnis

NfD	Nur für den Dienstgebrauch	PStS	Parlamentarischer Staatssekretär
NDR	Norddeutscher Rundfunk	PVAP	Polnische Vereinigte Arbeiterpartei
NICS	NATO Integrated Communication System	PVR	Polnische Volksrepublik
NL	Nachlaß	RAF	Royal Air Force
NLF	National Liberation Front	RAI	Radiotelevisione Italiana
NORTHAG	Northern Army Group, Central Europe	RE	Runderlaß
		RFE	Radio Free Europe
NPD	Nationaldemokratische Partei Deutschlands	RGBl	Reichsgesetzblatt
NPG	Nuclear Planning Group/Nukleare Planungsgruppe	RGW	Rat für gegenseitige Wirtschaftshilfe
		RIAS	Rundfunk im Amerikanischen Sektor
NPT	Non-proliferation Treaty	RPP	Regional Priority Program
NS	Nationalsozialismus	RR	Regierungsrat
NV	Nichtverbreitung	RSFSR	Russische Sozialistische Föderative Sowjetrepublik
NVV	Nichtverbreitungsvertrag		
OAE	Organisation für Afrikanische Einheit	SACEUR	Supreme Allied Commander Europe
OAS	Organisation of American States	SACLANT	Supreme Allied Commander Atlantic
OAU	Organisation for African Unity	SALT	Strategic Arms Limitation Talks
OECD	Organisation for Economic Cooperation and Development	SAM	Surface-to-Air Missile
		SAS	Scandinavian Airlines System
ONU	Organisation des Nations Unies	SBZ	Sowjetische Besatzungszone
o.V.i.A.	oder Vertreter im Amt		
PAL	Phase Alternating Line	SECAM	Système en couleur avec mémoire
PDC	Partido Demócrata Cristiano	SED	Sozialistische Einheitspartei Deutschlands
Pl	Planungsstab	SHAPE	Supreme Headquarters Allied Powers Europe
PLO	Palestine Liberation Organisation		
POLAD	Political Adviser	SLBM	Shiplaunched Ballistic Missile
PSC	Principal Subordinate Commanders	SLCM	Shiplaunched Continental Missile
PSI	Partito Socialista Italiano	SPD	Sozialdemokratische Partei Deutschlands
PSP	Priority Strike Plan		

SR	Sozialistische Republik	UNESCO	United Nations Educational, Scientific and Cultural Organisation
SSSR	Sojuz Sovetskich Socialističeskich Respublik		
StGB	Strafgesetzbuch	UNIDO	United Nations Industrial Development Organisation
str. geh.	streng geheim	UNO	United Nations Organisation
StS	Staatssekretär		
SU	Sowjetunion	UPI	United Press International
TASS	Telegrafnoe Agentstvo Sovetskogo Sojuza	UPU	Union Postale Universelle
		URSS	Union des Républiques Socialistes Soviétiques
Tgb.	Tagebuch		
TO	Tagesordnung	US	United States
TSI	Treuhandstelle für den Interzonenhandel	USA	United States of America
		USSR	Union of Socialist Soviet Republics
TSP	Tactical Strike Plan		
TTD	Temporary Travel Document	VAR	Vereinigte Arabische Republik
TUC	Trades Union Congress	VLR I	Vortragender Legationsrat I. Klasse
UA	Unterabteilung		
UAR	United Arab Republic	VN	Vereinte Nationen
UdSSR	Union der Sozialistischen Sowjetrepubliken	VR	Volksrepublik
		VRP	Volksrepublik Polen
UIT	Union Internationale des Télécomunications	VS	Verschlußsache
		VS-v	VS-vertraulich
UK	United Kingdom	WDR	Westdeutscher Rundfunk
ULMS	Undersea Long-Range Missile System	WEU	Westeuropäische Union
UN	United Nations	WHO	World Health Organisation
UNCTAD	United Nations Conference on Trade and Development	WP	Warschauer Pakt
		z.b.V.	zur besonderen Verwendung
UNDP	United Nations Development Program	ZK	Zentralkomitee

Dokumente

1

**Bundesminister Scheel an den
dänischen Außenminister Hartling**

3. Januar 1970[1]

Sehr geehrter Herr Außenminister!

Ich beehre mich, den Eingang Ihres Schreibens vom 23. Dezember 1969[2] zu bestätigen und wie folgt Stellung zu nehmen:

Im Juni 1969 hat der NATO-Rat auf Vorschlag der in der Bonner Vierergruppe vertretenen Regierungen eine praktisch vollständige Liberalisierung der TTD-Ausgabe vereinbart.[3] Damals wurde bereits von dänischer Seite und von seiten anderer NATO-Partner die grundsätzliche Frage aufgeworfen, ob nicht eine Ablösung des TTD-Systems angezeigt ist.[4] Die Regierungen der drei Westmächte und die Bundesregierung haben seinerzeit eine derartige Überprüfung nicht abgelehnt, sondern sie in den Zusammenhang der Versuche einer Verbesserung des Verhältnisses zum Osten gestellt.

Bei dem letzten Ministertreffen der NATO[5] haben wir die Verhandlungsinitiativen der drei Westmächte in der Berlinfrage und die Initiativen der Bundesregierung in der Deutschlandfrage ausführlich behandelt. Ich glaube, daß wir bei dieser Gelegenheit alle davon ausgegangen sind, daß ein größtmögliches Einvernehmen der Allianzpartner in diesbezüglichen Initiativen aufrechterhalten werden sollte. Es liegt der Bundesregierung in dieser schwierigen Zeit des Beginns von Gesprächen mit dem Osten insbesondere daran, daß die jetzige Lage in nächster Zeit nicht durch unkoordinierte Aktionen der Bündnis-Partner verändert wird. Die Bundesregierung steht in der Frage des TTD-Systems in ständiger Verbindung mit den Regierungen der drei Westmächte.[6] Sie glaubt die Un-

---

[1] Durchdruck.
[2] Der dänische Außenminister Hartling unterrichtete Bundesminister Scheel über seine Ansicht, daß das „bestehende Arrangement, wonach Bewohner der sogenannten DDR nur in ein NATO-Land einreisen können, falls sie im Besitz eines Kontrollratspasses sind, sich jetzt überlebt" habe. Daher werde die dänische Regierung dem Ständigen NATO-Rat am 7. Januar 1970 mitteilen, daß sie Ende Januar von der TTD-Regelung zurücktreten werde. Dies bedeute jedoch keine Änderung in der Politik einer Nichtanerkennung der DDR. Vgl. Referat II A 1, Bd. 1190.
[3] Am 4. Juni 1969 wurde dem Ständigen NATO-Rat auf der Basis eines Arbeitspapiers der Bonner Vierergruppe eine Neuregelung der Ausgabe von Temporary Travel Documents (TTD) vorgeschlagen. Danach konnten prinzipiell alle Einwohner der DDR in NATO-Staaten einreisen. Ausgenommen blieben Personen, die bei „Veranstaltungen internationaler Organisationen auf Regierungsebene das ostdeutsche Regime zu vertreten" beabsichtigten. Insbesondere entfielen die Beschränkungen bei der Einreise von Teilnehmern an Sportveranstaltungen. Vgl. den Runderlaß des Ministerialdirektors Ruete vom 18. Juni 1969; VS-Bd. 4288 (II A 1); B 150, Aktenkopien 1969.
[4] Am 11. Juni 1969 wurde die dänische Anregung einer vollständigen Abschaffung der TTD-Regelung im Ständigen NATO-Rat erörtert. Daraufhin erklärte sich die dänische Seite bereit, die weitere Behandlung des Vorschlags zu vertagen, um die Auswirkungen der am 4. Juni 1969 geänderten Ausgabebedingungen für TTD zu beobachten. Vgl. dazu den Drahtbericht Nr. 835 des Botschafters Grewe, Brüssel (NATO), vom 12. Juni 1969; VS-Bd. 2753 (I A 5), B 150, Aktenkopien 1969.
[5] Zur NATO-Ministerratstagung am 4./5. Dezember 1969 in Brüssel vgl. AAPD 1969, II, Dok. 388.
[6] Am 3. Januar 1970 teilte Ministerialdirektor Ruete der Ständigen Vertretung bei der NATO in Brüssel über Konsultationen in der Bonner Vierergruppe mit, daß die Drei Mächte über die „Art des dänischen Vorgehens verärgert" seien. Insbesondere nach amerikanischer Auffassung stelle die TTD-

terstützung der drei Westmächte dafür finden zu können, daß angesichts der jetzt anlaufenden Verhandlungsinitiativen gegenüber dem Osten alsbald eine Erörterung über die Ablösung des TTD-Systems im NATO-Rahmen stattfinden und so bald wie möglich im Laufe des Jahres 1970 eine neue gemeinsame Haltung im Sinne der dänischen Vorstellungen gefunden werden kann.

Die Bundesregierung wäre deshalb dankbar, wenn die dänische Regierung die Entscheidung, am 7. Januar ihren einseitigen Rücktritt von dem langjährigen gemeinsamen Arrangement im NATO-Rat anzukündigen, überprüfen würde. Ich schlage vor, daß beide Seiten die Angelegenheit anläßlich des Besuchs des Bundeskanzlers in Kopenhagen im Februar d. J. besprechen.[7]

Sie erwähnen in Ihrem Brief, daß die dänische Regierung nicht beabsichtigt, ihre Haltung in der Deutschlandfrage zu ändern. Die Bundesregierung nimmt dies mit großer Befriedigung zur Kenntnis. Sie möchte nochmals hervorheben, daß sie die Erklärungen, die die dänische Regierung kürzlich vor dem Reichstag zu der Deutschlandfrage abgab[8], dankbar begrüßt hat.

Soweit die dänische Regierung in der Sache mit der norwegischen Regierung Fühlung genommen hat, wäre ich Ihnen dafür verbunden, wenn Sie unseren norwegischen Kollegen[9] von der deutschen Auffassung in Kenntnis setzen würden.[10]

Mit freundlichen Grüßen

Ihr sehr ergebener
[gez.] Scheel

VS-Bd. 2753 (I A 5)

Fortsetzung Fußnote von Seite 3

Regelung einen wichtigen Bestandteil der Eventualfallplanung für Berlin (West) dar. Daher könne nur einer Suspendierung zugestimmt werden, um im Falle von Störaktionen gegen die Zugangswege nach Berlin (West) wieder auf die TTD-Regelung zurückgreifen zu können. Vgl. den Drahterlaß Nr. 2; VS-Bd. 4529 (II A 1); B 150, Aktenkopien 1970.

[7] Bundeskanzler Brandt hielt sich am 13./14. Februar 1970 in Kopenhagen auf. Vgl. Anm. 10.

[8] Am 31. Oktober 1969 teilte Botschafter Simon, Kopenhagen, mit, der dänische Außenminister Hartling habe zu einem Antrag der „Volkssozialistischen Partei auf Herstellung diplomatischer Beziehungen zu geteilten Ländern vor dem Folketing" erklärt, daß es „schädlich wirken würde, wenn Deutschlands Nachbarn ihre offizielle Haltung zur DDR in dem Zeitpunkt änderten, in dem die neue deutsche Regierung gewisse Änderungen ankündigt und ihren Wunsch nach Versöhnung mit Osteuropa zum Ausdruck bringt". Vgl. den Drahtbericht Nr. 182; Referat V 1, Bd. 958.

[9] Am 7. Januar 1970 teilte Botschafter Balken, Oslo, mit, daß der dänische Außenminister Hartling mit seinem norwegischen Amtskollegen über eine Aufhebung der TTD-Regelung gesprochen habe. Lyng habe von einem einseitigen Vorgehen abgeraten. Balken wies darauf hin, daß Norwegen bei einer Aufkündigung der TTD-Regelung durch Dänemark „in eine äußerst schwierige Lage geraten und gezwungen sein werde, auch ihrerseits die Beteiligung an Arrangement aufzugeben". Vgl. den Drahtbericht Nr. 6; VS-Bd. 2753 (I A 5); B 150, Aktenkopien 1970.

[10] Am 6. Januar 1970 übergab der dänische Gesandte Haxthausen ein Antwortschreiben des Außenministers Hartling. Darin wurde eine Änderung des Beschlusses abgelehnt. Die dänische Regierung erklärte sich jedoch mit einer kurzfristigen „Verschiebung der Durchführung dieser Entscheidung" oder mit „einer Suspension des Arrangements als einer Zwischenstufe zu einer späteren, zeitmäßig noch nicht festzulegenden allgemeinen Aufhebung" einverstanden. Vgl. den Runderlaß Nr. 21 des Ministerialdirektors Ruete; VS-Bd. 4529 (II A 1), B 150, Aktenkopien 1970.
Am 14. Februar 1970 zeigte sich Hartling gegenüber Bundeskanzler Brandt mit einer Suspendierung der TTD-Regelung einverstanden und sicherte zu, daß Dänemark bis zum 1. April 1970 von einem einseitigen Vorgehen absehen werde. Vgl. dazu den Drahtbericht des Ministerialdirektors Sahm, Bundeskanzleramt, z. Z. Kopenhagen; Referat I A 5, Bd. 356.
Zur Suspendierung des TTD-Systems am 26. März 1970 vgl. Dok. 129.

2

Aufzeichnung des Ministerialdirektors Ruete

II A 5-82.00-94.-14/70 VS-vertraulich 6. Januar 1970

Betr.: Unterrichtung des Fraktionsvorsitzenden der CDU/CSU über die Ostpolitik der Bundesregierung

Ich habe heute weisungsgemäß Herrn Dr. Barzel über die Initiativen der Bundesregierung und ihrer Verbündeten gegenüber dem Osten unterrichtet und ihn dabei sowohl über die drei Gespräche zwischen Botschafter Allardt und dem sowjetischen Außenminister[1] als auch über die deutsch-polnischen Gespräche[2] und die Initiative der drei Westmächte[3] unterrichtet.

Herr Dr. Barzel bekundete Unruhe darüber, daß die Gespräche mit der Sowjetunion entweder die Bundesregierung in eine Lage bringen könne, in der sie die Gefahr laufe, unvertretbare Konzessionen erbringen zu müssen, oder daß die Gespräche scheitern würden, was zu einer Verhärtung in den deutsch-sowjetischen Beziehungen führen müsse.

Herr Dr. Barzel unterstrich, daß die Opposition nach wie vor bereit sei, auf dem Gebiet der Außenpolitik mit der Bundesregierung zusammenzuarbeiten, daß dies aber eine enge Konsultation sowie eine Unterrichtung über die Zielsetzung der Bundesregierung voraussetze. Er zeigte Enttäuschung darüber, daß die Bundesregierung die Opposition bisher nur unzureichend unterrichtet habe. Eine Ostpolitik gegen die Opposition sei praktisch unmöglich. Er sei bereit und auch in der Lage, auf diesem Gebiet eine Koordination sicherzustellen, wenn die Bundesregierung dies wünsche. Er bat mich, dieses dem Herrn Minister mitzuteilen.

---

[1] Am 8., 11. und 23. Dezember 1969 führte Botschafter Allardt, Moskau, mit dem sowjetischen Außenminister Gromyko Gespräche über einen Gewaltverzicht. Vgl. dazu AAPD 1969, II, Dok. 392, Dok. 398, Dok. 411 und Dok. 413.

[2] Am 25. November 1969 schlug die Bundesregierung in einer Note an die polnische Regierung Gespräche vor, in denen die Möglichkeiten für eine Verbesserung der bilateralen Beziehungen geprüft werden sollten. Vgl. dazu AAPD 1969, II, Dok. 375.
Zur Übermittlung der polnischen Anwortnote am 22. Dezember 1969 vgl. AAPD 1969, II, Dok. 405. Für den Wortlaut vgl. VS-Bd. 4457 (II A 5).
Am 9. Januar 1970 regte Ministerialdirektor Ruete an, die polnische Note vom 22. Dezember 1969 wie folgt zu beantworten: „a) Wir sind mit der Aufnahme der Gespräche in Warschau einverstanden. b) Wir benennen als deutschen Delegationsleiter Herrn Staatssekretär Duckwitz. c) Wir schlagen als Termin für den Beginn der Gespräche den 5. Februar 1970 vor." Ruete betonte die Notwendigkeit, die Gespräche vertraulich zu behandeln: „Es ist sehr mißlich, wenn die polnische Seite über unsere Vorstellungen zuerst aus der Presse erfährt." Vgl. VS-Bd. 8952 (II A 5); B 150, Aktenkopien 1970.

[3] Am 16. Dezember 1969 beantworteten die Drei Mächte eine sowjetische Note vom 12. September 1969 mit dem Vorschlag, über eine Verbesserung der Lage von Berlin (West) zu sprechen, und boten ihrerseits der UdSSR Gespräche über folgende Punkte an: „Verbesserung des freien Personen- und Güterverkehrs zwischen Berlin und der Bundesrepublik; Wiederherstellung des freien Personenverkehrs und des innerstädtischen Telefonverkehrs in Berlin, sowie Verbesserung des Post- und Handelsverkehrs zwischen beiden Teilen der Stadt; Abbau der diskriminierenden Beschränkungen, denen West-Berlin im Ostblock, vor allem auf wirtschaftlichem Gebiet, unterworfen ist." Vgl. den Runderlaß Nr. 5045 des Ministerialdirektors Ruete vom 17. Dezember 1969; VS-Bd. 4386 (II A 1); B 150, Aktenkopien 1969.
Vgl. dazu auch AAPD 1969, II, Dok. 302 und Dok. 402.

Hiermit über den Herrn Staatssekretär[4] dem Herrn Minister[5] mit der Bitte um Kenntnisnahme vorgelegt.

Ruete

VS-Bd. 8982 (II A 5)

3

Gesandter Baron von Stempel, Moskau, an das Auswärtige Amt

Z B 6-1-10036/70 VS-vertraulich Aufgabe: 6. Januar 1970, 18.00 Uhr[1]
Fernschreiben Nr. 7 Ankunft: 6. Januar 1970
Cito

Betr.: Unterzeichnung des NV-Vertrages[2]

Bezug: Bericht vom 22.12.1969 – II B 1-87 Bericht Nr. 2971/69[3];
DB Nr. 1792 VS-v vom 28.11.69 – II B 1-81.[4]

Botschaft erhielt heute von sowjetischem Außenministerium eine Note, deren Text in deutscher Übersetzung durch Sprachendienst der Botschaft lautet:

---

[4] Hat Staatssekretär Harkort am 6. Januar 1970 vorgelegen.

[5] Hat Bundesminister Scheel am 7. Januar 1970 vorgelegen, der handschriftlich vermerkte: „Ich bitte, einen Gesprächstermin mit Herrn Barzel auszumachen."

[1] Hat Botschafter Roth am 7. Januar 1970 vorgelegen, der handschriftlich für Referat II B 1 vermerkte: „1) Mit D II besprechen Vorschlag Ziff[er] 1; 2) bitte mit V 1 und II A 1 sprechen; 3) US-UK-Botschafter unterrichten."

[2] Für den Wortlaut des Nichtverbreitungsvertrags vom 1. Juli 1968 vgl. EUROPA-ARCHIV 1968, D 321–328.
Die Bundesrepublik unterzeichnete den Nichtverbreitungsvertrag am 28. November 1969. Anläßlich der Unterzeichnung übermittelte die Bundesregierung eine Erklärung sowie eine erläuternde Note an alle Staaten, mit denen sie diplomatische Beziehungen unterhielt. Die Note enthielt eine Disclaimer-Erklärung, in der betont wurde, daß mit der Unterzeichnung des Nichtverbreitungsvertrags keine völkerrechtliche Anerkennung der DDR verbunden sei. Für den Wortlaut der Erklärung und der Note vgl. BULLETIN 1969, S. 1233–1235.

[3] Botschafter Allardt, Moskau, übermittelte den Text einer Verbalnote, die er am 22. Dezember 1969 der sowjetischen Regierung übergeben hatte. Darin wurde ausgeführt, daß für die Bundesrepublik „mit der Unterzeichnung des Vertrages über die Nichtverbreitung von Kernwaffen keine völkerrechtliche Anerkennung der DDR verbunden ist; für die Bundesrepublik Deutschland daher auch im Rahmen des Vertrages über die Nichtverbreitung von Kernwaffen keine völkerrechtlichen Beziehungen zur DDR entstehen". Vgl. Referat II B 1, Bd. 107252.

[4] Botschafter Allardt, Moskau, teilte mit, er habe bei der Unterzeichnung des Nichtverbreitungsvertrags am 28. November 1969 sowohl die Note der Bundesregierung als auch, von der Note getrennt, die Disclaimer-Erklärung übergeben. Diese separate Übergabe, die so nur in Moskau erfolgt sei, sollte einer Zurückweisung der Note aufgrund des Inhalts der Disclaimer-Erklärung vorbeugen. Der sowjetische Stellvertretende Außenminister Winogradow habe auch zunächst die Annahme der Disclaimer-Erklärung verweigert, da sie in keinem inhaltlichen Zusammenhang mit dem Vertrag stehe. Erst nach Entfernung des Dienstsiegels der Botschaft Moskau sei sie entgegengenommen worden. Vgl. dazu AAPD 1969, II, Dok. 383.

„Ministerium für Auswärtige Angelegenheiten der UdSSR, Nr. 1/300

Das Ministerium für Auswärtige Angelegenheiten der Union der Sozialistischen Sowjetrepubliken bezeugt der Botschaft der Bundesrepublik Deutschland seine Hochachtung und beehrt sich, bezugnehmend auf die in ihrer Note vom 22. Dezember 1969 enthaltene Erklärung bezüglich der Beziehungen zur Deutschen Demokratischen Republik den Standpunkt der sowjetischen Regierung zu bekräftigen, der Herrn Botschafter H. Allardt bei der Unterzeichnung des Vertrages über die Nichtverbreitung von Kernwaffen in Moskau am 28. November 1969 dargelegt wurde.

In Übereinstimmung mit diesem Standpunkt hat die erwähnte Erklärung mit dem Gegenstand des Vertrages über die Nichtverbreitung von Kernwaffen nichts zu tun. Die Deutsche Demokratische Republik ist ein unabhängiger Staat, ein gleichberechtigtes Völkerrechtssubjekt. Jedwede Versuche, diesen ihren völkerrechtlichen Status in Zweifel zu ziehen, haben keine Rechtskraft. Die souveräne Deutsche Demokratische Republik ist, unabhängig davon, wie sich die Regierung des einen oder anderen Landes zu ihr verhält, ein vollberechtigter Teilnehmer des Nichtverbreitungsvertrages, und keinerlei Bemerkungen können an dieser unumstößlichen Tatsache etwas ändern.

Das Ministerium benutzt diesen Anlaß, die Botschaft erneut seiner Hochachtung zu versichern.

Moskau, 5. Januar 1970."

Inhalt von Absatz 2 der Note geht über das hinaus, was Winogradow anläßlich der Unterzeichnung des NV-Vertrages erklärte (vgl. Bezugsdrahtbericht vom 28.11.1969).

Ich bitte deshalb um Weisung, ob

1) die übliche Eingangsbestätigung gegenüber dem sowjetischen Außenministerium unterlassen oder

2) eine Eingangsbestätigung ohne Stellungnahme oder

3) eine Eingangsbestätigung mit Stellungnahme abgegeben werden soll.

Ich neige zu 3). Falls dies auch die dortige Auffassung ist, erbitte ich Text der abzugebenden Stellungnahme, da diese auch unsere Haltung in GV-Verhandlungen berühren könnte.[5]

Die Note selbst wurde vorsorglich in einem Zustand belassen, der ihre kommentarlose Zurückgabe an das sowjetische Außenministerium ermöglicht. Deshalb wird der russische Text der Note[6] mit nächstem Kurier lediglich in wortgetreuer Abschrift vorgelegt.

[gez.] Stempel

VS-Bd. 4539 (II B 1)

---

[5] Am 14. Januar 1970 wies Ministerialdirektor Ruete die Botschaft in Moskau, an, „die Note des sowjetischen Außenministeriums nicht zu bestätigen und die Angelegenheit auf sich ruhen zu lassen". Vgl. den Drahterlaß Nr. 44, VS-Bd. 4539 (II B 1); B 150, Aktenkopien 1970.

[6] Vgl. VS-Bd. 4539 (II B 1).

4

Gespräch des Bundeskanzlers Brandt
mit dem algerischen Außenminister Bouteflika in Tunis

Geheim 8. Januar 1970[1]

Am 8.1.1970 führte der Herr Bundeskanzler auf algerischen Wunsch in der Residenz des tunesischen Außenministers[2] in Tunis ein Gespräch mit dem algerischen Außenminister, Herrn Bouteflika.[3] Über das etwa 40 Minuten dauernde Gespräch wurde auf Wunsch der algerischen Gesprächspartner Geheimhaltung vereinbart.

Anwesend waren außerdem:
der algerische Innenminister[4] sowie ein Berater des algerischen Staatspräsidenten,
von deutscher Seite die Herren Wischnewski, Dr. Schilling und als Dolmetscher Herr Merten.

Der Herr *Bundeskanzler* teilte seinem Gesprächspartner zunächst mit, daß er von Herrn Wischnewski über dessen unmittelbar vorausgegangene, sehr interessanten Gespräche mit den beiden algerischen Ministern informiert worden sei. Er selbst begrüße die Gelegenheit zu einem Kontakt, bei dem man keine Details diskutieren könne, der es aber doch erlaube, sich gegenseitig kennenzulernen und die beiderseitigen Möglichkeiten besser zu verstehen. Es sei unser Wunsch, zu einer Verbesserung der Zusammenarbeit zu kommen. Man habe die Absicht, dabei mehr dem Inhalt und der Orientierung der deutschen Politik als Formalitäten Rechnung zu tragen.

Der *algerische Außenminister* erwiderte, er begrüße ebenfalls die Gelegenheit zu diesem Gespräch. Allerdings hätte er sich gefreut, wenn er den Herrn Bundeskanzler schon hätte sprechen können, als dieser noch Chef der deutschen Diplomatie war. Er erinnere sich daran, daß man sich 1966 im März schon einmal auf dem Flughafen Orly gekreuzt habe.

In Algerien verfolge man mit lebhafter Sympathie die politische Arbeit des Herrn Bundeskanzlers, der in Algerien schon als Regierender Bürgermeister von Berlin bekannt gewesen sei. Man sei sich darüber im klaren, daß die Politik des Herrn Bundeskanzlers neue Dimensionen und Perspektiven für die Zusammenarbeit mit der Dritten Welt wie auch für die Frage der europäischen Si-

---

[1] Durchdruck.
Die Gesprächsaufzeichnung wurde von Legationsrat Schilling, Bundeskanzleramt, und Legationsrat I. Klasse Merten gefertigt.
Hat Bundesminister Scheel vorgelegen.
Zu dem Gespräch vgl. auch WISCHNEWSKI, Leidenschaft, S. 143 f.
[2] Habib Bourguiba jr.
[3] Bundeskanzler Brandt verbrachte einen Urlaub auf der tunesischen Insel Djerba. Im Anschluß daran führte er politische Gespräche in Tunis. Für ein Gespräch mit Ministerpräsident Ladgham am 8. Januar 1970 vgl. Bundeskanzleramt, AZ 221-30 100 (56), Bd. 34; B 150, Aktenkopien 1970.
Der algerische Außenminister Bouteflika hielt sich zur Unterzeichnung eines Vertrags über Freundschaft und Zusammenarbeit mit Tunesien in Tunis auf.
[4] Ahmed Medeghri.

cherheit eröffne. In besonderer Weise interessiere man sich dabei für den bedeutungsvollen Beitrag, den Deutschland zur Lösung der Probleme der Dritten Welt erbringen könne. Deutschland habe Initiativen in Afrika ergriffen; er wolle den Herrn Bundeskanzler wissen lassen, daß man diese Initiativen in Algerien in objektiver Geisteshaltung verfolge. Man denke dabei auch an die spezifischen Probleme der arabischen Welt. Hier hänge sehr viel davon ab, daß schnelle Lösungen erarbeitet werden könnten.

Algerien müsse bei alledem den Optionen, Freundschaften und Interessen Rechnung tragen, die es in besonderer Weise mit der sozialistischen Welt verbinden. Allerdings sei Algerien wohl das letzte sozialistische Land, das in mutiger und gleichzeitig loyaler Weise in der Frage der Beziehungen zur Bundesrepublik Deutschland Stellung beziehen könne. Die Haltung solcher Länder wie Ägypten und Sudan seit dem Abbruch der diplomatischen Beziehungen zur Bundesrepublik sei bekannt, desgleichen die Einstellung dieser Länder zur DDR.[5] Algerien befinde sich in dieser Hinsicht in einer eigentümlicheren Situation. Bei Gesprächen mit der Sowjetunion und Polen habe Algerien zu Fragen wie etwa Oder-Neiße-Grenze nie bindende Zusagen gemacht. Man glaube, daß man der Politik des Herrn Bundeskanzlers in einer gesamteuropäischen Sicht sehr viel verdanke. Wenn es für Algerien darum gehe, zwischen einer Politik der Interessen und einer Politik der Grundsätze zu entscheiden, müsse Algerien den einmal getroffenen Optionen Rechnung tragen.

Sollte es zu einer Ausweitung und Verstärkung der Zusammenarbeit zwischen der Bundesrepublik und Algerien kommen, könne man sich darauf verlassen, daß die umfassende Beteiligung Algeriens an dem, was man tun könne, dabei gewährleistet sei. Unter Beachtung aller bekannten Tatsachen könne man vielleicht zu der Auffassung kommen, daß die Lage sich z. Z. nicht so gut darstelle. Ungeachtet dessen richte sich die algerische Politik nicht gegen die Bundesrepublik. Man müsse bei all dem, wie auch in der Frage des Palästina-Konflikts, dem großen Zusammenhang der algerischen Politik Rechnung tragen. Er wolle den Herrn Bundeskanzler aber bitten zu glauben, daß man in Algerien aufrichtig davon überzeugt sei, daß eine ausgedehntere Zusammenarbeit mit der Bundesrepublik wünschenswert sei.

Der Herr *Bundeskanzler* bedankte sich für diese Darlegungen und führte aus, wenn er den Herrn Minister richtig verstanden habe, erwarte man, daß die Bundesrepublik ein bißchen mehr für die Zusammenarbeit mit Algerien und anderen Entwicklungsländern tue. Das Regierungsprogramm der Bundesregierung sehe vor, daß die deutschen Leistungen auf diesem Gebiet stärker anwachsen sollen als der Bundeshaushalt insgesamt.[6] Dies alles könne nicht sehr schnell

---

5 Nach Bekanntgabe der Aufnahme diplomatischer Beziehungen zwischen der Bundesrepublik und Israel am 12. Mai 1965 brachen neun arabische Staaten die diplomatischen Beziehungen zur Bundesrepublik ab, nämlich der Irak am 12. Mai, die VAR, Jordanien, Saudi-Arabien und Syrien am 13. Mai, Algerien, der Libanon sowie die Arabische Republik Jemen am 14. Mai und der Sudan am 16. Mai 1965. Vgl. dazu AAPD 1965, II, Dok. 203.
Der Irak nahm am 30. April 1969 diplomatische Beziehungen zur DDR auf, der Sudan am 27. Mai, Syrien am 6. Juni, die Volksrepublik Jemen am 30. Juni und die VAR am 11. Juli 1969.
6 Am 28. Oktober 1969 kündigte Bundeskanzler Brandt im Bundestag eine Steigerung der Entwicklungshilfe um durchschnittlich 11% pro Jahr an. Vgl. dazu BT STENOGRAPHISCHE BERICHTE, Bd. 71, S. 31.

bewältigt werden; allerdings werde man sehen, daß noch in dieser Legislaturperiode der Rahmen dafür geschaffen werde, daß die Bundesrepublik neue Verantwortlichkeiten übernehmen könne. Darüber könnte mit Herrn Wischnewski, der diese Fragen gut kenne, weiter gesprochen werden.

Der Herr Minister habe sodann von den Initiativen und Versuchen der Bundesregierung in der Frage der europäischen Sicherheit gesprochen. Es sei gut, daß der Herr Minister diese Initiative so sehe, wie er sie dargelegt habe. Nichts werde dabei so leicht sein, wie dies einzelnen Beobachtern erscheine. Rückschläge seien denkbar. Gespräche mit der Sowjetunion seien begonnen, im nächsten Monat wolle man mit Warschau sprechen. Er selbst habe die Absicht, am 14. 1. in seinem Bericht zur Lage der Nation[7] vorzutragen, wie man die Gespräche mit Ost-Berlin, dem weiterhin schwierigsten Punkt, herangehen wolle. Diese Gespräche seien weiterhin schwierig, nicht etwa, weil man den zwischen uns und Ost-Berlin zu treffenden Vereinbarungen keinen ausreichenden rechtlichen Rang geben wolle. Man dürfe dabei aber nicht die Perspektive eines Zusammenlebens der Nation, wenngleich vielleicht nicht in einem Nationalstaat, so doch in besseren Formen als bisher, aufgeben. Man wolle nicht einfach festschreiben, was ist. Es gehe darum, alle Möglichkeiten für den Frieden, die Nation und die Menschen zu wahren und zu zufriedenstellenderen Regelungen als bisher zu kommen. Sollte man dabei zu Fortschritten gelangen, könne dies auch Auswirkungen auf die Frage der Vertretung der beiden Deutschländer im Ausland haben. Man habe jedoch Interesse daran, sich weiterhin darum zu bemühen, daß keine Änderung eintrete, die nicht eine Wendung zum Positiven und Besseren darstelle. Desgleichen hoffe man auch, Fortschritte in der Frage der europäischen Sicherheit zu erzielen sowie in der sachlichen Zusammenarbeit mit anderen Teilen der Welt. Er sei davon überzeugt, daß es zwischen Europa und der Region, zu der Algerien gehöre, nicht weniger, sondern mehr Zusammenarbeit geben müsse.

Was den Nahost-Konflikt angehe, erkläre sich die Bundesregierung für eine Lösung auf der Grundlage der Resolution des Sicherheitsrates der UNO vom 22. 11. 1967[8]. Man verstehe, daß man das legitime Recht der arabischen Völker einschließlich der Palästinenser unterstütze. Allerdings müsse man in dieser Frage auf der Grundlage der Ereignisse der Geschichte mit allen Irrtümern und Fehlern, die es in der Geschichte gebe, auch das Recht der Israeli auf eine gesicherte Existenz bejahen. Deutscherseits habe man wenig Einflußmöglichkeiten in dieser Frage. Er bitte den Herrn Minister, zur Kenntnis zu nehmen, daß man sich trotz aller Schwierigkeiten, die man mit mehreren arabischen Staaten er-

---

[7] Für die Erklärung des Bundeskanzlers Brandt im Bundestag vgl. BT STENOGRAPHISCHE BERICHTE, Bd. 71, S. 839–847.

[8] Resolution Nr. 242 des UNO-Sicherheitsrats (Auszug): „The Security Council [...] Emphasizing further that all Member States in their acceptance of the Charter of the United Nations have undertaken a commitment to act in accordance with Article 2 of the Charter, Affirms that the fulfilment of Charter principles requires the establishment of a just and lasting peace in the Middle East which should include the application of both the following principles: I) Withdrawal of Israel armed forces from territories occupied in the recent conflict; II) Termination of all claims or states of belligerency and respect for and acknowledgement of the sovereignty, territorial integrity and political independence of every State in the area and their right to live in peace within secure and recognized boundaries free from threats or acts of force". Vgl. UNITED NATIONS RESOLUTIONS, Serie II, Bd. VI, S. 42. Für den deutschen Wortlaut vgl. EUROPA-ARCHIV 1969, D 578f.

lebt habe, nicht zu einer feindseligen Einstellung gegenüber den Arabern provozieren lasse. Nichts könne die Bundesregierung von dem Wunsche abbringen, mit jedem Mitglied der arabischen Familie freundschaftliche Beziehungen aufzunehmen. Die Bundesrepublik sei z. Z. wieder einmal einer böswilligen Verleumdungskampagne ausgesetzt. Die Entwicklung der Lage werde zeigen, wie böswillig diese Propaganda sei. Der Herr Minister habe in sehr klarer Weise auf die besonderen Probleme, Interessen und auf die Loyalität Algeriens hingewiesen. Ohne daß er, der Bundeskanzler, mehr sagen wolle und man z. Z. bei einer solchen Gelegenheit darlegen könne, bitte er den Herrn Minister, davon überzeugt zu sein und dies auch dem algerischen Präsidenten[9] mitzuteilen, daß man sich bemühen wolle, Fortschritte in der Zusammenarbeit zwischen beiden Ländern zu erzielen.

Der *algerische Außenminister* bedankte sich für diese Darlegungen. Er führte aus, daß dieses Gespräch ein besseres Verständnis der besonderen Probleme beider Länder ermöglicht habe. Er sei auch davon überzeugt, daß solche Kontakte entscheidende Schritte und einen besonderen Beitrag zur Verwirklichung einer schrittweisen Annäherung darstellen könnten. Er werde das Gehörte seiner Regierung und dem algerischen Ministerpräsidenten mitteilen. Er wolle noch einmal versichern, daß man Verständnis für das Problem der deutschen Nation habe und die mutige Initiative des Herrn Bundeskanzlers mit viel Sympathie verfolge. Er hoffe, daß man über den gemeinsamen Freund H.-J. Wischnewski in Kontakt bleiben könne.

Der Herr *Bundeskanzler* führte abschließend aus, daß er sich ebenfalls über die Gelegenheit zu diesem Gespräch gefreut habe. Bei seiner ersten Reise nach Tunesien vor langen Jahren habe er damals mit Vertretern der algerischen Exilregierung gesprochen, und zwar in einem Zeitpunkt, in dem die Verhandlungen mit Frankreich weiter gediehen waren als er damals wußte.[10] Er freue sich, heute mit einem Minister Algeriens zu sprechen, dessen Land seine völlige Freiheit erlangt habe.[11]

Neben Herrn Wischnewski stehe im übrigen auch der Herr Bundesminister des Auswärtigen zu Kontakten zur Verfügung, falls man das für zweckmäßig erachte.[12] Diplomatische Beziehungen seien keine Vorbedingung dafür, daß Außenminister miteinander redeten. In der Zwischenzeit wolle man ohne Zeitdruck über alle Möglichkeiten zu weiteren Gesprächen nachdenken.

Der Herr Bundeskanzler bat den Herrn Minister, dem Herrn algerischen Staatspräsidenten respektvolle Grüße zu übermitteln.

VS-Bd. 10091 (Ministerbüro)

---

[9] Houari Boumédienne.

[10] Der damalige Regierende Bürgermeister von Berlin, Brandt, hielt sich Anfang 1962 in Tunesien auf. Im Rückblick notierte Willy Brandt: „Ich hatte mit Präsident Bourguiba und Mitgliedern seiner Regierung gesprochen und war auch mit anderen algerischen Persönlichkeiten zusammengetroffen. Sie unterrichteten mich über den sich anbahnenden Frieden mit Frankreich, der im Frühjahr 1962 endlich in Evian geschlossen wurde". Vgl. BRANDT, Begegnungen, S. 609 f.

[11] Algerien erlangte am 3. Juli 1962 die Unabhängigkeit.

[12] Vgl. dazu das Gespräch des Bundesministers Scheel mit dem algerischen Außenminister Bouteflika am 11. Februar 1970 in Brüssel; Dok. 47.

5

Aufzeichnung des Vortragenden Legationsrats I. Klasse Mertes

II B 2-81.12/1-23^I/70 geheim 8. Januar 1970

Betr.: Deutsch-sowjetische Gewaltverzichtsgespräche in Moskau vom 8., 11. und 23. Dezember 1969 (Botschafter Allardt – Außenminister Gromyko)[1];
hier: Arbeitsbesprechung vom 6. Januar 1970 im Dienstzimmer von D II

Bezug: Aufzeichnung vom 5. Januar 1970 – II B 2-81.12/1-23/70 geh.[2]

An der obigen von D II einberufenen Arbeitsbesprechung nahmen teil: Ministerialdirektor Dr. Ruete (D II), Botschafter Dr. Allardt, VLR I Dr. Peckert (demnächst Botschaft Moskau), VLR I Dr. von Schenck (Ref. V 1), VLR I van Well (Ref. II A 1), VLR I Dr. Effenberg (Ref. II A 2), VLR I Dr. Pommerening (Ref. II A 3), VLR I Dr. Blumenfeld (Ref. II A 4), VLR I von Alten (Ref. II A 5), VLR I Dr. Mertes (Ref. II B 2).

Das praktische Ergebnis der Besprechung war die Bildung von vier kleinen ad-hoc-Arbeitsgruppen, die so bald wie möglich Entwürfe für Antworten und Fragen von Botschafter Allardt an Außenminister Gromyko (beim nächsten Gewaltverzichtsgespräch in Moskau) entwerfen sollen (Antwort- bzw. Frage-Formulierung sowie Kommentare für die Gesprächsführung).

Die Arbeitsgruppen sind:

Gruppe A: VLR I Dr. von Schenck, VLR I von Alten, VLR I Dr. Effenberg
für die Antworten auf die beiden am 23. Dezember 1969 an Botschafter Allardt ausgehändigten schriftlichen Fragen Gromykos, die sinngemäß folgendes besagen (vgl. DB Moskau Nr. 1885 vom 23. Dezember 1969 geh.[3]):

1) Bedeutet der Satz „Die Bundesrepublik Deutschland erhebt keine Gebietsansprüche gegen irgend jemand" in den deutschen Gewaltverzichts-Entwürfen

---

[1] Zu den Gesprächen vgl. AAPD 1969, II, Dok. 392, Dok. 398, Dok. 411 und Dok. 413.
[2] Vortragender Legationsrat I. Klasse Mertes erläuterte die jeweiligen Absichten der Gesprächspartner. Die UdSSR wolle das in den Artikeln 53 und 107 der UNO-Charta vom 26. Juni 1945 (Feindstaatenklauseln) festgelegte Interventionsrecht gegenüber der Bundesrepublik nicht aufgeben. Sie versuche zudem, die bilaterale Gewaltverzichtskonzeption der Bundesregierung „zu einem Instrument der Stabilisierung der sowjetischen Hegemonialposition auf dem Umweg über eine alle europäischen Grenzen umfassende endgültige Grenzanerkennung" umzufunktionieren, wodurch die UdSSR zur Garantiemacht des Status quo in ganz Europa würde. Darüber hinaus beabsichtige die sowjetische Seite die „verbindliche Beseitigung aller politischen und juristischen Konzepte in der Bundesrepublik, die Territorium und Regime Ostdeutschlands, d. h. die sowjetische Position in Deutschland, künftig einmal in Frage stellen könnten". Demgegenüber wolle die Bundesregierung durch eine Festlegung der Gesprächspartner auf ausschließlich friedliche Mittel ein Klima schaffen, das eine zukünftige Lösung der Sachprobleme im Sinne einer europäischen Friedensordnung und des Selbstbestimmungsrechts fördern solle. Daher sei sie zu einer „verbalen Berücksichtigung" sowjetischer Formulierungen bereit, versuche allerdings, die eigenen Rechtspositionen nicht einseitig preiszugeben. Vgl. VS-Bd. 4549 (II B 2); B 150, Aktenkopien 1970.
[3] Vgl. AAPD 1969, II, Dok. 411.

vom 3. Juli 1969[4] die Bereitschaft, sich über den Gewaltverzicht hinaus auch hinsichtlich der Ziele ihrer Politik zu verpflichten, d. h. auch keine Forderung nach Änderung der nach dem Krieg entstandenen Grenzen schlechthin zu erheben?
2) Ist es der Standpunkt der Bundesregierung, daß im o. a. Satz von den gegenwärtigen Grenzen der Bundesrepublik Deutschland die Rede ist?
Gruppe B: VLR I Dr. von Schenck, VLR I van Well, VLR I Dr. Pommerening
für die Antwort auf die am 23. Dezember 1969 Botschafter Allardt mündlich gestellte Frage Gromykos zur Rechtsverbindlichkeit und Rechtsnatur eines innerdeutschen Gewaltverzichts, die sinngemäß folgendes besagt (vgl. DB Moskau Nr. 1885 vom 23. Dezember 1969 geh.):
Handelt es sich nach dem Verständnis der Bundesregierung bei dem beabsichtigten innerdeutschen Gewaltverzichtsabkommen um ein solches, das nicht – wie „bei völkerrechtlichen Vereinbarungen sonst üblich" – „mit allen nötigen Attributen und Folgerungen ausgestattet" ist?
Gruppe C: VLR I Dr. Blumenfeld
für Fragen der Bundesregierung zu bilateralen deutsch-sowjetischen Angelegenheiten, die Botschafter Allardt beim nächsten Gespräch an Gromyko richten soll.
Gruppe D: VLR I Dr. von Schenck, VLR I Dr. Mertes/VLR Graf Rantzau (stellv. Referatsleiter II B 2)
für eine Frage der Bundesregierung zum uneingeschränkten sowjetischen Gewaltverzicht gegenüber der Bundesrepublik Deutschland, die Botschafter Allardt beim nächsten Gespräch an Gromyko richten soll.
III. Die Bezugsaufzeichnung stellt eine erste, d. h. vorläufige Analyse der Gespräche Allardt–Gromyko dar. In ihren Schlußfolgerungen macht sie noch keine Vorschläge zur weiteren sachlichen und taktischen Handhabung unseres Meinungsaustausches mit der Sowjetunion über Gewaltverzicht. Sie versucht vielmehr, den außerordentlich weit gewordenen gedanklichen Rahmen abzustecken, in dem sich unsere Gewaltverzichtspolitik nach der jüngsten Entwicklung der sowjetischen Haltung bewegt und den wir in der nächsten Phase des Dialogs stets im Auge zu behalten haben. Die Aufzeichnung stellt ihre Überlegungen naturgemäß unter das Vorzeichen „Gewaltverzicht", das schließlich Ausgangspunkt und Generalnenner der deutsch-sowjetischen Gespräche ist. Die o. a. Besprechung vom 6. Januar 1970 diente einer Abklärung der verschiedenen, in der Bezugsaufzeichnung genannten Problemkreise, die unsere Gewaltverzichtspolitik jetzt in hohem Maße erfaßt:
– völkerrechtliche und staatsrechtliche Grundfragen im Lichte der neuen Deutschlandpolitik (V 1);
– die Deutschlandpolitik der Bundesregierung; das Verhältnis der Deutschlandpolitik Moskaus und Ostberlins; das Berlin-Problem (II A 1);
– das Grenzproblem und der Friedensvertragsvorbehalt (II A 2/V 1);
– die sowjetische Gewaltverzichts- und ESK-Politik (II A 3/II B 2);

---

[4] Für den Entwurf der Bundesregierung für eine Erklärung der Bundesrepublik bzw. der UdSSR über einen Gewaltverzicht vgl. AAPD 1969, II, Dok. 219.

- Möglichkeiten und Probleme der Entwicklung unseres bilateralen Verhältnisses zur UdSSR (II A 4);
- deutsch-polnischer Bilateralismus und sowjetische Politik (II A 5);
- Möglichkeiten und Grenzen unserer Gewaltverzichtspolitik (II B 2).

In folgendem bestand Übereinstimmung:

1) Der klaren sowjetischen Fragestellung muß jetzt ebenso klar geantwortet werden. Auf diese Notwendigkeit hat sich unsere Vorarbeit zu konzentrieren.[5]

2) Das bisherige verbale Entgegenkommen, insbesondere der mehrdeutige Satz „Die Bundesrepublik Deutschland erhebt keine Gebietsansprüche gegen irgend jemand" im deutschen Erklärungsentwurf vom 3. Juli 1969, war politisch sinnvoll. Nachdem jedoch die sowjetische Seite die bewußte Mehrdeutigkeit dieses Satzes in Richtung auf eine eindeutige und außerordentlich weitgehende Festlegung unserer gesamten Deutschlandpolitik beseitigen will, müssen wir der Sowjetunion unsere jetzigen Grundpositionen (insbesondere zum Fragenkomplex Friedensvertrag) eindeutig sagen, d.h. Gromykos drei präzise Fragen vom 23. Dezember 1969 ebenso präzise beantworten.[6]

Der Vorbereitung dieser Antworten dienen die obengenannten Arbeitsgruppen A und B.

3) Gromyko spricht mit Botschafter Allardt nach genauen, von seinen Auftraggebern sorgfältig abgewogenen Weisungen, die lückenlos zum Gesamtkonzept der sowjetischen Europapolitik passen. Botschafter Allardt betonte, von einem eigentlichen Gespräch könne daher nicht die Rede sein. Die deutsche Gewaltverzichtspolitik muß daher auch auf das ihr jetzt zugrundeliegende Gesamtkonzept unserer Deutschland- und Ostpolitik abgestimmt werden.

4) Botschafter Allardt sagte, das Gespräch mit Gromyko entwickele sich mehr und mehr in Richtung auf eine Vernehmung des deutschen Partners durch die sowjetische Seite. Um diesem Ungleichgewicht in der Gesprächsführung entgegenzuwirken, soll dem Bundesminister des Auswärtigen vorgeschlagen werden, bei nächstem Gespräch auch Gromyko in die Situation des präzise Befragten zu bringen. Geeignet für deutsche Fragen sind die Themen:
- Verbesserung der bilateralen deutsch-sowjetischen Beziehungen in verschiedenen Sachbereichen;
- sowjetischer Gewaltvorbehalt und deutsche Gewaltverzichtspolitik.

Der Vorbereitung je einer Frage zu diesen beiden Themen dient die Bildung der obengenannten Arbeitsgruppen C und D.

5) Die deutsche Gewaltverzichtspolitik sollte grundsätzlich an ihrer ursprünglichen philosophy festhalten (verbindlicher Gewaltausschluß unter den bilateralen Partnern; keine Präjudizierung der strittigen politischen Probleme); der sowjetischen Tendenz, eine Äußerung des Bundeskanzlers wie die im „Observer"

---

[5] Dieser Absatz wurde von Ministerialdirektor Ruete durch Häkchen hervorgehoben.
[6] Dieser Absatz wurde von Ministerialdirektor Ruete durch Häkchen hervorgehoben.

vom 23. November 1969[7] als eine offizielle Änderung dieser philosophy hinzustellen, muß entgegengetreten werden.

6) Bei voller Würdigung der Rechte und Pflichten der UdSSR in bezug auf Deutschland als Ganzes sollten wir dem sowjetischen Bestreben, sich als Treuhänder des gesamten Warschauer Paktes für die politische Gesprächsführung mit der Bundesrepublik Deutschland sowie als Garantiemacht aller Grenzen institutionell zu etablieren, in keiner Weise Vorschub leisten. Wir sollten am Ziel bilaterale Auflockerung und Entspannung im Verhältnis zu den osteuropäischen Partnern, insbesondere Polen, festhalten.

7) Den innenpolitischen Fragestellungen und Verpflichtungen – Dr. Effenberg erinnerte an ein Gespräch des Bundesministers des Auswärtigen mit Vertretern der Vertriebenen – muß rechtzeitig Rechnung getragen werden.

8) Da die Sowjets uns mit politischen Zielen zu russischen Gunsten juristisch festlegen wollen, stellt sich auch der deutschen Politik erneut die Notwendigkeit einer unzweideutigen Rechtssprache, um uns nicht den Vorwurf der Unklarheit und Doppelzüngigkeit, wie ihn Gromyko mehrfach anklingen ließ, zuzuziehen.

IV. Da ein Zeitlimit nicht gesetzt wurde, schlägt Referat II B 2 vor, daß die vier Gruppen ihre Antwort- bzw. Frage-Entwürfe sowie die dazugehörigen Kommentare bis Dienstag, 13. Januar 1970, 16.00 Uhr, vorbereiten und dem Referat II B 2 zwecks Zusammenfassung und Vorlage über Dg II B/Dg II A[8] bei D II zuleiten.[9]

Über Dg II B[10], D II[11].

Mertes

VS-Bd. 4549 (II B 2)

---

[7] Am 23. November 1969 veröffentlichte die britische Wochenzeitung „The Observer" ein Interview mit Bundeskanzler Brandt vom Vortag: „Declining to disclose the precise issues he wants to raise with the Russians, the Chancellor said an agreement on the renunciation of force would not be a ‚purely abstract or formal' matter. ‚That would be too little', he said. ‚Renunciation of force is so to speak the title of an entire chapter which deals with all unsettled questions that concern the two countries. We are willing to discuss all problems including means of practical co-operation.'" Vgl. den Artikel von Boris Kidel: „Brandt: France ready to talk about UK and Six"; THE OBSERVER vom 23. November 1969, S. 2.

[8] Lothar Lahn.

[9] Zum Ergebnis der Beratungen vgl. Dok. 12.

[10] Hat Botschafter Roth am 9. Januar 1970 vorgelegen.

[11] Hat Ministerialdirektor Ruete am 17. Januar 1970 vorgelegen.

6

Aufzeichnung des Ministerialdirektors Ruete

II B 1-81.14/0-1/70 streng geheim 12. Januar 1970[1]

Betr.: Schwerpunktmäßige Analyse des über die Vorgespräche zu SALT in Helsinki schriftlich erstatteten Berichts von Botschafter Gerard Smith, dem Leiter der amerikanischen Delegation

Bezug: Aufzeichnung II B 1-81.14-2323/69 geh. vom 24.12.1969[2]

I. Die SALT-Vorgespräche in Helsinki dauerten vom 17.11. bis 22.12.1969. Die Gesprächspartner einigten sich auf zwei Papiere:
- für die Öffentlichkeit auf ein Kommuniqué (Anlage 1)[3];
- zur Verwendung in den heimatlichen Regierungsinstanzen und wohl auch in den beiderseitigen Bündnissystemen auf ein als „geheim" eingestuftes Arbeitsprogramm für die nächste SALT-Phase (Anlage 2)[4].

II. Da die Gespräche in Helsinki wider Erwarten bis kurz vor Weihnachten andauerten, bat Botschafter Smith, einen ersten Bericht (Anlage 3)[5] – 135/69 CTS – schriftlich abgeben zu dürfen.

Wichtigste Punkte für eine prüfende Betrachtung sind

---

[1] Die Aufzeichnung wurde von Vortragendem Legationsrat I. Klasse Menne konzipiert.

[2] Ministerialdirektor Ruete führte aus, daß in Helsinki beschlossen worden sei, die Strategic Arms Limitation Talks (SALT) am 16. April 1970 zunächst in Wien aufzunehmen und später in Helsinki fortzusetzen. In Wien sollte über die folgenden Punkte gesprochen werden: „1) Zusammensetzung von Waffensystemen, die als strategische Angriffswaffen einbezogen werden sollen. 2) Zusammensetzung von Waffensystemen, die als strategische Verteidigungswaffen einbezogen werden sollen. 3) Mögliche Arten beiderseits annehmbarer Begrenzungen. 4) Gewährleistung der Einhaltung von Verpflichtungen (Verifikationsfragen). 5) Mittel und Wege, die Gefahr eines nuklearen Raketenkrieges zwischen der Sowjetunion und den USA einzudämmen [und] sich gegen den Einsatz nuklearer Waffen ohne Ermächtigung oder aus Zufall zu schützen. 6) Dritte Kernwaffenstaaten und die strategische Lage. 7) Mittel und Wege, das vorgeschlagene Abkommen so praktikabel wie möglich zu machen." Ruete fügte hinzu, daß der Inhalt des Programms sowie die Reihenfolge der Punkte unverbindlich seien und es den Gesprächspartnern freistehe, auch andere Fragen zu behandeln. Vgl. VS-Bd. 4341 (II B 1); B 150, Aktenkopien 1969.

[3] Dem Vorgang nicht beigefügt.
Für den Wortlaut des Kommuniqués vom 22. Dezember 1969 über die amerikanisch-sowjetischen Vorgespräche über eine Begrenzung der strategischen Rüstung vgl. EUROPA-ARCHIV 1970, D 108.

[4] Dem Vorgang nicht beigefügt.
Zum Arbeitsprogramm für die SALT-Gespräche in Wien vgl. Anm. 2.

[5] Dem Vorgang nicht beigefügt.
Gesandter Gnodtke, Brüssel (NATO), teilte am 22. Dezember 1969 mit, daß die angekündigte schriftliche Unterrichtung der NATO-Partner über den Verlauf der Vorgespräche zu SALT in Form eines Schreibens des amerikanischen Gesandten Vest durchgeführt worden sei. Danach hätten die USA und die UdSSR in Helsinki vereinbart, daß sich SALT auf alle strategischen Waffen der Verhandlungspartner erstrecken sollten, also auf Waffen, „welche auf das Gebiet eines Partners reichten". Während Mittelstreckenraketen wie MR/IRBM sowie taktische Nuklearwaffen und Waffen dritter Staaten als Verhandlungsgegenstände ausgeschlossen blieben würden, sollten Mittelstreckenflugzeuge, soweit sie strategisch eingesetzt werden könnten, einbezogen werden. Vgl. den Drahtbericht Nr. 1671; VS-Bd. 3601 (II B 2); B 150, Aktenkopien 1969.

- die sich abzeichnende sowjetische Position für die Gesprächsphase in Wien, und
- die Bezugnahme auf die Sicherheitsinteressen der NATO.

Die Sowjets haben eine ihre Interessen ingeniös wahrnehmende Formel für die Definition strategischer Waffen gefunden:

„Strategische Waffen umfassen all diejenigen Trägersysteme eines Landes, die fähig sind, strategische Aufträge gegen das andere auszuführen und die somit eine Bedrohung der Sicherheit des anderen Landes begründen."

Begrenzungen strategischer Waffen – so erläutert der Bericht von Smith diese Formel – umfaßten mithin in sowjetischer Sicht nicht nur landgestützte offensive und defensive strategische Raketensysteme und seegestützte strategische Raketensysteme, sondern auch strategische Bomber und solche andere Waffensysteme, insbesondere Kampfflugzeuge, die auf Grund ihres Stationierungsortes nukleare strategische Aufträge gegen die USA oder UdSSR ausführen könnten. Diese Formel würde gewisse amerikanische im Ausland oder auf Flugzeugträgern stationierte Flugzeuge (etwa die in Europa stationierten Strike-Verbände oder die Kampfflugzeuge der 6. Flotte) einschließen. Die Sowjets hätten dagegen die Gruppe taktischer Kernwaffenträger, die nicht Flugzeuge seien, nicht ins Gespräch gebracht, was angesichts ihrer breiten Begriffsbestimmung strategischer Waffen bemerkenswert sei.

Nicht unerwarteterweise hätten die Sowjets gefordert, daß offensive Systeme, die von einem der beiden Länder zum Schutz gegen dritte benötigt würden, jedoch wegen zu geringer Reichweite Ziele im anderen Land nicht erreichen könnten, wie insbesondere die sowjetischen Mittelstreckenraketen, außerhalb bilateraler Begrenzungsabkommen bleiben müßten.

Zu diesem Punkt erinnert der Bericht daran, daß nach der den Verbündeten bekannten amerikanischen Auffassung die sowjetischen Mittelstreckenraketen eingeschlossen werden müßten. Dieser Auffassung, die in den in Helsinki vorgetragenen illustrativen Kombinationen von Waffensystemen für Begrenzungsvereinbarungen enthalten war, sei von den Sowjets widersprochen worden.

Demgegenüber sei es gelungen, im Arbeitsprogramm für die Wiener Gesprächsphase die Aufzählung strategischer Systeme so zu formulieren, daß sie die sowjetischen Mittelstreckenraketen nicht ausschlösse, und das sei den Sowjets klar gemacht worden.

Das Thema klingt gegen Ende des Berichts noch einmal an, wo Smith mit allgemeinem Bezug die allerdings ziemlich dünn formulierte Versicherung gibt, die Vereinigten Staaten würden bei Begrenzungsabkommen über strategische Waffen „stets um die gemeinsamen Sicherheitsbedürfnisse unserer Allianz wissen (will be cognizant of)".

III. Die etwas vagen Formulierungen zur Frage der Mittelstreckenraketen geben – wenngleich nicht zu Befürchtungen – so immerhin Anlaß zu erhöhter Aufmerksamkeit.[6]

---

[6] Am 23. Januar 1970 wies Vortragender Legationsrat I. Klasse Menne auf die Gefahr hin, daß vorhersehbare Schwierigkeiten bei der Verifikation von Rüstungskontroll-Vereinbarungen die Gesprächspartner dazu veranlassen könnten, „sich zunächst Abmachungen über solche Waffensysteme zuzuwenden, zu deren Überwachung es keiner weitergehenden Verifikation als der mit natio-

IV. Es wird vorgeschlagen, zu verfolgen, wie sich die Amerikaner und die anderen Verbündeten bei der nächsten NATO-Konsultationsrunde[7] zu dem Komplex der Mittelstreckenraketen äußern werden. Eine deutsche Stellungnahme hierzu könnte in der Form versucht werden, daß eine der sowjetischen Definition strategischer Waffen entgegenzusetzende westliche Formel vorgeschlagen wird.[8] Hierzu, wie auch zu der Alternative einer bilateralen Erörterung des Problems mit den Amerikanern[9], bleibt eine gesonderte Aufzeichnung vorbehalten.

Hiermit über den Herrn Staatssekretär[10] dem Herrn Minister[11] mit der Bitte um Kenntnisnahme und mit dem Hinweis vorgelegt, daß das Bundeskanzleramt Interesse an dem Bericht von Smith und seiner Bewertung durch das Auswärtige Amt bekundet hat.

Ruete

VS-Bd. 3602 (II B 1)

Fortsetzung Fußnote von Seite 17

    nalen Mitteln bedarf". Daher sei darauf zu achten, „ob die Gesprächspartner auf das Dilemma nicht dadurch reagieren, daß sie tendenziell die aus Nicht-Verifizierung erfolgende Nicht-Verläßlichkeit dort leichter hinnehmen, wo das Risiko vornehmlich dritte Staaten treffen würde. In anderen Worten: das Dilemma könnte die Neigung hervorrufen, dem Kriterium bilateraler Ausgewogenheit Vorrang vor dem Kriterium bündnismäßiger Ausgewogenheit zu geben." Vgl. VS-Bd. 3602 (II B 1); B 150, Aktenkopien 1970.

7 Zur Sitzung des Ständigen NATO-Rats vom 28. Januar 1970 vgl. Dok. 26.

8 Zu einer Stellungnahme der Bundesregierung vgl. Dok. 26, Anm. 5.

9 Am 12. Februar 1970 betonte Ministerialdirektor Ruete die Bedeutung bilateraler Konsultationen mit den USA. Da es „einige, wenn auch noch unscharfe Anzeichen dafür [gebe], daß Verschiebungen in der amerikanischen Bewertung der Bedeutung einzelner Waffensysteme oder anderer Faktoren für die strategische Gesamtsituation (Bedeutung der sowjetischen Mittelstreckenraketen; Verifizierbarkeit als Voraussetzungen für etwaige Abmachungen) erfolgt sein könnten", würden erst zweiseitige Gespräche eine Aussage darüber ermöglichen, ob die Position der Bundesregierung zu SALT einer Überprüfung bedürfe. Vgl. VS-Bd. 3602 (II B 1); B 150, Aktenkopien 1970.

10 Hat Staatssekretär Duckwitz am 15. Januar 1970 vorgelegen.

11 Hat laut handschriftlichem Vermerk des Ministerialrats Hofmann vom 6. Februar 1970 Bundesminister Scheel vorgelegen.

7

Botschafter Grewe, Brüssel (NATO), an das Auswärtige Amt

Z B 6-10135/70 VS-vertraulich　　　　Aufgabe: 12. Januar 1970, 18.45 Uhr[1]
Fernschreiben Nr. 26　　　　　　　　Ankunft: 12. Januar 1970, 19.33 Uhr

Betr.: Europäische Sicherheitskonferenz[2]

Der amerikanische NATO-Botschafter[3] berichtete im Rat am 12. Januar über ein Gespräch zwischen dem sowjetischen Außenminister Gromyko und dem amerikanischen Botschafter in Moskau, Beam, das am 7. Januar über Fragen einer Europäischen Sicherheitskonferenz stattgefunden hat. Es handelt sich um den ersten bilateralen amerikanisch-sowjetischen Gedankenaustausch zu diesem Thema:

1) Gromyko habe einleitend den Wunsch geäußert, sich bilateral mit den USA über die Vorbedingungen einer ESK zu verständigen. Er bestätigte, daß die Frage der Beteiligung der USA und Kanadas an diese Konferenz „klar" sei, sofern der Teilnahme der „beiden deutschen Staaten" nichts in den Weg gelegt werde. Wenn er richtig unterrichtet sei, rieten die USA jedoch ihren Verbündeten von einer ESK ab oder drängten zumindest auf eine ins einzelne gehende Festlegung einer Tagesordnung. Die USA forderten dabei offenbar auch die Einbeziehung von Themen wie „beiderseitige ausgewogene Truppenreduzierung", obwohl man sich mit diesem Projekt schon seit 25 Jahren ohne Aussicht auf Erfolg beschäftigt habe. Statt auf Einbeziehung unlösbarer Probleme zu dringen, sollten sich die USA die umfassende sowjetische Methode („broad approach") bei der Vorbereitung der ESK zu eigen machen. Der erfolgreiche Abschluß von Teststoppabkommen[4] und NPT[5] sowie der SALT-Vorbesprechungen[6] sollte die USA, falls sie noch zweifelten, davon überzeugen, daß der richtige Zeitpunkt für umfassende Entspannungsmaßnahmen herangereift sei. Die ESK sei selbst dann

---

[1] Ablichtung.
Hat Vortragendem Legationsrat I. Klasse Behrends vorgelegen.
[2] Der Gedanke einer Europäischen Sicherheitskonferenz wurde vom Ersten Sekretär des ZK der KPdSU, Breschnew, am 29. März 1966 auf dem XXIII. Parteitag der KPdSU lanciert und am 27. April 1966 vom sowjetischen Außenminister Gromyko auf einer Pressekonferenz in Rom aufgegriffen. Er fand danach Eingang in die „Deklaration über die Gewährleistung des Friedens und der Sicherheit in Europa", die auf der Tagung des Politischen Beratenden Ausschusses der Warschauer-Pakt-Staaten vom 4. bis 6. Juli 1966 in Bukarest verabschiedet wurde. Vgl. AAPD 1966, I, Dok. 142, und AAPD 1966, II, Dok. 240.
Auf der Tagung des Politischen Beratenden Ausschusses der Warschauer-Pakt-Staaten am 17. März 1969 in Budapest wurde ein Appell an alle europäischen Staaten mit dem Vorschlag einer gesamteuropäischen Konferenz zur Erörterung von Fragen der europäischen Sicherheit und Zusammenarbeit verabschiedet. Für den Wortlaut des Budapester Appells vgl. EUROPA-ARCHIV 1969, D 151–153.
[3] Robert F. Ellsworth.
[4] Für den Wortlaut des Vertrags vom 5. August 1963 über das Verbot von Kernwaffenversuchen in der Atmosphäre, im Weltraum und unter Wasser vgl. DOCUMENTS ON DISARMAMENT 1963, S. 291–293. Für den deutschen Wortlaut vgl. EUROPA-ARCHIV 1963, D 407 f.
[5] Für den Wortlaut des Nichtverbreitungsvertrags vom 1. Juli 1968 vgl. EUROPA-ARCHIV 1968, D 321–328.
[6] Zu den Gesprächen vom 17. November bis 22. Dezember 1969 in Helsinki vgl. Dok. 6.

nützlich, wenn es nur einzelne der zur Erörterung vorgeschlagenen Probleme zu lösen gelinge.

2) Der amerikanische Botschafter habe betont, daß sich die USA nicht gegen eine ESK ausgesprochen hätten; sie suchten allerdings zunächst eine Reihe von Punkten klarzustellen. Der Prager Agenda-Entwurf[7] verspreche keine erfolgreiche Konferenz. Man müsse auch an das Gefühl der Enttäuschung denken, das sich in den Völkern im Osten wie im Westen einstellen müßte, wenn die Konferenz keine Ergebnisse zustande brächte. Die von Gromyko erwähnten einzelnen Schritte (NPT, SALT etc.) wiesen den richtigen Weg zur Entspannung: schrittweise zunächst grundlegende Fragen der Sicherheitspolitik beider Seiten zu erörtern.

[gez.] Grewe

VS-Bd. 1525 (II A 7)

8

Aufzeichnung des Staatssekretärs Bahr, Bundeskanzleramt

14. Januar 1970

Streng vertraulich!
Von Hand zu Hand!
Dem Herrn Bundeskanzler[1] über den Herrn Bundesminister[2]

Memo 4

Betr.: Moskau

1) Zur Situation:

Es ist festzustellen,

daß sich Ostberlin immer stärker auf eine sture Haltung festlegt;

daß Moskau nolens volens Ostberlin öffentlich zunehmend unterstützt;

---

[7] Am 30./31. Oktober 1969 fand eine Konferenz der Außenminister der Warschauer-Pakt-Staaten in Prag statt. In der am 31. Oktober 1969 veröffentlichten Erklärung wurden als Themen einer Europäischen Sicherheitskonferenz genannt: „1) Gewährleistung der europäischen Sicherheit und Verzicht auf Gewaltanwendung und Gewaltandrohung in den gegenseitigen Beziehungen zwischen den europäischen Staaten. 2) Erweiterung der gleichberechtigten Handels-, Wirtschafts- und wissenschaftlich-technischen Beziehungen mit dem Ziel, die politische Zusammenarbeit zwischen den europäischen Staaten zu entwickeln." Vgl. EUROPA-ARCHIV 1969, D 552.

[1] Hat Bundeskanzler Brandt am 15. Januar 1970 vorgelegen, der Bundesminister Ehmke handschriftlich um Rücksprache bat.

[2] Hat Bundesminister Ehmke am 14. Januar 1970 vorgelegen.

daß trotz spürbarer Zurückhaltung der Regierungen in Bonn und Moskau sich die öffentliche Atmosphäre verschlechtert.

Es ist anzunehmen,

daß die öffentliche, durch Ostberlin erzwungene Auseinandersetzung um Berlin-Sitzungen[3] zu einer weiteren Verschärfung führen wird;

daß diese Entwicklung die Haltung für Warschau erschwert;

daß das besonders druckempfindliche Prag sich dieser Entwicklung kaum entziehen kann.

Wir haben es also mit einer Entwicklung zu tun, die tatsächlich – negativ für die Bundesregierung – durch Ostberlin veranlaßt ist.

2) Diese Entwicklung, bis zu einer krisenhaften Zuspitzung hin, kommt nicht unerwartet, sie entspricht der Einschätzung der Interessenlage.

Aus eben diesem Grund haben wir das Leitgespräch mit der Führungsmacht für entscheidend gehalten.

Die Entwicklung hat die Richtigkeit dieser These bestätigt, bis zu den Zusammenhängen des Briefes an Kossygin[4], die Moskauer Konferenz[5] und die darauf folgenden Reaktionen der verschiedenen Staaten hin.

Diese Erkenntnis ist richtig geblieben, wir müssen sie nur konsequent verfolgen.

3) Die Sowjetunion führt die Gespräche in Moskau durch ihren Außenminister.[6] Dies ist ein Beweis ihrer Ernsthaftigkeit.

Kossygin hat ausdrücklich auf kontroverse Punkte verzichtet und den ernsten Willen seiner Regierung betont.[7]

Der Emissär aus Moskau hat die Bereitschaft zu vertraulichen Vorbesprechungen zusätzlich überbracht.[8]

Wir sind auf allen drei Ebenen am Zuge.

Es könnte ein sich für Jahre hinaus auswirkender folgenschwerer Fehler sein, wenn Moskau zu dem Ergebnis käme, daß die Bundesregierung weniger seriös und mit weniger Engagement diese Sache betreibt. Warum sollte man dann noch Ostberlin bremsen?

---

[3] Am 10. Januar 1970 protestierte die DDR bei der Bundesregierung gegen Fraktions- und Ausschußsitzungen des Bundestages, die zwischen dem 22. und dem 27. Januar 1970 in Berlin (West) stattfinden sollten. Vgl. dazu den Artikel „Angriffe Ost-Berlins gegen die Bundesregierung nehmen zu"; FRANKFURTER ALLGEMEINE ZEITUNG vom 12. Januar 1970, S. 1.

[4] Am 19. November 1969 erklärte sich Bundeskanzler Brandt gegenüber Ministerpräsident Kossygin zur Aufnahme von Gesprächen über einen Gewaltverzicht bereit. Vgl. dazu AAPD 1969, II, Dok. 370.

[5] Im Kommuniqué der Konferenz der Partei- und Regierungschefs der Warschauer-Pakt-Staaten am 3./4. Dezember 1969 in Moskau wurde der Regierungswechsel in der Bundesrepublik als Ausdruck zunehmender Tendenzen gewertet, „die auf eine realistische Politik der Zusammenarbeit und Verständigung zwischen den Staaten gerichtet sind". Vgl. EUROPA-ARCHIV 1970, D 76.

[6] Zu den Gesprächen des Botschafters Allardt, Moskau, mit dem sowjetischen Außenminister Gromyko am 8., 11. und 23. Dezember 1969 vgl. AAPD 1969, II, Dok. 392, Dok. 398, Dok. 411 und Dok. 413.

[7] Vgl. dazu auch die Äußerungen des Ministerpräsidenten Kossygin gegenüber Botschafter Allardt, Moskau, am 27. Oktober 1969; AAPD 1969, II, Dok. 326.

[8] Vgl. dazu das Gespräch des Staatssekretärs Bahr, Bundeskanzleramt, mit dem sowjetischen Journalisten Lednew am 24. Dezember 1969; AAPD 1969, II, Dok. 412.

Jede Verzögerung oder der Eindruck in Moskau, wir wollten verzögern, ist gegen unser Interesse, weil es Ostberlin und die Solidarisierung mit ihm stärkt.

Die Konsequenz aus 1) und 2) ist, ohne Verzug das Gespräch mit Moskau vorzubereiten und möglichst in der letzten Januar-Woche zu beginnen nach dem Konzept des Koalitionsgesprächs mit Wehner, Scheel, Mischnick und Franke, das nach wie vor richtig ist und auf das sich die Koalitionspartner auch geeinigt haben.

Dieses Gespräch kann Allardt nicht führen. Ich sehe nur Nachteile, ihn in eine Zwischenrunde zu schicken.

4) Diese Überlegungen werden bestätigt und verstärkt, wenn man Polen, die ČSSR und Rumänien ins Kalkül einbeziehet.

a) Der polnische Ministerpräsident[9] „fleht" fast darum, nicht zu verzögern. Er weiß warum.

Die Polen agieren unter dem Dach der von den Russen ernstgenommenen deutsch-sowjetischen Gespräche. Wenn dieses Dach bröckelt, wird auch die polnische Bereitschaft brüchig.

b) Die tschechische Bereitschaft ist nicht stark. Sie wird auf annähernd null reduziert, sobald in Prag der Eindruck entstünde, daß es keine Entwicklung mehr gibt, die man nicht verpassen darf.

c) Die genauen und zutreffenden Informationen durch die Rumänen bestätigen diese Einschätzung der Gesamtsituation.

Die Verhandlungsaufnahme mit Polen und der ČSSR würde mäßigend auf Ostberlin wirken.

5) Eine Überlegung des ESK-Komplexes führt zum gleichen Ergebnis:

a) Es wird keine ESK ohne die Bundesrepublik geben. Dies ist unser Hebel.

b) Der Hebel dient dem bilateralen Gewaltverzicht.

c) Dieser Hebel wird um so schwächer, je näher theoretisch die ESK kommt, ohne daß wir den bilateralen Gewaltverzicht haben. Der Hebel ist wirkungslos in dem Augenblick, in dem die ESK zusammentreten soll, der bilaterale Gewaltverzicht aber entweder gescheitert ist oder seine Erfolgsaussichten noch nicht absehbar sind.

Daraus folgt, daß der bilaterale Gewaltverzicht bis zum Frühsommer wenn nicht abgeschlossen, dann doch mindestens soweit sein muß, daß seine Erfolgsaussichten sicher scheinen. D.h.: Es geht hier für uns nicht um Zeitgewinn, sondern Zeitverlust.

Dazu kommt, daß wir jetzt an entscheidenden politischen Punkten des Gesprächs sind, die Gesprächs- und Verhandlungsmaterie begrenzt ist und die eigentlichen Verhandlungen nach den Vorbesprechungen und den ausgearbeiteten Alternativformel nicht sehr viel Zeit beanspruchen werden.

6) Zeitverlust ist Aktionsverlust für die Regierung und Gewinn für die Opposition, die durch eine zeitliche Verzögerung nicht freundlicher wird, sondern mehr Raum für törichtes Geschwätz oder abseitige Argumentierung gewinnt.

---

[9] Józef Cyrankiewicz.

7) Ich halte es für eine Key-decision, daß die Bundesregierung ohne Hast, aber zügig und unbeirrt die eingeleitete Politik fortsetzt.

Bahr

Archiv der sozialen Demokratie, Depositum Bahr, Box 436

9

Aufzeichnung des Vortragenden Legationsrats Graf zu Rantzau

II B 2-81.30/2-64/70 geheim 15. Januar 1970

Betr.: Ausgewogene beiderseitige Truppenverminderung;
hier: Stand und weiteres Verfahren

Bezug: 1) Aufzeichnung II B 2-81.30/2-3737/69 VS-vertraulich[1]
2) Drahterlaß II B 2-81.30/2-41/70 VS-vertraulich[2]

Anlg.: 1[3]

I. In der Brüsseler Erklärung der NATO-Außen- und Verteidigungsminister stellen die Minister der am Verteidigungsprogramm der NATO beteiligten Staaten fest (Ziffer 6[4]), daß

---

[1] Vortragender Legationsrat Graf zu Rantzau resümierte am 25. November 1969 den Sachstand der Diskussion in der westlichen Allianz über eine ausgewogene Truppenverminderung zwischen den beiden Militärbündnissen. Er kam zu dem Schluß, daß sich die NATO in einem „Dilemma" befinde: „Auf der einen Seite die unter rein militärischen Aspekten angesichts der geo-strategischen Lage nicht zu vertretende Schwächung der Verteidigungs- und Abschreckungsfähigkeit des Bündnisses und auf der anderen Seite die politische Wünschbarkeit ausgewogener Truppenverminderungen in Zentraleuropa unter dem Aspekt des Konfrontationsabbaus und der Entspannung." Zur Klärung dieser Situation bedürfe es einer politischen Entscheidung. Vgl. VS-Bd. 4356 (II B 2); B 150, Aktenkopien 1970.

[2] Ministerialdirektor Ruete machte darauf aufmerksam, daß es das Ziel der Bundesregierung bleibe, das Thema ausgewogener beiderseitiger Truppenreduzierungen „in mögliche zukünftige Verhandlungen über europäische Sicherheit gegenüber der Sowjetunion einzuführen". Um dieses Ziel zu wahren, sollte der Politische Ausschuß in die Diskussion eingebunden werde. Untersucht werden sollte u. a. ein „Modell unter Zugrundelegung des Reduzierungsraums Deutschland (Bundesrepublik und DDR) und gleicher prozentualer Kürzungen lediglich der stationierten Streitkräfte". Notwendig sei die Erarbeitung einer Verifikationsstudie, an der sich auch die USA beteiligen sollten. Vgl. Drahterlaß Nr. 8 vom 8. Januar 1970 an die Ständige Vertretung bei der NATO in Brüssel; VS-Bd. 4551 (II B 2); B 150, Aktenkopien 1970.

[3] Dem Vorgang beigefügt. Vgl. Anm. 9.

[4] Ziffer 6 der Erklärung der NATO-Mitgliedstaaten vom 5. Dezember 1969: „Ministers of countries participating in NATO's integrated defence programme consider that the studies on mutual and balanced force reductions have progressed sufficiently to permit the establishment of certain criteria which, in their view, such reductions should meet. Significant reductions under adequate verification and control would be envisaged under any agreement on mutual and balanced force reductions, which should also be consistent with the vital security interests of all parties. This would be another concrete step in advancing ‚along the road of ending the arms race and of general and complete disarmament, including nuclear disarmament'." Vgl. NATO FINAL COMMUNIQUES, S. 230. Für den deutschen Wortlaut vgl. EUROPA-ARCHIV 1970, D 80.

– die Studien über gegenseitige und ausgewogene Truppenverminderungen genügend weit fortgeschritten sind, um die Aufstellung bestimmter, von solchen Truppenverminderungen zu erfüllenden Kriterien zu ermöglichen;
– jedes Abkommen über gegenseitige und ausgewogene Truppenverminderungen bedeutende Truppenverminderungen unter ausreichender Kontrolle vorsehen müsse;
– ein derartiges Abkommen mit den lebenswichtigen Interessen aller Beteiligten vereinbar sein müsse.

Die Minister beauftragten den Rat, „sobald wie möglich einen Bericht über die Entwicklung von Modellen für ausgewogene Truppenverminderungen vorzulegen".

II. 1) In Ausführung dieses Auftrages wurde eine aus Mitgliedern des Stabes von SHAPE, des Internationalen Militärischen Stabes und des Internationalen Stabes der NATO, der nationalen NATO-Delegationen sowie Vertretern aus den Hauptstädten bestehende Arbeitsgruppe für Truppenverminderungsmodelle eingesetzt, die am 15.1.1970 ihre Arbeit aufgenommen hat.

2) In seiner Sitzung vom 12. bis 14.1.1970 hat der Politische Ausschuß auf Gesandtenebene mit Abrüstungssachverständigen die terms of reference für die Arbeitsgruppe erarbeitet:
– Ein Modell symmetrischer Verminderungen von 10% (und in einer Variante 30%) der nationalen und stationierten Streitkräfte in dem Reduzierungsraum Bundesrepublik, Benelux/DDR, Polen, Tschechoslowakei mit ausreichender Verifikation. Für die Aufstellung dieses Modells gelten im wesentlichen die Richtlinien des NATO-Dokuments CM (69) 52 final[5]. (vgl. Bezugsaufzeichnung)
– Ein asymmetrisches Modell, bei dem die Arbeitsgruppe die einzelnen Elemente einer Truppenverminderung (Art und Umfang der zu reduzierenden Streitkräfte, Reduzierungsraum usw.) beliebig ansetzen und variieren kann. Einzige Richtlinie hierbei ist die Aufrechterhaltung der unveränderten Sicherheit der NATO gegenüber dem Warschauer Pakt.

3) Die Arbeitsgruppe wird in Abständen von jeweils etwa zehn Tagen dem Politischen Ausschuß auf Gesandtenebene ihre jeweiligen Ergebnisse zur Prüfung unter politischen Gesichtspunkten vorlegen.[6] Rechtzeitig vor Beginn der NATO-Frühjahrstagung[7] soll der fertige Bericht dem Rat zur Beschlußfassung über eine Empfehlung an die Minister vorliegen.

---

[5] Für die „Alliance Study of Balanced Force Reductions" des Politischen Ausschusses auf Gesandtenebene (Political Committee at Senior Level) vom 24. Oktober 1969 vgl. VS-Bd. 1110 (II A 7).
[6] Botschafter Grewe, Brüssel (NATO), berichtete am 23. Januar 1970 über die konstituierende Sitzung der Arbeitsgruppe vom Vortag. Vorsitzender sei der amerikanische General Milton, der zugleich die ‚staff group' für die Erarbeitung der detaillierten Abrüstungsmodelle leite. Grewe führte aus, daß die Arbeiten am symmetrischen Modell bereits begonnen hätten und bis zum 16. Februar 1970 zu einem ersten Versuchsmodell führen sollten. Zur Ausarbeitung eines asymmetrischen Modells, die sich schwieriger gestalten dürfte, seien die Mitglieder der Arbeitsgruppe aufgefordert worden, bis Anfang Februar schriftliche Vorschläge einzureichen. Vgl. dazu den Drahtbericht Nr. 84; VS-Bd. 4551 (II B 2); B 150, Aktenkopien 1970.
[7] Die NATO-Ministerratstagung fand am 26./27. Mai 1970 in Rom statt. Vgl. dazu Dok. 240 und Dok. 244.

III. 1) Im Verlauf der Sitzung des Politischen Ausschusses auf Gesandtenebene vom 12. bis 14. Januar 1970 hat der deutsche Vertreter weisungsgemäß auf die Notwendigkeit einer Verifikationsstudie hingewiesen und unsere Bereitschaft zur Erarbeitung einer solchen Studie, vorzugsweise unter amerikanischer Beteiligung, erklärt.

Der amerikanische Vertreter sagte Prüfung einer amerikanischen Beteiligung zu und deutete alternativ die Möglichkeit einer eigenen amerikanischen Verifikationsstudie an.

2) Die weisungsgemäß erfolgte Anregung des deutschen Vertreters, auch ein Modell unter Zugrundelegung des Reduzierungsraumes Deutschland (Bundesrepublik und DDR) und gleicher prozentualer Kürzungen lediglich der stationierten Streitkräfte zu prüfen, stieß auf Widerstand. Den Sprechern (besonders die Vertreter der Niederlande und Frankreichs) gab nicht so sehr der Reduzierungsraum als vielmehr die Beschränkung der Reduzierung auf stationierte Streitkräfte Anlaß zu Bedenken.

Da schon die Ausarbeitung der beiden oben beschriebenen Modelle die Arbeitsgruppe voll auslasten wird, insistierte der deutsche Vertreter nicht auf seiner Anregung.

3) In Gesprächen mit Mitgliedern der amerikanischen Delegation bestätigte sich die Vermutung, daß das seit Herbst vergangenen Jahres erkennbar gewordene amerikanische Drängen auf Ausarbeitung von Reduzierungsmodellen durch die NATO-Militärbehörden eine „Anti-Mansfield Operation" darstellt.[8] Mit der erwarteten negativen Beurteilung der Reduzierungsmodelle unter militärischen Gesichtspunkten erhofft man sich eine Bremswirkung in bezug auf die Tendenzen zu einseitiger Verminderung der amerikanischen Streitkräfte in Europa.

IV. Das Schreiben des Vorsitzenden des Politischen Ausschusses auf Gesandtenebene (Polads (70) 2 NATO secret) an den Vorsitzenden des Militärausschusses mit den terms of reference für die Arbeitsgruppe wird in der Anlage vorgelegt.[9]

Hiermit über Dg II B[10], D II[11] mit der Bitte um Kenntnisnahme vorgelegt.

Rantzau

VS-Bd. 4551 (II B 1)

---

[8] Senator Mansfield brachte am 1. Dezember 1969 im amerikanischen Senat eine mit dem Entwurf der Resolution vom 31. August 1966 inhaltsgleiche Resolution ein, in der eine Reduzierung der in Europa stationierten amerikanischen Truppen verlangt wurde. Die Resolution wurde an den Ausschuß für Auswärtige Angelegenheiten sowie an den Streitkräfteausschuß überwiesen. Für den Wortlaut vgl. CONGRESSIONAL RECORD, Bd. 115, Teil 27, S. 36149.
Für den Wortlaut der Resolution vom 31. August 1966 vgl. CONGRESSIONAL RECORD, Bd. 112, Teil 16, S. 21442–21450.

[9] Dem Vorgang beigefügt. Für das Schreiben des Vorsitzenden des Politischen Ausschusses auf Gesandtenebene, Kastl, vom 15. Januar 1970 an den Vorsitzenden des Militärausschusses, Henderson, vgl. VS-Bd. 4551 (II B 2).

[10] Hat Botschafter Roth am 16. Januar 1970 vorgelegen.

[11] Hat Ministerialdirektor Ruete am 21. Januar 1970 vorgelegen.

10

Staatssekretär Bahr, Bundeskanzleramt, an Staatssekretär Duckwitz

II/1 (II/2)-35015-So 1/1/70 geheim 15. Januar 1970[1]

Lieber Herr Duckwitz,

das Auswärtige Amt hat dem Bundeskanzleramt eine Aufzeichnung vom 25. November 1969 – II A 1-83.10-2197/69 geh. – zur Kenntnis gebracht, die die in der Vierergruppe angestellten Überlegungen zur Verhandlungslinie der Alliierten bei ihren Berlin-Sondierungen zum Gegenstand hat.[2] Zugrunde liegt der Aufzeichnung der amerikanische Entwurf eines Richtlinienpapiers.[3] Darin wird als erstes Verhandlungsziel die Sicherung des zivilen Zugangs bezeichnet. Zweites Verhandlungsziel soll die Aufhebung der Beschränkungen sein, denen die Bevölkerung und die Wirtschaft Berlins seitens der Ostblockstaaten unterworfen sind. Als drittes Verhandlungsziel wird vorgeschlagen, daß sich die Drei Mächte weiterhin für einen Modus vivendi zwischen beiden Teilen Deutschlands einsetzen.

In dem amerikanischen Entwurf tritt die Respektierung der Bindungen Westberlins an den Bund durch den Osten als Verhandlungsziel gegenüber der Zugangssicherung zurück. Ich glaube, daß dies unseren Interessen widerspricht.

Wir sollten dafür eintreten, daß die Alliierten in erster Linie auf eine Bestätigung des gewachsenen Status von Berlin hin verhandeln.

In zweiter Priorität sollten die Drei Mächte zu erreichen versuchen, daß die Sowjetunion die außenpolitische Vertretung Berlins durch den Bund als Teil dieses Status betrachtet und hinnimmt. Dies kann, wenn überhaupt, nur durch die Alliierten erreicht werden. Nur sie können der Sowjetunion klarmachen, daß dadurch

– keine Einschränkung der Souveränität der Drei Mächte erfolgt,
– der Status nicht verändert wird,
– Berlin nicht Teil der BRD wird.

---

[1] Hat Staatssekretär Duckwitz am 16. Januar 1970 vorgelegen, der handschriftlich vermerkte: „Herrn Ruete bitte R[ücksprache]."
Hat Vortragendem Legationsrat I. Klasse van Well am 6. März 1970 vorgelegen. Vgl. Anm. 4.
[2] Zur Initiative der Drei Mächte für Gespräche mit der UdSSR über Berlin vgl. Dok. 2, Anm. 3. Ministerialdirektor Ruete führte dazu am 25. November 1969 aus, daß die Frage der Bindung von Berlin (West) an die Bundesrepublik für die Drei Mächte unverkennbar „eher zweitrangige Bedeutung" habe: „In der inoffiziellen Diskussion haben die Franzosen bereits erkennen lassen, daß sie das Problem der Diskriminierung Berlins in Osteuropa nicht in der gleichen Weise und mit der gleichen Dringlichkeit wie wir sehen. Darin liegt wohl eine vorsichtige Distanzierung von der auswärtigen Vertretungsbefugnis des Bundes. Es wird eine wichtige Aufgabe bei der Festlegung der Verhandlungsrichtlinie sein, daß die Alliierten der zentralen Bedeutung der Bindungen Berlins an den Bund und ihrer Sicherung für die Zukunft gebührend Rechnung tragen." Vgl. VS-Bd. 4351 (II B 2); B 150, Aktenkopien 1969.
[3] Für das Papier „Soundings with the Soviets – Unofficial Discussion Draft on Western Position", das der amerikanische Botschaftsrat Dean am 12. November 1969 in der Bonner Vierergruppe vorlegte, vgl. VS-Bd. 4479 (II A 1).

Falls es den Alliierten gelingt, auf diese Weise faktische Verbesserungen des Status Berlins zu erreichen, könnten wir uns zu faktischen Abstrichen an der Bundespräsenz in Berlin bereit finden. Es schiene mir aber nicht logisch, derartiges für die Verbesserung des zivilen Zugangs anzubieten, zumal zweifelhaft ist, ob die Sowjetunion bereit sein wird, die zivilen Zugangsfragen mit den Drei Mächten zu besprechen.

Ich wäre Ihnen dankbar, wenn Sie vorstehende Überlegungen bei der Vorbereitung der deutschen Haltung zum Gesamtkomplex berücksichtigen und das Bundeskanzleramt von dem Ergebnis unterrichten würden.[4]

Mit freundlichen Grüßen

Ihr E. Bahr

VS-Bd. 4479 (II A 1)

11

Gespräch des Bundesministers Scheel mit dem französischen Außenminister Schumann

Z A 5-4.A/70 VS-vertraulich   16. Januar 1970[1]

Der Herr Bundesminister des Auswärtigen empfing am 16. Januar 1970 um 11.30 Uhr den französischen Außenminister, Herrn Maurice Schumann, zu einem dreiviertelstündigen Gespräch unter vier Augen in seinem Arbeitszimmer.

Herr *Schumann* nahm das Angebot des Herrn Ministers an, zunächst einige Fragen mit ihm allein zu besprechen, die anschließend im Kreis der Mitarbeiter vertieft werden könnten.[2] Er denke dabei an die folgenden beiden Punkte:

I. Befugnisse des Europäischen Parlaments

II. Vier-Mächte-Status für Berlin.

I. Es handle sich hierbei um die Haushaltskontrollrechte der Europäischen Ver-

---

[4] Am 6. März 1970 vermerkte Vortragender Legationsrat I. Klasse van Well dazu handschriftlich: „Mit Schreiben v[om] 19.1. – 83.60-SK 51¹/70 geh[eim] – wurde das B[undes]K[anzler]A[mt] vom neuesten Stand der alliierten – insbes[ondere] französischen Überlegungen unterrichtet. Inzwischen hat der Bundeskanzler an die 3 Regierungschefs der Westmächte geschrieben und unsere Wünsche i[n] o[biger] S[ache] zur Geltung gebracht."
Für das Schreiben von van Well vgl. VS-Bd. 4498 (II A 1); B 150, Aktenkopien 1970.
Für das Schreiben von Brandt vom 25. Februar 1970 an Präsident Nixon vgl. Dok. 76.
Für die gleichlautenden Schreiben an Präsident Pompidou und Premierminister Wilson vgl. VS-Bd. 4479 (II A 1); B 150, Aktenkopien 1970.

[1] Die Gesprächsaufzeichnung wurde von Dolmetscherin Bouverat am 18. Januar 1970 gefertigt.

[2] Zum Gespräch am Nachmittag, bei dem die Frage der Haushaltsbefugnisse des Europäischen Parlaments im Mittelpunkt stand, vgl. den Runderlaß Nr. 169 des Ministerialdirektors Frank vom 17. Januar 1970; VS-Bd. 2673 (I A 1); B 150, Aktenkopien 1970.

sammlung in der endgültigen Phase.³ Eine Frage, die in der kommenden Woche in Brüssel zur Debatte stehe.⁴

Der Herr Minister kenne sicherlich Herrn Pleven und wisse, daß dieser französische Liberale ein sehr überzeugter Europäer sei. Gerade Pleven habe im Ministerrat mit Nachdruck unterstrichen, daß es ihm außerordentlich schwierig erscheine, der Europäischen Versammlung Rechte einzuräumen, die sein eigenes Parlament nicht besitze, und zwar ein Initiativrecht in bezug auf Ausgaben und das Recht, die Ausgaben zu erhöhen. Er (Pleven) wollte die französische Regierung veranlassen, dem jetzigen Text eine entsprechende Bestimmung hinzuzufügen. Dieser Gedanke sei nicht aufgegriffen worden, so daß der Text⁵ nun folgendes vorsehe: 1) Die Versammlung sollte kein Änderungsrecht auf den Gebieten erhalten, die in die Zuständigkeit der anderen Organe fallen, z.B. die gemeinsame Agrarpolitik, für die aufgrund des Vertrages⁶ der Rat zuständig sei, das Forschungsprogramm von EURATOM, den Europäischen Sozialfonds usw. (belgisch-italienischer Vorschlag). 2) Für die Schlußabstimmung – da die Versammlung das letzte Wort haben solle – habe man an eine Mehrheit von drei Fünfteln der abgegebenen Stimmen gedacht; dies sei vielleicht nicht ausreichend, so daß es geboten erscheine, eine Zweidrittelmehrheit vorzusehen. Letzterer Punkt sei für ihn (Schumann) aber nicht von grundlegender Bedeutung. 3) Viel fundamentaler sei seiner Auffassung nach folgendes: er habe selbst die einschlägigen Bestimmungen durchgelesen und festgestellt, daß die Verfassungen Frankreichs, Italiens und das deutsche Grundgesetz Vorsichtsmaßregeln enthielten, die ihm sehr nützlich erschienen. Die französische Regierung sei bereit, gegenüber der Europäischen Versammlung viel weiter zu gehen, als es die eigene Verfassung für die Nationalversammlung zulasse. Er (Schumann) glaube aber, daß eine Bestimmung wie diejenige von Art. 113 GG⁷, die er sorgfältig geprüft habe, eine gute Lösung bieten könnte.

---

3 Auf der EG-Ministerratstagung vom 19. bis 22. Dezember 1969 in Brüssel wurden die Grundzüge einer Finanzierung der Europäischen Gemeinschaft aus eigenen Mitteln und eine Erweiterung der Haushaltsbefugnisse des Europäischen Parlaments beschlossen. Das System sah – nach einer Sonderregelung für 1970 – eine Interimsphase von 1971 bis 1974 vor, in der die Abschöpfungen vollständig und die Zölle schrittweise zur Verfügung der Gemeinschaft gestellt werden sollten. Entstehende Differenzen würden durch einzelstaatliche Beiträge gedeckt. In der sich ab 1. Januar 1975 anschließenden normalen Phase sollten diese Beiträge durch Einnahmen ersetzt werden, die einem einheitlichen Satz auf die Bemessungsgrundlage der harmonisierten Mehrwertsteuer entsprechen würden. In der normalen Phase sollte das Europäische Parlament das Recht erhalten, den von Ministerrat und EG-Kommission aufgestellten Haushaltsplanentwurf mit der Mehrheit der Stimmen seiner Mitglieder ändern zu können. Sollte der Ministerrat anschließend die Vorschläge des Parlaments mit qualifizierter Mehrheit zurückweisen, so könnte das Parlament in einer abschließenden Stufe des Verfahrens über die Änderungen des Rats mit einer Drei-Fünftel-Mehrheit entscheiden und damit den Haushaltsplan genehmigen. Gegen diese Bestimmungen legte die französische Regierung einen Vorbehalt ein. Vgl. dazu BULLETIN DER EG 1/1970, S. 20–24.

4 Zur EG-Ministerratstagung am 19./20. Januar 1970 vgl. Anm. 9.

5 Für den französischen Gegenvorschlag zur Regelung der Haushaltsbefugnisse des Europäischen Parlaments, den der französische Ständige Vertreter bei der EG, Boegner, am 15. Januar 1970 vorlegte, vgl. den Drahtbericht Nr. 97 des Botschafters Sachs, Brüssel (EG); Referat III E 1, Bd. 1964.

6 Für den Wortlaut des EWG-Vertrags vom 25. März 1957 vgl. BUNDESGESETZBLATT 1957, Teil II, S. 753–1013.

7 Artikel 113 des Grundgesetzes in der Fassung vom 12. Mai 1969: „1) Gesetze, welche die von der Bundesregierung vorgeschlagenen Ausgaben des Haushaltsplanes erhöhen oder neue Ausgaben in sich schließen oder für die Zukunft mit sich bringen, bedürfen der Zustimmung der Bundesregierung. Das gleiche gilt für Gesetze, die Einnahmeminderungen in sich schließen oder für die Zu-

Auf die Bemerkung des Herrn *Ministers*, dies wäre ein Vetorecht, entgegnete Herr *Schumann*, er würde diesen Ausdruck nicht verwenden, da es nur darum ginge, eine Bestimmung des nationalen Rechtes auf die europäische Ebene zu übertragen. Die Versammlung hätte das Recht auf das letzte Wort in folgendem Fall: Wenn sie eine Ausgabenerhöhung für einen Posten bei gleichzeitiger Verminderung eines anderen Postens beantragen würde, d. h. wenn durch den Antrag die Gesamthöhe des Haushalts nicht überstiegen würde. Ein entsprechender Änderungsvorschlag müßte dem Ministerrat zugeleitet werden, der ihn nur mit einer qualifizierten Mehrheit ablehnen könne. Komme im Rat keine qualifizierte Mehrheit gegen die Vorlage zustande, so habe die Versammlung das letzte Wort. Wenn der Rat mit qualifizierter Mehrheit dagegen Stellung nehme, könne die Europäische Versammlung ihn mit qualifizierter Mehrheit überrollen. Dies sei viel mehr, als das französische Parlament tun könne. Verabschiede dagegen die Versammlung einen Text, der eine Ausgabenerhöhung ohne gleichzeitige Verminderung einer anderen Ausgabe vorsehe, so gehe die Vorlage zur Entscheidung an den Rat, der dann das letzte Wort behalte.

Herr Pleven habe ihn ausdrücklich beauftragt, dem Herrn Minister zu sagen, er als vielleicht noch überzeugterer Europäer als Schumann selbst sei der Auffassung, daß man Europa nur schaden würde, wenn man unbedachten Ausgabebeschlüssen Tür und Tor öffnen würde.

Der Herr *Minister* antwortete, er nehme an, daß die französischen Überlegungen der deutschen Seite übermittelt würden. Was Art. 113 GG betreffe, so sei diese Bestimmung bisher noch nie angewandt worden. Der Vorschlag Schumanns stelle aber eine sehr interessante Konstruktion dar, die man sorgfältig prüfen werde. Wichtig sei für ihn, daß eine gute gemeinsame Lösung gefunden werde, die eine Budgetpolitik ermögliche oder zu einer Budgetpolitik führe, die es den nationalen Parlamenten erleichtere, möglichst viele Souveränitätsrechte abzugeben.

Nachdem Herr *Schumann* nochmals den Art. 113 GG im Wortlaut zitiert hatte, wiederholte der Herr *Minister*, daß dieser Artikel noch nie gegen das deutsche Parlament angewandt worden sei.

Auf die Zwischenbemerkung *Schumanns*, dies sei vermutlich darauf zurückzuführen, daß das deutsche Parlament noch nie eine Ausgabenerhöhung beschlossen habe, erläuterte der Herr *Minister*, die Anwendung des genannten Artikels würde in jedem Fall zu einer Kraftprobe, zu einer Auseinandersetzung zwischen der Regierung und den eigenen Mehrheitsparteien führen. Dies erkläre die Schwierigkeit.

Herr *Schumann* wies auf den Unterschied zu der Europäischen Versammlung hin, in der es keine Mehrheitsparteien gebe.

Fortsetzung Fußnote von Seite 28

kunft mit sich bringen. Die Bundesregierung kann verlangen, daß der Bundestag die Beschlußfassung über solche Gesetze aussetzt. In diesem Fall hat die Bundesregierung innerhalb von sechs Wochen dem Bundestage eine Stellungnahme zuzuleiten. 2) Die Bundesregierung kann innerhalb von vier Wochen, nachdem der Bundestag das Gesetz beschlossen hat, verlangen, daß der Bundestag erneut Beschluß faßt. 3) Ist das Gesetz nach Artikel 78 zustande gekommen, kann die Bundesregierung ihre Zustimmung nur innerhalb von sechs Wochen und nur dann versagen, wenn sie vorher das Verfahren nach Absatz 1 Satz 3 und 4 oder nach Absatz 2 eingeleitet hat. Nach Ablauf dieser Frist gilt die Zustimmung als erteilt." Vgl. BUNDESGESETZBLATT 1969, Teil I, S. 357 f.

Der Herr *Minister* bestätigte dies und räumte ein, daß eine derartige Bestimmung im Europäischen Parlament in der Tat objektiv und leichter angewandt werden könne, worauf Herr *Schumann* betonte, daß sie ja gegenüber der europäischen Versammlung auch nie angewandt zu werden brauche, falls diese keine Ausgabenerhöhung ohne gleichzeitige Verminderung eines anderen Ausgabepostens oder nur vernünftige Ausgabenerhöhungen beschließen werde.

Auf eine Frage von Herrn Schumann wies der Herr *Minister* darauf hin, daß er selbst am kommenden Dienstag[8] in Berlin sein werde und sich in Brüssel durch Staatssekretär Harkort vertreten lasse.[9]

II. Außenminister *Schumann* ging dann zur Berlinfrage über und sagte, daß er ein sehr eingehendes Gespräch auch im Kreise der Mitarbeiter über dieses Problem führen möchte, da es ihm die Schlüsselfrage der Ost-West-Beziehungen zu sein scheine. Es gebe in diesem Zusammenhang aber einen Punkt, den er lieber mit dem Herrn Minister allein behandeln möchte:

Die Berlinfrage sei für Frankreich wie auch für die Bundesrepublik wie gesagt „le nœud de la question". Wenn es nun z. B. anläßlich einer Europäischen Sicherheitskonferenz zu einer De-facto-Anerkennung der DDR käme, so werde die DDR vermutlich versuchen, einen Druck auf Berlin auszuüben, und früher oder später würden die Russen dann sagen, da die DDR praktisch anerkannt worden sei, handle es sich nunmehr um eine Angelegenheit, für die die DDR allein zuständig sei. Er (Schumann) befürchte sehr, daß es zu dem Versuch einer „progressiven Absorption" Berlins durch die DDR kommen werde, und Berlin könnte, wenn auch vielleicht nicht in zwei, fünf oder zehn Jahren, so doch auf längere Sicht, einem „langsamen Erstickungstod" ausgesetzt werden. Dies wäre verhängnisvoll. Wenn die ehemalige Hauptstadt Deutschlands der anderen Seite zugeschlagen würde, könne nicht mehr an eine friedliche Koexistenz gedacht werden, dann würde das deutsche Volk jede Hoffnung auf eine Wiedervereinigung verlieren. Dies sei für ihn von kapitaler Bedeutung. Um eine stärkere Position im Hinblick auf die Verteidigung der Stadt und die Respektierung des Status von Berlin zu besitzen, aber auch als Bedingung für die Entspannung – um die es ja bei einer Europäischen Sicherheitskonferenz gehen müsse, da deren Gegenstand die „détente" und nicht der Status quo sein dürfe – sei er (Schumann) der Auffassung, daß man juristisch an der Konzeption des Vier-Mächte-Status für ganz Berlin festhalten müsse.

Er (Schumann) sei bei der Lektüre der „Materialien der Bundesregierung zum Bericht zur Lage der Nation" auf eine Stelle gestoßen, die ihn „etwas gestört" habe: In der Einführung heiße es – in Absatz 4: „Hinzu kommt das besondere

---

[8] 20. Januar 1970.
[9] Ministerialdirektor Herbst informierte mit Runderlaß vom 22. Januar 1970 über die EG-Ministerratstagung am 19./20. Januar 1970 in Brüssel. Der französische Außenminister Schumann habe vorgeschlagen, das europäische Parlament solle „mit Ausgabenerhöhungen verbundene Änderungen des Haushaltsvoranschlags in letzter Instanz nur dann vornehmen können, wenn es andere Haushaltsansätze entsprechend herabsetzt. Nicht durch solche Herabsetzungen gedeckte Erhöhungen sollen demgegenüber nur Gegenstand eines ‚Vorschlags' an den Rat sein können, über den dieser mit qualifizierter Mehrheit entscheidet." Da jedoch die übrigen Delegationen in erster Linie daran interessiert waren, „daß das Europäische Parlament ab 1975 beim Haushaltsverfahren das ‚letzte Wort' behält, und zwar auch bei Erhöhungen von Haushaltsansätzen", wurde diese Anregung als ein „nicht annehmbarer Rückschritt gegenüber dem auf der Dezember-Ratstagung erzielten Kompromiß" abgelehnt. Vgl Referat III E 1, Bd. 1964.

Besatzungsgebiet Berlin, dessen Teile unbeschadet der alliierten Verantwortlichkeit in besonderer Weise jeweils einer der beiden staatlichen Ordnungen zugeordnet sind."[10] Im Zuge des Parallelismus könnte man auf den Gedanken kommen, Westberlin an die Bundesrepublik anzuschließen, etwas, was ihn (Schumann) rein moralisch und politisch betrachtet nicht stören würde. Aber im Hinblick auf das Wesentlichste, d.h. die Verteidigung Berlins, glaube er, daß an dem für die ganze Stadt geltenden Vier-Mächte-Status nicht gerüttelt werden dürfe, denn dieser sei die Grundlage für den Kampf um die Verteidigung der Stadt.

Der Herr *Minister* antwortete, in der Anlage zur Regierungserklärung vom 14. Januar stehe, daß Berlin als Ganzes unter der gemeinsamen Verantwortlichkeit der Vier Mächte stehe, aber unbestritten sei ein Teil in die staatliche Ordnung der DDR hineingewachsen – und dies, ohne daß jemand widersprochen habe. Um seine Lebensfähigkeit zu sichern, sei der andere Teil in die staatliche Ordnung der Bundesrepublik hineingewachsen, unbeschadet der Verantwortung der Drei Mächte für diesen Teil. Das „Hineinwachsen" beziehe sich auf die Wirtschaft, die Rechtsordnung, die Kultur und die politische Ordnung. Sehr wichtig in diesem Zusammenhang sei die Tatsache, daß die drei Verbündeten der Bundesrepublik die Vertretung der Interessen der Berliner nach außen übertragen hätten.[11] Er (der Herr Minister) glaube, daß man sich in der Tat über diese Fragen unterhalten müßte, insbesondere auch bei den Gesprächen zwischen den drei Alliierten und der Sowjetunion, um eine Klärung herbeizuführen, bevor multilaterale Gespräche, die die Position Berlins berührten, begonnen würden. Fatal an der ganzen Entwicklung sei die Tatsache, daß über die volle Integration Ostberlins in die DDR niemand protestiert habe. Alle hätten es hingenommen, daß die Volkskammer dort tage, daß Berlin als Hauptstadt der DDR bezeichnet werde, daß Truppen der DDR in Ostberlin nicht nur stationiert seien, sondern dort auch paradierten. Dies alles ohne jeglichen Widerspruch. Aus diesem Grunde sei die Position des Westens für die Verteidigung Westberlins so schwierig. Er sei mit Schumann darin einverstanden, daß diese Fragen sehr wichtig seien und man nicht vorsichtig genug sein könne. Daher sei die Bundesregierung fest entschlossen, in allen Fragen, die sich auf Berlin bezögen, in bezug auf jedes Wort und jeden Satz, Fühlung mit den Verbündeten zu halten. Bei allen Erklärungen zur Ostpolitik sei der besondere Charakter Berlins immer unterstrichen worden. Wenn in der jüngsten Regierungserklärung von „Dingen (gesprochen werde), für die unsere Schultern zu schmal sind"[12], sei damit die Berlinfrage gemeint.

---

[10] Am 11. Januar 1970 übermittelte Bundeskanzler Brandt Bundestagspräsident von Hassel als Anlage zu seiner am 14. Januar 1970 zu erstattenden Regierungserklärung zum Bericht über die Lage der Nation im gespaltenen Deutschland die „Materialien der Bundesregierung zum Bericht zur Lage der Nation". Vgl. BT ANLAGEN, Bd. 135, Drucksache VI/223.

[11] Im Schreiben der drei Hohen Kommissare vom 26. Mai 1952 an Bundeskanzler Adenauer über die Ausübung des den Drei Mächten vorbehaltenen Rechts in bezug auf Berlin erklärten McCloy, Kirkpatrick und François-Poncet, „ihr Recht in bezug auf Berlin in einer Weise auszuüben, welche [...] den Bundesbehörden gestattet, die Vertretung Berlins und der Berliner Bevölkerung nach außen sicherzustellen". Vgl. das Schreiben Nr. X in der Fassung vom 23. Oktober 1954; BUNDESGESETZBLATT 1955, Teil II, S. 500.

[12] Am 14. Januar 1970 versicherte Bundeskanzler Brandt in der Regierungserklärung zum Bericht über die Lage der Nation im gespaltenen Deutschland, daß die Bundesregierung die Rechte und

Herr *Schumann* wies darauf hin, daß das juristische Festhalten an dem Vier-Mächte-Status für ganz Berlin eine Form des Protestes gegen die Einbeziehung Ostberlins in die DDR sowie eine Form der Wahrung der eigenen Rechte und der Rechte der Bundesrepublik darstelle.

Der Herr *Minister* unterstrich, daß dies in der Tat die einzige Möglichkeit für die Verteidigung Berlins sei. Er sehe aber mit etwas Sorge, daß die Sowjetunion zwar an der Vier-Mächte-Verantwortlichkeit festhalte; sie gehe aber davon aus, daß Ostberlin daraus ausgeschieden sei, wolle jedoch als vierter Alliierter in Westberlin Verantwortung mitübernehmen. Eine derartige Verschiebung der völkerrechtlichen Situation könne man nicht hinnehmen. Daher halte er die Formel Schumanns bezüglich der Beibehaltung und der Betonung der juristischen Position für gut, unter der Voraussetzung, daß daraus keine einseitige Verschiebung abgeleitet werden könne und eine tatsächliche Politik betrieben werde, die eine weitere Erosion des jetzigen Zustandes verhindere.

III. Anschließend brachte der Herr *Minister* das Gespräch auf die europäische politische Zusammenarbeit und fragte Herrn Schumann, wie dieser sich die Behandlung des Haager Auftrags[13] vorstelle. Es erscheine ihm noch verfrüht, über den Inhalt zu sprechen, jedoch würde er gerne die Meinung seines Kollegen über die zeitlichen Möglichkeiten und über die Methoden hören, die zu einem ersten Meinungsaustausch und zu ersten Ergebnissen führen könnten.

Herr *Schumann* erinnerte daran, daß man zunächst für den kommenden April – der März wäre zu früh – an eine Sitzung der Außenminister in Brüssel gedacht habe[14], da Herr Harmel der amtierende Vorsitzende der EWG sei. Im Juli sollte eine zweite Tagung in Bonn folgen, auf der eine Bilanz gezogen und ein Bericht für die Regierungschefs vorbereitet werden könnte. Während seines (Schumanns) Besuchs in Brüssel am 15. Januar habe Harmel ihm einen anderen Vorschlag gemacht, und zwar die erste Sitzung im Anschluß an die Ministerratstagung der NATO im Mai in Rom[15] abzuhalten.[16] Er (Schumann) habe geantwortet, es erscheine korrekt, daß die Initiative von dem amtierenden Präsidenten ausgehe und daß man – falls dieser es wünsche – in der Hauptstadt seines Landes zusammenkomme. Wenn der Präsident aber einen anderen Vorschlag mache, werde er (Schumann) sein Einverständnis dazu geben.

Der Herr *Minister* bemerkte, Rom scheine ihm in der genannten Jahreszeit geeigneter als jede andere der sechs Hauptstädte, und man könnte sich auch eine Anreise ersparen. Er habe infolgedessen nichts gegen diesen Vorschlag. Man müsse sich nur vorher einig werden über die Art und Weise der Vorbereitung,

---

Fortsetzung Fußnote von Seite 31

Verantwortlichkeiten der Drei Mächte in bezug auf Deutschland als Ganzes und Berlin respektieren werde: „Ich, meine Damen und Herren, habe lange genug in Berlin gewirkt, um zu wissen, daß es Dinge gibt, für die unsere Schultern zu schmal sind und für die uneingeschränkte Souveränität anzustreben die Bundesrepublik kein Interesse hat." Vgl. BT STENOGRAPHISCHE BERICHTE, Bd. 71, S. 842.

[13] In Ziffer 15 des Kommuniqués der Konferenz der Staats- oder Regierungschefs der EG-Mitgliedstaaten am 1./2. Dezember 1969 in Den Haag wurden die Außenminister mit der Prüfung der Frage beauftragt, „wie, in der Perspektive der Erweiterung, am besten Fortschritte auf dem Gebiet der politischen Einigung erzielt" werden könnten. Vorschläge dazu sollten bis Ende Juli 1970 erarbeitet werden. Vgl. EUROPA-ARCHIV 1970, D 44.

[14] Zur EG-Ministerratstagung am 6. März 1970 vgl. Dok. 100.

[15] Die NATO-Ministerratstagung fand am 26./27. Mai 1970 statt. Vgl. dazu Dok. 240 und Dok. 244.

[16] Zum Treffen der Außenminister der EG-Mitgliedstaaten am 29. Mai 1970 bei Rom vgl. Dok. 243.

damit man möglicherweise schon ein gemeinsames Papier oder mehrere Papiere auf den Tisch legen könne. Im übrigen könne man den Regierungschefs für die erste Runde wohl nur erste Überlegungen über Perspektiven und nicht einen Plan über die Gestaltung der politischen Kooperation in Europa unterbreiten.

Herr *Schumann* antwortete, in diesem Zusammenhang erscheine ihm eines sehr wichtig: für ihn sei das Haager Kommuniqué nicht nur dem Geiste, sondern auch dem Buchstaben nach zu befolgen. Es heiße darin, die politische Zusammenarbeit müsse „in der Perspektive der Erweiterung" behandelt werden. Die Erklärungen Stewarts[17] und Thomsons[18] in der WEU stünden im Widerspruch zu seiner Auslegung. Er selbst (Schumann) denke an Gespräche der Sechs, wobei die Erweiterung mitberücksichtigt werden müsse. Nun habe Wilson kürzlich in einer Rede Äußerungen getan, die jede föderative oder föderalistische Entwicklung ausschlössen.[19] Dies veranlasse ihn (Schumann) zur Vorsicht. Ein weiterer Grund zur Vorsicht – der insbesondere auch für die deutsche Seite wichtig sein dürfte – seien die Verhandlungen mit den Russen. Bei diesem Dialog müsse man Gesamteuropa („l'Europe tout entière") im Auge haben.

Der Herr *Minister* wiederholte, daß die Außenminister den Regierungschefs im Sommer sicherlich keine detaillierten Vorschläge, sondern nur Perspektiven über die Möglichkeiten für eine politische Zusammenarbeit werden vorlegen können. Was die Englandfrage betreffe, so habe er in Brüssel gehört, wie Stewart sich dazu geäußert habe. Er (der Herr Minister) interpretiere die Worte „in der Perspektive der Erweiterung" in der gleichen Weise wie sein französischer Kollege. Er sei immer davon ausgegangen, daß neue Mitglieder in die EWG aufgenommen werden würden. Er selbst und andere Kollegen hätten Stewart gesagt, „in der Perspektive der Erweiterung" bedeute für sie, daß die neuen Mitglieder nicht nur bei den Überlegungen berücksichtigt werden müßten, sondern daß darüber hinaus England und die anderen Beitrittswilligen auch über die normalen diplomatischen Kanäle auf dem laufenden gehalten würden.

---

[17] Am 10. Januar 1970 teilte Botschafter Blankenhorn, z.Z. Brüssel, mit, der britische Außenminister Stewart habe sich auf der WEU-Ministerratstagung am 9./10. Januar 1970 in Brüssel bemüht sicherzustellen, „daß Großbritannien an allen Schritten in Richtung auf eine Koordinierung der europäischen Außenpolitik beteiligt werde. Er ging nach dem Haager Kommuniqué davon aus, daß auf diesem Gebiet keine Entscheidungen ohne britische Beteiligung gefällt würden. [...] Bis eine Erweiterung der EG neue Möglichkeiten auch für die europäische politische Zusammenarbeit erschließe, müsse man auf der Grundlage der nützlichen politischen Konsultationen in der WEU aufbauen." Vgl. Referat I A 1, Bd. 102372.

[18] Der britische Staatsminister und Kanzler des Herzogtums Lancaster, Thomson, betonte auf der WEU-Ministerratstagung am 9./10. Januar 1970 in Brüssel, „Großbritannien verfolge alles, was die Einigung Europas betreffe, mit Eifer". Vgl. den Runderlaß Nr. 81 des Ministerialdirektors Frank vom 12. Januar 1970; Referat I A 1, Bd. 102372.

[19] So führte Premierminister Wilson am 12. Januar 1970 in einem Interview mit dem britischen Fernsehsender BBC zum Thema einer föderativen Struktur der Europäischen Gemeinschaften aus: „Ich glaube nicht, daß sie eine Realität ist. [...] Ich glaube nicht, daß die Bevölkerung Großbritanniens sie wünscht; ich glaube nicht, daß die Mehrzahl der Europäer sie wünscht. Es gibt viele Idealisten – und ich respektiere sie –, die uns gerne auf dieses Ziel hinarbeiten sähen, doch gibt es meiner Meinung nach weitaus mehr praktische Fragen politischer Zusammenarbeit, die wir gemeinsam in den nächsten Jahren behandeln können, ohne große Föderationsverfassungen zu entwerfen." Vgl. den Nachrichtenspiegel der britischen Botschaft in Bonn: „Britische Nachrichten"; Referat I A 2, Bd. 1476.

Herr *Schumann* unterstrich, daß eine solche Unterrichtung selbstverständlich erscheine, eine Teilnahme an den Gesprächen aber nicht in Frage komme.

Im Zusammenhang mit der Vorbereitung erinnerte der Herr *Minister* daran, daß ein Mitarbeiter Schumanns in einem Gespräch mit dem deutschen Botschafter in Paris[20] die Frage gestellt habe, ob ein hoher Beamter eines der Außenministerien beauftragt werden sollte, eine Rundreise durch die Hauptstädte der EWG-Partner zu machen, um die Meinung der zuständigen hohen Beamten der anderen Außenministerien zu erfragen.[21] Das Ergebnis könnte zu einer gemeinsamen Diskussionsgrundlage für die Außenminister verarbeitet werden.

Auf die Frage, was er von diesem Plan halte, antwortete Herr *Schumann*, für die deutsche und französische Seite ergebe sich kein Problem, da die Direktoren der politischen Abteilungen sich ja ohnehin regelmäßig sähen. Was die anderen betreffe, so müßte man überlegen, was zu tun sei. Er erklärte sich einverstanden mit dem Vorschlag des Herrn Ministers, daß die beiderseitigen politischen Direktoren beauftragt werden sollten, sich zusammenzusetzen, um zu sehen, wie die gemeinsame Aufgabe gelöst werden könne.[22]

VS-Bd. 10091 (Ministerbüro)

12

Instruktionen für Botschafter Allardt, Moskau (Entwurf)

II B 2-81.12/1-114/70 geheim   19. Januar 1970

Betr.: Deutsch-sowjetisches Gespräch über Gewaltverzicht
hier: Weisung für das vierte Gespräch Botschafter Allardt/ Außenminister Gromyko

Bezug: Drahtbericht der Botschaft Moskau Nr. 1885 vom
23. Dezember 1969 geh.[1]

In der Anlage wird der Entwurf einer Weisung an die Botschaft Moskau für das vierte Gespräch von Botschafter Allardt mit Außenminister Gromyko vorgelegt.

---

20 Sigismund Freiherr von Braun.
21 Gesandter Blomeyer-Bartenstein, Paris, erwähnte diesen Vorschlag in einem Gespräch mit dem stellvertretenden Abteilungsleiter im französischen Außenministerium, Arnaud, am 8. Januar 1970. Vgl. dazu den Drahtbericht Nr. 58 von Blomeyer-Bartenstein; Referat I A 1, Bd. 748.
22 Das nächste Treffen des Ministerialdirektors Ruete mit dem Abteilungsleiter im französischen Außenministerium, Beaumarchais, fand am 26. Februar 1970 in Paris statt. Zum Thema einer europäischen politischen Zusammenarbeit äußerte sich Beaumarchais „sehr zurückhaltend". Ministerialdirigent von Staden stellte dazu am 3. März 1970 fest: „Anscheinend schwebt der französischen Seite vorerst nur eine lockere und mehr oder weniger unverbindliche Konsultation der Sechs vor. Die Mitarbeit der Beitrittskandidaten kann nach französischer Auffassung erst nach endgültigem Vollzug des Beitritts vorgesehen werden." Vgl. Referat I A 1, Bd. 719.
1 Botschafter Allardt, Moskau, berichtete über das dritte Gespräch mit dem sowjetischen Außenminister Gromyko über einen Gewaltverzicht. Vgl. AAPD 1969, II, Dok. 411.

Botschafter Allardt hat bei seinem Bonner Besuch[2] darauf hingewiesen, das Gespräch mit Gromyko habe sich mehr und mehr in Richtung auf eine Vernehmung des deutschen Partners durch den sowjetischen Außenminister entwickelt. Die Weisung versucht, diesem Ungleichgewicht in der Gesprächsführung entgegenzuwirken.

Gromyko spricht mit Botschafter Allardt nach genauen, von seinen Auftraggebern sorgfältig abgewogenen Weisungen, die lückenlos zum Gesamtkonzept der sowjetischen Europapolitik passen. Botschafter Allardt betonte, von einem eigentlichen Gespräch könne nicht die Rede sein. Die deutsche Gewaltverzichtspolitik muß daher auch auf das ihr jetzt zugrundeliegende Gesamtkonzept unserer Deutschland- und Ostpolitik abgestimmt werden. Auch dieser Überlegung trägt der vorgelegte Entwurf Rechnung. Die in der Bundestagsdebatte vom 14. bis 16. d. M.[3] zum Ausdruck gekommene Einstellung der Bundesregierung zu den Kernfragen der deutsch-sowjetischen Beziehungen ist dabei berücksichtigt. Zu dem Thema des sowjetischen Gewaltvorbehalts auf Grund Art. 53/107 VN-Satzung[4] sollte im 4. Gespräch Allardt/Gromyko als Erwiderung auf die Absicht Gromykos, das Thema von der Tagesordnung zu streichen, wenigstens daran erinnert werden, daß die vorbehaltlose Geltung des Artikels 2 der VN-Satzung[5] für die Bundesregierung wesentlicher Bestandteil einer deutsch-sowjetischen Gewaltverzichtsvereinbarung sein müßte.

---

[2] Zum Aufenthalt des Botschafters Allardt, Moskau, in Bonn vgl. ALLARDT, Tagebuch, S. 262 f. Vgl. dazu auch Dok. 5.

[3] Für die Regierungserklärung des Bundeskanzlers Brandt vom 14. Januar 1970 zum Bericht über die Lage der Nation im gespaltenen Deutschland und für die sich anschließende zweitägige Aussprache im Bundestag vgl. BT STENOGRAPHISCHE BERICHTE, Bd. 71, S. 839–847, S. 851–927 und S. 931–978.

[4] Artikel 53 der UNO-Charta vom 26. Juni 1945: „1) The Security Council shall, where appropriate, utilize such regional arrangements or agencies for enforcement action under its authority. But no enforcement action shall be taken under regional arrangements or by regional agencies without the authorization of the Security Council, with the exception of measures against any enemy state, as defined in paragraph 2 of this Article, provided for pursuant to Article 107 or in regional arrangements directed against renewal of aggressive policy on the part of any such state, until such time as the Organization may, on request of the Governments concerned, be charged with the responsibility for preventing further aggression by such a state. 2) The term enemy state as used in paragraph 1 of this Article applies to any state which during the Second World War has been an enemy of any signatory of the present Charter." Vgl. CHARTER OF THE UNITED NATIONS, S. 687.
Artikel 107 der UNO-Charta vom 26. Juni 1945: „Nothing in the present Charter shall invalidate or preclude action, in relation to any state which during the Second World War has been an enemy of any signatory to the present Charter, taken or authorized as a result of that war by the Governments having responsibility for such action." Vgl. CHARTER OF THE UNITED NATIONS, S. 697.

[5] Artikel 2, Absätze 1–5 der UNO-Charta vom 26. Juni 1945: „1) The Organization is based on the principle of the sovereign equality of all its Members. 2) All Members, in order to ensure to all of them the rights and benefits resulting from membership, shall fulfil in good faith the obligations assumed by them in accordance with the present Charter. 3) All Members shall settle their international disputes by peaceful means in such a manner that international peace and security, and justice, are not endangered. 4) All Members shall refrain in their international relations from the threat or use of force against the territorial integrity or political independence of any state, or in any other manner inconsistent with the Purposes of the United Nations. 5) All Members shall give the United Nations every assistance in any action it takes in accordance with the present Charter, and shall refrain from giving assistance to any state against which the United Nations is taking preventive or enforcement action." Vgl. CHARTER OF THE UNITED NATIONS, S. 676.

Hiermit über den Herrn Staatssekretär[6] dem Herrn Minister[7] mit der Bitte um Billigung und Herbeiführung der Genehmigung des Herrn Bundeskanzlers vorgelegt. Referat V 1 hat zugestimmt.

Ruete[8]

[Anlage]

Betr.: Deutsch-sowjetische Gespräche über Gewaltverzicht

Bezug: DB Nr. 1885 vom 23. Dezember 1969 geheim
DB Nr. 1890 vom 24. Dezember 1969 geheim[9]

A. Vorbemerkung (nur zu Ihrer eigenen Information):

Die von Gromyko gestellten drei Fragen lassen erkennen, daß die Sowjetunion unseren Vorschlag einer bilateralen deutsch-sowjetischen Gewaltverzichtsvereinbarung dazu auszunutzen versucht, um von der Bundesrepublik Deutschland rechtsverbindliche Erklärungen zu erlangen, die über einen Gewaltverzicht hinaus in der Deutschlandfrage auf eine vollständige Anerkennung des faktischen Status quo als einer bereits endgültigen und einen Friedensvertrag insoweit vorwegnehmenden Regelung hinauslaufen würden. Eine uneingeschränkte und vorbehaltlose Bejahung der Fragen Gromykos würde bedeuten, daß wir nicht nur die Oder-Neiße-Linie als endgültige Ostgrenze Deutschlands, sondern auch die Zonengrenze als eine völkerrechtliche Staatsgrenze anerkennen und im übrigen unseren Standpunkt in der Berlin-Frage in einer die Bindungen zwischen dem freien Teil der Stadt und der Bundesrepublik Deutschland aufs Spiel setzenden Weise schwächen. Von irgendwelchen sowjetischen Gegenleistungen für die damit von uns geforderte Aufgabe grundlegender Positionen ist in Gromykos Ausführungen nicht einmal insoweit die Rede, wie es sich um den sowjetischen Vorbehalt einer Berufung auf die Artikel 53 und 107 der VN-Charta handelt. Wir stehen hiernach unter dem Eindruck, daß die Sowjets unser bilaterales Gewaltverzichtskonzept „umfunktionieren" wollen in ein Bündel einseitiger deutscher Konzessionen, die der Sowjetunion die hegemoniale Position einer Garantiemacht für eine ihren politischen Interessen und Zielen entsprechende Ordnung der Verhältnisse in Ost- und Mitteleuropa einräumen und für bilaterale politische Verhandlungen zwischen der Bundesrepublik und den anderen östlichen Nachbarstaaten Deutschlands kaum noch substantiellen Verhandlungsstoff übriglassen würden.

Ob die Sowjets entschlossen sind, uns mit den von Gromyko so auffallend insistent gestellten Fragen nur die Wahl zwischen einer bedingungslosen Erfüllung der sowjetischen Forderungen und einem ergebnislosen Abbruch der Ge-

---

6 Hat Staatssekretär Duckwitz am 20. Januar 1970 vorgelegen.
7 Hat Bundesminister Scheel am 22. Januar 1970 vorgelegen.
8 Begleitvermerk vom 20. Januar 1970.
9 Botschafter Allardt, Moskau, analysierte das Gespräch mit dem sowjetischen Außenminister vom 23. Dezember 1970 und äußerte sich insbesondere zu den von Gromyko gestellten Fragen. Vgl. AAPD 1969, II, Dok. 413.
Zu den vom sowjetischen Außenminister Gromyko am 23. Dezember 1969 gestellten Fragen vgl. auch Dok. 5.

spräche zu lassen, oder ob sie zunächst nur die Konzessionsbereitschaft der Bundesregierung testen und fördern wollen, wird der weitere Verlauf der Gespräche erweisen.

Bei dem nächsten Gespräch kommt es also darauf an, der sowjetischen Seite einerseits die Grenzen unserer Möglichkeiten auseinanderzusetzen, andererseits aber ihr Interesse an der Fortsetzung dieser Gespräche aufrechtzuerhalten. Dabei sollten Sie mit allem Nachdruck deutlich machen, daß es uns mit unseren Bemühungen um Entspannung und Ausgleich mit dem Osten sehr ernst ist, daß diese Bundesregierung im Interesse des Friedens und der Stabilisierung der Lage in Europa bis an die Grenzen ihrer Möglichkeiten zu gehen bereit ist, und daß die Sowjetunion gut beraten wäre, wenn sie ihrerseits Entgegenkommen zeigte und sich zu vernünftigen Regelungen bereit fände.

Gleichzeitig möchten wir das Gespräch über die von Gromyko aufgeworfenen Fragen hinausführen und Themen anschneiden, die der Regelung des bilateralen Verhältnisses dienen.

B. Instruktion:

Bei Ihrem nächsten Gespräch mit Gromyko bitte ich daher, etwa folgendes auszuführen:

I. Innerdeutsche Beziehungen

1) Seit dem letzten deutsch-sowjetischen Meinungsaustausch vom 23. Dezember 1969 ist eine längere Zeit vergangen. Dies liegt nicht etwa daran, daß unser Interesse an der Fortsetzung des Gesprächs abgeklungen sei. Im Gegenteil hat unser Wunsch nach Entspannung und Ausgleich mit dem Osten eher an Intensität zugenommen. Da die sowjetische Seite bei dem letzten Gespräch sehr schwierige Fragen aufgeworfen hatte, bedurfte ihre Beantwortung einer gründlichen Vorbereitung; auch hielten wir es für zweckmäßig, vor der Fortsetzung des Gedankenaustausches die Erklärung des Herrn Bundeskanzlers zur Lage der Nation abzuwarten; (Sie könnten hier darauf hinweisen, daß das Intervall es Ihnen ermöglicht habe, die Gesamtproblematik eingehend mit dem Herrn Bundeskanzler und dem Herrn Bundesaußenminister zu erörtern).

Die Regierung der Sowjetunion hat die Erklärung des Bundeskanzlers zur Lage der Nation inzwischen – wie wir annehmen – sorgfältig geprüft. Wir hoffen, daß sie daraus entnommen hat, mit welchem Ernst, aber auch mit welcher Unvoreingenommenheit die Bundesregierung an die Frage der Aussöhnung mit den osteuropäischen Staaten und insbesondere an die Frage der Herbeiführung eines geregelten Nebeneinanders zwischen den beiden Staaten in Deutschland herangeht.

Gleichzeitig wird die Regierung der Sowjetunion aber auch erkannt haben, daß dem Handlungsspielraum der Bundesregierung politische und rechtliche Grenzen gezogen sind, die sie nicht überschreiten kann. Der Grundsatz „do ut des" muß auch bei den deutsch-sowjetischen Verhandlungen, wenn sie zu dem von beiden Seiten gewünschten Erfolg führen sollen, ein wesentliches Element der Verständigung bilden.

2) Wir glauben, daß dem innerdeutschen Ausgleich eine zentrale Bedeutung für den von uns angestrebten Ausgleich mit dem Osten zukommt. Wir haben aber leider nicht den Eindruck, daß Herr Ulbricht – bei dem der Schlüssel zur

weiteren Entwicklung liegt – in seinen Forderungen realistisch ist und sich diejenige weise Mäßigung auferlegt, die nun einmal eine Voraussetzung für eine Verständigung ist.

a) Die Staaten des Warschauer Pakts haben sich in mehreren Erklärungen der jüngsten Zeit dafür ausgesprochen, Verhandlungen mit dem Westen, insbesondere mit der Bundesrepublik Deutschland, ohne Vorbedingungen aufzunehmen. Aus diesem Grunde konnte es zur Aufnahme von Gesprächen mit der Sowjetunion und Polen kommen. Demgegenüber besteht die DDR, wie sich auch aus dem Interview von Herrn Ulbricht am 19. 1.[10] ergibt, auf einer grundsätzlichen Revision des Standpunkts der Bundesregierung zu vitalen Fragen der Nation, bevor noch der Versuch unternommen werden kann, miteinander beiderseits akzeptable Ausgangspunkte für eine grundlegende Verbesserung des Verhältnisses ausfindig zu machen. Die DDR hat darüber hinaus den Vertragsentwurf, den Herr Ulbricht mit Brief vom 17. Dezember an Bundespräsident Dr. Heinemann gerichtet hatte[11], veröffentlicht[12] und zum Anlaß einer heftigen öffentlichen Kampagne gegen die Bundesregierung gemacht.

b) Die Bundesregierung führt die Gespräche in dem Bewußtsein, daß Fortschritte nur unter Beachtung der vitalen Sicherheitslage in Europa erzielt werden können. Sie unterläßt daher Forderungen, die die gegebene Sicherheitslage gefährden würden. Demgegenüber propagiert die DDR in steigendem Maße die Forderung, die Bundesrepublik solle sich von den Verträgen mit ihren Verbündeten lösen. Abgesehen davon, daß es sich hier um völlig indiskutable Forderungen handelt, ist ein solches Verlangen mit einer verantwortungsbewußten Haltung gegenüber dem friedenssichernden Gleichgewicht in Europa nicht vereinbar. Bekanntlich verlangt auch die Bundesregierung nicht die Lösung der DDR aus dem Verband des Warschauer Pakts.

c) Verhandlungen, die zu Fortschritten auf dem Gebiet der Sicherheitslage in Mitteleuropa führen sollen, müssen von der Gegebenheit der gesellschaftlichen Strukturen ausgehen. Bekanntlich hat die Bundesregierung alles unterlassen, was die innere Ordnung der DDR in Frage stellen könnte. Demgegenüber unternimmt die DDR alles in ihren Möglichkeiten stehende, um die Umwälzung der gesellschaftlichen Verhältnisse in der Bundesrepublik Deutschland zu fördern und gegen die innere Ordnung der Bundesrepublik zu agitieren. Sie scheut nicht vor subversiven und konspirativen Einmischungen zurück.

---

10 Auf einer Pressekonferenz in Ost-Berlin führte Staatsratsvorsitzender Ulbricht zu einer Wiedervereinigung Deutschlands aus: „Solange die Pariser Verträge nicht aufgehoben sind, existiert in der Tat ein solcher Weg nicht." Zu einem möglichen Gewaltverzicht zwischen der Bundesrepublik und der DDR erklärte er: „Wir warten also ab, was bei den hoffentlich bald beginnenden Verhandlungen zwischen der BRD und der Sowjetunion über Gewaltverzicht herauskommt. Wir sind für einen Gewaltverzichtsvertrag auf derselben Grundlage wie der Gewaltverzichtsvertrag zwischen der Sowjetregierung und der Bonner Regierung. Es gibt für die DDR keine besonderen Bedingungen." Vgl. den Artikel „Vertragsentwurf der DDR dient Sicherheit und Frieden"; NEUES DEUTSCHLAND vom 20. Januar 1970, S. 1 und S. 5.

11 Staatsratsvorsitzender Ulbricht übermittelte Bundespräsident Heinemann am 17. Dezember 1969 den „Entwurf für einen Vertrag über die Aufnahme gleichberechtigter Beziehungen zwischen der Deutschen Demokratischen Republik und der Bundesrepublik Deutschland". Für den Wortlaut des Schreibens sowie des Entwurfs vgl. EUROPA-ARCHIV 1970, D 190–193.
Für eine Analyse des Entwurfs vgl. AAPD 1969, II, Dok. 407.

12 Vgl. NEUES DEUTSCHLAND vom 21. Dezember 1969, S. 1.

3) Das Verhältnis zwischen der Bundesrepublik Deutschland und der DDR ist schon bei den bisherigen Gesprächen erörtert worden. Dabei kam zum Ausdruck, daß die sowjetische Seite offenbar annimmt, daß die Tatsache besonderer Beziehungen zwischen den beiden Staaten in Deutschland die Verbindlichkeit von Verträgen zwischen ihnen beeinträchtigen würde. Hierzu ist folgendes zu bemerken: Wir denken nicht daran, daß Verträge zwischen den beiden deutschen Staaten eine Verbindlichkeit „minderen Grades" haben würden:

a) Auch zwischen Bundesrepublik Deutschland und DDR muß der allgemeine Rechtsgrundsatz „pacta sunt servanda" gelten. Ein Vertrag zwischen ihnen würde daher volle rechtliche Verbindlichkeit haben.

b) Vereinbarungen zwischen der Bundesrepublik Deutschland und der DDR wären keine ungleichen Verträge, etwa wie zwischen Oberstaat und Unterstaat, sondern würden gleiche Rechte und Verbindlichkeiten begründen.

c) Da Verträge zwischen der Bundesrepublik Deutschland und der DDR von den Vier Mächten im Rahmen ihrer Rechte und Verantwortlichkeiten mit Bezug auf Berlin und Deutschland als Ganzes gebilligt werden müßten, werden sie auch völkerrechtlich sanktioniert; von dritten Staaten würde ihnen in ihrem Verhältnis zu Deutschland und den beiden Staaten in Deutschland Rechnung getragen werden müssen.

4) Verträge zwischen der Bundesrepublik Deutschland und der DDR werden gleichzeitig jedoch besonderer Art sein. Sie sollen ein Verhältnis regeln, das Momente besonderer Art aufweist, die sonst zwischen Staaten nicht vorhanden sind:

a) Beide Seiten gehören zu einer in Jahrhunderten geschichtlich und kulturell gewachsenen Nation; sie haben es in ihren Verfassungen den Staatsorganen zur Pflicht gemacht, die Einheit der Nation zu wahren und zu fördern und die Voraussetzungen für die Annäherung beider Teile im Interesse der Zukunft der Nation zu schaffen.[13]

---

[13] Vgl. dazu die Präambel des Grundgesetzes vom 23. Mai 1949: „Im Bewußtsein seiner Verantwortung vor Gott und den Menschen, von dem Willen beseelt, seine nationale und staatliche Einheit zu wahren und als gleichberechtigtes Glied in einem vereinten Europa dem Frieden der Welt zu dienen, hat das Deutsche Volk in den Ländern Baden, Bayern, Bremen, Hamburg, Hessen, Niedersachsen, Nordrhein-Westfalen, Rheinland-Pfalz, Schleswig-Holstein, Württemberg-Baden und Württemberg-Hohenzollern [...] dieses Grundgesetz des Bundesrepublik Deutschland beschlossen. Es hat auch für jene Deutschen gehandelt, denen mitzuwirken versagt war. Das gesamte Deutsche Volk bleibt aufgefordert, in freier Selbstbestimmung die Einheit und Freiheit Deutschlands zu vollenden." Vgl. BUNDESGESETZBLATT 1949, S. 1.
Vgl. dazu auch Artikel 23 des Grundgesetzes vom 23. Mai 1949: „Dieses Grundgesetz gilt zunächst im Gebiete der Länder Baden, Bayern, Bremen, Groß-Berlin, Hamburg, Hessen, Niedersachsen, Nordrhein-Westfalen, Rheinland-Pfalz, Schleswig-Holstein, Württemberg-Baden und Württemberg-Hohenzollern. In anderen Teilen Deutschlands ist es nach deren Beitritt in Kraft zu setzen." Vgl. BUNDESGESETZBLATT 1949, S. 3 f.
Vgl. dazu ebenso die Präambel der Verfassung der DDR vom 6. April 1968: „Getragen von der Verantwortung, der ganzen deutschen Nation den Weg in eine Zukunft des Friedens und des Sozialismus zu weisen, in Ansehung der geschichtlichen Tatsache, daß der Imperialismus unter Führung der USA im Einvernehmen mit Kreisen des westdeutschen Monopolkapitals Deutschland gespalten hat, um Westdeutschland zu einer Basis des Imperialismus und des Kampfes gegen den Sozialismus aufzubauen, was den Lebensinteressen der Nation widerspricht, hat sich das Volk der Deutschen Demokratischen Republik [...] diese sozialistische Verfassung gegeben." Vgl. GESETZBLATT DER DDR 1968, S. 203.
Vgl. dazu gleichfalls Artikel 1, Absatz 1 der Verfassung der DDR vom 6 April 1968: „Die Deutsche

b) Beide haben gemeinsam eine nationale Verantwortung als Folge des Zweiten Weltkrieges zu tragen; sie unterhalten mangels eines Friedensvertrages für Deutschland spezielle politische und vertragliche Beziehungen mit den Vier Mächten.

c) Die Hauptstadt Deutschlands ist geteilt; die Vier Mächte und die beiden deutschen Seiten stehen zu ihr in einem besonderen Verhältnis.

5) Wir haben den Eindruck, daß auch die sowjetische Regierung bisher von der Besonderheit einer etwaigen Regelung der Rechtsbeziehungen innerhalb Deutschlands ausgegangen ist. Gleichwohl hat der sowjetische Außenminister bei dem Gespräch am 23. Dezember ausgeführt, die Bundesregierung betone immer den besonderen Status, die besonderen Beziehungen zur DDR; sie müsse sich aber darüber klar sein, daß allein die Aufstellung dieser These große Hindernisse auf dem Wege zu einer Vereinbarung schaffe. Wir können nicht verhehlen, daß diese Bemerkung bei uns eine gewisse Irritation ausgelöst hat.

a) Wir sind bisher immer davon ausgegangen, daß die auf die rechtlichen und politischen Besonderheiten der Deutschland-Frage abgestellten Teile des Vertrages über die Beziehungen zwischen der DDR und der UdSSR vom 20. September 1955[14] und des sich auf ihn beziehenden Vertrags über Freundschaft, gegenseitigen Beistand und Zusammenarbeit zwischen der DDR und der UdSSR vom 12. Juni 1964[15] auch den Besonderheiten des Verhältnisses zwischen den beiden Teilen Deutschlands Rechnung tragen sollen (Wiederherstellung der Einheit Deutschlands als friedliebender und demokratischer Staat; Herbeiführung einer friedensvertraglichen Regelung mit Deutschland; Berücksichtigung der Verpflichtungen, die die DDR und die UdSSR gemäß den bestehenden internationalen Abkommen haben, die Deutschland als Ganzes betreffen; Hauptziel beider Seiten ist, auf dem Wege entsprechender Verhandlungen eine friedliche Regelung für ganz Deutschland herbeizuführen; Wunsch beider Seiten, den Abschuß eines Friedensvertrages zu erleichtern und die Verwirklichung der Einheit Deutschlands auf friedlicher und demokratischer Grundlage zu fördern). Wir können uns nicht vorstellen, daß diese Interpretation unrichtig ist.

b) Wir fragen uns ferner, ob die sowjetische Regierung in der Tat ernsthaft der Ansicht ist, daß die Bundesrepublik Deutschland und die DDR angesichts ihrer Verfassungen, der Erwartungen der eigenen Bevölkerung und der internationalen Verflechtung der Deutschlandfrage ihre Beziehungen so regeln können, wie das üblicherweise auf internationaler Ebene zwischen ausländischen Staaten geschieht?

Fortsetzung Fußnote von Seite 39

Demokratische Republik ist ein sozialistischer Staat deutscher Nation. Sie ist die politische Organisation der Werktätigen in Stadt und Land, die gemeinsam unter Führung der Arbeiterklasse und ihrer marxistisch-leninistischen Partei den Sozialismus verwirklichen." Vgl. GESETZBLATT DER DDR 1968, S. 205.

Vgl. dazu auch Artikel 8, Absatz 2 der Verfassung der DDR vom 6. April 1968: „Die Herstellung und Pflege normaler Beziehungen und die Zusammenarbeit der beiden deutschen Staaten auf der Grundlage der Gleichberechtigung sind nationales Anliegen der Deutschen Demokratischen Republik. Die Deutsche Demokratische Republik und ihre Bürger erstreben darüber hinaus die Überwindung der vom Imperialismus der deutschen Nation aufgezwungenen Spaltung Deutschlands, die schrittweise Annäherung der beiden deutschen Staaten bis zu ihrer Vereinigung auf der Grundlage der Demokratie und des Sozialismus." Vgl. GESETZBLATT DER DDR 1968, S. 206.

14 Für den Wortlaut vgl. DzD III/1, S. 371–374.
15 Für den Wortlaut vgl. DzD IV/10, S. 717–723.

Wir meinen vielmehr, daß die historisch gewachsene tatsächliche Lage dazu zwingt, die Beziehungen zwischen den beiden Staaten in Deutschland als ein Verhältnis besonderer Art anzusehen.

6) Wenn die Sowjetunion bei Erörterung des Verhältnisses zwischen der Bundesrepublik Deutschland und DDR die Grenzfrage anspricht, so ist die Bundesrepublik Deutschland kaum der richtige Adressat. Die Bundesregierung respektiert nämlich die Grenzlinie zwischen beiden Teilen Deutschlands und hat sie nie in Frage gestellt. Die blutigen Zwischenfälle und die kriegsähnliche Lage an dieser Grenze sind nicht von der Bundesrepublik Deutschland verursacht. Die Bundesrepublik Deutschland verlangt auch nicht die Einverleibung der DDR in ihren Staatsverband, sondern achtet, indem sie die DDR als gleichberechtigten Verhandlungspartner akzeptiert, zugleich die territoriale Integrität der DDR.

7) Die Deutschlandfrage ist nach Auffassung der Bundesregierung nicht in erster Linie ein Grenz- oder Territorialproblem. Sie ist vielmehr ein Problem der friedlichen Ordnung und Zusammenarbeit zweier Teile einer Nation, die zur Zeit durch die unnatürlichsten Bedingungen, die in der Völkergemeinschaft anzutreffen sind, daran gehindert werden, ein normales Zusammenleben herzustellen.

Die Bundesrepublik Deutschland betreibt nicht die Umwälzung der gesellschaftlichen Verhältnisse in der DDR; es wäre angebracht, wenn die DDR umgekehrt nicht den Umsturz der Ordnung in der Bundesrepublik Deutschland verlangen würde.

8) Die Deutschland-Frage ist zugleich aber auch ein Problem der europäischen Friedensordnung. Um in der Mitte Europas zu einer echten Normalisierung der Verhältnisse kommen zu können, müssen beide deutschen Seiten unter Mithilfe der Vier Mächte den Rahmen für eine friedliche Entspannung und Annäherung zwischen der Bundesrepublik Deutschland und der DDR unter Respektierung des gegenwärtigen friedenssichernden Gleichgewichts auf unserem Kontinent schaffen. Ein entsprechender Vertrag über die gleichberechtigte Zusammenarbeit zwischen der Bundesrepublik und der DDR müßte daher im Einvernehmen mit den für Berlin und Deutschland als Ganzes verantwortlichen Mächten vereinbart werden; er müßte in dem Bewußtsein der Verpflichtung beider Seiten geschlossen werden, die Einheit der Nation zu wahren und zu fördern; er müßte von dem Bestreben beider Seiten geleitet sein, die Voraussetzungen für ihre Annäherung im Interesse der Zukunft der Nation zu schaffen und ein gleichberechtigtes Verhältnis der guten Nachbarschaft herbeizuführen.

Der Vertrag sollte alles das regeln, was wegen der Besonderheiten der Lage in Deutschland einer speziellen Regelung bedarf. Ergänzend würden bei der Regelung des Verhältnisses zwischen der Bundesrepublik Deutschland und der DDR solche allgemein anerkannten Prinzipien entsprechende Anwendung finden, die aus der Natur der Sache für ein geordnetes friedliches Nebeneinander staatlicher Ordnungen notwendig sind.

Die Bundesregierung ist hierzu bereit. Sie möchte eine der gegenwärtigen Lage entsprechende Regelung zwischen den beiden Staaten in Deutschland erzielen. Sie wird der DDR daher demnächst diese Vorstellungen in eingehenderer Form zur Kenntnis bringen und die Aufnahme von Verhandlungen über die Regelung der beiderseitigen Beziehungen vorschlagen.[16] Die Bundesregierung geht davon aus, daß diese Verhandlungen in enger Abstimmung mit den Vier Mächten geführt werden. Sie hofft, daß die Verhandlungen zu einem positiven, für den Frieden in Europa nützlichen Ergebnis führen. Dies setzt allerdings voraus, daß auch die Führung der DDR einsichtig und verantwortungsbewußt handelt.

II. Grenzfragen

Der sowjetische Außenminister hat der Bundesregierung zwei schriftlich formulierte Fragen übermittelt. Beide Fragen suchen eine Interpretation der in unserem Entwurf zu einer deutsch-sowjetischen Gewaltverzichtsvereinbarung vom 3. Juli 1969 enthaltenen Formel „die Bundesrepublik erhebt keine Gebietsansprüche gegen irgend jemand".[17]

Wir sind zu der erbetenen Klarstellung gerne bereit und können in diesem Zusammenhang folgendes bemerken:

1) Die Bundesregierung geht bei der Erklärung, daß die Bundesrepublik Deutschland keine territorialen Ansprüche erhebe, vom Geltungsbereich des Grundgesetzes aus. Die zweite Frage, ob die von der Bundesregierung angebotene Erklärung „von der Bundesrepublik Deutschland in ihren gegenwärtigen Grenzen" ausgehe, kann daher grundsätzlich bejaht werden. Die Bundesrepublik erstrebt eine Ausdehnung ihres Hoheitsgebietes über den Geltungsbereich des Grundgesetzes hinaus weder mit gewaltsamen noch mit anderen Mitteln und erhebt gegen ihre Nachbarn keine Gebietsansprüche. Dies gilt auch gegenüber der DDR, wenngleich sie für die Bundesrepublik kein Ausland ist. Besondere Bindungen bestehen zwischen der Bundesrepublik Deutschland und Berlin, dessen besonderen Vier-Mächte-Status die Bundesrepublik Deutschland respektiert. Bekanntlich ist Berlin derzeit Gegenstand von Gesprächen der verantwortlichen Vier Mächte.[18]

(Nur zu Ihrer Information: Artikel 23 des Grundgesetzes führt „Groß-Berlin" unter den Ländern auf, in deren Gebiet das Grundgesetz gilt. Insoweit haben die Militärgouverneure der drei Westmächte das Grundgesetz jedoch nur mit den Vorbehalten genehmigt, die in ihrem unter dem 12. Mai 1949 an den Präsidenten des Parlamentarischen Rates gerichteten Schreiben unter Ziffer 4 formuliert sind[19] und über deren rechtliche Tragweite zwischen den Regierungen

---

[16] Am 22. Januar 1970 schlug Bundeskanzler Brandt dem Vorsitzenden des Ministerrats, Stoph, vor, „Verhandlungen über den Austausch von Gewaltverzichtserklärungen" aufzunehmen: „Diese nach dem Grundsatz der Nichtdiskriminierung zu führenden Verhandlungen sollen Gelegenheit zu einem breit angelegten Meinungsaustausch über die Regelung aller zwischen unseren beiden Staaten anstehenden Fragen, darunter denen gleichberechtigter Beziehungen, geben." Brandt hob den Wunsch der Bundesregierung hervor, „in Verhandlungen über praktische Fragen zu Regelungen zu kommen, die das Leben der Menschen im gespaltenen Deutschland erleichtern können". Für den Wortlaut des Schreibens vgl. EUROPA-ARCHIV 1970, D 205.

[17] Für den Entwurf der Bundesregierung für eine Erklärung der Bundesrepublik bzw. der UdSSR über einen Gewaltverzicht vgl. AAPD 1969, II, Dok. 219.

[18] Zur Initiative der Drei Mächte für Gespräche mit der UdSSR über Berlin vgl. Dok. 2, Anm. 3.

[19] Ziffer 4 des Schreibens der Militärgouverneure der Drei Mächte, Clay, Koenig und Robertson, an den Präsidenten des Parlamentarischen Rates, Adenauer: „Ein dritter Vorbehalt betrifft die Beteiligung Groß-Berlins am Bund. Wir legen die Auswirkung von Artikel 23 und Artikel 144 Abs. 2 des Grundgesetzes als Annahme unseres früheren Ersuchens aus, das dahin ging, daß Berlin, wenngleich es weder eine stimmberechtigte Vertretung im Bundestag oder Bundesrat erhalten, noch vom Bund aus verwaltet werden kann, dennoch eine kleine Anzahl von Vertretern zur Teilnahme an den Sitzungen dieser gesetzgebenden Körperschaft bestellen darf." Vgl. DzD II/2, S. 345.

der Drei Mächte und der Bundesregierung niemals hat vollständige Einigkeit erzielt werden können. Im übrigen enthält zwar Artikel 1 der Verfassung Berlins von 1950 unter Ziffer 2 und 3 die Feststellung, daß „Berlin ein Land der Bundesrepublik Deutschland ist" und daß „Grundgesetz und Gesetze der Bundesrepublik Deutschland für Berlin bindend sind".[20] Diese beiden Bestimmungen der noch heute geltenden Verfassung Berlins sind aber von der Alliierten Kommandatura nicht genehmigt, sondern in ihrem Schreiben vom 29.8.1950 ausdrücklich „zurückgestellt" worden.[21] Die Situation hat sich überdies noch dadurch kompliziert, daß die Sowjetunion den östlichen Sektor Berlins unter Einsetzung eines eigenen Magistrats[22] der Juridiktion des legitimen Senats und Abgeordnetenhauses von Berlin entzogen und ihren Vertreter aus der alliierten Kommandantur zurückgezogen hat[23] mit der Folge, daß die Kommandantur nur noch in den drei westlichen Sektoren der Stadt die oberste Gewalt ausüben kann.

Wir wollen es unter diesen Umständen möglichst vermeiden, daß die schwierige Frage der Zugehörigkeit oder Nichtzugehörigkeit Berlins zum Geltungsbereich des Grundgesetzes zwischen Ihnen und Gromyko im einzelnen erörtert wird. Daher wollen wir uns damit begnügen, vom Geltungsbereich des Grundgesetzes ohne ausdrückliche Erwähnung des Artikels 23 GG nur in allgemeiner Form zu sprechen und im übrigen auf die besonderen Bindungen zu verweisen, die sich zwischen der Bundesrepublik und Berlin mit Zustimmung der Drei Mächte entwickelt haben und die mit dem Vier-Mächte-Status der gesamten Stadt vereinbar sind.)

2) Die erste Frage Gromykos bezieht sich darauf, ob die Bundesregierung mit ihrer Feststellung, sie erhebe keine Gebietsansprüche, zum Ausdruck bringen wolle, daß sie „eine Änderung der nach dem Krieg entstandenen Grenzen" nicht als eines der Ziele ihrer Politik ansehe. Die Antwort hierauf setzt eine Klarstellung voraus, von welchen Grenzen die Rede ist und welchen rechtlichen Charakter diese Grenzen haben.

a) Die Vier Mächte haben den interalliierten Vereinbarungen, die sie in den Jahren 1944–1945 miteinander über Deutschland abgeschlossen haben, die Grenzen des Deutschen Reiches vom 31.12.1937[24] zugrunde gelegt.[25]

b) In Abschnitt IX des Potsdamer Abkommens haben sich die Vier Mächte darauf geeinigt, die ostwärts der Oder-Neiße-Linie gelegenen deutschen Gebiete der Verwaltung teils der Sowjetunion, teils Polens zu unterstellen. Die endgül-

---

[20] Für den Wortlaut von Artikel 1 der Verfassung von Berlin vom 1. September 1950 vgl. VERORDNUNGSBLATT FÜR GROSS-BERLIN 1950, Teil I, S. 433.
[21] Für das Schreiben BK/O (50) 75 vgl. VERORDNUNGSBLATT FÜR GROSS-BERLIN 1950, Teil I, S. 440.
[22] Zur Einsetzung eines Magistrats in Ost-Berlin vgl. die „Geschäftsordnung des Magistrats von Groß-Berlin" vom 29. März 1950; DOKUMENTE ZUR BERLIN-FRAGE, S. 196 f. (Auszug).
[23] Die UdSSR stellte ihre Mitarbeit in der Alliierten Kommandantur der Stadt Berlin am 1. Juli 1948 ein.
[24] Korrigiert aus: „31.11.1937".
[25] So in Artikel 1 des Londoner Protokolls vom 12. September 1944 betreffend die Besatzungszonen in Deutschland und die Verwaltung von Groß-Berlin: „Germany, within her frontiers as they were on the 31st December, 1937, will, for the purposes of occupation, be divided into three zones, one of which will be allotted to each of the three Powers, and a special Berlin area, which will be under joint occupation by the three Powers." Vgl. DOKUMENTE DES GETEILTEN DEUTSCHLAND, Bd. 1, S. 25.

tige Festlegung der Grenzen Deutschlands wurde dabei ausdrücklich einer Friedenskonferenz und dem Abschluß eines Friedensvertrages mit einer dafür kompetenten deutschen Regierung vorbehalten.[26] Eine darüber hinausgehende Vereinbarung ist zwischen den Vier Mächten bis heute nicht getroffen worden. In der gemeinsamen Berliner Erklärung vom 5. Juni 1945 hatten die Vier Mächte im übrigen ausdrücklich erklärt, daß ihre Maßnahmen in Deutschland keine Annexion bewirken sollten.[27]

c) Gerade wenn die Bundesregierung bei ihrer Feststellung, sie erhebe keine Gebietsansprüche, vom Geltungsbereich des Grundgesetzes der Bundesrepublik Deutschland ausgeht, folgt hieraus, daß diese Feststellung die Notwendigkeit einer umfassenden Friedensregelung, zu der nach den Potsdamer Beschlüssen auch die endgültige Festlegung der Grenzen Deutschlands gehört, nicht berührt und nicht berühren kann. Bei dieser mit der Friedensregelung zusammenhängenden Frage handelt es sich nicht um die Geltendmachung von Gebietsansprüchen seitens der Bundesrepublik Deutschland als solcher. Denn dieser Komplex unterliegt den besonderen Rechten und Verantwortlichkeiten, die den Vier Mächten für ganz Deutschland und Berlin zustehen und die sich die drei Westmächte der Bundesrepublik gegenüber in Artikel 2 des Deutschland-Vertrages vom 23. Oktober 1954 ausdrücklich vorbehalten haben.[28] Nur im Einvernehmen mit diesen Vier Mächten, zu denen die Sowjetunion gehört, können die Grenzen Deutschlands endgültig festgelegt werden. Diese Auffassung der Bundesregierung kann weder als „Revisionismus" noch gar als „Revanchismus" qualifiziert werden. Der Standpunkt der Bundesregierung entspricht vielmehr den Vereinbarungen, die ohne Mitwirkung einer deutschen Regierung von den Vier Mächten einschließlich der Sowjetunion auf der Potsdamer Konferenz getroffen worden sind. Die sowjetische Regierung beruft sich ihrerseits immer

---

[26] Vgl. dazu den Passus in Abschnitt IX des Kommuniqués vom 2. August 1945 über die Konferenz von Potsdam (Potsdamer Abkommen): „Die drei Regierungschefs bekräftigen ihre Auffassung, daß die endgültige Festlegung der Westgrenze Polens bis zur Friedensregelung zurückgestellt werden soll. Die drei Regierungschefs kommen überein, daß bis zur endgültigen Bestimmung der Westgrenze Polens die früheren deutschen Gebiete östlich einer Linie, die von der Ostsee unmittelbar westlich von Swinemünde und von dort die Oder entlang bis zur Einmündung der westlichen Neiße und die westliche Neiße entlang bis zur tschechoslowakischen Grenze verläuft, einschließlich des Teils von Ostpreußen, der im Einklang mit der auf dieser Konferenz erzielten Vereinbarung nicht der Verwaltung der Union der Sozialistischen Sowjetrepubliken unterstellt wird, und einschließlich des Gebiets der früheren Freien Stadt Danzig der Verwaltung des polnischen Staates unterstellt werden und insofern nicht als Teil der sowjetischen Besatzungszone in Deutschland betrachtet werden sollen." Vgl. DzD II/1, S. 2118.

[27] Vgl. dazu den Passus in der Präambel der Berliner Deklaration in Anbetracht der Niederlage Deutschlands und der Übernahme der obersten Regierungsgewalt hinsichtlich Deutschlands vom 5. Juni 1945: „The Governments of the United States of America, the Union of Soviet Socialist Republics and the United Kingdom, and the Provisional Government of the French Republic, hereby assume supreme authority with respect to Germany, including all the powers possessed by the German Government, the High Command and any state, municipal, or local government or authority. The assumption, for the purposes stated above, of the said authority and powers does not effect the annexation of Germany." Vgl. DOKUMENTE DES GETEILTEN DEUTSCHLANDS, Bd. 1, S. 20.

[28] Vgl. Artikel 2 des Vertrags vom 26. Mai 1952 über die Beziehungen zwischen der Bundesrepublik Deutschland und den Drei Mächten in der Fassung vom 23. Oktober 1954 (Deutschland-Vertrag) (Auszug): „Im Hinblick auf die internationale Lage, die bisher die Wiedervereinigung Deutschlands und den Abschluß eines Friedensvertrags verhindert hat, behalten die Drei Mächte die bisher von ihnen ausgeübten oder innegehabten Rechte und Verantwortlichkeiten in bezug auf Berlin und auf Deutschland als Ganzes einschließlich der Wiedervereinigung Deutschlands und einer friedensvertraglichen Regelung." Vgl. BUNDESGESETZBLATT 1955, Teil II, S. 306.

wieder auf das Potsdamer Abkommen; sie hat in ihrem Memorandum vom 5. Juli 1968 ausdrücklich erklärt, daß die Rechte und Pflichten aus dem Potsdamer Abkommen „bis zum Abschluß eines Friedensvertrages volle Gültigkeit" behalten.[29] Die Bundesregierung glaubt daher davon ausgehen zu können, daß sich die Sowjetunion auch in der Frage der östlichen Grenzen Deutschlands an das Potsdamer Abkommen gebunden hält.

d) Die Bundesrepublik respektiert die sich aus dieser rechtlichen und politischen Lage ergebenden faktischen Grenzen. Die von der Bundesregierung vorgeschlagenen Vereinbarungen über den gegenseitigen Verzicht auf Anwendung und Androhung von Gewalt sollen sich auch hierauf beziehen. Dies bedeutet, daß die Bundesrepublik keine Gewalt anwenden oder androhen wird, um diese tatsächlichen Grenzen zu ändern.

Zwar werden die Grenzfragen erst im Zusammenhang mit den übrigen Fragen einer europäischen Friedensordnung, von denen sie sich nicht isolieren lassen, endgültig geregelt werden können. Mit einem Verzicht auf Gewalt oder Drohung mit Gewalt würde jedoch der europäischen Sicherheit und damit einer künftigen europäischen Friedensordnung bereits in entscheidender Weise gedient.

Die Bundesregierung wird dieses Thema auch bei den in Kürze beginnenden Gesprächen mit der Regierung der Volksrepublik Polen aufnehmen.[30] Sie ist zuversichtlich, daß sich im gemeinsamen Bemühen um einen Ausgleich eine für beide Seiten akzeptable Formulierung finden lassen wird.

3) Der dritte Komplex, um den es hier geht, umfaßt die nach dem Kriege zwischen den beiden Teilen Deutschlands einschließlich Berlins entstandenen Trennungslinien. Auch insoweit ist die Bundesrepublik zu einem verbindlichen Gewaltverzicht bereit. Die Bundesregierung geht davon aus, daß ein GV-Abkommen mit der Sowjetunion ein Muster für eine entsprechende Vereinbarung mit der DDR abgeben könnte und daß dies die Aufnahme von Verhandlungen mit der DDR vor Abschluß der Gespräche mit der Sowjetunion nicht hindert. So haben wir auch die Ausführungen des Staatsratsvorsitzenden der DDR vor der Presse am 19.1. verstanden. Die Bundesregierung wäre interessiert, die Meinung der sowjetischen Regierung hierüber kennenzulernen.

4) Die Bundesregierung hofft, daß ihr Standpunkt von der sowjetischen Regierung verstanden und gewürdigt werden wird. Dem Handlungsspielraum der Bundesregierung sind in dieser Frage rechtliche und politische Grenzen gesetzt. Es wäre daher gut, die Bundesregierung nicht zu überfordern, sondern die gegebenen Möglichkeiten zu nutzen, um zu einem ersten, aber gewiß weiterführenden Ergebnis zu gelangen. Die von der Bundesregierung erklärte Bereitschaft, auf die Anwendung und Androhung von Gewalt auch zur endgültigen Lösung der noch offenen Grenzfragen ausdrücklich und rechtsverbindlich zu verzichten, dient der Entspannung in Europa; sie soll dazu beitragen, daß das gegenseitige Mißtrauen abgebaut wird und eine europäische Friedensordnung geschaffen werden kann, in der auch die noch offenen Grenzfragen in einer für

---

[29] Für den Wortlaut vgl. DzD V/2, S. 964–973. Vgl. dazu auch AAPD 1968, II, Dok. 213.
[30] Die Gespräche mit Polen über eine Verbesserung des bilateralen Verhältnisses wurden am 5. Februar 1970 in Warschau aufgenommen. Vgl. dazu Dok. 37.

die beteiligten Völker akzeptablen Form endgültig geregelt werden können. Die Bundesregierung hofft, daß die sowjetische Regierung die Bedeutung dieser Politik erkennen und im gleichen Geiste den auch von ihrer Seite erforderlichen Beitrag zu einer dem Frieden dienenden Verständigung leisten wird.

III. Artikel 53/107 VN-Satzung

In Anknüpfung an die Ausführungen des sowjetischen Außenministers zur Frage der Artikel 53 und 107 VN-Satzung in dem Gespräch vom 23. Dezember 1969 legt die Bundesregierung Wert darauf, zum Ausdruck zu bringen, daß nach ihrer Auffassung ein wesentliches Element einer Gewaltverzichtsvereinbarung die vorbehaltlose Geltung der in Artikel 2 der Satzung der Vereinten Nationen niedergelegten Grundsätze im beiderseitigen Verhältnis sein müßte. Wir sind daher der Ansicht, daß wir auf eine Erörterung dieses Problemkreises im Rahmen der Gespräche über den Gewaltverzicht in engerem Sinne nicht verzichten können und wären der Regierung der UdSSR dankbar, wenn sie sich bereit finden könnte, entsprechende Zusicherungen zu geben.

IV. Verbesserung der bilateralen Beziehungen

Ein wesentliches politisches Ziel, das die Bundesregierung mit dem Abschluß eines deutsch-sowjetischen Gewaltverzichtsabkommens anstrebt, ist die Verbesserung der deutsch-sowjetischen Beziehungen. Die sowjetische Seite hat mehrfach geäußert, daß auch sie eine generelle Verbesserung dieser Beziehungen wünscht und bereit ist, über die damit zusammenhängenden konkreten Probleme mit uns zu sprechen (Außenminister Gromyko gegenüber Botschafter Allardt am 11. Dezember 1968[31] und 8. Dezember 1969[32]).

Es wird nicht verkannt, daß in den letzten eineinhalb Jahren eine gewisse Klimaverbesserung in den Beziehungen zwischen der Bundesrepublik Deutschland und der UdSSR eingetreten ist und daß sich die politischen Kontakte intensiviert haben.

Um diesen Beziehungen eine neue Qualität zu geben, um sie nachhaltig, für Regierung und Öffentlichkeit beider Länder überzeugend und für die praktische Zusammenarbeit operativ zu verbessern, müssen beide Seiten Anstrengungen unternehmen. Die Bundesregierung geht davon aus, daß dies auch der Standpunkt der sowjetischen Regierung ist; der Wortlaut des Neujahrstelegramms von Ministerpräsident Kossygin an Bundeskanzler Brandt[33] bestärkt sie in dieser Annahme. Deshalb möchte die Bundesregierung einige Anregungen geben, die spezifische Gebiete unserer bilateralen Beziehungen betreffen.

1) Es wäre wünschenswert, wenn die Regierung der Sowjetunion sich bereit fände, mit uns gemeinsame Anstrengungen zu unternehmen, um den unbefriedi-

---

31 Zu dem Gespräch vgl. AAPD 1968, II, Dok. 410.

32 Zum ersten Gespräch des Botschafters Allardt, Moskau, mit dem sowjetischen Außenminister Gromyko über einen Gewaltverzicht vgl. AAPD 1969, II, Dok. 392.

33 Ministerpräsident Kossygin teilte Bundeskanzler Brandt am 31. Dezember 1969 mit: „Ich danke Ihnen für die guten Wünsche zum Jahreswechsel und sende Ihnen, der Regierung und dem Volk der Bundesrepublik Deutschland meine besten Wünsche zum Neuen Jahr. Wir würden es begrüßen, wenn das anbrechende Jahr durch Fortschritte bei der Entwicklung der Beziehungen zwischen unseren Ländern zum Wohl der Völker der UdSSR und der Bundesrepublik Deutschland im Interesse der Festigung des Friedens in Europa gekennzeichnet würde; unsererseits werden wir alle Anstrengungen hierfür unternehmen." Vgl. Referat II A 4, Bd. 1518.

genden vertragslosen Zustand in der beiderseitigen Zusammenarbeit zu überwinden. Ist sie in diesem Sinne bereit, die bilaterale Zusammenarbeit mit uns in Wirtschaft, Technik, Wissenschaft und Kultur zu intensivieren und durch Abkommen zu regeln, die den von der sowjetischen Regierung nicht bestrittenen besonderen Bindungen der Bundesrepublik Deutschland zu Westberlin angemessen Rechnung tragen?

2) Unsere beiderseitigen Beziehungen auf den Gebieten der Wirtschaft, des Verkehrs, des Tourismus und der Rechtshilfe entwickeln sich stetig. Wir haben mit Interesse vermerkt, daß mehrere Länder (USA, Großbritannien, Japan, Frankreich, Italien) in der letzten Zeit Konsularabkommen mit der UdSSR abgeschlossen und auf der Basis der Gegenseitigkeit die Errichtung von Konsulaten vereinbart haben. Wir bringen unseren Vorschlag in Erinnerung, Konsulate in Leningrad und Hamburg zu errichten[34], was auf der Basis des Konsularvertrages von 1958[35] leicht zu verwirklichen sein dürfte.

3) Der Frieden wird durch ein besseres gegenseitiges Verstehen der Völker gefördert. Dem gegenseitigen Verstehen dient der Informationsaustausch, der zwischen der UdSSR und der Bundesrepublik Deutschland auf der Basis der Reziprozität intensiviert werden sollte. Die Regierung der Bundesrepublik Deutschland wäre daher dankbar, wenn die sowjetische Regierung insbesondere die Einfuhr einer repräsentativen Auswahl von Zeitungen aus der BRD in die SU ermöglichen, eine Informationszeitschrift der BRD in russischer Sprache in der UdSSR nach Art anderer westlicher Botschaftszeitschriften zulassen und eine effektive Zusammenarbeit in Funk, Fernsehen und Journalistik gewährleisten könnte. Die Bundesregierung ist jederzeit bereit, der Regierung der UdSSR auf der Basis der Gegenseitigkeit die gleichen Zugeständnisse zu machen.

4) Da in den Beziehungen zwischen den Völkern den humanitären Aspekten besondere Aufmerksamkeit gebührt, wäre die Bundesregierung dankbar, wenn die Sowjetregierung sich bereit fände, Ausreisen aus der UdSSR im Rahmen der Familienzusammenführung und der Besucherreisen von Angehörigen getrennter Familien zu erleichtern.

V. Schlußbemerkung

Zum Abschluß des Gesprächs bitte ich, noch einmal mit großem Nachdruck hervorzuheben, daß die Politik der Bundesregierung geprägt ist von dem Willen zur friedlichen Verständigung mit den osteuropäischen Staaten und Völkern. Sie sucht im Geiste der Entspannung und der Aussöhnung die bestehenden Gegensätze zu überwinden und Lösungen zu ihrer Überbrückung zu finden. Sie geht unvoreingenommen und mit bestem Willen an die Probleme heran, jedoch darf sie ihre eigenen innen- wie außenpolitischen Grenzen nicht aus dem Auge verlieren. Daher glaubt sie, daß die Zeit gegenwärtig noch nicht für endgültige Lösungen reif ist. Dies bedeutet nicht, daß man es resignierend bei dem bishe-

---

[34] Vgl. dazu das Gespräch des Bundesministers Brandt mit dem sowjetischen Botschafter Zarapkin vom 10. Januar 1969; AAPD 1969, I, Dok. 8.

[35] Vgl. dazu Artikel 1 des Konsularvertrags vom 25. April 1958 zwischen der Bundesrepublik Deutschland und der UdSSR: „Entsteht nach Auffassung jeder der beiden Vertragsparteien ein Bedürfnis für die Errichtung von Konsulaten im Gebiet der anderen Vertragspartei, so nehmen sie Verhandlungen auf, um zu einer Vereinbarung über die Errichtung solcher Konsulate zu gelangen"; BUNDESGESETZBLATT 1959, Teil II, S. 233.

rigen Zustand belassen sollte, sondern man sollte mutig und entschlossen das jetzt mögliche tun und darauf aufbauend geduldig an der Schaffung einer endgültigen Friedensordnung für Europa arbeiten.

Wenn man zunächst die jetzt möglichen Schritte verwirklicht, leitet man einen dynamischen Prozeß ein, der schließlich zur Befriedung und Sicherung Europas führen wird. Die Bundesregierung hofft, daß die Regierung der UdSSR zusammen mit ihren Verbündeten von diesem Geiste getragen im Gespräch mit der Regierung der Bundesrepublik Deutschland eine Lösung der offenen Fragen anstreben wird.[36]

[gez.] Scheel

VS-Bd. 4549 (II B 2)

13

Gespräch des Staatssekretärs Duckwitz mit dem sowjetischen Gesandten Bondarenko

Z A 5-5.A/70 VS-vertraulich 19. Januar 1970[1]

Am 19. Januar 1970 empfing der Staatssekretär des Auswärtigen Amts, Duckwitz, den sowjetischen Geschäftsträger Bondarenko zu einer Unterredung, um die letzterer nachgesucht hatte. Der Geschäftsträger wurde vom Ersten Botschaftssekretär Terechow begleitet.

Gesandter *Bondarenko* sagte einleitend, er sei von seiner Regierung beauftragt worden, die Antwort auf die Überlegungen der Bundesregierung – betreffend den Luftverkehr zwischen den beiden Staaten – zu übergeben, die von Staatssekretär Duckwitz am 17. September 1969 Botschafter Zarapkin übermittelt worden waren.[2]

Anm. d. Dolmetschers: Es folgte nun die Verlesung eines Dokuments in deutscher Sprache und abschließend die Übergabe des russischen Originaltextes mit einer inoffiziellen Übersetzung.[3] Übersetzung des Sprachendienstes ist als Anlage beigefügt.[4]

---

36 Zur Übermittlung der Instruktion vgl. Dok. 21, Anm. 3.

1 Die Gesprächsaufzeichnung wurde von Legationsrat I. Klasse Buring am 20. Januar 1970 gefertigt.
2 Staatssekretär Duckwitz übergab dem sowjetischen Botschafter Zarapkin ein Aide-mémoire, in dem sich die Bundesregierung zu einer baldigen Wiederaufnahme der Verhandlungen über ein Luftverkehrsabkommen bereit erklärte. Basis der Verhandlungen sollte der sowjetische Entwurf vom Dezember 1968 für einen Fluglinienplan sein, der für die sowjetischen Flugzeuge Berlin-Schönefeld und für die Flugzeuge der Deutschen Lufthansa Berlin-Tegel als mögliche Zwischenlandepunkte vorsah. Der Einflug in das Gebiet der Bundesrepublik von den Berliner Flughäfen müsse über die drei alliierten Luftkorridore erfolgen. Die direkte Verbindung zwischen der Bundesrepublik und der UdSSR sollte über die internationale Luftstraße bei Eger führen. Vgl. dazu AAPD 1969, II, Dok. 292.
3 In dem Aide-mémoire wurde darauf hingewiesen, daß die Bundesregierung am 17. September 1969 eine Reihe von neuen Überlegungen in die Diskussion eingeführt habe, die „einen breiten Kreis

Gesandter Bondarenko sagte, er wolle weisungsgemäß noch einige mündliche Bemerkungen zu diesem Dokument machen. In Moskau sei man nach Prüfung des Dokuments der westdeutschen Seite vom September 1969 zu der Auffassung gelangt, daß die darin enthaltenen Überlegungen den Stempel der alten Bundesregierung trügen. Die daraus zu entnehmende Tendenz lasse den Schluß zu, daß die Entwicklung der sowjetisch-westdeutschen Beziehungen „gebremst" werden solle. Die westdeutschen Überlegungen zielten nicht auf eine rasche Lösung des anstehenden Problems und auf einen baldigen Abschluß eines Luftverkehrsabkommens, sondern auf die Schaffung zusätzlicher Schwierigkeiten ab.

Man hoffe jedoch in Moskau, daß die nunmehr überreichte sowjetische Antwort Klarheit in die Dinge bringen werde.

Der Herr *Staatssekretär* dankte für die Übermittlung des Dokuments und bemerkte anschließend, die Feststellung des Gesandten, wonach das letzte deutsche Papier den Stempel der alten Regierung trage, sei in sich unlogisch. Da das deutsche Papier vom September 1969 stamme, könne es ja nur von der alten Regierung verfaßt worden sein. Dessen ungeachtet werde der materielle Inhalt dieses Papieres von der neuen Bundesregierung voll akzeptiert, die in den Kernfragen die gleiche Auffassung hierzu vertrete wie die alte Bundesregierung. Es gebe nun einmal Tatbestände, an denen sich auch in den letzten Monaten nichts geändert habe.

Ferner wolle er bemerken, daß weder die alte noch die neue Bundesregierung jemals die Tendenz gehabt hätte, die Entwicklung der Beziehungen zwischen den beiden Ländern zu bremsen. Die Bundesregierung sei am Abschluß eines Luftverkehrsabkommens durchaus interessiert, sie strebe eine baldige Lösung der noch offenen Fragen an und habe keineswegs die Absicht, neue Schwierigkeiten zu schaffen. In ihrem letzten Dokument habe sie lediglich auf die tatsächliche Lage der Dinge hingewiesen, sonst nichts. Es bestünden nun einmal gewisse vertragliche Bindungen im Hinblick auf die Lufthoheit über der Bundesrepublik und es gebe nun einmal die Luftkorridore. Wenn in diesem Zusammenhang die westlichen Alliierten verlangten, die Luftkorridore zu benutzen, so müsse die Bundesregierung eine derartige Entscheidung akzeptieren.

Gesandter *Bondarenko* erwiderte, unter Berücksichtigung dieser Lage habe die sowjetische Seite seinerzeit eine Streckenführung von Berlin über Erfurt vorgeschlagen, um dadurch gewisse Schwierigkeiten bezüglich der Luftkorridore auszuscheiden. Das wäre eine Lösung, über die nur die sowjetische und die westdeutsche Seite sich zu einigen hätten.[5]

Fortsetzung Fußnote von Seite 48

    von Fragen politischen und völkerrechtlichen Charakters" berührten. So könnten weder Regelungen, die sich aus Abkommen zwischen der Bundesrepublik und den Westmächten ergäben, noch Vier-Mächte-Vereinbarungen Gegenstand der Verhandlungen über ein Luftverkehrsabkommen sein. Zudem übergehe die Bundesregierung den Vorschlag einer Flugroute Berlin-Erfurt „mit Schweigen", obwohl sie im Dezember 1968 keine Bedenken dagegen gezeigt habe. Darüber hinaus werfe die Bundesregierung die neue Frage einer Landung von Flugzeugen der Deutschen Lufthansa in Berlin-Tegel auf. Dies erfordere jedoch Verhandlungen zwischen den Vier Mächten sowie mit der DDR. Vgl. VS-Bd. 4535 (II A 1); B 150, Aktenkopien 1970.

[4] Dem Vorgang beigefügt. Vgl. VS-Bd. 4535 (II A 1).

[5] In den Luftverkehrsverhandlungen vom 10. bis 17. Dezember 1968 schlug die UdSSR für den Flugverkehr zwischen Berlin-Schönefeld und Frankfurt/Main eine Linienführung über Reinsdorf–Wei-

Der Herr *Staatssekretär* antwortete, hierbei würde es sich ja um Flüge über dem Gebiet der DDR handeln. Die Bundesregierung habe sich seinerzeit bereit erklärt, hierüber mit der DDR zu sprechen.

Gesandter *Bondarenko* sagte, er habe mit Befriedigung die Feststellung des Staatssekretärs zur Kenntnis genommen, derzufolge die Bundesregierung den Abschluß eines Luftverkehrsabkommens wünsche. Auch die sowjetische Seite wünsche dies. Er wolle jetzt nicht auf Einzelheiten eingehen und hoffe, daß die an sich doch nicht sehr schwierigen Fragen bald gelöst werden könnten.

Der Herr *Staatssekretär* sagte, im Ziel sei man sich einig, doch gebe es gewisse Abkommen, die man nicht außer Betracht lassen dürfe. Es gelte nun also, gemeinsame Lösungen zu suchen.

Im übrigen gebe es ja auch noch in Berlin eine alliierte Stelle, welche die Verantwortung für den Flugverkehr um Berlin trage.[6] Auf den Einwurf des Gesandten, daß diese Stelle aber wohl kaum eine entscheidende Rolle spiele und wohl hauptsächlich für die Flugsicherheit zuständig sei, sagte der Staatssekretär, diese alliierte Stelle könne aber trotzdem nicht einfach übergangen werden.

Gesandter *Bondarenko* fuhr fort und sagte, der westdeutsche Vorschlag vom September 1969 würde Vier-Mächte-Gespräche und auch Gespräche mit der DDR erforderlich machen. Durch den westdeutschen Vorschlag, den Flugplatz Tegel in den Fluglinienplan aufzunehmen, würden schwierige völkerrechtliche Fragen aufgeworfen.

Der Herr *Staatssekretär* erwiderte, dem sowjetischen Standpunkt liege der Wunsch zugrunde, den Fluglinienplan festzulegen. Einen derartigen Wunsch habe natürlich auch die deutsche Seite. Man müsse nun also nach beiderseits annehmbaren Lösungen suchen.

Gesandter *Bondarenko* stimmte dieser Feststellung grundsätzlich zu und fragte, ob denn die Bundesregierung wegen Tegel mit den drei Westmächten schon Fühlung aufgenommen habe.

Der Herr *Staatssekretär* bejahte dies und sagte, die Bundesregierung sei bereit, nochmals in dieser Angelegenheit mit den drei Westmächten zu sprechen.[7]

Im übrigen werde sie sich nach Studium des jüngsten sowjetischen Dokuments um eine baldige Antwort an die sowjetische Regierung bemühen, um sich nicht – wie er scherzend hinzufügte – dem sowjetischen Vorwurf auszusetzen, die Dinge verschleppen zu wollen.

Das in einer sachlichen und ruhigen Atmosphäre geführte Gespräch dauerte etwa eine halbe Stunde.

VS-Bd. 4535 (II A 1)

Fortsetzung Fußnote von Seite 49

ßenfels–Erfurt–Fulda und damit eine Route außerhalb der alliierten Luftkorridore zwischen Berlin und der Bundesrepublik vor. Vortragender Legationsrat I. Klasse van Well notierte dazu am 20. Dezember 1968, die Bundesregierung habe dazu erläutert, daß auch für eine Streckenführung parallel zu den alliierten Luftkorridoren die Zustimmung der Drei Mächte erforderlich sei. Hierüber habe sich die sowjetische Delegation sehr überrascht gezeigt. Vgl. dazu AAPD 1968, II, Dok. 423.

6 Den Flugverkehr im Raum Berlin kontrollierte das Berlin Air Safety Center.

7 Zur Konsultation mit den Drei Mächten am 28. Januar 1970 vgl. Dok. 32, Anm. 4.

14

Instruktionen für Staatssekretär Duckwitz (Entwurf)

II A 5-82.00-94.20-80/70 geheim   19. Januar 1970[1]

Betr.: Deutsch-polnische Gespräche;
hier: Richtlinien für die Gesprächsführung

Bezug: Aufzeichnung der Abteilung II vom 19.12.1969
II A 5-82.00-94.20-2350/69 geheim[2]

Hiermit beauftrage ich Sie, die vereinbarten politischen Gespräche mit der Regierung der Volksrepublik Polen über Fragen des deutsch-polnischen Verhältnisses zu führen.

Ich bitte Sie, bei der bevorstehenden ersten Gesprächsrunde auf Grund folgender Richtlinien zu verhandeln:

I. Allgemeine Zielsetzung

In dem Notenwechsel, der zur Vereinbarung deutsch-polnischer Gespräche geführt hat[3], haben sowohl die Regierung der Bundesrepublik Deutschland als auch die Regierung der Volksrepublik Polen zum Ausdruck gebracht, daß sie eine Normalisierung der Beziehungen zwischen ihren beiden Ländern und Völkern wünschen.

Zweck der bevorstehenden Gespräche soll es sein, die Möglichkeiten für eine Normalisierung der Beziehungen zwischen der Bundesrepublik Deutschland und der Volksrepublik Polen zu prüfen. Hierzu halten wir einen umfassenden Meinungsaustausch zwischen den Vertretern beider Regierungen für notwendig, der Gelegenheit gibt, alle Themen zu erörtern, die eine der beiden Seiten in diesem Zusammenhang zur Diskussion stellen möchte. Bei diesen Gesprächen soll es auch darum gehen, die gegenseitigen Standpunkte in allen zu berührenden Fragen darzulegen, möglichst Verständnis für die sicherlich oft abweichende Haltung der anderen Seite zu suchen und beiderseitiges Vertrauen zu begründen, das an die Stelle von Verdächtigungen und Mißtrauen treten soll. Die polnische Regierung hat in ihrer Antwortnote vom 22.12.1969 ihrerseits dem von uns vorgeschlagenen Meinungsaustausch zwischen beiden Regierungen zugestimmt.

Wir verkennen nicht die Schwierigkeit der Aufgabe, die sich beide Regierungen gestellt haben. Die Opfer und Leiden des polnischen Volkes im Zweiten Welt-

---

[1] Die Aufzeichnung wurde von Vortragendem Legationsrat I. Klasse von Alten und Vortragender Legationsrätin Finke-Osiander konzipiert.
Wurde von Ministerialdirektor Ruete über Staatssekretär Duckwitz an Bundesminister Scheel geleitet. Hat Duckwitz am 26. Januar 1970 vorgelegen. Hat laut handschriftlichem Vermerk des Vortragenden Legationsrats Wilke vom 3. Februar 1970 Scheel vorgelegen.
Laut handschriftlichem Vermerk von Wilke wurde eine weitere Ausfertigung an das Bundeskanzleramt geleitet. Vgl. den Begleitvermerk von Ruete; VS-Bd. 8952 (II A 5); B 150, Aktenkopien 1970.
[2] Ministerialdirektor Ruete legte eine Übersicht der Themen vor, die in den Gesprächen mit Polen behandelt werden sollten. Vgl. AAPD 1969, II, Dok. 404.
[3] Zur Vorbereitung der Gespräche zwischen der Bundesrepublik und Polen über eine Verbesserung des bilateralen Verhältnisses vgl. Dok. 2, Anm. 2.

krieg sind uns ebenso bewußt wie die Verantwortlichkeit der damaligen Führung des Deutschen Reiches dafür. Aber die Bundesregierung darf für sich in Anspruch nehmen, nicht mit dem nationalsozialistischen Unrechtsregime identifiziert zu werden. Gerade weil ihr bewußt ist, welche unheilvollen Folgen dieses Regime für die europäischen Völker einschließlich des deutschen Volkes gehabt hat, bemüht sie sich intensiv um eine bessere Ordnung in Europa, die eine ähnliche Entwicklung für alle Zukunft ausschließt. Die Bundesrepublik Deutschland hat ihr Verhältnis zu vielen der früheren Kriegsgegner des Deutschen Reiches bereits ordnen können. Sie hofft, daß dies auch gegenüber Polen möglich sein wird, und betrachtet dies als eine besonders wichtige, wenn auch schwierige Aufgabe, der sie sich redlich und nüchtern im Bewußtsein gemeinsamer europäischer Verantwortung unterziehen will. Es geht nicht darum, die Vergangenheit ruhen zu lassen, sondern sie zu überwinden und neue Anfänge zu setzen.

Wir wissen, daß die polnische Seite die Grenzfrage als das zentrale Thema der Gespräche betrachtet und sind zur eingehenden Erörterung dieser Frage bereit.

Aus unserer Sicht kann die Grenzfrage jedoch nicht isoliert betrachtet werden. Bemühungen um eine Verständigung in der Frage der deutsch-polnischen Grenze sollten Bestandteil umfassender Bemühungen um eine Regelung der Beziehungen zwischen beiden Ländern sein, die konkrete Aussichten auf eine dauerhafte Verständigung zwischen dem deutschen und dem polnischen Volk eröffnet. Ohne solche umfassenderen Regelungen würde es der Bundesregierung schwerfallen, Vereinbarungen in der Grenzfrage innenpolitisch zu vertreten und durchzusetzen. Wir müssen daher anstreben, daß mindestens parallel zu Vereinbarungen in der Grenzfrage Vereinbarungen über Fortschritte in den laufenden Beziehungen zwischen den beiden Ländern getroffen werden.

Aufgabe der eröffnenden Phase deutsch-polnischer Gespräche sollte es daher sein:

a) eine Tagesordnung für die weiteren Gespräche festzulegen, die außer den Themen Gewaltverzicht und Grenzfrage auch die regelungsbedürftigen Fragen der laufenden Beziehungen zwischen beiden Staaten umfaßt,

b) vorzuklären, in welcher Form eine Behandlung der Grenzfrage möglich erscheint, die den Gesichtspunkten beider Seiten Rechnung trägt, (dabei schwebt uns in erster Linie die Form eines Gewaltverzichtsvertrages vor; wir sind aber auch gerne bereit, andere Vorschläge zu erörtern),

c) zu sondieren, in welchem Maße und auf welchen Gebieten die polnische Seite bereit ist, abgesehen von Vereinbarungen in der Grenzfrage die Beziehungen zwischen beiden Staaten zu verbessern.

Eine rasche Einigung über die anstehenden komplexen Fragen ist nicht zu erwarten. Es sollte auf jeden Fall vermieden werden, daß die Gespräche sich vorzeitig festfahren. Deshalb dürfte es zweckmäßig sein, das Ziel der ersten Gesprächsrunde auf eine erste Klärung der beiderseitigen Standpunkte zu begrenzen und anschließende weitere Gesprächsrunden ins Auge zu fassen, die abwechselnd in Bonn und in Warschau stattfinden könnten.

II. Gesprächsthemen

Wir sollten unsererseits folgende Themen für die Gespräche vorschlagen:

1) Gewaltverzicht – Grenzfrage
2) Technische Regelung der Beziehungen
3) Entwicklung der Beziehungen außerhalb des wirtschaftlichen Bereichs
4) Familienzusammenführung und sonstige humanitäre Anliegen

Bisher hat die polnische Seite nicht zu erkennen gegeben, ob sie andere Themen als die Grenzfrage von sich aus vorbringen will. Wir sind bereit, den vorstehenden Themenkreis der Gespräche um alle Themen zu erweitern, deren Erörterung dem deutsch-polnischen Verhältnis dienlich ist.

Sollte die polnische Seite die Frage von Reparations- oder Wiedergutmachungsleistungen ansprechen, so bitte ich Sie, Ihrem Gesprächspartner klar zu machen, daß Sie zu diesem Thema keine Weisung hätten, jedoch persönlich bereit seien, das polnische Vorbringen anzuhören[4] und an Ihre Regierung weiterzuleiten. Eine sachliche Stellungnahme werde erst nach eingehender juristischer und finanzieller Prüfung eventuell an uns herangetragener polnischer Vorstellungen möglich sein. Sie sollten gleichzeitig mit Nachdruck auf die Schwierigkeiten hinweisen, die dieser Komplex für uns (z. B. schon wegen des Londoner Schuldenabkommens[5]) aufwirft. Ein Sonderfall ist die Entschädigung für Opfer von Menschenversuchen, über den Gespräche bereits geführt werden.[6]

(Zu Ihrer Information: Wir werden den materiellen Zusammenhang im Auge behalten müssen, der zwischen allgemeinen polnischen Reparationsforderungen und der Grenzfrage besteht.)

Zu den von uns vorgeschlagenen Themen können Sie im einzelnen etwa folgendes ausführen:

---

[4] Korrigiert aus: „auszuhören".
[5] In Artikel 5, Absatz 2 des Abkommens vom 27. Februar 1953 über deutsche Auslandsschulden (Londoner Schuldenabkommen) war festgelegt: „Eine Prüfung der aus dem Zweiten Weltkriege herrührenden Forderungen von Staaten, die sich mit Deutschland im Kriegszustand befanden oder deren Gebiet von Deutschland besetzt war, und von Staatsangehörigen dieser Staaten gegen das Reich und im Auftrage des Reichs handelnde Stellen oder Personen, einschließlich der Kosten der deutschen Besatzung, der während der Besetzung auf Verrechnungskonten erworbenen Guthaben sowie der Forderungen gegen die Reichskreditkassen, wird bis zur endgültigen Regelung der Reparationsfrage zurückgestellt." Vgl. BUNDESGESETZBLATT 1953, Teil II, S. 340.
[6] Bundestagsvizepräsident Schmid hielt sich vom 19. bis 25. November 1969 zu Gesprächen über eine Entschädigung für die Opfer von Menschenversuchen in Polen auf. Am 24. November 1969 notierte Ministerialdirektor Ruete, daß ihn Schmid aus Warschau telefonisch über ein Gespräch mit der Präsidentin des Polnischen Roten Kreuzes, Domańska, unterrichtet habe. Schmid habe dabei die Frage gestellt, „ob sie es für möglich halte, auf der Grundlage des tschechoslowakischen Modells (Globalzahlung) eine Regelung auch für die polnischen Opfer zu treffen. Er schlage vor, die Zahl der Opfer, die von polnischer Seite mit 5100 angegeben worden sei, auf 4000 zu reduzieren, für jedes Opfer den Betrag von 30 000 DM einzusetzen und den Gesamtbetrag als eine globale Abfindungssumme zu zahlen. Frau Domańska habe diesen Vorschlag positiv aufgenommen. Sie habe allerdings bemerkt, daß sie vor einer endgültigen Stellungnahme den deutschen Vorschlag zunächst mit den zuständigen polnischen Verbänden erörtern müsse." Schmid habe aus dem Gespräch „den Eindruck gewonnen, daß eine schnelle deutsche Bereitschaft zu einer Globalregelung die Atmosphäre bei den deutsch-polnischen Gesprächen günstig beeinflussen werde". Vgl. Referat II A 5, Bd. 1367.

1) Gewaltverzicht – Grenzfrage

Ausgangspunkt dieser Gespräche ist der Vorschlag des Ersten Sekretärs der Polnischen Vereinigten Arbeiterpartei, Władysław Gomułka, vom 17.5.1969, ein Abkommen über die endgültige Anerkennung der Oder-Neiße-Linie als polnischer Westgrenze abzuschließen.[7]

Für den Fall, daß von polnischer Seite in diesem Zusammenhang der Görlitzer Vertrag von 1950[8] als Modell zur Sprache gebracht werden sollte, bitte ich Sie, in geeigneter Form auf folgendes hinzuweisen: Der Görlitzer Vertrag behandelt die Frage der deutsch-polnischen Grenze, die nach dem Potsdamer Abkommen einer Friedensregelung vorbehalten worden ist[9] und deren Regelung den sich auf ganz Deutschland beziehenden Vorbehaltsrechten der Vier Mächte unterliegt; schon deshalb kann der Görlitzer Vertrag, der die Vorbehaltsrechte der Vier Mächte nicht berücksichtigt, für uns kein Muster sein. Außerdem handelt es sich um einen Vertrag, der die technische Markierung einer Grenze regeln soll, was im Verhältnis der Bundesrepublik zu Polen ohnehin nicht in Betracht kommen könnte.

Wir haben – wie die Bundesregierung wiederholt betont hat – Verständnis für den Wunsch des polnischen Volkes, in gesicherten Grenzen zu leben. Wir sind der Auffassung, daß die in den 25 Jahren seit Ende des Zweiten Weltkrieges entstandene faktische Situation berücksichtigt und daß die Grenzfrage so behandelt werden muß, daß sie nicht zu einer Quelle ständiger Spannung oder zum Keim neuer Kontroversen zwischen beiden Ländern werden kann.

Die Bundesregierung ist aber auch der Auffassung, daß die bestehende völkerrechtliche Situation berücksichtigt werden muß:

In Abschnitt IX des Potsdamer Abkommens haben sich die Vier Mächte darauf geeinigt, die ostwärts der Oder-Neiße-Linie gelegenen deutschen Gebiete der Verwaltung der Sowjetunion, teils Polens zu unterstellen. Die endgültige Festlegung der Grenzen Deutschlands wurde dabei ausdrücklich einer Friedenskonferenz und dem Abschluß eines Friedensvertrages vorbehalten. Eine darüber hinausgehende, von diesem Ziel abweichende Vereinbarung ist zwischen den Vier Mächten bis heute nicht getroffen worden.

Auf Grund der Potsdamer Beschlüsse haben sich die Vier Mächte für die mit einer umfassenden Friedensregelung zusammenhängenden Fragen – einschließ-

---

7 Am 17. Mai 1969 nahm der Erste Sekretär des ZK der PVAP, Gomułka, auf einer Kundgebung in Warschau Stellung zu Fragen der europäischen Sicherheit und des Verhältnisses zwischen Polen und der Bundesrepublik. Als Hauptkriterium bei der Beurteilung der Politik der Bundesregierung bezeichnete er deren Haltung „zur endgültigen Anerkennung der bestehenden Grenzen in Europa [...], darunter die Grenze an Oder und Lausitzer Neiße, sowie das Verhältnis zur Anerkennung der Existenz der Deutschen Demokratischen Republik als souveräner und gleichberechtigter deutscher Staat". Gomułka erklärte weiter: „Es gibt keine rechtlichen Hindernisse dafür, daß die Bundesrepublik die bestehende Westgrenze Polens nicht als endgültig anerkennt. Wir sind jederzeit bereit, mit der Deutschen Bundesrepublik einen solchen zwischenstaatlichen Vertrag abzuschließen, ähnlich wie wir mit der DDR vor 19 Jahren in dieser Frage einen Vertrag geschlossen haben." Vgl. EUROPA-ARCHIV 1969, D 317 und D 319. Vgl. dazu auch AAPD 1969, I, Dok. 172.
8 Die DDR erkannte im Abkommen vom 6. Juli 1950 über die Markierung der festgelegten und bestehenden polnisch-deutschen Staatsgrenze (Görlitzer Abkommen) die Oder-Neiße-Linie als Grenze zu Polen an. Für den Wortlaut des Abkommens vgl. DzD II/3, S. 249–252.
9 Vgl. dazu Abschnitt IX des Kommuniqués vom 2. August 1945 über die Konferenz von Potsdam (Potsdamer Abkommen); Dok. 12, Anm. 26.

lich der endgültigen Festlegung der Grenzen Deutschlands – besondere Rechte und Verantwortlichkeiten vorbehalten. Dies haben die drei Westmächte der Bundesrepublik Deutschland gegenüber in Artikel 2 des Deutschlandvertrages vom 23.10.1954[10] ausdrücklich getan; die Bundesregierung hat diese rechtliche Gegebenheit stets respektiert und wird sie auch weiterhin respektieren. Auch die Sowjetunion hat gegenüber der Bundesrepublik Deutschland ausdrücklich ihre Auffassung erklärt, daß die Rechte und Pflichten aus dem Potsdamer Abkommen „bis zum Abschluß eines Friedensvertrages volle Gültigkeit" behalten.[11]

Die Bundesregierung sieht diese völkerrechtlichen Bindungen und Vorbehalte keineswegs nur unter dem Aspekt der Grenzfrage. Sie betrachtet sie vielmehr als einen wesentlichen Teil der gesamten völkerrechtlichen Lage Deutschlands. Ob eine Friedensregelung in absehbarer Zeit zustandekommen könnte, ist dabei unerheblich; in jedem Fall muß die gegebene völkerrechtliche und politische Lage in Europa berücksichtigt werden. Es kommt darauf an, in dieser Lage und unter realistischer Beschränkung auf die vorhandenen Möglichkeiten Schritte zu unternehmen, die ihrerseits – durch Entschärfung der Probleme und Verbesserung des Klimas und der Beziehungen überhaupt – eine europäische Friedensordnung fördern und erleichtern.

Die Bundesregierung glaubt, daß eine Behandlung der Grenzfrage, die der bestehenden völkerrechtlichen Situation und den sonstigen von deutscher und von polnischer Seite zu berücksichtigenden Gesichtspunkten Rechnung trägt, am besten im Rahmen einer Vereinbarung über Gewaltverzicht gefunden werden könnte. Sie schlägt daher vor, in den deutsch-polnischen Gesprächen gemeinsam diese Möglichkeit zu prüfen. Sollte die polnische Seite andere Vorstellungen haben, so ist die Bundesregierung gerne bereit, sie zu erörtern.

(Für den Fall, daß die Diskussion über diesen Punkt hinausgeführt wird – was wir in dieser Phase nicht wünschen, aber nicht verhindern können – wird auf Abschnitt III verwiesen.)

2) Technische Regelung der Beziehungen

Im Rahmen der angestrebten Verbesserung der Beziehungen halten wir es für notwendig zu klären, wie sich beide Regierungen künftig die technische Regelung der Beziehungen zwischen beiden Staaten vorstellen.

Die übliche umfassende Regelung zwischen zwei Staaten ist die Aufnahme voller diplomatischer und konsularischer Beziehungen. Wir sind grundsätzlich bereit, solche vollen Beziehungen aufzunehmen, weil dadurch die weitere Entwicklung der politischen, wirtschaftlichen und kulturellen und sonstigen Beziehungen zwischen beiden Ländern gefördert und wesentlich erleichtert werden könnte.

---

[10] Zu Artikel 2 des Vertrags vom 26. Mai 1952 über die Beziehungen zwischen der Bundesrepublik Deutschland und den Drei Mächten in der Fassung vom 23. Oktober 1954 (Deutschland-Vertrag) vgl. Dok. 12, Anm. 28.

[11] An dieser Stelle Fußnote in der Vorlage: „Sowjetisches Memorandum zum Gewaltverzicht vom 5.7.1968." Für den Wortlaut des sowjetischen Aide-mémoire vgl. DzD V/2, S. 964–973. Vgl. dazu auch AAPD 1968, II, Dok. 213.

(Die polnische Seite wäre zu bitten, ihre Auffassung zu dieser Frage zu erläutern.
Nach den vorliegenden Anzeichen ist es zweifelhaft, ob die polnische Seite ihrerseits gegenwärtig zur Aufnahme diplomatischer Beziehungen bereit ist.
Sollte sich dies bestätigen, wäre zu sondieren, wieweit sie zur Aufnahme konsularischer Beziehungen sowie zur Übertragung bestimmter politischer und kultureller Aufgaben auf die Handelsvertretungen bereit ist.)

a) Konsularische Beziehungen

Wir haben im Rahmen der Verhandlungen über den Abschluß eines Abkommens über eine Erweiterung der wirtschaftlichen Zusammenarbeit zwischen beiden Ländern[12] der polnischen Seite bereits dargelegt, daß wir es im Zusammenhang mit der Entwicklung der wirtschaftlichen Kooperation zwischen beiden Ländern für notwendig halten, konsularische Beziehungen aufzunehmen, mindestens aber den Handelsvertretungen wesentliche konsularische Befugnisse zu übertragen. Das gleiche gilt auch im Zusammenhang mit der von uns erwarteten und gewünschten Zunahme im Reiseverkehr zwischen beiden Ländern.

Sie könnten konkret auf folgendes hinweisen:

aa) Von unseren Vertretungen im Bereich des Warschauer Pakts ist die Handelsvertretung Warschau die einzige, die keine Paß- und Sichtvermerksbefugnisse hat. Das kann auch für die polnische Seite nicht befriedigend sein. Bisherige polnische Vorschläge, solche Befugnisse auf den Wirtschaftssektor zu beschränken zu erteilen, halten wir für unzureichend und nicht praktikabel.

bb) Bisher gibt es keinerlei Regelung des Rechtsschutzes für deutsche Staatsangehörige in Polen. Wir werden nicht über die Verhaftung deutscher Staatsangehöriger unterrichtet; unsere Handelsvertretung hat keinerlei Möglichkeit, zugunsten deutscher Staatsangehöriger zu intervenieren. Um ein Beispiel zu nennen: Der deutsche Staatsangehörige Werner Armbrecht war von Ende Juli 1969 bis Anfang Dezember 1969 in Polen (Danzig) festgehalten worden, weil er angeblich als Zeuge in einem Spionageprozeß benötigt wurde. Die Anwesenheit des für die Bundesrepublik Deutschland im polnischen Außenministerium zuständigen Referenten, Herrn Raczkowski, bei der ersten Runde der Wirtschaftsverhandlungen in Bonn bot die Möglichkeit, ihn auf die Angelegenheit aufmerksam zu machen. Wir führen es auf die Intervention des Außenministeriums zurück – und möchten uns dafür bedanken –, daß Herrn Armbrecht anschließend die Rückkehr in die Bundesrepublik Deutschland ermöglicht wurde. Grundsätzlich sehen wir es jedoch als einen unhaltbaren Zustand an, daß in derartigen Fällen unsere Vertretung in Warschau bislang keine Möglichkeit hat, bei den zuständigen polnischen Stellen zu intervenieren.

Wir befürchten, daß es bei der angestrebten wirtschaftlichen und technischen Zusammenarbeit zwischen beiden Ländern zu Schwierigkeiten kommen könnte, wenn nicht zumindest die wesentlichen konsularischen Aufgaben im Verkehr

---

12 Eine erste Runde der Verhandlungen zwischen der Bundesrepublik und Polen über den Abschluß eines Wirtschaftsabkommens fand vom 9. Oktober bis 29. Oktober 1969 in Bonn statt. Vgl. dazu AAPD 1969, II, Dok. 318 und Dok. 325.
Am 12. Januar 1970 wurden die Gespräche in Bonn fortgesetzt. Vgl. dazu Dok. 41, Anm. 6.

zwischen beiden Ländern geregelt werden. Die bisherige einseitige Ausübung konsularischer Befugnisse durch die polnische Militärmission in Berlin ist schon wegen des Fehlens der Reziprozität für uns unbefriedigend und in der Praxis in vielen Fällen umständlich und unzureichend.

Wir schlagen daher vor, entweder konsularische Beziehungen zwischen beiden Ländern aufzunehmen oder zwischen Experten beider Außenministerien zu prüfen, in welcher Form die wichtigsten konsularischen Befugnisse von den Handelsvertretungen wahrgenommen werden können.

b) Wahrnehmung politischer und kultureller Beziehungen

Für den Fall, daß diplomatische Beziehungen vorläufig nicht aufgenommen werden, sollten nach unserer Auffassung die Handelsvertretungen jedenfalls Befugnisse auf politischem und kulturellem Gebiet erhalten.

Z.B. halten wir es für notwendig, daß unsere Handelsvertretung die Möglichkeit zu normalen Arbeitskontakten mit dem polnischen Außenministerium erhält. (Bisher besteht lediglich ein auf Herrn Winiewicz und Herrn Böx persönlich begrenzter Kontakt.) Sowohl im Zusammenhang mit der Weiterführung der politischen Gespräche wie generell im Interesse der Fortentwicklung der beiderseitigen Beziehungen halten wir es für erforderlich, daß die Mitglieder unserer Handelsvertretung ungehinderten und direkten Zugang zum Außenministerium haben.

3) Entwicklung der Beziehungen im nichtwirtschaftlichen Bereich

Aufgrund des bevorstehenden Abschlusses umfassender Vereinbarungen über die Entwicklung der wirtschaftlichen Zusammenarbeit zwischen beiden Ländern ist zu erwarten, daß sich die deutsch-polnischen Beziehungen auf dem wirtschaftlichen Sektor in den nächsten Jahren erheblich intensivieren werden.

Wir begrüßen dies. Gleichzeitig halten wir es jedoch für wünschenswert und notwendig, daß möglichst bald auch konkrete Fortschritte in anderen Bereichen der bilateralen Beziehungen erreicht werden.

Nach unserer Vorstellung könnte dabei an folgende Schritte gedacht werden.

– Abschluß eines Kulturabkommens
– Vereinbarungen über den Jugendaustausch
– Vereinbarung von Informationsreisen für Journalisten und Persönlichkeiten des öffentlichen Lebens (z.B. Parlamentarier, Kommunalpolitiker)
– Erleichterung und Förderung des Reiseverkehrs zwischen beiden Ländern.

Diese Vorschläge, bei denen uns mehr an praktischen als an formalen Ergebnissen liegt, würden wir gern mit der polnischen Seite erörtern und sie bitten, ihrerseits eventuell ergänzende Vorschläge zur Entwicklung der bilateralen Beziehungen zu machen.

4) Familienzusammenführung und sonstige humanitäre Probleme

Aus unserer Sicht ergibt sich immer noch eine erhebliche Belastung der deutsch-polnischen Beziehungen durch ungelöste humanitäre Probleme.

Wenn es gelänge, die Lösung dieser Probleme zu beschleunigen und greifbare Fortschritte in diesen Fragen zu erzielen, würde dies eine sehr positive und nachhaltige Wirkung in der deutschen Öffentlichkeit haben.

Wir denken dabei in erster Linie an die beschleunigte Abwicklung von Umsiedlungsanträgen und an die Erleichterung von Verwandtenbesuchen zwischen der Bundesrepublik Deutschland und der Volksrepublik Polen.

Wir schätzen die Arbeit des Polnischen Roten Kreuzes hoch ein, das sich mit beachtlichem Erfolg um die Familienzusammenführung zwischen der Volksrepublik Polen und der Bundesrepublik Deutschland bemüht. Wir möchten die Gelegenheit dieser Gespräche benutzen, um dem Polnischen Roten Kreuz und den sonstigen zuständigen polnischen Stellen unseren Dank dafür zu übermitteln, daß im Jahresdurchschnitt seit 1961 jährlich rd. 10 000 Antragsteller aus Polen in das Gebiet der Bundesrepublik Deutschland übersiedeln konnten.

Dem Deutschen Roten Kreuz liegen jedoch noch Umsiedlungswünsche von rd. 275 000 Personen vor, von denen etwa 162 000 Fälle die Familienzusammenführung betreffen. Es sind Fälle bekannt, in denen sich Antragsteller seit vielen Jahren vergeblich um die Ausreisegenehmigung bemühen. Häufig müssen Personen, die einen Antrag auf Umsiedlung stellen, erhebliche Benachteiligungen in Kauf nehmen (insbesondere sofortigen Verlust des Arbeitsplatzes), ohne deswegen damit rechnen zu können, daß dem Antrag stattgegeben wird. Wenn sie ihren Umsiedlungswunsch trotzdem aufrecht erhalten, werden ihnen ernste Beweggründe nicht abgesprochen werden können.[13]

Wir würden es sehr begrüßen, wenn die Bearbeitung vom Umsiedlungsanträgen durch die polnischen Behörden beschleunigt und erleichtert werden und wenn verhindert werden könnte, daß den Betroffenen aus der Stellung des Antrags Nachteile erwachsen.

Zur Verdeutlichung unseres Anliegens können Sie bei den Gesprächen eine vom Deutschen Roten Kreuz zusammengestellte Liste von 12 beispielhaften Fällen übermitteln[14], in denen sich Antragsteller seit Jahren vergeblich um die Ausreise aus Polen bemühen. Das polnische Außenministerium wäre darum zu bitten, sich dafür einzusetzen, daß die Ausreiseanträge dieser Personen positiv entschieden werden und daß ihnen keine Nachteile aus dem Umstand entstehen, daß sie von uns als Beispielfälle angeführt worden sind.

Wir glauben ferner, daß die menschliche Notlage getrennt lebender Familien und naher Angehöriger dadurch erleichtert werden könnte, daß Reisen zum Zwecke von Verwandtenbesuchen zwischen beiden Ländern genehmigt werden. Bisher werden häufig Klagen an uns herangetragen, daß Einreisegenehmigungen nach Polen oder Ausreisegenehmigungen aus Polen von den örtlich zuständigen polnischen Behörden abgelehnt werden.

Als Härte empfunden wird von weniger bemittelten Personen, die Verwandte in Polen besuchen wollen, ferner, daß pro Aufenthaltstag in Polen DM 30,– in

---

[13] Am 27. Januar 1970 bat Ministerialdirektor Ruete darum, an dieser Stelle den folgenden Satz einzufügen: „(Dieses alles könnte im Endergebnis auch dazu beitragen, die noch unbefriedigende Situation der im polnischen Bereich zurückbleibenden ca. 700 000 Personen zu erleichtern, denen nach dem Grundgesetz die deutsche Staatsangehörigkeit zusteht und für die zu sorgen die Bundesregierung verpflichtet ist.)" Vgl. VS-Bd. 8952 (II A 5); B 150, Aktenkopien 1970.

[14] Auf Anfrage des Auswärtigen Amts vom 13. Januar 1970 übermittelte das Deutsche Rote Kreuz eine „erste Sendung von 10 Sachstandsdarstellungen in deutscher und polnischer Sprache". Vgl. das Schreiben des „Suchdienstes Hamburg" des Deutschen Roten Kreuzes vom 22. Januar 1970; Referat V 6, Bd. 1676.

polnische Währung umgetauscht werden müssen. Es wäre daher zu begrüßen, wenn eventuell für Verwandtenbesuche dieser Tagessatz gesenkt oder sonstige Ausnahmeregelungen getroffen werden könnten.

III. Formulierung einer Vereinbarung über Gewaltverzicht

1) Möglicherweise wird die polnische Seite Wert darauf legen, daß bereits in dieser ersten Gesprächsphase anhand konkreter Formulierungen geprüft wird, ob Aussicht besteht, im Rahmen einer Vereinbarung über Gewaltverzicht die Grenzfrage in einer für beide Seiten annehmbaren Form zu behandeln.

Wenn es zu einem Austausch von Formulierungsvorschlägen kommt, können Sie den von seiten der deutschen Delegation zu machenden Vorschlägen grundsätzlich den beigefügten Entwurf einer Vereinbarung über Gewaltverzicht zugrunde legen. (Anlage 1[15])

Eine solche Vereinbarung über Gewaltverzicht würde praktisch bedeuten, daß ohne polnische Zustimmung eine Änderung der gegenwärtigen Grenzen nicht möglich wäre. Sie würde nach unserer Auffassung einen wesentlichen Beitrag zur Entspannung in Europa darstellen und im deutsch-polnischen Verhältnis das Grenzproblem weitgehend entschärfen. Dies sollten Sie der polnischen Seite nachdrücklich darlegen.

2) Die polnische Seite wird sich jedoch einem solchen Vorschlag mit Sicherheit widersetzen, weil

— sie eine endgültige Regelung herbeizuführen wünscht und sich auf keine Formulierung einlassen möchte, die die endgültige Regelung der Grenzfrage offenläßt,

— sie klarzustellen wünscht, daß eine Änderung der Grenzfrage weder mit Gewalt noch mit friedlichen Mitteln in Betracht kommt.

Aus dem letztgenannten Grund würde die polnische Seite es vermutlich vorziehen, die Grenzfrage außerhalb des Gewaltverzichtskomplexes zu behandeln; doch dürfte dies für sie wohl nicht von entscheidender Bedeutung sein. Wahrscheinlich wird die polnische Seite eine Formulierung anstreben, die sich an die Entwürfe des Warschauer Pakts für einen multilateralen Gewaltverzicht[16] anlehnt und auf die „territoriale Integrität" des polnischen Staatsgebiets in seinem jetzigen Bestand abstellt.

3) Abgesehen davon, daß hier materiell das Kernproblem deutsch-polnischer Verhandlungen liegt, kommt auch der Art der Behandlung dieser Frage in den Gesprächen eine Schlüsselfunktion für deren Fortgang zu. Auf polnischer Seite ist verschiedentlich die Forderung erhoben worden, die „Anerkennung der Oder-Neiße-Linie" müsse am Anfang deutsch-polnischer Gespräche stehen, sofern sie nicht überhaupt das einzige Gesprächsthema bilde. Andere polnische Äußerungen sehen dagegen die Normalisierung der deutsch-polnischen Beziehun-

---

[15] Dem Vorgang nicht beigefügt.
Für einen Entwurf vom 22. Dezember 1969 für eine gemeinsame Gewaltverzichtserklärung vgl. AAPD 1969, II, Dok. 404.
[16] Vgl. dazu das im Anhang des Kommuniqués vom 31. Oktober 1969 über die Konferenz der Außenminister der Warschauer-Pakt-Staaten in Prag veröffentlichte „Dokument über den Verzicht auf die Anwendung oder Androhung von Gewalt in den gegenseitigen Beziehungen zwischen den Staaten in Europa (Entwurf)"; EUROPA-ARCHIV 1970, D 90.

gen als einen Entwicklungsprozeß an und lassen dabei offen, in welchem Stadium dieses Prozesses eine Polen befriedigende Regelung der Grenzfrage erreicht sein müsse.

4) Für uns kommt es in dieser ersten Gesprächsrunde darauf an, die Gespräche in einer Form zu führen, die das offenkundige Interesse der Polen nicht erlahmen läßt, ihnen aber andererseits zeigt, daß in der Sache unserem Entgegenkommen politische und rechtliche Grenzen gezogen sind. Wir sollten den Gedanken fördern, daß die Normalisierung der deutsch-polnischen Beziehungen ein Prozeß ist, der in seiner Gesamtheit gesehen werden muß und der dadurch, daß einzelne Verhandlungspunkte isoliert als Vorbedingungen betrachtet werden, nur gestört werden kann.

5) Es empfiehlt sich daher, den Polen etwa wie folgt zu erwidern:

a) Wir hängen nicht an dem Wortlaut unseres Entwurfes und sind bereit, auch andere Formulierungen zu erörtern. Der Begriff der „territorialen Integrität" erscheine uns dabei verwendbar, zumal, wie der Herr Bundeskanzler bereits angedeutet hat, die territoriale Integrität der Vertragspartner die Grundlage von Gewaltverzichtsvereinbarungen bilde.

b) Die polnische Seite müsse jedoch in Betracht ziehen, daß wir jedenfalls nur innerhalb des durch die völkerrechtliche Lage der Bundesrepublik gegebenen Rahmens handeln können, und daß es für uns nicht in Betracht kommt, diese Lage im Zusammenhang mit deutsch-polnischen Gesprächen zu verändern. (Auf diese Vorbehalte ist oben bereits hingewiesen worden.)

c) Die polnische Seite müsse ferner zur Kenntnis nehmen, daß jede Vereinbarung, die in der Substanz über den von uns vorgelegten Entwurf hinausgeht, für uns erhebliche innen- und außenpolitische Schwierigkeiten aufwirft. In diesem Stadium der Gespräche sei es sicherlich noch zu früh, die eine oder die andere Formel als „endgültig" anzusehen; man werde vielmehr die verschiedenen Gesprächsthemen und den Fortschritt der Gespräche im Zusammenhang zu betrachten haben. Es würde für uns hilfreich sein zu erfahren, welche Perspektiven die polnische Seite für das deutsch-polnische Verhältnis sieht. Je größer die konkreten Möglichkeiten einer Verbesserung dieses Verhältnisses sind, desto leichter würde es der Bundesregierung fallen, polnischen Wünschen entgegenzukommen.

VS-Bd. 8952 (II A 5)

15

Botschafter Pauls, Washington, an das Auswärtige Amt

Z B 6-1-10262/70 geheim
Fernschreiben Nr. 94

Aufgabe: 19. Januar 1970, 13.00 Uhr[1]
Ankunft: 19. Januar 1970

Betr.: Truppenstationierung und Devisenausgleich

1) In einer längeren Unterredung mit Henry Kissinger über alle vor uns liegenden gemeinsamen Probleme stimmten wir überein, daß das einzige bilaterale Problem von Bedeutung – auch das Teil der Bündnispolitik – der Devisenausgleich und die damit eng verbundene US-Truppenstationierung sei. Die Politik der amerikanischen Regierung in dieser Frage sei klar, ebenso die Schwierigkeiten, mit denen sie sich auseinanderzusetzen habe und die zu überwinden sie entschlossen sei, so Henry Kissinger.

Wir haben dabei alle Gründe deutschen, amerikanischen und gemeinsamen Bündnisinteresses an der fortdauernden, ungeminderten Stationierung und die aus einer einseitigen Verminderung der amerikanischen Streitkräfte resultierenden politischen und militärischen Fährnisse erörtert. Wir stimmten darin überein, und ich brauche den Katalog der Argumente hier nicht aufzuzählen, da er bekannt ist.

Nicht übereinstimmen konnten wir in der Einschätzung der auf Truppenverminderung drängenden Kräfte. Kissinger meinte, daß Senator Charles Percy mit seinem burden sharing plan[2] nur für sich spreche. Ich weiß aus Unterredungen mit einer Anzahl Senatoren und Abgeordneten, daß diese Idee viel positiven Widerhall im Kongreß findet. Ich bin überzeugt, daß sie, wenn es zu einer Diskussion kommt, in der Öffentlichkeit sehr populär wird, besonders, wenn klar wird, wie schwierig es ist, ein auch für die Vereinigten Staaten befriedigendes neues Devisenausgleichsabkommen zu definieren, das, von hier gesehen, nicht hinter der Leistung des 69/71 Abkommens[3] zurückbleiben darf. Einig waren wir uns, daß ein burden sharing, so wie die Lage im Bündnis ist, zu einer unverhältnismäßigen budgetären Belastung Deutschlands führen müsse.

---

[1] Hat Vortragendem Legationsrat I. Klasse Behrends vorgelegen.
Hat Vortragendem Legationsrat Rückriegel am 21. Januar 1970 vorgelegen.

[2] Am 11. Juni 1969 schlug der amerikanische Senator Percy dem Wirtschaftsausschuß der Nordatlantischen Versammlung in Brüssel vor, das Problem der Devisenkosten durch die Einrichtung eines von Entsende- und Empfängerstaat gemeinsam zu unterhaltenden Fonds zu lösen: „The basic element of this plan would have the state which is sending troops deposit in a special account, out of defense appropriations, the equivalent of the amounts paid toward the support of its troops by the receiving State. This special account would be available for defense expenditures by the receiving State in the sending State. The account should not bear interest. Both the receiving and the sending State would carry the full budgetary burden, but the sending State would be relieved of the foreign exchange cost of supporting its troops abroad, while the receiving State would be relieved of the foreign exchange cost of defense procurement from the other country up to the same amount. [...] Such a plan could be made multilateral and NATO-wide through the use of a NATO clearing house which would permit claims in one country to be used in another country." Vgl. den Berichtsentwurf M 32 EC (69) 6; VS-Bd. 1309 (II A 7); B 150, Aktenkopien 1969.

[3] Für den Wortlaut des Abkommens vom 9. Juli 1969 zwischen der Bundesrepublik und den USA über einen Devisenausgleich für die Zeit vom 1. Juli 1969 bis zum 30. Juni 1971 vgl. Referat III A 5, Bd. 682. Vgl. dazu auch AAPD 1969, II, Dok. 224.

Offensichtlich ist, daß die Politik Nixons für den Haushalt 70/71, die Militärausgaben drastisch zu senken, sich in seiner Haushaltspolitik 71/72, so wie sich die Lage heute beurteilen läßt, fortsetzen wird. Damit aber wird das burden sharing, weil es den US-Haushalt entlastet, auch für das Weiße Haus an Attraktion gewinnen.

Kissinger sagte mir, seine Regierung wünsche Verhandlungen über ein neues Abkommen 71/73 oder für einen längeren Zeitraum im Herbst 1970 zu eröffnen. Frühe Verhandlungen und ein frühzeitiges Abkommen würden die Position seiner Regierung in der Abwehr aller Reduzierungsforderungen beträchtlich stärken, was richtig ist.

2) Was die Zeitfrage angeht, sagten mir die Senatoren Mansfield, Scott, Cooper, Percy und der sehr einflußreiche Abgeordnete Mendel Rivers, daß ein frühes neues Abkommen dringend erwünscht sei, um einer allgemeinen amerikanischen Debatte über NATO unter negativen Vorzeichen vorzubeugen, die, wenn sie erst mal in Gang komme, leicht zu einer amerikanischen NATO-Krise führen könne. Dieses Argument hat – nach meiner Einschätzung der hiesigen Situation – sehr viel für sich.

3) Auf burden sharing angesprochen, habe ich erwidert, daß ich mich dazu nur theoretisch äußern könne, aber klar sei wohl, daß dabei das amerikanische Eigeninteresse kaum hoch genug veranschlagt werden könne. Für Amerika hänge die Kontrolle des Atlantik, sein vitales Interesse, von der Freiheit Westeuropas ab. Solange Amerika respektable Kräfte in Europa habe, verlaufe die vordere politische und militärische Verteidigungslinie seines Interesses vom Böhmerwald zur Elbe. Die Respektabilität seiner Kräfte habe das Minimum erreicht, wenn sie wesentlich unterschritten werde oder schwinde, könne das dazu führen, daß eines Tages die vorderste Linie Amerikas von Maine nach Florida verlaufe mit allen desaströsen Folgen für die USA und für NATO. Zuerst werde die Verhandlungsposition der Vereinigten Staaten gegenüber der Sowjetunion irreparabel angeschlagen.

4 a) Was die Prozedur angeht, sind frühe Verhandlungen über ein Devisenabkommen für die US und für uns ein Vorteil, wenn wir mit einem auch für die amerikanische Regierung annehmbaren Konzept in sie hineingehen, das zu einem frühen Abkommen führt und jeder Diskussion, auch über burden sharing vorbeugt. Wenn wir kein solches Konzept entwickeln können, sind frühe Verhandlungen nachteilig, da ihre Unproduktivität und ihr Hinziehen die öffentliche Diskussion erst recht entfachen können.

b) Was unser Konzept angeht, ist klar, daß die bisherigen Kaufleistungen zu erreichen kaum möglich sein wird. Ebenso werden die bisherigen über die Bundesbank getätigten Substitute sich kaum wiederholen lassen, wenn unsere Devisenliquidität sich nicht schnell bessert, was in so kurzer Zeit kaum zu erwarten ist. Unter diesen Umständen sollten Hilfskonstruktionen, wie die Übernahme der zivilen Kosten durch eine deutsch-amerikanische gemeinsame Agentur und die Rückzahlung nicht rückzahlpflichtiger Marshallplanhilfe[4] wieder in Er-

---

[4] Das nach dem amerikanischen Außenminister Marshall benannte European Recovery Program (ERP) diente in den Jahren 1948 bis 1952 dem Wiederaufbau der europäischen Wirtschaft. Bis zum Auslaufen der Hilfe flossen ca. 13 Mrd. Dollar nach West-Europa. Davon entfielen ca. 1,7 Mrd. Dollar auf die Bundesrepublik.

wägung gezogen werden. Das letztere würde, wie ich schon im Frühjahr 1969 berichtet habe[5], eine ungeheure Wirkung auf Kongreß und Öffentlichkeit ausüben, die geeignet wäre, der ganzen Reduzierungskampagne den Dampf zu nehmen. Soweit Hilfskonstruktionen in Frage kommen, bin ich bereit, aus der Erfahrung hiesiger Gespräche weitere Vorschläge zu machen, wenn dies nützlich erscheint.

Zum Zeitplan: frühe Verhandlungen gut, wenn wir ein konstruktives Konzept haben, aber nicht vor den amerikanischen Novemberwahlen[6], da die Sache sonst in die hiesige Wahlkampfdiskussion gerät. Ohne ein attraktives deutsches Konzept sind frühe Verhandlungen eher nachteilig.

c) Wegen der Bedeutung der Frage bitte ich, mich mit einer frühen Sprachregelung, die ich nur gegenüber Weißem Haus und Leitung des State Department verwende, zu versehen.

[gez.] Pauls

VS-Bd. 1533 (II A 7)

16

Staatssekretär Bahr, Bundeskanzleramt, an Staatssekretär Duckwitz

II/1-30100-De 4/2/70 geheim   22. Januar 1970

Betr.: Deutsch-polnische Gespräche

Bezug: Aufzeichnung des Auswärtigen Amts Nr. II A 5-82.00-94.20 VS-v 3864/69 – auf geheim umgeschrieben – vom 19.12.69[1]

Lieber Herr Duckwitz,

den Überlegungen des Auswärtigen Amts, die in der obengenannten Aufzeichnung niedergelegt sind, wird hier im wesentlichen zugestimmt.

Bei der Verhandlungsführung sollten folgende Gesichtspunkte zusätzlich berücksichtigt werden:

1) Der deutsche Verhandlungsführer sollte eine Möglichkeit suchen, neben seinem offiziellen Gesprächspartner einen Kontakt zu einem Polen mit politischer Entscheidungskompetenz zu suchen, weil nach aller Erfahrung der Bewegungsspielraum selbst der Minister in kommunistischen Ländern sehr begrenzt ist.

---

[5] In diesem Sinne äußerte sich Botschafter Pauls, Washington, bereits am 17. Februar 1969. Vgl. AAPD 1969, I, Dok. 66.

[6] In den USA fanden am 3. November 1970 Wahlen für das Repräsentantenhaus sowie Teilwahlen für den Senat und die Gouverneursämter statt.

[1] Ministerialdirektor Ruete legte eine Übersicht der Themen vor, die in den Gesprächen mit Polen behandelt werden sollten. Die Aufzeichnung erhielt nach ihrer Hochstufung in den Verschlußgrad „geheim" die Tagebuchnummer 2350/69. Vgl. AAPD 1969, II, Dok. 404.

2) Es spricht viel dafür, zunächst in einem breiten Meinungsaustausch die polnischen Bewegungsmöglichkeiten zu erkunden, bevor man über Formeln spricht. Man muß zunächst das Gebiet eingrenzen, für das sachlich eine Lösungsmöglichkeit besteht.

3) Es ist zu überlegen, den Polen zunächst eine Darstellung unserer Auffassung von der Oder-Neiße-Linie zu geben. Ich habe bei meinen Gesprächen mit Polen Verständnis, jedenfalls Bereitschaft zur Überlegung für das Argument gefunden, daß die Bundesrepublik nicht aus dem Deutschland-Vertrag[2] herausspringen kann, daß die Anerkennung der territorialen Integrität zeitlich nicht begrenzt sein dürfe, worunter beide Seiten zu verstehen haben, daß diese Anerkennung der territorialen Integrität für die Dauer der Existenz dieser beiden Staaten gilt.

4) Es ist gleichfalls unbestreitbar, daß die Wiedervereinigung nur denkbar ist, wenn ihr die Sowjetunion und andere, insbesondere Polen zustimmen. Dies wird nur bei einer Bestätigung der Oder-Neiße-Linie der Fall sein.

5) Diese Linie würde das Oder-Neiße-Problem politisch zwischen beiden Staaten erledigen. Es ließe sich zudem im Sinne der Polen argumentieren, daß die heutige polnische Westgrenze gar nicht mehr zur Diskussion stehe; also wäre sie in der Regelung der territorialen Integrität voll eingeschlossen.

6) Zusätzlich könnte sich der polnische Wunsch nach einer Declaration of Intent durch die Bundesregierung erheben.

Dafür wäre eine Formel zu prüfen, durch die die Bundesregierung sich an die Seite der Drei Mächte stellt und insoweit sowohl die Absichtserklärung, die die Drei Mächte in Potsdam abgegeben haben[3], wie ihre im Deutschland-Vertrag der Bundesregierung gegebenen Zusicherungen[4] umfassen und decken.

Dieses wäre innen- wie außenpolitisch kaum angreifbar.

7) Sollte die polnische Seite auf einer Anerkennung der Oder-Neiße-Linie expressis verbis bestehen, so würde dies eine Forderung an die Bundesrepublik sein, die über die Forderung Polens an die drei Westmächte hinausgeht. Es ist weder anzunehmen, daß die Drei Mächte über ihre bisherige Absichtserklärung hinaus zu einer juristischen Änderung ihres im Deutschland-Vertrag festgelegten Standpunktes bereit sind, noch wäre es für uns wünschenswert, sie dazu zu veranlassen.

---

[2] Für den Wortlaut des Vertrags vom 26. Mai 1952 über die Beziehungen zwischen der Bundesrepublik Deutschland und den Drei Mächten in der Fassung vom 23. Oktober 1954 (Deutschland-Vertrag) vgl. BUNDESGESETZBLATT 1955, Teil II, S. 305–320.

[3] Zum Friedensvertragsvorbehalt in Abschnitt IX des Kommuniqués vom 2. August 1945 über die Konferenz von Potsdam (Potsdamer Abkommen) vgl. Dok. 12, Anm. 26.

[4] Vgl. dazu Artikel 7, Absätze 1 und 2 des Vertrags über die Beziehungen zwischen der Bundesrepublik Deutschland und den Drei Mächten vom 26. Mai 1952 in der Fassung vom 23. Oktober 1954 (Deutschland-Vertrag): „1) Die Unterzeichnerstaaten sind darüber einig, daß ein wesentliches Ziel ihrer gemeinsamen Politik eine zwischen Deutschland und seinen ehemaligen Gegnern frei vereinbarte friedensvertragliche Regelung für ganz Deutschland ist, welche die Grundlage für einen dauerhaften Frieden bilden soll. Sie sind weiterhin darüber einig, daß die endgültige Festlegung der Grenzen Deutschlands bis zu dieser Regelung aufgeschoben werden muß. 2) Bis zum Abschluß der friedensvertraglichen Regelung werden die Unterzeichnerstaaten zusammenwirken, um mit friedlichen Mitteln ihr gemeinsames Ziel zu verwirklichen: Ein wiedervereinigtes Deutschland, das eine freiheitlich-demokratische Verfassung, ähnlich wie die Bundesrepublik, besitzt und das in die europäische Gemeinschaft integriert ist." Vgl. BUNDESGESETZBLATT 1955, Teil II, S. 309.

Sollte Polen dennoch auf diesem Punkt bestehen, so wäre eine Anerkennung – unter Voraussetzung einer identischen Haltung der Drei Mächte – allenfalls zu erwägen, wenn gleichzeitig die beschleunigte positive Abwicklung der zur Umsiedlung angemeldeten Deutschen verbindlich vereinbart wird (162 000 Fälle von Familienzusammenführung).

8) Es ist davon auszugehen, daß die Polen zur Zeit noch nicht in der Lage sind, die Aufnahme diplomatischer Beziehungen pari passu zu vollziehen. Dies wird, entsprechend den Vereinbarungen im Warschauer Pakt, erst möglich sein nach einer Grundsatzregelung zwischen BRD und DDR.[5]

Es wäre statt dessen besonderer Wert auf Vereinbarungen zu legen, die die Besuchs- und Reisemöglichkeiten erleichtern.

Daraus ergibt sich die Notwendigkeit voller konsularischer Kompetenzen der Handelsvertretungen. Dies dürfte keine Schwierigkeiten machen. Dagegen ist der direkte Zugang zum Außenministerium nur ein protokollarisches Lieblingskind, dem in der Praxis – wie die Erfahrung Prag[6] lehrt – keine besondere Bedeutung zukommt.

9) Es ist mit polnischen Wünschen zu rechnen, daß in der Bundesrepublik Konsequenzen gegen „revanchistische Bestrebungen" gezogen werden.

Diese Wünsche sind unerfüllbar, soweit sie sich auf die Tätigkeit der Vertriebenen-Organisationen beziehen. Intern könnte allerdings eine stärkere Zweckbindung der von der Bundesregierung zur Verfügung gestellten Mittel für die Erhaltung ostdeutschen Kulturgutes erfolgen.

Diese Wünsche sind berechtigt, soweit es sich darum handelt, von der Wetterkarte über Schulbücher bis zu anderen Karten und Abbildungen dafür zu sorgen, daß die Jugend und die Öffentlichkeit, soweit das in den Möglichkeiten der Bundesregierung liegt, nicht unter falschen Voraussetzungen informiert und belehrt wird, die sich praktisch gegen die Politik der Bundesregierung auswirken würden.

Mit freundlichen Grüßen

Bahr[7]

Archiv der sozialen Demokratie, Depositum Bahr, Box 388

---

[5] Am 26. April 1967 verabschiedete die Konferenz der kommunistischen und Arbeiterparteien Europas in Karlsbad eine Erklärung „Für den Frieden und die Sicherheit in Europa". Darin wurde als eine Voraussetzung für die Schaffung eines „Systems der kollektiven Sicherheit" in Europa „die Anerkennung der Existenz zweier souveräner und gleichberechtigter deutscher Staaten: der Deutschen Demokratischen Republik und der westdeutschen Bundesrepublik" bezeichnet, „was von der Bundesrepublik den Verzicht auf die Alleinvertretungsanmaßung" erfordere. Vgl. DzD V/1, S. 1050.

[6] Bei den Verhandlungen mit der ČSSR für das Abkommen vom 3. August 1967 über den Waren- und Zahlungsverkehr und über den Austausch von Handelsvertretungen erreichte die Bundesregierung nicht, daß die neu zu errichtende Handelsvertretung in Prag direkten Zugang zum tschechoslowakischen Außenministerium erhielt. Vgl. dazu AAPD 1967, II, Dok. 281 und Dok. 288.

[7] Paraphe.

17

Aufzeichnung des Staatssekretärs Duckwitz

St.S. 47/70 geheim 23. Januar 1970

Bei dem am 22. Januar stattgefundenen Arbeitsessen mit den drei alliierten Botschaftern[1] wurden folgende Punkte besprochen:

1) Die Analyse des Auswärtigen Amts über die Ulbrichtsche Pressekonferenz[2] fand besonderes und ungeteiltes Interesse. Es entspann sich eine lebhafte Diskussion, aus der sich weitgehende Übereinstimmung mit unserer Beurteilung ergab. Dem Wunsch der drei Botschafter, unsere Analyse schriftlich zu erhalten, wurde entsprochen. Sie werden sie zweifellos zur Berichterstattung an ihre Außenministerien benutzt haben.

2) Die alliierten Botschafter waren bereits über die sowjetische Anwort auf unsere Note betr. Luftfahrtverhandlungen vom September vorigen Jahres[3] durch die Vierergruppe unterrichtet. Ich übergab den von uns ausgearbeiteten Entwurf eines Aide-mémoire[4], das wir nach Abstimmung mit den übrigen zuständigen Ressorts den Sowjets zu überreichen gedenken. Ich habe dabei ausdrücklich darauf aufmerksam gemacht, daß es sich lediglich um einen Entwurf handele, der sicherlich noch einigen Verbesserungen und Veränderungen unterliegen würde. Da uns aber daran läge, die Verhandlungen mit den Sowjets so bald wie möglich weiterzuführen und keine unnötige Zeit mehr zu verlieren, wäre ich dankbar, wenn die Alliierten zu den in unserem Aide-mémoire niedergelegten Gedankengängen möglichst bald Stellung nähmen. Ich habe diese Gelegenheit benutzt, um darauf hinzuweisen, daß nach Auffassung des Auswärtigen

---

[1] Roger Jackling (Großbritannien), Kenneth Rush (USA) und François Seydoux (Frankreich).
[2] Für die Ausführungen des Staatsratsvorsitzenden Ulbricht am 19. Januar 1970 in Ost-Berlin vgl. Dok. 12, Anm. 10.
[3] Zum Aide-mémoire vom 17. September 1969, in dem sich die Bundesregierung zu einer baldigen Wiederaufnahme der Verhandlungen mit der UdSSR über ein Luftverkehrsabkommen bereit erklärte, vgl. Dok. 13, Anm. 2.
Zur sowjetischen Antwort vom 19. Januar 1970 vgl. Dok. 13, besonders Anm. 3.
[4] Im Entwurf vom 20. Januar 1970 wurde ausgeführt: „Die Regierung der Bundesrepublik Deutschland hat nicht den Wunsch, im Zusammenhang mit den Verhandlungen über die Aufnahme des Flugverkehrs zwischen der Bundesrepublik Deutschland und der UdSSR Fragen zu behandeln, die sich aus zwischen der Bundesrepublik Deutschland und den drei Westmächten abgeschlossenen Abkommen ergeben, an denen die Sowjetunion nicht beteiligt ist." Ein solches bilaterales Luftverkehrsabkommen könne nicht „vierseitige alliierte Beschlüsse betreffend die Flüge von Luftfahrzeugen der Vier Mächte im deutschen Luftraum" ändern oder ergänzen: „Da der Artikel 6 des XII. Teils des oben erwähnten Vertrages vom 26. Mai 1952/23. Oktober 1954 gerade den besonderen Rechten und Verantwortlichkeiten der Vier Mächte für Berlin und Deutschland als Ganzes auf dem Gebiet der zivilen Luftfahrt Rechnung trägt, kann nicht die Rede davon sein, daß ein Hinweis hierauf die sowjetischen Rechte und Interessen schmälern oder für die Sowjetunion diskriminierend sein würde." Darüber hinaus wurde der sowjetischen Ansicht widersprochen, „daß die Linienführung der Aeroflot durch die Luftkorridore schwieriger sein würde als über eine neue Flugroute Berlin-Erfurt-Frankfurt und daß diese Route keine Absprachen der Sowjetunion mit den drei Westmächten erfordern würde". Abschließend wurde betont, daß die Drei Mächte dem von der Bundesrepublik angestrebten Zwischenlandepunkt Berlin-Tegel zugestimmt hätten und selbst der sowjetische Botschafter Zarapkin am 9. Juni 1969 zugestanden habe, „daß es jeder Seite überlassen bleiben sollte, welche Zwischenlandepunkte sie auswählt". Vgl. VS-Bd. 8351 (III A 4); B 150, Aktenkopien 1970.

Amts schon viel zu viel Zeit verflossen sei und daß es in unserem Interesse liege, möglichst bald in substantielle Verhandlungen mit den Sowjets einzutreten. Wir könnten und wollten nicht mit ansehen, wie die internationale Konkurrenz sich allmählich auf der auch von uns anzufliegenden Route nach Japan einrichte und wir dabei tatenlos zusehen müßten. Ich bäte daher dringend darum, die bisher geäußerten Bedenken daraufhin zu überprüfen, ob sie mit wesentlichen alliierten Rechten kollidierten.

3) Die alliierten Botschafter wurden über den derzeitigen Stand der Besprechungen mit Polen unterrichtet. Der britische Botschafter benutzte diese Gelegenheit, um geradezu emphatisch noch einmal die Unterstützung seiner Regierung für unsere Ostpolitik hervorzuheben und diese Politik als den einzig möglichen Versuch, aus den bestehenden Spannungsverhältnissen herauszukommen, zu bezeichnen. Der amerikanische Botschafter schloß sich diesen Ausführungen voll inhaltlich an. Der französische Botschafter schwieg.

4) Bei der Unterrichtung über unsere Verhandlungen mit der DDR über Post- und Verkehrsfragen[5] zeigte sich wieder einmal das besondere Interesse der Alliierten an diesen Fragen. Ich sicherte den Alliierten zu, daß – sobald Berlin angehende Fragen einbezogen oder auch nur berührt würden – sie selbstverständlich konsultiert werden würden.

5) Die alliierten Botschafter unterstützten unser Recht, in Berlin Ausschuß- und Fraktionssitzungen des Bundestages abzuhalten. Leise Zweifel wurden allerdings laut, ob der Zeitpunkt gerade jetzt günstig gewählt sei. Die von der DDR durchgeführten Behinderungen[6] wurden nicht als sehr schwerwiegend betrachtet. Man glaubt nicht, daß eine Eskalation dieser Behinderungen stattfinden würde.

Meine Anregung, die Botschafter möchten eine gemeinsame Erklärung abgeben, die sich gegen diese neue Behinderungen wendet, wurde wohlwollend aufgenommen, jedoch darauf hingewiesen, daß die Botschaften zunächst die Frage ihren Regierungen vorlegen müßten.

In diesem Zusammenhang kam der britische Botschafter auf die ihm zu Ohren gekommene Absicht des Regierenden Bürgermeisters von Berlin[7] zu sprechen, seinerseits Gespräche mit den DDR-Behörden über die Erleichterung des Berlin-Verkehrs zu führen. Aus den Worten des britischen Botschafters, denen sich im übrigen die beiden anderen Botschafter anschlossen, ging deutlich die Sorge hervor, daß ein solcher Schritt unter Umständen die in Moskau vor sich gehenden Besprechungen der Alliierten mit den Sowjets stören könnte. Auch befürchtete man, daß durch einen solchen Parallel-Schritt des Senats von Berlin der Wert des Angebots des Bundeskanzlers an Ministerpräsident Stoph[8] herabge-

---

[5] Zum Stand der Gespräche in Ost-Berlin vgl. Dok. 34.
[6] Vom 22. bis 27. Januar 1970 fanden in Berlin (West) Ausschuß- und Fraktionssitzungen des Bundestages statt. In dieser Zeit kam es auf den Transitstrecken zu Behinderungen des Personen- und Güterverkehrs durch die Grenzbehörden der DDR. Vgl. dazu die Artikel „Sperren auf der Interzonen-Autobahn" und „Berlin-Schikanen mit sowjetischem Einverständnis"; FRANKFURTER ALLGEMEINE ZEITUNG vom 22. Januar 1970, S. 1, bzw. vom 23. Januar 1970, S. 1.
[7] Klaus Schütz.
[8] Zum Schreiben des Bundeskanzlers Brandt vom 22. Januar 1970 an den Vorsitzenden des Ministerrats, Stoph, mit dem Vorschlag, über einen Gewaltverzicht zu verhandeln, vgl. Dok. 12, Anm. 16.

67

setzt werden könnte. Die Alliierten baten darum, über etwaige Schritte des Berliner Senats rechtzeitig unterrichtet zu werden.

Hiermit dem Herrn Minister[9] vorgelegt.

Duckwitz

VS-Bd. 502 (Büro Staatssekretär)

18

Aufzeichnung des Ministerialdirektors Herbst

III A 4-81.40-92.19 VS-NfD 23. Januar 1970[1]

Betr.: Ausfuhr von US-Rüstungsmaterial aus US-Lagern in der Bundesrepublik;
hier: Verladung vom Hafen Zeebrügge auf ein israelisches Schiff

Bezug: 1) Drahtbericht Nr. 15 vom 14.1.70 der Botschaft Brüssel[2];
2) Weisungen an unsere Interessenvertretungen in den arabischen Ländern vom 16. bzw. 22.1.70[3]

I. Unsere Botschaft in Brüssel berichtete am 14.1. über eine belgische Pressemeldung, derzufolge US-Waffen und -Kfz von Waggons der Deutschen Bundesbahn auf ein die israelische Flagge führendes Schiff im Hafen von Zeebrügge verladen worden seien. Die Meldung wurde von der deutschen Presse[4] und dem Rundfunk übernommen.

Die von Abt. III sofort angestellten Ermittlungen ergaben zunächst, daß es sich um US-Waffen und -Kfz gehandelt hat, die sich zu keinem Zeitpunkt im Besitz der Bundeswehr befunden haben. Hierüber wurden unsere Interessenvertretungen in den arabischen Ländern am 16.1. unterrichtet und gleichzeitig darauf hingewiesen, daß die Bundesregierung aufgrund der Truppenstationierungs-

---

[9] Hat Bundesminister Scheel am 29. Januar 1970 vorgelegen.

[1] Die Aufzeichnung wurde von Vortragendem Legationsrat I. Klasse Soltmann konzipiert.
Hat Ministerialdirigent Robert am 30. Januar 1970 vorgelegen.

[2] Botschaftsrat I. Klasse Heimsoeth, Brüssel, teilte mit, die Nachricht über eine Verladung von Waffen für Israel in Zeebrügge sei am 14. Januar 1970 in der flämisch-sprachigen Zeitung „Het Laatste Nieuws" erschienen. Es sei erwähnt worden, „daß die in bestimmten Abständen erfolgende Verschiffung von Waffen und Munition bekannt sei und es sich gewöhnlich um den Erfordernissen nicht mehr entsprechende US-Waffen aus West-Deutschland handele, die als Schrott verkauft und oftmals nach Italien verladen würden". In diesem Fall sei jedoch das Schiff „auch mit Geschützen in augenscheinlich gutem Zustand beladen gewesen. Das Material sei von Waggons der Deutschen Bundesbahn auf das die israelische Flagge führende Schiff ‚Tamar' verladen worden." Vgl. VS-Bd. 8773 (III A 4); B 150, Aktenkopien 1970.

[3] Vgl. Anm. 6 und 7.

[4] Vgl. dazu die Meldung „Waffenlieferungen für Israel?"; FRANKFURTER ALLGEMEINE ZEITUNG vom 15. Januar 1970, S. 1.

verträge⁵ keinen Einfluß auf den Export von US-Rüstungsmaterial aus US-Lagern in der Bundesrepublik habe (Anlage 1⁶).

II. Von der US-Botschaft Bonn wurde uns auf Anfrage vom 14.1. am 20.1. mitgeteilt, daß es sich bei den fraglichen Transporten um folgendes Material gehandelt hat, das von Zeebrügge nach Israel verschifft wurde:

a) Geschütze, die als Überschußmaterial einem europäischen Land zur Verfügung standen (das Gerät war nicht in der Bundesrepublik gelagert) und von diesem an die US zurückgegeben wurden. Die US-Botschaft erläuterte hierzu mündlich, daß die Geschütze auf Kosten der US in Frankreich für die französische Armee hergestellt, später ausgesondert und – da wegen der Kostenübernahme US-Eigentum – den Amerikanern übergeben wurden.

b) Halbkettenfahrzeuge, die sich zum Teil im Besitz der belgischen Armee in Stolberg, zum Teil im Besitz der britischen Armee in Mönchengladbach befunden haben und der US-Regierung zurückgegeben wurden.

Unsere Interessenvertretungen wurden entsprechend unterrichtet (Anlage 2⁷).

III. Nach dem Grundgesetz (Art. 26 II)⁸ und dem Kriegswaffenkontrollgesetz (§ 3)⁹ sind Ein- und Ausfuhr von Kriegswaffen in oder aus der Bundesrepublik genehmigungspflichtig.

Aus dem Stationierungsvertrag vom 23.10.54 und dem NATO-Truppenstatut ergibt sich das Recht der US-Streitkräfte, Waffen, die sie für ihre Verteidigungsaufgaben benötigen, in und aus der Bundesrepublik ein- und auszuführen. Insofern gelten auch die für den Export von Waffen erforderlichen Genehmigungen als automatisch erteilt.

---

5 In Artikel 11 des Abkommens vom 19. Juni 1951 zwischen den Parteien des Nordatlantikvertrags über die Rechtsstellung ihrer Truppen (NATO-Truppenstatut) wurde u. a. festgelegt: „Eine Truppe kann ihre Ausrüstung und angemessene Mengen von Verpflegung, Versorgungsgütern und sonstigen Waren zollfrei einführen [...]. Dieser Artikel findet auf die betreffenden Waren nicht nur Anwendung, wenn sie in den Aufnahmestaat eingeführt oder aus ihm ausgeführt werden, sondern auch dann, wenn sie durch das Hoheitsgebiet einer Vertragspartei hindurch befördert werden". Vgl. BUNDESGESETZBLATT 1961, Teil II, S. 1207 und S. 1209.
Für den Wortlaut des Vertrags vom 23. Oktober 1954 über den Aufenthalt ausländischer Truppen in der Bundesrepublik Deutschland vgl. BUNDESGESETZBLATT 1955, Teil II, S. 253–255.

6 Dem Vorgang beigefügt. Für den Runderlaß Nr. 145 des Vortragenden Legationsrats I. Klasse Soltmann vom 16. Januar 1970 vgl. VS-Bd. 8773 (III A 4); B 150, Aktenkopien 1970.

7 Dem Vorgang beigefügt. Für den Runderlaß Nr. 231 des Vortragenden Legationsrats I. Klasse Soltmann vom 22. Januar 1970 vgl. VS-Bd. 8773 (III A 4); B 150, Aktenkopien 1970.

8 Artikel 26, Absatz 2 des Grundgesetzes vom 23. Mai 1949: „Zur Kriegführung bestimmte Waffen dürfen nur mit Genehmigung der Bundesregierung hergestellt, befördert und in Verkehr gebracht werden. Das Nähere regelt ein Bundesgesetz." Vgl. BUNDESGESETZBLATT 1949, S. 4

9 Paragraph 3 des Ausführungsgesetzes vom 20. April 1961 zu Artikel 26, Absatz 2 des Grundgesetzes (Kriegswaffenkontrollgesetz): „1) Wer Kriegswaffen im Bundesgebiet außerhalb eines abgeschlossenen Geländes befördern lassen will, bedarf der Genehmigung. 2) Der Genehmigung bedarf ferner, wer Kriegswaffen, die er hergestellt oder über die er tatsächliche Gewalt erworben hat, im Bundesgebiet außerhalb eines geschlossenen Geländes selbst befördern will. 3) Kriegswaffen dürfen nur eingeführt, ausgeführt, durch das Bundesgebiet durchgeführt oder sonst in das Bundesgebiet oder aus dem Bundesgebiet verbracht werden, wenn die hierzu erforderliche Beförderung im Sinne des Absatzes 1 oder 2 genehmigt ist. 4) Für die Beförderung von Kriegswaffen, die außerhalb des Bundesgebietes ein- und ausgeladen werden und unter Zollüberwachung ohne Wechsel des Frachtführers oder im Schiffsverkehr über Freihäfen ohne Lagerung durch das Bundesgebiet durchgeführt werden, kann auch – unbeschadet der Regelung des § 27 – eine Allgemeine Genehmigung erteilt werden." Vgl. BUNDESGESETZBLATT 1961, Teil I, S. 444 f.

Obwohl demnach der Export von US-Rüstungsmaterial aus US-Depots in der Bundesrepublik nach Israel rechtlich einwandfrei war, das fragliche Material sich nicht im Besitz der Bundeswehr befunden und die Bundesregierung von dem ganzen Vorgang nichts gewußt hat, sind solche Vorfälle aus den folgenden Gründen politisch unerwünscht:

1) Unter Hinweis auf unsere Waffenlieferungen an Israel aus der Zeit vor dem Abbruch der diplomatischen Beziehungen[10] ist die Bundesrepublik immer wieder das Ziel propagandistischer, vom Ostblock genährter Angriffe der Araber wegen angeblicher Unterstützung Israels mit Rüstungsgütern. Wir sollten daher gerade auf dem Gebiet des Rüstungsexports keine neuen Angriffsflächen bieten.

2) Für die gegnerische Propaganda ist es naheliegend zu behaupten, wir machten bei Waffenlieferungen an Israel aus US-Depots in der Bundesrepublik gemeinsame Sache mit den USA bzw. hätten zumindest Kenntnis davon und duldeten sie stillschweigend. So berichtete unsere Botschaft Amman am 20.1. auf o. a. Erlaß, die Jordanier hielten unsere Erklärung für unbefriedigend.[11] Es fehle ihnen die Einsicht, daß die deutsche Regierung keine Möglichkeit zur Kontrolle bzw. Verhinderung habe.

3) Es ist durchaus denkbar, daß die Vereinigten Staaten eines Tages von der Bundesregierung (Bundeswehr) zurückgekauftes und in einem US-Depot in der Bundesrepublik lagerndes Rüstungsmaterial nach Israel oder in ein anderes Spannungsgebiet exportieren und uns damit propagandistischen Angriffen aussetzen.

IV. Abt. III schlägt daher vor:

Ein Gespräch des Herrn Staatssekretärs mit dem US-Botschafter[12] über die Problematik des US-Rüstungsexports aus der Bundesrepublik mit dem Ziel, die US-Regierung zu bitten, in Zukunft kein Rüstungsmaterial aus US-Depots oder sonstigen Beständen ihrer Stationierungsstreitkräfte in der Bundesrepublik ohne unsere Genehmigung in dritte Länder zu exportieren.[13]

---

[10] Bundeskanzler Adenauer genehmigte im August 1962 eine Ausrüstungshilfe an Israel mit einem Gesamtumfang von 240 Mio. DM. Im Oktober 1964 gelangten Nachrichten über die durchgeführten und noch durchzuführenden geheimen Lieferungen, die unter dem Decknamen „Frank[reich]/Kol[onien]" liefen und auch 150 Panzer aus amerikanischer Produktion beinhalteten, an die Öffentlichkeit. Nach Bekanntwerden der Waffenlieferungen an Israel bekräftigte die Bundesregierung am 26. Januar 1965 ihren Willen, künftig keine Waffen mehr in Spannungsgebiete zu liefern. Vgl. dazu AAPD 1964, II, Dok. 289 und Dok. 396, sowie AAPD 1965, I, Dok. 2, Dok. 39 und Dok. 40.

[11] Botschafter Hille, Amman, führte aus: „In Gesprächen mit Botschaftsangehörigen haben Jordanier die deutsche Erklärung kritisiert. Sie betrachten sie nicht als befriedigend. Es fehlt ihnen Einsicht, daß deutsche Regierung keine Möglichkeit zu Kontrolle und Verhinderung hat." Vgl. den Drahtbericht Nr. 64, Referat III A 4, Bd. 760.

[12] Kenneth Rush.
Staatssekretär Harkort vermerkte am 29. Januar 1970 handschriftlich: „Ich möchte lieber mit Fessenden sprechen, das führt weiter. Geht aber nicht vor der am 8.2. beginnenden Woche. Erb[itte] dann W[ieder]v[orlage]."

[13] Am 13. Februar 1970 führte Staatssekretär Harkort gegenüber dem amerikanischen Gesandten Fessenden aus, daß es „fortschreitend schwerer falle – selbst unter Hinweis auf die eine Befugnis der Bundesregierung eindeutig ausschließende Rechtslage –, die ständigen arabischen Vorwürfe deutscher Waffenlieferungen an Israel zu widerlegen, wenn der äußere Anschein – wie im Fall Zeebrügge – für eine Mitwirkung deutscher Stellen spreche". Er bat Fessenden, der sich „sehr kooperativ" verhielt, zu überlegen, „was von amerikanischer Seite getan werden könne, um in künftigen

Wenn die USA hierauf nicht eingehen und sich auf den Stationierungsvertrag berufen, sollten sie gebeten werden, dafür Sorge zu tragen, daß das fragliche Rüstungsmaterial in einer Weise exportiert wird, die die Möglichkeit propagandistischer Angriffe dritter Staaten ausschließt oder auf ein Minimum reduziert, z. B.

Verschiffung von einem nichtdeutschen Hafen auf amerikanischem Schiff (nicht wie im vorliegenden Falle israelisches Schiff, das Flagge im Hafen von Zeebrügge zeigte),

Export des Rüstungsmaterials von den USA aus,

strikte Geheimhaltung.

Die Referate I B 4, II A 6 und II A 7 haben mitgezeichnet.

Hiermit dem Herrn Staatssekretär[14] vorgelegt.

Herbst

VS-Bd. 8773 (III A 4)

19

Aufzeichnung des Vortragenden Legationsrats I. Klasse Blumenfeld

II A 4-82.00-94.29-181/70 VS-vertraulich 23. Januar 1970[1]

Betr.: Unterredung des Herr Staatssekretärs Duckwitz mit dem sowjetischen Gesandten Bondarenko am 23. Januar 1970, 11.15 Uhr

Ferner anwesend:

auf sowjetischer Seite: 1. Sekretär Terechow,

auf deutscher Seite: VLR I Dr. Blumenfeld.

1) Herr Staatssekretär Duckwitz hatte den sowjetischen Geschäftsträger, Gesandten Bondarenko, zu sich gebeten, um ihm die Antwort der Bundesregie-

---

Fortsetzung Fußnote von Seite 70

Fällen auch einen äußeren Anschein deutscher Waffenlieferungen in Spannungsgebiete zu vermeiden". Vgl. die Aufzeichnung von Harkort; VS-Bd. 8773 (III A 4); B 150, Aktenkopien 1970.

Am 12. März 1970 teilte Fessenden telefonisch mit, daß sich „die Gesellschaft, die amerikanisches Überschußmaterial ausführt", dazu verpflichtet habe, keine Schiffe zu benutzen, die die israelische Flagge führen. Aufgrund der Integration der europäischen Eisenbahngesellschaften werde es allerdings schwierig sein, künftig auch auf die Verwendung von Güterwagen der Deutschen Bundesbahn zu verzichten. Vgl. die Aufzeichnung von Harkort; VS-Bd. 8773 (III A 4); B 150, Aktenkopien 1970.

14 Hat Staatssekretär Harkort am 29. Januar 1970 vorgelegen.

1 Die Aufzeichnung wurde von Ministerialdirektor Ruete Staatssekretär Duckwitz zugeleitet mit dem Vorschlag, ein Doppel an das Bundeskanzleramt weiterzuleiten.
Hat Duckwitz am 23. Januar und Bundesminister Scheel am 28. Januar 1970 vorgelegen. Vgl. dazu den Begleitvermerk von Ruete; VS-Bd. 4627 (II A 4); B 150, Aktenkopien 1970.

rung auf die sowjetische Erklärung gegenüber dem Herrn Bundeskanzler vom 20.1.1970 über die Tagungen der Fraktionen und Ausschüsse des Bundestages in Berlin[2] zu übergeben und zu erläutern.

2) Herr Staatssekretär Duckwitz verliest und übergibt Herrn Bondarenko den Text der Antwort (Anlage 1[3]). Anschließend verliest der Herr Staatssekretär eine Zusatzerklärung zum gleichen Thema (Anlage 2[4]).

3) Gesandter Bondarenko bemerkt, er wolle zunächst an die frühere Erklärung seiner Regierung erinnern, daß eine Wiederholung illegaler Akte, wie sie die Sitzungen von Bundestagsgremien darstellten, noch keine neuen Rechte schaffe. Wenn schon vom guten Willen die Rede sei, so sei es nicht an der sowjetischen Regierung und an der DDR, diesen guten Willen zu demonstrieren, sondern an der Bundesrepublik Deutschland. Die Bundestagssitzungen in Westberlin seien rein politische Akte, um eine politische Präsenz des Bundes in Westberlin und eine politische Zugehörigkeit Westberlins zur Bundesrepublik Deutschland zu demonstrieren. Daß dies illegal sei, sei nicht nur der Standpunkt der Sowjetunion, sondern auch der Westmächte. Immerhin betrachte er, Bondarenko, die Erklärung der Bundesregierung am Schluß des Papiers, daß sie entschlossen sei, alles in ihrer Kraft stehende zu tun, um Reibungspunkte mit der Sowjetunion und deren Verbündeten auszuräumen, um ein Verhältnis beiderseits fruchtbringender Zusammenarbeit zu ermöglichen, als einen positiven Beitrag. Er werde die Erklärung der Bundesregierung unverzüglich seiner Regierung übermitteln.

4) Auf Anfrage erklärte Herr Staatssekretär Duckwitz, die Erklärung des übergebenen Papiers sei keine Note, sondern eine Antwort auf die sowjetische Erklärung gegenüber dem Herrn Bundeskanzler und eine Gedächtnisstütze.

[2] Die sowjetische Regierung protestierte gegen die für die Zeit vom 22. bis 27. Januar 1970 geplanten Sitzungen von Fraktionen und Ausschüssen des Bundestages in Berlin (West). Vgl. dazu den Runderlaß Nr. 254 des Ministerialdirektors Ruete vom 22. Januar 1970, VS-Bd. 4526 (II A 1); B 150, Aktenkopien 1970.

[3] Dem Vorgang beigefügt. Die Bundesregierung führte u. a. aus: „Die Sitzungen parlamentarischer Körperschaften der Bundesrepublik Deutschland in Berlin stellen eine langjährige Tradition dar, die auch nach Auffassung der zuständigen Westmächte nicht gegen den Status von Berlin verstößt. Niemand kann sich durch diese friedlichen Veranstaltungen provoziert fühlen. Der Herr Bundeskanzler hat in seiner letzten Erklärung vor dem Deutschen Bundestag am 14. Januar 1970 darauf hingewiesen, daß zu den Realitäten unserer Zeit die gewachsenen Bindungen zwischen West-Berlin und der Bundesrepublik gehören. Er hat darauf aufmerksam gemacht, daß der Deutsche Bundestag nicht weniger Recht habe, in Berlin tätig zu sein, als die Volkskammer, die dort regelmäßig tage. Die drei Westmächte haben in ihrer Mitteilung an die Sowjetunion vom 6./7. August 1969 darauf hingewiesen, daß die Bundesregierung zu gewissen Kompromissen in der Frage der politischen Aktivitäten des Bundes in Berlin bereit ist, falls die Sowjetunion und die DDR eine konstruktive Haltung hinsichtlich der Probleme einnehmen, die durch die Spaltung Berlins und die diskriminierende Behandlung der Wirtschaft der Stadt hervorgerufen werden." Abschließend betonte die Bundesregierung ihre Entschlossenheit, „alles in ihrer Kraft stehende zu tun, um Reibungspunkte mit der Sowjetunion auszuräumen und ein Verhältnis beiderseitiger fruchtbringender Zusammenarbeit zu ermöglichen". Vgl. VS-Bd. 4627 (II A 4); B 150, Aktenkopien 1970.

[4] Dem Vorgang beigefügt. Staatssekretär Duckwitz betonte in der Zusatzerklärung u. a., daß die Bundesregierung „die bevorstehenden Verhandlungen der Vier Mächte für die entscheidend wichtige Chance" halte, eine Verständigung „über eine solide Basis für die künftige friedliche Entwicklung Berlins zu finden". Die Bundesregierung werde „ihre Haltung an dem Ergebnis dieser Vier-Mächte-Gespräche orientieren". Vgl. VS-Bd. 4627 (II A 4); B 150, Aktenkopien 1970.
Diese mündliche Erklärung, in der die Rolle der Vier-Mächte-Gespräche über Berlin betont wurde, wurde auf amerikanischen Wunsch abgegeben. Vgl. dazu die Aufzeichnung des Ministerialdirektors Ruete vom 23. Januar 1970; VS-Bd. 4526 (II A 1); B 150, Aktenkopien 1970.

Herr Staatssekretär Duckwitz machte sodann seinerseits zwei Bemerkungen:

1) Die Amerikaner, Engländer und Franzosen betrachteten die Tagungen der parlamentarischen Gremien der Bundesrepublik Deutschland in Berlin, die seit vielen Jahren stattfinden, als legitim.

2) Die in der Erklärung ausgesprochene Bereitschaft der Bundesrepublik Deutschland zu gewissen Kompromissen in der Frage der politischen Aktivitäten des Bundes in Berlin, falls die Sowjetunion und die DDR eine konstruktive Haltung zeigen, sei, wie er unterstreichen möchte, im besonderen Zusammenhang mit seinen Bemerkungen zu den bevorstehenden Vier-Mächte-Verhandlungen über Berlin zu sehen.

3) Gesandter Bondarenko meinte, wenn die Sowjetregierung mit der Haltung der Westmächte nicht einverstanden sei, so sage sie es diesen Mächten unmittelbar. Im übrigen seien Verlauf und endgültiges Ergebnis der vorgesehenen Vier-Mächte-Gespräche noch ungewiß.

Die Unterredung verlief in sachlicher Atmosphäre und dauerte etwa ½ Stunde.[5]

Blumenfeld

VS-Bd. 4627 (II A 4)

20

Bundesminister Scheel an Botschafter Allardt, Moskau

St.S. 42/70 geheim   Aufgabe: 23. Januar 1970, 18.29 Uhr[1]
Fernschreiben Nr. 54
Citissime

Für Botschafter ausschließlich

Für die Führung des nächsten Gesprächs mit Außenminister Gromyko, das angesichts der zur Debatte stehenden Fragen von besonderer Bedeutung sein wird, werde ich Herrn Staatssekretär Bahr mit kleinem Stab nach dort entsenden. Die Dauer seines Aufenthalts richtet sich nach dem Ausgang des ersten Gesprächs und der sich daraus möglicherweise ergebenden Notwendigkeit von Fortsetzungen.[2]

---

[5] Am 23. Februar 1970 teilte Ministerialdirektor Ruete der Botschaft in Washington mit, daß die UdSSR der Erklärung der Bundesregierung vom 23. Januar 1970 „in der Zwischenzeit nicht widersprochen" habe. Vgl. den Drahtbericht Nr. 734; VS-Bd. 4479 (II A 1); B 150, Aktenkopien 1970.

[1] Der Drahterlaß wurde von Staatssekretär Duckwitz am 23. Januar 1970 konzipiert.

[2] Zur Entsendung des Staatssekretärs Bahr, Bundeskanzleramt, nach Moskau vermerkte Helmut Allardt im Rückblick: „Am 23. Januar erhielt ich vom Bundesaußenminister ein Telegramm, nach dem er – um die Bedeutung der Besprechungen hervorzuheben – zum nächsten Gespräch mit Gromyko Staatssekretär Bahr entsenden werde." Im folgenden setzte sich Allardt mit der in der Presse erhobenen Behauptung auseinander, er habe „nicht mit dem genügenden Engagement'" verhandelt: „'Nicht genügendes Engagement' – ein Vorwurf, der sicherlich in vollem Umfange berechtigt

Nach dieser Zwischenphase, die durch die Entsendung von Staatssekretär Bahr die starke Bedeutung hervorheben soll, die wir ihr zumessen, würde die Delegationsleitung wieder von Ihnen übernommen werden. Selbstverständlich nehmen Sie auch an den Gesprächen von Staatssekretär Bahr teil.

Staatssekretär Bahr ist ab kommenden Donnerstag, dem 29. Januar, in Moskau gesprächsbereit. Sie werden gebeten, unverzüglich um einen Termin bei Außenminister Gromyko ab 29. Januar zu bitten und bei dieser Gelegenheit auch dem dortigen Außenministerium gegenüber unsere Bitte auf Geheimhaltung vorzubringen. Ankunft Bahr richtet sich nach dem von Ihnen vereinbarten Termin.[3]

Ich bitte um strikteste Geheimhaltung, auch in der Botschaft.

Scheel[4]

VS-Bd. 506 (Büro Staatssekretär)

Fortsetzung Fußnote von Seite 73

war, wenn man Engagement mit Schnelligkeit übersetzte; denn daß es der amtierenden Bundesregierung eben darauf ankam, hat die weitere Entwicklung bewiesen. Es war nicht der Ehrgeiz, mit den Sowjets zu einem möglichst ausgewogenen Vertrag zu kommen – gleichviel, wie lange so etwas dauern würde –, es waren, wie ‚Der Spiegel' schrieb, ‚die Landtagswahlen an Rhein, Ruhr und Saar' am 14. Juni 1970, die die Bundesregierung in Moskau zur Eile trieben. [...] Was mich irritierte, war also nicht etwa die Beauftragung eines Staatssekretärs, die sich übrigens protokollarisch schon deshalb anbot, weil der Bundeskanzler inzwischen beschlossen hatte, Georg F. Duckwitz, den Staatssekretär im Auswärtigen Amt, zu Parallelverhandlungen nach Warschau zu entsenden, sondern der Zeitpunkt! Aus ihm ging hervor, daß Bonn die Sondierungsphase bereits als abgeschlossen betrachtete und nunmehr direkt aufs Ziel, einen Vertragsabschluß, zugehen wollte. Mir erschien diese Beauftragung verfrüht." Vgl. ALLARDT, Tagebuch, S. 264 f.

[3] Das erste Gespräch des Staatsssekretärs Bahr, Bundeskanzleramt, mit dem sowjetischen Außenminister Gromyko fand am 30. Januar 1970 statt. Vgl. Dok. 28.

[4] Paraphe.

21

Botschafter Allardt, Moskau, an Bundesminister Scheel

Z B 6-1-10390/70 geheim Aufgabe: 25. Januar 1970, 18.30 Uhr
Fernschreiben Nr. 118 Ankunft: 25. Januar 1970, 19.30 Uhr
Citissime

Nur für Minister, Staatssekretär[1] und D II[2]

Betr.: Deutsch-sowjetische Gewaltverzichtsgespräche

Bezug: DE Nr. 41 vom 21.1. – II B 2 – geh.[3]
DB Nr. 94 vom 22.1. – II B 2 – geh.[4]

I. Innerdeutsche Beziehungen

Ich rege an, I. der Instruktion ab Ziff. 2 wie folgt umzustellen bzw. neu zu fassen:

Der Minister des Auswärtigen der UdSSR hat im Gespräch vom 23.12.[5] eine Frage nach dem von uns angestrebten Vertrag mit der DDR gestellt. Bevor ich die Frage beantworte, möchte ich zunächst einige grundsätzliche Bemerkungen machen, die das Verständnis meiner Antwort erleichtern sollen.

1) Die Deutschland-Frage ist ein Problem der europäischen Friedensordnung. Um in der Mitte Europas zu einer echten Normalisierung der Verhältnisse kommen zu können, müssen beide deutsche Seiten an der Wahrung der Vier-Mächte-Verantwortung für Berlin und Deutschland als Ganzes sowie mit Unterstützung und Billigung der Vier Mächte den Rahmen für eine friedliche Entspannung und Annäherung zwischen der Bundesrepublik Deutschland und der DDR schaffen. Dabei muß das gegenwärtige friedenssichernde Gleichgewicht auf dem europäischen Kontinent respektiert werden. Ein entsprechender Vertrag über die gleichberechtigte Zusammenarbeit zwischen der Bundesrepublik und der DDR müßte daher im Einvernehmen mit den vier für Berlin und Deutschland als Ganzes verantwortlichen Mächten vereinbart werden; er müßte von dem Bestreben beider deutscher Seiten geleitet sein, die Voraussetzung für eine Annäherung im Interesse der Zukunft der Nation zu schaffen und ein gleichberechtigtes Verhältnis der guten Nachbarschaft herbeizuführen. Die Bundesre-

---

[1] Georg Ferdinand Duckwitz.
[2] Hans Ruete.
[3] Ministerialdirektor Ruete übermittelte den Entwurf einer Instruktion an Botschafter Allardt, Moskau, und führte dazu aus: „Der Entwurf ist vom Minister und vom Bundeskanzleramt noch nicht gebilligt. Ich wäre dankbar, wenn Sie per FS-Schriftbericht möglichst bis Donnerstag [22. Januar 1970] zu dem Weisungsentwurf Stellung nehmen könnten." Vgl. VS-Bd. 4549 (II B 2); B 150, Aktenkopien 1970.
Für den Entwurf der Instruktion vom 19. Januar 1970 vgl. Dok. 12.
[4] Botschafter Allardt, Moskau, hob hervor, daß es „dringend erforderlich" sei, „bei der Präsentation unseres Standpunktes und der Wahl unserer Argumente stärker auf die spezifische Gedankenführung Gromykos einzugehen, als dies in der jetzigen Fassung der Weisung geschieht". Allardt bat um eine Fristverlängerung für die Ausarbeitung einer Stellungnahme zu der Instruktion. Vgl. VS-Bd. 4549 (II B 2); B 150, Aktenkopien 1970.
[5] Zum dritten Gespräch des Botschafters Allardt, Moskau, mit dem sowjetischen Außenminister Gromyko über einen Gewaltverzicht vgl. AAPD 1969, II, Dok. 411 und Dok. 413.

gierung mißt dem innerdeutschen Ausgleich eine zentrale Bedeutung für den von ihr angestrebten Ausgleich mit dem Osten bei. Der Bundeskanzler hat daher am 22.1.70 in einem Brief der DDR Verhandlungen vorgeschlagen.[6] Die Bundesregierung geht davon aus, daß diese Verhandlungen in enger Abstimmung mit den Vier Mächten geführt werden. Sie hofft, daß die Verhandlungen zu einem positiven, für den Frieden in Europa nützlichen Ergebnis führen werden. Dies setzt allerdings voraus, daß auch die Führung der DDR einsichtig und verantwortungsbewußt handelt.

2) Wir haben leider nicht den Eindruck, daß Herr Ulbricht sich diejenige Mäßigung auferlegt, die nun einmal Voraussetzung für jede Verständigung ist. Jedenfalls ist die Berufung auf eine Position der Stärke bzw. auf bestehende Kräfteverhältnisse, wie dies Herr Ulbricht in seiner Pressekonferenz vom 19.1.[7] tat, nur geeignet, einer Verständigung Hindernisse in den Weg zu legen.

Verhandlungen, die zu Fortschritten in Mitteleuropa führen sollen, insbesondere Verhandlungen zwischen der Bundesrepublik Deutschland und der DDR, müssen von der Gegebenheit der unterschiedlichen gesellschaftlichen Strukturen ausgehen. Die Bundesrepublik Deutschland betreibt nicht die Umwälzung der gesellschaftlichen Verhältnisse in der DDR; es wäre angebracht, wenn die Regierung der DDR umgekehrt nicht den Umsturz der Ordnung in der Bundesrepublik Deutschland verlangen würde.

Die Bundesregierung führt die Gespräche in dem Bewußtsein, daß Fortschritte nur unter Beachtung der vitalen Sicherheitslage in Europa erzielt werden können. Sie unterläßt daher Forderungen, die die gegebene Sicherheitslage gefährden würden. Demgegenüber propagiert Herr Ulbricht in steigendem Maße die Forderung, die Bundesregierung solle sich von den Verträgen mit ihren Verbündeten lösen. Abgesehen davon, daß es sich hier um eine völlig indiskutable Forderungen handelt, ist ein solches Verlangen mit einer verantwortungsbewußten Haltung gegenüber dem friedenssichernden Gleichgewicht in Europa nicht vereinbar. Bekanntlich verlangt auch die Bundesrepublik nicht die Lösung der DDR aus dem Verband des Warschauer Paktes.

3) Für das Verhältnis der beiden deutschen Staaten zueinander sind nach Auffassung der Bundesregierung folgende Tatsachen maßgebend:

a) Beide Seiten gehören zu einer in Jahrhunderten geschichtlich und kulturell gewachsenen Nation. Im Laufe dieser Jahrhunderte haben sich die Deutschen in Mitteleuropa trotz zahlreicher Wandlungen der staatlichen Struktur stets als eine Nation empfunden. Dies ist auch heute so, wie ein Blick in die Verfassungen der Bundesrepublik Deutschland und der DDR beweist. Beide Verfassungen haben es den Staatsorganen zur Pflicht gemacht, die Einheit der Nati-

---

[6] Zum Schreiben des Bundeskanzlers Brandt an den Vorsitzenden des Ministerrats, Stoph, vgl. Dok. 12, Anm. 16.
Damit antwortete Brandt auf den von Staatsratsvorsitzendem Ulbricht am 17. Dezember 1969 übermittelten „Entwurf für einen Vertrag über die Aufnahme gleichberechtigter Beziehungen zwischen der Deutschen Demokratischen Republik und der Bundesrepublik Deutschland". Für den Wortlaut des Schreibens sowie des Entwurfs vgl. EUROPA-ARCHIV 1970, D 190–193.

[7] Zu den Ausführungen des Staatsratsvorsitzenden Ulbricht vgl. Dok. 12, Anm. 10.

on zu wahren und zu fördern sowie die Voraussetzung zur Annäherung beider Teile im Interesse der Zukunft der Nation zu schaffen.[8]

b) Beide Teile Deutschlands haben gemeinsam eine nationale Verantwortung als Folge des Zweiten Weltkriegs zu tragen; sie unterhalten mangels eines Friedensvertrages für Deutschland spezielle politische und vertragliche Beziehungen mit den Vier Mächten.

c) Berlin ist geteilt; die Vier Mächte und die beiden deutschen Seiten stehen zu ihm in einem besonderen Verhältnis.

Mit diesen Feststellungen stellt die Bundesregierung nicht irgendeine These auf, sondern lenkt den Blick lediglich auf vorhandene Realitäten.

4) Ein Vertrag zwischen der Bundesrepublik Deutschland und der DDR muß also diesen Realitäten Rechnung tragen. Er muß dementsprechend von besonderer Art sein. Der Vertrag sollte alles regeln, was wegen der Besonderheit der Lage in Deutschland einer speziellen Regelung bedarf. Dabei würden bei der Regelung des Verhältnisses zwischen der Bundesrepublik Deutschland und der DDR solche allgemein anerkannten Prinzipien entsprechende Anwendung finden, die aus der Natur der Sache für ein geordnetes friedliches Nebeneinander staatlicher Ordnungen notwendig sind, einschließlich des Gewaltverzichts. Zu der vom sowjetischen Außenminister am 23.12. gestellten Frage nach der Verbindlichkeit eines Vertrages zwischen der Bundesrepublik Deutschland und der DDR erklärt die Bundesregierung noch einmal – ergänzend zu dem, was in den voraufgegangenen Gesprächen bereits Gegenstand der Diskussion war, – folgendes:

Ein Vertrag zwischen der Bundesrepublik Deutschland und der DDR darf nicht etwa von minderer Verbindlichkeit sein, sondern muß auf dem in allen Rechtssystemen gültigen Grundsatz der Vertragstreue beruhen. Beide Seiten müssen also die uneingeschränkte rechtsgültige Verbindlichkeit des Vertrages anerkennen.

Ein Vertrag zwischen der Bundesrepublik Deutschland und der DDR muß ein gleichberechtigter Vertrag sein. Er soll nicht etwa ein Verhältnis von Überordnung und Unterordnung und schon gar nicht eine Vormundschaft über die DDR begründen.

Wie die Erfahrung erwiesen hat, kann ein Vertrag dieser Art wirksam, dauerhaft und von großer Bedeutung sein. Seit fast zwei Jahrzehnten wird der innerdeutsche Handel auf der Grundlage eines Vertrages[9] abgewickelt, der einen spezifisch innerdeutschen Charakter hat. Auf Grund dieses Abkommens sind seit 1951 zwischen der Bundesrepublik Deutschland und der DDR Waren im Werte von ....[10] (bitte dort einsetzen) Verrechnungseinheiten ausgetauscht worden. Ferner sind der DDR auf Grund dieses Vertrages Kredite in Höhe von ....[11]

---

[8] Zu den Bestimmungen im Grundgesetz vom 23. Mai 1949 und in der Verfassung der DDR vom 6. April 1968 vgl. Dok. 12, Anm. 13.

[9] Für den Wortlaut des Abkommens vom 20. September 1951 über den Handel zwischen den Währungsgebieten der Deutschen Mark (DM-West) und den Währungsgebieten der Deutschen Mark der Deutschen Notenbank (DM-Ost) (Berliner Abkommen) in der Fassung der Vereinbarung vom 16. August 1960 vgl. BUNDESANZEIGER, Nr. 32 vom 15. Februar 1961, Beilage, S. 2.

[10] Auslassung in der Vorlage.

[11] Auslassung in der Vorlage.

(bitte dort einsetzen) Verrechnungseinheiten eingeräumt worden. Auch darf nicht unerwähnt bleiben, daß die Bundesregierung dem besonderen Verhältnis zwischen den beiden deutschen Staaten dadurch Rechnung getragen hat, daß sie der DDR im Bereich des Warenverkehrs mit dem EWG-Raum eine bevorzugte Stellung verschafft hat, die kein anderes Nicht-Mitglied der EWG besitzt. Wenn die Bundesregierung hier auf den Vertrag über den innerdeutschen Handel verweist, tut sie dies nicht, weil sie für den angestrebten Vertrag mit der DDR irgendwelche Nomenklaturen oder andere Elemente und Implikationen dieses Vertrags ins Auge faßt; vielmehr will sie lediglich damit zum Ausdruck bringen – dies aber mit allem Nachdruck –, daß Verträge spezifischer Natur, die dem besonderen Verhältnis zwischen den beiden deutschen Staaten Rechnung tragen, nicht nur möglich sind, sondern sich auch bewährt haben, und zwar auf einem Gebiet, dem außerordentliche Bedeutung zukommt.

5) Zum Abschluß meiner Ausführungen über das Verhältnis der beiden deutschen Staaten möchte ich noch eine wichtige Anmerkung machen.

Die Schwierigkeiten im Verhältnis der beiden deutschen Staaten zueinander können nach Auffassung der Bundesregierung nicht als ein Grenzproblem qualifiziert werden. Die Trennungslinie zwischen den beiden deutschen Staaten ist nicht die Ursache des unbefriedigenden Standes der Deutschland-Frage, sondern ihr Ergebnis. Aber auch insoweit ist die Bundesrepublik zu einem verbindlichen Gewaltverzicht bereit. Die Bundesregierung geht davon aus, daß ein GV-Abkommen mit der Sowjetunion ein Muster für eine entsprechende Vereinbarung mit der DDR abgeben könnte und daß dies die Aufnahme von Verhandlungen mit der DDR vor Abschluß der Gespräche mit der Sowjetunion nicht hindert. So haben wir auch die Ausführungen des Herrn Ulbricht vor der Presse am 19. Januar verstanden. Die Bundesregierung wäre interessiert, die Meinung der sowjetischen Regierung hierüber kennenzulernen.

Die Deutschland-Frage ist nach Auffassung der Bundesregierung ein Problem der friedlichen Ordnung und Zusammenarbeit zweier Teile einer Nation, die zur Zeit daran gehindert sind, ein normales Zusammenleben herzustellen. Die Überwindung der Ursachen, die heute die Deutschen in Mitteleuropa daran hindern, zusammen zu leben, bedeutet in der Sicht der Bundesregierung gleichzeitig den Fortfall der Trennungslinie zwischen den beiden deutschen Staaten. Daraus ergibt sich, daß die Trennungslinie zwischen den beiden deutschen Staaten in der Substanz kein selbständiges Grenzproblem ist und auch nicht als Grenzproblem verselbständigt werden kann.

Ebensowenig sieht die Bundesregierung das Verhältnis der beiden deutschen Staaten zueinander als ein Territorialproblem an.

Die Bundesregierung sucht die Teilung Deutschlands nicht in Verletzung der territorialen Integrität der DDR zu überwinden, indem sie etwa verlangt, daß die DDR dem Staatsverband der Bundesrepublik Deutschland einverleibt werde.

Anmerkung zu den vorgeschlagenen Änderungen von I. der Instruktion

a) Es erscheint mit zweckmäßig, mit Angriffen auf Ulbricht vorsichtig zu sein, um Gromyko nicht zu veranlassen – möglicherweise contre cœur – sich als Anwalt Ulbrichts stärker zu engagieren, als dies in den bisherigen Gesprächen geschehen ist. Die jüngste Pressekonferenz Ulbrichts erweckt den Eindruck, daß es zwischen Ost-Berlin und Moskau Differenzen über unsere Gespräche mit den Sowjets gibt. Deshalb rege ich an, nur in den Punkten Kritik an Ulbricht zu üben, bei denen angenommen werden kann, daß auch Moskau seine Haltung nicht billigt. Diese Punkte sind in der oben vorgeschlagenen Fassung enthalten. Hingegen schlage ich vor, I. 2 a) der Instruktion ersatzlos wegfallen zu lassen.

b) Bezüglich der völkerrechtlichen Qualität von Verträgen zwischen uns und der DDR ist angesichts der sowjetischen Völkerrechtslehre äußerste Vorsicht am Platze, wenn man eine völkerrechtliche Anerkennung der DDR vermeiden will. Nach herrschender Lehre des sowjetischen Völkerrechts impliziert der Abschluß eines bilateralen völkerrechtlichen Vertrages die völkerrechtliche Anerkennung des Vertragspartners. Zu diesem Thema ist soeben die Monographie „Die DDR – ein Subjekt des Völkerrechts" auf den Markt gekommen. Der Verfasser (Arzibassow) erklärt: „Die Wissenschaftler der Sowjetunion sind der Ansicht, daß der Abschluß eines bilateralen Vertrages zwischen Staaten als Beweis der offiziellen Anerkennung des einen Staates durch den anderen betrachtet wird. Der Abschluß solcher bilateraler Verträge mit der DDR bedeutet, daß der andere Staat offiziell die DDR anerkennt und den bestehenden Gesellschafts- und Staatsaufbau dieses Landes anerkennt."[12]

Zu Anerkennung der DDR heißt es an anderer Stelle: „Natürlich zieht eine Anerkennung bestimmte völkerrechtliche Folgen nach sich: Der anerkannte Staat erhält die Möglichkeit, an internationalen Angelegenheiten voll teilzunehmen...."

Unter diesen Umständen sollten wir m. E. unbedingt auf dem [...][13] besonderen innerdeutschen Handel eine sehr gute Möglichkeit gibt.

Zwar verkenne ich nicht, daß in Ziffer I. 3 c) der Instruktion nur eine indirekte völkerrechtliche Sanktionierung ins Auge gefaßt wird. Dies würde jedoch aller Voraussicht nach Gromykos Druck auf Abschluß eines völkerrechtlichen Vertrages mit der DDR nur verstärken.[14]

c) Gromyko wird weder gewillt sein noch ermächtigt werden, die vertraglichen Beziehungen zwischen Moskau und Ost-Berlin mit uns zu diskutieren. Abgesehen davon kann er diese in ihm beliebiger Weise interpretieren, ohne daß wir eine Rechtsgrundlage zum Widerspruch haben. Daher schlage ich vor, Ziffer I. 5 a) der Instruktion ersatzlos zu streichen.

Ziffer I. 5 b) der Instruktion erscheint mir bei der von mir vorgeschlagenen Fassung unserer Argumente entbehrlich; ich schlage vor, sie ersatzlos zu streichen.

---

12 Vgl. I. N. ARCIBASOV, GDR – sub-ekt meždunarodnogo prava. Moskau 1969.
13 Vorlage an dieser Stelle unvollständig.
14 Am 29. Januar 1970 teilte Ministerialdirektor Ruete der Botschaft in Moskau mit, daß infolge der in Ziffer 5 b) der Stellungnahme des Botschafters Allardt zu den Gesprächsinstruktionen erhobenen Bedenken der Absatz c) in der Instruktion dahingehend geändert worden sei, „daß die Worte ‚werden sie auch völkerrechtlich sanktioniert;' durch die Worte ‚würden sie damit auch eine zusätzliche Sanktion erhalten;' ersetzt und der anschließende letzte Halbsatz (‚von dritten Staaten würde ihnen in ihrem Verhältnis zu Deutschland und den beiden Staaten in Deutschland Rechnung getragen werden müssen') ersatzlos gestrichen wurde." Vgl. den Drahterlaß Nr. 83; VS-Bd. 4549 (II B 2); B 150, Aktenkopien 1970.

e) Ich schlage vor, Ziffer I. 6 und 7 der Instruktion wie oben unter 5) präziser zu fassen, um Gromykos Versuchen entgegenzuwirken, die Teilung Deutschlands in Form einer Grenzregelung festzuschreiben.

Grenzfragen

Der Minister des Auswärtigen der UdSSR hat am 23. Dezember zwei schriftlich formulierte Fragen übergeben. Die Bundesregierung nimmt hierzu wie folgt Stellung:

1) Zur Frage nach der Formulierung (aus dem Entwurf vom 3. Juli d. J.[15]), derzufolge die Bundesrepublik keine Gebietsansprüche gegen wen auch immer hegt, zu der der Minister klargestellt wissen wollte, ob dabei von der Bundesrepublik Deutschland in ihren gegenwärtigen Grenzen die Rede ist:

Die Frage kann grundsätzlich bejaht werden. Die Bundesregierung strebt keine Erweiterung ihres Gebiets, d. h. jenes Bereichs in Deutschland an, der von dem Gesellschafts-, Rechts- und Wirtschaftssystem der Bundesrepublik Deutschland erfaßt wird. Dementsprechend erhebt die Bundesrepublik keine Gebietsansprüche gegenüber ihren Nachbarn. Dies gilt auch gegenüber der DDR, wenngleich sie für die Bundesrepublik Deutschland kein Ausland ist.

Falls der Außenminister der UdSSR seine Frage im Zusammenhang mit Westberlin gestellt haben sollte, füge ich zur Erläuterung folgendes hinzu:

Das Verhältnis Westberlins zur Bundesregierung entspricht sowohl den Wünschen der Westberliner Bevölkerung (die bekanntlich zahlreicher ist als die Bevölkerung manches Staates, der den VN angehört) als auch den Wünschen der drei für Westberlin verantwortlichen Mächte. Überdies sind die Beziehungen der Bundesregierung zum Westberliner Senat von einer Art, die eine eventuelle Annahme, die Bundesregierung erhebe Gebietsansprüche gegenüber Westberlin, völlig ausschließt.

2) Zur Frage, ob die Bundesregierung bereit sei, die Verpflichtung auf sich zu nehmen, nicht nur zur Änderung der Grenzen keine Gewalt und keine Gewaltandrohung einzusetzen, sondern auch keine Forderungen zu erheben nach Änderung der nach dem Kriege entstandenen Grenzen als eines der Ziele ihrer Politik.

Die Politik der Bundesregierung in der Grenzfrage ist völlig klar und konsequent. Was die heutige praktische Lage angeht, ist die Bundesregierung der Auffassung, daß die deutsche Nation auf dem Boden Deutschlands in seinen tatsächlichen Grenzen von 1970 in zwei Staaten gegliedert ist. Wie bereits ausgeführt, erhebt die Bundesrepublik keine Gebietsansprüche gegenüber der DDR. Sie ist ferner der Auffassung, daß die endgültige Festlegung der Grenzen Deutschlands bis zu einer friedensvertraglichen Regelung zwischen einer entsprechend legitimierten deutschen Regierung und den Regierungen seiner ehemaligen Gegner aufgeschoben werden muß. In dieser Auffassung ist sie sich mit den Regierungen Frankreichs, Großbritanniens und der USA einig.

Diese Auffassungen der Bundesregierung bedeuten praktisch, daß sie eine endgültige Festlegung der Grenzen Deutschlands und damit eine eventuelle Ände-

---

15 Für den Entwurf der Bundesregierung für eine Erklärung der Bundesrepublik bzw. der UdSSR über einen Gewaltverzicht vgl. AAPD 1969, II, Dok. 219.

rung der heutigen Grenzen erst im Rahmen eines Friedensvertrages für möglich hält. Daraus ergibt sich logischerweise, daß eine Politik mit dem Ziel einer Änderung der Grenzen Deutschlands praktisch überhaupt erst einsetzen kann, wenn eine entsprechend legitimierte deutsche Regierung Friedensverhandlungen mit den Regierungen der früheren Gegner Deutschlands aufnimmt bzw. sich eine derartige Entwicklung abzeichnet. Es bedarf keiner weiteren Begründung, daß es sich hierbei nicht um ein Problem der Politik unserer Tage handelt.

Die Bundesregierung hofft, daß ihr Standpunkt von der sowjetischen Regierung verstanden und gewürdigt werden wird. Dem Handlungsspielraum der Bundesregierung sind in dieser Frage rechtliche und politische Grenzen gesetzt. Es wäre daher gut, die Bundesregierung nicht zu überfordern, sondern die gegebenen Möglichkeiten zu nutzen, um zu einem ersten, aber gewiß weiterführenden Ergebnis zu gelangen. Die von der Bundesregierung erklärte Bereitschaft, auf die Anwendung und Androhung von Gewalt auch zur endgültigen Lösung der noch offenen Grenzfragen ausdrücklich und rechtsverbindlich zu verzichten, dient der Entspannung in Europa; sie soll dazu beitragen, daß das gegenseitige Mißtrauen abgebaut wird und eine europäische Friedensordnung geschaffen werden kann, in der auch die noch offenen Grenzfragen in einer für die beteiligten Völker akzeptablen Form endgültig geregelt werden können. Die Bundesregierung hofft, daß die sowjetische Regierung die Bedeutung dieser Politik erkennen und im gleichen Geiste den auch von ihrer Seite erforderlichen Beitrag zu einer dem Frieden dienenden Verständigung leisten wird.

Anmerkungen zu den vorgeschlagenen Änderungen zu II. der Instruktion:

Zur ersten Frage:

Ich halte es nicht für zweckmäßig, bei dieser Frage vom Geltungsbereich des Grundgesetzes zu sprechen, da Gromyko versuchen kann, uns mit der Gegenfrage, ob Westberlin darin eingeschlossen sei, alsbald in jene Art einer Berlin-Diskussion verwickeln, die wir unbedingt vermeiden müssen. Wenn Gromyko hingegen die oben vorgeschlagene Formulierung („... Gebiet, d. h. jener Bereich in Deutschland, der von dem Gesellschafts-, Rechts- und Wirtschaftssystem der Bundesrepublik Deutschland erfaßt wird") angreift, kann mit der Realität dieser Lage repliziert und bezüglich völkerrechtlich-politischer Einwendungen von seiner Seite auf die bevorstehenden Berlin-Gespräche mit den Drei Mächten verwiesen werden.

Zur zweiten Frage:

Mit der im Instruktionsentwurf vorgesehenen Beantwortung würde ich wahrscheinlich eine uferlose völkerrechtliche Argumentation eröffnen, in der Argument gegen Argument gesetzt würde, ohne daß es zu irgendeiner Übereinstimmung käme, abgesehen davon wird durch die im Instruktionsentwurf vorgesehene Antwort die Frage Gromykos m. E. nicht ausreichend beantwortet.

Allerdings räume ich ein, daß die von mir vorgeschlagene Diktion der Antwort (Deutschland in seinen tatsächlichen Grenzen von 1970) von den Sowjets dahingehend interpretiert werden kann, daß die Bundesregierung ihre Auffassung von dem völkerrechtlichen Fortbestand Deutschlands in den Grenzen von 1937 aufgegeben hat. Soweit dies später erforderlich erscheint, kann diese Auffassung

81

mit dem Hinweis entkräftet werden, daß nur die heutige praktische Lage definiert worden ist.

Wie schon bei früheren Gelegenheiten vorgebracht, scheint es mir auch hier äußerst bedenklich, sich gegenüber den Sowjets in einer Weise auf das Potsdamer Abkommen zu berufen, die den Eindruck erwecken kann, daß wir dieses Abkommen als rechtsverbindlich für uns betrachten (vgl. Ziffer 2 c der Instruktion zu den Grenzfragen). Wenn wir auf dieser Grundlage zu einer Vereinbarung mit den Sowjets kämen, brächten wir uns gleichzeitig um ihre politische Frucht, nämlich den gleichberechtigten Modus vivendi mit der UdSSR. In der politischen Praxis könnten wir nicht einerseits den Vorbehalt der friedensvertraglichen Regelung der Grenzfrage des Potsdamer Abkommens für uns in Anspruch nehmen, andererseits den Sowjets die Rechtsgrundlage für ihre aus dem Abkommen hergeleiteten Forderungen nach Abkehr der Bundesrepublik vom Militarismus, (Neo-)Nazismus, Monopolkapitalismus usw. absprechen. Dabei spielt es keine Rolle, daß diese Forderungen weder begründet noch durchsetzbar sind. Entscheidend wäre vielmehr, daß nach Anerkennung eines Teils des Potsdamer Abkommens es für die Sowjets selbstverständlich wäre, auch die Forderung nach Anerkennung des anderen Teils des Abkommens zum Gegenstand der deutsch-sowjetischen Beziehungen zu machen, unabhängig davon, ob ein GV-Abkommen besteht oder nicht.

Unsere Auffassung, daß die endgültige Festlegung der Grenzen nur durch einen Friedensvertrag erfolgen kann, bedarf keiner Begründung durch das Potsdamer Abkommen. Nach völkerrechtlicher Praxis können Gebietsveränderungen als Folge eines Krieges nur durch Annexion oder friedensvertragliche Regelung erfolgen. Die östliche Seite hat jedoch bisher das Vorliegen einer Annexion bestritten. Auch zur Begründung der Vier-Mächte-Verantwortung für Deutschland als Ganzes ist eine Bezugnahme auf das Potsdamer Abkommen nicht erforderlich. Die Vier Mächte haben sich zu dieser Verantwortung unabhängig vom Potsdamer Abkommen in der Genfer Direktive vom 23. Juli 1955[16] bekannt.

[gez.] Allardt

VS-Bd. 4549 (II B 2)

---

[16] In der Direktive, die Präsident Eisenhower, Ministerpräsident Bulganin, Premierminister Eden und Ministerpräsident Faure zum Abschluß der Konferenz der Regierungschefs der Vier Mächte vom 18. bis 23. Juli 1955 in Genf den Außenministern erteilten, wurde ausgeführt: „The Heads of Government, recognizing their common responsibility for the settlement of the German question and the reunification of Germany, have agreed that the settlement of the German question and the reunification of Germany by means of free elections shall be carried out in conformity with the national interests of the German people and the interests of European security." Vgl. DzD III/1, S. 215.

22

Aufzeichnung des Vortragenden Legationsrats Wilke

MB 0153/70 geheim 26. Januar 1970

Betr.: Gespräch zwischen Bundesminister des Auswärtigen (BM) und dem Präsidenten der Claims Conference und des jüdischen Weltkongresses, Dr. Nahum Goldmann (G.), am 26. Januar 1970, von 12.15 Uhr bis 12.45 Uhr

G. sprach zwei Themen an:

1) Gesundheitsschäden Israel
2) Lage in Nahost

1) Gesundheitsschäden:

G. stellte zunächst kurz die Vorgeschichte des Problems dar (Haager Verhandlungen[1], Unzulänglichkeit der Regelung des Wiedergutmachungsabkommens im Punkt Gesundheitsschäden[2], Unbilligkeit des Ausmaßes der individuellen Entschädigung von Geschädigten in Israel einerseits und in Deutschland andererseits).

G. bemerkte sodann, mit der von der Bundesregierung beabsichtigten Regelung[3], zu der er, G., beigetragen habe, sei das Problem im Prinzip erledigt. In Israel habe man jedoch hinsichtlich der Durchführung gewisse Sorgen gehabt. Man habe befürchtet, daß die neue Bundesregierung im Hinblick auf ihre nuancierte Ostpolitik und ihre Politik gegenüber den arabischen Staaten der be-

---

[1] Zu den Verhandlungen über Wiedergutmachung von 20. März bis 28. August 1952 in Wassenaar bei Den Haag vgl. AAPD 1952, besonders Dok. 209.

[2] In einem Schriftwechsel, der Bestandteil des Abkommens vom 10. September 1952 zwischen der Bundesrepublik und Israel über Wiedergutmachung (Luxemburger Abkommen) wurde, erklärte sich Israel damit einverstanden, daß nach Israel eingewanderte jüdische Flüchtlinge von der Bundesrepublik keine Entschädigungsleistungen für Gesundheitsschäden erhalten würden. Für den Wortlaut der Schreiben 1a und 1b vgl. BUNDESGESETZBLATT 1953, Teil II, S. 65–67.
Mit Verbalnote vom 3. Oktober 1967 bekräftigte die israelische Regierung ihren seit 1962 vorgetragenen Rechtsstandpunkt, demzufolge von einem Wegfall der Rechtsgrundlage des Luxemburger Abkommens ausgegangen werden müsse und weitere Ansprüche Israels auf Entschädigung für gesundheitsgeschädigte Opfer des Nationalsozialismus bestünden. Sie wies darauf hin, daß die Rentenzahlungen durch die wachsende Zahl jüdischer Einwanderer nach Israel wesentlich höher lägen als beim Abschluß des Luxemburger Abkommens erwartet worden sei. Für den Wortlaut der Note vgl. Referat V 2, Bd. 1282.

[3] Ministerialdirektor Groepper erläuterte am 8. Dezember 1969 die von Bundeskanzler Brandt und Bundesminister Möller angestrebte Lösung: „Zum Ausgleich der israelischen Forderungen stellt die Bundesregierung zunächst 100 Mio. DM zur Verfügung und zwar aus Einsparungen in Titeln, die für Rückerstattungsleistungen vorgesehen sind. Dieser Betrag soll jedoch nicht an die israelische Regierung überwiesen werden, sondern die Bundesregierung soll etwa drei Jahre lang sämtliche Rentenzahlungen an die betroffenen Wiedergutmachungsberechtigten in Israel übernehmen, bis etwa 100 Mio. DM erreicht sind. Nach Ablauf dieser drei Jahre soll geprüft werden, ob eine Verlängerung dieser Regelung angebracht ist." Vgl. Referat 514, Bd. 1220.
Am 11. Dezember 1969 beauftragte das Bundeskabinett den Bundesminister der Finanzen, „Verhandlungen mit dem Ziel zu führen, eine abschließende Regelung in dem von ihm dargestellten Rahmen herbeizuführen. Dabei ist die Regelung nur auf Leistungen nur an Einzelpersonen gewährt werden. Der Beschluß wird nicht veröffentlicht." Vgl. das Schreiben des Staatssekretärs Harkort vom 26. Januar 1970 an Staatssekretär Bahr, Bundeskanzleramt; VS-Bd. 5759 (V 2); B 150, Aktenkopien 1970.

absichtigten Regelung vielleicht weniger Interesse entgegenbringen würde als ihre Vorgängerin. Er, G., und der ehemalige israelische Botschafter in Bonn, Ben Natan, hätten in Israel jedoch diese Befürchtungen weitgehend zerstreuen können.

G. meinte, daß die vorgesehene Regelung keine Angriffe arabischer Regierungen auf die Bundesregierung zur Folge haben werde, weil die Araber gegen individuelle Entschädigung von Juden in Israel nichts einzuwenden hätten.

BM äußerte zu der zuletzt erwähnten Bemerkung von G. Zweifel. Er meinte, es müsse noch einmal die Frage untersucht werden, ob es zweckmäßig sei, die vorgesehene Regelung geheimzuhalten oder ob es sich nicht vielmehr empfehle, diese an sich legitime Regelung individueller Schäden offenzulegen und dadurch etwaigen Angriffen von arabischer oder anderer Seite von vornherein entgegenzuwirken.

G. bemerkte schließlich, der Bundesregierung würden keine zusätzlichen Kosten durch die vorgesehene Regelung entstehen, weil für diese Fälle der sogenannte „Härtefonds"[4] in Anspruch genommen werden könne.[5] Nachdem BM geäußert hatte, seines Wissens sei der „Härtefonds" bereits erschöpft, erklärte G.: Er hoffe, daß das Bundesverfassungsgericht die gegenwärtige Verordnung[6] aufheben werde, die den „Härtefonds" in Höhe von etwa 200–250 Millionen DM Schadensregelungen belaste, die gar nicht dort hingehörten.

G. bat BM schließlich, darauf hinzuwirken, daß sich die Bundesregierung bei der Durchführung der Regelung (insbesondere in der Verzinsungsfrage) großzügig erweise. Solche kleinen Gesten würden das Bild der BRD in Israel so günstig erhalten, wie das bisher der Fall gewesen sei.

2) Beurteilung der Lage in Nahost:

Hierzu führte G. aus:

Eine Verständigung zwischen Israelis und Arabern unmittelbar halte er für aus-

---

[4] Mit dem Dritten Gesetz vom 2. Oktober 1964 zur Änderung des Gesetzes vom 19. Juli 1957 zur Regelung der rückerstattungspflichtigen Geldverbindlichkeiten des Deutschen Reichs und gleichgestellter Rechtsträger (Bundesrückerstattungsgesetz) wurde ein Paragraph 44 a eingefügt. Darin wurden die Voraussetzungen für einen „Härteausgleich" in den Fällen festgelegt, in denen die Geschädigten die Entziehung der Vermögenswerte nicht fristgerecht melden konnten. In Paragraph 44 a, Absatz 11 wurde ausgeführt: „Für die Durchführung der Bestimmungen der Absätze 1 bis 10 werden im Rahmen der im jeweiligen Haushaltsplan ausgebrachten Mittel bis zu 800 Millionen DM zur Verfügung gestellt. Die endgültige Höhe des im Einzelfall zu gewährenden Härteausgleichs ist durch eine bis zum 1. Juli 1967 zu erlassende Rechtsverordnung der Bundesregierung festzusetzen, die der Zustimmung des Bundesrates bedarf." Vgl. BUNDESGESETZBLATT 1964, Teil I, S. 813.

[5] Ministerialdirektor Groepper legte am 26. Januar 1970 dar, daß der Präsident der „Conference on Jewish Material Claims against Germany", Goldmann, vorgeschlagen habe, aus dem Härtefonds sollten „einige 100 Mio. DM für Israel abgezweigt werden, so daß die Bundesregierung ohne zusätzliche Belastung des Haushalts den israelischen Forderungen weitgehend entsprechen könne". Dieser „Goldmann-Plan" sei allerdings dadurch „gegenstandslos geworden, daß infolge von Modifizierungen des Bundesrückerstattungsgesetzes der erwähnte Härtefonds zum großen Teil aufgebraucht werden wird". Vgl. VS-Bd. 10105 (Ministerbüro); B 150, Aktenkopien 1970.

[6] Am 14. Mai 1965 erließ die Bundesregierung die Erste Verordnung zur Durchführung des Bundesrückerstattungsgesetzes vom 19. Juli 1957. Darin wurden die Entschädigungsleistungen ausgedehnt auf die „Entziehung von Hausrat in den ehemals besetzten Westgebieten" und auf die „Entziehung von Schmuck- und Edelmetallgegenständen in den ehemals besetzten oder eingegliederten Gebieten". Am 27. Dezember 1965 wurde diese Regelung durch eine Zweite Verordnung zur Durchführung des Bundesrückerstattungsgesetzes weiter modifiziert. Vgl. BUNDESGESETZBLATT 1965, Teil I, S. 420 f. und S. 2176.

geschlossen. Die Araber seien zu emotional, und auch die Israelis seien schließlich Semiten.

Die einzige Chance einer Friedensregelung sähe er in einer Verständigung zwischen den USA und der UdSSR. Diese beiden Mächte allein hätten es in der Hand, die Israelis und die Araber zu einer Friedensregelung zu zwingen. Aus seinen Gesprächen mit Kissinger habe er den Eindruck gewonnen, daß die Russen den Amerikanern in der Nahostfrage vielleicht entgegenkämen, wenn die Amerikaner in den Vietnamverhandlungen[7] Hanoi größere Zugeständnisse anböten. Die Amerikaner wollten aber offensichtlich z. Z. Hanoi keine weiteren Konzessionen machen.

Seiner Meinung nach arbeite die Zeit gegen Israel. Die israelische Regierung sehe sich heute einem schwächeren und daher notgedrungen intransigenteren Nasser gegenüber als vor ein oder zwei Jahren. Israels Politik sei ungeschickt gewesen. Er, G., beabsichtige demnächst, die israelische Öffentlichkeit auf die Versäumnisse der israelischen Regierungen durch Vorträge in Israel aufmerksam zu machen.

Die finanzielle Situation Israels sei besorgniserregend, auch seine Devisensituation.

Vielleicht werde die amerikanische Regierung Israel in nächster Zeit noch einmal – abgesehen von der beabsichtigten Phantom-Lieferung – wirtschaftlich unterstützen. Jedoch sei die Regierung Nixon in dieser Hinsicht unabhängiger als die Regierung Johnson. Der Einfluß der amerikanischen Juden auf die Regierung sei erheblich gesunken; sowohl das amerikanische Kabinett als auch der amerikanische Oberste Gerichtshof seien „judenrein" (wörtliches Zitat von G.).

Nach seiner Beurteilung unserer Möglichkeiten zur Wiederaufnahme der diplomatischen Beziehungen mit allen arabischen Staaten befragt, äußerte sich BM zurückhaltend unter Hinweis auf die Schwierigkeiten des Dreieckverhältnisses: Arabische Staaten – Bonn – Ostberlin.

Wilke

VS-Bd. 10105 (Ministerbüro)

---

[7] Seit 10. Mai 1968 verhandelten die USA und die Demokratische Republik Vietnam (Nordvietnam) in Paris über eine Beendigung des Vietnam-Kriegs.

23

Aufzeichnung des Ministerialdirektors Herbst

III A 6-85.00-94.29-30/70 VS-vertraulich 26. Januar 1970

Betr.: Deutsch-sowjetische Wirtschaftsbeziehungen;
hier: Bundesbürgschaft für einen Kredit an die sowjetische Außenhandelsbank zur Finanzierung von Rohrkäufen[1]

1) Es sind mir Zweifel gekommen, ob es uns gelungen ist, bei den Absprachen über die Lieferung von sowjetischem Erdgas in die Bundesrepublik und von deutschen Röhren in die Sowjetunion unser sicherlich großes wirtschaftliches und auch politisches Interesse an dem Zustandekommen dieser Geschäfte mit der Notwendigkeit in Einklang zu bringen, ein Minimum an Spielregeln für Handelsgeschäfte westlicher Länder mit der Sowjetunion zu erhalten.

MD Hankel vom BMWi gegenüber habe ich mich heftig beschwert, daß sich die zuständigen Ressorts über dieses Equilibrium nicht rechtzeitig unterhalten und geeinigt haben. Als federführendes Ressort hätte das BMWi hierzu die Initiative ergreifen müssen.

Mir selbst kann ich den Vorwurf nicht ersparen, das Abweichen der Kreditkonditionen für das Röhrengeschäft von dem bisher Üblichen nicht rechtzeitig und in seiner vollen Bedeutung erkannt und mich bisher damit beruhigt zu haben, daß der nach Umfang und Anlaufzeit ungewöhnliche Charakter des Röhrengeschäfts eine gewisse Abweichung von den bisher üblichen Kreditkonditionen wohl rechtfertigen könne.

2) Das ganze Ausmaß dieser Abweichung ist mir erst jetzt – vor allem durch den Verlauf der Konsultationen im Brüsseler Ausschuß für Kreditversicherung – bekannt geworden. Die Reaktion unserer Partner ist dort ungewöhnlich kritisch gewesen. Völlig unrecht hatte der französische Vertreter wohl nicht, wenn er feststellte, daß der deutsche Schritt in seiner Bedeutung, aber auch in seinen Folgen, der vor einigen Jahren vollzogenen Aufgabe der ursprünglichen

---

[1] Seit Sommer 1969 verhandelten Vertreter der Energiewirtschaft über die Lieferung von sowjetischem Erdgas in die Bundesrepublik und über den Export von Rohren in die UdSSR. Vgl. dazu AAPD 1969, II, Dok. 246.
Ende November und Anfang Dezember 1969 wurden zwei privatrechtliche Verträge paraphiert. Der eine sah die Lieferung von sowjetischem Erdgas an die Ruhrgas AG für einen Zeitraum von 20 Jahren, beginnend 1973, vor. Im zweiten Vertrag verpflichteten sich die Firmen Mannesmann AG und Thyssen Röhrenwerke AG zur Lieferung von 1,2 Mio. t Rohre im Wert von 1,2 Mrd. DM an die UdSSR. Vgl. dazu die Aufzeichnung des Ministerialdirektors Herbst vom 11. Dezember 1969; Referat III A 6, Bd. 435.
Ein Bankenkonsortium aus der Bundesrepublik sollte der sowjetischen Außenhandelsbank für den Bezug der Rohre einen gebundenen Finanzkredit in Höhe von 1,1 Mrd. DM gewähren. Der Zinssatz sollte sich auf 6,25 % belaufen. Herbst führte dazu am 23. Januar 1970 aus: „Die Rohre sollen in der Zeit zwischen September 1970 und September 1972 fabriziert werden. Das Darlehen soll binnen 10 Jahren nach Ende der Lieferungen, also bis September 1982 zurückgezahlt werden. Es sind 18 ungleich steigende (0,9 – 5,4 %) Halbjahresraten vorgesehen. Die letzte Rate wird 20,2 % betragen. Das Bankenkonsortium hat eine Bundesbürgschaft in Höhe der Hälfte des Kreditbetrags zuzüglich Finanzierungskosten, d. h. in Höhe von 561 Mio. DM beantragt. Eine Entscheidung ist noch nicht getroffen worden." Vgl. Referat III A 6, Bd. 435.
Die drei Verträge wurden am 1. Februar 1970 in Essen unterzeichnet.

Regeln der Berner Union[2] vergleichbar sei. Dabei lasse ich offen, ob es zutrifft, daß die bisher als 10-Jahreskredit deklarierte Absprache wegen anderer günstiger Bedingungen in Wirklichkeit eher einem Kredit mit einer Laufzeit von 13 oder sogar 15 Jahren entspricht.

3) Herr Hankel hat meine Bedenken mit dem Hinweis auszuräumen versucht, die politische Entscheidung sei auf jeden Fall zu Gunsten eines langfristigen Kredits zu den jetzt ausgehandelten Bedingungen getroffen gewesen. Diese Entscheidung habe nicht mehr umgestoßen werden können. Ich lasse dies dahingestellt, meine aber, daß es angebracht gewesen wäre, die Bundesregierung noch einmal auf die weitreichenden Folgen unseres Schrittes hinzuweisen, damit sie ihre erste Orientierung noch einmal in Kenntnis aller Umstände hätte überprüfen können. Dazu ist es nun – leider – zu spät.

4) Was ist nun zu tun?

Ich meine, daß die Ressorts sich schleunigst darüber unterhalten sollten, auf welcher Linie wir die kürzlich in Brüssel aufgenommenen Konsultationen weiterführen sollten. Die einzige schwache Verteidigungslinie, die ich sehe, ist, den Ausnahmecharakter des Geschäfts und damit auch der gewährten Kreditkonditionen zu unterstreichen. Die beiliegende offene Aufzeichnung der Abteilung III vom 23. Januar dieses Jahres enthält hierfür auf den Seiten 2 und 3 brauchbare Argumente.[3] Zufriedenstellen werden diese Argumente unsere Partner in der Gemeinschaft voraussichtlich nicht.[4]

[2] 1934 schlossen sich 18 private und öffentliche Kreditversicherungsanstalten aus 16, zumeist westeuropäischen Staaten zur Berner Union zusammen. Ziel des Zusammenschlusses war der Austausch von Informationen über Schuldnerstaaten. Im Januar 1961 wurde festgelegt, daß die Laufzeit von verbürgten Krediten fünf Jahre nicht übersteigen sollte. Dieser Grundsatz war jedoch für die Regierungen der Mitgliedstaaten nicht bindend. Darüber hinaus einigten sich im Oktober 1962 die sechs EWG-Staaten, die alle der Berner Union angehörten, daß an Ostblock-Staaten nur in Ausnahmefällen Exportkredite mit einer Laufzeit von mehr als fünf Jahren vergeben werden sollten.
Vortragender Legationsrat I. Klasse Klarenaar informierte die Botschaft in Paris am 23. März 1970, daß Großbritannien 1964 „die Reihe der westlichen Industriestaaten, die sich nicht mehr an die Berner Union halten", eröffnet habe. Gefolgt seien Frankreich, Italien, die Niederlande und Belgien, so daß in der Vergangenheit mehrfach Kredite an Ostblock-Staaten mit einer Laufzeit von 10 Jahren staatlich abgesichert worden seien. Vgl. Referat III A 6, Bd. 435.
[3] Dem Vorgang nicht beigefügt.
Ministerialdirektor Herbst verwies zum einen auf die Vorgehensweise anderer westlicher Staaten, die „im Osthandel sehr häufig ungewöhnlich lange Kreditfristen vereinbart" hätten. Darüber hinaus verstießen die in den Verträgen vom 1. Februar 1970 über die Lieferung von Erdgas und Röhren vereinbarten Kreditbedingungen nicht gegen die Bestimmungen der Berner Union. Danach würden nämlich „die Fabrikationsjahre (2 Jahre), die übliche Abwicklungs- und Transportzeit (1/2 Jahr) und die Montagezeit (1 Jahr)" bei der Berechnung der Kreditlaufzeit nicht berücksichtigt. Abschließend verwies Herbst auf die „Sondersituation", in der sich die Wirtschaft der Bundesrepublik nach sieben Jahren ohne Wirtschaftsabkommen mit der UdSSR befunden habe. Vgl. Referat III A 6, Bd. 435.
[4] Am 28. Januar 1970 fand eine Konsultationssitzung des Arbeitskreises „Kreditversicherung, Bürgschaften und Finanzkredite" der Europäischen Gemeinschaften in Brüssel statt. Der französische Vertreter kritisierte erneut „den Zinssatz, die Laufzeit, die ungleichen Raten und die besonders hohe 18. Tilgungsrate des Kredits" und äußerte die Ansicht, „das Entgegenkommen der deutschen Firmen nähere sich einer ‚finanziellen Beihilfe' an die Sowjetunion" an. Frankreich sehe sich nun gezwungen, bei künftigen Geschäften mit der UdSSR vergleichbare Bedingungen zu akzeptieren. Von italienischer Seite wurde die Hoffnung geäußert, die beteiligten Firmen aus der Bundesrepublik könnten noch die Kreditbedingungen ändern oder die Bundesregierung werde die Übernahme einer Teilbürgschaft ablehnen. Die EG-Mitgliedstaaten bedauerten die „nach ihrer Auffassung zu spät erfolgte Konsultation" über das Geschäft. Vgl. die Aufzeichnung des Ministerialdirektors Herbst vom 29. Januar 1970; Referat III A 6, Bd. 435.

Vielleicht mag das Gespräch, das Bundesminister Schiller am 26. Januar dieses Jahres mit seinem französischen Kollegen Giscard d'Estaing führen wird, die besonders kritische französische Reaktion etwas mildern.

5) Herr Hankel hat mir weiter eröffnet, daß er die Kreditkondition, die wir für das Röhrengeschäft gewählt haben, im Grunde gar nicht mehr als Ausnahme ansieht. Die Usancen, die im Augenblick im Ostgeschäft westlicher Länder mehr oder weniger beachtet werden, seien ohnehin reformbedürftig.

Daß hier gerade im Hinblick auf den zu erwartenden Export ganzer Fabrikanlagen Änderungen nötig sind, will ich nicht bestreiten. Doch müßte der Umfang dieser Änderungen sorgsam überdacht und im Kreise der zuständigen Ressorts diskutiert werden, bevor hierüber eine Entscheidung im Kabinett fällt. Gewähren wir aufgrund unserer finanziellen Stärke Kreditkonditionen, denen sich unsere westlichen Partner nicht oder doch nur mit Mühe anschließen können, so würde uns dies den Vorwurf finanzpolitischer Rücksichtslosigkeit, ja des Wirtschaftsimperialismus einbringen. Auf uns würde auch das Odium fallen, die Kreditabsicherung im Ostgeschäft und damit das Ostgeschäft selbst zu einem regellosen „catch as catch can" degradiert zu haben.

Sicher haben auch unsere westlichen Partner hier oft ohne Bandagen gekämpft. Doch schmerzt es nun einmal am meisten, wenn sich der finanziell Stärkste – und das sind derzeit wir – von dem Minimum selbst brüchiger Regeln lossagt.

Wollen wir ernsten und keineswegs nur flüchtigen Ärger mit unseren westlichen Partnern vermeiden, so werden wir die Änderungen, an die Herr Hankel denkt, richtig dosieren und die Operation selbst taktisch gut vorbereiten müssen. Darauf sollten wir drängen.

Hiermit dem Herrn Staatssekretär[5] mit der Bitte vorgelegt, die Überlegungen dieser Aufzeichnung als Orientierung für die Besprechungen mit dem BMWi zu genehmigen[6].

Herbst

VS-Bd. 8783 (III A 6)

---

[5] Hat Staatssekretär Harkort am 28. Januar 1970 vorgelegen, der handschriftlich vermerkte: „1) Es kann sein, daß für Ostgeschäfte, wenn sie ganz ungewöhnliche Maße annehmen, besondere Konditionen erforderlich sind. Dann sollten sie aber wegen der ungewöhnlichen Größe gewählt werden, nicht weil es Ostgeschäfte sind, – ungewöhnliche Westgeschäfte sollten dann ebenso behandelt werden. 2) Anderthalb Jahrzehnte haben wir gegen einen Wettlauf in den Kreditkonditionen gekämpft, nicht nur, aber auch beim Ostgeschäft. Wenn jetzt neue Konditionen erforderlich sind, sollte man versuchen, darüber mit den anderen großen Lieferländern zu einer Abrede zu kommen."
[6] Dieses Wort wurde von Staatssekretär Harkort durch Häkchen hervorgehoben.

24

Aufzeichnung des Ministerialdirektors Herbst

D III-39/70 VS-vertraulich 26. Januar 1970

Eilt!

Betr.: Auswärtiges Amt und Entwicklungspolitik

1) Das Auswärtige Amt ist in Gefahr, seinen Einfluß – den, wie ich meine, notwendigen Einfluß – auf die deutsche Entwicklungspolitik zu verlieren, und zwar sowohl auf die Erarbeitung der großen Linien dieser Politik, wie auch auf ihre Verwirklichung in der täglichen Praxis.

Diese Gefahr droht uns nicht von der Forderung nach einer Entwicklungspolitik „aus einem Guß". Sie ist vernünftig, und wir sollten ihr zu entsprechen suchen.

Unser legitimes Interesse an der Formulierung und Verwirklichung der Entwicklungspolitik ist hingegen ernsthaft gefährdet, wenn das Bundesministerium für wirtschaftliche Zusammenarbeit darauf hinzuarbeiten beginnt, alle einschlägigen außenpolitischen, wirtschaftspolitischen und, wenn es ginge, auch finanzpolitischen Befugnisse in der Hand des Entwicklungsministers zu vereinen und die für diese Bereiche bisher zuständigen Bundesministerien in eine unverbindliche Beraterrolle zurückzudrängen.

Das Bundesministerium der Finanzen, wie auch jüngst das Bundesministerium für Wirtschaft, haben sich gegen diese Tendenzen erfolgreich zur Wehr gesetzt. Wir sollten ein Gleiches tun!

Warum?

Aus gutem Grund heißt es im heute noch gültigen Erlaß des Bundeskanzlers vom 23.12.1964: „Die Grundsätze und das Programm der Entwicklungspolitik sind daher" (weil das Auswärtige Amt die Zuständigkeit für alle politischen Fragen hat) „vom BMZ und AA einvernehmlich zu erarbeiten. Die Entscheidung über die einzelnen Hilfsmaßnahmen bedarf der Zustimmung des Auswärtigen Amts."[1]

Die umfassende Verantwortung des Auswärtigen Amts für unsere auswärtigen Beziehungen läßt es einfach nicht zu, daß die deutsche Entwicklungspolitik künftig etwa nicht mehr in das komplizierte Geflecht dieser Beziehungen eingebettet wäre. Der gern gebrachte Hinweis, dies bleibe ohnehin der Fall, weil Hilfe für die unterentwickelte Welt ein inzwischen allgemein anerkanntes Ziel jeder nationalen Außenpolitik sei, kann unsere Bedenken weder mindern noch

---

[1] Auf der Grundlage einer Vereinbarung zwischen den beteiligten Ministerien legte der damalige Bundeskanzler Erhard die Zuständigkeit der Ressorts in der Entwicklungspolitik fest: „1) Für die Grundsätze, das Programm und die Koordinierung der Entwicklungspolitik ist das BMZ zuständig. [...] 2) Aufgabe des BMWi ist die Planung und Durchführung der Kapitalhilfe-Projekte unter Nutzbarmachung des fachlichen Wissens der übrigen Ressorts. [...] 3) In der in Ziffer 2 Abs[atz] 1 genannten Weise ist das BMZ für Technische Hilfe (im weiteren Sinne) zuständig. 4) Das AA hat die Zuständigkeit für alle politischen Fragen. Grundsätze und das Programm der Entwicklungspolitik sind vom BMZ und AA einvernehmlich zu erarbeiten. Die Entscheidung über die einzelnen Hilfsmaßnahmen bedarf der Zustimmung des AA. Es hat hinsichtlich dieser Maßnahmen Vorschlagsrecht." Vgl. Referat III B 1, Bd. 345.

zerstreuen. Wir müssen darauf bestehen, daß die Entwicklungspolitik auch den konkreten Zielen unserer Außenpolitik zugeordnet bleibt. Mit anderen Worten: Die Entwicklungspolitik muß auch Instrument unserer Außenpolitik und, solange die Lage dies erfordert, auch unserer Deutschlandpolitik bleiben.

Einmal haben wir, von der benachbarten auswärtigen Kulturpolitik abgesehen, gegenüber der Dritten Welt kein anderes Instrument, zum anderen sollten wir nicht – gängigen Illusionen einer oft wenig realitätsbezogenen, weil keine politische Verantwortung tragenden Publizistik folgend – dem Irrtum verfallen, Industrieländer mit einem politischen und wirtschaftlichen Gewicht, das dem unsrigen vergleichbar ist, dächten hier schon „fortschrittlicher" oder seien in naher Zukunft zu einer Umorientierung bereit. Verbal vielleicht, nicht jedoch im Willen und in der Aktion.

Daß dem Bundesministerium für wirtschaftliche Zusammenarbeit mit diesen Überlegungen kein „procès d'intention" gemacht wird, läßt sich an vielfältigen Bestrebungen dieses Ministeriums ablesen: im mehr grundsätzlichen Bereich an dem Versuch, eine von außenpolitischer und wirtschaftspolitischer „Bevormundung" freie Ideologie der Entwicklungspolitik zu konzipieren, im Konkreten an der Forderung nach erweiterten Zuständigkeiten für die Vergabe der Kapitalhilfe. Diese Beispiele ließen sich beliebig vermehren.

2) Diesen kontroversen Hintergrund kann man nicht deutlich genug sehen. Er erklärt nahezu alle konkreten Streitfragen:

– Wer Schwerpunkte der deutschen Entwicklungshilfe nach außenpolitischen Gesichtspunkten bilden möchte, wird sich mit dem, der diese Schwerpunkte nach „objektiven" Kriterien bestimmen möchte, nur mit Hilfe des Zufalls einigen können. Erste Vorstellungen des BMZ für die Schwerpunktbildung des Jahres 1970 machen den Umfang der Meinungsunterschiede deutlich, die hier zu überwinden sind (vgl. Ziff. 3 der Besprechungsmappe).[2]

– Wer die Entwicklungshilfe als Instrument der Außenpolitik erhalten will, kann – im Grunde willkürliche – Kriterien wie ein bestimmtes Pro-Kopf-Einkommen, die ein Entwicklungsland eben dieses Charakters berauben, schwerlich anerkennen. Außen- und wirtschaftspolitische Überlegungen können dafür sprechen, einem solchen Land weiter Entwicklungshilfe zu geben.

– Dies gilt z.B. im Augenblick für Spanien, dem wir nicht zuletzt mit Rücksicht auf die für uns in vielfältiger Hinsicht wertvolle Entscheidung Madrids zugunsten des deutschen PAL-Systems[3] für ein wirtschafts- und sozialpolitisch sinnvolles Entwicklungsprojekt eine im übrigen bescheidene Kapitalhilfe zukommen lassen wollen.[4] (Vgl. Ziff. 3 und 10 der Besprechungsmappe)

---

[2] Für Aufzeichnungen, die zur Vorbereitung von Gesprächen des Auswärtigen Amts mit dem Bundesministerium für wirtschaftliche Zusammenarbeit angefertigt wurden, vgl. Referat III B 1, Bd. 856.

[3] Bei der Entscheidung, welches Farbfernsehsystem in Spanien eingeführt werden solle, konkurrierte das in der Bundesrepublik entwickelte System PAL mit dem französischen SECAM-System. Am 25. Oktober 1969 teilte der spanische Botschafter de Erice Staatssekretär Harkort mit, daß die spanische Regierung die Übernahme des PAL-Systems „fest beschlossen habe, nur der Zeitpunkt der Einführung sei noch offen. Dies sei eine Geldfrage." Vgl. die Aufzeichnung von Harkort; Referat I A 6, Bd. 400.

[4] Zur Unterstützung des Bewässerungsprojekts Tajo-Segura durch die Bundesrepublik vgl. Dok.172, Anm. 11.

- Wer die Entwicklungspolitik aus der Außenpolitik herauslösen will und bestenfalls einen lockeren Zusammenhang mit außenpolitischen Fernzielen anerkennt, möchte sich auch nur ungern des traditionellen diplomatischen Apparates bedienen. Daher der Ruf nach „Entwicklungsattachés" mit fachlicher Unterstellung nur unter das BMZ.
Darum der Versuch, auch die Auslandstätigkeit allgemeiner Natur, die keine Spezialkenntnisse erfordert, immer weniger durch die deutschen Botschaften und immer mehr durch eigene Beamte auf Dienstreise ausüben zu lassen.
In beiden Punkten werden wir die Wünsche des BMZ nur sehr begrenzt erfüllen können (Vgl. Ziff. 1 und 5 der Besprechungsmappe)
- Wer sich von dem als hemmend empfundenen Zwang zum Einvernehmen mit dem Auswärtigen Amt freimachen möchte, wird folgerichtig seine Politik in internationalen Gremien selbst zu vertreten wünschen. Schon aus praktischen Gründen können und wollen wir uns dieser Tendenz nicht völlig widersetzen. Wir können gar nicht alle internationalen Konferenzen und Tagungen selbst beschicken. Doch sollten wir uns die Vertretung nach draußen, die uns übrigens nach § 11 der Geschäftsordnung der Bundesregierung[5] zusteht, dort, wo es politisch angebracht ist, nicht aus der Hand nehmen lassen. Dies gilt vor allem für die Welthandelskonferenz und die Gremien, die sich mit der Vorbereitung der Zweiten Entwicklungsdekade[6] beschäftigen.
- Selbst wenn wir, dem Wunsch des BMZ folgend, unsere Einflußnahme auf die bildungs- und gesellschaftspolitische Hilfe aufgäben, so bleiben wir in den Augen des Auslands, des Bundestags und der deutschen Öffentlichkeit doch für jeden auswärtigen „Betriebsunfall" verantwortlich. Gerade in diesem heiklen Bereich reagieren die jungen Nationen sehr empfindlich auf jede Einmischung von außen, was uns veranlassen sollte, darüber zu wachen, daß diese Hilfe „neutral" gegeben wird.

3) Die pragmatische Methode, die einzelnen Streitpunkte im Wege fairer Kompromisse zu regeln, würde meinem Geschmack sehr zusagen. Wir haben indessen kaum Aussicht, so zu befriedigenden Regelungen zu gelangen, wenn nicht zuvor die eingangs aufgeworfenen Grundsatzfragen abgeklärt sind. Anders könnten wir, wie ich meine, nur handeln, wenn wir trotz unserer umfassenden

---

[5] Paragraph 11 der Geschäftsordnung der Bundesregierung vom 11. Mai 1951 (Auszug): „1) Mitglieder und Vertreter auswärtiger Regierungen sowie Vertreter zwischenstaatlicher Einrichtungen sollen nur nach vorherigem Benehmen mit dem Auswärtigen Amt empfangen werden. 2) Verhandlungen mit dem Ausland oder im Ausland dürfen nur mit Zustimmung des Auswärtigen Amts, auf sein Verlangen auch nur unter seiner Mitwirkung geführt werden." Vgl. GEMEINSAMES MINISTERIALBLATT 2 (1951), Nr. 15, S. 4.

[6] Die Zweite Entwicklungsdekade der UNO dauerte von 1971 bis 1980.
Das Bundesministerium für wirtschaftliche Zusammenarbeit erläuterte dazu: „Die Zweite Entwicklungsdekade, die formell am 1.1.1971 beginnen wird, soll eine gemeinsame und planmäßig durchgeführte Aktion der gesamten Völkergemeinschaft sein, mit dem Ziel, den Teufelskreis der Unterentwicklung in weiten Teilen der Erde zu durchbrechen. Der Akzent liegt dabei auf einer langfristigen Koordinierung der Maßnahmen von Industrie- und Entwicklungsländern. Davon verspricht man sich eine Vergrößerung der Effizienz der Entwicklungsbemühungen. [...] Die Bundesregierung beteiligt sich aktiv an der schwierigen Planung einer internationalen Strategie der Entwicklung im ‚Vorbereitenden Ausschuß für die Zweite Entwicklungsdekade' sowie in anderen Gremien der Vereinten Nationen, wie der UNCTAD (Welthandelskonferenz), FAO (Ernährungs- und Landwirtschaftsorganisation) u. a." Vgl. das Schreiben vom 22. Januar 1970 an das Auswärtige Amt; Referat III B 1, Bd. 857.

außenpolitischen Verantwortung bereit wären, eine grundlegende Verschiebung der Zuständigkeiten und damit der Gewichte der verschiedenen Bundesministerien im entwicklungspolitischen Bereich zu unseren Ungunsten zu akzeptieren.

Hiermit dem Herrn Staatssekretär[7] zur Vorbereitung der Besprechung mit dem Staatssekretär im Bundesministerium für wirtschaftliche Zusammenarbeit am 28. Januar 1970[8] vorgelegt.[9]

Herbst

VS-Bd. 8834 (III B 1)

25

Aufzeichnung des Legationsrats I. Klasse Graf York von Wartenburg

StS 81/70 geheim   **27. Januar 1970**[1]

Ergebnis der Ressortbesprechung vom 26.1.1970 im Auswärtigen Amt zum Gesamtkomplex finanzieller Leistungen an Israel

Teilnehmer: siehe Anlage[2]

Es wurden folgende Themen erörtert:

1) Entschädigungsleistungen für Gesundheitsschäden nach Israel eingewanderter Staatenloser und Flüchtlinge (Kabinettsbeschluß vom 11.12.1969[3])

---

[7] Hat Staatssekretär Harkort am 27. Januar 1970 vorgelegen.
[8] Im Gespräch des Staatssekretärs Harkort mit Staatssekretär Sohn, Bundesministerium für wirtschaftliche Zusammenarbeit, wurden in einer „aufgeschlossenen und verständigungsbereiten Atmosphäre" Detailfragen der Kooperation beider Ressorts in der Entwicklungshilfe erörtert. Vgl. die Aufzeichnung des Ministerialdirektors Herbst vom 29. Januar 1970; Referat III B 1, Bd. 854.
[9] Am 12. Februar 1970 fand zwischen den Bundesministern Scheel und Eppler eine „grundsätzliche Aussprache" statt. Dabei wurde festgestellt, daß die Zuständigkeiten beider Ressorts in der Entwicklungspolitik weiterhin auf § 11 der Geschäftsordnung der Bundesregierung von 1951 und auf dem Erlaß des Bundeskanzlers Erhard vom 23. Dezember 1964 basierten. Darüber hinaus wurde eine gemeinsame regionale Schwerpunktbildung in der Entwicklungshilfe angeregt und ein „besonderer Auftrag des Kabinetts an das BMZ zur Ausarbeitung einer deutschen entwicklungspolitischen Konzeption für die Dekade und einen Bericht hierüber bis Jahresende" bekräftigt. Vgl. die Aufzeichnung des Ministerialdirigenten Klamser, Bundesministerium für wirtschaftliche Zusammenarbeit; Referat III B 1, Bd. 854.
[1] Hat laut Vermerk des Legationsrats I. Klasse Graf York von Wartenburg Staatssekretär Harkort am 3. Februar 1970 vorgelegen. Vgl. VS-Bd. 504 (Büro Staatssekretär); B 150, Aktenkopien 1970.
[2] Dem Vorgang beigefügt. Teilnehmer an der Ressortbesprechung waren: Staatssekretär Harkort, die Ministerialdirektoren Sahm (Bundeskanzleramt), Féaux de la Croix und Rannow (Bundesministerium der Finanzen), Schiettinger (Bundesministerium für Wirtschaft), Börnstein (Bundesministerium für wirtschaftliche Zusammenarbeit) sowie Frank, Groepper und Herbst. Weiterhin waren anwesend: Ministerialdirigent Hiele (Bundesministerium der Finanzen), Regierungsdirektor Fuhrmann (Bundesministerium für wirtschaftliche Zusammenarbeit) und Legationsrat I. Klasse Graf York von Wartenburg.

2) Umschuldung von Rückzahlungsverpflichtungen aus Israel vor 1965 gewährten Krediten[4]

3) Israelische Vorstellung über eine zusätzliche Devisenhilfe

4) Künftige Wirtschaftshilfe an Israel

Zu 1):

MD Dr. Féaux erläuterte die in Aussicht genommene Regelung der israelischen Nachforderung (ex gratia-Zahlung ohne Anerkennung einer rechtlichen Verpflichtung) und hob hervor, daß der israelischen Seite zugesagt worden sei, daß

a) als Pauschalleistung für die kommenden drei Jahre abschließend ein Betrag von 100 Mio. DM gezahlt werden solle, von dem feststeht, daß er für die Zwecke des Härtefonds des Bundesrückerstattungsgesetzes[5] nicht benötigt wird;

b) die Möglichkeit nicht ausgeschlossen sein soll, nach Ablauf von drei Jahren zu prüfen, ob aus diesem Fonds ein weiterer Betrag zur endgültigen Abgeltung der israelischen Forderung gezahlt werden kann.

Die Diskussion stellte klar, daß die vorgesehene Leistung nicht unmittelbar an die Betroffenen ausgezahlt und auch nicht zu einer – wenn auch zur zeitweiligen – Anhebung der israelischen Rentenzahlungen verwendet werden, sondern im Ergebnis der Entlastung des entsprechenden israelischen Haushaltstitels dienen soll.[6] Da Zweifel bestehen, ob diese – sicherlich nicht geheim zu haltende – Konsequenz dem Kabinett bei seinem Beschluß vom 11.12.1969 bekannt

---

Fortsetzung Fußnote von Seite 92

[3] Korrigiert aus: „1.12.1969".
Zum Kabinettsbeschluß vom 11. Dezember 1969 vgl. Dok. 22, Anm. 3.

[4] Bundeskanzler Adenauer und der israelische Ministerpräsident führten am 14. März 1960 ein Gespräch im Waldorf-Astoria-Hotel in New York. Die von Ben Gurion geäußerten konkreten Wünsche nach Krediten führten zur Aktion „Geschäftsfreund". Adenauer erklärte sein grundsätzliches Einverständnis, Israel finanziell zu unterstützen, legte sich aber nicht in Einzelheiten fest. Von israelischer Seite wurde jedoch die Haltung des Bundeskanzlers als konkrete Zusage gewertet, daß die Bundesrepublik Israel eine Entwicklungshilfe auf kommerzieller Basis in Form eines Darlehens von jährlich 200 Mio. DM für 10 Jahre gewähren werde. Vgl. dazu AAPD 1966, I, Dok. 120. Vgl. dazu ferner BEN GURION UND ADENAUER, S. 330–344.
Die Zahlungen der im Rahmen der Aktion „Geschäftsfreund" gewährten Kredite erfolgten in halbjährlichen Tranchen in Höhe von insgesamt 629,4 Mio. DM. Die Modalitäten sahen vor, daß jeweils zwei Drittel des vereinbarten Kreditvolumens mit einer sechzehnjährigen Laufzeit bei 3% Zinsen und vier Freijahren vergeben wurden; für das restliche Drittel war eine achtjährige Laufzeit bei 5% Zinsen und vier Freijahren vorgesehen. Die letzten Tilgungen waren also im Jahr 1985 fällig. Vgl. dazu die Aufzeichnung des Ministerialdirigenten Berger vom 1. Oktober 1965; VS-Bd. 444 (Büro Staatssekretär); B 150, Aktenkopien 1965. Vgl. dazu ferner die Aufzeichnung des Staatssekretärs Lahr vom 3. Mai 1966; VS-Bd. 445 (Büro Staatssekretär); B 150, Aktenkopien 1966.
Zum Problem der Rückzahlung der Kredite vgl. AAPD 1969, II, Dok. 317.

[5] Zur Härtefallregelung vom 2. Oktober 1964 im Bundesrückerstattungsgesetz vom 19. Juli 1957 vgl. Dok. 22, Anm. 4

[6] Am 26. Januar 1970 teilte Staatssekretär Harkort Staatssekretär Bahr, Bundeskanzleramt, mit, in der Ressortbesprechung vom gleichen Tag habe sich herausgestellt, daß der Kabinettbeschluß vom 11. Dezember 1969 nicht durchgeführt werden könne, da es keine „israelische Rentenkasse oder eine ähnliche Stelle, durch deren Einschaltung die Zahlungen an die einzelnen Geschädigten überwiesen werden könnten," gebe: „Es bleibt vielmehr nur die Möglichkeit, die Zahlungen dem israelischen Finanzministerium zukommen zu lassen, das alle Renten in Israel selbst zahlt. Damit stellt sich unsere Überweisung, wie immer man sie nach außen darstellen mag, in der Sache selbst als klare Budgethilfe für Israel dar." Vgl. VS-Bd. 5759 (V 2); B 150, Aktenkopien 1970.

war, wurde beschlossen, den Bundesminister der Finanzen[7] zu bitten, die Angelegenheit bei der Kabinettssitzung vom 29.1.1970 noch einmal vorzutragen.[8] Hierbei sollen auch die politischen Bedenken gegen spätere Verhandlungen über weitere Zahlungen aus dem Härtefonds geltend gemacht werden mit dem Ziel, den Bundesfinanzminister durch Kabinettsbeschluß zu beauftragen, mit der israelischen Seite bereits jetzt eine Regelung auszuhandeln, die die israelische Forderung mit einer einmaligen Zahlung abschließend erledigt; notfalls müsse der finanzielle Rahmen hierfür bis auf etwa 130 Mio. DM erweitert werden.[9]

Zu 2):

Für die „Umschuldung" der Geschäftsfreund-Anleihen soll es bei dem zwischen BMF und AA bereits abgestimmten Angebot an die israelische Seite verbleiben: Keine Anpassung der Konditionen an diejenigen der Wirtschaftshilfe, sondern Novation von 80% der in den Jahren 1970 und 1971 fälligen Tilgungen (das sind ca. 34,7 Mio. DM jährlich) in einem besonderen Vertrag mit längerer Dauer, der ab 1977 die Tilgung dieser Beträge zu 4,1% Zinsen vorsieht.

Die Frage, ob die Verhandlungen über dieses Angebot mit dem israelischen Vizeminister Dinstein am 4./5. Februar 1970 seitens des BMF oder des AA geführt werden sollen, bedarf noch der Klärung.[10]

Das Kabinett soll in der Sitzung vom 29.1.1970 auch hierüber durch den Bundesfinanzminister unterrichtet werden.

Zu 3) und 4):

Über diese Themen wird mit Vizeminister Dinstein nicht verhandelt werden. Jedoch ist zu erwarten, daß Außenminister Eban sie bei seinem Besuch Ende Februar 1970[11] zur Sprache bringt. Deshalb soll der Bundesaußenminister gebeten werden, in der Kabinettssitzung vom 29.1.1970 seinerseits hierzu in folgendem Sinne Stellung zu nehmen:

---

[7] Alex Möller.
[8] Am 28. Januar 1970 erläuterte Ministerialdirektor Groepper, daß in der Kabinettssitzung vom 11. Dezember 1969 sehr wohl die Notwendigkeit direkter Zahlungen an das israelische Finanzministerium „eingehend zur Sprache gekommen und von allen Kabinettmitgliedern gebilligt worden" sei. Bundeskanzler Brandt beabsichtige nun, die Angelegenheit nach der Kabinettssitzung vom 29. Januar 1970 mit den beteiligten Bundesministern nochmals zu erörtern. Vgl. VS-Bd. 5759 (V 2); B 150, Aktenkopien 1970.
[9] Staatssekretär Duckwitz formulierte am 30. Januar 1970 die Bedenken gegen eine Fortdauer der Entschädigungsleistungen, die sich „unter Umständen noch auf ein weiteres Jahrzehnt erstrecken" könnten: „Daß eine derartige fortlaufende Leistung an Israel unsere Bemühungen um Verbesserung unseres Verhältnisses zu den arabischen Staaten während dieses ganzen Zeitraums erheblich beeinträchtigen würde, liegt auf der Hand. Davon abgesehen würden wir aber auch unseren Beziehungen zu Israel erneut ein Gläubiger-Schuldner-Verhältnis zugrunde legen, das letztlich einer Normalisierung auch dieser Beziehungen nicht förderlich wäre." Vgl. VS-Bd. 2801 (I B 4); B 150, Aktenkopien 1970.
[10] Am 16. Januar 1970 teilte Ministerialdirektor Groepper der Botschaft in Tel Aviv mit, daß der für den 27./28. Januar 1970 geplante Besuch des stellvertretenden israelischen Finanzministers Dinstein verschoben werden müsse, da der Parlamentarische Staatssekretär im Bundesministerium der Finanzen, Reischl, verhindert sei. Mit dem nun vorgeschlagenen Termin des 4./5. Februar 1970 müsse sich die israelische Seite noch einverstanden erklären. Vgl. dazu den Drahterlaß Nr. 20; VS-Bd. 5759 (V 2); B 150, Aktenkopien 1970.
[11] Der israelische Außenminister Eban hielt sich vom 22. bis 24. Februar 1970 in der Bundesrepublik auf. Vgl. dazu Dok. 105.

– Zusätzliche Devisenhilfe an Israel aus einem deutschen Devisenkonto in den USA[12] soll unter keinen Umständen in Betracht gezogen werden, da eine solche Aktion nicht geheim zu halten ist und mit Sicherheit damit gerechnet werden muß, daß diese Devisen unmittelbar oder mittelbar für israelische Waffenkäufe benutzt werden.

– Hinsichtlich der Wirtschaftshilfe für 1970 können dem israelischen Außenminister noch keine Zusagen gemacht werden, da der Bundeshaushalt noch nicht verabschiedet ist. Jedoch sollte ihm bereits jetzt zu verstehen gegeben werden, daß von der noch auszuhandelnden Gesamtsumme ein erheblicher Teil nur als normale Projekthilfe gewährt werden kann (sollte es bei der Summe von 140 Mio. DM verbleiben, so müßten 40 Mio. DM Projekthilfe sein). Eine Normalisierung unserer Wirtschaftshilfe sowohl hinsichtlich der Gesamtsumme als auch der Modalitäten erscheint insbesondere dann angebracht, wenn es zu der ex gratia-Zahlung für die Gesundheitsschäden der eingewanderten Staatenlosen und Flüchtlinge kommt.

Jedenfalls sollte Kabinett bei der Festsetzung der Wirtschaftshilfe die Gesamtheit unserer finanziellen Leistungen an Israel im Auge behalten.

York

VS-Bd. 504 (Büro Staatssekretär)

26

Aufzeichnung des Ministerialdirektors Ruete

II B 1-81.14-9/70 streng geheim   **29. Januar 1970**[1]

Betr.: Konsultation im NATO-Rat über die Helsinki-Phase der Gespräche über die Begrenzung strategischer Waffen (SALT)

I. Die Sitzung des NATO-Rats am 28. Januar 1970 war Fragen und Stellungnahmen der Alliierten zu dem Arbeitsprogramm für Wien[2] und dem Bericht Botschafter Smith vom 22. Dezember 1969[3] gewidmet.

Der amerikanische Vertreter unterstrich eingangs diese Zielsetzung der Sitzung, erklärte aber seine Bereitschaft, die eine oder andere Frage auch gleich zu beantworten, es sei denn, sie bezöge sich auf eine Bewertung des Gesprächsver-

---

[12] Zum Devisenkonto in den USA, auf dem Beträge aus Offset-Zahlungen der Bundesrepublik „eingefroren" waren, vgl. AAPD 1969, II, Dok. 236.

[1] Die Aufzeichnung wurde von Vortragendem Legationsrat I. Klasse Menne konzipiert.

[2] Zum Arbeitsprogramm für SALT nach dem 16. April 1970, das in den Vorgesprächen vom 17. November bis 22. Dezember 1969 in Helsinki erstellt wurde, vgl. Dok. 6, Anm. 2.

[3] Zum Bericht des Leiters der amerikanischen Delegation bei den Vorgesprächen vom 17. November bis 22. Dezember 1969 in Helsinki vgl. Dok. 6, Anm. 5.

laufs in Helsinki bzw. auf die künftige amerikanische Gesprächsposition. Alle Reaktionen würden unverzüglich nach Washington übermittelt werden.

Es sprachen die Vertreter Frankreichs, Belgiens, der Niederlande, der Türkei, der Bundesrepublik, Kanadas, Großbritanniens, Italiens, Norwegens und – am Schluß noch einmal – der Vereinigten Staaten.

Im folgenden werden in geraffter Form die wesentlichen Punkte aus der Diskussion wiedergegeben, allerdings jeder Punkt nur einmal, so daß die einzelnen Beiträge notwendigerweise unvollständig sind.

II. Die Stellungnahmen im einzelnen:

Die Bemerkungen des französischen Vertreters waren bemerkenswert substantiell. Es bestehe ein fundamentaler Unterschied zwischen der amerikanischen Betonung des Erhaltens des strategischen Gleichgewichts und damit der Fähigkeit zum 2. Schlag und der sowjetischen Konzentration auf die Waffen, die imstande seien, das beiderseitige „Heiligtum" (sanctuaire) zu erreichen. Die sowjetische Haltung zur Frage ihrer Mittelstreckenraketen bedürfe weiterer Klärung. Mehrere Elemente der sowjetischen Position schienen auf eine Beeinträchtigung der Formen von Zusammenarbeit innerhalb der Allianz zu zielen.

Der belgische Vertreter hob hervor, daß SALT nur ihrem äußeren Anschein nach eine bilaterale Angelegenheit seien, während es in Wirklichkeit dabei um das Bündnis gehe. Die sowjetische Position, charakterisiert durch die Definition strategischer Waffen, sei für die belgische Regierung unannehmbar. Er bat ferner um Auskünfte über die Möglichkeiten eines MIRV-Moratoriums und die mögliche Rolle künftiger technischer Durchbrüche (z. B. Laser).

Sein niederländischer Kollege zeigte sich besorgt über die stetige Erweiterung des sowjetischen strategischen Waffenarsenals (SS-9), eine Besorgnis, die kürzlich in der Pressekonferenz des amerikanischen Verteidigungsministers Laird zum Ausdruck gelangt sei.[4] Was die sowjetischen Mittelstreckenraketen (MRBM) anlange, so würden sie durch Vereinbarungen über Langstreckenraketen (ICBM) keineswegs unberührt gelassen, da diese ja die MRBM abdeckten und somit ein Einfrieren der ICBM bei Nichteinfrieren der MRBM Ansatzpunkte zu einer Destabilisierung begründen würde. Er regte an, den Sowjets zu bedenken zu geben, daß aus ihrer Sicht eigentlich keine Notwendigkeit bestehe, MRBM von einer Regelung auszunehmen, da ja nur „einfrierende" und nicht etwa „vermindernde" Regelungen ins Auge gefaßt würden.

Der türkische Vertreter betonte die Wichtigkeit, die Abschreckung wirksam zu erhalten, und meinte, mit einem Verbot von MIRV-Testflügen sollte man zurückhalten, da MIRV als quid pro quo zu den sowjetischen Mittelstreckenraketen verwendet werden könne.

---

[4] Am 8. Januar 1970 gab die Presse die folgenden Äußerungen des amerikanischen Verteidigungsministers Laird vom Vortag wieder: „The defense chief told reporters that new offensive weapons may be required if the Soviet Union continues its high rate of deployment of SS-9 missiles which could knock out U.S. retaliatory forces and if there is no progress in the joint U.S.-Soviet arms-limitation talks in Helsinki." Vgl. den Artikel „U.S. Considering New Arms to Face Russians' Threat"; INTERNATIONAL HERALD TRIBUNE vom 8. Januar 1970, S. 1.

Der deutsche Vertreter gab seine Stellungnahme auf der Grundlage des die Weisung übermittelnden Drahterlasses ab.[5]

Der kanadische Vertreter gab zu bedenken, ob nicht für eine gewisse Zeit die Komplexe 6. Flotte (d. h. deren nuklear einsetzbare Flugzeuge) und MRBM beiseite gestellt werden sollten, um die Aussicht auf Vereinbarungen über die übrigen Komponenten zu ermöglichen. Zum Verfahren schlug er vor, zwischen den vorgesehenen Konsultationen Mitte Februar[6] (auf der im wesentlichen die amerikanische Bewertung der sowjetischen Gesprächsposition und die Darlegung der eigenen Gesprächsposition für Wien erfolgen soll) und Mitte April[7] (amerikanische Zwischenlandung auf dem Flug nach Wien) eine zusätzliche Konsultation etwa Mitte März einzuschalten. Dadurch könnte vermieden werden, daß die Verbündeten mit einer ausgewogenen Reaktion auf die amerikanischen Ausführungen der Februar-Sitzung erst während der Anreise der amerikanischen Delegation nach Wien zu Wort kommen könnten.

Aus der betont zurückhaltenden Erklärung des britischen Vertreters ist erwähnenswert die Abhängigkeitskette: Vereinbarung über ICBM setzt Vereinbarung über ABM und diese Vereinbarung über MIRV voraus. Mit dem Blick auf die Möglichkeit, SACEURs taktische Waffen als quid pro quo für MRBM anzusehen, stellte er die Frage, was besser sei: beide Systeme einzufrieren oder keines der beiden?

Der italienische Vertreter hatte keine Instruktionen und äußerte nur einige persönliche Ansichten.

Die Intervention des norwegischen Vertreters fügte den Ausführungen seiner Vorredner nichts Wesentliches hinzu.

Der amerikanische Vertreter gab Antworten auf einige mehr allgemeine Fragen seiner Kollegen. Auffällig daran war, daß sie nicht bereits im Rahmen der einführenden Äußerungen zu Beginn der Sitzung gemacht worden waren. Dies trifft insbesondere auf die Erklärung zu, daß die so eindeutig zum eigenen Vorteil formulierte sowjetische Definition strategischer Waffen „selbstverständlich" nicht von der amerikanischen Seite akzeptiert worden sei. Es trifft ferner auf den Teil seiner Ausführungen zu, mit dem er das Bekenntnis zur Strategie der Allianz bekräftigte. Schließlich berichtete der amerikanische Sprecher noch, daß die Sowjets in Helsinki die Sprache nicht auf MIRV gebracht hätten, ja

---

[5] Staatssekretär Duckwitz wies Botschafter Grewe, Brüssel (NATO), an, auf zwei Punkte in der mutmaßlichen sowjetischen Verhandlungsposition hinzuweisen, die der Bundesregierung besonders wichtig erschienen: „1) Die sowjetische Definition strategischer Waffen ignoriere (disregards) das Streben der NATO, zwischen den Waffenarsenalen der beiden Bündnissysteme einen Zustand der Ausgewogenheit zu erhalten, und setze an dessen Stelle das Bestreben, ausschließlich die wechselseitige Bedrohung der heimatlichen Territorien mit Kernwaffen zum Gegenstand etwaiger begrenzter Abmachungen zu machen. 2) Die gewählte Definition der ‚strategischen Waffen' und die Vorschläge, die Patrouillenbereiche von Bombern und U-Booten einzuschränken, lege die Annahme einer sowjetischen Zielsetzung nahe, SALT nicht nur auf ‚reduction, limitation oder ceiling' von strategischen Waffensystemen auszurichten, sondern die Dislozierung der amerikanischen Waffensysteme und damit der Waffensysteme, die auch der Verteidigung der NATO zur Verfügung stehen, zu beeinflussen." Vgl. den Drahterlaß Nr. 280 vom 26. Januar 1970; VS-Bd. 3602 (II B 1); B 150, Aktenkopien 1970.
[6] Zu den Konsultationen am 18. Februar 1970 im Ständigen NATO-Rat vgl. Dok. 66 und Dok. 67.
[7] Zu den Konsultationen am 7. und 14. April 1970 im Ständigen NATO-Rat vgl. Dok. 150 und Dok. 160.

überhaupt nicht auf qualitative Charakteristika, sondern nur auf die Zahl der Abschuß-Systeme (launchers).

III. Eine erste Bewertung der Ausführungen von amerikanischer und anderer Seite könnte sich auf folgende Punkte beschränken:

1) Die Amerikaner haben in Helsinki das absolviert, was sie für diese Phase ins Auge gefaßt hatten, nämlich ein erstes Ausloten der sowjetischen Gedankengänge und eine erste Darlegung ihrer eigenen Vorstellungen. Eine kritische Auseinandersetzung mit der Position des anderen war nicht vorgesehen; Anzeichen für eine etwaige amerikanische Bereitschaft, das eine oder andere Element der sowjetischen Gedankenwelt ohne energische Gegenvorstellung im Raume stehen zu lassen, sind nicht gegeben.

2) Die Amerikaner haben ihrer angekündigten Absicht und den alliierten Wünschen entsprechend die prompte und sachdienliche (d. h. in Etappen gegliederte) Konsultation eingeleitet.

3) Für die Verbündeten der Amerikaner war es willkommen und wertvoll, über erste Umrisse der mutmaßlichen sowjetischen Verhandlungsposition für Wien unterrichtet zu werden.

4) Ihre Stellungnahmen waren zwar vielfältig, aber im wesentlichen übereinstimmend, auch mit unserer Analyse.

5) Die prozeduralen Vorschläge sind von dem Wunsch motiviert, die Konsultation ergiebig zu gestalten; das wird auch von uns angestrebt.

Hiermit über den Herrn Staatssekretär[8] dem Herrn Minister[9] [und] Staatssekretär Duckwitz nach Rückkehr[10] zur Kenntnisnahme vorgelegt.

Die nächste Konsultationsrunde am 18. Februar (in Anwesenheit von Botschafter Smith) könnte zwar auch zu zusätzlichen Stellungnahmen und weiteren Fragen benutzt werden, ist aber in erster Linie

– zur Beantwortung der am 28. Januar gestellten Fragen,

– zur Entgegennahme der amerikanischen Bewertung der sowjetischen mutmaßlichen Verhandlungsposition für Wien

– und zur Darlegung der bis dato formulierten amerikanischen Verhandlungsposition für Wien

bestimmt.

Überlassung eines Durchdrucks an das Bundeskanzleramt ist vorgesehen.

Ruete

VS-Bd. 3602 (II B I)

---

[8] Hat Staatssekretär Harkort am 3. Februar 1970 vorgelegen.
[9] Hat laut Vermerk des Ministerialrats Hofmann vom 5. Februar 1970 Bundesminister Scheel vorgelegen.
[10] Hat Staatssekretär Duckwitz am 9. Februar 1970 vorgelegen.

27

Aufzeichnung des
Vortragenden Legationsrats I. Klasse Behrends

II A 7-81.17/1-505/70 VS-vertraulich 29. Januar 1970

Betr.: Deutsch-britische Gespräche über Verteidigungsfragen am 16. Januar 1970

Bezug: 1) Aufzeichnung – II A 7-81-17-1/5272/69 VS-v vom 10.11.69[1]
2) Vermerk – II A 7-81-17-1/26/70 VS-NfD vom 7.1.70[2]
3) Vermerk – II A 7-81-17-1/181/70 VS-v vom 15.1.70[3]

I. Die informellen deutsch-britischen Gespräche über Verteidigungsfragen sind am 16. Januar 1970 in Bonn fortgeführt worden.

Teilnehmer waren:

Auf deutscher Seite: VLR I Behrends (II A 7), VLR Graf Rantzau (II B 2), LR I Holthoff (I A 1/I A 3), LR Dr. Alexy (II A 7), Kapitän zur See Steinhaus (BMVg/Fü S IX 2), Korvettenkapitän Wellershoff (BMVg/Fü S IX 2).

Auf britischer Seite: Assistant Secretary MacDonald (Verteidigungsministerium), Brigadier Leslie (Verteidigungsministerium), Mr. Alexander (Foreign Office), Mr. Powell (Foreign Office), Mr. O'Neill (Britische Botschaft).

Es wurde vereinbart, die Gespräche am 17. März 1970 in London fortzusetzen.

II. Die Gespräche umfaßten folgende Themen:

1) Europäische Zusammenarbeit im Verteidigungsbereich[4]

Die deutsche Seite trug zu Ziff. I.3 des zwischen Auswärtigem Amt und Bundesministerium der Verteidigung abgestimmten Bezugsvermerks 3 vor.[5] Die Bemühungen um engere europäische Zusammenarbeit sollten sich nunmehr dar-

---

[1] Ministerialdirektors Ruete faßte die deutsch-britischen Gespräche über Verteidigungsfragen am 30. Oktober 1969 zusammen. Hauptthema war die Präsenz amerikanischer Truppen in Europa. Vgl. VS-Bd. 2758 (I A 5); B 150, Aktenkopien 1969.
[2] Vortragender Legationsrat I. Klasse Behrends führte die Themen auf, die im Rahmen des deutsch-britischen Gesprächs über Verteidigungsfragen am 16. Januar 1970 erörtert werden sollten. Vgl. dazu Referat II A 7, Bd. 1794.
[3] Für Auszüge vgl. Anm. 5 und 9.
[4] Vor dem Hintergrund amerikanischer und britischer Vorschläge für eine engere europäische Zusammenarbeit im Bereich der Verteidigung bildete sich Anfang 1969 ein informeller Gesprächskreis, an dem Belgien, die Bundesrepublik, Dänemark, Großbritannien, Italien, Luxemburg, die Niederlande und Norwegen teilnahmen. Auf ihrem ersten Treffen am 15. Januar 1969 beschlossen die acht Staaten, daß die „Eurogroup" allen europäischen NATO-Partnern offenstehen solle, insbesondere Frankreich, das der Einladung zur Teilnahme nicht gefolgt war. Eine Institutionalisierung sollte nicht stattfinden. Als Hauptaufgabe der Gruppe wurde die Wahrung der europäischen Interessen bei den bevorstehenden SALT-Gesprächen bezeichnet. Vgl. dazu AAPD 1969, I, Dok. 27.
[5] In Ziffer I.1.3. wurde zur Organisation der Eurogroup ausgeführt: „Wir glauben, daß die Frage der Organisation sekundär ist. Die Reihenfolge sollte unseres Erachtens nicht sein: erst organisatorische Beschlüsse, um dann nach Tätigkeiten für die Organisation zu suchen, sondern vielmehr erst Ausarbeitung und Fertigstellung konkreter Vorschläge durch Arbeitsgruppen und dann Prüfung, ob deren Ergebnisse gewisse organisatorische Konsequenzen verlangen. Wir sollten daher Fragen der Organisation der Europgroup für den jetzigen Zeitpunkt zurückstellen." Vgl. VS-Bd. 1699 (II A 7); B 150, Aktenkopien 1970.

99

auf konzentrieren, konkrete und praktische Vorschläge mit dem Ziel zu untersuchen, den Regierungen entsprechende Vorschläge zu machen. Dafür sollten entsprechende Verfahren festgelegt und in Frage kommende Bereiche der Zusammenarbeit identifiziert werden. Die deutsche Seite hält es für zweckmäßig, diese Fragen national vorzuprüfen und dann mit den Engländern vorweg abzustimmen.

Auch die britische Seite war der Auffassung, daß es notwendig sei, von den bisherigen Studien und Papieren allgemeiner Natur zu konkreten Untersuchungen überzugehen. Dabei sei das Problem zu lösen, wie die bisher mit diesen Fragen befaßten NATO-Delegationen mit den zunehmend Expertenkenntnisse erfordernden Aufgaben fertigwerden würden.

Folgende Einzelfragen wurden angesprochen:

a) Zusammenarbeit im Bereich der Logistik:

Die Engländer wiesen auf das inzwischen in Brüssel vorgelegte britische Papier[6] hin. Es sei von der logistischen Abteilung im Verteidigungsministerium verfaßt worden und habe zunächst rein prozeduralen Charakter. Es sei zu überlegen, ob nicht im weiteren Verlauf der Untersuchungen die zuständigen Principal Subordinate Commanders in ACE in die Beratungen einbezogen werden sollten. Es bestand Einvernehmen, daß eine solche Einschaltung der PSC formal durch das MC veranlaßt werden müßte, daß sie aber unter Voraussetzung eines präzisen Auftrags in Erwägung zu ziehen sei.

b) Intensivierung der Generalstabsgespräche:

Die Engländer wiesen auf die starke Intensivierung der deutsch-britischen Gespräche hin, deren Quantität und Qualität auch nicht annähernd mit andern europäischen Allianz-Partnern erreicht sei. Sie machten deutlich, daß sie eine Fortführung der bilateralen Gespräche bevorzugen und eine Multilateralisierung ablehnen. Dies entspricht auch der deutschen Auffassung. Der Gedanke, andere europäische Allianz-Partner über allgemein interessierende Ergebnisse der bilateralen Gespräche zu informieren, wurde diskutiert, jedoch von beiden Seiten zurückhaltend beurteilt. Das gegenwärtige System, nach dem – z. B. in Beantwortung von Anfragen von Militärattachés dritter Länder – solche Informationen indirekt verbreitet werden, hat sich bewährt.

c) Europäisches Verteidigungsinstitut – European Defence Center

Die britische Seite (vor allem der Vertreter des Foreign Office) stellte diesen Gedanken zur Diskussion. Es scheint, als ob die Engländer geneigt sind, dieses Projekt weiterzuverfolgen. Die organisatorische und prozedurale Seite der europäischen Zusammenarbeit habe einen substantiellen Aspekt. Es stelle sich das Problem, wie man die Eurogroup so pragmatisch und praktisch als möglich arbeiten lassen und gleichzeitig politische Impulse aufrechterhalten könne. Es bestehe die Gefahr, daß die Eurogroup „out of steam" gerate. Praktische Fortschritte seien nötig, aber in der Eurogroup ohne Experten schwer zu erreichen. Wenn die Eurogroup die Zusammenarbeit koordinieren solle, bedürfe sie eines Arbeitsstabes. Auf britischer Seite sei man auch nicht von dem Gedanken an-

---

[6] Für die Aufzeichnung „Proposed Study of Logistic Cooperation in Northern Army Group" vom 15. Januar 1970 vgl. VS-Bd. 1604 (II A 7).

getan, die Gruppe zu institutionalisieren. Daher habe man sich von Vorschlägen, ein europäisches Verteidigungsinstitut zu errichten, anregen lassen. Dieses Institut solle aber keinesfalls eine Art „Strategic Intitute", sondern ein Forum der Koordination und ein „focus of activities" sein. Ein europäisches Defence Center sollte zweckmäßigerweise außerhalb der NATO, z.B. in Den Haag, errichtet werden, aber Verbindung zur Eurogroup halten. Eine solche Organisation könnte vielleicht die Mitwirkung Frankreichs erleichtern. Die Engländer überreichten ein unverbindliches Papier[7], das ihre Vorstellungen erläuterte.
Der Gedanke wurde auf deutscher Seite unter Vorbehalt näherer Prüfung mit Zurückhaltung aufgenommen. Wir neigen zu der Auffassung, daß Fragen der Organisation sekundär sind. Zunächst sollte es praktische Fortschritte geben, die von ad-hoc-Arbeitsgruppen von Experten aus den Hauptstädten vorbereitet werden können. Dann erst sollte die Frage erörtert werden, ob daraus Konsequenzen für neue Organisationsformen zu ziehen sind. Wir haben auch praktische Bedenken, was die personelle Besetzung und die Kosten eines solchen Zentrums angeht. Die deutsche Seite hat zugesagt, das britische Papier bis zum nächsten Zusammentreffen näher zu prüfen und Stellung zu nehmen.

d) Gemeinsame Ausbildungszentren:

Ausgehend von dem Grundsatz, in erster Linie solche Formen der Zusammenarbeit anzustreben, die möglichst zu größerer Effektivität und Ersparnissen führen, stellte der Vertreter des BMVg den Gedanken zur Diskussion, gewisse nationale Ausbildungstätigkeiten soweit als möglich zusammenzulegen, z.B. durch gemeinsame Ausbildungszentren für Minenräumung, Fernmeldeverfahren zur See und Artillerie. Diese Möglichkeiten sollten sorgfältig untersucht werden.

Die britische Seite reagierte interessiert, wies jedoch auf Schwierigkeiten hin, die z.B. daraus resultieren, daß ein solches Programm zunächst größere Übereinstimmung in der taktischen Doktrin voraussetzt. Die deutsche Seite verwies darauf, daß es Bereiche der Grundausbildung gebe, bei der wenig Auffassungsunterschiede bestehen. Man kam überein, daß beide Seiten die Frage näher untersuchen und anschließend weiter diskutieren sollten.

e) Zusammenarbeit bei der Rüstungsproduktion und -beschaffung:

Die britische Seite zeigte große Skepsis. Nach ihrer Auffassung hat die Erfahrung gezeigt, daß bilaterale ad-hoc-Zusammenarbeit vorzuziehen sei. Sie könne sich von Fall zu Fall zu einem „Cumulative Bilaterism" entwickeln. Eine gemeinsame europäische Rüstungsbeschaffung liege in ferner Zukunft. Sie setze eine größere Gemeinsamkeit in Strategie und taktischer Doktrin voraus, was durch die gemeinsamen Generalstabsgespräche gefördert würde.

---

[7] Vgl. die undatierte Aufzeichnung „European Defence Centre (Euro Centre?)"; VS-Bd. 1604 (II A 7). Am 16. März 1970 nahm Vortragender Legationsrat I. Klasse Behrends zu dem britischen Vorschlag eines europäischen Verteidigungsinstituts Stellung: „Abgesehen von verschiedenen Einzelheiten der britischen Vorschläge, die zu Komplikationen führen könnten (Ausschluß der südeuropäischen Länder; Ausklammerung aus der NATO, die unserem Grundsatz widerspricht, daß die NATO unsere Sicherheitsgrundlage ist, die durch Zusammenarbeit der europäischen Mitglieder effektiver gestaltet werden soll; Zweifel, daß Frankreich zu Mitarbeit bereit sein wird), glauben wir, daß es verfrüht wäre, eine Realisierung der britischen Vorschläge jetzt ins Auge zu fassen. [...] Institutionen sollten vorläufig nur dann geschaffen werden, wenn sie um des Erfolges eines bestimmten Projektes willen unbedingt erforderlich sind." Vgl. VS-Bd. 4552 (II B 2); B 150, Aktenkopien 1970.

Diese Haltung entspricht auch der deutschen Auffassung. Die britische Seite begrüßte dies besonders.

Was die existierenden Bemühungen in diesem Bereich angeht, ließen die Engländer ein Interesse an britischer Mitwirkung an FINABEL[8] erkennen.

Der Vertreter des Foreign Office äußerte sich sehr skeptisch über die Tätigkeit des Ständigen Rüstungsausschusses der WEU und stellte die Frage, ob diese Organisation, die anderswo dringender benötigte Fachleute binde, nicht besser aufgelöst werden sollte.

2) Verhältnis der Eurogroup zu Frankreich

Die deutsche Seite trug gemäß Ziff. I. 4 des Bezugsvermerks 3[9] vor. Die britische Seite reagierte interessiert, aber zurückhaltend gegenüber dem Gedanken der Ausdehnung der Eurogroup-Tätigkeit auf politische Fragen. Das Verhältnis zu Frankreich sei für Großbritannien sehr interessant. Frankreich könnte einmal geneigt sein, der NPG beizutreten, weil es an Fragen der nuklearen Planung wohl am meisten interessiert sei. Dies werfe die Frage der Teilnahme Frankreichs „à la carte" auf, die man prinzipiell ablehne. Frankreich müsse auch selbst Leistungen erbringen. In der Eurogroup habe Frankreich an der Untergruppe über Rüstungszusammenarbeit mitgewirkt, weil es daran interessiert gewesen sei. Die Gruppe sei inzwischen nicht mehr tätig. Wie es mit der Beteiligung Frankreichs weitergehe, sei offen.

Von deutscher Seite wurde darauf hingewiesen, daß schon die Tatsache der Mitwirkung Frankreichs an einigen Bereichen für sich selbst genommen für die NATO von Wert wäre. Die Franzosen seien pragmatisch und an Mitwirkung interessiert, wo es ihren Interessen entspreche, entzögen sich aber der Diskussion über Fragen der europäischen Zusammenarbeit. Die Haltung Frankreichs werde sich nur sehr langsam entwickeln. Es sei unzweckmäßig zu drängen. Die britische Seite teilte diese Auffassung. Frankreich sollte die Mitwirkung an Bereichen leicht gemacht werden, an denen es Interesse habe und wo eine Mitwirkung auch für die übrigen Partner vorteilhaft sei. Es ergebe sich jedoch die Frage, ob Frankreich auf Expertenebene an konkreten Projekten der Eurogroup teilnehmen könne, ohne auch auf höherer Ebene mitzuwirken.

3) Verminderung der amerikanischen Truppen

Die deutsche Seite schlug vor, die Konsultationen mit den Engländern über die Probleme der europäischen Zusammenarbeit auf dem Gebiet der Verteidigung

---

[8] Die in der FINABEL-Gruppe zusammengeschlossenen Staaten Belgien, die Bundesrepublik, Frankreich, Italien, Luxemburg und die Niederlande arbeiteten auf Stabsebene an einem gemeinsamen taktischen Konzept für die Landstreitkräfte Europa Mitte.

[9] In Ziffer I.4. wurde zum Verhältnis zwischen der Eurogroup und Frankreich dargelegt: „Es wäre dringend wünschenswert, ja für bedeutsame Ergebnisse der Tätigkeit der Eurogroup unerläßlich, daß sich Frankreich an der europäischen Zusammenarbeit beteiligt. – Das Problem scheint zu sein: Wie kann die Eurogroup für Frankreich attraktiv gemacht werden? Wir glauben, daß die Gruppe dazu unter Umständen mehr politischen Charakter erhalten müßte und Fragen behandeln müßte, die über den engeren Verteidigungsbereich hinausgehen. [...] Allerdings sollte vermieden werden, daß Frankreich die Zusammenarbeit im Verteidigungsbereich erschwert. Vielleicht müßte man akzeptieren, daß Frankreich ‚à la carte' an der Eurogroup teilnimmt, zumal die Mitarbeit an bestimmten Projekten ohnehin für keinen Teilnehmer verbindlich ist. Es wäre zweckmäßig festzustellen, ob Frankreich Interesse an einer beschränkten Mitwirkung hat." Vgl. VS-Bd. 1699 (II A 7); B 150, Aktenkopien 1970.

hinaus auf den gesamten Komplex der militärischen und politischen Probleme, die sich im Zusammenhang möglicher Verminderungen der amerikanischen Streitkräfte in Europa stellen, auszudehnen. Diese bilateralen Konsultationen könnten die notwendige spätere Diskussion dieser Fragen in der Eurogroup vorbereiten. Das von der Eurogroup bereits angenommene Papier[10] in dieser Frage sei nur ein erster Schritt.

Die britische Seite stimmte zu und zeigte großes Interesse an zweiseitigen Konsultationen über diese Frage.

Im einzelnen wurden folgende Fragen erörtert:

a) Die deutsche Seite wies darauf hin, daß eine Vereinbarung in der Eurogroup, einen bestimmten Prozentsatz des Bruttosozialprodukts für Verteidigungsausgaben bereitzustellen, ein geeignetes Mittel sei, um „Schneeballeffekten" amerikanischer Truppenverminderungen bei den europäischen Verbündeten zu begegnen. Allerdings stellten sich hier verfassungsrechtliche Probleme. Es sei zu prüfen, ob die Exekutive in der Lage sei, durch derartige Verpflichtungen die Entscheidungen der Parlamente über den Haushalt zu präjudizieren.

Es wurde vereinbart, diese Frage weiter zu prüfen.

b) Die deutsche Anregung, eine Verpflichtung zur Vorabkonsultation in der Eurogroup bei geplanten wesentlichen Veränderungen in den nationalen Streitkräfteplanungen zu statuieren, wurde von den Briten skeptisch aufgenommen. Das Thema soll jedoch weiter untersucht werden.

c) Die deutsche Seite brachte die Möglichkeit eines „burden sharing" zur Entlastung des amerikanischen Verteidigungshaushalts zur Sprache. Ein solches burden sharing würde ein wirksames Mittel sein, die amerikanischen Streitkräfte in Europa zu halten. Es hätte jedoch nur dann Sinn, diesen Gedanken weiter zu prüfen, wenn dieses burden sharing echt multilateraler Art sei und Großbritannien auf der Geberseite und nicht etwa auf der Empfängerseite stehe. Es wurde betont, daß es sich lediglich um völlig unverbindliche und noch nicht näher geprüfte Überlegungen im Zusammenhang mit den Problemen möglicher amerikanischer Truppenabzüge handele.

Die Reaktion der britischen Seite auf diesen Gedankengang war sehr zurückhaltend. Man werde die Sache näher prüfen.

d) Die britische Seite war sehr interessiert daran, über das Schema unterrichtet zu werden, nach dem die deutschen Untersuchungen über die Probleme der amerikanischen Truppenpräsenz vorgenommen werden sollen. Die deutsche Seite stellte Information zu gegebener Zeit in Aussicht.

e) Die militärischen Auswirkungen möglicher amerikanischer Truppenverminderungen wurden nicht erörtert, weil dieses Thema in den kommenden deutsch-britischen Generalstabsgesprächen behandelt werden wird.

III. Für das nächste Zusammentreffen am 17. März 1970 einigte man sich auf folgendes Arbeitsprogramm:

– Nähere Untersuchung der Fragen einer besseren Zusammenarbeit im Bereich der Ausbildung. Beide Seiten werden dazu Papiere ausarbeiten.

---

[10] Für das britische Arbeitspapier: „US Forces in Europe", das in der Sitzung der Eurogroup am 19. November 1969 vorgelegt wurde, vgl. VS-Bd. 1603 (II A 7).

- Einzelfragen der besseren europäischen Zusammenarbeit auf dem Gebiet der Logistik. Beide Seiten werden möglicherweise dazu Papiere ausarbeiten.
- Fortsetzung des informellen Gedankenaustauschs über die Möglichkeiten und Probleme eines „burden sharing".
- Diskussion über die politischen Aspekte amerikanischer Truppenabzüge. Die deutsche Seite wird, falls möglich, ein Exposé über die Ergebnisse der deutschen Untersuchung vortragen.
- Fortsetzung der Diskussion über die mögliche Errichtung eines „European Defence Center". Die deutsche Seite soll dabei zu den britischen Vorstellungen näher Stellung nehmen. Ein entsprechendes britisches Papier liegt vor.[11]

IV. Die Aussprache wurde von beiden Seiten als sehr nützlich empfunden. Die britische Seite zeigte sich sehr befriedigt über die Ergebnisse der Aussprache und die mit ihr eingeleitete Intensivierung der deutsch-britischen Konsultation über die angesprochenen Themen.

Hiermit über Herrn Dg II A[12] Herrn D II[13] zur Kenntnisnahme vorgelegt.

Behrends

VS-Bd. 1699 (II A 7)

---

[11] Auf der Sitzung am 17. März 1970 wurde darüber hinaus über eine Harmonisierung der operativen Konzepte, über informationspolitische Aspekte der Eurogroup, eine Verbesserung der organisatorischen Struktur der NATO, den Zusammenhang zwischen politischer Zusammenarbeit und Kooperation im Verteidigungsbereich sowie über das Verhältnis Frankreichs zur NATO gesprochen. Hinsichtlich der Einrichtung eines europäischen Verteidigungsinstituts setzte sich die britische Seite „sehr nachdrücklich für den Gedanken ein und versuchte eindringlich, die deutsche Zurückhaltung aufzuweichen". Seitens der Bundesrepublik wurde darauf verwiesen, daß der Zeitpunkt für eine Umsetzung dieses Vorschlags noch nicht gekommen sei. Vgl. die Aufzeichnung des Vortragenden Legationsrats I. Klasse Behrends vom 26. März 1970; Referat II A 7, Bd. 1794.
[12] Hat Ministerialdirigent Lahn am 30. Januar 1970 vorgelegen.
[13] Hat Ministerialdirektor Ruete am 9. Februar 1970 vorgelegen.

28

Gespräch des Staatssekretärs Bahr, Bundeskanzleramt, mit dem sowjetischen Außenminister Gromyko in Moskau

Geheim   30. Januar 1970[1]

Protokoll über den deutsch-sowjetischen Meinungsaustausch. 4. Gespräch (1. Gespräch Staatssekretär Bahrs) am 30. Januar 1970, 10 Uhr im sowjetischen Außenministerium.[2]

Teilnehmer: Gromyko, Falin, Tokowinin, Krascheninikow, Smirnow, Staatssekretär Bahr, Botschafter Allardt, Wolff, Peckert, Sanne

Gromyko: Bittet Bahr anzufangen.[3]

Bahr: Ich werde ganz offen sprechen, und ich meine, was ich sage. Bei einem Gespräch braucht man nicht jedes Wort auf die Goldwaage zu legen. Wir machen ja noch keine Texte. Ziel des Meinungsaustausches ist es, dahin zu kommen, über Texte zu reden. Daß es zu diesem Meinungsaustausch gekommen ist, ist vielleicht eine historische Situation, die wir nutzen wollen. Gegenwärtig sprechen die SU und die USA über SALT. Wir begrüßen das. Die SU hat die ESK vorgeschlagen.[4] Wir begrüßen das. Die Entspannung in Europa wäre ohne eine positive Haltung der Bundesregierung sehr viel schwieriger. Es gibt Dinge, die nur die Bundesregierung tun kann. Die Bundesregierung muß dabei ihre schwache Position im Parlament im Auge behalten.

Was ist heute, 25 Jahre nach Hitlers Krieg, möglich? Man muß von dem ausgehen, was ist. Wir haben Verständnis dafür, daß die SU auf der ESK keine Fragen behandeln will, die heute noch nicht lösbar sind. Wir können heute das Verhältnis SU–Bundesrepublik normalisieren, wie wir das auch gegenüber

---

[1] Durchdruck.

[2] Egon Bahr notierte dazu im Rückblick: „Am 30. Januar ging es dann los. [...] Andrej Gromyko kommt als letzter und begrüßt mich wie einen alten Bekannten, erinnert an New York. Wir sitzen uns gegenüber, neben ihm Valentin Falin, den der Ruf eines harten Brockens umgibt, und weitere Mitarbeiter, darunter der Dolmetscher. An unserer Seite auch acht Personen, je vier aus Bonn und der Botschaft. [...] Ich will die starke innere Anspannung nicht verhehlen, nun mit dem dienstältesten Außenminister der Welt in den Clinch zu gehen. Die Höflichkeit, dem Gast das erste Wort zu geben, ist für den Gastgeber bequem. Ich spreche frei nach Notizen, denn die Atmosphäre einer Sondierung kann nicht entstehen, wenn wie bisher Texte verlesen werden, in denen jedes Wort vorher auf die Goldwaage gelegt worden ist. Außerdem entschließe ich mich, das gesamte Konzept sofort auszubreiten; alle schreiben eifrig mit, unsere Botschaftsleute sind nicht weniger gespannt, hören sie es doch auch zum erstenmal. Nachdem ich über eine halbe Stunde gesprochen und Gromyko fast ebenso lang geantwortet hatte, dachte er, es sei; wie üblich würde die deutsche Seite nach Bonn berichten und neue Weisungen abwarten. Er war ziemlich erstaunt, daß ich sofort auf die Fragen einging, die er kritisch aufgeworfen hatte. Daraus entwickelte sich eine dreistündige Diskussion. Die erste Feuerprobe war bestanden." Vgl. BAHR, Zeit, S. 286 f.

[3] Im Rückblick bemerkte Helmut Allardt, daß er Staatssekretär Bahr, Bundeskanzleramt, nach dessen Ankunft in Moskau mehrfach um Einsichtnahme in die Gesprächsinstruktionen gebeten habe. Bahr habe darauf geantwortet, es gebe keine schriftliche Weisung, da „alles mündlich vereinbart" worden sei. Allardt führte dazu aus: „Meine Bemerkung, jetzt sei mir sein und Ehmkes Schweigen begreiflich, als ich Anfang Januar mit ihnen über den Fortgang der Diskussion mit Gromyko hatte sprechen wollen, quittierte er mit dem Hinweis, er und Ehmke seien zu dieser Zeit bereits entschlossen gewesen, den Delegationsführer zu wechseln." Vgl. ALLARDT, Tagebuch, S. 266 f.

[4] Zu den sowjetischen Vorschlägen vom März bzw. April 1966 vgl. Dok. 7, Anm. 2.

den drei Westmächten gemacht haben. Dabei ist die Frage 53/107 der UNO-Satzung schon aufgeworfen worden. Worum geht es?

1) Es geht um eine politische Vereinbarung SU–BRD.
2) Es geht um eine politische Vereinbarung BRD–Polen, und es geht um die Grenzfrage der Oder-Neiße. Das wissen wir.
3) Es geht um die Aufnahme der Beziehungen zwischen uns und der DDR.

Das alles ist in den nächsten Monaten möglich. Das würde die Lage in Europa zum Besseren verändern. In diesem Sinne wollen wir den Status quo verändern. Wir sind gegen einen Status quo der Mißverständnisse, der Feindschaft, des Mißtrauens, der Beziehungslosigkeit und des Propagandakrieges.

Die Grenzen liegen da, wo sie sind. Wer Grenzen ändern will, ist verrückt, weil er den Krieg riskiert. Der Status quo ist die Grundlage unserer Sicherheit. Dazu kommen die besonderen Rechte der Vier Mächte für ganz Deutschland. Alles, was jetzt zu tun ist, darf nicht zur Minderung dieser Rechte der Vier Mächte führen, weil diese ihre Rechte behalten wollen. Das steht in Beziehung zur Frage des Verhältnisses DDR–BRD. Diese Beziehungen müssen „besonderer Art" sein. Das ist zum Teil mißverstanden worden. Diese Besonderheit ist eine Realität, z.B. weil die Vier Mächte besondere Rechte und Pflichten in Deutschland haben. Auch gibt es keinen Friedensvertrag, also eine weitere Besonderheit, die in keinem andern Staat Europas anzutreffen ist.

Unsere Souveränität ist durch die Rechte der Vier Mächte gemindert. Beide deutsche Staaten gehören zu einer Nation. So steht es in beiden Verfassungen.[5] Auch das ist unvergleichbar mit jedem anderen Staat in Europa. Diesem besonderen Verhältnis zwischen den beiden deutschen Staaten muß man Rechnung tragen. Zuerst einmal muß man Beziehungen aufnehmen. Diese gibt es fast noch nicht. Wir können leichter mit Kambodscha als mit Ostberlin sprechen, mit dem wir auch keine Beziehungen haben.

Ich bin nicht hier, um über meine Landsleute im zweiten deutschen Staat zu klagen. Wir müssen die Beziehungen aufnehmen. Das sind in den meisten Fällen keine besonderen, sondern normale Beziehungen, z.B. daß man telefonieren, sich besuchen, kulturellen und sportlichen Austausch zwischen Organisationen und Delegationen haben kann. Man kann auch mit den Beziehungen zwischen den Regierungen anfangen, oder mit den besonderen Beziehungen. Ich habe nichts dagegen. Aber wir wollen sowohl die normalen wie die besonderen Beziehungen aufnehmen. Nicht das eine oder das andere. Die dazu erforderlichen Verträge müssen auf der Basis der Gleichberechtigung geschlossen werden und völkerrechtlich wirksam sein, wie Verträge mit jedem dritten Staat. Sie müssen also die gleiche Verbindlichkeit haben. Aber wir werden die DDR nicht völkerrechtlich anerkennen. Das kann man tun, auch wenn man einen Vertrag schließt. Wenn die USA und China einen Vertrag über Gefangenenaustausch geschlossen haben[6], hat auch niemand gesagt, daß damit die Staaten-

---

[5] Zu den Bestimmungen im Grundgesetz vom 23. Mai 1949 und in der Verfassung der DDR vom 6. April 1968 vgl. Dok. 12, Anm. 13.
[6] Am 11. April 1953 unterzeichneten der Oberkommandierende der UNO-Streitkräfte in Korea, Clark, der Oberbefehlshaber der koreanischen Volksarmee, Kim Il Sung, und der Befehlshaber der chinesischen Volksfreiwilligen, Peng Teh-huai, ein Abkommen über den Austausch kranker und ver-

anerkennung vollzogen wurde. Man kann die völkerrechtliche Anerkennung nicht zufällig aus der Tasche verlieren, sondern sie setzt einen Willensakt voraus. Das ist zwischen der BRD und der DDR nicht möglich. Die Besetzten können nicht über die Sieger entscheiden. Wenn die Vier Mächte Rechte für ganz Deutschland haben, können die Teilstaaten keine völkerrechtliche Teilung Deutschlands beschließen. Dazu steht in beiden Verfassungen etwas über die Wiedervereinigung. Über diese Verfassungsvorschriften kann man nicht durch Anerkennung hinweggehen. Unsere Beziehungen sind daher solche besonderer Art.

Sie, Herr Gromyko, haben beim letzten Treffen eine Frage nach dem Ziel unserer Politik gestellt. Sie haben gefragt, ob wir bereit sind, nicht nur einen Gewaltverzichtsvertrag (GV) abzuschließen, sondern ob wir auch bereit sind, die Absicht aufzugeben, Grenzen friedlich ändern zu wollen.[7]

Was sind die Ziele der Politik? Sozialisierung oder Demokratisierung der Welt sind zwei Ziele. Diese Ziele muß man jedem lassen. Man kann sie nicht durch Vertrag beseitigen. Aber man kann die Gewalt als Mittel der Politik ausschließen. Die Sowjetunion sagt, daß friedliche Koexistenz nicht mit ideologischer Koexistenz gleichzusetzen sei. So ist das auch bei uns. Jeder behält sein Ziel, die Bundesrepublik und die DDR. Die DDR will ein sozialistisches Deutschland und die Bundesrepublik soll verschwinden. Wir wollen die Selbstbestimmung für alle Deutschen. Lassen wir doch die beiden Staaten ihre Ziele haben, wenn sie nur nicht mit Gewalt verfolgt werden.

Ist das nicht unlogisch? Bedeutet das nicht, ein Interesse gegen die Wiedervereinigung zu schaffen? Die Geschichte wird diese Frage beantworten. Wir wollen die Perspektiven offenhalten, wie sie in den Verfassungen niedergelegt sind.

Die Wiedervereinigung ist politisch nur möglich, wenn alle Nachbarn zustimmen. Niemand weiß, wann das der Fall sein wird. Deshalb ist es nicht realistisch, über die Wiedervereinigung zu reden. Das ist nicht unser Punkt. Wir müssen von den Realitäten sprechen.

Die Bundesregierung ist bereit zu sagen, territoriale Integrität für jeden Staat in Europa. Wir verlangen von niemand, daß er seine Ziele aufgibt, weder BRD noch DDR, aber er darf sie nicht mit Gewalt verfolgen.

Wir kennen die Rolle der Sowjetunion im sozialistischen Lager. Es geht nicht ohne oder gegen sie. Wir wollen nichts hinter ihrem Rücken tun, bei voller Achtung der Souveränität der betreffenden anderen Regierungen, die wir nicht weniger achten als die Souveränität der Sowjetunion.

Da gibt es noch ein paar Fragen:

a) Die Bundesregierung will gleiche Beziehungen zur Sowjetunion wie zu den drei Westmächten haben. Dabei muß man an 53/107 der UNO-Satzung denken.

b) Gewaltverzicht zwischen der Bundesrepublik und der Sowjetunion. Wir sind dafür, und wir sind auch dafür, einen Gewaltverzicht mit der DDR auszuhan-

---

Fortsetzung Fußnote von Seite 106
    wundeter Kriegsgefangener. Ausgetauscht wurden 5100 Nordkoreaner und 700 Chinesen gegen 450 Südkoreaner, 120 Amerikaner und 30 Angehörige anderer Staaten. Vgl. dazu AdG 1953, S. 3948.
[7] Zum Gespräch des Botschafters Allardt, Moskau, mit dem sowjetischen Außenminister am 23. Dezember 1969 vgl. AAPD 1969, II, Dok. 411 und Dok. 413.
    Zu den von Gromyko gestellten Fragen vgl. auch Dok. 5.

deln. Ulbricht hat aber gesagt, das mache er erst, nachdem Bundesregierung und Sowjetunion einen Vertrag geschlossen haben.[8] Was hält die sowjetische Regierung von der Zeitfolge? Was kommt wann?

c) Nachdem wir große wirtschaftliche Projekte begonnen haben[9], stellt sich die Frage, ob wir nicht auch einen Handelsvertrag schließen sollen.

d) Bei Normalisierung unserer Beziehungen sollten wir den Propagandakrieg einstellen. Wie steht es damit?

Zum Schluß Berlin. Die Bundesregierung hat keine Kompetenzen in Berlin. Die Vier Mächte werden darüber verhandeln, nicht wir. Aber wir können darüber sprechen. Entspannung und Normalisierung in Europa muß Berlin mit einschließen. Berlin darf nicht Insel des Kalten Krieges bleiben. Das ist die Hauptsache. Wer darüber spricht, wir oder die Vier Mächte oder die Deutschen selbst, ist nicht so entscheidend.

Gromyko schlägt kurze Pause vor.

Sitzung wird um 11.25 [Uhr] wieder eröffnet.

Gromyko: Ich begrüße es, daß Herr Bahr gekommen ist. Ich begrüße es, daß die Bundesregierung ernsthaft zu verhandeln gedenkt. Wir gehen davon aus, daß die Bundesregierung seriös an die Probleme herangeht. Wenn das so ist, ist es gut.

Wir gehen an diese Fragen mit allem Ernst heran. Wenn wir über diese Fragen uns einig werden und ein Abkommen schließen könnten, würde das unsere Beziehungen und auch die Lage in Europa und nicht nur in Europa verbessern.

Ich möchte Ihnen sagen, daß es eine Reihe sehr wichtiger Fragen gibt, die man nicht umgehen kann. Man kann nicht auf halbem Wege stehen bleiben. Wir wollen klar, offen und genau sprechen, damit wir wissen, woran wir sind.

Wir haben den Eindruck – er ist vielleicht noch nicht ganz genau –, daß Ihre Regierung glaubt, über einige Fragen nicht so dringlich sprechen zu müssen. Sie gehen an manches aus weiter Ferne heran. Uns fällt auf, daß zwischen dem, was hier gesagt wird und was man sonstwo dazu zu hören bekommt, keine Übereinstimmung besteht. Z. B. haben wir den Eindruck, daß die Bundesregierung glaubt, man könne die Grenzfrage in Europa umgehen, wenn auch nicht vollständig, so doch zum wesentlichen Teil. Wir haben dazu unseren Standpunkt dargelegt. Kurzum: Alles würde erleichtert, wenn die Bundesregierung die reale Lage anerkennen würde, die in Europa entstanden ist.

Manchmal klingt es danach. Auch Sie haben das zum Ausdruck gebracht. Aber Sie bleiben auf halbem Wege stehen. Die Anerkennung der Grenze und die Notwendigkeit, genaue Positionen zu finden, verbietet es, daß man auf halbem Wege stehen bleibt. Es gibt keine Halb- und Ganz-Grenze, keine Halb- und Viertel-Anerkennung.

Sie haben gesagt, daß volle Grenzanerkennung aus zwei Gründen schwer sei: 1) wegen der Potsdamer Rechte der Vier Mächte, 2) wegen des Wiedervereini-

---

[8] Zu den Ausführungen des Staatsratsvorsitzenden Ulbricht auf einer Pressekonferenz am 19. Januar 1970 in Ost-Berlin vgl. Dok. 12, Anm. 10.
[9] Vgl. dazu die Verträge vom 1. Februar 1970 über die Lieferung von Erdgas und Röhren; Dok. 23, besonders Anm. 1.

108

gungsverweises in den beiden Verfassungen. Was die Vier Mächte angeht, so ist sichtbar, daß sie von zwei deutschen Staaten sprechen und davon, daß von Deutschland kein Krieg mehr ausgehen soll. Letzteres gilt aber, ob es einen oder ob es zwei deutsche Staaten gibt. Es ist eine Tatsache, daß es zwei deutsche Staaten gibt. Darüber brauchen wir nicht zu reden. Vor allem gilt der Potsdamer Vertrag mit der Festlegung, daß von Deutschland kein Angriff mehr unternommen werden darf.[10] Das bleibt in Kraft. Daß es zwei deutsche Staaten gibt, ist eine Folge der anschließenden geschichtlichen Entwicklung. Der Verweis auf die Rechte der Vier Mächte ist kein Argument gegen die Realität des Bestehens von zwei deutschen Staaten. Ich stelle die Frage, ob Sie bereit sind, diese Realität zu 100%, zu 25% oder nur zu 10% anzuerkennen.

Imponierend ist, was Bundeskanzler Brandt gesagt hat, daß bei der Gewaltverzichtsfrage die Grenzfrage nicht zu umgehen ist.[11] Sie ist wesentlicher Bestandteil des Gewaltverzichts. Hat die Bundesregierung die Absicht, hier bis zum Ende zu gehen? Das ist die Frage. Hier ist eine klare Antwort und eine präzise Stellungnahme nötig. Es genügt nicht, daß die Bundesrepublik Deutschland keine territorialen Forderungen an irgend jemand stellt. Man muß genau formulieren, daß die Bundesregierung nicht die Absicht hat, Grenzänderungen auch ohne Gewalt anzustreben. Hat die Bundesregierung diese Absicht, ist das eine Situation, hat sie nicht diese Absicht, ist es eine andere Situation. Dies deshalb, weil dann zunächst politische Forderungen auf Grenzberichtigungen gestellt werden. Später folgen dann die Waffen. Das kennt man. Auch wer nicht mit einer solchen Entwicklung einverstanden ist, kann Opfer der Ereignisse werden, und dann gibt es Krieg. Gleich nach dem Ersten Weltkrieg hat man nicht geglaubt, daß es wieder solche Entwicklungen geben kann. Grenzforderungen werden zuerst als ein respektables Ziel ausgegeben. Sie haben das so hingestellt, als ob es sich um eine Sache zwischen Sozialismus und Kapitalismus handelt. Es ist klar, daß kapitalistische Außenpolitik ihre Positionen halten wird wie auch die kommunistische Außenpolitik die ihren, die wünscht, daß die Welt sozialistisch werde. Solche allgemeinen Positionen verändern keine Grenzen. Allgemeine Zielvorstellungen sozialistischer oder kapitalistischer Art können klare Äußerungen zu Grenzfragen nicht ersetzen. Ich bitte Sie, das zu beachten.

Uns fällt ein weiterer Unterschied zwischen offizieller Erklärung der Bundesregierung und dem tatsächlichen Handeln ihrer Vertreter auf. Sie reden davon, keinen Alleinvertretungsanspruch stellen zu wollen, und Brandt hat den Alleinvertretungsanspruch im Bundestag nicht bestätigt. Ihre Botschafter im Ausland handeln aber anders. So z. B. beim Kongreß der Internationalen Post-

---

[10] In Abschnitt III des Kommuniqués vom 2. August 1945 über die Konferenz von Potsdam (Potsdamer Abkommen) wurde festgelegt: „Der deutsche Militarismus und Nazismus werden ausgerottet, und die Alliierten werden einvernehmlich jetzt und in Zukunft gemeinsam die sonstigen erforderliche Maßnahmen treffen, um sicherzustellen, daß Deutschland nie wieder seine Nachbarn und den Weltfrieden bedroht." Vgl. DzD II/1, S. 2106.
[11] Am 14. Januar 1970 nannte Bundeskanzler Brandt in der Regierungserklärung zum Bericht über die Lage der Nation im gespaltenen Deutschland Grundsätze für Gespräche mit der DDR über einen Gewaltverzicht. So sollten die „allgemein anerkannten Prinzipien des zwischenstaatlichen Rechts gelten, insbesondere der Ausschluß jeglicher Diskriminierung, die Respektierung der territorialen Integrität, die Verpflichtung zur friedlichen Lösung aller Streitfragen und zur Respektierung der beiderseitigen Grenzen". Vgl. BT STENOGRAPHISCHE BERICHTE, Bd. 71, S. 846.

union in Tokio.[12] Auch anderswo nehmen Ihre Botschafter gegen die Anerkennung der DDR in den Gastländern Stellung.

Da redet Ihr immer davon, Konzessionen, so z.B. in Grenzfragen, gegenüber der Sowjetunion zu machen, die einseitige Zugeständnisse seien. Welche Zugeständnisse sind es denn, wenn man etwas aufgibt, was man nicht hat? Welche Zugeständnisse können Sie heute machen, wenn Sie von den Realitäten sprechen? Wer die Realität anerkennt, macht keine Zugeständnisse. In dieser Vorstellung ist keine Dialektik, sie ist real. Ich wiederhole: Wer die Realität anerkennt, macht keine Zugeständnisse.

Es wäre gut, wenn es keine Grenzfrage gäbe. Es wäre gut, wenn alle Leute alle Grenzen achten würden. Aber das ist in Europa nicht so. Sie wissen, worum es sich handelt. Wir wollen, daß Sie diese Frage betrachten vom Standpunkt anderer Staaten aus. Im Bundestag haben wir Brandt so verstanden, daß die Wiedervereinigung keine praktische politische Frage ist. Wir hoffen, daß darin eine Anlehnung an eine mehr realistische Betrachtungsweise in Europa zu sehen ist. Aber Sie wollen mit Ihrer Logik, daß es keinen Friedensvertrag und keine Grenzanerkennung geben soll. Ungeklärte Grenzfragen aber sind Herde künftiger Gefahr.

Falin: Was ist ein Gewaltverzichtsabkommen, wenn die Grenzfrage offen bleibt? Soll ein solches Abkommen über kulturelle, technische und wissenschaftliche Beziehungen gehen, entstehen keine wegen Streitfragen des Balletts oder der Futtermittelzuteilung?

Gromyko: Die Grenzfrage wurde endgültig im Potsdamer Abkommen entschieden. Der Verweis auf den Friedensvertrag im Potsdamer Abkommen[13] bedeutet nur, daß dort das in Potsdam Beschlossene bestätigt werden soll. Wer anders denkt, lebt in den Wolken.

Auch ohne Friedensvertrag haben Sie Grenzabkommen mit Belgien[14], den Niederlanden[15] ohne Hinweis auf den Friedensvertrag geschlossen. Sie, Herr Bahr, haben ergänzt, was Herr Allardt gesagt hat, nämlich, daß die Bundesregierung die territoriale Integrität auch der DDR anerkennt. Darin sind positive Elemente. Aber es ist unbestreitbar, daß diese Formulierung nicht alles umfaßt, was man sagen sollte und was vor der Tür steht. Ich bitte Sie, hierüber weiter nachzudenken.

---

12 Vom 1. Oktober bis 14. November 1969 fand in Tokio der XVI. Weltpostkongreß statt. Am 29. August 1969 legte Vortragender Legationsrat Schönfeld dar, daß die Bundesregierung eine „weltweite Demarche" unternommen habe mit der Absicht, „alle politischen Vorstöße der osteuropäischen Länder zur Einbeziehung des Regimes des anderen Teil Deutschlands in den Weltpostverein, einer Sonderorganisation der Vereinten Nationen, abzuwehren". Vgl. Referat I C 1, Bd. 569.

13 Zu den Bestimmungen in Abschnitt IX des Kommuniqués vom 2. August 1945 über die Konferenz von Potsdam (Potsdamer Abkommen) vgl. Dok. 12, Anm. 26.

14 Vgl. das Abkommen vom 24. September 1956 zwischen der Bundesrepublik und Belgien über eine Berichtigung der deutsch-belgischen Grenze und andere die Beziehungen zwischen beiden Ländern betreffende Fragen; BUNDESGESETZBLATT 1958, Teil II, S. 263–290.
Vgl. ebenso das Protokoll vom 6. September 1960 zur Festlegung des Verlaufs der deutsch-belgischen Grenze; BUNDESGESETZBLATT 1960, Teil II, S. 2329–2348.

15 Vgl. den Vertrag vom 8. April 1960 zwischen der Bundesrepublik und den Niederlanden über den Verlauf der gemeinsamen Landgrenze, die Grenzgewässer, den grenznahen Grundbesitz, den grenzüberschreitenden Binnenverkehr und andere Grenzfragen (Grenzvertrag); BUNDESGESETZBLATT 1963, Teil II, S. 463–601.

Gromyko: Vielleicht können Sie eine grundlegendere Position beziehen. Wir verstehen Ihre innere Lage, aber bitte verstehen Sie auch unsere Lage. Wir brauchen verpflichtende Erklärungen, die unabhängig vom Wechsel der Regierungen gelten. Bei Fragen über Krieg und Frieden können realistischere Einschätzungen der Regierungen (im Parlament) keinen Schaden bringen. Wir haben die Grenzfrage genau formuliert. Bedeutet es, daß die Bundesregierung keinerlei territoriale Ansprüche stellt, nicht nur, daß sie auf Gewaltanwendung verzichtet, sondern auch auf Änderung der Grenzen, die nach dem Zweiten Weltkrieg entstanden sind? Ich bitte, diese präzise Frage nicht mit dem Kampf der beiden sozialen Systeme zu vermischen. Sinn unserer Besprechung ist es, daß es nicht zum Krieg kommt. Unsere Frage bezieht sich darauf, wie man im Frieden lebt. Trotz ihrer Erklärung über die territoriale Integrität behält meine Frage ihre Bedeutung. Bitte mehr Klarheit. Wir brauchen eine präzise Position in dieser entscheidenden Frage zur Entspannung, in dieser Frage über Krieg und Frieden. Sind Sie bereit, auf Grenzänderungen zu verzichten? Wenn Sie soviel Optimismus und Vertrauen in Ihre Politik haben, dann seien Sie in der Grenzfrage konkret. Überlegen Sie, ob Sie nicht mehr tun können, als bisher. Vielleicht überschätzen Sie die Möglichkeiten Ihrer Politik. Es war beachtlich, was Brandt zu Kiesinger sagte: „Was wir verloren haben, holen wir mit Rabulistik nicht mehr zurück".[16] Das war ein scharfer Pfeil.

Zweite Frage: Was bedeutet die Achtung der territorialen Integrität durch die BRD, darunter auch die territoriale Integrität der DDR? Was ist die BRD? Reden sie von der BRD in ihren heutigen Grenzen von 1970 oder in den Grenzen von 1937? Niemand verlangt, daß die BRD auf Teile ihres Territoriums verzichtet. Aber wie steht sie zu den Grenzen anderer Staaten? Wir haben die zweite Frage formuliert, um Ihre Logik zu verstehen.

3) Zu Westberlin: Sie haben gesagt, daß die BRD keine Kompetenzen in Westberlin habe. Das ist eine Annäherung an unseren Standpunkt. Aber ihre praktische Politik ist anders. Ich werde aus wohlverstandenen Gründen das Thema nicht voll entwickeln. Sie kennen unseren Standpunkt. Wir wollen, daß die BRD mit breiterem Interesse an diese Frage herangeht, nicht so eng, wie manche Politiker das tun. Wir kennen Ihre Verfassung. Wie sehen Sie die Verfassungslage in Beziehung zum GV?

4) Verhältnis BRD–DDR. Sie werden in direkten Verhandlungen mit der DDR Ihre Position darlegen, aber die grundsätzliche Position interessiert uns auch, und Sie wissen warum. Sehen die Politiker der BRD, wie widersprüchlich Ihre Politik ist? Sie sagen einerseits, sie würden keinen Alleinvertretungsanspruch erheben. Die Praxis ist anders. Die Bundesregierung sagt, es gibt zwei deutsche Staaten. So Brandt im Bundestag.[17] Das ist positiv. Wir glaubten, nun würde

---

[16] Am 16. Januar 1970 antwortete Bundeskanzler Brandt in der Aussprache über den Bericht zur Lage der Nation im gespaltenen Deutschland auf Ausführungen des ehemaligen Bundeskanzlers Kiesinger: „Jawohl, Herr Kollege Kiesinger, es geht, wie Sie gesagt haben, auch um das Vaterland unserer Söhne und Enkel [...]. Trotzdem, dies ist auch das Vaterland unserer Väter. Bei allem Respekt vor ihnen: was die Väter verloren haben, das werden wir durch keine noch so schöne Rhetorik und durch keine noch so geschliffene Juristerei zurückgewinnen." Vgl. BT STENOGRAPHISCHE BERICHTE, Bd. 71, S. 952.

[17] Vgl. dazu die Äußerung des Bundeskanzlers Brandt am 28. Oktober 1969 im Bundestag: „Auch wenn zwei Staaten in Deutschland existieren, sind sie doch füreinander nicht Ausland; ihre Beziehun-

diese Position zum logischen Ende geführt. Plötzlich wird eine zweite These aufgestellt, daß die DDR zwar ein Staat sei, ein Territorium habe und – so Brandt – die BRD ihre Grenzen achten wolle, die DDR aber kein Staat im völkerrechtlichen Sinne sei. Das Wort Staat bedeutet ausschließlich den Begriff Staat im völkerrechtlichen Sinne. Es gibt im Rechtssinne keine Staaten 1. und 2. Klasse. Es gibt keine Halbstaaten. Es gibt keine halb souveränen Staaten. Die Souveränität ist unteilbar. Die englischen Kolonien hatten Elemente der Selbstverwaltung, dann aber wurden sie 100% souverän. Souveränität ist ein Qualitätsbegriff, kein Quantitätsbegriff. Für Sie aber ist die DDR sowohl Staat als auch Nicht-Staat. Die BRD zählt sich zu den souveränen Staaten und zählt die DDR nicht dazu. Wir halten Sie für souveräner als Sie sich selbst. Sie stellen die Frage der „besonderen Beziehungen". Sie sagen, daß die DDR nicht voll souverän sei, und Sie sagen das vielleicht auch von sich selbst. Haben Sie nicht Positionen, die Sie noch nicht eingesetzt haben? Angenommen Sie sagen, die DDR sei kein Staat im völkerrechtlichen Sinne, würde das die DDR hindern, etwas zu tun oder etwas zu unterlassen? Was haben Sie denn von Ihrer These, daß die DDR kein Subjekt des Völkerrechts ist? Das nützt Ihrer Politik doch nichts. Bitte überlegen Sie, was haben Sie noch für Reserven?

Wenn wir an dem Thema kein Interesse hätten, würden wir nicht so viel fragen, sondern Ihnen einen Entwurf vorlegen, den Sie annehmen oder ablehnen und damit basta. Aber wir wollen mit Ihnen die Beziehungen verbessern. Betrachten Sie die Lage in Europa doch von einer höheren Warte.

Bahr: Ich glaube, daß wir nicht weit auseinander sind. Es scheint mir genügend Raum für Übereinstimmung zu bestehen. Der Bundeskanzler hat zu einem beachtlichen Teil den Erfolg seiner Regierung vom Erfolg dieser Gespräche abhängig gemacht.

Die Sitzung wird um 13 Uhr unterbrochen.

Nachmittagssitzung 15 Uhr

Teilnehmer wie vormittags.

Bahr: Ich sehe drei Komplexe:

1) Grenzen

2) Beziehungen DDR–BRD

3) Berlin

Gromyko: Ja, so könnte man ungefähr sagen.

Bahr: Ich stimme Herrn Gromyko zu, daß wir klar sehen müssen, daß es um Krieg und Frieden geht und daß vom deutschen Boden, d.h. von der BRD und von der DDR kein Krieg ausgehen darf. Ich glaube nicht an eine Kriegsgefahr. Die BRD ist durch ihre Zugehörigkeit zur NATO unfähig, selbst Krieg zu führen und im übrigen auch nicht willens, dies zu tun. Unsere gegenseitigen Befürchtungen sind vielleicht unnötig. Melnikow sagt, daß der Friede heute Sache des globalen Gleichgewichts sei. Noch gebe es Interkontinentalraketen, die Atom-

---

Fortsetzung Fußnote von Seite 111
gen zueinander können nur von besonderer Art sein." Vgl. BT STENOGRAPHISCHE BERICHTE, Bd. 71, S. 21.

granaten sind keine Fortsetzung der Artillerie. Für den Frieden in Europa sorgen stärkere Mächte als die Bundesregierung und die DDR.
Zu den Grenzen: Die BRD geht von ihrem Territorium des Jahres 1970 aus und von keinem anderen. Ein GV-Vertrag ist ein anderes Wort für Grenzvertrag. Die BRD hat keine territorialen Ansprüche und will sich kein anderes Territorium einverleiben mit einer Ausnahme: Die Zielvorstellung der Wiedervereinigung erstreckt sich auf die beiden deutschen Staaten in ihrem gegenwärtigen Besitzstand. Diese Wiedervereinigung wollen beide deutsche Staaten. Das ist kein Thema für uns beide hier. Die Geschichte werde das beantworten. Die Qualität des GV gegenüber der DDR ist die gleiche wie gegenüber jedem anderen Staat.
Die Grenzverhandlungen mit Belgien und den Niederlanden haben keinen Bezug zum Friedensvertrag. Dasselbe kann man beim GV machen. Im Deutschlandvertrag sind die Beziehungen zwischen uns und den Drei Mächten geregelt. Das muß um des Gleichgewichts willen so bleiben. Die Drei Mächte erkennen die Souveränität der BRD über ihre eigenes Territorium, nicht darüber hinaus über Gesamtdeutschland an. Die Drei Mächte anerkennen keine Souveränität der BRD, über die deutschen Grenzen eines künftigen Deutschland zu entscheiden. Auch die Verträge mit[18] Belgien und den Niederlanden stehen daher unter dem Vorbehalt des Friedensvertrages. Die europäischen Staaten würden die deutsche Einheit bei ungeregelten Grenzen nicht zulassen. Im GV kann gesagt werden, daß die Bundesregierung keine territorialen Ansprüche gegen jemand hat.
Gromyko: Meinen Sie „und nicht hat und haben wird" oder „und nicht hat und nicht haben darf"? „There are not", „there will not be" oder „there may not be"?
Bahr: Will not be.
Nehmen Sie an, die Wiedervereinigung dauert noch 20 bis 30 Jahre. Ist es nicht gut, eine Regelung zu treffen, die a) 20 und 30 Jahre Ordnung gibt, b) später bestätigt wird. Wir nennen das nicht Grenzanerkennung, sondern Gewaltverzicht und territoriale Integrität.
Gromyko: Sie sind aber nicht bereit, die Absicht der Grenzveränderung in Zukunft auszuschließen. Gehen Sie über diese Hürde?
Bahr: Nein, ich kann nicht, und niemand kann über die Verfassung hinausgehen. Wir geben die Absicht zur Wiedervereinigung nicht auf. Das geht nicht, und das hätte auch keine Wirksamkeit. Die einzige Grenze, die wir ändern wollen, ist die Grenze zur DDR. Es ist das Ziel beider Staaten (mit umgekehrten Vorzeichen), ihre Existenz zu beenden, zu verschwinden. Das kann gefährlich sein. Deshalb sollen sich beide Staaten zum Gewaltverzicht verpflichten.
Wir haben Flüchtlinge in Deutschland, das sind Leute, die Sie Revanchisten nennen. Auch die haben auf Gewalt verzichtet[19], trotz der Sonntagsredner. Das Problem wird immer kleiner. Es wird aussterben. Ich kann das Problem der

---

18 Korrigiert aus: „zwischen".
19 Vgl. dazu die Charta der deutschen Heimatvertriebenen vom 5. August 1950; DOKUMENTE ZUR SUDETENFRAGE, S. 24 f.

Heimatvertriebenen gut verstehen. Meine Familie kommt aus Schlesien, aber die wollen nicht mehr dorthin zurück.

Gromyko: Sind alle so vernünftig wie Ihre Verwandten?

Bahr: Es gibt weniger Verrückte, als man glaubt.

Gromyko: Um Ihre Position zu Berlin richtig zu verstehen: Sie sagen, Sie haben keine Ansprüche, daß Sie die Grenze anerkennen, wie es Herr Brandt ausdrückt, die territoriale Integrität achten, wie Sie sagen. Aber bei Westberlin machen Sie eine Ausnahme. Glauben Sie, daß wir so etwas annehmen? Wollen Sie auch die Grenzen von Westberlin anerkennen? Da will ich volle Klarheit haben.

Bahr: Berlin ist ein Sonderproblem. Sie sagten heute, daß Berlin in der Verfassung als Teil der Bundesrepublik steht.[20] Das stimmt. Und das bleibt auch so. Das steht auch in der Verfassung von Berlin.[21] Das stimmt, und auch das bleibt so stehen. Darüber aber gibt es eine höhere Souveränität. Die Drei Mächte haben diese Bestimmungen suspendiert.[22] Sie gelten also nicht. In Berlin gelten die ursprünglichen Rechte der Drei Mächte. Berlin gehört nach übergeordnetem Recht nicht zur Bundesrepublik. Das soll auch so bleiben. Bundeskanzler Brandt sagte dazu, unsere Schultern sind zu schmal.[23] Wir wollen den Status von Berlin nicht ändern, solange es die Deutsche Frage, solange es die Bundesrepublik Deutschland gibt. BRD-Gesetze gelten nicht in Berlin, sofern das Berliner Stadtparlament sie nicht neu beschließt. Die Drei Mächte können jeden Beschluß mit Veto belegen, so z.B. den über die Bundeswasserstraßen. Auch die Wehrgesetze[24] gelten in Berlin nicht, aber die Drei Mächte haben die Bundesregierung beauftragt, für den Ausgleich des Berliner Etats zu sorgen.[25] Wirtschaftlich, kulturell, zivilrechtlich und finanziell ist Westberlin voll in die Bundesrepublik integriert. Dagegen hat auch die Sowjetunion nichts und hat es als Realität angesehen. Die Drei Mächte haben die Bundesregierung beauftragt, Westberlin nach außen zu vertreten.[26] Die Sowjetunion widerspricht, obwohl es allen klar ist, daß Berlin nicht Teil der Bundesrepublik ist. Auch Liech-

---

20 Für den Wortlaut des Artikels 23 des Grundgesetzes vom 23. Mai 1949 vgl. Dok. 12, Anm. 13.

21 In Artikel 1, Absatz 2 und 3 der Verfassung von Berlin vom 1. September 1950 wurde festgelegt: „Berlin ist ein Land der Bundesrepublik Deutschland" und: „Grundgesetz und Gesetze der Bundesrepublik Deutschland sind für Berlin bindend." Vgl. VERORDNUNGSBLATT FÜR GROSS-BERLIN 1950, Teil I, S. 433.

22 Zum Vorbehaltsschreiben der Drei Mächte vom 12. Mai 1949 vgl. Dok. 12, Anm. 19.
Am 29. August 1950 verfügte die Alliierte Kommandantur der Stadt Berlin, daß die Absätze 2 und 3 des Artikels 1 der Verfassung von Berlin vom 1. September 1950 „zurückgestellt" werden. Für das Schreiben BK/O (50) 75 vgl. VERORDNUNGSBLATT FÜR GROSS-BERLIN 1950, Teil I, S. 440.

23 Für die Äußerung des Bundeskanzlers Brandt am 14. Januar 1970 in der Regierungserklärung zum Bericht über die Lage der Nation im gespaltenen Deutschland vgl. Dok. 11, Anm. 12.

24 Für den Wortlaut des Gesetzes vom 19. März 1956 zur Ergänzung des Grundgesetzes (Wehrgesetz) vgl. BUNDESGESETZBLATT 1956, Teil I, S. 111–113.

25 Vgl. dazu Ziffer 16 des Dritten Gesetzes vom 11. Mai 1956 zur Änderung des Gesetzes vom 4. Januar 1952 über die Stellung des Landes Berlin im Finanzsystem des Bundes (Drittes Überleitungsgesetz): „1) Solange das Land Berlin am Finanzausgleich unter den Ländern nicht teilnimmt, erhält es zur Deckung des auf andere Weise nicht auszugleichenden Haushaltsfehlbedarfs einen Bundeszuschuß. Zur Deckung eines außerordentlichen Bedarfs für den Wiederaufbau Berlins gewährt der Bund Darlehen, wenn eine anderweitige Darlehensaufnahme dem Land Berlin nicht zugemutet weden kann oder aus sonstigen Gründen nicht möglich ist." Vgl. BUNDESGESETZBLATT 1956, Teil I, S. 420.

26 Zum Schreiben der Drei Mächte vom 26. Mai 1952 in der Fassung vom 23. Oktober 1954 vgl. Dok. 11, Anm. 11.

tenstein ist nicht Teil der Schweiz. Wenn wir für eine gewisse Zeit normale Zustände in Europa schaffen wollen, muß das auch für Berlin gelten, soweit diese Abnormität normal gemacht werden kann, so im Zugang, im Verkehr. Darüber haben wir nicht zu verhandeln. Aber so sehen wir das Problem, solche Lösungen wünschen wir, egal, wer sie aushandelt.

Gromyko: Kann ich daraus schließen, daß die Bundesrepublik auch die Westberliner Grenze achtet einschließlich der territorialen Integrität? Wir betrachten Westberlin als unabhängige politische Einheit.

Bahr: a) Die Verfassung bleibt, b) die Verfassung bleibt außer Kraft.

Gromyko: Wir wollen Ihre Verfassung nicht auffressen.

Bahr: Wir wollen doch keinen Gewaltverzicht mit Westberlin. Was die Vier Mächte dort beschlossen haben, wollen wir nicht ändern.

Gromyko: Das ist wichtig. Angenommen, wir schließen einen Vertrag, dann bleibt Westberlin, die Bundesrepublik in den Grenzen von 1970 ist gut, aber mit oder ohne Berlin? Wenn darüber keine Klarheit besteht, würde der Rest unserer Vereinbarung auch nichts taugen. Es gibt verschiedene Stimmen zu dieser Frage in der BRD. Deshalb wollen wir volle Klarheit. Ich erinnere daran, daß es internationale Vereinbarungen über Berlin gibt.

Bahr: Diese Frage kann einer Einigung entgegenstehen. Am Status soll sich nichts ändern. Was sind denn die Realitäten? Westberlin ist nicht Teil der Bundesrepublik. Westberlin ist wirtschaftlich voll integriert, ist Teil des Währungsgebietes DM West, entsendet Abgeordnete mit Spezialstatus ohne Stimmrecht im Bundestag. Das kann man doch verbessern. Aber die Bundesregierung will nichts an den Realitäten ändern, daß die Drei Mächte die oberste Gewalt haben und behalten. Diese besondere Lage wird bleiben, solange es zwei deutsche Staaten gibt. Wir können die Lage verbessern, soweit es die Drei Mächte gestatten, in Verhandlungen mit der DDR.

Gromyko: Berlin hat einen besonderen Status. Ist Berlin mit den Prinzipien des Gewaltverzichtsvertrages gemeint? Ja oder nein? Bitte nachdenken!

Bahr: Ich kann antworten. Die Beziehungen zu Berlin sind identisch mit den Beziehungen zur DDR. Dort heißt es in der Verfassung, wir wollen die Wiedervereinigung, aber wir haben zwei deutsche Staaten. In der Verfassung heißt es, Berlin gehört zum Bund, aber Dreimächteverantwortung.

Gromyko: Logisch ist zu folgern: Juristisch und politisch sind die obengenannten Prinzipien des GV auch auf Westberlin zu beziehen, weil dieses sein Territorium und seine Grenzen hat.

Brandt hat im Bundestag über die Grenzen der DDR und BRD gesagt, er wolle sie achten. Aber die besondere Lage zwischen BRD und DDR ist so, daß beide Staaten sich kein Ausland sind, also daß es keine Grenze gibt. Wir wollen sie diese Unvereinbarkeit beseitigen? Darauf bin ich neugierig.

Bahr: Das ist der dritte Komplex, DDR und BRD. Wir müssen Beziehungen zur DDR aufnehmen, ohne die Rechte der Vier Mächte zu verletzen. Daher ist der Charakter der Beziehungen nicht zu vergleichen mit den Beziehungen der BRD zu Italien oder zur Sowjetunion. Gleichberechtigte Verhandlungen mit der DDR bedeuten, daß sie genauso souverän ist wie wir auch. Das Sonderverhältnis be-

115

steht nur zwischen den beiden deutschen Staaten. Diese, so haben wir vereinfachend gesagt, ist kein Ausland. Das stimmt auch. Ein Münchner fühlt zu einem Dresdener anders als zu einem Mailänder. Aber die DDR ist ein Staat mit Gesetz, Armee, Grenze. Die Anerkennung der territorialen Integrität wollen wir in die Form eines Gewaltverzichts bringen. Sie haben selbst gesagt, die DDR kann in Verhandlungen mit uns so weit gehen, wie sie will.

Angenommen wir einigen uns, gilt diese Vereinbarung dann nicht, wenn wir uns mit der DDR nicht einigen? Man kann das zeitlich verzahnen. Die Sowjetunion sollte dann dafür sorgen, daß man sich auch mit den anderen einigt. Wir suchen eine Basis, diese Beziehungen zu normalisieren. Wir haben keinen Botschafter in Prag, Budapest und Sofia. Besonderheit unserer Beziehungen zur DDR ist z. B., daß wir keinen Botschafter entsenden werden. Wir werden ihn anders nennen. Wir in Berlin, die DDR in Bonn. Es gibt einen Aufsatz, der heißt „Anerkennung ist zu wenig". Wir brauchen mehr Beziehungen zur DDR als zu anderen Staaten. Brandt spricht davon: Es gibt zwei Staaten, die füreinander nicht Ausland sind, die zueinander besondere Beziehungen haben. Diese müssen wir prinzipiell regeln nach den Gesetzen des internationalen Rechts.

Gromyko: Gibt es eine Grenze?

Bahr: Ja.

Gromyko: Aber der Staat dahinter ist dann kein Ausland?

Bahr: Nein. Auch dahinter wohnen Deutsche, die zusammenkommen wollen.

Gromyko: Und das soll kein Widerspruch sein?

Bahr: Die Lage in Deutschland ist unlogisch abnorm, ohne geschichtliches Beispiel.

Gromyko: Schon gut, aber wir müssen bei der Logik bleiben. Es gibt zwei Staaten mit Grenzen. Wie kann man einen Staat hinter der Grenze nicht Ausland nennen? Lassen wir es dabei. Eine andere Frage: Welche völkerrechtlichen Normen sind im Sonderverhältnis zwischen den beiden deutschen Staaten nicht anwendbar?

Bahr: Noch zum anderen: Hinter der Grenze ist ein anderer Staat, aber kein fremdes Land. Die beiden Staaten erkennen sich gegenseitig als souverän an. Das hat Folgen für internationale Organisationen. Dort wird es zwei deutsche Staaten geben, auch bei der UNO, aber keinen dritten Staat, nicht Berlin. Wir haben eine Nation mit zwei Staaten und gemeinsamen Rechten der Vier Mächte. In Beziehungen zu dritten Staaten ist jeder der beiden Staaten Ausland.

Gromyko: Das ist die schwächste Stelle der Außenpolitik der BRD. Zwei Staaten anerkennen und nicht anerkennen, das entspricht nicht der Realität. Ausland oder nicht Ausland ist eine andere Frage. Sind die Verbindungen Münchens zu Schlesien nicht enger als die der Münchner zu Dresden? Sagen Sie mir, welche Völkerrechtsprinzipien sind zwischen den beiden deutschen Staaten nicht anwendbar? Ich würde mich an Ihrer Stelle peinlich fühlen.

Bahr: Es ist schwierig, die Realität klar zu machen. Wir wollen keine Wiedervereinigung mit Frankreich, die DDR keine Wiedervereinigung mit Polen, aber mit der BRD. Nur zwischen den beiden Staaten ist eine Konföderation vorgeschlagen worden.²⁷ Das Recht der Konföderation wäre das Recht souveräner Staaten, soweit nichts Besonderes vereinbart ist.

Gromyko: Wir messen der Grenzfrage große Bedeutung bei im Zusammenhang mit dem Gewaltverzicht. Das ist eng verbunden mit der Frage der Beziehungen zwischen BRD und DDR. Deswegen fragen wir so viel, um unsere Position klar zu machen. Wenn wir uns über die Grenze und die Beziehungen BRD/DDR nicht einigen, können wir mit Ihnen keine Vereinbarung treffen. Sie haben schwache Punkte. Wir wollen alle Aspekte genau erörtern. Wir haben viel Geduld. Sie sollen unsere Position genau verstehen. Wir können von prinzipiellen Fragen nicht abgehen, nicht von der Frage der Grenze, nicht von der Frage der Beziehungen zur DDR. Daran denken wir vor allem, wenn wir von den Realitäten sprechen. Die Berlin-Frage hatte ich in diesem Zusammenhang gestellt. Wenn Ihnen noch etwas dazu einfällt, können Sie es uns dann bitte mitteilen.

Ich habe noch zusätzliche Fragen:

1) Brandt sprach davon, die DDR-Grenze zu achten. Wie soll man das verstehen? Wollen Sie das auf alle europäischen Grenzen ausdehnen? Bitte überlegen Sie!

2) Sie bestehen so auf Art. 2 der UNO. Ich verstehe, daß Sie Art. 2 zur Grundlage der Beziehungen machen und in den Text des GV aufnehmen wollen. Das können wir tun, d. h. entsprechend den Prinzipien und Zielen der ganzen UNO-Satzung unsere Beziehungen ausbauen. Wir können nicht einen Artikel hervorheben, andere Artikel fallenlassen. Dazu haben wir kein Recht. Sie suchen immer etwas, was wir heimlich gegen die Bundesrepublik im Schilde führen. Das ist nicht so. Zwar vergißt man die Geschichte nicht so schnell, aber wir wollen in die Zukunft sehen. Haben Sie den Mut, unsere Beziehungen auszubauen. Wenn unsere Verhandlungen scheitern würden, was wir nicht hoffen wollen, würden Politiker sagen, wir haben eine Chance verpaßt wie schon einmal.

Zur Zeitfolge: Sie wissen, was Ulbricht gesagt hat. Wenn er abwarten will, so ist es seine Sache. Aber die Zeitfolge ist nicht von entscheidender Bedeutung. Lassen wir uns von den breiten Interessen leiten. Lassen Sie sich von anderen Leuten nicht ins Bockshorn jagen. Sie haben Ihren eigenen Kopf auf den Schultern.

Wenn wir von atomarer Abrüstung reden, ist die Ratifizierung des NV-Vertrages²⁸ eine gute politische Plattform für eine Verständigung. Das ist aber keine Vorbedingung.

Über Grenzen kann man im allgemeinen und im besonderen sprechen. Ich meine, in dem GV-Vertrag mit uns sollte die Grenzfrage allgemein in den bilateralen Abkommen mit den anderen Ländern angesprochen werden. Wir sind für größere Konkretisierung.

---

[27] Am 30. Dezember 1956 schlug der Erste Sekretär des ZK der SED, Ulbricht, vor, eine Wiedervereinigung Deutschlands auf dem Wege einer Konföderation oder Föderation als Zwischenlösung anzustreben. Vgl. dazu DzD III/2, S. 1002–1012.

[28] Der Bundestag ratifizierte den Nichtverbreitungsvertrag am 5. März 1970. Vgl. dazu BULLETIN 1970, S. 316.

Sie haben von einem Handelsvertrag gesprochen. Da gibt es breite Möglichkeiten, z. B. den Erdgasvertrag. Wir sind für einen Handelsvertrag, sofern keine unanerkannten politischen Forderungen damit verbunden werden und wenn die Sowjetunion gleiche Absatzchancen erhält wie andere Staaten.

Zu Ihren Bemerkungen über Presseangriffe haben wir Verständnis. Sprechen Sie mit Ihren Zeitungen und Politikern. Es wäre gut, wenn wir mehr gemeinsame Sprache finden würden.

Bahr: Die UNO-Satzung ist, wie sie ist. Es wird kein Artikel gestrichen. Aber die Westmächte haben gesagt, daß sie gegenüber BRD sich nicht von Artikel 53/107, sondern von Artikel 2 leiten lassen.[29] Die SU möge sagen, daß sie sich auf Artikel 53/107 nicht mehr berufen, sondern Artikel 2 anwenden werde. Unsere Haltung zum NV-Vertrag ist genauso wie die der anderen EWG-Mitglieder.

Gromyko: Wir wollen keinen Kuhhandel. Wenn Sie Ihre Teilnahme an der ESK davon abhängig machen, daß die jetzigen Gespräche zum Erfolg führen, wäre das nicht gut.

Bahr: Wir sind auch nicht für Kuhhandel. Beim Atomvertrag verhandelten nicht wir, sondern EURATOM.[30] Wir nahmen positiv teil. Wenn wir bei unseren jetzigen Gesprächen nicht zu einer Einigung kommen, wäre das eine verpaßte Chance, über die sich viele freuen würden. Zeitfolge: Sie sagen, das kann die DDR selbst entscheiden. Das gilt doch auch für die SU. Wenn wir einig werden, schließen wir ab. Es gibt für die SU und auch für uns Positionen, von denen wir nicht abgehen können. Unzumutbare Forderungen können nicht berücksichtigt werden, das gilt für beide Seiten. Ich habe meine Kuhhandelsposition. Der Rahmen der Regierungserklärung[31] kann nicht geändert werden. Ich glaube daher, daß die Positionen zum großen Teil zur Übereinstimmung gebracht werden können.

Es wurde vereinbart, das Gespräch am 3. Februar 1970 um 15.30 Uhr fortzusetzen.[32]

VS-Bd. 4625 (II A 4)

---

[29] In der Schlußakte der Londoner Neun-Mächte-Konferenz vom 3. Oktober 1954 erklärten die Drei Mächte, daß sie sich in ihren Beziehungen mit der Bundesrepublik an die in Artikel 2 der UNO-Charta vom 26. Juni 1945 niedergelegten Grundsätze über die friedliche Beilegung internationaler Streitfälle und über den Verzicht auf Drohung mit sowie die Anwendung von Gewalt halten werden. Vgl. dazu EUROPA-ARCHIV 1954, S. 6982.

[30] EURATOM verhandelte mit der IAEO über den Abschluß eines Verifikationsabkommens zum Nichtverbreitungsvertrag vom 1. Juli 1968. Vgl. dazu Dok. 100.

[31] Für die Erklärung des Bundeskanzlers Brandt am 28. Oktober 1969 im Bundestag vgl. BT STENOGRAPHISCHE BERICHTE, Bd. 71, S. 20–34.

[32] Vgl. Dok. 33.
  Am 30. Januar 1970 teilte Staatssekretär Bahr, Bundeskanzleramt, z. Z. Moskau, Bundesminister Scheel mit: „Wir haben den Eindruck, daß Gromyko keine neuen Instruktionen hatte, auf Sondierung und Erkundung eingestellt war und jetzt Entscheidungen höheren Orts herbeigeführt werden müssen. Bisher ist kein Punkt sichtbar, der eine Überprüfung unserer Positionen erforderlich machen würde." Vgl. den Drahtbericht Nr. 161; VS-Bd. 10069 (Ministerbüro), B 150, Aktenkopien 1970.

29

**Gespräch des Bundeskanzlers Brandt
mit Staatspräsident Pompidou in Paris**

Z A 5-13.A/70 geheim 30. Januar 1970[1]

Der Präsident der französischen Republik, Herr Pompidou, empfing am 30. Januar 1970 den Herrn Bundeskanzler zu einem Gespräch unter vier Augen, das um 11.50 Uhr begann.

Der Herr *Staatspräsident* hieß den Herrn Bundeskanzler willkommen und gab der Erwartung Ausdruck, daß man sich bei diesem Gespräch viel zu sagen habe.

Der Herr *Bundeskanzler* erwiderte, es stünden wohl keine spektakulären Fragen zur Erörterung an. Er wolle aber die Gelegenheit benutzen, verschiedene Fragen „à jour" zu bringen, darunter auch bilaterale Fragen. Er wolle eine persönliche Bemerkung vorwegnehmen. Man schreibe das Jahr 1970. Damit sei man nicht nur 25 Jahre von 1945 weg, sondern es würden auch die Erinnerungen an den preußisch-französischen oder, wenn man so wolle, den ersten deutsch-französischen Krieg wachgerufen. Er halte es für gut, wenn die Verantwortlichen in beiden Ländern bei aller Liebe zur Wahrheit doch entstehende Reminiszenzen auch dazu nutzen würden, den Wandel deutlich zu machen, der in den Beziehungen zwischen beiden Ländern eingetreten sei. Er wolle Carlo Schmid bitten, zusammen mit seinem französischen Partner[2] zu prüfen, was man in dieser Hinsicht tun könne.

Der Herr *Staatspräsident* erklärte dazu, in Frankreich wisse man nicht recht, ob man sich an das Jahr 1870 mit einem lachenden oder einem weinenden Auge erinnern solle. Er sei aber wie der Herr Bundeskanzler der Auffassung, daß man in beiden Ländern die neuen, auch gefühlsmäßig neuen Beziehungen zwischen Frankreich und Deutschland in den Vordergrund stellen solle. Bei der Erinnerung an Kriege zwischen beiden Ländern müsse man auch daran denken, daß schließlich gegenseitige Achtung und gegenseitiges Verständnis zwischen beiden Völkern aus der Tatsache erwachsen sei, daß man sich einmal miteinander geschlagen habe.

Er wolle dem Herrn Bundeskanzler gerne bei der Überwindung schwieriger Probleme helfen. Er denke dabei vor allem an Ostprobleme.

Der Herr *Bundeskanzler* erwiderte, er wisse es zu schätzen, daß der Herr Staatspräsident öffentlich auch gegenüber Kritikern betont habe, daß die Regierungen beider Länder in einem vertrauensvollen Meinungsaustausch ständiger Art begriffen seien. Dies solle auch so bleiben.

Zu den Ostproblemen wolle er sagen, daß es für ihn keine von der Außenpolitik getrennte Ostpolitik der Bundesrepublik gebe. Die Bundesrepublik gehöre zum Westen und wolle als zum Westen gehöriges Land sich bemühen, Spannungen gegenüber dem Osten abzubauen. Man habe niemals versucht, an anderen vor-

---

[1] Durchdruck.
Die Gesprächsaufzeichnung wurde von Legationsrat I. Klasse Merten am 4. Februar 1970 gefertigt.
[2] Französischer Koordinator für die deutsch-französische Zusammenarbeit war Pierre-Olivier Lapie.

119

bei ein neues Verhältnis zum Osten zu suchen. Das deutsche Bemühen gelte dem Versuch, ähnlich normale Beziehungen wie andere westeuropäische Länder zum Osten anzustreben.

Konkret könne er dazu darlegen, daß heute in Moskau eine Zwischenrunde beginne.[3] Er habe seinen Staatssekretär Bahr nach Moskau entsandt, nicht weil er mit einem Erfolg rechne, sondern weil man bestrebt sei, Klarheit darüber zu erlangen, was möglich und was nicht möglich sei. Man sei sich nicht sicher darüber, ob die russische Führung sich ein klares Bild über ihre Vorstellungen bereits erarbeitet habe. Man könne viel Widersprüchliches feststellen. Immerhin scheine die Sowjetunion die Absicht zu haben, ihre wirtschaftliche und technische Kooperation mit Westeuropa nunmehr auf die Bundesrepublik Deutschland zu erstrecken.[4] Hierüber müsse man sich abstimmen. Im übrigen gebe die Sowjetunion deutlich zu erkennen, daß sie sich weiterhin als die Führungsmacht ihres Blockes erachte. So wolle die Sowjetunion auch nicht nur über bilaterale Fragen sprechen, sondern auch über unsere Beziehungen zu anderen Ostblockstaaten einschließlich Ostberlins. Dem könne man sich nicht entziehen. Zum Beispiel werde man auch über das deutsch-polnische Verhältnis sprechen müssen.

Über die Formel eines Gewaltverzichtsabkommens sei man sich noch nicht im klaren. In einigen Wochen wolle man mit Frankreich und anderen Verbündeten diese Fragen durchsprechen.

Die angekündigten deutsch-polnischen Gespräche sollten am 5. Februar in Warschau beginnen.[5] Die Polen hätten vor einiger Zeit wissen lassen, man möge diese Gespräche rasch ansetzen. Es sei besser, daß diese Erörterungen nicht in einen größeren, von der polnischen Seite nicht gewünschten Zusammenhang geraten. Offizielle Stellen hätten sich in den letzten Wochen wieder kritisch geäußert. Dies sei nicht nur auf Einwirkungen aus Ostberlin und Moskau zurückzuführen, sondern auch, wie man deutscherseits wisse, auf ein Generationsproblem in der polnischen Führung, bei der die Frage der Beziehungen zur Bundesrepublik nicht unumstritten sei. Polen wolle möglichst klare Äußerungen zur Grenzfrage erlangen. Deutscherseits hoffe man, eine Formel zu finden, die für Polen akzeptabel sei und mit der wir leben können. Polen sei auch an wirtschaftlichen Kontakten in weit stärkerem Ausmaß als bisher interessiert. Die erste Gesprächsrunde in Warschau werde wohl nur drei bis vier Tage dauern, dann wolle man die Ergebnisse auswerten. Wie auch im Falle der Gespräche mit der Sowjetunion müsse man hier langfristig denken. Ergebnisse seien möglich, wenn der Gesprächsfaden nicht abreiße.

Auch die Tschechen und Ungarn hätten wissen lassen, daß sie an Gesprächen interessiert sind. Deutscherseits möchte man jetzt nicht darauf eingehen, weil man sich nicht übernehmen wolle und weil angesichts der herrschenden Lage

---

[3] Für das erste Gespräch des Staatssekretärs Bahr, Bundeskanzleramt, mit dem sowjetischen Außenminister Gromyko in Moskau vgl. Dok. 28.

[4] Am 5. November 1969 informierte der Vorstandsvorsitzende der Thyssen Röhrenwerke, Mommsen, Bundeskanzler Brandt, daß die UdSSR bereit sei, ein Abkommen über wissenschaftlich-technische und wirtschaftliche Zusammenarbeit mit der Bundesrepublik abzuschließen. Vgl. dazu Referat I A 6, Bd. 362.

[5] Zu den Gesprächen des Staatssekretärs Duckwitz in Warschau vgl. Dok. 37.

in Prag unsere Probleme mit der Tschechoslowakei sich besonders schwierig stellten.

Somit bliebe das Problem Ostberlin. Die Ostberliner Regierung habe der Bundesrepublik einen Vertragsentwurf zugeschickt[6], worauf die Bundesregierung mit einem Brief geantwortet habe.[7] Man prüfe zur Zeit, ob es nicht trotz aller Probleme Bereiche gebe, in denen eine Zusammenarbeit möglich sei, um damit Erleichterungen für die Menschen herbeizuführen und dem Frieden zu dienen. Er stehe unter dem Eindruck, daß die Ostberliner Führung weiterhin gegen Kommunikation und für Separation eingestellt sei, weil sich aus mehr Kommunikation innere Unsicherheit des Regimes ergeben müsse. Er wolle dafür ein Beispiel anführen: Er habe am 14. Januar seinen Bericht zur Lage der Nation[8] erstattet. Am darauffolgenden Sonnabend hätten Studenten in Ostberlin Flugblätter verteilt, auf denen zu lesen stand, es sei eine nationale Pflicht, sich mit den Vorschlägen des Bundeskanzlers auseinanderzusetzen. Als Politiker und als Deutscher habe er sich darüber gefreut, sei aber auch besorgt, weil solches Handeln für Ulbricht die Frage nach Stabilität und der Unversehrtheit seines Regimes aufwerfe.

Man stehe auch unter dem Eindruck, daß die Sowjetunion mäßigend auf Ostberlin einwirke. Die in der letzten Woche eingetretene Störung des Zugangs nach Westberlin[9] hätte schlimmere Auswirkungen haben können, wenn die Russen hier nicht mäßigend eingegriffen hätten. Desgleichen glaube man auch, daß die Russen Ostberlin nahelegten, auf die Vorschläge der Bundesregierung nicht völlig negativ zu reagieren. Allerdings dürfe man die Rolle Ostberlins im Warschauer-Pakt-System nicht unterschätzen. Die DDR sei schon längst kein Satellit mehr. Ulbricht sei für den kommunistischen Block eine Art Traditionsfigur geworden. Ferner erlange die DDR durch ihre exponierte Lage im Warschauer-Pakt-System ihr volles Eigengewicht.

Man sei, wie auch mit der Sowjetunion, auf mühsames Aushandeln von Positionen gefaßt. Zu Gesprächen sei man weiterhin bereit, lasse sich aber auf nichts ein, was bestehende Verträge stören könne. Das Streben gehe dahin, eine wenn auch nur teilweise Normalisierung des Zusammenlebens zu erreichen.

Staatspräsident *Pompidou* dankte dem Herrn Bundeskanzler für dessen klares und realistische Exposé. Man habe eben von Gefühlen und gefühlsmäßigen Problemen gesprochen. Er verstehe durchaus, wie schwierig und mühsam es für den Kanzler der Bundesrepublik Deutschland sei, über alle Sentiments hinweg zu einer realistischen Einschätzung der Lage zu kommen. Bei den Gesprächen mit dem Osten müsse man davon ausgehen, daß auch die Sowjetunion verstanden habe, daß zuviel Öffnung, zuviel Kommunikation zwischen einem kommunistischen und einem Land des Westens kurzfristig zu einem Sturz des kom-

---

[6] Zum Schreiben des Staatsratsvorsitzenden Ulbricht vom 17. Dezember 1969 an Bundespräsident Heinemann vgl. Dok. 12, Anm. 11.
[7] Zum Schreiben des Bundeskanzlers Brandt vom 22. Januar 1970 an den Vorsitzenden des Ministerrats, Stoph, vgl. Dok. 12, Anm. 16.
[8] Für die Regierungserklärung zum Bericht über die Lage der Nation im gespaltenen Deutschland vgl. BT STENOGRAPHISCHE BERICHTE, Bd. 71, S. 839–847.
[9] Zwischen dem 22. und 27. Januar 1970 kam es zu Behinderungen auf den Transitstrecken von und nach Berlin (West). Vgl. dazu Dok. 17, Anm. 6.

munistischen Regimes führen könne. Das habe das sowjetische Eingreifen in der Tschechoslowakei klar erwiesen. Die Sowjetunion habe dabei nicht so sehr aus militärischen Bedenken, sondern aus der Befürchtung gehandelt, daß die Tschechoslowakei mit dem Kommunismus brechen könne. Walter Ulbricht, seine Kader, sein ganzes Regime müsse ein Gleiches befürchten für den Fall, daß es zu allzu vielen Kontakten zwischen der Bundesrepublik und der DDR komme. Man müsse also einsehen, daß sich der kommunistische Block nur langsam, schrittweise und auch nur dann zersetzen könne, wenn es zu einer Abschwächung des kommunistischen Regimes in der Sowjetunion komme. Anzeichen dafür lägen aber zur Zeit absolut nicht vor.

Es sei auch zwecklos, die reelle Furcht der Sowjetunion vor einer deutschen Wiedervereinigung nicht in Rechnung zu stellen. Unter diesen Umständen sei er der Auffassung, daß der Herr Bundeskanzler richtig handle, wenn er weiterhin mit Geduld alle verfügbaren Mittel einsetze, um weiterzukommen.

Den Wunsch Polens, Ungarns und der Tschechoslowakei nach wirtschaftlichen Kontakten mit der Bundesrepublik könne er durchaus verstehen. Diese Länder brauchten solche Verbindungen im Hinblick auf die eigene industrielle und wirtschaftliche Entwicklung, da die Sowjetunion ihnen dafür nicht alles liefern könne. Wenn es mit Polen zur Besprechung politischer Fragen komme, halte auch er dafür, daß Polen nicht in völliger Handlungsfreiheit verhandeln könne, sondern mit Moskau sich abstimmen müsse. Die Sowjetunion glaube wohl, man könne der Bundesrepublik sehr viele Konzessionen abjagen, weil man davon ausgehe, daß die Bundesrepublik so oder so den russischen Wünschen entsprechend den Status quo für ewige Zeiten anerkennen müsse. Nachdem die Sowjetunion bei diesem Vorgehen nun auf Widerstand gestoßen sei, habe sich ihre Haltung verhärtet. Er glaube aber, daß die Russen die Gespräche nicht abbrechen wollten. Er wolle den Herrn Bundeskanzler ermutigen, trotz aller Hindernisse seine Bemühungen nicht aufzugeben. Diese Bemühungen seien gerechtfertigt, weil sie im Interesse beider Teile Deutschlands, im Interesse der europäischen Sicherheit und des Friedens und damit in unserem Interesse erbracht würden. Er gehe mit dem Herrn Bundeskanzler auch darin einig, daß dieser, wie er selbst betont habe, keinen Alleingang unternehmen wolle. Die Bundesrepublik sei Teil des Westens und sei daher auch der Sowjetunion nicht ausgeliefert. Französischerseits habe man gegenüber sowjetischen Gesprächspartnern immer wieder betont, daß man in die Bundesrepublik Deutschland und in die Regierung Brandt größtes Vertrauen setze und daß angeblicher deutscher Revanchismus von französischer Seite nur als eine Fiktion betrachtet werde. Er wünsche dem Herrn Bundeskanzler bei seinen Verhandlungen auch mit der DDR Erfolg. Er gehe davon aus, daß man weiterhin Informationen austauschen werde. Dies gelte auch für die Berlin-Frage. Ein solcher Informationsaustausch sei schon deshalb wünschenswert, weil man sich gegenseitig stützen könne. Frankreich habe sehr oft gegenüber der Sowjetunion Stellungnahmen im Interesse der Bundesrepublik abgegeben. Bei solchen Demarchen sei es erforderlich, Gleichklang und Gleichschritt zu wahren.

Der Herr *Bundeskanzler* entgegnete, es sei für die deutsche Politik sehr hilfreich, wenn Frankreich weiterhin die Bundesrepublik gegenüber der Sowjetunion unterstütze. Eine solche Unterstützung habe vielleicht mehr Gewicht als andere. Was die eingeleiteten Gespräche anbelange, sei er nicht sicher, daß man Erfolge schon in den nächsten Jahren erzielen könne. Aber selbst wenn die Gespräche scheiterten, werde die Bundesrepublik nicht schwächer dastehen, weil sie ihre Gesprächsbereitschaft und ihren guten Willen in verantwortlicher Weise gezeigt habe. Was den Status quo angehe, habe er das Gefühl, daß man diesen nur überwinden könne, wenn man territorial von dem bestehenden Status quo ausgehe. Natürlich befinde sich die Bundesrepublik hier wegen der Teilung Deutschlands in einer gefährlichen Lage. Immerhin könne man die DDR hier nicht ausschließen; man müsse, so schmerzlich dies sei, erklären, daß die territoriale Unversehrtheit der Grenzen auch für jenes staatliche Gebilde gelte. Im übrigen werde dies dadurch leichter, als bestehende Verträge aber auch die Vernunft forderten, daß man auf Mittel verzichte, die man ohnehin nicht einsetzen könne und wolle. So wolle man in den Gesprächen mit der DDR von dem ausgehen, was ist und ohne völkerrechtliche Anerkennung nach einem Wandel streben, nicht durch nationalstaatliche, sondern durch eine Veränderung des gesamteuropäischen Bildes.

Präsident *Pompidou* wies darauf hin, daß alle diese Fragen auch mit dem Thema der Europäischen Sicherheitskonferenz in Zusammenhang stehen. Die Bundesrepublik könne sich leicht dem Vorwurf aussetzen, sie handle den Interessen der europäischen Sicherheit entgegen. Es sei ersichtlich, daß die Russen mit ihrem Vorschlag auf Einberufung einer solchen Konferenz auch den Status quo in der deutschen Frage sanktionieren wollten, weil bei einer solchen Konferenz beide deutschen Staaten an einem Tisch säßen.

Was diese Konferenz anbelange, halte er die bisher vorgeschlagene Thematik für etwas unvollständig. Seines Erachtens müsse man erst einmal ein für die Konferenz geeignetes Klima schaffen. In Paris erwarte man den Besuch Gromykos.[10] Bemerkenswert sei, daß die Sowjetunion ursprünglich plante, diese Konferenz noch für das Jahr 1970 einzuberufen. Neuerdings werde kein Datum mehr genannt. Man müsse sich fragen, welche Absichten die Sowjetunion nunmehr verfolge.

Der Herr *Bundeskanzler* erwiderte, er kenne die Absichten der Sowjetunion auch nicht. Er halte es jedenfalls für gut, daß dieses Thema nicht in falsche Hände gerate. Gewiß wolle man bei einer solchen Konferenz auch über Fragen der Zusammenarbeit zwischen Osten und Westen sprechen. Er wisse aber auch, daß Länder, die zwischen der Sowjetunion und Deutschland liegen, die Gelegenheit einer solchen Konferenz dazu ausnutzen wollten, sich etwas mehr Bewegungsspielraum zu verschaffen.

Im Osten nehme man es ihm übel, daß er gesagt habe, eine Beteiligung der Bundesrepublik an einer Europäischen Sicherheitskonferenz sei unnütz, wenn nicht vorher zwischen den beiden Teilen Deutschlands etwas zugunsten der Menschen erreicht worden sei. Man habe gesagt, er stelle Vorbedingungen. Dies müsse er verneinen. Er habe es so formuliert: Wenn eine Hochzeit beabsichtigt sei, und einer der beiden Hochzeiter nicht erscheine, habe der andere an der Hochzeit wohl nur wenig Freude. Die Bundesrepublik verfüge hier über einen Hebel, den man nicht überschätze, aber man habe ihn. Daß die Russen in letzter

---

10 Der sowjetische Außenminister Gromyko besuchte Frankreich vom 1. bis 5. Juni 1970.

Zeit weniger von der Europäischen Sicherheitskonferenz sprächen, könne sich auch daher erklären, daß die Sowjetunion bei den Gesprächen mit der Bundesrepublik in Moskau sehr viele Themen erörtern wollte, um dann eines Tages zu sagen, man müsse dies alles nun in eine Europäische Sicherheitskonferenz einbringen. In dieser Frage werde man bald klarer sehen. Käme es zu einer Europäischen Sicherheitskonferenz, müsse man erwarten, daß neben etlichen Neuauflagen des Rapacki-Planes[11] in verschiedenen Versionen wohl auch über die Frage der Truppenreduzierungen gesprochen werde. Dies sei nun ein Thema, das Frankreich und Deutschland im gleichen Maße besorge. Da ohnehin die USA in einigen Jahren nicht mehr mit der gleichen Stärke in Europa präsent sein werden, obwohl er hoffe, daß man nicht so stark reduziere wie der amerikanische Senat dies fordere, erhebe sich die Frage, ob man dies nicht als Faktor berücksichtigen müsse, denn es müsse im westlichen Interesse liegen zu versuchen, zumindest ein Stück weiterzukommen in der Frage gleichwertiger Truppenreduzierungen von beiden Seiten, es sei denn, man komme zu dem pessimistischen Schluß, daß die Sowjetunion ohnehin davon ausgehe, daß die USA ihre Streitkräfte reduzierten, so daß die Sowjetunion dafür ohnehin keinen Preis zu zahlen habe.

Präsident *Pompidou* gab seinen Sorgen im Hinblick auf eine unausgewogene Reduzierung der russischen und amerikanischen Streitkräfte Ausdruck. Man dürfe nie übersehen, daß ganz Westeuropa immer im Schußbereich russischer Atomwaffen liege. Frankreich müsse auch sehr besorgt sein über eine eventuelle Einigung zwischen der Sowjetunion und den USA über eine Entmilitarisierung oder Neutralisierung Westeuropas. Solche Vereinbarungen müßten zur Folge haben, daß die US-Streitkräfte abzögen, während die Sowjetunion vor den Toren Westeuropas stehe.

Der *Bundeskanzler* ging sodann auf die Gespräche der Verteidigungsminister beider Länder in der Vorwoche ein.[12] Aufzeichnungen darüber habe er entnommen, daß man auch über die SALT-Gespräche gesprochen habe. Da sowohl Präsident Pompidou als auch er selbst die Absicht hätten, in Kürze nach Washington zu reisen[13], könne man versuchen, über den Stand dieser Gespräche etwas zu erfahren. Er wolle im Zusammenhang mit diesen Gesprächen und mit der möglichen Reduzierung der Streitkräfte der USA in Europa auf die deutschen

---

[11] Am 2. Oktober 1957 unterbreitete der polnische Außenminister Rapacki vor der UNO-Generalversammlung in New York den Vorschlag, eine aus Polen, der ČSSR und den beiden Teilen Deutschlands bestehende kernwaffenfreie Zone zu schaffen. Am 14. Februar 1958 erläuterte er seine Vorstellungen ausführlich in einem Memorandum. Weitere modifizierte Versionen des Rapacki-Planes, in denen der Gedanke einer Verminderung der konventionellen Streitkräfte hinzutrat, wurden am 4. November 1958 und am 28. März 1962 vorgelegt. Für den Wortlaut der letztgenannten Fassung vgl. DOCUMENTS ON DISARMAMENT 1962, S. 201–205.
Am 14. Dezember 1964 wiederholte Rapacki seine Vorschläge vor der UNO-Generalversammlung in New York und empfahl die Einberufung einer Europäischen Sicherheitskonferenz. Vgl. dazu auch AAPD 1964, II, Dok. 398, und AAPD 1965, I, Dok. 152.

[12] Bundesminister Schmidt hielt sich am 20. Januar 1970 zu Gesprächen mit dem französischen Verteidigungsminister Debré in Paris auf. Erörtert wurde u. a. „die Möglichkeit einer Verkürzung der Wehrdienstpflicht in beiden Ländern". Vgl. den Artikel „Gedankenaustausch Schmidts mit Debré"; FRANKFURTER ALLGEMEINE ZEITUNG vom 21. Januar 1970, S. 4.

[13] Staatspräsident Pompidou hielt sich vom 23. Februar bis 3. März 1970 in den USA auf.
Bundeskanzler Brandt besuchte die USA vom 9. bis 11. April 1970. Vgl. dazu Dok. 151 und Dok. 153.

Sorgen hinsichtlich möglicher finanzieller Änderungen in der Stationierung amerikanischer Truppen in Deutschland hinweisen. An die Stelle der bisherigen Offset-Regelung[14] könne ein „burden sharing" treten. Er halte es für zweckmäßig, wenn die bestehende Studiengruppe über Sicherheitsfragen in den siebziger Jahren[15] in Zukunft und unter Hinzuziehung militärischer Experten auch das Thema möglicher amerikanischer Truppenreduzierungen und deren Auswirkungen auf die Sicherheitslage Europas erörtere.[16] Die Ergebnisse dieser Arbeiten könnten dann im Sommer zum Gegenstand einer Aussprache zwischen den Regierungschefs gemacht werden.

Präsident *Pompidou* erklärte sich damit einverstanden.

Auf die Frage des Staatspräsidenten nach der Lage in Westberlin entgegnete der Herr *Bundeskanzler* sodann, er entnehme Berichten, die er gelesen habe, daß Außenminister Schumann Sorge habe, man könne den bestehenden Status in Berlin nicht ausreichend beachten.[17] Eine solche Sorge sei nicht begründet. Man wisse, daß Westberlin auf der Grundlage der originären Rechte der Drei Mächte gehalten werden könne. Er habe in der letzten Woche in Berlin gegenüber den drei Kommandanten klar gesagt, daß man nicht vorhabe, die Rechte der Drei Mächte zu beeinträchtigen.[18] Wie widersprüchlich die Einstellung gegenüber Westberlin im Ostblock manchmal sei, ergebe sich aus folgendem interessanten Beispiel: Als er drei Tage lang in Westberlin gewesen sei, habe es Proteste seitens der Ostberliner Presse gehagelt.[19] Der russische Botschafter in Ostberlin, Abrassimow, habe es dennoch für richtig erachtet, ihn nach Ostberlin einzula-

---

[14] Für den Wortlaut des Abkommens vom 9. Juli 1969 zwischen der Bundesrepublik und den USA über einen Devisenausgleich für die Zeit vom 1. Juli 1969 bis zum 30. Juni 1971 vgl. Referat III A 5, Bd. 682. Vgl. dazu auch AAPD 1969, II, Dok. 224.

[15] Die Einrichtung der deutsch-französischen Studiengruppe über die langfristige politische Entwicklung und die Sicherheit Europas in den siebziger Jahren wurde zwischen Bundeskanzler Kiesinger und Präsident de Gaulle am 14. Januar 1967 vereinbart. Vgl. dazu AAPD 1967, I, Dok. 19.
Die Studiengruppe konstituierte sich am 8. Januar 1968. Unter der Leitung des Ministerialdirektors Ruete und des stellvertretenden Abteilungsleiters im französischen Außenministerium, Puaux, der im Dezember 1968 von Abteilungsleiter Tiné abgelöst wurde, erarbeitete sie Szenarien für die politische Situation in Europa der siebziger Jahre. Vgl. dazu AAPD 1969, I, Dok. 19.

[16] Auf der Sitzung der deutsch-französischen Studiengruppe zur Untersuchung der Probleme der Sicherheit Europas in den siebziger Jahren am 27. Februar 1970 äußerte die französische Seite „Zweifel, ob die Studiengruppe das geeignete Gremium zur Behandlung dieses Themas sei. Der Prozeß der Meinungsbildung im französischen Generalstab sei noch nicht so weit fortgeschritten, daß die französische Seite etwas zu diesem Thema sagen könne." Es wurde vereinbart, über diese Frage in der Sitzung der Studiengruppe im Mai zu sprechen. Vgl. die Aufzeichnung des Ministerialdirektors Ruete vom 10. März 1970; VS-Bd. 1844 (II A 7); B 150, Aktenkopien 1970.
Auch auf der Sitzung am 12. Mai 1970 hatten die französischen Teilnehmer der Studiengruppe „noch keine Ermächtigung des französischen Verteidigungsministeriums, über dieses Thema zu sprechen". Vgl. die Aufzeichnung des Vortragenden Legationsrats I. Klasse Blumenfeld vom 25. Mai 1970; VS-Bd. 1844 (II A 7); B 150, Aktenkopien 1970.

[17] Vgl. dazu das Gespräch des Bundesministers Scheel mit dem französischen Außenminister Schumann am 16. Januar 1970; Dok. 11.

[18] Zum Gespräch des Bundeskanzlers Brandt mit den Stadtkommandanten Bowes-Lyon (Großbritannien), Fergusson (USA) und Huchet de Quénétain (Frankreich) am 26. Januar 1970 in Berlin (West) vgl. den Drahtbericht Nr. 7 des Vortragenden Legationsrats I. Klasse Stoecker, Berlin, vom 27. Januar 1970; VS-Bd. 4502 (II A 1); B 150, Aktenkopien 1970.

[19] Vgl. dazu die Artikel „Brandt zu ‚Amtsgeschäften' nach Westberlin" und „Westberlin-Provokation Bonns scharf verurteilt"; NEUES DEUTSCHLAND vom 26. Januar 1970, S. 1, und vom 27. Januar 1970, S. 1.

den. Er habe diese Einladung abgelehnt und Botschafter Abrassimow mitgeteilt, er sei jederzeit bereit, ihn in Westberlin zu sprechen.

In diesem Zusammenhang wolle er auch auf folgendes hinweisen: So wichtig der Status Westberlins sei, so wichtig sei auch die wirtschaftliche, finanzielle und politische Verzahnung der Stadt mit der Bundesrepublik Deutschland. Gäbe es diese Verzahnung nicht, liefe Westberlin Gefahr auszutrocknen. Es gebe in Berlin schon ein biologisches Problem.

Die Sowjetunion nehme wohl im Gegensatz zur DDR nicht die gleiche harte Haltung gegenüber dem Problem Westberlin ein. Man habe den Eindruck, daß die Sowjetunion bereit sei, ein Stück Status quo zu akzeptieren. Es bliebe dann die ärgerliche Frage der Zugangswege. Hier sei er der Auffassung, daß dieses Thema besser bei Gesprächen zwischen den Drei Mächten und der Sowjetunion behandelt werden solle. Allerdings müsse es auch einmal zu einer Regelung des zivilen Zugangs kommen. Wie solle man über politische Fragen, über Gewaltverzicht, über friedliche Koexistenz reden, wenn man dabei nicht auch über den ungehinderten Verkehr zwischen einem größeren und einem kleinen Gebiet mit gleicher Währung und gleichem Wirtschaftssystem sprechen könne. Man müsse prüfen, ob es im russischen Interesse liege, dieses Ärgernis auszuräumen. Dabei müsse man natürlich beachten, daß Westberlin eben für die DDR ein Hauptproblem sei.

Präsident *Pompidou* erklärte dazu, man wolle abwarten, was die Russen auf die Demarche der Drei Mächte[20] antworteten.[21] Danach könne man sich untereinander abstimmen. Frankreich nehme seine Rechte in Berlin nicht aus Eigenliebe wahr, sondern weil es den Status der Stadt Westberlin und deren Verzahnung mit der Bundesrepublik Deutschland garantieren wolle.

Es wurde abschließend vereinbart, westeuropäische Frage, Probleme des Mittelmeerraums und gegebenenfalls bilaterale Fragen auf das für den 31. Januar vorgesehene zweite Gespräch[22] zu vertagen.

Bundeskanzleramt, AZ: 221-30 100 (56), Bd. 34

---

20 Zur Note der Drei Mächte vom 16. Dezember 1969 vgl. Dok. 2, Anm. 3.
21 Zur sowjetischen Note vom 10. Februar 1970 vgl. Dok. 51.
22 Für das zweite Gespräch des Bundeskanzlers Brandt mit Staatspräsident Pompidou unter vier Augen vgl. Bundeskanzleramt, AZ: 221-30 100 (56), Bd. 34.

30

**Gespräch des Bundeskanzlers Brandt
mit Ministerpräsident Chaban-Delmas in Paris**

Z A 5-15.A/70 VS-vertraulich 30. Januar 1970[1]

Am 30. Januar 1970 um 15.30 Uhr empfing der französische Premierminister Herr Chaban-Delmas den Herrn Bundeskanzler zu einem Gespräch, das in Anwesenheit des deutschen Botschafters in Paris[2] und des französischen Botschafters in Bonn[3] geführt wurde.

Der *Premierminister* schlug vor, Fragen der bilateralen Zusammenarbeit zwischen beiden Ländern zu erörtern. Man könne eine Liste von Themen erörtern, zu denen beiderseits der Wunsch bestehe, daß die Regierungen durch Einschaltung der zuständigen Fachministerien der deutsch-französischen Zusammenarbeit neue Impulse verleihen.

Der Herr *Bundeskanzler* erwiderte, er habe keine solche Liste parat, wolle aber zwei Bemerkungen vorweg machen, und zwar eine erste zur allgemeinen industriellen Zusammenarbeit, eine zweite zu einer möglichen Zusammenarbeit im atomaren Bereich.

Der deutsch-französische Industrieausschuß[4] mit Vertretern aus den Wirtschaftsverbänden beider Länder trete in der nächsten Woche in München zusammen.[5] Den ihm zugänglich gemachten Informationen über die bisherige Tätigkeit dieses Ausschusses habe er entnommen, daß der Wunsch bestehe, im Interesse der kleinen, mittleren, aber auch größeren Betriebe beider Länder ein Industrieberatungsinstitut tätig werden zu lassen. Dieser Wunsch ergebe sich auch aus einer Befragung, die kürzlich durchgeführt worden sei. Der Präsident des BDI habe ihm ferner mitgeteilt, daß in Frankreich man besonders über das süddeutsche Interesse an einer Betätigung in den Ostprovinzen Frankreichs besorgt sei, auch im Hinblick darauf, daß kein ausreichend starkes Interesse an den schwächeren Regionen Frankreichs erkenntlich sei. Präsident Berg habe dazu ausgeführt, daß führende Leute der deutschen Wirtschaft neuen Initiativen gegenüber sehr offen seien, daß sie sich aber, wie Präsident Berg sagte,

---

[1] Durchdruck.
Die Gesprächsaufzeichnung wurde am 10. Februar 1970 von Legationsrat I. Klasse Merten gefertigt und am 27. Februar 1970 von Vortragendem Legationsrat Fischer, Bundeskanzleramt, an Vortragenden Legationsrat I. Klasse Noebel geleitet. Hat Staatssekretär Duckwitz am 13. März und Staatssekretär Harkort am 14. März 1970 vorgelegen. Hat Ministerialdirektor Frank und Ministerialdirigent von Staden am 16. März 1970 vorgelegen. Vgl. dazu den Begleitvermerk von Fischer; VS-Bd. 2673 (I A 1), B 150, Aktenkopien 1970.
[2] Sigismund Freiherr von Braun.
[3] François Seydoux.
[4] Aufgrund einer Vereinbarung während der deutsch-französischen Konsultationen am 12./13. Juli 1967 wurde am 16. Februar 1968 ein gemeinsamer Ausschuß für wirtschaftliche und industrielle Zusammenarbeit eingesetzt, in dem jeweils neun Personen aus der Wirtschaft, der Industrie und dem Bankwesen vertreten waren. Vgl. dazu AAPD 1967, II, Dok. 261, und AAPD 1968, I, Dok. 62.
[5] Zur Tagung des Ausschusses für wirtschaftliche und industrielle Zusammenarbeit am 12. Februar 1970, auf der die Eröffnung eines französischen Büros für Investitionsberatung in Frankfurt/Main bekanntgegeben wurde, vgl. den Artikel „Nicht nur im Elsaß investieren"; FRANKFURTER ALLGEMEINE ZEITUNG vom 13. Februar 1970, S. 17.

durch bürokratische Erschwernisse daran gehindert fühlten, sich in nicht-grenznahen Gebieten Frankreichs zu orientieren.

Der Herr Bundeskanzler richtete sodann an den Premierminister die Frage, ob dieser der Auffassung sei, die Regierungen sollten ein solches Industrieberatungsinstitut fördern.

Premierminister *Chaban-Delmas* entgegnete, er halte diese Idee für sehr interessant. Es könne keinen Zweifel daran geben, daß unbeschadet der administrativen Unterschiede zwischen Frankreich und Deutschland und eventuellen Schwierigkeiten, die sich daraus ergeben könnten, die Gründung eines solchen Instituts eine gute Sache sei. Er wolle sofort entsprechende Weisungen erteilen. Staatspräsident Pompidou, er selbst und die französische Regierung seien bemüht, die Industrialisierung Frankreichs zu fördern. Frankreich liege in der Tat, was Industrialisierung anbelange, weit hinter dem zurück, was es bisher eigentlich hätte erreichen müssen. So sei auch der sechste Plan, der von 1971 bis 1975 laufe[6], wesentlich auf Industrialisierung abgestellt. Alles, was an deutschfranzösischer Zusammenarbeit im Bereich der Industrie denkbar und möglich sei, sage den französischen Stellen durchaus zu. Darüber hinaus solle man versuchen, diese Fragen auch in einem gesamteuropäischen Rahmen, nämlich innerhalb der Sechsergemeinschaft zu prüfen. Ein deutsch-französisches Beratungsinstitut sei eine gute Sache, doch müsse man auch mit den vier anderen Partnern innerhalb der Europäischen Gemeinschaft noch vor Verhandlungen mit Großbritannien versuchen, zu einer europäischen Zusammenarbeit auf industriellem Gebiet zu kommen.

Ferner sollten Deutschland, Frankreich und die anderen Partner versuchen, zu einer Einigung hinsichtlich der Behandlung ausländischer Investitionen, insbesondere amerikanischer Investitionen und, falls Großbritannien nicht zur Gemeinschaft stoße, auch britischer Investitionen innerhalb der Gemeinschaft zu gelangen.

Bedenken erwecke die Frage amerikanischer Investitionen. Man wisse, daß diese Investitionen für die Bundesrepublik einmal sehr wichtig gewesen seien. Die Bundesrepublik habe dann erhebliche Anstrengungen unternommen, um diese Investitionen abzulösen. In Frankreich stehe man nun einigermaßen fassungslos vor der Tatsache, daß man versuche, französische Unternehmen, Werke usw. zu „klauen" (chiper). Große amerikanische Unternehmen kämen in den Genuß erheblicher finanzieller Förderung. Er halte dies für den Gipfel der Stupidität. Bedenklich sei auch, daß ein Land das andere zu überbieten versuche, wenn es sich darum handele, amerikanische Investitionen in einem bestimmten Gebiet anzulegen. Erst gestern noch habe er erfahren, daß eine bestimmte Unternehmergruppe eine 30%ige Förderung mit dem Bemerken verlangte, eine 20%ige Förderung könne sie auch in Deutschland erhalten. Man kenne in Frankreich die Probleme, die sich für die Bundesrepublik aus dem Verhältnis zwischen Bund und Ländern ergeben. Dennoch sei er der Auffassung, daß man nunmehr

---

6 Der VI. Fünfjahresplan sah u. a. eine Steigerung der Bruttoinlandsproduktion von 6% vor. Er wurde am 18. Juni 1970 von der französischen Nationalversammlung und am 26. Juni vom Senat verabschiedet. Gesandter Blomeyer-Bartenstein, Paris, charakterisierte ihn am 28. April 1970 als „dirigistisches Planwerk, ein echtes Erzeugnis französischer Staatsraison". Vgl. den Schriftbericht; Referat III A 5, Bd. 694.

von seiten der Regierungen Anweisung geben solle, die Frage der Behandlung solcher Investitionen schnell zu prüfen, um rasch zu einer allgemeingültigen Politik gegenüber ausländischen Investitionen zu gelangen. Das Ziel müsse sein, daß die Staaten nicht verarmten unter dem Vorwand, Investitionen zu fördern.

Der Herr *Bundeskanzler* erklärte sich mit einer solchen Untersuchung, die sich auf Deutschland und Frankreich und die gesamte EWG erstrecken solle, einverstanden. Allerdings seien, wie auch der Herr Premierminister bemerkt habe, die Möglichkeiten einer solchen Untersuchung in Deutschland und Frankreich unterschiedlich beschaffen. In Deutschland stelle sich nicht nur das Problem der Bundesländer, es bestehe auch für den Staat wenig Möglichkeit, auf das Wirtschaftsgeschehen Einfluß zu nehmen. Gleichwohl sei er für eine solche Untersuchung, die in Empfehlungen einmünden könnte.

Premierminister *Chaban-Delmas* legte dar, auch in Frankreich gebe es ein System regionaler Hilfen, das allerdings von der Zentralregierung gesteuert werde. Wie immer die Unterschiede zwischen Deutschland und Frankreich beschaffen seien, man müsse eine Lösung mit dem Ziel suchen, das ständige gegenseitige Überbieten auszuschalten, weil die Amerikaner es sonst zu leicht hätten.

Der Herr *Bundeskanzler* schnitt sodann als praktisches Beispiel einer möglichen Zusammenarbeit gemeinsame nukleare Projekte an. Bekanntlich habe es Kontakte zwischen französischen Firmen und der deutschen Gruppe Siemens/AEG über die Frage gegeben, ob und wie eine deutsch-französische Zusammenarbeit an solchen Projekten möglich sei.[7] Seine Regierung würde sich freuen, wenn man die französischen Firmen in dieser Richtung beeinflussen könnte. Man habe den Eindruck, daß die französischen Firmen sich bisher etwas zurückhaltend gezeigt hätten. Der Vorschlag, der auf dem Tisch liege, beinhalte das Angebot zu einem umfassenden Austausch des „know how" und zu einer Prüfung der Frage, wie man in den kommenden Jahren auf dritten Märkten zusammenarbeiten könne. Er halte die Verwirklichung eines solchen Vorschlages für gut, weil sonst die Chance verloren gehe, einen entscheidenden europäischen Akzent zu setzen.

Natürlich hänge dies auch mit der Frage zusammen, ob man kurzfristig etwas Praktisches tun könne. Bekanntlich sei an der französischen Grenze zur Schweiz der Bau eines Atomkraftwerkes geplant.[8] Für die EdF gehe es dabei

---

[7] Am 13. November 1969 beschloß die französische Regierung, künftig auch Kernkraftwerke mit Leichtwasserreaktoren, die mit angereichertem Uran betrieben werden, zu bauen. Ministerialdirektor Frank erläuterte dazu am 21. November 1969, daß sich nun die Frage stelle, „ob die französischen Reaktorbaufirmen sich bei der fällig gewordenen Neuorientierung mit den ursprünglichen Herstellern der Leichtwasserreaktortypen, den amerikanischen Firmen Westinghouse und General Electric, liieren werden oder aber mit der deutschen Kraftwerkunion (Siemens und AEG) zusammenzuarbeiten bereit sind, die auf der Grundlage der in den 50er Jahren gegebenen Lizenzen eigene Weiterentwicklungen dieser Reaktortypen anbieten können". Vgl. Referat I A 6, Bd. 336.
Am 28. November 1969 berichtete Botschafter Freiherr von Braun, Paris, der Parlamentarische Staatssekretär beim Bundesminister für Bildung und Wissenschaft, von Dohnanyi, habe in einem Gespräch mit Ministerpräsident Chaban-Delmas am 15. November 1969 das Interesse der deutschen Industrie an einer engen Zusammenarbeit im Bereich der Kernenergie betont und hervorgehoben, daß die Bundesregierung „alles ihr Mögliche zur Unterstützung dieser Zusammenarbeit beitragen" werde. Vgl. den Drahtbericht Nr. 3063; Referat I A 6, Bd. 336.

[8] Am 23. Januar 1970 führte dazu das Bundesministerium für Bildung und Wissenschaft aus: „Als Testfall der Möglichkeiten einer deutsch-französischen industriellen Kooperation sieht die deutsche Industrie das französisch-schweizerische Projekt eines 830 M[ega]W[att]-Siedewasserreaktors

um die Frage, ob diese mit amerikanischen oder mit deutschen Firmen zusammenarbeiten wollen. Sollte die französische Entscheidung zugunsten amerikanischer Firmen ausfallen, müßten die deutschen Firmen glauben, daß sie für Jahre chancenlos seien. Er wisse, daß Bundesminister Leussink mit seinem französischen Kollegen Ortoli über diese Fragen spreche[9], glaube allerdings, daß dies nicht nur Sache der Fachminister sei. Man solle die interessierten Firmen ermutigen, sich gegenseitige sachliche, ehrliche Angebote zu beiderseitigem Nutzen zu unterbreiten.

Premierminister *Chaban-Delmas* erwiderte, er wolle die allgemeine Anregung des Herrn Bundeskanzlers durchaus aufgreifen. Er halte hier und anderswo jede deutsch-französische Zusammenarbeit in Europa für wünschenswert. Er habe sich persönlich um die Frage der Zusammenarbeit französischer Firmen mit der Gruppe Siemens/AEG gekümmert. Er wisse, daß die französischen Firmen nicht gleich das Gefühl gehabt hätten, die Gruppe Siemens/AEG sei von solchen Möglichkeiten sehr begeistert. Dies erkläre sich vielleicht auch aus den Verbindungen zwischen Siemens/AEG und zwei amerikanischen Spitzengruppierungen. Er freue sich aber zu erfahren, daß die deutschen Firmen eine umfassende Kooperation anregen. Französischerseits könne man zur Zeit noch nicht viel tun, da die gesamte französische Industrie in einer Umstrukturierung begriffen sei und zur Zeit noch keine Gruppe als gültiger Gesprächspartner angesehen werden könne. Die Umstrukturierung erfordere noch einige Monate. Gegen Ende des Jahres sollte es möglich sein, einen Gesprächspartner zu benennen. Er jedenfalls habe alles getan, um die französische Industrie „unter Dampf zu setzen".

Was das geplante Kernkraftwerk im Elsaß[10] anbelange, sehe es wohl so aus, daß die deutschen Firmen sich dafür nicht gerade kapital – im etymologischen Sinne des Wortes – interessiert gezeigt hätten. Die EdF sei noch in der Prüfung des Projektes begriffen. Auch hier könne er sagen, daß, wenn einmal die Neugruppierung der französischen Industrie abgeschlossen sei, die EdF ihre Entscheidung treffen könne.

Er wolle nun von einigen Sektoren sprechen, in denen man hinsichtlich der industriellen Kooperation in der Vergangenheit nicht gerade glücklich operiert habe. Zwar helfe es nichts, über zerschlagene Milchtöpfe jetzt noch zu weinen, man müsse jedoch in der Zukunft vermeiden, neuerlich Geschirr zu zerschlagen. Aus seiner Zeit als Verteidigungsminister[11] erinnere er sich ungern daran, daß

Fortsetzung Fußnote von Seite 129
    bei Kaiseraugst bei Basel an, über das in Kürze entschieden werden soll. Hier stehen sich als Anbieter AEG und General Electric, jeweils in Zusammenarbeit mit Alsthom, gegenüber. Die deutsch-französischen Industriegespräche haben deutlich gezeigt, daß die Electricité de France (EdF) [...] sich dafür einsetzt, daß die nächsten französischen Kernkraftwerke und auch Kaiseraugst von der französischen Industrie zusammen mit amerikanischen Partnern errichtet werden." Vgl. Referat I A 6, Bd. 376.

9 Auf der Schlußbesprechung beider Delegationen am 31. Januar 1970 gaben Bundesminister Leussink und der französische Wissenschaftsminister Ortoli eine kurze Zusammenfassung ihres Gesprächs vom Vortag. Im Mittelpunkt der Unterredung standen die Frage einer Zusammenarbeit beim Reaktorbau, bei der Entwicklung von Trägerraketen sowie im Rahmen von EURATOM. Für die Gesprächsaufzeichnung vgl. VS-Bd. 1844 (II A 7); B 150, Aktenkopien 1970.

10 Geplant wurde das Atomkraftwerk Fessenheim im Elsaß, das 1976 den Betrieb aufnahm.

11 Jacques Chaban-Delmas war vom 6. November 1957 bis 15. April 1958 französischer Verteidigungsminister.

Bundesminister Strauß sich damals für den Starfighter entschieden habe[12], was der deutsch-französischen Zusammenarbeit einen harten Schlag versetzt habe. Auch auf dem Erdölsektor seien Möglichkeiten ausgelassen worden.[13] Im Flugzeugbau sehe man zur Zeit überhaupt keine Chance, wenn man einmal von dem Airbus-Projekt[14] absehe. Überhaupt müsse man feststellen, daß sich in der aeronautischen Industrie recht unlogische Geschehnisse ereigneten. Frankreich habe beispielsweise bei einem bestimmten Flugzeugtyp schreckerregende technische Probleme gelöst. Die französische Industrie bedaure nicht etwa, daß sie diesen Typ nicht nach Deutschland verkaufen könne, sondern vielmehr, daß es hier nicht zu einem gemeinsamen Bau dieses Flugzeugs gekommen sei. Eine solche Zusammenarbeit hätte der Bundesrepublik eine Luftfahrtindustrie gegeben, von der er, wäre er Bundeskanzler, nur wünschen könne, sie zu haben. Die Firma Dassault wäre auch bereit gewesen, der deutschen Industrie einen noblen Anteil an der Zusammenarbeit zu überlassen. Man müsse sich wirklich fragen, warum diese Chance nicht genützt worden sei. In der Zukunft solle man solche Pannen vermeiden. Kürzlich sei auch die Lösung eines LKW-Problems[15] wieder ohne deutsch-französische Zusammenarbeit erfolgt. Zwar sei die Gruppe Daimler-Benz mächtiger als die entsprechende französische Gruppe, mit gutem Willen hätte man aber dennoch etwas tun können. Er wolle noch einmal klar sagen, daß Frankreich den Willen habe, mit Deutschland „en priorité" zusammenzuarbeiten.

Der Herr *Bundeskanzler* entgegnete, wenn beide Regierungen aus dieser Sicht an die Dinge herangingen, müsse man etwas erreichen können. Er wolle aber eine Bemerkung anfügen, damit man sich über die Schwierigkeiten nicht im unklaren sei. Es helfe nicht viel, daß er jetzt sage, daß er jahrelang mit vorhergehenden Bundesregierungen uneins in dieser Frage gewesen sei, weil seines Erachtens bei mehr Möglichkeiten, als sie sich abzeichneten, weniger getan worden sei. Er müsse in diesem Zusammenhang auf eine Frage eingehen, die er auch schon mit Staatspräsident Pompidou erörtert habe. Die Frage ob und in welchem Umfang die USA ihre Streitkräfte aus Europa zurückziehen wollten, sei mit dafür maßgebend, ob die Bundesrepublik in ein System des burden-sharing eintreten könne. Man habe keine große Begeisterung für dieses Thema, es komme aber auf uns zu. Aus der Lösung dieser Frage könne sich ergeben, daß weiterhin ein Teil der deutschen Lasten auf dem Sektor der Abnahme von Rüstungslieferungen liegen werde. Er sage dies nicht, um dem Wunsch des Premierministers entgegenzutreten, sondern weil objektive Gründe eine solche Entwicklung bewirken könnten.

---

[12] Zur Entscheidung vom Herbst 1958, die Bundeswehr statt mit dem französischen Kampfflugzeug Mirage III mit dem amerikanischen Starfighter F 104 G auszurüsten, vgl. STRAUSS, Erinnerungen, S. 315–317.

[13] Im Dezember 1968 scheiterte ein Versuch der französischen Erdölgesellschaft Compagnie Française des Pétroles (CFP), ein von der Dresdner Bank angebotenes Aktienpaket (ca. 30%) der Gelsenberg AG (GBAG) zu übernehmen. Vgl. dazu AAPD 1969, I, Dok. 9.

[14] Am 26. September 1967 vereinbarte die Bundesrepublik mit Frankreich und Großbritannien die gemeinsame Entwicklung eines Großraumflugzeugs für Kurz- und Mittelstrecken („Airbus"). Vgl. dazu BULLETIN 1967, S. 894.

[15] Die Daimler-Benz AG führte seit 1969 Verhandlungen mit der UdSSR über die Planung und Errichtung von LKW-Fabriken in der UdSSR mit einer Jahresproduktion von 150 000 Einheiten (Kama-Projekt). Vgl. dazu Dok. 40, Anm. 6.

Premierminister *Chaban-Delmas* legte dazu dar, daß gegenseitiges Vertrauen und so viel Information wie möglich über gegenseitige Positionen schon den Beginn gemeinsamer Lösungen darstellen könnten.

Der Herr *Bundeskanzler* schnitt dann einen Punkt an, der, wie er bemerkte, zwar ein technologisches Randgebiet betreffe, aber dennoch ein bißchen Ärger mache. Es handle sich dabei um die Frage des Standorts des Protonengroßbeschleunigers, der im Rahmen des CERN-Projektes geplant sei.[16] In dieser Frage seien Frankreich und Deutschland als Konkurrenten aufgetreten. Frankreich habe einen sehr schönen Standort angeboten, der mit viel mehr Sonne und Strand aufwarten könne als der von Deutschland angebotene Standort. Auch die Belgier hätten ihren eigenen Vorschlag und hätten sich in dieser Hinsicht bereits in Bonn ausgeweint. Er wolle jetzt nicht in die Einzelheiten dieser Frage einsteigen, weil er wisse, daß man letzten Endes dieses Problem schon regeln werde. Er möchte aber doch Verständnis dafür wecken, daß in der Bundesrepublik bestimmte Reaktionen ausgelöst werden könnten. Der Beitrag der Bundesrepublik zu den Organisationen der Europäischen Gemeinschaft liege zwischen 33 und 36%. In der UNO sei die Bundesrepublik nach den USA und der Sowjetunion der drittgrößte Beitragszahler. Hingegen habe nicht eine einzige Organisation ihren Sitz in der Bundesrepublik. Frankreich habe die UNESCO, Italien die FAO, Brüssel habe den gewaltigen Komplex der Europäische Gemeinschaft. Die Bundesrepublik habe nichts dergleichen. Auf die Dauer gehe dies mit der öffentlichen Meinung nicht gut. Zwar wisse man in der Bundesrepublik, daß man manches nicht haben könne, weil viele Organisationen ihre Tätigkeit in einem Zeitpunkt begonnen hätten, in dem die Bundesrepublik als Sitz der Organisationen noch nicht in Frage kam. Es sei nun aber an der Zeit, für etwas mehr Ausgewogenheit zu sorgen. Man solle in den kommenden Jahren so vorgehen, daß jedesmal, wenn Deutschland ein anständiges Angebot unterbreite, man den deutschen Nachholbedarf berücksichtige. Wolle man diesen Nachholbedarf übergehen, könnte dies auch zu Schwierigkeiten mit den Leuten führen, die über die deutschen Beiträge zu befinden haben.

Premierminister *Chaban-Delmas* entgegnete, er halte dies für ein starkes Argument. Was den Standort des Großbeschleunigers anbelange, habe Frankreich einen sonnigen Standort vorgeschlagen. Durch bestimmte Umstände habe die französische Regierung dann jedoch beschlossen, den belgischen Antrag zu unterstützen, ohne ganz auf den eigenen Vorschlag zu verzichten, da wohl der belgische Vorschlag nicht zum Zuge käme; zumindest habe er Zweifel daran. Zu

---

16 Seit etwa 1960 wurde vom Centre Européen de Recherches Nucléaires (CERN) die Möglichkeit des Baus eines europäischen Protonengroßbeschleunigers für Energien von etwa 300 Gigaelektronenvolt geprüft. In einem Schreiben des Bundesministers Stoltenberg vom 4. September 1968 an CERN zeigte sich die Bundesrepublik unter bestimmten Voraussetzungen an dem Projekt interessiert. Darüber hinaus hatten bis zum Sommer 1969 Belgien, Frankreich, Italien, Österreich und die Schweiz ihre vorläufige Absicht erklärt, sich an dem Vorhaben zu beteiligen. Vgl. dazu die Aufzeichnung des Bundesministeriums für wissenschaftliche Forschung vom 1. Juli 1969; Referat I A 6, Bd. 244. Vgl. dazu auch den Schrifterlaß des Vortragenden Legationsrats Brunner an die Botschaft in Bern und die Ständige Vertretung bei den Internationalen Organisationen in Genf vom 20. August 1969; Referat I A 6, Bd. 244.
Alle interessierten Staaten, mit Ausnahme der Schweiz, boten einen Standort für den Großbeschleuniger an: Belgien schlug Focant in der Provinz Namur vor, die Bundesrepublik Drensteinfurt bei Münster/Westfalen, Frankreich Le Luc bei Marseille, Italien Doberdò in der Provinz Triest und Österreich Göpfritz an der Wild in Niederösterreich.

der allgemeinen Frage wolle er aber gern zur Kenntnis nehmen, was der Herr Bundeskanzler vorgetragen habe, weil, wie gesagt, die vorgebrachten Argumente sehr stichhaltig seien.

Premierminister Chaban-Delmas schnitt sodann die Frage der gemeinsamen europäischen Jugendarbeit an. Er erinnerte in diesem Zusammenhang an den Auftrag des Protokolls vom Haag.[17] Er regte an, beide Regierungen sollten sofort exploratorische Schritte im Sinne des Punktes 15[18] des Protokolls vom Haag einleiten lassen. Der Herr *Bundeskanzler* erklärte sich damit einverstanden. Er füge hinzu, daß ein europäisches Jugendwerk in deutscher Sicht kein Konkurrenzunternehmen zum deutsch-französischen Jugendwerk darstellen könne. Aus zeitlichen und finanziellen Gründen müßte ein europäisches Jugendwerk zunächst ganz andere Qualität und Quantität als das deutsch-französische Jugendwerk aufweisen.

Premierminister *Chaban-Delmas* und der Herr *Bundeskanzler* führten sodann einen kurzen Meinungsaustausch über die Fragen des Unterrichts der deutschen und französischen Sprache in beiden Ländern. Es wurde vereinbart darauf zu achten, daß sich die derzeitige Lage nicht verschlechtere und ein weiterer Ausbau des gegenseitigen Sprachunterrichts nicht behindert werde.

Der Herr *Bundeskanzler* teilte dem Herrn Premierminister sodann mit, daß er heute morgen beim Staatspräsidenten angeregt habe, die Studiengruppe über Fragen der Sicherheit in den siebziger Jahren[19] zu beauftragen, bis zum nächsten Treffen im Sommer auch Fragen zu prüfen, die sich aus den SALT-Gesprächen ergeben könnten. Eine solche Prüfung könne ihre Bedeutung auch im Hinblick auf eine gemeinsame Orientierung für eine eventuelle Europäische Sicherheitskonferenz haben.

Premierminister *Chaban-Delmas* erklärte, er halte dies für eine gute Entscheidung. Es sei ganz allgemein von Interesse, sich präzise Ideen über mögliche amerikanische Projekte in der Zukunft zu verschaffen. Er halte es nach den Informationen, die ihm zugänglich seien, für logisch, daß die USA nach Beendigung des Vietnam-Krieges mit einer Lage konfrontiert seien, in der, wie vorsichtig man dies auch formulieren wolle, die amerikanische Nation doch das Gefühl habe, daß ihrer Moral ein schwerer Schlag versetzt worden sei. Dies komme zu den schon schwierigen innenpolitischen Problemen der USA noch hinzu. Es seien schon Befürchtungen laut geworden, daß es dann zu einem neuen amerikanischen Isolationismus kommen könne. Die Gefährlichkeit einer solchen Lage sei nicht zu übersehen.

Der Herr *Bundeskanzler* stimmte dem zu.

---

17 Ziffer 16 des Schlußkommuniqués der Konferenz der Staats- und Regierungschefs der EG-Mitgliedstaaten am 1./2. Dezember 1969 in Den Haag: „Den hier beschlossenen Maßnahmen für die schöpferische Gestaltung und das Wachstum Europas steht eine größere Zukunft offen, wenn die Jugend daran engen Anteil hat; dieses Anliegen haben die Regierungen beherzigt, und die Gemeinschaften werden sich dessen annehmen." Vgl. EUROPA-ARCHIV 1970, D 44.
18 Diese Ziffer wurde von Staatssekretär Harkort hervorgehoben. Dazu Fragezeichen.
In Ziffer 15 des Schlußkommuniqués der Konferenz der Staats- oder Regierungschefs der EG-Mitgliedstaaten am 1./2. Dezember 1969 in Den Haag wurde die politische Einigung der Europäischen Gemeinschaften behandelt. Vgl. dazu Dok. 11, Anm. 13.
19 Zu diesem Vorschlag gegenüber Staatspräsident Pompidou vgl. Dok. 29, besonders Anm. 16 und 17.

Premierminister *Chaban-Delmas* ging dann noch auf die Frage der Befugnisse des Europäischen Parlaments ein. Er legte dar, man müsse sich davor hüten, daß in dieser Frage irgendwelche verkrampfte Haltungen zum Zuge kämen. Die Sache dürfe nicht im theologischen Bereich ausgetragen werden. Bekanntlich hätten die Franzosen eine starke Neigung zu theologischen Debatten, die sich auch darin äußere, daß man immer wieder über das Geschlecht der Engel diskutiere. Was die Frage selbst anbelange, halte er dafür, daß das Europäische Parlament Kontrollrechte entwickeln solle, dabei die Rolle des Ministerrates respektieren müsse und nicht leichtfertig finanzielle Demagogie betreiben dürfe. Die Straßburger Versammlung könne auch nicht mehr verlangen, als den nationalen Parlamenten eingeräumt sei.

Der Herr *Bundeskanzler* entgegnete, er wolle diese Frage gewiß nicht bagatellisieren. Es könne zu Konflikten mit seinem eigenen Parlament kommen, wenn der Eindruck entstehe, daß er dieser Frage nicht die gebührende Aufmerksamkeit schenke. Er sei aber dafür, das einzuhalten, was man im Haag mit einer Verstärkung der Haushaltsrechte[20] gemeint habe. Im übrigen stehe das Problem für 1975 an. Bis dahin sei noch viel zu tun, um zu einer abgewogenen, ausgeglichenen Politik der Gemeinschaft zu kommen. Er sehe überhaupt keinen Grund dafür, daß sich in dieser Frage Deutschland und Frankreich ausmanövrieren lassen sollten.

Premierminister *Chaban-Delmas* entgegnete, er sehe die Lage genauso. Er müsse dabei auch an die Sorgen seines Kollegen, des Außenministers Schumann denken. Minister Schumann habe gewiß viel zu tun; man solle ihm aber ersparen, als „Maurice Schumann, Jungfrau und Märtyrer" in die Geschichte einzugehen.

Auf eine Frage des Premierministers unterrichtete der Herr *Bundeskanzler* diesen noch über seine Gespräche mit dem Staatspräsidenten zu Themen der Ostpolitik.[21]

Der Herr Bundeskanzler überließ es dem Premierminister, einen Vorschlag für den Zeitpunkt der nächsten Regierungsbesprechungen zu unterbreiten.

Premierminister *Chaban-Delmas* erklärte, man werde versuchen, dieses Treffen für Ende Juni, Anfang Juli vorzusehen.[22] Er arbeite zur Zeit daran, daß es keine Mai-Ereignisse mehr gebe, die eine Verlegung der Gespräche in den September erforderlich machen könnten.

---

[20] In Ziffer 5 des Kommuniqués der Konferenz der Staats- oder Regierungschefs der EG-Mitgliedstaaten am 1./2. Dezember 1969 in Den Haag wurde die Absicht erklärt, „die Beiträge der Mitgliedstaaten im Verfahren des Artikels 201 des EWG-Vertrags schrittweise durch eigene Einnahmen zu ersetzen mit dem Ziel, fristgerecht zu einer vollständigen Finanzierung der Haushalte der Gemeinschaften zu gelangen". Darüber hinaus sollten die Haushaltsbefugnisse des Europäischen Parlaments verstärkt werden. Vgl. EUROPA-ARCHIV 1970, D 43.
Vgl. dazu auch die Beschlüsse der EG-Ministerratstagung vom 19. bis 22. Dezember 1969 in Brüssel; Dok. 11, Anm. 3.

[21] Für das erste Gespräch des Bundeskanzlers Brandt mit Staatspräsident Pompidou am 30. Januar 1970 vgl. Dok. 29. Zum zweiten Gespräch vom gleichen Tag vgl. Dok. 29, Anm. 22.

[22] Die nächsten deutsch-französischen Konsultationsgespräche fanden am 3. Juli 1970 in Bonn statt. Vgl. dazu Dok. 291–294.

Er wünsche dem Herrn Bundeskanzler allen denkbaren Erfolg für dessen Arbeit. Er freue sich, noch etwa zwei bis drei Jahre mit ihm zusammenarbeiten zu können. Nach Ablauf dieser Zeit wolle er sich anderen Tätigkeiten widmen.

Das Gespräch endete gegen 17.00 Uhr.

VS-Bd. 2673 (I A 1)

31

Aufzeichnung des Vortragenden Legationsrats I. Klasse Müller

30. Januar 1970

Betr.: Deutsch-französische Konsultation der Außenminister am 30. Januar 1970 in Paris – Zusammengefaßte Niederschrift –

In zwei Sitzungen, die in ausgesprochen freundschaftlicher und offener Atmosphäre verliefen, behandelten die Minister folgende Themen:

I. 1) Lage im Mittelmeer

Wie schon bei den letzten Außenminister-Konsultationen in Bonn gab Außenminister Schumann einen Überblick über die französische Embargo-Politik und legte Gründe für Mirage-Lieferungen an Libyen[1] dar. Hauptargument: Notwendigkeit im gesamtwestlichen Interesse, eine Lücke zu füllen, um zu vermeiden, daß östliche Staaten in die Position des Westens einrückten. Im Gegensatz zu UdSSR, USA und Großbritannien habe Frankreich der libyschen Regierung von sich aus kein Angebot gemacht, sondern sei von der libyschen Regierung um die Lieferung gebeten worden. Unter diesen Umständen hätte sich wohl keine Regierung diesem Wunsche entziehen können. Schumann verwies erneut auf die zeitlich befristeten und damit kontrollierbaren Mirage-Lieferungen an Libyen. Es gäbe keine französische Politik des Waffenhandels im Mittelmeer, wohl aber eine Maghreb- und Nahostpolitik Frankreichs.

Zum Vierergespräch[2] betonte er, Frankreich wolle von sich aus keinen Plan zum amerikanischen[3] und sowjetischen[4] auf den Tisch legen. Man habe sich vielmehr auf eine Darlegung der Möglichkeiten beschränkt, die sich nach Zu-

---

[1] Botschafter Turnwald, Tripolis, erläuterte dazu am 30. April 1970, daß Frankreich mit „den sensationellen Vereinbarungen über die Lieferung von 108 Mirages" die Chance, „die sich ihm in Libyen nach der Revolution geboten hat, ergriffen und sich damit maßgeblichen Einfluß auf die Entwicklung in Libyen gesichert" habe. Vgl. den Schriftbericht, Referat I B 4, Bd. 413.
[2] Seit 4. April 1969 fanden in New York Gespräche zwischen den Vier Mächten über eine Friedensregelung für den Nahen Osten statt.
[3] Am 9. Dezember 1969 unterbreitete der amerikanische Außenminister Rogers im Rahmen einer Rede in Washington Vorschläge zur Lösung des Nahost-Konflikts. Vgl. dazu EUROPA-ARCHIV 1969, D 597–602.
[4] Für den sowjetischen Vorschlag vom 27. Januar 1970 für eine Friedensregelung im Nahen Osten vgl. EUROPA-ARCHIV 1970, D 442 (Auszug).

sammenstellung der in den amerikanischen und sowjetischen Plänen enthaltenen gemeinsamen Punkte ergäben. So könne man ein gewisses Maß an Übereinstimmung feststellen, und zwar auf dem Gebiet der Räumung der besetzten Gebiete, der Garantie für die staatliche Integrität der Nahoststaaten und der freien Durchfahrt durch die internationalen Gewässer. Man denke daran, mit diesem Katalog Jarring eine Basis für eine weitere Erkundigungsmission zu bieten.[5] Bisher seien leider weder Vereinigte Staaten noch UdSSR positiv; Wilson habe zugesagt, sich bei Nixon für das französische Verfahren einzusetzen.

Bundesminister legte dar, daß unsere Nahostpolitik bestimmt sei einmal durch ein besonderes Verhältnis zu Israel, zum anderen durch unseren Wunsch, die Beziehungen zur arabischen Welt bald zu normalisieren. Dabei seien wir zu behutsamem Vorgehen bei der Wiederanknüpfung mit den Staaten gezwungen, die inzwischen diplomatische Beziehungen zur DDR aufgenommen haben.[6] Aus seinem Gespräch mit dem jordanischen Ministerpräsidenten[7] ergäbe sich, daß die französischen Vorstellungen zur Lösung des Nahost-Konfliktes in Jordanien positive Aufnahme fänden, jedenfalls bessere als der Nahostplan der Vereinigten Staaten. Bundesminister empfahl, daß Frankreich seine besonderen Möglichkeiten, zu einer Stabilisierung im Nahost- und Mittelmeerraum beizutragen, weiter nutze. Schumann betonte abschließend, Frankreich habe Gesten des guten Willens gegenüber Israel gemacht, Israel habe es bisher leider an jeder positiven Gegengeste fehlen lassen; vielmehr entstehe der Eindruck, als bemühe sich Israel, die Vierergespräche in eine Sackgasse zu führen, um ein direktes Gespräch mit den Arabern zu erhalten; dies sei nach Lage der Dinge und auch nach Ansicht Jarrings aussichtslos.

2) Europäische Fragen (Haushaltsbefugnis des Europäischen Parlaments[8])

Bundesminister führte aus, wir müßten uns bemühen, eine Lösung zu finden, die für alle tragbar sei. Er habe den Eindruck, daß auch andere bereit seien, ihr bisherige Haltung zu modifizieren, wenn das Prinzip nicht verletzt werde. Es gelte, dem Parlament die letzte Entscheidung zu überlassen, zumal die Bandbreite für autonome Beschlüsse des europäischen Parlaments gering sei. Wenn man auf dem Wege zu dieser Entscheidungsbefugnis des Parlaments die eine oder andere Kontrollfunktion einbaue, die eine sparsame Budgetpolitik sicherstelle, müßte es möglich sein, das Prinzip zu erhalten. Wir hätten zur Zeit keine Formel und wären bereit, mit den übrigen Partnern Kontakte aufzunehmen, um eine Formel auszuarbeiten, die eine baldige Verabschiedung ermögliche. Vorschlag der Präsidentschaft[9] geht von komplizierter Berechnung der durch-

---

[5] Der schwedische Botschafter in Moskau, Jarring, war seit dem 27. November 1967 als Sonderbeauftragter der UNO für den Nahen Osten tätig.

[6] Zu den arabischen Staaten, die 1969 diplomatische Beziehungen zur DDR aufnahmen, vgl. Dok. 4, Anm. 5.

[7] Für das Gespräch des Bundesministers Scheel mit Ministerpräsident Talhouni am 29. Januar 1970, bei dem die Frage humanitärer Hilfe an die palästinensischen Flüchtlinge im Mittelpunkt stand, vgl. VS-Bd. 10091 (Ministerbüro); B 150, Aktenkopien 1970.

[8] Zu den Beschlüssen der EG-Ministerratstagung vom 19. bis 22. Dezember 1969 in Brüssel für eine Erweiterung der Haushaltsbefugnisse des Europäischen Parlaments vgl. Dok. 11, Anm. 3.

[9] Auf der EG-Ministerratstagung am 19./20. Januar 1970 in Brüssel legte der Präsident des EG-Ministerrats, Harmel, folgenden Vorschlag zur Regelung der Haushaltsbefugnisse des Europäischen Parlaments vor: „a) L'Assemblée Parlementaire pourra créer des recettes nouvelles pour financer

schnittlichen Zuwachsrate der nationalen Haushalte aus. Man müsse Harmel fragen, welche Referenzperiode er im Auge habe, wie Bewegungsspielraum zu bemessen sei.

Schumann betonte, daß man sich hinsichtlich des Ziels einig sei, die „pouvoir final de décision" des Parlaments werde respektiert, jedoch müsse sichergestellt werden, daß das Parlament zu vernünftiger Haushaltsführung angehalten werde. Er schlage vor, daß Durchschnittssatz der nationalen Haushalte festgelegt wird, damit das Parlament im Rahmen seiner Befugnisse keine höheren Ausgaben beschließt, als dies der durchschnittlichen Zuwachsrate in den Ländern entspreche. Wenn dies schwierig sei, solle man die Kommission, die das Instrumentarium dazu habe, beauftragen, diesen Satz festzulegen. Wenn dieser einmal berechnet sei, dann entfalle ein weiterer Anlaß, die Haushaltsbefugnis zu beschränken.

Bundesminister wandte sich gegen Automatismus im Budgetrecht. Das Parlament werde die Freiheit möglicherweise ausnutzen. Ein Automatismus werde immer ausgeschöpft. Die letzte Entscheidung müsse ihm erhalten bleiben, aber der Weg dazu müsse schwierig gemacht und ein Höchstmaß an checks and balances eingebaut werden. Hinweis auf Verfassungswirklichkeit des Art. 113 GG, wo auch letzte Entscheidungsbefugnis Parlaments erhalten bleibe.

Schumann: Die Frage der Haushaltsbefugnis sei nicht die schwerste Entscheidung, die zu treffen sei. Für Frankreich sei dies keine Doktrin, keine Theorie. Es gelte, das „Europe de sagesse", nicht ein verschwenderisches Europa zu schaffen.

Bundesminister meinte auch, die Sache sei schließlich nicht eilig. Der Beschluß werde erst in einigen Jahren wirksam werden. Es sei besser, die Frage nicht im nächsten Rat zu behandeln, jedenfalls nicht solange, bis sich eine Einigung abzeichne. Wir sollten es uns allen ersparen, erneut ohne Einigung auseinanderzugehen.

Schumann meinte unter Hinweis auf die bekannte Trilogie-These, eine baldige Einigung sei notwendig, weil es sich um ein Element des „achèvement" handele, was vor der Erweiterung der Gemeinschaft geregelt sein müsse.[10] Im Sinne der konsequenten Durchführung der Haager Beschlüsse soll man sich bemühen, bei der nächsten Ratssitzung die Entscheidung zu treffen. Für ihn sei der Beschluß vom 22.12.69 leider nicht annehmbar; für andere seien die französischen Gegenvorschläge[11] nicht annehmbar. Am besten wäre daher eine Einigung auf der Grundlage des Präsidentschaftsvorschlages.

Fortsetzung Fußnote von Seite 136

    les dépenses qu'elle fixe pour ce qui concerne son budget propre et les dépenses sur lesquelles elle décide en dernier ressort, en respectant la moyenne des augmentations budgétaires des Etats membres; celles-ci doivent correspondre à la politique conjoncturelle de la Communauté. b) L'Assemblée Parlementaire doit avoir la possibilité de disposer de manière permanente de ce pouvoir et être dès lors à même d'augmenter conformément au a) ci-dessus, les recettes communautaires." Vgl. den Drahtbericht Nr. 142 der Ständigen Vertretung bei den Europäischen Gemeinschaften in Brüssel; Referat III E 1, Bd. 1964.

10 Am 22. Juli 1969 führte der französische Außenminister Schumann auf der EG-Ministerratstagung in Brüssel aus, daß erst nach einer Phase der Vollendung der EG (achèvement) und einer sich anschließenden Phase der Vertiefung (approfondissement) eine Erweiterung (élargissement) der Gemeinschaft ohne ihre Schwächung möglich sein werde. Vgl. LA POLITIQUE ETRANGÈRE 1969, II, S. 48f. Für den deutschen Wortlaut vgl. EUROPA-ARCHIV 1969, D 421f.

11 Zu den französischen Vorschlägen vom 15. bzw. 19./20. Januar 1970 vgl. Dok. 11, Anm. 5 und Anm. 9.

Auf die Frage des Bundesministers, wie die englische Haltung sei, führte Schumann u.a. aus, die Engländer könnten sich nicht vorstellen, daß Parlament Initiativ-Recht habe, hielten sich aber insgesamt mit einer Stellungnahme zurück.

Staatssekretär Harkort führte aus, seine Gespräche mit den Holländern am 29.1. ließen es geraten erscheinen, die Frage behutsam anzugehen. Die Holländer seien ziemlich unbeweglich. Sie würden große Schwierigkeiten machen, wenn wir an den Beschlüssen vom 22.12.69 rütteln würden. (Hinweis auf Tagung Europäischen Parlaments). Die Chancen für die Behandlung des Themas würden daher beim übernächsten Ministerrat etwas besser sein. Wir hätten keinen festen Plan, aber er habe folgende Idee: Man sollte besonders wegen der holländischen Haltung möglichst den alten Text stehen lassen und dafür indirekte Begrenzung an anderen Stellen einbauen, z.B. bei Artikel 201, § 5[12] oder auch anderswo. Die französische Überlegung knüpfe direkt an die Begrenzung der unmittelbaren Ausgaben an. Vielleicht könne man die indirekte Begrenzung finden, wenn das Parlament nur einen 0,x-Prozentsatz der aus der Umsatzsteuer in den Brüsseler Haushalt einfließenden Geldmenge in Anspruch nehmen dürfe. Hierzu sagte Schumann, der Widerstand der Holländer sei vielleicht doch nicht so ernst, denn sie wollten ja schließlich die Beitrittsverhandlungen mit Großbritannien nicht verzögern. Er werde die Ideen von Herrn Harkort, die ihn auf Anhieb nicht überzeugten, sorgfältig prüfen. Im übrigen erscheine ihm der französische Vorschlag der Betrauung der Kommission einfacher, auch für das Europäische Parlament annehmbarer. Man dürfe nicht vergessen, daß der Harmel-Vorschlag durch Luxemburg ebenfalls akzeptiert werde. Über die italienische Haltung könne er sich nicht äußern.

II. Bilaterale Fragen

1) Die Minister waren sich einig, daß der deutsch-französische Industrieausschuß[13] in seiner bisherigen Form bestehen bleiben sollte, zumal sich seit der letzten Konsultation im September in Bonn[14] positive Entwicklungen anbahnten. Bundesminister stellte deutsche Überlegungen in Aussicht. Hinweis auf Meinungsumfrage des französischen Kabinetts an die französische Industrie und ihre positive Beantwortung (100 Antworten, 130 auf diejenige Umfrage des BDI).

2) In der Sprachenfrage wiederholte Schumann die bekannten französischen Wünsche und sprach die Hoffnung aus, daß die bevorstehenden Düsseldorfer Verhandlungen[15] gute Resultate für die Gleichstellung des Französischen mit

---

[12] Artikel 201 des EWG-Vertrags vom 25. März 1957: „Die Kommission prüft, unter welchen Bedingungen die in Artikel 200 vorgesehenen Finanzbeiträge der Mitgliedstaaten durch eigene Mittel, insbesondere durch Einnahmen aus dem Gemeinsamen Zolltarif nach dessen endgültiger Einführung, ersetzt werden können. Die Kommission unterbreitet dem Rat diesbezügliche Vorschläge. Nach Anhörung der Versammlung zu diesen Vorschlägen kann der Rat einstimmig die entsprechenden Bestimmungen festlegen und den Mitgliedstaaten zur Annahme gemäß ihren verfassungsrechtlichen Vorschriften empfehlen." Vgl. BUNDESGESETZBLATT 1957, Teil II, S. 882.

[13] Zur Gründung eines deutsch-französischen Ausschusses für wirtschaftliche und industrielle Zusammenarbeit vgl. Dok. 30, Anm. 4.

[14] Die deutsch-französischen Konsultationsgespräche fanden am 8./9. September 1969 statt. Vgl. dazu AAPD 1969, II, Dok. 279, Dok. 280 und Dok. 282.

[15] Im Zuge der Umsetzung des deutsch-französischen Vertrags von 1963 fanden regelmäßige Gespräche des „Bevollmächtigten der Bundesrepublik Deutschland für kulturelle Angelegenheiten im Rah-

dem Englischen ergäben. Schumann betonte, daß die neue französische Verordnung über den Sprachunterricht das Englische und Deutsche rechtlich gleichstelle.

3) Die Rüstungszusammenarbeit: Bundesminister schlug vor, ein informelles Treffen der beiden Außenminister mit den beiden Verteidigungsministern[16] vorzusehen. Dabei könnten Fragen der Rüstungszusammenarbeit und Themen der Sicherheitspolitik erörtert werden.

4) CERN[17] wurde kurz gestreift und auf die Forschungsminister[18] verwiesen.

5) In der Frage des angereicherten Uraniums kam Schumann im wesentlichen auf den Vorschlag Pompidous zurück: einer „usine européenne". Bundesminister empfahl eine französische Beteiligung an der deutsch-englisch-niederländischen Gaszentrifuge.[19] Französischem Hinweis, daß Kommission gegen das Urananreicherungsprojekt Vorbehalte habe, begegnete StS Harkort damit, daß wir glaubten, die drei Einwände der Kommission entkräften zu können. StS sagte im übrigen, daß wir nicht auf das Zentrifugensystem festgelegt seien, sondern auch für das Diffusionsverfahren Interesse hätten. Schumann regte an, die Idee in der Kommission zu prüfen.

6) Bundesminister schnitt Kaiseraugst[20] an und bat französischen Außenminister, der sich über letzten Stand nicht unterrichtet zeigte, Problem im Sinne einer deutsch-französischen Zusammenarbeit zu prüfen.

III. Bundesminister gab ausführliche Erläuterungen zu unserer Berlin-Politik, hob den für uns unveräußerlichen Berlin-Status und unseren Wunsch hervor, auf dem Gebiet der Verbindungswege von und nach sowie in Berlin Verbesserungen zu erzielen. Bundesminister meinte, die deutsch-sowjetischen Beziehungen, besonders beim Handel, in der Kultur und der technischen Zusammenarbeit entwickelten sich günstig; auch der Warenaustausch sei im vertragslosen Zustand in elf Monaten 1969 auf 2,5 Mrd. angewachsen, eine Rate, die noch durch das Gas-Großrohre-Geschäft[21] ansteigen werde; indessen zielten unsere gesamten Bemühungen darauf ab, die Beziehungen zur Sowjetunion wieder auf vertragliche Abmachungen zu stellen. So führten wir die Gespräche, was Berlin anginge, mit der Zielsetzung, letztlich im Verhältnis zu den Warschauer Vertragsstaaten auch zu einer Berlin-Klausel zu kommen, um auch hier die vertragliche Absicherung zu haben.

Fortsetzung Fußnote von Seite 138
men des Vertrags über die deutsch-französische Zusammenarbeit" mit dem französischen Erziehungsminister statt. Beauftragter der Bundesrepublik für die Jahre 1968 bis 1970 war der nordrhein-westfälische Ministerpräsident Kühn. Am 23./24. Oktober 1969 kamen Kühn und Guichard in Düsseldorf zusammen; das darauffolgende Treffen fand am 8./9. September 1970 in Paris statt. Vgl. dazu Referat 621 B, Bd. 13.

16 Helmut Schmidt und Michel Debré.
17 Zum Projekt eines europäischen Protonengroßbeschleunigers vgl. Dok. 30, Anm. 16.
18 Hans Leussink und François Ortoli.
19 Zum Projekt einer Gasultrazentrifuge und zur französischen Haltung dazu vgl. zuletzt AAPD 1969, II, Dok. 400.
20 Zur Frage einer Beteiligung von Firmen aus der Bundesrepublik an dem französisch-schweizerischen Projekt eines Kernkraftwerks vgl. Dok. 30, Anm. 8.
21 Zu den Verträgen vom 1. Februar 1970 mit der UdSSR über die Lieferung von Erdgas und Röhren vgl. Dok. 23, besonders Anm. 1.

Was den Gewaltverzicht angehe, so hätten zwar die Sowjets aus Anlaß des Nichtverbreitungsabkommens die Resolution des Weltsicherheitsrats[22] angezogen, – eine Verbesserung –, aber sie hätten sich noch nicht zu Artikel 53 und 107 bekannt. Es müßten unsere Beziehungen, beginnend mit der Sowjetunion, später mit anderen Oststaaten und mit Hilfe des „Vehikels" eines Gewaltverzichts für eine Übergangszeit ausgestaltet werden, um andere ungelöste Fragen zu bereinigen. Hinweis auf Mission Bahr und Wiedergabe des ersten Drahtberichts aus Moskau.[23] Die Weisung für Herrn Bahr sei in der Vierergruppe behandelt worden.

Schumann betonte erneut, wie sehr unsere politischen Bemühungen um eine Entspannung die Unterstützung der französischen Regierung fänden, meldete allerdings seine Besorgnis hinsichtlich der Kreditvereinbarungen mit der Sowjetunion an. Diese gingen über das hinaus, was die Berner Union[24] erlaube. Es müsse vermieden werden, daß Sowjets die Möglichkeit erhielten, den einen gegen den andern westlichen Partner auszuspielen. Bundesminister teilte diese Auffassung, wies auf den exzeptionellen Charakter des Geschäfts hin und meinte, wir sollten eine bessere Konsultation und Abstimmung suchen und keine unkontrollierte Wettbewerbssituation schaffen. Dem stimmte Schumann zu.

Zu Berlin sagte Schumann, hier handele es sich um alliierte Interessen. Bei Gesprächen mit DDR ergebe sich langfristige Gefahr, daß eine De-facto-Anerkennung der DDR den Druck auf Berlin stärke. West-Berlin falle in die Verantwortlichkeit der drei Alliierten. Aufrechterhaltung des Berlin-Status sei nicht zuletzt auch ein deutsches Interesse. Die Sondagen der drei Alliierten in Moskau[25] seien bisher ohne Antwort. Unsere Vorhaben sollten diese Alliierten-Sondagen nicht berühren.

Zu ESK wiederholte Schumann die bekannten französischen Thesen.

Bundesminister unterstützte Ansicht Schumanns in Berlin-Frage voll und ganz. Bei unseren Verhandlungen mit dem Osten werde Berlin-Problem sorgfältig ausgeklammert; Verantwortung der drei Alliierten und deren völkerrechtliche

---

[22] Der UNO-Sicherheitsrat bekräftigte in Resolution Nr. 255 vom 19. Juni 1968: „The Security Council [...] 1) Recognizes that aggression with nuclear weapons or the threat of such aggression against a non-nuclear-weapon State would create a situation in which the Security Council, and above all its nuclear-weapon State permanent members, would have to act immediately in accordance with their obligations under the United Nations Charter; 2) Welcomes the intention expressed by certain States that they will provide or support immediate assistance, in accordance with the Charter, to any non-nuclear-weapon State Party to the Treaty on the Non-Proliferation of Nuclear Weapons that is a victim of an act or an object of a threat of aggression in which nuclear weapons are used." Vgl. UNITED NATIONS RESOLUTIONS, Serie II, Bd. VII, S. 23. Für den deutschen Wortlaut vgl. EUROPA-ARCHIV 1968, D 333 f.

[23] Am 29. Januar 1970 berichtete Staatssekretär Bahr, Bundeskanzleramt, z. Z. Moskau: „Nach den ersten Eindrücken und Pressekontakten erscheint es mir zweckmäßig, bei Kommentierung meines hiesigen Aufenthaltes folgende Gesichtspunkte zu berücksichtigen: 1) Meine Stellung als Berlin-Beauftragter sollte tunlichst nicht hervorgehoben werden. 2) Es sollte nicht von der Führung eines ersten Gesprächs durch mich, sondern von der Führung des vierten Gesprächs des laufenden deutsch-sowjetischen Meinungsaustauschs gesprochen werden. 3) Bei Qualifizierung des bevorstehenden Kontakts mit Gromyko sollte es zunächst bei Formulierungen wie ‚Gespräche' oder ‚Meinungsaustausch' bleiben. Wir sollten nicht von uns aus erklären, daß nunmehr die Phase der Verhandlungen beginnt, da Sowjets sich sonst präjudiziert fühlen könnten." Vgl. den Drahtbericht Nr. 145; VS-Bd. 10069 (Ministerbüro); B 150, Aktenkopien 1970.

[24] Zur Berner Union vgl. Dok. 23, Anm. 2.

[25] Zur Note der Drei Mächte vom 16. Dezember 1969 vgl. Dok. 2, Anm. 3.

Stellung in Berlin werde nicht tangiert. Nicht mit einem Jota wollten wir den völkerrechtlichen Status von Berlin gefährden.

Müller

Referat I A 1, Bd. 715

32

Aufzeichnung des Vortragenden Legationsrats I. Klasse Soltmann

III A 4-83.71/0-94.29-62/70 geheim   **30. Januar 1970**

Betr.: Ressortbesprechung über den deutsch-sowjetischen Luftverkehr am 29. Januar 1970

Bezug: Schreiben des Auswärtigen Amts vom 26. Januar 1970; AZ: II A 1 – SL 94.29

Anwesend waren Vertreter des BKA, BMF, BMV, BMVg, BMB, der Vertretung des Landes Berlin und der Referate V 1, V 2, II A 1 und II A 4 des Auswärtigen Amts. Vorsitzender VLR I Dr. Soltmann, III A 4.

Der Vorsitzende gab einen kurzen Überblick über den bisherigen Verlauf der Verhandlungen.

Zum weiteren Procedere wurde beschlossen, daß aufgrund eines Wunsches des Bundeskanzlers das BMV in Abstimmung mit dem AA eine Kabinettsvorlage ausarbeitet, die es dem Kabinett ermöglicht, Entscheidungen zu treffen oder noch bestehende unterschiedliche Auffassungen abzuklären. Dieser Kabinettsvorlage solle ein Antwortentwurf beigefügt werden, welcher seitens des AA dem sowjetischen Botschafter Zarapkin als Antwort auf die Note vom 19. 1.[1] zu überreichen wäre.[2]

Das BMV bedauerte, daß die Alliierten ohne vorherige Rücksprache mit dem BMV konsultiert worden seien. Er bitte in Zukunft um rechtzeitige Beteiligung.

A) Streckenführung

Das BMV erklärte, es handele sich für die Lufthansa um eine Lebensfrage. Die LH werde zu einer zweitklassigen Luftlinie degradiert werden, falls sie nicht über Sibirien nach Japan fliegen könne. Die Sowjetunion habe verkehrspolitisch die stärkere Position, da es der Aeroflot ohne weiteres möglich sei, das Bundesgebiet zu umfliegen, während die Lufthansa über sowjetisches Gebiet fliegen müsse, wenn sie die kürzeste Strecke nach Japan benutzen wolle. Man sollte deshalb den sowjetischen Wünschen nachgeben und der Streckenführung über Erfurt zustimmen.

---

[1] Zur sowjetischen Note vom 19. Januar 1970 vgl. Dok. 13, besonders Anm. 3.
[2] Zum Entwurf eines Aide-mémoire der Bundesregierung vgl. Dok. 17, besonders Anm. 4.

Das BMVg stellte fest, daß es der Einrichtung eines Parallelverkehrs zu den Korridoren nicht zustimmen könne. Die Korridore könnten nur durch die Alliierten geschützt werden. Eine Planung für Eventualfälle sei auch nur unter der Voraussetzung der Beschränkung des Berlin-Verkehrs auf die Korridore möglich. Die DDR dürfe deshalb auch keine Rechte zur Kontrolle des Berlin-Verkehrs erhalten. Der Vertreter des Landes Berlin erklärte zustimmend, daß für Berlin die Übereinstimmung mit den Alliierten unabdingbar sei. Man könne bei diesen keine Mißstimmung hervorrufen.

Das BKA verwies auf frühere Argumente, aufgrund derer die Benutzung der Korridore durch die Sowjets gerade wegen der Gefährdung des Berlin-Verkehrs abgelehnt worden sei. Es habe deshalb keine grundsätzlichen Bedenken gegen eine Linienführung über Erfurt. Auch das BMF bezweifelte, daß ein Parallelverkehr den Flug durch die Korridore ernsthaft gefährden könnte, da ja für die Strecke Frankfurt–Berlin keine Rechte der 5. Freiheit[3] gewährt würden. Das BMV erwähnte, daß man nach internationalem Gebrauch den Sowjets zwar die Einflugstelle in die Bundesrepublik vorschreiben könne, nicht aber den Weg zu dieser Einflugstelle. Für die Sowjets sei das Gebiet zwischen Berlin und der Bundesrepublik Hoheitsgebiet der DDR, auf dem sie sich von der Bundesrepublik keine Vorschriften machen lassen würden.

Referat II A 1 erklärte, daß der Bundeskanzler nicht bereit sei, mit den drei Alliierten über die Benutzung oder Nichtbenutzung der Korridore zu argumentieren. Die Alliierten hätten sich aber grundsätzlich gegen Parallelflüge ausgesprochen.[4] Gerade nach Auffassung der Alliierten hätten die Sowjets ein Recht zur Benutzung der Korridore. Hierüber brauchten sie mit den Alliierten nicht zu verhandeln. Es gehe lediglich um die Art und Weise der Benutzung der Korridore, also um rechtzeitige Mitteilung an die Flugsicherungsorgane.

Zur technischen Frage des Einflugs in die Korridore erklärte das BMV, daß die Einschleusung von Flugzeugen grundsätzlich an mehreren Stellen möglich sei, z.B. innerhalb des Berliner Sicherheitsbereichs, auf halbem Wege und in der Nähe von Fulda kurz vor Erreichen des Gebiets der Bundesrepublik.

Beschluß:

Es wurde Übereinstimmung erzielt, daß dem Kabinett vorgeschlagen werden solle, die Sowjets auf den Flug durch die Korridore zu verweisen. Gleichzeitig müsse dem Kabinett aber auch vorgetragen werden, daß die Sowjets hiergegen Bedenken erheben könnten. Falls das Kabinett diese Bedenken für durchschlagend erachte, solle auch die Möglichkeit der Linienführung über Erfurt er-

---

[3] Mit der sogenannten Fünften Freiheit gewährten sich die Vertragspartner eines Luftverkehrsabkommens gegenseitig das Recht, bei Zwischenlandungen in einem Drittstaat Fluggäste, Post und Fracht aufzunehmen bzw. abzusetzen.

[4] Ministerialdirigent Robert notierte am 3. Februar 1970 über die Konsultation mit den Drei Mächten vom 28. Januar 1970: „Die Vertreter der drei Westmächte sprachen sich entschieden dagegen aus, daß Parallelrouten zu den bestehenden Luftkorridoren nach Berlin zugelassen würden. Dies hätte in wenigen Jahren zur Folge, daß der Zivilverkehr nach Berlin auf diese neuen Luftstrecken verwiesen würde und die Sowjets bzw. die DDR in den Korridoren nur noch Militärmaschinen fliegen lassen würden. Nur im äußersten Fall sei man bereit, eine Strecke Schönefeld–Eger–Frankfurt zu akzeptieren. Die deutsche Seite könne aber den Sowjets mitteilen, daß die drei Alliierten keine Bedenken gegen die Benutzung der Luftkorridore aufgrund der bestehenden Vier-Mächte-Vereinbarungen erheben würden." Vgl. VS-Bd. 4535 (II A 1); B 150, Aktenkopien 1970.

wähnt werden, allerdings einschließlich der Bedenken, die die Alliierten vortragen könnten.

Die Möglichkeit einer Linienführung über Eger soll in der Kabinettsvorlage nicht erwähnt werden, insbesondere weil das BMV der Auffassung ist, daß man einem Vertragspartner, der aus einem bestimmten Hoheitsgebiet einfliegen wolle, nicht einen Umweg über ein drittes Hoheitsgebiet vorschlagen könne.

Der Vorschlag, noch vor einer Kabinettsentscheidung mit den Alliierten über die Strecke Berlin-Erfurt-Frankfurt zu konsultieren, wurde abgelehnt, da eine völlige Geheimhaltung doch nicht möglich sei und die Sowjets sich auf eine Linienführung über Erfurt versteifen würde, sobald sie glaubten, daß die Bundesregierung nachgeben werde.

B) Landung in Berlin-Tegel

In dem Papier, das dem sowjetischen Botschafter Zarapkin am 17. September 1969 übergeben wurde[5], ist vorgesehen, daß die Aeroflot den Verkehr über Schönefeld und die Lufthansa den Verkehr über Tegel gleichzeitig aufnehmen sollen. Das BMB und die Vertretung Berlins sprachen sich für die Aufrechterhaltung dieses Junktims aus, da sonst die Gefahr bestehe, daß der Flughafen Tegel durch die Konkurrenz Schönefelds „ausgetrocknet" werde. Das BMVg schloß sich dieser Auffassung an. Referat II A 1 erklärte, daß man auf das Junktim zwar verzichten könne, aber diese Verhandlungsposition aus taktischen Gründen gegenüber den Sowjets nicht vorzeitig aufgeben solle.

Das BMV wies darauf hin, daß das Bestehen auf dem Junktim nur die Verhandlungen erschwere.

Beschluß:

Es wurde Übereinstimmung erzielt, daß die Verhandlungen nicht an dem Junktim scheitern sollten. Dem Kabinett soll vorgeschlagen werden, daß die Bundesrepublik auf das Junktim verzichten solle. Gleichzeitig soll jedoch auf die Bedenken des BMB hingewiesen werden. Zum Unterschied vom BMV vertrat das AA jedoch die Ansicht, daß man das Junktim aus taktischen Gründen zunächst aufrechterhalten solle.

Alle Anwesenden stimmten überein, daß die von den Sowjets aufgeworfene Frage der Diskriminierung nicht unnötig vertieft werden solle.

Das BMV als federführendes Ressort wird eine Kabinettsvorlage[6] vorbereiten.[7] Hiermit über Dg III A[8] D III[9] vorgelegt.

Soltmann

VS-Bd. 8351 (III A 4)

[5] Zum Aide-mémoire, in dem sich die Bundesregierung zu einer baldigen Wiederaufnahme der Verhandlungen über ein Luftverkehrsabkommen bereit erklärte, vgl. Dok. 13, Anm. 2.
[6] Für die Kabinettvorlage des Bundesministers für Verkehr vom 2. Februar 1970 vgl. VS-Bd. 8351 (III A 4).
[7] Am 5. Februar 1970 beschloß das Kabinett Richtlinien für die weiteren Verhandlungen mit der UdSSR über den Luftverkehr. Vgl. dazu Dok. 40, Anm. 5.
[8] Hat Ministerialdirigent Robert am 3. Februar vorgelegen, der handschriftlich vermerkte: „Durch gestrige Direktorenbesprechung modifiziert (s[iehe] Aufz[eichnung] für heutiges Gespräch im B[undes]K[anzler]A[mt])."
[9] Hat Ministerialdirektor Herbst am 3. Februar 1970 vorgelegen.

33

Gespräch des Staatssekretärs Bahr, Bundeskanzleramt, mit dem sowjetischen Außenminister Gromyko in Moskau

Geheim 3. Februar 1970[1]

Dolmetscherprotokoll über das zweite Gespräch zwischen Staatssekretär Bahr und Außenminister Gromyko am 3. Februar 1970

Teilnehmer auf sowjetischer Seite: Außenminister Gromyko, Stellv. Außenminister Semjonow, Leiter der Dritten Europäischen Abteilung Falin, Botschaftsrat Tokowinin, Botschaftsrat Krascheninikow, Herr Smirnow als Dolmetscher.

Teilnehmer auf deutscher Seite: Staatssekretär Bahr, Botschafter Allardt, VLR I Sanne, Botschaftsrat I Peckert, LR I Stabreit, Herr Weiß als Dolmetscher.

StS *Bahr* eröffnete das Gespräch mit der Bemerkung, er freue sich, daß „zwei unserer Minister" in Essen ein gutes Abkommen unterzeichnet hätten.[2] Es handele sich um ein Abkommen mit Perspektive, das etwas davon deutlich mache, was wir uns vorstellten, wenn wir von Zusammenarbeit sprächen.

AM *Gromyko* antwortete, daß auch sowjetische Seite hinsichtlich dieses Abkommens Genugtuung empfinde und glaube, daß es einen guten Einfluß auf die beiderseitigen Beziehungen haben werde. Man möge daran erkennen, wie hoch man in der Sowjetunion die Bundesrepublik Deutschland einschätze.

StS *Bahr* fuhr sodann fort, es freue ihn, Herrn Semjonow zu sehen, der ihm als großer und berühmter Kenner Deutschlands bekannt sei.

Herr *Semjonow* antwortete hierauf, er freue sich, Herrn Bahr kennenzulernen.

StS *Bahr* führte sodann aus, AM Gromyko habe im letzten Gespräch[3] gesagt, sowjetische Delegation wolle sich deutsche Argumente durch den Kopf gehen lassen und prüfen, was er gesagt habe. Er sei dankbar, wenn jetzt sowjetische Seite als erste etwas sagen könne.

AM *Gromyko* antwortete hierauf folgendes: Man sei dabei, die Positionen gegenseitig abzuklären. Dies sei sehr notwendig, wenn man verstehen wolle, woran man sei und welche Perspektiven sich ergäben. Aus dem, was in dem letzten Gespräch gesagt wurde, werde die deutsche Seite bereits eine Vorstellung davon haben, welche Bedeutung sowjetische Seite Grenzfrage beimesse. Sowjetische Seite könne sich ohne vertragliche Regelung dieser Frage schwer die Möglichkeit eines Erfolgs der Gespräche vorstellen. Eine gegenseitige Verständigung in Fragen der Grenzen und das Auffinden einer gemeinsamen Sprache würden eine solche Vereinbarung erleichtern. An sich sei über dieses Thema schon genug gesprochen worden. Doch sei es wohl von Nutzen, es noch einmal zu erwähnen, damit letzte Klarheit geschaffen werde.

---

[1] Durchdruck.
Vgl. zu dem Gespräch auch BAHR, Zeit, S. 291 f.

[2] Zu den Verträgen vom 1. Februar 1970 über die Lieferung von Erdgas und Röhren, die in Anwesenheit des Bundesministers Schiller und des sowjetischen Außenhandelsministers Patolitschew in Essen unterzeichnet wurden, vgl. Dok. 23, Anm. 1.

[3] Für das Gespräch vom 30. Januar 1970 vgl. Dok. 28.

Er, Gromyko, wolle noch einmal unterstreichen, daß es für sowjetische Seite sehr wichtig sei, daß die Bundesrepublik Deutschland nicht nur Integrität und Unverletzlichkeit der Grenzen achte, sondern auch auf jegliche Absicht verzichte, die bestehenden Grenzen zu ändern. Dieser Frage komme eine große prinzipielle Bedeutung zu. Angenommen, Sowjets würden ein Abkommen unterschreiben, und deutsche Seite würde ein paar Wochen oder ein paar Monate später kommen und sagen: „Gut, wir haben eine Vereinbarung unterzeichnet, aber wir haben nicht auf die Absicht verzichtet!" Welchen Wert würde eine solche Vereinbarung haben. Man könne kaum die Wichtigkeit dieser Argumentation verneinen, wenn man von den Interessen des Friedens in Europa ausgehe. In dieser Frage müsse volle Klarheit bestehen. Welche Form gefunden werde, um auszudrücken, daß die BRD nicht die Absicht habe, die Grenzen in Europa zu ändern, darüber könne man natürlich diskutieren. Sowjetische Seite habe den Eindruck, daß, wenn es deutscher Seite mit den Verhandlungen ernst sei, es hier ein weites Feld von Formeln gäbe, die deutscher Seite Genüge tun würden. Deutsche Seite könne doch nicht Sowjets in eine Lage bringen, in der sie heute ein Abkommen unterzeichneten, um sich morgen mit Territorialforderungen konfrontiert zu sehen. Man habe sowjetischerseits eine zu hohe Meinung von uns, um zu glauben, daß wir eine solche Lage wünschten. Er bäte Herrn Bahr darum, dem Bundeskanzler zu erklären, welche Bedeutung Sowjetunion und andere sozialistische Staaten dieser Frage beimäßen. Er wolle wiederholen, welche Formulierung man wähle, mit der Bundesrepublik auf Absicht verzichte, Grenzen zu ändern, das könne man verstehen. Aber die Formel müsse den Gedanken ausdrücken, über den bereits eine Verständigung vorliege. Was eine Formel anbeträfe, die Bundeskanzler benutzt habe, daß die Bundesrepublik Deutschland die Grenze zwischen der DDR und der BRD respektieren (važat') werde[4], so habe er, Gromyko, dazu eine Frage gestellt, sei jedoch ohne Antwort geblieben.

Es gäbe einen zweiten Aspekt, der die Grenzen beträfe und über den Klarheit bestehen müsse. Aus allem, was deutsche Seite bisher gesagt habe, entnehme sowjetische Seite, daß wir dazu neigten, die konkrete Grenzfrage mit den jeweils einzelnen sozialistischen Ländern zu lösen und die allgemeine These zur Grenzfrage in voller Form in Abkommen mit der Sowjetunion zu verankern. Er glaube, daß die deutsche Seite aus den bisherigen sowjetischen Erklärungen hierzu bereits den Schluß gezogen habe, daß die sowjetische Seite hierbei von analogen Vereinbarungen ausgehen wolle, was jedoch nicht bedeute, daß sie identisch sein müßten, weil einzelne Abkommen spezifische Fragen regeln könnten. Wie das Abkommen zwischen der BRD und der UdSSR sollten jedoch auch die anderen Abkommen die gleichen Grundsatzfragen umfassen. Im Abkommen zwischen der BRD und der Sowjetunion sollte das Allgemeine, aber auch spezielle Fragen behandelt werden. Sowjetische Seite wäre dankbar, wenn deutsche Seite jetzt ihre Position hierzu erläutern könnte. Wir seien jetzt in dem Stadium, wo wir von allgemeinen Fragen zu den besonderen Fragen übergingen. Konkret wolle er die Frage stellen, ob es besser sei, die Grenzfrage in allgemeiner Form oder konkret zu regeln.

---

[4] Vgl. dazu die Ausführungen des Bundeskanzlers Brandt am 14. Januar 1970 im Bundestag; Dok. 28, Anm. 11.

StS *Bahr* ergriff das Wort und drückte zunächst seine Genugtuung über die Art aus, in der AM Gromyko diese Frage angesprochen habe und die heutige Verhandlung führe. Er wisse dies zu schätzen. Auch er sei der Meinung, daß die Grenzfrage eine Kernfrage sei und volle Klarheit herrschen müsse. Er könne sich theoretisch vorstellen, daß man zu einem Abkommen gelange und es nach einer Woche verschieden interpretiere. Dies sei theoretisch möglich, würde jedoch von deutscher Seite äußerst dumm sein, denn man habe noch einen langen Weg mit der Sowjetunion vor sich. Was solle dabei herauskommen, wenn man mit kleinen Tricks anfange. Wolle man Vertrauen schaffen, dürfe man sich nicht auf so etwas einlassen. Man sollte vom Allgemeinen zum Besonderen gehen, von den Grenzen allgemein in Europa zu den besonderen Grenzen. Man werde dann feststellen, daß die Grenzen verschiedenen Charakter hätten, nicht politisch, sondern juristisch. Politisch seien wir uns einig, daß alle Grenzen geachtet werden müßten, ohne Unterschied. Die Grenze zwischen dem einen wie dem anderen Teil Berlins sei politisch ebenso unantastbar wie die Grenze zwischen der UdSSR und Finnland. Die Grenze zwischen der ČSSR und der BRD sei ebenso unantastbar wie die Grenze zwischen der BRD und der DDR, d.h. die Achtung der Grenzen müsse ungeteilt sein, die Grenzen müßten überall von gleicher Wirksamkeit und gleicher Verbindlichkeit sein. Insofern sei dies die Antwort auf die Frage nach dem Zitat des Herrn Bundeskanzlers, die Herr Falin neulich gestellt habe. Wir seien uns darüber im klaren, daß die Grenzen geachtet werden müßten. Das sei die politische Situation in Europa heute. Da könnten wir uns sehr schnell und leicht einigen. Es entspräche dies der anderen gemeinsamen Überzeugung, daß von deutschem Boden kein Krieg ausgehen dürfe. Wer die Grenzen mißachten wolle, könne dies nur durch Krieg. Er bitte nun darum, für einen Moment diese politische Seite zu vergessen. Wie sei die völkerrechtliche Situation. Die Grenze zwischen der Sowjetunion und Polen gehe uns nichts an. Die Grenze zwischen der DDR und Polen gehe genau genommen die BRD auch nichts an. Warum rede man aber dann über die Oder-Neiße-Linie. Man rede darüber, weil diese Grenze das Ergebnis des Zweiten Weltkrieges sei und weil dieses Ergebnis völkerrechtlich eben nicht fixiert sei. Er, der Staatssekretär, kenne die sowjetische Auffassung über das Potsdamer Abkommen, aber wenn man sich vorstelle, daß im Potsdamer Abkommen der Satz über den Vorbehalt eines Friedensvertrages[5] nicht drinstünde, so würde man hier nicht reden. Es würde sich dann um eine Grenze wie zwischen Österreich und der ČSSR handeln. Aber das stehe nun einmal im Potsdamer Abkommen drin und deshalb spräche man auch darüber. Die deutsche Seite wolle an der Kompetenz der Vier Mächte nichts ändern. Das gelte auch in unserem Verhältnis zu den Drei Mächten. Die Vertreter der drei Westmächte hätten politisch gesagt, die Grenze Polens solle dort bleiben, wo sie jetzt ist. Methodisch hätten sie uns im Generalvertrag gesagt, daß über die Grenzen erst in einem Friedensvertrag entschieden werde.[6] Auf den ersten Blick handele es sich hier um einen Widerspruch. In Wirklichkeit liege jedoch kein Widerspruch vor. Das

---

5 Vgl. dazu Abschnitt IX des Kommuniqués vom 2. August 1945 über die Konferenz von Potsdam (Potsdamer Abkommen); Dok. 12, Anm. 26.
6 Vgl. dazu Artikel 7, Absatz 1 des Vertrags vom 26. Mai 1952 über die Beziehungen zwischen der Bundesrepublik Deutschland und den Drei Mächten in der Fassung vom 23. Oktober 1954 (Deutschland-Vertrag); Dok. 16, Anm. 4.

politisch Entscheidende sei, daß die Grenze dort bleiben solle, wo sie jetzt ist. Das andere sei nur ein Festlegen, Festschreiben, Formalisieren. So sei die Situation, und die deutsche Seite wisse auch genau, daß sich an dieser Grenze nichts ändern werde. Wir wüßten nicht genau, ob es zu einer Wiedervereinigung komme, jedenfalls nicht, wann es zu einer Wiedervereinigung komme. Wenn jedoch, dann nur, wenn dann diese Grenze auch festgeschrieben werde.[7] Es komme noch etwas hinzu. Wenn man mit vernünftigen Leuten rede – bei uns gebe es ja fast nur vernünftige Leute –, so würden diese einem sagen, daß das so ist. Er, Staatssekretär Bahr, könne jedoch leider nicht leugnen, daß es auch unvernünftige Leute gebe. Und die hielten sich fest an dem, was sie einen Rechtsstandpunkt nennten, am Potsdamer Abkommen. Jahre hindurch seien falsche Vorstellungen genährt worden, und auch Illusionen stellten Kräfte dar. Das laufe dann auf die Frage hinaus: Wie sage ich es meinem Kinde. Es sei völlig egal, welche Formel man gebrauche, die Sache, der Klapperstorch, bleibe. Man müsse eine Formel finden, die beiden Punkten gerecht wird. Er könne sich eine solche Formel vorstellen, und man könne darüber sprechen.

Eine zweite Besonderheit betreffe die Grenze zwischen DDR und der BRD. Auch für diese Grenze gelte die Achtung. Aber dies sei, soweit er sehen könnte, die einzige Grenze, von der beide Staaten in ihrer Verfassung sagten, sie solle weg. Das sei auch nicht schlimm, wenn es in der Verfassung stehe.

(Von sowjetischer Seite erfolgte hier der Einwurf, etwas Derartiges stehe nicht in der DDR-Verfassung.)

StS Bahr fuhr fort, es stehe auch bei uns nicht drin. Aber wir sagten, wir seien einzig demokratisch legitimiert in Deutschland, und die DDR sage, sie sei der einzige Arbeiter- und Bauernstaat auf deutschem Boden. Beide Staaten seien darauf gerichtet, sich zu vereinigen. Jeder stelle sich darunter etwas anderes vor. Was trotzdem geschehen müsse, sei, daß die Grenze zwischen ihnen geachtet werde. Das müsse eine Form erhalten, die in Übereinstimmung stehe mit dem auf beiden Seiten vorhandenen Verfassungswunsch.[8] Was die Vereinbarung mit den einzelnen Ländern anbetreffe, so müßten wir in der Tat die allgemeine Formel über die Achtung der Grenzen im Abkommen mit der UdSSR haben. Diese These sollte auch nach seiner Auffassung so sein, daß sie alle anderen bilateralen Abkommen decke, erfasse. Sie sollte aber Einzelpunkte der bilateralen Abkommen nicht aufführen.

Die sowjetische Seite habe beim vorigen Gespräch gesagt, es sei besser, die konkreten Punkte aufzuführen, weil es sicherer wäre. Die Befürchtung, daß das unsicher sei, könnten wir sowjetischer Seite nehmen. Er habe ein politisches Argument, warum er das nicht aufgeführt wissen wolle. Wir sollten anderen

---

[7] Staatssekretär Bahr, Bundeskanzleramt, z.Z. Moskau, berichtete am 4. Februar 1970 ergänzend, der sowjetische Außenminister Gromyko habe ausgeführt, daß ihm die Formel, der Gewaltverzichtsvertrag achte die Grenzen, der Friedensvertrag bestätige sie, „ganz gut" gefalle: „Hier scheint eine Möglichkeit der Annäherung zu liegen. Es ist zweifelhaft, ob die sowjetische Seite bemerkt hat, daß unsere Formulierung von der Achtung der Grenzen durch die Bundesregierung nur diese bindet, einer friedensvertraglichen Regelung mit einer gesamtdeutschen Regierung jedoch nicht vorgreift. Ich habe diesen möglichen versteckten Dissens bisher nicht zur Sprache gebracht." Vgl. den Drahtbericht Nr. 176; VS-Bd. 10069 (Ministerbüro); B 150, Aktenkopien 1970.

[8] Vgl. dazu die Präambel sowie Artikel 23 des Grundgesetzes vom 23. Mai 1949 sowie die Präambel und Artikel 1 und 3 der Verfassung der DDR vom 6. April 1968; Dok. 12, Anm. 13.

Staaten nicht das Gefühl geben, als beschlössen wir über sie im voraus, insbesondere was Polen und die DDR anbetreffe. Er verstehe die Solidarität der Sowjetunion mit den sozialistischen Ländern. Wir kennten die besondere Rolle der Sowjetunion und wir respektierten sie. Deshalb brauchten wir eine Formel, die alles deckt, die allgemein verbindlich ist und zu der in bilateralen Abkommen konkrete Ergänzungen erfolgten. Was den zweiten Punkt anbetreffe, den Außenminister Gromyko erwähnt habe, so sei es auch seine Auffassung, daß man ähnliche Formeln finden sollte und die Verwandtschaft der Abkommen erkennen müsse. Das spare Arbeit.

AM *Gromyko* antwortete hierauf, die Teilnehmer des Potsdamer Abkommens hätten keinen Unterschied zwischen politischen und juristischen Grenzen gemacht. Es sei richtig, daß dort von den Möglichkeiten eines deutschen Friedensvertrages gesprochen wurde, aber inzwischen habe eine ganze Kette von Ereignissen stattgefunden, und es seien zwei souveräne Staaten entstanden. Offenbar hegten wir immer noch Illusionen. Wir sollten aus dem Potsdamer Abkommen nicht schlußfolgern, daß jemand – davon ausgehend – die Grenzfrage als ungelöst betrachte. Die sowjetische Seite sehe jedoch unsere Auffassung, daß der Gewaltverzicht die Grenzen achte, der Friedensvertrag sie bestätige und sehe in dieser unserer Auffassung ein positives Element. Wir sollten jedoch die Lage mit mehr Realistik betrachten. Wenn die deutsche Seite von dem Ziel einer Verbesserung der Beziehungen ausgehe, so brauche man nicht auf verschiedene Formulierungen zurückzugreifen.

Die Frage der Wiedervereinigung und die Frage der Grenzen seien voneinander verschieden, insbesondere, wenn man davon ausgehe, daß wir über einen Gewaltverzicht redeten. Beide Staaten könnten sehr wohl ihre Vorstellungen über eine Vereinigung haben, aber auch dritte Staaten könnten dies. Könne man aber daraus auf die Nichtachtung oder Nichtanerkennung der Grenzen zwischen Staaten schlußfolgern, das seien doch völlig verschiedene Fragen, besonders, wenn man die ganze Angelegenheit vom Standpunkt eines Gewaltverzichtes betrachte.

Er bat StS Bahr, nochmals zu überlegen, welche Formel gefunden werden könnte, die der Wirklichkeit und den Interessen des Friedens Rechnung trage und jede Änderung der Grenzen, auch die Absicht, die Grenzen zu ändern, ausschließe. Wir wüßten, daß in Westeuropa verschiedene Kreise und Staaten verschiedene Vorstellungen über Europa hätten. Auch in Afrika gebe es Vereinigungsprojekte. Auf der einen Seite wolle man die Grenzen achten, auf der anderen Seite wolle man sie ändern, achte sie also nicht. Das sei widerspruchsvoll. Die deutsche Seite solle der realen Lage Rechnung tragen, dann könne ein Abkommen abgeschlossen werden. Sowjetische Seite sehe in dem, was Bundeskanzler Brandt über die Respektierung der Grenzen im Bundestag gesagt habe, nur einen Sinn: Es gibt nur eine Achtung, Nichtachtung und Mißachtung.

Was den Inhalt der Abkommen anbetrifft, so sei sowjetische Seite nicht der Auffassung, daß in den bilateralen Abkommen mit den sozialistischen Staaten nichts Spezifisches sein solle. Alles Wesentliche müsse aber in allen Abkommen enthalten sein. Alles solle in einem Komplex entschieden werden. Er, Gromyko, dürfe der deutschen Seite gegenüber wiederholen, daß alle sozialistischen Staaten in den wesentlichen Fragen eine gemeinsame Position einnehmen.

Wenn wir zu einem Abkommen kämen, so würde das selbstverständlich die Abkommen mit anderen Ländern erleichtern.

StS *Bahr* antwortete hierauf, letzteres entspräche auch unseren Vorschlägen. (Einwurf Gromyko: Gut.) Mehrere Punkte seien jedoch nicht klar. Der Bundeskanzler habe gesagt, er wolle nicht mehr über Wiedervereinigung reden[9], was er, der Staatssekretär, auch für vernünftig halte, weil – wenn man zuviel davon rede – falsche Vorstellungen erweckt würden. Er habe in den letzten zwei Jahren nicht so viel über Wiedervereinigung geredet wie in den letzten zwei Tagen. Er wolle Außenminister Gromyko recht geben: Beide Staaten sollten ihre eigenen Vorstellungen haben. Das müsse dann aber auch dazu führen, daß die Formel nicht verletzt werde, wenn man in beiden Staaten nicht aufhöre, von der Wiedervereinigung zu reden. Konkret gesprochen: Die Achtung der Grenze zwischen der BRD und der DDR dürfe uns nicht hindern, für die Vereinigung einzutreten. Wenn wir das bekämen, hätten wir die Wiedervereinigung.

AM *Gromyko* antwortete hierauf, Frage der Wiedervereinigung und Frage der Grenzen seien verschieden. Zukunftsvorstellungen dürften uns nicht hindern, Abkommen zu schließen. Wenn wir andererseits alle Fragen zusammenbänden, dann würde es sehr schwer, Fragen zu lösen. Er bäte uns darum, einen Schritt weiter zu machen und Lage noch einmal zu überdenken.

StS *Bahr* antwortete hierauf, er sei einig darin, daß jede Seite Ziele haben dürfe und man diese Ziele nicht in das jetzige Abkommen einbinden dürfe. Seine Frage gehe jedoch nicht auf die Zielvorstellungen des sozialistischen Lagers oder der westlichen Welt ein, dies interessiere ihn nicht. Seine Frage sei ganz zugespitzt auf die beiden deutschen Staaten. Diese beiden Staaten müßten ihre Grenzen achten, ohne ihre Ziele aufgeben zu müssen. Dies gelte nicht für den Gewaltverzicht zwischen der BRD und der Sowjetunion, der BRD und der ČSSR. Es handele sich hier um ein Stück der deutschen Besonderheit.

AM *Gromyko* antwortete hierauf, eine Hoffnung bestehe, und ein Abkommen dürfe niemandem das Recht nehmen, eine solche Hoffnung zu hegen. Bundeskanzler Brandt habe bereits einen Schritt in Richtung auf die Anerkennung der Realitäten getan. Warum gehe man nicht noch einen Schritt weiter? Wer würde dabei zu kurz kommen, doch nur die, die an einem ständigen Streit zwischen uns interessiert seien.

StS *Bahr* antwortete hierauf, er erläutere dies nur, damit wir uns auch über Motive und Absichten im klaren seien. Wenn er auf dem sowjetischen Stand-

---

[9] Bundeskanzler Brandt erklärte in einem Interview zur Frage „But can there be real peace in Europe without German reunification?": „I must confess that I have stopped speaking about *re*-unification. This ‚re' perhaps never was a very wise wording, because it gave many people the idea that it meant turning back to a certain point in the past: either Bismarck´s Reich or some other less agreeable phase of our history. Almost 25 years after the end of World War II, it is not a question of turning back. But it is a question of leaving a door open somewhere so that within a framework of changed conditions – conditions of co-operation instead of confrontation in Europe – all Germans could have a chance to decide to live and work together in another way than they do today – divided. This does not necessarily mean going back to the old-fashioned nation-state. There may also be other models by which one can reach a kind of union, a kind of being united as human beings bringing about solutions in the interest of human beings and of peace." Vgl. U.S. NEWS & WORLD REPORT vom 29. Dezember 1969, S. 29f.

punkt stünde, so brauchte er über eine Wiedervereinigung nicht zu reden. Dies sei dann Sache der beiden deutschen Staaten.

AM *Gromyko* entgegnete hierauf, wir sollten uns diese Frage noch einmal gut überlegen. Wenn wir über Formeln und Klauseln eines Abkommens sprächen, so müsse über Motive und Absichten beider Seiten vollste Klarheit bestehen.

Was Westberlin angehe, so müsse auch hier volle Klarheit bestehen. Die sowjetische Seite sähe verschiedene positive Elemente in dem, was der Staatssekretär das letzte Mal gesagt habe. Er habe von der territorialen Integrität Westberlins gesprochen, daß die bestehenden Artikel der deutschen Verfassung suspendiert seien[10], daß wir Westberlin nicht als zur Bundesrepublik zugehörig ansehen. Das seien natürlich positive Elemente. Praktisch führe jedoch die Politik der BRD zu Komplikationen der Lage in und um Westberlin. Das sei der sowjetischen Seite nun nicht ganz klar. Man glaube, daß das, was die BRD an Positivem aus ihrer Tätigkeit in Westberlin erhalte, vom Negativen weit überwogen werde. Die Tätigkeit der BRD in Westberlin vergifte die Beziehungen zwischen uns. Dies bedeute nicht, daß Sowjets der BRD das Recht absprächen, unter Berücksichtigung des besonderen Status Westberlins in normalen Formen und auf normaler Grundlage mit Westberlin Beziehungen zu unterhalten. Westberlin dürfe und könne mit allen Staaten normale Beziehungen unterhalten. Aber was BRD tue, so unterscheide sich dies von normaler Tätigkeit.

Er wolle die Gelegenheit dazu benutzen, uns mitzuteilen, daß die Sowjetunion bald eine Antwort auf die Note der Westmächte zur Westberlin-Frage[11] geben würde[12]. Sie habe ihrerseits entsprechende Vorschläge unterbreitet[13] und bei den zukünftigen Verhandlungen das Ziel, alle Ereignisse auszuschließen, die in und um Berlin zu Komplikationen führten.

StS *Bahr* antwortete hierauf, was den Charakter der Unterhaltung angehe, so sei klar, daß es sich um einen Meinungsaustausch handele, denn die BRD habe in Westberlin nichts zu sagen. Bei dem Standpunkt, der oben vorgetragen worden sei, sehe er jedoch große Schwierigkeiten voraus. Er sage das in vollem Bewußtsein der Bedeutung seiner Worte: Eine selbständige politische Einheit Westberlin, quasi einen dritten Staat in Deutschland, werde es nicht geben, weil es niemanden gäbe, der das mitmache. Erst einmal machten die Drei Mächte es nicht mit. Die Berliner wollten es nicht, und von der Bundesregierung brauche er gar nicht erst zu sprechen. Man könne nicht auf der einen Seite sagen „Status quo", und in Berlin solle der Status quo geändert werden. Der Status quo müsse auch in Berlin gelten, und zwar völkerrechtlich, aber auch in politischer Wirklichkeit.

Und hier dürfe man nicht Provokation nennen, was keine Provokation sein solle. Er habe schon am Freitag[14] ein paar Fakten genannt, die, wenn man über Ber-

---

10 Vgl. dazu Ziffer 4 des Schreibens der Drei Mächte vom 12. Mai 1949; Dok. 12, Anm. 19.
11 Zur Note der Drei Mächte vom 16. Dezember 1969 vgl. Dok. 2, Anm. 3.
12 Zur sowjetischen Note vom 10. Februar 1970 an die Drei Mächte vgl. Dok. 51 und Dok. 55.
13 Am 12. September 1969 bekundete die sowjetische Regierung in einem Aide-mémoire die Bereitschaft zu Gesprächen über eine Verbesserung der Lage in und rund um Berlin (West) unter Voraussetzung der Berücksichtigung der Interessen der DDR. Vgl. dazu AAPD 1969, II, Dok. 287 und Dok. 290.
14 30. Januar 1970.

lin spräche, berücksichtigt werden müßten. Dabei habe man vielleicht ein ganz ähnliches Ziel. Auch wir wollten nicht, daß Berlin zum Zankapfel werde. Man dürfe auch nicht eine Reihe von Gewaltverzichten machen und Berlin nicht mit einbeziehen. Berlin dürfe nicht der einzige Punkt bleiben, der weiter Ärger bereite. Es dürfte keine Komplikationen im zivilen Verkehr geben. Es dürfte keine Komplikationen geben im faktischen Einschluß Berlins in Verträge mit der Außenwelt. Es dürfte eigentlich auch keine Schwierigkeiten geben, weil Berliner mit westdeutschen Pässen reisten, ebensowenig wie es keine Schwierigkeiten gebe, weil Berlin keine eigene Währung habe.

Die Bundesregierung habe keine eigene Kompetenz in Berlin. Es sei Sache der Sowjetunion, sich mit den drei Westmächten zu einigen, wie diese dort ihre Gewalt ausübten. Wenn diese Verständigung erfolge, werde sich die Bundesregierung daran halten und jedermann könnte zufrieden sein. Dabei gehe er, StS Bahr, davon aus, daß die Sowjetunion sich mit der DDR konsultiere, genau so, wie wir uns mit den Drei Mächten konsultierten.

Wenn wir über einen Gewaltverzicht redeten, der theoretisch unbegrenzt sei, vielleicht könne er zwischen uns und der DDR befristet sein, in Anlehnung an eine Formel des Vertrages zwischen der DDR und der Sowjetunion.[15] Er müsse dies selbst noch prüfen. Er stelle sich vor, daß die Lösung für Berlin jetzt auch unbefristet gefunden werde.

AM *Gromyko* antwortete hierauf, konkret stelle sich die Frage der Anwendbarkeit derjenigen Prinzipien, die jetzt in einem Gewaltverzicht ihren Niederschlag fänden, auf Westberlin. Weiter stelle er die Frage nach dem Alleinvertretungsanspruch. Es gebe die Erklärung von Bundeskanzler Brandt, aber er, StS Bahr, habe der sowjetischen Seite dazu nichts weiter gesagt. Das praktische Vorgehen der Bundesrepublik stimme nicht mit unseren Erklärungen überein. Er wolle fragen, ob wir ihm nichts zu diesem Punkt zu sagen hätten.

StS *Bahr* antwortete hierauf, es seien frühere Bundesregierungen gewesen, die den Alleinvertretungsanspruch aufgestellt hätten. Dies sei in Wirklichkeit das Schlagwort hinter einem Konzept gewesen. Das Konzept war: Anschluß der DDR an die Bundesrepublik. In dem Augenblick, in dem die Bundesregierung sage, daß auch die DDR ein Staat sei, von gleicher Staatsqualität wie die Bundesrepublik, könne es keine Anschlußtheorie mehr geben, also könne es auch keinen Alleinvertretunganspruch mehr geben. Die Bundesrepublik sei souverän auf ihrem Territorium. Deshalb sprächen wir nicht mehr von Alleinvertretung. Aber die BRD sei auch nicht so masochistisch, daß sie die Alleinvertretung mit einem Staatsbegräbnis zu Grabe trage. (Einwurf *Gromyko*: „Ist das Staatsbegräbnis etwa mit großen Kosten verbunden?" Antwort *Bahr*: „Vielleicht mit hohen politischen Kosten für die Bundesregierung. Ich habe noch nie gesehen, daß die Sowjetunion eine Politik bewußt aufgibt, sie macht einfach eine andere Politik. Ihre Frage hat mit Alleinvertretung nichts zu tun. Wenn ich es brutal ausdrücke: Wir sind genauso lange stur, wie die DDR stur bleibt.")

AM *Gromyko*: Die DDR stellt keinen Alleinvertretungsanspruch.

---

15 Vgl. dazu den Vertrag vom 12. Juni 1964 zwischen der DDR und der UdSSR über Freundschaft, gegenseitigen Beistand und Zusammenarbeit; DzD IV/10, S. 717–723.

StS *Bahr*: Ich sage, wenn wir das Verhältnis zwischen der DDR und der BRD normalisieren, dann normalisiert sich auch unsere Haltung. Wir haben Vorleistungen erbracht. Wir haben bereits in der Regierungserklärung vom 28.10. erklärt, wir hätten nichts dagegen, wenn die Einwohner der DDR in den Genuß erhöhter kultureller und wirtschaftlicher Kontakte mit dem Ausland kämen.[16] Wir haben den Worten Taten folgen lassen. Wir haben keinen Protest erhoben gegen das Fünfjahresabkommen der DDR und Großbritanniens[17] und gegen das Abkommen mit Frankreich[18].

(Gegenfrage *Falin*: „Aber im Falle Österreichs haben Sie protestiert."[19])

StS *Bahr* antwortete auf diesen Einwurf mit dem Berliner Sprichwort: „Immer langsam mit die jungen Pferde." Wenn beide Staaten ihr Verhältnis zueinander regelten, dann würde das Auswirkungen auf die Vertretung der DDR in den internationalen Organisationen bis hinein in die UNO haben. Ausgenommen sei Berlin.

Hierauf antwortete AM *Gromyko*: Theoretisch habe die BRD keine Ansprüche auf die Vertretung der DDR. Für die sowjetische Seite zähle nur die praktische Politik. Tatsächlich habe die Bundesrepublik ihre Politik nicht geändert. Man könne natürlich aufhören, eine Doktrin Doktrin zu nennen. Mit dem Hinweis, daß sich die Lage mit einer Normalisierung ändern werde, ändere sich jedoch in Wirklichkeit nichts. Unter Normalisierung könnte man viel verstehen. Zeitlich gesehen könnte man von Jahrzehnten sprechen. Er, Gromyko, wisse nicht, ob wir dies vorhätten, aber wir hätten ein düsteres Bild gezeichnet. Wir dächten in solchen Kategorien, die keine Änderung in dieser Frage erkennen ließen. Wir besprächen hier alle Fragen – Westberlin, Nichtverbreitung, Münchener Abkommen[20], Oder-Neiße – und dann werde auf einmal die Frage der Alleinvertretung herausgenommen, und es zeige sich, daß sich für weitere 20 Jahre nichts ändere.

StS *Bahr* antwortete hierauf, er glaube, daß AM Gromyko ihn besser verstanden hätte, als er vorgebe. Wenn nicht, so sei es seine, Bahrs, eigene Schuld. Auch er sehe die verschiedenen Fragen als miteinander verbunden an. Man könne nicht eine dieser Fragen herausnehmen und auf 20 Jahre aufschieben. Wenn wir nun diese Frage betrachteten, so würde sich fast automatisch ergeben, daß in dem

---

[16] Bundeskanzler Brandt erklärte am 28. Oktober 1969 im Bundestag: „Unsere und unserer Freunde Einstellung zu den internationalen Beziehungen der DDR hängt nicht zuletzt von der Haltung Ostberlins selbst ab. Im übrigen wollen wir unseren Landsleuten die Vorteile des internationalen Handels und Kulturaustausches nicht schmälern." Vgl. BT STENOGRAPHISCHE BERICHTE, Bd. 71, S. 21.

[17] Am 28. November 1969 schlossen die Kammer für Außenhandel der DDR und die Confederation of British Industry in London ein Handelsabkommen für den Zeitraum vom 1. Januar 1970 bis 31. Dezember 1972, in dem quantitative Einschränkungen für Importe aus der DDR aufgehoben wurden. Für den Wortlaut des Abkommens vgl. Referat II A 1, Bd. 1135.
Vgl. dazu auch AAPD 1969, II, Dok. 373.

[18] Am 28. Januar 1970 wurde in Paris ein Handelsabkommen zwischen der Kammer für Außenhandel der DDR und dem Services commerciaux français für den Zeitraum von 1970 bis 1974 unterzeichnet. Dieses sah für die Laufzeit eine Verdopplung der Handelsumsätze vor. Für den Wortlaut des Abkommens vgl. Referat III A 6, Bd. 408 b.

[19] Die Kammer für Außenhandel der DDR und die Bundeskammer der Gewerblichen Wirtschaft Österreichs paraphierten am 18. Februar 1970 in Wien ein Abkommen zur Errichtung einer Vertretung der Bundeskammer der Gewerblichen Wirtschaft Österreichs in Ost-Berlin. Vgl. dazu den Artikel „Österreichische Handelsvertretung in Berlin"; NEUES DEUTSCHLAND vom 19. Februar 1970, S. 1.

[20] Für den Wortlaut des Münchener Abkommens vom 29. September 1938 vgl. ADAP, D, II, Dok. 675.

Maße, in dem wir Fortschritte erzielten, auch das Prestige und Gewicht der DDR wachse. Als Optimist sage er, das gehe in drei Monaten, als Realist sage er, es gehe auch in einem Jahr.

AM *Gromyko* antwortete hierauf, er wolle jedenfalls Herrn Bahr bitten, sich auch diese Frage noch einmal zu überlegen. Was die UNO-Satzung anbetreffe, so habe die deutsche Seite verschiedene Hinweise gegeben. Die Sowjets hätten nichts dagegen, sich in einem Abkommen auf die Gesamtheit der Satzung zu stützen. Es könnte festgelegt werden, daß beide Seiten sich von den Zielen und Prinzipien der UNO-Charta leiten lassen. Sowjetische Seite habe keine Angst vor Art. 2 der UNO-Satzung[21], den sie mit formuliert habe. Sie habe auch nichts dagegen, einen allgemeinen Hinweis auf die UNO-Satzung einzufügen. Er, Gromyko, kenne keinen großen Vertrag der letzten Jahre, der nicht einen Hinweis auf die UNO-Satzung enthalte. Für die deutsche Seite habe dies ein doppeltes Interesse: Erstens würde die BRD sich genau wie die Sowjetunion und andere sozialistische Staaten verpflichten, sich von den Prinzipien der UNO-Satzung leiten zu lassen. Zweitens scheine in der Bundesregierung der Gedanke heranzureifen, daß beide deutsche Staaten in der UNO vertreten seien. Auch in dieser Hinsicht könnte ein solcher Passus nützlich sein.

Was die Europäische Sicherheitskonferenz anbetreffe, so habe die sowjetische Seite den Eindruck, daß die Bundesregierung Fortschritte, Erfolg oder Mißerfolg dieser Konferenz von Fortschritten in den jetzigen Gesprächen abhängig machen wolle. Das schade beiden Projekten. Das dürfe man nicht machen. Hinter dem Versuch, beide Dinge zu verbinden, sähe sowjetische Seite den Versuch, einen Kuhhandel zu schließen. Solche künstlichen Verbindungen könnten nur zu Komplikationen führen.

Außenminister Gromyko fuhr dann fort, man wisse auf sowjetischer Seite sehr gut, daß die Deutschen gute Erfahrung im Handel hätten und man versuche, bei den Deutschen zu lernen, wolle jedoch dies auf den Handel begrenzt sehen. Die sowjetische Seite wünsche nicht, daß ohnehin komplizierte Fragen noch weiterhin kompliziert würden.

Staatssekretär *Bahr* antwortete hierauf, was er jetzt sage, sage er ohne Deckung, gleichsam auf eigene Kappe. Er könne sich vorstellen, daß der Hinweis in einem Abkommen, daß beide Staaten sich in ihren gegenseitigen Beziehungen von den allgemeinen Prinzipien der UN-Satzung lenken ließen, genügen würde. Die Opposition würde die Regierung natürlich fragen, hat die Sowjetunion damit auf Artikel 53/107[22] verzichtet? Die Bundesregierung würde darauf antworten, nun, diese Artikel gebe es noch, aber es sei ein Fortschritt, daß, ähnlich wie im Verhältnis der Bundesrepublik zu den Drei Mächten, nun auch die Bundesrepublik und die Sowjetunion sich in ihren Beziehungen von den allgemeinen Prinzipien der UN-Satzung leiten ließen. Dann könnte man Artikel 2 der UN-Satzung vergessen. Er, Staatssekretär Bahr, müsse sich jedoch vorbehalten, daß seine Regierung ihn wegen dieses Standpunktes für verrückt erkläre.

Außenminister *Gromyko* antwortete hierauf, er würde anstelle der Bundesregierung antworten, man habe mit der Sowjetunion vereinbart, daß beide Staa-

---

21 Zu Artikel 2 der UNO-Charta vom 26. Juni 1945 vgl. Dok. 12, Anm. 5.
22 Für Artikel 53 und 107 der UNO-Charta vom 26. Juni 1945 vgl. Dok. 12, Anm. 4.

ten sich von den Prinzipien und Zielen der UN-Satzung leiten lassen würden. Die Interpretation der UN-Satzung, eine sehr schwierige Aufgabe, sei ausschließlich Sache der UNO, ganz zu schweigen davon, daß in der UN-Satzung stehe, daß im Falle einer Kollision zwischen der Satzung und einem Vertrag die Satzung das Primat habe.[23] Er meine, man solle nicht allzu sehr in die Tiefe gehen und eine Formel finden, die alles deckt. Zum Beispiel, daß man für die Verteidigung des Friedens, die Achtung der Souveränität und der Sicherung der Rechte der größeren und kleineren Staaten sei.

Staatssekretär *Bahr* erklärte hierauf, Gromyko sei in einer besseren Position als er, da es in der Sowjetunion keine Opposition gebe. Wenn die Bundesregierung im Parlament gefragt werde, müsse sie schon etwas weiter gehen. Man müsse von vornherein alles, was einem einfalle, sagen, damit es keine Interpretationsschwierigkeiten gebe. Der wirkliche Punkt sei natürlich der, daß die Sowjetunion sich nach einem solchen Abkommen nicht mehr auf Artikel 53/107 berufe. Wenn dann die Frage der Aufnahme beider Staaten in die UNO in Frage stünde, würde es genügen, daß die Sowjetunion, wie die Drei Mächte im Westen, eine Erklärung abgibt, daß die Aufnahme der beiden deutschen Staaten in die UNO nichts an den Rechten und Pflichten ändere, die die Sowjetunion im Hinblick auf ganz Deutschland mit den anderen Mächten habe.

Außenminister *Gromyko* antwortete hierauf, die Sowjetunion gebe bei der Aufnahme neuer Staaten in die UNO keine Erklärungen ab. Sie prüfe lediglich die Aufnahmefähigkeit des Staates und sage dann ja oder nein.

Staatssekretär *Bahr* unterbrach hier Außenminister Gromyko und wies ihn auf den Begleitbrief des sowjetischen UN-Delegierten Fjodorenko hin, in dem dieser die Aufnahme der DDR in die UNO befürwortete und sich nachdrücklich auf die Vier-Mächte-Vereinbarung berufen hatte.[24]

Gromyko antwortete hierauf, die Sowjetunion gebe häufig größere Erklärungen zu der Aufnahme von Staaten ab, wie z. B. auch in der Frage der Aufnahme von Rotchina. Das würde jedoch nicht bedeuten, daß wir und die Sowjets einen breiten Strauß von Vorbehalten sammelten und die UNO darüber beschließe. Er kenne natürlich die Erklärung von Fjodorenko, aber das bedeute nicht, daß dieser oder jener Artikel der UN-Satzung durch Erklärungen in Frage gestellt würde. Dies könne kein Staat, auch keine Gruppierung von Staaten erreichen. Als er mit dem Bundeskanzler vor zwei Jahren in New York gesprochen habe[25],

[23] Vgl. dazu Artikel 103 der UNO-Charta vom 26. Juni 1945: „In the event of a conflict between the obligations of the Members of the United Nations under the present Charter and their obligations under any other international agreement, their obligations under the present Charter shall prevail." Vgl. CHARTER OF THE UNITED NATIONS, S. 697.

[24] Die DDR stellte am 28. Februar 1966 einen Antrag auf Aufnahme in die UNO. Vgl. dazu DzD IV/12, S. 246–253.
Am 7. März 1966 richtete der sowjetische Ständige Vertreter bei der UNO, Fjodorenko, ein Schreiben an den Präsidenten des UNO-Sicherheitsrats, El-Farra, in dem er den Antrag der DDR befürwortete: „Es sei daran erinnert, daß in das Potsdamer Abkommen eine Bestimmung aufgenommen wurde, die besagt, daß dem deutschen Volk zu gegebener Zeit Gelegenheit gegeben werden sollte, seinen Platz unter den freien und friedlichen Völkern der Erde einzunehmen. Die seitens einiger Länder geäußerte Behauptung, daß einer der beiden bestehenden deutschen Staaten das ganze deutsche Volk repräsentiert, ist rundweg unvereinbar sowohl mit der tatsächlichen Situation als auch mit den bestehenden internationalen Abkommen." Vgl. DzD IV/12, S. 302.

[25] Zum Gespräch des Bundesministers Brandt mit dem sowjetischen Außenminister Gromyko am 8. Oktober 1968 vgl. AAPD 1968, II, Dok. 328.

habe er ihm gesagt, man könne der Satzung nichts hinzufügen und nichts herausnehmen. Wenn man sich über bestimmte Artikel unterhalte, dann sei das alles verlorene Zeit. An der Satzung lasse sich nichts ändern. Man solle darüber gar nicht reden.

Staatssekretär *Bahr* antwortete hierauf, er sei für diese zusätzliche Erklärung sehr dankbar. Die UN-Satzung werde nicht geändert, und die Sowjetunion sei völlig frei in der Entscheidung, auf welchen Artikel sie sich gegebenenfalls berufe. Er wolle nur sagen, daß, wenn man hier von einer Normalisierung spreche, die Sowjetunion sich dann eben nicht mehr auf diese Feindstaatenartikel berufen dürfe.

Im übrigen wolle er noch ein paar Bemerkungen zum Thema ESK machen. Ihm liege sehr daran, daß die sowjetische Regierung den Standpunkt der Bundesregierung gut verstehe. Hier gehe es überhaupt nicht um einen Kuhhandel. Der sowjetische Standpunkt sei, daß man nicht zuviele Schritte auf einmal machen solle, daß man nicht die Tagesordnung zu sehr belasten solle. Wenn man jetzt sagen würde, die deutsche Frage solle auf einer ESK gelöst werden, würde das einer Torpedierung der Konferenz gleichkommen. Was bezwecke diese Konferenz: mehr Sicherheit in Europa, Schritte in Richtung auf eine Entspannung und Förderung der gesellschaftlichen und wirtschaftlichen Kooperation. Worüber redeten wir: Wir redeten über Themen, die nicht Thema der ESK sein könnten. Die Konferenz wäre damit überfordert, außerdem ginge es die Konferenz überhaupt nichs an. Wir versuchten hier, den Teil der Normalisierung in Europa zu machen, der nur durch uns gemacht werden könne. Wir machen auf einem Teilgebiet das, was auch die Konferenz macht, indem wir Sicherheit und Entspannung fördern. Wenn unser Bemühen scheitere, so scheitere ein Stück der Bemühungen um Sicherheit und Entspannung in Europa, das so wichtig sei, daß sich der sowjetische Außenminister die Zeit nehme, hier zu sitzen. Was wäre eigentlich eine solche ESK vor dem Hintergrund eines Scheiterns unserer Bemühungen. Man möge bitte auch den Zeitfaktor berücksichtigen. Man könne sagen, daß wir bald sehen würden, ob wir uns einigen könnten. Es entstehe damit gar nicht die Situation, in der die deutsche Seite eine Voraussetzung konstruieren könne. Er, Gromyko, kenne doch die Einstellung der drei Westmächte. Er sage ihm kein Geheimnis, wenn er ihn darauf hinweise, daß diese nicht begeistert von einer solchen Konferenz seien. Wenn die NATO-Ministerkonferenz das Thema wieder aufgenommen habe[26], dann liege das an der Bundesrepublik. Wenn wir uns hier einigten, dann habe die Bundesregierung ein starkes Argument, den Drei Mächten zu sagen: „Na, seht doch, es geht doch voran." Wenn wir scheiterten, würden die Drei Mächte sagen, „Habt Ihr denn einen Vogel? Was Euch am meisten interessiert, bekommt Ihr nicht und dann lauft Ihr da hin?" Die öffentliche Meinung, die Parteien – auch die Regierungsparteien – würden dagegen sein. Man würde der Bundesregierung vorhalten, man habe im Osten nichts erreicht und sich nun auch noch mit den drei Westmächten zerstritten. Es sei nun einmal so, der Erfolg gebäre den Erfolg.

---

26 Vgl. dazu Ziffer 14 der Erklärung der NATO-Mitgliedstaaten vom 5. Dezember 1969; Dok. 80, Anm. 5.
Zur NATO-Ministerratstagung am 4./5. Dezember 1969 in Brüssel vgl. AAPD 1969, II, Dok. 388.

155

Außenminister *Gromyko* bemerkte hierzu, der Gedankenkreis der drei Westmächte sei der deutschen Seite sicher besser bekannt als der sowjetischen. Aber die deutsche Seite könne ja dann auch auf die drei Westmächte Einfluß nehmen. Wenn die deutsche Seite eine positive Haltung einnehme, würde die Sowjetunion das natürlich auch positiv aufnehmen. Wenn nicht, würde man dies als alarmierend empfinden. Wir sollten nicht nur die Reaktion der Westmächte in Betracht ziehen, sondern auch die allgemeine Reaktion.

Staatssekretär *Bahr* antwortete hierauf, die Bundesregierung nehme eine positive Haltung zu dieser Konferenz ein. Vielleicht könne man in der Frage der Sicherheitskonferenz auch noch einmal zur Sache sprechen. Wir hätten eigene Konzeptionen und würden eine konstruktive und aktive Rolle spielen.[27]

VS-Bd. 4625 (II A 4)

---

[27] Staatssekretär Bahr, Bundeskanzleramt, z. Z. Moskau, übermittelte am 3. Februar 1970 eine Einschätzung des Gesprächs: „Wir haben das erwünschte Stadium erreicht, in dem sich offenbar eine gewisse Flexibilität in Formulierungsfragen auf sowjetischer Seite ankündigt und die eigentlichen Entscheidungsfragen nahezu eingegrenzt sind. [...] Wir bitten dringend, es bei der bisherigen Sprachregelung zu belassen, d. h. von Meinungsaustausch zu sprechen. Wir haben hier den Journalisten gegenüber jede Auskunft zur Sache verweigert." Vgl. den Drahtbericht Nr. 172; VS-Bd. 10069 (Ministerbüro); B 150, Aktenkopien 1970.
Ergänzend berichtete Bahr am 4. Februar 1970: „Ich habe den Eindruck, daß Moskau unseren Standpunkt, die Grenzen unserer Möglichkeiten ziemlich genau kennt. Gromyko verliert den offiziellen Ton und wird geschäftsmäßig, argumentativ, zuweilen verbindlich. Theoretisch hat der Meinungsaustausch in einer ganzen Reihe von Punkten verbale Annäherung gebracht. Die erklärte Bereitschaft Gromykos, Formeln zu diskutieren, die für uns annehmbar seien, muß getestet werden, ehe ein sicheres Urteil möglich ist, ob es Sinn hat, über Texte zu verhandeln. Ich möchte es von dem Gespräch mit Semjonow morgen mittag abhängig machen, ob wir für Freitag um eine Zusammenkunft zu diesem Zweck bitten. Es ist nicht zu verkennen, daß in der Spitze ein intensiver Meinungsaustausch im Gange ist, der vielleicht noch ein paar Tage braucht. Jede falsche Äußerung aus Bonn, ganz besonders natürlich jede Indiskretion, kann hier viel kaputt machen. Weder Pessimismus noch Optimismus sind angebracht." Vgl. den Drahtbericht Nr. 176; VS-Bd. 10069 (Ministerbüro); B 150, Aktenkopien 1970.

34

Aufzeichnung des
Parlamentarischen Staatssekretärs Dahrendorf

PStS 64/70 geheim   3. Februar 1970[1]

Betr.: Besprechung über Post- und Verkehrsverhandlungen mit der DDR sowie deutsch-sowjetische Luftverkehrsverhandlungen beim Bundeskanzleramt am 3. Februar 1970

An der Besprechung nahmen die Minister Leber, Franke, Ehmke sowie Herr Sahm, Herr Meichsner und ich teil. Den Vorsitz führte der Bundeskanzler.

Was die Postverhandlungen angeht, so stellte Herr Leber fest, daß auch ein Hinweis auf die Vier-Mächte-Verantwortung für Berlin von der DDR in keiner Weise akzeptiert wird. In der letzten Sitzung und durch eine seither überreichte Note sei bereits mit dem Abbruch der Verhandlungen gedroht worden, wenn die Berlin-Frage noch einmal in irgendeiner Form hochgebracht würde.[2] Zwei Alternativen wurden diskutiert:

1) das Abkommen ohne Erwähnung Berlins abzuschließen und dann abzuwarten, ob tatsächlich der Kostenausgleich in West-Berlin realisiert wird, was als De-facto-Einbeziehung West-Berlins betrachtet werden könnte;

2) zuerst Verhandlungen in Berlin zu führen und von deren erfolgreichem Abschluß auch den Abschluß der Vereinbarungen abhängig zu machen.

Nach längerer Beratung wurde beschlossen, die für diese Woche vorgesehenen Verhandlungen abzusagen und aufzuschieben, aber auf verschiedenen Wegen vorzuklären, ob es technische Möglichkeiten von Abreden in Berlin gibt.

Im Hinblick auf die Verkehrsverhandlungen[3] wurde vor allem die Frage diskutiert, ob mehrere Verträge oder ein Vertrag abgeschlossen werden soll. Die Meinungen darüber gingen auseinander. Es gab jedoch Übereinstimmung, daß auch die Verkehrsverhandlungen angesichts der prekären Berlin-Frage in beiden Fällen zunächst hinhaltend geführt werden sollen.[4] Die nächsten Verhand-

---

[1] Durchdruck.
Hat Ministerialdirektor Ruete am 3. Februar 1970 vorgelegt, der die Weiterleitung an Ministerialdirigent Lahn verfügte und Referat II A 1 um Rücksprache bat.
Hat Lahn am 4. Februar 1970 vorgelegt. Vgl. den Begleitvermerk; VS-Bd. 4535 (II A 1); B 150, Aktenkopien 1970.
[2] Zu den Verhandlungen am 30./31. Januar 1970 in Ost-Berlin vgl. Dok. 45.
[3] Am 26. November 1969 fanden Verhandlungen zwischen dem Bundesministerium für Verkehr und dem Ministerium für Verkehrswesen der DDR statt. Es wurde vereinbart, die Verhandlungen 1970 fortzusetzen. Vgl. dazu AAPD 1969, II, Dok. 378.
[4] Vortragender Legationsrat I. Klasse van Well berichtete am 10. Februar 1970 vom Ergebnis einer Staatssekretärsbesprechung im Bundeskanzleramt unter Vorsitz des Bundesministers Ehmke: „Bundeskanzler und Minister Leber hatten am Freitag [6. Februar 1970] eine Besprechung, bei der sie beide dazu neigten, die Verkehrsverhandlungen zu vertagen. Durch den informellen Kanal nach Ostberlin war nämlich in der Postfrage erkennbar geworden, daß die DDR-Haltung hinsichtlich einer Berlineinbeziehung sich erheblich verhärtet hat. Auch ist der Eindruck entstanden, daß die DDR die Anerkennungsfrage in den fachlich-technischen Gesprächen wieder in den Vordergrund rücken möchte. Bundesminister Ehmke stellte daher zu Beginn der Staatssekretärsbesprechung zur Dis-

lungen finden am 12. Februar in Berlin statt. Die Delegation der Bundesrepublik geht dorthin ohne Auftrag oder Absicht eines unmittelbaren Ergebnisses.[5]

Was die Luftverkehrsverhandlungen[6] betrifft, so hat der Bundeskanzler seine klare Absicht kundgetan, hier zu einem baldigen Abschluß zu kommen. Er ist daher auch nicht bereit, auch nur aus verhandlungstaktischen Gründen das Junktim mit den Vorschlägen für die Landegenehmigung für die Lufthansa in Tegel aufrecht zu erhalten. Was die Korridorbenutzung angeht, gab es eine längere Diskussion. Ihr Ergebnis war, daß wir keinerlei Recht oder Möglichkeit haben, Vorschriften zu machen, wo die sowjetischen Maschinen über der DDR fliegen. Wir können allenfalls verhandeln über die Frage, wo sie in die Bundesrepublik einfliegen. Im Hinblick auf diesen Einflugpunkt sollten wir an der Flugschneise in der Nähe von Fulda festhalten. Es sollte auch – so ergab es sich nach Diskussion – die Erwähnung des Luftkorridors durchaus erfolgen. Dagegen sollte man nur im Prinzip, aber nicht im einzelnen darauf bestehen, die Verfahren des Luftkorridors anzuwenden.[7] Es sei keine Notwendigkeit einzusehen, warum auch die sowjetischen Maschinen gegebenenfalls die Flughöhe wählen müßten, die gegenwärtig noch für die alliierten Maschinen verbindlich sei. Ausdrücklich betonte der Bundeskanzler die Notwendigkeit, daß das Auswärtige Amt auf Staatssekretärsebene den Alliierten diese Absichten deutlich mache und von hier aus keine weiteren[8] Schwierigkeiten kämen.[9] Auch sei eine

---

Fortsetzung Fußnote von Seite 157
    kussion, ob es nicht angesichts der Sackgasse, in die die Postverhandlungen geraten seien, besser sei, auch die Verkehrsverhandlungen zu vertagen, bis die Gespräche in Moskau neue Impulse ergeben. Er fragte, ob es jetzt nicht angezeigt sei, der DDR zu sagen, wenn sie die politischen Grundsatzfragen bei diesen fachlich-technischen Verhandlungen in den Vordergrund schiebe, dann brauchten wir noch etwas Zeit zur Vorbereitung unserer Position. In der Aussprache ergab sich jedoch, daß die DDR einen Vertagungswunsch von unserer Seite propagandistisch mißbrauchen könnte, zumal wir es gewesen seien, die die Verkehrsgespräche angestrebt hätten. Auch würden wir nach einer Gesprächsrunde in Ostberlin taktisch in einer besseren Situation sein, da dann die nächste Einladung von uns ausgehen müßte." Vgl. Referat II A 1, Bd. 1189.
5 Die innerdeutschen Verkehrsverhandlungen fanden am 13. Februar 1970 statt. Dazu vermerkte Legationsrat I. Klasse Graf Schirndinger von Schirnding, das Bundesministerium für Verkehr habe über den Verlauf mitgeteilt: „Unsere Delegation hat sich gemäß der ihr erteilten Weisungen verhalten. Sie ist insbesondere nicht auf den DDR-Entwurf eines Staatsvertrags eingegangen, den die Ostberliner Delegation immer wieder zur Grundlage der Verhandlungen machen wollte. [...] Nach Auffassung des BMV sollten die Verhandlungen erst fortgesetzt werden, wenn wir einen Gegenentwurf zu dem Vertragsentwurf der DDR ausgearbeitet haben." Vgl. die Aufzeichnung vom 17. Februar 1970; Referat II A 1, Bd. 1189.
6 Zu den Verhandlungen mit der UdSSR über ein Luftverkehrsabkommen vgl. Dok. 32.
7 Dieser Satz wurde von Ministerialdirektor Ruete hervorgehoben. Dazu Fragezeichen.
8 Der Passus „Auswärtige Amt auf Staatssekretärsebene... keine weiteren" wurde von Ministerialdirektor Ruete hervorgehoben. Dazu Fragezeichen.
9 Vortragender Legationsrat I. Klasse Soltmann berichtete am 12. Februar 1970, daß Staatssekretär Duckwitz am Vortag den Botschaftern der Drei Mächte, Jackling (Großbritannien), François Seydoux (Frankreich) und Rush (USA), ein Aide-mémoire mit dem Petitum überreicht habe, dem Einflugpunkt Fulda für die Aeroflot zuzustimmen und gegenüber der UdSSR selbst auf ihre Kontrollrechte zu verweisen: „Der Staatssekretär wies ausdrücklich auf das Interesse hin, daß wir an einer baldigen Fortsetzung der deutsch-sowjetischen Luftverkehrsverhandlungen hätten und bat um eine beschleunigte Stellungnahme. Die Botschafter der drei Verbündeten verhielten sich im wesentlichen rezeptiv und baten um eine Frist zum genauen Studium und zur Beantwortung des Aide-mémoire. Der amerikanische und französische Botschafter wiesen nochmals auf die Bedeutung hin, die ihre Regierungen auf die Benutzung der Luftkorridore durch die Aeroflot legten." Vgl. VS-Bd. 8351 (III A 4); B 150, Aktenkopien 1970.

übergroße Rücksicht auf die Alliierten nicht erforderlich, denn es handele sich hier zum guten Teil um kommerzielle Interessen.

Dahrendorf[10]

VS-Bd. 4535 (II A 1)

35

**Staatssekretär Duckwitz, z. Z. Warschau,
an Bundesminister Scheel**

Z B 6-1-10641/70 VS-vertraulich   Aufgabe: 4. Februar 1970, 10.25 Uhr[1]
Fernschreiben Nr. 66   Ankunft: 4. Februar 1970, 23.05 Uhr
Citissime

Für Minister und Staatssekretär[2]

Nach einem über das protokollarisch Notwendige hinausgehenden Empfang auf dem Flughafen hatte ich heute nachmittag eine längere (1¼ Stunden) Unterredung mit dem polnischen Delegationsführer Winiewicz unter vier Augen.

Nach einer sehr herzlichen und persönlich gehaltenen Begrüßung führte W. folgendes aus:

Er sei stolz und geehrt, von seiner Regierung beauftragt zu sein, die ersten politischen deutsch-polnischen Gespräche führen zu können. Allzu viel Zeit sei schon verstrichen, aber vielleicht sei die Zeit noch nicht reif gewesen für einen solchen Versuch. Soweit es an ihm liege, sei der Wille, zu einer Verständigung zu kommen, vorhanden. Eine Normalisierung des deutsch-polnischen Verhältnisses sei letztlich nicht nur eine bilaterale Angelegenheit, sondern eine europäische Aufgabe und Notwendigkeit. So gesehen käme unseren Gesprächen eine nicht zu unterschätzende historische Bedeutung zu.

Ebenso wie man polnischerseits Verständnis für die Allianz-Politik der Bundesrepublik habe, müsse er bereits am Anfang unserer Gespräche darauf hinweisen, daß Polen nichts tun könne und wolle, was gegen die Interessen seiner Alliierten gerichtet sei. Diese Verflechtungen, die für kleine und mittlere Mächte bei der derzeitigen Weltkonstellation eine Lebensnotwendigkeit seien, machten gewisse Beschränkungen (limits) erforderlich, die respektiert werden müßten.

---

[10] Paraphe.

[1] Hat Vortragendem Legationsrat I. Klasse Noebel am 5. Februar 1970 vorgelegen, der handschriftlich vermerkte: „Herrn D II zum Verbleib."
Hat Ministerialdirektor Ruete am 5. Februar 1970 vorgelegen, der die Weiterleitung an Ministerialdirigent Lahn und die Vortragenden Legationsräte I. Klasse von Alten und van Well verfügte.
Hat Lahn und von Alten am 5. Februar und van Well am 6. Februar 1970 vorgelegen.
Der Drahtbericht wurde laut handschriftlichem Vermerk der Sekretärin des Staatssekretärs Duckwitz, Berner, an die Botschaft Moskau übermittelt.

[2] Günther Harkort.

Um es ganz offen zu sagen: Eine Anerkennung der DDR durch die Bundesrepublik und die Aufgabe unseres Widerstandes gegen die Anerkennung der DDR durch andere Staaten würde den Weg zu einer europäischen Einigung – „und wir sind Europäer und wollen es bleiben" – erheblich erleichtern.

Bei den kommenden Verhandlungen werde die Frage der Anerkennung der polnischen Westgrenze am Anfang und im Mittelpunkt stehen. Insofern seien seine Instruktionen, die „our leader" Gomułka gebilligt habe, eindeutig. Er werde in der morgigen Sitzung[3] ein Exposé überreichen[4], das den Standpunkt der polnischen Regierung wiedergäbe. Es erscheine ihm zweckmäßig, dieses Memorandum zu diskutieren, ohne daß er erwarte, daß wir bereits in dieser Runde zu einer endgültigen Stellungnahme kämen.

Ich erklärte mich einverstanden, vorausgesetzt, daß noch genügend Zeit bleibe, auch andere, uns interessierende Themen zur Diskussion zu stellen, über die allerdings auch unsererseits keine endgültige Stellungnahme erwartet werde.

Der unerwartet herzliche Empfang, die die Ausführungen W.'s kennzeichnende Offenheit und das zweifellos vorhandene persönliche Engagement W.'s dürfen nicht darüber hinwegtäuschen, daß uns harte Verhandlungen bevorstehen. Die Äußerung W.'s: „Auch wir haben eine nicht zu unterschätzende einflußreiche Opposition, die keine deutsch-polnischen Gespräche wünscht oder, falls sie nicht zu vermeiden sind, ihren Mißerfolg herbeiführen will", ist recht aufschlußreich.

Dauer dieser Gesprächsrunde nach vorläufigem Programm drei Tage.

[gez.] Duckwitz

VS-Bd. 8953 (II A 5)

---

3 Zum Gespräch vom 5. Februar 1970 vgl. Dok. 39.
4 Vgl. VS-Bd. 8953 (II A 5).

36

Aufzeichnung des Vortragenden Legationsrats I. Klasse Mertes

II B 2 – 89.00/0 5. Februar 1970[1]

Betr.: Gewaltverzicht;
hier: Zuständigkeit des Referats II B 2

Bezug: Ordnungsplan Z B 1-81.06 des Auswärtigen Amts (Stand: März 1969)

Ich gestatte mir, über Herrn Dg II B[2] Herrn D II[3] folgendes vorzutragen:

Bei meinem heutigen Dienstantritt erfahre ich von meinem Vertreter, VLR Graf Rantzau, daß dem für Gewaltverzicht zuständigen Referat II B 2 die Berichterstattung von Staatssekretär Bahr und Botschafter Allardt über die jüngsten deutsch-sowjetischen Gewaltverzichtsgespräche nicht zugeleitet wird.

Gegen die Nichtbeteiligung des Referats II B 2 habe ich erhebliche Bedenken I) politischer Optik und II) sachlicher Zuständigkeit, die darzulegen ich mich verpflichtet fühle:

I) Wir sollten m. E. dem östlichen Versuch der Umfunktionierung unserer Gewaltverzichtskonzeption (bilateraler vertraglicher Gewaltausschluß ohne Präjudizierung der politischen Streitfragen) in einen Hebel zur Durchsetzung kommunistischer Forderungen und zur Bekräftigung des sowjetischen Gewaltvorbehalts auch äußerlich nicht dadurch nachgeben, daß dem Gewaltverzichts-Referat seine Zuständigkeit und Beteiligung entzogen wird. Der Begriff Gewaltverzicht könnte sonst – und zwar institutionell dokumentiert – als bewußt irre führender Tarnbegriff für ganz andere Verzichte fehlinterpretiert werden. Dies würde vollends dann gelten, wenn der uneingeschränkte sowjetische Gewaltverzicht nicht mehr Gegenstand der Moskauer Gespräche bliebe, es also indirekt (durch Verschweigung) zur Bekräftigung des sowjetischen Gewaltvorbehalts käme. Solange der Gewaltverzicht außenpolitisch, innenpolitisch und amtsintern als Ausgangspunkt und Rahmenthema der bilateralen Gespräche dargestellt wird, halte ich es deshalb für erforderlich, daß die Federführung, zumindest aber die Beteiligung (Kenntnisnahme und Mitzeichnung) des Referats II B 2 bei den bilateralen Gesprächen mit Moskau, Warschau, Ostberlin und anderen östlichen Partnern erhalten bleibt.

II) Die beiliegende Fotokopie des Ordnungsplans Z B 1-81.06 des Auswärtigen Amts (Stand: März 1969)[4] zählt die Zuständigkeiten des Referats II B 2 auf. Es liegt an der koordinierenden Natur dieses politischen Grundsatzreferats, daß es in den verschiedenen Sachbereichen auf das engste mit speziell zuständigen Referaten, insbesondere der Unterabteilungen II A und II B sowie V 1, zusammenarbeitet. Dies ist bisher reibungslos und sachgemäß geschehen.

---

[1] Ablichtung.
[2] Hellmuth Roth.
[3] Hans Ruete.
[4] Dem Vorgang nicht beigefügt.

Das Charakteristikum der deutschen Gewaltverzichts-Konzeption war und ist – auch bei Ausweitung des Themenkreises der Gewaltverzichts-Gespräche – die bilaterale Konkretisierung des allgemeinen Gewalt-Verbots des Völkerrechts. Es war und ist daher selbstverständlich, daß vor allem die Referate II A 4, II A 5 und II A 1 jeweils voll beteiligt sein müssen. Wäre jedoch die Bedeutung der bilateralen Beziehungen, nicht aber der übergreifende außenpolitische Aspekt „Entspannung durch Gewalt-Verzicht" das vorherrschende Element unserer Überlegungen, so ist nicht ersichtlich, weshalb der Gewaltverzicht überhaupt dem Referat II B 2 zugeteilt worden ist.

Nach dem Entzug der Zuständigkeit für die Arbeitsbereiche „Europäische Sicherheitskonferenz" und „Einseitige Truppenreduzierungen" sind dem Referat nur zwei politisch aktuelle Schwerpunktthemen geblieben, nämlich „Beiderseitige Truppenreduzierungen" und „Bilateraler Gewaltverzicht" (vgl. Ordnungsplan). Nachdem seit meinem Dienstantritt als Leiter des Referats II B 2 ununterbrochen dieses Referat die Federführung zum Thema Gewaltverzicht innehatte und auch vor dem vierten deutsch-sowjetischen Gewaltverzichts-Gespräch[5] durch Vorbereitung der Weisung an die Botschaft Moskau[6] in enger Zusammenarbeit mit den Referaten II A 1–II A 5 und V 1 pflichtgemäß seine Kompetenz wahrgenommen hat, fällt es mir schwer zu erkennen, warum dem Referat nunmehr offenbar nicht nur die Federführung, sondern auch die Beteiligung im Sachbereich „Bilaterale Gewaltverzichts-Gespräche" – soweit dieser noch im Auswärtigen Amt und auf Referatsebene in der Abteilung II bearbeitet wird – entzogen ist.

Ich wäre für Gelegenheit zu einer Rücksprache dankbar.

Mertes[7]

VS-Bd. 10072 (Ministerbüro)

---

[5] Für das Gespräch des Staatssekretärs Bahr, Bundeskanzleramt, mit dem sowjetischen Außenminister Gromyko am 30. Januar 1970 in Moskau vgl. Dok. 28.

[6] Vortragender Legationsrat I. Klasse Mertes legte am 14. Januar 1970 den Entwurf für eine Anfrage an den sowjetischen Außenminister Gromyko durch Botschafter Allardt, Moskau, vor und skizzierte die Grundpositionen der Bundesrepublik und der UdSSR zum bilateralen Gewaltverzicht. Vgl. dazu VS-Bd. 4549 (II B 2); B 150, Aktenkopien 1970.
Für die Instruktion vom 19. Januar 1970 an Botschafter Allardt, Moskau, vgl. Dok. 12.

[7] Paraphe.

37

Staatssekretär Duckwitz, z.Z. Warschau, an Bundeskanzler Brandt

Z B 6-1-10661/70 geheim	Aufgabe: 5. Februar 1970, 18.35 Uhr
Fernschreiben Nr. 71	Ankunft: 5. Februar 1970
Citissime	

Nur für Minister und Bundeskanzler

Meiner Bitte, den Brief des Herrn Bundeskanzlers an Ministerpräsident Cyrankiewicz[1] persönlich zu übergeben, wurde heute mittag entsprochen. Minister Winiewicz begleitete mich zu dieser ¾ stündigen Unterredung.

Nach einleitenden Worten des Dankes für den Brief und der Bitte, dem Bundeskanzler seine Grüße und seine Hochachtung zu übermitteln, bedauerte Ministerpräsident C., der sich im übrigen über die innerdeutschen Verhältnisse und die maßgebenden Leute der Bundesrepublik erstaunlich gut unterrichtet zeigte, daß seine Kenntnis Deutschlands nur sehr mangelhaft sei, denn in seinen fünf Auschwitzer Jahren habe er verständlicherweise wenig von Land und Leuten gesehen. Immerhin bewahre er wertvolle Erinnerungen an deutsche Kameraden im Lager, deren Hilfsbereitschaft oft mit Lebensgefahr verbunden gewesen sei.

C. wies dann auf die große Bedeutung hin, die den deutsch-polnischen Gesprächen zukäme. Die Voraussetzungen für einen guten Ausgang seien auf beiden Seiten gegeben. Bundeskanzler Brandt sei der erste Bundeskanzler nach dem Kriege, zu dem man Vertrauen haben könne und der im Stande sei, dem deutschen Volk klarzumachen, daß ein vom Zaun gebrochener und verlorener Krieg Opfer verlange, wobei die Opfer, die die von den Deutschen besetzten Länder gebracht hätten, ungleich größer seien als das, was man jetzt von den Deutschen erwarten müsse. Es gebe keinen Frieden in Europa, solange die Bundesrepublik nicht die jetzt bestehenden Grenzen als unwiderruflich hinnehme und dies vertraglich bestätige. Unsere jetzigen Gespräche seien daher von eminenter Bedeutung für die friedliche Entwicklung Europas. Beide Seiten müßten die jetzt bestehende Chance nutzen und zu einer Normalisierung des gegenseitigen Verhältnisses kommen.

C., der einen sehr selbstsicheren und ausgewogenen Eindruck machte, wiederholte am Schluß des Gesprächs nochmals, welch großes Vertrauen er auf die Einsicht des Bundeskanzlers setze, dem eine historische Aufgabe zufalle.

---

[1] In dem Schreiben vom 31. Januar 1970 äußerte der Bundeskanzler die Hoffnung, daß die Gespräche zwischen der Bundesrepublik und Polen „einen Beitrag zur Normalisierung der Beziehungen [...] und damit für die Sache des Friedens und der Sicherheit in Europa leisten werden". Brandt führte weiter aus: „Beide Seiten werden hierbei sicher Geduld und guten Willen aufbringen müssen. Die Bundesregierung ist hierzu bereit." Vgl. Willy-Brandt-Archiv, Bestand Bundeskanzler, Box 57.

Auf polnischen Wunsch sagte ich die Geheimhaltung meines heutigen Besuchs bei und meines Gesprächs mit C. zu. Ich wäre dankbar, wenn auch dort hierüber nichts bekannt wird.

[gez.] Duckwitz

VS-Bd. 10072 (Ministerbüro)

38

Staatssekretär Bahr, Bundeskanzleramt, z.Z. Moskau, an Bundesminister Scheel

Z B 6-1-10659/70 geheim Aufgabe: 5. Februar 1970, 19.30 Uhr
Fernschreiben Nr. 187 Ankunft: 5. Februar 1970
Citissime

Nur für Bu[ndes]min[ister] und Staatssekretär[1]
Delegationsbericht Nr. 6

I. Während eines Frühstücks, das Semjonow heute für mich und die deutsche Delegation im Gästehaus des Außenministeriums gegeben hat, bat er mich, die Bedeutung des Zeitaufwandes Gromykos für unseren Gedankenaustausch richtig einzuschätzen und bei unserer Gesamtbeurteilung zu berücksichtigen. Unabhängig vom Ergebnis der Gespräche seien die vielstündigen Unterhaltungen zwischen dem Außenminister und uns ein Wert in sich.

Adenauer habe seinerzeit der Sowjetunion einen zehnjährigen Burgfrieden angeboten[2] und wissen lassen, daß man die Ziffer 10 notfalls auch noch potenzieren könne. Wenn Kiesinger sich heute insoweit auf die Fortsetzung der Politik Adenauers, zum Beispiel in der jüngsten Bundestagsdebatte[3], berufe, so müsse man berücksichtigen, daß er einer Partei angehöre, die ihren Wahlkampf mit einer feindseligen Linie gegen die SU zu führen pflege. Deshalb war es damals

---

[1] Günther Harkort.
[2] Bundeskanzler Adenauer machte am 6. Juni 1962 im Gespräch mit dem sowjetischen Botschafter Smirnow den Vorschlag, für einen Zeitraum von zehn Jahren den Status quo beizubehalten und eine Normalisierung in den Beziehungen zwischen der Bundesrepublik und der UdSSR zu erreichen. Voraussetzung sei die Gewährung größerer Freiheiten für die Bevölkerung der DDR. Für die Gesprächsaufzeichnung vgl. VS-Bd. 446 (Büro Staatssekretär); B 150, Aktenkopien 1962. Vgl. dazu auch DzD IV/8, S. 624f.
[3] Der ehemalige Bundeskanzler Kiesinger nahm am 15. Januar 1970 zu der am Vortag von Bundeskanzler Brandt vorgetragenen Regierungserklärung zum Bericht über die Lage der Nation im gespaltenen Deutschland Stellung: „Wir haben Sie aufgefordert, sich mit Vorschlägen an Herrn Ulbricht zu wenden. Wir sind bereit, Sie zu unterstützen. Welche Vorschläge können es sein? Vorschläge, auf die jene Formel Konrad Adenauers zielt, daß wir über vieles mit uns reden lassen werden, wenn die Verhältnisse in der Zone humaner werden. Zu diesem Wort bekennen auch wir uns; denn wir gestehen auch, daß uns die Freiheit unserer Landsleute in der Zone und ihr menschenwürdiges Leben wichtiger sind als die bloße mechanische Zusammenfügung der beiden getrennten Teile Deutschlands." Vgl. BT STENOGRAPHISCHE BERICHTE, Bd. 71, S. 860.

und wäre es heute nicht möglich, mit einer CDU-Regierung Gespräche zu führen, wie sie zwischen uns stattfänden. (Veranlaßt durch eine entsprechende Bemerkung von ihm habe ich Herrn Strauß mit dem Hinweis verteidigt, es sei objektiv falsch, ihn als einen Faschisten zu bezeichnen. Das werde dem Manne nicht gerecht.)

II. Nach dem Essen konzentrierte sich das Gespräch auf die eigentlichen Themen des bisherigen Gedankenaustauschs. Semjonow ging besonders auf die Berlinfrage, das Verhältnis zwischen BRD und DDR und die Frage der internationalen Rolle der DDR ein. Ich stellte dem unsere bekannten Positionen gegenüber und halte zusätzlich folgendes fest: Semjonow stellte zur Erwägung, ob nicht das ganze Paket der bisherigen Gesprächsthemen viel zu kompliziert sei, um es im Rahmen von Gewaltverzichtsverhandlungen zu regeln. Mit Hinweis auf die DDR erklärte er, man könne ja schließlich keinen Staat zu etwas zwingen, was er nicht wolle. Ich hielt dem entgegen, daß wir alle behandelten Fragen in einem Zusammenhang sähen. Es habe keinen Sinn, kleine Gewaltverzichtsabkommen mit der SU und der DDR zu treffen, wenn sich hinterher an der Feindseligkeit zwischen den beiden Staaten in Deutschland nichts ändere.

Es ist im Augenblick noch nicht zu beurteilen, ob der überraschende Vorstoß Semjonows lediglich eine taktische Verhärtung der Verhandlungsführung bedeutet oder den Versuch darstellt, Abmachungen zwischen der BRD und der DDR auf bloßen Gewaltverzicht zu beschränken und der DDR damit zu gestatten, im übrigen ihre intransigente Haltung der Maximalpositionen beizubehalten. Für letzteres spricht Semjonows Insistieren auf der These, daß die Zunahme der völkerrechtlichen Anerkennung der DDR durch dritte Staaten ein unaufhaltsamer Prozeß sei. Dies komme so oder so.

Ich habe erwidert, daß es politisch nicht sehr sinnvoll sei, Gewaltverzicht zu vereinbaren, ohne das Verhältnis der beiden Staaten in Deutschland zu regeln. Schon bei einer Vereinbarung über Gewaltverzicht, dem ersten politischen Abkommen zwischen der BRD und der DDR, würden die Grundsatzfragen des Verhältnisses der beiden Staaten zueinander aufgeworfen.

III. Semjonow sagte, man sei mit dem Meinungsaustausch so weit, daß man anfangen könne, Bilanz zu ziehen; unsere beiderseitigen Positionen seien bekannt.

Ich erklärte mich einverstanden und schlug vor, die bisherigen Ergebnisse des Meinungsaustausches schriftlich zu formulieren und dann unseren Regierungen vorzulegen. Falls diese den Ergebnissen zustimmten, könne man dann mit Verhandlungen über ein Abkommen beginnen.

Semjonow legte Wert auf Einverständnis darüber, daß die gegenwärtige Phase nicht unter Zeitdruck stehen dürfe. Entsprechend einem Hinweis regte ich ein Vier-Augen-Gespräch mit Gromyko an, erklärte mich aber bereit, was die Methodik der vor uns liegenden Phase angehe, auch anderen sowjetischen Wünschen entgegenzukommen.

Semjonow erwiderte, man sollte zunächst meinen Vorschlag prüfen. Er betonte während und nach dem Essen immer wieder den vertraulichen, persönlichen und informellen Charakter unseres Gesprächs, an dem praktisch beide Delegationen teilnahmen.

Ich bitte, auch in Bonn dem Rechnung zu tragen (Der amerikanische Botschafter[4] erklärte mir heute, er habe den Text unseres Drahtberichts über das vierte Gespräch[5].)

Mit der sowjetischen Seite wurde vereinbart, die Presse lediglich von der Tatsache der Frühstückseinladung zu unterrichten.

Wir haben eine Gegeneinladung für Montag- oder Dienstagabend ausgesprochen.[6] Dies ist der Presse bisher nicht mitgeteilt worden.

IV. Soeben teilte das sowjetische Außenministerium mit, daß das Vier-Augen-Gespräch morgen 10.30 Uhr stattfinden soll.[7]

[gez.] Bahr

VS-Bd. 10069 (Ministerbüro)

39

**Staatssekretär Duckwitz, z.Z. Warschau,
an Bundesminister Scheel**

Z B 6-1-10675/70 VS-vertraulich Aufgabe: 6. Februar 1970, 14.10 Uhr[1]
Fernschreiben Nr. 73 Ankunft: 6. Februar 1970, 15.52 Uhr
Cito

Nur für Minister und StS[2]

Auch für Diplogerma Moskau

Betr.: Deutsch-polnische Gespräche
im Anschluß an FS Nr. 66 VS-vertraulich vom 4.2.[3]

I. Nach meinem Besuch bei Winiewicz am 4.2.[4] fanden am 5. zwei Plenarsitzungen statt, in denen beide Seiten ihre Ausgangspositionen darlegten.

---

[4] Jacob D. Beam.
[5] Für das Gespräch des Staatssekretärs Bahr, Bundeskanzleramt, mit dem sowjetischen Außenminister Gromyko am 30. Januar 1970 in Moskau vgl. Dok. 28.
[6] Der sowjetische Außenminister Gromyko nahm am 10. Februar 1970 an einem von Staatssekretär Bahr, Bundeskanzleramt, gegebenen Abendessen in der Botschaft der Bundesrepublik in Moskau teil. Vgl. dazu Dok. 50.
[7] Zum Gespräch des Staatssekretärs Bahr, Bundeskanzleramt, mit dem sowjetischen Außenminister Gromyko am 6. Februar 1970 in Moskau vgl. Dok. 40.
[1] Hat Vortragendem Legationsrat I. Klasse Noebel am 6. Februar 1970 vorgelegen, der handschriftlich vermerkte: „Herrn MD Ruete zum Verbleib. Ex[em]pl[ar] 2 an MD Sahm."
Hat Ruete am 6. Februar 1970 vorgelegen.
[2] Günther Harkort.
[3] Korrigiert aus: „4.1."
Für den Drahtbericht des Staatssekretärs Duckwitz, z.Z. Warschau, vgl. Dok. 35.
[4] Korrigiert aus: „4.1."

1) Zum Thema Grenzfrage und Gewaltverzicht führte der polnische Delegationsleiter aus: Die polnische Regierung habe den Wunsch, daß diese Gespräche einen Wendepunkt in Beziehungen beider Staaten bedeuteten, der die Normalisierung der Beziehungen einleiten und zur Versöhnung beider Völker führen würde.

Die Volksrepublik Polen strebe nach freundschaftlichen und gut nachbarlichen Beziehungen mit dem ganzen deutschen Volk auf der Grundlage der Anerkennung der Friedensgrenze an Oder und Neiße. Die Anerkennung dieser Grenze durch Bundesrepublik Deutschland würde gefährlichen Spannungsherd beseitigen.

Polen wünsche die Anerkennung dieser Grenze durch beide deutsche Staaten, die Nachfolger des Deutschen Reiches seien. Polen hätte den Krieg gegen ganz Deutschland geführt, nicht nur gegen die Deutschen, die östlich der Elbe lebten.

Die polnische Gesprächsbereitschaft entspringe dem Willen zur Normalisierung der Beziehungen zwischen beiden Völkern. Eine entscheidende Wandlung sei daher nur möglich, wenn sie von der Mehrheit der Bevölkerung und Parlament in der BRD getragen werde.

Erster Schritt zur Normalisierung müsse nach polnischer Auffassung ein Abkommen zwischen Bundesrepublik Deutschland und Polen über die Anerkennung der Endgültigkeit der polnischen Westgrenze sein, entsprechend der bestehenden Wirklichkeit. Nur auf der Grundlage einer vollen und dauerhaften Lösung dieses Hauptproblems sei es möglich, Gespräche über die Entwicklung der Beziehungen aufzunehmen, wozu die polnische Seite bereit sei.

Die polnische Regierung sei der Auffassung, daß ein bilaterales Abkommen über die Grenzfrage geschlossen werden und daß dieses nicht in ein anderes Abkommen – z.B. über Gewaltverzicht – einbezogen werden solle. Ein endgültiger Grenzvertrag müßte einer Gewaltverzichtsvereinbarung vorangehen.

Die polnische Seite sei bereit, im Laufe der Gespräche einen Vorschlag für Regelung der Grenzfrage vorzulegen. Sie sei ebenfalls bereit, eine Vereinbarung über Gewaltverzicht zu erörtern; sie hielte es jedoch für schwierig, damit zu beginnen. Hierbei verwies Winiewicz auf die Rücksicht, die Polen auf seine Bündnis-Verpflichtungen aus multilateralen und bilateralen Vereinbarungen gegenüber Partnerstaaten des Warschauer Pakts nehmen müsse.

Im übrigen legte Winiewicz im Verlauf seiner Ausführungen den polnischen Rechtsstandpunkt dar, wonach im Potsdamer Abkommen grundsätzlich bereits eine endgültige Regelung der Grenzfrage erfolgt sei.[5]

In meiner Erwiderung stellte ich dem unsere abweichende völkerrechtliche Ausgangsposition gegenüber und legte unsere Auffassung zur Grenzfrage dar. Ich betonte einerseits unser Verständnis für die zentrale Bedeutung, die die polnische Seite der Grenzfrage beimesse, andererseits, daß aus unserer Sicht eine isolierte Behandlung dieser Frage kaum möglich sei.

---

[5] Vgl. dazu Abschnitt IX des Kommuniqués vom 2. August 1945 über die Potsdamer Konferenz (Potsdamer Abkommen); Dok. 12, Anm. 26.

Zum Verhältnis zwischen Gewaltverzicht und Grenzfrage führte ich aus, daß wir nicht unbedingt auf Behandlung der Grenzfrage im Rahmen einer Gewaltverzichtsvereinbarung festgelegt seien, sondern bereit wären, auch andere Möglichkeiten zu diskutieren. Wir meinten jedoch, daß man auch diese Möglichkeit offenhalten und daher Grenzfrage und Gewaltverzicht als einen Punkt der Tagesordnung unserer Gespräche zusammenfassen sollte.

2) Technische Regelung der Beziehungen

Zur Frage diplomatischer Beziehungen äußerte sich Winiewicz ausweichend und verwies auf die Schwierigkeiten, die sich hierbei außer der ungeregelten Grenzfrage auch durch andere noch nicht gelöste Fragen ergäben. Dabei blieb zunächst offen, um welche Fragen es sich dabei handelt.

Seine Ausführungen vermittelten den Eindruck, daß Polen die Aufnahme diplomatischer Beziehungen gegenwärtig nicht für möglich hält.

Zu der von mir betonten Notwendigkeit der Regelung konsularischer Fragen zwischen beiden Ländern erklärte Winiewicz, hierüber könnte man im Zuge der Normalisierung unserer Beziehungen diskutieren. Er verwies hierzu im übrigen auf die Schwierigkeiten, die sich u. a. aus der Unklarheit darüber ergäben, wer nach deutscher Gesetzgebung deutscher Staatsangehöriger sei.

3) Außerwirtschaftliche Beziehungen

Im Hinblick auf unsere Vorschläge, Vereinbarungen über den kulturellen und wissenschaftlichen Austausch, den Jugendaustausch zu erörtern sowie Erleichterungen im Reiseverkehr ins Auge zu fassen, erklärte Winiewicz, die polnische Seite hielte den gegenwärtigen Augenblick nicht für eine Regelung dieser Fragen geeignet. Er führte aus, Polen beabsichtige, gegenseitige Besuche von Parlamentariern zu intensivieren, wobei in Polen Vertreter aller Parteien, außer der NPD, willkommen seien.

4) Humanitäre Probleme

Zur Frage der Zusammenführung von Familien[6] betonte Winiewicz, daß dies beim gegenwärtigen Stand der Dinge eine schwierige Frage sei. Winiewicz führte hierzu aus, diese Fragen seien beim gegenwärtigen Stand nicht einfach zu lösen. Im übrigen sei Polen nicht daran interessiert, Emigration zu Erwerbszwecken zu fördern.

Zum Problem der hohen Aufenthaltskosten bei Verwandtenbesuchen in Polen (Zwangsumtausch von DM 30,– pro Tag) erklärte er, die Gebühren seien hoch, weil Polen z. Zt. nicht an Ausweitung des Tourismus interessiert sei, da die nötigen Einrichtungen hierfür fehlten.

---

[6] Staatssekretär Duckwitz, z. Z. Warschau, führte am 5. Februar 1970 gegenüber dem polnischen Stellvertretenden Außenminister Winiewicz zur Frage der Familienzusammenführung aus: „Es geht uns besonders um die Probleme der Umsiedlung und der Verwandtenbesuche. Wir schätzen die Arbeit des Polnischen Roten Kreuzes sehr hoch ein. Das Polnische Rote Kreuz hat seit 1960 jedes Jahr 10 000 Anträge auf Familienzusammenführung positiv erledigt. Doch immer noch leben 275 000 Personen in Polen, die umsiedeln möchten, davon 162 000 Fälle der Familienzusammenführung. Wir würden es sehr begrüßen, wenn die Bearbeitung von Umsiedlungsanträgen durch die polnischen Behörden erleichtert würde und den Antragstellern keine Nachteile aus ihrem erklärten Wunsch nach Umsiedlung entstünden." Vgl. das „Protokoll über den deutsch-polnischen Meinungsaustausch, erste Runde"; VS-Bd. 8953 (II A 5); B 150, Aktenkopien 1970.

5) Radio Free Europe

Winiewicz beklagte sich – ähnlich wie Jędrychowski in seinem Fernsehinterview vom 16. Oktober[7] – über die Tätigkeit des Senders Radio Free Europe, der eine gegen Polen und die Beziehungen Polens zu anderen Ländern gerichtete Tätigkeit ausübe.

Ich erklärte hierzu, daß wir bereit seien, diesen Beschwerden nachzugehen, wenn uns entsprechendes Material zur Verfügung gestellt werde.[8]

II. Der bisherige Gesprächsverlauf zeigt, daß die polnische Seite der Grenzfrage absolute Priorität beimißt und daß sie das Ziel dieser Gespräche im Abschluß eines Grenzabkommens sieht. Die parallele Erörterung der von uns gewünschten Themen im Rahmen der Gespräche ist jedoch von polnischer Seite bisher nicht abgelehnt worden.

Die polnische Seite ist im übrigen betont um eine gute Atmosphäre der Gespräche bemüht.

[gez.] Duckwitz

VS-Bd. 8953 (II A 5)

---

[7] Der polnische Außenminister Jędrychowski erklärte am 16. Oktober 1969 in einem Interview für das Deutsche Fernsehen zu den Voraussetzungen einer Europäischen Sicherheitskonferenz u. a.: „Äußerst wichtig ist für die Einberufung dieser Konferenz, für ihren positiven Verlauf und für die günstige Entwicklung der Zusammenarbeit die Atmosphäre in den internationalen Beziehungen. Nach meiner Meinung wirkt die ideologisch-politische Konfrontation als eine Rivalität und Reibung gegensätzlicher Anschauungen nicht störend, sie schadet nicht, wenn sie als sachliche Diskussion und Meinungsaustausch verstanden wird. Eine große Bedeutung für die Gestaltung einer gesunden Atmosphäre besitzt die Arbeit jener Menschen, die über die Massenmedien verfügen. Ihre Tätigkeit sollte von einer tiefen Verantwortung für das Schicksal Europas durchdrungen sein, sie sollten dem Gefühl der Sicherheit und des Friedens dienen. Das kann man jedoch von der Tätigkeit verschiedener Zentren ideologischer Diversion im Westen nicht sagen. Sie verstärken bewußt die Spannung und wecken Mißtrauen und Argwohn in den internationalen Beziehungen. Ich denke hier an den auch gegen Polen und andere sozialistische Länder gerichteten aggressiven Sender, der sich ‚Freies Europa' nennt und für dessen Tätigkeit auch die westdeutschen Regierungen verantwortlich sind, denn dieser subversive Sender befindet sich auf dem Boden der Bundesrepublik." Vgl. EUROPA-ARCHIV 1970, D 181.

[8] Ministerialdirigent Lahn vermerkte am 26. März 1970, der Stellvertretende Abteilungsleiter im polnischen Außenministerium, Dobrowolski, habe Vortragender Legationsrätin Finke-Osiander während der vom 9. bis 11. März 1970 andauernden zweiten Gesprächsrunde in Warschau eine schriftliche Zusammenstellung der polnischen Beschwerden gegen Radio Free Europe übergeben. Vgl. dazu Referat II A 5, Bd. 1354.
Vgl. dazu ferner Dok. 119, Anm. 11.

40

Staatssekretär Bahr, Bundeskanzleramt, z. Z. Moskau, an Bundesminister Scheel

Z B 6-1-10680/70 geheim
Fernschreiben Nr. 195
Citissime

Aufgabe: 6. Februar 1970, 18.40 Uhr[1]
Ankunft: 6. Februar 1970, 17.57 Uhr

Nur für Bundesminister[2] und Staatssekretär[3]

Delegationsbericht Nr. 7

Bezug: DB Nr. 187 vom 5. Februar 1970 geh.[4]

I. Das Gespräch mit Gromyko dauerte von 10.30 bis 13.45 Uhr. Davon dreißig Minuten unter vier Augen in englisch, dann mit je einem Dolmetscher auf beiden Seiten. Es wurde in Aussicht genommen, im Laufe der nächsten Woche die Gespräche auf Delegationsebene fortzusetzen. Dabei sollte jede Seite frei sein, einen Termin vorzuschlagen, Gromyko passen die Dienstage und Freitage am besten. Aber auch an jedem anderen Tag würde eine Zusammenkunft möglich sein, wenn ein Vorschlag zu machen oder eine Formulierung anzubieten ist.

II. In dem Vier-Augen-Gespräch habe ich Gromyko davon persönlich informiert, daß die Bundesregierung Beschlüsse gefaßt hat, die Konsultationen mit den drei Westmächten erfordern, aber erhoffen lassen, daß wir in dem Luftfahrtabkommen zu einem positiven Ergebnis gelangen können.[5] Die sowjetische Seite

---

[1] Hat Vortragendem Legationsrat Wilke am 6. Februar 1970 vorgelegen, der den Drahtbericht an Bundesminister Scheel weiterleitete.

[2] Hat Bundesminister Scheel am 7. Februar 1970 vorgelegen.

[3] Günther Harkort.

[4] Für den Drahtbericht des Staatssekretärs Bahr, Bundeskanzleramt, z. Z. Moskau, vgl. Dok. 38.

[5] Das Kabinett beschloß am 5. Februar 1970, die Luftverkehrsverhandlungen mit der UdSSR baldmöglichst fortzusetzen und legte die Richtlinien für die Verhandlungsführung fest: „a) Der Sowjetunion ist mitzuteilen, daß die Bezugnahme auf die Korridore in dem deutschen Papier vom 17. September 1969 sich auf den Einflugpunkt in das Bundesgebiet auf der Strecke Schönefeld–Frankfurt beziehe. Hier beabsichtige die Bundesregierung, als Einflugpunkt die Flugschneise in der Nähe von Fulda zu benennen, die im Endpunkt des südlichen Luftkorridors zwischen Berlin und dem Bundesgebiet liegt. Die Drei Mächte, nämlich die Vereinigten Staaten, Großbritannien und Frankreich, hätten erklärt, daß sie keine Bedenken gegen die Benutzung der Luftkorridore durch sowjetische Flugzeuge auf der Grundlage der vereinbarten vierseitigen Verfahren haben. b) Der Bundesminister des Auswärtigen wird beauftragt, umgehend den drei Westmächten den Beschluß der Bundesregierung zu a) zu erläutern und deren endgültige Zustimmung einzuholen, daß gegenüber den Sowjets lediglich der Einflugpunkt in das Bundesgebiet, nicht jedoch die Flugroute der Aeroflot in der DDR festgelegt wird. c) Im Fluglinienplan zu dem abzuschließenden Luftverkehrsabkommen soll Berlin-Tegel als Zwischenlandepunkt für die Dienste der Lufthansa ausdrücklich aufgeführt werden. An der bisherigen deutschen Forderung, daß Aeroflot Berlin-Schönefeld erst dann auf einer Fluglinie nach dem Bundesgebiet bedienen darf, wenn die Lufthansa tatsächlich Berlin-Tegel anfliegt, wird dann nicht länger festgehalten werden. Dies ist der sowjetischen Seite bereits in der zu erteilenden Antwort mitzuteilen. d) Der Bundesminister des Auswärtigen wird beauftragt, auf hoher Ebene die Alliierten dazu zu bewegen, den allgemeinen Vorbehalt aufgrund des Deutschlandvertrages selbst gegenüber der Sowjetunion auszusprechen und die deutsche Verhandlungsdelegation von dieser Auflage zu befreien." Vgl. den Kabinettsbeschluß vom 5. Februar 1970; VS-Bd. 8351 (III A 4); B 150, Aktenkopien 1970.

werde zu gegebener Zeit über ihre Botschaft in Bonn informiert werden, wann wir gesprächsbereit sind.

Ich habe die Hoffnung ausgedrückt, daß die Gespräche sowjetischer Stellen mit Mercedes zu einem positiven Ergebnis kommen.[6] Die Bundesregierung würde dies jedenfalls wünschen.

Was die Beziehungen der DDR zu Drittstaaten angeht, so rechneten wir damit, daß nach einer Regelung des Verhältnisses zwischen den beiden Staaten in Deutschland die DDR in der Lage sein wird, Fortschritte zu machen. Wir seien hier nicht bereit, dazu irgendwelche Verpflichtungen einzugehen. Die Fortschritte würden von der DDR selbst abhängen. Wir schlössen auch nicht aus, daß beide Staaten Mitglieder der UN werden. Die sowjetische Regierung müsse zur Kenntnis nehmen, daß wir nicht bereit seien, eine völkerrechtliche Anerkennung der DDR durch die BRD auszusprechen, Botschafter auszutauschen; das Verhältnis beider Staaten bliebe besonderer Art wegen der Kompetenzen der Vier Mächte. Unter Verweis auf die Regierungserklärung[7] machte ich darauf aufmerksam, daß im übrigen die zwischenstaatlichen Regeln Anwendung finden. Es liege am Verhalten der DDR, daß wir die Vokabel „völkerrechtlich" nicht mögen.

Gromyko erklärte, daß man das Verhältnis beider deutscher Staaten nicht in Moskau beschließen könne. Dies sei Sache der beiden Staaten. Das wirkliche Verhältnis zwischen ihnen sei eine Sache der Erfahrungen und der praktischen Entwicklung. Die sowjetische Regierung bäte die Bundesregierung, noch einmal zu überlegen, ihren Standpunkt so nahe, wie es ihr möglich sei, an die Realitäten zu bringen. Die DDR dürfe auch durch die BRD nicht als ein Staat minderer Qualität behandelt und bezeichnet werden.

Ich wies darauf hin, daß die beiden Staaten in ihrem Verhältnis zueinander ohne jede Diskriminierung oder Ungleichheit sein sollten. Ihre begrenzte Souveränität bilateral ergebe sich auch aus den von der SU betonten Kompetenzen der Vier Mächte.

Ich habe Gromyko vorgeschlagen, daß wir ein Kommuniqué über unseren Meinungsaustausch ins Auge fassen sollten, das kurz und sachlich die Tatsachen

---

[6] Im Anschluß an einen Besuch des sowjetischen Ministers für Automobilindustrie, Tarassow, auf der Internationalen Automobilausstellung in Frankfurt/Main fanden seit September 1969 Gespräche mit der Daimler-Benz AG über den Bau einer LKW-Fabrik in der UdSSR statt (Kama-Projekt). Ministerialdirektor Herbst vermerkte dazu am 27. Januar 1970: „Die Sowjetunion wünscht die Hilfe von Daimler-Benz in der Form einer Projektberatung für die Einrichtung der Fabrik und des Erwerbs von Lizenzen für die Fertigung von Fahrzeugtypen der Daimler-Benz AG." Eine Delegation der Daimler-Benz AG solle Anfang Februar in Moskau konkrete Projektvorschläge unterbreiten. Vgl. Referat III A 6, Bd. 436.
Ministerialdirektor Herbst vermerkte am 27. Januar 1970, Bundesminister Scheel stehe einer an ihn durch die Daimler-Benz AG gerichteten Bitte um Unterstützung des Vorhabens der Errichtung einer LKW-Fabrik in der UdSSR durch einen politischen Schritt der Bundesregierung positiv gegenüber: „Er frage sich, wie dies am besten gemacht werden könne. Ich habe dem Minister gesagt, daß mir vielleicht der etwas formale Weg über unsere Botschaft nicht ganz der Richtige zu sein scheine. Besser wäre es wohl, wenn z.B. Staatssekretär Bahr bei seinem bevorstehenden Besuch in Moskau ein Wort zur Unterstützung der Bemühungen der Daimler-Benz AG fallen ließe. [...] Der Minister hat meinem Vorschlag zugestimmt und mich gebeten, das Weitere zu veranlassen." Vgl. Referat III A 6, Bd. 436.
[7] Für die Regierungserklärung des Bundeskanzlers Brandt vom 28. Oktober 1970 vgl. BT STENOGRAPHISCHE BERICHTE, Bd. 71, S. 20–34.

der Gespräche wiedergibt über Fragen, die mit der Absicht der beiden Regierungen zusammenhängen, miteinander ein Gewaltverzichtsabkommen zu schließen. Die Delegationen würden ihren Regierungen das Ergebnis des Meinungsaustauschs vorlegen, damit diese entscheiden, ob die Grundlage für die Aufnahme der Verhandlungen über ein Abkommen gegeben ist. Gromyko nahm diesen Vorschlag positiv auf, dessen Verwirklichung auch der sowjetischen Öffentlichkeit Kenntnis geben würde.[8]

III. In dem Gesprächsteil mit Dolmetschern erläuterte ich, wie ich mir eine Zusammenfassung unseres Meinungsaustausches vorstelle: Die BRD und die SU sind bestrebt, die Lage in Europa, ausgehend von der gegenwärtigen Situation, zu normalisieren. Sie betrachten die Bemühungen um GV zwischen BRD und SU, zwischen BRD und Polen, die Regelung der Beziehungen zwischen BRD und DDR, die Stabilisierung und Entspannung der Lage in und um Berlin als eine Einheit.

Dazu erklärte Gromyko, dies würde er als positiv empfinden, obwohl er vielleicht ein paar andere Vokabeln vorschlagen würde. Was Berlin angehe, so könne die SU aus bekannten Gründen nicht einfach von „Berlin" sprechen.

Ich fuhr fort: Zur Normalisierung in Europa gehört auch, daß SU und BRD ihr Verhältnis zueinander nur von den allgemeinen Prinzipien und Zielen der Satzung der UN leiten lassen. Nach einer Diskussion war Gromyko damit einverstanden. Eine weitere Ergänzung, entnommen einem sowjetischen Text, mit dem Bezug auf den Artikel 2[9], lehnte Gromyko ab.

Ich fuhr fort: BRD und SU respektieren die territoriale Integrität aller Staaten in Europa. Sie achten alle Grenzen und betrachten sie als unverletzlich. Hier regte Gromyko an, ausdrücklich auch DDR und Polen zu erwähnen. Ich machte auf die Unlogik aufmerksam, daß er bei der UN den Bezug auf einen speziellen Artikel ablehne, bei den Grenzen aber die Erwähnung zweier spezieller Grenzen wünsche. Er gab zu überlegen, ob nicht vielleicht in beiden Fällen die Erwähnung möglich sei.

Ich fuhr fort: Die SU erkennt an, daß beide Staaten in Deutschland das Recht haben, nach Wiedervereinigung zu streben. Die BRD erkennt an, daß auch für dieses Ziel keine Gewalt oder die Androhung von Gewalt angewendet werden darf. Gromyko erklärte kategorisch, daß die SU in keinem Papier das Wort Wiedervereinigung akzeptieren könne. Sie bestreite keinem Staat sein Ziel. Wir hätten das Recht, nach Wiedervereinigung zu streben. Dies habe er in dem letzten Gespräch[10] schon erklärt. Das bedeute auch, daß nach GV beide Staaten ihre Ziele behalten und öffentlich vertreten könnten.

Allein um diesen Komplex ging es etwa eine halbe Stunde. Für die Bundesregierung käme kein Abkommen in Frage, das den Eindruck erwecken würde, daß damit im Sinne einer endgültigen Spaltung entschieden würde, dies sei unakzeptabel für jede Bundesregierung. Es sei im übrigen wohl auch unakzeptabel für die Drei Mächte.

---

8 Für das Kommuniqué vgl. BULLETIN 1970, S. 400.
9 Zu Artikel 2 der UNO-Charta vom 26. Juni 1945 vgl. Dok. 12, Anm. 5.
10 Für das Gespräch des Staatssekretärs Bahr, Bundeskanzleramt, mit dem sowjetischen Außenminister Gromyko am 3. Februar 1970 in Moskau vgl. Dok. 33.

Es müßte auch für die SU unakzeptabel sein. Ich sei bereit, über Formulierung dieses Punktes zu sprechen, aber nicht, auf den Punkt zu verzichten.

Die SU habe in allen zurückliegenden Jahren das Recht auf deutsche Selbstbestimmung nie geleugnet; in Abwandlung eines berühmten Wortes: Die deutschen Staaten kommen und gehen, das deutsche Volk bleibt bestehen.[11] Es sei richtig, daß die Entwicklung zwischen den beiden Staaten abzuwarten sei. Aber wir dürften kein Abkommen schließen, das diese Entwicklung verbaue bzw. gar nicht beginnen lasse.

Gromyko erwiderte, er glaube, wir sollten diese Frage überhaupt nicht in ein Abkommen aufnehmen. Die SU lehne es ab, unsere Auffassung zu bestätigen, sie verlange auch nicht, daß wir die andere Auffassung der DDR bestätigen, die bekanntlich auf völkerrechtliche Anerkennung gehe. Es sei Sache der beiden Staaten, sich darüber zu verständigen. Ein Abkommen zwischen BRD und SU werde das erleichtern. Beide Seiten blieben bei ihrem Standpunkt.

Ich erklärte, daß wir jetzt nicht versuchen, Thesen für ein Abkommen zu diskutieren, sondern Formeln für eine Zusammenfassung unseres Meinungsaustauschs. Gromyko antwortete, er würde es für richtiger halten, den Versuch zu machen, Thesen zu formulieren, die dann in einem Abkommen ihren Niederschlag finden würden. Dabei werde es Punkte geben, in denen wir übereinstimmen, in denen wir uns annähern und über die wir uns nicht verständigen können.

Dennoch fragte er, wie ich zum Verhältnis von BRD und DDR formulieren würde. Ich formulierte abermals unsere Position, darunter den Punkt, daß die internationale Rolle der DDR sich nach Regelungen der Beziehungen normalisieren werde, die Beziehungen BRD–DDR besonderer Art blieben. Gromyko wiederholte, die SU könne nichts tun, was eine Minderbewertung der DDR als Staat bedeuten würde.

Zum Thema Berlin habe ich unsere Wünsche und Erwartungen mit letzter Klarheit formuliert, einschließlich der Vertretung nach außen und der Anerkennung aller vom Polizeipräsidenten ausgestellten Dokumente. Gromyko erwiderte, die SU könne nur über Westberlin sprechen. Sie könne kein Dokument akzeptieren, in dem über ganz Berlin gesprochen wird. Wir sollten den territorialen Aspekt ansprechen. Ich hätte früher dazu gesagt, die Bundesrepublik beabsichtige nicht, die Bundeswehr nach Berlin zu schicken. Das Problem sei, wie man das, also die Achtung des besonderen Status von Westberlin, formulieren könne. Er habe dazu noch keine Vorstellungen.

IV. Gromyko schnitt das Problem des Zugangs zu atomaren Waffen an. Dies hänge mit GV zusammen und sollte erwähnt werden. Ich habe das kategorisch abgelehnt. Auch jeden weiteren Versuch von ihm, dieses Problem in indirekter oder abgemilderter Form anzudeuten. Er fragte, ob man aus diesem Zirkel nicht ausbrechen könne, was ich verneint habe. Er fragte nach Aussichten auf die Ratifikation, die ich ihm erläutert habe mit dem Hinweis, daß die Bundesregie-

---

11 Im Befehl Nr. 55 vom 23. Februar 1942 erklärte der Volkskommissar für Verteidigung, Stalin: „Es wäre aber lächerlich, die Hitlerclique mit dem deutschen Volke, mit dem deutschen Staate, gleichzusetzen. Die Erfahrungen der Geschichte besagen, daß die Hitler kommen und gehen, aber das deutsche Volk, der deutsche Staat bleibt." Vgl. STALIN, Krieg, S. 49 f.

rung sich nach dem Inkrafttreten des Vertrages[12] bereits vertragsgemäß verhalten werde.

Gromyko fragte nach München.[13] Ich habe es abgelehnt, diesen Punkt in unseren GV aufzunehmen. Wir seien bereit, diese Frage mit der ČSSR zu besprechen und seien überzeugt, daß es unter vernünftigen Menschen möglich sein müßte, eine beide Seiten befriedigende Formel zu finden. Es sei schließlich grotesk, daß vernünftige Menschen im Jahre 1970 über ex nunc oder ex tunc, letzlich also über einen Vertrag von Hitler streiten, der von Anfang an unrecht gewesen sei.

Gromyko warf die Frage der Alleinvertretung auf. Ich erklärte wiederum, daß die Aufnahme eines Alleinvertretungsverzichts in den GV nicht in Frage komme. Er schien dies hinzunehmen.

Gromyko bemerkte am Schluß, daß ihm die Position der Bundesregierung nun noch sehr viel klarer als bisher geworden sei. Er wolle nicht verhehlen, daß er eine Reihe positiver Ansätze erblicken könne. Es werde auch der ganze Umfang der Sache klarer. Die sowjetische Seite werde überlegen. Dabei dürfe es nicht auf ein paar Tage ankommen. Dementsprechend erfolgte die Vereinbarung, wie unter I. am Schluß dargestellt.

Ich habe die Einladung, Sonnabend und Sonntag mit Herrn Sanne in Leningrad zu verbringen, angenommen. Abfahrt heute 24.00 Uhr mit Zug. Rückkehr Montag früh.

V. Das Gespräch heute wurde auf beiden Seiten mit sachlicher Härte geführt. Es wurde persönlich dabei nie unangenehm. Ich halte es für denkbar, daß in den heute eingenommenen sowjetischen Positionen noch leichte Modifikationen erreichbar sind. Die sowjetische Seite braucht aber offensichtlich noch Zeit, nicht zuletzt zur Konsultation mit Verbündeten.

Als bisherige Bilanz erscheint es möglich, einen GV mit der SU unter voller Wahrung unserer Standpunkte, d. h. auch ohne völkerrechtliche Anerkennung der DDR durch uns, abzuschließen. Die jetzt von unserer Seite weiter nach vorn geschobenen Wünsche machen der SU Kopfzerbrechen. Ich bin dafür, diese Wünsche weiter zu halten. Es gibt keinen Grund, schnell zu einem Ergebnis zu kommen, das zwar auch ganz gut wäre, aber der DDR noch einen verhältnismäßig großen Raum der Obstruktion läßt.

[gez.] Bahr

VS-Bd. 10069 (Ministerbüro)

---

[12] Der Nichtverbreitungsvertrag vom 1. Juli 1968 trat am 5. März 1970 in Kraft.
[13] Für den Wortlaut des Münchener Abkommens vom 29. September 1938 vgl. ADAP, D, II, Dok. 675.

41

Staatssekretär Duckwitz, z. Z. Warschau, an Bundesminister Scheel

Z B 6-1-10695/70 VS-vertraulich Aufgabe: 7. Februar 1970, 10.30 Uhr
Fernschreiben Nr. 76 Ankunft: 7. Februar 1970, 13.55 Uhr
Cito

Nur für Minister und StS[1]
Im Anschluß an FS Nr. 73 vom 6.2.1970[2]
I. In den beiden Plenarsitzungen am 6.2. setzten beide Delegationen Meinungsaustausch über am Vortage erörterte Themen fort (Grenzfrage, technische Regelung der Beziehungen, kultureller und wissenschaftlicher Austausch, Reiseverkehr, Familienzusammenführung). Am Rande schnitt polnische Delegation Thema Wirtschaftsverhandlungen an. Zusätzlich fand Meinungsaustausch über beiderseitige Standpunkte zum Thema „Europäische Sicherheitskonferenz" statt. Hierüber folgt gesondertes FS.[3]

1) Grenzfrage

Auch in den beiden heutigen Sitzungen stellte Winiewicz die Grenzfrage in den Vordergrund und bezeichnete eine endgültige Anerkennung der Oder-Neiße-Linie durch die BRD immer wieder als die primäre Voraussetzung einer Normalisierung der Beziehungen. Hierbei versuchte Winiewicz zwar nochmals, das Potsdamer Abkommen als eine bereits endgültige Regelung der Grenzfrage zu qualifizieren, die durch den von Polen bereits 1950 mit der DDR abgeschlossenen Görlitzer Vertrag lediglich ausgeführt worden sei. Er räumte aber andererseits ein, daß das Potsdamer Abkommen für an seinem Abschluß unbeteiligte Staaten wohl nicht bindend sei, und legte auf eine vertiefte Diskussion der gegebenen Rechtslage ganz offensichtlich keinen Wert. Seine Gesprächsführung zur Grenzfrage hinterließ insgesamt den Eindruck, daß die polnische Regierung sich über die Schwächen ihrer rechtlichen Position nicht im unklaren ist, gerade deswegen auf eine Anerkennung der Oder-Neiße-Grenze durch die Bundesrepublik solchen Wert legt und dieses Ziel weniger mit juristischen als mit politischen und moralischen Argumenten verfolgt. Winiewicz wies in diesem Sinne auf die seit 25 Jahren gegebenen tatsächlichen Verhältnisse in den von Polen verwalteten Gebieten und auf die normative Kraft des Faktischen hin.

---

[1] Günther Harkort.
[2] Für den Drahtbericht des Staatssekretärs Duckwitz, z. Z. Warschau, vgl. Dok. 39.
[3] Botschafter Böx, Warschau, berichtete am 7. Februar 1970, der polnische Stellvertretende Außenminister Winiewicz habe zur Frage einer Europäischen Sicherheitskonferenz ausgeführt, die „polnische Regierung sehe eine Serie von Konferenzen voraus, vielleicht sogar eine Institutionalisierung dieser Treffen und schließt auch nicht die Errichtung eines ständigen Sekretariats aus. Auch sollten Regionalorganisationen gemäß UNO-Charta Artikel 8 als Elemente europäischer Ordnung zur Diskussion gestellt werden können." Die polnische Regierung arbeite den Entwurf für eine gesamteuropäische Organisation aus, der aus drei Teilen bestehe, den allgemeinen politischen und rechtlichen Grundsätzen für eine europäische Sicherheit, einer Deklaration über regionale Abrüstung, vor allem auf nuklearem Gebiet, sowie die wirtschaftliche Zusammenarbeit. Vgl. den Drahtbericht Nr. 77; VS-Bd. 1525 (II A 7); B 150, Aktenkopien 1970.

175

Die Polen haben allerdings bei gestrigem Abendessen VLR Dr. von Schenck gebeten, heute vormittag mit dem Direktor der Rechts- und Vertragsabteilung des polnischen Außenministeriums, Dr. Zawadzki, zu einer Besprechung zusammenzutreffen, an der auch der durch Publikationen zu den völkerrechtlichen Aspekten der deutsch-polnischen Grenzfrage hervorgetretene Professor Alfons Klafkowski (Universität Posen) teilnehmen soll. Möglicherweise werden die polnischen Juristen hierbei Näheres nicht nur über unsere Auffassung zum Potsdamer Abkommen, sondern auch darüber zu erfahren versuchen, welche rechtlichen Schranken der Handlungsfreiheit der Bundesregierung in der Grenzfrage gezogen sind.[4]

2) Technische Regelung der Beziehungen

Auf entsprechende Frage meinerseits erläuterte Winiewicz, welche anderen Fragen aus polnischer Sicht gegenwärtig der Aufnahme diplomatischer Beziehungen entgegenstünden. Er verwies darauf, daß zwar für Polen die Anerkennung der Oder-Neiße-Grenze das wichtigste Problem sei; wesentlich sei jedoch auch, daß die Bundesrepublik generell eine friedliche Politik verfolge, auch im atomaren Bereich. Weiter bestünden die Probleme der Beziehungen zwischen beiden deutschen Staaten, der Annullierung des Münchener Abkommens sowie das Problem Westberlin.

Nach seinen Ausführungen scheint die Zurückhaltung der polnischen Regierung hinsichtlich der Aufnahme diplomatischer Beziehungen wesentlich von der Rücksicht auf ihre Verbündeten und der damit verbundenen „Synchronisation" bestimmt zu sein.

Hingegen betonte Winiewicz, daß es nach polnischer Auffassung im Zuge der Entwicklung der Wirtschaftsbeziehungen möglich sei, die Befugnisse der Handelsvertretungen zu erweitern. Er bestätigte die polnische Bereitschaft, den Handelsvertretungen Befugnis zur Erteilung von Sichtvermerken zu geben. Nachdrücklich bekräftigte er darüber hinaus, daß die Normalisierung der bilateralen Beziehungen von polnischer Seite als ein Regierungsprogramm angelegt sei. „Deshalb werden wir nach Wegen suchen, die Fragen zu lösen, die sich in den praktischen Beziehungen stellen."

3) Kultureller und wissenschaftlicher Austausch

In gewissem Gegensatz zu seinen sehr zurückhaltenden Äußerungen zu diesem

---

[4] Vortragender Legationsrat I. Klasse von Schenck, z. Z. Warschau, notierte am 7. Februar 1970, daß in der Besprechung mit dem Abteilungsleiter im polnischen Außenministerium, Zawadzki, und Professor Klafkowski die jeweiligen Rechtsstandpunkte beider Seiten zum Potsdamer Abkommen, zur Frage einer Friedensregelung sowie zu den Pariser Verträgen vom 23. Oktober 1954 erläutert worden seien. Dabei habe er „zwar einerseits auf die für uns bestehenden rechtlichen Probleme nachdrücklich hingewiesen, es auf der anderen Seite aber nicht für richtig gehalten, jeglichen Handlungsspielraum der Bundesregierung in der Grenzfrage zu verneinen. Denn sollten wir den letzteren, rein negativen Standpunkt einnehmen, so würden wir damit in den Augen der Polen eine eigene Kompetenz der Bundesrepublik Deutschland in der Frage der deutsch-polnischen Grenze in Abrede stellen; wir müßten dann damit rechnen, daß die polnische Taktik sich in der Grenzfrage wieder ändert und Polen nicht mehr eine vertragliche Regelung mit der Bundesrepublik Deutschland anstrebt, sondern die Grenzfrage als durch die Abmachungen mit der Sowjetunion und der DDR entsprechend dem Potsdamer Abkommen bereits hinreichend und endgültig geregelt bezeichnet und sich im übrigen ganz auf die Macht der Tatsachen verläßt. In einer solchen Änderung der polnischen Haltung würde ich keinen Gewinn für uns erblicken können." Vgl. VS-Bd. 5793 (V 1); B 150, Aktenkopien 1970.

Thema am Vortage betonte Winiewicz, daß sich „im Zuge des Prozesses in Richtung auf Anerkennung unserer Grenze" sicherlich auch die kulturellen Beziehungen erweitern würden. Was Vereinbarungen über den Kulturaustausch anbeträfe, so sei ein besonders wichtiger Punkt die Abstimmung von Schulbüchern.

Meinen Hinweis auf den minimalen Umfang des bisherigen deutsch-polnischen Austauschs im wissenschaftlichen Bereich und unsere wesentlich intensiveren Beziehungen auf diesem Gebiet zu anderen Staaten des Warschauer Paktes widersprach Winiewicz – wiederum entgegen seiner Tendenz am Vortag – nicht mehr. Er verwies vielmehr zur Erklärung auf die besondere historische Belastung im deutsch-polnischen Verhältnis und betonte im übrigen, die polnische Seite sei dafür, „diese Beziehungen zu entfrosten", auch schon vor Aufnahme diplomatischer Beziehungen.

4) Erleichterungen im Reiseverkehr

Hierzu erklärte Winiewicz, daß meine Ausführungen zu diesem Thema am Vortage sorgfältig von den zuständigen polnischen Stellen geprüft werden würden, „weil sie den Standpunkt der Regierung Brandts widerspiegelten". Er betonte dabei erneut, die polnische Seite sei entschlossen, „den Weg der Normalisierung konsequent zu beschreiten".

5) Familienzusammenführung

Winiewicz kam von sich aus zurück auf meine Ausführungen vom Vortag, in denen ich angeboten hatte, der polnischen Seite 120 vom Deutschen Roten Kreuz zusammengestellte Härtefälle der Familienzusammenführung zur Verdeutlichung unseres Anliegens zu übermitteln.

Er bat mich, ihm diese Unterlagen zu übergeben, die von polnischer Seite sorgfältig geprüft werden würden.

6) Wirtschaftsverhandlungen

Im Zusammenhang mit Frage Erweiterung Befugnisse der Handelsvertretungen ging Winiewicz kurz auf Unterbrechung der Wirtschaftsverhandlungen ein.[5] Er unterstrich, daß nach polnischer Auffassung die wirtschaftlichen Beziehun-

---

[5] Zu den Verhandlungen zwischen der Bundesrepublik und Polen über den Abschluß eines Wirtschaftsabkommens vgl. Dok. 14, Anm. 12.
Die Verhandlungen wurden am 12. Januar 1970 wiederaufgenommen. Am 2. Februar 1970 berichtete Botschafter Böx, Warschau, der polnische Stellvertretende Außenhandelsminister Karski habe ihm „in formeller frostiger Demarche" erklärt, „daß aufgrund der Haltung der Bundesregierung und des sich daraus ergebenden Standes der deutsch-polnischen Wirtschaftsverhandlungen seine Regierung sich nicht in der Lage sehe, polnischen Delegationsleiter zur Fortsetzung seiner Aufgaben nach Bonn zu entsenden. Die Verhandlungen seien nach polnischer Auffassung zwar nicht abgebrochen, aber zunächst sine die aufgeschoben. Zur Begründung des polnischen Standpunktes führte Karski aus: Polnische Seite habe mehrfach ihre Unzufriedenheit und Enttäuschung über Verlauf und Resultat der Verhandlungen zum Ausdruck gebracht. [...] Polnische Regierung müsse feststellen, daß sich deutsche Seite von früheren Deklarationen zurückgezogen habe, nach denen neues Abkommen umfassende Zusammenarbeit ‚fördern' solle. So habe erste Prüfung der Kredite und ihrer Bedingungen ergeben, daß eine Realisierung 1970 nicht durchführbar sei. Auch die Höhe, die sich aus Zusammenhang mit Kooperationen ergeben sollte, sei unbefriedigend, vor allem, nachdem in Öffentlichkeit Mrd.-Zahlen genannt worden seien. Auch sei es bedenklich, wenn gewisse ‚Kreise in der Bundesrepublik Deutschland' Theorien aufstellten, in denen Wirtschaftsgespräche mit einer anderen Thematik verknüpft würden. Polnische Regierung habe begründete Zweifel über ‚Absichten, Ehrlichkeit und seriöse Berhandlung der Entwicklung der Wirtschaftsbeziehungen mit Polen'." Vgl. den Drahtbericht Nr. 58; VS-Bd. 8782 (III A 6); B 150, Aktenkopien 1970.

gen ein sehr wichtiger Bestandteil in der Entwicklung der bilateralen Beziehungen insgesamt seien. Leider müsse in diesem Zusammenhang gesagt werden, daß es trotz des Besuchs von Außenhandelsminister Burakiewicz in Bonn[6] zu einem Rückschritt in den Wirtschaftsverhandlungen gekommen sei. Er wolle hierauf nicht näher eingehen, da wir darüber einig seien, politische und wirtschaftliche Fragen zu trennen. Persönlich hoffe er, daß die eingetretenen Schwierigkeiten überwunden werden könnten.[7]

II. Zum Abschluß dieser ersten Gesprächsrunde betonte Winiewicz, daß die polnische Seite Atmosphäre und Verlauf des Meinungsaustauschs als konstruktiv und sachlich betrachte. Er glaube, in verschiedenen Punkten eine Annäherung der beiderseitigen Standpunkte feststellen zu können.

Er unterstrich die polnische Bereitschaft, zu einem „peace settlement" mit der Bundesrepublik Deutschland zu gelangen. Die polnische Seite wisse, daß man dafür Zeit brauche, aber sie wolle auch nichts verzögern.

Es wurde vereinbart, die Gespräche am 9. März in Warschau fortzusetzen, und daß vor dieser Runde etwa Ende Februar jede Seite der anderen einen Abkommensentwurf übermittelt.[8]

Es wurde folgende Unterrichtung der Presse vereinbart: „Die Gespräche wurden offen und sachlich geführt. Sie erwiesen sich als nützlich. Beide Seiten vereinbarten, sie in der zweiten Märzwoche in Warschau fortzusetzen."

Im übrigen unterstrich Winiewicz erneut den Wunsch der polnischen Seite, über den Inhalt der Gespräche strikte Diskretion zu wahren.

III. Meinen Eindruck möchte ich nach dieser ersten Gesprächsrunde wie folgt zusammenfassen:

Die polnische Seite ist sicherlich zu einer über die Grenzregelung hinausgehenden Verbesserung der bilateralen Beziehungen bereit. Sie mißt der Regelung der Grenzfrage absolute Priorität bei, ist sich jedoch der für uns bestehenden Schwierigkeiten bewußt. Winiewicz betonte ausdrücklich die Bereitschaft der polnischen Seite, gemeinsam mit uns Lösungsmöglichkeiten zu suchen. Wieweit dies möglich ist, wird sich in der nächsten Gesprächsrunde herausstellen.

---

6 Der polnische Außenhandelsminister Burakiewicz hielt sich vom 22. bis 24. Januar 1970 in der Bundesrepublik auf.

7 Ministerialdirigent Robert vermerkte am 3. Februar 1970 zur Unterbrechung der Verhandlungen mit Polen über den Abschluß eines Wirtschaftsabkommens: „Die noch bestehenden verhältnismäßig geringen Meinungsverschiedenheiten rechtfertigen auf keinen Fall die scharfe Kritik, die Vizeaußenhandelsminister Karski gegenüber der Handelsvertretung zum Ausdruck gebracht hat, und rechtfertigen auch nicht die Unterbrechung der Verhandlungen. Das deutsche Angebot hat zwar nicht den Charakter großzügiger Geschenke, stellt jedoch eine vernünftige, in sich ausgewogene Regelung dar, die geeignet ist, die Ausfuhr Polens nach Deutschland und die wirtschaftliche Zusammenarbeit zwischen beiden Staaten wesentlich zu fördern. [...] Die Vorwürfe des Vizeaußenhandelsministers Karski sind daher nicht sachbegründet und dürften dem Ziel dienen, uns durch politischen Druck zu weitergehenden wirtschaftlichen Konzessionen zu veranlassen. Diesem Druck sollten wir nicht nachgeben, da andernfalls unsere Verhandlungsposition Polen gegenüber erheblich verschlechtert würde und ähnliche Pressionen der anderen osteuropäischen Staaten, die Wirtschaftsverhandlungen mit uns führen wollen, dadurch geradezu provoziert würden." Vgl. VS-Bd. 8782 (III A 6); B 150, Aktenkopien 1970.

8 Staatssekretär Duckwitz übermittelte am 2. März 1970 der Handelsvertretung der Bundesrepublik in Warschau den Entwurf eines Abkommens über einen bilateralen Gewaltverzicht. Vgl. dazu Dok. 85.

In der formalen Entwicklung der Beziehungen zu uns (z. B. diplomatische Beziehungen, Kulturabkommen) nimmt die polnische Seite einen zurückhaltenden Standpunkt ein.

In der Entwicklung der praktischen Beziehungen scheint dagegen auf polnischer Seite Bereitschaft vorhanden, unseren Wünschen je nach Sachlage entgegenzukommen.

Im übrigen möchte ich auch noch einmal von mir aus betonen, daß ich strikte Wahrung der Vertraulichkeit im Interesse einer erfolgreichen Fortsetzung der deutsch-polnischen Gespräche für dringend geboten halte.

[gez.] Duckwitz

VS-Bd. 10074 (Ministerbüro)

42

Botschafter Sachs, Brüssel (EG), an das Auswärtige Amt

Fernschreiben Nr. 318   Aufgabe: 9. Februar 1970, 14.03 Uhr
Cito   Ankunft: 9. Februar 1970, 18.30 Uhr

Auch für BMWi, BMF, BML, BMBW (bitte von dort weiterleiten)

Betr.: 102. Tagung des Rates der Europäischen Gemeinschaften
       am 5./6./7. Februar 1970

I. Mit den Entscheidungen, die der Rat in Fortsetzung der Marathon-Sitzung vom 19.–22. Dezember 1969[1] in den Morgenstunden des 7. Februar getroffen hat, wird die Entwicklung fortgesetzt, die auf der Gipfelkonferenz in Den Haag[2] begonnen hat. Die Entscheidungen sind von großer Bedeutung für die weitere Entwicklung der Gemeinschaft und werden diese entscheidend beeinflussen. Es zeigte sich schon bald nach Beginn der Verhandlungen, daß die meisten Delegationen entschlossen waren, die Verhandlungen dieses Mal zum Abschluß zu bringen. Die französische Delegation zeigte sich bei der Behandlung der für sie schwierigen Frage der Erweiterung der Befugnisse des Parlaments nicht ganz so intransigent, wie ursprünglich befürchtet worden war, und zeigte sich insbesondere bereit, die Dezember-Resolution[3] als solche bestehen zu lassen. Das Interesse an der Verabschiedung der Finanzregelung schien ihre Haltung zu beeinflussen. Der für den Morgen des 7. Februar erwartete Rücktritt der italienischen Regierung[4] und die bei einer Nichteinigung in diesem Rat mit Si-

---

[1] Zur EG-Ministerratstagung vom 19. bis 22. Dezember 1969 in Brüssel vgl. Dok. 11, Anm. 3.
[2] Am 1./2. Dezember 1969 fand in Den Haag eine Konferenz der Staats- und Regierungschefs der EG-Mitgliedstaaten statt. Vgl. dazu AAPD 1969, II, Dok. 385.
[3] Vgl. dazu das Kommuniqué über den zweiten Teil der EG-Ministerratstagung vom 19. bis 22. Dezember 1969; EUROPA-ARCHIV 1970, D 50–52.
[4] Am 7. Februar 1970 trat die italienische Regierung unter Ministerpräsident Rumor zurück.

cherheit zu erwartende längere Verzögerung setzte den Rat unter starken Zeitdruck. Offenbar machte sich auch das italienische Interesse bemerkbar, die für Italien günstige Finanzregelung nicht zu gefährden. Die holländische Haltung war in jeder Phase der Verhandlungen kooperativ. So gelang es, dank der Kompromißbereitschaft aller Delegationen, in allen Fragen eine Einigung und in der Frage der Befugnisse des Parlaments einen gerade noch tragbaren Kompromiß zu erzielen.

Die Verhandlungen bewiesen im übrigen, in welchem Maße die Haager Gipfelkonferenz das Klima in der Gemeinschaft verbessert hat. Die Beratungen zeichneten sich durch die Sachlichkeit, gegenseitige Offenheit und Rücksichtnahme aus. Die Atmosphäre blieb stets freundschaftlich.

Die Verhandlungen konzentrierten sich dank der sorgfältigen Vorbereitung auf eine beschränkte Zahl von wesentlichen Fragen. Die deutschen Interessen konnten in den wesentlichen Punkten durchgesetzt werden. Dank der ruhigen und abgewogenen Verhandlungsführung der deutschen Seite gelang es insbesondere, den besonders umkämpften Plafond für die Abteilung Ausrichtung des Agrarfonds zur Annahme zu bringen. Die italienische Situation war deswegen besonders schwierig, weil Italien eine große Zahl von Forderungen zu vertreten hatte. Bei der Verhandlungsführung von Minister Moro zeigte sich oft eine gewisse Empfindlichkeit, vielleicht hervorgerufen durch die schwierige innenpolitische Situation. Die materiell wichtigsten Konzessionen, die bei dieser Ratstagung gemacht worden sind, kommen der italienischen Seite entgegen. Dies war erforderlich, um die Verabschiedung des Gesamtpakets zu sichern, da italienische Delegation schon frühzeitig mit großem Nachdruck betont hatte, die Verabschiedung des Gesamtpakets hänge von der Einigung über die wesentlichen Grundsätze der Weinmarktordnung sowie von der Regelung des Tabakbereichs ab.[5]

Als sich die Minister am 7.2. um 07.15 Uhr trennten, war ihnen die große Erleichterung anzumerken, daß es nunmehr gelungen war, in diesen schwierigen und für die Gemeinschaft so entscheidenden Fragen zu einer Einigung zu gelangen. Nunmehr ist der Weg frei, sich mit dem erforderlichen Nachdruck der Erweiterung der Gemeinschaften zuzuwenden. Diese Frage wird in den nächsten Monaten mit Vorrang behandelt werden, sie dürfte den Rat im Jahre 1970 zunehmend in Anspruch nehmen.

II. Die wesentlichen Ergebnisse der Ratstagung lassen sich wie folgt zusammenfassen:

1) Finanzregelung

Wichtigstes Ergebnis der Ratstagung ist die Verabschiedung einer Finanzverfassung für die Gemeinschaft. Die Finanzierung der Gemeinschaften wird nach einem Zeitplan zunehmend aus eigenen Einnahmen sichergestellt. Die Endphase hierfür beginnt am 1.1.1975. Zu der Einigung über die Einnahmenseite tritt nunmehr auch eine vom Rat beschlossene Regelung für die Ausgaben. Über diese war im Dezember noch nicht gesprochen worden. Hier ging es insbesondere für die deutsche Seite um die Festlegung eines Plafonds für die Abteilung Ausrichtung des Agrarfonds. Gegen diese wendete sich zeitweise mit unge-

---

5 Vgl. dazu die Beschlüsse der EG-Ministerratstagung am 21./22. April 1970 in Brüssel; Dok. 179.

wöhnlicher Schärfe Vizepräsident Mansholt. Die Hinweise von deutscher Seite, daß es sich hier um ein für Deutschland besonders wichtiges Problem handele, führten dazu, daß die Mitgliedstaaten zunehmend Verständnis für den deutschen Wunsch zeigten und sich durch die Haltung von Vizepräsident Mansholt nicht beeindrucken ließen. Dieser fürchtete offensichtlich, mit der Verabschiedung des Plafonds werde zugleich indirekt der von ihm vorgelegte Strukturplan für die Landwirtschaft[6] abgelehnt. Die Verhandlungen waren langwierig, führten aber niemals zu einer kritischen Zuspitzung und ermöglichten sogar ein Ergebnis, das die Höhe des bisherigen Plafonds von 285 Mio. RE unverändert aufrechterhält.

In Zusammenhang mit der Ausgabenregelung beriet der Rat länger über den von der holländischen Regierung vorgelegten Beschluß betreffend eine mehrjährige Finanzvorausschau. Gegen die vorgeschlagene Formulierung dieses Beschlusses wendeten sich sowohl der französische Außen-[7] als auch der französische Landwirtschaftsminister mit besonderem Nachdruck. Sie erklärten, es sei keinesfalls für sie annehmbar, wenn hiermit indirekt eine Plafondierung der Gesamtausgaben des Agrarfonds, damit also auch des Garantieteils, ermöglicht werde. Die Empfindlichkeit der französischen Seite ging so weit, daß sie dem Rat nicht einmal die Möglichkeit einräumen wollte, die finanzielle Vorausschau abzuändern, wenn der Bericht über die finanzielle Vorausschau von der Kommission nach Anhörung des Parlaments vorgelegt werde. Hier einigte man sich schließlich auf die Formel, daß der Rat den Bericht werte („apprécie"). Im übrigen wurde den Wünschen der holländischen Delegation und zugleich den Bedenken der französischen Delegation dadurch Rechnung getragen, daß in den Fällen, in denen bei einer Ausgabenkategorie die Ausgaben erheblich von der Vorausschau abweichen, die Kommission dem Rat berichten und geeignete Vorschläge zu unterbreiten habe. Die Beschränkung der Berichterstattung und der Vorschläge auf eine Ausgabenkategorie räumte die ursprünglichen Bedenken der französischen Seite aus.

Die von deutscher Seite vorgeschlagene Resolution zur Regelung des Überschußproblems wurde ohne Diskussion angenommen.

Die nach der Ratstagung vom 19.–22.12. aufgetauchten Fragen im Zusammenhang mit der Übergangsregelung für 1970 waren schon vor der Ratstagung geklärt worden. Diese Verordnung wurde – ohne Diskussion – beschlossen.

2) Stärkung der Haushaltsbefugnisse des Europäischen Parlaments

Hier ist es nach langwierigen Verhandlungen gelungen, den Beschluß des Rates vom 21./22. Dezember im vollen Wortlaut aufrechtzuerhalten und dem EP damit die letzte Entscheidungsbefugnis über diejenigen Ausgaben der Gemeinschaft zu sichern, die sich nicht zwingend aus den gemeinschaftlichen Rechtsakten ergeben. Die Aufgabe des französischen Vorbehaltes gegen die Dezember-Entschließung mußte allerdings mit einer Begrenzung des Verwaltungshaushaltes erkauft werden, die ihren Niederschlag in der Haushaltsordnung der Ge-

---

[6] Am 21. Dezember 1968 legte der Vizepräsident der EG-Kommission, Mansholt, dem EG-Ministerrat ein Memorandum zur Reform der Landwirtschaft in der Europäischen Wirtschaftsgemeinschaft (Mansholt-Plan) vor. Für den Wortlaut vgl. BULLETIN DER EG 1/1969, Sonderbeilage.
[7] Maurice Schumann.

meinschaft finden wird. Das Gesamtvolumen derjenigen Ausgaben der Gemeinschaft, die nicht durch Rechtsvorschriften der Gemeinschaften gebunden sind (z. B. Marktordnungen), wird in Zukunft gegenüber dem jeweiligen Vorjahr durch Wachstumsraten bestimmt, die die Kommission nach Anhörung der Ausschüsse für Konjunktur- und Haushaltspolitik auf Grund objektiver Merkmale festlegt. Der Steigerungssatz ist für alle Gemeinschaftsorgane bindend. Das Parlament kann die Haushaltsansätze des Rates in diesem Bereich jedoch um die Hälfte des Betrages erhöhen, der sich aus der Zuwachsrate ergibt. Falls der Rat also seinerseits mehr als die Hälfte des Steigerungssatzes in seinem Haushaltsvoranschlag verplant oder ihn sogar voll ausschöpft, so verbleibt dem EP abgesehen von Änderungen innerhalb der Ansätze immer noch das Recht, diese um die Hälfte der Wachstumsrate zu überschreiten. Außerdem ist es gelungen, daß bei einer für außergewöhnliche Ausgaben notwendig werdenden Anhebung des von der Kommission festzulegenden Satzes dieser im Einvernehmen zwischen Rat und EP erhöht werden kann.

Der Rat hat weiterhin eine Reihe von Entschließungen gefaßt, die die Kontakte zwischen ihm und dem EP in allen Haushaltsfragen wesentlich intensivieren[8] und diese auch auf den Erlaß von Rechtsakten mit finanziellen Auswirkungen ausdehnen. Schließlich wird das EP in Zukunft auch voll an der Haushaltskontrolle beteiligt.

Bei der Beratung dieses Tagesordnungspunktes war sich der Rat stets der politischen Bedeutung bewußt, die einer Stärkung der Haushaltsbefugnisse des EP für die Ratifizierung des Gesamtpakets der Dezember-Beschlüsse durch die nationalen Parlamente zukommt.

3) Tabak

Die Verhandlungen über den Tabak nahmen eine große Zeit in Anspruch. Der Rat in der Zusammensetzung der dafür zuständigen Minister tagte im allgemeinen parallel zum allgemeinen Rat in der Zusammensetzung der Außenminister. In gewissen Zeiträumen trat der Rat in der Zusammensetzung der Außenminister und der Finanzminister gemeinsam zusammen, um sich über die Fortschritte berichten zu lassen. Es gelang schließlich nach langwierigen Verhandlungen, die sich nach der Verabschiedung der Entscheidungen über die Befugnisse des Parlaments noch stundenlang hinzogen, auf der Grundlage eines Vorschlages des französischen Ernährungsministers Duhamel eine Einigung über gewisse Grundsätze herbeizuführen, die in folgenden vier Punkten zusammenzufassen ist:

---

[8] Die Entschließungen lauten: „Im Einvernehmen zwischen dem Rat und dem Europäischen Parlament müssen die nötigen Maßnahmen getroffen werden, damit auf allen Ebenen eine enge Zusammenarbeit zwischen den beiden Institutionen in bezug auf das Haushaltsverfahren gewährleistet wird, insbesondere durch die Anwesenheit des amtierenden Präsidenten oder eines anderen Mitglieds des Rates bei der Erörterung des Haushaltsplanentwurfs im Parlament. Damit das Europäische Parlament im Hinblick auf seine Stellungnahme zu gemeinschaftlichen Rechtsakten mit finanziellen Auswirkungen die nötigen Angaben besitzt, ersucht der Rat die Kommission, den Vorschlägen, die vom Rat dem Europäischen Parlament übermittelt werden, Schätzungen der finanziellen Auswirkungen dieser Rechtsakte beizufügen. Der Rat verpflichtet sich, bei der Prüfung dieser Rechtsakte engsten Kontakt mit dem Europäischen Parlament zu halten und ihm darzulegen, welche Gründe ihn gegebenenfalls bewogen haben, von der Stellungnahme des Europäischen Parlaments abzuweichen." Vgl. BULLETIN DER EG, 3/1970, S. 22 f.

a) Marktordnung

Es wurden die Grundsätze einer Marktordnung für Tabak auf der Grundlage eines Vorschlags der Präsidentschaft verabschiedet. Hier gelang es, bei dem schwierigen Problem der Beherrschung des Marktes in Ergänzung zu den vorgesehenen Kannvorschriften der Marktordnung eine Verpflichtung des Rates vorzusehen, von den Kannvorschriften Gebrauch zu machen, wenn in zwei aufeinanderfolgenden Jahren gewisse Tabakmengen interveniert worden sind. Die vorgesehenen Maßnahmen bestehen in diesem Fall in dem ganzen oder teilweisen Ausschluß einer Sorte vom Ankauf durch die Interventionsstellen oder in einer Senkung der Interventionspreise. Die Festlegung der Prozentsätze für die Auslösung dieser Maßnahmen wurde von der Präsidentschaft – offensichtlich zur Vermeidung weiterer Schwierigkeiten – nicht zur Erörterung gestellt. Die für die deutsche Seite nur schwer annehmbare Schutzklausel wurde mit einer interpretativen Erklärung beschlossen, der ein von der deutschen Seite vorbereiteter Text hinzugefügt wurde. Die deutsche Zustimmung hierzu ist in letzter Minute und auch erst dann erfolgt, als den deutschen Wünschen bei der Steuerresolution entsprochen worden war. Die für die französische Seite aus grundsätzlichen Erwägungen besonders schwierige Beschränkung der Restitutionen auf die Inzidenz des gemeinsamen Zolltarifs wurde mit der Maßgabe verabschiedet, daß in Ausnahmefällen nach dem Verwaltungsausschußverfahren Erhöhungen zugelassen sind. Auch über die besonders schwierige Frage, ob in die Marktordnung eine Bestimmung über Strukturmaßnahmen aufgenommen werden sollte, konnte Einigung erzielt werden. Hier gelang es der deutschen Seite, die Bezugnahme auf soziale Maßnahmen sowohl im Text als auch in der interpretativen Erklärung, die von der französischen Delegation vorgelegt worden war, zu streichen.

Die Texte der Verordnung müssen nunmehr ausgearbeitet und dem Rat vorgelegt werden. Bei dieser Gelegenheit muß der Rat auch über die noch offen gebliebenen Fragen entscheiden.

b) Steuerresolution

Bei der Steuerresolution war die deutsche Delegation einem starken Druck von Frankreich und den Benelux-Staaten ausgesetzt, in der Harmonisierung weiter zu gehen, als es der deutschen Delegation möglich war. Die italienische Delegation dagegen war – offenbar im Hinblick auf ihre Schwierigkeiten im Monopolbereich – bereit, den deutschen Wünschen Rechnung zu tragen. Der von deutscher Seite besonders vertretene Wunsch, die Endphase erst am 1.1.1980[9] beginnen zu lassen, wurde von italienischer Seite jedoch nicht unterstützt. Die anderen Mitgliedstaaten waren übereinstimmend der Meinung, man solle sich für diesen Termin auf den 1.1.1978 einigen. Mit Rücksicht auf die Schwierigkeiten im Monopolbereich gelang es jedoch schließlich, den 1.1.1980 nach schwierigen Verhandlungen durchzusetzen. Die zweite Schwierigkeit der deutschen Delegation bestand darin, daß Bedenken gegen die Annahme der Feststellung bestanden, die Skala der festgesetzten Kleinverkaufspreise müsse den „relativen" Unterschied der Abgabepreise in angemessener Weise widerspiegeln. Die Befürchtungen betrafen die Gefahr einer Präjudizierung des Verhältnisses zwi-

---

[9] Korrigiert aus: „1970".

schen spezifischem und proportionalem Teil der Tabaksteuer in der Endphase zugunsten des proportionalem Teils. Nach langen Schwierigkeiten verzichteten die übrigen Delegationen auf das Wort „relativ". Sie gaben allerdings eine Erklärung zu Protokoll, wonach das im Text verbliebene Wort „équitable" in dem Sinne zu interpretieren sei, daß das proportionale Steuerelement in der Endphase überwiege. Dazu ist die Abgabe einer noch zu formulierenden Gegenerklärung der deutschen Seite vorgesehen.

Der italienischen Seite kam der Rat insoweit entgegen, als er ihr zubilligte, die Einführung des spezifischen Elements der Steuer spätestens bis 1.1.1973 hinauszuschieben.

c) Monopolbereich

Die unnachgiebige Haltung der italienischen Delegation in der Monopolfrage schien zeitweise nicht nur die Verabschiedung des Tabakpakets, sondern auch des gesamten zur Erörterung stehenden Pakets einschließlich der Agrarfinanzierung zu gefährden. Die Schwierigkeiten wurden im übrigen noch dadurch erhöht, daß Kommissar Sassen im Namen der Kommission mit Nachdruck auf die rechtlichen Bedenken hinwies, die sich einer Verabschiedung der Verordnung über die Monopole entgegenstellten. Sassen betonte, seit dem 1.1.1970 – und damit seit dem Übergang in die Endphase – gelte Art. 37 des Vertrages[10]. Der Rat sei rechtlich nicht in der Lage, die Anwendung von Art. 37 hinauszuzögern. Im übrigen gehe es hier nach dem Vertrage ausschließlich um Aufgaben und Verantwortungen der Kommission. Als in diesem Zusammenhang die Frage auftauchte, ob man vielleicht überhaupt auf eine Regelung des Tabakpakets verzichten sollte, wies Kommissar Sassen darauf hin, für die Anwendung des Art. 37 bedürfe es der Verabschiedung einer Marktordnung. Angesichts der Erklärungen der Kommission, daß sie sich der Verpflichtungen aus Art. 37 voll bewußt sei, und im Hinblick auf die rechtlichen Bedenken gegen die Verabschiedung einer Marktordnung einigte sich der Rat schließlich darauf, einmal eine Erklärung Frankreichs und Italiens vorzusehen, wonach diese sich verpflichten, alle notwendigen Maßnahmen zu ergreifen, um die Diskriminierungen zu beseitigen, die sich aus der Existenz der Monopole ergeben. Hierzu wird im Ratsprotokoll festgestellt, daß dies in einem vernünftigen Zeitraum zu geschehen habe. Italien hat dazu zu Protokoll erklärt, die Maßnahmen sollten so bald wie möglich erfolgen. Es wurde allerdings anerkannt, daß es dafür gesetzlicher Maßnahmen bedürfe, für die Italien vermutlich einen Zeitraum bis 1.7.1971 benötige. Ferner wurde eine Erklärung des Rates verabschiedet, wonach die Beseitigung der Ausschließlichkeitsrechte der Monopole im Bereich der Einfuhren und des Großhandels spätestens bis zum 1.1.1976 zu erfolgen hat. Hierzu wurde zugleich zu Protokoll festgestellt, daß der vorstehende Beschluß die Anwendung des Art. 37 in keiner Weise präjudiziere.

---

10 Artikel 37 des EWG-Vertrags vom 25. März 1957 (Auszug): „Die Mitgliedstaaten formen ihre staatlichen Handelsmonopole schrittweise derart um, daß am Ende der Übergangszeit jede Diskriminierung in den Versorgungs- und Absatzbedingungen zwischen den Angehörigen der Mitgliedstaaten ausgeschlossen ist. [...] Unterliegt eine Ware nur in einem oder mehreren Mitgliedstaaten einem staatlichen Handelsmonopol, so kann die Kommission die anderen Mitgliedstaaten ermächtigen, bis zur Verwirklichung der in Absatz 1 vorgesehenen Anpassung Schutzmaßnahmen zu ergreifen, deren Bedingungen und Einzelheiten sie festlegt." Vgl. BUNDESGESETZBLATT 1957, Teil II, S. 794.

9. Februar 1970: Sachs an Auswärtiges Amt 42

4.) Wein
Der Rat verabschiedete endgültig die von den Agrarministern bereits beschlossene Wein-Resolution.[11] Die französische und deutsche Reserve wurde zurückgenommen. Hinsichtlich der beiden noch nicht geklärten Fragen zu Rotwein wurde den deutschen Wünschen entsprochen. Damit ist der wesentliche materielle Inhalt der künftigen Marktordnung für Wein festgelegt. Die Kommission ist damit in der Lage, den Text einer Marktordnung für Wein auszuarbeiten und in Kürze vorzulegen, damit der Rat entsprechend der Resolution hierüber vor dem 1. April 1970 Beschluß fassen kann.

5) Gleichgewicht der Märkte
Vizepräsident Mansholt versuchte trotz allgemeiner Abneigung ganz am Ende der Ratstagung noch das Problem des Gleichgewichts der Märkte zur Erörterung zu stellen. Die kurze Erörterung beschränkte sich ausschließlich auf Zukker. Von französischer und von holländischer Seite wurde erklärt, man sei in der Lage, die Grundquote um fünf Prozent zu senken. Von deutscher Seite wurde erklärt, man werde die Fabriken schon jetzt darauf hinweisen, daß mit einer Senkung der Quoten zu rechnen sei. Man lege deutscherseits allerdings Wert darauf, daß nicht nur die Grundquote, sondern auch die Quote der „mageren Rüben" gesenkt werde. Von belgischer Seite wurde der bisherige Standpunkt, es dürfe nichts geschehen, aufrechterhalten. Präsident Mansholt bestand darauf, daß die Erörterung darüber so schnell wie möglich fortgesetzt werde. Er kritisierte heftig, daß man bisher noch nicht zu Beschlüssen des Rates gekommen sei. Die weitere Erörterung wurde auf die Ratstagung vom 16./17. Februar verschoben.[12]

Gesonderte Berichterstattung über die einzelnen Tagesordnungspunkte folgt.[13]

[gez.] Sachs

Referat I A 2, Bd. 1532

---

[11] Für die Entschließung des EG-Ministerrats vom 6. Februar 1970 über die gemeinsame Marktorganisation für Wein vgl. AMTSBLATT DER EG, Nr. C 19 vom 13. Februar 1970, S. 1–4.
[12] Botschafter Sachs, Brüssel (EG), berichtete am 19. Februar 1970, der EG-Ministerrat habe am 16./17. Februar 1970 in Brüssel die Beratungen über die Überschußsituation auf den Agrarmärkten fortgesetzt. In einzelnen Detailfragen sei eine Annäherung erreicht worden. Obwohl die EG-Kommission im kleinsten Kreis einen Kompromißvorschlag unterbreitet habe, sei es wegen der restriktiven Haltung der italienischen Regierung zu keinen Beschlüssen gekommen. Die Beratungen würden daher am 2./3. März 1970 weitergeführt. Vgl. dazu den Drahtbericht Nr. 440; Referat I A 2, Bd. 1523.
[13] Botschafter Sachs, Brüssel (EG), berichtete am 9. Februar 1970 über die Beratungen des EG-Ministerrates hinsichtlich der Stärkung der Haushaltsbefugnisse des Europäischen Parlaments. Vgl. dazu den Drahtbericht Nr. 317; Referat I A 2, Bd. 1523.
Ergänzend berichtete Sachs am 9. Februar 1970 über die Behandlung der Finanzierungsfragen im EG-Ministerrat. Vgl. dazu den Drahtbericht Nr. 325; Referat I A 2, Bd. 1537.
Mit Drahtbericht Nr. 333 informierte Sachs am 10. Februar 1970 über die Beratungen zu den Regelungen auf dem Tabaksektor. Vgl. Referat I A 2, Bd. 1537.

43

Botschafter Limbourg, z. Z. Rom, an das Auswärtige Amt

Z B 6-1-10708/70 VS-vertraulich Aufgabe: 9. Februar 1970, 18.40 Uhr[1]
Fernschreiben Nr. 122   Ankunft: 9. Februar 1970

Betr.: Besuch bei König Konstantin

König Konstantin und Königin Anne-Marie empfingen meine Frau und mich heute um 13.00 Uhr in ihrer römischen Exilvilla zum Mittagessen. Das Königspaar und wir blieben während der gesamten Begegnung unter uns. Vor Tisch bat der König mich in sein Arbeitszimmer zu einer Unterredung von nahezu einer Stunde. Das Königspaar empfing uns mit betonter Herzlichkeit; ihm war allerdings die nahezu dreijährige Exil-Zeit[2] deutlich anzumerken. Über den Gesprächen bei und nach Tisch lag ein gewisser Hauch von Traurigkeit und Heimweh.

In seiner Unterredung mit mir zeigte sich der König ruhig und gesammelt und offenbarte ein beachtliches Maß von realistischer Beurteilung der Lage. Er zeigte sich bis in die Details hervorragend informiert. Er war von großer Offenheit.

1) Er fragte mich zunächst nach meinen ersten Eindrücken und wie ich die Lage beurteile. Meiner Feststellung, daß das derzeitige Regime in Athen fest im Sattel sitze und im Augenblick mit einer Änderung der dortigen Verhältnisse nicht zu rechnen sei, stimmte er rückhaltlos zu. Es war interessant, daß seine Prognose für die Zukunft sich mit jener deckte, die Averoff mir noch vor wenigen Tagen gemacht hatte. Der König sagte, daß natürlich immer eine unvorhersehbare Situation eintreten könne. Man müsse aber bei normalem Verlauf mit einem Zeitraum rechnen[3], der vielleicht sogar 20 Jahre umfasse.

2) Gegenüber der Regierung sparte er nicht mit bitteren Vorwürfen. Seine Beurteilung einzelner Persönlichkeiten, insbesondere von Patakos, war zum Teil vernichtend. Von Papadopoulos sprach er mit beachtlichem Respekt. Er halte ihn, dem er im übrigen vor dem Putsch nie begegnet sei, für intelligent, schnell und einfallsreich. Er sei auf der anderen Seite aber ein großer Zögerer, der Entscheidungen von einiger Tragweite fürchte und in Augenblicken, auf die es ankommt, stets jemanden brauche, der ihn „pusche". An dieser Stelle erzählte mir der König, daß die Auslösung des Putsches in der Nacht vom 20. auf 21.4.1967 zunächst nicht für diesen Zeitpunkt geplant gewesen sei. Daß in dieser Nacht dann doch losgeschlagen wurde, sei vielmehr darauf zurückzuführen gewesen, daß zwei Offiziere, die nicht zum inneren Junta-Kreis gehört hätten, vom Putsch-Plan erfahren und sich noch in der Nacht bei Patakos nach der Richtigkeit der Gerüchte erkundigt hätten. Pattakos, der gefürchtet habe, die Geheimhaltung der Unternehmung sei gefährdet, habe Papadopoulos aufgefordert, sofort loszuschlagen. Dieser habe sich mit der Begründung geweigert, daß die letz-

---

[1] Hat Vortragendem Legationsrat Munz am 10. Februar 1970 vorgelegen.
[2] Konstantin II. und Anne-Marie hielten sich seit dem 14. Dezember 1967 in Rom auf.
[3] Der Passus „natürlich immer eine ... rechnen" wurde von Vortragendem Legationsrat Munz durch Ausrufezeichen hervorgehoben.

ten Vorbereitungen noch nicht beendet seien. Daraufhin habe Patakos ihm erklärt, daß er seiner Panzer-Division den für sie ausgearbeiteten Putsch-Befehl geben werde. Durch diese Haltung sei der Premierminister mitgerissen worden.

3) Die Bevölkerung sei in ihrem überwiegenden Teil gegen das Regime eingestellt. Daran ändere auch nichts die augenblicklich von ihr an den Tag gelegte ruhige und gelassene Haltung. Freie Wahlen, die dem Regime unmittelbar nach der Machtergreifung zweifellos einen überzeugenden Erfolg beschert hätten, würden ihm, fänden sie jetzt statt, eine vernichtende Niederlage beibringen. Es war interessant, daß der König nahezu die gleichen Prozentziffern (8 Prozent bis 20 Prozent) für die Regierung nannte, wie sie auch in Athen kolportiert werden. Die Griechen hätten sich stets nach einer starken Regierung gesehnt, aber sie seien nicht bereit, ihren Nacken zu beugen.

4) Die Königsfrage sei nach wie vor in der Schwebe. Nichts deute darauf hin, daß sie nach der einen oder anderen Richtung entschieden sei. Der König erklärte mit Nachdruck, daß er in sein Land zurück wolle. Er sei sich aber klar darüber, daß er vielleicht noch große Geduld zeigen müsse. Papadopoulos und die Junta wüßten, daß sie die Königsfrage nur mit ihm gemeinsam und niemals gegen ihn entscheiden könnten. Er bestätigte, daß wegen dieser Frage der Draht zwischen ihm und Athen nicht abgeschnitten sei. Erzbischof Makarios habe ihm kürzlich einen Besuch gemacht.[4] Entgegen allen Vermutungen und Presseverlautbarungen habe der zyprische Staatspräsident ihm jedoch keine Botschaft von Papadopoulos seine Rückkehr betreffend überbracht und er, der König, habe auch seinerseits Makarios keine Mitteilung an den Premierminister in dieser Frage mit auf den Weg gegeben. Makarios habe ihm aber erzählt, daß Papadopoulos ihm mit leidenschaftlicher Stimme erklärt habe, er wolle ihm unter besonderem Hinweis auf seine Priestereigenschaft und mit einem Schwur auf die Bibel versichern, daß er den König zurückholen werde.

5) Der König sagte mir, daß er für seine Rückkehr keine Bedingungen stelle. Er habe lediglich vorgeschlagen, daß er sich an jedem Ort außerhalb Griechenlands mit dem Premierminister oder einem von diesem bevollmächtigten Vertreter treffen wolle, um über das verbindliche Regierungsprogramm für die Zukunft unterrichtet[5] zu werden. Er habe weiter vorgeschlagen, über dieses Regierungsprogramm zu diskutieren, um das Beste aus ihm zu machen. Was ihm vorschwebe, sei das Wohl des griechischen Volkes und nichts anderes. Diesen Vorschlag habe er durch den Oberbefehlshaber der griechischen Streitkräfte, Generalleutnant Angelis, der kürzlich bei ihm gewesen sei, dem Ministerpräsidenten übermitteln lassen. Angelis, der ein ehrenhafter Mann sei, über großen Einfluß bei der Truppe verfüge und dem Premierminister loyal gegenüberstehe, habe diesen Vorschlag für die einzige Lösungsmöglichkeit bezeichnet. Bis jetzt habe er aber keine Reaktion aus Athen erhalten.

6) Der König hält alle Kombinationen über die Möglichkeiten einer politischen Öffnung Griechenlands nach Osten für unrealistisch. Nach den Erfahrungen, die das Land in den ersten Nachkriegsjahren mit den Kommunisten gemacht habe, könne sich keine griechische Regierung so etwas leisten. Die Regierung

---
[4] Präsident Makarios hielt sich am 18. Januar 1970 in Rom auf.
[5] Dieses Wort wurde von Vortragendem Legationsrat Munz unterschlängelt.

Papadopoulos sei hierbei in einer besonders schwierigen Lage, da sie auf die Armee besondere Rücksicht nehmen müsse. Das Offiziers-Korps werde unter keinen Umständen eine solche Politik mitmachen. Im übrigen dürfe man sich auch nicht zu dem Entschluß verleiten lassen, daß die Beförderungen und sonstigen Wohltaten, die die Offiziere zur Zeit empfingen, auf die Dauer von Gewicht wären. Er habe lange genug unter Soldaten gelebt, um zu wissen, daß die griechische Armee auch heute noch großen Idealen nachhinge und sich durch Äußerlichkeiten, wie sie zur Zeit eine Rolle spielten, auf die Dauer nicht beeindrucken lassen werde.

7) Die Europaratsfrage[6] streifte der König nur kurz, indem er sagte, daß er Athen habe wissen lassen, daß die Gerüchte, er habe die Regierungen einer Reihe von Mitgliedstaaten aufgefordert, für den Ausschluß Griechenlands zu stimmen, jeder Grundlage entbehrten. Die zukünftige Politik gegenüber Griechenland müsse so geführt werden, daß die griechische Bevölkerung keinerlei Schaden nehme. Aus diesem Grunde halte er die derzeitige Griechenlandpolitik in der EWG, die insbesondere bei der Durchführung des Assoziationsabkommens[7] große Schwierigkeiten mache, für verfehlt und gefährlich.[8]

8) Die amerikanische Politik gegenüber Griechenland sei, so sagte der König, in vielen Punkten naiv. Zweifellos sei die Sicherheitsfrage von entscheidender Bedeutung. Sie ließe aber gleichwohl noch eine Reihe anderer Möglichkeiten, insbesondere die Einwirkung auf das derzeitige Regime, zu. Er müsse aber erhebliche Zweifel anmelden, ob sich die Vereinigten Staaten auch mit wirklichem Ernst dieser Verpflichtung, die sie hätten, unterziehen wollten. Botschafter Tasca habe bisher nicht erkennen lassen, daß er nach Rom kommen wolle, um ihn zu besuchen. Als ich dem König sagte, daß mir der amerikanische Botschafter jedoch eine entsprechende Bemerkung gemacht habe, zeigte er sich sehr erleichtert, wie er überhaupt mit Genugtuung die Besuche der wenigen Botschafter in letzter Zeit erwähnte.

[gez.] Limbourg

VS-Bd. 2720 (I A 4)

---

[6] Am 12. Dezember 1969 fand in Paris eine Tagung des Ministerausschusses des Europarats statt, auf der Belgien, die Bundesrepublik, Dänemark, Großbritannien, Irland, Island, Italien, Luxemburg, die Niederlande, Norwegen und Schweden einen Antrag auf Suspendierung der Mitgliedschaft Griechenlands stellten. Der griechische Außenminister Pipinelis gab daraufhin den Austritt Griechenlands aus dem Europarat bekannt. Der Ministerausschuß interpretierte dies dahingehend, daß die griechische Regierung sich mit sofortiger Wirkung nicht mehr an den Tätigkeiten des Europarats beteiligen werde, und stellte das Suspendierungsverfahren ein. Vgl. dazu das Kommuniqué; EUROPA-ARCHIV 1970, D 25 f. Vgl. dazu auch AAPD 1969, II, Dok. 401.

[7] Für den Wortlaut des Assoziierungsabkommens zwischen der EWG und Griechenland vom 9. Juli 1961 vgl. BUNDESGESETZBLATT 1962, Teil II, S. 1143–1361.

[8] Das Europäische Parlament beschloß am 7. Mai 1969, daß aufgrund der politischen Lage in Griechenland das am 9. Juli 1961 unterzeichnete Assoziierungsabkommen nicht vollständig angewendet werden könne und daß unter den gegenwärtigen Bedingungen ein Beitritt Griechenlands ausgeschlossen sei. Das Europäische Parlament forderte außerdem eine Volksbefragung zur Wahl des Parlaments mit weitestgehenden Sicherungen für Redefreiheit, Vereinsrecht und Stimmrecht. Die EG-Kommission wurde dazu aufgefordert, keine weitere Entwicklung der Assoziierung zuzulassen, bis in Griechenland die Voraussetzungen für ein „normales demokratisches Leben" wiederhergestellt seien. Vgl. BULLETIN DER EG, 7/1969, S. 114.

44

Gespräch des Staatssekretärs Bahr, Bundeskanzleramt, mit dem sowjetischen Außenminister Gromyko in Moskau

Geheim 10. Februar 1970[1]

Viertes Gespräch von Herrn Staatssekretär Bahr mit Außenminister Gromyko am 10. Februar 1970

Von sowjetischer Seite nahmen an dem Gespräch teil: Außenminister Gromyko, Stellvertretender Außenminister Semjonow, Leiter der 3. Europäischen Abteilung Falin, Botschaftsrat Tokowinin, Botschaftsrat Krascheninikow, 2. Sekretär W. N. Smirnow als Dolmetscher.

Deutsche Teilnehmer waren: Staatssekretär Bahr, Botschafter Dr. Allardt, VLR I Sanne, BR I Dr. Peckert, LR I Dr. Stabreit, LR von Treskow, Herr Weiß als Dolmetscher.

Staatssekretär *Bahr* bedankte sich zunächst für die Einladung nach Leningrad und gab einen kurzen Bericht über das, was er dort gesehen hatte. Er fügte hinzu, dies sei eine sehr nachdenkliche Reise gewesen.

Außenminister *Gromyko* antwortete hierauf, die Russen liebten Leningrad, das ihre zweite Hauptstadt sei. Es sei die erste Stadt gewesen, in der die Revolution die Macht ergriffen habe und auch die erste Hauptstadt der Sowjetunion. (Einwurf *Krascheninikows*: Wiege der Revolution!)

Gromyko fuhr sodann fort, er habe einige Fragen, die sich auf die Thesen bezögen, die Staatssekretär Bahr ihm bei seinem letzten Gespräch[2] vorgetragen habe und zu denen er gerne noch Aufklärung haben würde. Er wolle heute noch nicht eine allgemeine Einschätzung dieser Thesen geben. Was er jedoch im Verlaufe des Gesprächs mit Staatssekretär Bahr gesagt habe, bleibe voll in Kraft. Es seien jedoch einige zusätzliche Fragen entstanden, die er als aufklärungsbedürftig ansehe. Folgende Momente seien zu präzisieren:

Unter Bezugnahme auf die erste These wolle er darauf hinweisen, daß dort nichts davon gesagt sei, daß die BRD keine irgendwie gearteten territorialen Ansprüche gegenüber irgendjemand habe. Vielleicht sei es besser, wenn der Staatssekretär jeweils einzeln auf die Fragen antworte.

Staatssekretär *Bahr* führte hierauf aus, er habe in seiner ersten These eine Formulierung gewählt, die wie folgt lautete: „Ausgehend von der gegenwärtigen Lage in Europa ...". Das sei bereits ein Teil dessen, wonach Außenminister Gromyko gefragt habe, daß nämlich die BRD keine territorialen Ansprüche erhebe.

Außenminister *Gromyko* antwortete hierauf, der Bundeskanzler habe dieses, wie von Herrn Falin zitiert, gesagt und auch er, Staatssekretär Bahr, habe es mehr-

---

[1] Durchdruck.
[2] Zum Gespräch des Staatssekretärs Bahr, Bundeskanzleramt, mit dem sowjetischen Außenminister Gromyko am 6. Februar 1970 in Moskau vgl. Dok. 40.

mals gesagt und bekräftigt. In den Thesen fehle eine solche Wendung aber überhaupt.

Staatssekretär *Bahr* führte hierzu aus, er habe das Gefühl gehabt, daß man sich über diesen Punkt einig sei. Er habe auch nichts dagegen, daß man eine solche Formulierung aufnehme. (Einwurf *Botschafters*: Das haben wir bereits im Dokument vom 3. Juli drin!³)

Außenminister *Gromyko* ergriff wiederum das Wort und fragte, ob die deutsche Seite bereit sei zu akzeptieren, daß die BRD keine territorialen Ansprüche gegenüber wem auch immer stelle und auch keine Absicht habe, solche zu erheben.

Staatssekretär *Bahr* erwiderte hierauf, er habe sich ja bereits mit dem Minister darüber unterhalten, wie schwierig es sei, die Vokabel Absicht ohne Differenzierung hineinzunehmen.

Außenminister *Gromyko* entgegnete, die sowjetische Seite kenne natürlich den deutschen Standpunkt. Die BRD erhebe heute keine Ansprüche, aber wie werde es morgen sein? Man wolle sowjetischerseits nicht in die Lage kommen, von der man bereits gesprochen habe, daß man nämlich ein Abkommen schließe, das aber nicht für morgen gelte.

Staatssekretär *Bahr* führte hierzu aus, die BRD erhebe keine territorialen Ansprüche. Sie könne aber nicht die Absicht aufgeben, eine Politik zu führen, die in Übereinstimmung mit allen Nachbarn und den Vier Mächten auf die Schaffung eines einheitlichen, friedliebenden, demokratischen Staates Deutschland gerichtet sei.

Gromyko erwiderte, das sei eine völlig andere Frage. Die Kommunisten glaubten, daß die Welt kommunistisch werde, die Produktionsmittel in die öffentliche Hand übergingen etc. Aber deshalb erhöbe niemand territoriale Ansprüche. Jeder Mensch, jeder Philosoph könne natürlich seine Meinung darüber haben, wie sich die Welt in der Zukunft gestalte.

Staatssekretär *Bahr* erklärte hierzu, er wolle Außenminister Gromyko folgende Frage stellen:

Wenn die BRD ihr Verhältnis zur Sowjetunion normalisiere, sei dann die Sowjetunion bereit, der BRD, ähnlich wie der DDR, zu sagen: In den Verträgen zwischen der DDR und der SU sei von dem Verhältnis beider Staaten die Rede (DDR–SU). Dabei heißt es, „Hauptziel" bzw. „Ziel" sei es, daß die Politik auf die staatliche Einheit eines demokratischen, friedliebenden Deutschlands gerichtet sei.⁴ Zusätzlich sei dort gesagt, daß der Vertrag außer Kraft trete, wenn die Ein-

---

3 Für den Entwurf der Bundesregierung vom 3. Juli 1969 für eine Erklärung der Bundesrepublik bzw. der UdSSR über einen Gewaltverzicht vgl. AAPD 1969, II, Dok. 219.

4 Vgl. dazu Artikel 5 des Vertrags vom 20. September 1955 über die Beziehungen zwischen der DDR und der UdSSR: „Zwischen den Vertragschließenden Seiten besteht Übereinstimmung darüber, daß es ihr Hauptziel ist, auf dem Wege entsprechender Verhandlungen eine friedliche Regelung für ganz Deutschland herbeizuführen. In Übereinstimmung hiermit werden sie die erforderlichen Anstrengungen für eine friedensvertragliche Regelung und die Wiederherstellung der Einheit Deutschlands auf friedlicher und demokratischer Grundlage unternehmen." Vgl. DzD III/1, S. 373.
Vgl. Artikel 7 des Vertrags vom 12. Juni 1964 über Freundschaft, gegenseitigen Beistand und Zusammenarbeit zwischen der DDR und der UdSSR: „Die Hohen Vertragschließenden Seiten bekräftigen ihren Standpunkt, daß angesichts der Existenz zweier souveräner deutscher Staaten – der Deutschen Demokratischen Republik und der Bundesrepublik Deutschland – die Schaffung eines friedliebenden, demokratischen, einheitlichen deutschen Staates nur durch gleichberechtigte Ver-

heit eines demokratischen, friedliebenden Deutschlands erreicht sei.[5] Warum gestehe uns die Sowjetunion das nicht zu?

Gromyko erwiderte mit der Frage, wo denn dort irgendwelche Ansprüche vorgebracht würden. Es gebe in der Welt sehr viele Vereinigungsprojekte. So kämen in afrikanischen Staaten zahlreiche solcher Pläne auf, doch sei das eine ganz andere Frage.

Staatssekretär *Bahr* antwortete hierauf, ob er die Ausführungen Gromykos so verstehen dürfte, daß die sowjetische Regierung bereit sei, beides – neben- oder miteinander – in ein Dokument aufzunehmen,

1) daß die BRD keine territorialen Ansprüche erhebe und auch nicht die Absicht habe, solche zu erheben,

2) eine ähnliche Formulierung wie im Vertrag zwischen der SU und der DDR von 1964 zur Deutschlandfrage.

(Einwurf *Semjonows*: Wollen Sie auch die anderen Punkte des Vertrages von 1964 aufnehmen? Antwort *Bahr*: Ja, wenn die DDR den Deutschlandvertrag übernimmt, dann übernehmen wir den 64er Vertrag!)

Er, Staatssekretär Bahr, habe im letzten Gespräch gesagt, wenn es keine Bezugnahme auf die Vier Mächte gebe, komme mit Sicherheit der Punkt, wo die drei Westmächte der BRD in den Arm fallen würden. Am Freitag[6], als er von dem Gespräch mit Außenminister Gromyko gekommen sei, sei ein Telegramm aus London angekommen. Danach habe Staatsminister Thomson eine Erklärung genau zu diesem Punkt abgegeben. Wir wollten offen miteinander reden. Man könne über die Formulierung sprechen, müsse aber in der Sache klar sein. Das, was die BRD mit der SU mache, behalte seinen Bezug auf die Vier-Mächte-Vereinbarung und könne sie nicht außer Kraft setzen.

Außenminister *Gromyko* entgegnete hierauf, die SU habe, als sie zum ersten Mal die Formulierung „Die BRD erhebe keine territorialen Forderungen gegen jemand", gedacht, dies sei eine Ungenauigkeit, die durch das Bestreben erklärbar sei, eine möglichst knappe Formulierung zu finden. Man habe geglaubt, daß die deutsche Seite diese Formulierung so verstehe, daß die BRD keine territorialen Ansprüche gehabt habe, habe und nicht erheben werde. Man sehe jetzt jedoch, daß diese Formulierung nicht zufällig gewählt sei. Die deutsche Formulierung beziehe sich nur auf die Gegenwart, was die Zukunft angehe, könne

---

Fortsetzung Fußnote von Seite 190

handlungen und eine Verständigung zwischen beiden souveränen deutschen Staaten erreicht werden kann." Vgl. DzD IV/10, S. 719.

[5] Vgl. dazu Artikel 6 des Vertrags vom 20. September 1955 über die Beziehungen zwischen der DDR und der UdSSR: „Der Vertrag wird bis zur Wiederherstellung der Einheit Deutschlands als friedliebender und demokratischer Staat oder bis die Vertragschließenden Seiten zu einem Übereinkommen über die Änderung oder Außerkraftsetzung dieses Vertrages gelangen Gültigkeit haben." Vgl. DzD III/1, S. 373.

Vgl. Artikel 10 des Vertrags vom 12. Juni 1964 über Freundschaft, gegenseitigen Beistand und Zusammenarbeit zwischen der DDR und der UdSSR: „Dieser Vertrag wird für die Dauer von zwanzig Jahren vom Tage des Inkrafttretens gültig sein. Wenn ihn nicht eine der Hohen Vertragschließenden Seiten zwölf Monate vor Ablauf der Geltungsdauer des Vertrages kündigt, bleibt der Vertrag weitere zehn Jahre in Kraft. Im Falle der Schaffung eines einheitlichen, demokratischen und friedliebenden deutschen Staates oder des Abschlusses eines deutschen Friedensvertrages kann dieser Vertrag vor Ablauf der Frist von zwanzig Jahren auf Wunsch jeder der Hohen Vertragschließenden Seiten überprüft werden." Vgl. DzD IV/10, S. 720.

[6] 6. Februar 1970.

sich das ändern. Die sowjetische Seite wolle, daß wir uns das überlegten. Auch wir könnten kein Interesse daran haben, daß eine Lage entstehe, in der man sehr nahe an ein Abkommen herangekommen sei und sich dann doch plötzlich nicht einigen könne. Wenn die BRD keine Ansprüche habe, so müsse das doch heißen, daß sie sie auch morgen nicht haben werde. Die sowjetische Seite wolle andererseits auch nicht eine negative Formulierung aufnehmen. Sie wolle nicht, daß die deutsche Seite ihre Vorstellungen aufgebe.

Staatssekretär *Bahr* führte hierzu aus, er verstehe, daß die Sowjetunion sicher sein wolle, daß die BRD nicht bereits morgen territoriale Ansprüche erhebe. Er seinerseits möchte sicher sein, daß die Sowjetunion nicht morgen sage, der Wunsch nach Wiedervereinigung stelle eine Verletzung des Gewaltverzichts dar. Da das nicht in einem Satz zu sagen sei, schlage er vor, zwei Sätze zu machen.

Außenminister *Gromyko* antwortete hierauf, wenn die sowjetische Seite die Möglichkeit des Abschlusses eines Gewaltverzichts und die deutsche Ansicht zur Wiedervereinigung in unmittelbare Verbindung gebracht hätte, so hätte man sich kaum getroffen. Die sowjetische Seite kenne ja die Position der deutschen Seite. Das seien aber völlig verschiedene Fragen. Er schlage vor, diese Frage völlig zu bereinigen (gemeint wahrscheinlich: wegfallen zu lassen), um zu vermeiden, daß heute ein Vertrag geschlossen werde und morgen Zwist darüber entstehe. Das sei nicht nur die sowjetische Position, sondern die Position aller sozialistischen Staaten. Die deutsche Seite wolle sicher selbst eine solche Lage nicht herbeiführen.

Staatssekretär *Bahr* entgegnete hierauf, auch er bäte die sowjetische Seite, die Frage noch einmal zu überdenken. Es sei ein ernster Punkt, an dem er große Schwierigkeiten voraussehe.

Außenminister *Gromyko* ging dann zur zweiten Frage über. Der zweite Absatz des Entwurfs des deutschen Arbeitspapiers, der folgenden Passus enthalte: „Regelung der Beziehungen zwischen der BRD und der DDR". Er habe zwei Fragen: Wie stelle sich die deutsche Seite die Bereinigung mit der ČSSR vor? Was die DDR anbetreffe, so sei hier eine andere Formulierung gebraucht worden, nämlich „Regelung der Beziehungen". Er verstehe natürlich, daß die Verträge zwischen BRD und DDR etwas anders angelegt sein müßten als andere Verträge. Aber man bespreche hier eine Variante eines Abkommens über Gewaltverzicht. Auch die Vertragsvariante BRD/DDR müsse im gleichen Zusammenhang – Gewaltverzicht – stehen. Die Idee eines breiteren Vertrages werde damit nicht ersetzt. Welche Entwicklung unsere Beziehungen mit der DDR haben würden (ein oder mehrere Verträge), sei auch der deutschen Seite noch nicht klar. Wenn zwischen BRD und DDR ein breiterer Vertrag abgeschlossen würde, so könnte er eventuell den Gewaltverzicht decken.

Eine Erklärung zum Verhältnis BRD/ČSSR fehle überhaupt. Die sowjetische Seite hätte gern die deutschen Gedankengänge präzisiert gehabt. Mit der Formulierung „als eine Einheit" sei sowjetische Seite einverstanden.

Staatssekretär *Bahr* antwortete hierauf, in der Frage des „Komplexes" sei man sich offensichtlich einig. Wenn ein Punkt aus dem Komplex herausfalle, sei dieser keiner mehr. Was das Verhältnis der DDR zur BRD angehe, so sei die BRD kooperativ. Man sei an diese Sache herangegangen unter Berücksichtigung des Entwurfs, den der Vorsitzende des Staatsrats der DDR, Walter Ulbricht, an den

Bundespräsidenten habe gehen lassen.[7] Es handele sich da um einen Entwurf, der auf eine umfangreiche Regelung des Verhältnisses der beiden deutschen Staaten gerichtet sei. Ein Artikel davon befasse sich mit dem Gewaltverzicht, das heißt mit dem Gewaltverzicht zwischen der BRD und der DDR[8], der für uns nur ein Punkt sei. Wenn Außenminister Gromyko sage, man könne auch mehrere Verträge zwischen der BRD und der DDR schließen, so wolle er entgegnen, daß man auch nur einen schließen könne. (Einwurf *Gromyko*: Einen guten! *Bahr*: Wir schließen nur gute Verträge!) Wir seien auch bereit zu einem Vertrag. Hier spiele jedoch der Zeitfaktor eine Rolle. Man könnte sagen, es sei leichter, einen Vertrag nur über den Gewaltverzicht zu schließen. Das würde aber kurzsichtig sein. Alle Grundsatzfragen des Verhältnisses zwischen den beiden deutschen Staaten würden bereits beim Gewaltverzicht auftauchen. Es wäre ein Fehler zu glauben, daß der bloße Gewaltverzicht zwischen der BRD und der DDR sehr leicht wäre.

Was die ČSSR anbetrifft, so könne er bestätigen, daß die deutsche Seite zu einem Gewaltverzicht auch mit ihr bereit sei. Dazu brauche man eine Formel für München.[9] Er habe bereits in dem Gespräch vom Freitag gesagt, eine solche Formel ließe sich in den Gesprächen mit den tschechoslowakischen Staatsmännern finden.

Er, Staatssekretär Bahr, habe noch einen dritten Punkt. Er glaube, aus den Ausführungen Gromykos herausgehört zu haben, daß der Außenminister auf einen reinen Gewaltverzicht, d. h. auf einen Gewaltverzicht zwischen der Sowjetunion und der BRD abziele. Er glaube aber auch auf der anderen Seite herausgehört zu haben, daß die sowjetische Seite die einzelnen weiteren bilateralen Gewaltverzichte zwischen der BRD und den sozialistischen Staaten auch genannt haben wolle. Als er mit Außenminister Gromyko über die Thesen gesprochen habe, habe es ein Mißverständnis gegeben. Er habe die Thesen aufgeschrieben, um einmal eine Bilanz der Gespräche zu ziehen. Worüber habe man gesprochen und wo sei man sich näher gekommen? Später habe Gromyko gesagt, es sei besser, ein Papier zu formulieren über den bilateralen Gewaltverzicht zwischen uns. Darin werde sicher weniger stehen als das, worüber man hier gesprochen habe. Wir könnten hier nur bedingt die Verhandlungen zwischen der BRD und den anderen sozialistischen Staaten vorweg nehmen.

Gromyko sagte, die sowjetische Seite sei der Ansicht, daß man die Frage von Abkommen zwischen der BRD und anderen sozialistischen Staaten als Einheit ansehen müßte. Dies sei der Grundgedanke. In dem gegebenen Stadium und ausgehend von dem Versuch, ein Arbeitsdokument auszuarbeiten, könne man

---

[7] Zum Schreiben des Staatsratsvorsitzenden Ulbricht vom 17. Dezember 1969 an Bundespräsident Heinemann sowie zum „Entwurf für einen Vertrag über die Aufnahme gleichberechtigter Beziehungen zwischen der Deutschen Demokratischen Republik und der Bundesrepublik Deutschland" vgl. Dok. 12, Anm. 11.

[8] Artikel III des Entwurfs der DDR vom 17. Dezember 1969 für einen Vertrag über die Aufnahme gleichberechtigter Beziehungen (Auszug): „Die Hohen vertragschließenden Seiten verpflichten sich, auf die Androhung und Anwendung von Gewalt in ihren gegenseitigen Beziehungen zu verzichten und untereinander alle Streitfragen auf friedlichem Wege und mit friedlichen Mitteln zu lösen." Vgl. EUROPA-ARCHIV 1970, D 192.

[9] Für den Wortlaut des Münchener Abkommens vom 29. September 1938 vgl. ADAP, D, II, Dok. 675.

sagen, beide Seiten streben nach einem Abkommen über den Gewaltverzicht zwischen der Sowjetunion und der BRD. Beide Seiten sehen dieses Bestreben und das Streben nach entsprechenden Abkommen zwischen der BRD und anderen sozialistischen Staaten als eine Einheit.

Staatssekretär *Bahr* antwortete hierauf, er wolle sich dies noch einmal überlegen.

Außenminister *Gromyko* ging darauf zu dem nächsten Absatz über. Er führte aus, in den deutschen Thesen sei davon die Rede, daß die UdSSR sich in ihren Beziehungen zur BRD von den allgemeinen Prinzipien und Zielen der UN-Satzung leiten lassen werde. Als man aber hierüber gesprochen habe, sei man doch davon ausgegangen, daß auch die BRD im Verhältnis zur Sowjetunion sich von den allgemeinen Zielen und Prinzipien der UN-Satzung leiten lasse. Hier handele es sich wohl nur um eine redaktionelle Frage.

Staatssekretär *Bahr* stimmte dem zu und führte aus, wenn man schon die Abkommen mit der Sowjetunion und den sozialistischen Ländern als einen Komplex betrachte, dann müsse man sich sagen, daß dazu auch die Stabilisierung und Entspannung der Lage Berlins gehöre. Er könne auch sagen West-Berlins.

Außenminister *Gromyko* entgegnete, die sowjetische Seite sei der Ansicht, daß Berlin nicht enthalten sein dürfe, denn die deutsche Seite wolle ja selbst nicht mit West-Berlin ein Abkommen schließen.

Außenminister Gromyko führte dann weiter aus, die nächste deutsche These laute: „Die Sowjetunion bestätigt die Verpflichtungen, die sie auf sich genommen hat." Die sowjetische Seite meine jedoch so: „Die Sowjetunion und die BRD bestätigen, daß sie in der Frage der europäischen Sicherheit, wie auch in den bilateralen Beziehungen, eine Politik betreiben werden ..." und weiter im Text. Das sei wohl eine allgemeine Formel, die auch allseitig gelten müsse. Die deutsche Seite ginge doch hierbei von den beiderseitigen Beziehungen und von der europäischen Sicherheit aus, oder sei die deutsche Seite der Ansicht, daß die Prinzipien und Ziele der Satzung der UNO nur hinsichtlich der beiderseitigen Beziehungen gültig seien?

Eingehend auf den Beginn der deutschen These „Normalisierung" fragte Gromyko, dieser Begriff habe Sinn, wenn man von den Beziehungen zweier Staaten zueinander rede, aber in Europa sei die Lage normal, es gebe keine Kriege etc. Normalisierung sei wohl nicht der richtige Terminus. Er schlage folgende Formulierung vor: „Im Kampf um die Verbesserung der Lage und die Entspannung in Europa bekräftigen die Sowjetunion und die BRD ...". Die Formulierung müsse sich also auf beide Seiten beziehen, oder sei die deutsche Seite der Ansicht, dies beziehe sich nur auf die Sowjetunion.

StS *Bahr* erklärte, die BRD habe sich doch nicht im Verhältnis zur SU auf Artikel 53/107[10] der UNO-Charta berufen. Es liege doch nur in der Natur der Sache, daß hier nur die SU etwas gebe. Wir hätten uns immer von der Charta der Vereinten Nationen leiten lassen. Nur die SU habe sich auf die Sonderartikel berufen. Deshalb sei dieser Passus so einseitig formuliert worden.

---

10 Für Artikel 53 und 107 der UNO-Charta vom 26. Juni 1945 vgl. Dok. 12, Anm. 4

Gromyko antwortete, das sei der sowjetischen Seite völlig unverständlich. Die Frage sei doch hier, von welchen Prinzipien sich beide Seiten in ihren Beziehungen und in der Frage der europäischen Sicherheit leiten ließen. Beide Seiten sollten sich leiten lassen von den Grundsätzen der Satzung der Vereinten Nationen (und er, Gromyko, hoffe, daß diese Grundsätze auch für die deutsche Seite annehmbar seien) und insbesondere von den Grundsätzen, wie sie in Artikel 2[11] ausgedrückt seien, und entsprechend in ihren Beziehungen auf Gewaltanwendung und Gewaltandrohung verzichten.

Zur territorialen Frage wolle er weiter folgendes sagen: Über die Frage der Ansprüche sei bereits gesprochen worden. Jetzt heiße es: „Die BRD und die SU respektieren die territoriale Integrität aller Staaten in Europa". Da es sich um einen Vertrag handeln solle, schlage die sowjetische Seite vor, wie folgt zu formulieren: „Die SU und die BRD verpflichten sich, die territoriale Integrität zu achten".

Was den Satz anbetreffe, daß die SU anerkenne, daß beide Staaten in Deutschland das Recht hätten, nach Wiedervereinigung zu streben, so wolle er dem nichts hinzufügen. (Einwurf StS *Bahr*: „Aber das hängt ganz eng mit dem ersten Punkt zusammen.")

Er, *Gromyko*, habe bereits gesagt, daß die These von der Wiedervereinigung in beliebiger Form unakzeptabel sei.

In einem weiteren Absatz heiße es: „Diese Beziehungen müssen besonderer Art sein ... Im übrigen gelten die allgemeinen Prinzipien des Völkerrechts." Es könne nicht unsere Aufgabe sein, die Nationen in Deutschland zu zählen; andere Nationen könnten der SU auch nicht vorrechnen, wieviele Nationen es hier gäbe. Das wisse man in der SU besser.

Im nächsten Absatz heiße es, daß sich die internationale Rolle der DDR mit der Regelung der Beziehungen zwischen den beiden Staaten in Deutschland normalisieren werde. Die sowjetische Seite könne aber der DDR nicht sagen, „Du bist noch klein, Du mußt noch wachsen, dann wird man Dich anerkennen und Dich belohnen!" Die sowjetische Meinung sei es, daß man, wenn man das Alleinvertretungsrecht aufgeben wolle, das auch sagen solle. Die deutsche Seite habe sich aber eine Reserve vorbehalten und gesagt, die Bundesrepublik sei bereit, mit der DDR Beziehungen auf der Grundlage der Gleichberechtigung und der Nichtdiskriminierung aufzunehmen. Damit sei die Frage erschöpft. Bezogen auf das Arbeitspapier könne man die Frage vereinfachen und obigen Satz ergänzen: „darunter einbezogen auch in ihren Beziehungen mit Drittländern".

StS *Bahr* entgegnete hierauf, man käme jetzt wieder an den Punkt, wo keine Klarheit mehr über den Charakter der Beziehungen herrsche. So wie er die Sache jetzt sehe, solle keines der sozialistischen Länder in dem Abkommen mit der SU erwähnt werden. Auch die DDR brauche nicht erwähnt zu werden. (Einwurf *Gromyko*: „Gut, kehren wir zu Punkt 1 zurück. Dort zählen wir die Länder auf. In einem Arbeitspapier können wir sie auch aufzählen. Trotzdem glauben wir, daß Sie hier Vorsicht zeigen, wofür es gar keinen Grund gibt." Antwort StS *Bahr*: „Dann müßte man das Wort ‚insbesondere' hinzufügen, da z. B. viel-

---

[11] Zu Artikel 2 der UNO-Charta vom 26. Juni 1945 vgl. Dok. 12, Anm. 5.

leicht auch Ungarn an dem Abschluß eines Gewaltverzichtsabkommens mit uns interessiert ist. Ich möchte mir das noch einmal überlegen.")

AM *Gromyko* fragte sodann StS Bahr, ob ihm die sowjetische Position in bezug auf die These „Wird sich auch die internationale Rolle der DDR ändern?" klar sei. Diese Frage bejahte Staatssekretär Bahr.

AM Gromyko wandte sich alsdann der Frage „Westberlin" zu. Hier gäbe es eine Menge Formulierungen, die die sowjetische Seite nicht annehmen könne. Es seien ja auch zu viele Thesen aufgeführt. Die sowjetische Seite sei nicht dagegen, daß man die Frage ernst nehme. Man müsse aber vernünftige Proportionen einhalten. Hier sei ein Aspekt wichtig: „Beide Seiten werden die territoriale Integrität Westberlins und die Grenzen von Westberlin achten."

Man könne das auch so formulieren: „Die territorialen Verpflichtungen des Abkommens werden auch für Westberlin gelten." Was die Frage Westberlin im übrigen anbetreffe, so hätten wir ja selbst gesagt, daß Verhandlungen mit den Westmächten bevorstünden. Die sowjetische Seite beabsichtige, den Vertretern der Westmächte noch heute – wahrscheinlich heute – eine Antwort zu geben, in der die Bereitschaft zur Aufnahme der Gespräche zum Ausdruck gebracht wird und in der auch entsprechend sowjetische Vorschläge unterbreitet werden.[12] Er, Gromyko, schlage vor, folgende einfache Lösung zu wählen: „Unantastbarkeit des Territoriums und Achtung der Grenzen von Westberlin."

StS *Bahr* antwortete hierauf, die Frage Westberlin werde jetzt zwischen den Vier Mächten verhandelt. Ihm sei es darauf angekommen, daß die sowjetische Regierung die deutsche Auffassung darüber kenne, zu welchem Ergebnis diese Verhandlungen führen sollten.

Auch in Berlin müsse Entspannung eintreten, wenn man zu einer Entspannung, Normalisierung der Lage in Mitteleuropa, kommen wolle. Deshalb hätten wir den Komplex mithineingenommen.

Die Frage des Verhältnisses zwischen Westberlin und der Bundesrepublik Deutschland sei zwischen uns streitig. Er, Bahr, sehe nicht, daß man hier jetzt zu einer Einigung kommen könne. Aber er schließe nicht aus, daß nach den Verhandlungen zwischen der SU und den Westmächten eine gemeinsame Formel gefunden werden könne. Er sehe den Punkt, um den es hier gehe, so: „Die Bundesregierung wird keine Bundeswehr nach Berlin schicken." In der von Außenminister Gromyko gewählten Formulierung sähe er noch Falltüren, kleine Falltüren, die sicher nicht bösartig gemeint seien. (Einwurf *Gromyko*: „Welche Falltüren, verraten Sie uns das Geheimnis." Antwort *Bahr*: „Über die Bundeswehr sind wir uns einig!" *Gromyko* lacht: „Wir hatten schon Angst, daß Sie die Bundeswehr nach Berlin schicken!" *Bahr*: „Ich habe immer geglaubt, daß die große SU vor der Bundeswehr Angst hat." *Gromyko*: „Wir haben nie geglaubt, daß Sie die Bundeswehr marschieren lassen würden.")

AM Gromyko führte aus, er sei der Meinung, die deutsche Seite hege künstliche Befürchtungen. Man solle zur Vereinfachung der Aufgabe – bezogen auf den Gegenstand des Vertrages – einfach sagen, daß sich die Verpflichtungen des Abkommens in territorialer Hinsicht auch auf Westberlin bezögen. Wegen unserer

---

[12] Zur sowjetischen Note vom 10. Februar 1970 an die Drei Mächte vgl. Dok. 51 und Dok. 55.

anderen Tätigkeit in Westberlin würden wir die sowjetische Position kennen. Eine Frage, die Territorialfrage, müsse hier klar gelöst werden. Wie die deutsche Seite selbst gesagt habe, habe diese Frage prinzipielle Bedeutung. Falltüren gäbe es hier nicht; es handele sich nur um die Frage, ob der territoriale Status hier geachtet werde oder nicht.

StS *Bahr* entgegnete hierauf, daß wir zu diesem Thema etwas weiter reden sollten, damit jeder genau wisse, was gemeint sei. Die Achtung des Status der Stadt bedeute auch, daß Berlin nicht Teil der NATO sei. Wenn der Bundespräsident zwei Tage nach Berlin komme, so sei dies andererseits keine Verletzung der territorialen Integrität Westberlins.

AM *Gromyko* entgegnete hierauf, die deutsche Seite kenne die sowjetische Einschätzung der Betätigung der BRD in Westberlin. Die sowjetische Seite nähme hier eine prinzipielle Haltung ein. Aber man wolle nicht im Zusammenhang mit dem Abschluß eines Gewaltverzichtabkommens die ganze Summe der Fragen einschließen.

Die sowjetische Seite nehme nur eine Frage heraus, die der territorialen Integrität der Grenzen. Jetzt könne die deutsche Seite ein Elektronenmikroskop nehmen und nach Fallen suchen.

StS *Bahr* antwortete hierauf, diese Antwort auf seine Frage sei sehr hilfreich.

AM *Gromyko* antwortete, dies seien soweit die Fragen, die die deutsche Seite im Zusammenhang mit ihrem Resümee aufgeworfen habe und die er hier habe anschneiden wollen. Vielleicht könne die deutsche Seite sie beim nächsten oder einem der nächsten Treffen konkreter erläutern.

Die sowjetische Seite werde sich dann über diese Erläuterungen ein Urteil machen. Dann würde die sowjetische Seite in einem der nächsten Gespräche ihre Position in vorläufiger Form darlegen, mit dem Ziel, zu einem Resümee zu kommen, damit man sehe, wo man stehe.

StS *Bahr* erklärte abschließend, er habe noch zwei Anregungen: Eine sei sehr wichtig und er wolle da noch einen Vorschlag machen. Sie beziehe sich auf die Vier Mächte. Eine zweite Überlegung wäre, ob es nicht gut sei, einen Satz für das Abkommen aufzunehmen, daß dieses Abkommen nicht die Rechte und Pflichten berühre, die sich aus zwei- oder mehrseitigen Verträgen der SU und der BRD mit Drittländern ergäben.

VS-Bd. 4625 (II A 4)

45

Aufzeichnung des Ministerialdirektors Ruete

II A 1-85.55-241/70 geheim 10. Februar 1970[1]

Betr.: Postverhandlungen mit der DDR[2]

Bezug: Aufzeichnung vom 19. Januar 1970 – II A 1-83.11-118/70 VS-v[3]

Die Postverhandlungen fanden am 30. Januar von 10.00 Uhr bis 22.00 Uhr und am 31. Januar 1970 von 10.00 Uhr bis 14.30 Uhr in Ostberlin statt. Bezüglich der Einbeziehung Berlins hat sich die Haltung der anderen Seite verhärtet. Dr. Eckner schlug zunächst folgende Bestimmung vor:

Insoweit innerhalb dieser Vereinbarung Berlin (West) berührt wird, handelt das Bundesministerium für das Post- und Fernmeldewesen der Bundesrepublik Deutschland mit Zustimmung der Regierungen der Französischen Republik, des Vereinigten Königreichs Großbritannien und Nordirland und der Vereinigten Staaten von Amerika.

Der Vorschlag wurde abgelehnt. Auch der Vorschlag, in einem gesonderten Schlußprotokoll die Einbeziehung Berlins in ähnlicher Weise festzulegen, wobei die technischen Einzelheiten zwischen den Postdirektionen abgestimmt werden sollten, wurde zurückgewiesen. Die andere Seite war lediglich bereit, mündliche Zusagen auf Vertrauensbasis zur Schaltung innerberliner Leitungen abzugeben. Dies lehnte Dr. Eckner mit dem Bemerken ab, er könne eine Vereinbarung ohne eine irgendwie geartete Berlinregelung nicht abschließen. Die andere Seite lehnte es ab, über weitere Verbesserungswünsche aus dem Arbeits-

---

[1] Die Aufzeichnung wurde von Vortragendem Legationsrat I. Klasse van Well konzipiert.
[2] Mit Schreiben vom 22. Juli 1969 bot Bundesminister Dollinger dem Minister für das Post- und Fernmeldewesen der DDR, Schulze, Verhandlungen über die Forderungen der DDR nach einem Kostenausgleich im innerdeutschen Post- und Fernmeldeverkehr an. Für das Schreiben vgl. VS-Bd. 4400 (II A 1); B 150, Aktenkopien 1969. Vgl. dazu auch AAPD 1969, II, Dok. 239.
Am 19. September bzw. 24./25. November 1969 fanden innerdeutsche Gespräche über Postfragen statt. Vortragender Legationsrat I. Klasse Lahn notierte dazu am 4. Dezember 1969, die DDR habe den Entwurf einer „Vereinbarung über die Berechnung und Verrechnung der im Post- und Fernmeldeverkehr zwischen der DDR und der Bundesrepublik gegenseitig erbrachten Leistungen" übergeben. Im Gegenzug habe das Bundesministerium für Post- und Fernmeldewesen einen eigenen Entwurf vorgelegt, „der sich zwar an den DDR-Entwurf anlehnt, aber keine völkerrechtlichen Elemente enthält". Bei den Verhandlungen seien Differenzen hinsichtlich der Höhe der rückwirkenden Zahlungen der Bundesrepublik, des Umfangs der technischen Verbesserungen im Fernmeldeverkehr sowie der Behandlung von Berlin deutlich geworden. Vgl. Referat II A 1, Bd. 1197.
[3] Ministerialdirektor Ruete vermerkte am 19. Januar 1970, die Drei Mächte hätten „zur Kenntnis genommen, daß unbeschadet der Ablehnung einer vertraglichen Regelung über die künftige Auslandsabrechnung der beiden deutschen Postverwaltungen dennoch demnächst mit den drei Westmächten nach unserer Ansicht geklärt werden muß, ob angesichts der außerordentlichen Schwierigkeiten, die sich durch den Boykott der Alliierten Abrechnungstelle AWP durch die DDR bei der Durchführung gesamtdeutscher Abrechnungen mit dem Ausland ergeben haben, an einem Fortbestand der AWP weiter festgehalten werden soll. Die Alliierten sind bereit, die Prüfung mit uns aufzunehmen, ob wir dazu in der Lage sind. Das Auswärtige Amt ist der Auffassung, daß diese Prüfung unverzüglich nach positivem Abschluß der vorgesehenen Postvereinbarung mit der DDR eingeleitet werden soll. Den Vertretern des Ostberliner Postministeriums kann informell etwas Entsprechendes zu verstehen gegeben werden." Vgl. VS-Bd. 4497 (II A 1); B 150, Aktenkopien 1970.

papier des Bundesministeriums für das Post- und Fernmeldewesen[4] zu verhandeln. Sie gab gegen Abschluß der Verhandlungen folgende Erklärung ab:

„Aufgrund Ihrer Ausführungen, daß Sie keine Kompetenzen haben, die Vereinbarung zu unterzeichnen, ohne die von Ihnen geforderte widerrechtliche Einbeziehung Westberlins, möchte ich noch einmal feststellen, wo wir in unseren Verhandlungen stehen:

1) Über den Inhalt der Vereinbarung über die Berechnung und Verrechnung der im grenzüberschreitenden Post- und Fernmeldeverkehr zwischen der Deutschen Demokratischen Republik und der Bundesrepublik Deutschland gegenseitig erbrachten Leistungen besteht Übereinstimmung. Das haben Sie selbst in der gestrigen Verhandlung zweimal ausdrücklich bekräftigt. Wir haben es zu Protokoll genommen.

2) Angesichts dieses Sachstandes haben wir Ihnen gestern und heute wiederholt erklärt, zur sofortigen Unterzeichnung der Vereinbarung bereit zu sein.

3) Allein durch Ihren Versuch, in die Verhandlung und in die abzuschließende Vereinbarung rechtswidrig die Westberlinfrage einzubeziehen, blockieren Sie zur Zeit den möglichen Abschluß der Vereinbarung.

Angesichts dessen sehe ich mich gezwungen, nochmals mit allem Nachdruck zu betonen, daß ich eine solche Anmaßung mit aller Entschiedenheit zurückweisen muß. Wie Ihnen in den Verhandlungen bereits wiederholt offiziell erklärt worden ist, können Westberlin und die die Beziehungen zwischen der Deutschen Demokratischen Republik und Westberlin betreffenden Fragen nicht Gegenstand von Verhandlungen und Vereinbarungen zwischen dem Ministerium für Post- und Fernmeldewesen der Deutschen Demokratischen Republik und dem Bundesministerium für das Post- und Fernmeldewesen der Bundesrepublik Deutschland sein.

Das inmitten und auf dem Territorium der Deutschen Demokratischen Republik gelegene Westberlin ist eine selbständige politische Einheit und war niemals Bestandteil der Bundesrepublik Deutschland und wird es niemals sein. Es darf auch nicht durch die Bundesrepublik Deutschland regiert werden.

Im Auftrage des Ministers für Post- und Fernmeldewesen der Deutschen Demokratischen Republik, Herrn Schulze, erneuere ich die Bereitschaft, die Vereinbarung über die Berechnung und Verrechnung der im grenzüberschreitenden Post- und Fernmeldeverkehr zwischen der Deutschen Demokratischen Republik und der Bundesrepublik Deutschland gegenseitig erbrachten Leistungen heute abzuschließen.

Ihr Versuch, mit rechtswidrigen Forderungen diese Verhandlungen zu belasten und den Abschluß der unterschriftsreifen Vereinbarung hinauszuschieben, kann nur so gewertet werden, daß Sie die in Tokio[5] von der Delegation der Bundesrepublik Deutschland erhobene Anmaßung, ‚alle deutschen Gebiete' zu vertreten, auch in diese Verhandlungen hineintragen wollen.

---

[4] Für das Arbeitspapier vgl. VS-Bd. 4497 (II A 1).
[5] Vom 1. Oktober bis 14. November 1969 fand in Tokio der XVI. Weltpostkongreß statt. Vgl. dazu Dok. 28, Anm. 12.

Von den Konsequenzen eines solchen Verhaltens habe ich Sie bereits in unserer gestrigen Sitzung nachdrücklich gewarnt.

Sie wissen so gut wie wir, daß es seit der Spaltung Deutschlands durch die westlichen Besatzungsmächte und die in Westdeutschland herrschenden Kreise für den grenzüberschreitenden Post- und Fernmeldeverkehr zwischen der Deutschen Demokratischen Republik und der Bundesrepublik Deutschland keinerlei Regelungen gibt und daß die Deutsche Bundespost der Bundesrepublik Deutschland seit den ersten Monaten ihres Bestehens bei der Deutschen Post der Deutschen Demokratischen Republik verschuldet ist.

Dieser unerträgliche Zustand soll anscheinend durch Ihr Verhalten andauern. Das ist unzumutbar. Ihre Regierung und Ihr Minister haben offiziell erklärt, daß sie finanzielle Verpflichtungen und Schulden haben, die nun endlich bezahlt werden müssen. Ihr Verhalten in den Verhandlungen und Ihr Versuch, Westberlin in die Verhandlungen und die Vereinbarung einzubeziehen, läßt darauf schließen, daß Sie an einem geregelten Post- und Fernmeldeverkehr zwischen der Deutschen Demokratischen Republik und der Bundesrepublik Deutschland und einer ordnungsgemäßen Vereinbarung nicht interessiert sind.

Ich mache Sie darauf aufmerksam, daß mit der weiteren Hinauszögerung der notwendigen Regelung für den Post- und Fernmeldeverkehr zwischen der Deutschen Demokratischen Republik und der Bundesrepublik Deutschland Sie die Verantwortung für alle Folgen tragen und ernste Konsequenzen entstehen können.

Was Ihren Vorschlag betrifft, nächste Woche in Bonn weiter zu verhandeln, verstehe ich ihn so, daß Sie Ihre Haltung überprüfen und verändern werden, um endlich zum Abschluß einer Vereinbarung im grenzüberschreitenden Post- und Fernmeldeverkehr zu kommen. Unter dieser Voraussetzung bin ich bereit, die Verhandlungen am Donnerstag bzw. Freitag[6] in Bonn fortzusetzen.

Ich bitte Sie, mir nach Ihrer Rückkehr nach Bonn mitzuteilen, ob diese Voraussetzungen bestehen."

Am 3. Februar 1970 fand bei dem Herrn Bundeskanzler eine Ministerbesprechung statt[7], in der Herr Minister Leber feststellte, daß die DDR auch einen Hinweis auf die Vier-Mächte-Verantwortung für Berlin offensichtlich in keiner Weise akzeptieren werde. Die andere Seite habe bei dem letzten Gespräch mit dem Abbruch der Verhandlungen gedroht, falls die Berlinfrage von uns noch einmal in irgendeiner Form hochgebracht werde. In der Ministerbesprechung wurden zwei Alternativen diskutiert:

1) Das Abkommen ohne Erwähnung Berlins abzuschließen und dann abzuwarten, ob tatsächlich der Telefon- und Telexverkehr innerhalb Berlins wieder aufgenommen wird, was dann als faktische Einbeziehung West-Berlins betrachtet werden könnte;

2) zuerst Verhandlungen auf technischer Ebene in Berlin zu führen und von deren erfolgreichem Abschluß auch den Abschluß der Postvereinbarung abhängig zu machen.

---

[6] 5. bzw. 6. Februar 1970.
[7] Vgl. dazu die Aufzeichnung des Parlamentarischen Staatssekretärs Dahrendorf; Dok. 34.

In der Ministerbesprechung wurde beschlossen, die für die Woche vom 2. bis 7. Februar 1970 vorgesehene Fortführung der Verhandlungen abzusagen und die Gespräche sine die aufzuschieben. In der Zwischenzeit sollte auf informellen Wegen in Ostberlin geklärt werden, ob Kompromißlösungen hinsichtlich der Einbeziehung Berlins möglich sind.

Nach den informellen Fühlungnahmen erhielten wir über den bekannten Kanal von der anderen Seite am 4. Februar 1970 folgende Mitteilung:

„1) Sofern in zukünftigen Verhandlungen Berlin von der Bundesrepublik Deutschland miteinbezogen werden soll, werden von der DDR keinerlei Einladungen ausgesprochen noch angenommen. Eine Einladung zu weiteren Postverhandlungen wird nur entgegengenommen, wenn vorher autorisiert über den bestehenden Kanal erklärt wird, daß Verhandlungen unter Ausschluß von Berlin (West) stattfinden.

2) Bei Einigung über diesen Punkt und Abschluß einer Vereinbarung über die Postangelegenheiten wird noch einmal ausdrücklich am Schluß mündlich erklärt, daß Forderungen gegen die Post Berlin nicht erhoben werden und sie mit der Zahlung durch die Bundespost abgegolten sind und werden. Eine Erklärung, daß Telefonschaltungen in Berlin nach positivem Abschluß der Postvereinbarungen nach weiteren Verhandlungen zustande kämen, sei bei der ersten Verhandlung in Bonn gegeben worden. Diese letztere Erklärung würde nicht mehr wiederholt werden: Es werde aber darauf hingewiesen, daß sie nicht widerrufen werden.

3) Auf meine Frage, welche weiteren Verhandlungen gemeint seien, wurde mir geantwortet:

a) die Altschuld sei offen;

b) eine Verhandlung zwischen einem Vertreter des Regierenden Bürgermeisters von Berlin[8] und den zuständigen Behörden in Berlin (Ost).

Eine Verhandlung mit der Landespostdirektion Berlin würde abgelehnt."

Nach den Feststellungen von Herrn Minister Ehmke in der Staatssekretärsbesprechung am 10. Februar 1970[9] ist nicht beabsichtigt, der DDR in nächster Zeit einen neuen Gesprächstermin vorzuschlagen. Vielmehr soll der weitere Verlauf der Gewaltverzichtsgespräche in Moskau und die sowjetische Reaktion auf den westlichen Vorschlag zu Vier-Mächte-Gesprächen zu Berlin abgewartet werden.[10]

Hiermit über den Herrn Staatssekretär[11] dem Herrn Minister[12] zur Kenntnis vorgelegt.

Ruete

VS-Bd. 4532 (II A 1)

---

[8] Klaus Schütz.
[9] Vgl. dazu Dok. 34, Anm. 4.
[10] Zur Initiative der Drei Mächte für Gespräche mit der UdSSR über Berlin (West) vgl. Dok. 2, Anm. 3. Zur sowjetischen Note vom 10. Februar 1970 an die Drei Mächte vgl. Dok. 51 und Dok. 55.
[11] Hat Staatssekretär Duckwitz am 12. Februar 1970 vorgelegen.
[12] Hat Bundesminister Scheel am 1. März 1970 vorgelegen.

46

**Staatssekretär Bahr, Bundeskanzleramt, z. Z. Moskau,
an Bundesminister Scheel**

Z B 6-1-10717/70 geheim   Aufgabe: 10. Februar 1970, 18.00 Uhr[1]
Fernschreiben Nr. 216   Ankunft: 10. Februar 1970, 17.01 Uhr
Citissime

Nur für Bundesminister und Staatssekretär[2]

Delegationsbericht Nr. 8

I. Heutiges 7. Gespräch in Delegationen dauerte von 10.30–12.20 Uhr.[3] Besprochen wurden die Thesen, die ich Gromyko [am] 6.2.[4] formlos vorgeschlagen hatte.

II. Die Diskussion drehte sich zunächst um die Frage des Zusammenhangs zwischen der Achtung der territorialen Integrität und der Absicht der Bundesregierung, eine Politik zu treiben, die auf Wiedervereinigung gerichtet ist. Gromyko legte wiederum dar, daß dies für ihn zwei verschiedene Dinge seien, die nichts miteinander zu tun hätten. Für die SU komme es ausschließlich darauf an, daß die Bundesregierung erkläre, jetzt und in Zukunft keine territorialen Ansprüche zu haben.

Ich erwiderte, die Bundesrepublik stelle keine territorialen Ansprüche. Sie wolle jedoch sicher gehen, daß die SU nicht später sage, der Wunsch nach Wiedervereinigung stelle eine Vertragsverletzung dar. Man müsse deshalb in einem Satz die Achtung der Grenzen und im zweiten Satz das Recht auf Wiedervereinigung ausdrücken, um Fehlinterpretationen auszuschließen.

Gromyko erwiderte, die Position der Bundesregierung hinsichtlich der Wiedervereinigung sei ihm bekannt. Er verhandele hier in Kenntnis unserer Haltung. Diese Frage stehe aber nicht mit den Problemen des Gewaltverzichts in Verbindung. Die Erwähnung der Wiedervereinigung im GV-Abkommen sei in jeder Form unannehmbar. Andererseits verlange die SU nicht, daß im GV-Abkommen etwas gegen die Wiedervereinigung gesagt werde.

Ich habe Gromyko gebeten, über die Frage noch einmal nachzudenken. Hier sei ein ernster Punkt, in dem ich große Schwierigkeiten voraussähe.

Gromyko ging als nächstes auf den von uns formulierten Vorschlag ein, „die Bemühungen um GV zwischen BRD und SU, zwischen BRD und Polen, die Regelung der Beziehungen zwischen BRD und DDR und die Stabilisierung und Entspannung der Lage in und um Berlin als eine Einheit zu betrachten". Er be-

---

[1] Hat Vortragendem Legationsrat I. Klasse Noebel am 10. Februar 1970 vorgelegen, der handschriftlich vermerkte: „Sonderboten. Herrn D II zum Verbleib. Doppel erhielten St.S. Duckwitz, MD Sahm."
Hat Ministerialdirektor Ruete am 11. Februar 1970 vorgelegen, der Ministerialdirigent Lahn um Rücksprache bat.
Hat Lahn am 11. Februar 1970 vorgelegen.

[2] Günther Harkort.

[3] Für das Gespräch vgl. auch Dok. 44.

[4] Zum Gespräch des Staatssekretärs Bahr, Bundeskanzleramt, mit dem sowjetischen Außenminister Gromyko am 6. Februar 1970 in Moskau vgl. Dok. 40.

anstandete, daß hier kein GV zwischen der BRD und der ČSSR aufgeführt sei und daß wir für das Abkommen mit der DDR eine andere Bezeichnung gewählt hätten. Berlin bat er zunächst zurückzustellen.

Ich antwortete, daß wir auch zu einem GV-Abkommen mit der ČSSR bereit seien und keine Zweifel hätten, in bilateralen Gesprächen mit Prag eine Formel zum Münchener Abkommen finden zu können. – Die Wahl einer anderen Formulierung für das Abkommen zwischen BRD und DDR gehe u. a. auf den Vorschlag Ulbrichts zurück, einen Vertrag zwischen den beiden Staaten in Deutschland zu schließen[5], in dem der Gewaltverzicht nur einen Artikel darstellt.

Gromyko vertiefte diese Frage nicht weiter. Es wurde jedoch Übereinstimmung darin festgestellt, daß alle GV-Abkommen als eine Einheit zu betrachten seien und daß kein einzelner Punkt aus diesem Komplex herausgebrochen werden dürfe.

Das Gespräch wandte sich dann der Frage der VN-Charta zu. Gromyko wandte sich gegen die Formel: Zur Normalisierung in Europa gehört auch, daß die SU ihr Verhältnis zur BRD nur noch von den allgemeinen Prinzipien und Zielen der Satzung der UN leiten läßt.

Er bestand darauf, eine Formel zu suchen, in der eine gleichmäßige Verpflichtung beider Staaten zum Ausdruck kommt. Er schlug schließlich eine Formel vor, die nahezu wörtlich dem von uns am 3.7.1969 übergebenen GV-Entwurf (sowjetisches Alternat)[6] entspricht: Die BRD und die SU verpflichten sich, ihre Politik im Einklang mit den Zielen und Grundsätzen der VN-Charta zu führen und sich insbesondere gemäß Art. 2 der Charta[7] in den internationalen Beziehungen der Androhung oder Anwendung von Gewalt zu enthalten.

Zu unserer Formel, daß die BRD und die SU die territoriale Integrität aller Staaten in Europa respektieren wollen, merkte er lediglich an, daß er dem Ausdruck: „verpflichten sich zu respektieren" den Vorzug geben würde.

Das Gespräch wandte sich dann noch einmal der Frage des Verhältnisses BRD–DDR zu. Gromyko lehnte den Ausdruck „eine Nation" ab. Man könne nicht in dem Abkommen aufzählen, wieviele deutsche Staaten es gebe. Die sowjetische Seite sei lediglich dazu bereit, in das Abkommen die Bereitschaft der Bundesregierung zur Herstellung gleichberechtigter Beziehungen mit der DDR und einen Hinweis auf die Aufgabe des Alleinvertretungsanspruches durch die BRD aufzunehmen.

Ich erklärte ihm, das letztere sei ganz unmöglich. Zur Berlin-Frage erklärte Gromyko, daß die vollständige Behandlung zu kompliziert sei. Für ihn gehe es darum, daß die BRD die Achtung der territorialen Integrität und der Grenzen Westberlins erkläre. Dies decke den GV-Aspekt. Über alle anderen Aspekte stünden Verhandlungen mit den Drei Mächten bevor, denen die SU heute ihre

---

5 Zum Schreiben des Staatsratsvorsitzenden Ulbricht vom 17. Dezember 1969 an Bundespräsident Heinemann sowie zum „Entwurf für einen Vertrag über die Aufnahme gleichberechtigter Beziehungen zwischen der Deutschen Demokratischen Republik und der Bundesrepublik Deutschland" vgl. Dok. 12, Anm. 11.

6 Für den Entwurf der Bundesregierung vom 3. Juli 1969 für eine Erklärung der Bundesrepublik bzw. der UdSSR über einen Gewaltverzicht vgl. AAPD 1969, II, Dok. 219.

7 Zu Artikel 2 der UNO-Charta vom 26. Juni 1945 vgl. Dok. 12, Anm. 5.

Gesprächsbereitschaft erklären werde.[8] Wie die Formel für den GV gegenüber Westberlin im einzelnen lauten solle, darüber könne man noch sprechen. Für die SU gehe es, wiederholte er, um die Achtung des territorialen Status von Westberlin.

Ich stellte Herrn Gromyko die Frage: „Ist es ihrer Meinung nach ein Bruch der territorialen Integrität, wenn der Bundespräsident für zwei Tage nach West-Berlin kommt?" Gromyko erwiderte, hier liege ein Mißverständnis vor. Mir sei doch die sowjetische Einschätzung der Tätigkeit der Bundesregierung in West-Berlin bekannt. Seine Regierung hoffe, daß die Bundesregierung diese sowjetische Haltung künftig in Betracht ziehe. Im Zusammenhang mit GV aber wünsche die SU nicht, die gesamten Probleme West-Berlins aufzuwerfen, sondern sie wolle in dem Vertrage mit uns lediglich den einen Punkt, nämlich den der beiderseitigen Achtung des territorialen Status der Stadt.

III. 1) Die kürzere Dauer zeigt, daß man zum Kern vorgedrungen ist.

2) Gromyko ist auf meine Anregung eingegangen, mittels eines Arbeitspapiers zu einer thematischen Einkreisung des Verhandlungsgegenstandes zu kommen. Die sowjetische Delegation hat in Aussicht gestellt, bis zur nächsten Sitzung[9] eigene Formulierungen zu dem Arbeitspapier mitzubringen.

3) Die Diskussion über ein Arbeitspapier ergab Fortschritte bei unverändert starrer Ablehnung jeder Erwähnung der Wiedervereinigung durch die Sowjets, jeder Erwähnung einer Aufgabe des Alleinvertretungsanspruchs durch uns.

4) Nachdem in den Gesprächen klargestellt ist, daß die Verfolgung unseres Zieles der Selbstbestimmung von sowjetischer Seite nicht als Verletzung eines GV-Abkommens betrachtet würde, könnte eine Formel befriedigend sein, daß GV nicht zwei- oder mehrseitige Verträge berührt, die SU und BRD geschlossen haben. Darin läge zugleich Bezug auf die Vier Mächte und unser Verhältnis zu den Drei Mächten. Ich habe Gromyko gebeten, eine solche Formel zu überlegen.

[gez.] Bahr

VS-Bd. 4626 (II A 4)

---

[8] Zur sowjetischen Note vom 10. Februar 1970 an die Drei Mächte vgl. Dok. 51 und Dok. 55. Die Vier-Mächte-Gespräche über Berlin begannen am 26. März 1970. Vgl. dazu Dok. 135.

[9] Für das Gespräch des Staatssekretärs Bahr, Bundeskanzleramt, mit dem sowjetischen Außenminister Gromyko am 17. Februar 1970 in Moskau vgl. Dok. 59.

47

Gespräch des Bundesministers Scheel
mit dem algerischen Außenminister Bouteflika in Brüssel

I B 4-82.00-90.09-69¹/70 geheim 11. Februar 1970[1]

Der Bundesminister des Auswärtigen traf am 11. Februar 1970 in der Residenz des algerischen Botschafters in Brüssel[2] zu einem knapp zweistündigen Gespräch unter vier Augen mit dem algerischen Außenminister Bouteflika zusammen. Das Gespräch nahm (nach den Worten des Herrn Bundesministers) folgenden Verlauf:

Außenminister *Bouteflika*: Algerien habe in der arabischen Welt eine besondere Position, die nicht mit den Thesen der Arabischen Liga identisch sei. Algerien sei aber auch ein sozialistisches Land. Das Freundschaftsverhältnis zur Bundesrepublik Deutschland, das man auch während der Zeit des Abbruchs der diplomatischen Beziehungen[3] aufrechterhalten habe, bereite Algerien mancherlei Schwierigkeiten und setze es dem Vorwurf aus, hinter anderen sozialistischen arabischen Ländern zurückzubleiben (hinsichtlich der Anerkennung der DDR). Bedauerlich sei, daß sich die wirtschaftlichen Beziehungen ungünstig entwickelten. Im Handelsaustausch bestehe ein großes Ungleichgewicht. Die deutschen Erdölbezüge aus Algerien dürften nicht gerechnet werden, denn Algerien könne sein Öl überall in der Welt verkaufen. Überdies scheine es die Bundesrepublik vorzuziehen, Erdgas aus der Sowjetunion zu beziehen.[4] Bedauerlich sei auch, daß ganz besonders die Bundesrepublik Deutschland Importrestriktionen für algerische Waren erlassen habe, mehr als andere EWG-Länder.

Algerien habe die Entwicklung in Deutschland und in Europa mit Aufmerksamkeit verfolgt. Es halte die von uns eingeleitete Entspannungspolitik für gut. Es anerkenne die mit dieser Politik verfolgten Ziele und die bisher schon in Europa erzielten Ergebnisse. Algerien müsse aber aufpassen, daß es bei diesem Prozeß, den Bonn selber eingeleitet habe, nicht abgehängt werde oder hinterherhinke. Algerien billige das Endziel der deutschen Politik, die Einheit Deutschlands wiederherzustellen und das Selbstbestimmungsrecht des deutschen Volkes zu wahren. Solange aber zwei deutsche Staaten existierten, müsse Algerien, zumal als sozialistisches Land, Beziehungen zu diesen beiden Staaten unterhalten.

Der *Bundesminister* wies zunächst die Vorwürfe Bouteflikas hinsichtlich der deutsch-algerischen Wirtschaftsbeziehungen zurück und erläuterte dann die Position der Bundesregierung in der Deutschlandfrage. Die Bundesregierung habe einen Prozeß eingeleitet, welcher dem gegenwärtigen Bestand von zwei Staaten in der deutschen Nation Rechnung trage. Die von uns angestrebten Ver-

---

[1] Die Gesprächsaufzeichnung wurde von Ministerialdirigent Gehlhoff am 12. Februar 1970 gefertigt, der handschriftlich vermerkte: „Herrn D I vorgelegt."
[2] Boualem Bessaih.
[3] Am 13. Mai 1965 brach Algerien die diplomatischen Beziehungen zur Bundesrepublik ab.
[4] Zu den Verträgen vom 1. Februar 1970 über die Lieferung von Erdgas und Röhren vgl. Dok. 23, Anm. 1.

änderungen dienten dem Frieden in Europa und sollten den Charakter der DDR allmählich verändern. Die von uns eingeleitete Politik würde aber gefährdet, wenn die schließlich erhofften Ergebnisse durch dritte Staaten gewissermaßen vorweggenommen würden. Deshalb richteten wir die Bitte an unsere Freunde, in ihrer Deutschland-Politik den Zeitfaktor zu beachten.

Außenminister *Bouteflika* entgegnete hierzu, daß bei diesem Verfahren zwar Bonn Zeit gewinne, die Araber aber Zeit verlören. Algerien könne die Anerkennung der DDR nicht lange hinausschieben. Es sei bereit, auf uns Rücksicht zu nehmen, müsse aber auch seine wirtschaftlichen Interessen beachten. Die sozialistischen Länder seien bereit, die wirtschaftliche Lücke in Algerien zu füllen. Er, Bouteflika, müsse schließlich Politik machen.

Der *Bundesminister* erklärte sein Verständnis für die algerischen Interessen. Wir aber machten deutsche Politik und müßten unsere eigenen Interessen beachten. Die Frage sei, herauszufinden, ob und wie weit gewisse Interessen übereinstimmten. Wir seien bereit, da wo Übereinstimmung bestehe, auch etwas zu tun. Die uns früher übermittelten Vorstellungen Algeriens, die gleichzeitige Aufnahme diplomatischer Beziehungen Algeriens mit Bonn und Ostberlin hinzunehmen, sei für uns nicht akzeptabel.[5]

Außenminister *Bouteflika* erkundigte sich, wie lange nach unseren Vorstellungen die Aufnahme der diplomatischen Beziehungen mit Bonn und mit Ostberlin auseinanderliegen müsse.

Der *Bundesminister* antwortete: Etwa bis zum Sommer, bis zur Mitte des Jahres müßte mit der Anerkennung Ostberlins gewartet werden. Bis dahin würde sich das Verhältnis zwischen den beiden deutschen Staaten wahrscheinlich weiterentwickelt haben.

Außenminister *Bouteflika* bezeichnete diese Verschiebung als schwierig. Die sofortige Wiederaufnahme der Beziehungen mit uns müsse ohne Konsultation mit der Arabischen Liga geschehen. Algerien gerate dadurch in einen ungeschützten Raum, in dem es nicht lange ausharren könne. Er erkundigte sich, welche Vorstellungen wir zur Überbrückung dieser Zeitdifferenz hätten. Wann könnten außerdem mit uns Verhandlungen zu diesen Themen geführt werden?

Der *Bundesminister* wies darauf hin, daß Gespräche sofort möglich seien. Es könnten Gespräche über den Ausbau der wirtschaftlichen Beziehungen geführt werden. Er werde noch an demselben Abend den Herrn Bundeskanzler unterrichten und am 12. Februar vormittags Außenminister Bouteflika in Brüssel anrufen, um ihm mitzuteilen, wann deutsche Experten in der nächsten Woche zu Gesprächen bereitstehen.[6]

---

[5] Ministerialdirigent Gehlhoff vermerkte am 21. Januar 1970, der algerische Außenminister Bouteflika habe in einem Gespräch mit dem SPD-Abgeordneten Wischnewski am 17. Januar 1970 in Algier „seine Enttäuschung darüber ausgedrückt, daß Algerien von uns nicht besser behandelt werde als jene arabischen Staaten, welche die DDR anerkannt haben. Er habe sodann erklärt, daß die algerische Regierung beschlossen habe, mit uns wieder diplomatische Beziehungen aufzunehmen, gleichzeitig aber auch die DDR anzuerkennen, mit allen Konsequenzen, die sich daraus ergeben." Vgl. VS-Bd. 2793 (I B 4); B 150, Aktenkopien 1970.

[6] Ministerialdirigent Gehlhoff vermerkte am 12. Februar 1970, Bundesminister Scheel habe am gleichen Tag das Kabinett über sein Gespräch mit dem algerischen Außenminister Bouteflika unterrichtet. Bundesminister Schiller habe zugesagt, sich für den Ausbau der Wirtschaftsbeziehungen zu Algerien, einschließlich der Kapitalhilfe, einzusetzen. Es sei beschlossen worden, am 18. Februar

Außenminister *Bouteflika* erklärte sich hiermit einverstanden, wies aber darauf hin, am besten sollte man sofort, also am 11. Februar, eine Vereinbarung über die sofortige Wiederaufnahme der Beziehungen und über den Ausbau der wirtschaftlichen Beziehungen treffen. Im übrigen müsse die algerische Regierung bei der Wiederaufnahme der Beziehungen mit uns eine Erklärung abgeben. Darin werde sie die Wiederaufnahme der Beziehungen mit uns begründen und sogleich darauf hinweisen, daß dieser Schritt nicht gegen die Interessen der sozialistischen Länder gerichtet sei. Algerien – so werde es heißen müssen – habe die Entwicklung der Verhältnisse in Europa und zwischen den beiden Teilen Deutschlands mit Aufmerksamkeit beobachtet und werde seine weitere Politik nach dem Fortschritt dieser Entwicklung ausrichten.

Auf Bitte von Bouteflika sagte der Herr Bundesminister schließlich zu, daß die Bundesregierung, solange Algerien Ostberlin nicht anerkannt habe, ihre Beziehungen mit jenen arabischen Ländern nicht wieder aufnehmen werde, welche bereits die DDR anerkannt haben.[7]

VS-Bd. 2793 (I B 4)

48

Aufzeichnung des Ministerialdirigenten Gehlhoff

I B 4-83.00-92.-66/70 geheim   11. Februar 1970

Betr.: Koalitionsgespräch über die Nahost-Politik

I. Am 10. Februar fand im Bundeskanzleramt ein etwa 2 ½-stündiges Koalitionsgespräch über unsere Nahost-Politik statt. Unter Vorsitz des Bundeskanzlers nahmen insbesondere teil: Die Bundesminister Scheel, Schmidt, Genscher, Eppler und Ehmke, die Abgeordneten Wischnewski, StS Westphal, Mischnick, Achenbach, StS Reischl, Mattick, Borm, ferner StS Ahlers (zeitweise), die Herren Hesselbach (Bank für Gemeinwirtschaft) und Otto Kersten (DGB), vom Bundeskanzleramt MD Sahm und VLR I Ritzel, vom Auswärtigen Amt StS Duckwitz, MD Frank und MDg Gehlhoff.

Der Bundeskanzler leitete ein: Nach dem Besuch des jordanischen Ministerpräsidenten Talhouni[1] werde in Kürze der israelische Außenminister Abba Eban

---

Fortsetzung Fußnote von Seite 206
1970 eine Delegation unter Leitung des Staatssekretärs Duckwitz zu Verhandlungen mit der algerischen Regierung nach Brüssel zu entsenden. Dies sei Bouteflika noch am gleichen Tag fernmündlich mitgeteilt worden, der jedoch Einwände gegen den Tagungsort Brüssel erhoben habe. Vgl. dazu VS-Bd. 2793 (I B 4); B 150, Aktenkopien 1970.
Zu den Expertengesprächen am 23./24. Februar 1970 in Rom vgl. Dok. 78.

[7] Zu den arabischen Staaten, die 1969 diplomatische Beziehungen mit der DDR aufnahmen, vgl. Dok. 4, Anm. 5.

[1] Zum Besuch des Ministerpräsidenten Talhouni vom 25. Januar bis 2. Februar 1970 vgl. das Ge-

erwartet². Im März folge der tunesische Außenminister Bourguiba jr.³, im Frühsommer wohl König Hussein⁴; dazwischen gebe es noch Kontakte mit anderen Arabern. Es sei wichtig, daß wir bei diesen Kontakten mit derselben Stimme sprächen und nicht der eine hier, der andere dort gegensätzliche Zusagen mache. Unsere Nahost-Politik solle ausgewogen sein, das bedeute aber keineswegs Gleichgültigkeit gegenüber dem Schicksal Israels; die proklamierte „Normalisierung" unserer Beziehungen zu Israel bedeute ebensowenig eine Abwertung dieser Beziehungen, vielmehr ein anzustrebendes Ziel. Diese beiden Punkte müßten klar sein. Im übrigen würden sich unsere arabischen Beziehungen wahrscheinlich zunächst zum Maghreb enger gestalten lassen. Staatspräsident Pompidou habe bei den jüngsten Konsultationen in Paris⁵ die Haltung seiner hohen Beamten bezüglich unserer Überlegungen zur Maghreb-Politik desavouiert und eine Zusammenarbeit mit uns in diesem Raum – angesichts des sowjetischen Vordringens auch in das westliche Mittelmeer – begrüßt.

Ferner betonte der Bundeskanzler, daß die UN-Resolution vom 22.11.1967⁶ bisher von uns als die beste Grundlage für eine Friedenslösung im Nahen Osten angesehen werde, wenn sich auch die Verhältnisse seit 1967 anders entwickelt hätten. Im ganzen müßten wir auch gegenüber Israel eine Politik ohne Komplexe betreiben. Einige Pressemeldungen hätten von israelischen Befürchtungen über die Politik der Bundesregierung gesprochen. Es habe sich gezeigt, daß dies „gepflanzte" Meldungen waren. Außenminister Abba Eban habe hier ein klärendes Wort gesprochen.⁷

Bundesaußenminister Scheel erinnert an den Nahost-Passus in der Regierungserklärung.⁸ Wir streben eine ausgewogene Politik in diesem Raum an und wol-

Fortsetzung Fußnote von Seite 207
sprächs des Bundesministers Scheel mit Talhouni am 29. Januar 1970; VS-Bd. 10091 (Ministerbüro); B 150, Aktenkopien 1970.
2 Der israelische Außenminister Eban hielt sich vom 22. bis 25. Februar 1970 in der Bundesrepublik auf. Vgl. dazu Dok. 65 und Dok. 105.
3 Der tunesische Außenminister Bourguiba jr. hielt sich vom 9. bis 12. März 1970 in der Bundesrepublik auf und führte am 12. März 1970 ein Gespräch mit Bundeskanzler Brandt. Im Mittelpunkt standen die Situation im Nahen Osten und Nordafrika, die Ausrüstungs- und Kapitalhilfe für Tunesien und die Ostpolitik. Für die Gesprächsaufzeichnung vgl. Bundeskanzleramt, AZ: 221-30 100 (56), Bd. 34; B 150, Aktenkopien 1970.
4 König Hussein hielt sich vom 16. bis 19. Dezember 1970 in der Bundesrepublik auf. Für das Gespräch mit Bundeskanzler Brandt am 16. Dezember 1970 vgl. Dok. 604.
5 Für die deutsch-französischen Konsultationsgespräche am 30./31. Januar 1970 in Paris vgl. Dok. 29–31.
6 Zur Resolution Nr. 242 des UNO-Sicherheitsrates vom 22. November 1967 vgl. Dok. 4, Anm. 8.
7 Botschafter Knoke, Tel Aviv, berichtete am 23. Januar 1970, der israelische Außenminister Eban habe in einem Interview mit der Tageszeitung „Jerusalem Post" vom gleichen Tag auf die Frage, ob er eine veränderte Haltung des Bundeskanzlers Brandt im Vergleich zu dessen Vorgängern erwarte, geantwortet: „Some of our newspapers rushed prematurely to that assumption. There is nothing so far to support it. The fact that the new government initiated the official invitation to me is promising. So is the German posture in the Brussels common market talks. So is the public response to Israel's problems. I agree with Ben Natan that the indication is of continuity, rather than tangential change." Vgl. den Drahtbericht Nr. 69; Referat I B 4, Bd. 458.
8 Bundeskanzler Brandt erklärte am 28. Oktober 1969 im Bundestag: „Unter den gegenwärtigen Spannungsherden ist der Konflikt im Nahen Osten besonders besorgniserregend. Die Bundesregierung meint, daß es im Interesse der betroffenen Völker läge, eine Lösung zu finden, wie sie in der Entschließung des Sicherheitsrates der Vereinten Nationen vom 22. November 1967 angeboten wurde. Wir wünschen gute Beziehungen zu allen Staaten dieser Region und bestätigen zugleich die Entschlossenheit, keine Waffen in Spannungsgebiete zu liefern." Vgl. BT STENOGRAPHISCHE BERICHTE, Bd. 71, S. 32.

len gute Beziehungen zu allen Nahoststaaten. Bekräftigung unseres Grundsatzes, keine Waffen in Spannungsgebiete zu liefern. Wir wollen unsere Beziehungen zu den Arabern normalisieren, gewiß nicht auf Kosten Israels. Diplomatische Beziehungen zu fünf von vierzehn arabischen Staaten[9] seien zu wenig. Gegenwärtig bestehe im Nahen Osten für uns und vielleicht auch für den ganzen Westen ein Vakuum, das sich lediglich zugunsten der Sowjetunion auswirke. Der Besuch von Ministerpräsident Talhouni sei gut verlaufen und im Termin gut geplant gewesen. Talhouni habe in den Gesprächen einen sehr gemäßigten und seriösen Eindruck gemacht. Herr Wischnewski habe kürzlich Kontakt mit einem ägyptischen Kabinettsmitglied gehabt, das Interesse an der Normalisierung des Verhältnisses zu uns bekundet habe.[10] Auch Syrien habe kürzlich in aller Stille wirtschaftliche Boykottmaßnahmen gegen uns aufgehoben.[11]

Die arabische Politik müsse allerdings im Zusammenhang mit unserer Deutschland- und Ostpolitik gesehen werden. In den fünf Ländern, welche die DDR anerkannt haben[12], könnten wir deshalb vorläufig nur das allgemeine Klima verbessern. Die Wiederherstellung der diplomatischen Beziehungen sollte, wenn möglich, zunächst mit den anderen arabischen Staaten angestrebt werden. Allerdings sei hierbei das Gewicht Kairos und der Arabischen Liga zu beachten. Zu bedenken sei auch, daß die DDR und die Sowjetunion stark gegen uns im Nahen Osten arbeiteten.

---

[9] Die Bundesrepublik unterhielt diplomatische Beziehungen zu Libyen, Marokko, Tunesien, Jordanien und der Arabischen Republik Jemen.

[10] Der SPD-Abgeordnete Wischnewski traf sich am 23. November 1969 in Zürich mit dem ägyptischen Außenhandelsminister Zaki. Wischnewski teilte Bundesminister Scheel am 19. Dezember 1969 dazu mit, Zaki habe unter Verwendung „einer schriftlichen Unterlage, die offensichtlich mit dem Staatspräsidenten der VAR abgestimmt war", folgendes ausgeführt: „1) Die VAR geht aus von einer veränderten Politik der Bundesrepublik gegenüber den arabischen Ländern aufgrund der Regierungserklärung des Herrn Bundeskanzlers. [...] 2) Man erwartet, daß die Bundesrepublik sich für die Aufgabe der von Israel nach dem 5. Juni 1967 besetzten Gebiete verwendet. 3) Der Minister wies noch einmal auf die Waffenlieferungen der Bundesrepublik an Israel hin, insbesondere deshalb, weil auch hier vorher erklärt worden sei, daß man keine Waffenlieferungen wolle, es aber jedoch heimlich getan habe. Besonders in dieser Frage müsse absolute Klarheit herrschen. 4) Die Regierung der VAR betrachtet den Dialog zur Aufnahme der diplomatischen Beziehungen als begonnen. Er müsse fortgesetzt werden und natürlich mit den anderen arabischen Staaten abgestimmt werden. 5) Zu einem gewissen Zeitpunkt müsse zu diesem Dialog auch die Arabische Liga eingeschaltet werden. Einige Länder der arabischen Welt wären sicher daran interessiert, die Beziehungen mit der Bundesrepublik wiederaufzunehmen, hätten aber noch Angst vor der VAR. Durch die veränderte Haltung der VAR würde für diese Länder eine neue Situation entstehen." Er, Wischnewski, habe zugesagt, die Bundesregierung davon zu unterrichten, und erklärt, „daß auch die Bundesregierung die Aufnahme des Dialogs zwischen der VAR und der Bundesrepublik begrüße und daß das Gespräch in Zürich mit ausdrücklicher Zustimmung des Herrn Bundeskanzlers und des Herrn Außenministers stattfindet". Vgl. VS-Bd. 2810 (I B 4); B 150, Aktenkopien 1969.

[11] Botschaftsrat Mirow, Damaskus, teilte am 31. Dezember 1969 mit: „Syrisches Wirtschaftsministerium erließ Hausverfügung, wonach Bundesrepublik nicht mehr als Aggressionsstaat zu werten sei (im Gegensatz zu USA und Großbritannien). Erste praktische Folge: Lizenzausgabe für deutsche Kraftwagen nunmehr wieder unbeschränkt. Für andere Güter wird mit entsprechenden Maßnahmen gerechnet. Ähnlich wie bei Aufhebung des Flaggenboykotts wird Verfügung nicht veröffentlicht, um Gegner Auflockerung nicht zu reizen. Verfügung hat aber sofortige Wirkung zugunsten unseres Exports. Hiesige Freunde werten diesen Schritt als weitere bewußte Geste syrischer Regierung für Verbesserung der Beziehungen mit Bundesrepublik." Vgl. den Drahtbericht Nr. 176; Referat III B 6, Bd. 622.

[12] Zu den arabischen Staaten, die 1969 diplomatische Beziehungen mit der DDR aufnahmen, vgl. Dok. 4, Anm. 5.

Schließlich der schwierige Faktor Israel. Die Israelis haben, im Gegensatz zu den Arabern, sehr konkrete und präzise Wünsche: Es gehe um unsere laufende Wirtschaftshilfe, um Ausnutzung bestimmter Guthaben für Rüstungskäufe in den USA, die Umschuldung bisheriger Entwicklungskredite und schließlich das „humanitäre" Problem (Wiedergutmachung von Gesundheitsschäden).[13]

Wenn wir allerdings Israel in größerem Umfang als bisher Kredite gäben, würde alle Welt sagen, dies sei nur eine andere Form der Waffenlieferung. Deshalb müsse eindeutig gelten: Keine Mark an Israel, die nicht offen vertreten werden könne. Mithin auch keine verstärkte Devisenhilfe, d. h. Unterstützung mittels der USA-Guthaben. Das humanitäre Problem sei gesondert zu betrachten. Unsere laufende Wirtschaftshilfe solle wie bisher geleistet werden. Hierbei müßten wir uns klar machen: Der Grundsatz der Ausgewogenheit würde eine insgesamt vielfache Summe für die Araber bedeuten. Allein deshalb könne man in der Praxis schwer von ausgewogener Politik sprechen.

Bundesminister Schmidt gibt einen Überblick über die militärpolitische Lage im Nahen Osten. Die Einwirkungsmöglichkeiten der Vier Mächte und der UN seien gering. Deshalb sei eine weitere Eskalation und der Ausbruch eines neuen Krieges durchaus möglich. Die arabische Seite sei materiell und personell weit überlegen, in der Führung aber stark unterlegen. Die Zeit arbeite für die Araber. Israel besitze die Vorteile der inneren Verteidigung und Kommunikation. Es sei besser organisiert und geführt. In einem Konflikt in nächster Zeit würde Israel voraussichtlich nochmals Sieger werden, aber unter weit größeren Verlusten. Im übrigen sei nicht zu vergessen, daß Israel an der Schwelle zur atomaren Macht stehe, wenn es diese Schwelle nicht schon überschritten habe.

Herr Hesselbach erinnert daran, daß die Bemühungen um Israel am Anfang unserer Außenpolitik und unserer internationalen Anerkennung gestanden haben. Es sei richtig, daß wir eine Politik ohne Komplexe betreiben müssen. Für Israel sei auch wichtig, Freunde zu haben, die mit den Arabern sprechen können. Das eigentliche Problem beginne bei der Formel „Normalisierung der Beziehungen zu den Arabern nicht auf Kosten Israels". Was bedeutet dies konkret? In Israel seien mancherlei Befürchtungen über den Kurs der Bundesrepublik entstanden. Wir müßten Stetigkeit in unsere Politik bekommen, es dürfe keine Politik der ständigen Wechselbäder sein.

Die Wirtschafts- und Finanzlage Israels sei angesichts der außerordentlich hohen Verteidigungslasten sehr angespannt. Wir müßten unseren Beitrag zum Überleben Israels leisten. Wie, sei zu überlegen. Die Ausnutzung der USA-Guthaben sei sicherlich kein unbedingt notwendiger, aber auch kein unmöglicher Weg.

Herr Wischnewski führt aus, hinsichtlich unserer Deutschland-Politik stehen wir in diesen Tagen und Stunden vor einer besonders komplizierten Situation an mindestens drei arabischen Plätzen (Algier[14], Beirut[15], Tripolis[16]). (Der Bundes-

---

[13] Zur Frage finanzieller Leistungen an Israel vgl. zuletzt Dok. 22 und 25.

[14] Vgl. dazu das Gespräch des Bundesministers Scheel mit dem algerischen Außenminister Bouteflika am 11. Februar 1970 in Brüssel; Dok. 47.

[15] Botschaftsrat Nowak, Beirut, übermittelte am 27. Januar 1970 vertrauliche Informationen, wonach Präsident Hélou, obwohl dieser sich noch kürzlich gegen eine Anerkennung der DDR ausgesprochen

kanzler ergänzt: wohl auch in Sanaa[17]). Vor allem hinsichtlich unserer Stellung in Libyen dürften wir uns keinen Hoffnungen hingeben. In dieser Situation sollte der Besuch von Abba Eban deshalb nicht mit irgendwelchen spektakulären Dingen verbunden sein. Seine Meinung zu den vier konkreten Punkten: Eine wirklich großzügige Schuldenregelung (damit das Problem nicht in jedem Jahr von neuem behandelt werden müsse); eine laufende Wirtschaftshilfe von 140 Mio. DM für 1970 sei bereits ein beträchtliches Entgegenkommen; in der „humanitären" Frage müßten wir großzügig sein; vor Verwendung der USA-Guthaben zugunsten Israels könne er nur ausdrücklich warnen, da dies praktisch einer Lieferung von Waffen gleichkäme.

StS Westphal weist darauf hin, daß Außenminister Abba Eban der Letzte sei, der gegen gute Beziehungen zu den arabischen Staaten Einwände erheben würde. Wir müßten aber gut vorbereiten, was Abba Eban bei seinem Besuch präsentiert werden könne. Unbestritten sei der Grundsatz „keine Waffen in Spannungsgebiete", also auch nicht an Israel. Wir sollten eine Zusage über langfristige Fortsetzung unserer bisherigen Wirtschaftshilfe geben. Wenn eine Erhöhung unserer Kredite nicht möglich sei, müßten andere, nämlich politische Dinge gemacht werden. Er denke insbesondere an ein klares, d.h. verurteilendes Wort zu den Terrorakten der Fatah sowie an ein klärendes Wort hinsichtlich unserer Haltung zu der UN-Resolution vom 22.11.1967, die im allgemeinen lediglich als ein Aufruf zum Rückzug aus den besetzten Gebieten verstanden werde.

Der Bundeskanzler wirft ein, mit Abba Eban ließe sich zweifellos ein nüchternes Gespräch führen, aber auch auf israelischer Seite gebe es schwierige Kunden. Geheime Dinge würden zu geeigneter Zeit durchsickern. Unsere Leistungen oder Erklärungen an die israelische Seite würden von dieser pointiert in Rund-

---

Fortsetzung Fußnote von Seite 210
habe, „in absehbarer Zeit um eine Entscheidung zugunsten eines solchen Schrittes" nicht herumkommen werde. Vgl. den Drahtbericht Nr. 44, VS-Bd. 2815 (I B 4); B 150, Aktenkopien 1970.

16 Botschafter Turnwald, Tripolis, berichtete am 4. Februar 1970 von Angriffen in der regierungseigenen Tageszeitung „Al Thawra" gegen die Politik der Bundesregierung gegenüber Israel: „Es kann davon ausgegangen werden, daß auch dieser Angriff der Zeitung auf die Bundesrepublik auf eine Initiative der hiesigen DDR-Vertretung zurückgeht. [...] Obwohl die neuerliche Veröffentlichung des erwähnten Kommentars im offiziellen Organ der libyschen Regierung nicht dramatisiert werden sollte, zeigt sie doch, daß die DDR, unterstützt von der Sowjetunion und ihren kommunistischen und arabischen Freunden, in Libyen auch weiterhin beträchtliche Anstrengungen unternimmt, die Bundesrepublik zu diffamieren und unter geschickter Ausnutzung der durch den Nahostkonflikt geschaffenen Lage ihrem Ziel, der vollen Anerkennung oder zumindest einer Aufwertung ihres Status näher zu kommen. Die ostpolitischen Initiativen der Bundesregierung und ihre Bemühungen um einen Dialog zwischen den beiden deutschen Staaten mit dem Ziel einer Entspannung des innerdeutschen Verhältnisses werden von der Gegenseite, jedenfalls in Libyen, nicht honoriert. Zwar hat die libysche Regierung dem Drängen der DDR und ihrer Freunde bisher noch nicht nachgegeben, doch ist es wenig wahrscheinlich, daß sie diese Linie auch in Zukunft durchhalten will und kann. Ich halte es deshalb für dringend geboten, jetzt eine Contingency-Planung über unsere Reaktionsmöglichkeiten auf eine volle diplomatische Anerkennung oder eine Teilaufwertung der DDR durch das libysche Revolutionsregime zu erarbeiten." Vgl. den Schriftbericht Nr. 101; Referat I B 4, Bd. 411.

17 Botschafter Vestring, Sanaa, berichtete am 8. Februar 1970, der bisherige Außenminister der Arabischen Republik Jemen, Barakat, habe ihm gegenüber erklärt, daß mit einer Anerkennung der DDR durch die neue jemenitische Regierung gerechnet werden müsse. Erst kürzlich hätten die UdSSR und die DDR in Demarchen starken Druck ausgeübt, um die Anerkennung zu erreichen. Vgl. dazu den Drahtbericht Nr. 35; VS-Bd. 2802 (I B 4); B 150, Aktenkopien 1970.

funksendungen an die arabische Adresse aufgenommen. Eines solle klar sein: Er liebe keine Erpressungen, selbst wenn sie von Freundesseite kämen. Die große Linie beim Abba Eban-Besuch müsse sein:

a) Saubere politische Erklärungen,

b) zu materiellen Fragen nur allgemeine, globale Erklärungen,

c) Einzelheiten zu materiellen Fragen später durch die Experten zu regeln.

In diesem Zusammenhang taucht der Hinweis auf (der bei einigen Teilnehmern des Koalitionsgesprächs später einen leichten Widerhall findet), daß die Bundesrepublik Deutschland bei Festhalten an ihrer „ausgewogenen" Politik in späterer Zeit doch einmal eine gewisse ausgleichende Rolle im Nahen Osten spielen könnte, zumal andere europäische und westliche Mächte sich im Nahen Osten gegenwärtig deutlich zu verbrauchen schienen.

Bundesminister Schmidt: Die Situation im Mittelmeer hat sich für den Westen in den letzten 10 bis 15 Jahren ganz enorm verschlechtert, dies sei wohl nicht zu revidieren. Der Westen habe in den 50er Jahren dicke Fehler gegenüber den Arabern begangen, nicht zuletzt beim Bau des Assuan-Dammes.[18] In der gegenwärtigen Lage sei Israel, zumindest de facto, ein wichtiger Eckpfeiler der westlichen Position im Mittelmeer. Ferner ist zu bedenken, daß in den USA immer noch mehr Juden leben als in Israel, daß unsere Israel-Politik also stets leicht auf das Verhältnis zu den USA zurückwirken könne.

Zur Ausnutzung der USA-Guthaben müsse aus fachlicher Sicht des BMVtdg gesagt werden, daß dies allenfalls vorübergehend denkbar sei. Außenpolitisch halte er diesen Weg für Unfug. Eindeutig bleibe es bei dem Grundsatz, keine Waffenlieferungen. Allerdings sollten bestehende Lieferverträge (die Bundesrepublik als Käufer) honoriert werden. Dies beziehe sich insbesondere auf die Mörserlieferungen.[19] Schließlich müsse er dringend darauf hinweisen, daß die Bundesrepublik eine nationale Erdölstrategie benötige.

Bundesminister Eppler gibt seine allgemeine Zustimmung zu den Äußerungen der Herren Scheel und Wischnewski. Zum Thema Kapitalhilfe: Wenn sie, wie dies gelegentlich gefordert werde, in den Bedingungen normalisiert, also streng projektbezogen gegeben werde, dann tauche die Frage auf, daß die Hilfe Israel nicht mehr in der benötigten Weise sofort zufließe, sondern erst im Laufe von drei bis fünf Jahren. Auf diesen Einwand der Israelis hätten wir bisher keine Antwort.

In jüngster Zeit sei die Rede von einem größeren KW[20]-Kredit an Israel. Hier müsse er zur Vorsicht mahnen. Ein KW-Kredit sei mehr oder weniger offiziell,

---

[18] Am 19. Juli 1956 zog die amerikanische Regierung ihr Angebot an Ägypten zurück, den Bau des Assuan-Staudamms finanziell zu unterstützen. Vgl. dazu EUROPA-ARCHIV 1956, S. 9122.
Am 27. Dezember 1958 unterzeichneten die VAR und die UdSSR ein Abkommen, in dem die sowjetische Seite finanzielle Unterstützung und technische Hilfe bei der Errichtung des Assuan-Damms zusagte. Dazu stellte die sowjetische Regierung der VAR am 25. Mai 1964 einen Kredit von 225 Mio. Rubel in Aussicht. Vgl. dazu EUROPA-ARCHIV 1964, Z 133, und EUROPA-ARCHIV 1965, Z 19.

[19] Die Bundesrepublik bezog seit 1960 Mörser und Mörsermunition aus Israel. Für das Jahr 1970 war die Lieferung von 70 000 Mörserpatronen vorgesehen. Für die Jahre 1972 und 1973 sollten 245 Mörser geliefert werden. Vgl. dazu AAPD 1969, II, Dok. 245 und Dok. 372.

[20] Kreditanstalt für Wiederaufbau.

und die Araber würden mit großen Forderungen an uns herantreten. Wenn also schon kommerzieller Kredit, dann tatsächlich durch Privatbanken und ohne Beteiligung der KW.

Bundesminister Scheel hielt an dem Prinzip der Ausgewogenheit unserer Nahostpolitik fest. Dies bedeute auch, die Fäden zur arabischen Seite für künftige Entwicklungen zu erhalten oder wiederherzustellen. Zweitens müsse unsere Nahostpolitik mehr politisch konzipiert werden, d. h. wir müssen klare politische Positionen beziehen und Äußerungen machen. Drittens müsse gelten, daß wir eine offene Politik machen und uns nicht in Geheimhaltungen verirren. Auch er sei kein Freund irgendwelcher Erpressungen.

Herr Hesselbach setzt sich mit dem Begriff der „Normalisierung" auseinander. „Normale" Beziehungen würden bedeuten, daß wir keine Einwände gegen die Verwendung von Teilen unserer USA-Guthaben zugunsten Israels hätten. Ohnehin sollten diese Gelder ja nicht für Waffenkäufe benutzt werden. Eine Kürzung der 140 Mio. DM zum Abba Eban-Besuch sei undenkbar (hierzu allgemeine Zustimmung der Koalitionsrunde). Ein kommerzieller Kredit an Israel ohne Beteiligung der KW sei sehr schwierig. Israel benötigte aber zusätzliche Kredite.

Herr Achenbach erinnerte an frühere Chancen, die wir vielleicht für ein Zustandebringen einer friedlichen Nahostlösung gehabt haben. Dies sei jetzt vorbei, teils wegen unserer Verluste infolge der Waffenlieferungen an Israel, teils wegen der verschärften Lage nach 1967.

Bei dem Abba Eban-Besuch sollten wir uns Äußerungen zum Fatah-Problem enthalten. Zur UN-Resolution ließe sich vielleicht ein verdeutlichendes Wort sagen. Zu den USA-Guthaben: Denkbar sei dies nur, wenn es sich hier um zwei voneinander unabhängige bilaterale Aktionen handele, wir also mit dieser Sache auf keinen Fall belastet würden.

Herr Mischnick etabliert drei Grundsätze:

a) Unsere Politik muß offen sein. Geheimabmachungen seien außenpolitisch wie innenpolitisch sehr schlecht,

b) wir geben keine Militärhilfe,

c) unsere laufende Wirtschaftshilfe von 140 Mio. DM sollte beibehalten werden.

Auch Herr Borm unterstützt, daß keine Geheimabmachungen getroffen werden dürfen.

Herr Wischnewski hält Herrn Hesselbach entgegen, nach dessen Auslegung des Begriffs „Normalisierung" dürfe Israel überhaupt keine Kapitalhilfe erhalten, denn nach Entwicklungsstand und pro Kopf-Einkommen falle es nicht in die Kategorie der Empfängerländer.

Herr Kersten (DGB) spricht sich für eine offene Israel-Politik aus, auch für ein offenes Wort zu unserer Haltung zur UN-Resolution. Hiernach werde Abba Eban sicherlich fragen. Ferner empfiehlt er den betroffenen Ressorts, sich stärker mit dem Plan eines deutsch-israelischen Jugendwerkes zu beschäftigen.

Zwischen den Herren Scheel und Westphal wird vereinbart, daß sich der Präsident der Deutsch-Israelischen Gesellschaft, Herr Benda, mit dem Auswärtigen Amt hinsichtlich der Rede abstimmen wird, die Herr Benda bei seinem Essen zu

Ehren von Abba Eban zu halten gedenkt.[21] Die Abstimmung soll mit MD Frank geschehen.

Bundesminister Scheel kündigt an, daß er künftig die Opposition und den Auswärtigen Ausschuß, zumindest dessen Vorsitzenden[22] und stellvertretenden Vorsitzenden[23], über unsere konkrete Politik im Nahen Osten unterrichten will.

Im Schlußwort äußert der Bundeskanzler, ein eigentliches Resümee sei nicht erforderlich. Das Auswärtige Amt solle ein Papier fertigen, welches auch den Koalitionsfraktionen zur Verfügung gestellt werden könne, außerdem vielleicht dem Führer der Opposition[24] und dem Vorsitzenden des Auswärtigen Ausschusses.

II. Im Ergebnis des Koalitionsgesprächs sollte Einigkeit über folgende Linie festgehalten werden:

1) Der Besuch von Außenminister Eban muß auch hinsichtlich politischer Erklärungen (evtl. Kommuniqué) gut vorbereitet werden.

2) Unsere Wirtschaftshilfe in Höhe von 140 Mio. DM wird, zumindest für 1970, fortgesetzt.

3) Die Umschuldung bisheriger Kredite gilt im Prinzip als ausgemacht, wenn Details selbstverständlich auch noch zu vereinbaren sind.

4) Die Wiedergutmachung von Gesundheitsschäden wird gesondert behandelt.

5) Die Verwendung der USA-Guthaben (oder Teile davon) zugunsten Israels kommt nicht in Betracht.

6) Strikte Beibehaltung des Grundsatzes, daß keine Waffen in das nahöstliche Spannungsgebiet geliefert werden. Ferner deutliche Abneigung der Koalitionsrunde gegen jede andere militärische Zusammenarbeit mit den Nahoststaaten, abgesehen von den Sonderfällen der bereits geschlossenen Kaufverträge mit Israel, und – nicht genau definiert – von Tunesien[25] und Marokko[26].

Der Gedanke eines kommerziellen Kredits an Israel, mit oder ohne Beteiligung der KW, wird von interessierten Kreisen gewiß weiter betrieben.

Hiermit Herrn VLR Redies – I B 4 – zur Kenntnis[27] und mit der Bitte, das vom Bundeskanzler geforderte Papier zu entwerfen. Dieses Papier sollte sich auf die allgemeinen Grundsätze erstrecken, bei den wirtschaftlichen Fragen aber nicht ins Detail gehen.[28]

Gehlhoff

VS-Bd. 2810 (I B 4)

21 Für den Wortlaut der Rede vom 23. Februar 1970 vgl. BULLETIN 1970, S. 254 f.
22 Gerhard Schröder.
23 Kurt Mattick.
24 Rainer Barzel.
25 Am 2. August 1968 sowie am 20. November 1969 schlossen die Bundesrepublik und Tunesien Abkommen über die Gewährung einer Ausrüstungshilfe über je 4 Mio. DM. Geliefert wurden schwere LKW sowie Fernmeldegeräte. Für den Wortlaut beider Abkommen vgl. Referat III A 4, Bd. 564
26 Am 14. Mai 1968 sowie am 24. Oktober 1969 schlossen die Bundesrepublik und Marokko Abkommen über die Gewährung einer Ausrüstungshilfe über je 8 Mio. DM. Für den Wortlaut beider Abkommen vgl. Referat III A 4, Bd. 779.
27 Hat Vortragendem Legationsrat Redies am 17. Februar 1970 vorgelegen.
28 Ministerialdirektor Frank legte am 17. Februar 1970 eine Aufzeichnung zur Nahost-Politik vor. Darin wies er auf den steigenden Einfluß der UdSSR im Nahen Osten sowie auf die Abhängigkeit

49

Aufzeichnung des Botschafters Emmel

11. Februar 1970[1]

Vertraulich, nicht zur Veröffentlichung

Bericht über Gespräche für deutsch-sowjetische technisch-wissenschaftliche Kooperation in Moskau am 5. und 6. Februar 1970

I. Einleitung

Die Gespräche wurden angeregt durch einen Gedankenaustausch, den Staatssekretär Dr. von Dohnanyi im Mai vergangenen Jahres mit den sowjetischen Ministern Patolitschew und Rudnew anläßlich der Ausstellung für Automatisierungsmittel gehabt hatte.[2] Als Termin war zunächst der Herbst 1969 in Betracht gezogen worden. Die Erkrankung des zuständigen Abteilungsleiters im Staatskomitee für Wissenschaft und Technik, Herrn Pronskij, hatte jedoch zu einer Verschiebung bis zum jetzigen Zeitpunkt geführt.

Die Gespräche fanden im Staatskomitee für Wissenschaft und Technik und in der Akademie der Wissenschaften statt.

Im Staatskomitee nahmen auf sowjetischer Seite folgende Herren teil:

Herr Pronskij, Leiter der Hauptabteilung für Auslandsbeziehungen des Komitees; Herr Rogow, Stellv. Hauptabteilungsleiter; Herr Lasarew, Abteilungsleiter Europa; Herr Fedossow, Mitarbeiter des Komitees und Dolmetscher sowie vier weitere Herren des Komitees bzw. der Akademie der Wissenschaften.

In der Akademie der Wissenschaften nahmen auf sowjetischer Seite Herr Professor Afanassjew, Direktor Kawassew, amtierender Leiter der Auslandsabteilung und zwei weitere Wissenschaftler teil.

Der Meinungsaustausch betraf Zustand und Perspektiven der wissenschaftlichen und technischen Zusammenarbeit, wobei die Bereiche Industrie und Wissenschaft unterteilt wurden.

II. Wirtschaftlich-technische Zusammenarbeit

1) Auf sowjetischen Wunsch wurde zunächst über die wirtschaftlichen Probleme gesprochen.

Fortsetzung Fußnote von Seite 214

Westeuropas von Erdöllieferungen aus der Region hin. Frank betonte außerdem die Notwendigkeit einer „Aktivierung" der Politik der Bundesrepublik im Nahen Osten, um nicht der DDR „das Feld allein" zu überlassen. Frank skizzierte die Grundlinien der Nahost-Politik und erklärte, daß eine Änderung der Politik gegenüber Israel nicht beabsichtigt sei. Im Nahost-Konflikt nehme die Bundesrepublik einen neutralen Standpunkt ein. Vgl. Referat I B 4, Bd. 461.

[1] Ablichtung.
Die Aufzeichnung wurde von Botschafter Emmel, den Ministerialräten Böttger (Bundesministerium für Wirtschaft) und Blatzheim (Bundesministerium für Bildung und Wissenschaft) sowie dem Geschäftsführer des Ostausschusses der deutschen Wirtschaft, Kirchner, gefertigt.
Am 13. Februar 1970 wurde sie von Ministerialdirektor Herbst an Staatssekretär Harkort und Bundesminister Scheel weitergeleitet. Vgl. dazu den Begleitvermerk; Referat III A 6, Bd. 437.

[2] Zum Besuch des Staatssekretärs von Dohnanyi, Bundesministerium für Wirtschaft, vom 22. bis 28. Mai 1969 in Moskau vgl. AAPD 1969, I, Dok. 176.

Von unserer Seite wurde darauf hingewiesen, daß der Begriff der Kooperation nicht fest definiert sei, sondern je nach seiner Auslegung auf eine Vielzahl von Erscheinungsformen wirtschaftlich-technischer Zusammenarbeit Anwendung finden könne. Im Normalfall seien die meisten Geschäfte im Bereich der Lieferung von Anlagen mit der Bereitstellung neuer Verfahren und Techniken verbunden. Es erscheine zweckmäßig, sich darüber klar zu werden, auf welchen Gebieten eine Intensivierung bereits bestehender Kooperationen erwünscht sei und wie die zuständigen Stellen darauf hinwirken könnten, sie zu fördern. Es wurde auch darauf hingewiesen, daß im kommerziellen Bereich konkrete Vereinbarungen im Einzelfall nicht erzwungen oder, wenn sie im Einklang mit den geltenden Bestimmungen stehen, auch nicht verhindert werden können. Eine Förderung könne in erster Linie durch die Schaffung eines geeigneten Klimas einschließlich der ökonomischen und administrativen Rahmenbedingungen erfolgen. Dieser Aspekt sei allerdings nicht zu unterschätzen, da interessierte Kreise der Wirtschaft der Bundesregierung gegenüber wiederholt zum Ausdruck gebracht haben, daß eine Übereinstimmung in dieser Frage auf Regierungsebene auch den privatwirtschaftlichen Aktivitäten dienlich ist. Grundsätzlich wurden das Interesse und die Bereitschaft betont, auf allen Gebieten Kooperationsvorhaben zu fördern. Als Beispiel wurden angeführt Bereiche des Bergbaus, der Chemie, der eisenschaffenden Industrie und der Elektrotechnik. Dabei wurde auch die Möglichkeit einer Zusammenarbeit in dritten Ländern erwähnt.

Eine Verbesserung der allgemeinen Rahmenbedingungen sei von großer Bedeutung für eine intensive Zusammenarbeit. Hierzu gehöre die Möglichkeit eines unmittelbaren Kontaktes mit Produzenten und Konsumenten sowie von Niederlassungen deutscher Firmen in der Sowjetunion.

2) Im Zwischenbereich zwischen Wirtschaft und Technik wurden Formen der Zusammenarbeit vorgeschlagen, bei denen Fachausschüsse der jeweiligen Sparten in einen Kontakt mit Fachleuten der anderen Seite eintreten und sich zunächst über technische Dinge unterhalten, dann jedoch die Zusammenarbeit intensivieren könnten bis zum Austausch von Technikern und Ingenieuren. Entsprechende Vorschläge des Vereins Deutscher Eisenhüttenleute, die gegebenenfalls auch auf andere Sektoren angewendet werden könnten, wurden erläutert.

3) Soweit es sich um technische Fragen handelt, die in keinem unmittelbaren Zusammenhang mit kommerziellen Operationen stehen, wurde die Bereitschaft mitgeteilt, daß die Bundesanstalten bestimmte Themen gemeinsamen Interesses mit den entsprechenden Institutionen der Sowjetunion aufgreifen. In Betracht kämen u. a. Themen der Metrologie, der Materialtechnik und der Geophysik. Auch hier könnte zum Teil an bereits bestehende Verbindungen angeknüpft werden. In Betracht kommende Themenstellungen aus dem Bereich der Physikalisch-Technischen Bundesanstalt, der Bundesanstalt für Materialprüfung und der Bundesanstalt für Bodenforschung wurden mitgeteilt.

Die Möglichkeit einer engeren Zusammenarbeit wurde auch für Fragen der Rationalisierung und der Produktivität angedeutet und als einzuschaltende Kontaktstelle hierfür das Rationalisierungs-Kuratorium der Deutschen Wirtschaft genannt.

4) Ausdrücklich wurde darauf hingewiesen, daß bestehende Kontakte und Kooperationen durch diese Gespräche nicht behindert werden sollten. Es müsse auch berücksichtigt werden, daß gerade Großunternehmen Wert darauf legen, individuell vorzugehen, was verschiedene bisher getroffene oder in Vorbereitung befindliche Vereinbarungen mit Großunternehmen der Chemie bereits gezeigt haben.

5) Die sowjetische Seite bekundete ihr generelles Interesse an einer engeren Zusammenarbeit. Dies sei auch die Basis für gute freundschaftliche Beziehungen. Die Zusammenarbeit sollte für beide Seiten in gleicher Weise von Nutzen sein. Es seien Erfahrungen mit anderen Ländern auf der Grundlage von Regierungsabkommen gesammelt worden. Es gäbe auch Abkommen mit Branchen, Firmen und Organisationen. Es müsse nun gemeinsam geprüft werden, welche Gebiete für beide Seiten von Interesse sind. Der gesamte Komplex sei eng verbunden mit dem Außenhandel. Durch die bestehende Planung werde auf sowjetischer Seite eine Monopolisierung bewirkt. Die Partner auf ihrer Seite seien also Ministerien, die den Wunsch nach Information über die günstigsten Einkaufsbedingungen hätten. Man wolle das Neue und nicht das Gestrige. Leider behinderten die Embargobestimmungen[3] noch eine Ausdehnung auf Gebiete, auf denen eine technische Zusammenarbeit möglich wäre und auf denen auch die sowjetische Seite viel zu bieten hätte.[4]

6) Die sowjetische Seite zählte eine Reihe von bedeutenden deutschen Unternehmen als bereits vorhandene Partner auf. Allerdings seien die Ergebnisse immer noch von Zufälligkeiten abhängig und die Themen auf enge Bereiche beschränkt. Es bestehe jedoch der Wunsch, in einer größeren Breite vorzugehen und die Wirksamkeit zu vergrößern. Es sei selbstverständlich, daß die Rechte aus dem Erwerb von Patenten und Lizenzen im internationalen Sinne gewahrt würden.

Es sollten nunmehr neue Gebiete und neue Formen gefunden werden. Ein Interesse bestehe an einer Zusammenarbeit insbesondere in folgenden Bereichen:

---

[3] Gemäß der Embargo-Liste des 1951 unter Vorsitz der USA gegründeten Coordinating Committee for East-West Trade Policy (COCOM) war die Ausfuhr bestimmter Güter an kommunistische Staaten untersagt bzw. einer strengen Kontrolle und Kontingentierung unterworfen.
Die Exportbestimmungen der Bundesrepublik waren im Außenwirtschaftsgesetz vom 28. April 1961 sowie in der Verordnung vom 22. August 1961 zur Durchführung des Außenwirtschaftsgesetzes (Außenwirtschaftsverordnung – AWV) festgelegt. Nach Paragraph 45 der AWV war auch die „Weitergabe nicht allgemein zugänglicher Kenntnisse über gewerbliche Schutzrechte, Erfindungen, Herstellungsverfahren und Erfahrungen in bezug auf die Fertigung" bestimmter Waren in die osteuropäischen Staaten genehmigungspflichtig. Vgl. BUNDESGESETZBLATT 1961, Teil I, S. 1393.
[4] Am 3. März 1970 nahm Vortragender Legationsrat Berninger zu den Auswirkungen der Embargo-Politik auf den Handel mit der UdSSR Stellung. Für ihren geringen Einfluß spreche, daß 1968 nach den Bestimmungen der Außenwirtschaftsverordnung weniger als 1% der Ausfuhr genehmigungspflichtig gewesen sei: „Dennoch ist der Einfluß der Embargo-Bestimmungen auf die vorgesehene deutsch-sowjetische Kooperation beträchtlich, da die Sowjetunion ihr Interesse an einer Zusammenarbeit gerade in solchen Bereichen bekundet hat, in denen Behinderungen durch Embargo-Bestimmungen bestehen. Von den für eine wirtschaftlich-technische Kooperation von der Sowjetunion vorgeschlagenen Gebieten ist in den Bereichen Elektrotrechnik, Fernmeldewesen, wissenschaftliche Geräte und – in geringerem Maße – Werkzeugmaschinenbau zu vermuten, daß eine Zusammenarbeit durch Embargo-Bestimmungen erschwert oder unmöglich gemacht wird." Noch stärker werde dies für die UdSSR für eine Zusammenarbeit vorgeschlagenen wissenschaftlichen Gebieten gelten, „insbesondere bei den Bereichen Nuklear-Physik, Physik der Elementarteilchen, Elektrotechnik und Atomenergie". Vgl. Referat III A 6, Bd. 437.

Chemie und Petrochemie, Chemischer Anlagenbau, Werkzeugmaschinenbau, Elektrotechnik, Fernmeldewesen, wissenschaftliche Geräte.

7) Als zweckmäßige Form für eine vertieftere Zusammenarbeit erscheint der sowjetischen Seite das Zusammenbringen von Experten, die die technisch-ökonomischen Themen präzisieren und vorantreiben sollen.

8) Es wurde vereinbart, daß die sowjetische Seite innerhalb von 4–6 Wochen in schriftlicher Form detaillierte Vorschläge über Themen und die Art ihrer Behandlung durch Sachverständige mitteilt.[5] Von deutscher Seite wurde eine Beantwortung unter Übermittlung eigener Vorschläge zugesagt.[6]

III. Wissenschaftlich-technologische Zusammenarbeit

1) Zu Beginn der Diskussion über die Möglichkeiten einer Intensivierung der wissenschaftlich-technologischen Zusammenarbeit gaben beide Seiten eine kurze Darstellung der jeweiligen Organisationen der wissenschaftlichen Forschung und der Zuständigkeiten und Verantwortlichkeiten der beteiligten Stellen. Nach der sowjetischen Organisationsform wird die Grundlagenforschung überwiegend von der Akademie der Wissenschaften durchgeführt. Die angewandte Forschung ist im allgemeinen bei den zuständigen Industrieministerien, die demnach sowohl für Produktion und Forschung zuständig sind. Daneben gibt es noch Akademien für bestimmte Wirtschaftszweige; genannt wurden die Akademie für Medizin und die Akademie für Pädagogik. Eine besondere Unionsakademie für Landwirtschaft betreibt im Gegensatz zu den anderen Akademien sowohl Grundlagen- wie auch angewandte Forschung. Schließlich nimmt einen breiten Raum die Forschung an den Universitäten ein.

2) Das Staatskomitee ist das für Wissenschaft und Technik verantwortliche Regierungsorgan, durch das die Finanzierung der Forschung vorgenommen wird aufgrund eines Gesamtplans für die wissenschaftliche Forschung, der vom Staatskomitee aufgestellt und von den zuständigen Regierungsstellen beschlossen wird. Die Akademien unterliegen allerdings nicht im gleichen Maße wie die anderen genannten Forschungseinrichtungen dem Plan. Sie haben ein eigenes Vorschlagsrecht.

3) Die bestehenden Kontakte haben nach sowjetischer Ansicht zur Zeit mehr zufälligen Charakter. Sie beruhten überwiegend auf persönlichen Beziehungen von Forschern beider Länder oder auf bestimmten historischen Grundlagen. Allerdings sei eine gewisse organisatorische Festlegung durch die Tätigkeit der Deutschen Forschungsgemeinschaft begründet worden. Es wurde der Besuch der Delegation der Deutschen Forschungsgemeinschaft im Jahre 1969 erwähnt, bei dem bestimmte Kontingente für den Wissenschaftler-Austausch festgesetzt

---

5 Am 12. März 1970 übermittelte der Abteilungsleiter im sowjetischen Staatskomitee für Wissenschaft und Technik, Pronskij, Botschafter Emmel eine Themenliste für Expertengespräche über eine Zusammenarbeit auf den Gebieten der Leichtindustrie, der chemischen Industrie, Elektronik, Fernmeldewesen und Radiotechnik sowie Maschinenbau für verschiedene Wirtschaftszweige. Für das Schreiben und die Liste vgl. Referat III A 6, Bd. 437.

6 Botschafter Emmel unterbreitete am 6. Mai 1970 dem Abteilungsleiter im sowjetischen Staatskomitee für Wissenschaft und Technik, Pronskij, die Stellungnahme sowie Ergänzungsvorschläge zu der sowjetischen Themenliste für eine wirtschaftlich-technische Zusammenarbeit. Als zusätzliche Bereiche für eine Kooperation nannte er die Stahlindustrie, physikalisch-technisches Meßwesen und Materialprüfung sowie Bodenforschung. Für das Schreiben und die Stellungnahme vgl. Referat III A 6, Bd. 437.

und auch Gebiete für eine Zusammenarbeit abgesteckt worden seien.[7] Die bestehenden Beziehungen seien noch wesentlich ausbaufähig. Was erreicht werden müsse, sei eine klarere Abgrenzung der Gebiete, auf denen im gemeinsamen Interesse eine Zusammenarbeit intensiviert werden könne.

4) Im Rahmen der Diskussion über Gebiete, bei denen eine Intensivierung der Beziehungen möglich erschiene, wurden von deutscher Seite die Ernährungsphysiologie, die Ökologie, die Nuklearmedizin und Strahlenhämatologie sowie die Immunbiologie erwähnt. Es wurde darauf hingewiesen, daß die genannten Gebiete nur als ein allgemeiner Hinweis anzusehen seien und die Einzelfestlegung späteren Diskussionen überlassen bleiben müsse.

Von sowjetischer Seite wurde zu den genannten Gebieten eine Stellungnahme nicht abgegeben. Vielmehr wurde von sowjetischer Seite betont, daß man zur Zeit aus organisatorischen Gründen noch nicht in der Lage sei, Vorschläge zu machen. Für die Vorbereitung der Gespräche hatten die verschiedenen beteiligten Forschungseinrichtungen dem Staatskomitee zwar Vorschläge vorgelegt, diese seien aber noch nicht abgestimmt und systematisch aufgeschlossen.

5) Es wurde vereinbart, auch auf dem wissenschaftlichen Sektor einen Themenkatalog in einem Briefwechsel auszutauschen, der in etwa 4–6 Wochen vorgenommen werden soll.[8] Beide Seiten sollen davon ausgehen, daß in dem Briefwechsel nur erste und zunächst begrenzte Themenkreise enthalten sind und daß die Erweiterung der Vorschläge späteren Diskussionen vorbehalten bleibt.

Die sowjetische Seite versicherte, daß der in Aussicht gestellte Brief Vorschläge enthalten werde, die für die deutsche Seite von Interesse seien, z.B. Nuklearphysik, Physik der Elementarteilchen, Mikrobiologie, Elektronik. Auch auf dem Gebiet der Atomenergie würde voraussichtlich eine umfangreiche Thematik benannt werden.

Nach sowjetischer Vorstellung sei es zweckmäßig, ähnlich wie auf dem wirtschaftlich-technischen Gebiet in näherer Zukunft Expertengespräche durchzuführen, in denen dann auf der Basis des Briefwechsels die Möglichkeiten der Zusammenarbeit geprüft werden sollten.

Die sowjetische Seite bezeichnete die Frage der Finanzierung der Zusammenarbeit als sehr bedeutsam. Die Aufenthaltskosten für entsandte Wissenschaftler sollten vom Aufnahmestaat getragen werden. Man gehe davon aus, daß die deutsche Seite an eine ähnliche Art der Finanzierung denke.

6) Am zweiten Tag der Gespräche fand ein Informationsgespräch in der Akademie der Wissenschaften statt. Hierbei fiel auf, daß das Interesse an einer Intensivierung der Zusammenarbeit auf wissenschaftlich-technologischem Gebiet

---

[7] Eine Delegation der Deutschen Forschungsgemeinschaft (DFG) führte vom 17. bis 21. März 1969 in Moskau Gespräche mit der Akademie der Wissenschaften, dem Staatskomitee für Wissenschaft und Technik sowie dem Hochschul-, dem Landwirtschafts-, dem Kultur- und dem Gesundheitsministerium der UdSSR über den Austausch von Wissenschaftlern. Für den Bericht der Referentin Schenk, DFG, vom 22. April 1969 vgl. Referat I A 6, Bd. 362.

[8] Botschafter Emmel übermittelte am 23. April 1970 dem Abteilungsleiter im sowjetischen Staatskomitee für Wissenschaft und Technik, Pronskij, Vorschläge für eine wissenschaftliche Zusammenarbeit auf den Gebieten Ernährungswissenschaft, Immunbiologie, Organische Chemie, Strahlenhämatologie, Nuklearmedizin und Kardiologie. Für das Schreiben und die Vorschläge vgl. Referat III A 6, Bd. 437.

bei der Akademie der Wissenschaften offenbar geringer ist. Verglichen mit der aufgeschlossenen Haltung im Staatskomitee konnte hier eine gewisse Zurückhaltung festgestellt werden. Es wurde mehrfach die Eigenständigkeit der Forschungseinrichtung erwähnt und auf den Wert selbständiger Vereinbarungen zwischen den Instituten beider Länder hingewiesen. Da die Fragen der wissenschaftlichen Zusammenarbeit sehr komplex seien, erschienen Kontakte auf direkter Ebene am ehesten erfolgversprechend. Als Beispiel einer bestehenden Zusammenarbeit wurden Beziehungen auf den Gebieten der Photosynthese, der Spektroskopie und der Kernphysik genannt und weitere Möglichkeiten auf den Gebieten der Datenverarbeitung, Rechentechnik und der Chemie angedeutet.

IV. Bewertung

Zusammenfassend kann festgehalten werden, daß ein echtes sowjetisches Interesse an der Vertiefung und Verbreiterung der Zusammenarbeit besteht. Auffallend war der wiederholte Hinweis, welch große Bedeutung dem soeben abgeschlossenen Erdgas-Röhren-Geschäft[9] beigemessen werden müsse, das als Beispiel für andere Bereiche gelten könne. Daraus kann gefolgert werden, daß für die sowjetische Seite bei der Zusammenarbeit das kommerzielle Interesse eine wichtige Rolle spielt. Das etwas gedämpftere Interesse im Bereich der Akademie der Wissenschaften mag vielleicht auch damit erklärt werden, daß die Einschaltung des Staatskomitees in wissenschaftliche Aktivitäten auf den Gebieten, auf denen die Akademie tätig ist, dort als Hemmnis empfunden wird. Dementsprechend dürfte auch die bisherige Zusammenfassung des wissenschaftlichen Austausches durch die Deutsche Forschungsgemeinschaft von der Akademie als gewisses Hindernis angesehen werden, weil die Akademie den direkten Kontakt zu Forschungseinrichtungen und Wissenschaftlern offensichtlich bevorzugt.

Das Ziel der Besprechung lag darin, eine Grundlage zu schaffen, um so in absehbarer Zeit zu konkreten Themen und praktischen Formen für eine Zusammenarbeit zu kommen. Dieses Ziel darf als erreicht angesehen werden, wenn auch bei dem exploratorischen Charakter der Gespräche von einer förmlichen Bestätigung der Ergebnisse abgesehen wurde. Ferner bestand Übereinstimmung darüber, daß vor einer größeren Publizität erst sachliche Fortschritte erzielt werden sollten. Demgemäß blieb ebenfalls die Frage eines institutionellen Rahmens und der Art der Fortsetzung des eingeleiteten Gesprächs offen. Von deutscher Seite wurde für eine evtl. Fortsetzung der Gespräche Bonn als Treffpunkt vorgeschlagen.

Kurz vor Beendigung der Gespräche trug die sowjetische Seite vor, daß ihre bekannte Haltung in bezug auf Berlin vom Ergebnis des Gedankenaustausches nicht berührt werde. Demgegenüber wurde die deutsche Haltung zu der Frage Berlin dargelegt und gleichzeitig darauf hingewiesen, daß die unterschiedlichen Standpunkte zu dieser Frage den Fortgang der eingeleiteten Bemühungen nicht zu behindern brauchten. Hiervon nahm die sowjetische Seite zustimmend Kenntnis.

Zu dem sowjetischen Einwand, daß die bestehenden Embargobestimmungen wichtige Gebiete einer möglichen Zusammenarbeit behinderten, wurde von

---

[9] Zu den Verträgen vom 1. Februar 1970 mit der UdSSR über die Lieferung von Großrohren gegen Erdgas vgl. Dok. 23, Anm. 1.

deutscher Seite darauf hingewiesen, daß diese Bestimmungen auch für die Zusammenarbeit der Sowjetunion mit anderen westlichen Ländern gelten, mit denen die Sowjetunion sogar vertragliche Beziehungen unterhält.

Von deutscher Seite wurde ferner die Bereitschaft des Bundesministers für Bildung und Wissenschaft, einer möglichen Einladung in die Sowjetunion Folge zu leisten, mitgeteilt.[10]

Die Gespräche zeichneten sich durch Aufgeschlossenheit aus und auch durch die Bereitschaft, zu sichtbaren Ergebnissen auf pragmatischem Wege zu einem nahen Zeitpunkt zu kommen. Die darin liegenden Möglichkeiten sollten genutzt und die aufgrund der Briefwechsel zu erwartenden Ansatzpunkte konstruktiv aufgegriffen werden.

gez. Dr. Emmel

Referat III A 6, Bd. 437

50

Botschafter Allardt, Moskau, an Bundesminister Scheel

Z B 6-1-10734/70 geheim
Fernschreiben Nr. 219
Citissime

Aufgabe: 11. Februar 1970, 14.00 Uhr
Ankunft: 11. Februar 1970

Nur für Bundesminister und Staatssekretär[1]

Delegationsbericht Nr. 9

Zu gestern von mir in Residenz aus Anlaß der deutsch-sowjetischen Gespräche gegebenen Abendessen erschien als Ehrengast Außenminister Gromyko.[2] Weitere sowjetische Gäste waren der Stellvertretende Außenminister Semjonow, der Leiter der 3. Europäischen Abteilung Falin, dessen Stellvertreter, Botschafts-

---

[10] Bundesminister Leussink teilte Bundesminister Scheel am 22. Dezember 1969 auf dessen Anfrage vom 26. November 1969 hin mit, er sei „gern bereit, eine Einladung in die Sowjetunion anzunehmen". Vgl. Referat I A 6, Bd. 362.
Am 12. Juni 1970 informierte Leussink Bundeskanzler Brandt darüber, daß der sowjetische Botschafter Zarapkin ihm am Vortag eine Einladung des stellvertretenden Vorsitzenden des sowjetischen Staatskomitees für Wissenschaft und Technik, Gwischiani, übermittelt habe. Für das Schreiben vgl. Referat I A 6, Bd. 384.
Zum Besuch von Leussink vom 17. bis 29. September 1970 in der UdSSR vgl. Dok. 444.

[1] Hat Staatssekretär Harkort am 11. Februar 1970 vorgelegen.

[2] Helmut Allardt schrieb dazu im Rückblick: „Der letzte sowjetische Außenminister, der eine Einladung des deutschen Botschafters akzeptiert hatte, war Wjatscheslaw Molotow, und das lag dreißig Jahre zurück. [...] So war es nur zu begreiflich, daß die Nachricht vom Besuch Gromykos beim Botschafter der Bundesrepublik als Sensation wirkte. Hinzu kommt, daß Gromyko nur in Ausnahmefällen Dinereinladungen von Botschaftern annimmt, teils aus Zeitmangel, teils aber auch, weil er – ebenso wie übrigens Molotow – Essen und Trinken für eine zwar offenbar gottgewollte, aber höchst überflüssige Zeitverschwendung hält." Vgl. ALLARDT, Tagebuch, S. 270 f.
Vgl. dazu ferner BAHR, Zeit, S. 296.

rat Tokowinin, der Leiter des Referats BRD, Botschaftsrat Krascheninikow, der Protokollchef des sowjetischen Außenministeriums, Kolokolow, Botschaftsrat Wladimirow, Presseabteilung des sowjetischen Außenministeriums, sowie ein jüngerer Beamter als Dolmetscher.

Von deutscher Seite waren Staatssekretär Bahr, Gesandter von Stempel, VLR I Sanne, BR I Peckert, LR I Stabreit, LR von Treskow und Herr Weiß anwesend.

Die Gäste waren für 19.00 Uhr geladen. Außenminister Gromyko verließ das Haus kurz vor 22 Uhr. Das Essen verlief in guter, aufgelockerter Atmosphäre. Außenminister Gromyko gab sich ungezwungen und unterhaltsam.

Tatsache des Essens war Presse bekannt. An- und Abfahrt Gromykos wurden gefilmt. Presse erhielt auch Gelegenheit, nach Eintreffen des Ehrengastes für kurze Dauer im Salon Aufnahmen zu machen.

Außenminister Gromyko, Staatssekretär Bahr und ich hielten Tischreden. In meiner Rede wies ich auf die Bedeutung hin, die dem ersten Besuch eines sowjetischen Außenministers in der Residenz des deutschen Botschafters nach Wiederaufnahme der diplomatischen Beziehungen[3] zukomme. Es sei nun etwas eingetreten, was meinem lang gehegten Wunsch entspräche, daß man nämlich in den deutsch-sowjetischen Beziehungen die Phase des Austausches mehr oder weniger harter Aide-mémoires verlassen habe und in die Phase eines echten Dialogs eingetreten sei. Gelänge es, den Stein, der auf dem Wege der deutsch-sowjetischen Beziehungen liege, mit unseren Gesprächen wegzuwälzen, dann sei eines sicher: Wir würden unter diesem Stein einen Boden finden, den es sich lohne, gemeinsam zu bebauen.

In seiner Antwortrede würdigte Außenminister Gromyko gleichfalls die Bedeutung unserer Gespräche, insbesondere im Hinblick auf die europäische Sicherheit. Er wies erneut darauf hin, daß die Bundesrepublik sich den in Europa existierenden Realitäten nähern müßte. Er glaube, daß die sowjetische Seite im Verlauf der Gespräche den deutschen Standpunkt besser kennengelernt habe und daß auch die deutsche Seite den sowjetischen Standpunkt besser verstehe.

Gromyko gab zu verstehen, daß sich die sowjetische Seite für Erfolg der Gespräche noch mehr Realismus von deutscher Seite wünsche. Unsere Gespräche fügten im übrigen keinem Dritten Schaden zu und seien auch nicht gegen die Interessen unserer Freunde gerichtet. Die SU sei sich mit den sozialistischen Staaten völlig einig. Natürlich würden unsere Gespräche in erster Linie als ein Erfolg unserer beiden Staaten zu werten sein. Doch werde jeder in Europa gewinnen, wenn der Friede gesichert werde.

Gromyko brachte abschließend einen Toast auf das Gelingen unserer Gespräche aus.

Staatssekretär Bahr bemerkte in einem kurzen Trinkspruch, daß es ein langer Weg gewesen sei, bis man sich hier habe treffen können. Er stimme dem sowjetischen Außenminister zu, daß man vom Boden der Realitäten auszugehen habe, aber dies gelte für beide Seiten, d. h. es gebe mehr als eine Realität.

---

[3] Die Bundesrepublik und die UdSSR nahmen am 13. September 1955 diplomatische Beziehungen auf.

Aus dem Gespräch, das Staatssekretär Bahr mit Gromyko bei und nach Tisch führte, hält StS Bahr fest:

„1) ESK

Die SU ginge davon aus, daß die USA und Kanada daran teilnehmen. Wie bisher überhaupt hat Gromyko bei seinem allgemeinen Drängen auch gestern Abend keinerlei zeitliche Wünsche für eine ESK angedeutet. Die beiden Resolutionen seien diskussionsfähig.[4] Zu Themen im Zusammenhang mit Abrüstung oder Truppenverringerung könne man vielleicht eine zweite Konferenz ins Auge fassen.

2) Abrüstung

Hier sei die SU führend, und es würden auch noch andere merken, wie sinnlos es sei, daß die Menschheit auf einem Pulverfaß lebe. Nach sowjetischer Ansicht sollten alle Atomwaffen verschwinden. Auf meine Erwiderung, daß es bei uns ein Gefühl der Bedrohung durch die SU gebe und dann eine riesige konventionelle sowjetische Armee übrigbleiben würde, sagte Gromyko, die SU sei auch bereit zur konventionellen Abrüstung. Sie sei bereit, dieses Problem auf jedem denkbaren Wege Schritt für Schritt zu lösen. Leider seien die USA auf diesem Gebiet unvernünftig. Er erwarte nicht, daß ich mich dazu äußere, wenn er einen unserer Verbündeten kritisiere. Ich erwiderte, daß mir die Einigung über die SALT-Tagesordnung[5] ein Beweis für die konstruktiven Absichten der USA zu sein schiene. Er bemerkte: Die Schwierigkeiten auf diesem Gebiet seien noch nicht überwunden. Er wisse es wirklich nicht, ob die USA dort zu einem positiven Ergebnis kommen wollten oder nicht. Es könne sein, aber es sei für ihn noch nicht erkennbar.

3) Er erkundigte sich nach den Aussichten des britischen EG-Beitritts. Bei einigem Optimismus erwartete ich ihn in zweieinhalb bis drei Jahren. Mit diesem Zeitraum rechne etwa auch die SU.

Die sachliche Berichterstattung gibt keinen Eindruck davon, daß sich im Laufe des vielstündigen Beisammenseins bei verschiedenartigen Anlässen eine Atmosphäre entwickelt hat, in der selbst harte sachliche Meinungsverschiedenheiten ohne persönliche Verstimmung und ohne diese Atmosphäre zu zerstören diskutiert werden können. Der Prozeß der Meinungsbildung in der sowjetischen Spitze scheint sich allmählich einem Ergebnis zu nähern. In dieser Phase zeigen selbst die sowjetischen Beamten eine für uns bisher kaum bekannte Offenheit im Austausch von Argumenten.

Mit einem amtlichen sowjetischen Fotografen vor Beginn der Gespräche gestern morgen im Sitzungsraum, der TASS-Meldung und der heutigen Meldung in

---

[4] Am 30./31. Oktober 1969 fand eine Konferenz der Außenminister der Warschauer-Pakt-Staaten in Prag statt. Zu der am 31. Oktober 1969 veröffentlichten Erklärung, in der die Außenminister den Budapester Appell vom 17. März 1969 bekräftigten, vgl. Dok. 7, Anm. 7.
Zusammen mit der Erklärung übermittelten die Außenminister der Warschauer-Pakt-Staaten den europäischen Regierungen Entwürfe für ein „Dokument über die Erweiterung von gleichberechtigten Beziehungen auf dem Gebiet des Handels, der Wirtschaft, Wissenschaft und Technik, die auf die Entwicklung der politischen Zusammenarbeit zwischen den europäischen Staaten gerichtet sind" sowie für ein „Dokument über den Verzicht auf die Anwendung oder Androhung von Gewalt in den gegenseitigen Beziehungen zwischen den Staaten in Europa", die von der Europäischen Sicherheitskonferenz verabschiedet werden sollten. Für den Wortlaut vgl. EUROPA-ARCHIV 1970, D 89 f.

[5] Vgl. dazu Dok. 6.

der Pravda⁶ ist ein Punkt erreicht, durch den die sowjetische Öffentlichkeit und die Verbündeten auf die Möglichkeit eines Ergebnisses vorbereitet werden.

Wenn man ein gewisses Verständnis Moskaus für die Lage der Bundesregierung mit den Schwierigkeiten der sowjetischen Regierung gegenüber ihren Verbündeten kombiniert, die Unsicherheit, die einander widersprechende Äußerungen aus Bonn zu Kernfragen hier auslösen, mit der sowjetischen Hoffnung verbindet, ob die Bundesregierung nicht vielleicht doch ‚zu einer vollen Anerkennung der Realitäten' sich durchringen könne, dann ergibt sich als vorsichtige Prognose:

Nach einigem weiteren Abklopfen unserer Position wird die sowjetische Seite dem Weg des geringsten Widerstandes nach innen und außen, also einer kleinen Lösung zuneigen.

Wir sollten weiterhin das Tempo nicht forcieren, sofern sich Indiskretionen vermeiden lassen. Die Botschaft ist dicht.

Lecks in Bonn können hier viel zerstören, vor allem auch an Vertrauen, daß man mit uns vertrauensvoll sprechen kann, ohne daß es gegen die SU in kleine Münze umgesetzt wird."

[gez.] Allardt

VS-Bd. 10069 (Ministerbüro)

51

Aufzeichnung des Ministerialdirektors Ruete

II A 1-83.10-273/70 geheim   **12. Februar 1970**[1]

Betr.: Erste Diskussion in der Bonner Vierergruppe über die sowjetische Berlin-Note vom 10.2.1970[2]

Die sowjetische Berlin-Note, die am 10.2. in Moskau übergeben worden war, wurde in der Sitzung der Bonner Vierergruppe vom 12.2. auf persönlicher Grundlage erörtert. Weisungen aus den Hauptstädten lagen noch nicht vor. Immerhin zeigte der Tenor der Stellungnahmen bereits die Tendenz der Meinungsbildung bei Briten und Franzosen. Beide Vertreter neigten dazu, die Note ingesamt positiv zu bewerten und als ausreichende Grundlage für die baldige Aufnahme von Verhandlungen zu akzeptieren, während sich der amerikanische Vertreter sehr zurückhaltend äußerte. Er erwähnte dabei, daß die eine negative Tendenz zeigenden Presseberichte aus Washington[3] in dem Presse-Briefing

---

6 Vgl. dazu den Artikel „V Ministerstve inostrannych del SSSR"; PRAVDA vom 11. Februar 1970, S. 4.
1 Die Aufzeichnung wurde von Vortragendem Legationsrat I. Klasse van Well und Legationsrat I. Klasse Bräutigam konzipiert.
2 Für die Note vgl. VS-Bd. 4479 (II A 1). Vgl. dazu auch Dok. 55.
3 Botschafter Pauls, Washington, berichtete am 11. Februar 1970 über die Reaktionen der amerikanischen Presse auf die Note der UdSSR vom 10. Februar 1970: „Die New York Times schreibt unter

des State Department⁴ keine Stütze fänden. Jedoch halte Washington eine sorgfältige Prüfung der einzelnen Punkte der Note für unerläßlich. Dafür werde man etwas Zeit brauchen. Ob die Aufnahme von Verhandlungen noch im Februar praktikabel sein werde, erscheine ihm zweifelhaft.

Im einzelnen ist aus der Diskussion folgendes festzuhalten:

1) Der britische Sprecher stellte in seiner Bewertung die positiven Aspekte der Note in den Vordergrund. Sie sei in maßvoller Sprache formuliert und lasse die Bereitschaft zu ernsthaften Verhandlungen erkennen. Das gelte auch für die Zugangsfrage, die für die Alliierten besonders wichtig sei. Die Bezugnahme auf das Potsdamer Abkommen und andere Vier-Mächte-Vereinbarungen sei sehr positiv zu bewerten. Darin komme zum Ausdruck, daß auch die Sowjets auf der Grundlage des bestehenden Vier-Mächte-Status verhandeln wollten. In der Zugangsfrage habe man mit einer gewissen Erleichterung zur Kenntnis genommen, daß die Sowjets nur von einer „Berücksichtigung" der Rechte und Interessen der DDR sprächen, nicht aber eine direkte Beteiligung Ostberlins an den Verhandlungen forderten.

Negativ wertete der britische Sprecher die sowjetischen Bestrebungen, die Verhandlungen formell auf West-Berlin zu beschränken und auch den Vier-Mächte-Status nur für die Westsektoren der Stadt gelten zu lassen. Diese Position sei für die Alliierten unannehmbar, müsse aber den Verhandlungen über die praktischen Fragen nicht unbedingt im Wege stehen.

Der französische Vertreter schloß sich dieser Bewertung im wesentlichen an. Auch er äußerte sich mit durchgehend positiver Tendenz. Der amerikanische Vertreter beschränkte sich auf wenige Bemerkungen, wobei er darauf hinwies, daß die in der Note gebrauchten Formulierungen sehr verschiedene Auslegungen zuließen. Die westliche Reaktion müsse sehr sorgfältig und ohne Zeitdruck bedacht werden.

2) Der deutsche Sprecher erklärte, wir sähen in der Note positive wie negative Elemente. Auf der einen Seite hätten wir mit Befriedigung festgestellt, daß die von den Alliierten vorgeschlagenen Verhandlungsthemen⁵ nicht zurückgewiesen worden seien. Die Sowjets seien damit wohl auf die westlichen Verhandlungsvorschläge eingegangen. Auch der sehr zurückhaltend formulierte Hinweis auf die Position der DDR im Zusammenhang mit dem Zugangsproblem komme dem westlichen Interesse entgegen. Offenbar wollten sich die Sowjets in dieser Frage auch gegenüber Ostberlin freie Hand lassen. Gewisse Sorgen bereite uns da-

Fortsetzung Fußnote von Seite 224
    Hinweis auf Verlautbarungen diplomatischer Kreise, die Note scheine für die Westmächte nicht annehmbare Bedingungen zu enthalten, werde jedoch gegenwärtig im State Department genau geprüft. [...] In der Washington Post vom 11. Februar schreibt Chalmers Roberts in diesem Zusammenhang, in Washington und Bonn verlaute, daß die Sowjetunion in ihren gegenwärtigen Gesprächen mit StS Bahr eine sehr harte Haltung einnehme. Diese harte Haltung scheine sich in der Note an die drei Westmächte widerzuspiegeln." Vgl. den Drahtbericht Nr. 299; Referat I A 5, Bd. 324.

4 Botschafter Pauls, Washington, übermittelte am 12. Februar 1970 den Wortlaut einer Erklärung, die das amerikanische Außenministerium am 11. Februar 1970 abgegeben habe: „The Soviet reply of February 10 (to the Western note of December 16) in substance follows closely the remarks made by foreign minister (Andrei) Gromyko on July 10, 1969. It did not respond to the specific points mentioned in our December 16 approach but it did agree to talks in Berlin for the purpose of improving the situation in ‚West-Berlin' and eliminating frictions in that region." Vgl. den Drahtbericht Nr. 315; Referat I A 5, Bd. 324.

5 Zur Initiative der Drei Mächte für Gespräche mit der UdSSR über Berlin (West) vgl. Dok. 2, Anm. 3.

gegen die außerordentlich weitgehende Formulierung der sowjetischen Forderung, daß die mit dem internationalen Status West-Berlins nicht zu vereinbarende Aktivität ausgeschlossen werden müsse.

Danach könne nicht ausgeschlossen werden, daß die Sowjets nicht nur einen Verzicht auf die demonstrative Bundespräsenz in Berlin forderten, sondern auch den Sitz von Bundeskörperschaften in Berlin, die offizielle Anwesenheit hoher Vertreter des Bundes in Berlin, die Tätigkeit der Presse, des Rundfunks und des Fernsehens und ähnliches mehr aufgreifen würden. Auch die Mitwirkung der Berliner Abgeordneten im Bundestag[6] würde möglicherweise in den sowjetischen Forderungskatalog einbezogen werden. Diese Gegebenheiten seien für uns, wie den Alliierten bekannt, nicht diskutabel. Im übrigen sei daran zu erinnern, daß die Bundesregierung ihre Kompromißbereitschaft in der Frage der demonstrativen Bundespräsenz von Verbesserungen im innerstädtischen Verkehr und einer Beendigung der Diskriminierung West-Berlins in Osteuropa abhängig gemacht habe.

3) Größeren Raum in der Diskussion nahm die Frage des Tagungsorts ein. Der deutsche Sprecher betonte, wir machten uns Sorge, daß die Sowjets Verhandlungen im Kontrollratsgebäude dazu benutzen könnten, ihre Präsenz in West-Berlin fest zu etablieren. Was könne man tun, wenn Abrassimow im Kontrollratsgebäude ein Sekretariat einrichten würde und unabhängig von den Verhandlungen regelmäßig in West-Berlin auftrete? Die Sowjets könnten ferner versuchen, die Verhandlungen für die regelmäßige Erörterung West-Berliner Angelegenheiten zu institutionalisieren. Wegen dieser Gefahren erscheine es uns besser, wenn die Verhandlungen jeweils auf Einladung einer der Vier Mächte an wechselnden Plätzen stattfinden würden (Prinzip der Rotation).

Der britische und französische Vertreter machten kein Hehl daraus, daß sie diese Besorgnisse nicht teilen. Sie betonten wiederholt, daß sie die sowjetischen Hinweise auf die Vier-Mächte-Vereinbarungen sehr positiv bewerteten. Dieser Aspekt komme auch in der Benutzung des Kontrollrat-Gebäudes zum Ausdruck. Wenn die Sowjets aus den Sitzungen in diesem Gebäude Kapital zu schlagen versuchten, so könne ihnen entgegengehalten werden, daß sich die Rechte aufgrund des Vier-Mächte-Status auf ganz Berlin beziehen. Zur technischen Organisation der Sitzungen meinte der britische Vertreter, daß die Sicherheitsfragen im Kontrollratsgebäude wohl Sache des britischen Militärkommandanten[7] sein würden, da das Gebäude im britischen Sektor liege. Damit sei auch die Möglichkeit gegeben, einer mißbräuchlichen Benutzung des Gebäudes duch die Sowjets einen Riegel vorzuschieben.

Der amerikanische Vertreter beschränkte sich auf den Hinweis, daß man im State Department die positive, aber auch die negative Seite einer Konferenz im Kontrollrats-Gebäude sehe.

4) Wie der britische und französische Vertreter andeuteten, neigen ihre Regierungen dazu, ihre Bonner Botschafter[8] mit der Verhandlungsführung zu beauf-

---

[6] Vgl. dazu das Schreiben der Drei Mächte vom 12. Mai 1949; Dok. 12, Anm. 19.
[7] James Bowes-Lyon.
[8] Roger Jackling (Großbritannien) bzw. François Seydoux (Frankreich).

tragen. Die eigentlichen Verhandlungen sollten jedoch nach den ersten Sitzungen auf Arbeitsebene geführt werden.

5) Kurz gestreift wurde in der Diskussion auch die Frage von Sitzungen der Bundestagsausschüsse und Fraktionen in Berlin. Der britische Vertreter erklärte mit großem Nachdruck, daß derartige Sitzungen während der Vier-Mächte-Verhandlungen nicht stattfinden sollten, um die Beratungen nicht noch zusätzlich zu belasten.

Die Beratungen der Bonner Vierergruppe sollen fortgesetzt werden, sowie die alliierten Vertreter Weisungen aus ihren Hauptstädten erhalten haben. Damit dürfte bis Anfang der nächsten Woche zu rechnen sein.

Hiermit über den Herrn Staatssekretär[9] dem Herrn Minister[10] mit der Bitte um Kenntnisnahme vorgelegt.

Ruete

VS-Bd. 4479 (II A 1)

52

Aufzeichnung des
Vortragenden Legationsrats I. Klasse von Hassell

I B 1-84.10/30-329[I]/70 VS-vertraulich   **12. Februar 1970**

Betr.: Zusammenfassende Darstellung der Besprechung über die Deutschlandfrage im multilateralen Bereich am Mittwoch, den 11. Februar 1970

1) Am 11. Februar 1970 fand unter Vorsitz des Herrn D I[1] (zeitweilig unter Vorsitz von Herrn Staatssekretär Duckwitz) eine Besprechung über die Behandlung der Deutschlandfrage im multilateralen Bereich statt.

Es nahmen an der Besprechung teil:

Botschafter Böker, Botschafter Schnippenkötter, VLR I Dr. von Schenck, VLR I van Well, VLR I Dr. von Hassell, VLR Dr. Matthias.

2) Einleitend stellte der Herr D I die Fragen heraus, die insbesondere zur Erörterung anstehen:

a) Kann der DDR weiterhin der Zugang zu den internationalen Organisationen verwehrt werden? Gegebenenfalls wie lange? Ein Jahr, zwei Jahre, bis zum Ende der Legislaturperiode?

---

[9] Hat Staatssekretär Duckwitz am 15. Februar 1970 vorgelegen.
[10] Hat Bundesminister Scheel am 1. März 1970 vorgelegen.
[1] Paul Frank.

b) Ist die Fortsetzung des Versuchs, die Zulassung der DDR in die internationale Organisationen zu verhindern, mit den Grundsätzen der Regierungserklärung[2] und des Berichts zur Lage der Nation[3] vereinbar (zwei Staaten in Deutschland)?

Ergänzend wies der Herr D I darauf hin, daß gegebenenfalls geprüft werden müßte, ob die Bundesregierung ihrerseits bezüglich der Zulassung der DDR in den multilateralen Bereich initiativ werden müßte und gegebenenfalls wann und wo und in welcher Weise das Vorgehen im einzelnen, insbesondere die Abstimmung mit den Verbündeten, zu handhaben sei.

Botschafter Böker führte zu den beiden Grundsatzfragen aus, daß nach seiner Auffassung die Abwehr der Versuche der DDR, in den multilateralen Bereich einzudringen, mit der Regierungserklärung durchaus vereinbar sei, da die Regierungserklärung die Besserung der innerdeutschen Beziehungen zur Voraussetzung der Zulassung der DDR zum internationalen Bereich macht. Ob und wann diese Verbesserung erreichbar sei, bliebe allerdings offen.

Zwischen dem multilateralen und bilateralen Bereich müsse eindeutig unterschieden werden. Die Interdependenz der beiden Bereiche dürfe aber andererseits nicht außer Acht gelassen werden. Im bilateralen Bereich sei die Nicht-Anerkennung der DDR noch in weiten Bereichen durchsetzbar. Nach einer Aufnahme der DDR im multilateralen Bereich würde anstelle der Auseinandersetzung um die deutsche Frage auch diesbezüglich der Kampf zwischen den beiden Systemen – Sozialismus – westliches Lager – sichtbar. Im Gegensatz zum bilateralen Bereich sei im multilateralen Bereich die Widerstandskraft gegen die Zulassung der DDR sehr geschwächt, seitdem das rechtliche Argument (die DDR ist kein Staat) nicht mehr verwandt werden könne. Durch den Fortfall des rechtlichen Arguments beschränke sich unsere Begründung für die Nicht-Zulassung der DDR auf innerdeutsche Probleme. Die Forderung, wegen unserer deutschen Angelegenheiten gegen eine Aufnahme der DDR zu stimmen, würde leicht als Zumutung empfunden. Wie weit zwischen der Staatlichkeit im völkerrechtlichen Sinne und dem Staatscharakter im nationalen Bereich unterschieden werden könne, sei zweifelhaft, trotzdem wäre es wohl möglich, noch eine gewisse Zeit – etwa 1–3 Jahre – die Zulassung der DDR zum multilateralen Bereich zu verhindern.

Es bestände die Möglichkeit, unter Fortsetzung der Bemühungen um die Nicht-Zulassung der DDR im multilateralen Bereich uns allmählich überrollen zu lassen. Man müsse sich aber fragen, ob seit der Regierungserklärung eine Vorwärtsverteidigung zweckmäßiger sei. Zu unterscheiden sei dabei zwischen

– dem Abkommensbereich,

– den Fachorganisationen

– und den Vereinten Nationen selbst.

---

[2] Für die Regierungserklärung des Bundeskanzlers Brandt vom 28. Oktober 1969 vgl. BT STENOGRAPHISCHE BERICHTE, Bd. 71, S. 20–34.

[3] Für die Regierungserklärung des Bundeskanzlers Brandt zum Bericht der Bundesregierung über die Lage der Nation im gespaltenen Deutschland vom 14. Januar 1970 vgl. BT STENOGRAPHISCHE BERICHTE, Bd. 71, S. 839–847.

Für den Bericht zur Lage der Nation im gespaltenen Deutschland vgl. BT ANLAGEN, Bd. 135, Drucksache VI/223.

Man müsse sich darüber schlüssig werden, ob man die Zulassung der DDR sofort in allen Bereichen hinnehmen wolle oder ein schrittweises Vorgehen vorzuziehen sei.

Zu berücksichtigen sei dabei, daß die Sowjetunion die gleichzeitige Mitgliedschaft der Bundesrepublik Deutschland und der DDR zwar im Bereich der internationalen Organisationen im allgemeinen anstrebt, in den Vereinten Nationen selbst aber nicht wünscht. Die Sowjetunion fürchtet dabei

a) die automatische und ständige Beschäftigung der VN-Vollversammlung mit der Deutschlandfrage

b) die Rückwirkungen auf Nord- und Südkorea und auf Nord- und Süd-Vietnam

c) die Rückwirkung auf China.

Daher bestünde die Gefahr, daß die DDR auch bis zur Zulassung eines Beobachters bei den Vereinten Nationen vordringe, dann aber mit der Bundesrepublik Deutschland zusammen durch Nicht-Zulassung zu den Vereinten Nationen selbst diskriminiert bleibe.

Wird der multilaterale Bereich allgemein oder partiell für die Zulassung der DDR freigegeben, werden viele Staaten auch bilateral die DDR anerkennen. Trotzdem sei ein großer Kreis von Staaten noch DDR-frei zu halten. Man könne etwa von zwei Drittel der Staaten ausgehen.

Mit Rücksicht auf die Trennung zwischen bilateralem und multilateralem Bereich plädierte Botschafter Böker für die Freigabe des multilateralen Bereichs für die DDR, unter der Bedingung, daß im bilateralen Bereich die Anerkennung der DDR bei möglichst vielen Staaten weiterhin verhindert würde. Dies sei unter anderem auch im Hinblick darauf unerläßlich, daß die Auseinandersetzung mit der DDR erst recht einsetze, wenn beide Teile Deutschlands in dem multilateralen Bereich vertreten seien. Wir wären dann auf die Stimmen unserer Freunde dringend angewiesen. Dabei sollte angestrebt werden, die Fachorganisationen auf die fachlichen Fragen zu beschränken und der Deutschlandfrage dort weitgehend auszuweichen und die Erwiderung von Angriffen der DDR auf mehr oder weniger formale Zurückweisung (insbesondere Unzuständigkeit der Fachorganisationen für politische Debatten) zu beschränken.

In die Vereinten Nationen selbst müsse dagegen die Deutschlandfrage hineingetragen werden. Dort sei der Platz, für das Selbstbestimmungsrecht zu kämpfen und eine Lösung der Deutschlandfrage zu betreiben.

Unter dem Blickwinkel der Deutschlandpolitik betonte Botschafter Böker, daß ein Überrollenlassen im multilateralen Bereich falsch sei und der Bundesrepublik Deutschland keine glaubhafte Rolle beließe. Auch wenn unsere Position zunächst noch haltbar sei, bleibe der Gesamteindruck unseres Vorgehens schlecht. Die Deutschen verlören an Ansehen. Die Regierungserklärung habe zwar weitgehenden Applaus in der Weltpresse gefunden, bei den Delegationen im VN-Bereich breiteten sich aber zunehmend Zweifel daran aus, ob die Deutschen selbst Klarheit über ihre Ziele hätten. Der Ausspruch von de Gaulle: „C'est une nation qui se cherche éternellement" findet in der Auffassung der Delegationen über die Unklarheit der deutschen Haltung ihre Bestätigung.

229

Die Voraussetzungen oder Geschäftsgrundlage der Zulassung der DDR zum multilateralen Bereich sei die Nicht-Anerkennung der DDR durch die Bundesrepublik Deutschland und die Nicht-Hinnahme der Teilung. Dies könne durch einseitige Erklärung durch uns, durch unsere drei Verbündeten oder durch einen möglichst großen Kreis von befreundeten Staaten erfolgen. Dies wäre z. B. durch eine Erklärung zur Stimmabgabe nach der Abstimmung über die Aufnahme denkbar.

Im VN-Bereich sei davon auszugehen, daß in Einzelfällen auch Staaten die Bundesrepublik Deutschland unterstützen werden, die die DDR anerkannt haben. Im allgemeinen würde aber die Nicht-Anerkennung und Unterstützung Hand in Hand gehen. Der Gedanke, einen ersten Versuch, die DDR näher an den multilateralen Bereich heranzuführen, in der ECE zu machen, sei nicht grundsätzlich abzulehnen.[4] Die Möglichkeit der Beschränkung eines solchen ersten Schrittes auf die ECE sei aber sehr zweifelhaft.

Staatssekretär Duckwitz bemerkte, daß nach seiner Ansicht die Zeitmarge, die der Bundesrepublik Deutschland für die Abwehr der Zulassung der DDR in den multilateralen Bereich noch bliebe, erheblich geringer sei, als Botschafter Böker dies annehme. Dabei käme hinzu, daß wir von den anderen Staaten forderten, stillzuhalten, bis wir unsere deutschen Angelegenheiten geregelt hätten. Dieser Versuch, die Entscheidung der anderen Staaten unseren Wünschen zu unterwerfen, müsse verärgern.

Er betonte ferner, daß nach seiner Auffassung die Wirkung einer multilateralen Zulassung der DDR im bilateralen Bereich sehr viel größeren Raum einnehmen würde, als dies Botschafter Böker annehme. Auch im westlichen Lager nehme bereits jetzt das Interesse ständig zu, mit der DDR in Verbindung zu kommen, Handelsvertretungen zu errichten und die Beziehungen bis kurz vor die völkerrechtliche Anerkennung auszuweiten. Negativ sei insbesondere auch die Möglichkeit zu beurteilen, Südamerika nach einer Zulassung der DDR im multilateralen Bereich von einer Aufnahme der Beziehungen zur DDR abzuhalten.

Auch sei es zweifelhaft, ob wir nach der Aufnahme der DDR noch im gleichen Ausmaß wie bisher auf die Stimmen anderer Staaten angewiesen seien. Wesentliche Teile der deutschen Streitigkeiten würden ja mit der Aufnahme der DDR in den multilateralen Bereich gegenstandslos. Auf der anderen Seite könnten wir als Mitglied in den Vereinten Nationen unsere Anliegen selbst und damit besser vertreten. Andererseits wäre das Austragen der deutschen Streitigkeiten vor dem Gremium der VN-Vollversammlung nachteilig.

Was das Verfahren anginge, sei die von Herrn Botschafter Schnippenkötter erwähnte Möglichkeit erwägenswert, in der ECE eine sich abzeichnende Meinungsverschiedenheit zwischen Sowjetunion und DDR durch Eingehen auf den Vorschlag des Exekutivsekretärs (Rückkehr der DDR in die ECE unter ihrem Namensschild auf Einladung des Exekutivsekretärs) zu nutzen.

Botschafter Schnippenkötter war der Auffassung, daß bei dem Versuch, die Zulassung der DDR zum internationalen Bereich zu verhindern, das Argument, eine Störung der ostpolitischen Gespräche und innerdeutschen Gesprächsbemühungen zu vermeiden, besser als erwartet ankäme. Die derzeitig taktisch

---

[4] Zum Vorschlag, der DDR eine Mitarbeit in der ECE zu ermöglichen, vgl. AAPD 1969, II, Dok. 397.

begründete Argumentation würde zum Teil besser verstanden als die frühere dogmatische Begründung. Andererseits könne die Wirksamkeit des taktischen Arguments nicht von langer Dauer sein; es sei daher wichtig zu wissen, über welchen Zeitraum sich die ostpolitischen Gespräche und die innerdeutschen Gesprächsbemühungen erstrecken sollen.

Die Bemühungen um den ostpolitischen und innerdeutschen Ausgleich haben bei den anderen Staaten mit der Hoffnung auf Entspannung für uns good will geschaffen und können, solange wir uns um die DDR bemühen, die Haltung unserer Position sehr erleichtern. Allerdings wäre es notwendig, zwischen den einzelnen Formen der Abwehr der DDR stärker zu differenzieren als bisher. Die Bezeichnung DDR würde nunmehr in Genf mit Zustimmung des Auswärtigen Amts geduldet. Die Abwehr der Zirkulierung von Schreiben aus der DDR spiele in Genf nicht die Rolle wie in New York. Vielleicht sei dort das BQD-Verfahren[5] in der gegenwärtigen Form obsolet. Später werde wohl die Frage kommen, ob eine Aufnahme von Herrn Zachmann in die Diplomatenliste in Genf hinzunehmen ist. Dabei sei zu berücksichtigen, daß in der ECE über Zachmann tatsächlich Kontakte der DDR mit allen Mitgliedstaaten erreicht würden. Die DDR sei tatsächlich dort präsent, wenngleich sie von der Möglichkeit des Abschnitts 10 der terms of reference[6] keinen Gebrauch mache. Auch müsse von Organisation zu Organisation unterschieden werden; ein wichtiger Unterschied sei, ob die DDR zu einer Organisation zugelassen werde, die unter die Wiener Formel[7] falle (von da ab würde die Wiener Formel nicht mehr zu unseren Gunsten, sondern zugunsten der DDR wirken), oder wie bei der ECE um eine Organisation, die die Wiener Formel unberührt lasse.

Die Regierungserklärung habe tatsächlich den multilateralen Bereich ausgeklammert. Daher stelle sich die Frage, wie dieser weiße Fleck auszufüllen sei. Anhaltspunkt hierfür böte der Hinweis auf die Duldung der kulturellen und wirtschaftlichen Beziehungen der DDR. Dies spräche dafür, eine De-facto-Mitwirkung der DDR in der ECE ins Auge zu fassen.

Während im bilateralen Bereich die Anerkennungsfrage mit ja oder nein beantwortet werden könne, gäbe es im multilateralen Bereich differenzierte Möglichkeiten. Es sei falsch, dort nur die Nicht-Zulassung oder die Mitgliedschaft zu sehen. Man beraube sich dadurch des an sich vorhandenen tief gestaffelten Manövrierfeldes. Das gelte z.B. für die ECE, wo die Hinnahme der Anwesenheit eines Vertreters der DDR hinter einem entsprechendem Schilde praktisch nicht über die Anpassung eines bereits bestehenden Zustandes an die hingenommene Staatlichkeit der DDR hinausginge. Auch jetzt säße Herr Zachmann im Saal.

---

5 Berlin Quadripartite Documents.
6 Artikel 10 der Statuten der ECE vom 28. März 1947 in der Fassung vom 15. Dezember 1955: „The Commission may consult with the representatives of the respective Allied Control Authorities of the occupied territories, and be consulted by them for the purpose of mutual information and advice on matters concerning the economies of these territories in relation to the rest of the European economy." Vgl. BUNDESANZEIGER, Nr. 150 vom 8. August 1957, S. 2.
7 Artikel 48 des Wiener Übereinkommens vom 18. April 1961 über diplomatische Beziehungen („Wiener Formel"): „Dieses Übereinkommen liegt für alle Mitgliedstaaten der Vereinten Nationen oder ihrer Sonderorganisationen, für Vertragsstaaten der Satzung des Internationalen Gerichtshofs und für jeden Staat, den die Generalversammlung der Vereinten Nationen einlädt, Vertragspartei des Übereinkommens zu werden, [...] zur Unterzeichnung auf." Vgl. BUNDESGESETZBLATT 1964, Teil II, S. 991 f.

Eine Statusveränderung trete durch die Rückkehr der DDR unter ihrem Namen nicht ein.

Bei der Entscheidung über das weitere Vorgehen in der ECE müsse auch der ostpolitische Aspekt berücksichtigt werden. Nach den Ausführungen des Exekutivsekretärs Stanovnik übten die Russen auf die DDR Druck aus, damit sie sich statt des Konsultativstatus nach Abschnitt 8 der terms of reference[8] mit einer geringeren, den bisherigen Sachstand nicht wesentlich verändernden Stellung begnügten. Wenn es auch richtig sei, daß von uns aus nicht versucht werden solle, einen Keil zwischen die Sowjetunion und ihre sozialistischen Verbündeten zu treiben, so sei es uns doch nicht verwehrt, vorhandene Interessenunterschiede innerhalb des sozialistischen Lagers, hier zwischen Moskau und Ostberlin, zu erkennen und politisch zu nutzen.

Dabei wäre zu berücksichtigen, daß auf der einen Seite die Forderung nicht mehr haltbar sei, die DDR solle als SBZ und Berater der sowjetischen Besatzungsmacht auftreten; andererseits könne die ECE von dem übrigen multilateralen Bereich getrennt behandelt werden, weil sie keine weltweite, sondern eine regionale Organisation sei und weil sie nicht zu den Organisationen der Wiener Formel gehöre.

Von vornherein eine Mitgliedschaft in den Vereinten Nationen selbst anzustreben, wäre mit zu gewichtigen anderen Fragen belastet (Friedensvertrag, Feindstaatenklauseln[9], Mitwirkung der Deutschlandmächte), es würde die Bundesregierung politisch überfordern, wenn man sie wegen der für April oder Mai d. J. fälligen Entscheidungen schon vor diese weitaus gewichtigeren Fragen stellen wolle.

Bevor der Zulassung der DDR als Gast des Exekutivsekretärs zugestimmt würde, sei allerdings eine Konsultation mit den Westmächten unerläßlich, auch im Hinblick auf die Möglichkeit, daß diese der Ost- und Deutschlandpolitik der Bundesregierung gegenüber gewisse Reserven haben könnten.

Wenn die DDR in der ECE zur Arbeit zugelassen würde, müßte sie dort sachlich tätig werden. Wenn sie sich auf Polemisieren verlegte, würde ihre Sprache sogar vielleicht von ihren östlichen Freunden gedämpft. Nachdem eine sachliche Mitarbeit der DDR begonnen habe, sei auch ein zusätzliches Argument gewonnen, in der WHO die Zulassung der DDR zu verhindern, da die Bemühungen um innerdeutschen Ausgleich sichtbar würden. Die ECE sei auch deshalb für einen ersten Schritt interessant, weil in den terms of reference der Begriff der Nation enthalten sei (Art. 8), über dessen Auslegung in Bezug auf die deutsche Situation man sich ggfs. zu äußern haben werde.

Die Rückkehr Zachmanns vom Besuchertisch an den Konferenztisch (nicht unter der Bezeichnung SBZ, sondern unter dem Schild DDR) könne vielleicht mit einer gemeinsamen oder notfalls einseitigen Erklärung über die Einheit der Nation verbunden werden.

---

[8] Artikel 8 der Statuten der ECE vom 28. März 1947 in der Fassung vom 15. Dezember 1955: „The Commission may admit in a consultative capacity European nations not members of the United Nations, and shall determine the conditions in which they may participate in its work, including the question of voting rights in the subsidiary bodies of the Commission." Vgl. BUNDESANZEIGER, Nr. 150 vom 8. August 1957, S. 2.

[9] Für Artikel 53 und Artikel 107 der UNO-Charta vom 26. Juni 1945 vgl. Dok. 12, Anm. 4.

Zusammenfassend bemerkte Botschafter Schnippenkötter, daß eine Anpassung der Anwesenheit der DDR im ECE-Bereich an die neue Deutschlandpolitik als isolierte Maßnahme durchführbar sei; die Aufbesserung der Position der DDR könne vielleicht auf die ECE beschränkt bleiben, wenn wir uns um politische Unterstützung in dem gleichen Umfang bemühten, wie das im Interesse der bisherigen Politik mit Erfolg geschehen sei. Eine Nebenreaktion ist nach Auffassung Botschafter Schnippenkötters in jedem Falle auszuschließen. Allerdings wird sich eine Unterzeichnung der im Rahmen der ECE geschlossenen Abkommen und Verträge nicht vermeiden lassen. Auswirkungen eines solchen Einschlusses in internationale Verträge auf parallele Bereiche könne nicht mit Sicherheit ausgeschlossen werden.

Nach Entkrampfung in der ECE würde es für eine gewisse Zeit sogar möglich sein, die Zulassung der DDR zu anderen Organisationen, insbesondere zu solchen der Wiener Formel, wirksamer zu verhindern.

Im übrigen sei es fraglich, ob die Bundesrepublik Deutschland gut beraten sei, wenn sie sich aus den Veranstaltungen aus Anlaß des 25. Jubiläums der Vereinten Nationen in Genf[10] selber ausklammere. Der Vertreter der Bundesrepublik Deutschland könnte dort an sich ohne weiteres nach der Diplomatenliste eingeladen werden, wenn wir uns damit einverstanden erklärten, daß Zachmann die Teilnahme ad personam ermöglichen würde. Winspeare halte es für völlig unmöglich, daß ein in der blauen Liste enthaltener Ständiger Vertreter in Genf, wie wir es sind, nicht eingeladen werde. Wenn das Auswärtige Amt diesem Vorgehen nicht zustimme, beabsichtige Botschafter Schnippenkötter, während der Veranstaltungen auf Urlaub zu gehen.

Herr van Well äußerte Bedenken gegen ein formelles Herangehen an das Problem der Mitarbeit der DDR in der ECE und im multilateralen Bereich in diesem Augenblick. Es sei schwer gewesen, die Einwilligung des Ostens zu bilateralen Gesprächen vor einer Vorablösung des Problems der völkerrechtlichen Anerkennung der DDR zu erlangen. Am 5. Dezember 1969 habe jedoch die Gipfelkonferenz der Warschauer Paktstaaten in Moskau beschlossen, in bilaterale Verhandlungen mit der Bundesrepublik Deutschland ohne Vorbedingungen einzutreten.[11] Wenn die Bundesrepublik Deutschland jetzt selbst ohne zwingende

---

[10] Am 6. Juli 1970 fand in Genf eine Festsitzung anläßlich des 25-jährigen Bestehens der UNO statt.
[11] Im Kommuniqué über die Konferenz der Partei- und Regierungschefs der Warschauer-Pakt-Staaten vom 3./4. Dezember 1969 in Moskau wurde zur Bundesrepublik ausgeführt: „Beim Meinungsaustausch über aktuelle internationale Fragen wurde festgestellt, daß die Wahlergebnisse in der Bundesrepublik Deutschland und die Bildung der neuen Regierung Ausdruck von Veränderungen sind, die sich in einem Teil der Öffentlichkeit der Bundesrepublik Deutschland zeigen, Ausdruck der in diesem Teil der Öffentlichkeit zunehmenden Tendenzen, die auf eine realistische Politik der Zusammenarbeit und Verständigung zwischen den Staaten gerichtet sind. Als ein positives Moment wurde die Unterzeichnung des Kernwaffen-Sperrvertrags durch die Bundesrepublik Deutschland hervorgehoben. Zugleich brachten die Teilnehmer des Treffens ihre einmütige Meinung zum Ausdruck, daß die in der Bundesrepublik Deutschland fortdauernden gefährlichen Erscheinungen des Revanchismus und die Aktivierung der neonazistischen Kräfte nicht außer acht gelassen werden dürfen und daß ihnen gegenüber ständig die gebotene Wachsamkeit geübt werden muß. Wenn die neue westdeutsche Regierung die Lehren aus der Geschichte zieht, sich des Ballastes der Vergangenheit entledigt und entsprechend dem Geist der Zeit an die Probleme, die in den Beziehungen zwischen den europäischen Staaten Spannungen hervorrufen, realistisch herangeht, so würden sowohl die sozialistischen Staaten als auch alle anderen friedliebenden Völker dies begrüßen." Vgl. EUROPA-ARCHIV 1970, D 76 f.

Not im multilateralen Bereich Schritte einleiten würde, die geeignet sind, die Anerkennungsfrage dort wieder virulent werden zu lassen, müßten Störungen bei den Ostgesprächen erwartet werden. Die DDR würde sich voraussichtlich nicht bereit finden, mit uns eine Lösung in der ECE zu finden, ohne dann die Anerkennungsfrage auch bei den allgemeinen Gesprächen wieder in den Vordergrund zu rücken. Die Regelung der internationalen und multilateralen Fragen, die sich aus der deutschen Teilung ergeben, müsse ein Reflex der innerdeutschen Entwicklung bleiben. Auch in Moskau habe sich bei den Gewaltverzicht-Gesprächen eine Bereitschaft der Sowjetunion gezeigt, den internationalen Bereich nicht in den Vordergrund zu rücken. Die Frist für den Beginn einer Klärung werde allerdings unter anderem auch im Kanzleramt nicht für sehr groß gehalten. Man rechne mit einigen Monaten.

Wenn die Verhandlungen in Moskau scheitern sollten, müsse auch mit dem Scheitern der Gespräche mit der DDR gerechnet werden. Eine Europäische Sicherheitskonferenz sei dann nicht mehr wahrscheinlich. Das „Moratorium" (das Heraushalten der DDR aus dem Bereich internationaler Organisationen bis zum Erfolg der innerdeutschen Gespräche) dürfte dann nur noch schwer aufrechtzuerhalten sein und jedenfalls einer Prüfung bedürfen.

Der DDR solle aber im gegenwärtigen Zeitpunkt keine Gelegenheit gegeben werden, die multilateralen Fragen in die zur Zeit geführten Fachgespräche z. B. auf dem Verkehrsgebiet[12], in den Vordergrund zu schieben. Die Zulassung der DDR (und der Bundesrepublik Deutschland) zu den internationalen Eisenbahnverkehrsabkommen CIM[13] & CIV[14] solle erst dann erfolgen[15], wenn ein befriedigender Vertrag auf dem Verkehrsgebiet zwischen der Bundesrepublik Deutschland und der DDR abgeschlossen worden ist. In gleicher Weise solle im Post- und Telegrafenverkehr vorgegangen werden und die Mitgliedschaft der DDR in UIT und UPU erst erörtert werden, nachdem eine Regelung des innerdeutschen Post- und Telegrafenverkehrs[16] vereinbart worden ist. Hierzu bemerkte Botschafter Böker, daß das auf dem Verkehrssektor vorgesehene Vorgehen auf zwei Schwierigkeiten stoßen müßte. Die Verhandlungen mit der DDR könnten entweder zu einem guten Ende geführt werden oder ohne Ergebnis abgebrochen werden. Im ersten Fall besteht die Gefahr, daß die DDR nach Zulassung zu der betroffenen Fachorganisation den vorher geschlossenen Vertrag wieder bricht, neue Hindernisse auf dem Verkehrsgebiet errichtet und der Bundesrepublik Deutschland die Rolle des Geprellten überläßt. Enden dagegen die Verhandlungen ohne Ergebnis, steht man erneut vor der Frage, wie weiter prozediert werden soll, d.h., ob der DDR trotzdem der Zutritt zu den internationalen Orga-

---

[12] Vgl. dazu Dok. 34.

[13] Für den Wortlaut des Internationalen Übereinkommens über den Eisenbahnfrachtverkehr (CIM) vom 25. Februar 1961 in der Fassung vom 7. Februar 1970 vgl. BUNDESGESTZBLATT 1974, Teil II, S. 381–455.

[14] Für den Wortlaut des Internationalen Übereinkommens über den Eisenbahn-Personen- und -Gepäckverkehr (CIV) vom 25. Februar 1961 in der Fassung vom 7. Februar 1970 vgl. BUNDESGESETZBLATT 1974, Teil II, S. 493–537.

[15] Am 18. Dezember 1969 stellte die DDR in Bern einen Antrag auf Beitritt zu den Internationalen Übereinkommen CIM und CIV.

[16] Zu den innerdeutschen Postverhandlungen vgl. zuletzt Dok. 45.

nisationen veröffnet werden soll oder ob versucht werden kann, diesen Zutritt wieder unbedingt auszuschließen.

VLR Dr. Matthias bezweifelte die Möglichkeit, den Vorgang der Wiederbeteiligung der DDR in neuer Form an den Arbeiten der ECE für sich zu behandeln. In anderen wirtschaftlichen Organisationen kann dann gegen die Bundesrepublik Deutschland der Vorwurf erhoben werden, die DDR nur aus Konkurrenzgründen aus der internationalen Zusammenarbeit ausschließen zu wollen. Die Mitwirkung der DDR würde dort hingenommen, wo dies für die Bundesrepublik Deutschland selbst nützlich und vorteilhaft sei. Dagegen schlösse die Bundesrepublik Deutschland die DDR dort aus, wo andere Staaten und insbesondere die Entwicklungsländer an der Zulassung der DDR interessiert seien, wie z.B. in UNCTAD, dem Zuckerabkommen[17] und der Entwicklungsdekade[18].

Die Bundesrepublik Deutschland würde im übrigen ohne Zulassung der DDR in die Leitgremien der Entwicklungsdekade nicht mehr aufgenommen werden. Das Mandat des vorbereitenden Ausschusses endet bei Beginn der Entwicklungsdekade. An dem vorbereitenden Ausschuß haben sich die Sowjetunion und ihre Verbündeten wegen der Nicht-Zulassung der DDR nicht beteiligt. Ein neues Gremium, in dem zwar die Bundesrepublik Deutschland, aber nicht die DDR vertreten sei, würde nach den bei dem vorbereitenden Ausschuß gemachten Erfahrungen für die Steuerung der Dekade wohl nicht mehr eingesetzt werden.

Im übrigen müsse damit gerechnet werden, daß auf der nächsten Tagung des ECOSOC, die ebenfalls in Genf stattfinden wird[19], die Aufnahme der DDR beschlossen werden kann. Im Gegensatz zur ECE ist im ECOSOC die westliche Mehrheit nicht gesichert.

VLR I Dr. von Hassell bemerkte ergänzend, daß die Sowjetunion möglicherweise auch deshalb zur Zeit für die DDR in der ECE nur die Rolle als Gast des Exekutivsekretärs und nicht die Zulassung mit Konsultativstatus nach Abschnitt 8 der terms of reference anstrebt, weil auf diese Weise der Weg zur Vollmitgliedschaft, über die der ECOSOC zu entscheiden hat, besser geebnet wird.

Eine Einladung der DDR außerhalb der terms of reference durch den Exekutivsekretär ist nur mit dem Konsensus aller ECE-Mitglieder denkbar. Dadurch bietet solche Teilnahme einen guten Anhaltspunkt für den ECOSOC, die Aufnahme der DDR dann durch formelle Zulassung zur Mitgliedschaft zu legalisieren. Haben dagegen die ECE-Mitglieder vorher der DDR den Konsultativstatus eingeräumt, besteht keine Notwendigkeit einer Legalisierung und der ECOSOC wird möglicherweise zögern, einen eben gefaßten Beschluß der ECE durch eine andere Entscheidung zu ersetzen. In dem im Juli/August 1970 in Genf zur Vollversammlung zusammentreffenden ECOSOC sind die Mehrheitsverhältnisses allerdings dem Westen nicht so günstig wie in der ECE.

VLR I Dr. von Schenck griff die Äußerung von Botschafter Schnippenkötter auf, daß vielleicht die Möglichkeit gegeben sei, in der ECE in Anknüpfung an ihre terms of reference zu einer gemeinsamen Erklärung über die Einheit der Nati-

---

[17] Für den Wortlaut des Internationalen Zucker-Übereinkommens vom 24. Oktober 1968 vgl. UNTS, Bd. 654, S. 3–333.
[18] Zur Zweiten Entwicklungsdekade der UNO vgl. Dok. 24, Anm. 6.
[19] Die 49. Tagung des ECOSOC fand vom 6. bis 31. Juli 1970 in Genf statt.

on zu kommen. Hierzu bemerkte Herr von Schenck, daß bei den Gesprächen, die Staatssekretär Bahr mit Außenminister Gromyko zur Zeit in Moskau führe, von Gromyko der Begriff der „Einheit der Nation" als verbindendes Element der beiden Teile Deutschlands bisher grundsätzlich abgelehnt werde. Im übrigen sei die ECE aufgrund der dort gegebenen besonderen Verhältnisse unter allen internationalen Organisationen immerhin am ehesten dazu geeignet, als Ansatzpunkt einer vorsichtigen Modifikation unserer Haltung gegenüber der DDR im multilateralen Bereich zu dienen. Jedoch komme der ECE kaum genug Gewicht zu, um von einer dort gefundenen Regelung einen positiven Einfluß auf die innerdeutschen Gespräche erwarten zu können.

Zwischen dem bilateralen und multilateralen Bereich bestehe in der Anerkennungsfrage ein enger Zusammenhang. Wenn ein Staat die DDR durch Aufnahme entsprechender bilateralen Beziehungen anerkannt habe, so werde er kein Argument mehr haben, um gegen die Aufnahme der DDR in multilaterale Organisationen zu stimmen. Eine Freigabe des multilateralen Bereichs werde sich auf den bilateralen Bereich zwar nicht so unmittelbar und zwingend auswirken, auf längere Sicht aber doch zur Aufnahme auch bilateraler Beziehungen zur DDR führen. Eine gemeinsame Mitgliedschaft in multilateralen Organisationen sei zwar grundsätzlich auch ohne gegenseitige Anerkennung möglich, wie etwa das Beispiel der arabischen Staaten und Israels in den Vereinten Nationen zeige. Es sei aber zu bedenken, daß eine Stimmabgabe für die Aufnahme der DDR in zwischenstaatliche Organisationen eine Anerkennung der DDR als Staat impliziere, sofern der votierende Staat diese Anerkennungswirkung nicht ausdrücklich durch eine entsprechende Erklärung zur Stimmabgabe ausschließe. Im übrigen würden wir zwar der Konfrontation mit der DDR im multilateralen Bereich auf die Dauer wohl nicht ausweichen können. Wir müßten uns aber klar darüber sein, daß diese Konfrontation zunächst einmal nicht wie ein fairer Wettbewerb, sondern angesichts des zu erwartenden Verhaltens der DDR als Austragung von „quérelles allemandes" wirken werde.

Ministerialdirektor Frank wies auf die Gefahren, die sich aus einer Sonderregelung in der ECE ergeben könnten, hin. Man müsse sich fragen, ob nicht das Heranführen der DDR an den Konferenztisch der ECE praktisch das Überrolltwerden der Bundesrepublik Deutschland in den internationalen Organisationen einleite. Der Unterschied zwischen der ECE und den Sonderorganisationen der Vereinten Nationen sei nur wenigen verständlich.

Die zentrale Frage im Bereich der Vereinten Nationen sei im übrigen nicht das Problem der Anerkennung der DDR durch andere Staaten bzw. der Nicht-Anerkennung durch uns, sondern die Notwendigkeit, für uns hinreichende Stimmen zu haben. Das gelte insbesondere für die Zeit nach der Aufnahme in die Vereinten Nationen. Wie Botschafter Böker hierzu bemerkte, wird es auch bei der Abstimmung über die Aufnahme der beiden Teile Deutschlands in die Vereinten Nationen darauf ankommen, im Sicherheitsrat und in der VN-Vollversammlung mehr Stimmen für die Bundesrepublik Deutschland zu gewinnen als der DDR zufallen. Damit könnten für die spätere Stellung in den Vereinten Nationen die Weichen bereits bis zu einem gewissen Grade gestellt werden.

Bei der Fortsetzung unseres Kampfes gegen eine Aufnahme der DDR in den multilaleralen Bereich sei zu berücksichtigen, daß die dabei eintretenden Reibungsverluste auf die Ost-West-Gespräche abträglich wirken müßten. Daher sei zu erwägen, ob man nicht durch eine Beilegung der Auseinandersetzung in der ECE auch für die Ost-West-Beziehungen Entlastung schafft. Ob dem Schritt in der ECE weitere Schritte folgen könnten, müßte von den Erfahrungen abhängig gemacht werden, soweit dies möglich sei.

Daneben bliebe aber die Gefahr weiterer Einbrüche bestehen. An sich wäre deshalb zu erwägen, ob nicht zunächst der Eintritt in die Vereinten Nationen selbst betrieben werden sollte. Die Gefahr sei nicht zu unterschätzen, daß die Bundesrepublik Deutschland und die DDR andernfalls nicht in die Vereinten Nationen selbst hineinkämen, da die vier Großmächte vorziehen würden, beide Teile Deutschlands in den Vereinten Nationen selbst auf einem Minderstatus festzuhalten. Sobald die DDR mit der Bundesrepublik Deutschland gleichgezogen habe, d. h., in einen Beobachterstatus bei den Vereinten Nationen selbst eingerückt sei und allen Sonderorganisationen angehöre, wäre das Interesse der Sowjetunion an einer Mitgliedschaft in den Vereinten Nationen selbst nicht mehr gegeben.

Allerdings setze ein Entschluß zum Eintritt in die Vereinten Nationen Konsultationen und umfangreiche Vorarbeiten voraus. Diese nähmen erhebliche Zeit in Anspruch. Ein solcher Entschluß könne nicht mehr rechtzeitig mit Wirkung auf die bevorstehende ECE-Vollversammlung[20] oder die Jahresversammlung der WHO[21] gefaßt werden. Selbst für die diesjährige VN-Vollversammlung[22] reiche die Vorbereitungszeit nicht aus. Daher sei auch der von Herrn von Hassell geäußerte Gedanke, zunächst eine Absichtserklärung bezüglich unseres Eintritts in die Vereinten Nationen abzugeben und damit zunächst die Diskussion um Mitgliedschaft in den anderen Gremien auszuklammern, nicht realisierbar. In jedem Fall sei daran festzuhalten, daß im Falle eines Abschlusses der innerdeutschen Gespräche ohne positives Ergebnis die neue Situation wohl am besten bewältigt würde durch eine Bereitschaft zum Wettbewerb mit der DDR in den internationalen Organisationen. Dabei müsse man davon ausgehen, daß die Regierungserklärung und der Bericht zur Lage der Nation den multilateralen Bereich im wesentlichen unberücksichtigt gelassen habe. Die fehlende Entscheidung auf diesem Gebiet müsse nachgeholt werden. Theoretisch könne dies durch ein Zurückgehen auf die unbedingte Abwehr der Zulassung der DDR in den multilateralen Bereich geschehen. Praktisch hätte aber die inzwischen eingetretene Entwicklung dazu geführt, daß nur der Weg zur allgemeinen Zulassung der DDR in den multilateralen Bereich gangbar sei.

Für den Gedanken einer die Einheit der Nation aufrechterhaltenden Erklärung biete im übrigen die Fassung, die das Memorandum zum Aufnahmeantrag der DDR in die Vereinten Nationen [enthält], bereits Anhaltspunkte. Der entscheidende Satz dort lautet wie folgt:

„Wer ernsthaft das deutsche Volk bei der Wiedervereinigung unterstützen will, muß von den bestehenden Realitäten, der Existenz zweier souveräner deutscher Staaten, ausgehen. Die Mitgliedschaft der beiden deutschen Staaten in den

---

[20] Die 25. Tagung der ECE fand vom 14. bis 25. April 1970 in Genf statt.
[21] Die 23. Weltgesundheitsversammlung fand vom 5. bis 22. Mai 1970 in Genf statt.
[22] Die XXV. UNO-Generalversammlung fand vom 15. September bis 17. Dezember 1970 statt.

Vereinten Nationen, die Normalisierung der Beziehungen zwischen ihnen und die Verständigung über die entscheidenden Lebensfragen der deutschen Nation sind zugleich der einzige Weg, um den Graben der Spaltung Deutschlands allmählich zuzuschütten. Nur auf diesem Wege wird es möglich sein, in einer längeren Periode die Voraussetzungen zu schaffen, damit das ganze deutsche Volk in einem einheitlichen demokratischen deutschen Staat in Verwirklichung der Prinzipien von Potsdam und der Grundsätze der Vereinten Nationen seinen gleichberechtigten Platz an der Seite aller Völker einnehmen kann."

3) Am Schluß der Diskussion kamen die Besprechungsteilnehmer überein, daß versucht werden soll, zunächst in der ECE den Vorschlag aufzugreifen, der DDR als Gast des Exekutivsekretärs die Teilnahmemöglichkeit unter ihrer Namensbezeichnung einzuräumen. Dabei sei es wesentlich, Klarheit über die Folgen dieses Vorgehens zu schaffen. Dem ersten Schritt in der ECE werden möglicherweise Schritte im gesamten Fachbereich über kurz oder lang und im Bereich der in VN-Gremien verabschiedeten Vertragswerke folgen müssen. Sobald aufgrund dieser Schritte die Zulassung eines Beobachters der DDR in den Vereinten Nationen droht, muß die Frage der Vollmitgliedschaft in den Vereinten Nationen aufgegriffen werden, um der Gefahr vorzubeugen, daß diese unerreichbar wird.

Für das Verfahren bei dem ersten Schritt in der ECE kamen die Besprechungsteilnehmer überein, daß es zweckmäßig sei, zunächst in Genf bei dem russischen Vertreter bei den Internationalen Organisationen[23] durch Botschafter Schnippenkötter verifizieren zu lassen, ob die Angabe von Exekutivsekretär Stanovnik zutrifft, daß die Sowjetunion numehr eine Zulassung der DDR ohne Bezugnahme auf einen in den terms of reference definierten Status, sondern lediglich als Gast des Exekutivsekretärs in der ECE befürwortet.

Bei günstigem Ergebnis dieser Verifizierung sollte bei den drei Hauptverbündeten geklärt werden, ob sie den ins Auge gefaßten Schritt in der ECE gutheißen, gegebenenfalls stützen und sich an der Zernierung dieses Bereiches gegenüber den anderen internationalen Organisationen beteiligen würden. Die Sondierung sollte nicht in Genf stattfinden. Botschafter Schnippenkötter befürwortet, die Sondierung nicht in der Vierergruppe in Bonn, sondern in den Hauptstädten durchführen zu lassen.

Soweit mit den Hauptverbündeten Einverständnis erzielt worden ist, soll schließlich im weiten Bereich unserer westlichen Partner um Unterstützung nachgesucht werden. Die Bitte um Unterstützung soll dabei nach Auffassung von Botschafter Schnippenkötter nicht in dem von Herrn van Well befürworteten NATO-Rahmen erfolgen.

Bei diesen Verifizierungs-, Sondierungs- und Stützungsaktionen müsse man sich darüber klar sein, daß es sich zunächst noch um vorbereitende Schritte handle und wir die Entscheidung erst im letzten Augenblick endgültig treffen müßten. Dies sei umso berechtigter, als auch der Osten sich in Vorbesprechungen zusammenfände und seine Entscheidungen häufig erst im letzten Augenblick träfe.

---

[23] Soja Wassiljewna Mironowa.

VLR Dr. Matthias bemerkte, daß allerdings schon die Sondierungen bei unseren Verbündeten deren Willen schwächen könnten, uns bei dem Heraushalten der DDR aus der ECE zu unterstützen. Zumindest sei es schwierig, gleichzeitig die Unterstützung der bisherigen Haltung in der ECE in Demarchen für die Vorbereitung der Hauptversammlung im April zu erbitten. Daher sei praktisch durch die Sondierungen, auch wenn die Entscheidungsfreiheit formal gegeben bleibe, schon ein wesentliches Vorzeichen gesetzt. Im Hinblick auf die Möglichkeit der Schwächung des Willens zur Abwehr der DDR in der ECE sei es auch zweifelhaft, ob gegenwärtig der Besuch von Exekivsekretär Stanovnik in Deutschland angebracht wäre. Von der Leipziger Messe[24] kommend, unterstreiche ein solcher Besuch seine Rolle als Mittelsmann. Der Herr D I stellte hierzu fest, daß wir kein Interesse hätten, die Entscheidung unserer Angelegenheiten durch den Exekivsekretär der ECE betreiben zu lassen. Wir müßten selbstverständlich bereit sein, ihn anzuhören, er könne aber nicht verlangen, nur dann nach Deutschland zu kommen, wenn ein positives Ergebnis seines Besuchs gesichert sei.[25]

Bei der letzten Entscheidung über die Frage der Wiedereinführung der DDR in die ECE wäre weniger die sachliche Seite schwierig zu lösen als die Opportunitätsfrage. Man müsse sich darüber klar sein, daß die DDR alles Interesse daran habe, ihre dortige Zulassung hochzuspielen, Bilder in der Zeitung, die Herrn Zachmann hinter dem Schild „Deutsche Demokratische Republik" in der Reihe der Konferenzteilnehmer zeigten, wären mit Sicherheit zu erwarten. Auch müsse damit gerechnet werden, daß sich die DDR gegebenenfalls sehr hochrangig vertreten ließe, während die Bundesrepublik Deutschland bisher im allgemeinen durch Ministerialdirigenten vertreten war. Auf diese Gefahren muß bei der Vorbereitung der endgültigen Entscheidung eindeutig hingewiesen werden.

Hassell

VS-Bd. 2770 (I B 1)

---

[24] Die Leipziger Messe fand vom 1. bis 10. März 1970 statt.
[25] Zur Möglichkeit eines Besuchs des Exekutivsekretärs der ECE, Stanovnik, in der Bundesrepublik vermerkte Vortragender Legationsrat I. Klasse von Hassell am 11. Februar 1970: „Es ist verständlich, daß Herr St[anovnik] aus Deutschland gern mit einer Lösung für die DDR-Teilnahme an der ECE zurückkommen möchte. Auf der anderen Seite sollten wir uns durch Herrn Stanovnik nicht den Terminkalender für eine solche Lösung vorschreiben lassen. Bei den Mehrheitsverhältnissen in der ECE besteht für uns nach wie vor kein Zugzwang. Selbst wenn sich die Bundesregierung entschließt, in der ECE die Tür für die Zulassung der DDR in den multilateralen Bereich erstmalig zu öffnen, sollte die dahingehende Entscheidung nicht über den ECE-Exekutivsekretär laufen, sondern in die innerdeutschen Gespräche einbezogen werden." Vgl. Referat I C 1, Bd. 503.
Ein Besuch kam 1970 nicht zustande.

53

Botschafter Pauls, Washington, an das Auswärtige Amt

Z B 6-1-10765/70 geheim
Fernschreiben Nr. 308
Citissime

Aufgabe: 12. Februar 1970, 14.00 Uhr[1]
Ankunft: 12. Februar 1970, 21.02 Uhr

Auf Plurex 514 v. 10.2.70[2] – V 1-80.22/1-94.20-139/70[3]

Betr.: Deutsch-polnische Gespräche in Warschau vom 5. bis 7.2.70

1) Mein Vertreter[4] hat die Angelegenheit am 12. Februar im Weißen Haus (Mr. Sonnenfeldt) zur Sprache gebracht.

Mr. Sonnenfeldt stellte fest:

a) Der polnische Botschafter in Washington, Michalowski, habe am 3. Februar bei Mr. Kissinger vorgesprochen. An dem Gespräch sei er, Sonnenfeldt, beteiligt gewesen. Michalowski habe Kissinger erklärt, ihm scheine es zweckmäßig, daß die amerikanische Regierung auf die ihr befreundete Bundesregierung im Sinne einer konstruktiven deutschen Haltung einwirke. Kissinger habe erklärt, daß die amerikanische Regierung eine Versöhnung des deutschen und des polnischen Volkes vorbehaltlos unterstütze. Auf den Hinweis Michalowskis, daß dies allein nicht ausreiche und daß die Grenzfrage endgültig geregelt werden müsse, habe Kissinger erklärt, daß seines Wissens die beunruhigendsten Grenzprobleme zwischen kommunistischen Staaten anhängig seien. Auf jeden Fall habe die amerikanische Regierung keine Bedenken gegen eine polnisch-deutsche Verständigung (understanding).

Dies sei alles gewesen, was Kissinger zur Grenzfrage gesagt habe.

b) Im Gespräch mit ihm, Sonnenfeldt, habe Michalowski die Frage aufgeworfen, warum die Bundesrepublik nicht in der Lage sei, das deutsch-polnische Grenzproblem in gleicher Weise wie das deutsch-belgische[5] und das deutsch-nieder-

---

[1] Hat Vortragendem Legationsrat I. Klasse von Alten am 13. Februar 1970 vorgelegen, der die Weiterleitung an die Referate V 1 und II A 2 verfügte.
Hat Vortragendem Legationsrat I. Klasse Effenberg am 16. Februar 1970 vorgelegen.

[2] Korrigiert aus: „11.2. 1970".

[3] Staatssekretär Duckwitz teilte mit, daß der polnische Stellvertretende Außenminister Winiewicz im Gespräch am 5. Februar 1970 erwähnt habe, „nach einem Bericht des polnischen Botschafters in Washington sei letzterem im Weißen Haus zwar nicht von Präsident Nixon selbst, aber von einer anderen Persönlichkeit erklärt worden, die amerikanische Regierung würde nichts dagegen einwenden, daß die Bundesrepublik Deutschland die Oder-Neiße-Linie als endgültige Westgrenze Polens anerkenne." Duckwitz wies die Botschaft in Washington an, nach Möglichkeit zu ermitteln, „ob diese Behauptung zutreffen kann und um wen es sich bei dem namentlich nicht genannten Gesprächspartner des polnischen Botschafters im Weißen Haus gehandelt haben könnte". Vgl. VS-Bd. 5793 (V 1); B 150, Aktenkopien 1970.

[4] Dirk Oncken.

[5] Vgl. den Vertrag vom 24. September 1956 zwischen der Bundesrepublik und Belgien über eine Berichtigung der deutsch-belgischen Grenze und andere die Beziehungen zwischen beiden Ländern betreffende Fragen; BUNDESGESETZBLATT 1958, Teil II, S. 263–290. Vgl. ebenso das Protokoll vom 6. September 1960 zur Festlegung des Verlaufs der deutsch-belgischen Grenze; BUNDESGESETZBLATT 1960, Teil II, S. 2329-2348.

ländische Grenzproblem⁶ zu behandeln. Der polnische Botschafter sei darauf hingewiesen worden, daß in diesen Fällen eine unterschiedliche rechtliche Ausgangsbasis bestanden habe.

2) Die grundsätzliche Haltung der amerikanischen Regierung in der Grenzfrage dürfte aus einem Gespräch hervorgehen, das der stellvertretende Außenminister Richardson am 10. Februar vertraulich mit einigen maßgeblichen Journalisten geführt hat. Nach Mitteilung eines der Botschaft bekannten, vertrauenswürdigen deutschen Journalisten erklärte Richardson:

a) Die amerikanische Regierung sei bereit, die deutsche Ostpolitik voll zu unterstützen. Diese vorbehaltlose Unterstützung finde dort ihre Grenze, wo der Komplex der Vier-Mächte-Verantwortung berührt werde. Dies gelte auch für die Frage der endgültigen völkerrechtlichen Festlegung der deutschen Ostgrenze.

b) Ausgangspunkt für diese Forderung sei das Potsdamer Abkommen, dessen Implementierung oder Abänderung lediglich der Entscheidung der Vier Mächte unterworfen sei.

c) Im übrigen hätten die USA die Oder-Neiße-Linie nie ausdrücklich anerkannt.

3) Ich halte es unter diesen Umständen für wahrscheinlich, daß Herr Winiewicz auf der Vollsitzung der deutschen und polnischen Delegationen am 5. Februar die ihm berichteten Äußerungen Kissingers großzügig im polnischen Sinne ausgelegt hat. Die amerikanische Regierung dürfte sich davor hüten, uns in der Frage einer Festlegung der deutschen Ostgrenzen volle Handlungsfreiheit zu geben. Sie geht dabei davon aus, daß aus formalen Gründen das aus dem Potsdamer Abkommen resultierende Entscheidungsrecht der Vier Mächte voll aufrechterhalten bleiben muß. Jede Umgehung dieses Entscheidungsrechtes der Vier Mächte im Falle der Oder-Neiße-Linie würde nach amerikanischer Auffassung einen negativen Präzedenzfall für eine Behandlung des Vier-Mächte-Problems „Berlin" schaffen.

Diese rechtlichen Überlegungen bedeuten nicht, daß die amerikanische Regierung bereit wäre, sich in der Substanz einer deutsch-polnischen Abmachung in der Grenzfrage zu widersetzen.

[gez.] Pauls

VS-Bd. 8952 (II A 5)

---

⁶ Vgl. das Abkommen vom 8. April 1960 zwischen der Bundesrepublik und den Niederlanden über den Verlauf der gemeinsamen Landgrenze, die Grenzgewässer, den grenznahen Grundbesitz, den grenzüberschreitenden Binnenverkehr und andere Grenzfragen (Grenzvertrag); BUNDESGESETZBLATT 1963, Teil II, S. 463–601.

54

Gespräch des Staatssekretärs Bahr, Bundeskanzleramt, mit Ministerpräsident Kossygin in Moskau

Geheim 13. Februar 1970[1]

Vermerk über Besuch Staatssekretär Bahrs bei Ministerpräsident Kossygin am Freitag, 13. Februar 1970, 10.00 bis 11.40 Uhr

Anwesend auf deutscher Seite: Staatssekretär Bahr, Botschafter Allardt; auf sowjetischer Seite: Ministerpräsident Kossygin, Botschafter Falin, Dolmetscher Smirnow, Stenograph.

Nach formeller Begrüßung erklärte *Kossygin*, er sei bereit, Staatssekretär Bahr anzuhören.

Der *Staatssekretär* führte folgendes aus: In den jetzigen Gesprächen ginge es zwar formell um Gewaltverzicht, in Wirklichkeit aber um den Versuch einer Aussöhnung. Während diese Aussöhnung zwischen der SU und der DDR zwar erfolgt sei, stehe sie mit dem weitaus größeren Teil der Deutschen, also der Bundesrepublik, noch aus, und ohne sie könne es keine echte Entspannung in Europa geben. Vielleicht sei der Augenblick für eine solche Initiative schon deshalb nicht ungünstig, weil Kossygin, Brandt und Ulbricht jedenfalls eines gemeinsam hätten, sie hätten gegen die Nazis gekämpft. Die neue Bundesregierung wünsche nichts mehr als die Schaffung einer Basis, auf der die drei Staaten mit wachsendem Vertrauen und gleichberechtigt zusammenarbeiten könnten.

Der Weg dahin sei lang und schwierig, aber die Hindernisse ließen sich beseitigen, wenn zwei Fragen gelöst würden: In der Bundesrepublik habe man Angst vor der Sowjetunion, die nicht zuletzt aus der Teilung herrühre. Diese Teilung dauere vielleicht noch Generationen, aber man würde sich täuschen, wollte man annehmen, daß sie vergessen würde. „Seien Sie daher mißtrauisch gegen jeden, der behauptet, die Deutschen hätten sich mit der Teilung abgefunden." Die Deutschen sähen zwar das Faktum der Teilung, seien aber nicht bereit, es als endgültig zu akzeptieren.

Infolgedessen müsse in den jetzt geführten Gesprächen auch dieser Punkt offen erörtert und dürfe nicht mit Schweigen übergangen werden. Eine Lösung dieses Problems müßte sich eigentlich umso eher finden lassen, als die Anerkennung der Tatsache, daß Deutschland eine Nation und ein Staat sei, der Haltung der Sowjetregierung nach dem Kriege entspreche. Warum sollte es also der Sowjetregierung nicht möglich sein, der Bundesregierung etwa zu sagen: „Wir sind bereit, die Perspektive offenzuhalten, d. h. wenn alle Nachbarnationen es wollten, die Deutschen unter sich einig sind und wenn dadurch weder das europäische Gleichgewicht noch die europäische Sicherheit gestört werden,

---

[1] Ablichtung.
Vgl. dazu auch BAHR, Zeit, S. 299–304.

sind wir bereit, die Wiedervereinigung ebenfalls zuzulassen." Vielleicht würden Generationen darüber vergehen, aber diese Bundesregierung könne und dürfe jedenfalls nicht in die Lage gebracht werden, für die Versöhnung mit der Sowjetunion den Preis der endgültigen Spaltung Deutschlands zu zahlen.

Es wäre mehr als wünschenswert, wenn die Sowjetregierung sich entschließen könnte, hier ein Zeichen zu setzen.

Auch ein Abkommen zwischen der Bundesregierung und der DDR sollte möglich sein. Wenn beide Staaten auch verschiedene Gesellschaftsordnungen hätten, gehörten sie aber nach ihren Verfassungen einer Nation[2] an. Wenn die DDR also bereit sei, das Sonderverhältnis beider Staaten in Betracht zu ziehen sowie die Rechte der Vier Mächte gegenüber Gesamtdeutschland zu respektieren, könnte ein Vertrag abgeschlossen werden, der so lange gelten solle, wie es die beiden deutschen Staaten gebe. Dann werde auch die Bundesrepublik alle Barrieren fallen lassen, die zur internationalen Anerkennung führten und die der völligen Gleichberechtigung im Wege ständen.

Kossygin erwiderte: Die Sowjetregierung messe den derzeitigen Gesprächen zwischen den beiden Regierungen der SU und der BRD große Bedeutung bei und hätte ihren Außenminister[3] mit den entsprechenden Direktiven versehen. Da er, Kossygin, über die letzten Gespräche noch nicht voll informiert sei und dementsprechend auch noch keine definitiven Entscheidungen und weitere Direktiven gefallen seien, wolle er sich heute zu den Verhandlungen im einzelnen nicht weiter äußern, jedoch zu einzelnen Punkten, die der Staatssekretär aufgeworfen habe, kurz Stellung nehmen. Wenn es wirklich in der Bundesrepublik Angst vor der Sowjetunion gäbe, dann nicht wegen der sowjetischen Politik, deren Friedensziele völlig außer Frage stünden, sondern der jahrelangen Hetzpropaganda, die in der Bundesrepublik gegen die Sowjetunion betrieben worden sei. „Wir haben noch niemals eine Aggression vorgenommen, wir werden aber auch – wie man in Vietnam oder im Nahen Osten feststellen kann – vor keiner Aggression zurückweichen. Wir bedrohen niemand und wir wissen, daß ein neuer Krieg in Europa einer Katastrophe gleichkäme. Da also eine militärische Lösung der Spannungen in Europa nicht in Betracht kommt, bleibt nur die politische übrig."

Der Kriegsausgang habe zwei deutsche Staaten geschaffen. Es sei zwar richtig, daß in deren Verfassung etwas von der Wiedervereinigung[4] stünde, aber die Gesellschaftssysteme hätten sich in der Zwischenzeit so auseinander entwickelt, daß sie keine gemeinsame Basis mehr hätten. Dieses Problem werde die Geschichte – in weiter Perspektive betrachtet – vielleicht lösen, aber wenn die Bundesrepublik bisher eine Politik der Wiedervereinigung betrieben habe, so sei das nichts als reines Abenteuertum gewesen.

---

2 Korrigiert aus: „Generation".
3 Andrej Andrejewitsch Gromyko.
4 Zu den entsprechenden Bestimmungen des Grundgesetzes vom 23. Mai 1949 und der Verfassung der DDR vom 6. April 1968 vgl. Dok. 12, Anm. 13.

Jetzt ergäbe sich zur Beseitigung der Spannungen in der Tat eine günstige Lage, wie die Korrespondenz zwischen Ulbricht, Heinemann, Stoph und Brandt[5] zeige.

Die deutschen Probleme müßten von beiden deutschen Staaten gelöst werden. Die Sowjetunion werde trotz ihrer Verantwortung für die DDR und trotz der Verantwortung der Vier Mächte dem sicherlich keine Hindernisse in den Weg legen, wenn auch in der Bundesrepublik ein wirklicher Wille zur Entspannung bestünde. Es gäbe zwar in der Bundesrepublik Nazis, die am besten eingesperrt werden sollten. Sie seien sicherlich nicht sehr zahlreich, aber sie seien verständen es, der Jugend verbrecherische Ideen einzufiltrieren, wie beispielsweise den Anspruch auf Wiedervereinigung, den Zugang der Bundesrepublik zu Atomwaffen und schließlich den Gedanken an einen neuen Krieg.

Alles dies sei aber schließlich gänzlich unrealistisch. Die europäischen Probleme müßten anderweitig gelöst werden und gerade deshalb hätte die Sowjetregierung den Gedanken einer Europäischen Sicherheitskonferenz zur Diskussion gestellt. „Wir können übrigens da ohne leben; die übrigen europäischen Staaten brauchen eine solche Konferenz nötiger als wir."

Der *Staatssekretär* erwiderte, sicherlich sei es richtig, daß die beiden deutschen Staaten ihre Fragen alleine regeln sollten. Er sei auch nicht nach Moskau gekommen, um die Hilfe der Sowjetregierung gegen die DDR zu erbitten, aber es sei nun einmal unvermeidlich, im Zusammenhang mit der Lösung der deutsch-sowjetischen Probleme auch über die Frage der Beziehungen BRD–DDR zu diskutieren. Entsprechend dem alten Sprichwort, daß zwei Lahme noch keinen Schnelläufer ergeben, sei es ganz natürlich, wenn die Frage der Beziehungen dieser beiden Staaten nicht nur durch die Rechte der vier Siegermächte beeinflußt würde, sondern daß alle Nachbarn an der Lösung interessiert seien.

Was Krieg oder Frieden anbelange, könne er versichern, daß in Deutschland niemand mehr an den Krieg denke. Die Niederlage habe das deutsche Volk stärker getroffen als irgendein anderes Ereignis seiner Geschichte und sicher rühre die Angst vor der Sowjetunion auch zum Teil aus der Niederlage her. Leider sei es so, daß das Bild, das sich die Bundesrepublik über die Sowjetunion mache, wie das Bild, das die Sowjetunion über die Bundesrepublik habe, falsch seien. Er könne im übrigen versichern, daß die Bundesregierung nicht daran denke, die NPD zu verbieten. Das Resultat eines Verbots könne höchstens unerfreuliche politische Folgen haben.

Die Bundesregierung und die Sowjetregierung müßten nun endlich ehrlich und offen miteinander reden und wirklich alles dabei erörtern. Dies sei umso notwendiger, als es bei uns Kreise gäbe, die an einem besseren Verhältnis der Bundesrepublik zur Sowjetunion nicht interessiert seien.

---

5 Zum Schreiben des Staatsratsvorsitzenden Ulbricht vom 17. Dezember 1969 an Bundespräsident Heinemann vgl. Dok. 12, Anm. 11.
Für das Schreiben des Bundeskanzlers Brandt vom 22. Januar 1970 an den Vorsitzenden des Ministerrats, Stoph, vgl. EUROPA-ARCHIV 1970, D 205. Für einen Auszug vgl. Dok. 12, Anm. 16.
Für das Schreiben des Vorsitzenden des Ministerrats, Stoph, vom 11. Februar 1970 an Bundeskanzler Brandt vgl. EUROPA-ARCHIV 1970, D 208–210. Vgl. dazu auch Dok. 56.

Kossygin warf ein, diese Kreise gebe es nicht nur innerhalb, sondern auch außerhalb der Bundesrepublik.

Der *Staatssekretär* fuhr fort, auch die Feindseligkeit, die in der Bundesrepublik vielleicht gegen die Sowjetunion bestünde, müsse abgebaut werden. Trotzdem blieben wir natürlich Mitglieder der NATO. Es würde lebensgefährlich sein, jetzt die Blöcke etwa auflösen zu wollen.

Auf die Frage *Kossygins*, wovor wir denn Angst hätten, entgegnete der *Staatssekretär*, daß die Auflösung der Blöcke nach deutscher Auffassung langsam und behutsam in ein europäisches Sicherheitssystem überführt werden müßte. Dies sei ein Ziel auf lange Sicht, und es wäre falsch, wenn jemand heute sich bereits über die Auflösung der Blöcke falsche Hoffnung machen würde.

Kossygin entgegnete, daß man die Sowjetregierung nicht für so naiv halten dürfe – überdies gäbe es Kräfte, die beharrlich den Zusammenstoß der Blöcke vorbereiteten.

Was die Niederlage Deutschlands im Weltkriege anbelangt, so habe es sich nach Auffassung der Sowjetunion nicht so sehr um eine Niederlage als um den Konkurs einer verfehlten Politik gehandelt, den übrigens die Sowjetregierung vorausgesehen habe, als die Deutschen gerade wähnten, den Krieg gewonnen zu haben, nämlich bei der Einnahme von Paris.

Der *Staatssekretär* bemerkte abschließend, daß ein europäisches Sicherheitssystem selbstverständlich durch die einzigen übriggebliebenen Großmächte, die USA und die SU, ebenso garantiert werden müsse, wie beide Staaten bereits heute de facto und de jure die Sicherheit in Europa garantierten.

Kossygin bemerkte, wenn nach unserer Auffassung die Sowjetunion bereits heute den Frieden in Europa garantiere, sei nicht verständlich, wieso ihre Politik denn Angst auslösen könne.

Die Sowjetregierung meine jedenfalls, daß unseren Verhandlungen große Bedeutung beizumessen sei und sie fortgesetzt werden sollten. Natürlich ließen sich nicht auf einmal alle Probleme lösen, aber wesentlich für den Erfolg sei, daß auf beiden Seiten der gute Wille für die Lösung bestehe.

VS-Bd. 4625 (II A 4)

55

Aufzeichnung des Ministerialdirektors Ruete

II A 1-83.10-273[II]/70 geheim 13. Februar 1970[1]

Betr.: Sowjetische Berlin-Note vom 10. Februar 1970[2]

Bezug: Aufzeichnung vom 25.11.1969[3] – II A 1-83.10-2197/69 geh.[4]

I. Inhalt

In der Note, die den alliierten Botschaftern am 10. Februar in Moskau übergeben worden ist (Anlage 1)[5], erklärt sich die sowjetische Regierung mit Vier-Mächte-Verhandlungen über eine Verbesserung der Berlin-Situation einverstanden und schlägt vor, diese im Gebäude des ehemaligen Alliierten Kontrollrats in West-Berlin abzuhalten. Die Verhandlungen können nach sowjetischen Vorstellungen bereits in der zweiten Februarhälfte beginnen.[6] Als Vertreter der Sowjetunion wird der Botschafter in Ostberlin, Abrassimow, benannt.

Zum Gegenstand der Vier-Mächte-Verhandlungen wird in der Note folgendes ausgeführt:

– Der sowjetischen Regierung komme es vor allem darauf an, der mit dem „internationalen Status West-Berlins" unvereinbaren Aktivität ein Ende zu setzen.

– Bei der andauernden „Besetzung" West-Berlins könnten nur das Potsdamer Abkommen und andere Vereinbarungen und Entscheidungen der Vier Mächte die Grundlage für eine Prüfung der praktischen Probleme sein.

– Die Probleme des Zugangs nach West-Berlin und seiner Verbindungen könnten nur unter Berücksichtigung der „legitimen Interessen und souveränen Rechte der Deutschen Demokratischen Republik" entschieden werden. Dabei

---

1 Die Aufzeichnung wurde von Vortragendem Legationsrat I. Klasse van Well und Legationsrat I. Klasse Bräutigam konzipiert.
2 Vgl. dazu bereits Dok. 51.
3 Korrigiert aus: „1970".
4 Ministerialdirektor Ruete faßte den Stand der Beratungen in der Bonner Vierergruppe über die Sondierungen der Drei Mächte wegen einer Verbesserung der Situation von Berlin (West) und der innerdeutschen Verkehrs- und Nachrichtenverbindungen zusammen. Die Drei Mächte sollten sich bei der UdSSR für einen Modus vivendi zwischen beiden Teilen Deutschlands einsetzen: „Die Verwirklichung der in dem Papier skizzierten Vorstellungen würde von Moskau und vor allem Ostberlin erhebliche Zugeständnisse verlangen. Ob die östliche Seite auf solche Pläne überhaupt eingehen wird, ist zur Zeit noch eine offene Frage. Wenn sie dies tut, wird sie dafür bestimmt einen Preis fordern. Gewisse sowjetische Äußerungen sprechen dafür, daß die Sowjets auch in diesem Zusammenhang die Frage der Bundesaktivität in Berlin aufwerfen werden. Die Alliierten werden eine Verknüpfung dieser beiden Fragenkomplexe wahrscheinlich nicht von vornherein ablehnen. Für die deutsche Seite könnte dies jedoch erhebliche Konsequenzen haben. [...] Es erscheint daher wesentlich, daß bei einer endgültigen Festlegung der Verhandlungsrichtlinien der innere Zusammenhang zwischen einer Reduzierung der Bundesaktivität in Berlin und der Respektierung der gewachsenen Bindungen Berlins nicht verlorengeht. Dabei sollte den Alliierten gegenüber klargestellt werden, daß für uns die Sicherung dieser Bindungen das eigentliche Kernproblem der Verhandlungen darstellt." Es könne jedoch nicht verkannt werden, daß dieser Fragenkomplex für die Alliierten nur eine eher zweitrangige Bedeutung habe. Vgl. VS-Bd. 4351 (II B 2); B 150, Aktenkopien 1969.
5 Dem Vorgang beigefügt. Vgl. VS-Bd. 4479 (II A 1).
6 Die Vier-Mächte-Gespräche über Berlin begannen am 26. März 1970. Vgl. dazu Dok. 135.

heißt es, daß West-Berlin inmitten der DDR liege und deren Verbindungswege benutze.
- Die Berlin-Verhandlungen der Vier Mächte müßten im Zusammenhang mit der notwendigen Normalisierung der Situation in Europa und der Garantie seiner Sicherheit gesehen werden.

II. Bewertung

1) Wie nach den bisherigen Äußerungen der Sowjetunion zur Berlinfrage nicht anders zu erwarten war, versuchen die Sowjets, die Vier-Mächte-Verhandlungen auf West-Berlin zu beschränken. Dabei kommt ihnen der Umstand zugute, daß auch die von den Alliierten vorgeschlagenen Verhandlungsthemen im wesentlichen West-Berlin betreffen.[7] Eine Einbeziehung der Situation Ostberlins in die Verhandlungen war bisher weder von alliierter Seite noch von der Bundesregierung vorgeschlagen worden, um die Regelung praktischer Fragen nicht noch zusätzlich zu erschweren.

Der sowjetischen Position liegt die bekannte These zugrunde, daß der 1945 begründete Vier-Mächte-Status nur noch für West-Berlin gelte. Die Sowjets folgern daraus, daß die westlichen Alliierten in Ostberlin keine Rechte und Zuständigkeiten mehr in Anspruch nehmen könnten, während die Sowjetunion weiterhin solche Rechte in West-Berlin besitzt. Es steht zu erwarten, daß es ein wesentliches Ziel der sowjetischen Verhandlungsführung sein wird, ein Mitspracherecht in West-Berlin nicht nur für die Dauer der Verhandlungen, sondern auch darüber hinaus zu etablieren. Daß damit große Gefahren für West-Berlin verbunden sind, ist offenkundig. Auf alliierter Seite besteht jedoch, soweit wir wissen, keine Neigung, auf solche Bestrebungen einzugehen. Es wird freilich notwendig sein, der sowjetischen Seite gleich zu Beginn der Verhandlungen zu bedeuten, daß eine irgendwie geartete Wiederbelebung einer Vier-Mächte-Kontrolle, etwa auf der Grundlage der Londoner Protokolle vom 12.9.[8] und 14.11.1944[9], nur für Groß-Berlin, d.h. unter Einschluß Ostberlins, in Betracht kommen kann.

Eine Einigung in dieser Frage ist nicht zu erwarten, aber auch nicht erforderlich, da die praktischen Probleme auch ohne Klärung dieser Frage lösbar sind.

2) In die gleiche Richtung zielt der sowjetische Vorschlag für den Tagungsort. Moskau will offenbar den Eindruck erwecken, als ob mit dem Zusammentreten der Konferenz im Kontrollratsgebäude eine neue Phase der Vier-Mächte-Kontrolle in West-Berlin beginne. Die Sowjets könnten ihre Teilnahme an den Verhandlungen dazu benutzen, sich fest in West-Berlin zu etablieren (z.B. ein Sekretariat im Kontrollratsgebäude einzurichten) und durch ihre ständige Präsenz auch außerhalb der Vier-Mächte-Verhandlungen auf das Leben in West-Berlin direkt Einfluß zu nehmen. Um eine Unruhe in der Bevölkerung nicht aufkommen zu lassen, sollte bei Beginn der Verhandlungen in geeigneter Weise klarge-

---

[7] Zur Initiative der Drei Mächte für Gespräche mit der UdSSR über Berlin (West) vgl. Dok. 2, Anm. 3.
[8] Für den Wortlaut der Vereinbarung vom 12. September 1944 zwischen Großbritannien, den USA und der UdSSR über die Besatzungszonen in Deutschland und die Verwaltung von Groß-Berlin (Londoner Protokoll), der Frankreich am 26. Juli 1945 beitrat, vgl. DOKUMENTE DES GETEILTEN DEUTSCHLAND, Bd. 1, S. 25–27.
[9] Für den Wortlaut des Abkommens vom 14. November 1944 zwischen Großbritannien, der UdSSR und den USA über Kontrolleinrichtungen in Deutschland (Londoner Abkommen), dem Frankreich am 1. Mai 1945 beitrat, vgl. DOKUMENTE DES GETEILTEN DEUTSCHLAND, Bd. 1, S. 29–32.

stellt werden, daß die Schutzmächte und der Senat eine solche Entwicklung nicht zulassen werden.

Wegen der Risiken, die eine Konferenz im Kontrollratsgebäude mit sich bringt, dürften rotierende Sitzungen in den verschiedenen Sektoren vorzuziehen sein. Damit würde zugleich dem Eindruck entgegengewirkt, daß der 1945 von den Siegermächten errichtete Kontrollrat als Aufsichtsinstanz für Deutschland neu belebt werden soll.

Ob es allerdings möglich sein wird, das Rotationsprinzip noch durchzusetzen, ist fraglich, zumal die Alliierten in ihrem Aide-mémoire vom 16. Dezember selbst Berlin als Tagungsort (ohne Erwähnung der Rotation) vorgeschlagen haben. Es scheint auch, daß zumindest Briten und Franzosen keine Bedenken gegen Sitzungen im Kontrollratsgebäude haben, wenn sie dies nicht sogar befürworten. Es kommt hinzu, daß ein neuer westlicher Vorschlag zur Frage des Konferenzorts den Beginn der Verhandlungen nicht unerheblich hinauszögern könnte, was wir nicht wünschen. Unter diesen Umständen könnte es sich als zweckmäßig erweisen, die Alliierten um die erforderlichen Klarstellungen bei Beginn der Verhandlungen im Kontrollratsgebäude zu ersuchen.

3) Zur wichtigen Frage der Verhandlungsthemen ist festzustellen, daß in der sowjetischen Note keiner der westlichen Vorschläge (Zugang nach Berlin, innerstädtische Verbindungen, Diskriminierung West-Berlins in den Warschauer Pakt-Staaten) zurückgewiesen worden ist. Das ist ermutigend, auch wenn damit Auseinandersetzungen über Tagungsordnungsfragen noch keineswegs aufgeräumt sind.

Die sowjetische Absicht, die Frage der Bundesaktivität ganz in den Vordergrund der Verhandlungen zu rücken, konnte nicht überraschen, muß aber unserem Interesse nicht unbedingt zuwiderlaufen. Denn dieses Thema führt notwendigerweise zum Kern der Verhandlungen, nämlich der Frage der Anerkennung der gewachsenen Bindungen Berlins an den Bund durch die Warschauer Pakt-Staaten. Nur wenn sich in diesem Punkt eine Einigung abzeichnet, wird eine Sicherung der Zugangswege erreichbar werden.

Bedenklich erscheint die außerordentlich weit gespannte Forderung der Sowjets, jegliche mit dem „internationalen Status West-Berlins" nicht zu vereinbarende Aktivität auszuschließen. Es liegt nahe anzunehmen, daß damit nicht nur die sogenannte demonstrative Bundespräsenz in Berlin anvisiert wird, sondern auch Dinge wie z. B. der Sitz der Bundeskörperschaften in Berlin, die Anwesenheit hochgestellter Persönlichkeiten des Bundes in der Stadt, die Tätigkeit der Presse und der Rundfunkanstalten, die Mitwirkung der Berliner Abgeordneten im Bundestag und des Senats im Bundesrat sowie die Wahrnehmung der Berliner Interessen im Ausland durch die Bundesregierung aufgegriffen werden. Bundesregierung und Senat werden von Anfang an darauf hinzuwirken haben, daß die Alliierten solchen weitgespannten Forderungen, die für uns nicht diskutabel sein können, entgegentreten, wobei wir uns bewußt sein müssen, daß bei einzelnen Alliierten für manche dieser Forderungen ein – wenn auch unausgesprochenes – Verständnis besteht.

Aus innenpolitischen Gründen wird es für die Bundesregierung kaum möglich sein, schon im Anfangsstadium der Verhandlungen zu präzisieren, wie weit ihre

Kompromißbereitschaft in der Frage der Bundesaktivität geht. Dies wird wesentlich davon abhängen, welche Haltung die Sowjets in der Frage der innerstädtischen Verbindungen und der Diskriminierung West-Berlins einnehmen wird. Für die westliche Verhandlungsführung folgt daraus, daß die Alliierten von Anfang an auf eine Verbindung der Themen: Bundesaktivität, innerstädtischer Verkehr und Diskriminierung West-Berlins bestehen müssen. Die französische Abneigung gegen eine Erörterung des Diskriminierungsproblems, die in letzter Zeit wiederholt sichtbar geworden war, wird vorher noch auszuräumen sein.

4) Welche Bedeutung der Hinweis auf das Potsdamer Abkommen und andere Vereinbarungen und Entscheidungen der Vier Mächte hat, ist noch nicht zu übersehen. Eine sowjetische Bereitschaft, die Gültigkeit bestimmter Vier-Mächte-Beschlüsse über den Zugang nach Berlin zu bestätigen, wäre sicher zu begrüßen. Dies dürfte jedoch kaum der Sinn dieses Hinweises sein. Es ist eher zu vermuten, daß die Sowjets etwa unter Berufung auf das Potsdamer Abkommen Kontrollbefugnisse über bestimmte, für Rüstungsproduktion geeignete Industriezweige in West-Berlin in Anspruch nehmen wollen. Ferner könnten sie daran denken, ein kontrolliertes Verbot nazistischer und militaristischer Aktivität in West-Berlin (NPD, Flüchtlingsorganisationen etc.) zu verlangen und damit auf die innenpolitische Entwicklung in West-Berlin direkten Einfluß zu nehmen. Es versteht sich von selbst, daß solchen Bestrebungen von Anfang an unmißverständlich entgegengetreten werden muß. Eine Vier-Mächte-Kontrolle könnte, wenn überhaupt, nur für Groß-Berlin diskutabel sein.

Ob die Sowjets etwa die Absicht verfolgen, den Alliierten Kontrollrat, der u. a. die Aufgabe hatte, „die Verwaltung von Groß-Berlin durch entsprechende Organe zu lenken"[10], wieder zu aktivieren, kann nicht völlig ausgeschlossen werden. Allerdings dürfte das dem Kontrollrat zugrundeliegende Abkommen vom 14. November 1944 den Sowjets wegen der Bezugnahmen auf Groß-Berlin und eine zentrale Verwaltung in Deutschland wenig genehm sein.

5) Bei dem Hinweis auf die legitimen Interessen und souveränen Rechte der DDR fällt auf, daß die Sowjets nur deren „Berücksichtigung" fordern. Mit dieser Formulierung lassen sie sich (auch gegenüber Ostberlin) völlig freie Hand, wie die DDR ins Spiel gebracht werden soll. Daß dies zu gegebener Zeit geschehen wird, dürfte allerdings so gut wie sicher sein. Möglicherweise streben die Sowjets an, daß bestimmte Probleme durch Abkommen zwischen West-Berlin und der DDR geregelt werden, um damit dem Konzept einer „besonderen politischen Einheit West-Berlin" Vorschub zu leisten. Immerhin ist bemerkenswert, daß die Sowjets etwa in der Frage des zivilen Berlinverkehrs nicht von vornherein auf die ausschließliche Zuständigkeit der DDR verweisen, wie es nach ihrer frü-

---

10 Vgl. dazu Artikel 3b des Londoner Abkommens vom 14. November 1944 über Kontrolleinrichtungen in Deutschland: „The functions of the Control Council will be 1) to ensure appropriate uniformity of action by the Commanders-in-Chief in their respective zones of occupation; 2) to initiate plans and reach agreed decisions on the chief military, political, economic and other questions affecting Germany as a whole, on the basis of instructions received by each Commander-in-Chief from his Government; 3) to control the German central administration, which will operate under the direction of the Control Council, and will be responsible to it for ensuring compliance with its demands; 4) to direct the administration of ‚Greater Berlin' through appropriate organs." Vgl. DOKUMENTE DES GETEILTEN DEUTSCHLAND, Bd. 1, S. 30.

heren Argumentation nahegelegen hätte. Dies dürfte ein Indiz dafür sein, daß sie sich in diesen Fragen nicht als Sachwalter Ostberliner Interessen sehen, sondern eigene Ziele verfolgen.

6) Insgesamt gesehen läßt die geschickt formulierte Note das sowjetische Interesse an substantiellen Verhandlungen erkennen. Sie zeigt aber auch die Umrisse einer sowjetischen Verhandlungskonzeption, die die Alliierten und die Bundesregierung noch vor außerordentlich schwierige Fragen stellen wird. Gewisse Risiken für die westliche Seite sind unverkennbar. Es wird größter Umsicht bedürfen, um das sowjetische Drängen nach Kontrollrechten in West-Berlin abzuwehren, ohne die eigenen Verhandlungsziele zu gefährden.

III. Vorschläge zum weiteren Prozedere

1) Da sich in den innerdeutschen Verhandlungen das Berlin-Problem immer wieder als schwer überwindbares Hindernis erweist, liegt es in unserem Interesse, daß die Berlin-Verhandlungen der Vier Mächte so bald wie möglich aufgenommen werden.

2) Wir sollten uns bei den Alliierten dafür einsetzen, daß die Sitzungen der Vier-Mächte-Konferenz rotierend in den vier Sektoren stattfinden. Können wir uns damit nicht durchsetzen, müßten die Alliierten ersucht werden, bei Beginn der Konferenz im Kontrollratsgebäude in geeigneter Weise gegenüber der Öffentlichkeit klarzustellen, daß weder eine sowjetische Beteiligung an der Ausübung der höchsten Gewalt in West-Berlin noch eine Reaktivierung des Alliierten Kontrollrats beabsichtigt sind.

3) Die Verhandlungsrichtlinien sollten unverzüglich in der Bonner Vierergruppe ausgearbeitet werden, wobei das mit der Bezugsaufzeichnung vorgelegte Arbeitspapier (Anlage 2)[11] als Grundlage dienen sollte.

Die Unterrichtung der deutschen Seite über den Gang der Verhandlungen wird voraussichtlich über die Bonner Vierergruppe erfolgen. Dort werden auch die Beratungen zur Vorbereitung der jeweils nächsten Verhandlungsrunde geführt werden.

4) Während der Dauer der Vier-Mächte-Verhandlungen in West-Berlin sollte der Bund von demonstrativen Akten der Bundespräsenz in Berlin Abstand nehmen, an der bisherigen Praxis aber grundsätzlich festhalten, solange sich eine Einigung der Vier Mächte nicht abzeichnet. So wäre daran zu denken, daß auch in nächster Zeit einzelne Bundestagsausschüsse gesondert und möglichst ohne Publizität in Berlin zusammentreten, Sitzungen der Fraktionen und Arbeitswochen aller Ausschüsse aber vorerst unterbleiben.[12]

Der deutsche Text der sowjetischen Antwortnote wird hiermit über den Herrn Staatssekretär[13] dem Herrn Minister[14] vorgelegt. Das Bundeskanzleramt, das Bundesministerium für innerdeutsche Beziehungen, das Bundesministerium

---

[11] Dem Vorgang nicht beigefügt. Für das undatierte amerikanische Papier vgl. VS-Bd. 10057 (Ministerbüro).
[12] Zu diesem Satz handschriftliche Bemerkung des Bundesministers Scheel: „Ja."
[13] Hat Staatssekretär Duckwitz am 15. Februar 1970 vorgelegen.
[14] Hat Bundesminister Scheel am 1. März 1970 vorgelegen.

der Verteidigung und der Bevollmächtigte des Landes Berlin beim Bund[15] haben Durchdruck dieser Aufzeichnung erhalten.

Ruete

VS-Bd. 4479 (II A 1)

56

Staatssekretär Duckwitz an Bundesminister Scheel, z. Z. Bangkok

St.S. 125/70 geheim
Fernschreiben Nr. 50
Citissime nachts

Aufgabe: 16. Februar 1970, 17.01 Uhr[1]

1) Bundeskanzler erwägt, Mittwoch, 18. Februar, folgendes Fernschreiben an Ministerpräsident Stoph zu richten:

„Ihr Schreiben vom 11. Februar 1970[2] und die darin enthaltene Einladung zu einem Gespräch habe ich dankend zur Kenntnis genommen. Es scheint mir in diesem Augenblick nicht nützlich, auf Einzelheiten Ihres Schreibens einzugehen und damit den Austausch von Briefen fortzusetzen, die sich auf die wiederholte Darlegung der eigenen Positionen beschränken.

Er erscheint mir an der Zeit, den Versuch zu unternehmen, das Trennende zurückzustellen und das Verbindende zu suchen. Wenn dies gelingt, dann sollte es auch möglich sein, zu vertraglichen Absprachen zu gelangen.

---

[15] Horst Grabert.

[1] Der Drahterlaß wurde von Vortragendem Legationsrat I. Klasse Noebel konzipiert. Bundesminister Scheel hielt sich vom 13. bis 16. Februar 1970 in Indien, vom 16. bis 18. Februar 1970 in Thailand und vom 18. bis 20. Februar 1970 in Singapur auf.

[2] Der Vorsitzende des Ministerrats, Stoph, führte in seinem Schreiben vom 11. Februar 1970 an Bundeskanzler Brandt aus: „Der Grundsatz der Gleichberechtigung und der Nichtdiskriminierung erfordert selbstverständlich, daß die DDR und die BRD sich wechselseitig als das anerkennen und respektieren, was sie sind, nämlich gleichberechtigte, souveräne Subjekte des Völkerrechts. [...] Verhandlungen über die Aufnahme gleichberechtigter Beziehungen und über Gewaltverzicht können nur auf der Grundlage gegenseitiger völkerrechtlicher Anerkennung zu positiven Ergebnissen führen. Der Vertragsentwurf der DDR sieht bekanntlich vor, daß die Deutsche Demokratische Republik und die Bundesrepublik Deutschland auf der Grundlage der allgemein anerkannten Prinzipien und Normen des Völkerrechts die Aufnahme normaler gleichberechtigter Beziehungen, frei von jeder Diskriminierung, vereinbaren. Diese Beziehungen müssen insbesondere auf den Prinzipien der souveränen Gleichheit, der Achtung der territorialen Integrität, der Unantastbarkeit der Staatsgrenzen, der Nichteinmischung in die inneren Angelegenheiten und des gegenseitigen Vorteils beruhen. Das wäre ein wirkungsvoller Beitrag zur Sicherung des Friedens in Europa, zur Herbeiführung eines geregelten Nebeneinanderlebens und eines Verhältnisses der guten Nachbarschaft als souveräne Staaten." Stoph schlug zur „Herbeiführung der friedlichen Koexistenz und der vertraglichen Regelung normaler Beziehungen" ein Treffen des Vorsitzenden des Ministerrats und des Bundeskanzlers „am 19. oder 26. Februar 1970" in Ost-Berlin vor. Vgl. EUROPA-ARCHIV 1970, D 208–210.

Um solche Verhandlungen in Gang zu bringen, bin ich zu einem Treffen mit Ihnen bereit, zu dem mich Bundesminister Franke begleiten wird. Die von Ihnen vorgeschlagenen Termine überschneiden sich allerdings mit anderen Verpflichtungen, die ich nicht verlegen kann.

Ich würde es deshalb für zweckmäßig halten, wenn Beamte des Bundeskanzleramts und des Büros des Ministerrats in der Woche zwischen dem 23. und 27. Februar zusammenkommen, um die erforderlichen technischen Vorbereitungen zu erörtern. Bei diesem Gespräch könnte dann auch das Datum unserer ersten Begegnung endgültig festgelegt werden; ich würde einen Tag nicht später als in der zweiten oder dritten Märzwoche für zweckmäßig halten."

2) Endgültige Entscheidung soll in Kabinettsitzung Mittwoch früh erfolgen. Am Dienstagnachmittag[3] werden Alliierte informiert (nicht konsultiert).

3) Der Herr Bundeskanzler wäre für Ihre Stellungnahme vor der Kabinettsitzung dankbar.[4]

Duckwitz[5]

VS-Bd. 502 (Büro Staatssekretär)

57

Botschafter Böx, Warschau, an das Auswärtige Amt

Z B 6-1-10815/70 VS-vertraulich Aufgabe: 16. Februar 1970, 17.05 Uhr[1]
Fernschreiben Nr. 88 Ankunft: 17. Februar 1970, 00.54 Uhr

Betr.: Deutsch-polnische Gespräche

I. Winiewicz empfing mich 13. Februar auf seine Initiative zu informellem Gespräch.

1) Eingangs äußerte sich W. zu erstem Meinungsaustausch zwischen den beiden Regierungen. Entscheidend sei, daß sich die gegenseitigen Standpunkte klar herausgeschält hätten und auch verstanden worden seien. Ebenso könne ein gemeinsamer Wille konstatiert werden, eine Normalisierung der Beziehungen zu erreichen. Der Prozeß sei eingeleitet und könne zunächst in kleinen Schritten, aber kontinuierlich, fortgesetzt werden. Warschau hoffe auf ein günstiges Ergebnis der Gespräche in Moskau. Das könnte die Entwicklung der deutsch-polnischen Beziehungen nur fördern. Sein Bericht über den Verlauf und das Ergebnis der Gespräche sei in „Warschau", gemeint ist die polnische Führungs-

---

[3] 17. Februar 1970.
[4] Für die Stellungnahme des Bundesministers Scheel vom 17. Februar 1970 vgl. Dok. 61.
[5] Paraphe.
[1] Hat Vortragendem Legationsrat I. Klasse von Alten am 17. Februar 1970 vorgelegen.

spitze, günstig aufgenommen worden. Nicht nur bei ihm bestünde ein realistischer Optimismus hinsichtlich der weiteren Schritte. W. unterstrich noch einmal sehr nachdrücklich, daß ein Wendepunkt in der polnisch-deutschen Nachkriegsgeschichte eingetreten sei.

2) Wir kamen dann auf DDR zu sprechen und Schwierigkeiten, mit dem zweiten deutschen Staat ein Gespräch ohne Vorbedingungen zu führen. Dabei erwähnte ich Besorgnis, daß, wenn sich Regelung der bestehenden Probleme als unmöglich oder sehr langwierig erweisen würden, dadurch der Normalisierungsprozeß mit den anderen sozialistischen Staaten behindert werden könnte. W. betonte, daß polnische Regierung sich keineswegs in allen Fragen mit anderen Staaten der sozialistischen Gemeinschaft konsultiere. Er möchte behaupten, daß sich ein günstiger Fortgang der deutschen Gespräche mit Warschau vorteilhaft auf Ostberlins Haltung auswirken würde. Auch sei die allgemeine Situation in Europa für Annäherung und Entspannung günstig.

3) W. unterrichtete mich dann, daß seine Regierung

a) noch an einem Grenzvertragsentwurf arbeite, der vermutlich Ende Februar fertiggestellt und überreicht werden könne,[2]

b) ein Programm für erweiterte politische Kontakte ausarbeiten werde, in dem vor allem führende Angehörige des Bundestages aller Parteien berücksichtigt werden sollen, um den deutsch-polnischen Verständigungsprozeß zu beschleunigen.

Er würde mich über Einzelheiten wahrscheinlich im Laufe der nächsten Woche unterrichten.[3] Man suche noch an einer gängigen Formel, unter der dieses Programm laufen solle.

In diesem Zusammenhang hob W. hervor, daß die polnische Führung ein großes Vertrauen in Bundeskanzler Brandt setze, die gegenwärtige Politik der Annäherung jedoch auch eingeleitet hätte, wenn die Bundestagswahl[4] ein anderes Ergebnis gehabt hätte;

c) die Schwierigkeiten in den Wirtschaftsverhandlungen[5] nicht überbewerte. Ein Ausgleich von Wirtschaftsinteressen werfe immer Probleme auf, wenn Einzelheiten geregelt werden sollen. Der bislang günstige Verlauf der deutsch-polnischen politischen Annäherung sollte nicht durch Wirtschaftsfragen behindert werden. Mit Befriedigung habe man den erneuten Kontakt zwischen dem polnischen Missionschef und den zuständigen Ministerien[6] in Bonn sowie das erste Ergebnis zur Kenntnis genommen.

---

[2] Für den polnischen Entwurf vgl. Dok. 141.

[3] Vortragender Legationsrat I. Klasse Bock notierte am 5. März 1970, daß der Abgeordnete des polnischen Parlaments, Stomma, im Januar 1970 über die polnische Handelsvertretung in der Bundesrepublik eine Einladung an den rheinland-pfälzischen Ministerpräsidenten Kohl sowie an den CDU-Abgeordneten Freiherr von Weizsäcker übermittelt habe. Diese sei jedoch mit Rücksicht auf die bevorstehende erste Gesprächsrunde bisher nicht wahrgenommen worden. Ferner habe das Mitglied des ZK der PVAP, Putrament, gegenüber Botschafter Böx, Warschau, angeregt, über die Interparlamentarische Union erweiterte Kontakte zum Bundestag herzustellen. Vgl. VS-Bd. 9750 (L 1); B 150, Aktenkopien 1970.

[4] Die Wahlen zum Bundestag fanden am 28. September 1969 statt.

[5] Zu den Wirtschaftsverhandlungen mit Polen vgl. Dok. 41, Anm. 5 und 7.

[6] Vortragender Legationsrat I. Klasse Klarenaar teilte am 16. Februar 1970 mit, daß am 12. Februar 1970 ein Gespräch zwischen dem Leiter der polnischen Handelsvertretung in der Bundesrepublik,

II. 1) Die Äußerungen W. zu der ersten Gesprächsrunde waren fast einige Nuancen positiver als noch anläßlich des Meinungsaustauschs, was sich leicht aus der Zustimmung der Parteiführung erklärt.

2) Aus Äußerung W. zu DDR ist, wie auch aus anderen Indizien, zu entnehmen, daß die Intransigenz Ulbrichts nicht in jeglicher Hinsicht in Warschau befriedigt. W. hat einem befreundeten Botschafter gegenüber erklärt, er führe seine Deutschlandpolitik an drei Fronten: der sozialistischen, westlichen und inneren.

3) Erbitte Weisung, ob deutscher Vertragsentwurf zu Gewaltverzicht Ende Februar in Warschau überreicht werden soll.[7]

[gez.] Böx

VS-Bd. 8952 (II A 5)

58

Staatssekretär Duckwitz an die Ständige Vertretung bei der NATO in Brüssel

II B 1-81.14-18/70 streng geheim 16. Februar 1970[1]
Fernschreiben Nr. 621 Plurex Aufgabe: 17. Februar 1970, 09.13 Uhr

Betr.: Konsultation über SALT im NATO-Rat am 18.2.70[2]

Da nach dortiger telefonischer Mitteilung in der bevorstehenden Konsultation mit den amerikanischen Antworten auf die am 28. Januar[3] von ihren Verbündeten gestellten Fragen und mit einer Bewertung der in Helsinki[4] erkennbar

---

Fortsetzung Fußnote von Seite 253
Piątkowski, und Botschafter Emmel sowie dem Parlamentarischen Staatssekretär beim Bundesminister für Wirtschaft, Arndt, stattgefunden habe. Dabei habe Arndt „vorbehaltlich der formellen Bestätigung der beteiligten Ressorts" die Bereitschaft erklärt, den Wünschen der polnischen Regierung in einigen Punkten entgegenzukommen. So sei die Bundesregierung etwa zur Abgabe einer Erklärung bereit, die die Einfuhren aus Polen wesentlich erleichtere. Außerdem habe sich die Kreditanstalt für Wiederaufbau auf Wunsch des Bundesministeriums für Wirtschaft grundsätzlich zur Gewährung eines vom Kabinett vorgesehenen ungebundenen Kredits in Höhe von 200 Mio. DM und zur Aufnahme von Gesprächen hierüber bereiterklärt. Vgl. den Drahterlaß Nr. 50; Referat III A 6, Bd. 412.

[7] Ministerialdirektor Ruete teilte Botschafter Böx, Warschau, am 18. Februar 1970 mit: „Ich bitte Sie, sich darauf einzurichten, daß Sie Ende kommender Woche zur Vorbereitung der nächsten deutsch-polnischen Gesprächsrunde nach Bonn kommen, um dann etwa am 2. März in Warschau unsere Vorschläge zu Formulierungen in der Grenzfrage an Winiewicz übergeben zu können." Vgl. den Drahterlaß Nr. 52; Referat II A 5, Bd. 1358.

[1] Der Drahterlaß wurde von Vortragendem Legationsrat I. Klasse Menne konzipiert.
Hat Ministerialdirektor Ruete und Botschafter Roth am 16. Februar 1970 vorgelegen.
Hat Vortragendem Legationsrat I. Klasse Behrends am 17. Februar 1970 vorgelegen.
[2] Für die Sitzung des Ständigen NATO-Rats am 18. Februar 1970 vgl. Dok. 66 und Dok. 67.
[3] Zur Sitzung des Ständigen NATO-Rats am 28. Januar 1970 vgl. Dok. 26.
[4] Vom 17. November bis 22. Dezember 1969 fanden in Helsinki Vorgespräche über die Begrenzung strategischer Waffen statt.

gewordenen sowjetischen Position, nicht aber mit einer Unterrichtung über die amerikanische Position für Wien[5] gerechnet werden kann, besteht für eine deutsche grundsätzliche Stellungnahme an sich kein Ansatzpunkt.

Es erscheint jedoch angezeigt, eine Erklärung etwa folgenden Inhaltes bereit zu halten und nach Abstimmung an Ort und Stelle zu geeignetem Zeitpunkt abzugeben:

„– Die deutsche Seite gehe davon aus, daß die grundsätzliche Haltung der Regierung der Vereinigten Staaten, wie sie den Verbündeten in den NATO-Konsultationen des vergangenen Jahres mitgeteilt wurde, sich nicht gewandelt hat;[6]
– wir würden es begrüßen zu erfahren, wann mit der Unterrichtung der Verbündeten über die Grundlinien der amerikanischen Gesprächsposition gerechnet werden könne."

Im übrigen kann die Möglichkeit nicht ausgeschlossen werden, daß die amerikanische Seite, ohne sich selbst neu zur Frage der sowjetischen Mittelstreckenraketen zu äußern, auf Stellungnahmen der Verbündeten zu dieser Frage drängt. In einem solchen Fall sollte entweder überhaupt keine deutsche Erklärung abgegeben oder gegebenenfalls bemerkt werden, daß der Position vom vorigen Jahr nichts hinzuzufügen sei, solange wir nicht wissen, ob[7] Alternativen zur Diskussion stünden.[8]

Duckwitz[9]

VS-Bd. 3602 (II B 2)

---

[5] Am 16. April 1970 begannen in Wien die Verhandlungen über eine Begrenzung strategischer Waffen.
[6] An dieser Stelle wurde von Ministerialdirektor Ruete gestrichen: „Solange keines der Elemente der grundsätzlichen amerikanischen Haltung eine Veränderung erfährt, sieht die Bundesregierung keinen Anlaß, in diesem Stadium von SALT die Position des NATO-Rats vom vorigen Jahr zu modifizieren."
[7] An dieser Stelle wurde von Ministerialdirektor Ruete gestrichen: „welche".
[8] An dieser Stelle wurde von Ministerialdirektor Ruete gestrichen: „Darüber, welcher Alternative der Vorzug zu geben sein wird, wird erst im Verlauf der Sitzung entschieden werden können."
[9] Paraphe.

59

Gespräch des Staatssekretärs Bahr, Bundeskanzleramt, mit dem sowjetischen Außenminister Gromyko in Moskau

Geheim 17. Februar 1970[1]

Protokoll über das 5. Treffen zwischen Staatssekretär Bahr und Außenminister Gromyko am 17. Februar 1970

Von sowjetischer Seite nahmen teil:

Außenminister Gromyko, Stellvertretender Außenminister Semjonow, Abteilungsleiter Botschafter Falin, stellvertretender Abteilungsleiter Botschaftsrat Tokowinin, Botschaftsrat Krascheninikow, Dolmetscher Smirnow.

Deutsche Teilnehmer waren:

Staatssekretär Bahr, Botschafter Dr. Allardt, VLR I Sanne, BR I Dr. Peckert, LR I Dr. Stabreit, LR von Treskow, Dolmetscher Weiß.

Im Anschluß an einen einleitenden kurzen Austausch von Begrüßungsworten führte Außenminister *Gromyko* zur Sache folgendes aus:

Die sowjetische Seite würde gern erfahren, ob Staatssekretär Bahr über das, was er bisher gesagt habe, noch Zusätzliches ausführen könne. Sowjetischerseits sei man dann gern bereit, ihn anzuhören. Er, Gromyko, glaube nicht, daß von seiner Seite viel Neues zu sagen sei. Er habe versucht, der deutschen Seite die sowjetischen Ansichten klar zu machen. Die sowjetische Seite bemühe sich jetzt, die Lage einzuschätzen. Sie habe jedoch für sich noch nicht Bilanz gezogen. Es gebe auch noch einige Unklarheiten. Eine Reihe der von sowjetischer Seite vorgebrachten Fragen sei auch noch nicht genügend beantwortet. Er glaube jedoch, daß er in nächster Zeit bereits die Lage einschätzen könne. Dann werde man sehen, ob und wie wir weiterkämen und ob Aussichten für den Abschluß eines Abkommens bestünden. Er schlage deshalb vor, daß wir das nächste Treffen auf einen Zeitpunkt etwa in einer Woche festlegten.[2] Bei einem der nächsten Treffen ließen sich dann möglicherweise zwischen uns einige vorläufige Meinungen über die Ergebnisse und Chancen unserer Gespräche festlegen. Zum Abschluß wolle er die Frage wiederholen, ob wir der sowjetischen Seite noch etwas mitzuteilen hätten.

Staatssekretär *Bahr* antwortete, auch wir hätten natürlich nach unserem letzten Gespräch Überlegungen angestellt und hätten versucht, einige Gesichtspunkte, die die sowjetische Seite beim letztenmal angeführt habe, zu berücksichtigen. Es nehme uns unnötig Zeit, wenn wir noch einmal den ganzen Katalog durchgingen. Er, Staatssekretär Bahr, würde vorschlagen, jetzt eine Pause einzulegen, die eine Woche oder mehr betragen könne und während der er nach Bonn fahren würde, um einmal „die Anzüge zu wechseln". Wenn es der sowjeti-

---

[1] Durchdruck.
Zu dem Gespräch vgl. auch BAHR, Zeit, S. 309.
[2] Für das Gespräch des Staatssekretärs Bahr, Bundeskanzleramt, mit dem sowjetischen Außenminister Gromyko am 3. März 1970 in Moskau vgl. Dok. 87.

schen Seite genehm sei, könne man jetzt gleich einen Termin benennen, an dem man sich wieder treffe.

Außenminister *Gromyko* antwortete, er habe keine Einwände dagegen.

Staatssekretär *Bahr* wies darauf hin, daß offenbar der sowjetischen Seite Dienstag und Freitag die für Verhandlungen angenehmsten Tage seien.

In der anschließenden Diskussion wurde vereinbart, sich über den nächsten Termin, für den grundsätzlich die nächste Woche in Aussicht genommen wurde, noch abzustimmen.

Außenminister *Gromyko* wiederholte dann seine Frage, ob die deutsche Seite ihm nicht noch etwas zu sagen habe.

Staatssekretär *Bahr* antwortete, er glaube nicht, es sei ja doch wohl alles ziemlich klar. Was jetzt gemacht werden könne, sei festzustellen, ob Möglichkeiten einer Annäherung bestünden. Ob man eine bestimmte Formulierung in einzelnen Fragen finde, sei nunmehr eine politische Entscheidung. In den eigentlichen Sachfragen sei man sich wohl ziemlich nah. Beide Seiten wüßten, was in einem Abkommen stehen sollte. Der entscheidende Punkt sei, ob es für die Sowjetunion eine Möglichkeit gebe, eine Formulierung zu finden bzw. zu akzeptieren, durch die die Rechte der Vier Mächte in Bezug auf ganz Deutschland klargestellt würden und durch die der Eindruck vermieden würde, als sei die beginnende Aussöhnung zwischen der Sowjetunion und der Bundesrepublik Deutschland verbunden mit der Festschreibung der Teilung Deutschlands.

Die Frage des Verhältnisses zwischen der BRD und der DDR sei, wenn man so wolle, ein Ergebnis dieses ersten Punktes. Da sei man sich auch klar, daß das Verhältnis beider Staaten zueinander auf der Grundlage der Gleichberechtigung und der Nichtdiskriminierung geregelt werden müsse. Es bleibt jetzt festzustellen, ob die SU als Ergebnis der Lage, wie sie in Deutschland jetzt sei, zur Kenntnis nehme – er sage das bewußt –, daß die beiden deutschen Staaten untereinander gleichberechtigt in einem besonderen Verhältnis zueinander ständen. Das entspreche den Tatsachen, daß beide Staaten eben keine volle Souveränität besäßen.

Die deutsche Seite habe neulich noch zwei andere Fragen angeschnitten, als er die Ehre gehabt habe, mit Ministerpräsident Kossygin zu sprechen.[3] Es handele sich einmal um die Frage, ob wir uns nicht bei dieser Gelegenheit einigen könnten über die Eröffnung von Konsulaten in Hamburg und Leningrad.[4] Weiter erhebe sich die Frage, ob es nicht möglich sei, daß die SU in einigen Härtefällen eine große Geste mache, indem sie einer Reihe von Menschen die Möglichkeit gebe, zu ihren Familien in die Bundesrepublik zu ziehen.[5] Dies würde in der BRD einen großen Eindruck machen.

---

[3] Für das Gespräch vom 13. Februar 1970 vgl. Dok. 54.
[4] Zum Interesse der Bundesregierung an einer Eröffnung von Generalkonsulaten in Hamburg und Leningrad vgl. Dok. 12.
[5] Botschafter Allardt, Moskau, teilte am 19. Februar 1970 mit, Staatssekretär Bahr, Bundeskanzleramt, habe die Botschaft der Bundesrepublik gebeten, eine Liste mit „Härtefällen" zusammenzustellen. Diese Liste „enthält die Namen von 62 Fällen, in denen der Ausreisewunsch noch in jüngster Zeit der Botschaft gegenüber dokumentiert worden ist und in denen die Verweigerung der Ausreisegenehmigung durch die sowjetischen Behörden eine besondere Härte für die betroffenen 191 Einzelpersonen darstellt." Staatssekretär Bahr habe die Liste am 18. Februar 1970 vor seiner Abreise

Außenminister *Gromyko* antwortete, er habe zu den Problemen, die Staatssekretär Bahr angeschnitten habe, bereits einmal seine Meinung dargelegt. Er brauche sich nicht zu wiederholen. Die sowjetische Seite hoffe, daß wir die sowjetischen Auffassungen berücksichtigen würden und eine realistischere Einstellung einnähmen. Er habe noch eine Frage. Als wir über die Formulierung gesprochen hätten, daß die BRD keine territorialen Ansprüche gegen irgendjemand habe, habe er die Aufmerksamkeit der deutschen Seite darauf gerichtet, daß es besser wäre, diese Formulierung genauer zu fassen, daß nämlich die BRD in ihren gegenwärtigen Grenzen keine territorialen Ansprüche stelle und auch in Zukunft nicht erheben werde. Staatssekretär Bahr habe das von seinem Standpunkt so formuliert, daß die BRD keine Ansprüche habe und auch nicht haben werde. Das habe er im internen Gespräch gesagt. Die sowjetische Seite wolle jedoch, daß diese Formulierung ihre volle Berücksichtigung finde. Sie sei bereit, darauf später zurückzukommen, falls der deutschen Seite eine Stellungnahme dazu heute nicht möglich sei. In diesem Punkt müßte volle Klarheit herrschen.

Staatssekretär *Bahr* antwortete hierauf, er betrachte diese Frage nicht als sehr schwierig. Sie hänge für ihn ganz eng mit dem Punkt zusammen, den er vorhin gemacht habe. Es müsse klar sein, daß die Respektierung der territorialen Integrität aller Staaten, die Achtung aller Grenzen nicht nur Sache des heutigen Tages sei, sondern daß beide Staaten die Grenzen auch in Zukunft achten und als unverletzlich betrachten würden. Dies könne man auch so formulieren. Es müsse dann aber auch formuliert werden, daß dieser Punkt nicht bedeute, daß Bestrebungen auf die Schaffung eines später zu vereinenden Deutschlands einen Bruch der Vereinbarungen darstellen. Das sei die Kombination, das Gelenk. Damit könne man doch leben.

Außenminister *Gromyko* antwortete hierauf, er müsse Staatssekretär Bahr sagen, daß jede Erwähnung der Wiedervereinigung für die sowjetische Seite absolut unannehmbar sei, weil

1) jede Seite ihre eigenen Vorstellungen zu diesem Thema habe,

2) die sowjetische Seite auch nicht vorschlage, etwas in das Abkommen aufzunehmen, das gegen die Wiedervereinigung sei.

Ein Abkommen über den Gewaltverzicht stehe in einem bestimmten Rahmen und dürfe nicht mit Fragen verbunden werden, die damit nichts zu tun hätten. Man solle doch einmal annehmen, daß nach Abschluß eines Abkommens in der BRD ein Gelehrter oder Politiker drei Bände über die Wiedervereinigung schreibe. Nehmen wir dann an, daß in der DDR jemand sechs Bände über die Wiedervereinigung schreibe. Sollten diese Ansichten irgendwelche Auswirkungen auf das Abkommen haben? Wir könnten dann hier keinen Schritt vorwärts kommen.

Staatssekretär *Bahr* antwortete hierauf, diese Bemerkung sei sehr gut. Sie gebe ihm Gelegenheit, einen Irrtum aufzuklären. Die deutsche Seite denke doch nicht daran, von der SU eine Art Blankoscheck zu erwarten, den jeder ausfüllen könne. Es gehe auch nicht darum, von der SU eine Zusage für eine bestimmte Art der deutschen Einheit zu bekommen, ob das gehe und wann das gehe. Hier

Fortsetzung Fußnote von Seite 257
aus Moskau dem Abteilungsleiter im sowjetischen Außenministerium, Falin, übergeben. Vgl. VS-Bd. 8295 (V 6); B 150, Aktenkopien 1970.

müsse man sich nur klar sein, damit wir nicht hinterher anfingen, über den Gewaltverzicht zu streiten, damit nicht jeder ihm dann später eine andere Ausdeutung gäbe. Es müsse klar sein, daß sowohl die Bundesregierung wie die sowjetische Regierung sagen könnten: „Was die Lösung der deutschen Frage angeht, hat jeder seine Vorstellungen und seine Ziele, und er kann diese Ziele auch öffentlich verkünden." Das sei kein Bruch des Gewaltverzichts, und darüber sei man sich auch klar gewesen. Die Frage sei, ob man das auch formulieren könne. Es müsse ja nicht in das GV-Abkommen hinein. Man könne sich auch einen Briefaustausch vorstellen.

Außenminister *Gromyko* antwortete hierauf, es handele sich um eine Frage der Logik. Ein Abkommen über den Gewaltverzicht heiße, daß sich beide Seiten in einigen Streitfragen der Gewalt enthalten, insbesondere in der Frage der Grenzen. Wenn man nun die Frage so stelle: Gewaltverzicht – aber minus der Frage der Wiedervereinigung Deutschlands, in der Gewaltanwendung und Drohung weiter möglich sei, so sei eine solche Fragestellung sinnlos. Die sowjetische Seite hoffe, daß niemand auf den Gedanken komme, die Frage so zu stellen und eine solche Ausnahme machen zu wollen. Ausgehend von der allgemeinen Lage, der geschichtlichen Situation und der Logik der Sache entstehe die Frage überhaupt nicht, ob ein Abkommen über den Gewaltverzicht die Ansichten der einen oder anderen Seite zur Wiedervereinigung widerspiegele. Das sei ein Ozean, in dem man jederzeit untergehen könne. Da seien eben beide Seiten ganz gegensätzlicher Auffassung. Deswegen sei doch unabhängig davon, welcher Auffassung die Regierungen in dieser Frage auch sein mögen, eines klar, daß die Grenzen und das Territorium beider Staaten geachtet werden sollten. Gewalt und Drohung mit Gewalt müsse völlig ausgeschlossen werden. Die beiderseitige Verpflichtung müsse völlig fest und klar sein. Das sei die Quintessenz, die Grenzen müßten geachtet werden und unverletzbar sein.

Staatssekretär *Bahr* antwortete hierauf, die deutsche Seite habe doch gar nicht bestritten, daß der Gewaltverzicht auch für die DDR gelte. Wenn wir darüber noch streiten würden, wäre es sinnlos, hier zu sitzen. Er könne es auch in folgende Worte kleiden: „Ist die Politik der Sowjetunion, die sie seit Kriegsende gemacht hat und die – ausgehend von der Vier-Mächte-Verpflichtung – auf die Vereinigung Deutschlands gerichtet war, ist diese Politik mit dem Gewaltverzicht zu Ende oder nicht?" Er nehme an, nach den Unterhaltungen, die wir hier gehabt hätten, daß man diese Frage mit nein beantworten könne. Außenminister Gromyko habe gesagt, diese Frage habe nichts mit dem Gewaltverzicht zu tun (Einwurf Gromykos: „und darf nichts zu tun haben!"). Darin liege eine gewisse Logik; worum es gehe, sei, eine Form zu finden, in der das zum Ausdruck komme. Möglicherweise sei dies nicht eine Form, in der das Abkommen niedergelegt werde. Auch ein Briefwechsel oder Wortprotokoll käme in Betracht. Klar sei, daß die Interpretation des Gewaltverzichts beiden Regierungen die Freiheit lassen müsse, ihre Ziele zu verfolgen, ohne daß daraus der Vorwurf abgeleitet werden könne, daß es sich um eine Verletzung des Abkommens handele. Er, Staatssekretär Bahr, sei davon überzeugt, daß es sich hierbei an sich um kein schwieriges Problem handele.

Außenminister *Gromyko* erwiderte hierauf, er habe seinen bisherigen Ausführungen nichts hinzuzufügen.

259

Staatssekretär *Bahr* bemerkte zum Schluß, er denke, ungefähr in einer Woche wieder in Moskau zu sein.

VS-Bd. 4625 (II A 4)

60

Aufzeichnung des Ministerialdirektors Ruete

II A 1-83.10-312/70 geheim   17. Februar 1970[1]

Betr.: Konsultation in der Bonner Vierergruppe über die sowjetische Berlin-Note vom 10. Februar 1970[2]

Bezug: Aufzeichnung II A 1-83.10-273/70 geh. vom 12.2.1970[3]

1) Wie wir erst in der Sitzung der Bonner Vierergruppe vom 16. Februar erfahren haben, hat der Protokollbeamte der sowjetischen Botschaft in Ostberlin, Chrustalew, bereits am 11. Februar 1970 den alliierten Missionen in Berlin unter Bezugnahme auf die sowjetische Berlin-Note folgendes mitgeteilt:

Er sei beauftragt, die Bereitschaft des Botschafters Abrassimow zu übermitteln, zu einem Meinungsaustausch in das alliierte Kontrollratsgebäude zu kommen. Die erste Beratung könne am 18. Februar stattfinden. Botschafter Abrassimow sei der Meinung, daß die erste Sitzung der Tagesordnung und anderen Verfahrensfragen gewidmet sein sollte.

Im Hinblick auf die bevorstehenden Verhandlungen bitte die sowjetische Seite darum, daß einer Gruppe sowjetischer Hilfskräfte („co-workers") die Möglichkeit gegeben werde, das Gebäude des ehemaligen Kontrollrats zu inspizieren und die von sowjetischer Seite zu benutzenden Räume in Ordnung zu bringen.

Auf Weisung des State Department schlug der amerikanische Vertreter in der gestrigen Sitzung vor, der sowjetischen Botschaft in Ostberlin sinngemäß folgende Antwort zu übermitteln:

„1) The Three Powers are pleased to receive the Soviet reply to their aide-mémoire of December 16.[4]

2) The Three Powers are now carrying on consultations regarding the Soviet reply. As a result, they will be unable to begin discussions as early as February 18.

3) The Three Powers will be in touch with you as soon as feasible regarding logistic arrangements which may be necessary in connection with any talks."

---

[1] Die Aufzeichnung wurde von Vortragendem Legationsrat I. Klasse van Well und Legationsrat I. Klasse Bräutigam konzipiert.
[2] Vgl. dazu Dok. 55.
[3] Vgl. Dok. 51.
[4] Zur Initiative der Drei Mächte für Gespräche mit der UdSSR über Berlin (West) vgl. Dok. 2, Anm. 3.

Der britische und der französische Vertreter stimmten dem Text zu. Der deutsche Vertreter äußerte keine Bedenken.

2) In der Sitzung nahm die Frage des Tagungsortes der Vier-Mächte-Verhandlungen wieder breiten Raum ein. Der britische und der französische Vertreter unterstrichen erneut die positiven Aspekte einer Konferenz im ehemaligen Kontrollratsgebäude. Der amerikanische Vertreter erklärte, Washington habe sich in dieser Frage noch keine feste Meinung gebildet. (We are still open on this question.) Er ließ allerdings erkennen, daß man auf amerikanischer Seite der Frage des Tagungsortes nicht eine entscheidende Bedeutung beimesse. „We take a more relaxed view." Der deutsche Vertreter trug noch einmal auf persönlicher Grundlage die Bedenken gegen Sitzungen im Kontrollratsgebäude vor (vgl. Bezugsaufzeichnung).

Die Diskussion kann wie folgt zusammengefaßt werden:

a) Die Alliierten sind übereinstimmend der Auffassung, daß die Sowjets rotierenden Sitzungen in den vier Sektoren, also unter Einschluß Ostberlins, nicht zustimmen werden. Ein solcher Vorschlag würde deshalb den Beginn der Verhandlungen erheblich verzögern.

b) Die Alliierten zeigen Verständnis für die Bedenken, die gegen Sitzungen im Kontrollratsgebäude erhoben worden sind. Sie bestehen nicht auf diesen Tagungsort, sehen aber gewisse Vorteile darin. Vor allem die Briten und Franzosen verweisen darauf, daß eine Konferenz im Kontrollratsgebäude die sowjetische Mitverantwortung nicht nur für West-Berlin, sondern für die ganze Stadt zum Ausdruck bringe. Das liege im westlichen Interesse. Dem von sowjetischer Seite geförderten Eindruck, daß die Vier-Mächte-Aufsichtsinstanz für West-Berlin neu belebt werde, könne man bei Beginn der Konferenz mit geeigneten Erklärungen entgegentreten.

Zur technischen Seite wies der amerikanische Vertreter auf den schlechten Zustand der Räume hin (mangelhafte Heizung, schlechte Dekoration).

c) Sitzungen im Gebäude der alliierten Kommandantur wurden von den alliierten Vertretern ebenfalls für möglich gehalten.

Der deutsche Vertreter sagte dazu, die Kommandatura sei nach wie vor de jure ein Vier-Mächte-Organ, so daß den Sowjets das Recht, dort präsent zu sein, nicht bestritten werden könne.

d) Ein Beginn der Sitzungen an einem dritten Ort in West-Berlin wurde von alliierter Seite ebenfalls nicht völlig ausgeschlossen. Man hält es aber für taktisch unklug. Einmal stehe man unter dem Zwang, eine Einigung über den Tagungsort der künftigen Sitzungen herbeiführen zu müssen. Möglicherweise laufe das auf wechselnde Tagungsorte in West-Berlin hinaus, was keine glückliche Idee und sehr unpraktisch sei. Man habe dann Verhandlungen nur in West-Berlin ohne irgendeinen Anknüpfungspunkt an den Vier-Mächte-Status der gesamten Stadt.

Die Diskussion soll heute fortgesetzt werden.

3) Das Auswärtige Amt ist nach der gestrigen Sitzung davon unterrichtet worden, daß der Herr Bundeskanzler nach Prüfung der verschiedenen Aspekte ge-

gen eine Konferenz im Gebäude des ehemaligen alliierten Kontrollrats keine Bedenken hat. Auch der Regierende Bürgermeister von Berlin[5] hat sich mit dem sowjetischen Vorschlag einverstanden erklärt. Der deutsche Vertreter wird daher in der heutigen Sitzung der Vierergruppe gegen eine Konferenz im Kontrollratsgebäude keine Einwendungen mehr erheben. Er wird stattdessen vorschlagen, die Alliierten sollten bei Beginn der Konferenz in einer Erklärung feststellen, daß eine Wiederbelebung des alliierten Kontrollrats nicht beabsichtigt ist. Gleichzeitig sollten sie der Hoffnung Ausdruck geben, daß die Vier-Mächte-Verhandlungen zu einer Stabilisierung der Lage Berlins führen und damit zu den Bemühungen um einen Modus vivendi in Deutschland einen wichtigen Beitrag leisten werden.

Hiermit dem Herrn Staatssekretär[6] mit der Bitte um Kenntnisnahme vorgelegt.

Ruete

VS-Bd. 4479 (II A 1)

61

Bundesminister Scheel, z.Z. Bangkok, an Parlamentarischen Staatssekretär Dahrendorf

Z B 6-1-10823/70 geheim Aufgabe: 17. Februar 1970, 22.05 Uhr[1]
Fernschreiben Nr. 67 Ankunft: 17. Februar 1970, 16.13 Uhr
Citissime

Auf 04916 und 05517 geh. AZ.: Parlamentarischer Staatssekretär

– Für PStS Dahrendorf –

1) Ich bin der Meinung, daß die von Stoph angebotene Besprechung wahrgenommen werden soll. Allerdings müssen die als Vorbedingungen zu wertenden Bemerkungen in Stoph-Brief[2] zurückgewiesen werden.

2) Ich bitte daher, StS Duckwitz wie folgt auf sein Telegramm Nr. 50 vom 16. Februar[3] zu bescheiden:

Ich bin mit dem vorgeschlagenem Antwortbrief auf das Schreiben von Stoph und mit der notwendigen Zurückweisung der von Stoph in seinem Schreiben einge-

---

[5] Klaus Schütz.
[6] Hat Staatssekretär Duckwitz am 17. Februar 1970 vorgelegen.
[1] Hat Vortragendem Legationsrat I. Klasse Hofmann am 17. Februar vorgelegen, der die Weiterleitung an Vortragenden Legationsrat Wilke verfügte.
  Hat Wilke am 17. Februar 1970 vorgelegen.
[2] Zum Schreiben des Vorsitzenden des Ministerrats, Stoph, vom 11. Februar 1970 an Bundeskanzler Brandt vgl. Dok. 56, Anm. 2.
[3] Vgl. Dok. 56.

nommenen geschichtlichen und völkerrechtlichen Thesen zur Lage Deutschlands einverstanden. Ich habe ferner keine Bedenken gegen den Plan, Beamte des Bundeskanzleramtes und des Büros des Ministerrates mit den technischen Vorbereitungen zu beauftragen und zusammenkommen zu lassen.

3) Tagungsort sollte alternierend Ost-Berlin und Bonn sein.[4]

4) Empfehle in Delegation StS Hartkopf wegen besonderer Kenntnisse der Problematik Berlin aufzunehmen.

5) Bitte Grüße an Bundeskanzler herzlich erwidern.

Reise für unsere Interessen bisher erfolgreich.[5]

Vielen Dank für engen Kontakt.

Herzliche Grüße
[gez.] Scheel

VS-Bd. 10057 (Ministerbüro)

---

[4] Für das Schreiben des Bundeskanzlers Brandt vom 18. Februar 1970 an den Vorsitzenden des Ministerrats, Stoph, vgl. EUROPA-ARCHIV 1970, D 214 f.
Am 20. Februar 1970 teilte der Staatssekretär beim Ministerrat, Kohl, Bundesminister Ehmke mit, daß der Stellvertreter des Leiters des Büros des Ministerrats, Schüßler, beauftragt worden sei, die technischen Fragen der Vorbereitung des Treffens des Bundeskanzlers Brandt mit dem Vorsitzenden des Ministerrats, Stoph, zu klären und daher einen Vertreter des Bundeskanzleramts zur endgültigen Festlegung des Termins am 2. März 1970 in Ost-Berlin erwarte. Für das Schreiben vgl. BULLETIN 1970, S. 246.
Ehmke teilte Kohl am gleichen Tag mit, daß Ministerialdirektor Sahm, Bundeskanzleramt, mit der Vorbereitung des Treffens des Bundeskanzlers Brandt und des Vorsitzenden des Ministerrats, Stoph, beauftragt worden sei. Für das Schreiben vgl. BULLETIN 1970, S. 246.
[5] Bundesminister Scheel hielt sich vom 16. bis 18. Februar 1970 in Thailand auf.

62

Botschafter Pauls, Washington, an das Auswärtige Amt

Z B 6-1-10835/70 geheim Aufgabe: 17. Februar 1970, 18.00 Uhr[1]
Fernschreiben Nr. 352 Ankunft: 18. Februar 1970, 00.24 Uhr

Betr.: Deutsch-sowjetische Gespräche und Deutschlandpolitik

1) Bei einem Gespräch aus anderem Anlaß am 16. Februar habe ich den amtierenden Außenminister Richardson anhand der Erlasse Plurex 561 vom 12.2.70 – II A 4-82.00-94.29-290/70 geh.[2], Plurex 563 vom 12.2.70 – II A 4-82.00-94.29-367I/70 VS-v[3] über die Gespräche unterrichtet, die Staatssekretär Bahr in Moskau führt. Ich habe dabei gleichzeitig noch einmal die Grundzüge unserer Deutschland- und Berlin-Politik dargelegt.

2) Richardson zeigte besonderes Interesse für die Frage, ob, wenn überhaupt, eher Aussicht auf eine bilaterale Regelung mit der Sowjetunion oder auf eine Regelung bestehe, die auch andere Länder einschließe. Er zeigte großes Verständnis dafür, daß wir bilaterale Abkommen einer multilateralen Vereinbarung vorziehen.

3) Richardson erklärte mit Nachdruck, die amerikanische Regierung ermutige und unterstütze unsere „wertvolle" Ostpolitik, die voll übereinstimme mit der auf das Potsdamer Abkommen gegründeten amerikanischen Position. Diese Politik sei sinnvoll im Zusammenhang der deutschen Interessen und auf das engste verflochten mit der deutschen NATO- und Westeuropapolitik.

Zur Schilderung des Zusammenhangs zwischen deutscher Ost- und West-Politik verwendete er das Bild eines Mannes, der weit über einen Strom hinausgreift: Je weiter er einen Arm ausstrecke, umso fester müsse er sich mit der anderen Hand an einen Baum halten, um nicht ins Wasser zu fallen.

---

[1] Hat Vortragendem Legationsrat I. Klasse Blumenfeld am 18. Februar 1970 vorgelegen.
[2] Ministerialdirektor Ruete übermittelte Botschafter Freiherr von Braun, Paris, Botschafter Grewe, Brüssel (NATO), Botschafter von Hase, London, und Botschafter Pauls, Washington, eine Zwischenbilanz der Verhandlungen mit der UdSSR. Wie erwartet, trete der sowjetische Außenminister Gromyko „als Mandatar der Verbündeten der Sowjetunion auf. Es sind mit unserem Einverständnis alle wesentlichen Themen der Deutschlandpolitik zur Sprache gekommen. Im Mittelpunkt der Erörterung stehen demgemäß die Fragen a) der Grenzen, b) der Beziehungen zwischen den beiden deutschen Staaten und c) Berlins. Gromyko legt großen Wert auf den engen Zusammenhang dieser Probleme. Er möchte sie am liebsten sämtlich simultan geregelt sehen, möglichst in einem multilateralen Vertrag mit friedensvertragsähnlicher Eigenschaft. [...] Eine Prognose über den weiteren Verlauf der Gespräche läßt sich zur Zeit noch nicht stellen. Immerhin haben die Gesprächspartner nun damit begonnen, die wesentlichen Probleme einzukreisen und Formulierungen auszutauschen." Vgl. VS-Bd. 4620 (II A 4); B 150, Aktenkopien 1970.
[3] Ministerialdirektor Ruete gab einen Überblick über die von Staatssekretär Bahr, Bundeskanzleramt, bei seinen Gesprächen mit dem sowjetischen Außenminister Gromyko eingenommenen Positionen und führte aus: „Sowjetische Seite hat bisher keine Annäherung an deutschen Standpunkt erkennen lassen; die Gespräche werden fortgesetzt. Ob ein Einvernehmen über einen auf das deutsch-sowjetische Verhältnis begrenzten Gewaltverzicht möglich ist, erscheint noch offen." Vgl. VS-Bd. 4620 (II A 4); B 150, Aktenkopien 1970.

4) Richardson äußerte sich interessiert über das Bundeskanzlerinterview mit „Welt am Sonntag" vom 1. Februar[4], das er für die bisher deutlichste Darlegung unserer Deutschlandpolitik seit der Übernahme der Amtsgeschäfte durch die neue Regierung hielt. Er betonte, daß die sowjetische Politik darauf abziele, die Teilung Europas zu verewigen, während unsere Politik auf lange Sicht deren Überwindung anstrebe.

5) Nach Beendigung des Gesprächs bemerkte der Leiter des Deutschlandreferats im State Department, Mr. Sutterlin, der teilgenommen hatte, gegenüber Mitarbeiter, es sei für die deutsch-amerikanischen Beziehungen in der gegenwärtigen Phase von besonderer Bedeutung, daß sowohl Außenminister Rogers wie auch sein Vertreter Staatssekretär Richardson die deutsche Ostpolitik voll verstünden und unterstützten. Dabei seien für Richardson die Ergebnisse eingehender, scharfsinniger Analysen maßgebend, während bei Außenminister Rogers das sehr große persönliche Vertrauen den Ausschlag gebe, das er dem Bundeskanzler entgegenbringe.

6) Ich hatte erneut den Eindruck, daß die Zuverlässigkeit der amerikanischen Unterstützung unserer Politik darin liegt, daß sie nicht von deren Erfolg abhängig ist. Auch wenn uns durch das Verhalten der Sowjetunion und DDR zunächst Erfolge versagt bleiben sollten, wird unsere Politik von der amerikanischen Regierung und Öffentlichkeit weiter gutgeheißen werden, weil sie im Ansatz richtig ist, weil sie mit der Nixonschen Politik parallel läuft, weil sie auch ohne Erfolge unsere Position gegenüber unseren Nachbarn in Ost- und Westeuropa festigt und weil es zu ihr keine Alternative gibt – es sei denn die des Nichtstuns.

[gez.] Pauls

VS-Bd. 4620 (II A 4)

---

[4] Bundeskanzler Brandt führte u. a. aus: „In Deutschland sind zwei Staaten mit sehr verschiedenen politischen und gesellschaftlichen Ordnungen entstanden, die sich nicht einfach wiedervereinigen lassen. Auch besteht heute keine Aussicht, daß sich die Weltmächte untereinander über eine solche Wiedervereinigung verständigen könnten. Darüber hinaus hat sich die politische Entwicklung in unserem Teil Europas von dem Denken in überwiegend nationalstaatlichen Vorstellungen entfernt. [...] Es wäre unglaubhaft und auch wirklichkeitsfremd, wenn wir in Westeuropa eine Politik der Integration und mit dem Blick auf Gesamteuropa eine Politik der Wiedergeburt des Nationalstaates alter Prägung treiben wollten. Dafür gibt es auch gar keine Ansatzpunkte. Wir müssen jedenfalls zur Kenntnis nehmen, daß eine Wiedervereinigung im ursprünglichen Sinne nicht mehr möglich ist. Und der Bundeskanzler hat die Pflicht, seinem Volk die Wahrheit zu sagen, auch wenn sie bitter ist. Dies heißt nun nicht, daß wir auf das Recht unseres Volkes verzichten könnten oder wollten, frei über sein eigenes Schicksal zu entscheiden. Nach Lage der Dinge kann ein solches Recht aber nur in einer europäischen Friedensordnung verwirklicht werden, weil nur dann die Weltmächte und die anderen europäischen Länder bereit sein werden, ihre Interessen mit unseren auf einen Nenner zu bringen." Niemand könne voraussagen, wann eine europäische Friedensordnung entstehen und die Spaltung Europas überwunden werde: „Die Bundesregierung bemüht sich darum, den Weg dorthin zu ebnen. Dem dienen auch die Gespräche, die zur Zeit mit der Sowjetunion geführt und mit der polnischen Regierung in den nächsten Tagen beginnen werden. Gleichzeitig kommt es darauf an, die Beziehungen zwischen den beiden Staaten in Deutschland und damit auch zwischen den Menschen, die in diesen Staaten leben, zu verbessern. Deshalb haben wir der Regierung in Ost-Berlin Verhandlungen auf der Grundlage der Gleichberechtigung angeboten." Vgl. den Artikel „Ein Kanzler hat die Pflicht zur Wahrheit, auch wenn sie bitter ist"; WELT AM SONNTAG, 1. Februar 1970, S. 2.

63

Botschafter Freiherr von Mirbach, Neu Delhi, an das Auswärtige Amt

I B 5-82.20   17. Februar 1970[1]
Schriftbericht Nr. 250/70

Betr.: Ministerbesuch[2]
hier: Zusammenfassung der Besprechungen zwischen dem Bundesminister des Auswärtigen und dem indischen Außenminister Dinesh Singh

Bezug: Drahtbericht Nr. 114 vom 16.2.1970 – Pol I B 5-82.20[3]

Anlg.: – 1 – (doppelt)[4]

I. Am 13. und 14. Februar 1970 trafen sich anläßlich des Besuches des Bundesministers des Auswärtigen in New Delhi die beiden Außenminister in Begleitung ihrer Delegationen zu jeweils eineinhalbstündigen politischen Besprechungen in den Räumen des indischen Außenministeriums.

Die bei den Besprechungen anwesenden Delegationen setzten sich wie folgt zusammen:

A) Deutsche Delegation

Bundesminister Walter Scheel, Botschafter Freiherr v. Mirbach, MDg Dr. Walter Gehlhoff, VLR I Gerhard Fischer, VLR I Dr. Jürgen Ruhfus, VLR Hermann Kusterer, VLR Dr. Edwin Jungfleisch, RR Dr. Achim Rohde, Gesandter Dr. G.F. Werner, BR F. Freiherr v. Mentzingen.

B) Indische Delegation

Außenminister Dinesh Singh, T.N. Kaul, Foreign Secretary, Kewal Singh, Secretary, V.H. Coelho, Secretary, K.P. Lukose, Joint Secretary, Leiter der Europa-Abteilung, K.R. Narayanan, Joint Secretary, Leiter der Planungs-Abteilung, E. Gonsalves, Joint Secretary, Leiter Südasien-Abteilung, S.M. Hashmi, Deputy Secretary, Europa-Abteilung, H.D. Bhalla, First Secretary.

Jeweils nach den Besprechungen unterrichteten der Sprecher des indischen Außenministeriums und VLR I Dr. Ruhfus die indische und die deutsche Presse in getrennten Briefings. Zum Abschluß des Besuches des Bundesministers, kurz vor der Pressekonferenz, wurde ein gemeinsam ausgearbeitetes Kommuniqué

---

[1] Hat Vortragendem Legationsrat Berendonck am 24. Februar 1970 vorgelegen.

[2] Bundesminister Scheel hielt sich vom 13. bis 16. Februar 1970 in Indien auf.

[3] Botschafter Freiherr von Mirbach, Neu Delhi, berichtete über den Verlauf des Besuchs des Bundesminister Scheel in Indien und stellte fest: „Der Zeitpunkt des Besuches war gut gewählt. Die Tatsache, daß Indien das Ziel dieser ersten Reise des Bundesministers außerhalb Europas war, verfehlte hier seinen Eindruck nicht. Der gesamte Ablauf des Besuches und der persönliche Eindruck, den der Bundesminister bei seinen Gesprächspartnern hinterließ, muß als politischer Erfolg angesehen werden und haben den ohnehin in Indien vorhandenen good-will der neuen Bundesregierung [gegen]über] verstärkt." Vgl. Referat I B 5, Bd. 501.

[4] Dem Vorgang beigefügt. Vgl. Referat I B 5, Bd. 501.
Für den Wortlaut des Gemeinsamen Kommuniqués vgl. auch BULLETIN 1970, S. 212.

über den Beschluß und über die Besprechungen veröffentlicht, das als Anlage (zweifach) beigefügt ist.

II. Die Besprechungen begannen mit kurzen Begrüßungsworten des indischen Außenministers und Gastgebers Dinesh Singh. Der Bundesminister dankte für die Einladung. Nachdem Einigung über die Reihenfolge der Behandlung der anstehenden Themen erzielt war, begann der Bundesminister die sachlichen Besprechungen mit einer Darstellung der Grundzüge der Außenpolitik der neuen Bundesregierung.

Die neue Koalitionsregierung, gebildet aus Sozialdemokraten und Freien Demokraten, habe die CDU/CSU zum ersten Mal seit Bestehen der Bundesrepublik in die Rolle der Opposition gedrängt. Hierdurch sei ein entscheidender Wechsel sowohl in der Innen- als auch in der Außenpolitik eingetreten. Bundeskanzler Brandt habe sich als Kanzler der inneren Reformen bezeichnet. Diese Reformen könnten jedoch nur bei gleichzeitiger Verantwortung für eine ausgeglichene konjunkturelle Entwicklung störungsfrei durchgeführt werden.

In der Außenpolitik fühle sich die Koalitionsregierung der Tradition der Erhaltung des Friedens in der ganzen Welt verpflichtet. Das außenpolitische Konzept der neuen Regierung beinhalte eine Konzentration auf Europa, weil dort eine der Trennungslinien zwischen den Machtblöcken verläuft. Man müsse, um den Worten Nixons zu folgen, von der Konfrontation zur Kooperation kommen[5], wobei dieser Vorsatz nicht eine bloße Formel bleiben dürfe. Dem deutschen Volk im Zentrum Europas, zwischen den beiden Machtblöcken geteilt, komme hierbei eine besondere Aufgabe zu. Es gehe in erster Linie darum, den Antagonismus zu beseitigen. Hierzu sei die Bundesregierung entschlossen. In der Regierungserklärung[6] sei zum Ausdruck gebracht worden, daß eine realistische Betrachtungsweise beabsichtigt und unumgänglich sei. Zu den klar erkannten Realitäten gehöre das Entstehen zweier deutscher Staaten in Deutschland, die jedoch nach wie vor einer Nation zugehörig seien. Trotz großer Schwierigkeiten beabsichtige die Regierung, im Verhältnis dieser beiden deutschen Staaten zu einer vertraglichen Regelung und zu einer Normalisierung, wenigstens in gewissen Grenzen, zu kommen.

Wenn man auch die Existenz zweier deutscher Staaten anerkenne, so könnten nach Auffassung der Bundesregierung diese beiden Staaten füreinander nicht Ausland sein. Aus diesem Grunde käme eine völkerrechtliche Anerkennung der DDR durch die Bundesrepublik nicht in Frage. Am Selbstbestimmungsrecht des deutschen Volkes, der Einheit der Nation und der Option in Ausübung dieses Selbstbestimmungsrechtes, das gemeinsame Schicksal des deutschen Volkes zu bestimmen, müsse und werde festgehalten werden. Das erste Ziel der Deutschlandpolitik der Bundesregierung sei der Abbau der Spannungen, der

---

[5] Präsident Nixon erklärte am 22. Januar 1970 im Bericht zur Lage der Nation vor dem Kongreß: „If we are to have peace in the last third of the century, a major factor will be the development of a new relationship between the United States and the Soviet Union. I would not underestimate our differences, but we are moving with precision and purpose from an era of confrontation to an era of negotiation." Vgl. PUBLIC PAPERS, Nixon 1970, S. 9.

[6] Für die Regierungserklärung des Bundeskanzlers Brandt vom 28. Oktober 1969 vgl. BT STENOGRAPHISCHE BERICHTE, Bd. 71, S. 20–34.

später zur Schaffung einer europäischen Friedensordnung für beide Teile Europas führen müsse.

An dieser Stelle sprach der Bundesminister der indischen Regierung seinen Dank für ihre verständnisvolle Haltung gegenüber dem schweren nationalen Problem der deutschen Teilung aus. Unsere gegenwärtige dynamische Politik rechtfertige diese indische Politik, alles zu unterstützen, was einer Überwindung der Spannungen in Europa hilft.

Unsere gegenwärtige Politik sei gegründet auf die feste Verbindung mit dem westlichen Europa. Die Herstellung dieser engen Verbindung mit West-Europa sei daher eine konsequente und richtige Grundlinie der bisherigen deutschen Außenpolitik gewesen. Gegenwärtig zeige sich, daß die Stagnation der EWG überwunden sei. Über den Beitritt Großbritanniens und anderer europäischer Staaten zur Gemeinschaft würden Verhandlungen im Laufe dieses Jahres beginnen können.[7] Die Zollunion wachse sich stetig in eine echte Wirtschaftsunion aus.

Bei ihren Bemühungen, einen Abbau der Spannungen gegenüber Ost-Europa herbeizuführen, handele die Bundesrepublik als Teil West-Europas. Gespräche mit der Sowjetunion und mit Polen hätten begonnen und das Vorstadium für Besprechungen mit der DDR sei erreicht. Man sei sich in der Bundesrepublik darüber im klaren, daß diese Schritte sehr schwierig seien, weil ihnen in der DDR starker Widerstand entgegengesetzt werde, da die Machthaber dort weniger den Abbau der Spannungen als die Befriedigung eines Prestigebedürfnisses im Auge hätten.

Nach Schilderung dieses Rahmens der Ost- und Deutschlandpolitik der Bundesregierung bat der Bundesminister seine indischen Gesprächspartner, ihm weitere Fragen zu stellen zu den Punkten, denen ihr besonderes Interesse gelte.

Der indische Außenminister bat um nähere Erläuterung darüber, wie wir den Einfluß der sowjetischen Politik auf die Entspannungsbemühungen beurteilten, und wünschte, näher über die Chancen eines Eintritts Großbritanniens in die EWG unterrichtet zu werden.

Auf diese Fragen eingehend, führte der Bundesminister aus: Im letzten Jahr habe sich in der sowjetischen Politik gegenüber der Bundesrepublik ein deutlicher Wandel gezeigt. Das Ergebnis dieses Wandels sei, daß die noch laufenden Gespräche, die zur vertraglichen Regelung in Form von Gewaltverzichtsabkommen führen sollen, begonnen hätten. Diese Gespräche und ein eventuell abzuschließendes Gewaltverzichtsabkommen würden nach unserer Auffassung die Grundlage abgeben für eine weitere Verbesserung der Beziehungen zur Sowjetunion.

Dem erwähnten Wandel in der sowjetischen Deutschlandpolitik lägen mehrere Ursachen zugrunde. Gerade nach den Ereignissen in der Tschechoslowakei läge der Sowjetführung sehr daran, den in der Welt hervorgerufenen negativen Eindruck durch stärkere Kooperationsbereitschaft gegenüber der übrigen Welt zu verwischen und gleichzeitig mehr Kontrolle im eigenen Einflußbereich ausüben zu können. Auch das gespannte Verhältnis zur Volksrepublik China sei nicht

---

[7] Die Verhandlungen über einen Beitritt Dänemarks, Großbritanniens, Irlands und Norwegens zu den Europäischen Gemeinschaften begannen am 30. Juni 1970. Vgl. dazu Dok. 289.

ohne Rückwirkung auf die sowjetische Deutschlandpolitik geblieben. Ein noch wichtigerer Grund sei in dem Einfluß der technischen Entwicklung auf das politische Verhalten der sowjetischen Führerschaft zu sehen. Auf dem Gebiete der Technologie gehöre die Sowjetunion in der Welt zur Spitzengruppe und beabsichtige, diese Position zu halten oder womöglich auszubauen. Ein großer Abstand bestehe jedoch gegenüber den westlichen Industrienationen auf den Gebieten der Produktionstechnik, der Wirtschaftsorganisation und der modernen Finanzierung der Produktion. Diese Nachteile beabsichtige die Sowjetführung möglichst schnell zu überwinden. Hierzu bedürfe es jedoch einer verstärkten Kooperation mit den auf diesen Gebieten stark entwickelten Nationen. Ein Beweis für diese These sei die intensivere wirtschaftliche Zusammenarbeit der Sowjetunion auch mit westlichen Industrienationen.

Die politischen Gespräche in Moskau seien noch nicht abgeschlossen. Nach einer Pause glaube man in die Phase echter Verhandlungen eintreten zu können. Das Klima hierfür erscheine günstig.

Zur Frage des Eintritts Großbritanniens in die EWG: Auf der Gipfelkonferenz in Den Haag sei es gelungen, die Widerstände gegen einen Eintritt Großbritanniens in die Gemeinschaft zu überwinden.[8] Die Verhandlungen zwischen der Gemeinschaft und Großbritannien würden bis etwa Mitte dieses Jahres beginnen. Der Fortschritt dieser Verhandlungen werde wesentlich von dem Interesse Großbritanniens selbst an dem Eintritt in die Gemeinschaft abhängen. Obwohl man jüngst eine gewisse Abnahme der Begeisterung innerhalb Großbritanniens für den Beitritt habe feststellen müssen, könne man den Verhandlungen mit Optimismus entgegensehen.

Der indische Außenminister fragte nach der Bedeutung der in Osteuropa erkennbaren Bewegungen und Strömungen für die europäische Sicherheit.

Der Bundesminister stellte hierzu fest, daß wir an unseren Aktivitäten in Osteuropa einen Wandel innerhalb des Warschauer Paktes beobachten könnten. Mehr eigene Bewegungsfreiheit zeichne sich ab. Die Organisation des Warschauer Paktes ließe bilaterale Verhandlungen der einzelnen Mitgliedstaaten zu. Hierbei würden die Themen von den Verhandlungspartnern ausgehandelt und es stünde den Warschauer-Pakt-Staaten frei, Prioritäten festzulegen. Dies zeige sich deutlich am Beispiel Polens. Polen habe sich in seinen Gesprächen mit der Bundesrepublik daran interessiert gezeigt, Abmachungen über die Westgrenzen zu treffen. Obwohl die Bundesrepublik nicht Anrainer Polens sei, erschiene es uns verständlich, daß die polnische Nation den Wunsch hat, in gesicherten Grenzen zu leben. Wir seien bereit zu einem Abkommen, in dem, soweit die

---

[8] Auf der Konferenz der Staats- und Regierungschefs der EG-Mitgliedstaaten am 1./2. Dezember 1969 in Den Haag bekräftigten die Staats- und Regierungschefs der EG-Mitgliedstaaten „ihre Übereinstimmung hinsichtlich des Grundsatzes der Erweiterung der Gemeinschaft, wie sie in Artikel 237 des Rom-Vertrags vorgesehen ist. Soweit die beitrittswilligen Staaten die Verträge und deren politische Zielsetzung, das seit Vertragsbeginn eingetretene Folgerecht und die hinsichtlich des Ausbaus getroffenen Optionen akzeptieren, haben die Staats- bzw. Regierungschefs der Eröffnung von Verhandlungen zwischen der Gemeinschaft und den beitrittswilligen Staaten zugestimmt. Sie waren sich einig, daß die für die Erarbeitung einer gemeinsamen Verhandlungsbasis unerläßlichen Vorbereitungen innerhalb nützlichster und kürzester Frist durchgeführt werden können; diese Vorbereitungen sollen nach übereinstimmender Auffassung in sehr positivem Geist getroffen werden." Vgl. das Kommuniqué; EUROPA-ARCHIV 1970, D 44.
Vgl. dazu ferner AAPD 1969, II, Dok. 385.

Bundesrepublik betroffen ist, die Integrität der polnischen Westgrenze anerkannt wird. Das Potsdamer Abkommen und interne Verträge mit den drei westlichen Siegermächten, insbesondere die Deutschlandverträge, in denen die drei westlichen Siegermächte die Verantwortung für Deutschland als Ganzes übernommen haben, hinderten uns jedoch daran, für ganz Deutschland zu sprechen. Weitere Gespräche mit der Tschechoslowakei und Ungarn seien zu erwarten. In den Gesprächen mit der Tschechoslowakei ginge es nicht um Territorial-Fragen, sondern um die Frage der Hinfälligkeit des Münchener Abkommens ex nunc oder ex tunc sowie um Wirtschaftsfragen, die auch mit Ungarn im Mittelpunkt stehen würden. Alle diese Gespräche und Verhandlungen seien geeignet, eine Auflockerung in das Gefüge Europas zu bringen und würden gute Voraussetzungen für die Abhaltung einer Europäischen Sicherheitskonferenz schaffen.

Die Bundesregierung begrüße die Abhaltung einer Europäischen Sicherheitskonferenz ohne Vorbedingungen. Wir seien jedoch der Auffassung, daß in erster Linie über Sicherheit gesprochen werden müsse. Eine sorgfältige Vorbereitung dieser Konferenz sei unerläßlich, da ein Scheitern schlechter wäre als ein Nicht-Stattfinden. Im Vorfeld dieser Konferenz sollten bilaterale Hindernisse abgebaut werden. Hierzu gehöre in erster Linie eine Normalisierung der Beziehungen zwischen der Bundesrepublik und der DDR.

Staatssekretär Kewal Singh äußerte die Auffassung, daß die Intensität wirtschaftlicher, kultureller und technischer Beziehungen zu den Ostblockländern ein guter Gradmesser für die Entwicklung unserer Entspannungsbemühungen sein könnte.

Der Bundesminister stellte fest, daß die wirtschaftliche Entwicklung innerhalb des Ostblocks erhebliche Fortschritte gemacht habe. Hemmend auf eine Intensivierung der wirtschaftlichen Kontakte wirke die Schwierigkeit, ein Warenangebot der osteuropäischen Länder zusammenzustellen, das Märkte in den liberalen Wirtschaften der westlichen Länder finden könnte. Sondergeschäfte, wie das kürzlich zwischen der Sowjetunion und der Bundesrepublik abgeschlossene Röhren- und Erdgasgeschäft[9], seien zwar geeignet, das Handelsvolumen bilateral enorm hochschnellen zu lassen, würden jedoch auf lange Sicht nicht einen kontinuierlichen Ausbau der Wirtschaftsbeziehungen zum Ausdruck bringen. Man solle bei diesen Wirtschaftskontakten nicht nur über den Handelsaustausch, sondern darüber hinaus über wirtschaftliche Kooperation sprechen. Ansätze hierfür hätten sich im Abkommen mit Rumänien[10] und Polen[11] gezeigt. Wegen der Zurückhaltung der Ostblockstaaten entwickelten sich die kulturellen Beziehungen erheblich langsamer, als man dies wünschen würde.

Staatssekretär Kaul brachte die Zufriedenheit der indischen Seite über die Entspannungsbemühungen und die flexible Haltung der Bundesregierung gegen-

---

9 Zu den Verträgen vom 1. Februar 1970 über die Lieferung von Erdgas und Röhren vgl. Dok. 23, Anm. 1.
10 Für den Wortlaut des Abkommens vom 22. Dezember 1969 zwischen der Bundesrepublik und Rumänien über den Warenverkehr und die Erweiterung der wirtschaftlichen Zusammenarbeit vgl. BUNDESANZEIGER, Nr. 71 vom 16. April 1970, S. 2f.
11 Für den Wortlaut des Vierten Zusatzprotokolls vom 15. November 1968 zu den Vereinbarungen vom 7. März 1963 über die Ergebnisse der Verhandlungen zwischen einer Delegation der Bundesrepublik und einer polnischen Delegation über den Handels- und Seeschiffahrtsverkehr vgl. BUNDESANZEIGER, Nr. 13 vom 21. Januar 1969, S. 1–3.

über der DDR zum Ausdruck. Er fragte, ob die Bundesregierung Bedenken gegen eine Teilnahme der DDR an einer Europäischen Sicherheitskonferenz hätte.
Der Bundesminister erwiderte, daß die DDR werde teilnehmen müssen. Wegen ihrer Verantwortung für ganz Deutschland und Berlin müßten jedoch die vier Alliierten hierbei mitwirken. Darin läge eine gewisse Erschwerung, die vermieden werden könnte, wenn es vor der Konferenz zu entsprechenden Abmachungen zwischen den beiden deutschen Staaten käme. Staatssekretär Kaul fragte nach der Art dieser Abmachungen.
Der Bundesminister hielt eine Regelung aller Fragen von praktischer Bedeutung – hierzu zählte er auf Wirtschaft, Verkehr, Freizügigkeit, kulturelle Probleme, Rechtsfragen und vor allem Sicherheitsfragen – für wünschenswert und erforderlich. Zur Frage der Sicherheit hätten wir auch der DDR den Abschluß eines Gewaltverzichtsabkommens vorgeschlagen[12], wodurch die Demarkationslinie zwischen den beiden Staaten gesichert würde. Die Regelung dieser Fragen dürfe jedoch keinen Verstoß gegen das Potsdamer Abkommen beinhalten. Die wesentliche Voraussetzung sei eine Normalisierung des Verhältnisses zwischen den beiden deutschen Staaten. Wir wollten keine Gespräche unter Vorbedingungen führen, die niemandem nützen könnten. Vorbedingungen seien lediglich geeignet, die Spannungen zu erhöhen. Wir setzten unser Vertrauen darauf, daß Vorabgespräche und die Regelung dieser praktischen Fragen geeignet seien, die Spannungen abzubauen.
Hiermit fanden die Besprechungen des ersten Tages, die im wesentlichen der Darlegung der deutschen Ostpolitik und der Haltung der Bundesregierung in der Deutschlandfrage gewidmet waren, ihren Abschluß.
Vereinbarungsgemäß dienten die Besprechungen des zweiten Tages überwiegend der Darlegung der indischen Auffassung zu den uns interessierenden Themen.
Eingangs gab Außenminister Dinesh Singh einen kurzen Überblick über die innenpolitische Situation Indiens. Er führte aus, daß auch in Indien ein tiefgreifender Wechsel eingetreten sei. Eine neue Generation, die nicht mehr den Freiheitskampf erlebt habe, beginne über die Geschicke des Landes mitzubestimmen. Die wichtigste Aufgabe der gegenwärtigen Regierung sei eine kontinuierliche Weiterentwicklung des Landes. Durch den Kolonialismus, dem Indien lange Zeit unterworfen war, sei Indien in seiner Entwicklung gehemmt gewesen. Die neue Generation dränge auf schnelle Wechsel, habe mehr Hoffnungen und verlange die zügige Durchführung aller Maßnahmen, die den Fortschritt begünstigten. Die Änderungen und Reformen, welche die Regierung durchführen müsse, könnten bei Außenstehenden leicht den Eindruck entstehen lassen, daß sie weit radikalere Formen annehmen, als es tatsächlich der Fall sei. Diese Situation sei im übrigen der Normalfall bei Entwicklungsländern. Das Problem dringlicher und radikaler Veränderungen und Reformen sei in den letzten drei Jahren besonders offenbar geworden. Von der gegenwärtigen indischen Regierung erwarte die neue Generation noch viel mehr, als bisher geleistet worden

---

[12] Bundeskanzler Brandt erklärte am 28. Oktober 1969 im Bundestag: „Anknüpfend an die Politik ihrer Vorgängerin erklärt die Bundesregierung, daß die Bereitschaft zu verbindlichen Abkommen über den gegenseitigen Verzicht auf Anwendung oder Androhung von Gewalt auch gegenüber der DDR gilt." Vgl. BT STENOGRAPHISCHE BERICHTE, Bd. 71, S. 21.

sei. Daher seien größere Anstrengungen erforderlich. Im gegenwärtigen Zeitpunkt begünstigten unter anderem gute Ernten und verbesserte Anbaumethoden die allgemeinen Wirtschaftsbedingungen des Landes. Im letzten Jahr habe der Export eine Steigerung von 13% erfahren. 60% des Exports entfielen auf Industrieprodukte (engineering goods), während der Hauptanteil des Exportes früher auf die landwirtschaftlichen Produkte entfallen wäre. Es sei verständlich, daß die breiteren Massen der Bevölkerung stärker an den Früchten dieser günstigen Entwicklung teilzunehmen wünschen. Daraus ergäbe sich ein starker Druck auf die Regierung, vermittels sozialer Kontrollen und wirtschaftlicher Lenkungsmaßnahmen für eine bessere Verteilung des Volkseinkommens zu sorgen. Manche der unter diesem Druck ergriffenen Maßnahmen seien nicht unbedingt wirtschaftskonform, aber nötig, um Spannungen sozialer Art zu vermeiden. Alle diese Maßnahmen würden im übrigen in verfassungsmäßiger und demokratischer Weise gefaßt und durchgeführt. Trotz unleugbarer Schwierigkeiten, wie z.B. in West-Bengalen, könne man die Lage im Lande letztlich als stabil bezeichnen. Selbst die kommunistischen Parteien Indiens, so hob der Minister hervor, seien bereit, sich den speziellen Bedingungen in Indien anzugleichen.

Die gegenwärtige Minderheitsregierung befinde sich, zumal am Beginn der Haushaltsdebatte, in einer schwierigen Lage und sei darauf angewiesen, sich mit anderen Parteien zu verständigen. Man sei jedoch hoffnungsvoll und glaube, daß es der Regierung gelingen werde, diese schwierige Phase durchzustehen. Trotz aller politischer Schwierigkeiten werde die Wirtschaft nicht vernachlässigt und man denke daran, z.B. auf dem Gebiete der Lizenzvergabe Verbesserungen einzuführen.

Besonderer Wert werde auf eine verstärkte Zusammenarbeit mit anderen asiatischen Ländern gelegt, die sich jedoch nicht auf militärisches Gebiet erstrecken solle, sondern im wesentlichen eine wirtschaftliche Zusammenarbeit bedeute.

Zur Beurteilung der Großmacht China führte der Minister aus: Die kommunistische Revolution habe China ein neues Image und neue Macht gegeben. Dies reflektiere sich in einem neuen Selbstbewußtsein des chinesischen Volkes, das nach langen Jahren erstmals wieder völlig unabhängig geworden sei. Die Entwicklung zu einer Welt- und Atommacht habe dieses Selbstbewußtsein weiter verstärkt. Der Minister stellte das chinesische Konzept revolutionärer Entwicklung dem indischen Konzept einer friedlichen kontinuierlichen Entwicklung innerhalb verfassungsmäßiger Grenzen gegenüber. Bei der chinesischen Aggression gegen Indien[13] habe es sich nicht um einen klassischen Grenzkrieg gehandelt, sondern um den Versuch, das chinesische politische Konzept einer permanenten Revolution über die Grenzen hinauszutragen und seine Überle-

---

13 Im Jahr 1962 beschuldigten sich Indien und die Volksrepublik China gegenseitig der Verletzung der zwischen beiden Staaten bestehenden Grenze. Nachdem es im Verlauf des Jahres bereits mehrfach zu Grenzzwischenfällen gekommen war, unternahmen chinesische Truppen am 20. Oktober 1962 einen Großangriff auf Gebiete im Nordosten und Nordwesten Indiens. Nach mehrwöchigen schweren Kämpfen gab die Volksrepublik China am 21. November 1962 die Einstellung der Kampfhandlungen bekannt, nachdem chinesische Truppen die beanspruchten Gebiete besetzt hatten. Vgl. EUROPA-ARCHIV 1962, Z 227 f. und Z 250.
Zwischen dem 7. und 14. September 1967 kam es erneut zu bewaffneten Zusammenstößen zwischen chinesischen und indischen Truppen. Vgl. EUROPA-ARCHIV 1967, Z 210 f.

genheit gegenüber dem parlamentarischen System zu dokumentieren. Indien sei seinerzeit von dieser Aggression überrascht worden und weitgehend unvorbereitet gewesen.

Nach indischer Auffassung entspricht die Bedeutung Chinas als Militärmacht nicht den übertriebenen Vorstellungen vieler Beobachter. Zweifellos übe China jedoch Einfluß auf kleinere Nachbarländer aus. Man sei jedoch der Auffassung, daß das indische Konzept einer gedeihlichen Zusammenarbeit in Asien ein stabilerer und sicherer[er] Weg in die Zukunft sei als der Export der chinesischen Revolution. Es habe sich gezeigt, daß China nicht in der Lage gewesen sei, den Weg der Revolution über die Grenzen hinaus als Zukunftskonzept zu verbreiten.

Wenn die asiatischen Länder sich zu enger Zusammenarbeit entschließen würden, dann bestünde kein Anlaß, China zu fürchten. Diese enge Kooperation sei der einzige Weg, um die Dominierung Asiens durch China auszuschalten. Die Zusammenarbeit, wie sie der indischen Regierung vorschwebt, müsse zunächst ausschließlich auf wirtschaftlichem Gebiet erfolgen. Eine politische Kooperation und Integration könne erst als zweiter Schritt ins Auge gefaßt werden. Bei der erwähnten Zusammenarbeit genüge es nicht, den Handel zu beleben, sondern man müsse zu gemeinsamen Entwicklungsschemen gelangen. Ein erster Schritt hierzu sei die Gründung des Asiatischen Ministerrates für Wirtschaftliche Entwicklung unter den Auspizien der ECAFE[14] gewesen. Eine erste Studie dieses Rates, die im wesentlichen eine Bestandsaufnahme beinhalte, liege vor.

Auf bilateraler Basis seien gute Ansätze für eine solche wirtschaftliche Zusammenarbeit erkennbar. Man habe mit dem Iran eine enge wirtschaftliche Zusammenarbeit, den Austausch von Rohstoffen und die gemeinsame Errichtung von Industrieanlagen vereinbart. Ein anderes Beispiel sei das Projekt gemeinsamer Vermarktung von Tee mit Ceylon. In weiterem Rahmen bestünde eine fruchtbare wirtschaftliche Zusammenarbeit mit der Vereinigten Arabischen Republik und Jugoslawien, die jedoch noch nicht zur Errichtung gemeinsamer Industrieprojekte geführt habe, jedoch Fortschritte auf dem Gebiet des Zollabbaues aufweisen könnte.

Deutschland habe, so führte der Minister aus, große Erfahrungen auf dem Gebiete wirtschaftlicher Kooperation und Koordinierung, und Indien sei dankbar, wenn ihm diese Erfahrungen übermittelt werden könnten.

Zu seiner Beurteilung der Politik der Volksrepublik China zurückkehrend, fuhr der indische Außenminister fort: China sei wegen seiner fortgesetzten Einmischungspolitik in Asien überall auf Widerstand gestoßen. Während der Auseinandersetzungen im Inneren Chinas im Zusammenhang mit der Kulturrevolution begann eine Phase weitgehender Isolierung. In letzter Zeit läßt sich erkennen, daß diese Phase einer nach außen offeneren Haltung zu weichen beginnt. Dies äußere sich zunächst in einer freundlicheren Haltung gegenüber ausländischen Diplomaten sowohl innerhalb Chinas als auch in der übrigen Welt. Allerdings habe sich dieser Wechsel noch nicht in einer grundsätzlichen Änderung der chinesischen Außenpolitik niedergeschlagen. Wenn jedoch diese Haltung auf die Dauer den Weg zur internationalen Zusammenarbeit bedeute, dann sei dies Indien sehr willkommen. Die Gespräche zwischen der Sowjetunion und

---

14 Economic Commission for Asia and the Far East.

China[15] hätten noch nicht zu greifbaren Ergebnissen geführt. Die Furcht vor China sei in Asien nach wie vor vorhanden, hätte jedoch nicht mehr diese starken Züge wie vor der chinesischen Kulturrevolution. Allein im Verhältnis zu Pakistan zeige die chinesische Politik Ansätze für freundschaftliche Zusammenarbeit. Nach indischer Auffassung müsse jedoch diese Freundschaft unter dem besonderen Gesichtspunkt des chinesischen Verhältnisses zu Indien gesehen werden. Indien sehe im Straßenbau im besetzten Kaschmir[16] eine Bedrohung für die eigene Sicherheit. Die chinesisch-pakistanische Freundschaft bedeute nicht einen Ansatz einer echten Asienpolitik, sondern habe nur regionale Bedeutung und solle unter anderem Indien zu größeren Anstrengungen auf dem Verteidigungssektor bewegen. So sei Indien gezwungen, jährlich 29 bis 30% seines Unionsbudgets für Verteidigungszwecke auszugeben. In Pakistan liege diese Ziffer bei 48%.

Die Beziehungen zur Sowjetunion seien durch eine enge und freundschaftliche Zusammenarbeit gekennzeichnet. Der Minister hob die Vorteile des Rupien-Handels hervor, der eine der Grundlagen für die enge und freundschaftliche Zusammenarbeit mit der Sowjetunion sei. Mit den Hartwährungs-Ländern bestünden ständige Zahlungsprobleme. Diese und besonders die Bundesrepublik forderte der Minister auf, Märkte für indische Produkte zu schaffen. Er erkannte in diesem Zusammenhang dankbar die Hilfe der Bundesrepublik z. B. im Rahmen der Vollrath-Mission an. Ein wichtiger Bestandteil des regen Handelsaustausches mit der Sowjetunion seien die sowjetischen Waffenlieferungen, die mit indischen Warenlieferungen bezahlt würden.

Das Verhältnis zu den Vereinigten Staaten leide an Ressentiments, die auf kolonialistische und imperialistische Haltung der USA in der Vergangenheit zurückzuführen seien. Diese Belastungen psychologischer Art würden von der Sowjetunion ausgenutzt. Man könne allerdings feststellen, daß der Kolonialismus heute weitgehend beseitigt sei. Allerdings habe der Vietnam-Krieg nach wie vor die Wirkung, das Image der Vereinigten Staaten in Asien zu trüben. Die großen Massen der Unterprivilegierten in Asien zögen es gewiß vor, unter freiheitlichen Regierungen zu leben. Entscheidend seien jedoch nicht slogans wie „free world" oder „kommunistische Revolution", wichtiger sei für die Masse ein Konzept, das größere Aussicht auf eine Besserung ihres Loses bietet. Hierfür sei Süd-Vietnam ein gutes Beispiel. Es werde immer davon gesprochen, daß hier die Demokratie verteidigt würde, während doch offenbar sei, daß gerade das Regime in Süd-Vietnam weit davon entfernt sei, ein Musterbeispiel für demokratische Verhältnisse zu sein.

Einen vollständigen Rückzug der USA aus Asien halte man in Indien weder für möglich noch für wahrscheinlich. Die USA würden mit anderen Methoden die

---

15 Am 20. Oktober 1969 nahmen der sowjetische Erste Stellvertretende Außenminister Kusnezow und der chinesische Stellvertretende Außenminister Chiao Koan-hua in Peking Gespräche über eine Beilegung des sowjetisch-chinesischen Grenzkonflikts auf. Die Verhandlungen wurden am 14. Dezember 1969 unterbrochen und am 2. Januar 1970 fortgesetzt.

16 Seit der Unabhängigkeit Pakistans und Indiens am 15. August 1947 erhoben beide Staaten Ansprüche auf die Provinz Kaschmir. Nachdem indische Truppen den größeren südöstlichen und pakistanische Einheiten den kleineren nordwestlichen Teil der Provinz besetzt hatten, wurde nach Vermittlung der UNO am 1. Januar 1949 ein Waffenstillstand geschlossen. In der Folgezeit kam es wiederholt zu militärischen Auseinandersetzungen.

Verteidigung ihrer Interessen in Asien fortsetzen. Eine enge Zusammenarbeit bestünde zwischen den Vereinigten Staaten und Japan. Die Wirtschaftsbeziehungen Japans zu den übrigen asiatischen Ländern seien weitgehend bloße Handelsbeziehungen, während Ansätze zu einer echten Zusammenarbeit sich erst abzeichneten. Im übrigen nehme die Bedeutung Japans auch als politische und militärische Macht ständig zu. Zu Vietnam führte der indische Außenminister aus: Die Regierung von Nord-Vietnam beabsichtige nicht eine Vereinigung der beiden Staaten. Die Absicht dieser stabilen Regierung sei es, in Frieden zu leben. Man pflege freundschaftliche Beziehungen sowohl mit China als auch mit der Sowjetunion und diese Beziehungen würden wegen des von den USA ausgeübten Druckes ständig gestärkt. Es herrsche durchaus der Eindruck, daß die Regierung von Nord-Vietnam engere Kontakte zu anderen asiatischen Ländern wünsche. Man könne nicht von einer Dominierung Nord-Vietnams durch China sprechen.

Indien sei bereit, engere Kontakte mit Nord-Vietnam zu knüpfen. In Süd-Vietnam gebe es zwei Regierungen.[17] Man glaube nicht an eine militärische Lösung des Vietnam-Konfliktes und sei der Ansicht, daß sich alle fremden Truppen aus Süd-Vietnam zurückziehen müßten. Wahlen in Süd-Vietnam seien nach indischer Auffassung nur möglich, wenn die Voraussetzungen hierfür geschaffen worden seien. Die NLF-Regierung lehne es ab, Wahlen unter Aufsicht der Saigoner Regierung zuzustimmen. Im wesentlichen stimme Indien den Auffassungen der NLF-Regierung zu. Man müsse in Süd-Vietnam zur Bildung einer Regierung, die das ganze Volk repräsentiert, also unter Einschluß der NLF, kommen. Der verstärkte Truppenrückzug der USA sei in Indien willkommen, biete aber noch keine Lösung, die nur in den Stufen: Waffenstillstand – Abzug fremder Truppen – Regierungsbildung unter Einschluß der NLF – Wahlen, erfolgen könne.

In dem Breschnew-Vorschlag eines asiatischen Sicherheits-Systems[18] sieht der indische Außenminister eine gute Ausgangsbasis. Die Sowjetunion habe allerdings bisher ihre Vorstellungen über das Zustandekommen und das Wirken eines solchen Sicherheits-Systems noch nicht spezifiziert. Indischerseits halte man drei Faktoren in diesem Zusammenhang für bedeutend: 1) Gewaltverzicht, 2) wirtschaftliche Zusammenarbeit, 3) einen stärkeren, auch formellen Zusammenschluß. Man habe gegen diese Grundidee keine Bedenken. Allerdings lehne man nach wie vor den Beitritt zu Militär-Allianzen ab, an die die Sowjetuni-

---

[17] Ein von der National Liberation Front (NLF) und der „Allianz der nationalen, demokratischen und Friedenskräfte Vietnams" einberufener Kongreß, der vom 6. bis 8. Juni 1969 auf dem Territorium der Republik Vietnam (Südvietnam) stattfand, beschloß die Bildung einer Provisorischen Revolutionären Regierung Südvietnams sowie die Ausrufung eines Konsultativrates sowie der Republik Südvietnam, die in der Folgezeit u. a. durch die UdSSR, die DDR, Polen und die Volksrepublik China anerkannt wurde.

[18] Am 7. Juni 1969 erklärte der Generalsekretär des ZK der KPdSU, Breschnew, auf der Dritten Weltkonferenz der kommunistischen und Arbeiterparteien in Moskau: „Die brennenden Probleme der gegenwärtigen internationalen Lage versperren uns nicht die Sicht für die Aufgaben auf längere Zeit: Die Schaffung eines Systems der kollektiven Sicherheit in den Teilen der Erde, in denen sich die Gefahr der Entfesselung eines neuen Weltkrieges, der Entfesselung bewaffneter Konflikte zusammenballt. Ein solches System wäre der beste Ersatz für die bestehenden militärisch-politischen Gruppierungen. [...] Wir meinen, daß die Entwicklung auch die Aufgabe auf die Tagesordnung rückt, ein System der kollektiven Sicherheit in Asien zu errichten." Vgl. NEUES DEUTSCHLAND vom 8. Juni 1969, S. 6.

on im übrigen auch nicht gedacht habe. Der indischen Seite käme es in erster Linie auf eine verstärkte Zusammenarbeit an.

An dieser Stelle warf der Bundesminister ein, daß die Sowjetunion auf bilaterale Abschlüsse über Gewaltverzicht abziele. Im Gegensatz zur Bundesregierung strebe die Sowjetregierung nicht mehr nach einer Europäischen Sicherheitskonferenz, sondern nach einer europäischen Konferenz mit weitgefaßtem Themenkatalog. In Europa käme es der Sowjetunion auf eine Konsolidierung der Nachkriegssituation, kurz, des Status quo, an. Insofern bestehe in Europa eine andere Situation als in Asien. Der indische Außenminister erwiderte, daß die Sowjetunion auch in Asien die Erhaltung des Status quo anstrebe.

Der Bundesminister berichtete über sein Gespräch mit Kossygin im Sommer vergangenen Jahres[19], in dem er Kossygin gegenüber seine Auffassung, daß eine Europäische Sicherheitskonferenz von großem Nutzen sein könnte, zum Ausdruck gebracht habe. Er habe allerdings hinzugefügt, daß alle europäischen Pakte sowie die enge Bindung an die USA als Teil der europäischen Sicherheitsstruktur Realitäten seien. In dieser Unterhaltung seien die Absichten der Sowjetunion, regionale Sicherheitsabmachungen zu treffen, klar geworden. Er habe zunächst den Gedanken einer Teilnahme der USA an einer Sicherheitskonferenz zurückgewiesen. Als Ziel der Sowjetregierung habe sich in der Unterhaltung die Schaffung regionaler Sicherheitsarrangements dort, wo die Sowjetunion Partner sein könnte, herausgeschält. Die Absicht sei eine Auflösung des Systems der zwei Blöcke in regionale Paktsysteme, in denen beide Großmächte gewisse Kontrollfunktionen ausüben könnten. Die Kontrolle sei bisher durch das atomare Patt der beiden Supermächte ausgeübt worden, während jetzt der Versuch gemacht würde, eine direkte Kontrolle der Sicherheit in Regional-Arrangements durch die zwei Mächte herbeizuführen.

Außenminister Dinesh Singh: Das wäre nicht mehr die alte Politik der getrennten Einflußzonen.

Bundesminister: Ja. Dahinter stünde das gemeinsame Interesse der beiden Supermächte, den Frieden zu bewahren.

Der indische Außenminister fragte, ob die Sowjetunion bei der Verfolgung dieser Absicht bereit sei, eigene Interessen, z.B. in Südamerika, aufzugeben.

Nach Auffassung des Bundesministers gehe die Absicht der Sowjetregierung mehr darauf, mehr Einfluß in anderen Regionen zu gewinnen, ohne dabei Einfluß in den ihr schon bisher enger verbundenen Regionen (z.B. Osteuropa) zu verlieren.

Der indische Außenminister bat den Bundesminister um eine Darstellung unserer Haltung im Nahost-Konflikt.[20]

Der Bundesminister bemerkte hierzu, daß die Bundesregierung den Konflikt mit wacher Sorge verfolge. Da die Bundesrepublik keine Großmacht sei und auch mit den meisten arabischen Ländern keine diplomatischen Beziehungen unterhalte, habe die Bundesregierung wenig Einfluß auf die Entwicklung im Nahen

---

19 Der FDP-Vorsitzende Scheel hielt sich vom 22. bis 25. Juli 1969 in Moskau auf. Zum Gespräch mit Ministerpräsident Kossygin am 24. Juli 1969 vgl. AAPD 1969, II, Dok. 248.
20 Zur Position der Bundesregierung vgl. Dok. 48.

Osten. Sie verfolge im übrigen die Politik strikter Neutralität und halte an ihrer Entscheidung fest, keine Waffen in Spannungsgebiete zu liefern. Als geeignete Basis für eine Lösung des Konfliktes sehe die Bundesregierung nach wie vor die Resolution des Sicherheitsrates der Vereinten Nationen vom November 1967[21] an. Voraussetzung sei allerdings, daß alle Elemente dieser Resolution gemeinsam durchgesetzt würden. Man habe in der Bundesrepublik Verständnis für das Zögern der arabischen Staaten, zweiseitige Gespräche mit Israel zu beginnen. Es käme daher darauf an, den Vorschlag des Sicherheitsrates gemeinsam durchzusetzen. Der Besuch des jordanischen Ministerpräsidenten in der Bundesrepublik[22] habe kürzlich die Möglichkeit gegeben, mit ihm diesen Fragenkreis zu besprechen, und man habe festgestellt, daß Jordanien eine sehr maßvolle Haltung einnehme. Demnächst würden Gespräche mit dem israelischen Außenminister in Bonn stattfinden.[23]

Die Bundesrepublik hoffe, nach und nach mit allen arabischen Ländern wieder diplomatische Beziehungen aufnehmen zu können.

Ein kurzer Gedankenaustausch über die deutsch-indischen Beziehungen ergab, daß diese von besonderen Problemen frei und eng seien. Von indischer Seite wurde der Wunsch nach noch engerer Zusammenarbeit wiederholt und vor allem darauf hingewiesen, daß anhaltende Anstrengungen zur Ausgleichung der Handelsbilanz zwischen den beiden Ländern erforderlich seien.

Der Bundesminister bedankte sich zum Abschluß für die gewährte Gastfreundschaft und sprach eine Einladung an Außenminister Dinesh Singh zum Besuch in der Bundesrepublik im Laufe dieses Jahres aus.[24]

Der indische Außenminister nahm die Einladung dankbar an und erwähnte, daß er zum ersten Male im Jahre 1948 in der Bundesrepublik gewesen sei und später anläßlich eines auf Einladung der Bundesregierung erfolgten Besuches Gelegenheit gehabt habe, den jetzigen Bundeskanzler als Regierenden Bürgermeister von Berlin[25] kennenzulernen.

Es wurde vereinbart, die diesjährigen deutsch-indischen Konsultationen auf Staatssekretär-Ebene Ende Mai oder im Laufe des Monats Juni in Bonn abzuhalten.[26]

III. Die Besprechungen fanden in einer gelockerten und freundschaftlichen Atmosphäre statt. Gegen Ende des Gespräches ergab sich ein lebhafter Dialog über die Frage der Sicherheit und die Ziele und Absichten, welche die Supermächte ihren Initiativen hinsichtlich des Abschlusses von Sicherheitspakten zugrunde legten.

In den wesentlichsten Punkten, vor allem soweit sie das bilaterale Verhältnis zwischen Deutschland und Indien anbetrafen, herrschte weitgehend Überein-

---

[21] Zur Resolution Nr. 242 des UNO-Sicherheitsrates vom 22. November 1967 vgl. Dok. 4, Anm. 8.
[22] Zum Besuch des Ministerpräsidenten Talhouni vom 25. Januar bis 2. Februar 1970 vgl. das Gespräch des Bundesministers Scheel mit Talhouni am 29. Januar 1970; VS-Bd. 10091 (Ministerbüro); B 150, Aktenkopien 1970.
[23] Zum Besuch des israelischen Außenministers Eban in der Bundesrepublik vom 22. bis 25. Februar 1970 vgl. Dok. 65 und 105.
[24] Der indische Außenminister Sardar Swaran Singh besuchte die Bundesrepublik am 9./10. Juni 1971.
[25] Willy Brandt war von 1957 bis 1966 Regierender Bürgermeister von Berlin.
[26] Zu den deutsch-indischen Regierungsbesprechungen vom 29./30. Juni 1970 vgl. Dok. 301.

stimmung. Soweit, wie z. B. in der Beurteilung des Vietnam-Konflikts, unterschiedliche Auffassungen bestehen, wurden die divergierenden Meinungen nicht gegenübergestellt und die Behandlung des Themas nicht vertieft.

Die Frage der Aufnahme diplomatischer Beziehungen Indiens zur DDR wurde in den Besprechungen nicht erwähnt.[27] Sie fand jedoch weiten Raum in den Fragen der Journalisten während der Pressekonferenz des Bundesministers. Aus der Haltung der indischen Gesprächspartner ging hervor, daß die indische Regierung Verständnis für die Deutschland- und Ostpolitik der Bundesregierung hat. Man kann davon ausgehen, daß die indische Regierung in absehbarer Zeit nicht von ihrer Politik abgeht, nichts zu unternehmen, was den Entspannungsbemühungen der Bundesregierung im Wege stehen könnte.

Die Generalkonsulate der Bundesrepublik in Indien erhalten Durchdruck dieses Berichts unmittelbar.

Mirbach

Referat I B 5, Bd. 501

64

Aufzeichnung des Staatssekretärs Duckwitz

St.S. 143/70 geheim 18. Februar 1970

Bei dem heutigen Arbeitsessen mit den alliierten Botschaftern[1] ergaben sich folgende Gesprächsthemen:

1) Aus einer Diskussion zwischen den drei Botschaftern stellten sich verschiedene Auffassungen über die Beantwortung des sowjetischen Schreibens betreffend Berlin-Verhandlungen[2] heraus. Während der britische Botschafter der Ansicht war, daß die sowjetische Note möglichst umgehend eine Antwort erhalten sollte, aus der die Bereitschaft der Alliierten zur baldigen Aufnahme von Gesprächen im Hause der Kontrollkommission in Berlin hervorgeht, beharrte der amerikanische Botschafter darauf, diese Antwort auf keinen Fall zu überstürzen, sondern sich Zeit zu lassen, um eine genaue Abstimmung innerhalb der drei Alliierten und mit der Bundesregierung über die Tagesordnung und über den Text der Antwort selber herbeizuführen. Der Wortlaut der Antwort ist nach Auffassung des amerikanischen Botschafters insofern von großer Bedeutung, als die Alliierten in ihrer Note, in der sie diese Gespräche anregten[3], von einer sehr

---

[27] Botschafter Freiherr von Mirbach, Neu Delhi, berichtete am 14. Februar 1970, der indische Außenminister Singh habe während eines Abendessens am Vortag gegenüber Bundesminister Scheel versichert, „daß Indien seine Haltung in der Deutschlandfrage beibehalten werde". Vgl. den Drahtbericht Nr. 103; Referat I B 5, Bd. 501.

[1] Roger Jackling (Großbritannien), Kenneth Rush (USA), François Seydoux (Frankreich).
[2] Zur sowjetischen Note vom 10. Februar 1970 an die Drei Mächte vgl. Dok. 55 und Dok. 60.
[3] Zur Initiative der Drei Mächte für Gespräche mit der UdSSR über Berlin (West) vgl. Dok. 2, Anm. 3.

breiten Grundlage ausgingen, während die Antwortnote der Sowjets sich ausschließlich auf West-Berlin bezieht. Darauf dürfe man sich, wie der amerikanische Botschafter ausführte, keinesfalls einlassen. Andererseits dürfe man durch eine zu schroffe Antwort, aus der die gegensätzlichen Positionen hervorgingen, nicht riskieren, daß die Sowjets Gespräche a limine ablehnen. Das Gegenargument des britischen Botschafters lief darauf hinaus, daß man die sofortige Bereitschaft zu einem ersten Gespräch erklären solle, um sich dann nach diesem ersten Gespräch über die weiteren Tagesordnungspunkte zu einigen. Dieses erste Gespräch werde ohnehin kein Sachgespräch sein, sondern sich mit prozeduralen Angelegenheiten beschäftigen. Eine Einigung zwischen den beiden wurde nicht herbeigeführt. Immerhin versprach mir der amerikanische Botschafter in einem späteren Gespräch unter vier Augen, daß er seine Regierung bitten werde, die Antwort, die mit allen drei Regierungen abgestimmt werden muß, nicht zu lange hinauszuschieben. Ein weiteres Argument des amerikanischen Botschafters war der Hinweis auf den elenden Zustand des vorgesehenen Verhandlungsorts, dessen Wiederherstellung mindestens 14 Tage bis drei Wochen erfordern werde. Der französische Botschafter verhielt sich indifferent.

2) Ich übergab den drei Botschaftern den Wortlaut des heutigen Briefes des Bundeskanzlers an Ministerpräsident Stoph[4] nebst Wortlaut der Presseerklärung der Bundesregierung[5]. Die von den Alliierten aufgeworfene Frage, wer der Delegation des Bundeskanzlers angehören werde, konnte ich nicht beantworten.

3) Zu der von mir angeschnittenen Frage der deutsch-sowjetischen Luftverkehrsverhandlungen[6] erklärten alle drei Botschafter, noch nicht im Besitz der endgültigen Antwort ihrer Regierungen zu sein. Sie glaubten indessen, schon jetzt erklären zu können, daß ihre Regierungen die Frage des Anfliegens von Schönefeld als eine deutsche Angelegenheit betrachteten, in der sie sich trotz starker Bedenken nicht einzumischen gedächten. Sie erklärten ferner übereinstimmend, daß sie in der Frage der Luftkorridore wahrscheinlich nicht nachgeben würden. Hier würden originale Rechte berührt, deren Verlust oder Einschränkung zu schwerwiegenden Folgen führen könne. Besonders der französische Standpunkt in dieser Frage scheint sehr hart zu sein.

Ich benutzte die spätere Gelegenheit eines Gesprächs mit dem amerikanischen Botschafter, um nochmals darauf hinzuweisen, daß die Bundesregierung es sich nicht leisten könne, den Abschluß eines Vertrages an der Frage der Luftkorridore scheitern zu lassen. Dies würde in der Bundesrepublik nicht verstanden werden. Schon jetzt mehrten sich die Stimmen, daß die ablehnende Haltung der

---

[4] Für den Wortlaut vgl. EUROPA-ARCHIV 1970, D 214f. Vgl. dazu auch Dok. 61.
[5] Staatssekretär Ahlers, Presse- und Informationsamt, erklärte am 18. Februar 1970 u. a.: „Die in dem Schreiben an den Vorsitzenden des Ministerrats der DDR erklärte Bereitschaft zu einem Gespräch steht ausdrücklich unter dem Zeichen des Versuches, das Trennende zurückzustellen, das Verbindende zu suchen und Verhandlungen in Gang zu bringen, die zu vertraglichen Absprachen führen können. Damit wird der von der Bundesregierung eingenommene Standpunkt bestätigt, daß vertragliche Abmachungen erst das Ergebnis von Verhandlungen, nicht aber der Ausgangspunkt für Gespräche sein können. Mit dieser Antwort an Herrn Stoph und der Zusage zu einer Begegnung möchte die Bundesregierung erklärt ist – unterstreichen, daß eine beginnende Normalisierung in dem Verhältnis der beiden Staaten in Deutschland einen beiderseitigen Beitrag zur Entspannung und zur Sicherheit in Europa bedeuten könnte." Vgl. BULLETIN 1970, S. 225.
[6] Vgl. dazu den Beschluß des Kabinetts vom 5. Februar 1970; Dok. 40, Anm. 5.

Alliierten auf kommerziellen Gründen beruhe. Der amerikanische Botschafter nahm dies durchaus verständnisvoll zur Kenntnis.

4) Meine Informationen über die deutsch-sowjetischen Gewaltverzichtsgespräche wurden von den drei Botschaftern mit Dank und Befriedigung aufgenommen. Sie benutzten die Gelegenheit, um ihrerseits darauf hinzuweisen, daß die Unterrichtung ihrer Botschafter in Moskau[7] vorbildlich gewesen sei. Aufgrund der doppelten Orientierung einmal in Bonn und einmal in Moskau hätten sich ihre Regierungen fortlaufend ein genaues Bild der in Moskau geführten Gespräche machen können. Sie baten darum, möglichst bald über die Eindrücke, die Staatssekretär Bahr in Moskau gewonnen hat, informiert zu werden.

5) Aufgrund der bisher vorliegenden Berichte orientierte ich die Botschafter über die in New Delhi geführten Gespräche.[8] Ihre Ansicht ging dahin, daß es ein offenkundiger Erfolg der deutschen Diplomatie gewesen sei und auch heute noch sei, wenn Indien bislang die DDR nicht anerkannt habe und dies auch in absehbarer Zeit vermutlich nicht tun werde.

Hiermit dem Herrn Minister vorgelegt.[9]

Duckwitz

VS-Bd. 502 (Büro Staatssekretär)

65

Aufzeichnung des Ministerialdirektors Frank

I B 4-82.21-92.19-83/70 geheim 18. Februar 1970[1]

Betr.: Besuch des israelischen Außenministers Abba Eban in Bonn (22. bis 24.2.1970)

Für die Gespräche mit dem israelischen Außenminister möchte ich zusätzlich zur Gesprächsmappe noch folgende Gesichtspunkte vortragen:

I. Das bilaterale Verhältnis Bundesrepublik–Israel wird von den Israelis zumeist aus dem Gesichtswinkel der kollektiven Haftung des deutschen Volkes für die Verbrechen des Dritten Reiches gesehen. Dabei hat sich infolge der Teilung Deutschlands das israelische Interesse einseitig auf die Bundesrepublik konzentriert. An die Stelle des Judentums, an dem die Verbrechen begangen

---

[7] Jacob D. Beam (USA), Roger Seydoux (Frankreich), Duncan Wilson (Großbritannien).
[8] Bundesminister Scheel hielt sich vom 13. bis 16. Februar 1970 in Indien auf. Vgl. dazu Dok. 63.
[9] Hat Bundesminister Scheel am 1. März 1970 vorgelegen.

[1] Durchschlag als Konzept.
Hat Vortragendem Legationsrat Redies am 18. Februar 1970 vorgelegen.
Hat Redies erneut am 20. Februar 1970 vorgelegen, der handschriftlich vermerkte: „Abschrift für H[errn] Bundespräsidenten gefertigt."
Hat Ministerialdirigent Gehlhoff nach Rückkehr am 25. Februar 1970 vorgelegen.

worden sind, ist der Staat Israel getreten. Die israelische Regierung geht in ihren Beziehungen zur Bundesrepublik davon aus, daß die Verbrechen der Vergangenheit ein besonderes Verhältnis zwischen Israel und der Bundesrepublik haben entstehen lassen. Es findet seinen Ausdruck darin, daß die Bundesrepublik als ein Akt der Wiedergutmachung zur Existenz Israels beitragen müsse und nichts zulassen dürfe, was von anderer Seite gegen die Existenz Israels unternommen werden könnte.

Hierzu ist zu sagen: Die Bundesrepublik kann die Vergangenheit nicht zur einzigen Grundlage ihrer Beziehungen zu Israel machen. Andererseits wird es gar nicht möglich sein, die Vergangenheit aus dem Verhältnis zu Israel zu eliminieren, selbst wenn das deutsche Volk dies möchte. Die Geschichtsbücher werden in jedem Fall Zeugnis geben von dem Verbrechen des Dritten Reiches.

Wer aber schwerwiegende Mißverständnisse im deutsch-israelischen Verhältnis vermeiden will, der muß auch sehen und berücksichtigen, daß die Mehrheit der heute in Deutschland lebenden Menschen die Zeit zwischen 1933 und 1945 nicht als bewußte Zeitgenossen miterlebt hat, oder noch gar nicht geboren war. Die Mehrheit der deutschen Bevölkerung wird also dazu neigen, das Verhältnis zu Israel heute nicht in erster Linie aus dem Gesichtswinkel der Vergangenheit zu sehen.

Beide Regierungen müssen dazu beitragen, daß die Entwicklung auf beiden Seiten nicht in tragischer Weise aneinander vorübergeht, und zwar in der Weise, daß die Israelis gerade anfangen, sich auf die Bundesrepublik zuzubewegen, während der jüngere Teil der deutschen Bevölkerung beginnt, losgelöst von der Vergangenheit, infolge des Nahost-Konfliktes und der damit verbundenen Problematik sich von Israel zu distanzieren. Man sollte m. E. den israelischen Außenminister auf diese Gefahr aufmerksam machen.

II. Die Diskussion über die Gestaltung der deutsch-israelischen Beziehungen wird zu oft von Überlegungen zum deutsch-arabischen Verhältnis bestimmt. Die an sich wünschenswerte „Ausgewogenheit" unserer Nahostbeziehungen ist nicht das entscheidende Kriterium. Das übergeordnete Interesse in unseren auswärtigen Beziehungen und damit auch in den Beziehungen zu Israel ist die Erhaltung des Friedens bzw. die Wiederherstellung des Friedens dort, wo er gestört ist. Dieses übergeordnete Interesse, das einem echten Anliegen der Mehrheit des deutschen Volkes entspricht, ist für die Entwicklung der deutsch-israelischen Beziehungen heute von größerer Bedeutung als die Komplexe der Vergangenheit oder das Verhältnis der Bundesrepublik Deutschland zu den arabischen Staaten. In dem Maße, wie der Nahost-Konflikt fortdauert und sich verschärft, werden die deutsch-israelischen Beziehungen einer wachsenden Belastung ausgesetzt werden. Auf der einen Seite wird der Wunsch Israels nach wirtschaftlicher Unterstützung und Lieferung von Waffen immer stärker werden; auf der anderen Seite wird die Abneigung in der deutschen Öffentlichkeit gegen den Konflikt zunehmen. Eine Verschärfung des Konflikts wird auch eine Polarisierung der Meinungen in Deutschland begünstigen in der Weise, daß die einen für Israel Partei ergreifen, die anderen für die arabische Seite. Gerade dies wäre für eine gedeihliche Entwicklung der deutsch-israelischen Beziehungen und die wirkliche Überwindung der Vergangenheit verhängnisvoll.

Es besteht im Nahen Osten eine objektive Gefahr für den Weltfrieden. Für die Sowjetunion ist der Nahost-Konflikt das Vehikel ihrer ideologischen und machtpolitischen Expansion im östlichen Mittelmeer. Die Erfahrungen der letzten beiden Jahre haben gezeigt, daß die Sowjetunion an einer friedlichen Beilegung des Konflikts nicht interessiert ist, wenn sie auch das Risiko eines weltweiten Krieges scheut. Der kontrollierte und dosierte Nahost-Konflikt bietet der Sowjetunion jederzeit die Möglichkeit, es zu einer Konfrontation mit den USA kommen zu lassen nach dem Muster der Kuba-Krise, die dann aller Wahrscheinlichkeit nach einen umgekehrten Verlauf nähme. Wie unsere Botschaft in Washington berichtet, verfolgt man im State Department die Entwicklung mit immer größerer Besorgnis. „Wenn man auch im Gegensatz zu manchen politischen Beobachtern nicht an eine Konfrontation zwischen den USA und der Sowjetunion glaubt, schließt man nicht aus, daß die Situation den Hauptkontrahenten Israel und VAR aus der Hand gleiten könne."[2] Auch der frühere stellvertretende Außenminister George Ball hat in einem Interview mit der „New York Times" solchen Befürchtungen Ausdruck verliehen. Die italienische Regierung hat in den Hauptstädten der vier Großmächte ihre Besorgnis über die Entwicklung des Konflikts vorgetragen. Schließlich hat VN-Generalsekretär U Thant am 17. Februar erklärt, daß die Lage im Nahen Osten sich in äußerst gefährlichem Maße erhitze. Es sei klar, daß „nur sehr starke Maßnahmen eine neue Katastrophe abwenden können".[3]

Der Gedanke, daß der Nahost-Konflikt bei einer Verschärfung – quasi automatisch – die beiden Antagonisten USA und Sowjetunion militärisch auf den Plan ruft, könnte für die israelische Regierung in einer möglichen hoffnungslosen Lage eine Versuchung darstellen. Unter bestimmten Bedingungen könnte Israel daran interessiert sein, eine direkte Konfrontation der beiden Weltmächte herbeizuführen. Eine solche Entwicklung wäre für die Sicherheit im Mittelmeerraum und in Westeuropa verhängnisvoll.

Es wird also darauf ankommen, dem israelischen Außenminister die Ernsthaftigkeit und Entschlossenheit unserer Friedensbestrebungen vor Augen zu führen. Niemand denkt daran, Israel ein einseitiges Nachgeben oder gar eine Kapitulation nahezulegen. Aber die gegenwärtige Bombardierung ägyptischen Hinterlandes (in der Nähe von Kairo)[4] könnte zu einer Eskalation führen, die die oben dargelegte gefährliche Entwicklung auslösen könnte.[5]

---

[2] Vgl. den Drahtbericht Nr. 324 des Botschafters Pauls, Washington, vom 13. Februar 1970; VS-Bd. 2810 (I B 4); B 150, Aktenkopien 1970.

[3] UNO-Generalsekretär U Thant erklärte auf einer Pressekonferenz am 17. Februar 1970: „As you all know, the Middle East situation is again heating up most dangerously. It becomes apparent that only some very strong measures can avert a new catastrophe." Vgl. UN MONTHLY CHRONICLE, VII/3, S. 28.

[4] Vortragender Legationsrat I. Klasse Jesser, Kairo, berichtete am 8. Januar 1970, israelische Flugzeuge hätten am Vortag Ziele südlich von Kairo sowie in Suez angegriffen. Damit habe die israelische Luftwaffe zum ersten Mal seit dem Krieg vom Juni 1967 ihr Operationsgebiet bis unmittelbar an die Stadtgrenze Kairos ausgedehnt. Vgl. dazu den Drahtbericht Nr. 15; Referat I B 4, Bd. 346.
In der Folge kam es zu weiteren israelischen Luftangriffen auf Ziele in der VAR. Vgl. dazu den Schriftbericht Nr. 183 des Vortragenden Legationsrats I. Klasse Jesser, Kairo, vom 24. Januar 1970; Referat I B 4, Bd. 346.

[5] Ministerialdirektor Frank notierte am 18. Februar 1970, daß der amerikanische Gesandte Fessenden erklärt habe: „Die amerikanische Regierung bedaure die israelische Verletzung des Waffenstillstands sehr. Dies gelte vor allem für die Bombardierungen im ägyptischen Hinterland. Solche Ak-

Die Bundesrepublik ist sich der moralischen Last und in gewissem Maße ihrer Haftung für die Vergangenheit bewußt. Diese muß aber ihre Grenze finden, wo der Frieden in Gefahr steht. Ein verstärkter Ausbau der deutsch-israelischen Beziehungen, wie er von israelischer Seite offenbar angestrebt wird, wird erst möglich sein, wenn der Frieden wiederhergestellt ist.

Hiermit über den Herrn Staatssekretär[6] dem Herrn Minister vorgelegt mit dem Vorschlag der Weiterleitung an den Herrn Bundeskanzler.

Frank[7]

VS-Bd. 2806 (I B 4)

66

Sitzung des Ständigen NATO-Rats in Brüssel

II B 1-81.14-20/70 streng geheim   18. Februar 1970[1]

Niederschrift über die SALT-Konsultation im NATO-Rat am 18. Februar 1970

Die Konsultation wurde eröffnet durch eine Erklärung von Botschafter *Smith*, die inzwischen verbatim als COSMIC-Dokument vorliegt. Aus ihr ist hervorzuheben, daß die Sowjets keine Anzeichen dafür gegeben hätten, an einem Tauschhandel MRBM/SACEUR's-Waffen mit nuklearem Auftrag interessiert zu sein. Es sei offen, ob sie daran dächten, MRBM gegebenenfalls zum Ausgleich für amerikanische Konzessionen in SALT einzubeziehen oder ihrerseits Vorteile zu gewähren, wenn MRBM nicht einbezogen würde.

Da die amerikanische Seite kein Interesse an einer ausgedehnten Debatte über Definitionen habe, bleibe das Kräfteverhältnis der Abschreckung entscheidend.

Die von den Sowjets zur Diskussion gestellte Einschränkung der Weitergabe von strategischen Systemen und Technologie sei gegen die Kooperation mit den nuklearen und nicht-nuklearen Partnern des Bündnisses gerichtet. Die Amerikaner hofften, daß diese Vorstellungen in Wien[2] keine größere Rolle spielten.

Die Amerikaner hätten der Einschließung des Konzepts der Nichtweitergabe von strategischen Systemen und Technologie in Helsinki[3] widersprochen.

Fortsetzung Fußnote von Seite 282
  tionen könnten zwar kurzfristig Erfolg bringen, aber auf lange Sicht gesehen hätten sie ohne parallele Friedensinitiative keinen Sinn. Die amerikanische Regierung bedaure, daß Israel offenbar unfähig sei, eigene Friedenspositionen zu fixieren." Vgl. VS-Bd. 2806 (I B 4); B 150, Aktenkopien 1970.

6 Georg Ferdinand Duckwitz.
7 Paraphe vom 19. Februar 1970.
1 Die Aufzeichnung wurde von Vortragendem Legationsrat Menne am 20. Februar 1970 gefertigt. Hat Botschafter Roth am 25. Februar 1970 vorgelegen.
2 Am 16. April 1970 begannen in Wien Verhandlungen zwischen den USA und der UdSSR über eine Begrenzung der strategischen Waffen (SALT).
3 Vom 17. November bis 22. Dezember 1969 fanden in Helsinki Vorgespräche zwischen den USA und der UdSSR über eine Begrenzung der strategischen Waffen statt.

Nach amerikanischer Auffassung liege die Beschränkung der Patrouillenbereiche von SLBM und von Bombenflugzeugen außerhalb des Bereichs von SALT. Das habe man den Sowjets gesagt.

Die sowjetische Delegation habe ein Verbot von seegestützten und im Ausland errichteten landgestützten ABM-Systemen angestrebt.

Generalsekretär *Brosio* schlug vor, den Delegationen eine Pause für das Studium der Erklärung zu gewähren und sich am Nachmittag erneut zu treffen. Fragen, die der Klärung des Gehörten dienten, könnten jedoch jetzt gestellt werden.

Sir Bernard [*Burrows*] (Großbritannien) bat um Erläuterung der auf das sowjetische Desinteresse an „Crisis Stability" bezüglichen Ausführungen.

Botschafter *Smith* erläuterte, daß nach amerikanischer Auffassung in einer Krise stets genügend Vertrauen in die eigene Fähigkeit zurückzuschlagen bestehen müsse, damit keine Notwendigkeit verspürt wird, einen ersten Schlag zu führen.

Hinsichtlich seegestützter ABM fragte *Sir Bernard*, ob es Planungen oder Entwicklungen für die Zukunft gebe.

Über Studien, erklärte Botschafter *Smith*, sei man nicht hinausgekommen. Die Sowjets zeigten wohl deshalb Interesse, weil sie gegen die Dislozierung strategischer Waffen außerhalb amerikanischen oder sowjetischen Territoriums eingestellt seien. Auch führten sie an, daß seegestützte ABM einen offensiven Charakter annehmen könnten.

Botschafter *Grewe* stellte die Frage, welchen zeitlichen Platz dieses Problem nach amerikanischer Meinung einnehme. Wäre es möglich, daß die Gespräche in Wien anliefen, ohne zunächst das MRBM-Problem zu berühren? Auch wäre es interessant, zu den Presseberichten über die Installierung von ICBM in MRBM-Stellungen zu hören.

Zum ersten Punkt äußerte Botschafter *Smith*, daß bekanntlich das Arbeitsprogramm vorsehe, daß kein Punkt Priorität haben solle. Wenn nicht eine Regierung einen dahingehenden Wunsch äußere, sei es nicht erforderlich, den Punkt MRBM an früher Stelle zu behandeln. Auch sei mit der Kristallisation irgendwelcher Übereinstimmungen über einzelne Systeme nicht zu rechnen, bevor nicht der Bereich der Probleme insgesamt behandelt worden sei. Zur zweiten Frage äußerte er, daß in der Tat Raketen in nicht verbunkerten MRBM-Stellungen installiert worden seien, die fähig seien, Ziele sowohl in Europa wie in den Vereinigten Staaten zu erreichen.

Botschafter *Cavalierato* (Griechenland) fragte nach den Gründen der so andersartigen sowjetischen Definition von strategisch-taktischen Systemen.

Botschafter *Smith* erläuterte, daß mit der sowjetischen Definition nicht die Reichweite allein, sondern Reichweite und Dislozierungsort maßgebend seien. Dieser Definition hätten die Amerikaner nicht zugestimmt.

Botschafter *Boon* (Niederlande) stellte zum Komplex MRBM die Frage, bis zu welchem Maß es nötig werden könne, die Sowjets wissen zu lassen, daß einige SLBM der Allianz zur Verfügung stünden. Wenn Vereinbarungen für einzelne Systeme ins Auge gefaßt würden, dürften Faktoren, die die Allianz berührten, nicht außer acht gelassen werden. Es sei beispielsweise nicht fair, 1 000 amerikanische ICBM 1 000 sowjetischen gegenüberzustellen, da von den 1 000 amerikanischen eine Anzahl zur Abdeckung von sowjetischen, auf Europa gerichteten MRBM eingesetzt sei.

Der *Generalsekretär* äußerte, daß einige der vorgetragenen Fragen und Anmerkungen den Bereich lediglich klärender Fragen schon verlassen hätten und tief in die Substanz hineinzielten.

Sir Bernard fügte noch folgende Fragen hinzu:
a) Sollten die Sowjets ICBM in MRBM-Stellung installieren, würden dann nicht diese Stellungen nach sowjetischer Definition unter strategische Waffen fallen?
b) Welche Bedeutung habe die Option beweglicher, landgestützter ICBM?

Zur ersten Frage erklärte Botschafter *Smith*, in MRBM-Stellungen installierte ICBM würden als ICBM gezählt. Diesen Grundsatz habe man bereits bei dem jetzigen Nachtrag zu dem amerikanischen Papier vom Juni 1969 über das strategische Kräfteverhältnis befolgt: Die dortigen Zahlen für ICBM schlössen diejenigen SS 11-Raketen ein, die in MRBM-Stellungen installiert worden seien.

Zu der Option beweglicher, landgestützter ICBM erläuterte Botschafter Smith, der amerikanische Vorschlag habe vorgesehen, daß innerhalb eines Begrenzung zu unterwerfenden Komplexes von ICBM der Austausch von fest installierten, landgestützten gegen seegestützte und gegen bewegliche landgestützte Raketen zulässig sein solle. Die einzige sowjetische Reaktion zu diesem Komplex sei die Frage gewesen, ob eine qualitative Verbesserung innerhalb solcher Komplexe zulässig sei, was amerikanischerseits bejaht worden sei.

Die Sitzung wurde vertagt und um 15.30 Uhr fortgesetzt.

Sir Bernard begrüßte den fortdauernden Prozeß der Konsultation, die wichtig sei. Es sei noch nicht möglich, in diesem Stadium endgültige Ansichten zu äußern.

IR/MRBM

Die sowjetische Definition, wonach MRBM von SALT ausgeschlossen, solche taktischen Waffen, die sowjetisches Territorium erreichen könnten, dagegen eingeschlossen werden sollten, sei für die NATO nicht annehmbar. Auf der britischen Seite bestehe eine gewisse Neigung, diesen Komplex zunächst beiseite zu lassen. Man wünsche in London sicherlich nicht, daß die MRBM zum Anlaß für ein Scheitern der SALT würden. Sollte sich dieser Komplex zu einem Problem entwickeln, so sollte eine Neubewertung vorgenommen werden. Dabei könnte dann die Frage im Mittelpunkt stehen, ob MRBM und die taktischen Waffen gleichermaßen in SALT ein- oder aus SALT ausgeschlossen werden sollten. London hoffe, daß die Vereinigten Staaten in Wien fortfahren würden, MRBM wie ICBM zu behandeln.

ABM – offensive Kapazität

Nach britischer Auffassung dürften kaum Aussichten bestehen, ein SALT-Abkommen zu erreichen, wenn dieses nicht auch Begrenzungen der ABM vorsehe. Offensive und defensive Systeme müßten zusammen geprüft und reguliert werden. Keine Seite dürfe Unverwundbarkeit anstreben. Schutzvorkehrungen gegen dritte Mächte dürften der anderen Seite nicht Grund geben, eine Bedrohung

285

ihrer Fähigkeit zum Vergeltungsschlag anzunehmen. Im Hinblick auf die drei amerikanischen Komponenten der Fähigkeit zum 2. Schlage sei kein Anlaß gegeben, anzunehmen, daß die Sowjetunion einer Fähigkeit zum 1. Schlage nahegekommen sei.

Die Fortsetzung der Niederschrift folgt später.[4]

VS-Bd. 3602 (II B 1)

67

Sitzung des Ständigen NATO-Rats in Brüssel

II B 1-81.14-20[II]/70 streng geheim   **18. Februar 1970[1]**

Niederschrift über die SALT-Konsultation im NATO-Rat am 18. Februar 1970 (Fortsetzung der Niederschrift II B 1-81.14-20/70 streng geheim vom 20.2.1970[2])

Dritte Mächte

Großbritannien hoffe, daß die Vereinigten Staaten den Vorteil, über einen Schutz gegen die chinesische strategische Drohung zu verfügen, sorgfältig gegen den Nachteil abwägen würden, den Sowjets einen Vorwand zur Erhöhung der strategischen Rüstung zu liefern.

Doppelfunktion der ABM

Es interessiere zu erfahren, ob die Sowjets imstande wären, ABM zu einem auch offensiv einsetzbaren System zu machen.

Patrouillenbereiche, zufälliger Einsatz „forward deployment"

Man sei in London sicher, daß die Vereinigten Staaten weiter die Aufnahme dieser Themen in die SALT ablehnen würden. Dafür spreche die Schwierigkeit zu verifizieren, ob die jeweiligen vorn eingesetzten Träger strategische Waffen führten oder nicht. Die Vorschläge, die zur Schaffung einer kernwaffenfreien Zone tendierten, seien in der Absicht gemacht, die umfassende Abschreckung gegen Aggression zu schwächen.

Die Bestätigung der amerikanischen Grundsätze für die SALT-Gespräche werde begrüßt.

Mr. *Bjerring* (Dänemark) begrüßte die Flexibilität, die in Helsinki[3] zum Ausdruck gelangt sei. Die Sowjets strebten danach, die Glaubwürdigkeit der amerikanischen Abschreckung für Europa zu beeinträchtigen. Es sei bemerkt wor-

---

[4] Vgl. Dok. 67.
[1] Die Aufzeichnung wurde von Vortragendem Legationsrat Menne am 24. März 1970 gefertigt. Hat Botschafter Roth am 4. Mai 1970 vorgelegen.
[2] Vgl. Dok. 66.
[3] Vom 17. November bis 22. Dezember 1969 fanden in Helsinki Vorgespräche zwischen den USA und der UdSSR über eine Begrenzung der strategischen Waffen statt.

den, daß weder FOBs noch Flugkörper für rasante Flugbahnen (depressed trajectory missiles) in Helsinki zur Sprache kamen.

Ferner habe man zur Kenntnis genommen, daß Sowjets Inspektionen an Ort und Stelle immer noch nicht akzeptieren. Das sei für die Frage der MIRV wichtig. Zum Problem IR/MRBM stelle sich die Frage, was angeboten werden könne, um zu erreichen, daß IR/MRBM in SALT eingeschlossen würden.

Man stimme zu, daß die Gespräche selbst nach dem Abschluß von SALT-Vereinbarungen fortgesetzt werden müßten.

Die sowjetische Definition strategischer Waffen wirft nach Botschafter *Campbell* (Kanada) weite Fragen nach der Unteilbarkeit der Sicherheit der Allianz auf. Jedoch sollte in den Gesprächen zunächst keine Zeit mit einer Debatte über Definitionen verloren werden. Zwischen IR/MRBM und ACE strike forces werde ein Zusammenhang offenbar.

Während für die Sowjets kein Anlaß bestehe, die amerikanischen ICBM als Mittel zur Erlangung einer Fähigkeit zum entwaffnenden Schlag[4] (counter force capability) zu betrachten, sei dies hinsichtlich der sowjetischen SS-9 gerechtfertigt. Er stelle die Frage, ob die Amerikaner beabsichtigen, weiterhin wegen der sowjetischen Haltung zur Bedrohung der amerikanischen ICBM vorzufühlen, möglicherweise im Rahmen eines Tauschhandels SS 9 + MRV gegen Minutemen + MIRV.

Es sei bemerkenswert, daß beide Seiten ein hohes ABM-Niveau ablehnten, aber beide ein niedriges ABM-Niveau beibehielten. Während die Sowjetunion über 60 ABM-Abschußrampen verfüge, würden die Vereinigten Staaten mit den Phasen I und II von SAFEGUARD über mehr verfügen. Wesentlich sei das Einvernehmen, daß ABM auf möglichst niedrigem Niveau stabilisiert werden sollte.

Eine Erfassung des „throw weight" („Bahngewicht": Gewicht, das von der Rakete auf die ballistische Bahn gebracht wird) würde die Entscheidung erleichtern, technische Charakteristika in etwaigen Vereinbarungen ungeregelt zu lassen. Hierfür sei wichtig, daß das Bahngewicht mit unaufdringlichen (unintrusive) Mitteln verifiziert werden könne. Das sollte den Sowjets zu verstehen gegeben werden.

Für SALT zeichneten sich zwei Faustregeln ab:
- die Forderung nach absoluten Zusicherungen und Sicherheiten würde den zu regelnden Bereich schrumpfen lassen; ein gewisses Maß an Vertrauen sei nötig.
- Vereinbarungen sollten anstreben, die Gewährleistung des angestrebten Ziels mit einem Minimum an Verifikation zu erreichen.

Botschafter *Kosciusko-Morizet* (Frankreich) schnitt drei Probleme an:

1) Nach dem amerikanischen Papier über die Strategische Balance vom 23. Juni 1969 beabsichtige die amerikanische Regierung Studien zur

---

[4] Die Worte „entwaffnenden Schlag" wurden von Botschafter Roth unterschlängelt, der handschriftlich vermerkte: „Entwaffnungskapazität".

a) Fähigkeit, strategische Konflikte so zu beherrschen, daß ihr Ausgang die Vereinigten Staaten und ihre Verbündeten in einer möglichst günstigen Lage lasse;

b) Absicht, mit Hilfe u.a. der strategischen Waffen von konventionellen Angriffen abzuschrecken bzw. mit ihnen fertig zu werden.

Hierzu stellten sich seiner Regierung die Fragen:

zu a: Welches Niveau strategischer Waffen sei erforderlich, um diese Fähigkeit zu erlangen?

zu b: Welches strategische Potential sei zur Verwirklichung dieser Absicht erforderlich?

2) Wenn – wie mitgeteilt – die Vereinigten Staaten auf dem Gebiet der MIRV einen Vorsprung besäßen, würde es natürlich sein, daß die Sowjets an einer Begrenzung der qualitativen Charakteristika interessiert wären. Ein solches Interesse sei jedoch nicht in Erscheinung getreten.

3) Die amerikanische Auffassung in den illustrativen Kombinationen der „Alternative Approaches to SALT Negotiations" vom 8. Juli 1969 sei zur Frage beweglicher ICBM klar ablehnend gewesen. In Helsinki sei diese Haltung flexibler geworden. Im Rahmen umfassender Abmachungen zeichne sich eine Neigung ab, qualitative Verbesserungen ungeregelt zu lassen.

Nach Botschafter *Birgi* (Türkei) befindet sich SALT noch in der Phase von Vorbereitungen.

Nach sowjetischer Auffassung umfasse eine strategische Parität, die gegebenenfalls durch Vereinbarungen einzufrieren sei, IR/MRBM nicht. Dieser Waffenkomplex bleibe also unbegrenzt; hinzu komme noch die konventionelle Disparität. Die Frage stelle sich, ob die Sowjets bei dieser maximalen Linie bleiben würden.

Er begrüße es, daß die Vereinigten Staaten die sowjetische Forderung nach einem Verbot der Weitergabe strategischer Waffen als nicht zu SALT gehörig abgelehnt hätten. Es stelle sich aber die Frage, wie man einem sowjetischen Insistieren begegne. Dieses oder eines der anderen Nebenthemen müsse in Wien[5] behandelt werden.

Botschafter *Boon* (Niederlande) erklärte, die niederländische Betrachtung stimme weitgehend mit der britischen überein. Ein Scheitern von SALT nur wegen der IR/MRBM müsse vermieden werden. Die Frage müsse im Auge behalten und nicht in den Vordergrund der Wiener Gespräche gerückt werden. Man frage sich im übrigen nach den Gründen für das Phänomen, daß die Zahl der IR/MRBM konstant geblieben sei.

Die Niederlande seien interessiert zu erfahren, ob ein Teststop für MIRV und MRV vor den Wiener Gesprächen noch für sinnvoll gehalten werde.

An dem Problem dritter Länder sowie an Bestrebungen und Wahrscheinlichkeiten, eine Erstschlagkapazität zu erlangen, bestehe ebenfalls Interesse.

---

5 Am 16. April 1970 begannen in Wien Verhandlungen zwischen den USA und der UdSSR über eine Begrenzung der strategischen Waffen (SALT).

Die Absicht, auch nach etwaigen SALT-Abmachungen die Gespräche über strategische Waffen fortzusetzen, werde begrüßt.

Botschafter *de Ferrariis* (Italien) vermerkt dankbar die amerikanische Entschlossenheit, die Balance der Abschreckung aufrechtzuerhalten. Die sowjetische Definition strategischer Waffen sollte durch eine auf die Balance der Abschreckung ausgerichteten Formel ersetzt werden.

Sei bekannt, warum sich die Sowjets so wenig besorgt um die Verwundbarkeit fester landgestützter Systeme zeigten?

Das Weitergabeverbot für Trägersysteme würde vor allem die sowohl konventionell wie nuklear einsetzbaren leichten Flugzeuge treffen.

Worin würde die Fortsetzung der Gespräche nach Abschluß etwaiger SALT-Vereinbarungen bestehen?

Etwaige Maßnahmen zur Verhütung von versehentlichem oder nicht genehmigtem Einsatz strategischer Waffen dürften nicht zu einem Mitspracherecht der Sowjets in der Allianz führen.

Stehe hinter der sowjetischen Abneigung, die Begrenzung des Bahngewichts zu erörtern, der Wunsch, einen Vorsprung zu bewahren?

Was sei im MIRV-Zusammenhang mit Verifizierung durch Zusammenwirken (verification by co-operative action) gemeint?

Das Prinzip, daß SALT die Waffen dritter Länder nicht berühren dürfe, sollte weiterhin aufrechterhalten werden. Bisher sei sowjetischen Versuchen, es in Frage zu stellen, mit Festigkeit widerstanden worden.

Sei die Möglichkeit von Abfangsatelliten in Helsinki erörtert worden?

Botschafter *de Staercke* (Belgien) stellte fest, daß man vor einem Katalog von Ungewißheiten stehe. Umso wichtiger sei die Betonung der Gemeinsamkeit europäischer und amerikanischer Sicherheit und der Unteilbarkeit der Verteidigung des Bündnisses.

Belgien hoffe, daß die IR/MRBM stets in SALT eingeschlossen sein werden. Andererseits sollte SALT nicht am Komplex der IR/MRBM scheitern.

Zu dem russischerseits angestrebten Weitergabeverbot für strategische Trägersysteme bemerke er, daß Europa eine „Unterentwicklung" seiner Verteidigung nicht hinnehmen könne. Die Unteilbarkeit der europäischen Sicherheit sei umso wichtiger, als die nichtnuklearen Bündnispartner den Nichtverbreitungsvertrag unterzeichnet hätten.

Auch er stelle die Frage (wie Italien), worin die Fortsetzung der Gespräche nach Abschluß etwaiger SALT-Vereinbarungen bestehen würde.

Auch die sowjetischen Vorschläge zur Verhinderung des versehentlichen oder nichtgenehmigten Einsatzes strategischer Waffen böten Ansatzpunkte zu einer „Unterentwicklung" der europäischen Verteidigung, die vermieden werden müsse. Sie könnten u. a. zu einer Art sowjetischer Kontrolle über die Nukleare Planungsgruppe (NPG) führen.

Könne zu irgendeinem Zeitpunkt die Hinzuziehung Frankreichs und Großbritanniens in Erwägung gezogen werden?

289

Botschafter *Grewe* (Bundesrepublik) gab eine Erklärung gemäß Drahterlaß Nr. 621 vom 17.2.1970 ab.[6]

Botschafter *Birgi* (Türkei) vertrat ebenfalls die Auffassung (wie Belgien), daß die Einschließung der IR/MRBM in SALT zwar energisch betrieben werden sollte, daß man SALT aber nicht an diesem Komplex scheitern lassen sollte. Er sei allerdings der Auffassung, daß ein Thema, das zu Anfang nicht vorgetragen werden würde, später nur unter Schwierigkeiten nachgeschoben werden könne.

Botschafter *Smith* (USA) erklärte, die Fragen hätten ihm neue Einsichten verschafft. General Allison werde auf folgende vier Fragen antworten:

1) die Möglichkeit offensiver Verwendung von ABM (insbesondere vorgeschobener, seegestützter ABM)

2) Erfassung von FOBs und Flugkörpern für rasante Flugbahnen (depressed trajectory missiles)

3) Gründe für das jetzige Inbetrachtziehen beweglicher ICBM

4) Abfang-Satelliten.

General *Allision* (USA):

zu 1) Eine offene Verwendung von ABM sei generell möglich, auch seitens der Russen. Allerdings ergäben sich Fragen hinsichtlich der Treffgenauigkeit und der Sprengkraft.

zu 2) FOBs und Flugkörper für rasante Flugbahnen seien namentlich und typenmäßig nicht angesprochen worden. Sie würden amerikanischerseits als ICBM gezählt.

zu 3) Bewegliche ICBM seien ein Teil der illustrativen Elemente.

zu 4) Abfangsatelliten seien in Helsinki nicht angesprochen worden. Ob sie als eingeschlossen angesehen werden könnten, hänge von der Zusammenstellung des „Pakets" ab.

Botschafter *Smith* (USA) führt zu den übrigen Fragen oder Punkten folgendes aus:

Ein Weitergabeverbot für strategische Trägersysteme werde nicht angenommen werden.

Solange unentschieden sei, ob MIRV mit in ein Abkommen eingeschlossen würden, bleibe ein MIRV-Moratorium problematisch.

Trotz nicht gezeigten Interesses an der Verwundbarkeit fester landgestützter Raketen sei sicher, daß die Sowjets diesen Punkt in ihre Erwägungen einbezogen haben.

Das SAFEGUARD-System werde so flexibel gehalten werden, daß ABM-Vereinbarungen verschiedenen Ausmaßes getroffen werden könnten.

Zu dem (französischen) Hinweis auf die nach dem amerikanischen Papier vom 23.6.1969 angekündigten Studien sei zu sagen, daß der Gegenstand dieser Studien breiter konzipiert sei als für eine Verwendung lediglich im SALT-Rah-

---

[6] An dieser Stelle Fußnote im Text: „II B 1-81.14/18/70 Str.Geh."
Für den Drahterlaß des Staatssekretärs Duckwitz an die Ständige Vertretung bei der NATO in Brüssel vgl. Dok. 58.

men. Seine Regierung sei bereit, die Erkenntnisse aus solchen Studien mit den Verbündeten zu teilen.

Zu der Feststellung (Kanadas), es sei wichtig, daß das Bahngewicht mit unaufdringlichen Mitteln verifiziert werden könne, müsse er sagen, dies entspreche nicht einer kategorischen amerikanischen Position.

Die Gründe für das sowjetische Zögern gegenüber einem MIRV-Abkommen blieben der Vermutung überlassen.

Die amerikanische Position zu IR/MRBM sei genau die gleiche wie im Juni des vergangenen Jahres. Den Sowjets sei gesagt worden, daß die Reichweite dieser Waffen so sehr ausgedehnt werden könne, daß sie amerikanisches Territorium erreichten.

Die Einbeziehung von SACEUR's Polarisbooten wurde nicht als solche gefordert und nicht als solche abgelehnt. Die amerikanische Delegation habe erklärt, daß sie den Dislozierungsbegrenzungen nicht zustimmen werde.

Die Fortsetzung der Gespräche auch nach etwaigen SALT-Vereinbarungen werde als ein Mittel zum Gedankenaustausch darüber angesehen, wie solche Vereinbarungen ausgeführt werden sollen.

Eine kategorische Einstellung zum Problem der Verifizierung sei nicht möglich. Einige einfache Vereinbarungen könnten sehr leicht auf Einhaltung überwacht werden. Bei komplexeren Abkommen könne Verifizierung durch Zusammenwirken erforderlich werden und bei bestimmten Abkommen könnten sogar Inspektionen an Ort und Stelle nötig werden.

Bei ABM komme es darauf an, ein Ausmaß zu finden, das gegenüber China genüge, ohne die Russen aufzuschrecken.

Zu den Ausführungen über MIRV-Erprobungsflüge wolle er bemerken, daß Gewißheit über die Einhaltung eines MIRV-Verbots nur durch Inspektionen an Ort und Stelle gewonnen werden könne. Dabei spiele die gegebene Asymmetrie – hier offene Gesellschaft, dort „geschlossene" Gesellschaft – eine Rolle. Es sei nicht sicher, ob ein MIRV-Erprobungsverbot im Bündnisinteresse liege.

Obwohl Sowjets China nie namentlich erwähnt hatten, dürfte der Gedanke daran hinter den Besorgnissen über versehentlichen oder nichtgenehmigten Einsatz strategischer Waffen stehen. Um die nuklearen NATO-Arrangements dürfte es sich nicht handeln. Vielleicht sei der Punkt durch Schaffung geeigneter Nachrichtenverbindungen zu lösen.

Die Sowjets hätten zu erkennen gegeben, daß für sie die strategischen Potentiale Frankreichs und Großbritanniens eine gegebene Tatsache (a fact of life) seien.

Eine europäische nukleare Streitmacht sei in den Gesprächen weder ausdrücklich noch implizite angesprochen worden.

Ob die Sowjets auf die Fähigkeit zu einem (entwaffnenden) ersten Schlag aus seien, hänge von der Analyse ihrer vermutlichen Absichten ab. Im zutreffenen Falle würden die Aussichten auf SALT-Vereinbarungen minimal sein.

Begrenzungen seien an sich auch außerhalb der Vereinbarungen denkbar, wenn auch nicht sehr verläßlich. Hier könnte ein fortgesetzter Dialog hilfreich sein.

Das angestrebte Weitergabeverbot müsse nicht gegen die NATO gerichtet sein, sondern könne auf der Befürchtung von Vertragsumgehungen beruhen (eine

291

Partei halte sich z.B. an eine vereinbarte Begrenzung von ICBM, was ihr Territorium angeht, sie übergebe aber ICBM an ihre Verbündete und vermehre auf diese Weise).

Ob die SS 9-Aufstellung unbegrenzt fortgesetzt werde, sei nicht sicher. Auf amerikanischer Seite besteht z.Z. nicht die Fähigkeit, gehärtete Ziele zu zerstören.

Botschafter *Kosciusko-Morizet* (Frankreich) fand, daß die 1969 angekündigten Studien, auch wenn sie nicht auf SALT begrenzt seien, so doch Auswirkungen auf SALT haben könnten.[7]

VS-Bd. 3602 (II B 1)

68

Aufzeichnung des Ministerialdirektors Ruete

II A 1-83.10-335/70 geheim   19. Februar 1970

Betr.: Gespräch zwischen dem Herrn Bundeskanzler und dem Vorsitzenden des Ministerrats der DDR, Stoph[1]

I. Bei einer Besprechung, die heute zwischen Herrn MD Sahm, Herrn MD Weichert (BMB) und mir stattfand, sind folgende erste Gedanken zu dem Gespräch zwischen dem Bundeskanzler und Stoph erarbeitet worden:

1) Das Gespräch wird sich wahrscheinlich in zwei Abschnitte (vormittags und nachmittags) gliedern; Gesprächsdauer etwa 5–6 Stunden.

Im ersten Gesprächsabschnitt sind einleitend Grundsatzerklärungen der beiden Seiten zu erwarten. Die Grundsatzerklärung von Stoph wird voraussichtlich die bekannten Beschuldigungen und Forderungen der anderen Seite enthalten. Eine Replik des Bundeskanzlers hierauf sollte in seine Grundsatzerklärung einbezogen werden. Die Grundsatzerklärung des Bundeskanzlers sollte das deutschlandpolitische Konzept der Bundesregierung anhand der Regierungserklärung[2] und der Grundsatzfeststellungen im Bericht zur Lage der Nation[3] verdeutlichen.

Die voraussichtliche Antwort Stophs und Winzers auf die Erklärungen des Bundeskanzlers werden wahrscheinlich die Unmöglichkeit einer Normalisierung der Beziehungen ohne die völkerrechtliche Anerkennung behaupten. Die Erwi-

---

7 Zu diesem Absatz bemerkte Botschafter Roth handschriftlich: „Vice versa".
1 Zur Vorbereitung des Treffens vgl. Dok. 61, besonders Anm. 4.
2 Für die Regierungserklärung des Bundeskanzlers Brandt vom 28. Oktober 1969 vgl. BT STENOGRAPHISCHE BERICHTE, Bd. 71, S. 20–34.
3 Für die Regierungserklärung des Bundeskanzlers Brandt zum Bericht der Bundesregierung über die Lage der Nation im gespaltenen Deutschland am 14. Januar 1970 vgl. BT STENOGRAPHISCHE BERICHTE, Bd. 71, S. 839–847.
Für Bericht zur Lage der Nation im gespaltenen Deutschland vgl. BT ANLAGEN, Bd. 135, Drucksache VI/223.

derung des Bundeskanzlers könnte den Nachweis der von der Bundesregierung einseitig und praktisch unternommenen Schritte zur Normalisierung und Entspannung in den Mittelpunkt stellen.

2) Der zweite Gesprächsabschnitt sollte sich mit der Erörterung des Weitergangs der Verhandlungen beschäftigen. Der Termin zum nächsten Treffen in Bonn sollte etwa drei Wochen nach dem ersten Treffen angesetzt werden. Der Bundeskanzler sollte den Vorschlag der Einsetzung einer „Zwischendelegation" machen, deren Auftrag es sein würde, die nächsten Gespräche vorzubereiten und eine Tagesordnung auszuarbeiten. Nach Möglichkeit sollte bei dem Gespräch zwischen dem Bundeskanzler und Stoph versucht werden, bereits Richtlinien für die Tätigkeit dieser Delegation zu erteilen. Auf unserer Seite sollte Bundesminister Franke als Leiter der Zwischendelegation vorgeschlagen werden; die andere Seite wird voraussichtlich Herrn Winzer vorschlagen. Die Richtlinien bzw. der Auftrag an die Zwischendelegation sollte sich mit folgenden zentralen Themengruppen befassen:

a) Beziehungen zwischen BRD und DDR

(Anerkennung der Nation, Vier-Mächte-Verantwortung, internationale Verträge, Gewaltverzichtsvereinbarung). Zu diesem Themenbereich sollen ferner gehören:

- Respektierung der territorialen Integrität,
- beiderseitige Bemühungen zur Förderung der Abrüstung und der europäischen Sicherheit

sowie eine Reihe von Themen, die aus DDR-Vorschlägen und unseren Vorstellungen entnommen und in einem vom BMB zusammenzustellenden Themenkatalog enthalten sind.

b) Verbesserung der Kommunikation

(„Menschliche Erleichterungen")

Hierzu gehören:

Fragen des Reiseverkehrs, der Nachbarschaftsverkehr an der Zonengrenze, Verbesserung des Rechts- und Amtshilfeverkehrs, Austausch auf dem Gebiet der Kultur, Wissenschaft und des Sports, Erleichterung des Empfangs von Medikamenten und Geschenksendungen, Erleichterung der Familienzusammenführung, Verbesserung der Verkehrs-, Post- und Telefonverbindungen.

c) Abbau der Diskriminierungen

Dieser Komplex sollte sowohl Diskriminierungen in dritten Ländern als auch solche in internationalen Organisationen und schließlich Diskriminierungen im inneren Verhältnis behandeln. Die Frage der Mitwirkung beider Staaten in internationalen Organisationen sollte allerdings aus taktischen Gründen erst dann behandelt werden, wenn klargeworden ist, daß der Gesamtkomplex der Gespräche zu positiven Ergebnissen führen kann.

d) Schaffung von gemeinsamen Institutionen

Z.B. Errichtung einer Ständigen Großen Kommission (mit Beauftragten und paritätisch besetzten Sekretariaten in beiden Staaten). Auch dieser Themenkomplex sollte noch nicht vorgeschlagen und ein solches Konzept noch nicht erkennbar gemacht werden, da es zweckmäßig erscheint, zunächst den weiteren Verlauf der Gespräche abzuwarten.

e) Wirtschaft

Die Behandlung wirtschaftlicher Themen (Kreditmöglichkeiten) sollte nicht von unserer Seite ins Gespräch gebracht werden, um die bestehenden Interzonenhandelsvereinbarungen[4] nicht zu stören.

3) Der dritte Gesprächsabschnitt sollte sich sodann mit der Verabschiedung eines kurzen Kommuniqués befassen.

II. Bei diesen Überlegungen sind wir davon ausgegangen, daß die Interessen der DDR darauf gerichtet sind, den Besuch des Bundeskanzlers in Ostberlin zu empfangen und auch einen Besuch Stophs in Bonn durchzuführen, um auf diese Weise die internationale Anerkennung der DDR zu fördern.

Wir sind ferner davon ausgegangen, daß die Regierung der DDR wahrscheinlich bemüht sein wird, einen Eklat zu vermeiden, und es vorziehen wird, sich lang hinziehende Kommissionsbesprechungen zu inszenieren (Panmunjom-Situation[5]). Dem soll im ersten Stadium durch Benennung eines Termins für ein zweites Treffen zwischen dem Bundeskanzler und Stoph und die Benennung eines Politikers als Leiter der Zwischendelegation begegnet werden. Ob Aussicht auf positive Resultate der Gespräche bestehen, wird man frühestens nach dem zweiten Treffen feststellen können.

III. Das erste Gespräch soll von einer Beamtendelegation vorbereitet werden, der u.a. MD Sahm, MD Weichert (BMB), MR Ordemann (BMI) und Herr Schneppen vom BPA angehören sollen.

IV. Diese Vorschläge sollen als „erste Überlegungen" dem Herrn Bundeskanzler unterbreitet werden. Wir haben vor, uns in der nächsten Woche erneut zu treffen, um dann die Vorschläge weiter zu präzisieren.

Hiermit über den Herrn Staatssekretär[6] dem Herrn Minister[7] mit der Bitte um Kenntnisnahme vorgelegt.

Ruete

VS-Bd. 4497 (II A 1)

---

[4] Vgl. dazu den Wortlaut des Abkommens vom 20. September 1951 über den Handel zwischen den Währungsgebieten der Deutschen Mark (DM-West) und den Währungsgebieten der Deutschen Mark der Deutschen Notenbank (DM-Ost) (Berliner Abkommen) in der Fassung der Vereinbarung vom 16. August 1960; BUNDESANZEIGER, Nr. 32 vom 15. Februar 1961, Beilage, S. 2.
Zum ergänzenden Briefwechsel vom 6. Dezember 1968 zwischen Ministerialrat Kleindienst, Bundesministerium für Wirtschaft, und dem Stellvertretenden Minister für Außenwirtschaft der DDR, Behrendt, vgl. AAPD 1968, II, Dok. 380.

[5] In dem am 27. Juli 1953 unterzeichneten Waffenstillstand zwischen der UNO und der Demokratischen Volksrepublik Korea (Nordkorea) wurde u.a. die Einrichtung einer Waffenstillstandskommission festgelegt, die ihren Sitz in Panmunjom haben und die Einhaltung des Waffenstillstandes überwachen sollte. Zur Erfüllung dieser Aufgabe fanden tägliche Sitzungen statt. Für den Wortlaut des Waffenstillstandsabkommens vgl. UN SECURITY COUNCIL, Official Records, Eight Year, Supplement for July, August and September 1953, S. 22–35.

[6] Hat Staatssekretär Duckwitz am 20. Februar 1970 vorgelegen.

[7] Hat Bundesminister Scheel am 1. März 1970 vorgelegen.

69

Botschafter Allardt, Moskau, an Bundesminister Scheel

Z B 6-1-10868/70 geheim Aufgabe: 19. Februar 1970, 14.00 Uhr
Fernschreiben Nr. 259 Ankunft: 19. Februar 1970, 16.11 Uhr
Cito

Nur für Minister und Staatssekretär[1]

Betr.: Deutsch-sowjetischer Meinungsaustausch

I. Die Gespräche, die in den letzten Wochen mit der sowjetischen Regierung geführt worden sind, waren sehr nützlich und im Sinne der angestrebten Entkrampfung der Beziehungen zwingend notwendig. Ob sie den Weg zu einem echten entspannten und fruchtbaren Nebeneinander zwischen der Bundesrepublik und der Sowjetunion nebst deren Satelliten eröffnen werden, bleibt zweifelhaft. Der „harte Kern", der sich seit dem 8.12.[2] herausgeschält und an dem sich trotz aller taktisch bedingten und öffentlich wie privat manifestierten Auflokkerung der Atmosphäre seit dem Gespräch vom 11. Dezember[3] auch nichts geändert hat, läßt sich bei nüchterner Betrachtung aller Gespräche (s. auch Protokolle) etwa wie folgt analysieren:

1) Langfristig wird die sowjetische Deutschlandpolitik von drei Gesichtspunkten überragenden Interesses bestimmt:

a) Es darf keine Wiedervereinigung Deutschlands geben.

b) Der Gegensatz DDR–BRD muß in voller Schärfe erhalten werden.

c) Westberlin muß in fernerer Zukunft Teil der DDR werden.

Zu a) Die Wiedervereinigung Deutschlands wäre sowohl unter kapitalistisch-freiheitlichen als auch unter sozialistischen Vorzeichen in russischen Augen eine Katastrophe. Die Vorstellung, daß 80 Mio. Deutsche die Vormacht eines freien, sich vereinigenden, mit den USA verbündeten Europas werden könnten, ist für die russischen Führer ebenso unerträglich wie der Gedanke an ein der Sowjetunion produktiv wie intellektuell überlegenes kommunistisches Deutschland, das die russische Vormachtstellung im Weltkommunismus bedrohen könnte. Die Sowjetunion wird daher alles daransetzen, eine solche Entwicklung nachhaltig und auf die Dauer zu verhindern.

---

[1] Hat Staatssekretär Duckwitz vorgelegen, der die Weiterleitung an Ministerialdirektor Ruete verfügte. Dazu vermerkte er handschriftlich: „Ein Ex[emplar] entnommen (Bahr)."
Hat Ruete vorgelegen, der laut handschriftlichem Begleitvermerk der Sekretärin des Staatssekretärs Duckwitz, Berner, die Weiterleitung an Ministerialdirigent Lahn und Vortragenden Legationsrat I. Klasse Blumenfeld verfügte.
Hat Lahn und Blumenfeld am 20. Februar 1970 vorgelegen.
Hat Ruete erneut am 3. März 1970 vorgelegen, der die Weiterleitung an Referat II A 4 verfügte.
Hat Blumenfeld erneut am 3. März 1970 vorgelegen.
[2] Zum ersten Gespräch des Botschafters Allardt, Moskau, mit dem sowjetischen Außenminister Gromyko vgl. den Drahtbericht Nr. 1818 vom 8. Dezember 1969; AAPD 1969, II, Dok. 392.
[3] Zum zweiten Gespräch des Botschafters Allardt, Moskau, mit dem sowjetischen Außenminister Gromyko am 11. Dezember 1969 vgl. AAPD 1969, II, Dok. 398.

Zu b) Die sowjetische Deutschlandpolitik will, um diese langfristig als durchaus real empfundenen Gefahren zu bannen, eine bis ins Extrem getriebene Entfremdung der beiden Teile Deutschlands. Die Trennungslinie muß klare und scharfe Konturen haben. Dazu gehört die Verwurzelung beider Teile Deutschlands in sich gegenseitig ausschließende Gesellschaftssysteme. Dazu gehört die Beseitigung der Rechte der vier Siegermächte, die Berlin und Deutschland als Ganzes betreffen, soweit sie sich nicht zur Knebelung der Bundesrepublik manipulieren lassen.

Zu c) Eine die Nachkriegsperiode endgültig abschließende europäische Friedensregelung würde in sowjetischen Augen voraussetzen, daß die Elbe die Westgrenze des sowjetischen Einflußbereichs in Europa bildet, jenseits derer das russische „Commonwealth" beginnt, in dem keine westliche Macht, einschließlich der Bundesrepublik, irgendwelche Rechte besitzt oder Ansprüche zu erheben hat.

2) Dieses Ziel hat für die Sowjetunion keinen utopischen Charakter, sondern ist das die politische Taktik bestimmende Leitmotiv.

— Daher die kategorische Weigerung, die Wiedervereinigung im GV-Vertrag zu erwähnen.

— Daher die Forderung, eine auf die Wiedervereinigung gerichtete wie auch immer geartete Politik, die in hiesiger Formelsprache gleichbedeutend mit friedensgefährdendem Revanchismus und Revisionismus ist, in Zukunft zu unterlassen.

— Daher die Forderung, die Bundesregierung müsse die DDR als Völkerrechtssubjekt anerkennen (Wiedervereinigungspolitik wäre dann Aggression gegen einen selbständigen Staat, zumindest Einmischung in dessen innere Angelegenheiten).

— Daher die Forderung, Westberlin als selbständige politische Einheit anzuerkennen (diejenigen Teile der Vier-Mächte-Vereinbarungen, die ganz Berlin betreffen, werden als obsolet hingestellt, um die weitere Entwicklung in Richtung auf die Annexion Westberlins durch die DDR nicht zu verbauen).

Eine gewisse sowjetische Konzessionsbereitschaft in anderen bei den Gesprächen behandelten Fragen ist gemessen an der Konsequenz, mit der die Sowjetunion vitale Interessen in ihrer Deutschlandpolitik vertritt, von untergeordneter Bedeutung.

3) Die Sowjetunion weiß sich mit dieser europäischen Ordnungsvorstellung im offenen oder stillen Konsensus mit vielen politischen Kräften im Westen. Danach ist Gesamtdeutschland, wie zwei Weltkriege gezeigt haben, für Zentraleuropa zu groß. Die Deutschen sollen daher, wie die längste Zeit ihrer Geschichte, so auch jetzt und in Zukunft in mehreren Staaten leben. Der Zusammenschluß, der den Deutschen nur mehr Macht (die ihnen keiner überlassen will), nicht aber mehr Wohlstand (den ihnen keiner bestreitet) bringt, ist für die mit der Atomwaffe lebende Welt unerträglich, der Verzicht auf Wiedervereinigung zumutbar.

II. 1) Die Personen, die in der sowjetischen Führung sich mit den Fragen der deutschen Politik befassen, sind Spezialisten hohen Grades, allerdings mit der Einschränkung, daß sie in den sozialistischen Teil Deutschlands einen recht präzisen, in den kapitalistischen hingegen einen – eingestandenermaßen – nur sehr undeutlichen Einblick haben. Sie betreiben ihr Geschäft unter dem stellvertretenden Außenminister Semjonow seit zwanzig und mehr Jahren. Der Nachwuchs wird mit Ausschließlichkeit auf diese Aufgabe vorbereitet. Wer einmal mit Deutschlandfragen befaßt ist und sich in dieser Aufgabe bewährt hat, bleibt dabei. Sachliche und personelle Kontinuität fallen damit weitgehend zusammen.

Nachdem Stalin ein Vorfeld abhängiger Pufferstaaten zwischen der Sowjetunion und Westeuropa geschaffen hatte, blieb die deutsche Frage ungelöst. Seine Nachfolger wollen nunmehr die Teilung Deutschlands besiegeln und damit die wichtigste noch offene Frage ihres europäischen Konzepts regeln.

a) Jedes Konzept einer deutschen Ostpolitik wird zu berücksichtigen haben, daß die Sowjetunion nicht einerseits die Teilung Deutschlands vollenden, andererseits mit beiden deutschen Staaten gut Freund sein kann – solange einer dieser beiden Staaten die Wiedervereinigung will.[4]

b) Eine dem Frankreichvertrag[5] ähnliche Versöhnung zwischen der Bundesrepublik und der Sowjetunion ist solange nicht möglich, als nicht die Wiedervereinigung endgültig abgeschrieben wird. Die Berlinfrage steht – obwohl in der Kompetenz der Siegermächte – als weiterer neuralgischer Punkt auf der Traktandenliste.

c) Nicht zuletzt ist festzuhalten, daß eine Bundesrepublik, die die sowjetischen Maximalforderungen nicht akzeptiert, der sowjetischen Blockpolitik gute Dienste leistet.

III. Wenn es zutrifft,

a) daß die Sowjetunion die Wiedervereinigung Deutschlands unter keinem Vorzeichen will,

b) daß die Wiedervereinigung nicht zu verhindern wäre, wenn beide deutsche Staaten kapitalistisch oder kommunistisch wären,

c) daß die dauerhafte Trennung Deutschlands also den Systemunterschied in den beiden deutschen Staaten voraussetzt,

dann wäre es logisch zu folgern, daß aus dieser Kausalreihe eine – im sowjetischen Interesse liegende – Gewähr für die territoriale Integrität der Bundesrepublik Deutschland zu erkennen ist. (Westberlin allerdings wird – langfristig gesehen – umso gefährdeter).

In den Gesprächen haben sich auch beide Seiten klargemacht, daß die Wiedervereinigung kein aktuelles politisches Problem ist. Wir sagen „nicht jetzt", die Russen sagen „niemals". Hier liegt ein schmaler Streifen des Einvernehmens. Man könnte sich einigen, daß die Wiedervereinigung, da nicht aktuell, das aktuelle Verhältnis nicht stören soll. Vielleicht ließe sich auch für die Abschwächung des Interventionsanspruchs nach Art. 53 und 107 der UNO-Satzung[6] eine

---

[4] Dieser Absatz wurde von Staatssekretär Duckwitz durch Fragezeichen hervorgehoben.
[5] Für den Wortlaut des deutsch-französischen Vertrags vom 22. Januar 1963 vgl. BUNDESGESETZBLATT 1963, Teil II, S. 706–710.
[6] Für Artikel 53 und 107 der UNO-Charta vom 26. Juni 1945 vgl. Dok. 12, Anm. 4.

beiderseitige annehmbare der Vereinbarung mit den Westmächten annähernd entsprechende Formel finden.

Ich habe andererseits in meinem Drahtbericht vom 8.12.1969 – Nr. 1818[7] – auf die Forderung Gromykos hingewiesen „die Bundesrepublik Deutschland müsse nicht nur von Gewalt absehen, sondern auch von der Absicht Abstand nehmen, die Grenzen zu ändern". Im Verlauf der weiteren Gespräche hat sich erwiesen, daß dies sowie die Einbeziehung Westberlins in den Vertrag im Grunde die einzigen Bestimmungen des Gewaltverzichts sind, an denen die Sowjetunion ernsthaft interessiert ist. Die Gespräche haben damit gezeigt, daß die Sowjetunion zwar eine dauerhafte Regelung des deutsch-sowjetischen Verhältnisses für vorteilhaft hält und wünscht, aber einstweilen nur unter Bedingungen, die – wie Staatssekretär Bahr auch deutlich gemacht hat – für keine Bundesregierung akzeptabel sind.

Ob es möglich sein wird, die Sowjetregierung zum Verzicht auf diese, für eine Einigung prohibitiven Forderungen zu bewegen, ist nach Vorstehendem kaum zu erwarten.

d) Sollte eine Einigung über den Gewaltverzicht möglich sein, wird es aller Voraussicht nach ein Vertrag mit sehr begrenzten Zielen sein. Trotzdem wird er ein Mehr an Sicherheit bringen und ein Schritt auf dem Weg zur Normalisierung sein. Er macht keine der bestehenden Sicherungen unnötig, aber er macht Folgeverträge mit anderen Staaten des Warschauer Pakts möglich. Darin liegt sein eigentlicher Wert. Außerdem liegt es in unserem Interesse, die starken Impulse, die mit den Gesprächen in das deutsch-sowjetische Verhältnis eingebracht worden sind, vor allem auch dann zu erhalten, wenn von Globalregelungen und Festschreibungen, die nichts einbringen, Abstand genommen werden muß.

IV. Wir sollten keinesfalls zu erkennen geben, daß wir an einer raschen Regelung interessiert sind. Einerseits erlaubt uns unsere außenpolitische Position, Geduld zu zeigen, Geduld zu bewahren und pragmatisch vorzugehen. Andererseits bestehen die Gründe, die es der Sowjetregierung seit etwa zwei Jahren geraten erscheinen lassen, einen Modus vivendi mit uns zu suchen (wobei neben der wirtschaftlichen und technologischen Malaise vor allem die Erosionserscheinungen im sowjetischen „Commonwealth" und wohl auch das Chinaproblem zu nennen sind) unverändert fort.[8]

[gez.] Allardt

VS-Bd. 4620 (II A 4)

---

[7] Vgl. Anm. 2.

[8] Zu diesem Drahtbericht des Botschafters Allardt, Moskau, vermerkte Staatssekretär Bahr, Bundeskanzleramt, in einem Schreiben an Staatssekretär Duckwitz vom 20. Februar 1970: „Lieber Ducki, anliegend verschlossen das Fernschreiben von Allardt zurück. Nach der Lektüre habe ich vor allem zwei Eindrücke: 1) Man kann über die langfristigen Absichten der Sowjetunion verschieden philosophieren. Welcher Schule man auch immer dabei den Vorzug geben mag, sollte man sicher nicht so tun, als handele es sich bei den Absichten der Sowjetunion um feste, unverrückbare und unbeeinflußbare Faktoren. 2) In einigen Punkten spiegelt das Kabel nicht die Ergebnisse des Meinungsaustauschs wider. So erhebt die Sowjetunion z. B. kein Veto gegen eine Wiedervereinigungspolitik mit friedlichen Mitteln. Sie selbst hat niemals ‚niemals' gesagt. Ob die Sowjetunion prohibitive Forderungen erheben wird, werden wir sehen. Bei dem Meinungsaustausch jedenfalls war sie ernst-

70

Staatssekretär Bahr, Bundeskanzleramt, an den Sicherheitsberater des amerikanischen Präsidenten, Kissinger

20. Februar 1970

Top Secret

1) Nach dieser Runde der Gespräche in Moskau habe ich den Eindruck, daß die Sowjets zum ersten Mal ernsthaft die Möglichkeit von Gewaltverzichtsabkommen prüfen. Interne Diskussionen im Politbüro finden statt.

2) Meine Gesprächspartner waren offen für eine offene Argumentation. Ich weiß nicht, welche Situation ich bei der nächsten Runde in Moskau vorfinden werde; als Beginn ist der erste März vorgesehen.[1] Es wird sich dann um einen abgestimmten Standpunkt der sowjetischen Führung und nicht mehr um einen Meinungsaustausch handeln.

3) Ziel dieser Runde würde es sein, ein Arbeitspapier zu erreichen, das den Regierungen zur Prüfung vorgelegt wird. Falls sie es akzeptieren, würden dann die eigentlichen Verhandlungen zur Erarbeitung der Texte eines Gewaltverzichtsabkommens beginnen.

Ich rechne mit einem Aufenthalt von maximal zwei Wochen, bin aber in zeitlichen Voraussagen vorsichtig geworden.

4) Zum Thema Berlin: Ich habe auf Fragen Gromykos darauf hingewiesen, daß die Bundesregierung, auch nach sowjetischer Auffassung, nicht über Berlin verhandeln könne. Wir hätten allerdings Wünsche, die wir mit den Drei Mächten abstimmen würden.

Wenn man von Entspannung in Europa spreche, dürfe Berlin nicht als Relikt des Kalten Krieges zurückbleiben, das heißt, es müßten Regelungen gefunden werden, durch die der zivile Zugang störunanfällig sei, die Realität der wirtschaftlichen usw. Verflechtung mit dem Bund müsse respektiert werden, das gleiche gelte für die außenpolitische Vertretung Westberlins durch die Bundesregierung mit Genehmigung der Drei Mächte, deren originäre Rechte dadurch nicht angetastet werden. Die Benutzung von Bundespässen für Westberliner.

Gromyko hat um einzelne Erläuterungen gebeten, aber auf keinen der Punkte reagiert.

Ich denke, daß im gemeinsamen Interesse die Positionen der Drei Mächte gegenüber den Sowjets bei Berlin-Gesprächen nicht hinter dem zurückbleiben, was von deutscher Seite den Sowjets gesagt worden ist.

Fortsetzung Fußnote von Seite 298

haft um Kompromißformeln bemüht. Natürlich bin ich etwas erstaunt über dieses Fernschreiben, weil bei meinen Gesprächen in der Botschaft eine derartige Beurteilung nicht gegeben worden ist. Ich hatte es für selbstverständlich gehalten, daß Allardt meine Telegramme nicht nur las, sondern ich auch Änderungswünschen von ihm, soweit ich mich erinnern kann, durchweg entsprochen habe." Vgl. Büro Staatssekretär, Bd. 175.

[1] Die zweite Runde der Gespräche mit der UdSSR über einen Gewaltverzicht fand vom 3. bis 21. März 1970 in Moskau statt.

Wir bereiten darüber ein Papier vor, das der Bundeskanzler im Laufe der nächsten Woche den drei Staats- bzw. Regierungschefs mit einer Message übermitteln will.²

5) Ich stehe in der nächsten Woche für jede Rückfrage zur Verfügung und hoffe, im April einige interessante Erkenntnisse über Arbeitsweise an der sowjetischen Spitze persönlich berichten zu können.³

Gruß
[gez.] Egon Bahr

Archiv der Sozialen Demokratie, Depositum Bahr, Box 439

71

Ministerialdirektor Ruete an die Botschaft in Washington

II A 1-83.10-465/70 VS-vertraulich   **Aufgabe: 20. Februar 1970, 18.29 Uhr**¹
Fernschreiben Nr. 699 Plurex
Cito

Betr.: Vier-Mächte-Gespräche über Berlin

Aus den Konsultationen in der Bonner Vierergruppe ergibt sich, daß Briten und Franzosen noch Ende Februar oder Anfang März die Vierergespräche in Berlin beginnen möchten. Die Amerikaner hingegen scheinen aufgrund von Weisungen aus Washington erst an einen Gesprächsbeginn nach dem Treffen des Bundeskanzlers mit Stoph² zu denken.³ In der Vierergruppe wird zur Zeit Entwurf einer Antwortnote der Drei Mächte auf die sowjetische Note vom 10.2.⁴ erörtert. Es ist noch nicht abzusehen, wann der Entwurf von den Regierungen gebilligt werden wird.

Sie werden gebeten, im State Department und – falls Sie es für angezeigt halten – auch im Weißen Haus unseren Wunsch vorzutragen, die Vier-Mächte-Ge-

---

2 Vgl. dazu das Arbeitspapier der Bundesregierung vom 25. Februar 1970; Dok. 75.
Vgl. dazu ebenso das Schreiben des Bundeskanzlers Brandt vom 25. Februar 1970 an Präsident Nixon; Dok. 76.
3 Staatssekretär Bahr, Bundeskanzleramt, hielt sich vom 4. bis 11. April 1970 in den USA auf.

1 Der Drahterlaß wurde von Vortragendem Legationsrat I. Klasse van Well konzipiert.
Hat Ministerialdirigent Lahn am 20. Februar 1970 vorgelegen.
2 In seinem Schreiben an den Vorsitzenden des Ministerrats, Stoph, vom 18. Februar 1970 schlug Bundeskanzler Brandt einen Gesprächstermin „nicht später als in der zweiten oder dritten Märzwoche" vor. Vgl. EUROPA-ARCHIV 1970, S. 215. Vgl. dazu auch Dok. 56.
3 An dieser Stelle wurde von Ministerialdirektor Ruete gestrichen: „Demgegenüber sagte mir Botschafter Rush, er persönlich befürworte einen Beginn der Vierergespräche vor dem Treffen in Ostberlin."
4 Vgl. dazu Dok. 55 und 60.

spräche vor dem Zusammentreffen des Bundeskanzlers mit Stoph beginnen zu lassen. Wir sind an dieser Demonstration der Vier-Mächte-Verantwortung zu diesem Zeitpunkt gerade deshalb sehr interessiert, weil die DDR auch diese Besonderheit der Situation in Deutschland als für sich irrelevant kennzeichnet. Das optische Engagement der Vier Mächte in Berlin dürfte zudem dazu beitragen, es den radikalen Kräften in der Ostberliner Führung schwerer zu machen, das Zusammentreffen des Bundeskanzlers mit Stoph zu einem Fehlschlag werden zu lassen. Uns würde die in dem Beginn der Vierergespräche liegende Bekundung der Entschlossenheit der Westmächte, sich unserer Politik der Verhandlungen in der Deutschlandfrage anzuschließen, sehr hilfreich sein.[5] In diesem Sinne habe ich heute auch mit Fessenden gesprochen.[6]

Ruete[7]

VS-Bd. 4479 (II A 1)

---

[5] Botschafter Pauls, Washington, berichtete am 20. Februar 1970, daß er weisungsgemäß den Leiter des Deutschland-Referates im amerikanischen Außenministerium aufgesucht habe: „Sutterlin erwiderte, er verstehe unseren Wunsch. Wir müßten aber bedenken, daß die Drei Mächte die Gespräche mit den Russen nicht ohne eine mit der Bundesrepublik nach einem geordneten Verfahren im Einzelnen ausgearbeitete Position aufnehmen könnten; dies sei ein sehr fester Standpunkt der amerikanischen Regierung." Sutterlin habe zu den Vorstellungen der amerikanischen Regierung hinsichtlich des weiteren Verfahrens ausgeführt: „a) Zunächst müsse eine Instruktion für den amerikanischen Vertreter in der Bonner Vierergruppe entworfen werden. Daran werde gegenwärtig im Deutschland-Referat unter größtmöglicher Beschleunigung gearbeitet. Man werde während des ganzen kommenden Wochenendes tätig sein. b) Im Laufe der nächsten Woche würden dann voraussichtlich Konsultationen darüber mit dem Weißen Haus stattfinden, das sein Interesse an der Instruktion bereits bekundet habe. c) Nach Erstellung der Instruktion könne die gemeinsame Position der Vier Mächte dann nach amerikanischer Auffassung in der Bonner Vierergruppe ausgearbeitet werden, wobei zur Beschleunigung der Arbeiten gelegentlich auch Vertreter der vier Regierungen teilnehmen könnten. d) Sobald dann deutlich werde, daß man sich werde einigen können, könnte den Sowjets ein Datum für die Aufnahme der Gespräche vorgeschlagen werden." Sutterlin habe weiter ausgeführt, ein sehr wichtiges Element bei der Ausarbeitung der gemeinsamen westlichen Position werde die deutsche Haltung in der Frage der Bundespräsenz in Berlin sein: „Falls der Besuch des Bundeskanzlers in Ostberlin später im März stattfinde, könnten die Gespräche mit den Russen bis dahin möglicherweise bereits in Gang gekommen sein. Auf jeden Fall werde aber die Ankündigung der westlichen Bereitschaft, die Gespräche aufzunehmen, bereits im Sinne unserer Vorstellungen gemäß Drahterlaß wirken." Vgl. den Drahtbericht Nr. 401; VS-Bd. 4479 (II A 1), B 150, Aktenkopien 1970.
[6] Dieser Satz wurde von Ministerialdirektor Ruete handschriftlich eingefügt.
[7] Paraphe.

72

Botschafter Allardt, Moskau, an das Auswärtige Amt

Z B 6-1-10907/70 VS-vertraulich
Fernschreiben Nr. 278

Aufgabe: 22. Februar 1970[1]
Ankunft: 22. Februar 1970, 17.38 Uhr

Betr.: Deutsch-sowjetischer Meinungsaustausch

Die von dpa verbreitete Meldung, nach der der Brief Stophs an den Bundeskanzler[2] sorgfältig mit Moskau abgestimmt worden sei, wurde mir gestern aus recht zuverlässiger sowjetischer Quelle bestätigt. Danach habe sich Ulbricht erst auf nachdrückliches Zureden Moskaus bereit gefunden, einen Brief zu schreiben, der der anderen Seite wenigstens eine gewisse Marge für ein Treffen und für Gespräche einräume.

Der dem Zentralkomitee nahestehende Gesprächspartner bemerkte dazu, daß die DDR sich zu einem zunehmend schwierigen Verhandlungspartner entwickle, nachdem sie – ebenso wie die Bundesrepublik im westlichen – der bedeutendste Eckpfeiler im sowjetischen Bündnissystem geworden sei.

Der Gesprächspartner, der die Protokolle über den Meinungsaustausch mit Gromyko offensichtlich kannte, fügte hinzu, daß die Sowjetregierung größten Wert auf erfolgreichen Abschluß unserer Gespräche lege.

Eine wirkliche Verständigung zwischen der Sowjetunion und der Bundesrepublik Deutschland lasse sich nur bei uneingeschränkter und definitiver Anerkennung und Achtung aller Grenzen, insbesondere der DDR-Grenzen, erzielen.

Ich entgegnete, eine solche Forderung auf definitive Achtung der Grenzen hieße doch wohl u. a., der Sowjetregierung das permanente Recht einzuräumen, die Bundesrepublik Deutschland des Vertragsbruchs jeweils dann zu beschuldigen, wenn sich jemand bei uns erlaube, vom unveräußerlichen Recht der Deutschen auf Selbstbestimmung und Wiedervereinigung zu sprechen. Er bemerkte, eine solche Regelung würde dem begreiflichen Sicherheitsbedürfnis der Sowjetunion entsprechen. Übrigens komme es immer auf die Größenordnung an. Nicht jedes Treffen irgendeiner Vertriebenenorganisation werde hier wichtig genommen. Wenn es aber etwa der Springer-Konzern auch noch nach Abschluß eines solchen Vertrages als seine Aufgabe ansähe, die Deutschen für eine völlig illusionäre Wiedervereinigung zu begeistern und damit gegen die Sowjets aufzuhetzen, ohne dann durch die Bundesregierung daran gehindert zu werden, ließe sich dies natürlich nicht als vertragskonformes Verhalten bezeichnen.

Als ich ihm darauf einige Passagen aus der kürzlichen Rede des Sowjetbotschafters Malik vor den Vereinten Nationen über das Recht der Koreaner auf Selbstbestimmung und Wiedervereinigung[3] zitierte, bemerkte er, die Koreaner hät-

---

[1] Hat Vortragendem Legationsrat I. Klasse Blumenfeld am 23. Februar 1970 vorgelegen.
[2] Zum Schreiben des Vorsitzenden des Ministerrats, Stoph, vom 11. Februar 1970 an Bundeskanzler Brandt vgl. Dok. 56, Anm. 2.
[3] Der sowjetische Ständige Vertreter bei der UNO, Malik, führte am 11. November 1969 u. a. aus: „The withdrawal of United States and all other foreign troops is the absolutely indispensable condition for achievement of the unification of Korea. Only the removal of those troops from the territory of

ten schließlich auch nicht 20 Millionen umgebrachter Russen auf dem Gewissen.

Die ausgiebige Unterhaltung schloß damit, daß ich ihm sagte, an ein vernünftiges Abkommen zwischen uns sei nur zu denken, wenn es Klauseln enthalte, die dem deutschen Volk weder das Recht auf Selbstbestimmung noch auf Wiedervereinigung verwehrten. Bei einigem guten Willen auf beiden Seiten müßte sich doch wohl eine brauchbare Formel finden lassen.

[gez.] Allardt

VS-Bd. 4627 (II A 4)

73

Aufzeichnung des Staatssekretärs Harkort

St.S. 161/70 geheim 24. Februar 1970

Betr.: Unterstützung des guineischen Sicherheitsdienstes

Auf Bitte der Politischen Abteilung wird Herr Wischnewski am 27. Februar für einige Tage nach Guinea fliegen.[1] Die Reise war im Oktober vergangenen Jahres vorgesehen, um im Zusammenhang mit der Aufwertung der Handelsvertretung der DDR in Conakry in ein Generalkonsulat[2] der guineischen Regierung durch Herrn Wischnewski unsere neue Deutschlandpolitik darlegen zu lassen. Bereits damals wurde er von dem guineischen Innenminister gebeten, sich für eine Unterstützung des guineischen Sicherheitsdienstes durch Zurverfügungstellung von Spezialkraftfahrzeugen einzusetzen.[3]

Fortsetzung Fußnote von Seite 302

South Korea can bring about a normalization of the situation and create the conditions for the free expression of the will of the Korean people on a matter of such vital importance to them as the achievement of peaceful unification of their country in keeping with their national aspirations. [...] The basic line of the Government of the Democratic People's Republic of Korea remains unchanged; it consists of achieving the unification of the country by the establishment of a single central Government resulting from general elections in North and South Korea, held on a democratic basis without any outside interference. Those elections should be held immediately following the withdrawal of all foreign troops from Korea." Vgl. UN GENERAL ASSEMBLY, Twenty-Fourth Session, First Committee, 1684th meeting, S. 5 f.

[1] Der SPD-Abgeordnete Wischnewski hielt sich vom 27. Februar bis 3. März 1970 in Guinea auf.
[2] Botschafter Lankes, Conakry, teilte am 23. Oktober 1969 mit, daß zwischen der DDR und Guinea die Umwandlung der bestehenden Handelsvertretungen in Generalkonsulate vereinbart worden sei. Vgl. dazu den Drahtbericht Nr. 208; Referat I B 3, Bd. 812.
[3] Ministerialdirigent Gehlhoff vermerkte am 24. Oktober 1969, der SPD-Abgeordnete Wischnewski habe ihm von einem Gespräch mit dem guineischen Innenminister Lausana am Vortag berichtet. Dieser habe ausgeführt, daß die guineische Regierung die Beziehungen zur Bundesrepublik auszubauen wünsche, und die Bitte vorgebracht, bei der Umschuldung „kommerzieller Verbindlichkeiten" behilflich zu sein. Außerdem habe er um Bereitstellung einiger Begleitfahrzeuge und Motorräder gebeten. Vgl. Referat I B 3, Bd. 809.

Auf Einladung des BND hält sich zur Zeit der Staatssekretär des guineischen Innenministeriums[4] mit seinem Kabinettschef[5] in der Bundesrepublik auf. Neben einem Erfahrungsaustausch hat der BND der guineischen Seite auch einige Sachlieferungen zugesagt. Darüber hinaus hat sich diese nunmehr wegen weiterer Sachleistungen an die Bundesregierung gewandt. Sie brachte zu diesem Zweck eine Botschaft des Präsidenten Sékou Touré an den Herrn Bundespräsidenten mit, die diesem in der vergangenen Woche überreicht wurde. Der Herr Bundespräsident sagte der guineischen Delegation seine guten Dienste zu und stellte ihr anheim, im Falle des Auftretens von Schwierigkeiten ihn nochmals zu besuchen.

Obgleich es sich bei den gewünschten Sachleistungen um solche handelt, die nur im Rahmen der Ausrüstungshilfe und somit nur mit Zustimmung der zuständigen parlamentarischen Ausschüsse finanziert werden können, prüft auf Bitte von Herrn Wischnewski das BMZ zur Zeit die Möglichkeit der Bereitstellung von 250000 DM bis 300000 DM aus Mitteln der Technischen Hilfe. Unter der Voraussetzung, daß das BMZ eine positive Entscheidung treffen würde, schlage ich vor, unsererseits für den gleichen Zweck 100000 DM verfügbar zu machen.

Staatspräsident Sékou Touré spielt in der Politik der afrikanischen Staaten heute nicht mehr die Rolle, die er als radikaler Führer im Kampf um die Unabhängigkeit afrikanischer Staaten einnahm. Trotzdem ist sein Einfluß, insbesondere in den sozialistischen Kreisen Afrikas, immer noch sehr stark und seine Persönlichkeit ein Vorbild. Obgleich er jahrelang unter starkem östlichen Druck stand und heute noch steht, hat er die DDR nicht formell anerkannt. Guinea kommt auch deshalb eine besondere Bedeutung zu, weil in ihm die Konfrontation von Ost und West im besonderen Maße gegeben ist. Da der gesamte Osten mit Ausnahme von Albanien in Conakry vertreten ist, ist es für die von Sékou Touré betriebene Gleichgewichtspolitik von besonderer Bedeutung, ihn von westlicher Seite zu stützen. In diesem Sinne ist auch die sich anbahnende Wiederaussöhnung mit Frankreich nach dem Abgang de Gaulles[6] zu sehen. Auch die USA sind in Guinea stark engagiert. Innerafrikanisch ist eine von Guinea ausgehende Krise im Zusammenhang mit dem Umsturz in Mali im November 1968[7], durch welche die wirtschaftliche Regionalplanung der Senegal-Anliegerstaaten gefährdet wurde, seit Beginn des Jahres als überwunden anzusehen, so daß auch in diesem Raum die positive Mitarbeit Guineas wieder sichtbar werden dürfte.

Auch persönlich fühlt sich Sékou Touré, dessen Gattin sich zur ärztlichen Behandlung schon seit einigen Wochen in Bonn aufhält, mit der Bundesrepublik sehr verbunden. Er hatte mit dem Herrn Altbundespräsidenten[8] ein sehr freundschaftliches Verhältnis.

---

4 Marcel Mato.
5 Guy Guichard.
6 Staatspräsident de Gaulle trat am 28. April 1969 zurück.
7 Präsident Keita wurde am 19. November 1968 durch einen Militärputsch gestürzt. Die Macht übernahm Leutnant Traore.
8 Heinrich Lübke.

Herr Wischnewski, der wiederholt in Guinea weilte, genießt bei der dortigen Regierung ein großes Ansehen. Er gilt als Freund des Landes. Über Sékou Touré hat Wischnewski auch die Möglichkeit, inoffiziell mit dem Führer der Widerstandsbewegung in Portugiesisch-Guinea, Cabral, Verbindung aufzunehmen, was für uns von Wert ist, um der gegen uns gerichteten Propaganda im Zusammenhang mit unseren Waffenlieferungen an Portugal[9] an verantwortlicher Stelle entgegentreten zu können. Schließlich bietet sich Guinea auch für die Zukunft als Ort möglicher Vermittlungen an.

Bei der gegebenen Sachlage glaube ich daher, daß man Herrn Wischnewski etwas mit auf den Weg geben sollte.[10]

Hiermit dem Herrn Minister[11] mit der Bitte um Entscheidung vorgelegt.

Harkort

VS-Bd. 8837 (III B 5)

---

[9] Zur militärischen Zusammenarbeit zwischen der Bundesrepublik und Portugal vgl. AAPD 1968, II, Dok. 330.

[10] Vortragender Legationsrat I. Klasse Haas teilte am 27. Februar 1970 mit, der Staatssekretär im guineischen Innenministerium, Mato, habe eine Wunschliste überreicht, die „praktisch totale Ausrüstung guineischer Polizei beinhaltet und ohne von BND gemachter Zusage Wert von über 8 Mio. DM" darstelle. Ein trotz großer Bedenken unternommener Versuch, einen kleinen Teil dieser Wünsche aus Mitteln der Technischen Hilfe und anderer Quellen zu erfüllen, müsse als endgültig gescheitert angesehen werden: „Um Wischnewski etwas an Hand zu geben, sind wir ausnahmsweise bereit, guineischer Regierung im Rahmen für 1970 und 1971 vorgesehener Ausrüstungshilfe von 4 Mio. DM Prioritätsfestsetzung Pioniertrupp und Polizeiausrüstung zu überlassen. [...] Bei Verzicht auf Pioniertrupp stünden von 4 Mio. DM für Polizeiausrüstung für 1970 und 1971 je 1,25 Mio. DM zur Verfügung. Hierfür sollten aus guineischer Wunschliste allerdings möglichst nur Kraftfahrzeuge angefordert werden. Lieferung eines gepanzerten und kugelsicheren PKWs für Präsidenten aus politischen Gründen auf keinen Fall möglich, wenngleich dies bei Guineern allererste Priorität genießt." Vgl. den Drahterlaß Nr. 46; VS-Bd. 8837 (III B 5); B 150, Aktenkopien 1970.

[11] Hat Bundesminister Scheel am 26. Februar 1970 vorgelegen, der handschriftlich vermerkte: „Die Delegation ist in dieser Sache meines Erachtens an den BND zu verweisen. Erst Ressortbesprechungen führen. Ich bin gegen Dotierung aus E[ntwicklungs]hilfe Mittel."

74

Ministerialdirektor Ruete an die Ständige Vertretung bei der NATO in Brüssel

II A 1-83.10-362/70 geheim   Aufgabe: 24. Februar 1970, 19.13 Uhr[1]
Fernschreiben Nr. 760 Plurex
Citissime

Betr.: Sowjetische Berlinnote vom 10.2.1970[2]

Bezug: Plurex 660 vom 19.2. geheim[3]

1) Die Vertreter in der Bonner Vierergruppe erklärten sich gestern einverstanden, den NATO-Verbündeten den Text der sowjetischen Berlinnote vom 10.2. zu übermitteln. Gleichzeitig soll die alliierte Antwort auf diese Note mit folgender Erklärung angekündigt werden:

„The Three Powers intend in the next few days to answer the Soviet Aide-mémoire on Berlin of February 10, 1970. Their reply will be basically positive without yet fixing a date.

At the same time they will mention that their conception of the negotiations is that they should be based on the Four Power responsibilities for Berlin and Germany as a whole."

Nach Überreichung der alliierten Antwortnote in Moskau[4] soll den Verbündeten auch dieser Text gegeben werden.

2) Der bisherigen Absicht, den Verbündeten eine Analyse der sowjetischen Berlinnote (vgl. Bezugserlaß) zu übermitteln, wurde vom französischen Vertreter auf Weisung von Paris widersprochen. Seine Einwendungen richteten sich weniger gegen den Inhalt des in der Vierergruppe ausgearbeiteten Texts, als vielmehr gegen die Zweckmäßigkeit einer solchen Unterrichtung. Nach Meinung des Quai d'Orsay sei es ausreichend, wenn den Verbündeten die Notentexte zur Verfügung gestellt würden.

Der amerikanische, britische und deutsche Vertreter wandten sich gegen eine restriktive Unterrichtung der Verbündeten. Es liege im Interesse der Vier Mächte, in den Deutschland und Berlin betreffenden Fragen auf die Meinungsbildung der Verbündeten in geeigneter Weise Einfluß zu nehmen. Sie schlugen vor, daß der amerikanische Botschafter im NATO-Rat[5] im Namen seiner Regierung

---

1 Der Drahterlaß wurde von Legationsrat I. Klasse Bräutigam konzipiert.
  Hat Ministerialdirigent Lahn am 24. Februar 1970 vorgelegen.
  Hat Vortragendem Legationsrat I. Klasse van Well am 24. Februar 1970 vorgelegen.
2 Zur sowjetischen Note vom 10. Februar 1970 an die Drei Mächte vgl. Dok. 55 und Dok. 60.
3 Vortragender Legationsrat I. Klasse van Well übermittelte die überarbeitete Fassung einer Analyse der sowjetischen Note vom 10. Februar 1970, die in der Bonner Vierergruppe zur Unterrichtung des Ständigen NATO-Rats erstellt worden war. Vgl. dazu VS-Bd. 4479 (II A 1); B 150, Aktenkopien 1970.
4 Am 27. Februar 1970 übergaben die Drei Mächte in Moskau ein Aide-mémoire, in dem sie Verhandlungen über die Lage in Berlin und auf den Zugangswegen im ehemaligen Kontrollratsgebäude in Berlin (West) vorschlagen. Vgl. dazu DOKUMENTATION ZUR DEUTSCHLANDFRAGE, Bd. VI, S. 168.
5 Robert F. Ellsworth.

eine Erklärung entsprechend der bereits ausgearbeiteten Analyse abgeben und dazu auch Fragen der Verbündeten beantworten solle. Dabei bestand Übereinstimmung, daß ein solches Vorgehen grundsätzlich nur in Betracht kommen könne, wenn keine der übrigen drei Regierungen Einwendungen gegen den Inhalt der Erklärung erhebt.

3) Sie werden gebeten, mit den drei alliierten Delegationen in Verbindung zu bleiben und mit ihnen das Vorgehen im NATO-Rat abzustimmen. Wir stimmen der Verteilung der Notentexte und der Erklärung über die alliierte Antwortnote zu. Sollte der amerikanische Botschafter im NATO-Rat zum Inhalt der sowjetischen Berlinnote auf der Grundlage der mit Bezugserlaß übermittelten Analysen Stellung nehmen, werden Sie gebeten, ihn in der Diskussion, soweit sie das für zweckmäßig halten, zu unterstützen.[6]

4) Der Entwurf einer alliierten Antwort auf die sowjetische Berlinnote vom 10.2. wird als Anlage zu Ihrer persönlichen Unterrichtung übermittelt.

Ruete[7]

Anlage

„1) The ... Government, together with the ... and ... Governments, welcomes the agreement of the Soviet Government in its aide-mémoire dated 10 February, 1970, to the holding of discussions between representatives of the four powers in Berlin as proposed in the aide memoire of the three governments of 16, December, 1969.

2) In response to the proposals in the third paragraph ot the Soviet aide-mémoire, the three governments can agree to the opening of four power discussions by their respective ambassadors in the building formerly used by the Allied Control Council, subject to review of the level and place as the discussions develop. The exact date for the start of discussions can be settled between their respective protocol officers in Berlin. This agreement is without prejudice to

---

[6] Botschafter Grewe, Brüssel (NATO), berichtete am 25. Februar 1970: „Amerikanischer Botschafter unterrichtete den NATO-Rat am 25. Februar namens der in der Bonner Vierergruppe vertretenen Delegationen über die Absicht der Drei Mächte, das sowjetische Aide-mémoire vom 10. Februar in den nächsten Tagen zu beantworten. Gleichzeitig kündigte er an, daß die amerikanische und französische Delegation den NATO-Vertretungen den vollen englischen bzw. französischen Text des Aide-mémoire übermitteln werden. Amerikanischer Botschafter hatte sich in den Vorbesprechungen im Viererrahmen vorbehalten, die in der Bonner Gruppe gefertigte Analyse des sowjetischen Aide-mémoire nur im Namen seiner eigenen Delegation bekanntzugeben, falls im NATO-Rat um eine Wertung gebeten werden sollte. Dies erfolgte durch Generalsekretär Brosio nach interner Verabredung mit Botschafter Ellsworth. Britischer Botschafter und ich erklärten, daß wir mit der vom amerikanischen Botschafter gegebenen Wertung übereinstimmten. Französischer Botschafter bemerkte, die Tatsache, daß er sich der amerikanischen Wertung nicht anschließe, bedeute nicht, daß er mit ihr nicht übereinstimme. Brosio zog daraus unwidersprochen und zutreffend die Schlußfolgerung, daß die französische Delegation dann wohl mit dem Verfahren der Unterrichtung des NATO-Rats nicht einverstanden sei. Es handelt sich tatsächlich um den ersten Fall einer Konsultation im NATO-Rahmen über die Deutschland- und Berlin-Frage, bei deren Vorbereitung nicht alle vier NATO-Delegationen, die auf diesem Gebiet besondere Verantwortung tragen, übereinstimmend mitgewirkt haben. [...] Ohne Zweifel hat die heutige Unterrichtung wesentlich zur Verbesserung der Atmosphäre im Rat beigetragen." Vgl. den Drahtbericht Nr. 227; VS-Bd. 4479 (II A 1); B 150, Aktenkopien 1970.
[7] Paraphe.

the position of the three governments on the content of the discussions, which they regard as being based on the responsibilitiy of the four powers for Berlin and Germany as a whole.

3) The ... Government will be represented by ..."⁸

VS-Bd. 4479 (II A 1)

75

Arbeitspapier der Bundesregierung

Geheim   25. Februar 1970[1]

Die Behandlung der Berlinfrage

I. Deutsch-sowjetischer Meinungsaustausch

1) Gromyko hat während des deutsch-sowjetischen Meinungsaustausches die Berlinfrage mit folgender Begründung angeschnitten: Es handele sich um eine Kernfrage der europäischen Sicherheit. Ein GV-Abkommen zwischen der Sowjetunion und der DDR müsse die Achtung der Grenzen und der territorialen Integrität aller Staaten in Europa zum Gegenstand haben und damit auch die Grenzen und das Gebiet von Westberlin decken. Dies bedeute nicht, daß die BRD nicht das Recht hätte, unter Berücksichtigung des besonderen Status mit Westberlin normale Beziehungen zu unterhalten. Westberlin könne und dürfe mit allen Staaten normale Beziehungen unterhalten.

2) Wir haben dem entgegengehalten, daß die Bundesregierung zwar Interessen in bezug auf Berlin, jedoch kein Mandat habe, über Berlin zu verhandeln. Wir seien aber bereit, unsere Meinung zu sagen:

Es sei eine von allen Beteiligten anerkannte Tatsache, daß die Drei Mächte bzw. Vier Mächte originäre Rechte in dieser Stadt haben. Die Bundesregierung habe mit Befriedigung zur Kenntnis genommen, daß die Vier Mächte in Erörterungen zum Thema Berlin eintreten wollen. Sie würde es begrüßen, wenn sich dabei Verbesserungen der faktischen Lage in der geteilten Stadt einschließlich der Zufahrtswege erreichen ließen.

Im einzelnen haben wir hierzu ausgeführt:

a) Wenn eine Reihe von GV-Abkommen geschlossen werden, darf Berlin nicht als Zankapfel übrig bleiben; d.h. auch für Berlin müssen die Grundsätze des Gewaltverzichts gelten.

---

⁸ Auslassungen in der Vorlage.

[1] Ablichtung.
Das Arbeitspapier wurde am 25. Februar 1970 von Staatssekretär Duckwitz und Staatssekretär Bahr, Bundeskanzleramt, den Botschaftern Jackling (Großbritannien), Rush (USA) und François Seydoux (Frankreich), zusammen mit gleichlautenden Schreiben des Bundeskanzlers Brandt an Präsident Nixon, Staatspräsident Pompidou und Premierminister Wilson übergeben. Vgl. dazu den Drahterlaß Nr. 796 des Ministerialdirigenten Lahn vom 26. Februar 1970; VS-Bd. 4620; B 150, Aktenkopien 1970. Für das Schreiben von Brandt an Nixon vom 25. Februar 1970 vgl. Dok. 76.

b) Eine selbständige politische Einheit „Westberlin" wird es nicht geben; weder die Berliner noch die BRD noch die Drei Mächte würden sie akzeptieren.

c) Der Status Berlins soll nicht geändert werden; man kann nicht einerseits vom Status quo in Europa sprechen und andererseits den Status quo in Berlin ändern wollen.

d) Berlin (West) ist mit Billigung der Drei Mächte in das Wirtschafts-, Finanz-, Kultur- und Rechtssystem der BRD einbezogen. Der Bundesregierung ist die Verantwortung für den Ausgleich des Haushalts von Westberlin übertragen worden;[2] dies alles ist ohne Widerspruch der Sowjetunion geschehen.

e) Die Vertretung Berlins (West) durch die BRD nach außen muß sichergestellt werden; dies betrifft sowohl den Gültigkeitsbereich von internationalen Verträgen wie die Wahrnehmung der konsularischen und wirtschaftlichen Belange Berlins (West). Hierzu gehört zum Beispiel die Anerkennung der in Berlin ausgestellten Pässe.

f) Es darf keine Komplikationen im zivilen Verkehr mehr geben.

3) Gromyko war nicht bereit, auf diesen Katalog einzugehen. Für den Gewaltverzicht hält er daran fest, daß die Respektierung der territorialen Integrität und der Grenzen West-Berlins ausreichend, aber notwendig sei. Alles andere gehöre in die Vier-Mächte-Gespräche.

4) Eine Formel für die Einbeziehung Berlins in ein Gewaltverzichtsabkommen haben wir noch nicht vorgeschlagen. Wir werden aber in der nächsten Runde mit den Sowjets darüber sprechen müssen. Nach unseren Vorstellungen käme etwa folgende Formel in Betracht:

Die Grundsätze und Ziele dieses Abkommens finden – unter Achtung der geltenden Vier-Mächte-Vereinbarungen und der gegenwärtigen Lage – auf Berlin (West) entsprechende Anwendung.

II. Sondierungen der Vier Mächte

1) Die Bundesregierung möchte sich dem von der sowjetischen Regierung geäußerten Wunsch, den Gewaltverzicht auch auf Berlin zu erstrecken, nicht entziehen. Die sowjetische Gegenverpflichtung könnte zur Stabilisierung der Lage in Berlin beitragen. Um so wichtiger erscheint es der Bundesregierung, daß die Drei Mächte bald in ihren eigenen Meinungsaustausch mit der Sowjetunion eintreten, damit diese Kernverhandlungen gleichzeitig mit unseren Moskauer und Ostberliner Gesprächen geführt werden können. Auf keinen Fall sollte eine Lage entstehen, in der die Sowjetunion die Drei Mächte und die Bundesrepublik gegeneinander ausspielen oder mit unterschiedlichen westlichen Ausgangspositionen operieren kann.

2) Der Bundesregierung liegt daran, daß die Vier Mächte sich über das Folgende verständigen: Solange und soweit keine Übereinstimmung über die gemeinsame Verwaltung von ganz Berlin auf der Grundlage der im Zusammenhang mit der Beendigung des Zweiten Weltkrieges beschlossenen und fortgeltenden Vier-Mächte-Vereinbarungen besteht, respektiert jede Seite die durch die Entscheidungen Frankreichs, der Sowjetunion, des Vereinigten Königreichs und der

---

[2] Vgl. dazu Artikel 16, Absatz 1 des Gesetzes vom 4. Januar 1952 über die Stellung des Landes Berlin im Finanzsystem des Bundes (Drittes Überleitungsgesetz); Dok. 28, Anm. 25.

Vereinigten Staaten bezüglich ihrer Sektoren geschaffenen Gegebenheiten in Berlin. Diese ganz Berlin umfassende Formel könnte für die Sowjetunion akzeptabel sein. Sie würde für uns eine Respektierung, nicht eine Anerkennung der tatsächlichen Gegebenheiten in Berlin (West) durch die Sowjetunion darstellen.

Eine Verständigung der Vier Mächte über diesen Grundsatz muß nach Auffassung der Bundesregierung die Respektierung der unter der Kontrolle und der Verantwortung der Drei Mächte für die Lebensfähigkeit der Stadt entwickelten Verbindungen zwischen Berlin (West) und dem Bund durch die Sowjetunion umfassen. Sie muß einschließen, daß die Sowjetunion die Wahrnehmung der auswärtigen Belange von Berlin (West) und seiner Bürger durch den Bund nicht behindert.

Die Bundesregierung bittet die Drei Mächte, die Sowjetunion in diesem Zusammenhang auf das Folgende hinzuweisen:

- Die oben genannten Verbindungen zwischen Berlin (West) und dem Bund bedeuten keine Einschränkung der obersten Gewalt der Drei Mächte in ihren Sektoren Berlins,
- Berlin wird nicht vom Bund regiert,
- die anders lautenden Artikel des Grundgesetzes und der Berliner Verfassung bleiben suspendiert,[3]
- die Drei Mächte behalten aufgrund ihrer obersten Gewalt die Kontrolle über jede Übernahme eines Bundesgesetzes durch das Abgeordnetenhaus für Berlin (West),
- die Drei Mächte werden insbesondere – wie bisher – keine Übernahme von Gesetzen gestatten, die im Rahmen der Mitgliedschaft der BRD in der NATO oder im Rahmen der Notstandsregelung[4] in der BRD erlassen werden,
- insoweit wird auch das Stimmrecht der Berliner Abgeordneten im Bundestag eingeschränkt bleiben.

Falls eine Verständigung darüber gelingt, daß die Sowjetunion die Entscheidungen der Drei Mächte hinsichtlich der Entwicklung der Bindungen zwischen Berlin und dem Bund respektiert, wird die Bundesregierung zum Thema der Bundespräsenz erwägen, folgende Haltung einzunehmen: die Verfassungsorgane der Bundesrepublik Deutschland werden die ihnen nach dem Grundgesetz obliegenden formellen Amtsakte in Berlin nicht vornehmen.

3) Im Zuge einer Entspannungspolitik in Europa erscheint es erforderlich, daß der zivile Zugang zwischen Berlin (West) und der Bundesrepublik störungsfrei wird. Dies heißt, daß jedermann in der Lage sein muß, West-Berlin auf dem

---

3 Vgl. dazu das Schreiben der Drei Mächte vom 12. Mai 1949; Dok. 12, Anm. 19, sowie das Schreiben der Alliierten Kommandantur vom 29. August 1950; Dok. 28, Anm. 22.
4 Für den Wortlaut des Siebzehnten Gesetzes vom 24. Juni 1968 zur Ergänzung des Grundgesetzes, der Gesetze vom 9. Juli 1968 über die Erweiterung des Katastrophenschutzes, zur Änderung des Wirtschaftssicherstellungsgesetzes und des Ernährungssicherstellungsgesetzes, zur Änderung des Gesetzes zur Sicherstellung des Verkehrs und zur Sicherstellung von Arbeitsleistungen für Zwecke der Verteidigung einschließlich des Schutzes der Zivilbevölkerung (Arbeitssicherstellungsgesetz) sowie des Gesetzes vom 13. August 1968 zur Beschränkung des Brief-, Post- und Fernmeldegeheimnisses vgl. BUNDESGESETZBLATT 1968, Teil I, S. 709–714, S. 776–796 und S. 949–952.

Land- oder Wasserweg unbehindert zu erreichen, bzw. von dort in die Bundesrepublik zu reisen. Entsprechendes muß für den Güterverkehr gelten.

Die Bundesregierung würde es begrüßen, wenn die Drei Mächte im Einvernehmen mit ihr eine solche Regelung herbeiführen könnten. Für eine entsprechende Regelung sind verschiedene technische Modelle nach dem Grundsatz „Identification but not Control" denkbar. Die BRD wäre gegenüber der DDR z. B. zu einer Globalablösung der Straßenbenutzungsgebühren bereit.

Sollte die Sowjetunion darauf bestehen, daß diese Fragen mit ihren technischen Einzelheiten zwischen der BRD und der DDR verhandelt werden, wäre die BRD dazu bereit.

Bei diesen Regelungen muß oberster Grundsatz sein, daß weder die originären Rechte der Drei Mächte noch die für Berlin gegebenen Garantien beeinträchtigt oder durch diese Regelung ersetzt werden.

VS-Bd. 4620 (II A 4)

76

Bundeskanzler Brandt an Präsident Nixon

Geheim 25. Februar 1970[1]

Sehr geehrter Herr Präsident,

der deutsch-sowjetische und der deutsch-polnische Meinungsaustausch über die Frage eines Gewaltverzichtsabkommens sind für kurze Zeit unterbrochen worden. Am 3. März wird Staatssekretär Bahr in Moskau, am 9. März Staatssekretär Duckwitz in Warschau die Gespräche fortsetzen.

In Moskau wie in Warschau diente die erste Runde[2] einer ausführlichen Darlegung der jeweiligen Standpunkte. Die Atmosphäre war nicht schlecht. Annäherungen in den wesentlichen Sachfragen hat es bisher nicht gegeben. Wie die Aussichten für die nächste Runde sind, läßt sich noch nicht beurteilen.

Wir müssen damit rechnen, daß Ostberlin nicht nur propagandistisch, sondern auch in den blockinternen Auseinandersetzungen alle erdenklichen Anstrengungen unternehmen wird, um ein Übereinkommen zwischen uns und den Sowjets zu verhindern. Ulbricht dürfte den Besuch Gromykos in Ostberlin[3] dazu benutzt

---

[1] Ablichtung.
[2] Die erste Runde der Gespräche mit der UdSSR über einen Gewaltverzicht fand vom 30. Januar bis 17. Februar 1970 in Moskau statt.
Die erste Runde der Verhandlungen mit Polen über eine Verbesserung des bilateralen Verhältnisses fand vom 4. bis 6. Februar 1970 in Warschau statt.
[3] Der sowjetische Außenminister Gromyko hielt sich vom 24. bis 27. Februar 1970 in der DDR auf. Im Kommuniqué wurde u. a. erklärt: „Die Deutsche Demokratische Republik und die Union der Sozialistischen Sowjetrepubliken treten dafür ein, daß die Beziehungen zwischen allen Staaten auf den Prinzipien der souveränen Gleichheit, der Achtung der territorialen Integrität, der Unantastbarkeit der Staatsgrenzen und der inneren gesellschaftlichen Ordnung beruhen. Die Deutsche Demokrati-

haben, um seinen Einfluß in diesem Sinne geltend zu machen. Ob und in welchem Umfang er sich durchsetzt, wird sich voraussichtlich bei der Wiederaufnahme unseres Meinungsaustauschs in Moskau ergeben.

Staatssekretär Bahr hat keinen Zweifel an unserer Haltung gelassen, daß es nur dann ein Abkommen über Gewaltverzicht geben kann, wenn die Rechte und Verantwortlichkeiten der Vier Mächte für Berlin und Deutschland als Ganzes unangetastet bleiben. Ich halte diese Position aus vielen Gründen auch künftig für unverzichtbar.

Aufgrund von Fragen Gromykos ist in Moskau auch das Thema Berlin zur Sprache gekommen. Die deutsche Seite hat mit voller Klarheit dargelegt, daß die Lage in und um Berlin sicherer gemacht werden müßte. Ich bin überzeugt, daß die von uns angestrebten Verbesserungen auch von Ihnen als wünschenswert angesehen werden.

Mir liegt sehr daran, daß die Bundesregierung und die Drei Mächte in ihren jeweiligen Gesprächen bei allen Fragen, ganz besonders aber zum Thema Berlin, einen einheitlichen Standpunkt einnehmen. Ich habe mir daher erlaubt, Ihrem Botschafter[4] außerhalb der Routine ein Arbeitspapier überreichen zu lassen, dessen Teil I inhaltlich die Darlegungen von Staatssekretär Bahr in Moskau wiedergibt. In Teil II stellt es die Position der Bundesregierung zur Berlinfrage dar, die der im gemeinsamen Interesse liegenden westlichen Haltung entsprechen dürfte.[5]

Zwar sollten wir uns in einer Frage von so weitreichender Bedeutung nicht unter Zeitdruck setzen lassen. Außerdem werden wir selbst für den Fall, daß die sowjetische Regierung eine relativ verständigungsbereite Haltung einnehmen sollte, nicht mit schnellen Ergebnissen rechnen können. Um so mehr aber sollten wir den Eindruck vermeiden, als seien die Drei Mächte und die Bundesrepublik noch nicht einig und deshalb zu einer Verzögerung von Verhandlungen genötigt. Ich lege daher auf den baldigen Beginn von Vierer-Gesprächen über Berlin auf der Grundlage einer abgestimmten westlichen Position besonderen Wert.

Ich habe mir erlaubt, dem Präsidenten der Französischen Republik und dem Premierminister von Großbritannien im gleichen Sinne zu schreiben.[6]

Fortsetzung Fußnote von Seite 311
    sche Republik ist bereit, ihre Beziehungen mit der Bundesrepublik Deutschland wie auch mit anderen Staaten auf dieser, in der internationalen Praxis allgemein anerkannten Grundlage zu gestalten. Es wurde festgestellt, daß einerseits eine Zunahme der in der westdeutschen Öffentlichkeit vertretenen Tendenzen zugunsten eines realistischeren und vernünftigeren Kurses der BRD zu verzeichnen ist und andererseits die nach wie vor gefährliche Aktivität der revanchistischen und neonazistischen Kräfte, die eine Revision der Ergebnisse des Zweiten Weltkriegs anstreben, nicht nachläßt. Die Außenminister tauschten Informationen und Erwägungen hinsichtlich der mit der Regierung der BRD unterhaltenen Kontakte aus. Sie stimmten in ihrer Einstellung zu den dabei aufgeworfenen Fragen und den entsprechenden Schritten völlig überein. Insbesondere wurde festgestellt, daß der vorgeschlagene Entwurf eines Vertrags über die Herstellung gleichberechtigter Beziehungen zwischen der DDR und der BRD sowohl den Interessen dieser beiden Staaten als auch den Interessen der europäischen Sicherheit insgesamt entspricht. Die DDR und die UdSSR erwarten, daß die Regierung der BRD in ihrer Politik Verantwortung und Realismus zeigen wird." Vgl. EUROPA-ARCHIV 1970, D 216.
4 Kenneth Rush.
5 Für das Arbeitspapier der Bundesregierung vom 25. Februar 1970 vgl. Dok. 75.
6 Für die gleichlautenden Schreiben an Staatspräsident Pompidou und Premierminister Wilson vgl. VS.-Bd. 4479 (II A 1); B 150, Aktenkopien 1970.

Genehmigen Sie, Herr Präsident, den Ausdruck meiner ganz ausgezeichneten Hochachtung.

[Brandt]

VS-Bd. 4620 (II A 4)

77

Instruktionen für Staatssekretär Duckwitz (Entwurf)

II A 5-94.20-80^(II)/70 geheim   **25. Februar 1970[1]**

Betr.: Deutsch-polnische Gespräche,
       hier: Richtlinien für die Gesprächsführung (2. Gesprächsrunde)

Der anliegende Entwurf einer Instruktion für den deutschen Delegationsleiter bei den deutsch-polnischen Gesprächen, deren 2. Runde am 9.3. in Warschau beginnen soll, schließt sich an die vom Herrn Minister gebilligte Instruktion vom 19.1.1970 – II A 5-82.00-94.20-80/70 geheim[2] – an.

Ihm sind zwei Entwürfe von Gewaltverzichtsvereinbarungen beigefügt, die nach den Vereinbarungen mit der polnischen Seite schon vor Beginn der Gespräche gegen entsprechende polnische Entwürfe ausgetauscht werden sollen.

Während der Entwurf A eine reine Gewaltverzichtsvereinbarung (unter Einbeziehung der Grenzen in den Gewaltverzicht) darstellt und der polnischen Seite lediglich als Beispiel für eine solche Vereinbarung übergeben werden soll, ist im Entwurf B der Versuch unternommen worden, den polnischen Vorstellungen entsprechend den unseren Gesprächen in Moskau zugrundeliegenden Gedankengängen entgegenzukommen. Der Entwurf B enthält in der Präambel einen Friedensvertragsvorbehalt und einen Hinweis auf die Aliierten Vorbehaltsrechte, im Erklärungsteil dagegen eine Formel über die Respektierung der Grenzen.

Hiermit über den Herrn Staatssekretär[3] dem Herrn Minister[4] mit der Bitte um Zustimmung vorgelegt.

---

[1] Die Aufzeichnung wurde von Vortragendem Legationsrat I. Klasse von Alten konzipiert.
Hat Vortragendem Legationsrat I. Klasse Hofmann am 26. Februar 1970 vorgelegen.
Hat Ministerialdirektor Ruete erneut am 3. März 1970 vorgelegen, der handschriftlich vermerkte: „Ref[erat] II A 5 z[ur] Ausarbeitung der Sprechzettel."

[2] Vgl. Dok. 14.

[3] Hat Staatssekretär Duckwitz am 25. Februar 1970 vorgelegen.

[4] Hat Bundesminister Scheel am 1. März 1970 vorgelegen, der handschriftlich vermerkte: „Anlagen nach Gespräch bei mir verändert."
Dazu vermerkte Vortragender Legationsrat I. Klasse Hofmann am 2. März 1970 handschriftlich: „Herrn StS Duckwitz vorzulegen, da Sie wohl an dem erwähnten Gespräch teilgenommen haben."
Hat Duckwitz erneut am 2. März 1970 vorgelegen.

Wegen der Eilbedürftigkeit der Angelegenheit habe ich Durchdruck dieser Aufzeichnung und der Anlagen dem Bundeskanzleramt (Ministerialdirektor Dr. Sahm) unmittelbar übersandt.

Referat V 1 hat mitgewirkt.

Ruete

[Anlage]

Betr.: Deutsch-polnische Gespräche;
hier: Richtlinien für die Gesprächsführung (2. Gesprächsrunde)

Bezug: Richtlinien für die Gesprächsführung vom 19.1.1970
– II A 5-82.00-94.20-80/70 geheim–

Ich bitte Sie, sich bei der Fortsetzung Ihrer Gespräche in Warschau entsprechend den nachstehenden Gedankengängen zu verhalten, die Ihnen hiermit im Anschluß an die vorbezeichnete Instruktion übermittelt werden.

I. Ausgangslage

Die erste Gesprächsrunde hat erkennen lassen, daß die polnische Seite bei aller grundsätzlicher Festigkeit namentlich in der Grenzfrage zu einer substantiellen, wenn auch begrenzten Verbesserung des deutsch-polnischen Verhältnisses bereit ist, daß ihr an einem Übereinkommen mit uns liegt und daß sie, wenn sie auch zunächst nur einen relativ geringen Verhandlungsspielraum zu haben glaubt, hofft, einen langfristigen Prozeß der Normalisierung einleiten zu können.

Trotz dieser grundsätzlichen Verständigungsbereitschaft kann nicht übersehen werden, daß es gewichtige polnische Stimmen gibt, die demgegenüber eher auf eine Verhärtung der polnischen Haltung schließen lassen. Uns ist bekannt, daß es in Polen innenpolitische Widerstände gegen eine Politik der Aussöhnung mit uns gibt, die teilweise freilich auf der jahrelang von der polnischen Führung uns gegenüber eingenommenen Haltung beruhen und von der Führung jetzt einem zweifellos mühsamen „Umerziehungsprozeß" unterworfen werden. Zum Teil dienen entsprechende Äußerungen dazu, die polnische Verhandlungsführung abzuschirmen. Wie stark aber auch echte innenpolitische Widerstände sein mögen: Es ist zu hoffen, daß sich die derzeitige politische Linie der polnischen Führung solange und insoweit durchsetzen wird, als sie nicht auf ein – eventuell von Ostberlin inspiriertes – Moskauer Veto stößt.

II. Verhandlungsgegenstände der zweiten Gesprächsrunde

In der ersten Gesprächsrunde hat die polnische Seite deutlich gemacht, daß sie mit uns einen gesonderten Grenzvertrag und erst danach ein Gewaltverzichtsabkommen abzuschließen wünscht. Wir haben dagegen eine Prüfung angeregt, ob nicht die Grenzfrage im Rahmen eines Austausches von Gewaltverzichtserklärungen zu behandeln sei. Es wurde vereinbart, vor Verhandlungsbeginn entsprechende Entwürfe auszutauschen. Mit diesem Austausch ist in der ersten Märzwoche zu rechnen.

Zur Stunde sind die polnischen Entwürfe uns noch nicht bekannt. Wir können erwarten, daß der polnische Entwurf eines Grenzvertrages die Anerkennung der Oder-Neiße-Linie durch uns als endgültige polnische Westgrenze enthalten und sich so weit wie möglich an den Görlitzer Vertrag von 1950 anlehnen wird. Darüber hinaus könnte der polnische Entwurf auch unsere Verpflichtung enthalten, entsprechend der von Herrn Winiewicz in der ersten Gesprächsrunde abgegebenen „einleitenden Erklärung" zu verfahren, die „Aufhebung bzw. Revision der normativen und politischen Akte der Bundesrepublik" verlangt, „deren Inhalt sich gegen die territoriale Integrität Polens richtet", die also sich in ihrer Geltung „auf das ehemalige Territorium des Deutschen Reiches" erstrecken. Sollte die polnische Regierung auch den Entwurf eines Gewaltverzichtsabkommens übergeben, so dürfte sich dessen Inhalt nach den uns bekannten, innerhalb des Warschauer Paktes entwickelten Formulierungen richten.

Es ist zu vermuten, daß sich die zweite Gesprächsrunde nach den polnischen Wünschen ausschließlich mit der Grenzfrage (und nur in diesem Rahmen mit dem Gewaltverzicht) befassen soll. Dies widerspricht unseren Interessen, die eher dahin gehen, eine Verbesserung der deutsch-polnischen Beziehungen auf allen Gebieten zu behandeln und dies erst zum Schluß mit einem die Grenzfrage einbeziehenden Gewaltverzicht zu krönen. Angesichts der Schlüsselfunktion, die die Grenzfrage für die polnische Seite hat, und da eine erfolgreiche Weiterführung der Gespräche davon abhängt, inwieweit die Grenzfrage in einer Polen befriedigenden Weise behandelt werden kann, wird das nicht möglich sein. Wir müssen vielmehr schon zu Anfang für die Grenzfrage Formulierungen finden, die polnisches Interesse erwecken und der polnischen Seite das Gefühl geben, daß Aussicht auf eine Einigung besteht.

So gesehen wird ein reiner Gewaltverzichtsvorschlag von unserer Seite nicht genügen, auch wenn das Maximum des von uns allenfalls Vertretbaren der polnischen Seite noch nicht vorgelegt werden müßte. Im übrigen sollten wir immer wieder darauf hinweisen, daß die Grenzfrage von uns nicht isoliert, sondern nur im Zusammenhang mit dem gesamten deutsch-polnischen Verhältnis und mit dem Gesamtergebnis der deutsch-polnischen Gespräche gesehen werden kann. Wir können die Grenzfrage als erstes, aber nicht als einziges Gesprächsthema akzeptieren.

Wir werden in der nächsten Gesprächsrunde also unsere eigenen Entwürfe begründen und zu polnischen Entwürfen Stellung nehmen müssen.

Um die nächste Gesprächsrunde aber nicht ausschließlich der Grenzfrage zu widmen, wäre es angebracht, noch auf die Probleme einzugehen, die mit der Lage der Deutschen in Polen zusammenhängen. Wir sollten den Polen klarmachen, daß zwischen diesen Problemen und der Grenzfrage ein substantieller Zusammenhang besteht. Dieser Komplex ist für uns sehr bedeutsam; seine Behandlung bedarf gegenüber der polnischen Seite jedoch größter Umsicht. Die in den deutsch-polnischen Gesprächen ohnehin gebotene Mischung von Offenheit und Takt ist in dieser Frage, in der die polnische Regierung besonders empfindlich ist, in erhöhtem Maße geboten.

III. Gesprächsführung

Im einzelnen können Sie etwa folgendes ausführen:

1) Gewaltverzicht

Wir haben den Eindruck, daß die polnische Seite dem Gedanken des Gewaltverzichts zwar Aufmerksamkeit schenkt, aber mit unseren Gedankengängen noch nicht genügend vertraut ist. Uns scheint, daß hier eine gewisse Unterschätzung der Bedeutung und der Möglichkeiten des Gewaltverzichts vorliegt.

a) Es ist freilich richtig, daß ein Gewaltverzichtsabkommen als solches im Prinzip nicht mehr aussagen kann, als in Artikel 2 der Charta der Vereinten Nationen[5] mit seinem umfassenden Gewaltverbot bereits enthalten ist. Indessen ist unbestritten, daß ein solches Abkommen gleichwohl von eminenter politischer Bedeutung sein kann. Diese Bedeutung ist um so größer, je kleiner der Kreis der Beteiligten ist. Denn je mehr Teilnehmer eine Gewaltverzichtsvereinbarung hat, um so mehr stellt sie sich als bloße deklamatorische Wiederholung der VN-Charta dar.

Die politische Bedeutung des Gewaltverzichts würde vielmehr dann besonders deutlich, wenn zwei Länder, zwischen denen politische Probleme bestehen, sich ausdrücklich darauf einigen, diese Probleme ausschließlich mit friedlichen Mitteln zu lösen. Insofern bringt der Gewaltverzicht zwar nicht die Lösung selbst, aber er vermag nach unserer Auffassung das Klima im Verhältnis dieser Länder so zu beruhigen, daß eine Lösung möglich wird; er stellt insofern den ersten Schritt zur Lösung dar. Die polnische Auffassung, ein Grenzvertrag müsse einem Gewaltverzicht vorangehen, scheint uns daher nicht überzeugend.

b) Ein weiterer Vorteil bilateraler Gewaltverzichtsvereinbarungen besteht unseres Erachtens darin, daß ein solches Abkommen auch spezifische Probleme zu behandeln vermag. Dies kann durch ausdrückliche Einbeziehung in den Gewaltverzicht geschehen; das ist jedoch nicht die einzige Möglichkeit. Ein Gewaltverzichtsabkommen bietet vielmehr auch einen Rahmen, um Bestimmungen aufzunehmen, die streng genommen mit Gewaltverzicht nichts zu tun haben und auch auf andere Weise behandelt werden könnten, die sich aber gleichwohl substantiell in diesen Rahmen gut einfügen würden.

In diesem Sinne wären wir dankbar, wenn die polnische Seite dies nochmals bedenken würde.

2) Grenzfrage

Wir haben die polnischen Ausführungen, die Herr Winiewicz schon in der ersten Gesprächsrunde vortrug, aufmerksam zur Kenntnis genommen. Uns ist bewußt, welche entscheidende Bedeutung die polnische Seite der Behandlung dieser Frage beimißt. Auf unserer Seite besteht der Wille, hier zu einer Lösung zu kommen, der auch die polnische Seite zustimmen kann.

a) Der polnischen Seite ist jedoch bekannt, daß wir in dieser Hinsicht ganz erhebliche Schwierigkeiten haben. Diese Schwierigkeiten liegen in erster Linie auf rechtlichem Gebiet. (Sie sind in der vorangegangenen Instruktion auf Seite 6 bis 8 dargestellt worden. In diesem Zusammenhang ist von Interesse, daß auch das sowjetisch-polnische Grenzabkommen vom 17. August 1945[6] die Demarka-

---

[5] Zu Artikel 2 der UNO-Charta vom 26. Juni 1945 vgl. Dok. 12, Anm. 5.

[6] Artikel 3 des Vertrags vom 16. August 1945 zwischen Polen und der UdSSR betreffend die polnisch-sowjetische Staatsgrenze: „Until such time as territorial questions have been finally decided by peaceful settlement, the part of the Polish-Soviet frontier adjoining the Baltic Sea shall, in accordance with the decision taken at the Berlin Conference, follow a line starting from a point on the Eastern shore of the Gulf of Danzig, indicated on the attached map, continuing in an easterly direction north of Braunsberg-Goldap, to the point where that line meets the frontier line described in Article 2 of the present Treaty." Vgl. UNTS, Bd. 10, S. 200.

tionslinie zwischen dem von der Sowjetunion und dem von Polen übernommenen Teil Ostpreußens „vorbehaltlich der endgültigen Entscheidung über die territorialen Fragen im Friedensvertrag" festgelegt hat.)

Die rechtlichen und politischen Schranken unserer Handlungsfreiheit gelten nicht nur für die Grenzfrage, sondern auch vor allem für die Deutschland als Ganzes betreffenden Fragen.

b) Gelegentlich ist geltend gemacht worden, wir hätten ja auch im Westen Grenzverträge abgeschlossen, ohne durch die genannten Bindungen daran gehindert worden zu sein. Diese Auffassung verkennt, daß es sich hier um nicht vergleichbare Vorgänge handelt. In den mit den Niederlanden und Belgien abgeschlossenen Verträgen[7] ging es ausschließlich um Grenzberichtigungen, die insgesamt nur ein kleines Territorium von etwa 135 qkm mit rd. 13 000 Einwohnern umfaßten und die im übrigen dazu geführt haben, daß der größte Teil dieses Gebietes der Hoheitsgewalt der Bundesrepublik unterstellt oder zurückgegeben wurde. Es handelte sich letztlich um normale zwischenstaatliche Vorgänge, um Grenzberichtigungen, wie sie Nachbarstaaten jederzeit und unabhängig von allen friedensvertraglichen Fragen aus Zweckmäßigkeitsgründen vornehmen können. Dennoch sind diese Verträge im Hinblick auf die Vorbehaltsrechte der Drei Mächte mit deren Wissen und Einverständnis abgeschlossen worden, obgleich der Artikel 7 des Deutschlandvertrages[8] nicht berührt worden war.

Im übrigen ist der Vergleich aber auch insofern mißverständlich, als es sich nicht darum handelt, die Zustimmung der Drei oder Vier Mächte zu dem einen oder anderen Schritt herbeizuführen, sondern darum, daß auch eine solche Zustimmung eine friedensvertragliche Regelung unter den derzeit gegebenen Umständen nicht ersetzen könnte.

Von unserer Seite (Bundeskanzler) ist das Beispiel der Westverträge also nicht wegen der nicht vorhandenen Analogie zum Oder-Neiße-Problem genannt worden, sondern nur als Beispiel dafür, daß die gegebene völkerrechtliche Lage uns nicht dazu zwingt, untätig zu bleiben, sondern daß wir im Gegenteil den Willen haben, soweit wie möglich zu Regelungen zu kommen.

c) Gerade diese verschiedenartigen Bedenken hatten uns dazu veranlaßt, zunächst zu versuchen, durch Einbeziehung der Grenzfrage in den Gewaltverzicht eine akzeptable Formulierung zu finden (vgl. hierzu den übergebenen Entwurf A). Ein solches Vorgehen hätte aus unserer Sicht für die polnische Seite zwei Vorteile:

---

[7] Für den Wortlaut des Vertrags vom 8. April 1960 zwischen der Bundesrepublik und den Niederlanden über den Verlauf der gemeinsamen Landgrenze, die Grenzgewässer, den grenznahen Grundbesitz, den grenzüberschreitenden Binnenverkehr und andere Grenzfragen (Grenzvertrag) vgl. BUNDESGESETZBLATT 1963, Teil II, S. 463–601.
Für den Wortlaut des Vertrags vom 24. September 1956 über eine Berichtigung der deutsch-belgischen Grenze und andere die Beziehungen zwischen beiden Ländern betreffende Fragen vgl. BUNDESGESETZBLATT 1958, Teil II, S. 263–290. Für den Wortlaut des Protokolls vom 6. September 1960 zur Festlegung des Verlaufs der deutsch-belgischen Grenze vgl. BUNDESGESETZBLATT 1960, Teil II, S. 2329-2348.
[8] Zu Artikel 7 des Vertrags vom 26. Mai 1952 über die Beziehungen zwischen der Bundesrepublik und den Drei Mächten in der Fassung vom 23. Oktober 1954 (Deutschland-Vertrag) vgl. Dok. 16, Anm. 4.

– Sie würde im Bundestag und in der deutschen Öffentlichkeit überwältigende Zustimmung finden und damit das Kriterium der breiten Mehrheit erfüllen, das Herr Winiewicz in seiner „einleitenden Erklärung" aufgestellt hat.
– Sie könnte ohne jeden Vorbehalt abgegeben werden.

d) Wenn die polnische Seite glaubt, sich hierauf nicht einlassen zu können, weil sie nicht nur die Frage der gewaltsamen, sondern auch die der friedlichen Änderung der Grenzen behandelt wissen will, so ist auch eine solche Möglichkeit von unserer Seite aus nicht auszuschließen. Wir kommen dann allerdings nicht darum herum, die rechtlichen Begrenzungen, wie sie vorstehend skizziert wurden, ausdrücklich zu erwähnen. (Vgl. hierzu den übergebenen Entwurf B)

e) Zu eventuellen polnischen Forderungen entsprechend den eingangs unter II. zitierten Äußerungen von Herrn Winiewicz, die Bundesgesetzgebung zu ändern, wäre zunächst zu fragen, was eigentlich gemeint ist. Im übrigen ist hierzu zu sagen: Die Bundesgesetzgebung hat wohl zu keinem Zeitpunkt als Vehikel einer „revanchistischen" Politik gedient. Die Gesetzgebung kann jedoch nicht umhin, gegebene völkerrechtliche und staatsrechtliche Verhältnisse zu berücksichtigen. Sie muß dies insbesondere tun, wenn sie Rechtsverhältnisse regeln will, die sich durch die Umsiedlung einer großen Zahl von Deutschen ergeben haben. Sie kann diese Verhältnisse aber nicht regeln, ohne die zugrunde liegenden Tatbestände offen auszusprechen. Sie muß also z. B. in der Lage sein, frühere administrative Verhältnisse oder frühere Wohnsitze so zu bezeichnen, wie sie bestanden. Etwas anderes müßte zu einer heillosen Verwirrung und zu berechtigten Klagen des betreffenden Personenkreises führen; es würde das Gegenteil von dem erreicht werden, was die polnische Seite vermutlich wünscht, nämlich die Lage zu beruhigen. Die von uns in Aussicht genommene Regelung würde klarstellen, daß die in Frage stehenden gesetzlichen Regelungen die territoriale Integrität Polens nicht berühren.

3) Deutsche in Polen und in den ehemaligen deutschen Ostgebieten

Der zuletzt ausgedrückte Gedanke steht in engem Zusammenhang mit einem weiteren Problem, das wir bei dieser Gelegenheit erneut aufgreifen möchten. Wir haben über Fragen der Sichtvermerkspraxis und der Familienzusammenführung schon bei der ersten Begegnung gesprochen. Wir bitten die polnische Seite, die nachfolgenden Überlegungen, die für uns wichtig sind, richtig zu verstehen. Aus verschiedenen Anzeichen glauben wir schließen zu können, daß auch der polnischen Seite bewußt ist, daß eine Regelung hier in ihrem eigenen Interesse liegt. (Bei Gesprächen über Paß- und Sichtvermerksbefugnisse für die Handelsvertretungen[9] hat z.B. die polnische Seite hinsichtlich der Befugnisse

---

[9] Am 28. Januar 1970 fand eine Besprechung zwischen den Vortragenden Legationsräten I. Klasse von Alten und Hoffmann, dem Mitarbeiter des polnischen Außenministeriums, Makarewicz, und dem stellvertretenden Leiter der polnischen Handelsvertretung, Kucza, statt. Dazu führte Ministerialdirektor Ruete aus: „Die polnische Seite ist bereit, daß Sichtvermerksbefugnisse in vollem Umfang an die Handelsvertretungen erteilt werden. Dies stellt insofern ein Entgegenkommen dar, als sie diese Befugnisse ursprünglich nur auf Personen beschränkt wissen wollte, die aus geschäftlichen Gründen reisen. Die polnische Seite ist jedoch derzeit nicht bereit, auch Paßbefugnisse – selbst in eingeschränkter Form – zu erteilen. (Der polnischen Seite war bekannt, daß auch mit der ČSSR nur Sichtvermerksbefugnisse vereinbart worden sind.) Offensichtlich liegt die polnische Hauptsorge hier, aber nicht darin, daß Pässe erneuert oder verlängert werden könnten, sondern darin, daß wir Pässe an Volksdeutsche neu ausstellen würden. [...] Obwohl die Erteilung voller Sichtvermerksbe-

zur Neuausstellung von Pässen deutlich gezögert und sich genau erkundigt, auf welchen Personenkreis sich dies beziehen solle.)

Innerhalb der jetzigen polnischen Grenzen leben etwa 1 Mio. Menschen, die nach unseren Gesetzen deutsche Staatsangehörige sind[10], in ihrer großen Mehrheit aber von der polnischen Regierung als „Autochthone" und polnische Staatsbürger in Anspruch genommen werden.

Das internationale Recht hat für solche Doppelstaatsangehörige grundsätzlich die Regelung getroffen, daß jeder Staat innerhalb seines Gebietes solche Personen ausschließlich als seine eigenen Staatsangehörigen betrachtet. Damit ist das Problem indessen noch nicht gelöst. Wir hoffen, daß es im Laufe dieser Gespräche einer Lösung näher gebracht werden kann.

Dieses Problem ist besonders unter dem Aspekt der Familienzusammenführung und der Erleichterung der Sichtvermerkspraxis aktuell und bei uns Gegenstand innenpolitischer Diskussion. Weitere kleinere Punkte, die den grenzüberschreitenden Verkehr betreffen, kommen vielleicht hinzu (Zollfreiheit für Geschenksendungen, Behandlung von Umzugsgut u.dgl.). Nicht gelöst wird dadurch jedoch die Problematik der Personen, die nicht auszureisen wünschen.

Für den Fall, daß diese Diskussion vertieft wird, könnte folgendes gesagt werden: Es ist uns durchaus klar, daß die polnische Seite diese Personen ausschließlich als Polen zu behandeln wünscht. Wir haben wie die polnische Seite eine Beruhigung der Verhältnisse zum Ziel; wir müssen uns aber fragen, ob diese Beruhigung eintreten kann, wenn solche Menschen sich praktisch der deutschen Sprache nicht bedienen können, ihre Kinder nicht in deutsche Schulen schicken können usw., wenn sie sich also in der Entfaltung ihrer Persönlichkeit diskriminiert fühlen müssen. Jedenfalls handelt es sich hier um eine Frage, die die Öffentlichkeit in der Bundesrepublik beunruhigt. Wir haben, da offensichtlich nicht miteinander zu vereinbarende Überlegungen vorhanden sind, im Augenblick keine Lösungsmöglichkeit vorzuschlagen; wir möchten aber darauf hinweisen, daß in der Sowjetunion, in der ČSSR, in Rumänien und in Ungarn diese Volkstumsfragen auf eine andere und für uns politisch sehr viel akzeptablere Weise gelöst worden sind, wobei unterstrichen werden muß, daß die Bundesregierung trotz eines der polnischen Seite sicherlich verständlichen Interesses in keinem Falle Anspruch erhebt, Sachwalter oder Vertreter volksdeutscher Minderheiten zu sein. Das tut sie auch im Falle Polens nicht; wir bitten aber die polnische Seite zu berücksichtigen, daß diese Problematik sich auf das Verhalten der Bundesregierung auswirken muß und daß darüber hinaus Probleme bestehen, die nichts mit deutschem Volkstum zu tun haben, wohl aber mit Rechtsverhältnissen und Ansprüchen, die gegen die Bundesregierung gerichtet werden und die sich aus der nun einmal nicht zu bestreitenden Tatsache ergeben, daß wir hier über Teile des früheren Reichsgebiets sprechen. In diesem Sinne liegt eine freimütige Ansprache dieser Fragen im beiderseitigen Interesse, damit

---

Fortsetzung Fußnote von Seite 318
  fugnisse einen Fortschritt in der polnischen Haltung darstellt, bleibt die polnische Bereitschaft hinter den geweckten Erwartungen zurück." Vgl. Referat II A 5, Bd. 1361.
10 Vgl. dazu Artikel 116 des Grundgesetzes vom 23. Mai 1949; Dok. 113, Anm. 5.
  Vgl. dazu ebenso Artikel 1, Absatz 1 des Gesetzes vom 22. Februar 1955 zur Regelung von Fragen der Staatsangehörigkeit; Dok. 141, Anm. 11.

sie nicht im Untergrund weiterschwelen, ohne daß man wüßte, wie die andere Seite wirklich darüber denkt.

Entwurf A
einer gemeinsamen Gewaltverzichtserklärung

Die Regierung der Bundesrepublik Deutschland und die Regierung der Volksrepublik Polen

(1) überzeugt, daß eine Entspannung der Beziehungen in Europa den Wünschen der Völker entspricht und der Festigung des Friedens dient,

(2) im Hinblick darauf, daß hierbei einem gutnachbarlichen Verhältnis zwischen dem deutschen und dem polnischen Volk eine hervorragende Bedeutung zukommt,

(3) in Übereinstimmung damit, daß das Verbot der Anwendung oder Androhung von Gewalt in den internationalen Beziehungen, insbesondere gegen die politische Unabhängigkeit oder territoriale Integrität der Staaten unteilbar ist, und überzeugt, daß eine Bekräftigung dieses Grundsatzes zwischen der Bundesrepublik Deutschland und der Volksrepublik Polen sich günstig auf die Situation in Europa auswirken wird,

(4) in der Absicht, zur Schaffung einer festen Grundlage für Frieden und Sicherheit in Europa beizutragen,

sind wie folgt übereingekommen und bekunden feierlich:

1) Die Bundesrepublik Deutschland und die Volksrepublik Polen werden in ihren gegenseitigen Beziehungen die in Artikel 2 der Charta der Vereinten Nationen[11] niedergelegten Grundsätze uneingeschränkt respektieren und anwenden.

2) Beide Seiten werden daher alle zwischen ihnen noch nicht endgültig geregelten oder noch auftauchenden Fragen ausschließlich mit friedlichen Mitteln lösen; sie werden insbesondere auch keine Gewalt anwenden oder androhen, um eine Änderung ihres gegenwärtigen territorialen Besitzstandes zu erreichen.

Entwurf B
einer gemeinsamen Gewaltverzichtserklärung

Die Regierung der Bundesrepublik Deutschland und die Regierung der Volksrepublik Polen

(1) in der Überzeugung, daß eine Entspannung der Beziehungen in Europa den Wünschen der Völker entspricht und der Festigung des Friedens dient,

(2) im Hinblick darauf, daß hierbei einem gutnachbarlichen Verhältnis zwischen dem deutschen und dem polnischen Volk eine hervorragende Bedeutung zukommt,

(3) eingedenk dessen, daß das Verbot der Anwendung oder Androhung von Gewalt in den internationalen Beziehungen, insbesondere gegen die politische Unabhängigkeit oder territoriale Integrität der Staaten, unteilbar ist, und über-

---

11 Zu Artikel 2 der UNO-Charta vom 26. Juni 1945 vgl. Dok. 12, Anm. 5.

zeugt, daß eine Bekräftigung dieses Grundsatzes zwischen der Bundesrepublik Deutschland und der Volksrepublik Polen sich günstig auf die Situation in Europa auswirken wird,

(4) in der Absicht, zur Schaffung einer festen Grundlage für Frieden und Sicherheit in Europa beizutragen,

(5) unbeschadet der Rechte und Verantwortlichkeiten der Französischen Republik, der Union der Sozialistischen Sowjetrepubliken, des Vereinigten Königreichs von Großbritannien und Nordirland und der Vereinigten Staaten von Amerika in Bezug auf Deutschland als Ganzes,

(6) in dem Bewußtsein, daß eine Friedensregelung für Deutschland noch aussteht,

sind auf dieser Grundlage wie folgt übereingekommen und bekunden:

1) Die Bundesrepublik Deutschland und die Volksrepublik Polen werden in ihren gegenseitigen Beziehungen die in Artikel 2 der Charta der Vereinten Nationen niedergelegten Grundsätze uneingeschränkt anwenden. Sie werden daher alle zwischen ihnen noch nicht endgültig geregelten und alle sich noch ergebenden Fragen ausschließlich mit friedlichen Mitteln lösen.

2) Die Bundesrepublik Deutschland und die Volksrepublik Polen respektieren ihre beiderseitige territoriale Integrität in den Grenzen ihres gegenwärtigen Besitzstandes.

VS-Bd. 8954 (II A 5)

78

Aufzeichnung des Ministerialdirigenten Gehlhoff

I B 4-82.00-90.09-103/70 geheim   **26. Februar 1970**

Betr.: Deutsch-algerische Beziehungen

I. Im Verfolg des Gesprächs, das der Bundesminister des Auswärtigen und der algerische Außenminister Bouteflika am 11. Februar 1970 in Brüssel führten[1], fand am 23. und 24.2.1970 ein Zusammentreffen zwischen einer deutschen und einer algerischen Delegation in Rom statt. Auf deutscher Seite nahmen teil: Herr Staatssekretär Duckwitz und die Herren D III[2] und Dg I B[3], auf algerischer Seite der Botschafter in Rom, Aid Chaalal, der außenpolitische Berater des Präsidenten, Moloud Kacem, der Leiter der Wirtschaftsabteilung des Außenministeriums, Djayazeri, sowie zwei weitere Beamte.

Die insgesamt 7 Stunden dauernden Besprechungen sollten dem Zweck dienen, die in Brüssel zwischen den beiden Außenministern erreichte Grundsatzver-

---
[1] Für das Gespräch vgl. Dok. 47.
[2] Otto-Axel Herbst.
[3] Walter Gehlhoff.

einbarung über die sofortige Wiederaufnahme der deutsch-algerischen diplomatischen Beziehungen, über den Ausbau der Zusammenarbeit und über die Verschiebung der beabsichtigten Anerkennung der DDR durch Algerien im einzelnen festzulegen. Der Verlauf der Gespräche zeigte jedoch, daß die algerische Seite nicht mehr bereit ist, an dieser Grundsatzvereinbarung festzuhalten, sondern sich hinsichtlich ihrer Beziehungen zur DDR absolute Handlungsfreiheit vorbehalten will.

II. Für die künftige deutsch-algerische Zusammenarbeit wurden von der algerischen Delegation außerordentlich weitgehende, zum Teil völlig irreale Wünsche vorgetragen, darunter die Forderung nach einer längerfristigen deutschen Kapitalhilfe von 300 bis 400 Mio. DM jährlich.

Im einzelnen:

a) Handelsbeziehungen

Deutsches Jahreskontingent von 500 000 hl Trinkwein und von 150 000 hl Brennwein. Deutsche Unterstützung für die Gewährung größerer Weinkontingente in den anderen EWG-Ländern.

Höhere Direktkäufe von Erdöl, wachsende Abnahme von raffinierten Produkten und anderen Erdölderivaten. Neue Initiative der Bundesregierung für Erdgaskäufe. Gesteigerte Abnahme von Zitrusfrüchten, Teppichen und handwerklichen Erzeugnissen, wobei der Anteil der Nichterdölerzeugnisse an den deutschen Bezügen aus Algerien insgesamt vergrößert werden soll.

b) Deutsche Beteiligung am algerischen Vierjahresplan (1970 bis 1973), der eine jährliche Steigerungsrate des Bruttosozialprodukts um 8,8% und ein Wachstum der industriellen Produktion von 100 (Stand 1969) auf 165 im Jahre 1973 vorsieht. Hierfür seien Investitionen in Höhe von 5,2 Mrd. $ erforderlich, davon 2 Mrd. $ Auslandsanteil. Die BRD solle sich mit 1 bis 1,2 Mrd. $ beteiligen. Von dieser Gesamtsumme solle jeweils ein Drittel auf algerische Eigenfinanzierung, auf deutsche Kapitalhilfe (3% Verzinsung, 20 Jahre Laufzeit) und auf hermesverbürgte Lieferantenkredite (zu günstigeren Bedingungen als den gegenwärtigen) entfallen.

Später präzisierte die algerische Delegation, daß sie einen Betrag von 400 bis 500 Mio. $ deutscher Kapitalhilfe für einen Zeitraum von 5 (bis 6) Jahren erwarte.

c) Ausbau der kulturellen, wissenschaftlichen und technischen Zusammenarbeit

Erneuerung des ausgelaufenen TH-Abkommens[4], verstärkte Entsendung deutscher Experten, großzügige Bereitstellung von Ausbildungsplätzen, teils in Algerien, teils in Deutschland.

d) Algerische Arbeiter

Deutsche Aufnahme von 3000 bis 8000 zusätzlichen algerischen Arbeitern im Jahre 1970 und von jeweils weiteren 10 000 in den folgenden drei Jahren. Abschluß eines Sozialversicherungsabkommens.

---

[4] Die Bundesrepublik und Algerien schlossen am 17. Dezember 1964 ein Abkommen über Technische Zusammenarbeit mit einer Laufzeit von fünf Jahren. Für den Wortlaut vgl. BUNDESANZEIGER, Nr. 100 vom 1. Juni 1965, S. 1 f.

Im übrigen beschwerte sich die algerische Seite über eine zu enge Zusammenarbeit zwischen Deutschland und Frankreich in Algerien, insbesondere über die Weitergabe von Informationen seitens Hermes an Coface. Die deutsch-algerische Zusammenarbeit müsse künftig direkt – und nicht durch irgendwelche Mittelsländer – erfolgen.

Die deutsche Delegation erklärte ihre grundsätzliche Bereitschaft zu prüfen, in welcher Weise und auf welchen Gebieten eine deutsche Mitarbeit an den ehrgeizigen algerischen Plänen möglich sei. Detaillierte und verbindliche Zusagen könnten allerdings nicht sofort gegeben werden. Doch versprächen die in den letzten Jahren ständig gestiegenen Wirtschaftsbeziehungen günstige Perspektiven für die Zukunft. Für 1970 könne außerdem eine Kapitalhilfe von 50 Mio. DM vorgesehen werden, unabhängig von der Honorierung der früheren Verträge.[5]

In zwei längeren, recht scharfen Erklärungen warf der algerische Delegationsleiter der deutschen Seite daraufhin mangelnde Bereitschaft zur deutsch-algerischen Zusammenarbeit sowie eine einseitige finanzielle und militärische Unterstützung Israels vor. Die deutschen wirtschaftlichen Angebote seien lächerlich und blieben sogar noch weit hinter den unzureichenden Angeboten zurück, die Bundesminister a. D. Wischnewski im vergangenen Sommer in Algerien hinterlassen habe.[6]

Dennoch sei Algerien bereit, die diplomatischen Beziehungen mit uns sofort wieder aufzunehmen. In dem gemeinsamen Kommuniqué sollte allerdings von Fragen der wirtschaftlichen Zusammenarbeit nicht gesprochen werden. Algerien behalte sich vor, hinsichtlich der Zweckmäßigkeit, des Zeitpunkts und der Form einer Anerkennung der DDR allein nach seinem eigenen Interesse zu entscheiden. Die algerische Regierung werde das Verfahren der DDR-Anerkennung im übrigen rasch einleiten, wenn Termine auch noch nicht genannt werden könnten.

Die deutsche Delegation wies die von algerischer Seite erhobenen politischen Beschuldigungen zurück und bedauerte, daß die algerische Regierung von der in Brüssel getroffenen „freundschaftlichen Vereinbarung" hinsichtlich einer Verschiebung der DDR-Anerkennung abgerückt sei. Auf das veränderte Angebot der algerischen Delegation könne eine Antwort erst nach neuen Instruktionen durch die Bundesregierung gegeben werden.

Trotz der zeitweise harten Auseinandersetzungen schloß das Treffen in einem versöhnlichen Ton. Botschafter Chaalal versicherte, daß Algerien seine Freundschaft zu Deutschland aufrechterhalten werde. Man hoffe auf die baldige Wiederaufnahme der diplomatischen Beziehungen.

---

5 Am 3. Oktober 1964 schlossen die Bundesrepublik und Algerien ein Abkommen über finanzielle Zusammenarbeit. Darin übernahm die Bundesregierung die Bürgschaft für ein Darlehen der Kreditanstalt für Wiederaufbau in Höhe von 70 Mio. DM. Für den Wortlaut des Abkommens vgl. BUNDESANZEIGER, Nr. 116 vom 26. Juni 1965, S. 1 f.
6 Der SPD-Abgeordnete Wischnewski führte am 21. Mai 1969 in Algier ein Gespräch mit dem algerischen Außenminister Bouteflika. Vgl. dazu AAPD 1969, I, Dok. 174.

Hiermit über den Herrn Staatssekretär[7] dem Herrn Bundesminister[8] vorgelegt.[9]

i.V. Gehlhoff

VS-Bd. 2793 (I B 4)

79

Aufzeichnung des Ministerialdirektors Ruete

II A 1-83.10-555/70 VS-vertraulich   **27. Februar 1970**[1]

Betr.: Sitzung der Ausschüsse und Fraktionen des Bundestages in Berlin während der Vier-Mächte-Verhandlungen

1) Der Regierende Bürgermeister von Berlin[2] hat das Auswärtige Amt von seiner Auffassung unterrichten lassen, daß die Berlin-Sitzungen der Bundestagsausschüsse und -fraktionen während der Vier-Mächte-Verhandlungen nicht eingeschränkt werden sollten. Der britische Vertreter in der Vierergruppe hat demgegenüber – wohl auf Weisung des Foreign Office – den dringenden Wunsch geäußert, daß die Berlin-Sitzungen während der Vier-Mächte-Gespräche unterbleiben, damit diese nicht durch Spannungen im Verhältnis zur Sowjetunion belastet werden. Der amerikanische Vertreter in der Vierergruppe teilte allerdings diese Auffassung nicht. In einem Gespräch äußerte er die persönliche Meinung, daß wir aus taktischen Erwägungen nicht völlig auf die Berlin-Sitzungen verzichten sollten, weil sonst der Wert etwaiger Zugeständnisse in den Vier-Mächte-Verhandlungen gemindert würde.

---

[7] Hat Staatssekretär Duckwitz am 26. Februar 1970 vorgelegen.
[8] Hat Bundesminister Scheel am 28. Februar 1970 vorgelegen, der handschriftlich vermerkte: „Ich bitte mit Herrn Wischnewski Fühlung zu halten, um gegebenenfalls ein weiteres Treffen zu vereinbaren. Auf jeden Fall sollte versucht werden, die Algerier davon abzuhalten, etwas zu unternehmen, ohne vorher mit uns erneut gesprochen zu haben."
Hat Ministerialdirigent Gehlhoff erneut am 2. März 1970 vorgelegen, der handschriftlich vermerkte: „1) Ist geschehen, der Minister ist unterrichtet. 2) I B 4."
[9] Vortragender Legationsrat Redies teilte dem deutschen Stab an der schweizerischen Botschaft in Algier (Schutzmachtvertretung für deutsche Interessen) am 3. März 1970 mit: „Da Algerier sich über Irrealismus ihrer wirtschaftlichen Forderungen im klaren gewesen sein müssen, wird hier davon ausgegangen, daß sie von ursprünglicher Zusage bei Ministertreffen wieder abrücken wollten. Es ist zur Zeit noch offen, wie Angelegenheit weiter behandelt wird." Vgl. den Drahterlaß Nr. 10; VS-Bd. 2793 (I B 4); B 150, Aktenkopien 1970.
[1] Die Aufzeichnung wurde von Vortragendem Legationsrat I. Klasse van Well und Legationsrat I. Klasse Bräutigam konzipiert.
Hat Ruete erneut am 6. März 1970 vorgelegen, der die Weiterleitung an Referat II A 1 verfügte.
Hat Vortragendem Legationsrat I. Klasse van Well am 9. März 1970 vorgelegen, der die Aufzeichnung an Legationsrat I. Klasse Bräutigam weiterleitete.
Hat Bräutigam am 9. März 1970 vorgelegen.
[2] Klaus Schütz.

2) Das Auswärtige Amt sollte möglichst bald eine Klärung der Haltung der Bundesregierung und des Bundestages in dieser Frage herbeiführen. Hierbei müßte folgendes berücksichtigt werden: Würde jetzt von den bisher üblichen Sitzungen Abstand genommen, so wäre eine spätere Wiederaufnahme der bisherigen Praxis sicher mit erheblichen Schwierigkeiten verbunden, zumal dann auch die Alliierten sicher Bedenken gegen die Sitzungen geltend machen würden. Andererseits kann uns aber nicht daran gelegen sein, daß die Vier-Mächte-Verhandlungen durch demonstrative Arbeitswochen aller Bundestagsausschüsse belastet werden. Um die bei Berlin-Sitzungen zu erwartenden Schwierigkeiten möglichst gering zu halten, wird deshalb folgendes vorgeschlagen:
– Die Bundesregierung sollte darauf hinwirken, daß nicht mehrere Ausschüsse gleichzeitig in Berlin tagen.
– In ihren Berlin-Sitzungen sollten sich die Ausschüsse mit speziell Berlin betreffenden Fragen befassen.
– Soweit wie möglich sollten die Ausschuß-Sitzungen zeitlich so gelegt werden, daß sie mit Sitzungspausen in den Berlin-Verhandlungen zusammenfallen. Entsprechende Absprachen mit dem Auswärtigen Amt sind wünschenswert.
– Sitzungen der Fraktionen sollten, da sie zwangsläufig einen demonstrativen Charakter haben, vorerst ganz unterbleiben.[3]

Hiermit über den Herrn Staatssekretär[4] dem Herrn Minister[5] mit der Bitte um Zustimmung vorgelegt. Es wird angeregt, daß der Herr Minister oder der Herr Parlamentarische Staatssekretär[6] im Kabinett die unter Ziffer 2 genannten Vorschläge zur Sprache bringt. Falls das Kabinett zustimmt, könnte der Ältestenrat in geeigneter Weise damit befaßt werden.

Ruete

VS-Bd. 4526 (II A 1)

---

[3] Der Passus „Die Bundesregierung sollte ... vorerst ganz unterbleiben" wurde von Bundesminister Scheel hervorgehoben. Dazu vermerkte er handschriftlich: „Herr BM Ehmke wird Ältestenrat entsprechend unterrichten (lockere Empfehlung). Koalitionsfraktionen werden vorher von E[hmke] informiert."
[4] Hat Staatssekretär Duckwitz am 2. März 1970 vorgelegen.
[5] Hat Bundesminister Scheel am 5. März 1970 vorgelegen.
[6] Ralf Dahrendorf.

80

Botschafter Grewe, Brüssel (NATO), an das Auswärtige Amt

Z B 6-1-11006/70 VS-vertraulich
Fernschreiben Nr. 244

Aufgabe: 27. Februar 1970, 17.35 Uhr
Ankunft: 27. Februar 1970, 18.41 Uhr

Anschluß Drahtbericht Nr. 238 vom 26.2. – 20-02-5 744/70 VS-vertraulich[1]

Betr.: Beiderseitige ausgewogene Truppenverminderung als Thema einer Europäischen Sicherheitskonferenz

Für den Fall, daß meiner Anregung gefolgt werden sollte, dem Bundessicherheitsrat am 6. März[2] die in Ziffer 2 des Bezugsberichts ausgeführten Gedanken zu unterbreiten, übermittele ich nachstehend eine Aufzeichnung, in der diese Gedanken ausführlicher dargelegt sind und die ggf. als Unterlage benutzt werden könnte:

„I. Vorbemerkung

1) Die allianzinterne Erörterung des Gedankens einer beiderseitigen ausgewogenen Truppenverminderung (MBFR) ist mit den militärischen Modellstudien in ein Stadium eingetreten, in dem der politische Eigenwert des Gedankens in perfektionistischen militärisch-technischen Diskussionen zu ersticken droht.

2) Es ist an der Zeit, daß die NATO ihre im Juni 1968 mit der Erklärung von Reykjavik[3] ergriffene Initiative auf diesem Gebiet weiterführt, damit dieser kon-

---

[1] Botschafter Grewe, Brüssel (NATO), übermittelte in Ziffer 2 des Drahtberichts Nr. 238 Überlegungen hinsichtlich der auf der NATO-Ministerratstagung am 26./27. Mai 1970 in Rom den Warschauer-Pakt-Staaten zu übermittelnden Vorschläge, die er am 24. Februar 1970 bei einem Arbeitsfrühstück der Ständigen Vertreter vorgetragen habe: „Wir stimmen dem Gedanken einer Konferenz über europäische Sicherheit zu – genauer gesagt, einer Reihe von Konferenzen über dieses Thema. Diese Konferenzen sollten sich jedoch mit echten Sicherheitsthemen befassen und nicht mit unbestimmten Allgemeinthemen wie Wirtschafts- und Handelsaustausch und dergleichen. Als verhandlungsfähiges Sicherheitsthema für eine erste europäische Konferenz schlagen wir dem Osten die gegenseitige ausgewogene Truppenreduzierung vor. Dieses Thema eignet sich allerdings nicht für den weiten, alle europäischen Staaten umfassenden Teilnehmerkreis, der vom Osten bisher in Aussicht genommen wurde. Die erste europäische Konferenz müßte einen begrenzten Teilnehmerkreis haben, nämlich diejenigen Staaten, die von der Truppenreduzierung direkt (durch ihr Gebiet) oder indirekt (durch ihre Stationierungstruppen) betroffen werden. [...] Das von östlicher Seite vorgeschlagene Thema des allgemeinen Gewaltverzichts eigne sich jedoch nicht für eine erste Konferenz. Es könne erst in einem späteren Stadium als Abschluß erfolgreich ausgegangener Sicherheitsverhandlungen den Gegenstand einer weiteren – und dann vielleicht allgemeinen – europäischen Konferenz bilden. Ein solches Vorgehen würden den Vorteil haben, daß der Westen die Idee einer Europäischen Sicherheitskonferenz nunmehr für seine eigenen Vorschläge in Anspruch nehmen könnte. Dem sowjetischen Prozedurvorschlag würde ein westlicher Prozedurvorschlag entgegengesetzt. Er würde zugleich mit einem substantiellen Gedanken verknüpft: beiderseitige Truppenverminderung. Damit würde auch den ständigen sowjetischen Forderungen nach einseitigem Abzug der amerikanischen Stationierungstruppen aus Europa entgegengewirkt. Sollten die Sowjets diesen Konferenzvorschlag nicht akzeptieren, so hätte man damit ihnen den Schwarzen Peter zugeschoben." Vgl. VS-Bd. 4552 (II B 2); B 150, Aktenkopien 1970.

[2] Vgl. dazu die gemeinsame Vorlage des Auswärtigen Amts und des Bundesministeriums der Verteidigung vom 2. März 1970; Dok. 83.
Vgl. dazu ferner die Aufzeichnung des Parlamentarischen Staatssekretärs Dahrendorf vom 6. März 1970; Dok. 94.

[3] Auf der NATO-Ministerratstagung am 24./25. Juni 1968 in Reykjavik wurde eine Erklärung („Signal von Reykjavik") verabschiedet, in der die Außenminister und Vertreter der am NATO-Verteidi-

struktive, werbekräftige und an den Kern der Ost-West-Gegensätze heranführende Gedanke nicht unter dem Eindruck der sowjetischen Ablehnung in den Augen der Öffentlichkeit verblaßt.

3) Im Rahmen der gegenwärtigen Arbeiten an einer NATO-Studie über Prozeduren für Ost-West-Verhandlungen bietet sich eine gute Gelegenheit, den MBFR-Gedanken, der in der Substanz in Reykjavik präsentiert worden war, nunmehr unter prozeduralen Gesichtspunkten erneut in den Vordergrund der politischen Diskussion zu schieben.

II. Vorschlag eines neuen ‚Signals'

1) Im Anschluß an die Ministererklärung vom 5.12.1969, in der den Warschauer Pakt-Staaten bereits ein Dialog über MBFR (Ziffer 6)[4] und europäische Sicherheitsverhandlungen (Ziffern 13-15)[5] angeboten worden ist, könnten die NATO-Staaten jetzt zu erkennen geben, daß sie eine Verknüpfung dieser beiden Gedanken für zweckmäßig hielten.

2) Dabei könnte erneut zum Ausdruck gebracht werden, daß die bisher von östlicher Seite als Verhandlungsgegenstand einer Konferenz vorgeschlagenen Themen (Gewaltverzicht und wirtschaftlich-technische Zusammenarbeit) unbefriedigend seien: Ein multilaterales Gewaltverzichtsabkommen gehöre allenfalls

---

Fortsetzung Fußnote von Seite 326

gungsprogramm beteiligten Staaten ihre Bereitschaft bekundeten, mit anderen interessierten Staaten konkrete und praktische Schritte auf dem Gebiet der Rüstungskontrolle zu erkunden: „In particular, Ministers agreed that it was desirable that a process leading to mutual force reductions should be initiated. To that end they decided to make all necessary preparations for discussions on that subject with the Soviet Union and other countries of Eastern Europe and they call on them to join in this search for progress towards peace." Vgl. NATO, FINAL COMMUNIQUÉS, S. 210. Für den deutschen Wortlaut vgl. EUROPA-ARCHIV 1968, D 360.

[4] Für Ziffer 6 der Erklärung des NATO-Ministerrats vom 5. Dezember 1969 vgl. Dok. 9, Anm. 4.

[5] Ziffer 13–15 der Erklärung des NATO-Ministerrats vom 5. Dezember 1969: „13) The Ministers considered that the concrete issues concerning European Security and co-operation mentioned in this Declaration are subjects lending themselves to possible discussions or negotiations with the Soviet Union and the other countries of Eastern Europe. The Allied governments will continue and intensify their contacts, discussions or negotiations through all appropriate channels, bilateral or multilateral, believing that progress is most likely to be achieved by choosing in each instance the means most suitable for the subject. Ministers therefore expressed their support for bilateral initiatives undertaken by the German Federal Government with the Soviet Union and other countries of Eastern Europe, looking toward agreements of the renunciation of force and the threat of force. Ministers expressed the hope that existing contacts will be developed so as to enable all countries concerned to participate in discussions and negotiations on substantial problems of co-operation and security in Europe with real prospects of success. 14) The Members of the Alliance remain receptive to signs of willingness on the part of the Soviet Union and other Eastern European countries to discuss measures to reduce tension and promote co-operation in Europe and to take constructive actions to this end. They have noted in this connection references made by these countries to the possibility of holding an early conference on European security. Ministers agreed that careful advance preparation and prospects of concrete results would in any case be essential. Ministers consider that, as part of a comprehensive approach, progress in the bilateral and multilateral discussions and negotiations which have already begun, or could begin shortly, and which relate to fundamental problems of European security, would make a major contribution to improving the political atmosphere in Europe. Progress in these discussions and negotiations would help to ensure the success of any eventual conference in which, of course, the North American members of the Alliance would participate, to discuss and negotiate substantial problems of co-operation and security in Europe. 15) The Ministers affirmed that, in considering all constructive possibilities, including a general conference or conferences, they will wish to assure that any such meeting should not serve to ratify the present division of Europe and should be the result of a common effort among all interested countries to tackle the problems which separate them." Vgl. NATO FINAL COMMUNIQUES, S. 231 f. Für den deutschen Wortlaut vgl. EUROPA-ARCHIV 1970, D 81 f.

an das Ende einer Serie von Konferenzen; für wirtschaftlich-technische Zusammenarbeit sei der Aufwand einer umfassenden Konferenz zu groß.

3) Wirkliche Fortschritte seien nur zu erzielen, wenn man auf der ersten Europäischen Sicherheitskonferenz tatsächlich die Sicherheit in Europa zum Verhandlungsgegenstand mache. Die NATO-Staaten seien bereit, gemeinsam mit der östlichen Seite eine solches Thema auszuwählen. Von sich aus hielte die westliche Seite eine beiderseitige ausgewogene Truppenverminderung für den angemessenen Gegenstand einer ersten Europäischen Sicherheitskonferenz. Die NATO-Staaten seien bereit, einen Beauftragten oder eine Regierung oder eine Gruppe von Regierungen zu designieren, der oder die mit der östlichen Seite sondierende Gespräche zu diesem Zweck führen könnten. Sobald die erste Sicherheitskonferenz die Möglichkeit konkreter Ergebnisse erkennen lasse, könnte eine ständige Kommission, womöglich mit Ausschüssen unterschiedlicher Zusammensetzung, die verschiedenen Teilaspekte (Bereich und Ausmaß einer Reduktion; Datenbasis; Verifizierung u. dgl.) behandeln.

III. Taktische Überlegungen

1) Eine deutsche Initiative in der skizzierten Richtung würde sich im Rahmen des deutschen Beitrages zur Prozedurstudie der NATO harmonisch in die allianzinternen Beratungen einfügen lassen und den im Gang befindlichen Vorbereitungen eine pragmatische Richtung geben. Wir brauchen lediglich die Abschnitte des deutschen Beitrages, die ein baldiges konkretes Angebot über MBFR fordern (Ziffer 6 und 7 des Drahterlasses Nr. 91 vom 19.2.70[6]) entsprechend zu ergänzen.

2) Eine solche Initiative würde – innerhalb der NATO – begrüßt werden, weil sie

– das publikumswirksame sowjetische Schlagwort von einer europäischen Konferenz unseren eigenen Zwecken dienstbar machen und es gleichzeitig mit einem nicht weniger publikumswirksamen politischen Inhalt erfüllen würde;

– den vielen Bündnispartnern entgegenkäme, die sowohl eine europäische Konferenz als auch Fortschritte auf dem Gebiet der beiderseitigen ausgewogenen Truppenverminderung fordern;

– die von verschiedenen Alliierten vorgebrachten spezifischen Verfahrensvorschläge gebührend berücksichtigt (dänischer Vorschlag eines informellen Vorbereitungsgremiums; britischer Vorschlag einer ständigen Kommission[7]; kanadischer Vorschlag zur Einrichtung von Unterausschüssen);

---

[6] Ministerialdirektor Ruete übermittelte am 19. Februar 1970 eine Stellungnahme zur Diskussion im Ständigen NATO-Rat über Verfahrensfragen bei Ost-West-Verhandlungen: „6) Wenn das Bündnis sich zu Verhandlungen mit dem Osten entschließt, sollte ein entsprechendes konkretes Angebot sobald wie möglich gemacht werden, um das sowjetische Drängen auf eine ESK konkret und in der Öffentlichkeit überzeugend zu beantworten und die Sowjets damit in Zugzwang zu versetzen; um zu verhindern, daß die öffentliche Diskussion über eine eventuelle einseitige Truppenverminderung des Westens die Glaubwürdigkeit eines solchen Angebots schwächt. 7) Auf westlicher Seite sollten auf jeden Fall die Länder Verhandlungspartner sein, deren Streitkräfte in eine Reduzierung einbezogen werden sollen, in denen zu reduzierende Streitkräfte stationiert sind und deren Territorium von Verifikationsmaßnahmen betroffen wird." Vgl. VS-Bd. 4594 (II A 3); B 150, Aktenkopien 1970.

[7] Der britische Außenminister Stewart schlug am 3. Dezember 1969 gegenüber Bundesminister Scheel, dem amerikanischen Außenminister Rogers und dem französischen Außenminister Schumann zur Vorbereitung einer Europäischen Sicherheitskonferenz die Einrichtung einer „Standing

- auch den Bedenken der konferenz- oder MBFR-scheuen Allianzpartner (USA, Frankreich) Rechnung trägt, indem sie flexibel und hinsichtlich ihrer Auswirkung interpretationsfähig ist.

3) Gegenüber der Sowjetunion:

- Daß die Sowjetunion ihre bisher negative Haltung zu BFR revidieren wird, läßt sich nicht ausschließen. Sollte sie dabei bleiben, ergäbe sich ein Propagandavorteil für uns daraus, da die Sowjets gezwungen würden, einen konkreten westlichen Konferenzvorschlag abzulehnen.
- Standen wir bisher unter dem Druck verschiedener NATO-Verbündeter in Richtung auf eine ESK nach sowjetischem Muster, so würde die vorgeschlagene Initiative die Chance bieten, die Sowjetunion unter den Druck ihrer Alliierten zu setzen, die bekanntlich z.Z. erhebliche Sympathien für das Thema BFR haben. Wegen dieses Druckes würde unser Vorschlag selbst dann nicht jeden Verhandlungswert verlieren, wenn die Sowjets einseitige westliche Truppenverminderungen als sicher annehmen könnten.
- Für unsere Verhandlungschancen in Moskau ist der Einfluß, den wir im westlichen Lager auf die Entwicklung in Richtung einer EKS nehmen können, von Bedeutung. Jede Initiative unsererseits wird von den Sowjets nach ihrer Interessenlage positiv oder negativ bewertet werden. Doch selbst wenn, wie bei BFR zu erwarten, die Bewertung negativ ausfallen sollte, werde unser Gewicht als Verhandlungspartner in dem Maße zunehmen, in dem unsere Initiative an politischer Wirksamkeit gewinnt."[8]

[gez.] Grewe

VS-Bd. 4552 (II B 2)

Fortsetzung Fußnote von Seite 328

Commission" aus Vertretern der NATO-Mitgliedstaaten, des Warschauer Paktes und der neutralen Staaten vor. Vgl. dazu AAPD 1969, II, Dok. 386.
Am 19. Dezember 1969 präzisierte die britische Regierung in einem Aide-mémoire für den Ständigen NATO-Rat ihren Vorschlag. Vgl. dazu die Aufzeichnung des Vortragenden Legationsrats I. Klasse Pommerening vom 29. Dezember 1969; VS-Bd. 4419 (II A 3); B 150, Aktenkopien 1969.

[8] Botschafter Roth legte am 3. März 1970 dar: „1) Mit Botschafter Grewe stimme ich darin überein, daß die bisherigen Studien, die innerhalb der NATO zum Thema BFR erarbeitet wurden, nützliche bündnisinterne Vorarbeiten zum besseren Verständnis des Problems darstellen. Es ist jedoch nicht zu erwarten, daß dieser methodische Ansatz der Eventualplanung in Modellform einen brauchbaren Weg darstellt, um das Thema in Ost-West-Verhandlungen über europäische Sicherheitsfragen einzuführen. 2) Im Gegensatz zu Botschafter Grewe halte ich prozedurale Vorschläge solange für verfrüht, als über die zentrale Frage ‚Hält es die Bundesregierung einen Abbau der militärischen Konfrontation, vor allem in Mitteleuropa, für ein erstrebenswertes Ziel, oder soll die Einführung des Themas BFR in eine Europäische Sicherheitskonferenz nur taktisch politischen Zielen dienen?' nicht eindeutig entschieden ist. Der erste Zweck einer Vorlage für die Sitzung des Bundessicherheitsrats am 6. März ist, diese Frage zu beantworten. [...] Bei der Komplexität des Themas würde es meinen Vorstellungen entsprechen, in einer ersten Konferenz über europäische Sicherheitsfragen die westliche Position darzulegen, um festzustellen, ob die militärische Situation in Europa von den Sowjets und ihren osteuropäischen Verbündeten ähnlich beurteilt wird und ob die ernsthafte Absicht besteht, das Thema gemeinsam zu untersuchen und zu Lösungen zu kommen. Als Ergebnis mag sich dabei herausstellen, daß das zweckmäßigste Verfahren die Einsetzung einer Ost-West-Arbeitsgruppe sein könnte, die die Fragen im einzelnen untersucht und entsprechende Unterlagen für eine zweite Konferenz vorbereitet." Vgl. VS-Bd. 4552 (II B 2); B 150, Aktenkopien 1970.

81

Gespräch des Parlamentarischen Staatssekretärs Dahrendorf mit dem DGB-Vorsitzenden Vetter in Düsseldorf

IV 7-80.00-62/70 VS-vertraulich 2. März 1970[1]

Betr.: Aussprache zwischen dem Parlamentarischen Staatssekretär Prof. Dr. Dahrendorf und dem Geschäftsführenden Bundesvorstand des DGB über die Ostpolitik der Bundesregierung

Das Gespräch fand am 2. März 1970 von 11.00 bis 12.30 Uhr im Hans-Böckler-Haus in Düsseldorf statt.

Die Aussprache begann mit einem Bericht des DGB-Vorsitzenden *Vetter* über den Verlauf der Sitzungen von Vertretern des amerikanischen Gewerkschaftsbundes AFL/CIO und des Internationalen Bundes Freier Gewerkschaften (IBFG) am 15. und 16. Februar 1970 in Miami.

Herr Vetter sagte, in den Erörterungen sei deutlich geworden, daß mit einer Auflockerung der starren Haltung des Präsidenten der AFL/CIO, Meany, gegenüber gewerkschaftlichen Ostkontakten zunächst nicht gerechnet werden könne. Nach Meanys Auffassung stünden solche Kontakte und der Austausch von Delegationen mit Ländern, in denen die Gewerkschaften von den Regierungen kontrolliert werden, im Widerspruch zu dem Geist, der zur Gründung des IBFG geführt habe. Auch die besondere Situation des DGB im Rahmen der neuen ostpolitischen Zielsetzung lasse Meany nicht gelten. Er nehme zwar die bestehenden Kontakte des DGB mit osteuropäischen Gewerkschaften hin, warne aber vor einer engeren Gestaltung der Beziehungen. Sein Mißtrauen gegenüber den ostpolitischen Initiativen des DGB[2] habe den 1. Vorsitzenden des britischen Gewerkschaftsbundes (TUC), Feather, veranlaßt, sich von Meany zu distanzieren und dem DGB in den Verhandlungen das volle Vertrauen des TUC auszusprechen.

Die Haltung Meanys bereite dem Bundesvorstand einiges Kopfzerbrechen. Die Gespräche zwischen IBFG und AFL/CIO-Vertretern hätten erneut bestätigt, daß Meany in internationalen Fragen allein entscheide. Die Mitglieder des Exekutivrates sähen sich meistens gezwungen, Meany in diesem Bereich freie Hand zu lassen, weil sie auf innergewerkschaftlichem Gebiet und in anderen nicht internationalen Fragen auf seine Unterstützung angewiesen seien. Meany habe sich auf jeden Fall offengehalten, jederzeit in den IBFG zurückzukehren. Ihm sei zugestanden worden, daß die Automobilarbeitergewerkschaft (UAW) nicht in den IBFG aufgenommen wird.

---

[1] Durchschlag als Konzept.
Die Gesprächsaufzeichnung wurde von Vortragendem Legationsrat I. Klasse Umland am 4. März 1970 gefertigt.
Hat Parlamentarischem Staatssekretär Dahrendorf vorgelegen.

[2] Vom 24. November bis 6. Dezember 1969 hielt sich eine Delegation des DGB in der UdSSR auf. Der DGB-Vorsitzende Vetter besuchte die UdSSR vom 4. bis 6. Dezember 1969. Vgl. dazu den Schriftbericht Nr. 2904 des Botschafters Allardt, Moskau, vom 11. Dezember 1969; Referat II A 4, Bd. 1086.
Vgl. dazu ferner AAPD 1969, II, Dok. 389.

2. März 1970: Gespräch zwischen Dahrendorf und Vetter 81

Die Arbeit des DGB sei von zwei Rhythmen bestimmt, von einem westlichen und einem östlichen Rhythmus. Es gelte, den Spielraum des Handelns sorgfältig abzugrenzen. Trotz seines eindeutigen Bekenntnisses zum Westen werde der DGB seinen Teil zur Entspannung der Beziehungen zwischen der Bundesrepublik und den osteuropäischen Saaten beitragen. Er unterstütze die Ostpolitik der Bundesregierung, die in der Arbeitnehmerschaft über ein großes Vertrauenskapital verfüge.

Der *Parlamentarische Staatssekretär* gab dann einen Überblick über den Stand der ostpolitischen Bemühungen der Bundesregierung. Er sagte, es gebe zur Zeit vier Initiativen:
- die Gespräche mit Moskau
- die Gespräche mit Warschau
- die Gespräche in Ost-Berlin
- die Vier-Mächte-Gespräche der Alliierten über Berlin

Der bisherige Verlauf der Gespräche in Moskau lasse erkennen, daß die Sowjetunion an einer festen vertraglichen Abmachung interessiert sei. Ein Gewaltverzichtsabkommen mit der Sowjetunion müsse nach sowjetischer Auffassung alle die Punkte umfassen, die Gegenstand von bilateralen Verhandlungen mit anderen osteuropäischen Staaten sein könnten, z. B. die Frage der Grenzen, die Beziehungen der Bundesrepublik Deutschland zur DDR und zu Berlin. Darum würden sich die Verhandlungen mit Moskau so schwierig gestalten.

Die Feindstaatenklausel in der Charta der Vereinten Nationen (Artikel 53 und 107)[3] sei ebenfalls ein Verhandlungspunkt. Diese habe zwar auf Grund der politischen und militärischen Gegebenheiten in Europa keine entscheidende Bedeutung (Artikel 5 des NATO-Vertrages)[4]. Immerhin sei dieser Punkt von einiger innerpolitischer Bedeutung.

Interessant sei, daß alle osteuropäischen Gesprächspartner auf eine strikte Trennung der politischen von den wirtschaftlichen Verhandlungsthemen Wert legten.

Eine besondere Situation ergebe sich in den Gesprächen mit Warschau. Für die polnischen Gesprächspartner sei von ausschlaggebender Bedeutung, wie sich die Bundesrepublik zur polnischen Westgrenze stelle. Hier sei eine endgültige Regelung nur dann verantwortbar und vertretbar, wenn sie die Zustimmung der großen Mehrheit der Bevölkerung unseres Landes finde.

---

3 Für Artikel 53 und 107 der UNO-Charta vom 26. Juni 1945 vgl. Dok. 12, Anm. 4.
4 Artikel 5 des NATO-Vertrags vom 4. April 1949: „Die Parteien vereinbaren, daß ein bewaffneter Angriff gegen eine oder mehrere von ihnen in Europa oder Nordamerika als ein Angriff gegen sie alle angesehen werden wird; sie vereinbaren daher, daß im Falle eines solchen bewaffneten Angriffs jede von ihnen […] der Partei oder den Parteien, die angegriffen werden, Beistand leistet, indem jede von ihnen unverzüglich für sich und im Zusammenwirken mit den anderen Parteien die Maßnahmen, einschließlich der Anwendung von Waffengewalt trifft, die sie für erforderlich erachtet, um die Sicherheit des nordatlantischen Gebiets wiederherzustellen und zu erhalten." Vgl. BUNDESGESETZBLATT 1955, Teil II, S. 290.

Bemerkenswert sei, daß die Polen von uns Garantien für ihre Westgrenze forderten, obwohl wir nicht ihr unmittelbarer Nachbar seien. Für die DDR, die diese Grenze bereits garantiert habe[5], liege hierin ein gewisser Affront.

An die Gespräche mit Ost-Berlin dürfe man nicht mit hochgespannten Erwartungen herangehen. Regierungschefs würden normalerweise Verhandlungen nicht eröffnen, sondern diese nach gründlicher sachlicher Vorbereitung abschließen. Der Besuch des Bundeskanzlers in Ost-Berlin[6] würde aber mit einiger Wahrscheinlichkeit zu einem Gegenbesuch in Bonn[7] führen.

In die Vorbereitung der Vier-Mächte-Gespräche über Berlin seien wir von unseren Verbündeten voll eingeschaltet. Weder die Reise des Bundeskanzlers nach Ost-Berlin noch die bevorstehenden Gespräche in West-Berlin[8] würden irgendetwas an unserer Auffassung ändern, daß West-Berlin in seinen Bindungen zur Bundesrepublik gestärkt werden muß.

Der *DGB-Vorsitzende* verwies in diesem Zusammenhang auf die Einreiseverweigerung sowjetischer Stellen für die Vorstandsmitglieder der Gewerkschaft Erziehung und Wissenschaft, Frister und Frau Hoppe. Beide seien im Besitze eines von den Behörden der Bundesrepublik in Berlin ausgestellten Personalausweises.

Die Einreiseverweigerung habe im Bundesvorstand zu Überlegungen geführt, ob die Kontakte zur Sowjetunion unterbrochen werden sollen.[9] Es habe sich die Ansicht durchgesetzt, diese Frage bis zum Besuch der sowjetischen Delegation in der zweiten Maihälfte dieses Jahres zurückzustellen[10], sie aber zur Bedingung für weitere Kontakte mit den Sowjetgewerkschaften zu machen.

Es sei nicht tragbar, wenn die Sowjetunion die Anerkennung von Realitäten verlange, diese aber nicht auf den DGB anwende. Der DGB müsse darauf bestehen, daß die Integrität seiner Organisation voll respektiert werde. Dies gelte auch für den Landesbezirk Berlin.

VS-Bd. 9765 (IV 6)

---

[5] Vgl. dazu das Abkommen vom 6. Juli 1950 zwischen der DDR und Polen über die Markierung der festgelegten und bestehenden Staatsgrenze (Görlitzer Abkommen); DzD II/3, S. 249–252.

[6] Das erste Treffen des Bundeskanzlers Brandt mit Ministerpräsident Stoph fand am 19. März 1970 in Erfurt statt. Vgl. dazu Dok. 124.

[7] Das zweite Treffen des Bundeskanzlers Brandt mit Ministerpräsident Stoph fand am 21. Mai 1970 in Kassel statt. Vgl. dazu Dok. 226.

[8] Die Vier-Mächte-Gespräche über Berlin begannen am 26. März 1970. Vgl. dazu Dok. 135.

[9] Ministerialdirektor Ruete teilte Staatssekretär Bahr, Bundeskanzleramt, z. Z. Moskau, am 10. Februar 1970 mit, daß die Gewerkschaft Erziehung und Wissenschaft eine geplante Reise in die UdSSR abgesagt habe, nachdem die sowjetische Seite darauf bestanden habe, für die beiden Delegationsmitglieder aus Berlin (West), Frister und Hoppe, müßten entweder Reisepässe in der Bundesrepublik ausgestellt werden, oder aber die Reise der Delegation müsse ohne die beiden Delegationsmitglieder aus Berlin (West) erfolgen. Vgl. dazu den Drahterlaß Nr. 117; Referat II A 4, Bd. 1086.

[10] Vom 25. Mai bis 1. Juni 1970 hielt sich eine sowjetische Gewerkschaftsdelegation in der Bundesrepublik auf.

82

Deutsch-britisches Regierungsgespräch in London

I A 5-82.20-94.09-508/70 VS-vertraulich 2. März 1970[1]

Betr.: Gespräche des Herrn Bundeskanzlers mit Premierminister Wilson am 2. März 1970 von 16 bis 18 Uhr in 10 Downing Street, London[2]

Auf deutscher Seite nahmen außer dem Herrn Bundeskanzler teil:
Staatssekretär Harkort, Staatssekretär Ahlers, Botschafter von Hase, MD Frank, Gesandter Wickert, Botschafter Schwarzmann, BR I Jung/BR I Naupert, VLR I Wimmers, VLR Weber, BR Schauer, LR Schilling.
Die britische Delegation bestand außer Premierminister Wilson aus:
Außenminister Stewart, Finanzminister Jenkins, Verteidigungsminister Healey, stellvertretender Außenminister Thomson, Sir B. Trend, Sir D. Greenhill, Sir W. Nield, Sir R. Jackling, Sir T. Brimelow, Sir C. O'Neill, Mr. Michael Halls, Mr. R. Haydon, Mr. P.J.S. Moon, Mr. Joe Haines, Sir R. Hooper, Mr. Robinson/ Mr. Drinkall

1) Europafragen:

Der *Premierminister* begrüßte den Herrn Bundeskanzler und begann mit der Erörterung der Beitrittsfrage. Er sagte, die britische Regierung gehe mit der festen Entschlossenheit in die Verhandlungen, sie zu einem erfolgreichen Ende zu führen.[3] Das vielbesprochene Weißbuch über die Beitrittskosten[4] sei ein ehrliches Dokument und stelle das Beste dar, was man unter den Umständen habe erwarten können. Die Schwierigkeit habe darin bestanden, daß die Nachteile des Beitritts mehr oder weniger quantifizierbar seien, während sich die Vorteile, insbesondere der sogenannte dynamische Effekt, einer Quantifizierung entzögen. Außerdem sei das Weißbuch dadurch limitiert gewesen, daß es sich auf-

---

[1] Durchdruck.
Die Gesprächsaufzeichnung wurde von Botschaftsrat Schauer, London, am 2. März 1970 gefertigt.
[2] Bundeskanzler Brandt hielt sich vom 2. bis 4. März 1970 in Großbritannien auf. Vgl. dazu BRANDT, Begegnungen, S. 324 f.
[3] Die Verhandlungen über einen Beitritt Dänemarks, Großbritanniens, Irlands und Norwegens zu den Europäischen Gemeinschaften begannen am 30. Juni 1970. Vgl. dazu Dok. 289.
[4] Die britische Regierung legte am 10. Februar 1970 ein Weißbuch über die Kosten eines britischen EG-Beitritts vor. Darin wurden u. a. eine Belastung der britischen Zahlungsbilanz zwischen 100 Mio. und 1,1 Mrd. Pfund, ein Bruttobeitrag Großbritanniens zum Haushalt der Gemeinschaften zwischen 150 Mio. und 670 Mio. Pfund sowie die Erhöhung der Lebenshaltungskosten von vier bis fünf Prozent prognostiziert. Botschafter von Hase berichtete dazu am 11. Februar 1970, Premierminister Wilson habe anläßlich der Veröffentlichung des Weißbuchs am Vortag im Unterhaus ausgeführt, „daß es sich um eine unter rein wirtschaftlichen Gesichtspunkten durchgeführte, zum Teil sehr spekulative Analyse handle, in der die politischen Vorteile des Beitritts nicht berücksichtigt seien. Es sei jetzt auch nicht der Zeitpunkt, neue politische Entscheidungen zu treffen. Der Beitrittsantrag stehe nicht zur Diskussion, und die sechs EG-Regierungen hätten ihren Willen bekundet, die Verhandlungen in diesem Sommer aufzunehmen. Die Regierung werde in diese Verhandlungen in gutem Glauben und mit der festen Entschlossenheit gehen, sie erfolgreich zu beenden. Erst durch Verhandlungen werde sich dann erweisen, ob der Eintrittspreis für Großbritannien tragbar sei. Sei er nicht akzeptabel, so müsse und könne Großbritannien auch außerhalb der Gemeinschaft verbleiben, was allerdings einen Verlust für Großbritannien, für Europa und für Europas Einfluß in der Welt bedeuten würde." Vgl. den Drahtbericht Nr. 233; Referat I A 2, Bd. 1476.

333

tragsgemäß nur mit den wirtschaftlichen Argumenten auseinandergesetzt habe, während gerade die politischen Vorteile des Beitritts die entscheidenden seien.

Der *Bundeskanzler* sagte, die Entwicklung innerhalb der Gemeinschaften seit der Gipfelkonferenz in Den Haag[5] sei besser gewesen, als wir erwartet hätten, wenn auch noch einige Probleme, z. B. auf dem Landwirtschaftssektor ungelöst seien. Im übrigen hätten wir bei der letzten Sitzung der Finanz- und Wirtschaftsminister in Paris Gedanken zur Entwicklung einer Wirtschafts- und Währungsunion unterbreitet.[6] Über die Behandlung dieser Vorschläge würden die Briten auf dem laufenden gehalten. Sobald die Beitrittsverhandlungen begonnen hätten, sollte auch über dieses Thema gemeinsam gesprochen werden. Im übrigen habe er dafür Verständnis, daß die Briten zunächst weniger über Detailfragen, als über die wirklich bedeutenden Probleme verhandeln wollten. Im einzelnen müsse das mit den Franzosen aber noch abgestimmt werden, da eine gemeinsame Verhandlungsbasis notwendig sei. Zum Zeitplan sagte der Bundeskanzler, wahrscheinlich könnten die Verhandlungen bereits vor dem 1. Juli beginnen. Er wolle sich in diesem Punkte aber nicht festlegen, da meist doch mehr Zeit benötigt werde, als man zunächst annehme. Auf jeden Fall könne aber Anfang Juli begonnen werden, und zwar zunächst in einem ersten formelleren Gespräch mit allen vier Antragstellern, danach könnten dann die Verhandlungen mit Großbritannien beginnen. Eventuell müßten zwischendurch dann auch wieder die anderen Antragsteller gehört werden. Daran hätten sich die Dänen bei seinem kürzlichen Besuch in Kopenhagen[7] interessiert gezeigt. Auf jeden Fall sollten alle vier gleichzeitig beitreten und einheitliche Übergangszeiten erhalten. Daß Schweden seine Haltung noch ändern und sich zu den Antragstellern gesellen würde, halte er im Augenblick nicht für wahrscheinlich. Im übrigen sollten die Assoziierungsverhandlungen neben den Beitrittsverhandlungen geführt werden. Außerdem glaube er, daß ein institutionalisierter Kontakt zwischen den Gemeinschaften und den USA notwendig werden könnte, allerdings nur für die Behandlung wirtschaftlicher Probleme.[8]

---

[5] Die Konferenz der Staats- und Regierungschefs der EG-Mitgliedstaaten fand am 1./2. Dezember 1969 in Den Haag statt. Vgl. dazu AAPD 1969, II, Dok. 385.

[6] Am 23./24. Februar 1970 fand in Paris eine Konferenz der Wirtschafts- und Finanzminister sowie der Notenbankgouverneure der EG-Mitgliedstaaten zur Ausarbeitung eines gemeinsamen Stufenplanes zur Verwirklichung der Wirtschafts- und Währungsunion statt. Bundesminister Schiller unterbreitete dazu einen Vier-Stufen-Plan. In der ersten Stufe sollten die Grundlagen für die Harmonisierung der Wirtschafts- und Währungspolitik geschaffen werden. Stufe 2 sah die Verwirklichung einer gleichgewichtigeren Wirtschaftsentwicklung vor. Diese beiden Stufen sollten bis 1974/75 verwirklicht werden. In der dritten Stufe sollte die Überleitung zur Wirtschafts- und Währungsunion erfolgen. Für die vierte Stufe waren folgende Maßnahmen vorgesehen: „1) Übertragung aller notwendigen Befugnisse auf konjunktur-, finanz- und währungspolitischem Gebiet auf Gemeinschaftsorgane. 2) Ausbau des Ausschusses der Notenbankgouverneure zu einem europäischen Zentralbankrat, der mehrheitlich entscheidet. 3) Einführung absolut fester und garantierter Wechselkurse zwischen den Partnerstaaten der Gemeinschaft. 4) Einführung einer europäischen Währungseinheit." Vgl. dazu das Memorandum des Bundesministers Schiller vom 12. Februar 1970 sowie die Aufzeichnung des Ministerialrats Tietmeyer, Bundesministerium für Wirtschaft, vom 25. Februar 1970; Referat III A 1, Bd. 589.
Vgl. dazu weiter Dok. 92.

[7] Bundeskanzler Brandt hielt sich am 13./14. Februar 1970 in Dänemark auf.

[8] Zum Vorschlag institutionalisierter Kontakte zwischen den Europäischen Gemeinschaften und den USA vgl. auch Dok. 153, Anm. 3.

Zur politischen Zusammenarbeit sagte der Bundeskanzler, er denke bei der Ausführung der Ziffer 15 des Haager Kommuniqués[9] an eine qualifizierte politische Kooperation, die keine supranationalen Züge aufweisen, aber vielleicht doch durch ein Sekretariat unterstützt werden sollte. Die Vorbereitungen vollzögen sich, wie es in Ziffer 15 heiße, in der Perspektive der Erweiterung, und wir seien bereit, diese Fragen mit der britischen Regierung im einzelnen zu erörtern.

Mr. *Thomson* fragte, ob es nicht möglich sei, noch vor der Sommerpause mit sachlichen Verhandlungen zu beginnen.

Der *Bundeskanzler* antwortete, eventuell könne das Zehnertreffen schon Ende Juni stattfinden, so daß die Sachverhandlungen möglicherweise schon im Juli beginnen könnten.

Mr. *Jenkins* sagte, er begrüße die von den Finanz- und Wirtschaftsministern in Paris erörterten Vorschläge für eine Zusammenarbeit in Währungsfragen im Prinzip sehr. Er halte sie für interessant und jedes neue monetary momentum für gut.

Mr. *Thomson* äußerte, die britische Regierung hoffe, daß sie mit Beginn der Aufnahme der Beitrittsverhandlungen als Vollmitglied an den Diskussionen über die politische Zusammenarbeit teilnehmen könnte.

Der *Bundeskanzler* erwiderte, in dieser Frage könne es noch Schwierigkeiten mit den Franzosen geben. Sie wollten die politische Zusammenarbeit erst dann, wenn das Ergebnis der Beitrittsverhandlungen vorliege. Außerdem seien sie an der politischen Kooperation nur in einem größeren Rahmen und nicht in dem begrenzten Kreis der sechs oder sieben interessiert. Vielleicht könnten sie von ihrem Standpunkt abgebracht werden. Er schätze die Möglichkeiten hierfür aber nicht zu hoch ein, da der französische Präsident[10] gerade in dieser Frage innenpolitische Rücksichten nehmen müsse.

Mr. *Healey* betonte, daß rasche Fortschritte in der verteidigungspolitischen Zusammenarbeit in Europa notwendig seien. Das gelte sowohl für die Entwicklung einer gemeinsamen Haltung gegenüber den USA, als auch z. B. gegenüber SALT! Er gehe in jedem Falle davon aus, daß die deutsche Regierung an dieser nicht institutionalisierten Zusammenarbeit auf verteidigungspolitischem Gebiet festhalte.

2) Ost-West-Fragen:

Der *Bundeskanzler* sagte, seine Politik gegenüber den osteuropäischen Ländern erhalte für seinen Geschmack zu viel Publizität. Er habe in seiner Regierungszeit bisher mehr Zeit auf West- als auf Ostpolitik verwandt. Die Gipfelkonferenz in Den Haag und die nachfolgende Entwicklung mache das deutlich.

Im übrigen habe sich die Politik gegenüber dem Osten so vollzogen, wie er sie in der Regierungserklärung[11] angekündigt habe. Die Bundesregierung habe den

---

[9] Zu Ziffer 15 des Kommuniqués über die Konferenz der Staats- und Regierungschefs der EG-Mitgliedstaaten am 1./2. Dezember 1969 vgl. Dok. 11, Anm. 13.
[10] Georges Pompidou.
[11] Für die Regierungserklärung des Bundeskanzlers Brandt vom 28. Oktober 1969 vgl. BT STENOGRAPHISCHE BERICHTE, Bd. 71, S. 20–34.

NV-Vertrag unterzeichnet[12] und den Versuch unternommen, Gewaltverzichtsgespräche mit Moskau aufzunehmen. Außerdem habe sie in Warschau Gespräche begonnen und wolle nunmehr auch mit Ostberlin sprechen. All das sei aber keine isolierte Aktion, sondern Teil unserer europäischen Politik. Wir wollten ein geeintes Europa, verbunden mit den Vereinigten Staaten und von dieser Basis aus die Entspannung mit dem Osten. Diese könne nur mit den Alliierten und nur mit deren politischer und moralischer Unterstützung gelingen. Die Unterschiede zur Politik der Regierung der Großen Koalition seien in der Substanz gering. Allerdings sehe er aber auch keine Vorteile darin, die angekündigte Politik hinauszuzögern, denn diese werde zu ihrer Verwirklichung Monate, vielleicht sogar Jahre benötigen.

Im übrigen hätten wir aus dem Ergebnis der Warschauer-Pakt-Konferenz von Anfang Dezember 1969[13] den Schluß gezogen, daß die Warschauer-Pakt-Staaten doch vereinbart hätten, für Verhandlungen mit uns keine Vorbedingungen zu stellen. Das sei der Hauptgrund gewesen, unserem Botschafter in Moskau den Auftrag zu erteilen, das vorliegende Gesprächsangebot der Sowjets aufzugreifen.[14] Zum gegenwärtigen Zeitpunkt sei unsere Analyse der sowjetischen Interessenlage die folgende: Sie hätten keine Illusionen über den Bestand der westlichen Allianz. Kossygin habe zu Bahr gesagt, sie akzeptierten, daß ein Teil Europas vom westlichen Verteidigungsbündnis und der andere vom östlichen organisiert sei.[15] Vielleicht übe das Verhältnis zu China auch einen indirekten Einfluß aus, da die Sowjets mehr als früher Ruhe im Westen benötigten. Außerdem sei bei den Sowjets ebenso wie bei den Polen ein Interesse an besseren Handelsbeziehungen[16] zu spüren. Möglicherweise sei die etwas aufgeschlossenere Haltung auch eine Konsequenz der tschechoslowakischen Krise, denn bessere Beziehungen zur Bundesrepublik könnten zur Stabilisierung des sowjetischen Imperiums beitragen.

Der Bundeskanzler fügte ein, daß ein anderer Grund für die Aufnahme des Gesprächsangebots der Sowjets[17] der Wunsch der Polen gewesen sei, mit uns zu

---

12 Die Bundesrepublik unterzeichnete den Nichtverbreitungsvertrag am 28. November 1969.
13 Am 3./4. Dezember 1969 fand in Moskau eine Konferenz der Partei- und Regierungschefs der Warschauer-Pakt-Staaten statt. Für das Kommuniqué vgl. EUROPA-ARCHIV 1970, D 76 f.
14 Bundesminister Scheel wies Botschafter Allardt, Moskau, am 14. November 1969 an, der sowjetischen Regierung die Bereitschaft der Bundesrepublik zu Gesprächen über einen beiderseitigen Gewaltverzicht zu übermitteln. Vgl. dazu AAPD 1969, II, Dok. 363.
15 Für das Gespräch des Staatssekretärs Bahr, Bundeskanzleramt, mit Ministerpräsident Kossygin am 13. Februar 1970 in Moskau vgl. Dok. 54.
16 Korrigiert aus: „Handlungsbeziehungen".
17 Gesandter Baron von Stempel, Moskau, übermittelte am 12. September 1969 ein Aide-mémoire der UdSSR zum Gewaltverzicht. Darin erläuterte die sowjetische Regierung die Auffassung, „daß der Meinungsaustausch über die Nichtanwendung von Gewalt in den Beziehungen zwischen der BRD und der Sowjetunion und ebenso in den Beziehungen zwischen der BRD und den anderen sozialistischen Staaten vielversprechend und fruchtbar sein wird, wenn die Regierung der BRD Bereitschaft zeigt, an dieses Problem unter Berücksichtigung der Tatsachen der europäischen Wirklichkeit, der Sicherheitsinteressen des Kontinents und der internationalen Verpflichtungen der jeweiligen Seite heranzugehen. Dazu gehört auch die Bereitschaft, gleichzeitig mit der DDR einen in völkerrechtlicher Hinsicht verbindlichen Vertrag über den Verzicht auf Gewaltanwendung abzuschließen. Die sowjetische Regierung möchte in diesem Zusammenhang unterstreichen, daß die Erlangung wahrer Sicherheit in den internationalen Beziehungen und die Gewährleistung der Entspannung in Europa die Unverletzlichkeit der in Europa bestehenden Grenzen und die Respektierung der rechtmäßigen Interessen der souveränen Deutschen Demokratischen Republik und eines jeden anderen sozialisti-

sprechen.[18] Wir hätten eine klare Beziehung zwischen beiden Gesprächen herstellen wollen und deshalb sowohl nach Moskau wie nach Warschau Staatssekretäre entsandt.[19]

Zu den Gesprächsthemen in Moskau sagte der Bundeskanzler folgendes:

In der Grenzfrage seien die Sowjets damit einverstanden, wenn wir die existierenden Grenzen respektierten. Sie bestünden nicht auf einer ausdrücklichen Anerkennung.

Im Verhältnis zu Ostdeutschland beständen die Sowjets auf dem Standpunkt, daß, falls wir weiter die nationale Einheit anstrebten, dies ein indirekter Angriff auf die von uns respektierten existierenden Grenzen sei. Sie hätten in dieser Frage allerdings noch keinen definitiven Standpunkt bezogen. Bei der Behandlung der Artikel 53 und 107[20] der VN-Charta strebten wir einen Kompromiß in Richtung auf Artikel 2[21] an. Sachlich sei diese Frage nicht allzu wichtig, für die öffentliche Meinung in Deutschland allerdings von großer Bedeutung.

In der Berlinfrage verlangten die Sowjets von uns, daß wir die territoriale Integrität Berlins garantierten. Wir hätten demgegenüber darauf hingewiesen, daß das Sache der Alliierten sei. Außerdem hätten wir deutlich gemacht, daß sich enge wirtschaftliche Bindungen zwischen Berlin und der Bundesrepublik entwickelt hätten, daß die Bundesregierung Berlin im Ausland vertrete und die Westberliner schließlich deutsche Pässe führten. Das Münchener Abkommen stelle im Grunde kein besonderes Problem dar. Im übrigen sollten beide Delegationen ihren Regierungen in zwei bis drei Wochen einen Bericht vorlegen, auf Grund dessen dann entschieden werden müsse, ob Verhandlungen begonnen werden könnten oder nicht. Dieser Bericht solle dann sorgsam analysiert werden.

Die Gespräche in Warschau hätten in einer freundlichen Atmosphäre stattgefunden. Die polnische Regierung habe jedoch auf einer klaren und unmißverständlichen Anerkennung der Oder-Neiße-Linie bestanden. Wir hätten auf die Schwierigkeiten hingewiesen, die schon durch die vertraglichen Abmachungen gegeben seien, in denen es heiße, daß eine endgültige Regelung der Grenzen einem Friedensvertrag vorbehalten bleiben müsse.[22] Die Polen hätten uns im übrigen einen sehr rigiden Abkommensentwurf mitgegeben[23], der nunmehr geprüft werde. Letztlich werde das Ergebnis der Gespräche von den Verhandlungen in Moskau abhängen. Daß zwischen beiden eine Verbindung bestehe, sei inzwischen auch den Polen klargeworden.

Fortsetzung Fußnote von Seite 336
    schen Staates voraussetzt. Als eine wesentliche Tatsache sieht sie auch die Respektierung der besonderen Stellung West-Berlins an". Die Anerkennung der „bestehenden Realitäten" machten „einen integrierenden Bestandteil der Sicherheit der europäischen Staaten" aus. Abschließend regte die sowjetische Regierung an, die Gespräche in Moskau fortzusetzen. Vgl. den Drahtbericht Nr. 1392; VS-Bd. 4383 (II A 1); B 150, Aktenkopien 1969.
18 Vgl. dazu die Rede des Ersten Sekretärs des ZK der PVAP, Gomułka, am 17. Mai 1969 in Warschau; Dok. 14, Anm. 7.
19 Egon Bahr bzw. Georg Ferdinand Duckwitz.
20 Für Artikel 53 und 107 der UNO-Charta vom 26. Juni 1945 vgl. Dok. 12, Anm. 4.
21 Zu Artikel 2 der UNO-Charta vom 26. Juni 1945 vgl. Dok. 12, Anm. 5.
22 Vgl. dazu Abschnitt IX des Kommuniqués vom 2. August 1945 über die Konferenz von Potsdam (Potsdamer Abkommen); Dok. 12, Anm. 26.
23 Für den polnischen Entwurf vom Februar 1970 vgl. Dok. 141.

Zu den Gesprächen mit Ostberlin sagte der Bundeskanzler, Ulbricht habe im Dezember den Vertragsentwurf übersandt[24], in dem die volle völkerrechtliche Anerkennung gefordert worden sei. Die Sowjets hätten zu dieser Forderung gesagt, unsere Weigerung, Ostberlin völkerrechtlich anzuerkennen, erscheine ihnen nicht logisch, sie seien jedoch bereit, unseren Standpunkt zu akzeptieren. Über die Vorbereitung der Gespräche in Ostberlin habe er heute von seinen Unterhändlern[25] gehört, es sei „not an easy operation". Morgen werde er darüber mehr wissen. Er halte es auf jeden Fall für sehr wahrscheinlich, daß er selbst im März nach Ostberlin fahre.[26] Eine große Schwierigkeit seiner Gespräche in Ostberlin bestehe darin, daß sie nicht, wie in Moskau und Warschau, vertraulich geführt werden könnten. Er werde alles, was er dort sage, veröffentlichen, schon um dem Risiko des Mißbrauchs zu entgehen. Er habe trotzdem die Hoffnung, daß es zu Arbeitsbeziehungen zwischen beiden Regierungen kommen könne. Diese müßten den Deutschen und den Alliierten akzeptabel sein und dürften die Entspannung nicht stören. Er wolle in Ostberlin unsere Position erklären und unsere Bereitschaft darlegen, praktische Maßnahmen zu diskutieren. Nicht nur auf humanitärem Gebiet, sondern auch auf welche Weise beide Deutschlands zur Erhaltung des Friedens beitragen könnten. Auch das Berlinproblem werde er dabei berühren. Nach einer Weile könnte es dann eventuell nützlich sein, unter den Alliierten zu diskutieren, wie lange es noch sinnvoll sei, Ostdeutschland aus allen internationalen Organisationen auszuschließen.

Premierminister *Wilson* stellte zwei Fragen: Erstens, will die Sowjetunion Fortschritte mit der Bundesregierung und wird sie nur von Ulbricht daran gehindert? Zweitens, inwieweit ist die Gewaltverzichtsfrage mit Berlin verknüpft?

Der *Bundeskanzler* erwiderte zu Frage 1: Darüber beständen innerhalb der sowjetischen Führungsschicht wohl noch Meinungsverschiedenheiten. Ostdeutschland spiele dabei sicher eine Rolle, denn die DDR sei kein Satellit mehr. Aber der Stein des Anstoßes sei wohl nicht so sehr Ulbricht selbst, als andere, die der Bundesrepublik noch feindseliger gegenüberständen.

Zur Frage 2 sagte er: Wir würden gern erreichen, daß die Sowjetunion uns in einem Briefwechsel zu Gewaltverzichtsabkommen bestimmte Zusicherungen über Berlin gibt, z.B. daß Westberlin die gleiche Währung wie die Bundesrepublik hat. Ein derartiger Briefwechsel müßte aber nicht Teil des Abkommens sein.

Der *Premierminister* fragte, ob die alliierten Gespräche mit den Sowjets über Berlin[27] beschleunigt werden könnten. Der Bundeskanzler antwortete, wenn sie in diesem Monat noch stattfinden, sei das durchaus schnell genug. Er denke, daß er in diesem Monat nur für ein Treffen nach Ostberlin gehe und dann eventuell Herrn Stoph für April nach Bonn[28] einlade.

---

[24] Zum Schreiben des Staatsratsvorsitzenden Ulbricht vom 17. Dezember 1969 an Bundespräsident Heinemann vgl. Dok. 12, Anm. 11.

[25] Zur Beauftragung des Ministerialdirektors Sahm, Bundeskanzleramt, mit der Vorbereitung des Treffens des Bundeskanzlers Brandt mit dem Vorsitzenden des Ministerrats, Stoph, vgl. Dok. 61, Anm. 4. Vgl. außerdem Dok. 91.

[26] Zu den Gesprächen des Bundeskanzlers Brandt mit dem Vorsitzenden des Ministerrats, Stoph, am 19. März 1970 in Erfurt vgl. Dok. 124.

[27] Die Vier-Mächte-Gespräche über Berlin begannen am 26. März 1970. Vgl. dazu Dok. 135.

[28] Zu den Gesprächen des Bundeskanzlers Brandt mit dem Vorsitzenden des Ministerrats, Stoph, am 21. Mai 1970 in Kassel vgl. Dok. 226.

Außenminister *Stewart* sagte, was die Sowjets wollten, sei ja wohl klar, nämlich die völkerrechtliche Anerkennung der DDR, die Anerkennung aller Grenzen und die Schwächung Berlins. Was nicht so klar sei, sei, ob sie dafür etwas zu geben bereit seien. Er fragte, ob wir festgestellt hätten, daß sie irgendwo nachgeben wollten. Er fragte, wie wir uns die Sicherung der Zugangswege nach Berlin vorstellten und was wir geben müßten, um eine solche Sicherung herbeizuführen. Der *Bundeskanzler* antwortete, soweit seien unsere Sondierungen noch nicht gediehen.

Außenminister *Stewart* stellte die Frage, ob die Sowjets bereit seien, für die Anerkennung der Oder-Neiße-Linie oder die Bestätigung der Nichtigkeit des Münchener Abkommens etwas zu konzedieren. Der *Bundeskanzler* erwiderte, die Nichtigkeit des Münchener Abkommens interessierte sie nicht besonders. Bei der Oder-Neiße-Linie sei es vielleicht etwas anders. Ihre Nichtanerkennung habe den Sowjets bisher für Propagandazwecke und zur Disziplinierung des Ostblocks gedient. Daß sie jetzt an deren Anerkennung ein Interesse zeigten, bedeute vielleicht eine wirkliche Wandlung in ihrem Verhältnis zu Deutschland und sei vielleicht so zu deuten, daß sie an einer Normalisierung der Beziehungen zu uns wirklich interessiert seien.

Mr. *Thomson* fragte, ob wir bei der NATO-Ministerratstagung im Mai[29] klarere Vorstellungen darüber haben würden, was die Sowjets zu konzedieren bereit seien. Der *Bundeskanzler* bejahte dies.

3) Konferenz über Europäische Sicherheit:

Außenminister *Stewart* sagte, es gebe zwei Wege, um vom Kalten Krieg wegzukommen: einmal den bilateralen, der sehr nützlich sei, die zugrundeliegenden Probleme aber nicht löse, und zum anderen den multilateralen. Der sowjetische Vorschlag zur Abhaltung einer Konferenz über Europäische Sicherheit[30] sei ein solcher multilateraler Vorschlag und wir müßten uns fragen, ob er nur als Propaganda oder ernstgemeint sei.

Seiner Meinung nach könne man nicht ausschließen, daß die Sowjets eine ernsthafte Änderung wollten. Aber selbst wenn es sich nur um ein Propagandaunternehmen handle, sollten wir den Sowjets das Geschäft der Propaganda nicht ganz überlassen. Der erste Vorschlag sei wohl nicht akzeptabel gewesen, da er lediglich eine Aufwertung der DDR und eine Bestätigung der Breschnew-Doktrin[31] bedeutet haben würde und im übrigen die Tagesordnung zu limitiert

---

[29] Zur NATO-Ministerratstagung am 26./27. Mai 1970 in Rom vgl. Dok. 240 und Dok. 244.
[30] Zu den Vorschlägen für eine Europäische Sicherheitskonferenz vgl. Dok. 7, Anm. 2.
[31] Am 3. Oktober 1968 erläuterte der sowjetische Außenminister Gromyko vor der UNO-Generalversammlung die sowjetische Auffassung von einem „sozialistischen Commonwealth": „Diese Gemeinschaft ist ein untrennbares Ganzes, das durch unzerstörbare Bande zusammengeschweißt ist, wie sie die Geschichte bisher nicht kannte. [...] Die Sowjetunion erachtet es für notwendig, auch von dieser Tribüne zu erklären, daß die sozialistischen Staaten keine Situation zulassen können und werden, in der die Lebensinteressen des Sozialismus verletzt und Übergriffe auf die Unantastbarkeit der Grenzen der sozialistischen Gemeinschaft und damit auf die Grundlagen des Weltfriedens vorgenommen werden." Vgl. EUROPA-ARCHIV 1968, D 555–557.
Am 12. November 1968 griff der Generalsekretär des ZK der KPdSU, Breschnew, diese Thesen auf dem V. Parteitag der PVAP in Warschau auf (Breschnew-Doktrin): „Und wenn die inneren und äußeren, dem Sozialismus feindlichen Kräfte die Entwicklung irgendeines sozialistischen Landes auf die Restauration der kapitalistischen Ordnung zu lenken versuchen, wenn eine Gefahr für den Sozialismus in diesem Land, eine Gefahr für die Sicherheit der gesamten sozialistischen Staatenge-

gewesen sei. Es frage sich, wie unser Gegenvorschlag aussehen sollte. Seiner Meinung nach dürfe die Tagesordnung nicht begrenzt sein; wir müßten im Gegenteil frei sein, alle Problem zu erörtern, an denen wir interessiert seien, z. B. gegenseitige Truppenverminderungen. Außerdem müsse sichergestellt werden, daß es sich bei der Konferenz um ein kontinuierliches Unternehmen handle, das von den Sowjets nicht einfach aus Propagandagründen abgebrochen würde. Drittens sei es notwendig, daß auch Staaten, die keinem der beiden Blöcke angehörte, sich beteiligen könnten. Bis zur NATO-Ministerratstagung im Mai sollten wir möglichst eine gemeinsame Antwort auf den sowjetischen Vorschlag erarbeitet haben.

Der *Bundeskanzler* sagte, es sei interessant, daß in Moskau die Sicherheitskonferenz nur einmal bei einem Abendessen[32] erwähnt worden sei. Im übrigen seien wir der Auffassung, daß, wenn sich bis dahin in unseren Beziehungen zum Osten nichts geändert habe, wir wohl nicht teilnehmen würden. Im übrigen hätten die Polen darauf hingewiesen, daß die Konferenz nicht nur eine sowjetische Idee sei.[33] Die Polen und auch die Ungarn hofften, durch eine solche Zusammenkunft mehr Raum zum Manövrieren zu erhalten. Weiterhin sei auch er der Meinung, daß die Konferenz nicht propagandistisch ausgenutzt werden sollte. Die Themen Handel und Gewaltverzicht seien akzeptabel, allerdings müsse der Souveränitätsbegriff dabei klargestellt werden. Auch er sei dafür, daß wir die Diskussion der balanced force reductions fordern sollten. Wir sollten auch klarstellen, daß es sich nicht nur um eine Konferenz, sondern um kontinuierliche Besprechungen handeln müßte.

MD *Frank* erläuterte kurz die französische Haltung zur Sicherheitskonferenz. Erstens zögen die Franzosen immer noch bilaterale Gespräche den multilateralen vor, zweitens hielten sie immer noch wenig von der Idee der Sicherheitskonferenz, drittens glaubten die Franzosen, daß die Sowjets an einer Konferenz in diesem Jahr ohnehin nicht mehr interessiert seien und daher keine Eile geboten sei. Dies alles spreche nicht dafür, daß die NATO bis zum Mai eine gemeinsame Haltung erarbeiten könne.

Verteidigungsminister *Healey* sagte, er glaube, die Sowjets hätten den Konferenzvorschlag nur gemacht, weil ihnen die Aufforderung von Reykjavik[34] unangenehm gewesen sei. Es sei interessant, daß sie ihre Gedanken nur wenig propagandistisch ausgenutzt hätten und ihre Vorstellungen inzwischen den westlichen etwas angepaßt hätten. Auf jeden Fall sollten wir darauf bestehen, die balanced force reduction auf die Tagesordnung zu bringen. Wir sollten die Initiative behalten und unsere Verhandlungsposition nicht preisgeben. Allerdings müßten wir uns darüber im klaren sein, daß Fortschritte auf dem Gebiet der BFR ähnlich schwierig wie bei SALT seien und prozentuale Reduktionen nicht in Frage kämen.

Fortsetzung Fußnote von Seite 339
    meinschaft entsteht, ist das nicht nur ein Problem des Volkes des betreffenden Landes, sondern ein allgemeines Problem, um das sich alle sozialistischen Staaten kümmern müssen." Vgl. DzD V/2, S. 1478.
32 Zum Besuch des sowjetischen Außenministers Gromyko in der Botschaft der Bundesrepublik in Moskau am 10. Februar 1970 vgl. Dok. 50.
33 Zur polnischen Haltung gegenüber einer Europäischen Sicherheitskonferenz vgl. Dok. 41, Anm. 3.
34 Zur Erklärung der NATO-Mitgliedstaaten vom 25. Juni 1968 („Signal von Reykjavik") vgl. Dok. 80, Anm. 3.

Der *Premierminister* fragte, ob die Sowjets das Deutschlandproblem außerhalb der Konferenz behandeln wollten.

Der *Bundeskanzler* bejahte dies.

Der Bundeskanzler stellte abschließend noch zwei Fragen zur Erörterung: Erstens, die Vier-Mächte-Gespräche über Berlin. Er sagte, es bestände die Gefahr, daß die Sowjets die vierte Macht sein wollten, die über Westberlin zu entscheiden habe. Wir müssen aber am Prinzip festhalten, daß alle Vier Mächte für ganz Berlin verantwortlich seien und die drei für Westberlin.

Zweitens: Luftverkehrsabkommen mit den Sowjets. Er erläuterte, daß wir die Luftverbindung nach Moskau und von dort aus in den Fernen Osten wollten. Die Frage sei, welche Flugbahn die sowjetischen Flugzeuge über Ostdeutschland einhalten müßten. Die Alliierten beständen darauf, daß sie die Luftkorridore zu benutzen hätten. Falls die Alliierten bei dieser Haltung blieben, hätten wir keine Aussicht, die zweite Verhandlungsrunde mit den Sowjets überhaupt aufzunehmen.

Der *Premierminister* versprach, sich zu diesem Punkt am folgenden Morgen zu äußern.[35] Er schlug im übrigen vor, daß die Presse über die Gesprächsthemen orientiert werden sollte und ihr im übrigen lediglich die einzelnen vom Bundeskanzler erläuterten Punkte angegeben werden sollten.

VS-Bd. 2747 (I A 5)

83

Vorlage des Auswärtigen Amts und des Bundesministeriums der Verteidigung für den Bundessicherheitsrat

II B 2-81.30/2-497/70 VS-vertraulich   **2. März 1970**[1]

Gemeinsame Vorlage des Auswärtigen Amts und des Bundesministeriums der Verteidigung an den Bundessicherheitsrat

I. Die Bundesregierung bringt dem Gedanken einer Konferenz über europäische Sicherheit positives Interesse entgegen. Sie ist allerdings der Ansicht, daß eine solche Konferenz ihren Zweck verfehlte, wenn dabei die eigentlichen Sicherheitsprobleme des Kontinents ausgeklammert blieben. Aus diesem Grunde ist es ihr Bestreben, das Thema „beiderseitige ausgewogene Truppenverminderung" (BFR = Balanced Force Reductions) zu einem zentralen Thema der internationalen

---

[35] Für das deutsch-britische Regierungsgespräch vom 3. März 1970 vgl. Dok. 86.

[1] Ablichtung.
Die Vorlage wurde am 2. März 1970 von Bundesminister Scheel an die Bundesminister Genscher, Leber, Möller, Schiller und Schmidt übermittelt. Für das Schreiben vgl. VS-Bd. 1522 (II A 7); B 150, Aktenkopien 1970.

Diskussion zu machen und es für den Fall, daß eine Konferenz über Fragen der Sicherheit Europas zustande kommt, auf die Tagesordnung zu setzen.

Dieses Bestreben der Bundesregierung ist nicht neu. Unter dem Vorsitz von General a. D. Heusinger untersuchte eine Arbeitsgruppe des Bundeskanzleramts, des Auswärtigen Amts und des Bundesministeriums der Verteidigung schon im Jahre 1967 die Frage einer Verminderung der fremden Stationierungstruppen in Zentraleuropa.[2] Auf Grund der dabei gewonnenen Erkenntnisse hat die Bundesregierung von Anfang an initiativ und aktiv mitgearbeitet, als die NATO Ende 1967 umfangreiche Untersuchungen über eine beiderseitige ausgewogene Verminderung der einheimischen wie der stationierten Truppen in Ost und West aufnahm.[3] Sie war maßgeblich am Zustandekommen des „Signals von Reykjavik" beteiligt, mit dem die NATO-Außenminister im Juni 1968 die Bereitschaft des Westens anzeigten, die Frage der Truppenreduktion mit der Sowjetunion und den anderen Ländern Osteuropas zu erörtern.[4] Zur Zeit beteiligt sie sich in der NATO intensiv an den Arbeiten zur Entwicklung von verschiedenen Reduktionsmodellen, die laut der Brüsseler NATO-Ratserklärung vom 5. Dezember 1969[5] als Grundlage für baldige aktive Sondierungen dienen sollen.[6]

II. Bei den gegenwärtig aufgrund der genannten NATO-Ratserklärung vom 5. Dezember 1969 entwickelten Reduktionsmodellen handelt es sich um zwei Grundtypen:

1) ein Modell, in dem Truppenreduzierungen bei der NATO und dem Warschauer Pakt nach gleichen Prozentsätzen erfolgen;

---

[2] Im Sommer 1966 erhielt General a. D. Heusinger von den Bundesministern Schröder und von Hassel den Auftrag zur Ausarbeitung einer „Studie über eine Reduzierung der Streitkräfte der NATO im Bereich Europa-Mitte". Kapitel 1 und 2 der Studie wurden von Heusinger im März 1967 übersandt, Kapitel 3 wurde im Juli 1967 vorgelegt. Vgl. dazu AAPD 1967, III, Dok. 377.
Im September 1969 wurde zwischen den Bundesministern Brandt und Schröder ein erneutes Zusammentreten der Arbeitsgruppe Heusinger vereinbart, um eine Studie zum Thema „Lösungsvorschläge für das Problem der militärischen Sicherheit im Rahmen eines Europäischen Sicherheitssystems" anzufertigen. Zuvor sollte jedoch das Auswärtige Amt ein politisches Grundmodell erarbeiten. Das Vorhaben wurde im November 1969 nach Absprache zwischen dem Auswärtigen Amt und dem Bundesministerium der Verteidigung bis zum Frühjahr 1970 zurückgestellt. Vgl. dazu AAPD 1969, II, Dok. 277.

[3] Vgl. dazu Ziffer 5 des Kommuniqués über die NATO-Ministerratstagung vom 13./14. Dezember 1967 in Brüssel: „Ministers emphasised the importance of promoting progress in disarmament and arms control, including concrete measures to prevent the proliferation of nuclear weapons. They reaffirmed their view that, if conditions permit, a balanced reduction of forces on both sides could constitute a significant step towards security in Europe." Vgl. NATO FINAL COMMUNIQUÉS, S. 195. Für den deutschen Wortlaut vgl. EUROPA-ARCHIV 1968, D 73.

[4] Zur Erklärung der NATO-Mitgliedstaaten vom 25. Juni 1968 („Signal von Reykjavik") vgl. Dok. 80, Anm. 3.

[5] Korrigiert aus: „6. Dezember 1969".

[6] Vgl. dazu Ziffer 5 der Erklärung der NATO-Mitgliedstaaten vom 5. Dezember 1969: „Ministers again expressed the interest of the Alliance in arms control and disarmament and recalled the Declaration on mutual and balanced force reductions adopted at Reykjavik in 1968 and reaffirmed in Washington in 1969. The Members of the Alliance have noted that up to now this suggestion has led to no result. The Allies, nevertheless, have continued, and will continue, their studies in order to prepare a realistic basis for active exploration at an early date and thereby establish whether it could serve as a starting point for fruitful negotiations. They requested that a Report of the Council in Permanent Session on the preparation of models for mutual and balanced force reductions be submitted as soon as possible." Vgl. NATO FINAL COMMUNIQUÉS, S. 229 f. Für den deutschen Wortlaut vgl. EUROPA-ARCHIV 1970, D 80.

2) ein Modell, das den unterschiedlichen Gegebenheiten von NATO und Warschauer Pakt Rechnung trägt.
Im Rahmen dieser beiden Grundtypen werden verschiedene Alternativen entwickelt.
Weder die jetzt entwickelten noch etwaige andere Modelle werden ohne weiteres als Verhandlungsgrundlage taugen; sie dienen vornehmlich der Gewinnung eigener Urteilsgrundlagen. Es erscheint ratsamer, dem Beispiel zu folgen, das die Vereinigten Staaten bei den SALT-Kontakten gesetzt haben: lediglich mit sicheren Kriterien, aber ohne feste Modellvorstellungen in die Gespräche zu gehen und die Definition möglicher Modelle erst im Laufe der Unterhandlung vorzunehmen.
Die Kriterien müssen sich beziehen auf
a) den angestrebten Reduzierungsraum;
b) Nationalität, Art und Umfang der zu vermindernden Truppen und Rüstungen;
c) die Erfordernisse und Möglichkeiten ausreichender Verifikationen.
III. Aus mehrerlei Gründen hält es die Bundesregierung für geraten, ein gesteigertes deutsches Interesse an dem Projekt beiderseitiger ausgewogener Truppenverringerungen zu bekunden:
Es ist notwendig, den vagen östlichen Konferenz-Vorschlägen konkrete westliche Vorstellungen über europäische Sicherheit entgegenzusetzen. Damit würde die sowjetische Absicht durchkreuzt, dem Westen – besonders der Bundesrepublik – ohne jegliche Gegenleistung auf dem Felde der Sicherheitspolitik und ohne Maßnahmen zur Entkrampfung des Ost-West Verhältnisses einen multilateralen Gewaltverzicht zum Zwecke der legalisierenden Anerkennung des Status quo aufzuzwingen.
Es erscheint angebracht, der amerikanischen Regierung, die sich wachsendem Druck gegenübersieht, die US-Truppen in Europa einseitig zu verringern, durch eine BFR-Initiative Luft zu schaffen. Die baldige Aufnahme von Verhandlungen über gegenseitige Truppenreduzierungen würde mindestens für die Dauer der Gespräche einen „Bindungseffekt" bewirken, der einseitige amerikanische (wie andere westliche) Abzugsmaßnahmen erschwerte.
Eine BFR-Initiative des Bündnisses wäre ungeachtet ihres Ausgangs von Vorteil für die Bundesregierung. Hätte sie Erfolg, so würde die massive militärische Konfrontation abgebaut und ganz Europa könnte leichter atmen; sträubte sich Moskau dagegen, so könnte dies die Sowjetunion in Schwierigkeiten mit anderen Staaten des Warschauer Paktes bringen; lehnten die Sowjets das Gespräch ganz ab, so bliebe doch der Wille der Bundesregierung und des Bündnisses dokumentiert, ihrer Friedenspolitik auch durch sicherheitspolitische Ausgleichsbereitschaft Glaubhaftigkeit zu verleihen.
IV. Das Ziel einer Initiative der Bundesregierung sollte es sein, innerhalb des Bündnisses darauf hinzuwirken, daß an die Mitglieder des Warschauer Paktes möglichst noch in der NATO-Minister-Konferenz im Mai 1970[7] ein formelles BFR-Gesprächsangebot gerichtet wird.

---

[7] Zur NATO-Ministerratstagung am 26./27. Mai 1970 in Rom vgl. Dok. 240 und Dok. 244.

V. Der Bundessicherheitsrat möge beschließen:
Der Bundessicherheitsrat billigt die vorstehenden Grundsätze.
Er beauftragt das Auswärtige Amt und das Bundesministerium der Verteidigung, deutsche Schritte im Sinne der Ziffer IV vorzubereiten.[8]

VS-Bd. 1522 (II A 7)

84

Aufzeichnung des Vortragenden Legationsrats I. Klasse van Well

II A 1-83.10-394[I]/70 geheim 2. März 1970

Betr.: Berlin-Gespräche der Vier Mächte

1) In der Sitzung der Bonner Vierergruppe vom 27.2.1970 begrüßten der amerikanische und der britische Vertreter den Brief des Bundeskanzlers an Präsident Nixon, Premierminister Wilson und Staatspräsident Pompidou.[1] Weisungen aus den Hauptstädten lagen naturgemäß noch nicht vor, der amerikanische und britische Vertreter betonten indessen, daß das dem Schreiben beigefügte Arbeitspapier[2] ein wertvoller Beitrag zur Vorbereitung der Vier-Mächte-Gespräche sei. Der französische Vertreter hielt sich demgegenüber zurück, ließ aber durchblicken, daß seine Regierung unseren Verhandlungszielen, insbesondere der Respektierung der bestehenden Lage in Berlin durch die Sowjetunion, mit Vorbehalten gegenübersteht.

2) Besonderes Interesse der Alliierten fand die auf Seite 4 des Arbeitspapiers erwähnte Möglichkeit, daß die Verfassungsorgane der Bundesrepublik unter bestimmten Voraussetzungen die ihnen nach dem Grundgesetz obliegenden formellen Amtsakte in Berlin nicht vornehmen würden. Der deutsche Vertreter sagte dazu, wir hätten diese Position mit Absicht als eine Art Generalklausel formuliert, die bei einer positiven Entwicklung der Verhandlungen präzisiert werden könnte. Nach dem Grundgesetz seien Verfassungsorgane die Bundesversammlung, der Bundestag und Bundesrat, der Bundespräsident, die Bundesregierung und der Bundeskanzler, nicht jedoch die Ausschüsse des Bundestages und des Bundesrates. Das Recht des Bundespräsidenten und des Bundeskanzlers, sich in Berlin aufzuhalten, würde durch die von uns vorgeschlagene Formel nicht berührt.

Der amerikanische Vertreter äußerte sich positiv zu der von uns vorgeschlagenen Formel und meinte, daß sie als Verhandlungsposition gegenüber der Sowjetunion sehr geeignet sei.

---

[8] Zur Sitzung des Bundessicherheitsrats vom 6. März 1970 vgl. Dok. 94.
[1] Für das Schreiben an Präsident Nixon vom 25. Februar 1970 vgl. Dok. 76.
[2] Für das Arbeitspapier der Bundesregierung vom 25. Februar 1970 vgl. Dok. 75.

3) Weitere Fragen bezogen sich auf das Stimmrecht der Berliner Abgeordneten, das auf Seite 4 des Arbeitspapiers erwähnt wird. Der britische Vertreter fragte, ob dieser Hinweis so zu verstehen sei, daß die Bundesregierung volles Stimmrecht der Berliner Abgeordneten für alle Bereiche der Gesetzgebung mit der einzigen Ausnahme der NATO-Mitgliedschaft und der Notstandsregelung anstrebe. Eine solche Erweiterung des Stimmrechts habe bisher nicht zur Diskussion gestanden. Der deutsche Vertreter ließ diese Frage offen, betonte aber, daß wir mit dieser Formel grundsätzlich eine Einschränkung des Stimmrechts auch für die Zukunft bejahten.

4) Erhebliches Interesse fanden auch die Aussagen zum Berlin-Status auf Seite 3/4 des Arbeitspapiers. Der amerikanische Vertreter bezeichnete sie als Feststellungen von grundsätzlicher Bedeutung, zumal wenn man bedenke, daß die alliierten Berlin-Vorbehalte in dem Genehmigungsschreiben zum Grundgesetz[3] von der Bundesrepublik bisher nicht formell akzeptiert worden seien. Eine Zusicherung der Bundesregierung, daß sie eine Suspendierung der Berlin-Vorbehalte nicht anstrebe, sei für die Alliierten außerordentlich wertvoll. Sie könnten damit den sowjetischen Beschuldigungen, Bonn strebe eine volle Eingliederung West-Berlins in die Bundesrepublik an, sehr viel überzeugender entgegentreten als bisher.

In diesem Zusammenhang äußerte sich der amerikanische Vertreter sehr befriedigt über die Feststellung, daß jede der Vier Mächte in ihrem Sektor souverän sei, also dort die Ausübung der obersten Gewalt nicht mit den anderen Besatzungsmächten teile. Dies entspreche auch der amerikanischen Rechtsauffassung.

Der deutsche Vertreter legte Wert auf die Feststellung, daß wir die Vier-Mächte-Verantwortung für ganz Berlin, einschließlich West-Berlins, anerkennen. Eine Vier-Mächte-Kontrolle beschränkt auf West-Berlin, sei für die deutsche Seite jedoch unannehmbar.

Der französische Vertreter warnte davor, als Verhandlungsziel des Westens die Respektierung der heute bestehenden Verhältnisse in Auge zu fassen. Das würde zwangsläufig eine Anerkennung des für den Westen nicht sehr günstigen Status quo bedeuten. Unser Ziel müsse die Änderung und nicht eine Verfestigung der bestehenden Zustände sein.

Hiermit über Herrn Dg II A[4] Herrn D II[5] mit der Bitte um Kenntnisnahme vorgelegt.

van Well

VS-Bd. 4479 (II A 1)

---

3 Zum Schreiben der Drei Mächte vom 12. Mai 1949 vgl. Dok. 12, Anm. 19.
4 Hat Ministerialdirigent Lahn am 2. März 1970 vorgelegen.
5 Hat Ministerialdirektor Ruete am 2. März 1970 vorgelegen.

85

Staatssekretär Duckwitz an Botschafter Böx, Warschau

II A 5-82.00-94.20-398/70   2. März 1970[1]
Fernschreiben Nr. 823 Plurex   Aufgabe: 2. März 1970, 16.31 Uhr
Citissime

Bitte, Stellvertretendem Außenminister Winiewicz folgenden Text eines Vertragsentwurfs so bald wie möglich zu überreichen und dabei auszuführen, daß die geringe Verzögerung in der Übermittlung darauf zurückzuführen ist, daß sich der Bundeskanzler persönlich die Billigung dieses Vertragsentwurfs vorbehalten hatte.

Der Austausch von Entwürfen soll weiter geheim behandelt werden. Vertragsentwurf hat folgenden Wortlaut:

    Vertrag über die Grundsätze der gegenseitigen Beziehungen zwischen der Bundesrepublik Deutschland und der Volksrepublik Polen

Die Bundesrepublik Deutschland und die Volksrepublik Polen

1) in der Überzeugung, daß eine Entspannung der Beziehungen zwischen den Staaten den Wünschen der Völker entspricht,

2) in der Absicht, zur Schaffung einer festen Grundlage für Frieden und Sicherheit in Europa beizutragen,

3) im Hinblick darauf, daß einem geordneten und guten Verhältnis zwischen ihnen nach dem unheilvollen durch das nationalsozialistische Terrorregime ausgelösten Krieg und seinen Folgen eine hervorragenden Bedeutung zukommt,[2]

4) eingedenk dessen, daß das Verbot der Anwendung oder Androhung von Gewalt in den internationalen Beziehungen, insbesondere gegen die politische Unabhängigkeit, der territoriale Integrität der Staaten, unteilbar ist, und überzeugt, daß eine Bekräftigung dieses Grundsatzes zwischen der Bundesrepublik Deutschland und der Volksrepublik Polen sich günstig auf die Situation in Europa auswirken wird,

5) unbeschadet der Rechte und Verantwortlichkeiten der Französischen Republik, der Union der Sozialistischen Sowjetrepubliken, des Vereinigten Königreichs von Großbritannien und Nordirland und der Vereinigten Staaten von Amerika,

6) in dem Bewußtsein, daß eine Friedensregelung für Deutschland aussteht,

sind auf dieser Grundlage wie folgt übereingekommen:

---

[1] Der Drahterlaß wurde von Ministerialdirigent Lahn konzipiert und nachrichtlich an Staatssekretär Bahr, Bundeskanzleramt, z. Z. Moskau, übermittelt.
    Hat Ministerialdirektor Ruete am 2. März 1970 vorgelegen.
    Hat Vortragendem Legationsrat I. Klasse van Well am 3. März 1970 vorgelegen.
[2] Dieser Passus ging auf handschriftliche Änderungen des Ministerialdirektors Ruete zurück. Vorher lautete er: „im Hinblick darauf, daß einem geordneten und guten Verhältnis zwischen ihnen nach dem unheilvollen Krieg und seinen Folgen, der durch das nationalsozialistische Terrorregime ausgelöst wurde, eine hervorragende Bedeutung zukommt".

Artikel I

1) Die Bundesrepublik Deutschland und die Volksrepublik Polen werden in ihren gegenseitigen Beziehungen die in Artikel 2 der Charta der Vereinten Nationen[3] niedergelegten Grundsätze uneingeschränkt anwenden.

2) Sie werden sich daher jeglicher Anwendung oder Androhung von Gewalt gegeneinander enthalten und alle zwischen ihnen noch nicht endgültig geregelten und alle sich noch ergebenden Fragen ausschließlich mit friedlichen Mitteln lösen.

Artikel II

Die Bundesrepublik Deutschland und die Volksrepublik Polen respektieren ihre beiderseitige territoriale Integrität in den Grenzen ihres gegenwärtigen Besitzstandes.

Artikel III

Die Vertragsschließenden Parteien werden sich gemeinsam darum bemühen, alle weiteren Fragen, die einer Regelung bedürfen, im Wege beiderseitiger Verhandlungen zu lösen, um auf diese Weise ihre gegenseitigen Beziehungen fortschreitend zu entwickeln.

Artikel IV

Dieser Vertrag bedarf der Ratifizierung. Er tritt am Tage nach dem Austausch der Ratifikationsurkunden in Kraft.[4]

Duckwitz[5]

VS-Bd. 8953 (II A 5)

---

[3] Zu Artikel 2 der UNO-Charta vom 26. Juni 1945 vgl. Dok. 12, Anm. 5.
[4] Botschafter Böx, Warschau, berichtete am 3. März 1970, daß er dem polnischen Stellvertretenden Außenminister den Entwurf für einen bilateralen Vertrag mit dem Hinweis übergeben habe, „daß geringe Verzögerung in Übermittlung auf persönliche Billigung Vertragsentwurfs durch Bundeskanzler zurückzuführen sei". Dies habe Winiewicz mit besonderem Interesse aufgenommen: „W[iniewicz] bittet deutsche Delegation um ausführliche Darlegung ihres Standpunktes, wie er im Vertragsentwurf fixiert worden sei. Diplomatische Texte – trocken wie sie seien – könnten leicht mißverstanden werden; detaillierte Kommentare zu jedem Punkt fänden nicht nur das Interesse der polnischen Seite, sondern trügen auch zu einem besseren Verständnis bei." Vgl. den Drahtbericht Nr. 105; VS-Bd. 8954 (II A 5); B 150, Aktenkopien 1970.
[5] Paraphe.

86

Deutsch-britisches Regierungsgespräch in London

I A 5-82.20-94.09-509/70 VS-vertraulich 3. März 1970[1]

Betr.: Gespräche des Herrn Bundeskanzlers mit Premierminister Wilson am 3. März 1970 von 10.15 bis 12.30 Uhr in 10 Downing Street, London

Von deutscher Seite nahmen außer dem Herrn Bundeskanzler teil:

Staatssekretär Harkort, Staatssekretär Ahlers, Botschafter von Hase, MD Frank, Gesandter Wickert, Botschafter Schwarzmann, BR I Jung, BR I Naupert, VLR I Wimmers, VLR Weber, LR I Fischer-Dieskau, LR Schilling.

Die britische Delegation bestand außer Premierminister Wilson aus:

Außenminister Stewart, Verteidigungsminister Healey, Technologieminister Wedgwood Benn, stellvertretender Außenminister Thomson, Sir Solly Zuckerman, Lord Chalfont, Sir B. Trend, Sir D. Greenhill, Sir William Cook, Sir R. Jackling, Mr. Michael Halls, Mr. Bendall, Mr. R. Haydon, Mr. P.J.S. Moon, Mr. Joe Haines, Sir R. Hooper, Mr. Waterfield.

1) Technologische und rüstungstechnische Zusammenarbeit

Technologieminister *Wedgwood Benn* gab einen Überblick über die verschiedenen Gebiete der Zusammenarbeit im zivilen Bereich. Er erwähnte unter anderem die bevorstehende Unterzeichnung des Abkommens über die Gaszentrifuge[2] sowie die Möglichkeiten zur Zusammenarbeit im Computer-Bereich, die noch längst nicht voll ausgeschöpft seien. Was den Weltraum angehe, so müsse man sich überlegen, wie man auf den amerikanischen Vorschlag einer europäischen Zusammenarbeit mit NASA[3] reagieren wolle. Auf britischer Seite hoffe man, hierüber bald in eine engere Diskussion einzutreten. Der Minister wies ferner kurz auf das Airbus-Projekt[4] hin.

Verteidigungsminister *Healey* sagte, das Problem der Zusammenarbeit im rüstungstechnischen Bereich sei, Projekte zu finden, die den Anforderungen aller

---

[1] Durchdruck.
Die Gesprächsaufzeichnung wurde von Legationsrat I. Klasse Fischer-Dieskau, London, am 3. März 1970 gefertigt.

[2] Am 4. März 1970 wurde in Almelo ein Abkommen zwischen der Bundesrepublik, Großbritannien und den Niederlanden über die Zusammenarbeit bei der Entwicklung und Nutzung des Gaszentrifugenverfahrens zur Herstellung angereicherten Urans unterzeichnet. Für den Wortlaut vgl. BUNDESGESETZBLATT 1971, Teil II, S. 930–949.

[3] Im Rahmen ihrer Planungen für die Zeit nach Abschluß des Apollo-Mondlandungs-Projekts bot die NASA im Herbst 1969 den in der Europäischen Weltraumkonferenz zusammengeschlossenen Staaten eine Zusammenarbeit in der Raumfahrt an. Die Europäer sollten u. a. bei der Entwicklung einer ständig bemannten Raumstation (Space Station), eines Raumtransporters (Space Shuttle) und eines Raumschleppers (Space Tug) mitarbeiten. Der Raumtransporter sollte einen Pendelverkehr zwischen der Erde und der geplanten Raumstation ermöglichen. Der Raumschlepper sollte Nutzlasten von niedrigen Umlaufbahnen auf hohe Kreisbahnen oder bis in Mondnähe bringen, sie dort abkoppeln und wieder auf eine niedrige Erdumlaufbahn zurückkehren. Vgl. dazu die gemeinsame Kabinettsvorlage der Bundesminister Scheel und Leussink vom 18. März 1970; Referat I A 6, Bd. 207. Vgl. dazu auch BULLETIN 1970, S. 168.

[4] Zum Projekt eines Großraumflugzeugs für Kurz- und Mittelstrecken („Airbus") vgl. Dok. 30, Anm. 14.

Beteiligten genügten. Dies sei bisher nur beim MRCA[5] der Fall. Dies Projekt sei für die gemeinsame Verteidigung und für die technologische Entwicklung von entscheidender Bedeutung. Demnächst werde man im Rahmen der regelmäßigen bilateralen Generalstabstreffen das Projekt eines neuen Kampfpanzers erörtern, nachdem die entsprechenden deutsch-amerikanischen Pläne gescheitert seien.

Der *Bundeskanzler* sagte, er sei überzeugt, daß Großbritanniens Beitrag auf dem Gebiete der Technologie für die europäische Zusammenarbeit von besonderem Wert sein werde. Er gab der Hoffnung Ausdruck daß es im Zusammenhang mit dem Aigrain-Plan[6] zu fruchtbarer Aktivität kommen werde. Auf dem Computer-Gebiet stünden wir einer engeren Zusammenarbeit positiv gegenüber. Auf die besondere Bedeutung des Post-Apollo-Programms habe er schon in seiner Regierungserklärung hingewiesen.[7] Hier sei ein hohes Maß an Zusammenwirken wünschenswert. Was Intelsat[8] angehe, so sei er dafür, zunächst zu einer Abstimmung mit den Franzosen zu gelangen. Er hoffe, den Amerikanern

---

[5] Im Sommer 1968 beschlossen die Bundesrepublik, Belgien, die Niederlande, Italien, Kanada und Großbritannien die Entwicklung eines „Multi Role Combat Aircraft" (MRCA). Dieses sollte die bisher verwendeten Flugzeugtypen F 104-Starfighter und Fiat-G 91 ersetzen und sowohl große konventionelle Waffenladungen ins Ziel bringen als auch bei der Unterstützung im Erdkampf, der Aufklärung und als Jäger dienen können. Vgl. die Aufzeichnung des Ministerialdirigenten Sahm vom 7. Januar 1969; VS-Bd. 1913 (201); B 150, Aktenkopien 1969.
Vgl. dazu ferner AAPD 1969, II, Dok. 408.

[6] Die im März 1965 geschaffene Arbeitsgruppe „Politik auf dem Gebiet der wissenschaftlichen und technischen Forschung", deren Vorsitzender seit dem 7. Januar 1969 der französische Wissenschaftler Aigrain war, legte am 31. März 1969 einen Bericht vor, der am 30. Juni 1969 im EG-Ministerrat diskutiert wurde. Dieser enthielt 72 Vorschläge für Möglichkeiten zur Zusammenarbeit. Der EG-Ministerrat beauftragte den Ausschuß der Ständigen Vertreter, den Bericht daraufhin zu prüfen, „welche Aktionen für eine Zusammenarbeit mit anderen europäischen Staaten in Betracht kommen, welche Aktionen Priorität haben sollen und welche Drittländer für eine Zusammenarbeit in Frage kommen". Vgl. die Aufzeichnung des Vortragenden Legationsrats I. Klasse Ungerer vom 18. Juli 1969; Referat I A 6, Bd. 202. Vgl. ferner BULLETIN DER EG, 8/1969, S. 62–64.

[7] Bundeskanzler Brandt erklärte am 28. Oktober 1969 vor dem Bundestag, die Bundesregierung werde „das Angebot der Vereinigten Staaten von Amerika aufgreifen, die deutsche industrielle Leistungskraft auf begrenzten Gebieten der Weltraumforschung zu beteiligen". Vgl. BT STENOGRAPHISCHE BERICHTE, Bd. 71, S. 33.

[8] Am 20. August 1964 wurde in Washington ein Übereinkommen zur vorläufigen Regelung für ein weltweites kommerzielles Satelliten-Fernmeldesystem und zur Schaffung eines „International Telecommunications Satellite Consortium" (Intelsat) unterzeichnet. Für den Wortlaut des Abkommens zur vorläufigen Regelung für ein weltweites Kommerzielles Satelliten-Fernmeldesystem sowie des Sonderabkommens vgl. BUNDESGESETZBLATT 1965, Teil II, S. 1499–1520.
Vom 25. Februar bis 21. März 1969 fanden in Washington Verhandlungen von Intelsat mit dem Ziel statt, die Organisationsstruktur zu reformieren. Zur Vorbereitung einer zweiten Intelsat-Konferenz fanden vom 2. bis 19. September 1969 in Washington erneut Verhandlungen statt. Vgl. dazu AAPD 1969, II, Dok. 283.
Vom 16. Februar bis 20. März 1970 fand in Washington die zweite Intelsat-Konferenz statt. Dazu berichtete der Leiter der Delegation der Bundesrepublik, Botschafter z. b. V. Northe, z. Z. Washington, am 7. März 1970: „Die Konferenz ist in ihre entscheidende Phase getreten und hat zugleich eine drastische Wendung genommen. In Abkehr von ihrer bisherigen Position haben die Vereinigten Staaten jetzt durch Vermittlung Australiens und Japans einen Lösungsvorschlag für die Managementfrage angeboten, der die von uns immer befürwortete Einführung eines Generaldirektors mit umfassender Verantwortung und internationalem Stab für die endgültige Periode vorsieht. Sie bekennen sich damit zum ersten Mal auch durch den Vertrag definierten endgültigen Struktur von Intelsat, während sie bislang sich weigerten, das Prinzip des Managements vertraglich festzulegen. Ein möglicher Erfolg der Konferenz zeichnet sich damit konkret ab." Vgl. den Drahtbericht Nr. 518; Referat I A 6, Bd. 155.

im April in Washington schon näheres sagen zu können.[9] Dem MRCA mäßen auch wir große Bedeutung bei. Wie er sich von Experten habe sagen lassen, ergäben sich daraus, daß zwei nicht ganz identische Modelle entworfen würden, eine Reihe von Problemen, nicht zuletzt wegen der hohen Kosten. Er hoffe, daß gute Fortschritte gemacht würden. Beim Airbus komme es darauf an, dies Projekt aus dem Stadium des „Evergreen" herauszubringen und es neu zu beleben.

StS *Harkort* ergänzte, die deutsche Seite habe sich gegen die europäische Computer-Datenanlage für ESRO[10] deshalb ausgesprochen, weil sie nicht mit dem IBM-System kompatibel sei. Wir hätten aber keine grundsätzlichen Bedenken gegen ein derartiges europäisches Projekt. Wir dächten an eine Entwicklung in zwei Stufen. Zunächst sollen für den Hauptcomputer weiterhin IBM-Anlagen verwendet werden. Wenn in einer späteren Phase genügend IBM-kompatible europäische Anlagen zur Verfügung stünden, könne der Hauptcomputer ersetzt werden. Der Idee eines Forschungsinstituts für Probleme der modernen Industriestaaten[11] stünden wir positiv gegenüber. Wir stellten uns aber dabei keine Regierungseinrichtung vor. Dieses Projekt müsse innerhalb der Bundesregierung noch endgültig abgeklärt werden.

Mr. *Wedgwood Benn* machte keinen Hehl daraus, daß man auf britischer Seite über die letzte Entwicklung in der Computer-Frage sehr enttäuscht sei.

Sir *Solly Zuckerman* unterstrich die Bedeutung des von Herrn Harkort ausgesprochenen Forschungsinstituts, für das ein echtes Bedürfnis bestehe. Auch auf britischer Seite denke man nicht an eine Regierungsinstitution. Es sei von außerordentlichem Wert, wenn die Bundesregierung in dieser Frage eine positive Haltung beziehen würde. Vielleicht werde das auch Moskau günstig beeinflussen.

Premierminister *Wilson* meinte, hier biete sich eine Gelegenheit, die drängenden Umweltprobleme (z. B. Luft- und Wasserverschmutzung) mit relativ geringen Kosten anzupacken. Das Interesse an diesen Problemen reiche weit über den Eisernen Vorhang hinaus.

2) Abrüstung

Premierminister *Wilson* würdigte zunächst den Beitrag, den die Bundesrepublik trotz innenpolitischer Schwierigkeiten mit der Unterzeichnung des Nichtverbreitungsvertrages[12] geleistet habe.

Lord *Chalfont* hob zunächst die gute Zusammenarbeit mit dem deutschen Abrüstungsbeauftragten in Genf[13] hervor. Er ging dann auf den Nichtverbreitungs-

---

[9] Bundeskanzler Brandt hielt sich vom 4. bis 11. April 1970 in den USA auf. Vgl. dazu Dok. 151, Dok. 153 und Dok. 156.
[10] European Space Research Organization.
[11] Präsident Nixon unterbreitete am 10. April 1969 dem Ständigen NATO-Rat Vorschläge für eine Erweiterung des Aufgabenkreises der NATO und eine Intensivierung der Konsultationen in der Allianz. Dabei führte er u. a. aus: „I strongly urge that we create a committee on the challenges of modern society, responsible to the deputy ministers, to explore ways in which the experience and resources of the Western nations could most effectively be marshaled toward improving the quality of life of our peoples." Vgl. PUBLIC PAPERS, Nixon 1969, S. 275. Für den deutschen Wortlaut der Rede vgl. EUROPA-ARCHIV 1969, D 230–234.
[12] Die Bundesrepublik unterzeichnete den Nichtverbreitungsvertrag am 28. November 1969.
[13] Swidbert Schnippenkötter.

vertrag ein, der, wie er hoffe, bald in Kraft treten werde.[14] Die nächste Frage, die sich hier stelle, sei die eines Safeguards-Abkommens mit Wien.[15] In diesem Punkte habe sich die britische Haltung nicht geändert. Von den übrigen Themen, die in nächster Zeit in der Abrüstungsdiskussion im Vordergrund stehen würden, komme dem Problem der chemischen und biologischen Waffen die größte Bedeutung zu. Das dem britischen Entwurf[16] zugrunde liegende Konzept (Beschränkung auf das Verbot biologischer Waffen) werde nicht überall geteilt. Wenn es auch jetzt so aussehe, daß man in Genf ein gemeinsames Verbot beider Waffenkategorien diskutieren werde, so glaube er jedoch persönlich, daß man wegen der mit dem Verbot chemischer Waffen verbundenen außerordentlichen Schwierigkeiten später wieder auf das britische Konzept zurückkommen werde. Lord Chalfont erwähnte sodann den sowjetisch-amerikanischen Vorschlag des Verbots von Massenvernichtungswaffen auf dem Meeresboden.[17] Hinsichtlich eines umfassenden Teststopp-Abkommens[18] zeigte er sich skeptisch. Hier seien Fortschritte kaum zu erwarten, solange der Ausgang der SALT-Gespräche sich noch nicht absehen lasse. Im Hinblick auf SALT betonte er die Nützlichkeit der Konsultationen in der NATO.

Der *Bundeskanzler* hob seinerseits noch einmal die mit der Unterzeichnung des Nichtverbreitungsvertrages verbundene Kontroverse hervor. Die Ratifizierung des Vertrages in der Bundesrepublik werde erfolgen, sobald die Natur des Verifikationsabkommens feststehe. Die Diskussion um das Verbot biologischer und chemischer Waffen werde von uns mit großem Interesse verfolgt. Wir hätten unsererseits ein Papier verteilt über unsere Erfahrungen in der Frage der Kontrolle dieser Waffen.[19] Hinsichtlich SALT sollten die NATO-Konsultationen durch bilaterale Gespräche, vor allem auch mit den USA, ergänzt werden.

3) NATO und europäische Verteidigung

Verteidigungsminister *Healey* sagte, die Botschaft Nixons an den Kongreß über die amerikanische Außenpolitik[20] werde auf Jahre hinaus das beherrschende

---

14 Der Nichtverbreitungsvertrag trat am 5. März 1970 in Kraft.

15 Zu einem Verifikationsabkommen zwischen EURATOM und IAEO vgl. Dok. 100.

16 Großbritannien legte am 10. Juli 1969 der Konferenz der 18-Mächte-Abrüstungskommission den Entwurf einer Konvention über biologische Kriegführung vor. Für den Wortlaut vgl. DOCUMENTS ON DISARMAMENT 1969, S. 324–326.
Eine überarbeitete Fassung wurde am 26. August 1969 vorgelegt. Für den Wortlaut vgl. DOCUMENTS ON DISARMAMENT 1969, S. 431–433.

17 Die USA und die UdSSR legten der Konferenz des Abrüstungsausschusses am 7. Oktober 1969 einen gemeinsamen Entwurf für das Verbot der Stationierung von Massenvernichtungswaffen auf dem Meeresboden vor. Für den Wortlaut vgl. DOCUMENTS ON DISARMAMENT 1969, S. 473–475.
Eine überarbeitete Fassung wurde am 30. Oktober 1969 vorgelegt. Für den Wortlaut vgl. DOCUMENTS ON DISARMAMENT 1969, S. 507–509.

18 Vgl. dazu den Vertrag vom 5. August 1963 über das Verbot von Kernwaffenversuchen in der Atmosphäre, im Weltraum und unter Wasser; BUNDESGESETZBLATT 1964, Teil II, S. 907–910.

19 Die Bundesregierung übergab am 17. Februar 1970 den Mitgliedern der Konferenz des Abrüstungsausschusses sowie der UNO ein Arbeitspapier „Zur Frage der Überwachung eines Verbots der biologischen und chemischen Waffen", in dem sie den Ablauf der Kontrollen des Rüstungskontrollamts der WEU hinsichtlich der Nichtherstellung biologischer und chemischer Waffen in der Bundesrepublik darlegte. Für den Wortlaut vgl. BULLETIN 1970, S. 213–215.

20 Präsident Nixon legte am 18. Februar 1970 dem amerikanischen Kongreß einen Bericht über die amerikanische Außenpolitik in den siebziger Jahren vor. Darin führte er u. a. aus, daß zum Frieden Partnerschaft, Stärke und die Bereitschaft zu Verhandlungen notwendig seien. Aufgrund des nach dem Zweiten Weltkrieg erreichten Wiederaufstiegs der europäischen Verbündeten müsse die Ba-

Thema der Diskussion um die NATO sein. Nixon wolle der Lösung der innenpolitischen Probleme der USA eine höhere Priorität einräumen als bisher. Deshalb habe er jetzt eine Revision der Verteidigungsstruktur der USA angekündigt. Er erwarte, daß die Europäer nicht nur einen angemessenen Anteil an den gemeinsamen Verteidigungslasten, sondern auch an der verteidigungspolitischen Verantwortung übernähmen.

Hier stellten sich für Westeuropa eine Reihe neuer Probleme. Nixons Ziel sei es, die US-Streitkräfte so stark zu verringern, daß nach Beendigung des Vietnam-Krieges auf die Wehrpflicht verzichtet werden könne. Die Formel von der militärischen Kapazität der USA zu zweieinhalb Kriegen werde auf eineinhalb Kriege reduziert. All dies verdeutliche den Trend zu Truppenverringerungen in Europa. Das Engagement der USA in Europa bleibe zwar im Grundsatz bestehen, aber an die Stelle der bisherigen amerikanischen „predominance" solle „partnership" treten. Die amerikanischen Verteidigungsausgaben – und zwar sowohl als Prozentsatz am Bruttosozialprodukt wie auf Pro-Kopf-Basis – überstiegen die Ausgaben der Europäer um ein Mehrfaches. Zwar werde vor Mitte 1971 keine größere Veränderung eintreten. Aber Nixon habe schon jetzt Konsultationen mit den Europäern angeregt. Die auf Abzug in Europa drängenden Kräfte in den USA seien zwar durch die Mißerfolge in Vietnam ausgelöst worden, die Passivität der Europäer aber gebe ihnen neue Nahrung.

Unser Interesse müsse es sein, Truppenabzüge so lange wie möglich hinauszuschieben, sie im Umfang so gering wie möglich zu halten und sie so durchzuführen, daß sie die Verteidigungskraft der NATO am wenigsten beeinträchtigen. Immerhin werde ein größerer Abzug die Frage aufwerfen, ob die bisherige NATO-Strategie beibehalten werden könne. Die Amerikaner würden dabei vermutlich zu einer Aufgabe der Vorwärtsstrategie, die Europäer zu einer Rückkehr zur Stolperdraht-Doktrin[21] tendieren. Aber auch letzteres sei problematisch, weil die USA sich vielleicht nicht mit einer stärkeren nuklearen Verantwortung belasten wollten und jeder amerikanische Truppenrückzug die Glaubwürdigkeit der Stolperdraht-Strategie beeinträchtige. Schließlich könne auch SALT die Amerikaner zu einer Europa wenig günstigen nuklearen Haltung veranlassen.

Er, Healey, komme daher zu folgenden Schlußfolgerungen: Es habe keinen Sinn, sich auf den Standpunkt zu stellen, daß es nicht zu Truppenabzügen kommen werde. Die Europäer könnten diese Position moralisch nicht rechtfertigen. Die

Fortsetzung Fußnote von Seite 351
    lance der Lasten und Verantwortlichkeiten ausgeglichen werden, um von der bisherigen amerikanischen Dominanz zu einer wirklichen Partnerschaft zu kommen. Nixon kündigte eine umfangreiche Überprüfung der amerikanischen Sicherheits- und Verteidigungspolitik an und sicherte zu, daß die Stärke der amerikanischen Truppen in Europa mindestens bis Mitte 1971 aufrechterhalten werde. Daneben führte er aus, daß die USA von der bisherigen Strategie, zweieinhalb Kriege gleichzeitig führen zu können, zu einer Strategie der eineinhalb Kriege übergehen würden: „In the effort to harmonize doctrine and capability, we chose what is best described as the ‚1½ war' strategy. Under it we will maintain in peacetime general purpose forces adequate for simultaneously meeting a major Communist attack in either Europe or Asia, assisting allies against non-Chinese threats in Asia, and contending with a contingency elsewhere." Vgl. PUBLIC PAPERS, NIXON, 1970, S. 177.

21 Die auf der NATO-Ministerratstagung vom 17./18. Dezember 1954 in Paris im Grundsatz gebilligte Umstellung auf eine Strategie der „massive retaliation" sah vor, daß einem Angriff nur kurzfristig mit konventionellen Streitkräften zu begegnen war, bevor das strategische Atomwaffenpotential zum Einsatz kommen sollte. Die Landstreitkräfte fungierten demnach als eine Art „Stolperdraht" („trip wire"), der den atomaren Gegenschlag auslösen sollte.

Europäer dürften ferner keinesfalls ihre Verteidigungsanstrengungen verringern. Auch Deutschland müsse zumindest den gegenwärtigen Verteidigungsstand beibehalten. Sie dürften die Amerikaner nicht zu sehr unter Druck setzen, das gegenwärtige Truppenkontingent in Europa aufrechtzuerhalten.

Die Amerikaner verstünden die besonderen Schwierigkeiten Deutschlands sehr wohl. Es gebe aber auch andere Möglichkeiten für Deutschland als mehr Truppen aufzustellen, etwa in Form eines finanziellen Ausgleichs an die USA.

Die ganze Entwicklung laufe auf eine Intensivierung der europäischen und deutsch-britischen Zusammenarbeit hinaus. Die Einigung über die 6. Brigade[22] sei hierfür ein eindrucksvolles Beispiel, das auf die USA und auf die anderen europäischen NATO-Verbündeten eine beträchtliche psychologische Wirkung ausüben werde.

Fürs erste komme es jetzt darauf an, daß die Europäer bei den anstehenden Problemen der Allianz (SALT, amerikanische Truppenabzüge, NATO-Strategie) mit einer Stimme sprächen. Das komme Nixons Bestrebungen nach einer Stärkung der Eigenverantwortlichkeit Europas entgegen.

Der *Bundeskanzler* sagte, daß sich die deutsche und die britische Auffassung hierzu in weiten Bereichen deckten. Er glaube aber, daß man die positiven Ansatzpunkte in der Erklärung Nixons sehr in den Vordergrund stellen müsse. Die Amerikaner wollten Europa keineswegs aufgeben. Die Diskussion solle sich nicht darauf konzentrieren, welchen zusätzlichen Beitrag Deutschland leisten könne. Das würde die Perspektiven zu sehr verengen. Sicher müsse man die Möglichkeit amerikanischer Truppenrückzüge ins Auge fassen. Die NATO müsse sich überlegen, wie nachteilige Auswirkungen für Europa verhindert werden könnten. Jedenfalls könne man die Lastenverteilung zwischen den USA und Europa nicht bilateral regeln.

Abschließend zu diesem Thema wolle er noch einmal betonen, daß die Bundesregierung die britische Bereitschaft zur Rückverlegung der 6. Brigade zu schätzen wisse.

Premierminister *Wilson* kam sodann auf Griechenland zu sprechen. Für die britische Regierung sei das Problem der Menschenrechte und Griechenlands Mitgliedschaft in der NATO zweierlei. Jede Aktion gegen Griechenland im Rahmen der NATO schwäche das Bündnis. Diese britische Auffassung werde auch von der amerikanischen Regierung geteilt. Man dürfe auch nicht übersehen, daß es in Griechenland Kräfte gebe, namentlich jüngere Offiziere, die möglicherweise einen Umsturz ins Auge faßten. Diese Leute könnten ihre eigenen Vorstellungen von der NATO haben und würden Griechenland unter Umständen aus dem Bündnis herauszulösen suchen.

---

[22] In dem am 28. April 1967 vereinbarten Devisenausgleichsabkommen zwischen der Bundesrepublik und Großbritannien wurde u. a. der Abzug einer Brigade der britischen Rheinarmee aus der Bundesrepublik beschlossen. Vgl. dazu AAPD 1967, II, Dok. 151.
Der britische Verteidigungsminister Healey unterrichtete Bundesminister Schmidt am 3. März 1970 über die Entscheidung, die 6. Brigade in die Bundesrepublik zurückzuverlegen. Die Rückverlegung der 6. Brigade wurde in das laufende Abkommen über einen Devisenausgleich zwischen der Bundesrepublik und Großbritannien einbezogen. Die Bundesregierung erklärte sich bereit, einmalig 13 Mio. DM für Kosten zu übernehmen, die für die Aufnahme der 6. Brigade erforderlich waren. Vgl. dazu BULLETIN 1970, S. 326.

Die britische Waffenpolitik gegenüber Griechenland sei, keine Waffen zu liefern, die der inneren Machterhaltung des Regimes dienten. Man beabsichtige aber kein Embargo.

Der Premierminister ging sodann auf das Problem der U-Boote[23] ein. Er wolle uns keinen Rat geben und uns schon gar nicht unter Druck setzen, aber er halte Publizität im gegenwärtigen Zeitpunkt, d. h. lange Zeit vor der Fertigstellung der Boote, für unzweckmäßig.

Der *Bundeskanzler* stimmte der britischen Beurteilung der Griechenlandfrage zu. Die Bundesregierung habe die Militärhilfe an Griechenland eingestellt.[24] Man beabsichtige nicht, sie wieder aufzunehmen, es sei denn, in Griechenland vollziehe sich ein Wechsel zur verfassungsmäßigen Demokratie.

Botschafter *von Hase* legte die Problematik der U-Boot-Frage dar, die sich aus dem Rückzug Frankreichs aus der WEU[25] ergeben habe. Die Schwierigkeit sei jetzt, daß die deutschen Werften wissen müßten, ob es mit dem Auftrag in Ordnung gehe oder nicht, da sie mit einem erheblichen finanziellen Risiko belastet seien.

Premierminister *Wilson* erwiderte hierauf, daß er dies als eine deutsche Angelegenheit betrachte. Sein Eindruck sei nur: Je später man mit der Sache an die Öffentlichkeit trete, desto besser sei es.

---

[23] Im Oktober 1967 schlossen die Howaldtwerke-Deutsche Werft AG mit der griechischen Marine einen Vertrag über den Bau von Teilen für vier 900-Tonnen-U-Boote im Wert von ca. 100 Mio. DM. Der ursprünglich vorgesehene Zusammenbau der zu liefernden Teile auf der Marinewerft in Salamis konnte jedoch aufgrund der dortigen technischen Gegebenheiten nicht durchgeführt werden. Die Howaldtwerke-Deutsche Werft AG ersuchten daraufhin die Bundesregierung, den WEU-Vertrag so ändern zu lassen, daß er den Bau der vollständigen Boote in Kiel ermögliche. Vgl. dazu AAPD 1968, II, Dok. 404 sowie AAPD 1969, I, Dok. 143.
Ministerialdirektor Ruete vermerkte am 30. Januar 1970: „Gemäß dem Beschluß des Bundessicherheitsrates vom 31. Oktober 1969 sind die Außenminister der sechs WEU-Partner Ende November 1969 davon unterrichtet worden, daß die Bundesregierung beabsichtige, die ihr nach dem Protokoll Nr. III zum WEU-Vertrag zur Verfügung stehende Quote von sechs 1000-Tonnen-U-Booten für die Lieferung von vier U-Booten an Griechenland in Anspruch zu nehmen, bis der WEU-Rat in der Lage sei, eine Entscheidung über den seit Februar 1969 vorliegenden Antrag auf Vertragsänderungen zu treffen." Vgl. VS-Bd. 10097 (Ministerbüro); B 150, Aktenkopien 1970.

[24] Am 29. Juni 1967 forderte die SPD-Fraktion im Bundestag, „bis zur Wiederherstellung demokratischer verfassungsmäßiger Zustände Griechenland keine weitere Militärhilfe zu gewähren". Vgl. BT ANLAGEN, Bd. 113, Drucksache V/1989.
Der Auswärtige Ausschuß übernahm am 14. Februar 1968 diesen Antrag mit der Ergänzung, „daß weitere militärische Hilfelieferungen nur aufgrund der schon seit langem bestehenden Verpflichtungen erfolgen, die auf Vereinbarungen im Rahmen der NATO beruhen. Daneben sollen keine bilateralen Leistungen erbracht werden". Vgl. den Schriftlichen Bericht; BT ANLAGEN, Bd. 119, Drucksache V/2608.
Am 2. April 1968 stimmte der Bundestag dem Antrag V/2608 des Auswärtigen Ausschusses zu. Vgl. dazu BT STENOGRAPHISCHE BERICHTE, Bd. 66, S. 8658–8662.

[25] Am 14. Februar 1969 trat in London der Ständige WEU-Rat unter dem Vorsitz des britischen Außenministers Stewart zu Konsultationen über die Lage im Nahen Osten zusammen. Die französische Regierung nahm an diesen Gesprächen nicht teil, da sie ihrer Ansicht nach keine ordentliche WEU-Zusammenkunft waren. Vgl. dazu AAPD 1969, I, Dok. 67.
Am 19. Februar 1969 gab die französische Regierung bekannt, daß Frankreich sich solange nicht an Sitzungen der WEU beteiligen werde, bis die Regel der Einstimmigkeit wieder von allen WEU-Partnern akzeptiert werde. Vgl. dazu den Drahtbericht Nr. 400 des Botschafters Freiherr von Braun, Paris, vom 19. Februar 1969; Referat I A 1, Bd. 666.

4) Deutsch-britischer Jugendaustausch

Der *Bundeskanzler* hob die besondere Bedeutung hervor, die die Bundesregierung dem deutsch-britischen Jugendaustausch beimesse. Dabei sei es nicht erforderlich, daß das, was beide Seiten in diesem Bereich unternähmen, identisch sei.

Premierminister *Wilson* stimmte der deutschen Einschätzung der Bedeutung des Jugendaustausches zu. Für das am 1.4.1970 beginnende Finanzjahr sei vorgesehen, die britischen Mittel für den deutsch-britischen Jugendaustausch von 30 000 £ auf 50 000 £ zu erhöhen. Das mache fast 1/3 des gesamten, für den internationalen Jugendaustausch zur Verfügung stehenden Betrages aus. Auch in der sonstigen kulturpolitischen Betreuung Großbritanniens nehme Deutschland eine Sonderstellung ein. Die Tätigkeit des British Council habe in Deutschland ein größeres Ausmaß als anderswo. Demnächst werde die Royal Opera Company nach Berlin gehen.

StS *Harkort* wies darauf hin, daß die ihm über den Studentenaustausch vorliegenden Zahlen ein nicht ganz so günstiges Bild ergäben wie die vom Premierminister genannten.[26]

5) Naher Osten und Libyen

Außenminister *Stewart* wies darauf hin, daß der Nahost-Konflikt sich ständig zuspitze. Die Sowjetunion habe in ihrer kürzlichen Botschaft an Wilson[27] die Schuld an dieser Entwicklung allein Israel zugeschoben, in der Erwartung, daß Großbritannien einen mäßigenden Druck auf Israel ausüben würde. Eine so einseitige Haltung könne Großbritannien nicht akzeptieren. Der Premierminister habe in seiner Antwort Waffenbegrenzungen vorgeschlagen[28], aber ohne eine politische Lösung werde man in diesem Punkte wohl nicht weiterkommen.

Nach britischer Auffassung müsse die Resolution 242[29] Grundlage eines Friedensvorschlages sein. Das Problem sei, die Resolution in die Wirklichkeit umzusetzen. Die erste Jarring-Mission[30] sei gescheitert und auch jetzt kämen die Vierer-Gespräche[31] nicht von der Stelle. Das sei auf zwei Faktoren zurückzuführen. Einmal widerstrebe es den Arabern, sich mit den Israelis auf einen echten

---

[26] Zu diesem Absatz bemerkte Staatssekretär Harkort in einem beigefügten handschriftlichen Vermerk vom 8. März 1970: „Ich habe nichts von einem ‚nicht so günstigen' Bild gesagt. Vielmehr nur ein Hinweis, auf Grund der Zahlen in der Gesprächsmappe, auf die Ungleichgewichtigkeit: viel mehr Studenten und Professoren von der BRD nach UK als umgekehrt." Vgl. VS-Bd. 2747 (I A 5); B 150, Aktenkopien 1970.

[27] Ministerpräsident Kossygin richtete am 2. Februar 1970 Schreiben an Premierminister Wilson, Staatspräsident Pompidou und Präsident Nixon. Darin äußerte er sich besorgt über die gegenwärtige Lage im Nahen Osten und mahnte Fortschritte für eine friedliche Lösung des Problems an. Vgl. dazu den Artikel „Moskau zeigt sich wegen der Lage im Nahen Osten alarmiert"; FRANKFURTER ALLGEMEINE ZEITUNG, 4. Februar 1970, S. 1.

[28] Premierminister Wilson schlug in einem Schreiben vom 6. Februar 1970 an Ministerpräsident Kossygin eine Begrenzung der Waffenlieferungen an die Staaten des Nahen Ostens vor und regte ein entsprechendes Abkommen an. Vgl. dazu EUROPA-ARCHIV 1970, Z 48.

[29] Zu Resolution Nr. 242 des UNO-Sicherheitsrats vom 22. November 1967 vgl. Dok. 4, Anm. 8.

[30] Der schwedische Botschafter in Moskau, Jarring, war seit dem 27. November 1967 als Sonderbeauftragter der UNO für den Nahen Osten tätig.

[31] Seit 3. April 1969 fanden in New York Gespräche der Vier Mächte über eine Friedensregelung im Nahen Osten statt. Die Gespräche wurden im Juli 1969 eingestellt und am 2. Dezember 1969 wieder aufgenommen.

Frieden einzulassen. Zum andern weigere sich Israel seinerseits, die Resolution 242 auszuführen, es sei denn, auf dem Wege über direkte Verhandlungen mit den Arabern.

Was die Politik der Sowjets angehe, so glaube man auf britischer Seite nach wie vor, daß sie eine politische Lösung wollten. Aber sie seien nicht bereit, ihre arabischen Freunde zu diesem Zweck unter Druck zu setzen. Falls die Sowjets und die Araber keine Bereitschaft zeigen sollten, auf die letzten amerikanischen Vorschläge[32] einzugehen, würden die Vierer-Gespräche nicht vom Fleck kommen.

Britischerseits habe man sich besonders darum bemüht, ein Übereinkommen über die von beiden Seiten zu übernehmenden Friedensverpflichtungen zustande zu bringen. Vielleicht gelinge es doch noch, hier zu einer Einigung zu kommen. Das hänge entscheidend von der Sowjetunion ab.

Stewart meinte weiter, die Israelis seien in Gefahr, ihre Lage in mehrfacher Hinsicht falsch einzuschätzen, was sich verhängnisvoll erweisen könne. Die gegenwärtige militärische Überlegenheit Israels werde nicht unbegrenzt andauern. Auch gingen die Israelis fehl, wenn sie glaubten, durch ihre Bombenangriffe[33] die Araber an den Verhandlungstisch zwingen zu können. Schließlich unterschätzten sie, daß die Feindseligkeit der Araber rapide zunehme.

Die britische Beurteilung der Situation in Libyen sei, daß die gegenwärtige politische Orientierung der Revolutionsregierung fürs erste im großen und ganzen unverändert bleiben werde. Ein neuer Zug sei die Annäherung Libyens an die VAR[34], doch bestünden hier auch auf libyscher Seite Vorbehalte. Die Neuverhandlung der britisch-libyschen Beziehungen[35] erweise sich als ein sehr mühevoller Prozeß.

---

[32] Am 28. Oktober und 18. Dezember 1969 legte die amerikanische Regierung Vorschläge für eine Lösung des Konflikts zwischen Israel und der VAR bzw. zwischen Israel und Jordanien vor. Dazu vermerkte Ministerialdirektor Frank am 20. Februar 1970: „Die Vorschläge beruhen auf zwei Grundsätzen: a) Grundlage einer Lösung des Nahostkonflikts muß die Entschließung Nr. 242 des Sicherheitsrates der Vereinten Nationen vom 22. 11. 1967 (Nahost-Entschließung) sein und b) auf Verhandlungen zwischen den Parteien kann nicht verzichtet werden. [...] Mit Rücksicht auf die arabische Haltung werden direkte Verhandlungen, der Abschluß eines formellen Friedensvertrages und die formelle völkerrechtliche Anerkennung Israels nicht erwähnt. Man begnügt sich vielmehr mit Formulierungen und Verfahren, die beiden Seiten erlauben, bei Wahrung des jeweiligen Standpunktes schließlich doch zum Abschluß einer bindenden Vereinbarung zu gelangen." Vgl. VS-Bd. 2806 (I B 4); B 150, Aktenkopien 1970.

[33] Zu den Kampfhandlungen im Nahen Osten vgl. Dok. 65, Anm. 4.

[34] Botschafter Turnwald, Tripolis, berichtete am 17. Dezember 1969, daß nach der libyschen Revolution vom 1. September 1969 ein „Wettstreit" verschiedener arabischer Staaten um Einfluß in Libyen eingesetzt habe: „Inzwischen hat die VAR in ihren Bemühungen um maßgeblichen Einfluß auf das libysche Revolutionsregime beachtliche Erfolge erzielt und ihre Mitbewerber klar distanziert. [...] Ob die derzeit von der VAR in Libyen verfolgte Politik der Durchdringung und des schrittweisen Einflußgewinns von Kairo als Vorstufe einer vollen Union zwischen den beiden Ländern gesehen wird, ist von hier aus schwer zu beurteilen. Es dürfte für die VAR in vieler Hinsicht vorteilhafter sein, mit einem willfährigen und nach Belieben zu manipulierenden Regime eines formell unabhängigen Libyens zusammenzuarbeiten und die libysche Milchkuh zwar ausgiebig zu melken, sie jedoch nicht in den eigenen Stall zu stellen." Vgl. den Schriftbericht Nr. 997; Referat I B 4, Bd. 413.

[35] Seit dem 8. Dezember 1969 verhandelten Großbritannien und Libyen über eine Auflösung britischer Militärbasen in Libyen, über Waffenlieferungen sowie über die künftige Gestaltung der britisch-libyschen Beziehungen. Vgl. dazu den Drahtbericht Nr. 212 des Botschafters Turnwald, Tripolis, vom 12. Dezember 1969; Referat I B 4, Bd. 413.

Der *Bundeskanzler* sagte, wir seien sehr an Libyen interessiert, weil wir 40% unseres Erdöls aus Libyen importierten. Allgemein habe er – nicht zuletzt aufgrund eines Gespräches mit Präsident Pompidou[36] – den Eindruck, daß die Länder des Maghreb ein größeres Interesse des Westens begrüßen würden. Hierbei gehe es allerdings in erster Linie um Geld. Die Bundesrepublik hätte kürzlich mit Algerien diplomatische Beziehungen aufnehmen können, sie habe das aber nicht getan, weil es uns zu teuer gekommen wäre.[37]

Der Bundeskanzler erwähnte sodann die kürzlichen Besuche des jordanischen Premierministers[38] und des israelischen Außenministers[39] in Bonn. Unsere Position gegenüber Israel sei, daß eine eventuelle Wiederaufnahme diplomatischer Beziehungen zu den arabischen Ländern nicht auf Kosten Israels gehen werde. Im übrigen bemühten wir uns, mit den gemäßigten Kräften der arabischen Welt in Fühlung zu bleiben.

Sehr bedenklich sei, daß der Nahost-Konflikt kürzlich auf unser Territorium übergegriffen habe.[40] Unsere Auffassung sei, daß die Regierungen mit größtmöglichem Nachdruck gegen solche Terrorakte auf Flugzeuge Vorkehrungen treffen sollten.

Außenminister *Stewart* verwies auf seine gestern im Unterhaus abgegebenen Erklärung.[41] Nach Auffassung der britischen Regierung sei die International Civil Aviation Organization das richtige Gremium. Sie befürworte ferner ein Abkommen zur Verhinderung der Luftpiraterie.

Die Frage des Außenministers, ob Libyen mit Waffenwünschen an uns herangetreten sei, wurde vom *Bundeskanzler* verneint.

Premierminister *Wilson* äußerte Zweifel, inwieweit Regierungswechsel in den arabischen Staaten die Situation verbessern würden. Er warf ferner die Frage auf, wie man einen wirksamen Waffenstillstand im Nahen Osten erreichen könne. Frau Golda Meir sei mit einem Waffenstillstand einverstanden, wenn auch die andere Seite ihn einhalte. Der ägyptische Botschafter[42] habe ihm aber erst neulich gesagt, daß Ägypten keinem Waffenstillstand zustimmen würde, solange Israel an den besetzten Gebieten festhalte.

Der Premierminister erwähnte sodann die kürzliche Reise George Browns in den Nahen Osten. Brown habe unter anderem den Eindruck gewonnen, daß eine

---

[36] Bundeskanzler Brandt hielt sich am 30./31. Januar 1970 in Paris auf.

[37] Vgl. dazu das Treffen zwischen Vertretern der Bundesrepublik und Algeriens am 23./24. Februar 1970 in Rom; Dok. 78.

[38] Ministerpräsident Talhouni hielt sich vom 25. Januar bis 2. Februar 1970 in der Bundesrepublik auf.

[39] Korrigiert aus: „Premierministers".
Der israelische Außenminister Eban besuchte vom 22. bis 25. Februar 1970 die Bundesrepublik. Vgl. dazu Dok. 105.

[40] Am 10. Februar 1970 verübten drei arabische Täter auf dem Münchener Flughafen Riem ein Bombenattentat auf einen Flughafenbus, der mit Passagieren einer Maschine der israelischen Fluggesellschaft El-Al besetzt war, sowie auf den Transitraum. Dabei gab es einen Toten und mehrere Schwerverletzte. Vgl. dazu den Artikel „Bombenattentat auf Münchener Flughafen"; FRANKFURTER ALLGEMEINE ZEITUNG vom 11. Februar 1970, S. 1.

[41] Der britische Außenminister Stewart erklärte am 2. März 1970 vor dem Unterhaus, daß die britische Regierung die steigende Gewaltanwendung gegen die zivile Luftfahrt auf das schärfste verurteile. Er befürwortete den Zusammentritt einer Sonderkonferenz unter Aufsicht der ICAO zur Diskussion über Sicherheit im Luftverkehr. Für den Wortlaut der Erklärung vgl. HANSARD, Bd. 797, Sp. 32–35.

[42] Ahmad Hassan El-Feki.

gefährliche Situation entstehen würde, wenn eine der radikalen Kommandoorganisationen in Jordanien an die Macht kommen würde. Die kürzlichen Ereignisse in Jordanien[43] hätten gezeigt, wie berechtigt diese Befürchtungen seien.

6) Beschränkung des Lachsfangs

Premierminister *Wilson* wies darauf hin, daß man mit einer völligen Erschöpfung der Lachsbestände rechnen müsse, falls der Lachsfang nicht beschränkt werde. Er erkundigte sich nach der deutschen Haltung.

StS *Harkort* stimmte zu, daß einschränkende Maßnahmen ergriffen werden müßten. Wir seien jedoch gegen radikale Lösungen, wie etwa ein vollständiges Verbot des Lachsfangs.

7) Internationale Entwicklungshilfe

Premierminister *Wilson* sagte, daß sich die Regierungsvertreter in der kommenden Woche in London mit der 3. IDA-Aufstockung befassen würden.[44] In dem Pearson-Bericht[45] sei eine Aufstockung auf 1 Mrd. US-$ jährlich vorgeschlagen. Auf britischer Seite sei man unter Umständen bereit, dieser Aufstockung zuzustimmen und den auf Großbritannien entfallenden Anteil zu übernehmen, falls auch wir die gleiche Haltung einzunehmen gedächten. Man wolle aber nicht allein eine so weitgehende Initiative ergreifen.

Staatssekretär *Harkort* sagte, eine Erhöhung des bisherigen Betrages sei notwendig, jedoch sei eine Aufstockung von bisher 400 Mio. jährlich auf 1 Mrd. US-$ zuviel. Wir dächten an einen Betrag von 600 Mio. $, vielleicht auch etwas mehr. Über die Anteile müsse man sich in den zuständigen Gremien unterhalten.

Premierminister *Wilson* wies darauf hin, daß der bisherige Betrag in der Praxis 400 Mio. überschritten und etwa bei 600 Mio. gelegen habe. Er möchte deshalb anregen, daß wir unsere Haltung noch einmal überprüfen.

VS-Bd. 2747 (I A 5)

---

[43] In Jordanien kam es im Februar 1970 zu bewaffneten Auseinandersetzungen zwischen der Regierung und palästinensischen Organisationen.

[44] Im November 1969 begannen die Verhandlungen über die für 1972 vorgesehene dritte Aufstockung des Kapitals der International Development Association. Die IDA schlug eine Erhöhung um 1,2 Mrd. Dollar vor. Der Anteil der Bundesrepublik sollte 117 Mio. Dollar betragen. Vgl. dazu die Aufzeichnung des Vortragenden Legationsrats I. Klasse Lebsanft vom 8. Dezember 1969; Referat II B 1, Bd. 914.
Am 9./10. März 1970 fand in London eine Sitzung der Vertreter der aus den führenden Industriestaaten bestehenden sogenannten Gruppe I-Mitgliedstaaten statt, auf der es zu keiner Einigung bezüglich der Höhe der Kapitalaufstockung kam. Vgl. dazu die Aufzeichnung aus dem Bundesministerium für Wirtschaft vom 12. März 1970; Referat III B 1, Bd. 915.

[45] Im August 1968 beauftragte die Weltbank eine Expertenkommission unter Leitung des ehemaligen kanadischen Ministerpräsidenten Pearson mit der Untersuchung der bisherigen Entwicklungspolitik und der Ausarbeitung von Empfehlungen für das zukünftige Vorgehen. Die Kommission legte ihren Bericht am 1. Oktober 1969 vor. Darin wurde als Ziel ein Entwicklungshilfesatz von 1 % des Bruttosozialprodukts bis 1975 vorgesehen, um eine jährliche Wachstumsrate in den Entwicklungsländern von 6 % zu erreichen. In dem Bericht wurden ferner u. a. eine bessere Koordination sowie der Ausbau der multilateralen Hilfe empfohlen. Vgl. dazu den Drahtbericht Nr. 2131 des Botschafters Pauls, Washington, vom 3. Oktober 1969; Referat III B 1, Bd. 714.
Für den Wortlaut des „Pearson-Berichts" vgl. PARTNERS IN DEVELOPMENT. Report of the Commission in International Development. New York, Washington, London 1969.

87

Gespräch des Staatssekretärs Bahr, Bundeskanzleramt, mit dem sowjetischen Außenminister Gromyko in Moskau

Geheim 3. März 1970[1]

Protokoll über das Gespräch Staatssekretär Bahrs mit Außenminister Gromyko am 3. März 1970 in Moskau

Beginn des Gesprächs: 15.00 Uhr – Ende des Gesprächs: 18.00 Uhr

Teilnehmer auf sowjetischer Seite: Außenminister Gromyko, Stellvertretender Außenminister Semjonow, Botschafter Falin, Herr Tokowinin, Herr Kusmitschow, Herr Ussitschenko, Herr Smirnow (als Dolmetscher).

Teilnehmer auf deutscher Seite: Staatssekretär Bahr, Botschafter Allardt, VLR I Sanne, BR I Dr. Peckert, LR I Dr. Stabreit, LR von Treskow, Herr Weiß (als Dolmetscher).

Außenminister *Gromyko* eröffnete das Gespräch, indem er Staatssekretär Bahr willkommen hieß. Er, der Staatssekretär, sei im bekannten Sinne des Wortes sein, des Außenministers, Gast, der hier zu Hause sei. Es sei das Privileg des Gastes, das Gespräch zu beginnen. Er bäte den Staatssekretär, die Position der Bundesrepublik zu erläutern und die in den vorhergehenden Gesprächen sowjetischerseits gestellten Fragen zu beantworten. Er hoffe, daß dies in positivem Sinne geschehe.

Staatssekretär *Bahr* antwortete, er habe im Grunde nur sehr wenig zu sagen. Auch er habe etwas in Bonn nachgedacht, auch mit einigen Leuten gesprochen. Aber nachdem man das letzte Mal hier auseinandergegangen sei[2] und auch die sowjetische Seite etwas nachdenken wollte, sei er darauf gefaßt gewesen, nun das Ergebnis dieser Überlegungen zu hören. Er sehe, daß Außenminister Gromyko seinen Block aufgeschlagen habe, doch habe er dort nur ein kurzes Papier vor sich, kein langes. Vielleicht sei es aber dafür sehr inhaltsreich.

Außenminister *Gromyko* entgegnete, die sowjetische Seite habe ihre Position dargelegt, und er wolle sie nicht wiederholen. Man würde sonst zuviel Zeit verlieren. Was gesagt worden sei, bleibe voll in Kraft.

Was die Anregungen des Staatssekretärs anbetreffe, so habe er auf einige Fragen sofort reagiert. Von ihm nicht beantwortet worden sei die Frage der Aufnahme einer Klausel, wonach – wenn wir zu einem Abkommen kämen – die Verpflichtungen aus zwei oder mehrseitigen Verträgen, die von beiden Parteien vorher abgeschlossen wurden, nicht berührt werden sollten. Im Prinzip sei das für die sowjetische Seite annehmbar. Man müsse sich jedoch noch eine Formel überlegen.

Die sowjetische Seite erwarte von Staatssekretär Bahr Antwort und Erläuterungen auf eine Reihe von Fragen, die früher von ihr gestellt worden seien.

---

[1] Durchdruck.
[2] Für das Gespräch des Staatssekretärs Bahr, Bundeskanzleramt, mit dem sowjetischen Außenminister Gromyko am 17. Februar 1970 in Moskau vgl. Dok. 59.

Wenn die deutsche Seite sage, daß die BRD keine territorialen Ansprüche gegen irgend jemand habe, habe sie sich bereits überlegt, daß sie auch keine Absicht habe, zukünftig territoriale Ansprüche zu stellen. Staatssekretär Bahr habe damals gesagt, daß dies so sei.

Weiter habe die sowjetische Seite gesagt, daß, wenn es zu einem Abkommen über die Grenzen und den Status quo käme, es notwendig wäre, auch einige Grenzen konkret zu nennen, die Grenze an Oder/Neiße und die Grenze zwischen BRD und DDR. Diese Erwähnung müsse neben einer allgemeinen Formel, die alle Grenzen umfasse, erfolgen.

Schließlich wünsche die sowjetische Seite, daß man ihr sage, wie man sich den Verzicht auf den Alleinvertretungsanspruch zeitlich vorstelle. Dies sei eine wichtige Frage, der man auf sowjetischer Seite eine große Bedeutung beimesse. Staatssekretär Bahr habe gesagt, daß er dieser Frage keine große Bedeutung beimesse. Man sollte aber darüber dem Wesen und der Zeit nach konkreter sprechen. Der sowjetischen Seite sei auch mehr oder weniger der Standpunkt der deutschen Seite über eine Aufnahme der DDR in die UNO und andere internationale Organisationen klar. Trotzdem wolle man gern etwas mehr über den Zeitpunkt hören.

Weiter: In letzter Zeit habe es in der BRD Stimmen gegeben, die eine Teilnahme an der ESK vom Gang des Meinungsaustausches bzw. seinem Erfolg abhängig mache. Staatssekretär Bahr habe zwar erläutert, daß dies nicht im vollen Umfang des Wortes eine Bedingung für das andere sei. Er habe gesagt, daß ein positives Resultat der Gespräche Ergebnisse auf der ESK „erleichtern" würde, aber welche elastische Formel man auch suche, es falle der sowjetischen Seite schwer, sich von der Vorstellung zu lösen, daß die deutsche Seite ihre Teilnahme an der ESK von dem Erfolg der gegenwärtigen Gespräche abhängig mache.

Wie wolle die deutsche Seite in den Gesprächen fortfahren? Sollte man allgemein weiter sprechen, oder solle man Entwürfe diskutieren, die für beide Seiten annehmbar seien? Doch sei es in jedem Falle leichter, Formulierungen zu finden, wenn man sich in der Sache einig sei.

Er wolle noch eines bemerken: Die internationale und die Presse in der Bundesrepublik hätten den Gesprächen gewisse „Einschätzungen" gegeben. Die Presse spekuliere viel, Politiker gäben Interviews. Natürlich habe jeder das Recht, seine Meinung zu sagen. „Aber unsere Politik interpretieren wir selbst." Deshalb sei das, was hier gesagt werde, die einzige wirkliche Quelle für den Standpunkt der Sowjetregierung. Die sowjetische Position sei klar, und es bedürfe keiner Propaganda. Man gehe sowjetischerseits ernst an die Fragen heran und hoffe, daß auch die andere Seite dies tue. Es wäre gut, wenn StS Bahr Neues oder Zusätzliches zu äußern habe.

Staatssekretär *Bahr* erklärte, was die Erklärungen von Politikern anbetreffe, so sei das furchtbar schwierig, und die Beamten seien in der schwierigsten Lage. Sie könnten nicht einmal Ministern, geschweige denn Bundestagsabgeordneten verbieten zu reden. Er, Staatssekretär Bahr, habe jedoch den Eindruck, daß kein Schaden angerichtet worden sei. Die sowjetische Seite solle Pressespekulationen über die Politik der Sowjetunion nicht allzu große Bedeutung beimessen. Es gebe auch manchmal Spekulationen über die Politik der Bundesregierung in der Presse, die uns nicht gefallen. All dies dürfe uns nicht hindern, in der Sache weiterzugehen. Je länger wir natürlich redeten, um so mehr Spekulationen würde es geben. (Staatssekretär Bahr verwies auf eine Karikatur im „Spiegel", in der er im Jahre 1990 gefragt wird, ob es sich immer noch um exploratorische Gespräche oder bereits um Vorverhandlungen handele.[3])

Staatssekretär führte weiter aus, man sollte in absehbarer Zeit Bilanz ziehen. Dies könne durch konkrete Formulierungsvorschläge geschehen, wobei man sich an die Formeln, die bereits im Verlauf der Gespräche gebraucht worden seien, halten könne. Er werde noch auf die eine oder andere Formel zurückkommen.

Was die ESK anbetreffe, so wäre er dankbar, wenn Herr Gromyko und die sowjetische Regierung die Erfolge der jetzigen Gespräche nicht als Bedingung für eine deutsche Teilnahme auffaßten. Man habe es vielmehr mit dem Resultat politischer Gegebenheiten zu tun. Die sowjetische Seite müsse einsehen, daß die Position der Bundesregierung nicht einfach sei, sowohl innenpolitisch als auch, was das Thema der Konferenz anbetrifft, gegenüber unseren Verbündeten. Es könne kein Zweifel bestehen, daß positive Resultate unserer Gespräche der Konferenz förderlich sein würden und ein Fehlschlagen ebenfalls nicht ohne Einfluß bleiben würde. Die Konferenz werde im übrigen so oder so zustande kommen.

Was den Komplex des Alleinvertretungsanspruches anbetreffe, so gebe es einen solchen nicht. Der Anspruch auf Alleinvertretung sei praktisch aufgegeben. Die Bundesregierung habe in ihrer Erklärung zur Lage der Nation[4] klar ausgesprochen, daß sie gegen niemand territoriale Ansprüche erhebe, und sie habe weiter davon gesprochen, daß die Nation in den Grenzen von 1970 existiere. Dies sei die positive Formulierung der Haltung, die sich von der Haltung der früheren Bundesregierung unterscheide. Er, Staatssekretär Bahr, nähme an, daß die Fragen, die Außenminister Gromyko aufgeworfen habe, in den Gesprächen zwischen dem Bundeskanzler und dem Vorsitzenden des Ministerrats, Stoph[5], eine gewisse Rolle spielen würden. Er wolle dem nicht vorgreifen. Die Frage, die Außenminister Gromyko nach unseren zeitlichen Vorstellungen gestellt habe, sei natürlich nicht zu trennen von der Frage, wie lange es dauern werde, bis die BRD und die DDR die friedliche Koexistenz organisierten und die beiderseitigen Beziehungen regelten. Er habe bereits früher gesagt, daß das eine neben dem anderen laufen und man die Auswirkungen vielleicht schon im Laufe des Jahres sehen würde, unter der Voraussetzung, daß wir Resultate erreichten.

Über die Frage der Erwähnung der Grenze an Oder und Neiße und zwischen der BRD und der DDR habe er in Bonn ausführlich gesprochen. Der Bundeskanzler sei der Auffassung, daß es genügen müsse, wenn man hier eine allgemeine Formulierung finde und die konkrete Formulierung den anderen Verträgen vorbehalte. Wenn die deutsche Seite im Vertrag mit der SU von „allen Grenzen"

---

3 Vgl. DER SPIEGEL, Nr. 10 vom 2. März 1970, S. 32.
4 Für die Regierungserklärung des Bundeskanzlers Brandt vom 14. Januar 1970 zum Bericht über die Lage der Nation im gespaltenen Deutschland vgl. BT STENOGRAPHISCHE BERICHTE, Bd. 71, S. 839–847.
  Für den Wortlaut des Berichts über die Lage der Nation im gespaltenen Deutschland vgl. BT ANLAGEN, Bd. 135, Drucksache VI/223.
5 Zu den Gesprächen des Bundeskanzlers Brandt mit dem Vorsitzenden des Ministerrats, Stoph, am 19. März 1970 in Erfurt vgl. Dok. 124.

spreche, dann meine sie auch alle Grenzen. In einem eventuellen Abkommen sollten jedoch keinerlei Sondererwähnungen stattfinden.

Was den ersten, von Außenminister Gromyko erwähnten, Punkt angehe, so handele es sich in der Tat um eine Kernfrage. Die Bundesrepublik erhebe keine territorialen Ansprüche. Es handele sich nicht um territoriale Ansprüche, wenn wir das in den Verfassungen fixierte Ziel[6] nicht aus den Augen verlören. Dies müsse klar sein. Hier handelt es sich um einen Punkt, der für die BRD von größter Bedeutung sei. Für uns stehe in direktem Zusammenhang die Frage, ob wir auch erklärten, wir hätten keine Absicht, die bestehenden Grenzen zu ändern, mit dem Punkt, daß es eine Vier-Mächte-Verantwortung für ganz Deutschland gebe. Er, Staatssekretär Bahr, habe am 17.2. darum gebeten, dies noch einmal zu überdenken. Nach seiner Auffassung gehe es jetzt darum, ein Arbeitspapier zu machen, welches das enthalten sollte, worüber wir uns geeinigt hätten und was Inhalt des Abkommens werden sollte. Er gehe davon aus, daß wir von früheren Vorstellungen abgegangen seien, gegenseitig Gewaltverzichtserklärungen abzugeben. Jetzt gingen wir davon aus, daß wir einen Vertrag formulieren, der gleichmäßige Verpflichtungen beider Regierungen enthalten sollte. Er komme deshalb darauf zurück, weil er, Staatssekretär Bahr, das letzte Mal angeregt habe zu überlegen, ob es nicht bei unveränderter Vier-Mächte-Verantwortung und unveränderten Verfassungszielen möglich sei, daß die sowjetische Regierung zur Kenntnis nehme, von welchen Positionen die Bundesregierung ausgehe, ohne sich diese Position zu eigen zu machen. Die Formulierung sollte um so leichter sein, als von der Sowjetunion keine neue Politik verlangt werde, sondern lediglich Fortsetzung der von ihr in all diesen Jahren vertretenen Linie, daß die Deutschen, wenn sie wollen, wenn die Vier Mächte, beide deutsche Staaten, alle Nachbarn zustimmten, auch unter einem Dach leben könnten. Außenminister Gromyko habe eine ausdrückliche Erwähnung dieses Punktes in einem Abkommen abgelehnt. Er, Staatssekretär Bahr, rege an, dies in einem Briefwechsel klarzustellen. Jedenfalls sei es für die Bundesregierung wichtig in ihrer Stellung gegenüber den Drei Mächten. Er könne sich hierfür auch eine Formulierung vorstellen, die etwa wie folgt lauten würde: (Staatssekretär Bahr verlas Punkt II 4 und 5.[7]) Er halte dies für eine mögliche Formulierung.

Von sich aus wolle er noch einen Punkt anschneiden, den man in der letzten Runde nicht zu Ende gebracht habe. Es handelt sich um Berlin. Man habe damals über eine Art von Zusammenfassung gesprochen, nach der

1) beide Regierungen als im Zusammenhang stehend betrachten würden die bilateralen GV-Erklärungen zwischen der BRD und der SU, der BRD und Polen sowie der BRD und der ČSSR;

2) beide Regierungen als im Zusammenhang stehend betrachten würden die Regelung der Beziehungen zwischen der BRD und der DDR einschließlich des GV und der Entspannung und Stabilisierung der Lage um Berlin.

---

[6] Zu den entsprechenden Bestimmungen des Grundgesetzes vom 23. Mai 1949 und der Verfassung der DDR vom 6. April 1968 vgl. Dok. 12, Anm. 13.

[7] Vgl. dazu die Vorschläge der Bundesregierung vom 5. März 1970; Dok. 97.

Außenminister Gromyko habe die Frage aufgeworfen, ob dies nicht systemwidrig sei. Trotzdem glaube er, daß dieses zusammengehöre, weil wir uns in der Tat auch darüber im klaren seien, daß ein Zusammenhang besteht, wenn man den Status quo (d.h. die heutige Situation) in Mitteleuropa realisieren wolle. Man sehe dann sofort, daß die Lage in Berlin dazugehöre. Manchmal sei Berlin ein Spannungsherd gewesen. Wir hätten jedenfalls kein Interesse daran, daß von Berlin Spannungen ausgehen. Es entspreche übrigens auch dem Wunsch des Herrn Ministers, daß man im Abkommen ein Wort über Berlin sagen sollte. Denn es sei sein Standpunkt, daß aus dem großen Komplex Berlin der Punkt herausgenommen werden sollte, der mit dem GV zusammenhänge. Die Bundesregierung sei bereit, einen solchen Punkt aufzunehmen, den man wie folgt formulieren könne: „Die Grundsätze und Ziele dieses Abkommens finden unter Achtung der Vier-Mächte-Abkommen und der gegenwärtigen Lage in Berlin auf Berlin-West entsprechend Anwendung."

Außenminister *Gromyko* fragte, ob Staatssekretär Bahr einige Fragen absichtlich nicht berührt habe, z.B. die der Aufnahme in die UNO?

Staatssekretär *Bahr* erwiderte hierauf, er habe absichtlich davon nichts gesagt, weil er annehme, daß Ministerpräsident Stoph dies den Bundeskanzler fragen werde. Auch sehe er den Sinn der Frage nicht ein. Wenn beide deutsche Staaten ihre Beziehungen auf der Basis der Gleichberechtigung und Nichtdiskriminierung regelten, dann dürften sie sich gegenseitig nicht mehr diskriminieren. Die DDR, davon gehe er aus, fühle sich diskriminiert. Wir fühlten uns auch in einigen Punkten diskriminiert und würden das auch vorbringen. Wenn man sich einigte, würden diese Diskriminierungen entfallen.

Außenminister *Gromyko* fragte hierauf, was der Staatssekretär unter Diskriminierung verstünde. Man könne diesen Begriff enger und weiter verstehen. Man könne sagen, die BRD verhält sich gegenüber der DDR wie die DDR gegenüber der BRD. Aber man könne auch die Beziehungen zu Drittstaaten einbeziehen. Es handele sich um einen mehrschichtigen Begriff. Sollte man die Beziehungen zwischen beiden deutschen Staaten aufbauen, ohne einen zu benachteiligen und dabei die Frage der Beziehungen zu Drittländern außer acht lassen? Staatssekretär Bahr habe einmal gesagt, beide Staaten seien nicht voll souverän. Was sollten denn das für Staaten sein? Die Souveränität sei unteilbar. Es gebe keine halbe Souveränität. Die Beziehungen zwischen den deutschen Staaten müßten auf voller Gleichberechtigung beruhen, einschließlich ihrer Beziehungen zu Drittländern. Die sowjetische Seite sei zufrieden, daß Staatssekretär Bahr sage, hier handele es sich um eine vergangene Epoche. Faktisch trage die Politik der Bundesrepublik dem jedoch nicht Rechnung. In Wirklichkeit setze sie noch die alte Linie fort.

Staatssekretär *Bahr* antwortete hierauf, er habe sich falsch ausgedrückt. Es müsse heißen, theoretisch sei diese Politik zu Ende. Theoretisch seien wir bereit, auch faktisch dieser Politik ein Ende zu setzen. Was die Souveränität anbetreffe, so nehme die sowjetische Seite einen abstrakten Standpunkt ein. Er wolle ein Beispiel nennen: Wenn wir voll souverän wären, hätten wir das Luftfahrtsabkommen schon längst unter Dach und Fach. Wenn Außenminister Gromyko sage, es gebe nur eine volle oder keine Souveränität, dann seien wir nicht souverän. Wir sagten zwar, wir seien souverän für das Territorium der BRD, aber selbst dafür stimme das nicht. Erstens hätten wir bestimmte Souveränitätsrechte weggegeben.[8] Es gebe Fragen, die würden in Brüssel entschieden. Das stehe hier nicht zur Debatte. Aber wir hätten nicht einmal die Möglichkeit, sowjetischen Flugzeugen den Flug über die BRD zu gestatten. Es sei nicht sein Steckenpferd, wenn er dauernd auf die Drei Mächte zu sprechen komme. Die Drei Mächte hätten Vorbehaltsrechte[9], und die Souveränität sei insofern eingeschränkt. Übrigens gelte das auch für die Souveränität der DDR, denn sie habe anerkannt, daß die SU in der DDR besondere Rechte habe. Wenn beide Staaten nicht souverän seien, so sei es logisch, daß ihre Beziehungen untereinander eine andere Qualität hätten, als die Beziehungen mit beliebigen anderen Staaten. Diese Frage habe nichts damit zu tun, wie die Staaten ihre Beziehungen zu Drittstaaten gestalteten. Auch seien die Beziehungen für Drittstaaten (z. B. die Beziehungen Rumäniens und Polens mit der DDR) völlig normal. Hier trete der deutsche Teilstaat völlig souverän auf, ebenso wie die BRD gegenüber Argentinien. Beide Staaten würden in einem Sonderverhältnis nicht nur untereinander, sondern auch zu den Vier Mächten bleiben, solange es keinen Friedensvertrag gebe.

An dieser Stelle wurde eine Pause von 10 Minuten eingelegt.

Außenminister *Gromyko* eröffnete nach der Pause das Gespräch, indem er ausführte, wenn ein Staat einen völkerrechtlichen Vertrag unterzeichne, so gebe er stets einen Teil seiner Souveränität auf. Aber der Staat übernehme die aus dem Vertrag entstehenden Verpflichtungen freiwillig, und dies könne nur ein souveräner Staat tun. Es sei geradezu ein Beweis für seine Souveränität. Es fiele auf, daß Staatssekretär Bahr dieses Thema sehr oft anschneide. Könne es nicht sein, daß man hier zwei Monate lang rede und zu einem Resultat komme und die deutsche Seite dann sage: „Wir haben keine volle Souveränität und können das nicht machen." Das sei nur eine Frage, die jedoch jetzt keine Antwort erfordere.

Die DDR und die BRD seien unabhängige Staaten, die Verträge untereinander und mit Drittländern abschließen könnten. Die Anregung zu seinen Ausführungen sei Staatssekretär Bahrs Bemerkung zur Diskriminierung gewesen. Die sowjetische Seite wünsche, daß auch hier Worte und Taten übereinstimmen und sich nicht hinter einer gefälligen Hülle verschiedener Interpretation verbergen. Man müsse die Gleichberechtigung im vollen Sinne des Wortes, d. h. auch in Bezug auf die völkerrechtlichen Beziehungen im Auge behalten.

Was Staatssekretär Bahr zur territorialen Frage gesagt habe, so werde man sich dies durch den Kopf gehen lassen. Er habe ja auch bereits ausgeführt, daß die BRD auch künftig die Grenzen achten werde. Außerdem wolle er ihm sagen – die Sowjetunion messe dem große Bedeutung bei – und bitte ihn, dies der Bun-

---

[8] Nach Artikel 24 des Grundgesetzes vom 23. Mai 1949 konnte die Bundesrepublik Hoheitsrechte auf zwischenstaatliche Einrichtungen übertragen sowie sich einem System gegenseitiger kollektiver Sicherheit einordnen. Dies geschah im Rahmen der Mitgliedschaft in den Europäischen Gemeinschaften sowie in der NATO. Vgl. dazu den Wortlaut des Artikels 24 des Grundgesetzes vom 23. Mai 1949; BUNDESGESETZBLATT 1949, Nr. 1, S. 4. Vgl. dazu ferner den Wortlaut der Römischen Verträge vom 25. März 1957; BUNDESGESETZBLATT 1957, Teil II, S. 753–1223, sowie des NATO-Vertrags vom 4. April 1949; BUNDESGESETZBLATT 1955, Teil II, S. 289–292.

[9] Vgl. dazu Artikel 2 des Vertrags vom 26. Mai 1952 über die Beziehungen zwischen der Bundesrepublik Deutschland und den Drei Mächten in der Fassung vom 23. Oktober 1954 (Deutschlandvertrag); Dok. 12, Anm. 28.

desregierung weiterzuleiten, daß es nötig sei, in dem Abkommen einige Grenzen ausdrücklich zu erwähnen. Es müßte nicht in gleicher Form geschehen, wie z.B. im Abkommen mit Polen über die Oder-Neiße-Grenze, aber doch konkret erwähnt werden.

Was die Frage des Verzichts auf den Alleinvertretungsanspruch angehe, so habe er bereits erwähnt, daß, wenn wir hier theoretisch und faktisch die Schwierigkeiten beseitigten, dies die Verhandlungen positiv beeinflussen würde. Die sowjetische Seite sehe aber, daß wir hier zögerten. Das sei schade.

Was die Aufnahme in die UNO anbetreffe, so habe sich Staatssekretär Bahr ziemlich klar ausgesprochen. Aber die Frage des Zeitpunktes sei offen geblieben. Man sollte da weiterkommen, und wir sollten die Wichtigkeit dieser Frage für die SU nicht unterschätzen.

Was die ESK anbetreffe, so könne die Bundesregierung die Politik treiben, die sie für zweckmäßig halte. Wenn sie jedoch eine Verbindung zwischen einem Fortschritt dieser Verhandlungen und der Konferenz herstelle, dann würde man sie sowjetischerseits als eine Regierung ansehen, die sich fest an die Traditionen der letzten 10 Jahre halte. Die sowjetische Regierung sei folgender Auffassung: Man werde sich an einen Tisch setzen und einige Fragen beraten, die jetzt lösbar erschienen. In der UNO kämen alle Staaten zusammen, aber es gebe viele afrikanische und asiatische Staaten, die keine Beziehungen zu speziellen europäischen Problemen hätten. Zum Beispiel könnten die europäischen Länder über Fragen des Wirtschaftsaustausches auch ohne Honduras sprechen. Man könnte auch über Entspannung sprechen und über die reale Lage in Europa. Weshalb versehe man die Konferenz mit einem Fragezeichen?

Staatssekretär *Bahr* entgegnete hierauf, die theoretischen Ausführungen Außenminister Gromykos würde er genauso machen. Er unterschreibe jedes Wort. Was Deutschland angehe, so glaube er, könne man nicht davon sprechen, daß es sich um eine freiwillige Aufgabe der Rechte handele. Am Anfang habe die bedingungslose Kapitulation gestanden. Die Souveränität sei Null gewesen. Dann hätten die Alliierten bestimmte Rechte zurückgegeben, Zulassung von Parteien, Verwaltung auf lokaler Ebene etc. Die Souveränität habe vielleicht 5% betragen. Dann wurden Zentralverwaltungen gebildet, und die Souveränität sei auf 20% gestiegen. Dann wurden Staaten gebildet, wobei er ganz offen lassen wolle, ob freiwillig oder nicht, aber in beiden deutschen Staaten sei ein Souveränitätsstand von 100% gegenüber den Siegermächten auch damit nicht erreicht worden. Das brauche uns für die Frage nicht zu interessieren, über die wir hier Meinungen austauschten. Er habe dies vielmehr deutlich gemacht, um zu sagen, daß das Abkommen zwischen der BRD und der SU eben keine Änderung bewirken könne im Verhältnis der BRD zu den Drei Mächten oder im Verhältnis der Vier Mächte zu Deutschland.

Gerade weil er den Gedanken aufgenommen habe, daß ein Gewaltverzichtsabkommen bi- oder multilaterale Abkommen, die die BRD oder die SU vorher mit Drittmächten geschlossen hätten, nicht berühre, werde die Situation nicht entstehen, von der der Minister vorhin im Scherz gesprochen habe.

Was die Erklärung des Ministers über eine ausdrückliche Erwähnung der Oder-Neiße-Grenze und der Grenze zwischen der BRD und der DDR angehe, so werde er darüber nach Bonn berichten. Er habe allerdings den Eindruck, als würde die Bundesregierung ihre Meinung nicht ändern. Wir legten Wert darauf, den Eindruck zu vermeiden, als beschlössen wir über andere Staaten. Es sei auch etwas unlogisch: Wenn wir über alle Grenzen sprächen, so sei doch die Grenze an Oder und Neiße eine von diesen. Außerdem seien doch alle Verträge als ein Komplex anzusehen, und wir würden mit Polen einen Vertrag abschließen, der sich ausdrücklich mit der Oder-Neiße-Linie befasse. Man habe mit den Polen Erklärungen ausgetauscht.[10] In der polnischen Erklärung seien positive Elemente, einiges sei nicht akzeptabel. Jedenfalls seien die Polen stolze Leute und wollten dies selbst mit uns regeln.

Er wolle auch noch einmal etwas zur Alleinvertretung sagen. Als wir unseren Meinungsaustausch begannen, habe er, Staatssekretär Bahr, gesagt, man solle hier sehr offen miteinander reden, um Vertrauen aufzubauen. Er sehe in dieser Frage wirklich keinen Grund zum Mißtrauen. Wenn wir die Beziehungen der beiden deutschen Staaten regelten, so werde dies eine Regelung sein, die keiner Änderung bedürfe, solange beide deutsche Staaten bestünden. Dies werde unmittelbare Auswirkungen auf die internationale Rolle der DDR haben. Wenn wir uns auch nur einen Augenblick vorstellten, wir hätten diesen Zustand bereits erreicht – und er gehe davon aus, daß die DDR uns auch die Aufnahme beider Staaten in die UNO vorgeschlagen habe, was auch wir ins Auge faßten – so würden doch sehr viele Länder nach Ost-Berlin kommen und über die Aufnahme völkerrechtlicher Beziehungen verhandeln. Die Bundesregierung könne doch keinen Vertrag machen, durch den andere Staaten verpflichtet würden, Beziehungen mit der DDR aufzunehmen.

Außenmister Gromyko sage, daß die BRD faktisch weiter Barrieren errichte. Wer gebe der SU Garantien, daß diese Barrieren nicht weiter aufrechterhalten würden. Er wolle darauf antworten, daß unser Interesse, das Interesse nämlich, die Beziehungen zur SU zu verbessern, eine solche Garantie gebe. Wir hätten kein Interesse, die SU hinters Licht zu führen.

Was die UNO angehe, so stelle sich das Problem der Souveränität gar nicht. Die Begrenzung der Souveränität gelte nicht gegenüber der UNO.

Er, Staatssekretär Bahr, wolle noch einige Bemerkungen zum Thema der Sicherheitskonferenz machen. Wir würden in 10 bis 15 Jahren nicht sagen, daß wir eine Gelegenheit versäumt hätten. Er wisse nicht, wann die Konferenz stattfinde. Sie müsse gut vorbereitet werden, und auch wir überlegten Vorschläge. Er müsse hier einfach daran erinnern, daß die Bundesregierung eine durchaus positive Haltung zu dieser Konferenz eingenommen habe. Auch er sei der Auffassung, daß vieles dafür spreche, daß man an alle diese (von Gromyko erwähnten) Fragen herangehe. Aber wenn wir das machten, dann machten wir das auch gründlich. Auch unser Potential sei begrenzt. Bundeskanzler Brandt fahre demnächst nach Ost-Berlin, Staatssekretär Duckwitz in den nächsten Tagen nach Warschau[11], ein Staatssekretär gehe nach Brüssel[12] und er selbst sei hier. Die

---

10 Vgl. dazu den Entwurf der Bundesregierung vom 2. März 1970 für einen Vertrag mit Polen über eine Verbesserung des bilateralen Verhältnisses; Dok. 85.
Für den polnischen Entwurf vom Februar 1970 vgl. Dok. 141.
11 Staatssekretär Duckwitz hielt sich vom 9. bis 11. März 1970 in Warschau auf.
12 Staatssekretär Duckwitz hielt sich am 17. März 1970 zu Konsultationen in Brüssel auf. Botschafter Grewe, Brüssel (NATO), berichtete, daß sich der Ständige NATO-Rat hinsichtlich der Unterrich-

BRD sei ein kleines Land. Die Frage nach den Vorbedingungen werde sich hier durch diese Verhandlungen erledigen.

Außenminister *Gromyko* antwortete hierauf, was die konkrete Erwähnung einiger Grenzen angehe, so sei diese Frage für die sowjetische Seite sowohl einfach wie prinzipiell. Sie sei prinzipiell, weil die Sowjetunion eine große europäische Macht sei und ein Interesse an der Aufrechterhaltung der Grenzen, darunter der Grenze an Oder und Neiße und der Grenze zwischen BRD und DDR habe. Sie habe ein Interesse daran, daß die Grenzen unantastbar seien und keine Staaten Ansprüche gegeneinander stellten. Eine allgemeine Formel genüge so nicht. Sie sei schließlich einfach, weil die sowjetische Seite nicht sehe, warum die Bundesregierung, wenn sie für die Unantastbarkeit der Grenzen jetzt und in Zukunft sei, diese beispielhafte Illustration scheue. Für die Sowjets sei jedenfalls die allgemeine Formel, der allgemeine Rahmen nicht ausreichend.

Wenn die Sowjetunion nicht diese Verantwortung für die Erhaltung des Friedens trüge, könnte sie anders handeln. Die deutsche Seite beunruhige sich völlig umsonst über die Position der anderen sozialistischen Staaten. Die Sowjetunion werde mit diesen schon Vereinbarungen treffen. Natürlich müsse man hier nicht alles sagen, was die BRD in Verträgen mit anderen Staaten niederlege. Die Erwähnung dieser beiden Grenzen sei das wenigste, was die Sowjetunion angesichts ihrer breiten Verantwortung für Entspannung und Frieden in Europa fordern müsse. Man habe sogar gedacht, daß Staatssekretär Bahr selbst dies vorschlagen würde.

Staatssekretär *Bahr* entgegnete, wir wollten dies noch einmal überlegen. Er sehe hier keinen Gegensatz in der Sache. Er habe schon in früheren Stadien davon gesprochen und wolle noch einmal unterstreichen: „Wir sehen durchaus die besondere Rolle der Sowjetunion." Die Tatsache, daß wir hier über alle Fragen sprächen, sei ein Beweis dafür. Wir wollten das nicht nur fortsetzen, sondern könnten es auch noch intensiver tun, z.B. um uns Klarheit darüber zu verschaffen, wie unsere Positionen in den bevorstehenden Verhandlungen mit der DDR seien. Die Frage sei jedoch, ob man das auch auf Papier festlegen müsse. Er habe den Eindruck, daß, wenn wir in unserem Arbeitspapier sagten, daß die Bemühungen (Staatssekretär Bahr verlas hier Punkt I/1 der deutschen Thesen) und wenn wir im übrigen sagten, daß beide deutschen Staaten sich verpflichteten, die territoriale Integrität der europäischen Staaten und die Grenzen zu achten, dann gelte dies schlicht für alle. Wir würden hier doch auch nicht die Grenze zwischen Bulgarien und Jugoslawien erwähnen. Für uns sei die DDR ein Staat. Wenn wir von allen Staaten sprächen, dann gäbe es dafür keine Ausnahme.

Außenminister *Gromyko* erwiderte hierauf, Polen und die DDR hätten eine besondere Lage. Zwischen Bulgarien und Jugoslawien gäbe es keine Grenzverhandlungen.

Staatssekretär *Bahr* entgegnete, im Grunde sei man sich in der Sache einig. Er

Fortsetzung Fußnote von Seite 366
tung über die Gespräche zwischen der Bundesrepublik und der UdSSR in Moskau „sehr befriedigt" gezeigt habe. Von belgischer und italienischer Seite sei die Frage nach einer Multilateralisierung der Entspannungsbemühungen gestellt worden. NATO-Generalsekretär Brosio habe die Bitte der Bundesregierung „um sorgfältige Geheimhaltung des Inhalts dieser Konsultationen" betont. Vgl. den Drahtbericht Nr. 334; VS-Bd. 4627 (II A 4); B 150, Aktenkopien 1970.

verstehe die sowjetische Position und hoffe, daß auch der Minister unsere Position besser verstehe.

Außenminister *Gromyko* führte hierauf aus, er sehe dies ein, aber nun gebe es Schwierigkeiten bei der Formulierung. Beide Parteien sollten eine gewisse Zeit hindurch versuchen, gemeinsam herauszufinden, in welchen Fragen man einer Meinung sei, um dann Formulierungen gegenüberzustellen. Das sei Juwelierarbeit vergleichbar mit dem Schleifen eines Edelsteines. Er wolle wiederholen: Wenn der Staatssekretär bereit sei, der sowjetischen Seite etwas schriftlich zu geben, nehme er das gern an. Er schlage im übrigen vor, für heute Schluß zu machen.

Staatssekretär *Bahr* antwortete hierauf, er bitte den Minister, auch die deutsche Position noch einmal gut zu überdenken. Der Minister könne davon ausgehen, daß die Formulierungen, die er bekommen werde, voll die im Verlaufe der Gespräche vorgebrachten Argumente berücksichtigen würden. Er werde auch feststellen, daß wir in der Formulierung weit näher gekommen seien, als am Anfang. Wenn wir so erst ein Dokument hätten, würden wir sehen, wieviel noch zu tun sei.

Außenminister *Gromyko* erläuterte, im Verlauf der nächsten Gespräche solle man feststellen, wo die beiderseitigen Positionen zusammenfielen, in der Grenzfrage, der Frage einer Aufnahme in die UNO, der Ziele und Prinzipien der UNO-Charta etc. Dann werde man sehen, ob sich Formeln finden ließen, die Grundlage eines Abkommens bilden könnten. Die sowjetische Seite werde nach Möglichkeit versuchen, ihre Gedanken zu resümieren.

Staatssekretär *Bahr* äußerte, er verstehe darunter eine gemeinsame Formulierung, die man auch „Leitsätze" nennen könnte.

Außenminister *Gromyko* meinte, es solle sich nicht um ein gemeinsames Dokument, sondern „zusammenfallende Gedanken" handeln.

Staatssekretär *Bahr* entgegnete, er sehe dies nicht ein. Wenn wir uns über die Formulierungen verständigten, hätten beide Regierungen den gleichen Text. Er ginge auch nicht davon aus, daß wir ein offizielles Dokument machten. Wesentlich sei aber, daß beide Regierungen den gleichen Text bekämen.

Außenminister *Gromyko* erwiderte hierauf, er wolle in zwei Etappen vorgehen. Wir nähmen Formulierungen, die der Form und der Sache nach zusammenfielen. Diese sollten jedoch nicht ein gemeinsames Dokument darstellen. Jeder trage dann seiner Regierung vor. Er werde der sowjetischen Regierung vortragen und sagen, daß man noch kein gemeinsames Dokument habe, aber das dies in etwa die gemeinsamen Gedanken seien. Dann solle man wieder zusammen kommen und ein Arbeitsdokument abfassen, oder aber vielleicht schon den Text eines Abkommens.

Man könnte zunächst von Grundsätzen des Abkommens sprechen. 99% der Arbeit stecke darin, daß man sich in der Sache einige. Die Formulierung sei das letzte Prozent und schließe gleichsam den Kreis.[13]

VS-Bd. 4625 (II A 4)

[13] Staatssekretär Bahr, Bundeskanzleramt, berichtete am 3. März 1970 ergänzend: „Gromyko warf eine Reihe von Fragen erneut auf, die in der vorigen Phase bereits abschließend behandelt schienen,

88

Aufzeichnung des Legationsrats I. Klasse Bräutigam

II A 1-83.00-397/70 geheim 4. März 1970[1]

Betr.: Berlin-Klausel in einem deutsch-sowjetischen Gewaltverzichtsabkommen

Bezug: DB aus Moskau Nr. 301 vom 28. 2. geheim[2]

Zum Bezugsbericht ist folgendes zu bemerken:

1) Juristisch betrachtet bedeutet die im Brief des Bundeskanzlers[3] vorgeschlagene Klausel zur Einbeziehung Berlins, daß die Bundesrepublik einschließlich Berlins (West) durch das Gewaltverzichtsabkommen berechtigt und verpflichtet

---

Fortsetzung Fußnote von Seite 368

z. B. unsere Haltung zur ESK, die Forderung auf ausdrückliche Erwähnung der Oder-Neiße- und der Grenze zwischen den beiden Staaten in Deutschland im deutsch-sowjetischen GV und den Verzicht auf Alleinvertretung. Bei letzterem Punkt ist die Einwirkung der Ostberliner Argumente unverkennbar. [...] Gromyko regte an, daß beide Seiten ihre Positionen als Grundsätze zu Papier bringen und man darüber in den nächsten Sitzungen diskutiert. Sein Ziel sei es in dieser Runde nicht, einen gemeinsamen Text zu erarbeiten. Er hält es für vorteilhafter, wenn die beiden Regierungen zunächst einen Bericht über den Meinungsaustausch bekommen und sich darüber klar werden, in welchen Punkten Einigung möglich ist und in welchen Punkten die Meinungen auseinander gehen. Wenn die Punkte der Einigungsmöglichkeit stark genug sind, würde man mit dem Ziel zusammenkommen, einen gemeinsamen Text von Grundsätzen zu machen, der später zur Grundlage der Vertragsverhandlungen würde. Es sei für ihn auch wichtig zu erläutern, welche Positionen für die Bundesregierung annehmbar seien und welche nicht. Diese Methodik ist praktisch, wirkt zeitlich verzögernd und birgt ihrer Natur nach auch die Möglichkeit, in einem späteren Stadium erklären zu können, daß man sich wegen einiger wesentlicher Punkte nicht einigen kann. Da ihm die Positionen der Bundesregierung klar sind, ist das Spiel auf Zeitgewinn mindestens durch das Interesse zu erklären, die erste Begegnung Brandt/Stoph abzuwarten." Vgl. den Drahtbericht Nr. 317; VS-Bd. 4626 (II A 4); B 150, Aktenkopien 1970.
Vgl. dazu außerdem Dok. 89.

[1] Hat Vortragendem Legationsrat I. Klasse van Well am 5. März 1970 vorgelegen, der die Weiterleitung über Ministerialdirigent Lahn an Ministerialdirektor Ruete sowie an die Referate II A 4 und V 1 verfügte.
Hat Lahn und Ruete am 5. März 1970 vorgelegen.
Hat Vortragendem Legationsrat I. Klasse Blumenfeld am 6. März 1970 vorgelegen.
Hat Vortragendem Legationsrat I. Klasse von Schenck am 6. März 1970 vorgelegen, der handschriftlich vermerkte: „Ref[erat] V 1 wäre für Überlassung einer Ablichtung dankbar."

[2] Botschafter Allardt, Moskau, äußerte sich anläßlich des Schreibens des Bundeskanzlers Brandt vom 25. Februar 1970 an Präsident Nixon, Staatspräsident Pompidou und Premierminister Wilson zur Frage der Einbeziehung von Berlin in ein Gewaltverzichtsabkommen mit der UdSSR: „Ich gehe nach hier vorliegenden Unterrichtungen davon aus, daß die drei Westmächte nicht bereit sind, der sowjetischen These zu folgen, die Vier-Mächte-Gespräche über Berlin auf Westberlin zu beschränken. Unsere Berlinformel erwähnt nur Berlin (West), womit wir m. E. den von uns mit den drei Westmächten angestrebten gemeinsamen Standpunkt verlassen. [...] Ich rege an zu prüfen, ob eine Berlinklausel der vorgesehenen Art in einem GV-Vertrag mit der Sowjetunion nicht eine politisch grundsätzlich andere Bewertung erfordert als bei Verträgen anderer Art mit anderen Partnern. Es scheint mir, als würde diese Berlinklausel in Kenntnis der sowjetischen Position in der Berlinfrage einer Ausdeutung offenstehen, als hätte nicht die Sowjetunion unser Recht, sondern vielmehr wir uns der sowjetischen These von der besonderen politischen Einheit Westberlins genähert." Vgl. VS-Bd. 4620 (II A 4); B 150, Aktenkopien 1970.

[3] Für das Schreiben des Bundeskanzlers Brandt vom 25. Februar 1970 an Präsident Nixon vgl. Dok. 76.

wird. Damit werden die sogenannten Vertragsgrenzen präzisiert, d. h. der territoriale Geltungsbereich des Abkommens. Die Klausel ist dagegen keine Präzisierung des Vertragsgegenstandes etwa in dem Sinne, daß wir auf die Anwendung von Gewalt auch hinsichtlich des politischen Status West-Berlins verzichten. Einer solchen Auslegung der Klausel könnte entgegengehalten werden, daß in dem Abkommen nicht von einem Gewaltverzicht hinsichtlich West-Berlins die Rede ist. Im übrigen können wir darauf hinweisen, daß die Formel der in unserer Vertragspraxis üblichen Berlinklausel entspricht. Leider ist in der Klausel nur von Grundsätzen und Zielen des GV-Abkommens die Rede.

2) Für die Sowjetunion würde die Annahme der Formel bedeuten, daß sie auch hinsichtlich Berlins (West) auf die Anwendung von Gewalt zur Änderung der dort bestehenden Verhältnisse verzichtet. Dies liefe praktisch auf eine Anerkennung der Realität West-Berlin durch die Sowjetunion hinaus. Streitigkeiten über den politischen Status West-Berlins wären allerdings mit Annahme der Klausel nicht ausgeschlossen.

3) Nicht ganz unproblematisch sind die möglichen Auswirkungen eines deutsch-sowjetischen GV-Abkommens auf unsere Berlin-Eventualfallplanung. Wir müssen damit rechnen, daß bei Störungen auf den Zugangswegen etwaige Maßnahmen gegenüber sowjetischen Personen und Schiffen als Verletzungen des Gewaltverzichts dargestellt werden. Unterhalb des militärischen Bereichs handelt es sich hier jedoch um Sperrmaßnahmen (Einreiseverbot, Ausweisung, Sperrung deutscher Häfen und Schiffahrtswege, für sowjetische Flugzeuge, etc.), die nicht unter den völkerrechtlichen Gewaltbegriff fallen.

Würde Berlin in das Abkommen einbezogen, so könnten wir uns bei Eingriffen in den Berlinverkehr, der der Vier-Mächte-Verantwortung unterliegt, mit guten Gründen auf das Repressalienrecht berufen. Das würde wohl auch die militärischen Maßnahmen decken, wenn der Zugang nach Berlin mit Gewalt blockiert würde. Die damit zusammenhängenden Fragen bedürfen jedoch noch einer sorgfältigen juristischen Prüfung.

Bräutigam

VS-Bd. 4477 (II A 1)

89

Staatssekretär Bahr, Bundeskanzleramt, z. Z. Moskau, an Bundesminister Scheel

Z B 6-1-11068/70 geheim Aufgabe: 4. März 1970, 13.30 Uhr[1]
Fernschreiben Nr. 318 Ankunft: 4. März 1970, 13.04 Uhr
Citissime

Nur für BM und Staatssekretär[2]

Delegationsbericht Nr. 13

I. In der gestrigen Sitzung[3] bat Gromyko um unsere Erläuterungen zu vier, die Sowjetunion besonders interessierenden Fragen:

1) Mit welcher Formulierung sind Sie bereit zu sagen, daß die BRD auch nicht die Absicht hat, später einmal territoriale Ansprüche zu erheben?

Ich habe erneut darauf hingewiesen, daß wir die Verfolgung unserer im Grundgesetz niedergelegten politischen Ziele nicht aufgeben werden. Dies dürfe nicht als Erhebung territorialer Ansprüche gelten. Im übrigen stehe diese Frage für uns im direkten Zusammenhang mit der Tatsache, daß es eine Vier-Mächte-Kompetenz für Deutschland als Ganzes gibt. Wenn eine gemeinsame Auffassung unserer Regierungen zu diesem Punkt nicht formuliert werden könne, sollte es für die SU wenigstens möglich sein, unsere Auffassung offiziell zur Kenntnis zu nehmen. Schließlich verlange dies keine Änderung der sowjetischen Politik, die in all diesen Jahren betont habe, daß auch die Deutschen unter bestimmten Voraussetzungen unter einem Dach leben sollten. Nachdem Gromyko wiederholt die Erwähnung dieses Punktes im Abkommen kategorisch abgelehnt habe, könne man an einen Briefwechsel oder etwas ähnliches denken. Für die Bundesregierung sei dieser Punkt von großer Bedeutung, auch in ihrem Verhältnis zu den Drei Mächten. Wenn wir für dieses Problem eine Lösung fänden, könnte ich mir für die Grenzfrage etwa die folgende Formulierung vorstellen:

„Die BRD und die SU respektieren die territoriale Integrität aller Staaten in Europa. Sie achten alle Grenzen und werden sie auch in Zukunft unverletzlich betrachten."

Gromyko äußerte sich nicht dazu.

Zur Frage der Erwähnung des Rechtes, nach staatlicher Einheit zu streben, verwies er auf seine früheren negativen Stellungnahmen.

---

[1] Hat Vortragendem Legationsrat I. Klasse Noebel am 5. März 1970 vorgelegen, der handschriftlich vermerkte: „Herrn MD Ruete zum Verbleib."
Hat Ministerialdirektor Ruete am 5. März 1970 vorgelegen, der die Weiterleitung an Ministerialdirigent Lahn sowie die Vortragenden Legationsräte I. Klasse Blumenfeld, van Well und von Alten verfügte.
Hat Lahn und Blumenfeld am 5. März 1970 vorgelegen.
Hat van Well und von Alten am 6. März 1970 vorgelegen.

[2] Georg Ferdinand Duckwitz.

[3] Für das Gespräch des Staatssekretärs Bahr, Bundeskanzleramt, mit dem sowjetischen Außenminister Gromyko am 3. März 1970 in Moskau vgl. Dok. 87.

2) Ist die Bundesregierung bereit, in der Formel über die Achtung der Grenzen zwei bestimmte Grenzen, nämlich die an Oder und Neiße und die zwischen der DDR und der BRD, ausdrücklich aufzuführen?

Gromyko erklärte, dieser Punkt sei für die SU unverzichtbar. Eine allgemeine Formel genüge nicht. Er bat wiederholt, ich möchte meiner Regierung dieses berichten.

Ich entgegnete, gerade dieser Punkt sei bei meinen Gesprächen in Bonn ausführlich erörtert worden. Der Bundeskanzler sei der Auffassung, es müsse genügen, wenn zwischen der BRD und der SU Einvernehmen über den Inhalt der GV-Abkommen, die die Bundesregierung mit den Regierungen der verschiedenen sozialistischen Staaten abschließen wolle, hergestellt werde. Wenn wir dann im deutsch-sowjetischen Abkommen alle Grenzen sagten, dann seien tatsächlich auch alle Grenzen gemeint. Es wäre nicht gut, die Empfindlichkeiten der souveränen sozialistischen Staaten dadurch zu verletzen, daß wir in unserem Abkommen zu bilateralen Fragen zwischen der BRD und ihnen Stellung nehmen würden. So hätten wir z.B. gerade mit den Polen Formulierungsvorschläge für ein GV-Abkommen ausgetauscht.[4] Wir würden nun in Warschau darüber sprechen. Die Polen seien stolz. Sie würden sehr darauf achten, daß wir nicht gleichzeitig hier über deutsch-polnische Fragen verhandelten. Kurz, wir könnten uns hier über alles unterhalten. Aber ich glaubte nicht, daß sich die Ansicht meiner Regierung zur Frage der Erwähnung bestimmter Grenzen in unserem Abkommen ändern werde.

Gromyko insistierte; es handele sich für die SU um eine prinzipielle Frage. Die SU sei eine große europäische Macht. Sie habe ein großes Interesse an der Frage der Grenzen, weil dies ein organischer Bestandteil ihrer Position im Kampf um den Frieden sei. Sie trage die Last der Verantwortung für den Frieden in Europa. Deshalb genüge keine allgemeine Formel, und sei sie noch so gut formuliert. Im übrigen wundere er sich über unser Widerstreben. Er habe angenommen, wir würden drängen. Wir hätten doch selbst gesagt, daß alle Fragen der GV-Abkommen mit den verschiedenen Ländern nur in einem Komplex gelöst werden könnten. Die BRD sollte sich keine falschen Sorgen machen. Die Sowjetunion werde die Regelung mit anderen sozialistischen Staaten schon zustande bringen.

3) Ist die Bundesregierung bereit, ihre zeitlichen Vorstellungen zum Verzicht auf Alleinvertretung zu präzisieren?

Gromyko erklärte, dies sei eine sehr wichtige Frage. Abgesehen davon, daß dies die Auffassung der DDR sei (dies war der einzige Hinweis auf seine Gespräche in Ostberlin[5]), messe auch die SU ihr große Bedeutung bei.

Ich habe erneut die grundsätzliche Haltung der Bundesregierung dargelegt und dann auf das bevorstehende Gespräch Brandt/Stoph[6] verwiesen, bei dem diese Frage vermutlich eine Rolle spielen werde. Dem wolle ich nicht vorgreifen. Unsere zeitlichen Vorstellungen würden sich am Verhalten der DDR orientieren.

---

[4] Für den Entwurf der Bundesregierung vom 2. März 1970 vgl. Dok. 85.
Für den polnischen Entwurf vom Februar 1970 vgl. Dok. 141.
[5] Zum Besuch des sowjetischen Außenministers Gromyko vom 24. bis 27. Februar 1970 in Ost-Berlin vgl. Dok. 76, Anm. 3.
[6] Zu den Gesprächen am 19. März 1970 in Erfurt vgl. Dok. 124.

Gromyko schloß diesen Teil des Gesprächs mit der Aufforderung, die Bundesregierung solle den Unterschied zwischen ihrer theoretischen und ihrer praktischen Haltung in dieser Frage beseitigen. Dies würde einen positiven Strom in unseren Meinungsaustausch bringen. Es sei schade, daß wir die Bedeutung dieser Frage unterschätzen. Dies sei ein Zeichen, daß wir nicht realistisch an die Dinge herangingen.

4) Stimmt es, daß die Bundesregierung ihre Haltung zur ESK von den Ergebnissen unseres Meinungsaustausches abhängig macht?

Ich erklärte, hier handele es sich nicht, wie Gromyko zu meinen scheine, um von deutscher Seite gestellte Bedingungen, sondern um die Feststellung politischer Gegebenheiten. Die Konferenz werde möglicherweise ganz unabhängig von unserem Meinungsaustausch zustande kommen. Aber die Haltung der Bundesregierung könne doch unmöglich vom Ergebnis unseres Meinungsaustausches unbeeinflußt bleiben.

Gromykos Stellungnahme wirkte etwas bitter. Die Bundesregierung könne ja handeln, wie sie es für zweckmäßig halte. Ihre Haltung entspreche der Tradition aller vorhergehenden Bundesregierungen. In zehn oder fünfzehn Jahren würden wir dann wieder über verpaßte Gelegenheiten trauern. Die SU sei eine Großmacht, deren Meinung ein Gewicht habe, das auch von der Bundesregierung richtig eingeschätzt werden müsse. Strauß kämpfe gegen Gespenster, wenn er Angst vor einer ESK dadurch zu erzeugen suche, daß er sie eine Falle nenne.[7]

II. Zwei weitere Themen des gestrigen Gespräches:

1) Unter Hinweis auf die zahlreichen Spekulationen in der westlichen Presse und sogar von deutschen Politikern zu unserem Meinungsaustausch betonte Gromyko, die sowjetische Politik könne authentisch nur von den Vertretern der sowjetischen Regierung interpretiert werden. Propaganda könne uns nicht weiterhelfen.

Ich forderte ihn auf, solchen Spekulationen, die von inkompetenter Seite auch über Bonn verbreitet werden, keine zu große Bedeutung beizulegen. Eines sei allerdings wichtig. Je länger sich unser Meinungsaustausch hinziehe, desto mehr Spekulationen werde es geben. Beide Seiten müßten schon deshalb ein Interesse daran haben, in absehbarer Zeit Bilanz zu ziehen.

2) Von mir aus habe ich erneut die Bedeutung der Berlinfrage im Gesamtzusammenhang des GV angesprochen. Es sei ja ein sowjetischer Wunsch, daß die Grundsätze und Ziele des GV auch auf Berlin angewandt werden müßten. Ich

---

[7] Der CSU-Vorsitzende Strauß führte am 25. Februar 1970 im Bundestag aus: „Der sowjetische Vorschlag zu einer Europäischen Sicherheitskonferenz – milde im Ton und unklar im Inhalt, psychopolitisch in der Linie europäischer Sehnsucht nach Ausgleich der Gegensätze und der Friedensliebe – ist in der Öffentlichkeitswirkung so anziehend, daß kein Staat a priori nein sagen kann. Aber zugleich zeigt sich der Vorschlag zugunsten der Sowjets geeignet, die in der Politik neuerdings beschworene Bedeutung der Atmosphäre schon für eine Grundlage der Normalisierung des Verhältnisses anderer Staaten zur Sowjetunion zu halten. Das ist ein gefährlicher Trugschluß. Für die Sowjetunion handelt es sich darum, den unter der Breschnew-Doktrin stehenden Staaten eine neue, offensichtlich bindende außenpolitische Zielsetzung unter Federführung der Sowjetunion zu geben. Sie soll tauglich erscheinen, den politischen Besitzstand der Sowjetunion in Europa zu sichern, ein Plazet des Westens zur blockinternen Politik der Breschnew-Doktrin zu erreichen […], d. h. für die Sowjetunion, reale Vorteile einer Zementierung des Status quo in Europa gegen nur atmosphärische Verbesserungen einzutauschen." Vgl. BT STENOGRAPHISCHE BERICHTE, Bd. 72, S. 1574.

bäte, folgende Formel zu prüfen: „Die Grundsätze und Ziele dieses Abkommens finden – unter Achtung der geltenden Vier-Mächte-Vereinbarungen und der gegenwärtigen Lage in Berlin – auf Berlin (West) entsprechende Anwendung."
Gromyko ging hierauf nicht ein.

Zur Beurteilung:

Das Insistieren bzw. die Wiederaufnahme einiger Punkte spiegelt mit großer Wahrscheinlichkeit die Gespräche Gromykos in Ostberlin. Dabei ist das Mißtrauen unverkennbar, daß wir nach GV unsere Haltung, was die Beziehungen der DDR zu Drittländern angeht, faktisch nicht ändern. Auf diesem Gebiet ist mit verstärktem Druck zu rechnen.

Zur Frage der ausdrücklichen Erwähnung der Grenze zwischen BRD und DDR und der Oder-Neiße-Linie ist festzustellen, daß gleiche Formulierungen sowohl Ulbricht wie Abrassimow in Leipzig[8] verwendet haben. In der Sache so erscheint es mir nicht wesentlich, ob man neben „allen" Grenzen auch noch die beiden erwähnt, über die gerade Gespräche stattfinden, zumal wir die Zusammengehörigkeit der verschiedenen GV-Vereinbarungen selbst betonen. Ich werde hier hinhaltend taktieren, insbesondere solange ich keinen Eindruck habe, mit welchen Punkten Gromyko in seinem Arbeitspapier kommt.

Für StS Duckwitz dürfte es sich empfehlen, in Warschau darauf hinzuweisen[9], daß die besondere Erwähnung der Oder-Neiße-Linie in der jetzigen Gesprächsrunde auf den Wunsch Ostberlins hin hartnäckig von Gromyko vertreten wird. Es wäre für uns wichtig zu wissen, ob dies auch ein Ergebnis der Begegnung von Gromyko mit seinen polnischen Gesprächspartnern[10] vom vergangenen Sonnabend[11] gewesen ist.

[gez.] Bahr

VS-Bd. 4626 (II A 4)

---

[8] Staatsratsvorsitzender Ulbricht führte am 2. März 1970 in Leipzig aus: „Die Frage, wie es mit den Beziehungen zwischen der DDR und der BRD steht, ist sehr leicht zu beantworten. Die Deutsche Demokratische Republik wünscht gleichberechtigte Beziehungen mit der westdeutschen Bundesrepublik auf der üblichen völkerrechtlichen Grundlage. Das ist ganz einfach. Wir stellen Westdeutschland keine Forderungen, keine Bedingungen. Wir wünschen nur – wie es in unserem Vertragsentwurf gesagt wird – gleichberechtigte, nichtdiskriminierende Zusammenarbeit auf völkerrechtlicher Grundlage. Die gleichen Souveränitätsansprüche, die Westdeutschland gegenüber dritten Ländern erhebt, nimmt selbstverständlich die Deutsche Demokratische Republik in Anspruch." Vgl. NEUES DEUTSCHLAND vom 3. März 1970, S. 2.
Der sowjetische Botschafter in der DDR, Abrassimow, erklärte am 2. März 1970 in Leipzig: „Die spekulativen Hoffnungen einiger westlicher Politiker, ihre Pläne für differenzierte Beziehungen zu den einzelnen sozialistischen Ländern zu gründen, entbehren jeder Grundlage und sind illusorisch. Das müssen endlich alle die Kräfte begreifen, die sich auch weiterhin an den gescheiterten Kurs der Revanche und der Erpressung klammern und es ablehnen, die für jedermann sichtbaren Realitäten in Europa anzuerkennen. Sich auf den Boden der Realität stellen und Verantwortungsbewußtsein zeigen heißt vor allem, die Unantastbarkeit der bestehenden Grenzen in Europa anzuerkennen, die Grenzen zwischen der DDR und der BRD sowie die Oder-Neiße-Grenze eingeschlossen. Die völkerrechtliche Anerkennung der DDR ist ein unaufschiebbares Gebot der Zeit, und diesem kann sich letztlich auch die Regierung der BRD nicht entziehen." Vgl. NEUES DEUTSCHLAND vom 3. März 1970, S. 2.

[9] Staatssekretär Duckwitz hielt sich vom 9. bis 11. März 1970 in Warschau auf.

[10] Der sowjetische Außenminister Gromyko hielt sich am 27. Februar 1970 in Polen auf.

[11] 28. Februar 1970.

90

Botschafter von Hase, London, an das Auswärtige Amt

Z B 6-1-11107/70 geheim
Fernschreiben Nr. 430
Citissime

Aufgabe: 5. März 1970, 19.46 Uhr
Ankunft: 5. März 1970

Betr.: Besuch des Bundeskanzlers in London[1]
hier: Lieferung des deutschen Leopardpanzers an Spanien

1) Das Foreign Office unterrichtete uns während der Gespräche des Bundeskanzlers mit Premierminister Wilson[2] darüber, daß der Premierminister in einem Vier-Augen-Gespräch auch die Frage der Lieferung des deutschen Leopardpanzers an Spanien anschneiden möchte. Die Ausfuhr des Panzers nach Spanien, die bekanntlich wegen der eingebauten britischen Kanone der britischen Zustimmung bedürfe, werfe schwierige Fragen auf, dennoch sei man auf britischer Seite bereit, der Lieferung zuzustimmen. Man würde es jedoch begrüßen, wenn Bundesminister Scheel bei seinem in naher Zukunft vorgesehenen Besuch in Madrid[3] sich dafür einsetzen könnte, daß Spanien Gibraltar gegenüber weiterhin eine Politik der Entspannung betreibe und die Einschnürungsmaßnahmen gegenüber Gibraltar abbaue.

Staatssekretär Harkort und MD Dr. Frank sind hier über diese Ankündigung unterrichtet worden.

2) Der Bundeskanzler hat mich davon unterrichtet, daß der Premierminister ihn in einem Vier-Augen-Gespräch ebenfalls auf die Angelegenheit angesprochen habe. Der Premierminister habe ausgeführt, daß der Verkauf des Leopardpanzers an Spanien für die britische Seite, aber nach seinem Eindruck auch für die deutsche Seite, eine Reihe von Fragen aufwerfe, die noch untersucht werden müßten. Das britische kommerzielle Interesse an der Lieferung sei relativ gering, da die Kanone nur vier bis fünf Prozent des Wertes des Panzers ausmache. Für den Fall, daß es zu einem positiven Abschluß zwischen Spanien und der Bundesrepublik komme, würde er es begrüßen, wenn wir uns bei der spanischen Regierung für eine Entspannung in der Gibraltarfrage einsetzen könnten.[4]

---

[1] Bundeskanzler Brandt hielt sich vom 2. bis 4. März 1970 in Großbritannien auf.
[2] Für die deutsch-britischen Regierungsgespräche am 2./3. März 1970 in London vgl. Dok. 82 und Dok. 86.
[3] Bundesminister Scheel hielt sich am 22./23. April 1970 in Spanien auf. Für sein Gespräch mit dem spanischen Außenminister López Bravo am 22. April 1970 in Madrid vgl. Dok. 172.
[4] Ministerialdirigent Robert vermerkte dazu am 6. März 1970: „1) Das Auswärtige Amt würde gegen die Lieferung der Panzer an Spanien keine Bedenken haben, sofern die Antwort der spanischen Regierung auf die Bitte von Außenminister Scheel, den Engländern in der Gibraltarfrage entgegenzukommen, befriedigend ausfällt. 2) Wir können den Spaniern regierungsseitig keine Kredithilfe oder anderweitige finanzielle Erleichterungen gewähren. Das Geschäft muß auf dem normalen kommerziellen Wege abgewickelt werden. 3) Die für die Abwicklung des Geschäfts mit Spanien zuständige Firma Krauss-Maffei sollte erst nach dem Gespräch des Ministers mit der spanischen Regierung unterrichtet werden. 4) Eine ablehnende Haltung der Bundesregierung wäre Spanien gegenüber kaum zu begründen." Vgl. VS-Bd. 8774 (II A 4); B 150, Aktenkopien 1970.

Der Bundeskanzler habe zurückhaltend geantwortet, daß die Frage bei uns geprüft werde; zunächst werde sie in den Bundessicherheitsrat kommen.[5]

[gez.] Hase

VS-Bd. 8774 (III A 4)

91

Bundesminister Ehmke an Staatssekretär Bahr, Bundeskanzleramt, z. Z. Moskau

Z B 6-1-622/70 geheim

Aufgabe: 5. März 1970, 22.34 Uhr[1]

Bitte sofort Staatssekretär Bahr zuleiten.

Auf FS Nr. 331 vom 5.3.1970[2]

I. Dank für Information unter 1).

II. Zu Punkt 2):

Sahm führte Dienstag[3] eine, heute zwei Besprechungen in Ostberlin.[4] Über Dienstag kein Telegramm, heutiges wie folgt:

„I. Zu Beginn heutiger Nachmittags-Sitzung gab ich Herrn Schüßler die mir fernmündlich übermittelte Erklärung ab.

Über Verlauf dieses Gespräches folgt gesonderter Bericht.

Nach ungefähr zweistündiger Abwesenheit verlas Schüßler zunächst unter vier Augen und dann in Plenarsitzung folgende Erklärung:

‚Bei der Situation, die nach der von Dr. Sahm im Auftrag des Bundeskanzlers der Bundesrepublik Deutschland, Willy Brandt, abgegebenen Erklärung entstanden ist, wird es notwendig, den Ministerrat der DDR zu informieren. Ich bin beauftragt, nochmals zu bekräftigen, daß die Einbeziehung Westberlins die technisch-organisatorischen Vorbesprechungen und das geplante Treffen der Regierungschefs der DDR und der BRD ernsthaft belasten würde. Die Absicht, über Westberlin abzureisen, ist eine Unhöflichkeit gegenüber dem Gastgeber. Außer-

---

5 Zur Sitzung des Bundessicherheitsrats am 6. März 1970 vgl. Dok. 94.
1 Hat Bundesminister Scheel am 5. März 1970 vorgelegen.
2 Staatssekretär Bahr, Bundeskanzleramt, z. Z. Moskau, berichtete am 5. März 1970: „1) Ich habe Grund zu der Annahme, daß Ostberlin zur Zeit Moskau unzureichend über die technischen Gespräche informiert. Unzumutbare Forderungen an uns kann Sahm meines Erachtens ablehnen, ohne der Sache zu schaden. 2) Erbitte dringend Information über Dienstagsbesprechung Sahm. 3) Haben sich die Alliierten schon über Luftverkehr gerührt? Die Kabinettssitzung dazu fand vor fast vier Wochen statt. Sowjets fragen inoffiziell, wie es damit steht." Vgl. VS-Bd. 10065 (Ministerbüro); B 150, Aktenkopien 1970.
3 3. März 1970.
4 Zur Beauftragung des Ministerialdirektors Sahm, Bundeskanzleramt, mit der Vorbereitung des Treffens des Bundeskanzlers Brandt mit dem Vorsitzenden des Ministerrats, Stoph, vgl. Dok. 61, Anm. 4.

dem würde es eine ernsthafte Störung der bevorstehenden Vier-Mächte-Verhandlungen über Westberlin[5] sein.

Mit Befremden verfolgt die Regierung der DDR die sich von Tag zu Tag steigernde gezielte Pressekampagne gegen die technisch-organisatorischen Vorgespräche und damit gegen das Treffen der Regierungschefs. Besondere Empörung hat in der Regierung der DDR der heutige scharfmacherische Artikel der Westberliner Morgenpost[6] ausgelöst. Wenn diese Pressekampagne so weitergeführt wird, sind wir gezwungen, unser Schweigen aufzugeben und öffentlich unseren Standpunkt darzulegen. Ich lade Sie für Montag[7], 10.00 Uhr, zur Fortsetzung unserer Gespräche ein. Ferner möchte ich der Erwartung Ausdruck geben, daß die Regierung der BRD in den nächsten Tagen Gelegenheit nimmt, ihren Standpunkt noch einmal zu überprüfen und beim nächsten Treffen eine Einigung über die technisch-protokollarische Frage der Vorbereitung des Treffens der Regierungschefs der DDR und der BRD zu ermöglichen.'

II. Auf diese Erklärung von Schüßler erwiderte ich, daß sie Formulierungen enthalte, die ich bedauerte. Ich wolle jedoch jetzt nicht darauf eingehen, sondern es meiner Regierung überlassen, den Text zu prüfen.

Die Einladung für Montag, 10.00 Uhr, nähme ich zur Kenntnis. Da sie nicht der Vorstellung von der Einladung entspreche, die meine Regierung nach meiner Erklärung von heute nachmittag erwarte, behielte ich mir eine endgültige Mitteilung über den Termin am Montag vor. Auf unsere Bitte gab uns Schüßler die Telefonnummer 20 93 620 in Ostberlin an, über die er jederzeit erreichbar sei oder um Rückruf gebeten werden könne.[8]

III. Zur Frage der Behandlung der Presse teilte Schüßler auf Anfrage mit, daß seine Seite weiterhin nichts sagen werde. Ich kündigte an, daß ich etwa folgende Unterrichtung der Presse beabsichtige:

---

[5] Die Vier-Mächte-Gespräche über Berlin begannen am 26. März 1970. Vgl. dazu Dok. 135.

[6] Am 5. März 1970 wurde berichtet, Ministerialdirektor Sahm, Bundeskanzleramt, gehe „in sehr schwierige Verhandlungen", da die DDR über den Bruch der vereinbarten Geheimhaltung über die Vorgespräche zum Treffen des Bundeskanzlers Brandt mit dem Vorsitzenden des Ministerrats, Stoph, und das Bekanntwerden ihrer Forderungen verärgert sei: „Dies bezieht sich sowohl auf den Anspruch, das Treffen in einen offiziellen protokollarischen Rahmen zu kleiden, als auch auf das Verlangen Ost-Berlins, selbst über die Zulassung oder Zurückweisung von Journalisten aus Westdeutschland und West-Berlin entscheiden zu können. Der strittigste Punkt ist jedoch die Weigerung der Ostberliner Unterhändler, Brandt über West-Berlin zum Treffen mit Stoph an- oder abreisen zu lassen." Vgl. den Artikel „Die Fronten sind verhärtet"; BERLINER MORGENPOST, 5. März 1970, S. 1.

[7] 9. März 1970.

[8] Ulrich Sahm schrieb zu den Gesprächen am 5. März 1970 im Rückblick: „In einleitendem Vier-Augen-Gespräch mit Schüßler teile ich mit, daß der Bundeskanzler bisherige Haltung bestätigt hat. Billigt Programm in jetziger Form, beabsichtigt, am Abend nach Westberlin zu gehen. Diesmal keine amtlichen Funktionen. Im Hinblick auf Pressegerüchte interessiere es vielleicht auch, daß keine Pressekonferenz an dem Abend stattfinden wird. Schüßler reagiert wie bisher und zieht sich zurück. Kurz vor dem Essen kommt er wieder und bittet in zweitem Vier-Augen-Gespräch, dem Bundeskanzler zu übermitteln, daß Stoph an dem Gespräch ernsthaft interessiert sei. Der Bundeskanzler möge deswegen die Absicht aufgeben, über Westberlin zu reisen. Ich wiederhole das bekannte Argument, daß der Gast bei der Wahl des Reiseweges außerhalb der DDR frei sei, sage aber zu, dem Bundeskanzler die Bitte Stophs zur Kenntnis zu bringen. Die übliche und zu erwartende Konferenz-Krise schien nun eingetreten zu sein. Wir waren an einem toten Punkt angelangt, und es kam nun darauf an, den Schwarzen Peter der anderen Seite zuzuschieben. Nach weiterem Hin und Her und Austausch neuer Erklärungen, die bestätigen, daß wir uns in einer Sackgasse befinden, vertagen wir uns auf kommenden Montag." Vgl. SAHM, Diplomaten, S. 256.

377

‚Wir haben die Verhandlungen fortgesetzt. Beide Seiten bestätigten ihre bekannten Standpunkte. Die Delegation der Bundesrepublik Deutschland steht ab Montag, 10.00 Uhr, zu weiteren Verhandlungen zur Verfügung. Dem habe ich nichts hinzuzufügen.'

IV. Ferner bitte ich um Weisung, ob ich den Regierenden Bürgermeister[9] mündlich unterrichten soll. Absprachegemäß wird Minister Franke nicht von hier unmittelbar unterrichtet, ich nehme an, daß dies von dort geschieht. Das gleiche gilt für Staatssekretär Ahlers.

[gez.] Sahm"

III. Stellungnahme:
Wir haben Bereitschaft zu Entgegenkommen (angesichts dortiger offenkundiger innerer Meinungsverschiedenheiten) in folgenden Punkten gezeigt:
– Anreise mit Eisenbahn über Marienborn zu einem Ost-Berliner Bahnhof;
– ganztägiger Aufenthalt in Ost-Berlin;
– protokollarische Ausgestaltung, die zwar „schlicht" bleiben soll, aber bei der wir uns über schmückende Einzelheiten hinwegsetzen würden;
– notfalls Einzelantragsverfahren für Akkreditierung westlicher Journalisten, wobei wir jedoch mündliche Absprache über Zulassung gleicher Anzahl westlicher und östlicher Journalisten (einschließlich Teilquoten für West-Berlin, BRD und westliches Ausland entsprechend östlicher Teilquoten) anstreben;
– evtl. keine Pressekonferenz nach Rückkehr nach West-Berlin, da späte Abendstunde ohnehin ungünstig wäre.

Wir bleiben bei folgenden Forderungen:
– Rückreise des Bundeskanzlers nach West-Berlin (entweder mit Wagen oder, falls sonst keine Einigung, mit Eisenbahn von Ost-Berliner Bahnhof nach West-Berliner Bahnhof);
– keine Ehrenkompanie, da darin, abgesehen vom psychologischen Schaden, auch Anerkennen stets abgelehnter militärischer Präsenz in Ost-Berlin läge.

IV. Gegenüber Öffentlichkeit wird nur bekanntgegeben, daß Gespräche über einzelne Fragen stattgefunden haben und fortgesetzt werden. Delegation stünde ab Montag, 10.00 Uhr, für eine Fortsetzung wieder zur Verfügung, vorausgesetzt daß auch andere Seite Fortsetzung wünscht. Strikte Geheimhaltung unerläßlich.

V. Bei Informationsgespräch mit Bundesministern Scheel, Franke sowie Fraktionsvertretern Wehner und Mertes am Mittwoch, den 4.3., bestand u.a. Übereinstimmung in folgenden Punkten:
– Bundeskanzler kann in keinem Fall bei Ost-Berliner Besuch West-Berlin ausklammern; er sollte möglichst abends dorthin abreisen;
– der Wunsch nach einem zweiten Gespräch zwischen Bundeskanzler und DDR-Ministerratsvorsitzendem in Bonn ist weiterzuverfolgen, sobald Einigung über ersten Besuch möglich erscheint;

---

[9] Klaus Schütz.

– Besprechungen in Ost-Berlin sollten von unserer Seite ohne Zeitdruck und ohne Polemik in der Überlegung fortgeführt werden, daß Gegenseite den Besuch des Bundeskanzlers in Ost-Berlin letzten Endes aller Voraussicht nach weder an Frage des Protokolls noch der Einbeziehung West-Berlins scheitern lassen kann.

VI. Stelle anheim, unsere Auffassung und Besorgnis Ihrem Gesprächspartner in Vier-Augen-Gespräch darzulegen.

VII. Information geht Ihnen vom AA zu.

[gez.] Ehmke

VS-Bd. 10057 (Ministerbüro)

92

Botschafter Lüders, Luxemburg, an das Auswärtige Amt

III A 1-81   5. März 1970[1]
Schriftbericht Nr. 139

Betr.: Stufenplan zur Verwirklichung der Wirtschafts- und Währungsunion in der EWG[2];
hier: Kritische Äußerung von Ministerpräsident Werner

Bezug: Erlaß vom 25.2.1970 – III A 1 – 81.02[3]

Doppel: 1

Der Erlaß stellt fest, daß in der Sitzung der EWG-Wirtschaft- und Finanzminister in Paris am 25.2.1970 folgender Auffassungsunterschied bestanden habe: Deutscher- und holländischerseits trete man für eine Parallelität des Vorgehens im wirtschaftspolitischen und im monetären Bereich ein. Dagegen hätten Frankreich, Belgien und Luxemburg auf schnellere Fortschritte im monetären Bereich Wert gelegt.

In einem Gespräch, das ich gestern mit Ministerpräsident Werner führte, stellte dieser den Meinungsunterschied so dar, daß Giscard d'Estaing, er selbst und Baron Snoy für eine Parallelität des Vorgehens im wirtschaftspolitischen und monetären Bereich einträten, daß jedoch der Schillersche Stufenplan in

---

[1] Hat Vortragendem Legationsrat I. Klasse von Bismarck-Osten am 13. März 1970 vorgelegen.
[2] Vgl. dazu Dok. 82, Anm. 6.
[3] Vortragender Legationsrat I. Klasse von Bismarck-Osten übermittelte ein Memorandum des Bundesministers Schiller über die Grundlinien eines Stufenplans zur Verwirklichung der Wirtschafts- und Währungsunion in den Europäischen Gemeinschaften und informierte über die Konferenz der Wirtschafts- und Finanzminister der EG-Mitgliedstaaten am 25. Februar 1970 in Paris: „Dabei ergab sich eine Übereinstimmung über das Ziel und über die Dringlichkeit der Aufgabe. Dagegen bestanden Auffassungsunterschiede in der Frage der – insbesondere von deutscher Seite vertretenen – Parallelität des Vorgehens im wirtschaftspolitischen Bereich einerseits und im monetären Bereich andererseits." Vgl. Referat III A 1, Bd. 589.

den kommenden fünf Jahren zunächst nur die ökonomischen und politischen Voraussetzungen für eine gleichgewichtige gesamtwirtschaftliche Entwicklung schaffen wolle; erst dann (also in der vorletzten Stufe) könnten nach dem deutschen Plan währungstechnische Maßnahmen, z. B. Verringerung der Schwankungsbreite der Währungen, vorgesehen werden. In der Endphase sei dann die Einführung einer europäischen Währungseinheit die Krönung der gesamten Integration.

Werner kritisierte an dem deutschen Plan gerade diesen Mangel der Parallelität des Vorgehens auf wirtschaftspolitischem und monetärem Gebiet. Er sei keineswegs dafür, daß man mit währungstechnischen Maßnahmen vorpreile, er glaube aber, daß gleichzeitige monetäre und wirtschaftspolitische Maßnahmen sich wechselseitig fördern und das Tempo der Integration beschleunigen könnten. Während noch vor einem Jahr die Währungsinteressen der sechs Partner erheblich voneinander abwichen, sei heute infolge der deutschen Aufwertung[4] eine Angleichung der Währungsinteressen aller sechs Länder eingetreten, eine äußerst glückliche Voraussetzung, um gemeinsame Währungsmaßnahmen zu beschließen. Wenn man heute zögere, das Eisen zu schmieden, wo es heiß sei, werde man in einigen Jahren feststellen, daß die Interessen sich verschoben haben und daß der günstigste Zeitpunkt nicht ausgenutzt wurde.

Werner meinte, daß viele Persönlichkeiten der deutschen Bankwelt, bis hinein in den Zentralbankrat, seinen Standpunkt teilen würden. Er nannte als Beispiel Alwin Münchmeyer, Präsident der Privatbankvereinigung.

Ich habe Herrn Ministerpräsident Werner darauf aufmerksam gemacht, daß nach meiner Beurteilung der Wille des Bundeswirtschaftsministers zur Europäischen Integration nicht minder ausgeprägt sei, als der der Vertreter der monetarischen Richtung; Schiller sei davon überzeugt, daß man schneller zum Ziel einer europäischen Wirtschafts- und Währungsunion gelange, wenn zunächst eine wirtschaftspolitische Harmonisierung und eine Beseitigung der Ungleichgewichte herbeigeführt werde.

Ich hatte den Eindruck, daß Werner, der ausgezeichnete persönliche Beziehungen zu Giscard d'Estaing unterhält, stark von dorther beeinflußt wird.

Durchschlag dieses Berichtes für das Bundeswirtschaftsministerium und für unsere Vertretung bei der Europäischen Gemeinschaft in Brüssel ist beigefügt.

Lüders

Referat III A 1, Bd. 589

---

4 Am 24. Oktober 1969 wurde die DM um 8,5 % aufgewertet. Vgl. dazu AAPD 1969, II, Dok. 323.

93

Gespräch des Staatssekretärs Bahr, Bundeskanzleramt, mit dem sowjetischen Außenminister Gromyko in Moskau

Geheim 6. März 1970[1]

Protokoll über das 7. Gespräch Staatssekretär Bahrs mit Außenminister Gromyko am 6. 3. 70

Auf sowjetischer Seite nahmen an dem Gespräch teil: Außenminister Gromyko, Botschafter Falin, Herr Tokowinin, Herr Kusmitschow, Herr Ussitschenko, Herr Smirnow (als Dolmetscher).

Auf deutscher Seite nahmen teil: Staatssekretär Bahr, Botschafter Allardt, VLR I Sanne, BR I Dr. Peckert, LR I Stabreit; LR von Treskow, Herr Weiß (als Dolmetscher).

Gesprächsdauer: 10.30–12.20 Uhr

AM *Gromyko* eröffnete das Gespräch, indem er den Empfang des Dokuments bestätigte, das Herr Bahr gestern habe übergeben lassen.[2] Man könne viel und wenig dazu sagen, doch wolle er sich nicht wiederholen. Er solle hier nur so viel sagen, daß man einige der in dem Dokument enthaltenen Dinge nicht zum Gegenstand eines Abkommens machen könne. So könne der Passus über die Wiedervereinigung nicht aufgenommen werden. Man könne auch nicht die Nationen in Deutschland zählen. Unakzeptabel sei es, die Beziehungen zwischen den beiden deutschen Staaten als besonders zu qualifizieren, da es sich bei dieser Frage um eine solche der praktischen Politik handele. Auch die Berlin-Frage könne in dieser Form nicht aufgenommen werden. Man habe hier bereits vom territorialen Aspekt der Berlin-Frage gesprochen, und dies sei der einzige Punkt, der zu den jetzigen Gesprächen eine Beziehung habe. Im übrigen werde man über Berlin jetzt auf einem anderen Gleis, nämlich mit den Westmächten, sprechen.[3]

Die sowjetische Seite habe versucht, unter Berücksichtigung des bisherigen Ganges des Meinungsaustauschs zu einigen Fragen Thesen anzunähern, die in der einen oder anderen Hinsicht ein Abkommen widerspiegeln könnten. Man habe dabei auch Text und Äußerungen der anderen Seite berücksichtigt. Diese Thesen seien lediglich als Gedanken zu verstehen, die verdienten, daß sie in das Abkommen kämen. Einige Thesen gingen über das Abkommen hinaus. Wenn man jedoch zu einer Einigung käme, könnte man sie als Punkte betrachten, über die man sich bei komplexer Betrachtung des Problems zusätzlich einig sei.

Man könnte z. B. folgenden Gedanken am Anfang eines Abkommens ausdrücken:

(AM Gromyko verliest These Nr. 1, vgl. Anlage[4].)

---

[1] Durchdruck.
[2] Für das Arbeitspapier der Bundesregierung vom 5. März 1970 vgl. Dok. 97.
[3] Die Vier-Mächte-Gespräche über Berlin begannen am 26. März 1970. Vgl. dazu Dok. 135.
[4] Dem Vorgang beigefügt. Vgl. VS-Bd. 4625 (II A 4).
Für das sowjetische Arbeitspapier vom 6. März 1970 vgl. Dok. 97.

Er, AM Gromyko, habe aus all dem, was hier gesagt worden sei, entnommen, daß dies auch den Zielen der Politik der BRD entspreche. Als nächste These schlage er folgende vor:

(AM Gromyko verliest These Nr. 2, vgl. Anlage.)

Er, AM Gromyko, habe aus den Gesprächen entnommen, daß die BRD ein Interesse habe, die wissenschaftlichen und wirtschaftlichen Beziehungen mit der Sowjetunion zu intensivieren. Man könnte daran denken, auch diesen Gedanken aufzunehmen.

Als 3. These schlage er folgende vor:

(AM Gromyko verliest These Nr. 3, vgl. Anlage.)

Der nächste Gedanke, von dem es ihm angebracht scheine, ihn in ein Abkommen aufzunehmen, sei folgender:

(AM Gromyko verliest These Nr. 4, vgl. Anlage.)

Der Bezugnahme auf die „jeweilige Lage" liege ein einfacher Gedanke zugrunde: Die UdSSR sei ständiges Mitglied des Sicherheitsrates und genieße als solches besondere Rechte aus der UNO-Satzung. Sie müsse einer Aufnahme zustimmen.[5] Was die Rolle der BRD anbetreffe, so sei sie klar. Die BRD müsse darlegen, daß ihre Politik den Prinzipien und Zielen der UNO-Satzung entspreche, und einen diesbezüglichen Antrag stellen. Als nächste These schlage er folgende vor:

(AM Gromyko verliest These Nr. 5, vgl. Anlage.)

Das sei etwas, was auch nach sowjetischer Auffassung Aufnahme in das Abkommen verdiene.

Es ergäbe sich weiter die Frage, welche Thesen man finden könne, über die Einverständnis bestehen sollte, die sich aber nicht für eine Aufnahme in das Abkommen eigneten. Sie sollten vielleicht auch nicht in andere Abkommen aufgenommen werden, aber es sei wesentlich, daß die BRD und die Sowjetunion sich in diesen Fragen einig seien.

(AM Gromyko verliest sodann die Thesen Nr. 6, 7, 8, 9 und 10, vgl. Anlage.)

Das wären Fragen, so führte Außenminister Gromyko aus, die außerhalb des Rahmens des Abkommens stünden, bloße Gedanken, keine verpflichtenden Texte. Die sowjetische Seite behalte sich das Recht vor, im Laufe der Erörterungen Präzisierungen zu machen und Änderungen vorzuschlagen.

Er wolle noch folgende Bemerkung machen: Im Laufe der Verhandlungen komme es auch so, daß man sage: „Aha, die Sowjets haben ihre Position dargelegt,

---

[5] Vgl. dazu Artikel 4 der UNO-Charta vom 26. Juni 1945: „1) Membership in the United Nations is open to all other peace-loving states which accept the obligations contained in the present Charter and, in the judgement of the Organization, are able and willing to carry out these obligations. 2) The admission of any such state to membership in the United Nations will be effected by a decision of the General Assembly upon the recommendation of the Security Council." Vgl. CHARTER OF THE UNITED NATIONS, S. 677.
Vgl. dazu ferner Artikel 27 der UNO-Charta vom 26. Juni 1945 in der Fassung vom 31. August 1965 (Auszug): „1) Each member of the Security Council shall have one vote. 2) Decisions of the Security Council on procedural matters shall be made by an affirmative vote of nine members. 3) Decisions of the Security Council on all other matters shall be made by an affirmative vote of nine members including the concurring votes of the permanent members". Vgl. CHARTER OF THE UNITED NATIONS, S. 215.

laßt uns abwarten, ob sie nicht noch mehr zu sagen haben." Es steht natürlich jeder Seite zu, eigene Einschätzungen anzustellen. Er wolle aber hier in aller Offenheit sagen, was die sowjetische Seite wirklich denke. Man solle jetzt beiderseits die Sache unter einem konkreten praktischen Blickwinkel sehen und nicht endlos diskutieren. Man wolle hier keinen Kuhhandel treiben, denn die Sache sei zu wichtig dazu. Man habe manches von dem, was Herr Bahr gesagt habe, in die eigenen Vorschläge eingearbeitet, was wiederum nicht bedeutet, daß die Sowjetunion mit allem von deutscher Seite Gesagten zufrieden sei. Man sei sogar mit manchem gar nicht einverstanden.

StS *Bahr* antwortete hierauf, der Herr Minister und seine Kollegen hätten wirklich fleißig gearbeitet und sehr hübsch formulierte und harte Sachen auf den Tisch gelegt. Er behalte sich vor, auf die einzelnen Punkte zu einem späteren Zeitpunkt zurückzukommen. Nur einige allgemeine Bemerkungen wolle er jetzt machen.

Er betrachte dies als ein „Non paper". Es sei dies eine erste Formulierung von Gedanken, die nicht absolut verbindlich sei und an der man arbeiten könne. Genauso sei der Charakter des Papiers, das der sowjetischen Seite übergeben wurde.

Auch wir hätten den gleichen Gedanken wie die sowjetische Seite gehabt: Im Verlaufe des Meinungsaustauschs seien zwei Komplexe berührt worden, nämlich ein Komplex, der Inhalt des Abkommens sein könne, und ein zweiter Komplex, über den man sich unterhalten könne, über den man sich einigen solle, der aber nicht in das Abkommen solle. Vielleicht habe AM Gromyko eine Idee über die Form, in der man den zweiten Komplex niederlegen könnte. Er selbst, StS Bahr, habe noch keine Idee hierzu.

Er habe noch eine Frage zu Berlin. Wenn er sich recht erinnere, sei man sich darüber einig gewesen, daß die Bundesregierung und die Regierung der UdSSR nicht in der Lage seien, über Berlin zu verhandeln. Das sei Sache der Vier Mächte. Wenn er sich richtig erinnere, war es doch der Wunsch der sowjetischen Seite, aus dem großen Berlin-Komplex einen Punkt herauszunehmen und zu erwähnen, den nämlich, der mit der territorialen Integrität zu tun habe. Er habe hierzu noch kein Urteil, bäte aber für sein persönliches Verständnis um Auskunft.

AM Gromyko habe im zweiten Komplex einige Punkte erwähnt, über die man hier gesprochen habe, aber von denen er, StS Bahr, nicht wisse, ob man sie – auch in der nicht fixierten Form – zum Gegenstand eines Einverständnisses machen soll. Dies gelte sicher für den NV-Vertrag. Er könne in diesem Fall nur wiederholen, was er bereits gesagt habe: Die Bundesrepublik fühle sich an die Verpflichtungen aus dem Vertrag bereits jetzt gebunden. Er sage dies in aller Offenheit, dies sei keine bloße Taktik, sondern wirklich so: Wenn man ein innenpolitisches Hindernis in der BRD für die Ratifizierung des Vertrages haben wolle, wenn man Emotionen gegen die Ratifizierung wecken wolle, dann müsse man drauf bestehen, daß die Bundesregierung zusätzliche Verpflichtungen auf sich nehme.

(Zwischenfrage AM Gromyko: Welche zusätzlichen Verpflichtungen sollen Sie denn eigentlich auf sich nehmen?)

383

Die sowjetische Seite sei nicht so vertraut mit unserem System. Der Bundestag sage: „Wir sind der Souverän. Die Bundesregierung kann über die Unterzeichnung entscheiden, das können wir nicht verhindern. Die Ratifikation aber ist eine Sache des Parlaments. Ihr, die Regierung, versucht, unsere Rechte zu beschneiden." Dies sei der sicherste Weg, in allen Parteien eine Stimmung gegen die Ratifizierung zu erzeugen, bei der es gar nicht mehr um den Vertrag gehe, sondern um die Wahrung von Kompetenzen.

AM *Gromyko* fragte, ob man sich in der Bundesrepublik eigentlich Rechenschaft über die Folgen ablege, die entstehen würden, wenn die Bundesrepublik den Vertrag nicht ratifiziere.

Antwort *Bahr*: Aber Sie sind ein mißtrauischer Mensch.

AM *Gromyko*: Ich frage Sie ganz ernsthaft.

StS *Bahr*: Ich polemisiere nicht. Der Vertrag ist nun in Kraft.[6] Die Tatsache, daß er in Kraft getreten ist, fördert die Ratifikation.

StS Bahr führt weiter aus, die Bundesrepublik habe einen Vorbehalt hinsichtlich eines Abkommens über die Kontrollen zwischen der IAEO und EURATOM. Die Bundesregierung sei in EURATOM initiativ geworden, um die Voraussetzungen für den Ratifizierungsprozeß zu beschleunigen. Sie werde gleichzeitig mit anderen EURATOM-Mitgliedern ratifizieren. Mit der Unterschrift unter den Vertrag[7] sei gleichzeitig auch eine Absichtserklärung der Bundesregierung verbunden, das Ratifikationsverfahren einzuleiten. Der Vertrag werde der Bundesregierung innenpolitisch noch viel Ärger machen, und er wolle diesen Ärger auf ein Minimum reduzieren. Das Kind sei in der Welt, und das sei das Entscheidende.

Im übrigen habe er die Schlußbemerkung von Herrn Gromyko sehr aufmerksam gehört. Das, was er bisher von diesen Texten gehört habe, sei so, daß man nicht sagen könne, wir würden es mit Sicherheit schaffen. Es gäbe durchaus noch einige schwierige Punkte. Er, AM Gromyko, könne jedoch davon ausgehen, daß alles das, was wir sagten, ernst gemeint sei. Hier gebe es in der Tat keinen Kuhhandel, hier gehe es um ernste Positionen. Er, Bahr, hoffe, daß wir zu erfolgversprechenden Formulierungen kommen könnten.

Man solle jetzt in der Tat versuchen, ohne Eile, aber ohne Verzögerung, hart zu arbeiten und in absehbarer Zeit zu sehen, ob man es schaffen könne oder nicht. Die sowjetische Seite würde dann auch sehen, daß die Verpflichtungen, die die Bundesregierung eingehe, bzw. das, was hier im Namen der Bundesregierung gesagt werde, auch eingehalten werde. Wir machten hier keinen Spaß.

Es gäbe Punkte, die könnten nur zwischen den USA und der UdSSR entschieden werden, das wüßten wir. Wir könnten nicht die USA ersetzen. Aber die USA könnten nicht die BRD ersetzen. Die Frage, ob es im Zentrum Europas zur Entspannung komme, könne man nicht lösen ohne oder gegen beide deutsche Staaten. Hier habe die BRD eine Verantwortung, die nicht durch die USA ersetzt werden könne. Hier habe die DDR eine Verpflichtung und Verantwortung, die nur bedingt durch die Sowjetunion ersetzt werden könne. Es müsse in bei-

---

[6] Der Nichtverbreitungsvertrag vom 1. Juli 1968 trat am 5. März 1970 in Kraft.
[7] Die Bundesrepublik unterzeichnete den Nichtverbreitungsvertrag am 28. November 1969.

den deutschen Staaten der Wille zur Kooperation vorhanden sein. Eigentlicher Punkt dieser seiner Ausführungen sei, daß das, was die Bundesregierung zusage, in ihrer Kompetenz liege. Dann wolle er vorschlagen, daß die sowjetische Seite der deutschen ein wenig Zeit gebe, damit sie sich diese Texte einmal ansehe.

AM *Gromyko* antwortete hierauf, was Westberlin anbetreffe, so werde die Sowjetunion jetzt mit den Westmächten verhandeln. Bezüglich dessen, was StS Bahr zum territorialen Aspekt gesagt habe, fielen die beiderseitigen Ansichten, soweit er sehen könne, weitgehend zusammen. Was alle anderen Punkte anbetreffe, werde man mit den Westmächten sprechen.

StS Bahr werde gemerkt haben, daß einige der sowjetischen Punkte elastisch formuliert seien und eine weitere Diskussion zuließen. Aber man müsse natürlich in den Gesprächen klare Begriffe finden und zu einer klaren Auslegung kommen. Die sowjetischen Formulierungen seien elastisch, drückten aber voll und ganz die sowjetische Position aus und ihre Ausdeutung, ihr Verständnis, müsse klar sein. Z.B. müsse in der Frage des Alleinvertretungsrechts die Zeitfrage entschieden werden. Hinter der sowjetischen Formulierung stehe der Gedanke, daß die BRD den Beziehungen der DDR mit Drittländern keine Hindernisse mehr entgegenstellen dürfe. Man könne das natürlich noch klarer im Abkommen zum Ausdruck bringen.

StS *Bahr* antwortete hierauf, indem er sagte, AM Gromyko habe einen wirklichen Sinn für Humor. Das sei natürlich ein sehr schwieriger Punkt, übrigens nicht in der Sache, wohl aber die Frage, wo und wie und wann man das ausdrücke. Heute habe die DDR eine seltsame Position. Er, StS Bahr, habe mit Absicht hier nie über die DDR gesprochen. Aber wenn man höre, daß man sich in Ostberlin beklage, daß die Morgenpost – eine Springerzeitung – die Zusammenkunft der beiden Regierungschefs erschwere[8], während auf der anderen Seite zwei Tage, bevor der Außenminister nach Berlin gefahren sei[9], Herr Honecker erklärt habe, daß die Politik der Bundesregierung der Kriegsvorbereitung diene[10], so finde er das erstaunlich.

---

[8] Zur Berichterstattung in der Tageszeitung „Berliner Morgenpost" am 5. März 1970 vgl. Dok. 91, Anm. 6.

[9] Zum Besuch des sowjetischen Außenministers Gromyko vom 24. bis 27. Februar 1970 in Ost-Berlin vgl. Dok. 76, Anm. 3.

[10] Das Mitglied des Politbüros der SED, Honecker, erklärte am 16. Februar 1970 in der Parteihochschule „Karl Marx" in Ost-Berlin: „Alle CDU/CSU-Regierungen, einschließlich der Regierung der Großen Koalition, stellten sich die Aufgabe, den westdeutschen Imperialismus, den engsten und zugleich nunmehr stärksten Verbündeten der USA in Europa, in die Lage zu versetzen, die Ergebnisse des Zweiten Weltkriegs zu revidieren. Da dies mit der Politik des Frontalangriffs der Adenauer und Dulles in 20 Jahren nicht möglich war, soll dieses Ziel nun mit einer sozialdemokratisch geführten Regierung erreicht werden. Nach der Niederlage in der ČSSR soll dies auf Grund eines langfristig angelegten Planes geschehen. Unter Ausnutzung des westdeutschen Imperialismus und der sozialdemokratischen Ideologie, einer Form der bürgerlichen Ideologie, soll die Regierung Brandt/Scheel versuchen, die Vorherrschaft über Europa schrittweise zu verwirklichen. [...] Es gibt keine Anzeichen, daß sich die Zielstellung des westdeutschen Imperialismus, der in Gestalt der Bundeswehr über eine starke, nicht zu unterschätzende aggressive Kraft verfügt, unter der sozialdemokratisch geführten Regierung geändert hätte." Honecker führte weiter aus: „In der westdeutschen Bundesrepublik herrschen die kapitalistischen Ausbeuter, die Rüstungsmonopole und das Finanzkapital. Dort herrschen also die gleichen Kreise, die schon zweimal die Menschheit in einen Weltkrieg stürzten. Sie sind jetzt dabei, einen dritten Weltkrieg vorzubereiten. Dafür spricht auch die Weigerung der herrschenden Kreise Westdeutschlands, ihre Politik der Revanche aufzugeben und die historischen Ergebnisse des von Hitler vom Zaune gebrochenen Zweiten Weltkrieges im Sinne des

Er habe durchaus verstanden, daß die BRD bis zum heutigen Tage keine diplomatischen Beziehungen zu einigen sozialistischen Ländern haben könne. Auch das sei eine Diskriminierung.

StS Bahr bat Außenminister Gromyko sodann um eine Unterredung unter vier Augen.[11] AM Gromyko sagte zu, und beide Herren zogen sich für die Dauer von etwa 20 Minuten zurück.

VS-Bd. 4625 (II A 4)

94

Aufzeichnung des Parlamentarischen Staatssekretärs Dahrendorf

PStS. 174/70 geheim 6. März 1970[1]

Herrn Bundesminister[2]

Herrn Staatssekretär Duckwitz

Herrn Staatssekretär Dr. Harkort

Vermerk über die Sitzung des Bundessicherheitsrates am 6. März 1970
In der Sitzung des Bundessicherheitsrates wurden folgende Punkte verhandelt:
1) Bericht über das strategisch-nukleare Waffenarsenal in Ost und West
Der Bericht wurde ohne Kommentar hingenommen.
2) Stand und weitere Entwicklung der Abrüstungsverhandlungen
Aus meinem Bericht ergab sich eine längere Diskussion über Veränderungen in der weltpolitischen Selbsteinschätzung der USA und den strategischen Konsequenzen dieser Veränderungen. Punkt 4) wurde in diesen Zusammenhang bereits hineingezogen. Die Diskussion machte vor allem die Sorge des Verteidigungsministers[3] über die Absicht der Vereinigten Staaten deutlich, die takti-

---

Fortsetzung Fußnote von Seite
    Völkerrechts vertraglich anzuerkennen: das heißt die Anerkennung der im Ergebnis des Zweiten Weltkrieges in Europa entstandenen Grenzen, einschließlich der Grenze zwischen der DDR und der BRD und der Friedensgrenze an Oder und Neiße, die völkerrechtliche Anerkennung der DDR, die Achtung Westberlins als selbständige politische Einheit sowie die Erklärung der Ungültigkeit des Münchener Abkommens von Anfang an." Vgl. NEUES DEUTSCHLAND vom 22. Februar 1970, S. 4.
11 Zum Gespräch am 6. März 1970 in Moskau vgl. Dok. 95.

1 Legationssekretär Calebow leitete die Aufzeichnung am 6. März 1970 an das Ministerbüro und vermerkte dazu: „Der Herr Parlamentarische Staatssekretär hat in Vertretung des Herrn Ministers an der heutigen Sitzung des Bundessicherheitsrates teilgenommen und den Verlauf der Sitzung in dem beigefügten Vermerk festgehalten."
Hat Legationsrat I. Klasse Hallier am 6. März 1970 vorgelegen. Vgl. den Begleitvermerk; VS-Bd. 1649 (II A 7); B 150, Aktenkopien 1970.
Hat Vortragendem Legationsrat Rückriegel am 19. März 1970 vorgelegen.
2 Hat Bundesminister Scheel am 14. März 1970 vorgelegen.
3 Helmut Schmidt.

schen Atomwaffen in Europa zu verstärken und möglicherweise in stärkerem Maße europäischer Kontrolle zu unterwerfen, um auf diese Weise einen Abzug konventioneller Truppen zu begründen. Es herrschte Einigkeit, daß im Hinblick auf diese Frage eine klare europäische Position eingenommen werden müsse, die die politische Bedeutung der Anwesenheit amerikanischer Truppen unterstreicht.

3) Überlegung über BFR

Entsprechend der gemeinsamen Vorlage von Auswärtigem Amt und Verteidigungsministerium[4] wurden die Häuser beauftragt, den BFR-Vorschlag mit großer Entschiedenheit voranzutreiben und für die NATO-Ratssitzung in Rom[5] eine Vorlage vorzubereiten. Dabei wurde die Bedeutung des Themas BFR für die ESK, aber auch für die amerikanische Haltung in der Frage der Truppenreduzierung unterstrichen.

4) Verteidigungspolitische Konsequenzen des Berichtes von Präsident Nixon[6]

Siehe unter 2).

5) Verschiedenes

a) Eine längere Diskussion ergab sich über die Frage der U-Boot-Lieferung. Insbesondere der Verteidigungsminister machte grundsätzliche Bedenken gegen deutsche Waffenlieferungen ins Ausland geltend. Dennoch wurde angesichts der bereits eingegangenen Bindungen beschlossen,

1) nunmehr eine Erklärung im Rat der WEU abzugeben, was die Lieferung von vier U-Booten nach Griechenland[7] betrifft,

2) auch die Lieferung von Teilen nach Argentinien[8] aufzunehmen und dabei zu betonen, daß diese nicht unter die WEU-Quote fallen,

3) daher auch die Abmachung mit der peruanischen Regierung zu treffen. Dieses letztere ist in Abweichung vom Vorschlag des Auswärtigen Amtes beschlossen worden im Hinblick auf die Tatsache, daß unser Rechtsstandpunkt aufrechterhalten werden sollte, wonach die Lieferung von Teilen nicht unter die WEU-Quoten fällt. In Abwägung möglicher Nachteile hielt der Bundessicherheitsrat

---

[4] Für die Vorlage vom 2. März 1970 für den Bundessicherheitsrat vgl. Dok. 83.
[5] Zur NATO-Ministerratstagung am 26./27. Mai 1970 in Rom vgl. Dok. 240 und Dok. 244.
[6] Zum Bericht des Präsidenten Nixon vom 18. Februar 1970 vgl. Dok. 86, Anm. 20.
  Am 19. März 1970 notierte Vortragender Legationsrat Rückriegel zu diesem Punkt der Tagesordnung: „Bundesminister Schmidt betont die Bedeutung des Berichtes und gibt eine Analyse unter verteidigungs- und sicherheitspolitischen Gesichtspunkten. Er weist insbesondere auf den sich abzeichnenden Bedeutungswandel in der Einschätzung der Rolle der taktischen A-Waffen hin. In dem Bericht werde eine Neubewertung der amerikanischen Strategie erkennbar, die auch deutscherseits zu einem Überdenken zwinge. [...] Bundesminister Schmidt bringt zum Ausdruck, daß bei den vorgesehenen Konsultationen deutscherseits mit aller Entschiedenheit die Bedeutung der amerikanischen Präsenz in Europa herausgestellt werden müsse. Ein Abzug der Amerikaner würde eine Veränderung in der außenpolitischen Stellung Europas zur Folge haben und Europa zunehmendem außenpolitischen Druck aussetzen. Es handele sich um ein politisches Problem ersten Ranges." Vgl. VS-Bd. 2716 (I A 3); B 150, Aktenkopien 1970.
[7] Vgl. dazu Dok. 86, Anm. 23.
[8] Am 30. April 1969 schlossen die Howaldtwerke-Deutsche Werft AG und die argentinische Marine einen Vertrag über die Lieferung von Teilen für zwei 900-Tonnen-U-Boote. Vgl. dazu die Aufzeichnung des Vortragenden Legationsrats I. Klasse Behrends vom 9. Mai 1969; VS-Bd. 1712 (201); B 150, Aktenkopien 1969.

387

es für schwerer wiegend, wenn wir an Argentinien liefern, an Peru jedoch nicht[9], als wenn wir in der WEU uns einer Diskussion ausgesetzt sehen, die nicht nur Griechenland und Argentinien, sondern auch Peru betrifft.

Im Hinblick auf die Tatsache, daß das Auswärtige Amt bereits an die Howaldt-Werke geschrieben hat und dort die Lieferung von U-Booten nach Peru als unerwünscht bezeichnet hat, ist beschlossen worden, daß vom Auswärtigen Amt aus eine erneute Stellungnahme unter Hinweis auf den deutschen Rechtsstandpunkt bei der WEU ergeht und daß diese Stellungnahme deutlich macht, daß einem Vertragsabschluß mit Peru keine Hindernisse mehr im Wege stehen.[10] Das Bundesfinanzministerium ist damit einverstanden.

b) Stationierung von Gurkhas bei der britischen Rheinarmee

Der Verteidigungsminister nahm diese Mitteilung mit Überraschung zur Kenntnis. Eine Entscheidung sei erst möglich, wenn bekannt ist, wieviele Gurkhas kommen und wo sie stationiert werden sollen. Diese Informationen wären rasch einzuholen, und eine Abstimmung mit dem Verteidigungsministerium ist herbeizuführen.[11]

c) Lieferung von Leopard-Panzern nach Spanien[12]

Aus Anlaß dieses Themas entwickelte sich eine erneute längere Diskussion über deutsche Waffenlieferungen. Sie führte im Hinblick auf die Lieferungen an Spanien noch zu keinem endgültigen Ergebnis. Vielmehr wurde das Auswärtige Amt beauftragt, in Abstimmung mit dem Verteidigungsministerium eine gemeinsame Kabinettsvorlage zu erarbeiten, die sich auf die grundsätzliche Zuständigkeit für Waffenlieferung ins Ausland bezieht.[13] Diese Kabinettsvorlage soll bereits am 25. März dem Sicherheitsrat vorgelegt werden. Dabei soll der Tenor der Kabinettsvorlage sein, daß das Auswärtige Amt die alleinige Zuständigkeit für solche Waffenlieferungen hat. Dahinter steckt der Wunsch des Bundesverteidigungsministers, sein Haus völlig aus dem nach seiner Meinung politisch verfehlten und wirtschaftlich korrupten Waffengeschäft herauszuhalten.[14]

d) Diverse Mitteilungen des Bundesverteidigungsministers über bevorstehende Verhandlungen im Rahmen der NATO wurden zur Kenntnis genommen.

gez. Dahrendorf

VS-Bd. 1649 (II A 7)

---

[9] Zum Passus „In Abwägung möglicher ... Peru jedoch nicht" vermerkte Bundesminister Scheel handschriftlich: „r[ichtig]!".

[10] Der Passus „daß vom Auswärtigen Amt ... im Wege stehen" wurde von Bundesminister Scheel hervorgehoben. Dazu vermerkte er handschriftlich: „Ist das geschehen?"

[11] Zu diesem Absatz vermerkte Vortragender Legationsrat Rückriegel handschriftlich: „Die britische Botschaft ist um Beantwortung gebeten worden. Informationen würden lt. Botschaft längere Zeit in Anspruch nehmen, da es sich nur um erste Voranfrage des britischen Vert[eidigungs]min[isteriums] beim Foreign Office gahandelt habe."

[12] Vgl. dazu Dok. 90.

[13] Zum Passus „Aus Anlaß dieses ... ins Ausland bezieht" vermerkte Bundesminister Scheel handschriftlich: „Nach Absprache mit Lord Chalfont haben die Engländer keine Einwände!"

[14] Der Passus „sein Haus völlig ... korrupten Waffengeschäft herauszuhalten" wurde von Bundesminister Scheel hervorgehoben. Dazu vermerkte er handschriftlich: „Höchst amüsant!"

95

Staatssekretär Bahr, Bundeskanzleramt, z. Z. Moskau, an Bundesminister Scheel

Z B 6-1-11123/70 geheim Aufgabe: 6. März 1970, 16.30 Uhr[1]
Fernschreiben Nr. 336 Ankunft: 6. März 1970, 15.12 Uhr
Citissime

Nur für BM und StS[2]

Delegationsbericht Nr. 15

Habe Gromyko in einem etwa 15-minütigen Vier-Augen-Gespräch, das der Presse auch nicht als Tatsache bekanntgegeben wurde, gemäß FS 194 vom 5.3. über Haltung Ostberlins unterrichtet.[3] Hatte schon vorher in der Sitzung auf die erstaunliche Tatsache aufmerksam gemacht, daß offizielle Vertreter der DDR einen Zeitungsartikel[4] beklagen, während wir zwei Tage vor Gromykos Ankunft in Ostberlin[5] von Herrn Honecker hören mußten, daß Bundesregierung den Krieg vorbereite.[6] Ohne Kooperationswillen von beiden Seiten würden wir kaum weiterkommen. Gromyko replizierte kaum.

Habe ihn unterrichtet, daß wir in den Punkten Anreise mit Bahn, ganztägigem Aufenthalt zu Entgegenkommen bereit sind. Bisher sei kein Entgegenkommen Ostberlins zu erkennen. Nach meiner Unterrichtung wolle man dort die Zahl der Journalisten limitieren und sei auch gegen eine Pressekonferenz des Bundeskanzlers am Abend in Westberlin. Ich fügte hinzu, daß man vielleicht auf die Pressekonferenz in Westberlin verzichten könne, wenn keine Limitierung für die journalistische Begleitung des Bundeskanzlers nach Ostberlin erfolgt. Bei Limitierung müsse dem Informationswunsch schnellstens, d. h. in Westberlin, Rechnung getragen werde. Er fragte, ob ein solcher Vorschlag schon gemacht worden sei. Ich erwiderte: meines Wissens nicht. Die Idee schien ihm einzuleuchten.

Dann bliebe aber immer noch der Punkt der Rückreise über Westberlin? Ich erklärte, daß dieser Punkt völlig unverzichtbar sei. Er meinte, man müsse den

---

[1] Hat Vortragendem Legationsrat I. Klasse Noebel am 6. März 1970 vorgelegen, der handschriftlich vermerkte: „H[errn] MD Ruete bitte Übernahme. Doppel haben B[undes]K[anzler]A[mt] und StS Duckwitz."
Hat Ministerialdirektor Ruete am 6. März 1970 vorgelegen, der handschriftlich vermerkte: „H[errn] Lahn, H[errn] van Well, H[errn] Blumenfeld z[ur] persönl[ichen] K[enntnis]n[ahme]."
Hat Ministerialdirigent Lahn und Vortragendem Legationsrat I. Klasse Blumenfeld am 6. März 1970 vorgelegen.
Hat Vortragendem Legationsrat I. Klasse van Well am 9. März 1970 vorgelegen.

[2] Georg Ferdinand Duckwitz.

[3] Zu den Gesprächen des Ministerialdirektors Sahm, Bundeskanzleramt, am 3. und 5. März 1970 in Ost-Berlin vgl. Dok. 91.

[4] Zur Berichterstattung in der Tageszeitung „Berliner Morgenpost" am 5. März 1970 vgl. Dok. 91, Anm. 6.

[5] Zum Besuch des sowjetischen Außenministers Gromyko vom 24. bis 27. Februar 1970 in Ost-Berlin vgl. Dok. 76, Anm. 3.

[6] Für das Gespräch des Staatssekretärs Bahr, Bundeskanzleramt, mit dem sowjetischen Außenminister Gromyko am 6. März 1970 in Moskau vgl. Dok. 93.

Standpunkt der DDR verstehen, daß dies eine prinzipielle Frage im Sinne von Ansprüchen auf Westberlin sei. Ich erwiderte, daß die Aussparung Westberlins im umgekehrten Sinne wirken würde. Der Bundeskanzler könne das nicht akzeptieren. Er meinte, daß man den Bundeskanzler hier als stark genug einschätze, sich über so etwas hinwegsetzen zu können. Ich entgegnete, daß der Bundeskanzler u. a. in Westberlin einen Ruf zu verlieren habe. Er, Gromyko, solle sich darüber im klaren sein, daß an dieser Frage die Sache scheitern könne.

Er fragte, ob ich etwas dagegen hätte, wenn er Ostberlin über unser Gespräch informiert, was ich ihm überließ.

Ich hatte den Eindruck, daß ihm diese ganzen technischen Fragen zu einem guten Teil als kleinlich und nur bedingt als politisch wichtig erschienen.

Zur Beurteilung:

Er war offensichtlich dankbar für die Unterrichtung, die ihm mindestens in einigen Punkten neu war. Es ist sehr wichtig, sie fortzusetzen.

Ostberlin stimmt diese Fragen nicht ab und hat Bewegungsspielraum wahrscheinlich, soweit dadurch das Ganze nicht in Frage gestellt wird. Der Fortschritt, den wir heute in unseren offiziellen Verhandlungen erzielt haben, könnte unsere Position gegenüber Ostberlin etwas verstärken.

Ich gebe zu erwägen, ob es bei weiterer Verhärtung der DDR nicht angebracht wäre, den Vorschlag zu machen, das erste Treffen Brandt-Stoph in Bonn abzuhalten.

Noch vorher erschiene es mir interessant, mit der Begründung des Zeitgewinns zu überlegen, ob die Reise über Westberlin vermeidbar wird, wenn der Bundeskanzler mit Begleitung und Journalisten Hin- und Rückflug Wahn-Schönefeld-Wahn am selben Tag in zwei Boeing 707 der Luftwaffe macht. Von hier aus gesehen würde dies bedeuten: wenn schon Staat, dann richtig.[7]

[gez.] Bahr

VS-Bd. 4226 (II A 4)

[7] Dieser Absatz wurde von Ministerialdirektor Ruete angeschlängelt.

96

Gesandter Gnodtke, Brüssel (NATO), an das Auswärtige Amt

Z B 6-1-11128/70 VS-vertraulich
Fernschreiben Nr. 284

Aufgabe: 6. März 1970, 17.55 Uhr
Ankunft: 6. März 1970, 19.11 Uhr

Betr.: Vorbereitung der Frühjahrsministerkonferenz[1]
  hier: a) beiderseitige ausgewogene Truppenverminderungen und
  b) Verfahrensfragen für Ost-West-Verhandlungen

1) Vorsitzender des Politischen Ausschusses[2] erstattete dem NATO-Rat in Sondersitzung am 6. März Bericht über den Stand der Studien auf dem Gebiet der beiderseitigen ausgewogenen Truppenverminderung (MBFR) und der Verfahrensfragen für Ost-West-Verhandlungen (Text wird mit Kurier vorgelegt).

2) Der Bericht wurde mit Genugtuung aufgenommen. Eine – allerdings nicht sehr vertiefte – Diskussion entwickelte sich lediglich zu folgenden Fragen aus dem Bereich der MBFR:

a) Kanadischer[3] und dänischer Botschafter[4] nahmen auch diese Gelegenheit wahr, ihre Befürchtungen über unrealistische Vorstellungen im Zusammenhang mit asymmetrischen Modellen vorzubringen: Die beiden von der Arbeitsgruppe für MBFR entwickelten asymmetrischen Modelle enthielten Elemente, die sie unglaubhaft und daher nicht verhandlungsfähig machten.

Der amerikanische Botschafter[5] wies demgegenüber darauf hin, daß die Arbeitsgruppe nur beauftragt worden sei, illustrative Modelle zu entwickeln, nicht jedoch Verhandlungspositionen. Um zu einem späteren Zeitpunkt Verhandlungspositionen erarbeiten zu können, werde ein breites Spektrum theoretischer Möglichkeiten zu erarbeiten sein, zu dem auch die asymmetrischen Modelle gehörten.

Generalsekretär Brosio stellte abschießend fest, daß die zu entwickelnden Modelle, soweit es die Arbeitsgruppe angehe, illustrativer Art seien. Für diejenigen, die in den Hauptstädten die Politik auf dem Gebiet der MBFR bestimmten, stellten sie jedoch politische Instrumente dar. Letztlich werde die künftige Rolle der jetzt entwickelten Modelle von der Entscheidung der Minister abhängen: Sollte auf der Frühjahrsministerkonferenz entschieden werden, daß mit dem Warschauer Pakt auf dem Gebiet der MBFR zunächst nur sondiert werden solle, brauche man hierzu nicht unbedingt Modelle. In diesem Falle könnten die allianzinternen Studien zunächst weitergeführt und die Modelle – je nach Verlauf der Sondierungen (nach dem Vorbild SALT) später zu Verhandlungsgrundlagen ausgebaut werden.

---

[1] Zur NATO-Ministerratstagung am 26./27. Mai 1970 in Rom vgl. Dok. 240 und Dok. 244.
[2] Jörg Kastl.
[3] Ross Campbell.
[4] Henning Hjorth-Nielsen.
[5] Robert F. Ellsworth.

b) Der italienische Botschafter[6] trug erneut den Wunsch seiner Delegation vor, den italienischen Rahmenentwurf eines asymmetrischen Modells nach Abschluß der gegenwärtigen Modellstudie von der Arbeitsgruppe für MBFR weiterentwickeln zu lassen. Er wurde hierbei vom belgischen[7] und niederländischen Botschafter[8] unterstützt, während Amerikaner, Briten und wir nicht bereit waren, uns bereits jetzt hinsichtlich des Weiterbestehens der Arbeitsgruppe festzulegen.

Generalsekretär Brosio stellte fest, diese Frage müsse so gelöst werden, daß die gegenwärtig sehr intensive Arbeit der Gruppe nicht beeinträchtigt werde. Er sehe politischen Vorteil darin, neben den gegenwärtigen ausgearbeiteten symmetrischen und asymmetrischen Modellen weitere Varianten zu entwickeln. Von besonderem Interesse[9] sei dabei der italienische Rahmenentwurf sowie eine vom kanadischen Botschafter als „semi-asymmetrisch" bezeichnete Variante, die sich aus der Entwicklung der symmetrischen Modelle gewissermaßen von selbst ergebe: Da das Verhältnis der Mannschaftsstärke zum Rüstungsmaterial im Warschauer Pakt günstiger sei als in den NATO-Ländern, komme man, vom Prinzip der identifizierbaren Einheiten ausgehend, bei auf beiden Seiten prozentual gleichen Verminderungen der Personalstärke zu stärkeren Verminderungen des Rüstungsmaterials auf Seiten des Warschauer Pakts (vgl. Ziffer I des DB Nr. 278 vom 5. 3. – 20-02/5-880/70 VS-v[10]).

[gez.] Gnodtke

VS-Bd. 4552 (II B 2)

---

[6] Carlo de Ferrariis Salzano.
[7] André de Staercke.
[8] Hendrik N. Boon.
[9] Korrigiert aus: „Modellen".
[10] Gesandter Gnodtke, Brüssel (NATO), faßte eine Sitzung des Politischen Ausschusses der NATO auf Gesandtenebene am 4. März 1970 zusammen. Dabei seien verschiedene Modelle für eine beiderseitige ausgewogene Truppenverminderung von NATO und Warschauer Pakt diskutiert worden. Vgl. dazu VS-Bd. 4552 (II B 2); B 150, Aktenkopien 1970.

97

Aufzeichnung des Staatssekretärs Bahr, Bundeskanzleramt, z. Z. Moskau

Geheim 7. März 1970[1]

Betr.: Sowjetisches Non-Paper über Grundsätze des GV

A) In der Sitzung am 6.3.70[2] übergab Außenminister Gromyko die anliegenden zehn Formulierungen, von denen die ersten fünf solche Punkte betreffen, die nach seiner Meinung in ein GV-Abkommen zwischen der BRD und der SU aufgenommen werden müßten, während die Punkte 6 bis 10 Leitsätze betreffen, die außerhalb des Abkommens, aber als seine Grundlage, in einer später noch zu klärenden Form vereinbart werden sollten. Die Formulierungen sind eine Art Gegenvorschlag zu unserem ebenfalls als Anlage beigefügten Non-Paper, das der sowjetischen Seite am 5.3.70 von einem Vertreter der Botschaft übergeben worden war.

Gromyko betonte mehrfach, es handele sich zunächst nur um vorläufige Gedanken. Sie könnten später noch geändert oder ergänzt werden. Die Formulierungen seien flexibel gehalten. Andererseits gäben sie Standpunkte der sowjetischen Regierung wieder, die nicht zu Objekten eines Kuhhandels gemacht werden könnten.

B) Nach einer ersten Durchsicht des sowjetischen Non-Papers gebe ich folgende Bewertung:

1) Die Tatsache, daß die Regierung der SU uns schriftliche Formulierungen übergeben hat, ist als ein weiteres Zeichen ihres ernsthaften Bemühens um ein bald zu schließendes Abkommen zu werten.

2) Eine Reihe der Thesen läßt eine sowjetische Annäherung erkennen; andere sind nicht oder nicht in dieser Form akzeptabel; davon dürften einige zu eliminieren oder zu entschärfen sein. Zur verbleibenden Hauptschwierigkeit siehe Ziffer 4.

3) Das Fehlen der Vokabeln „Anerkennung" in Bezug auf die Grenzen und auf die DDR ist hilfreich. Die Formel für den Gewaltverzicht, einschließlich des Bezuges auf Artikel 2 der VN-Charta[3], entspricht weitgehend unseren Wünschen.

4) Die Weigerung, im Abkommen und in den Leitsätzen jeden ausdrücklichen Bezug auf die Rechte und Verantwortlichkeiten der Vier Mächte, auf die deutsche Nation, auf die besonderen Beziehungen zwischen BRD und DDR oder gar auf das Recht zum Streben nach staatlicher Einheit zuzulassen, entspricht dem

---

[1] Ablichtung.
 Hat Bundesminister Ehmke am 8. März 1970 vorgelegen, der die Weiterleitung an Bundeskanzler Brandt verfügte.
 Hat Bundesminister Scheel vorgelegen.
[2] Für das Gespräch des Staatssekretärs Bahr, Bundeskanzleramt, mit dem sowjetischen Außenminister Gromyko in Moskau vgl. Dok. 93.
[3] Zu Artikel 2 der UNO-Charta vom 26. Juni 1945 vgl. Dok. 12, Anm. 5.

konsequenten Verhalten der sowjetischen Seite in dieser Frage während des ganzen Meinungsaustausches.

Gromyko erklärte, diese Dinge seien Probleme der praktischen Politik. Sie könnten nicht Gegenstand des Abkommens (oder seiner Leitsätze) sein.

Immerhin wurde unser Vorschlag, daß das Abkommen die Rechte und Pflichten aus bestehenden Verträgen nicht berühren dürfe, von den Sowjets im Grundsatz akzeptiert.

5) Überraschend war, daß Gromyko, im Gegensatz zu seiner bisherigen Haltung, Berlin im Abkommen oder in den Leitsätzen nicht mehr erwähnt haben will. Auf meine Frage nach den Gründen wich er mit dem Hinweis auf die bevorstehenden Vier-Mächte-Konsultationen über die Berlin-Frage[4] aus. Meiner Auffassung nach sollten wir in dieser Frage nur dann auf die Sowjets drücken, wenn wir der vollen Unterstützung unserer Alliierten sicher sein können.

6) Insgesamt komme ich zum Ergebnis, daß wir jetzt eine Basis für ein deutsch-sowjetisches GV-Abkommen besitzen würden, käme es den Vertragspartnern auf den bloßen Gewaltverzicht an. Es muß uns jedoch vor allem darauf ankommen, auf dem Wege über das GV-Abkommen mit der SU die Basis für ein geregeltes Nebeneinander mit der DDR zu schaffen. Deshalb sollten wir alle Mittel ausschöpfen, um ein sowjetisches Einlenken in den Fragen „besondere Beziehungen BRD/DDR" und „Vereinbarkeit des Strebens nach staatlicher Einheit mit den GV-Grundsätzen" zu erreichen. Ich weiß nicht, ob dies möglich ist, aber es sollte versucht werden. Ein rascher Abschluß mit den Sowjets kann uns zwar momentan taktische Vorteile für unser Gespräch mit der DDR verschaffen, längerfristig aber eine positive Entwicklung der innerdeutschen Beziehungen stören.

C) Mein Vorschlag ist, daß ich jetzt in einigen weiteren Sitzungen den Raum zwischen den beiderseitigen Formulierungen einzuengen suche. Nach der Pause, bedingt durch die deutsch-amerikanischen Konsultationen[5], sollte versucht werden, in einer dritten Runde in Moskau[6] Einvernehmen über die noch offenen Punkte herzustellen.[7]

D) Als weitere Anlage füge ich eine Wertung der zehn sowjetischen Formulierungen und einige Vorschläge für Kompromißformeln bei.

Bahr

---

[4] Die Vier-Mächte-Gespräche über Berlin begannen am 26. März 1970. Vgl. dazu Dok. 135.
[5] Zu den Regierungsgesprächen am 10./11. April 1970 in Washington vgl. Dok. 151, Dok. 153 und Dok. 156.
[6] Die dritte Runde der Gespräche mit der UdSSR über einen Gewaltverzicht fand vom 12. bis 22. Mai 1970 in Moskau statt.
[7] Dazu teilte Ministerialdirektor Ruete am 9. März 1970 Staatssekretär Bahr, Bundeskanzleramt, z. Z. Moskau, mit: „Bundeskanzler und Bundesminister des Auswärtigen mit Vorschlag der Aufzeichnung vom 7.3. unter C grundsätzlich einverstanden. Grundlage für weitere Gespräche sollte deutsches Papier in Verbindung mit Bewertungs- und Änderungsvorschlägen zum sowjetischen Papier bilden. Jedoch fehlt dort unter II Ziffer 6 im Vorschlag die ausdrückliche Erwähnung von Berlin (West). Wir betrachten Berlin als Teil des ‚einheitlichen Ganzen'. Bei Nichterwähnung könnte auf sowjetischer Seite der irrige Eindruck entstehen, wir würden vielleicht ein Gewaltverzichtsabkommen paraphieren, ohne daß befriedigende Abmachungen über die Stabilisierung der Lage in und um Berlin getroffen sind." Vgl. den Drahterlaß Nr. 202; VS-Bd. 4620 (II A 4); B 150, Aktenkopien 1970.

[Anlage 1]

Sowjetisches Non-Paper vom 6.3.70
– vorläufige Übersetzung –

(1.–5. Punkte, die in das Abkommen aufgenommen werden sollen. 6.–10. Leitsätze, die nicht in das Abkommen aufgenommen werden sollen.)

1) Die UdSSR und die BRD betrachten es als wichtiges Ziel ihrer Politik, den internationalen Frieden aufrechtzuerhalten und die Entspannung zu erreichen. Sie bekunden ihr Bestreben, die Normalisierung der Lage in Europa zu fördern und gehen hierbei von der in diesem Gebiet bestehenden realen Lage und der Entwicklung friedlicher Beziehungen zwischen allen europäischen Staaten auf dieser Grundlage aus.

2) Die UdSSR und die BRD werden sich in ihren gemeinsamen Beziehungen sowie in Fragen der Gewährleistung der europäischen und internationalen Sicherheit von den Prinzipien und Zielen der Organisation der Vereinten Nationen leiten lassen. Demgemäß werden sie ihre Streitfragen ausschließlich mit friedlichen Mitteln lösen und übernehmen die Verpflichtung, sich in Fragen, die die europäische Sicherheit berühren, sowie in ihren zweiseitigen Beziehungen gemäß Art. 2 der Satzung der Vereinten Nationen von der Drohung mit Gewalt und der Anwendung von Gewalt zu enthalten.

Die UdSSR und die BRD werden untereinander die wirtschaftlichen, wissenschaftlich-technischen, kulturellen und anderen Verbindungen im Interesse der Festigung des europäischen Friedens und zum Wohle der Völker der UdSSR und der BRD entwickeln.

3) Die UdSSR und die BRD haben keinerlei territoriale Ansprüche gegen irgend jemand und werden solche Ansprüche in Zukunft nicht erheben. Sie betrachten die Unerschütterlichkeit der Grenzen als Hauptbedingung der Erhaltung des Friedens und verpflichten sich, die territoriale Integrität aller Staaten in Europa zu achten. Die UdSSR und die BRD gehen und werden davon ausgehen, daß die am 1. Januar 1970 bestehenden Grenzen der europäischen Staaten, einschließlich der Oder-Neiße-Grenze und der Grenze zwischen der DDR und der BRD, unverletzlich sind.

4) Die UdSSR und die BRD werden Schritte unternehmen, die sich aus ihrer entsprechenden Stellung ergeben, um den Beitritt der BRD und der DDR zur Organisation der Vereinten Nationen und zu deren Sonderinstitutionen zu fördern.

5) Das Abkommen zwischen der UdSSR und der BRD berührt nicht die Verpflichtungen der Seiten aus früher geschlossenen zweiseitigen und mehrseitigen Verträgen.

6) Zwischen der UdSSR und der BRD besteht Einverständnis darüber, daß das zwischen ihnen zu schließende Abkommen und entsprechende Abkommen der BRD mit anderen sozialistischen Ländern, insbesondere mit der DDR, der PVR[8] und der ČSSR, ein einheitliches Ganzes darstellen.

---

[8] Polnische Volksrepublik.

7) Die BRD erklärt ihre Bereitschaft, mit der DDR ein entsprechendes Abkommen (Vertrag) zu schließen, das die gleiche völkerrechtliche Kraft haben wird wie die Abkommen mit anderen sozialistischen Ländern. Sie bekundet die Bereitschaft, die Beziehungen mit der DDR auf die Grundlage der Prinzipien der völligen Gleichberechtigung, der Nichtdiskriminierung und der Nichteinmischung in die inneren Angelegenheit zu stellen. Diese Grundsätze gelten auch für die Beziehungen der BRD und DDR mit Drittstaaten.

8) Es besteht Einvernehmen darüber, daß die Frage der Ungültigkeit des Münchener Abkommens vom Augenblick seines Abschlusses an zwischen der BRD und der ČSSR entsprechend geregelt wird.

9) Die UdSSR und die BRD betrachten den Vertrag über die Nichtverbreitung von Kernwaffen als einen wichtigen Bestandteil der Anstrengungen der Staaten zur Festigung des internationalen Friedens und Verringerung der Gefahr eines Krieges. Demgemäß hat die UdSSR das Ratifikationsverfahren für diesen Vertrag abgeschlossen[9], der jetzt in Kraft getreten ist[10], und ging dabei davon aus, daß dieser Vertrag in nächster Zeit auch von den anderen Staaten, die ihn unterzeichnet haben, ratifiziert wird. Die Regierung der BRD erklärt ihrerseits, daß sie die sich aus dem Vertrag über die Nichtverbreitung von Kernwaffen ergebenden Verpflichtungen strikt erfüllen und Maßnahmen zur baldigsten Ratifizierung des Vertrages ergreifen wird.

10) Geleitet durch die Interessen der Entspannung und die Entwicklung der Zusammenarbeit unter den europäischen Staaten, werden die UdSSR und die BRD die nötigen Anstrengungen zur Vorbereitung und Einberufung der gesamteuropäischen Konferenz über Fragen der Festigung der Sicherheit in Europa unternehmen.

[Anlage 2]

Bewertung und Änderungsvorschläge
zum sowjetischen Non-Paper vom 6.3.70[11]

I. 1) Präambelsatz. Keine wesentlichen Bedenken. Vermeidung des Ausdrucks „reale Lage" wünschenswert, um Interpretationsmöglichkeiten einzuschränken.

Vorschlag für flüssigere Formulierung:

Die BRD und die UdSSR betrachten die Entspannung in Europa und die Erhaltung des Friedens als ein wichtiges Ziel ihrer Politik. Ausgehend von der gegenwärtigen Situation bekunden sie ihr Bestreben, die Normalisierung der Lage in Europa und die Entwicklung der friedlichen Beziehungen zwischen allen europäischen Staaten zu fördern.

Vorschlag, anschließend Ziff. II, 2 unseres Papiers zu bringen:

Das Verbot der Anwendung oder Androhung von Gewalt in den zwischenstaatlichen Beziehungen, insbesondere gegen die territoriale Integrität der Staaten,

---

[9] Die UdSSR ratifizierte den Nichtverbreitungsvertrag am 24. November 1969. Die Ratifizierungsurkunde wurde am 5. März 1970 hinterlegt.
[10] Der Nichtverbreitungsvertrag vom 1. Juli 1968 trat am 5. März 1970 in Kraft.
[11] An dieser Stelle vermerkte Bundesminister Scheel handschriftlich: „Berlin-Problem?"

ist unteilbar und erlaubt keine Ausnahme; eine Bekräftigung dieses Grundsatzes zwischen europäischen Staaten auch mit unterschiedlicher Gesellschaftsordnung wird sich günstig auf die Situation in Europa auswirken.

2) Lediglich redaktionelle Änderungen wünschenswert, sowie die Einfügung des Wortes „allgemein" vor „Prinzipien".

Vorschlag:

Die BRD und die UdSSR werden sich in ihren gegenseitigen Beziehungen sowie in Fragen der Gewährleistung der europäischen und der internationalen Sicherheit von den allgemeinen Prinzipien und Zielen der Satzung der Vereinten Nationen leiten lassen. Demgemäß werden sie ihre Streitfragen ausschließlich mit friedlichen Mitteln lösen. Sie übernehmen die Verpflichtung, sich in Fragen der europäischen Sicherheit sowie in ihren beiderseitigen Beziehungen gemäß Art. 2 der Satzung der Vereinten Nationen der Androhung oder Anwendung von Gewalt zu enthalten.

Der zweite Absatz des sowjetischen Vorschlags betrifft die Gestaltung der wirtschaftlichen usw. Beziehungen. Sein Inhalt widerspricht zwar nicht unseren Absichten und Zielen, aber er hat nichts mit GV zu tun. Er sollte deshalb nicht in das Abkommen, sondern – redaktionell geändert – in die Leitsätze aufgenommen werden.

Vorschlag:

Die BRD und die UdSSR werden ihre gegenseitigen wirtschaftlichen, wissenschaftlich-technischen, kulturellen und sonstigen Beziehungen im Interesse der Festigung des Friedens in Europa fortentwickeln.

3) Im ersten und zweiten Satz nur redaktionelle Änderungen. Der letzte Satz erwähnt ausdrücklich die Oder-Neiße-Grenze und die Grenze zwischen der BRD und der DDR. Wir wollen eine allgemeine Formel ohne Erwähnung besonderer Grenzen. Außerdem sollte die Erwähnung eines bestimmten Datums entfallen.

Vorschlag:

Die BRD und die UdSSR erheben kein Gebietsansprüche gegen irgend jemand und werden solche Ansprüche auch in Zukunft nicht erheben. Sie verpflichten sich, die territoriale Integrität aller Staaten in Europa zu respektieren. Sie achten alle Grenzen und betrachten sie als unverletzlich.

4) Die Verpflichtung zur Förderung des Beitritts von BRD und DDR zur Organisation der Vereinten Nationen ist als Teil eines Abkommens unannehmbar. Es bleibt zu prüfen, ob er in abgeschwächter Form in die Leitsätze, etwa als Erweiterung der Ziffer 7, aufgenommen werden kann.

5) Keine Bedenken, falls außer „Verpflichtungen" auch die „Rechte" erwähnt werden.

Vorschlag:

Das Abkommen zwischen der BRD und der UdSSR berührt nicht die Rechte und Pflichten beider Seiten aus früher geschlossenen zweiseitigen und mehrseitigen Verträgen.

397

II. 6) Sachlich ist gegen diese Formel nur einzuwenden, daß – im Gegensatz zu unseren Wünschen – die Stabilisierung der Lage in und um Berlin nicht erwähnt ist.

Vorschlag:

Die BRD und die UdSSR sind sich darin einig: Der Abschluß von GV-Abkommen zwischen der BRD einerseits und der UdSSR, der Volksrepublik Polen und der ČSSR andererseits sowie die Regelung der Beziehungen, einschließlich des Gewaltverzichts zwischen der BRD und der DDR, als Ausdruck einer auf Entspannung und Frieden in Europa gerichteten Politik, bilden ein einheitliches Ganzes.

7) In dieser Formel sollte „völkerrechtliche Kraft" durch „Verbindlichkeit" ersetzt werden. Die „Nichteinmischung in die inneren Angelegenheiten" muß entweder entfallen oder durch einen Hinweis auf die besonderen Beziehungen zwischen BRD und DDR qualifiziert werden. Letzeres dürfte nicht erreichbar sein. Der letzte Satz ist nicht akzeptabel, solange das Verhältnis zwischen DDR und BRD nicht in einer auch für uns befriedigenden Weise vertraglich geregelt ist.

Vorschlag:

Die BRD erklärt ihre Bereitschaft, mit der DDR ein Abkommen zu schließen, das die gleiche Verbindlichkeit haben wird wie die Abkommen mit anderen sozialistischen Ländern. Sie bekundet die Bereitschaft, ihre Beziehungen zur DDR auf der Grundlage der völligen Gleichberechtigung und Nichtdiskriminierung zu regeln. Nach der Regelung der Beziehungen zwischen den beiden Staaten in Deutschland wird sich auch die internationale Rolle der DDR normalisieren.

8) In dieser Formel ist der Passus „vom Augenblick seines Abschlusses an" nicht akzeptabel.

Vorschlag:

Es besteht Einvernehmen darüber, daß die Frage der Ungültigkeit des Münchener Abkommens durch Verhandlungen zwischen der BRD und der ČSSR in einer beide Seiten befriedigenden Weise geregelt werde soll.

9) Im Zusammenhang mit einem deutsch-sowjetischen Abkommen sollte vermieden werden, den NV-Vertrag auch nur zu erwähnen.

10) Die Bundesregierung kann sich nur unter Vorbehalt zu Anstrengungen für die Einberufung einer ESK verpflichten, da sie dem Grundsatz der Solidarität im westlichen Bündnis Rechnung tragen muß. Das Wort „gesamteuropäisch" sollte entfallen, da sonst ein Vorbehalt für die Teilnahme der USA und Kanadas gemacht werden müßte.

Vorschlag:

Die BRD und die UdSSR begrüßen den Plan einer Konferenz über Fragen der Festigung der Sicherheit und Zusammenarbeit in Europa und werden ihn nach Kräften unterstützen.

[Anlage 3]

Deutsches Non-Paper vom 5.3.70

(I. Leitsätze, die in das Abkommen aufgenommen werden sollen. II. Punkte, die in das Abkommen aufgenommen werden sollen.)

In einem Gewaltverzichtsabkommen sollten die die BRD und SU interessierenden Fragen auf der Grundlage der folgenden Leitsätze geregelt werden:

I. 1) Die Bemühungen
- um den Abschluß von GV-Abkommen der Bundesrepublik Deutschland mit der Sowjetunion, der Volksrepublik Polen und der ČSSR,
- um die Regelung der Beziehungen einschließlich eines GV zwischen der Bundesrepublik Deutschland und der DDR,
- sowie um die Entspannung und Stabilisierung der Lage in und um Berlin

stehen als Ausdruck einer auf Entspannung und Frieden in Europa gerichteten Politik miteinander in Zusammenhang.

2) Die Bundesrepublik Deutschland ist bereit, die Beziehungen zwischen der Bundesrepublik Deutschland und der DDR als Staaten deutscher Nation auf der Grundlage der Gleichberechtigung und der Nichtdiskriminierung zu regeln. Diese Beziehungen sind von besonderer Art, da die beiden Staaten in Deutschland die Rechte und Verantwortlichkeiten der Vier Mächte zu achten haben und sich gemäß ihren Verfassungen zur Einheit der deutschen Nation bekennen[12].

Im übrigen finden zwischen ihnen die allgemein anerkannten, zwischen Staaten geltenden Rechtsgrundsätze entsprechende Anwendung. Vereinbarungen zwischen der Bundesrepublik Deutschland und der DDR haben die gleiche rechtliche Verbindlichkeit, wie die von ihnen mit anderen Staaten geschlossenen Verträge.

II. 1) Eine Entspannung des Verhältnisses zwischen Ost und West entspricht den Wünschen der Völker und dient der Festigung der europäischen Sicherheit; die Bundesrepublik Deutschland und die Sowjetunion sind, ausgehend von der gegenwärtigen Situation, bereit, sich an Schritten zu beteiligen, die auf diese Ziel gerichtet sind.

2) Das Verbot der Anwendung oder Androhung von Gewalt in den zwischenstaatlichen Beziehungen, insbesondere gegen die territoriale Integrität der Staaten, ist unteilbar und erlaubt keine Ausnahme; eine Bekräftigung dieses Grundsatzes zwischen europäischen Staaten auch mit unterschiedlicher Gesellschaftsordnung wird sich günstig auf die Situation in Europa auswirken.

3) Beide Seiten erklären, ihre gegenseitigen Beziehungen auf die allgemeinen Ziele und Grundsätze der Charta der VN zu gründen und sich deshalb insbesondere gemäß Artikel 2 der Charta der Androhung oder Anwendung von Gewalt gegeneinander zu enthalten.

---

[12] Zu den entsprechenden Bestimmungen des Grundgesetzes vom 23. Mai 1949 und der Verfassung der DDR vom 6. April 1968 vgl. Dok. 12, Anm. 13.

4) Beide Seiten verpflichten sich, die territoriale Integrität aller Staaten in Europa zu respektieren. Sie achten alle Grenzen und werden sie auch in Zukunft als unverletzlich betrachten.

5) Beide Seiten bestätigen, daß das Abkommen friedlichen Bestrebungen nicht im Wege steht, die auf die Schaffung eines einheitlichen demokratischen Deutschlands gerichtet sind.

6) Die Grundsätze sowie Ziele dieses Abkommens finden – unter Achtung der geltenden Vier-Mächte-Vereinbarungen und der gegenwärtigen Lage in Berlin – auf Berlin (West) entsprechende Anwendung.

7) Das Abkommen soll nicht die Rechte und Pflichten aus zwei- oder mehrseitigen Verträgen berühren, die beide Seiten mit dritten Staaten geschlossen haben.

[Anlage 4]

Vorschlag eines Briefwechsels über Verhältnis GV-Abkommen zum Streben nach Einheit

Herr ...![13]

Mit der heutigen Unterzeichnung des GV-Abkommens zwischen der BRD und der UdSSR haben beide Seiten die Ernsthaftigkeit ihres Wunsches unter Beweis gestellt, einen wirksamen Beitrag zur Entspannung und zum Frieden in Europa zu leisten. Diesem Ziel dienen insbesondere die Erklärungen der BRD und der UdSSR, die territoriale Integrität aller Staaten in Europa zu respektieren und alle Grenzen als unverletzlich zu betrachten. Die Regierung der BRD bittet[14] in diesem Zusammenhang die[15] Regierung der UdSSR, die Auffassung der BRD zur Kenntnis zu nehmen[16], daß diese in dem GV-Abkommen enthaltenen Erklärungen keine Änderung des Standpunktes der BRD darstellen, wonach dieses GV-Abkommen nicht friedlichen Bestrebungen im Wege steht, die auf die Schaffung eines einheitlichen demokratischen Deutschlands[17] gerichtet sind. Beide Staaten in Deutschland bleiben dem auf dieses Ziel gerichteten Auftrag ihrer Verfassungen auch in Zukunft verpflichtet.[18]

VS-Bd. 10065 (Ministerbüro)

---

13 Auslassung in der Vorlage.
14 Dieses Wort wurde von Bundesminister Ehmke gestrichen. Dafür wurde handschriftlich eingefügt: „erklärt".
15 Dieses Wort wurde von Bundesminister Ehmke gestrichen. Dafür wurde handschriftlich eingefügt: „der".
16 Die Wörter „die Auffassung der BRD zur Kenntnis zu nehmen" wurden von Bundesminister Ehmke gestrichen.
17 An dieser Stelle wurde von Bundesminister Ehmke handschriftlich eingefügt: „in einer gesamteuropäischen Friedensordnung".
18 Dieser Satz wurde von Bundesminister Ehmke in eckige Klammern gesetzt und das Wort „beide" hervorgehoben. Dazu Fragezeichen.

98

Staatssekretär Bahr, Bundeskanzleramt, z. Z. Moskau, an Bundeskanzler Brandt

7. März 1970[1]

Lieber Willy,

dies ist ein persönlicher Brief, den ich ohnehin schreiben wollte; es trifft sich, daß Herr Sanne ihn unauffällig mitnehmen kann, sonst hätte ich einen Sonderkurier schicken müssen. Ich bitte, den Inhalt so eng und vertraulich zu halten, wie es nur irgend geht.

An den folgenden Informationen habe ich nach einigen Gegen-Checks keinen Zweifel:

Der Besuch Gromykos in Ostberlin[2] war in einem Punkt für die sowjetische Seite überraschend. Zum ersten Mal hat Ulbricht keinen Widerstand geleistet, sondern im Gegenteil erklärt, er nehme alles an, was die sowjetische Seite ihm empfehle.

Man könne heute davon ausgehen, daß Ulbricht am positivsten sei. Der dogmatischste sei Honecker. Stoph stände etwa in der Mitte. Man könne heute in der Tat von drei Standpunkten in der Führung der DDR sprechen. Dies sei soweit gegangen, daß Gromyko mit den einzelnen hätte sprechen können; wenn sie zu dritt auftauchten, sei fast kein Gespräch zustande gekommen.

Die Vokabel „Sonderbeziehungen" sei für die DDR nicht zu akzeptieren. Ulbricht habe argumentiert, daß letztlich die Beziehungen jedes Landes zu einem anderen von besonderer Art seien, z. B. zwischen Bonn und Paris seien sie anders als zwischen Bonn und Rom. Dieser Ausdruck sei nur geeignet, der DDR einen minderen Status zu geben. Die sowjetische Auffassung dazu ist, daß die Politik selbst und die Entwicklung ergeben werden, welcher Art die Beziehungen werden und ob sie besonderer Art würden.

Ulbricht habe sich im übrigen darüber beklagt, daß die neue Bundesregierung bis zum heutigen Tage an allen Plätzen der Welt dem Außenhandel der DDR Schwierigkeiten mache und versuche, ihn zu torpedieren oder zu eliminieren. Er hat dabei auch Algier erwähnt. Ich habe daraufhin gesagt, daß dies falsch sein müsse und gebeten, mir konkrete Unterlagen zu verschaffen. Ich würde jedem einzelnen Beispiel nachgehen. Mein Gesprächspartner war etwas erstaunt; wenn Ulbricht etwas sage, nehme man es als Tatsache an. Es wäre von großer Bedeutung, wenn an solchen Beispielen klar würde, ob er unzureichend informiert gewesen sei oder ob er gar der sowjetischen Seite eine Mißinformation gegeben hätte.

Die sowjetische Frage, inoffiziell von Ulbricht veranlaßt, ist, ob die Bundesregierung nicht ein Zeichen geben könnte auf dem Gebiete der internationalen Rolle der DDR, zum Beispiel WHO und TTD. Ich habe erwidert, daß unsere Position

---

[1] Hat Bundeskanzler Brandt am 8. März 1970 vorgelegen.
[2] Zum Besuch des sowjetischen Außenministers Gromyko vom 24. bis 27. Februar 1970 in Ost-Berlin vgl. Dok. 76, Anm. 3.

für WHO noch nicht festgelegt sei[3], aber prinzipielle Bedeutung habe wegen der Rückwirkungen auf andere UN-Organisationen. Wir würden diese Frage prüfen, aber ich könne nur schwer einsehen, warum wir entgegenkommend sein sollten, solange die DDR es nicht wäre. Ich brachte auch bei dieser Gelegenheit das Beispiel der Honecker-Rede[4], die, da der Mann ja wohl nicht so dumm sei, nur als Zeichen bösen Willens gedeutet werden könnte. Antwort: „Nun ja, man kann so sagen." Aber die DDR werde jedenfalls den Vorschlag vom letzten Jahr (eine Delegation der beiden deutschen Staaten) nicht annehmen.

TTD sei längst überlebt. Soweit er wisse, hielten sich die Benelux-Staaten schon jetzt nicht mehr daran. Ich habe Sanne gebeten, mir darüber eine Information zu übermitteln. Auf diesem Gebiet könnte ich mir ein Zeichen vorstellen.[5]

Für diese bisher beschriebenen Fragen handelt es sich im wesentlichen um Informationen, dazu bestimmt, uns in die Lage zu versetzen, uns gut vorzubereiten, nicht aber um unverrückbare sowjetische Positionen.

Schwierig wird es bei dem folgenden Punkt:

Was immer man über das Schicksal der deutschen Nation denke oder wünsche, Tatsache sei ihre Abspaltung. Hier sei Gromyko (sicher in Ostberlin noch bestärkt) nicht bereit, im Abkommen oder sonstwo etwas schriftlich festzulegen. Ich gebe die Hoffnung dennoch nicht auf, mindestens eine einseitige Erklärung darüber abzustimmen, der nicht widersprochen wird. Jedenfalls habe ich die Forderung unverändert aufrecht erhalten, auch um bei Entgegenkommen seinerseits auf anderen Punkten selbst auch entgegenkommen zu können. Er muß bei dieser Hartnäckigkeit, hoffe ich, auch den Eindruck bekommen, wie wichtig dieser Punkt für uns ist, d. h. was es für uns bedeutet, wenn wir ihn mit einer gewissen Eleganz lösen.

Zur Gesamtbeurteilung der Lage muß man wissen, daß Niederschriften der Gespräche mit mir und mit Ulbricht bei Breschnew auf dem Tisch liegen und Wort für Wort verglichen und analysiert werden. Auch aus Nebenbemerkungen Gromykos geht hervor, daß man in einigen Punkten noch flexibel ist, d. h. wohl auch, die letzte Entscheidung über das Ganze noch nicht getroffen hat.

Ich habe den begründeten Eindruck, daß man entschieden ist, in dieser Gesprächsrunde zu klären, wieweit man mit noch nicht bindenden konkreten Formulierungen kommt. Bis dahin und nicht weiter zu gelangen liegt wohl auch in unserem Interesse; nach dem Besuch in den USA[6] würde eine Bestätigung dieser Thesen oder Abänderungswünsche größeres Gewicht haben und gleichzeitig den Russen das Mißtrauen nehmen, ob die Bundesregierung in der Lage ist, ihren Kurs zu halten und auch B zu sagen, nachdem sie A gesagt hat.

Letzteres Moment darf nicht unterschätzt werden, obwohl mir gesagt wurde: Sie haben Respekt und Vertrauen gewonnen. Dies hat Gewicht bei unseren Überlegungen. Es habe seine Wirkung nicht verfehlt, daß Kossygin in der Sit-

---

3 Zum Antrag der DDR auf Mitgliedschaft in der WHO vgl. Dok. 147.
4 Zur Rede des Mitglieds des Politbüros der SED, Honecker, am 16. Februar 1970 in Ost-Berlin vgl. Dok. 93, Anm. 10.
5 Zur Suspendierung der TTD-Regelung am 26. März 1970 vgl. Dok. 129.
6 Bundeskanzler Brandt und Staatssekretär Bahr, Bundeskanzleramt, hielten sich vom 4. bis 11. April 1970 in den USA auf. Vgl. dazu Dok. 151, Dok. 153 und Dok. 156.

zung des Politbüros unter positiver Bezugnahme auf sein Gespräch mit mir[7] gefragt habe, warum wir nicht früher gesprochen hätten. Es sei für ihn eine Entdeckung gewesen, daß es so interessante, intelligente und ernsthafte Gesprächspartner in der Bundesrepublik gebe. Das stimmt mindestens insoweit mit meinem Eindruck überein, als ich eine gewisse „West-Fremdheit" bei Kossygin festgestellt habe. Im übrigen sei Gromyko, der am Anfang mißtrauisch und eigentlich ablehnend an die Sache herangegangen sei, jetzt interessiert, auch persönlich engagiert und fast zu einem Verbündeten geworden.

Besonderes Schutzbedürfnis hat die Information, daß Kossygin dazu neigt, die ganze Sache in den nächsten drei bis sechs Monaten, solange die Amerikaner noch Krieg führen in Vietnam, unter Dach und Fach zu bringen, während Ulbricht zwei Jahre lang verhandeln wolle in der Annahme, seine Position inzwischen international zu verbessern.

In diesem Zusammenhang wurde ich zum ersten Mal auf China angesprochen. Hier gibt es offenbar eine Mischung aus Furcht, furchtbarer Erwartung, Ratlosigkeit und Mangel an wirklichen Informationen, die ich bisher für unmöglich gehalten habe.

Meine These, daß keiner der beiden Staaten den anderen besiegen könne und deshalb Krieg sinnlos sei, öffnete eine Schleuse. Man ist hier fest davon überzeugt, daß die Chinesen Krieg wollen. Sie brauchten ihn. Sie hätten zu viel Menschen. Sie hätten auch den Krieg in Vietnam gebraucht. Ihre Haltung dort sei der Beweis. Die Russen würden niemals Atomwaffen einsetzen. Sie könnten das nicht, weil die chinesischen Massen Freunde seien. Aber die chinesische Führung wüßte, daß der Einsatz von Atomwaffen nicht geht. Dann bleibt das Problem der chinesischen konventionellen Überlegenheit. Sie könnten einen solchen Krieg anfangen, nach Wladiwostock marschieren. Sie reklamieren dies als ihr Land. Die Lage sei die, daß die Chinesen Demjansk besetzt hätten.[8] Die Russen hätten ihre Truppen zurückgezogen. Es ginge nicht um Land, sondern um Kriegführen. In China bereite man sich systematisch darauf vor. Es sei den Chinesen auch gegenüber Indien nicht um Land gegangen[9] und nicht in Nepal. Wir wissen einfach nicht, was wir tun sollen. Der sowjetische Verhandlungsführer in Peking[10], den hier alle bedauern, sitze völlig sinnlos in sinnlosen Gesprächen nur deshalb weiter dort, damit die Welt sehe, daß die Sowjetunion die Gespräche nicht abbricht.[11] Man habe keine Hoffnung auf ein Ergebnis. Die Chinesen hätten genug Mittelstreckenraketen mit einer Reichweite von 3 000 km, man rechne damit, daß sie in zwei Jahren genügend Raketen mit einer Reichweite von 10 000 km hätten. Aber das schlimme sei, man habe keinerlei zuverlässige Informationen, über welche Kapazitäten die Chinesen verfügten, wieweit sie technisch seien. Der Zusammenhang stellte sich her, als ich auf den Anfang des Gesprächs zurückkam mit der Frage, ob dies bedeute, daß man in

---

[7] Für das Gespräch des Staatssekretärs Bahr, Bundeskanzleramt, mit Ministerpräsident Kossygin am 13. Februar 1970 in Moskau vgl. Dok. 54.
[8] In der Nacht zum 2. März 1969 besetzten chinesische Truppen die im Grenzfluß Ussuri gelegene Insel Demjansk. Vgl. dazu AAPD 1969, I, Dok. 96.
[9] Zu den indisch-chinesischen Auseinandersetzungen vgl. Dok. 63, Anm. 13.
[10] Wassilij Wassiljewitsch Kusnezow.
[11] Zu den sowjetisch-chinesischen Verhandlungen vgl. Dok. 63, Anm. 15.

Moskau, nach Beendigung des Vietnam-Krieges, rechne, daß die Chinesen sich nach Norden wenden. Die Antwort war: So ist es.

Sie wurde ergänzt durch die sich unmittelbar daran anschließende Bemerkung, daß es keinen Aufklärungsdienst der Russen in China gebe, daß die Amerikaner wahrscheinlich viel weiter mit den Chinesen seien als wir beide ahnten und daß man auch deshalb ratlos sei, weil es bekanntlich nach Lenin zwischen sozialistischen Ländern keine Differenzen geben könne, während es heute mit China viel schlechter stünde als mit dem sowjetischen Verhältnis zu den USA. Der letzte Punkt wirkt nur auf den ersten Blick hin nebensächlich, für das System hier, die Führungskader, hat er sein besonderes Gewicht.

Man kann also wohl annehmen, daß diese Situation, „die für uns absolut beherrschend ist", mit Fragen, „die für uns von der allergrößten Bedeutung sind", eine beträchtliche Rolle bei den Überlegungen der Russen spielen, auf dem Wege über die Bundesrepublik Ruhe im Westen zu bekommen. Aber natürlich kann dieses Interesse nie soweit gehen, ein Übereinkommen zu treffen, das statt der Ruhe im Westen offensichtlich die Gefährdung des westlichen Einflußraumes bedeuten würde. Ich bin der Auffassung, daß die Idee einer Sicherheitskonferenz für Europa auch mit dem Blick auf Peking zu sehen ist. Die Bemerkung Gromykos mir gegenüber beim Abendessen[12], daß man in einer zweiten Runde über Truppenreduzierungen reden könne, ist heute für mich glaubwürdiger geworden.

Für Polen sei die Formulierung über die Grenzfrage entscheidend. Ich möchte anregen, daß man unseren Entwurf für Warschau[13] noch einmal daraufhin durchsieht und unsere Formulierung der von den Russen vorgeschlagenen für die Grenzen anpaßt.

Die Hauptstoßrichtung der DDR ist neben Zeitgewinn auf die Etablierung von Beziehungen zu Drittländern gerichtet. Die Sowjets unterstützen das. Sie sind mißtrauisch, daß wir jetzt GV machen und danach unsere faktischen Barrieren aufrecht halten. Hier drängt Gromyko auf irgendeine Form der Konkretisierung, auch unserer zeitlichen Vorstellungen. Ich sehe nicht, daß wir über die Internationalen Organisationen bis zur Aufnahme beider Staaten in die UN hinausgehen können, zumal auch er sich sagen muß, daß danach die Beziehungen der DDR zu Drittländern keine Prinzipienfrage mehr sein wird. Die Frage ist, ob man ins Auge fassen bzw. sagen kann, daß die Aufnahme beider Staaten in die UN in der Herbst-Sitzung dieses Jahres[14] möglich sein wird, falls bis dahin die Beziehungen zwischen den beiden Staaten geregelt sind. Eine derartige Haltung würde das Interesse Moskaus an der Regelung zwischen Ost-Berlin und Bonn noch verstärken.

Ich werde in diesem Zusammenhang im Laufe der kommenden Woche eine Reihe von Formulierungsentwürfen für Dein Statement in Ostberlin[15] übermitteln.

---

12 Zum Besuch des sowjetischen Außenministers Gromyko am 10. Februar 1970 in der Botschaft der Bundesrepublik in Moskau vgl. Dok. 50.
13 Für den Entwurf der Bundesregierung vom 2. März 1970 vgl. Dok. 85.
14 Die XXV. UNO-Generalversammlung fand vom 15. September bis 17. Dezember 1970 statt.
15 Für den Wortlaut der Erklärung des Bundeskanzlers Brandt am Vormittag des 19. März 1970 in Erfurt vgl. BULLETIN 1970, S. 377–381.

Entschuldige den Stil, wir haben hier furchtbar viel zu tun, und ich diktiere das ab. Am liebsten wäre es mir, Du würdest diesen Brief vernichten.

Mit herzlichem Gruß
Dein Egon

Archiv der sozialen Demokratie, Depositum Bahr, Box 429 B

99

Botschafter Jaenicke, Belgrad, an das Auswärtige Amt

Z B 6-1-11145/70 VS-vertraulich   Aufgabe: 7. März 1970, 12.00 Uhr[1]
Fernschreiben Nr. 79   Ankunft: 7. März 1970, 13.20 Uhr

Auf Nr. 62 vom 5. 3. – V 2-80.SL-4-94.13-197/70 VS-v[2]

Betr.: Weitere Behandlung jugoslawischer Wiedergutmachungsforderungen[3]

I. a) Jugoslawische Regierung hatte schon vor Besuch Bundesministers für Wirtschaft[4] unterstrichen, daß sie in hiesigen Gesprächen Wiedergutmachungsfrage anschneiden wolle (vgl. DB Nr. 11 vom 14. 1. – II A 5-82.20-4/70 VS-v[5]).

---

[1] Hat Legationsrat I. Klasse Hallier am 9. März 1970 vorgelegt, der die Weiterleitung an Bundesminister Scheel verfügte.
Hat Scheel am 10. März 1970 vorgelegt, der handschriftlich vermerkte: „Die von BM Schiller geäußerte Meinung entspricht dem, was BK bei Besuch in Jugosl[awien] Tito gegenüber erwähnte."

[2] In dem Drahterlaß teilte Ministerialdirektor Groepper der Botschaft in Belgrad mit: „Bevor wir uns in Expertengespräche einlassen können, muß Entscheidung des Bundeskabinetts herbeigeführt werden. Auswärtiges Amt wird dem Kabinett die baldige Aufnahme von Gesprächen vorschlagen. Sollten Sie dort im Zusammenhang mit Besuch Wirtschaftsministers auf Frage Expertengespräche angesprochen werden, so wird gebeten, ebenfalls auf in jedem Fall bestehende Notwendigkeit vorheriger Kabinettsentscheidung hinzuweisen. Entsendung von Experten zum dortigen Institut für Zeitgeschichte wird hier zur Zeit nicht erwogen." Vgl. VS-Bd. 5759 (V 2); B 150, Aktenkopien 1970.

[3] Diese Zeile wurde von Bundesminister Scheel hervorgehoben, der handschriftlich vermerkte: „Bitte Sachstand!" Vgl. Anm. 12.

[4] Bundesminister Schiller hielt sich vom 3. bis 5. März 1970 anläßlich der konstituierenden Sitzung des Kooperationsausschusses mit Jugoslawien in Belgrad auf.

[5] Botschafter Jaenicke, Belgrad, berichtete über Äußerungen des Staatssekretärs im jugoslawischen Außenhandelsministerium. Šnuderl habe „in vorsichtiger Form" die Hoffnung ausgedrückt, daß die Bundesrepublik der jugoslawischen Seite „durch eine Regelung der Wiedergutmachungsfrage in diesem Jahr aus ihrer gegenwärtigen Notlage heraushelfe, die durch das Anwachsen des Zahlungsbilanzdefizits bei hoher Auslandsverschuldung entstanden sei. Bei einer Gesamtauslandsverschuldung von über 2 Mrd. Dollar würden in diesem Jahr Amortisationszahlungen in Höhe von 380 Mio. Dollar und Zinszahlungen von ca. 100 Mio. Dollar fällig. Zur vollständigen Finanzierung dieser Zahlungen fehle der jug[oslawischen] Regierung ein Betrag von 120 Mio. Dollar. Šnuderl ließ hierbei offen, ob jug[oslawische] Wiedergutmachungsforderungen durch Zahlung dieses Betrages als abgegolten zu betrachten seien. [...] Immerhin ist nicht auszuschließen, daß jug[oslawische] Seite nunmehr bereit ist, bisherige Forderungen auf diesen Betrag zurückzuschrauben. Aufschlußreich erscheint in diesem Zusammenhang Bemerkung Šnuderls, jug[oslawische] Seite sei sich darüber im klaren, daß ihre Position in Wiedergutmachungsfrage immer ungünstiger werde; deutsches Interesse an vollständigem Ausgleich mit Jugoslawien, das in den letzten Jahren noch stark gewesen sei, flache offensichtlich mit zunehmender Gesprächsbereitschaft Sowjetunion und anderer Mitglieder

Um jugoslawischem Drängen zuvorzukommen, ging Bundesminister Schiller in Gesprächen mit Tito, Mitglied Exekutivbüros Präsidiums BDKJ⁶ Gligorov und Minister Granfil von sich aus auf diese Frage ein. Er gab hierbei folgende Darstellung deutscher Haltung:

Durch Londoner Schuldenabkommen sei Regelung Reparationsfrage und damit auch Wiedergutmachung nationalsozialistischen Unrechts bis Abschluß Friedensvertrages zurückgestellt worden.⁷ Trotzdem sei Verhältnis zu Jugoslawien entsprechend der im Falle Frankreichs⁸ oder Österreichs⁹ eingehaltenen Linie zu finden. Im Einvernehmen mit Bundesminister des Auswärtigen, das er vor seiner Abreise aus Bonn erzielt habe, schlage er vor, daß Experten beider Länder zusammentreffen, um diejenigen Fälle zu prüfen, in denen typisch nationalsozialistisches Unrecht vorliege und Überlegungen anzustellen, wie man entsprechend dem Beispiel der deutschen Abmachungen mit Frankreich oder Österreich zu einer Regelung gelangen könne. Die Experten müßten unter Wahrung größter Diskretion arbeiten. Zwecks Vermeidung jeglicher Publizität dürften sie keinen zu hohen Rang haben, wenngleich ihre Wirksamkeit auch nicht durch allzu niedrigen Rang beeinträchtigt werden dürfe.

Bundesminister brachte Überzeugung zum Ausdruck, daß Wiedergutmachung nicht nur finanzielle, sondern auch moralische Frage sei. Deutsches Angebot, Expertengruppe einzuberufen, werde ein Schritt sein, der über Abmachungen anläßlich Wiederaufnahme diplomatischer Beziehungen¹⁰ hinausgehe. Bundesaußenminister und er hätten sich zu Übernahme des in diesem Vorschlag liegenden Risikos entschlossen, weil sie glaubten, daß Bundeskanzler persönlich mit den diesem Angebot zugrunde liegenden Vorstellungen übereinstimme.

b) Bundesminister für Wirtschaft und Minister Granfil kamen überein, daß Einzelheiten über Zusammentritt Experten noch in Belgrad zwischen den Botschaftern abgestimmt werden sollten.

Fortsetzung Fußnote von Seite 405
  Warschauer Paktes ab. Man solle aber bei uns nicht vergessen, welche großen Aussichten sich unserem Handel und unserer Industrie unter Berücksichtigung bisheriger glänzender Entwicklung für die Zukunft böten." Vgl. VS-Bd. 8781 (III A 5); B 150, Aktenkopien 1970.
6 Bund der Kommunisten Jugoslawiens.
7 Vgl. dazu Artikel 5, Absatz 2 des Abkommens vom 27. Februar 1953 über deutsche Auslandsschulden (Londoner Schuldenabkommen); Dok. 14, Anm. 5.
8 Vgl. dazu den Vertrag vom 15. Juli 1960 zwischen der Bundesrepublik und Frankreich über Leistungen zugunsten französischer Staatsangehöriger, die von nationalsozialistischen Verfolgungsmaßnahmen betroffen worden sind; BUNDESGESETZBLATT 1961, Teil II, S. 1030–1033.
9 Vgl. dazu den Vertrag vom 27. November 1961 zwischen der Bundesrepublik und Österreich zur Regelung von Schäden der Vertriebenen, Umsiedler und Verfolgten, über weitere finanzielle Fragen und Fragen aus dem sozialen Bereich (Finanz- und Ausgleichsvertrag); BUNDESGESETZBLATT 1962, Teil II, S. 1044–1063.
10 Am 13. Dezember 1967 beschloß das Kabinett, Bundesminister Brandt zu Verhandlungen mit Jugoslawien über eine Wiederaufnahme der diplomatischen Beziehungen zu ermächtigen. Allerdings wurde das Mandat dahingehend eingeschränkt, „daß jugoslawische Wiedergutmachungsforderungen auch nicht dem Grund nach anerkannt werden können und bei den Verhandlungen mit der jugoslawischen Regierung über diesen Punkt ausdrücklich Klarheit geschaffen werden muß". Vgl. die Aufzeichnung des Vortragenden Legationsrats Koch vom 28. Dezember 1967; VS-Bd. 4206 (II A 5); B 150, Aktenkopien 1967. Vgl. auch AAPD 1967, III, Dok. 436.
Nachdem Brandt betont hatte, daß der Auftrag des Kabinetts in den Verhandlungen mit der jugoslawischen Regierung erfüllt worden sei, stimmte das Kabinett am 31. Januar 1968 der Wiederaufnahme der diplomatischen Beziehungen zu Jugoslawien zu. Vgl. dazu die Kabinettvorlage des Ministerialdirigenten Sahm vom 30. Januar 1968; VS-Bd. 4455 (II A 5); B 150, Aktenkopien 1970. Vgl. dazu auch AAPD 1968, I, Dok. 30 und 31.

c) Wenige Minuten, bevor Botschafter Čačinović mich gestern abend zu vereinbartem Treffen aufsuchte, traf hier Bezugserlaß ein, der mit Erklärungen Bundesministers für Wirtschaft unvereinbar. Ich mußte davon ausgehen, daß Abteilung V noch nicht über die zwischen den Ministern getroffenen Absprachen unterrichtet werden konnte. Angesichts hiesiger Erklärungen BM für Wirtschaft hätte es als Desavouierung erscheinen müssen, wenn ich mich geweigert hätte, oben bezeichnete Frage mit jugoslawischem Botschafter zu erörtern.

Von jugoslawischer Seite sollte als Experte zunächst früherer Leiter Westeuropa-Abteilung Außenministeriums und jetziger Berater Außenministers, Dr. Perišić, benannt werden, der über eingehende Erfahrungen auf Wiedergutmachungsgebiet verfüge. Er solle sich mit deutschem Partner an beliebigem Ort in Jugoslawien oder in BRD treffen, um Programm festzulegen, das als Grundlage für Arbeit von Expertengruppen dienen könne, die in der Folgezeit Arbeit fortsetzen sollten.

Ich erwiderte, daß Treffen keinesfalls in Jugoslawien stattfinden dürfe. Man müsse etwaige Reise Perišićs oder anderen jugoslawischen Vertreters mit niedrigerem Rang als Einladung zu Vortrag vor deutschem Gremium oder in anderer Weise überzeugend tarnen. Diesem Gedanken stimmte Čačinović zu.

Ich sagte Weitergabe jugoslawischer Anregung und meiner Stellungnahme zu und empfahl Čačinović, seine hier entwickelten Vorstellungen an zuständiger Stelle im Auswärtigen Amt vorzutragen. Er teilte mit, daß er sich nach Rückkehr (Ende nächster Woche) an Leiter Abteilung II wenden wolle.[11]

II. In gegenwärtiger Lage erscheint Abmachung über Aufnahme unverbindlicher Expertengespräche an beliebigem Ort Bundesrepublik als beste Lösung. Bei Treffen in Jugoslawien würde angesichts Aufmerksamkeit hier akkreditierter deutscher und ausländischer Pressevertreter die erforderliche vollständige Abschirmung gegenüber Öffentlichkeit nicht durchführbar sein. Hierauf hatte ich bereits in bilateralem Gespräch Schiller/Granfil hingewiesen.

Beide Minister hatten sich meiner Auffassung angeschlossen.

Entsendung Perišićs erscheint angesichts seiner gegenwärtigen, auf beratende Funktion beschränkten Tätigkeit nicht auffälliger als die eines jugoslawischen Wissenschaftlers, sofern sein Aufenthalt in der BRD nur kurzfristig sein würde. Falls gegen Wahl Perišićs, der seinerzeit Pariser Verhandlungen über Wiederaufnahme diplomatischer Beziehungen zu uns geführt hat, aus dortiger Sicht dennoch Bedenken bestehen sollten, könnten diese uneingeschränkt gegenüber

---

[11] Ministerialdirektor Ruete notierte über das Gespräch mit dem jugoslawischen Botschafter Čačinović am 12. März 1970: „Ich sagte dem Botschafter, daß die Äußerungen von Bundesminister Schiller anläßlich seines Besuchs in Belgrad als persönliche Stellungnahmen zu werten seien. Die Aufnahme von Verhandlungen zum Thema Wiedergutmachung sei erst nach einem Kabinettsbeschluß möglich. Eine Kabinettsvorlage werde zur Zeit im Auswärtigen Amt erarbeitet. Sobald der Kabinettsbeschluß vorliege, würden wir wegen der Aufnahme von Verhandlungen mit der jugoslawischen Regierung Fühlung aufnehmen. Hinsichtlich des Verhandlungsortes seien wir nicht festgelegt. Herr Perišić sei uns als Verhandlungspartner durchaus genehm; über die Person unseres Verhandlungsführers hätten wir noch keine Vorstellungen; wahrscheinlich komme MD Féaux de la Croix vom BMF in Frage. Wir glaubten, daß die Verhandlungen durch verhältnismäßig hochrangige Ministerialbeamte geführt werden sollten, da wir es nicht für sinnvoll hielten, sich über Kleinigkeiten zu streiten, sondern eine politische Lösung im Sinne einer beide Seiten befriedigenden Globalregelung finden wollten. Der jugoslawische Botschafter nahm dies zustimmend zur Kenntnis und bat um Beschleunigung des Kabinettsbeschlusses." Vgl. VS-Bd. 8945 (II A 5); B 150, Aktenkopien 1970.

jugoslawischer Seite geltend gemacht werden, da hier keine verbindliche Festlegung erfolgt ist.¹²

[gez.] Jaenicke

VS-Bd. 5759 (V 2)

100

Botschafter Sachs, Brüssel (EG), an das Auswärtige Amt

Z B 6-1-11143/70 VS-vertraulich   Aufgabe: 7. März 1970, 11.30 Uhr¹
Fernschreiben Nr. 608   Ankunft: 9. März 1970, 10.17 Uhr
Cito

Auch für BMBW, Bundeskanzleramt

Betr.: Ratstagung am 6.3.70
       hier: Vorbereitung eines Verifikationsabkommens EURATOM–IAEO und französische Haltung dazu

Bezug: Drahtbericht Nr. 393 vom 13.2.70 geh.
        Drahterlaß Nr. 44 vom 5.3.70 – AZ: II B 3-81.00/5²

Vor Abschluß seiner Sitzung behandelte Rat im engeren Kreis die weitere Behandlung des Mandatsentwurfs, den die Kommission am 30.1. vorgelegt hat.³ Botschafter van der Meulen skizzierte zunächst französische Haltung, wie im Bezugsbericht vom 13.2. festgehalten. Kernpunkte seien

1) die angebliche Unmöglichkeit einer „technischen Trennung", nämlich die EURATOM-Kontrolle vor direkten oder indirekten Einflüssen der IAEO zu bewahren, eine Behauptung, die von manchen Delegationen und der Kommission nicht geteilt würde,

---

¹² Am 16. März 1970 notierte Ministerialdirektor Groepper: „Auf die Frage des Herrn Ministers nach dem Sachstand teilt Abteilung V mit, daß das zuständige Referat V 7 inzwischen den Entwurf einer Kabinettvorlage vorgelegt hat, der dieser Tage mit Abteilung II abgestimmt wird. Anschließend ist beabsichtigt, den Entwurf gemäß einer mündlichen Absprache mit MD Féaux de la Croix vom Bundesministerium der Finanzen diesem Ministerium vor der offiziellen Verteilung an die Mitglieder des Bundeskabinetts zur Kenntnis zu bringen, um ein Einvernehmen mit dem Bundesministerium der Finanzen herzustellen. Sollte dieses Einvernehmen nicht zustandekommen, muß mit einer Gegenvorlage des Bundesministeriums der Finanzen gerechnet werden. Damit möglichst kein solches Hindernis auftritt, habe ich stets auf enge Zusammenarbeit mit dem Bundesministerium der Finanzen bei der Vorbereitung der Kabinettvorlage Wert gelegt." Vgl. VS-Bd. 5759 (V 2); B 150, Aktenkopien 1970.

¹ Hat Vortragendem Legationsrat I. Klasse Ramisch am 9. März 1970 vorgelegen.
² Vortragender Legationsrat I. Klasse Ramisch übermittelte der Ständigen Vertretung bei den Europäischen Gemeinschaften in Brüssel eine Aufzeichnung über die Konsultation der Politischen Direktoren des Auswärtigen Amts und des französischen Außenministeriums, Frank und Beaumarchais, am 26. Februar 1970. Vgl. dazu Referat II B 3, Bd. 107310.
³ Für den Wortlaut vgl. den Drahtbericht Nr. 242 des Botschafters Sachs, Brüssel (EG), vom 30. Januar 1970; VS-Bd. 4574 (II B 3); B 150, Aktenkopien 1970.

2) die Tendenz einer Reihe von Drittstaaten, der EURATOM jede Art von Sonderstellung durch eine Verifikation streitig zu machen.

Auf Wunsch des Ratspräsidenten bestätigte Minister Schumann die Darstellung und bezeichnete sie als objektiv. Die Schwierigkeit der französischen Position liege nicht in der Doppelrolle Frankreichs als EURATOM-Vertragspartner[4] und als Nichtunterzeichner des NV-Vertrages. Vielmehr sehe sich Frankreich als Nuklearmacht durch eine Verifikation des EURATOM-Kontrollsystems vor eine neue Tatsache gestellt, die bei Unterzeichnung des EURATOM-Vertrages nicht akzeptiert worden wäre. Ähnlich stelle sich das Problem in naher Zukunft bei einem Beitritt Großbritanniens. Es gebe für Frankreich keine EURATOM-Kontrolle, die von Wien überwacht werde, und zwar unabhängig von einer möglichen Trennung der beiden Systeme. Eine solche Annahme sei zudem schon wegen Art. 28 der IAEO Safeguards[5] illusorisch, wonach nämlich Kontrollverfahren von Wien zugelassen und bestätigt werden müßten und nicht von anderen Institutionen zu übernehmen seien.

Ein Mandat könne nicht verabschiedet werden, solange der Rat nicht über die besondere Position Frankreichs entschieden habe, und zwar aus objektiven, nicht aus politisch-juristischen Gründen, was von der Gemeinschaft anzuerkennen sei. Ein Mandat könne nur von allen sechs Mitgliedsstaaten erteilt werden. Diese französische Haltung sei unantastbar, jedoch möchte er betonen, daß Frankreich daraus keine Konsequenzen handelspolitischer oder industrieller Art herzuleiten gedenke. Frankreich wolle sich keinesfalls der EURATOM-Kontrolle an sich entziehen, habe vielmehr Vorbehalte gegenüber einer mit Nachkontrolle verbundenen Kontrolle. Paris werde unter Berücksichtigung der Haltung anderer Nuklearmächte dann eine autonome Entscheidung über die Unterwerfung bestimmter Installationen unter eine Kontrolle zu treffen haben.

Minister Harmel hielt es trotzdem für angebracht und notwendig, dem nächsten Rat am 20.3. ein sorgfältig ausgearbeitetes Mandat vorzulegen, um dann nochmals das Kernproblem zu diskutieren. Dazu bemerkte französische Delegation, sie könne weder an der Formulierung des Mandats noch an Mandatserteilung mitwirken, solange ihre spezifische Position nicht anerkannt sei, wozu man keine Hinderungsgründe sehe.

Minister de Koster wünschte auf jeden Fall an der EURATOM-Kontrolle festzuhalten. Vor einer technischen Arbeitsgruppe sollte in einer Zwischenphase bis 20.3. geprüft werden, wie Frankreich von Wiener Kontrolle ausgespart werden kann. Niederländisches Parlament erwarte sehr baldige Mandatserteilung. Französische Haltung könne soweit technisch und politisch irgendmöglich berücksichtigt werden.

Wie niederländische hielt auch italienische Delegation die späte Stunde um Mitternacht für wenig geeignet zu einer echten Vertiefung der heiklen Aspekte. Sie unterstützte Vorschlag der Überarbeitung des Mandatsentwurfs bis zur nächsten Ratssitzung, um jeden Zeitverlust zu vermeiden.

---

[4] Für den Wortlaut des EURATOM-Vertrags vom 25. März 1957 vgl. BUNDESGESETZBLATT 1957, Teil II, S. 1014–1155.

[5] Für Artikel 28 der revidierten IAEO Safeguards vom 28. September 1965 vgl. INTERNATIONAL ATOMIC ENERGY AGENCY, Information Circulars Nr. 66 vom 3. Dezember 1965, S. 7.

Bundesminister Scheel hob sein Verständnis für spezifische französische Position hervor, die im Verifikationsabkommen zu berücksichtigen sei. Frankreich unterziehe sich der EURATOM-Kontrolle, wünsche aber keine Doppelkontrolle. An die Kommission sei die Frage zu richten, ob eine Doppelkontrolle mit einiger Chance vermieden werden könne. Dann wäre die Mitarbeit Frankreichs am Entwurf, unbeschadet des späteren Verhaltens in der Abstimmung, von großem Wert.

Kom[missar] Haferkamp bestätigte, daß Mandatsentwurf den Grundsatz der Vermeidung von Doppelkontrolle erhalte, neben entscheidenden weiteren Leitgedanken, die zur Entwicklung einer starken Verhandlungsposition unerläßlich seien. Erst dann werde der eigentliche Vertragsentwurf aus eigenem oder zusammen mit Wien zu erarbeiten sein.[6] Keinesfalls dürften Zuständigkeiten der Gemeinschaftsorgane durch ein Verifikationsabkommen berührt werden, unmittelbare oder indirekte Einflußnahme Wiens bleibe infolgedessen unannehmbar. Nach Auffassung der Kommission sei eine Beschränkung auf Prüfung der Wirksamkeit der EURATOM-Kontrolle durchaus möglich, die demnach für alle sechs Partnerstaaten fortbestehen könne, während die Verifikation auf fünf beschränkt bleibe. Vorsitz stellte allgemeine Zustimmung fest, am 20.3. nach einer Grundsatzdebatte den inzwischen ausgearbeiteten Mandatsentwurf zu behandeln, wobei Frankreich in seiner endgültigen Stellungnahme frei bleiben könne.[7]

Von Niederlanden wiederholter Wunsch nach technischer Arbeitsgruppe, und zwar vor Mandatsausarbeitung, blieb ebenso ohne Echo wie überraschende Feststellung, daß Doppelkontrolle nicht ausgeschlossen, vielmehr zu begrüßen sei.

Auf wenig präzise Intervention Kom[missar] Martinos hin stellte Vorsitz abschließend fest, daß Gemeinschaft in Wien selbstverständlich einheitliche Haltung einnehmen müsse und jeweils Vorsitz führende Delegation die Mitgliedstaaten als Sprecher vertreten könne. Ausschuß Ständiger Vertreter wird in nächster Sitzung weiteres Verfahren rasch zu regeln haben. Experten für Arbeitsgruppen Mandatsentwurf und technischen Fragen sollten nach Meinung der Kommission noch vor Ende nächster Woche ihre Arbeit aufnehmen.[8]

[gez.] Sachs

VS-Bd. 4574 (II B 3)

---

[6] Unvollständiger Satz in der Vorlage.

[7] Botschafter Sachs, Brüssel (EG), berichtete am 21. März 1970, daß der EG-Ministerrat auf seiner Tagung in Brüssel am 20. März 1970 entgegen seiner ursprünglichen Absicht keine Schlußfolgerungen aus der Tatsache gezogen habe, daß fünf Staaten sich auf den Text eines Verhandlungsmandats geeinigt hätten. Der belgische Außenminister Harmel habe bereits zu Beginn der Sitzung „in dezidierter Form" festgestellt, daß weitere Gespräche zweckmäßig seien. Die Delegationen der Bundesrepublik und der Niederlande hätten sich für eine baldige Klärung der noch offenen Fragen ausgesprochen. Das enttäuschende Ergebnis, so Sachs, dürfte „überwiegend auf nachdrückliches italienisches Betreiben, politische Kernfrage in der Schwebe zu lassen, zurückgehen [...]. Offensichtlich hat auch wieder gescheiterte Regierungsbildung italienische Vertretung am Vortage bewogen, zumindest drei weitere Vertretungen auf das ihrer Meinung nach zu große Risiko einer harten Konfrontation mit Frankreich im gegenwärtigen Zeitpunkt hinzuweisen." Vgl. dazu den Drahtbericht Nr. 771; VS-Bd. 4575 (II B 2); B 150, Aktenkopien 1970.

[8] Botschafter Roth teilte am 19. März 1970 mit, daß eine Expertengruppe einen gemeinsamen Mandatsentwurf der fünf nichtnuklearen EG-Mitgliedstaaten erarbeitet habe. Dieser stelle „einen ech-

101

Runderlaß des Ministerialdirektors Frank

I A 1-80.05/2   9. März 1970[1]
Fernschreiben Nr. 935 Plurex   Aufgabe: 9. März 1970, 18.19 Uhr
Cito

Betr.: Europäische politische Zusammenarbeit

I. Auf Einladung EG-Ratspräsident, Außenminister Harmel, fand am Vormittag des 6.3. in Brüssel erste Sitzung der sechs Außenminister über die Implementierung Ziffer 15 des Haager Kommuniqués[2] statt. Der italienische Außenminister Moro wurde durch StS Pedini vertreten.

Am 4. März hatte Außenminister Harmel zur Vorbereitung der Sitzung Fragebogen über die Thematik der Sitzung (u.a. Konsultationsbereiche, Rechtsform der politischen Zusammenarbeit, Einbeziehung der Eintrittskandidaten, Verhältnis zu anderen europäischen Organisationen) und Vorschlag über weiteres Procedere übergeben lassen.

Im Verlauf Diskussion wurde deutlich, daß das deutsche Aide-mémoire (vgl. Plurex Nr. 595 vom 13.2.70[3]) im Mittelpunkt der Überlegungen auch unserer Partner stand und damit, wenn auch unausgesprochen, zur Diskussionsgrundlage wurde.

II. Aus der Erörterung ist folgendes festzuhalten:

1) Prinzipielle Haltung zur politischen Zusammenarbeit: Bundesminister betonte festen Willen der Bundesregierung zur politischen Zusammenarbeit und legte Grundgedanken unseres Aide-mémoires dar. Wir strebten keinen Perfektionismus an; Aide-mémoire sei als Diskussionsbeitrag und nicht als ein Plan gedacht. Auch die übrigen Außenminister unterstrichen die vorbehaltlose Bereit-

---

Fortsetzung Fußnote von Seite 410
    ten und gleichzeitig annehmbaren Kompromiß innerhalb der Gemeinschaft dar". Vgl. VS-Bd. 4574 (II B 3); B 150, Aktenkopien 1970.

[1] Der Drahterlaß wurde von Vortragendem Legationsrat I. Klasse Müller konzipiert. Hat Legationsrat I. Klasse Hallier am 9. März 1970 vorgelegen.
[2] Zu Ziffer 15 des Kommuniqués über die Konferenz der Staats- und Regierungschefs der EG-Mitgliedstaaten am 1./2. Dezember 1969 in Den Haag vgl. Dok. 11, Anm. 13.
[3] In dem Runderlaß übermittelte Ministerialdirektor Frank den Text eines Aide-mémoire, in dem die Auffassung der Bundesregierung zur politischen Zusammenarbeit im Zuge der Implementierung von Ziffer 15 des Kommuniqués über die Konferenz der Staats- und Regierungschefs der EG-Mitgliedstaaten am 1./2. Dezember 1969 in Den Haag niedergelegt waren. Ziele der Konsultationen der beteiligten Staaten sollten eine Abstimmung ihrer Politik untereinander, die Erarbeitung gemeinsamer Auffassungen, die Entwicklung eines „solidarischen außenpolitischen Handelns" sowie ein langfristiges Hinarbeiten auf eine politische Union sein. Dabei sollten die Teilnehmer jedes Thema für Konsultationen vorschlagen können, wobei sicherzustellen sei, „daß vitale Interessen einzelner Partner sowie die Zuständigkeit der Organe der EG nicht angetastet werden". Ferner wurden in dem Aide-mémoire halbjährliche Konsultationen auf der Ebene der Staats- bzw. Regierungschefs sowie der Außenminister vorgeschlagen. Die EG-Beitrittskandidaten sollten in die politische Zusammenarbeit „spätestens bei Abschluß der Beitrittsverhandlungen zur EG einbezogen werden, falls sie dies wünschen". Bis zu diesem Zeitpunkt sollten sie durch die jeweilige Präsidentschaft des EG-Ministerrats vom Ergebnis der Konsultationen unterrichtet werden. Vgl. Referat I A 1, Bd. 748.

schaft ihrer Regierungen zur politischen Zusammenarbeit im Sinne Haager Protokolls, wobei in Anlehnung an unsere Vorstellungen pragmatisch – Schumann nannte es umsichtig und ambitionslos – vorgegangen werden sollte.

2) Bereiche der politischen Zusammenarbeit:

Außenminister Harmel stellte Frage, ob nicht über die eigentliche Außenpolitik hinaus auch Entwicklungshilfe-, Außenhandels- und europäische Verteidigungspolitik Gegenstand der politischen Zusammenarbeit sein müsse. Außenminister Schumann unterstrich, daß jedes wichtig erscheinende Thema zur Diskussion gestellt werden könne.

3) Frage der Beteiligung der Beitrittskandidaten:

Bundesminister, Außenminister der Beneluxstaaten[4] und italienischer Delegationsleiter setzten sich für Einbeziehung der Beitrittskandidaten vor Abschluß der Erweiterungsverhandlungen zu einem möglichst frühen Zeitpunkt ein. Demgegenüber hielt Außenmister Schumann erwartungsgemäß daran fest, vollzogenen Beitritt zur Voraussetzung zu machen. Man dürfe keine Parallelorganisation zur EG schaffen. Er räumt jedoch ein, daß im Sinne der Ziffer 15 keine Vorschläge über die politische Zusammenarbeit gemacht werden dürften, die es den Beitrittskandidaten erschweren würden mitzuwirken. Sie seien umfassend zu informieren; ihre Reaktion auf Vorschläge der Sechs müßten berücksichtigt werden. (Bemerkenswert seine Ausführungen gegen Schluß der Sitzung, wonach politische Zusammenarbeit entweder bis zum positiven Abschluß der Beitrittsverhandlungen aufgeschoben oder aber für eine Übergangszeit in der WEU durchgeführt werden könnte.)

4) Fragen der Rechtsnatur, der Struktur und Institutionalisierung:

Es bestand Einigkeit, daß die politische Zusammenarbeit in ihrer ersten Phase keines Vertrages als Rechtsgrundlage bedürfe. Die Bildung eines Sekretariats wurde nur von den Italienern für wünschenswert gehalten, von den übrigen Partnern jedoch angesichts der Erfahrungen der Vergangenheit abgelehnt bzw. zurückgestellt. Thorn wollte nicht einmal das „Embryo" einer solchen Organisation zulassen. Die zweimal jährlich ins Auge zu fassenden Zusammenkünfte der Außenminister sollen nach überwiegender Meinung von den Politischen Direktoren der Außenministerien vorbereitet werden. Der luxemburgische Außenminister regte für den Anfang Zusammentreffen der Außenminister in zeitlich geringerem Abstand an. Mehrheit sprach sich gegen Institutionalisierung der Treffen der Staats- bzw. Regierungschefs aus.

5) Beziehungen zum Europäischen Parlament und zur WEU:

Außenminister der Beneluxstaaten hoben Notwendigkeit hervor, das Europaparlament zu einem frühen Zeitpunkt in die politische Zusammenarbeit einzuschalten. Harmel stellte Frage nach dem Verhältnis zwischen WEU- und Europaparlament, Doppelarbeit zwischen den beiden Organisationen müsse vermieden werden.

In diesem Zusammenhang erwähnte französischer Außenminister, Frankreich schließe Rückkehr in die WEU[5] nicht aus.

---

4 Pierre Harmel (Belgien), Joseph Luns (Niederlande) und Gaston Thorn (Luxemburg).
5 Zum Ausscheiden Frankreichs aus der Arbeit der WEU vgl. Dok. 86, Anm. 25.

III. Gedankenaustausch verlief in aufgeschlossener freundschaftlicher Atmosphäre und war gekennzeichnet durch Bestreben aller, Haager Mandat gerecht zu werden und Fortschritte auf dem Gebiet der politischen Zusammenarbeit zu erzielen. Bezeichnend ist eine Feststellung Harmels, daß es seit fünf Jahren keine Gespräche ähnlicher Art unter den sechs Außenministern gegeben habe.

Ergebnis der Sitzung vom 6.3.:

1) Bestätigung, daß nächste Außenministersitzung der Sechs Ende Mai für zwei Tage in Rom stattfinden wird.[6] StS Pedini wiederholte Einladung seiner Regierung.

2) Beauftragung der Politischen Direktoren der Außenministerien, auf der Grundlage des Sitzungsprotokolls vom 6.3. die Rom-Konferenz vorzubereiten. Die Politischen Direktoren treffen am 14. April in Brüssel zusammen.[7] Belgier werden voraussichtlich zu dieser Sitzung erweiterten Fragenkatalog vorlegen.

3) Unterrichtung der EG-Beitrittskandidaten über Verlauf und Inhalt der Ministersitzung durch Ratspräsidenten.

Frank[8]

Referat I A 1, Bd. 748

---

[6] Zur Konferenz der Außenminister der EG-Mitgliedstaaten am 29. Mai 1970 in Viterbo vgl. Dok. 243.
[7] Vortragender Legationsrat I. Klasse Müller vermerkte am 16. April 1970: „In Ausführung des ihnen von den sechs Außenministern am 6. März in Brüssel erteilten Auftrages sind die politischen Direktoren der sechs Außenministerien am 14. April in Den Haag zusammengekommen, um unter Vorsitz des belgischen Vertreters [...] in einer ganztägigen Sitzung alle Aspekte der Implementierung von Ziffer 15 des Haager Abschluß-Kommuniqués zu erörtern. Als Ergebnis wurde beschlossen, den Außenministern als Grundlage für ihr 2. Treffen, das Ende Mai in Rom stattfinden wird, einen vorläufigen Bericht über die Frage der europäischen politischen Einigung vorzulegen. Dieser Zwischenbericht soll sich – dem Vorschlag des deutschen Vertreters folgend – in drei Teile gliedern. Der erste Teil wird grundsätzliche Erwägungen zur politischen Einigung sowie in diesem Rahmen die Maßnahmen behandeln, die in der ersten Phase möglich sind und angestrebt werden sollen. Der zweite Teil wird sich mit dem Konsultationsmechanismus und seiner Geschäftsordnung und der dritte Teil mit der Frage der Beteiligung der EG-Beitrittskandidaten an der Vorbereitung und Implementierung der politischen Zusammenarbeit befassen. Eine weitere Besprechung der sechs politischen Direktoren ist für den 11. Mai in Brüssel vorgesehen." Vgl. Referat I A 1, Bd. 748.
[8] Paraphe.

102

Staatssekretär Duckwitz, z. Z. Warschau, an Bundesminister Scheel

Z B 6-1-11159/70 VS-vertraulich Aufgabe: 9. März 1970, 17.15 Uhr[1]
Fernschreiben Nr. 115 Ankunft: 9. März 1970, 18.33 Uhr
Cito

Nur für Minister und Staatssekretär[2]
Betr.: Deutsch-polnische Gespräche
Delegationsbericht Nr. 6

1) Die Fortsetzung der deutsch-polnischen Gespräche wurde von Winiewicz mit einer sehr ausführlichen Erläuterung des polnischen Abkommen-Entwurfs eingeleitet.[3] Das Schwergewicht der Erläuterungen lag auf rechtlichen Erwägungen, in denen Winiewicz zu beweisen versuchte, daß die Grenzfrage bereits durch das Potsdamer Abkommen endgültig geregelt wurde[4], das nur noch die „final delimitation" in Form einer „Markierung des Grenzverlaufs im Gelände" offen ließe.

Ich kündigte an, auf diese Argumentation morgen einzugehen.[5]

Winiewicz betonte erneut die zentrale Funktion einer Anerkennung der Grenze im Normalisierungsprozeß und die Bedeutung der Anerkennung als Beitrag zur friedlichen Zusammenarbeit und Sicherheit in Europa.

Ich stellte meiner Erwiderung die grundsätzliche Erklärung voran, daß wir die Grenzfrage als erstes, aber nicht einziges Thema unserer Gespräche betrachteten. Wir hätten Verständnis für die Bedeutung, die die polnische Seite der Grenzfrage beimesse, legten jedoch Wert darauf, im Rahmen unserer Gespräche auch weitere Themen der bilateralen Beziehungen mit dem Ziel zu erörtern, auch zu diesen Fragen bereits konkrete Übereinkünfte anzustreben.

Zu dem polnischen Entwurf beschränkte ich mich zunächst auf eine vorläufige Stellungnahme, in der ich hervorhob, daß der polnische Entwurf den politischen und rechtlichen Gegebenheiten, die die Bundesregierung berücksichtigen müsse, nicht hinreichend Rechnung trage. Ich verwies auf den Wortlaut des Potsdamer Abkommens, auf die entscheidende Mitwirkung der vier Großmächte an einer Friedensregelung und auf die durch diese Sach- und Rechtslage gegebenen Schranken.

Abschließend erläuterte ich kurz unseren Entwurf[6] und betonte die Vorteile eines deutsch-polnischen Gewaltverzichtsabkommens. Unsere Bereitschaft, die

---

[1] Hat Vortragendem Legationsrat Schönfeld am 10. März 1970 vorgelegen.
[2] Hat Staatssekretär Harkort am 10. März 1970 vorgelegen.
[3] Für den polnischen Entwurf vom Februar 1970 vgl. Dok. 141.
[4] Vgl. dazu Abschnitt IX des Kommuniqués vom 2. August 1945 über die Konferenz von Potsdam (Potsdamer Abkommen); Dok. 12, Anm. 26.
[5] Zum Gespräch des Staatssekretärs Duckwitz mit dem polnischen Stellvertretenden Außenminister Winiewicz am 10. März 1970 in Warschau vgl. Dok. 107.
[6] Für den Entwurf der Bundesregierung vom 2. März 1970 vgl. Dok. 85.

territoriale Integrität Polens auf der Basis des gegenwärtigen Besitzstandes zu respektieren, stelle unseres Erachtens einen wesentlichen Beitrag für eine fortschreitende Normalisierung unserer Beziehungen dar.

2) Winiewicz hatte einleitend angekündigt, erst nach meinen Erläuterungen zu unserem Entwurf Stellung zu nehmen. Dies ist ebenfalls für die nächste Sitzung morgen vormittag vorgesehen.

[gez.] Duckwitz

VS-Bd. 8954 (II A 5)

103

Staatssekretär Duckwitz, z.Z. Warschau, an Bundesminister Scheel

Z B 6-1-11166/70 VS-vertraulich
Fernschreiben Nr. 116
Citissime

Aufgabe: 9. März 1970, 22.00 Uhr[1]
Ankunft: 9. März 1970, 22.25 Uhr

Nur für Minister und Staatssekretär[2] mit der Bitte um Übermittlung an Minister Ehmke

Auch Diplogerma Moskau, StS Bahr

Delegationsbericht Nr. 7

Aus hiesiger Sicht, die sich vermutlich in anderen Ostblockländern ähnlich darstellt, frage ich mich, ob die erneute Entsendung von Sahm zu Gesprächen am Donnerstag angesichts der harten Haltung der DDR zweckmäßig ist.[3] Wir ha-

---

[1] Hat Vortragendem Legationsrat Schönfeld am 10. März 1970 vorgelegen, der handschriftlich vermerkte: „1) Ex[emplar] 2 an Bundespräs[idial]Amt unter Rückerbitt[un]g. 2) Moskau und B[undes]k[anzler]-Amt über F[ern]S[chreiben] erledigt. 3) Herrn MD Dr. Ruete."
Hat Ministerialdirektor Ruete am 11. März 1970 vorgelegen, der die Weiterleitung an Referat II A 1 verfügte.
Hat Vortragendem Legationsrat I. Klasse van Well am 11. März 1970 vorgelegen.

[2] Hat Staatssekretär Harkort am 10. März 1970 vorgelegen.

[3] Am 9. März 1970 fand ein weiteres Gespräch zwischen Ministerialdirektor Sahm, Bundeskanzleramt, und dem Stellvertreter des Leiters des Büros des Ministerrats, Schüßler, in Ost-Berlin statt. Nachdem die DDR dabei darauf bestand, den Reiseweg des Bundeskanzlers nach Ost-Berlin zu bestimmen, übergab Sahm ein Schreiben des Bundeskanzlers vom 8. März 1970 an den Vorsitzenden des Ministerrats, Stoph: „Sehr geehrter Herr Vorsitzender, aus meinem Briefwechsel und aus den Erklärungen, die der Leiter der Delegation der Bundesrepublik Deutschland für die vorbereitenden Besprechungen gegenüber dem Leiter Ihrer Delegation abgegeben hat, ist Ihnen bekannt, daß ich Gespräche mit Ihnen nicht nur für nützlich, sondern für notwendig erachte. Wie mir Herr Sahm mitteilt, hat er aus seinen Gesprächen mit Herrn Dr. Schüßler entnommen, daß auch Sie auf ein Zustandekommen von Begegnungen zwischen uns beiden Wert legen. Der Verlauf der Gespräche zwischen den beiden Delegationen, die mit der technischen Vorbereitung beauftragt sind, hat gezeigt, daß in Fragen, die mit der technischen Vorbereitung und dem Ablauf eines ersten Gesprächs an sich nichts zu tun haben, unterschiedliche Auffassungen bestehen. Diese Gegensätze scheinen das Zustandekommen des von uns beiden gewünschten Meinungsaustauschs zu gefährden. Ich schlage deswegen vor, daß unsere Delegationen beauftragt werden, gemeinsam zu prüfen, ob sich eine neue

415

ben durch unsere bisherigen Angebote unseren ernsthaften Willen zu Gesprächen ausreichend unter Beweis gestellt. Pankow reagiert mit unzumutbaren Forderungen, die auch in den Ostblockländern wenig Verständnis finden dürften, ganz zu schweigen von der übrigen Welt. Unsere derzeitige Ausgangsposition für den Fall, daß die Verhandlungen von uns aus als gescheitert erklärt werden, ist nicht nur sachlich günstig, sondern bietet auch alle Möglichkeiten einer überzeugenden Präsentation unseres Standpunktes. Es wäre bedauerlich, wenn diese Ausgangsposition durch erneute Konzessionen, wie z. B. die eines auf drei bis vier Stunden beschränkten Aufenthalts des Bundeskanzlers in West-Berlin, verwässert würde, ohne daß eine Garantie für die Durchführung des Gesprächs vorhanden wäre.

Ich stelle diese Überlegungen an ohne Kenntnis der von Sahm bei seinem heutigen Gespräch gewonnenen unmittelbaren Eindrücke.

Die soeben veröffentlichte Erklärung des Ministerrats der DDR[4] bestätigt meine Besorgnis, daß die DDR einen der Sache nach gänzlich unberechtigten, aber einen gewissen Eindruck sicher hinterlassenden Vorteil aus der gegenwärtigen Situation gezogen hat.

[gez.] Duckwitz

VS-Bd. 4497 (II A 1)

Fortsetzung Fußnote von Seite 415

Grundlage für Programm und Ablauf unserer ersten Begegnung – notfalls auch ein anderer Ort des Treffens – finden läßt." Es wurde mitgeteilt, daß Sahm am 12. März 1970 zur Fortsetzung der Gespräche zur Verfügung stehen werde. Vgl. BULLETIN 1970, S. 329.

[4] In der Erklärung vom 9. März 1970 bekundete der Ministerrat der DDR Interesse an einem baldigen Treffen zwischen Bundeskanzler Brandt und dem Vorsitzenden des Ministerrats, Stoph. Die DDR stelle keine Vorbedingungen. Berlin (West) sei eine „selbständige politische Einheit". Die bevorstehenden Gespräche der Vier Mächte sollten nicht durch einen Besuch des Bundeskanzlers Brandt in Berlin (West) gestört werden: „Ein Besuch von Bundeskanzler Brandt in Westberlin wäre eine Provokation, auf die wir nicht eingehen können und wollen. Den Versuch, durch die Aufrollung der Westberlinfrage einen Konfliktstoff zu schaffen, weisen wir zurück, denn das gehört nicht zum Thema für Besprechungen über die Herstellung gleichberechtigter Beziehungen ohne jede Diskriminierung zwischen der DDR und der BRD." Der Grundsatz der Gleichberechtigung erfordere es, daß der Bundeskanzler „beim Besuch des Verhandlungspartners DDR deren Souveränität achtet und beim Reiseweg die Hoheitsrechte der DDR entsprechend den Grundsätzen des Völkerrechts respektiert. Wenn es zwischen den Regierungen unserer beiden Staaten zu Verhandlungen kommen soll, ist es doch ganz normal, auf dem Bahnhof oder Flugplatz der betreffenden Hauptstadt anzukommen oder abzureisen, in der die Regierung ihren Sitz hat." Vgl. NEUES DEUTSCHLAND vom 10. März 1970, S. 1.

104

Gespräch des Staatssekretärs Bahr, Bundeskanzleramt, mit dem sowjetischen Außenminister Gromyko in Moskau

Geheim 10. März 1970[1]

Protokoll über das 8. Treffen zwischen Staatssekretär Bahr und Außenminister Gromyko am 10. März 1970

Auf sowjetischer Seite nahmen an dem Treffen teil: Außenminister Gromyko, Botschafter Falin, Herr Tokowinin, Herr Krascheninikow, Herr Kusmitschow, Herr Smirnow (Dolmetscher).

Von deutscher Seite nahmen an dem Treffen teil: Staatssekretär Bahr, Botschafter Allardt, BR I Dr. Peckert, LR I Stabreit, LR I Eitel, LR von Treskow, Herr Armbruster (Dolmetscher).

Dauer des Gesprächs: 15.30 Uhr bis 20.00 Uhr.

Außenminister *Gromyko* eröffnete das Gespräch, indem er Staatssekretär Bahr bat, zuerst zu sprechen. Der Staatssekretär sei sein Gast, und es sei Privileg und Vorteil des Gastes, zuerst anzufangen.

Staatssekretär *Bahr* antwortete hierauf, er nehme dieses Angebot dankend an. Wir hätten uns das Nicht-Papier angesehen und mit unseren Nicht-Papieren verglichen.[2] Dabei seien wir davon ausgegangen, daß in unseren Formulierungen bereits weitgehend der Gang der Verhandlungen berücksichtigt war. Wir hätten festgestellt, daß das auch im sowjetischen Papier der Fall war. Beide Papiere spiegelten in gewisser Weise den Meinungsaustausch wider. Die sowjetische Seite habe einen oder zwei Punkte dazugetan. Auch sei es so, daß Meinungsverschiedenheiten sichtbar geworden seien und in einzelnen Formulierungen ihren Niederschlag gefunden hätten. Wenn er jetzt die Punkte durchgehe, dann werde sich herausstellen, daß es einige gebe, in denen wir im Grunde das Gleiche sagten und wo wir sehr schnell einig werden könnten. Der Minister werde sehen, daß bei den Vorschlägen, die wir dazu machten, das Bestreben bestehe, zu einer einheitlichen Formulierung zu kommen. Andere Punkte seien sehr viel schwieriger. Es werde sich später ergeben, wie wir weiter prozedieren sollten und er wolle dazu noch Vorschläge machen.

StS Bahr wandte sich dann den einzelnen Punkten zu: Der erste sowjetische Punkt gebe eine allgemeine Einführung. Er, StS Bahr, sehe diesen Punkt als ein wenig unterschiedlich formuliert an. Dies sei eine Frage der Redaktion. Die Frage, die sich bei ihm, StS Bahr ergebe, sei eigentlich nur die, was dagegen sprechen würde, den 2. Absatz, den wir zur Einleitung hinzugefügt hätten, auch aufzunehmen.

Was den zweiten Punkt anbetreffe, so habe die sowjetische Seite ihn viel ausführlicher formuliert. Er, StS Bahr, sehe jedoch dort nur ein einziges Wort, das

---

[1] Durchdruck.
Vgl. auch BAHR, Zeit, S. 310.
[2] Für das sowjetische Arbeitspapier vom 6. März 1970 und das Arbeitspapier der Bundesregierung vom 5. März 1970 vgl. Dok. 97.

er hinzugefügt sehen wolle, daß wir nämlich von den allgemeinen Prinzipien und Zielen der UNO-Charta sprächen. Ansonsten sehe er keine großen Unterschiede.

Die sowjetische Seite habe dann einen zweiten Absatz hinzugefügt, nämlich die Frage der wirtschaftlichen, wissenschaftlich-technischen und kulturellen Beziehungen, die unsere Staaten weiter entwickeln wollten. Dies entspreche in der Tat auch völlig der Meinung der Bundesregierung. Wir hätten in der Sache keine Meinungsverschiedenheiten. Er wolle trotzdem vorschlagen, daß wir diesen Absatz in einer kleinen unwichtigen Änderung in den 2. Teil verlagern, von dem wir noch nicht wüßten, wie wir ihn nennen werden.

Er sage offen, welche Gründe er hierfür habe. Erstens gehöre die Frage der wirtschaftlichen und kulturellen Beziehungen nicht in ein Abkommen über den Gewaltverzicht. Wenn er schließlich sehe, mit welch großen Augen unsere Besprechungen verfolgt würden, so könnte es weise sein, den Eindruck zu vermeiden, als würde hier unter dem Etikett des GV die Welt neu entdeckt. Alle Leute würden hier unter diesem Absatz Dinge vermuten, die nicht veröffentlicht werden sollten. In der Sache sei man sich einig.

Was den Punkt 3 anbetreffe, so sei die Sache hier sehr schwierig. Unser Standpunkt habe sich nicht verändert, da wir es nämlich vorziehen würden, die Grenze an Oder und Neiße sowie zwischen BRD und DDR nicht zu nennen. Die Gründe brauche er nicht zu wiederholen. Außerdem sei eine Vokabel gebraucht worden, die den Eindruck erwecken könnte, als sollte die Frage des Zieles der beiden deutschen Staaten, die Frage der Vereinigung beider deutscher Staaten, dadurch berührt werden. Er wisse nach dem Gang der Verhandlungen, daß dies nicht der Fall sei. Trotzdem bitte er um Berücksichtigung folgender Formulierungen:

(StS Bahr verlas unseren Gegenvorschlag vom 7.3.1970.[3])

Was den vierten Punkt anbetreffe, so wolle er ebenfalls vorschlagen, ihn in eine allgemeine Form zu bringen und ihn in den 2. Teil zu übernehmen. Was den 3. Satz unseres Gegenvorschlags anbetreffe („Nach der Regelung"), so sei dies zum Teil etwas weniger, zum Teil etwas mehr als das, was die sowjetische Seite gesagt habe. Sie spreche von der UNO, wir von der Rolle der DDR im allgemeinen. Mit unserer Formulierung würden wir die Erwartung der beiden Regierungen ausdrücken, daß sich die internationale Rolle der DDR normalisieren wird.

Er komme nun zu Punkt 5. Dort habe er zunächst eine Formulierungsfrage. Die sowjetische Seite sage, multilateral, wir sagten mehrseitig. Wir sollten auch nicht nur von Pflichten, sondern auch von Rechten sprechen. Wir wollten der Sowjetunion kein Recht streitig machen, das sie aus früher geschlossenen Verträgen habe.

Was Punkt 6 anbetreffe, so begäben wir uns damit auf das Gebiet der Absichtserklärungen. Er, StS Bahr, sehe keine große Differenz zwischen dem sowjetischen und unserem Vorschlag, mit dem einzigen Unterschied, daß der sowjetische Vorschlag eher noch etwas besser formuliert sei als unser Vorschlag und daß die sowjetische Seite Berlin herausgelassen habe.

---

[3] Für die Formulierungsvorschläge des Staatssekretärs Bahr, Bundeskanzleramt, vom 7. März 1970 vgl. Dok. 97.

Wir seien uns darüber einig gewesen, daß Berlin zu dem Komplex gehöre, über den wir hier sprächen. Wir seien uns außerdem darüber einig gewesen, daß wir hier über Berlin nichts zu verhandeln hätten, da dies Sache der Vier Mächte sei. Er könnte deshalb mit dem sowjetischen Vorschlag einverstanden sein, Berlin nicht in dem eigentlichen Abkommen zu erwähnen. Aber es dürfe keine unterschiedlichen Auffassungen darüber geben, daß sich die Haltung der sowjetischen Regierung in den letzten Tagen nicht geändert habe, mit anderen Worten, daß Berlin eine Sache ist, die gelöst werden muß, wenn wir über Entspannung und Europa reden. Aus diesem Grunde müsse man nach seiner, StS Bahrs, Meinung Berlin auch in den Punkt der Intentionen mit aufnehmen.

Was den 1. Absatz des sowjetischen Vorschlags anbetreffe, so gehe es hier um die beiden letzten Sätze. Wir seien nicht in der Lage, über die Beziehung der DDR mit Drittstaaten etwas zu sagen. Auch sei es nicht möglich, einen Satz über die Einmischung in die inneren Angelegenheiten aufzunehmen. Er wolle dazu nichts Näheres sagen. Auch glaube er, einigen Äußerungen führender SED-Mitglieder zu entnehmen, daß man dort durchaus positiv die Frage sehe, sich mit den inneren Angelegenheiten der BRD auseinanderzusetzen. Wenn er, StS Bahr, z. B. am Radio sagen würde: „Arbeiter der DDR, wendet Euch gegen die unvernünftige Haltung der DDR-Regierung", so würde er das normalerweise eine Einmischung in die inneren Angelegenheiten der DDR nennen. Wenn der Genosse Norden das gleiche tue und Arbeiter aus der Bundesrepublik auffordere, die Bundesregierung unter Druck zu setzen[4], so würde er das gleichfalls eine Einmischung in innere Angelegenheiten, diesmal der BRD, nennen. Wir sollten das nicht tun, weil die beiderseitigen Beziehungen natürlich in beiden Teilen Deutschlands besonderer Aufmerksamkeit unterlägen. Dies sei ein Teil der besonderen Beziehungen beider Teile Deutschlands. Sein Vorschlag für diesen Punkt laute wie folgt:

(StS Bahr verlas den deutschen Gegenvorschlag vom 7.3.1970, Synopse Seite 3.)

Er wolle jetzt zu dem sowjetischen Vorschlag, das Münchener Abkommen betreffend, Stellung nehmen. Wir seien seinerzeit einig gewesen, daß wir das Münchener Abkommen nicht erwähnen sollten. Wir hätten das Münchener Abkommen in unsere Absichtserklärung eingeschlossen. Aber es entspreche der Logik, daß man das Münchener Abkommen auch in dieser Form in den 2. Teil aufnehme. Er wolle nun, was die Formulierung angehe, den notwendigen Verhandlungen mit der ČSSR nicht vorgreifen. Er kenne die Formel nicht, die dabei herauskomme. Es sei ein wenig die Frage, ob eine Ehe, die in Form eines Kindes ein Resultat gehabt habe, für ungültig von Anfang an erklärt werde. Wenn man wisse, was mit dem Kind geschehen solle, dann gehe das. Er, StS Bahr, würde im Augen-

---

[4] Das Mitglied des Politbüros der SED, Norden, führte am 7. März 1970 auf der XXX. Deutschen Arbeiterkonferenz in Leipzig aus: „Es ist doch kein Zufall, daß von unserer Seite, von der sozialistischen DDR, ein Angebot nach dem anderen für die friedliche Koexistenz an die Adresse von Bonn ging. Aber die dort regierenden Imperialisten lehnten ab oder rühmten sich gar, unsere Briefe in den Papierkorb geworfen zu haben. Jetzt kommt es darauf an, daß die westdeutsche Arbeiterklasse die Imperialisten zur Ordnung ruft und in die Schranken weist. [...] Die Brandt-Regierung, die noch keine entscheidende Maßnahme gegen die Reaktion ergriffen und noch keine der elementaren Arbeiterforderungen in die Tat umgesetzt hat – sie könnte ihre Haltung ändern. Aber sie wird es nur dann tun, wenn sie von den parteipolitisch und gewerkschaftlich organisierten Massen unter entschiedenen Druck gesetzt wird." Vgl. NEUES DEUTSCHLAND vom 8. März 1970, S. 4.

blick sagen: „Das Münchener Abkommen ist von Anfang an Unrecht gewesen, denn es ist unter Druck zustande gekommen." Damit seien wir mit den Vertretern der ČSSR einig. Ein Problem stellten die Rechtsfolgen klar (Staatsangehörigkeit, Vermögensfragen). Aber es könne nicht unsere Sache sein, dies im einzelnen zu verhandeln. Wir müßten dafür natürlich auch eine Lösung finden. Er schlage folgende Formulierung vor:

(StS Bahr verlas unseren Gegenvorschlag vom 7.3.1970.)

Er wolle sich nun Punkt 9 zuwenden (NV-Vertrag). Er habe seinen Ausführungen vom letzten Male nichts hinzuzufügen. Wir sollten den Punkt fallenlassen.

Was Punkt 10 anbetreffe (ESK), so sei er überrascht, daß dieses Thema überhaupt aufgenommen werden solle. Aber es sei richtig, daß wir darüber gesprochen hätten. Angesichts der Lage, in der sich die Bundesregierung befinde, würde er eine gewisse Umformulierung vorschlagen.

(StS Bahr verlas unseren Gegenvorschlag vom 7.3.1970.)

Es ergebe sich so, daß in einer Reihe von Punkten nur einige redaktionelle Arbeit notwendig sei. Andere Punkte seien schwieriger. Sein Vorschlag zum weiteren Procedere sei folgender: Bei den Punkten, bei denen es nur um die Formulierung gehe, nicht um den Inhalt, sollten beide Seiten sagen: Unsere Arbeit ist getan. Wir sollten einige unserer Mitarbeiter bitten, sich zusammenzusetzen und eine gemeinsame Formulierung zu finden. Wenn dies morgen geschehe, so könne man damit am Donnerstag[5] fertig sein. Was die komplizierten Punkte angehe, so hänge viel von der Reaktion des Ministers heute oder am Freitag[6] ab. Es könne sein, daß wir zu einer Reihe von Formulierungen kämen, es könne aber auch sein, daß wir in dieser Gesprächsrunde nicht zu gemeinsamen Formeln kämen. Er, StS Bahr, würde es vorziehen, wenn wir noch in dieser Runde gemeinsame Formulierungen fänden.

Außenminister *Gromyko* entgegnete zu Punkt 1:

Er glaube, daß die Bestimmungen unseres Entwurfs, unser 1. Absatz, auch in der sowjetischen Formulierung aufgegriffen sei. Der Struktur nach habe die sowjetische Seite gedacht, daß zunächst die allgemeinen Bestimmungen kommen sollten (manchmal auch Präambel genannt). Jedenfalls sollten vor den konkreten Artikeln die allgemeinen Bestimmungen stehen. Später könne man dann sehen, ob das eine Präambel werde oder nicht. Hier sehe er nichts Streitiges.

StS *Bahr* entgegnete, da gäbe es in der Tat keinen Streitpunkt. Seine Frage sei nur, ob die allgemeinen Grundsätze oder die Präambel nicht ergänzt werden sollten durch eine allgemeine Einführung in den GV.

AM *Gromyko* erwiderte, seiner Ansicht nach werde das im nächsten Artikel, d.h. einem Sonderartikel, in dem wir uns auf Artikel 2 der UNO-Satzung[7] beriefen, geregelt. Es würde diesen Artikel schwächen, wenn wir die Frage mehrmals erwähnten.

StS *Bahr*: „Diese Frage ist kein Beinbruch."

---

[5] 12. März 1970.
[6] Für das Gespräch des Staatssekretärs Bahr, Bundeskanzleramt, mit dem sowjetischen Außenminister Gromyko am 13. März 1970 in Moskau vgl. Dok. 118.
[7] Zu Artikel 2 der UNO-Charta vom 26. Juni 1945 vgl. Dok. 12, Anm. 5.

AM *Gromyko* fuhr zu Punkt 2 fort: Die sowjetische Seite habe sich, als sie von den Prinzipien und Zielen der UNO-Satzung sprach, von der Satzung selbst leiten lassen. Dort gäbe es keine „allgemeinen" Prinzipien und Ziele. Wenn man hier diese Aufteilung machen würde, würden sich die Leute streiten, was zu den allgemeinen und zu den besonderen Prinzipien gehöre. Wir wollten auf dem Boden der Satzung bleiben.

Was den 2. Absatz anbetreffe, so sei die sowjetische Seite einfach davon ausgegangen, daß die Regierung der Bundesrepublik, insbesondere der Bundeskanzler, von der Entwicklung der Beziehungen gesprochen habe. Es würde sich vielleicht lohnen, dies zu erwähnen.

Was den nächsten Punkt (Punkt 3) anbetreffe, so sei man sowjetischerseits der Meinung, es sei notwendig, die Grenze an Oder und Neiße und die Grenze zwischen BRD und DDR zu erwähnen. Dies sollte keine Widerstände von unserer Seite hervorrufen, da Bundeskanzler Brandt selbst von diesen Grenzen gesprochen habe. Es bestehe kein Zusammenhang mit der Frage der Vereinigung Deutschlands. Wenn die Sowjetunion nicht Teilnehmer des Potsdamer Abkommens wäre, würde sie das vielleicht anders ansehen. Aber sie habe alle Rechte und Pflichten und deshalb sei es notwendig, diese Grenzen zu erwähnen.

Wenn er sich diese Frage nun einmal von der deutschen Seite ansehe, so stünden die Probleme doch ohnehin mit Polen und der DDR an. Die Bundesregierung werde offensichtlich diese Frage ausführlich mit diesen Staaten besprechen und die Abkommen würden detaillierter sein. Hier widme man dieser Frage nur sieben Worte. Deshalb sei die sowjetische Seite der Meinung, aus der Tatsache, daß hier die Grenzen im Abkommen erwähnt würden, ergäben sich für uns keinerlei negative Folgen. Wir brauchten keine besondere Sorge über die Haltung dritter Staaten – Polen und der DDR – zu haben, mit denen die Sowjetunion reden würde. Wenn es hier um detailliertere Regelungen gehe, als sie die Bundesregierung mit Polen und der DDR treffen werde, hätten wir Grund zu der Frage, warum wir hier dieses Problem in dieser Form anschnitten. Hier handele es sich doch nur um eine ganz allgemeine Erwähnung. Wenn die deutsche Seite es wolle, könne man auch die Grenzen in Klammern setzen. Allerdings sei man auch sowjetischerseits der Meinung, daß die Verbindlichkeit, mit Erwähnung oder nicht, in jedem Fall die gleiche sei. Er bitte, dies dem Bundeskanzler mitzuteilen und nicht zu versuchen, daran etwas zu finden, was nicht drinstehe.

StS *Bahr* entgegnete, er habe nicht die Sorge, von der Minister Gromyko meine, daß sie ihn bedrücke. Im Gegenteil, er würde am liebsten alles mit ihm verhandeln. Er glaube, dies wäre einfacher, weil man sich schon kenne. Nicht deshalb sei er für eine Streichung. Es gebe einen anderen Grund: Wir seien uns völlig im klaren darüber gewesen, daß Fragen der staatlichen Einheit durch dieses Abkommen nicht geregelt werden könnten. Niemand wisse, ob und wann diese Frage geregelt werden könne. Wir seien uns auch einig gewesen, daß jeder seine Ziele verfolgen könne. Die Frage der Erwähnung sei für ihn, StS Bahr, vielmehr eine Frage des Hausgebrauchs, denn es sei doch in der Tat so, wenn man von allen Grenzen spreche, so seien auch diese beiden gemeint.

Er habe schon früher gesagt, wenn man eine Formel in das Abkommen nähme, die a) in die Zukunft weise und b) diese beiden Grenzen hineinnehme, so brauche er auch Klarheit, daß kein Streit über die Ziele entstehe. Deshalb habe er einen anderen Punkt hineingenommen, von dem der Minister kategorisch gesagt habe: „Das geht nicht." Er, StS Bahr, müsse in irgendeiner Form Sicherheit haben, daß die Bundesregierung, wenn sie gefragt werde, sagen könne, daß sie ihre Ziele nicht habe aufgeben müssen. Man könnte überlegen, ob man nicht einen Briefwechsel machen soll. Auch könne er dem Minister einen Brief schreiben. Er könne ihm versichern, daß dieser Brief nicht veröffentlicht werde. Jedenfalls brauche er für die Bundesregierung die Sicherheit, daß sie sagen könne: „Dieses Abkommen wird nicht verletzt, wenn unsere Verfassung bleibt, was sie ist." Und diese Verfassung würde bleiben, wie sie ist.

AM *Gromyko* antwortete hierauf, man habe bei den Deutschen immer die Logik geachtet, wenngleich ihm in den Jahren 1941–1945 gewisse Zweifel gekommen seien. Wir sollten doch einmal annehmen, StS Bahr treffe sich mit Vertretern der DDR und beginne, über die Zukunft der DDR und der BRD zu reden. Der Vertreter der DDR würde ihm dann sagen: „Ich glaube daran, daß früher oder später auch der andere Staat in Deutschland sozialistisch wird. Beide Staaten werden sich auf kommunistischer Grundlage strukturieren und dann vereinigen." Eine Spaltungsgrenze gäbe es dann nicht mehr. Würde er dann die Logik auf seiner Seite haben? Die Antwort sei ja. Dann würde die Frage der Grenze, die beide Staaten trenne, überhaupt nicht mehr existieren. Diese beiden Fragen hätten nichts miteinander zu tun. Wenn eine solche hypothetische Situation entstehen würde, würde auch diese Frage nicht mehr bestehen.

StS *Bahr* entgegnete hierauf, er sei in einem Punkte anderer Meinung als der Minister. Die Unlogik der Deutschen habe nicht erst 1941, sondern bereits 1933 begonnen.

Wenn ihm jetzt ein Vertreter der DDR gegenübersitzen würde, dann würde er sagen: „Brüderchen, nicht so schlecht! Bloß, Du willst Deine Ziele weiterverfolgen, ich meine. Wir schreiben uns jetzt einen Brief, wonach unsere Ziele nicht von diesem Abkommen betroffen sind." Er, StS Bahr, wolle von dem Minister keine Bestätigung für unsere Ziele haben. Er wolle nur hören, daß unsere Ziele nicht betroffen werden. Er brauche ihm nicht einmal den Erhalt des Briefes zu bestätigen, er dürfe uns nur nicht widersprechen. Er würde auch keinen Brief schreiben, den der Minister nicht kenne. Er habe sogar einen Brief hier.

(StS Bahr verlas hier den Entwurf eines Briefes im Gegenvorschlag vom 7.3.1970.)

AM *Gromyko* antwortete, zur Frage der Vereinigung beider deutscher Staaten habe er versucht, die sowjetischen Vorstellungen und Positionen darzulegen und er habe dem nichts hinzuzufügen. Was die Grenzfrage weiter anbetreffe, so erwähne der deutsche Entwurf nicht, daß es sich um die am 1.1.1970 bestehenden Grenzen handeln solle. Wenn wir hier nur mündliche Form hätten, wäre das etwas anderes. Aber man wolle hier ein Abkommen schließen und müsse eine juristische Form finden, müsse konkret sein. Die sowjetische Seite gehe davon aus, daß diese Worte hier unbedingt erwähnt werden müßten. Was den letzten Satz des deutschen Entwurfes anbetreffe, so schlage er vor, auch das Futurum hineinzunehmen und „achten und werden achten" zu formulieren. Wir hätten doch auch an anderer Stelle die Zukunftsform.

StS *Bahr* entgegnete, einmal die Zukunftsform genüge.

422

AM *Gromyko* erwiderte hierauf, das sei eine wesentliche Frage.

StS *Bahr* führte hierauf aus, das könnten wir auch ändern. Er sei nur gegen den 1. Januar 1970. Dessen Erwähnung mache ihm zu Hause nur Schwierigkeiten. Wenn wir sagten, wir achteten die Grenzen und würden sie auch in Zukunft achten, dann meinten wir nicht die Grenzen von 1937 oder 1941, sondern die Grenzen, die im Zeitpunkt des Abschlusses des Abkommens bestünden, also etwa April oder Mai 1970.

AM *Gromyko* meinte hierauf, dem wohne eine gewisse Logik inne. Warum man sie dann nicht zu Ende führe?

Schließlich heiße es im sowjetischen Entwurf, beide Seiten betrachteten ....[8] „als eine der Hauptbedingungen für die Erhaltung des Friedens". Kein Mensch in der Welt habe etwas dagegen. In der Sache ändere das nichts. Wenn schon wirtschaftliche Beziehungen eine Rolle spielten, um wieviel mehr die Grenzen.

StS *Bahr* antwortete, hier handele es sich doch eher um eine Prinzipienklärung, nicht einen operativen Artikel. Wenn der Minister sich unseren ersten Artikel ansehe, den man als Präambel bezeichnen könne, dann stehe dort die „Erhaltung des Friedens" drin. Das sei ein allgemeines Prinzip, dem später die Ausführungsartikel folgten.

AM *Gromyko* erwiderte, wir sollten das doch berücksichtigen. Der Hinweis auf die Friedenssicherung korrespondiere mit dem allgemeinen Hinweis am Anfang des Abkommens, er mache das Abkommen „glatter" (sowj.: bolee stroinij). Damit werde die Bedeutung des Abkommens in dieser Frage betont. Die sowjetische Seite wolle doch mit der deutschen Entspannung schaffen. Man betrachte das Abkommen mit uns nicht als Routine, sondern als wichtigen Schritt.

Was Westberlin anbetreffe, so habe er mit dem StS einen Aspekt besprochen, den territorialen. Das Territorium von Westberlin sei bekannt, infolgedessen gebe es auch keine Differenzen darüber, daß alles, was gesagt worden sei, auch diesen Aspekt der Westberlinfrage decke. Die sowjetische Seite würde im übrigen jetzt mit den drei Westmächten Verhandlungen über die anderen Fragen führen.[9]

Was noch die Frage der praktischen Tätigkeit der Bundesrepublik in Westberlin anbetreffe, so habe die sowjetische Seite eine ganz andere Meinung hierzu. Sie verurteile diese Tätigkeit und in dieser Frage sei kein Einverständnis zu erreichen. Diese Frage werde im übrigen im Laufe der Verhandlungen mit den drei Westmächten angeschnitten.

StS *Bahr* entgegnete hierauf, er habe vorher gesagt, daß er den Standpunkt verstehen könne, daß Berlin nicht im Abkommen erwähnt werde. Er habe einen anderen Vorschlag gemacht. Er wolle eine Bestätigung seiner vorher geäußerten Meinung haben, daß wir Gewaltverzicht und Entspannung in Zentraleuropa – ganz Zentraleuropa – als eine Einheit betrachteten.

AM *Gromyko* erwiderte, das gehöre nicht zum Abkommen. Was weiter die Frage der Aufnahme in die UNO anbetreffe, so passe ihm unsere Formulierung nicht. Er wünsche, daß wir verstünden, warum sie der sowjetischen Seite nicht passe.

---

[8] Auslassung in der Vorlage.
[9] Die Vier-Mächte-Gespräche über Berlin begannen am 26. März 1970. Vgl. dazu Dok. 135.

Man betrachte diese Formulierung als unannehmbare Vorbedingung. Es komme nicht in Frage, daß erst nach der Regelung, oder, was der Natur der Sache mehr entspreche, Verbesserung der beiderseitigen Beziehungen, etwas geschehe. Die Aufnahme beider deutscher Staaten in die UNO sei eben ein Teil dieser Verbesserung. Der Prozeß der Herbeiführung besserer Beziehungen zwischen der BRD und der DDR sei eben mehrschichtig. Die Aufnahme sei ein Ziel des Gesamtkomplexes. Solange keine Grundlage vorhanden sei, könne der Oberbau der Beziehungen auf nichts beruhen. So ginge es nicht. Wie solle man mit der DDR darüber ins reine kommen? Es springe die ultimative Vorbedingung ins Auge. Er wolle uns nicht verdächtigen, daß wir nicht wollten, daß beide Staaten in die UNO kämen. Wenn wir aber die Frage so stellten, dann gehe es nicht. Die Aufnahme beider Staaten in die UNO würde viel zur Verbesserung der Beziehungen zwischen beiden Staaten beitragen. Hier stelle sich gleichzeitig die Frage des Vertrauens, der Gleichberechtigung.

StS *Bahr* entgegnete hierauf, er habe jetzt einen Verdacht. Wenn er den Minister so sprechen höre, dann könnte man den Verdacht haben, daß der Vorsitzende des Staatsrates der DDR seinen eigenen Vorschlag ändern wolle. Er, Walter Ulbricht, habe den Vorschlag gemacht zur Regulierung der Beziehungen zwischen beiden deutschen Staaten. In diesem Vorschlag sei als ein Punkt die Aufnahme beider Staaten in die UNO vorgesehen.[10] Dagegen hätten wir nichts. Wenn er jetzt richtig verstanden habe, dann werde daraus eine andere Vorbedingung: Erst die Aufnahme in die UNO, dann Verbesserung der Beziehungen.

AM *Gromyko*: „Das habe ich nicht gesagt." Er habe nur gesagt, es gehe nicht, erst die Regelung der Beziehungen zu verlangen und dann die Frage der Aufnahme zu behandeln. Die Frage der Aufnahme sei Teil der Verbesserung der Beziehungen. Für das Treffen zwischen dem Bundeskanzler und dem Vorsitzenden des Ministerrates der DDR[11] stelle man auch keine Vorbedingungen. Über den Zeitpunkt müßte man sich noch absprechen, zwischen der BRD, der DDR und unter Berücksichtigung der Meinung anderer Mächte, die in der UNO etwas zu sagen hätten.

StS *Bahr* führte aus, ihm gefalle die Vokabel „Synchronisation". Sie entspreche dem Vorschlag des Staatsratsvorsitzenden. Beide Staaten redeten miteinander, träfen ein Abkommen. Gleichzeitig beschlössen sie über die Aufnahme in die UNO und beide betrachteten dies als einen Komplex.

AM *Gromyko* antwortete, kurz gesagt erscheine es der sowjetischen Seite – ob wir damit einverstanden seien oder nicht –, daß die Aufnahme in die UNO, die je schneller, je besser zu erfolgen habe, die Atmosphäre für die Lösung vieler Fragen, z. B. auch der Frage unserer Beziehungen zur DDR, verbessern würde.

---

10 In Artikel VIII des Entwurfs vom 17. Dezember 1969 für einen Vertrag über die Aufnahme gleichberechtigter Beziehungen wurde ausgeführt: „Die Deutsche Demokratische Republik und die Bundesrepublik Deutschland beantragen ohne Verzögerung in Übereinstimmung mit dem Prinzip der Universalität der Organisation der Vereinten Nationen ihre Aufnahme als vollberechtigte Mitglieder in die Organisation der Vereinten Nationen. Sie werden dafür eintreten, daß andere Staaten die Aufnahme der beiden deutschen Staaten in die Organisation der Vereinten Nationen unterstützen." Vgl. EUROPA-ARCHIV 1970, D 192.
11 Zu den Gesprächen des Bundeskanzlers Brandt mit dem Vorsitzenden des Ministerrats, Stoph, am 19. März 1970 in Erfurt vgl. Dok. 124.

Es gebe vielleicht Staaten, die die Aufnahme der DDR mit scheelen Augen ansehen würden. Die Sowjetunion sei der Auffassung, daß beide deutsche Staaten international gehört werden sollten.

StS *Bahr* antwortete, man könne vielleicht eine andere Formulierung finden.

AM *Gromyko* erwiderte hierauf, er möge sich bitte noch einmal die sowjetischen Formulierung ansehen. Den sowjetischen Vorschlag kenne er ja.

Er wolle dann zum nächsten Punkt übergehen. In allen ihren Verträgen habe die Sowjetunion in diesem Zusammenhang nur von ihren „Verpflichtungen" gesprochen. Man solle auf dem allgemeinen Boden bleiben und es so sagen, wie alle es täten.

StS *Bahr* entgegnete hierauf, bei uns sehe man das so: Verträge beinhalteten stets Rechte und Pflichten, die meist – nicht immer – in ausgewogenem Verhältnis zueinander stünden. So spreche auch der Vertrag zwischen der DDR und der Sowjetunion vom 12. Juni 1964 von „Rechten und Pflichten".[12]

AM *Gromyko* führte erneut aus, man solle auf dem allgemeinen Boden bleiben. Man habe in den letzten Jahren unzählige Verträge abgeschlossen, in denen nur von den Verpflichtungen die Rede sei. Auch Artikel 103 der UNO-Satzung[13] (wurde zitiert) sei so gefaßt. Hier schaffe das Wort „Rechte" keine Vorteile, weder für die eine noch für die andere Seite.

StS *Bahr* entgegnete dem, warum man es nicht genauso machen solle, wie im Vertrag zwischen der Sowjetunion und der DDR vom Jahre 1964?

AM *Gromyko* erläuterte, die DDR sei ein Land gewesen, dem die Sowjetunion damals gewisse Rechte zurückgegeben habe. Die Sowjetunion sei Besatzungsmacht gewesen, man habe vorher keinen gleichberechtigten Zustand gehabt.

Wir machten dagegen jetzt ein Abkommen zwischen souveränen Staaten, obwohl StS Bahr immer sage, daß wir nicht souverän seien. Wir müßten, wenn überhaupt, Ähnliches vergleichen. Die sowjetische Seite gebe und nehme uns nichts, wir seien gleichberechtigt. Wenn es schon ein Kriterium gebe, dann Artikel 103 der UNO-Satzung.

StS *Bahr* antwortete, er habe nichts dagegen zu sagen, daß dieses Abkommen die UNO-Satzung in der Tat nicht außer Kraft setze, aber wenn die Sowjetunion der DDR gewisse Rechte zurückgegeben habe, habe sie gleichzeitig immer noch gewisse Rechte behalten. Diese seien der Titel, auf dem jetzt Verhandlungen der Sowjetunion mit den drei Westmächten stattfänden. Wir wollten der Sowjetunion diese Rechte nicht nehmen, wir könnten sie ihr auch nicht nehmen. Deshalb müßten wir hier auch sagen, daß diese Rechte nicht genommen werden.

AM *Gromyko* sagte hierauf, es sei von der sowjetischen Seite schon ein großes Zugeständnis, das sie gemacht habe. Sie wolle hier diese Frage ohne Diskriminierung lösen.

---

[12] Vgl. dazu Artikel 9 des Vertrags vom 12. Juni 1964 zwischen der DDR und der UdSSR über Freundschaft, gegenseitigen Beistand und Zusammenarbeit: „Dieser Vertrag berührt nicht Rechte und Pflichten der beiden Seiten aus geltenden zweiseitigen und anderen internationalen Abkommen einschließlich des Potsdamer Abkommens." Vgl. DzD IV/10, S. 720.

[13] Für Artikel 103 der UNO-Charta vom 26. Juni 1945 vgl. Dok. 33, Anm. 23.

StS *Bahr* führte aus, man könne auch so formulieren: „Das Abkommen zwischen der BRD und der Sowjetunion berührt keinen vorher von einer der vertragschließenden Parteien mit dritten Staaten abgeschlossenen bi- oder multilateralen Vertrag." Hier sei dann weder von Rechten noch von Pflichten die Rede.

AM *Gromyko* antwortete, darüber könne man nachdenken. Offen gestanden verstehe er jedoch nicht, warum die sowjetische Formulierung bei uns eine solche Abneigung hervorrufe.

Im Anschluß wurde eine Pause von etwa 10 Minuten eingelegt.

AM *Gromyko* erklärte, man wende sich jetzt den Punkten zu, die nicht in das Abkommen aufgenommen werden sollten. Was den Punkt über das Münchener Abkommen anbetreffe, so wolle man noch einmal überlegen, ob nicht die Notwendigkeit bestehe, ihn in den ersten Teil des Abkommens aufzunehmen.

Was Punkt 6 anbetreffe, so komme es hierauf an, daß es sich bei den behandelten Fragen um ein „einheitliches Ganzes" handele.

StS *Bahr* entgegnete, das gelte auch für Berlin. Deshalb sei es sein Vorschlag gewesen, Berlin hier aufzunehmen. In der politischen Wirklichkeit hinge das zusammen.

AM *Gromyko* antwortete, die allgemeine Bestimmung am Anfang eines Abkommens solle alle Fragen decken, allgemein für Europa gelten. Daß man das (sc[ilicet] die Berlinfrage) zum Gegenstand eines Protokolls oder Arbeitspapiers mache, würde jedoch bedeuten, daß die sowjetische Seite darüber mit uns verhandelt habe. Die sowjetische Seite könne das nicht machen, da sich hier sofort die Frage nach ihren Verpflichtungen aus Verträgen stelle. Die Sowjetunion würde jetzt mit den Drei Mächten verhandeln und man solle diesen Verhandlungen nicht vorgreifen. Außerdem würde man sich nicht auf eine Formel einigen, die uns oder die sowjetische Seite befriedigen würde.

StS *Bahr* erwiderte, man könne die Frage bis zu einem späteren Zeitpunkt zurückstellen und sich ihr dann wieder zuwenden. Wir könnten aber nicht Berlin rechts oder links liegen lassen und sagen: „In Berlin soll der Zustand so unbefriedigt bleiben, wie er ist, und im übrigen wird Europa schön." Dann werde Europa nicht schöner. Alle Konflikte würden sich auf einen Punkt konzentrieren. Das habe keinen Sinn. Wenn die sowjetische Seite sage, die Lage in Europa müsse sich 25 Jahre nach dem Kriege normalisieren, dann bitte auch richtig.

AM *Gromyko* erwiderte, man könne darüber keine Verhandlungen führen. Die Frage stelle sich hier nicht.

Er wolle weiter eine äußerst prinzipielle Frage an uns stellen, die in das Abkommen gehöre, die Frage nämlich nach der Gleichberechtigung. Wenn er StS Bahr richtig verstanden habe, verstünden wir die Gleichberechtigung auf unsere Art anders, als die sowjetische Seite sie verstehe und wir sie verstehen sollten.

Man sollte Gleichberechtigung auf zwei Ebenen verstehen, nämlich die Gleichberechtigung beider Staaten untereinander und die Gleichberechtigung, wenn es um Beziehungen zu dritten Staaten gehe. Wenn wir diesen Gedanken hier zum logischen Ende führten, sollen wir hier offen erklären, daß die BRD in entsprechenden Worten klar auf den Alleinvertretungsanspruch verzichtet, entsprechende Anweisungen an ihre Botschafter und die Bundesregierung eine

Erklärung dieses Inhaltes abgibt. Wir könnten natürlich hier auch eine elastischere Formel wählen, die für uns leichter wäre. Aber die Formel solle unsere Gedanken zu einer Frage aussprechen, der wir hier nicht entgehen könnten. Hier stecke die Frage drin, ob die westdeutsche Seite ihre theoretischen Vorstellungen mit praktischen Schritten in Übereinstimmung bringen werde, die Frage der konkreten Aufgabe des Alleinvertretungsrechtes.

StS *Bahr* antwortete, es sei wie im Radio Eriwan: Im Prinzip könne er ja sagen. Was die Gleichberechtigung angehe, habe es früher eine solche gegeben. Wir hätten von der SBZ gesprochen oder von „sogenannter DDR". Die DDR habe uns die „westdeutsche Bundesrepublik" oder die „Imperialisten" genannt etc. Wir, die Bundesregierung, haben diese Gleichberechtigung verlassen und nennen heute die DDR so, wie sie sich selbst nenne. Den Unterschied habe er sofort bemerkt, als der Minister sich in Ostberlin aufhielt[14] und damals sogleich die korrekte Bezeichnung für die Bundesrepublik aufgetaucht sei. Die Gleichberechtigung fange mit der korrekten Bezeichnung an. Er gebe dem Minister recht, im Innenverhältnis müsse es Gleichberechtigung geben. Keiner könne für den anderen sprechen. Dies bedeute übrigens auch einiges für die andere Seite. Er, der StS, kenne eine Reihe von Formulierungen etwa der Art, daß die DDR als der Arbeiter- und Bauernstaat der einzige Vertreter der deutschen Nation sei. Hier handele es sich um eine umgekehrte Hallstein-Doktrin. Das müsse auch aufhören. Er sei sehr für Gleichberechtigung. Keiner dürfe dem anderen Vorschriften machen. Gleichberechtigung müsse im vollen Sinne des Wortes bestehen und auch in diesem Papier zum Ausdruck kommen.

Was die Gleichberechtigung im Verhältnis zu dritten Ländern angehe, so werde es sie auch dort geben. Aber die Bundesregierung könne hier doch nicht eine Verpflichtung übernehmen. Wir könnten doch nicht in Italien einmarschieren, wenn Italien nicht die Beziehungen zur DDR aufnehme. Die diplomatischen Beziehungen besorge sich jeder Staat selbst. Wir hätten Barrieren und die DDR habe Barrieren. Dieser Punkt sei ganz ähnlich dem der Aufnahme in die UNO. Eines würde hier faktisch in das andere greifen. In bezug auf die UNO könnten wir darüber sprechen, aber nicht in bezug auf ein drittes europäisches Land. Die wirkliche Entwicklung stelle er, StS Bahr, sich wie folgt vor: Schlüsselpunkt sei die Entwicklung, von der wir vorhin gesprochen hätten. Wenn man sich vorstelle, daß beide Staaten Mitglieder der UNO seien, dann würde das unmittelbare Folgen für die Beziehungen zu Drittstaaten haben. Wenn wir einen Vertrag schließen würden, der dies Drittstaaten verbietet, dann würden die Drittstaaten darüber lachen. Wir könnten keine Verträge für Drittstaaten eingehen. Schlüsselpunkt sei die Aufnahme in die UNO.

AM *Gromyko* erwiderte, wenn StS Bahr sage, daß die BRD andere Länder nicht zwingen könne, Beziehungen zur DDR aufzunehmen, so sei das bei allen Ländern der Fall, doch darum gehe es gar nicht. Die BRD solle ihre praktische Tätigkeit gegen die Anerkennung der DDR einstellen. Sie würde damit ihr praktisches Vorgehen mit den in Bonn erklärten verschiedenen Prinzipien in Über-

---

[14] Zum Besuch des sowjetischen Außenministers Gromyko vom 24. bis 27. Februar 1970 in Ost-Berlin vgl. Dok. 76, Anm. 3.

einstimmung bringen. Das würde eine große Verbesserung bedeuten. Über die Aufnahme in die UNO habe man bereits gesprochen. Aber jeder Fortschritt in einem Bereich werde in anderen Bereichen positive Wirkungen haben.

Wenn man von Gleichberechtigung nur in den gegenseitigen Beziehungen zwischen BRD und DDR spreche, dann werde es kein Abkommen geben. Das sei so elementar, daß man eine Vereinbarung in dieser Form nicht als Vereinbarung betrachten könne. Das sei doch völlig selbstverständlich. StS Bahr solle nicht glauben, daß die Bundesregierung hier große Zugeständnisse mache, wenn sie ihre Beziehungen mit der DDR auf die Grundlage der Gleichberechtigung gründe. Wenn wir wollten, könne man auch die Formulierung wählen, daß die Beziehungen zu Drittländern sich auf gleichberechtigter völkerrechtlicher Grundlage gestalten müßten. Alle richtigen Sachen seien einfach.

StS *Bahr* entgegnete, das sei richtig, das sei eben das Genie. Der Versuch einer einfachen Formulierung sei es, daß Verträge der BRD mit der DDR genauso verbindlich sein würden wie Verträge mit dritten Staaten.

AM *Gromyko*: „Gleiche völkerrechtliche Kraft". Was die Frage der Nichteinmischung in die inneren Angelegenheiten anbetreffe, so sei schwer zu verstehen, was für eine Position die Bundesregierung für ihre Politik erhalten wolle, wenn sie hier Einwendungen mache. Als Bundeskanzler Brandt gesagt habe, man müsse der Tatsache Rechnung tragen, daß in Deutschland verschiedene Gesellschaftsordnungen existierten[15], habe die sowjetische Seite geglaubt, daß die Sache klar sei. Man könne vielleicht so formulieren: „Nicht zulässig ist eine Einmischung in Angelegenheiten, die zur inneren Kompetenz gehören." Die sowjetische Seite glaube, daß wir gern darauf eingehen würden. Wenn wir wollten, daß man unsere Gesellschaftsordnung kritisiere, bitte schön, dann sollten wir diesen Passus lassen.

StS *Bahr* sagte hierauf, er habe nichts gegen Kritik. Etwas anderes sei es aber, wenn der Genosse Norden kürzlich gesagt habe:

(Hier zitierte StS Bahr aus einer Rede Nordens an westdeutsche Arbeiter.)

AM *Gromyko*: „Wenn wir hier Zeitungen sammeln würden, hätten wir viel solches Material."

StS *Bahr* sagte hierauf, er müsse wissen, was innere Einmischung sei. Er kritisiere das nicht einmal; Norden könne das sagen, wenn er wolle. Er sage nur, wenn das gegenüber irgendeinem anderen Staat gesagt würde, wäre es eine Einmischung in die inneren Angelegenheiten. Wenn man sage, man müsse die

---

[15] Bundeskanzler Brandt führte am 13. Februar 1970 vor der Deutsch-Dänischen Gesellschaft in Kopenhagen aus: „Zwei Realitäten liegen miteinander in Konflikt: der ungebrochene Wunsch der Deutschen, der allermeisten Deutschen, nach Einheit und Zusammengehörigkeit, und die vollzogene Einordnung beider deutscher Staaten in entgegengesetzte Gesellschaftssysteme und Machtgruppierungen. Daraus ergibt sich die Einsicht, daß in absehbarer Zeit eine Wiedervereinigung, zumal als reine Addition der Teile und auf nationalstaatlicher Basis, nicht möglich sein wird. Trotzdem bleibt die Existenz einer deutschen Nation eine Realität. Die Politik der Bundesregierung erstrebt deshalb mit der DDR – ganz egal, was man voneinander hält und davon, wie die eine und die andere Ordnung zustande gekommen ist – einen modus vivendi, der eine weitere Entfremdung der Teile Deutschlands verhindern und die Perspektiven für eine gerechte und dauerhafte Neuregelung der deutschen Verhältnisse in einer künftigen europäischen Friedensordnung offenhalten soll." Vgl. BULLETIN 1970, S. 200 f.

Realitäten anerkennen, dann gehörte zu diesen ungeheuerlichen, komischen, absurden Realitäten eben auch, daß sich diese verrückten Deutschen besonders sähen. Selbst dies sei ein Beweis dafür, daß wir uns als eine Nation fühlten. Selbst wenn wir uns hier mit Worten hauten, so hauten wir uns eben so, wie eben Ausländer es unter sich nicht tun.

AM *Gromyko* erwiderte, man solle alle politischen Fragen einer praktischen Lösung zuführen.

Im Anschluß hieran erklärte StS *Bahr*, er habe – dem Aufruf Botschafter Zarapkins im deutschen Fernsehen folgend – eine Aufzeichnung mitgebracht, die im Bundesarchiv aufgefunden worden sei und in der auf Bitte der Reichsregierung ein gewisser Historiker Mayer, der Spezialist für Fragen der Arbeiterbewegung gewesen sei, eine hervorragende Charakteristik Lenins und Trotzkijs gebe.

AM *Gromyko* setzte die Diskussion fort, indem er erklärte, was den Passus über das Münchener Abkommen anbetreffe, so könne man jetzt vielleicht die Redaktion überlegen, aber vielleicht solle man es in das Abkommen nehmen. Die sowjetische Seite sage hier nichts über Einzelheiten des Abkommens zwischen der ČSSR und der Bundesrepublik, habe ganz allgemein formuliert und spreche lediglich von einer Ungültigkeit ex tunc. Man könnte natürlich hier auch Einzelheiten festlegen.

Die nächste Frage betreffe den Atomsperrvertrag. Warum könnte man hier kein Einverständnis erzielen? Wolle die Bundesregierung die Sache nicht bis zur Ratifizierung treiben? Ihre Verbündeten hätten doch schon lange betont, was eine Teilnahme der Bundesrepublik am Vertrag bedeute. Er, AM Gromyko, habe dem, was er vorher hierüber gesagt habe, wenig hinzuzufügen. Wenn die Bundesrepublik den Vertrag ratifiziert hätte, würde sich die Lage vereinfachen. Sie habe aber nicht ratifiziert und man spreche hier von der Sicherheit in Europa. Die USA und Großbritannien sowie die Sowjetunion hätten ratifiziert[16], Frankreich habe erklärt, daß es sich vertragskonform verhalten werde. Die Haltung der sozialistischen Staaten sei klar. Man solle bei uns versuchen, diese Frage einmal mit sowjetischen Augen zu sehen.

StS *Bahr* entgegnete, er wolle nicht viel dazu sagen. Wenn er diese Frage vom Standpunkt der Sowjetunion aus betrachten würde, würde er sagen: „Die Bundesregierung hat ihre Meinung vor dem Bundestag gesagt. Es gibt nichts Verbindlicheres. Ich habe keinen Zweifel an der Aufrichtigkeit der dort gesagten Worte."

Es würde eine Erleichterung des Ratifikationsverfahrens sein, wenn wir den NV-Vertrag nicht erwähnen.

AM *Gromyko* wandte sich dann der ESK als nächstem Punkt zu. Man könne vielleicht so formulieren: „ ...und werden alles von ihnen Abhängige tun, um ..."

StS *Bahr* antwortete, darum sollten sich die Kollegen kümmern.

AM *Gromyko* schlug vor, die Sitzung zu schließen.

---

[16] Großbritannien ratifizierte den Nichtverbreitungsvertrag vom 1. Juli 1968 am 27. November 1968. Die USA und die UdSSR ratifizierten den Nichtverbreitungsvertrag am 24. November 1969. Beide Staaten hinterlegten die Ratifizierungsurkunde am 5. März 1970.

StS *Bahr* fragte, ob man davon ausgehen könne, daß sich am folgenden Tage einige Kollegen zusammensetzen würden, um Formulierungen zu suchen.[17]

AM *Gromyko* erklärte sich im Grundsatz einverstanden, doch dürfe es sich nicht um ein gemeinsames Dokument, sondern um bloße Gedanken handeln. Erst später würden wir dann extra unterteilen in Präambel, 1. und 2. Paragraphen etc.

StS *Bahr* erwiderte, es gehe jetzt darum, ein Arbeitspapier zu schaffen, das wir dann den Regierungen vorlegen könnten. Es habe sich im Laufe dieses Nachmittags gezeigt, daß es einige Punkte gebe, wo es nur um Formulierungen gehe. Wir hätten drei oder vier Punkte, von denen wir nicht wüßten, ob Einigkeit hergestellt werden könnte oder ob sie aufgenommen werden sollten.

AM *Gromyko* widersprach. Es solle kein Arbeitsdokument hergestellt werden, sondern es solle sich lediglich um Gedanken, Materialien handeln. Wir würden dann eine kurze Pause einlegen. Er müsse für die Dauer etwa einer Woche in die ČSSR reisen.[18] Dabei dächten wir über die Thesen nach, kämen dann erneut zusammen und sagten: „Das waren einzelne Thesen, laßt uns jetzt ein Arbeitsdokument schaffen."

Am Freitag werde man sich wieder treffen und sehen, welche Thesen zusammenfielen oder einander nah seien. Danach solle man nach Möglichkeit das Vergangene nicht wiederholen, sondern in ein System bringen, das den Namen Arbeitsdokument oder aber auch überhaupt keinen Namen trage. Diesem Stadium messe man auf sowjetischer Seite große Bedeutung bei.

StS *Bahr* erwiderte, er finde in der Tat, genauso solle man vorgehen.

VS-Bd. 4625 (II A 4)

---

[17] Vgl. dazu den gemeinsamen Arbeitstext des Redaktionsausschusses vom 11. März 1970; Dok. 114.
[18] Der sowjetische Außenminister Gromyko hielt sich vom 16. bis 21. März 1970 in der ČSSR auf.

105

Aufzeichnung des Vortragenden Legationsrats Redies

I B 4-82.21-92.19-548/70 VS-vertraulich 10. März 1970[1]

Betr.: Gespräche des israelischen Außenministers Abba Eban im Auswärtigen Amt[2]

In Ergänzung zum Sprechzettel für die Unterrichtung des Kabinetts[3] über den Besuch Abba Ebans ist aus den Gesprächen noch folgendes festzuhalten:

1) Teilnehmerkreis:

Auf israelischer Seite: Unterstaatssekretär Chelouche; Leiter der Westeuropa-Abteilung, Meroz; Pers. Referent von Abba Eban, Ben-Johannan; Botschafter Ben-Horin; Gesandter Idan; Erster Sekretär Peled

Auf deutscher Seite: Staatssekretär Dr. Harkort, MD Dr. Frank, VLR I Lebsanft, VLR I Ruhfus, VLR Dr. Redies, LR I Bente, VLR Weber als Dolmetscher (beim zweiten Gespräch: statt Staatssekretär Dr. Harkort: MD Dr. Ruete und VLR Bazing.)

2) Einzelne Themen

a) Abba Eban bedankte sich für die eindeutige Verurteilung der Attentate auf den freien Luftverkehr nach Israel[4] durch BM Scheel in der Pressekonferenz vom 23.2.[5] Zu Israels Vorschlag auf Einberufung einer Internationalen Luftsicherungskonferenz sagte BM Scheel, daß wir die internationale Behandlung des Komplexes für notwendig hielten, uns jedoch bereits zum Schweizer Vorschlag für eine solche Konferenz positiv geäußert hätten[6] und uns hieran gebunden fühlten.

---

[1] Hat Ministerialdirigent Gehlhoff am 11. März 1970 vorgelegen.
[2] Der israelische Außenminister Eban hielt sich vom 22. bis 25. Februar 1970 in der Bundesrepublik auf.
[3] Für den Sprechzettel vom 25. Februar 1970 vgl. VS-Bd. 2806 (I B 4); B 150, Aktenkopien 1970.
[4] Zum Bombenattentat auf dem Flughafen München-Riem am 10. Februar 1970 vgl. Dok. 86, Anm. 40. Am 21. Februar 1970 stürzte eine Maschine der Luftfahrtgesellschaft Swissair auf dem Flug von Zürich nach Tel Aviv ab. Als Ursache des Absturzes wurde eine Sprengstoffexplosion vermutet. Vgl. den Artikel „Visa für Araber nur ausnahmsweise", FRANKFURTER ALLGEMEINE ZEITUNG vom 24. Februar 1970, S. 7.
[5] Bundesminister Scheel erklärte am 23. Februar 1970 vor der Bundespressekonferenz: „Die Bundesregierung verurteilt jede Art von Terror, und vor allen Dingen verurteilt sie derartige Attentate auf Flugzeuge, die in letzter Zeit zugenommen haben. Sie verurteilt diese Verwilderung der Sitten. Wir haben, das darf ich hier mitteilen, den arabischen Regierungen auf diplomatischem Wege unsere Haltung in dieser Frage mitgeteilt. Es wird nun alles getan, um die Sicherheitsvorkehrungen in Deutschland selbst soweit der Lage anzupassen, daß man, soweit das überhaupt möglich ist, weitere Zwischenfälle dieser Art verhindern kann. Wir geben uns außerdem Mühe, international zu einer Zusammenarbeit zu kommen, sowohl was den internationalen Flugverkehr insgesamt als auch die Möglichkeit angeht, Attentate zu verhindern durch eine Verbesserung der Zusammenarbeit der Polizeikräfte." Vgl. Bundespresseamt, Pressekonferenz Nr. 16/70, S. 13.
[6] Am 23. Februar 1970 gab Bundespräsident Tschudi bekannt, daß die Schweiz bei der ICAO die Einberufung einer Konferenz über Flugsicherheit fordern werde. Eine solche Konferenz könne in der Schweiz stattfinden. Vgl. dazu den Artikel „Visa für Araber nur ausnahmsweise"; FRANKFURTER ALLGEMEINE ZEITUNG vom 24. Februar 1970, S. 7.
Bundesminister Leber forderte am 23. Februar 1970 den Zusammentritt einer europäischen Zivil-

b) Bei der Erörterung der allgemeinen Nahost-Lage hob der Herr Bundesminister folgendes hervor:
- Wir teilen die Auffassung, daß die Sowjetunion die Hauptverantwortung dafür trägt, daß es bisher noch nicht zu echten Friedensverhandlungen gekommen ist. Eine große Gefahr besteht aber darin, daß die Entwicklung den Großmächten und damit auch der SU aus den Händen gleitet.
- In diesem Zusammenhang betrachten wir wie andere westliche Länder die Luftoffensive Israels gegen die VAR nicht ohne Sorge. Militärische Aktionen dieser Art würden im Ausland mehr Verständnis finden, wenn zu sehen wäre, daß sie der Herbeiführung des Friedens dienten, d. h. wenn sie mit konkreten Friedensvorschlägen verbunden wären.
- Man müsse auch ein gewisses Verständnis dafür haben, daß die arabischen Regierungen keine direkten Friedensverhandlungen wollten, solange weite Teile ihres Territoriums besetzt seien. Niemand verhandele gern, wenn die eigene Position so schwach sei. Es dürfte deshalb wohl nötig sein, daß vor direkten Verhandlungen außerhalb der unmittelbar Beteiligten stehende Autoritäten (wie z. B. Botschafter Jarring) vermittelnd tätig würden.

c) Zu unserer eigenen Nahost-Politik sagte der Bundesminister: Wir unterstützten die israelische Haltung insofern, als Israel darauf bestehe, einen wirklichen Frieden mit gesicherten Grenzen zu finden. Unser tatsächlicher Einfluß im Nahen Osten sei allerdings gering. Dies sei einer der Gründe, warum wir einen Wiederaufbau unserer Position im arabischen Raum anstrebten. Ob hierfür wirklich Möglichkeiten bestünden, sei eine zweite Frage. Wir hätten jedoch immer unterstrichen, daß unsere Bemühungen um eine Bereinigung des deutsch-arabischen Verhältnisses nicht zu Lasten Israels gehen werden.

Unsere Beziehungen zu Israel hätten gewiß einen besonderen Charakter. Es dürfe jedoch nicht übersehen werden, daß 40 % der heutigen Bevölkerung der Bundesrepublik nach 1945 geboren sei und nicht mehr das Verständnis für eine ausschließlich an der Vergangenheit ausgerichtete Politik hätte. Bei der weiteren Gestaltung der deutsch-israelischen Beziehungen dürfe man dies nicht außer acht lassen, damit sich die Beziehungen nicht an der sich wandelnden Einstellung der öffentlichen Meinung vorbei entwickelten.

Ein weiteres Problem ergebe sich daraus, daß die früheren geheimen Waffenlieferungen[7] eine gewisse Belastung darstellten. Eine solche oder ähnliche Politik wollten wir nicht wieder aufnehmen.

d) Bei der Darlegung unserer Ostpolitik erklärte der Herr Bundesminister, wir seien uns darüber im klaren, daß Gegenstand der deutsch-polnischen Gespräche eines Tages auch das Problem der jüdischen Minderheit in Polen sein könne. Außenminister Abba Eban bedankte sich für das Interesse, daß die Bundesregierung an dieser Frage nehme.

Fortsetzung Fußnote von Seite 431
luftfahrtkonferenz sowie eine Sondervollversammlung der ICAO. Vgl. den Artikel „Die zwei gesuchten Araber namentlich bekannt"; FRANKFURTER ALLGEMEINE ZEITUNG vom 24. Februar 1970, S. 8.
7 Zu den geheimen Waffenlieferungen an Israel bis 1965 vgl. Dok. 18, Anm. 10.

e) Außenminister Abba Eban betonte bei seinen Ausführungen zu den deutsch-israelischen Beziehungen, daß es sich hier um ein besonderes Verhältnis handele, nicht nur wegen der Vergangenheit, sondern auch wegen der beiden Ländern gemeinsamen demokratischen Grundhaltung. Ohne bei der Erörterung der bilateralen Fragen sehr auf Einzelheiten einzugehen, unterstrich er, daß die deutsch-israelischen Beziehungen nicht durch Entwicklungen im deutsch-arabischen Verhältnis beeinflußt werden dürften, und daß es Israel entscheidend auf die Aufrechterhaltung des Status quo in den deutsch-israelischen Beziehungen ankomme.

3) Schlußbemerkung

Die „Status quo"-These wird in der israelischen Argumentation uns gegenüber künftig zweifellos eine entscheidende Rolle spielen. Außenminister Abba Eban verstand darunter z.B. eine Fortsetzung unserer Wirtschaftshilfe in der bisherigen Höhe und Zahlungsform als Soforthilfe, eine Fortsetzung unserer Rüstungskäufe in Israel[8] u.ä., während er andererseits einen Ausbau unserer Unterstützung an Israel, d.h. eine Änderung des Status quo zugunsten Israels, nicht ausgeschlossen wissen wollte.

Unsere These, daß Bemühungen um eine Besserung des deutsch-arabischen Verhältnisses nicht zu Lasten Israels gehen sollen, unterscheidet sich von der israelischen Haltung eindeutig. Sie schließt eine Änderung des Status quo in den deutsch-israelischen Beziehungen, z.B. eine schrittweise Herabsetzung der Wirtschaftshilfe oder eine Anpassung der Zahlungsform an unsere üblichen Bedingungen aus anderen Gründen als wegen der deutsch-arabischen Beziehungen nicht aus (z.B. langsame Normalisierung des deutsch-israelischen Verhältnisses und ähnliche Gesichtspunkte).

Redies

VS-Bd. 2806 (I B 4)

---

[8] Zum Erwerb von in Israel gefertigten Mörsern und Mörserpatronen durch die Bundeswehr vgl. Dok. 48, Anm. 19.

106

Staatssekretär Bahr, Bundeskanzleramt, z.Z. Moskau, an Bundesminister Scheel

Z B 6-1-11183/70 geheim　　　　　　　　　　Aufgabe: 10. März 1970, 21.15 Uhr[1]
Fernschreiben Nr. 356　　　　　　　　　　　Ankunft: 10. März 1970, 19.25 Uhr
Citissime

Nur für BM und StS[2]

Delegationsbericht Nr. 16

Heutiges Gespräch dauerte viereinhalb Stunden. Es wurden die zehn bekannten Thesen besprochen. Dabei zeigte sich bei unveränderter Härte in Grenzfragen einschließlich Nichteinmischung in die inneren Angelegenheiten, Nichterwähnung des Strebens nach staatlicher Einheit und Anerkennung der DDR durch Drittstaaten und Berlin, daß sich in den anderen Punkten gewisse Übereinstimmungen abzeichnen. Ein gemeinsames Redaktionskomitee soll morgen versuchen, gemeinsame Formulierungen zu fixieren.[3] Für Freitag ist nächste Sitzung vereinbart.[4]

Vier-Augen-Gespräch ergab keine erkennbare Differenz zwischen Moskau und Ostberlin in bezug auf Reise des Bundeskanzlers unter Einschluß Westberlins. Allerdings erklärte Gromyko, daß beide Seiten Treffen wollten und man den Donnerstag[5] abwarten sollte. Ausführlicher Bericht folgt morgen.[6]

Erbitte dringend bisherige Sprachregelung für Unterrichtung der Drei Mächte[7], da morgen Routinetreffen mit den Botschaftern.[8]

[gez.] Bahr

VS-Bd. 4626 (II A 4)

---

[1] Hat Vortragendem Legationsrat Schönfeld am 10. März 1970 vorgelegen, der handschriftlich vermerkte: „1) Ex[emplar] 2 an Bu[ndes]ka[nzler]A[mt] (Sanne). Ex[emplar] 3 StS. An Warschau mit Nr. 72/10.3. 2) Herrn MD Dr. Ruete."
Hat Ministerialdirigent Lahn vorgelegen.
Vgl. zu dem Gespräch auch Dok. 104.

[2] Günther Harkort.

[3] Vgl. dazu den gemeinsamen Arbeitstext des Redaktionsausschusses vom 11. März 1970; Dok. 114.

[4] Für das Gespräch des Staatssekretärs Bahr, Bundeskanzleramt, mit dem sowjetischen Außenminister Gromyko am 13. März 1970 vgl. Dok. 118.

[5] 12. März 1970.

[6] Vgl. dazu den Drahtbericht Nr. 358 des Staatssekretärs Bahr, Bundeskanzleramt, z.Z. Moskau, vom 11. März 1970; Dok. 111.

[7] Ministerialdirektor Ruete übermittelte am 11. März 1970 einen Sprechzettel zur Unterrichtung der Drei Mächte über die Gespräche mit der UdSSR. Themen waren die Grenzfrage, die innerdeutschen Beziehungen, Artikel 2 der UNO-Charta vom 26. Juni 1945 sowie Berlin. Vgl. den Drahterlaß Nr. 218; VS-Bd. 4626 (II A 4); B 150, Aktenkopien 1970.

[8] Zum Gespräch des Staatssekretärs Bahr, Bundeskanzleramt, mit den Botschaftern der Drei Mächte am 11. März 1970 in Moskau vgl. Dok. 110.

107

Staatssekretär Duckwitz, z.Z. Warschau, an Bundesminister Scheel

Z B 6-1-11190/70 VS-vertraulich Aufgabe: 10. März 1970, 09.30 Uhr[1]
Fernschreiben Nr. 118 Ankunft: 10. März 1970, 22.58 Uhr
Citissime

Nur für Minister und Staatssekretär[2]

Betr.: Deutsch-polnische Gespräche

Delegationsbericht Nr. 8

I. Zu Beginn der heutigen Sitzung legte ich ausführlich unseren Rechtsstandpunkt zum Potsdamer Abkommen dar, insbesondere zu den darin enthaltenen Bestimmungen über die Grenzfrage.[3] Ich betonte abschließend, daß die Bundesregierung in einem Abkommen über die Grenze einerseits den Rechten und Verantwortlichkeiten der Vier Mächte hinsichtlich Berlins und Deutschlands als Ganzes, andererseits der Verpflichtung des Grundgesetzes, des deutschen Volkes „nationale und staatliche Einheit zu wahren"[4], Rechnung tragen müsse, daß sie jedoch innerhalb dieser Grenze zu einer vertraglichen Verpflichtung bereit sei, die territoriale Integrität Polens in den Grenzen seines gegenwärtigen Besitzstandes zu respektieren.

Winiewicz legt in einer eingehenden Stellungnahme dar, daß es schwerfalle, den deutschen Entwurf als sachliche Grundlage für einen Meinungsaustausch zu akzeptieren. Zur Begründung führte er aus, der deutsche Entwurf[5] sehe ein Gewaltverzichtsabkommen vor und bedeute eine Änderung des Themas der Gespräche. Er verwies hierzu auf den Gomułka-Vorschlag vom Mai 1969.[6] Grundproblem der Beziehungen zwischen beiden Ländern sei nicht das Fehlen eines Gewaltverzichts, sondern die Nichtanerkennung der Grenze.

Die Bereitschaft, den gegenwärtigen „Besitzstand" Polens zu respektieren, sei unzureichend und unbefriedigend, weil sie das Grenzproblem offenhalte. Insbesondere wandte er sich entschieden gegen den Ausdruck „Besitzstand".

---

[1] Hat dem Bereitschaftsdienst am 10. März 1970 vorgelegen, der handschriftlich vermerkte: „Mit Herrn VLR I Hofmann, MB, wurde um 23.15 Uhr vereinbart, daß der FS-Bericht dem Herrn Minister nicht mehr nach Hause zugeschickt wurde, dafür aber der Reg[istratur] MB morgen früh sofort vorgelegt würde."
Hat Vortragendem Legationsrat Schönfeld am 11. März 1970 vorgelegen, der den Drahtbericht an Ministerialdirektor Ruete weiterleitete.
Hat Ruete am 11. März 1970 vorgelegen, der die Weiterleitung an Ministerialdirigent Lahn und Vortragenden Legationsrat I. Klasse von Alten verfügte.
Hat Lahn am 11. März 1970 vorgelegen.
Hat von Alten vorgelegen.
[2] Günther Harkort.
[3] Vgl. dazu Abschnitt IX des Kommuniqués vom 2. August 1945 über die Konferenz von Potsdam (Potsdamer Abkommen); Dok. 12, Anm. 26.
[4] Zur Präambel des Grundgesetzes vom 23. Mai 1949 vgl. Dok. 12, Anm. 13.
[5] Für den Entwurf der Bundesregierung vom 2. März 1970 vgl. Dok. 85.
[6] Zur Rede des Ersten Sekretärs des ZK der PVAP, Gomułka, vom 17. Mai 1969 vgl. Dok. 14, Anm. 7.

Die polnische Seite wolle zu wirklicher Wende in deutsch-polnischen Beziehungen und deshalb zu dauerhafter Regelung der Grenzfrage gelangen, die in Vergangenheit immer erneut Anlaß von Konflikten gewesen sei. Jede Möglichkeit hierzu müsse in der Zukunft ausgeschlossen werden.

Winiewicz zitierte Ausführungen von Bundeskanzler Brandt auf Nürnberger SPD-Parteitag unter Auslassung der Bezugnahme auf künftige Friedensregelung[7] sowie kürzliche Äußerungen des Bundeskanzlers in Oxford (Bundesrepublik Deutschland stelle keine territorialen Forderungen) und vertrat die Auffassung, daß deutscher Entwurf im Grunde „Rückzieher" gegenüber Äußerungen führender deutscher Staatsmänner sei, die in Polen Überzeugung geweckt hätten, daß endgültige Lösung möglich sei.

Zum Vier-Mächte-Vorbehalt führte Winiewicz aus, die Bundesrepublik sei ein souveräner Staat und müsse als solcher Grenzabkommen abschließen können; sie hätte auch bereits andere Grenzabkommen (Saar[8], Belgien[9]) abgeschlossen. Außerdem seien die Vier Mächte bereit, eine Vereinbarung über die Grenze zwischen Polen und der Bundesrepublik zu fördern, zumal die Anerkennung der polnischen Westgrenze nur die Konsequenz der in Potsdam und vorher gefaßten Beschlüsse sei.

Winiewicz stellte die Frage, ob sich die Bundesrepublik Deutschland kompetent fühle, mit Polen ein Abkommen über Anerkennung der Grenze zu schließen, nach polnischer Auffassung würde ein solches Grenzabkommen nicht die Rechte und die Verantwortung der Vier Mächte verletzen, zumal es nur die Konsequenz der von ihnen in Potsdam und später gefaßten Beschlüsse sein würde. Es sei Aufgabe der Bundesregierung, im Verhältnis zu ihren Verbündeten die Voraussetzungen für ein deutsch-polnisches Grenzabkommen zu schaffen. Die polnische Seite lehne es nicht ab, eine entsprechende Form zu finden.

Mit Nachdruck wandte sich Winiewicz dagegen, daß die Präambel unseres Entwurfs die Erfahrungen beider Völker im Krieg auf die gleiche Stufe stelle; die

---

7 Der SPD-Vorsitzende Brandt erklärte am 18. März 1968 auf dem Bundesparteitag der SPD in Nürnberg: „Nun gibt es keine Grenzprobleme nach Westen mehr; es gibt Grenzprobleme nach Osten. Da gibt es einen Rechtstitel. Es gibt es erst Recht für das Recht für Selbstbestimmung unseres ganzen Volkes. Solche Rechtstitel haben ihre Bedeutung. Aber sie begründen keine Ansprüche, aus denen Wirklichkeit wird. Ihrer Verwirklichung sind jedenfalls harte Grenzen gesetzt. Wir wissen, daß heute eine Anerkennung der Oder-Neiße-Linie nicht einmal diplomatische Beziehungen zu Polen zur Folge haben würde. Das ist auch eine Realität. Realität ist auch, daß 40 % der Menschen, die in jenen Gebieten leben, schon dort geboren wurden. Und niemand ist doch wohl so vermessen, an neue Vertreibung zu denken. Eine weitere Realität ist es, daß das deutsche Volk die Versöhnung gerade auch mit Polen will und braucht. Es will und braucht sie, ohne zu wissen, wann es seine staatliche Einheit durch einen Friedensvertrag finden wird. Was ergibt sich daraus? Daraus ergibt sich die Anerkennung bzw. Respektierung der Oder-Neiße-Linie bis zur friedensvertraglichen Regelung. Es ergibt sich, daß die bestehenden Grenzen in Europa nicht durch Gewalt verändert werden dürfen und die Bundesrepublik zu entsprechend verbindlichen Übereinkünften bereit ist. Alle Völker sollen in der sicheren Gewißheit leben können, daß Grenzen nicht mehr gegen ihren Willen verändert werden." Vgl. DzD V/2, S. 464.

8 Für den Wortlaut des Vertrags vom 27. Oktober 1956 zwischen der Bundesrepublik und Frankreich zur Regelung der Saar-Frage vgl. BUNDESGESETZBLATT 1956, Teil II, S. 1593–1836.

9 Vgl. das Abkommen vom 24. September 1956 zwischen der Bundesrepublik und Belgien über eine Berichtigung der deutsch-belgischen Grenze und andere die Beziehungen zwischen beiden Ländern betreffende Fragen; BUNDESGESETZBLATT 1958, Teil II, S. 263–290.
Vgl. ebenso das Protokoll vom 6. September 1960 zwischen der Bundesrepublik und Belgien zur Festlegung des Verlaufs der deutsch-belgischen Grenze; BUNDESGESETZBLATT 1960, Teil II, S. 2329-2348.

historische Lage sei grundverschieden gewesen. Das müsse im Abkommen ausgedrückt werden, denn es müsse ein Schlußstrich unter die Vergangenheit gezogen werden.

Auf meine Frage, ob die polnische Seite keine Verbindung zwischen Gewaltverzicht und Grenzfrage wünsche, antwortete Winiewicz etwas ausweichend mit einem allgemein gehaltenen Hinweis auf Art. II des polnischen Entwurfs.[10] Wesentlich sei jedoch eine Anerkennung der Grenze, die in Zukunft jede Diskussion über eine Änderung ausschließe.

II. Aus der deutlichen Zurückweisung meines Entwurfs habe ich den Eindruck gewonnen, der durch ein heute nachmittag geführtes eingehendes Vier-Augen-Gespräch mit W. in vollem Umfang bestätigt wurde, daß wir auf der Grundlage unseres Entwurfs nicht mit Erfolg weiterverhandeln können.

Ich werde morgen zu den Äußerungen von W. Stellung nehmen und dann voraussichtlich diese Gesprächsrunde beenden.[11]

[gez.] Duckwitz

VS-Bd. 8954 (II A 5)

108

**Gespräch des Botschafters Roth
mit dem Staatssekretär im amerikanischen Außenministerium,
Richardson, in Washington**

VS-vertraulich   11. März 1970[1]

Am 11. März sprach Botschafter Roth im State Department mit Staatssekretär Richardson über MBFR. Teilnehmer auf amerikanischer Seite: Staatssekretär Richardson, Botschafter Farley (ACDA), Mr. Stempel (Büro Staatssekretär), Mr. Goodby (Europaabteilung); auf deutscher Seite: Botschafter Roth, BR I Lahusen.

Botschafter *Roth* sagte einleitend, die Arbeiten an den MBFR-Modellen seien nützlich gewesen; jetzt komme es aber darauf an, einen Weg zu finden, um das Problem auf den Verhandlungstisch zu bringen. Die Bundesregierung wolle, wenn möglich, eine Initiative ergreifen. Wir hätten bei anderen westeuropäischen Ländern wachsendes Interesse für MBFR gefunden. Eine eventuelle Verbindung zur Europäischen Sicherheitskonferenz (ESK) dürfe nicht zu früh hergestellt werden. MBFR sei wichtiger als die ESK. Wir dächten an eine Reihe von Konferenzen über europäische Sicherheit, in deren Mittelpunkt MBFR stehen

---

[10] Für den polnischen Entwurf vom Februar 1970 vgl. Dok. 141.
[11] Zum Gespräch vom 11. März 1970 vgl. Dok. 113.

[1] Die Gesprächsaufzeichnung wurde von Botschaftsrat I. Klasse Lahusen, Washington, am 12. März 1970 gefertigt.

solle. Zur Zeit werde in Bonn an einem Papier gearbeitet, das Mitte April den Ständigen Vertretern in der NATO und dem Generalsekretariat zugeleitet werden solle[2], so daß die Vorarbeiten für eine Erörterung auf der NATO-Ministerratstagung im Mai[3] rechtzeitig getroffen werden könnten. Der Bundeskanzler und der Bundesminister der Verteidigung hätten sicherlich die Absicht, das Thema bei ihren kommenden Besuchen in Washington zu besprechen.[4]

Als Gründe für unsere Überlegungen nannte Botschafter Roth:

1) Im Zuge des Übergangs von Konfrontation zu Verhandlungen hielten wir es für zweckmäßig, das hohe Niveau der militärischen Konfrontation in Mitteleuropa in ausgewogener und angemessener Weise abzubauen so weit möglich.

2) Die Sowjetunion werde MBFR schwer ablehnen können. Wir hätten Informationen, daß mehrere osteuropäische Länder, z. B. Polen und Jugoslawien, Interesse an MBFR hätten (Einwurf von Richardson: auch Rumänien).

3) MBFR könne der amerikanischen Regierung gegenüber dem innenpolitischen Druck in der Frage der Reduzierung der amerikanischen Truppen in Europa helfen.

Die deutsche Regierung denke vorerst nicht an detaillierte Vorschläge, sondern an eine SALT-ähnliche Behandlung des Komplexes. Zunächst sollten in der NATO die zu beachtenden Grundsätze erarbeitet werden.

Staatssekretär *Richardson* erwiderte, er könne im wesentlichen allem Gesagten zustimmen. Zunächst sei eine eingehende Prüfung angebracht, auf welche Art von Truppenbegrenzungen der Westen sich einlassen könne. Auch lediglich vorbereitende Gespräche mit dem Osten erforderten eine ziemlich scharfe Analyse von militärischen Modellen und Empfehlungen. Zwischen der Ausarbeitung der Positionen, dem Haupttreffen zur Vorbereitung der Verhandlungsbasis auf westlicher Seite und der Aufnahme der Gespräche mit dem Osten müßten jeweils ausreichende Zeitspannen vorgesehen werden. MBFR sei ein wichtigeres Thema der europäischen Sicherheit als alles, was die Sowjets dazu bisher vorgeschlagen hätten.

Botschafter *Roth* sagte, die erste Konferenz über europäische Sicherheit in der Reihe solcher Konferenzen, wie sie uns vorschwebten, könne vielleicht 1971 stattfinden. Bis dahin würden wir größere Klarheit über die Chancen unserer bilateralen Gespräche mit der Sowjetunion, mit Polen und der DDR haben; wir wüßten, daß die DDR mit am Verhandlungstisch sitzen werde, wenn über europäische Sicherheit verhandelt wird. Nach unserer Auffassung sollten alle europäischen Länder teilnehmen können, die daran interessiert seien, natürlich auch die USA, die Sowjetunion und Kanada. Es sei nicht ratsam, kleinere europäische Länder, die alle am MBFR in Zentraleuropa besonders interessiert seien, auszuschließen. Vielleicht wäre es auch von Vorteil, einige Neutrale – eventuell als Beobachter – dabei zu haben, z. B. Schweden und die Schweiz, denen später bei der Verifikation des in die Reduzierung einbezogenen Raumes

---

2 Für die Aufzeichnung vom 16. April 1970 vgl. Dok. 160.
3 Zur NATO-Ministerratstagung am 26./27. Mai 1970 in Rom vgl. Dok. 240 und Dok. 244.
4 Zu den Gesprächen des Bundeskanzlers Brandt am 10./11. April 1970 in Washington vgl. Dok. 151, Dok. 153 und Dok. 156.
Für die Gespräche des Bundesministers Schmidt am 7. April 1970 in Washington vgl. Dok. 146.

besondere Aufgaben zufallen könnten. Es gäbe Vor- und Nachteile einer Behandlung ausschließlich von Block zu Block. Die erste Konferenz könne eine Arbeitsgruppe einsetzen, die die einschlägigen Fragen, vor allem MBFR, eingehender zu prüfen hätte, nachdem die erste östliche Reaktion deutlich geworden sei.

Staatssekretär *Richardson* sagte, die amerikanische Regierung werde diesen Gedankengängen besonders sorgfältige Aufmerksamkeit schenken und sie – zusammen mit anderen Alternativen – prüfen. Er frage sich, ob es zweckmäßig sei, den Arbeiten eines Ost/West-Ausschusses über MBFR eine Konferenz über europäische Sicherheit vorzuschalten. Er hätte auch einige Schwierigkeiten, sich vorzustellen, daß Schweizer und Schweden unter Umständen eine Stimme bei der Entscheidung über etwaige Abzüge amerikanischer Truppen aus Europa haben könnten.

Was die IR/MRBM anbelange, müsse jede Erörterung von MBFR mit den SALT eng koordiniert werden, um jeweils zu ermitteln, was besser multilateral und was besser bilateral zu behandeln wäre. Vielleicht gebe es auch noch einige andere Bereiche, in denen SALT und MBFR sich überlappten. Man müsse jeweils überlegen, in welchen Verhandlungen sich ein größerer Gewinn erzielen lasse.

Botschafter *Farley* warf ein, nach einigen Monaten SALT werde man beurteilen können, wie sich das IR/MRBM Problem in den SALT entwickele.

Staatssekretär *Richardson* fuhr fort, die amerikanische Regierung, insbesondere das Pentagon, sei sich der außergewöhnlichen Schwierigkeiten ausgewogener Truppenreduzierungen sehr bewußt. Er sei persönlich überzeugt, daß MBFR-Vorschläge der amerikanischen Regierung gegenüber dem Druck aus dem Kongreß in erheblichem Maße helfen würden. Um möglichst bald entsprechende Vorschläge im Kongreß verwenden zu können, empfehle es sich, Probleme, deren Lösung innerhalb der amerikanischen Administration Schwierigkeiten bereite, zunächst auf „konservative Weise" zu regeln. Damit würde das interne amerikanische Verfahren abgekürzt, weil auf diese Weise eine rasche Zustimmung der amerikanischen militärischen Stellen zu erlangen sei. Natürlich müßten die Vorschläge auf der anderen Seite noch negotiabel sein.

Botschafter *Roth* meinte, es wäre zweckmäßig, dem Osten gegenüber zunächst keine Einzelheiten wie Prozentzahlen usw. zu bringen. Es genüge, etwas über das einzubeziehende Gebiet, die Typen der einzubeziehenden Streitkräfte, Zeitvorstellungen (Phasen), bestehende Ungleichgewichte und die Verifikation zu sagen. Man müsse dann zunächst sehen, wie die östliche Seite reagiere.

Staatssekretär *Richardson* machte auf das besondere Problem aufmerksam, das die Anwesenheit sowjetischer Truppen in osteuropäischen Ländern stelle. Sie habe – anders als die amerikanische Truppenpräsenz in Europa – teilweise mit der Ost/West-Auseinandersetzung nichts zu tun. Alle oder zumindest ein Teil der sowjetischen Truppen müßten aber zurückgezogen werden. Es scheine ihm zwar gut, keine „hard-nose"-Vorschläge auf den Tisch zu legen, sie müßten negotiabel sein; aber es sei doch wohl zweckmäßig, eine ziemlich feste Position einzunehmen.

Botschafter *Roth* sagte zu, die amerikanische Botschaft in Bonn über den Fortgang der Vorbereitungen auf deutscher Seite auf dem laufenden zu halten. Es sei beabsichtigt, den Verbündeten etwa Mitte April einen Entwurf zuzuleiten.

Staatssekretär *Richardson* wies darauf hin, daß der sowjetische Botschafter Dobrynin sich ihm gegenüber bereit erklärt habe, westliche Vorschläge, soweit sie nicht nur Propaganda seien, zu diskutieren.

Botschafter *Roth* und Staatssekretär *Richardson* waren sich darüber einig, daß sie sich in diesem Gespräch nur persönliche Erwägungen mitgeteilt hätten, die gegenwärtig keine Regierungspositionen darstellten.

VS-Bd. 4565 (II B 2)

109

Aufzeichnung des Ministerialdirektors Ruete

II A 1-83.12/0-706/70 VS-vertraulich 11. März 1970[1]

Betr.: Mögliches Gespräch Bundeskanzler/Stoph;[2]
hier: Außenbeziehungen der DDR

Zur Frage der Außenbeziehungen der DDR lege ich hiermit eine Aufzeichnung über den Herrn Staatssekretär[3] dem Herrn Minister[4] vor mit der Anregung, sie dem Bundeskanzleramt zur Kenntnis zu bringen.

Abteilungen I und III haben mitgezeichnet. Abteilung V hat gemäß anliegender Zuschrift vom 17.3.1970[5] Stellung genommen.[6]

Ruete

---

[1] Die Aufzeichnung wurde von Vortragendem Legationsrat I. Klasse van Well und Vortragendem Legationsrat Lücking konzipiert.
[2] Zu den Gesprächen des Bundeskanzlers Brandt mit dem Vorsitzenden des Ministerrats, Stoph, am 19. März 1970 in Erfurt vgl. Dok. 124.
[3] Hat Staatssekretär Duckwitz am 18. März 1970 vorgelegen.
[4] Hat laut Vermerk des Vortragenden Legationsrats I. Klasse Hofmann vom 20. März 1970 Bundesminister Scheel vorgelegen.
[5] Dem Vorgang beigefügt. Ministerialdirektor Groepper legte dar: „Wir müssen uns klar darüber sein, daß eine Aufnahme der DDR als Mitglied in die Vereinten Nationen die völkerrechtliche Anerkennung der DDR mindestens durch alle diejenigen Staaten implizieren würde, die im Sicherheitsrat und in der Vollversammlung der Vereinten Nationen für eine Aufnahme der DDR stimmen. [...] Auch für die Bundesrepublik Deutschland selbst würde es kaum noch möglich sein, an dem in der Regierungserklärung vom 28. Oktober 1969 enthaltenen Grundsatz festzuhalten, daß eine völkerrechtliche Anerkennung der DDR nicht in Betracht komme. Denn eine Aufnahme der DDR in die Vereinten Nationen und ihre damit verbundene Anerkennung durch die große Mehrheit der Staatengemeinschaft würde ein spektakuläres Faktum sein; unsere These, daß die beiden Staaten in Deutschland füreinander nicht Ausland seien und ihre gegenseitigen Beziehungen daher keinen völkerrechtlichen Charakter haben, wird sich unter diesen Umständen schwerlich und allenfalls dann halten lassen, wenn vor einer Aufnahme der DDR in die Vereinten Nationen zwischen ihr und der Bundesrepublik Deutschland vertragliche Vereinbarungen getroffen worden sein sollten, die den besonderen und nicht-völkerrechtlichen Charakter der innerdeutschen Beziehungen eindeutig klarstellen." Groepper verwies außerdem auf die verfassungsrechtlichen Implikationen einer Aufnahme der DDR in die UNO. Vgl. VS-Bd. 4497 (II A 1); B 150, Aktenkopien 1970.
[6] Dieser Satz wurde von Ministerialdirektor Ruete nachträglich eingefügt.
Staatssekretär Duckwitz vermerkte dazu am 19. März 1970 handschriftlich für Bundesminister

I. Problemstellung

1) Vorbemerkung

Wir müssen damit rechnen, daß Stoph die Frage der Außenbeziehungen der DDR zu einem zentralen Thema machen wird. Er wird darauf hinweisen, daß der DDR durch die von der Bundesrepublik Deutschland betriebene Politik der Blockierung der Außenbeziehungen der DDR im internationalen bilateralen und multilateralen Bereich erheblicher Schaden zugefügt worden sei. Stoph wird erklären, die Deblockierung der Außenbeziehungen der DDR stelle einen der wichtigsten Faktoren zur Normalisierung des Verhältnisses zwischen den beiden deutschen Staaten dar.

2) Bewertung unserer derzeitigen Position im internationalen Bereich

a) Unsere Positionen gegenüber der DDR im internationalen Bereich stellen gegenwärtig noch einen nicht zu unterschätzenden Trumpf gegenüber Ostberlin dar. Alle in der DDR zu diesem Punkt abgegebenen Erklärungen lassen den Schluß zu, daß sich auch Ostberlin unserer Stärke in diesem Bereich bewußt ist.[7] Sicherlich stellt man in Ostberlin in Rechnung, daß die Zeit letztlich im internationalen Bereich nicht für uns, sondern für die DDR arbeitet. Aber die DDR-Regierung weiß, daß ihrem Zugang zum internationalen Bereich noch auf längere Zeit Grenzen gesetzt sind, wenn wir die Außenbeziehungen der DDR nicht deblockieren. Das gilt sowohl für den bilateralen als auch für den multilateralen Bereich.

b) Im bilateralen Bereich bleibt unsere Position besonders stark. Es ist unwahrscheinlich, daß sich eine große Anzahl von Staaten von heute auf morgen entschließt, entgegen unseren Wünschen diplomatische Beziehungen zur DDR aufzunehmen.

c) Es gibt zwar erste Signale, aber noch keine Alarmzeichen dafür, daß unsere Position im multilateralen Bereich in Kürze unhaltbar zu werden droht. Sie wird sich aber mit Sicherheit immer schwieriger verteidigen lassen, nachdem wir die Staatsqualität der DDR nicht mehr in Frage stellen.

d) Kurz: Unsere Bitte an die Staatenwelt, angesichts der sich anbahnenden Gespräche zwischen den beiden Staaten in Deutschland den Status quo gegenüber der DDR einstweilen nicht zu verändern[8], wird voraussichtlich nur über einen begrenzten Zeitraum Gehör finden.

e) Die Fragestellung, ob es politisch vorteilhafter sei, daß wir uns von der DDR im internationalen Bereich langsam überrollen oder daß wir den Einzug Ostberlins in den multilateralen Bereich gegenüber der Welt als einen von uns bewußt herbeigeführten Akt erscheinen lassen, trifft nicht den Kern des Problems. Unsere Politik gegenüber der DDR im multilateralen Bereich muß vielmehr im

---

Fortsetzung Fußnote von Seite 440

Scheel: „Obwohl diese Aufzeichnung dadurch überholt ist, daß das Erfurter Gespräch bereits stattgefunden hat, lohnt es sich, sie zu lesen, weil sie für unsere weitere Taktik wertvoll ist. – Die Aufzeichnung der Rechts-Abteilung ist nicht gegensätzlich zu der von I, II und III, sondern weist nur auf gewisse Rechtsfolgen hin, die bei Befolgung der Aufzeichnung der politischen Abteilungen eintreten." Für den Begleitvermerk vgl. VS-Bd. 4497 (II A 1); B 150, Aktenkopien 1970.

[7] Dieser Satz wurde von Staatssekretär Duckwitz hervorgehoben. Dazu vermerkte er handschriftlich: „r[ichtig]."

[8] Vgl. dazu den Runderlaß des Bundesministers Scheel vom 30. Oktober 1969; AAPD 1969, II, Dok. 337.

Lichte der Priorität beantwortet werden, welche die Bundesregierung dem innerdeutschen Dialog grundsätzlich einräumt.

3) Vorschlag für unsere künftige Haltung

Wir sollten auf folgendes abstellen:

a) Grundsatz

Die von der neuen Bundesregierung initiierte Politik des Ausgleichs mit Ostberlin wird bisher weltweit begrüßt. Daß diese Politik schließlich auch die Zulassung der DDR zum internationalen Bereich impliziert, dürfte allen Regierungen klar sein. Wir sollten unsere Aufgabe daher vornehmlich darin sehen, diesen Prozeß unter Kontrolle zu behalten und dafür zu sorgen, daß er sich in einer Weise vollzieht, die ihn als integrierenden Bestandteil einer von uns kontinuierlich geführten Deutschlandpolitik erscheinen läßt. Die Frage, ob die DDR zum internationalen Bereich gleichberechtigt neben der Bundesrepublik zugelassen wird oder nicht, wird bald nicht mehr zur Debatte stehen. Es geht gegenwärtig daher darum, wie sich dieser Prozeß vollzieht.

b) Multilateraler Bereich

Die Zulassung der DDR zum internationalen multilateralen Bereich ist zunächst noch eine Entscheidung, mit der wir trotz der diesem Bereich innewohnenden Präzedenzwirkung von Fall zu Fall konfrontiert werden. Wir sollten daher z. Z. keine kategorische Entscheidung für den gesamten Bereich anstreben, sondern im Einzelfall, der auf uns zukommt, unsere Haltung an dem jeweiligen Stand der innerdeutschen Gespräche orientieren. Ostberlin sollten wir nicht darüber im Unklaren lassen, daß wir an dieser Linie festhalten werden, solange die DDR keine Bereitschaft zeigt, an einer Verbesserung der Verhältnisse in Deutschland mitzuwirken.

c) Lockeres Junktim

Wegen der Unvorhersehbarkeit der Entwicklung ist es taktisch nicht ratsam, daß wir uns auf ein strenges Junktim zwischen dem Fortgang der innerdeutschen Kontakte und den Außenbeziehungen der DDR festlegen.

Es gilt vielmehr, unsere guten Positionen im internationalen Bereich so bald wie möglich und so nachdrücklich wie möglich zur Erreichung unserer innerdeutschen Ziele ins Spiel zu bringen. Wir sollten unseren Einfluß und unser Ansehen in der Welt für unsere Gespräche mit Ostberlin zum Tragen bringen und auf diese Weise den Beginn des internationalen Wettbewerbs mit der DDR vorbereiten; wir dürfen und können ihm nicht ausweichen; wir brauchen ihn nicht zu scheuen, sondern wir müssen ihn in einer Weise einleiten, daß er unseren Interessen langfristig am besten gerecht wird.

4) Die beiden deutschen Staaten und die Vereinten Nationen

a) Keine Diskussion von Einzelfragen

Was den multilateralen Bereich anbetrifft, haben wir alles Interesse, die Diskussion um Einzelfragen nicht zu vertiefen, die Herr Stoph möglicherweise ansprechen wird, wie den Status der DDR in der Berner Union (CIM/CIV)[9], die Mitar-

---

[9] Vortragender Legationsrat Lücking faßte am 4. März 1970 eine Sitzung des Kabinettausschusses für innerdeutsche Beziehungen vom 27. Februar 1970 zusammen. Das Auswärtige Amt habe den Auftrag erhalten, in der Bonner Vierergruppe Konsultationen über den Entwurf vom 19. Februar

beit der DDR in der ECE[10] sowie ihre Aufnahme in die WHO[11]. Wir haben auch kein Interesse daran, die Frage der Mitgliedschaft der DDR in den Sonderorganisationen der Vereinten Nationen isoliert zu erörtern. Von uns sollten diese Einzelfragen überhaupt nicht angesprochen werden.

b) Zentrale Frage: VN-Mitgliedschaft

Wir sollten vielmehr von vornherein den Endpunkt anvisieren und die zentrale Frage der Repräsentanz der beiden deutschen Staaten in den Vereinten Nationen selbst in die Debatte werfen. Hier ist unsere Position stark, und sie läßt sich überzeugend vertreten. So wie die Dinge in den Vereinten Nationen liegen, kommt nur eine gleichzeitige Aufnahme der Bundesrepublik Deutschland und der DDR in Betracht.

Wir sollten die Einfluß- und Entscheidungsmöglichkeiten, über welche unsere drei Hauptverbündeten in diesem Zusammenhang verfügen, aktiv nutzen, um in den wichtigen Fragen der Deutschland- und Berlinpolitik Fortschritte in dem von uns angestrebten Sinn zu erreichen. So sollten die Alliierten beispielsweise ihre Zustimmung zur Aufnahme der DDR in die Vereinten Nationen u.a. von vornherein von einer befriedigenden Regelung der Berlin-Frage abhängig machen.

Die Bundesregierung sollte den Standpunkt einnehmen, daß eine zufriedenstellende Beantwortung der Frage der Repräsentanz der beiden deutschen Staaten in den Vereinten Nationen ein wichtiger Bestandteil der generellen Regelung des Verhältnisses der beiden Staaten in Deutschland darstellt, woran beide Seiten ein erhebliches eigenes Interesse haben dürften.

c) Vorteile dieses Procedere

aa) Multilateraler Bereich

Es erscheint taktisch zweckmäßig, auf diese Weise „den Stier bei den Hörnern zu fassen". Die Frage der Zulassung der DDR zu den Sonderorganisationen der Vereinten Nationen wird damit auf den zweiten Platz verwiesen. Dieses Problem wird bis zu einem gewissen Grad überspielt und die Aufmerksamkeit auf

Fortsetzung Fußnote von Seite 442

1970 für einen Verkehrsvertrag mit der DDR und die Frage der Aufnahme der DDR in internationale Organisationen auf dem Gebiet des Verkehrs einzuleiten: „Bundeskanzleramt und Bundesverkehrsministerium sind der Auffassung, daß im gegenwärtigen Zeitpunkt nicht die Frage der Zulassung der DDR zu allen internationalen Verkehrsorganisationen – einschließlich derer, welche Sonderorganisationen der Vereinten Nationen sind – zur Debatte steht, sondern lediglich die Frage des Status der DDR in der Berner Union (CIM/CIV-Komplex). […] Im Mittelpunkt der Konsultationen sollte daher die Frage stehen, ob die Alliierten grundsätzlich unserer Erwägung zustimmen, die Frage des Status der DDR in der Berner Union gegebenenfalls dazu zu nutzen, um von der DDR die erstrebte Normalisierung im Verkehrsbereich zu erreichen. Wir können die volle Mitgliedschaft der beiden deutschen Staaten (anstatt wie bisher der Eisenbahnverwaltungen) in der Berner Union in Erwägung ziehen, ohne daß dadurch automatisch eine Präzedenzwirkung für den internationalen multilateralen Bereich in seiner Gesamtheit hervorgerufen würde. Die Berner Union ist eine technische Organisation eigener Art. Die Organisation hat keinen weltweiten Charakter. Der Schwerpunkt ihrer Aktivitäten liegt im europäischen Eisenbahnwesen. Wir können hier ohne große Risiken eine Statusänderung der DDR in Kauf nehmen, nachdem wir die staatliche Existenz der DDR nicht mehr in Frage stellen. Wir sollten die relativ starke Position, die wir in der Berner Union innehaben, bei den Verkehrsverhandlungen mit der DDR aktiv nutzen, wenn wir dadurch nach Lage der Verhandlungen ein entsprechendes Entgegenkommen der DDR im Verkehr zwischen den beiden Staaten in Deutschland erreichen könnten." Vgl. VS-Bd. 4529 (II A 1); B 150, Aktenkopien 1970.

10 Zu einer Beteiligung der DDR an der Arbeit der ECE vgl. Dok. 136.
11 Zu einer Mitgliedschaft der DDR in der WHO vgl. Dok. 147.

einen Bereich konzentriert, in dem die Bundesrepublik Deutschland und die DDR zur Zeit insoweit eine Gleichbehandlung erfahren, als sie beide keine Mitglieder der Vereinten Nationen selbst sind. Im übrigen tendieren die Sonderorganisationen dazu, hochpolitische Streitfragen – vor allem im Ost-West-Verhältnis – an die beteiligten Staaten oder an die VN-Vollversammlung zu verweisen; dies besonders dann, wenn die Frage ohnehin in den Vereinten Nationen anhängig ist oder sich auf die Vereinten Nationen hinbewegt.

bb) bilateraler Bereich

Wenn wir uns bereiterklären, zusammen mit den Vier Mächten die Frage der Mitgliedschaft der beiden deutschen Staaten in den Vereinten Nationen zu prüfen und dabei auf die besonderen Aspekte dieser Mitgliedschaftsfrage und die Notwendigkeit ihrer einvernehmlichen Regelung aufmerksam machen, so wird dadurch aller Voraussicht nach der Anerkennungsdruck im bilateralen Bereich nicht erhöht, weil die Regierungen der Dritten Welt zusätzlichen Anlaß zum Abwarten haben und das Gesamtkonzept unserer Politik an Glaubwürdigkeit gewinnt. Der indischen Regierung z. B. liefern wir ein gutes Argument, die Anerkennung der DDR weiter hinauszuzögern, nämlich solange, bis die Frage der Repräsentanz der beiden deutschen Staaten in den Vereinten Nationen eine Regelung gefunden hat. Hinzu kommt, daß für eine nicht zu überschätzende Anzahl von Staaten generell die Frage der Anerkennung eines Staates auf das engste mit dem Problem der Aufnahme des Staates in die Vereinten Nationen verbunden ist. Allerdings werden wir durch die Eröffnung der Diskussion um die VN-Mitgliedschaft beider Staaten in Deutschland unter weiteren Entscheidungsdruck in der Anerkennungsfrage geraten.

5) Zusammenfassend:

- Wir sollten von vornherein alle Trümpfe, die wir und unsere Verbündeten in der Hand haben, einsetzen, um möglichst bald zu einer Regelung mit der DDR zu gelangen. Solange diese nicht erzielt ist, sollten wir bestrebt bleiben, die internationale Stellung der DDR nicht freizugeben.
- Konzentrieren wir unsere Gespräche mit Ostberlin von vornherein auf die Modalitäten der Aufnahme der Bundesrepublik Deutschland und der DDR in die Vereinten Nationen, so dürfte es der Welt gegenüber nicht notwendigerweise als eine Niederlage der Bundesrepublik Deutschland im internationalen Bereich erscheinen, wenn es der DDR in der Zwischenzeit gelingen sollte, in den multilateralen Bereich, z. B. in die eine oder andere Sonderorganisation der Vereinten Nationen, einzudringen (WHO) oder im bilateralen Bereich in diesem oder jenem Staate Fortschritte in Richtung auf die völkerrechtliche Anerkennung und die Aufnahme diplomatischer Beziehungen zu erzielen.
- Wir können diese „Erfolge" der DDR dann gelassen zur Kenntnis nehmen. Die Staatenwelt wird darin ebensowenig eine Niederlage der Bundesrepublik Deutschland erblicken, wie sie auf eine Kapitulation Bonns vor Ostberlin aus der Tatsache geschlossen hat, daß wir der DDR Staatsqualität zugebilligt und uns zur Aufnahme von Verhandlungen mit Ostberlin bereiterklärt haben.

II. Es wird daher folgende Gesprächsführung vorgeschlagen:

1) Auf den generellen Vorwurf, die Bundesregierung diskriminiere die DDR im internationalen Bereich:

Auch die Bundesregierung bedauert die Konfrontation zwischen den beiden deutschen Staaten im Ausland. Wir sind der Überzeugung, daß diese Konfrontation auf die Dauer weder der einen noch der anderen Seite zum Vorteil gereicht. Auch Ihnen ist sicherlich nicht unbekannt, daß in der Welt mancherorts Klage über die „querelles allemandes" geführt wird.

Diese unbefriedigende Situation im internationalen Bereich ist nicht mehr und nicht weniger als ein Reflex der bedauerlichen Lage innerhalb Deutschlands, ja ein Spiegelbild des ungeregelten Verhältnisses zwischen den beiden deutschen Staaten. Wir sollten daher das Übel an der Wurzel anfassen und es dort behandeln, dann wird sich auch die Konfrontation der beiden deutschen Staaten im internationalen Bereich abbauen und vielleicht sogar in eine Kooperation verwandeln lassen.

In dem Maße, in dem uns eine Bereinigung der anomalen Verhältnisse in Deutschland gelingt, wird sich auch außerhalb Deutschlands in Europa und auf den anderen Kontinenten eine Verbesserung des Verhältnisses zwischen der Bundesrepublik Deutschland und der DDR ergeben.

2) Falls die andere Seite die Berner Union (CIM/CIV) anspricht:

Wir werden keine Einwände mehr dagegen erheben, daß in der Berner Union die beiden deutschen Staaten – und nicht mehr wie bisher die beiden Eisenbahnverwaltungen – vertreten sind, wenn der Verkehr, insbesondere auch der Eisenbahnverkehr, zwischen den beiden Staaten in Deutschland so abgewickelt wird, wie es sonst in Europa zwischen zwei Staaten unter normalen Verhältnissen möglich und üblich ist. Das sind, so meinen wir, die beiden deutschen Regierungen den Menschen in Deutschland schuldig.

3) Falls die ECE-Problematik angesprochen wird:

Die Bundesregierung ist auch bereit, mit den anderen Staaten die Möglichkeiten einer wirkungsvollen Mitarbeit der DDR in der ECE zu erwägen, wenn sich Ihre Regierung dazu bereit findet, im beiderseitigen Verhältnis die Voraussetzungen dafür zu schaffen, daß eine bessere Zusammenarbeit im Rahmen der ECE möglich wird.

4) Falls zur WHO Stellung genommen werden muß:

Lassen Sie uns doch zunächst einmal – wie wir es vorgeschlagen haben[12] – in Deutschland eine Zusammenarbeit in diesem für die Menschen so außerordentlichen wichtigen Bereich des Gesundheitswesens finden; dann wird auch die Bundesregierung nicht mehr zögern, an die Frage der Repräsentanz der beiden deutschen Staaten in der WHO positiv heranzutreten. Aber hier wird der Bereich der Vereinten Nationen angesprochen.

---

[12] Am 8. Mai 1968 erklärte Ministerialdirektor Frank vor der 21. Weltgesundheitsversammlung in Genf: „Wir verkennen [...] nicht, daß Ost-Deutschland in Fragen der öffentlichen Gesundheit Fortschritte gemacht hat. Wir sind darüber sogar froh, denn wir wünschen, daß die Bevölkerung Ost-Deutschlands ebenfalls in den Genuß aller Ergebnisse der Weltorganisation kommt. Wir sind überzeugt, daß dies auch in der Zukunft möglich sein wird, ohne das dornige Problem des Aufnahmeantrags behandeln zu müssen. In diesem Sinne und in einem Geiste der Verständigung möchte ich von dieser Plattform aus vorschlagen, ein inner-deutsches Amt für Gesundheitswesen ins Leben zu rufen, das auch die Kontakte zur Organisation wahrnehmen könnte." Vgl. FRANK, Botschaft, S. 219.

CIM und CIV, ECE und WHO sind sicherlich wichtige Fragen, aber sie erscheinen uns von untergeordneter Bedeutung im Hinblick auf die Frage der möglichen Repräsentanz der beiden deutschen Regierungen in den Vereinten Nationen selbst. Wir dürfen das Pferd nicht am Schwanze aufzäumen.

Nach unserer Auffassung wird eine Regelung der Beziehungen zwischen unseren beiden Staaten auch zu einer Antwort auf die Frage der deutschen Mitgliedschaft in den Vereinten Nationen führen. Nun wissen Sie ebenso gut wie wir, daß es nicht unsere beiden Regierungen sind, die über die Aufnahme entscheiden, und daß in dieser Frage auch die Vier Mächte eine besondere Verantwortung haben. Wir müssen den Weg in die Vereinten Nationen in der richtigen Weise vorbereiten. Ich schlage Ihnen vor, daß wir im weiteren Verlauf unserer Begegnungen und gemäß dem Fortschritt unserer Gespräche auf das Thema der deutschen VN-Mitgliedschaft zurückkommen. Die Regelung der Mitgliedschaften in Sonderorganisationen und anderer internationalen Organisationen wird sich dann als logische Folge anschließen.

Anmerkung:

Der Gedanke einer Mitgliedschaft beider deutscher Staaten in den Vereinten Nationen ist bisher lediglich von der DDR-Regierung aufgeworfen[13], in der Bundesrepublik aber kaum erörtert worden. Wir sollten versuchen, in dieser Frage die Initiative selber in die Hand zu bekommen, also zunächst durch eine Erklärung des Bundeskanzlers gegenüber der deutschen Öffentlichkeit (eventuell Bundestag) einen Markierungspunkt zu setzen. Andernfalls besteht die Gefahr, daß unsere Bereitschaft, gleichzeitig mit der DDR in die UN einzutreten, lediglich als Erfüllung einer Forderung der DDR angesehen wird. Es erscheint daher angebracht, sich in dem Gespräch mit dem Vorsitzenden Stoph zu diesem Thema zunächst nur sehr allgemein zu äußern.

VS-Bd. 4497 (II A 1)

---

[13] Vgl. dazu Artikel VIII des Entwurfs vom 17. Dezember 1969 für einen Vertrag über die Aufnahme gleichberechtigter Beziehungen; Dok. 104, Anm. 10.

110

Staatssekretär Bahr, Bundeskanzleramt, z.Z. Moskau, an Bundesminister Scheel

Z B 6 1-11195/70 geheim
Fernschreiben Nr. 357
Citissime

Aufgabe: 11. März 1970, 12.30 Uhr[1]
Ankunft: 11. März 1970

Nur für StS[2] und BM

Habe drei Botschafter[3] wie folgt unterrichtet:

Die Diskussionen mit Gromyko hätten zwei Arten von Punkten ergeben:

a) solche, die nicht in ein Abkommen gehören;

b) solche, die Teile eines Abkommens sein müßten.

Zu a) Dazu gehöre z.B. Berlin. Gewisse Änderung der sowjetischen Haltung, als wir uns darin einig sind, daß auf unserer Ebene nichts darüber zu verhandeln ist. Ich betonte als Haltung der Bundesregierung die Interdependenz der Drei-Mächte-Verhandlungen und unserer Gespräche, die im gemeinsamen Interesse liege. Oder auch ESK oder NV-Ratifikation.

Zu b) Betreffend UN-Artikel seien wir uns faktisch einig. In Frage der Grenzen und der Beziehungen DDR–Drittländer seien die Standpunkte noch sehr weit entfernt. Machte in diesem Zusammenhang darauf aufmerksam, daß in Kürze WHO-Entscheidung ansteht.[4] Gab einige Passagen aus gestrigem Gespräch[5] wieder zum Thema Nicht-Einmischung in die inneren Angelegenheit mit Angriffen gegen die Haltung der DDR und der sehr moderaten Entgegnung Gromykos.

Auf Frage des US-Botschafters, ob wir an Formulierung eines Papiers dächten, habe ich erklärt, daß ich im Idealfalle mir eine Art von Non-Paper vorstelle als Unterlage für die Regierungen, auf das sich keine Seite berufen könne.[6] Ich sei beim gegenwärtigen Stand nicht sicher, ob es angesichts der noch bestehenden Differenzen in wesentlichen Punkten dazu kommen werde.

Die Botschafter äußerten sich sehr befriedigt und dankbar für die Unterrichtung.

[gez.] Bahr

VS-Bd. 4621 (II A 4)

---

1 Hat Vortragendem Legationsrat I. Klasse Noebel vorgelegen, der handschriftlich vermerkte: „H[errn] Ruete zum Verbleib. B[undes]k[anzler]a[mt] und Warschau wurden unterrichtet."
2 Günther Harkort.
3 Jacob D. Beam (USA), Roger Seydoux (Frankreich), Duncan Wilson (Großbritannien).
4 Zu einer Mitgliedschaft der DDR in der WHO vgl. Dok. 147.
5 Für das Gespräch des Staatssekretärs Bahr, Bundeskanzleramt, mit dem sowjetischen Außenminister Gromyko am 10. März 1970 in Moskau vgl. Dok. 104. Vgl. dazu auch Dok. 106 und Dok. 112.
6 Vgl. dazu den gemeinsamen Arbeitstext des Redaktionsausschusses vom 11. März 1970; Dok. 114.

111

Staatssekretär Bahr, Bundeskanzleramt, z. Z. Moskau, an Bundeskanzler Brandt

Z B 6-1-11192/70 geheim
Fernschreiben Nr. 358
Citissime

Aufgabe: 11. März 1970, 13.00 Uhr[1]
Ankunft: 11. März 1970

Nur für BM und BK
Delegationsbericht Nr. 17
Gespräch mit Gromyko über Treffen Brandt–Stoph[2]

Unterrichtete Gromyko über unseren Standpunkt. DDR-Erklärung[3] und Brief Bundeskanzler[4] waren ihm bekannt. Er erklärte sein volles Verständnis für die Haltung der DDR. Man müsse zugeben, daß es sich bei der Variante Westberlin um ein künstliches Hindernis handele, um eine politische Frage, die für die DDR von großer Bedeutung sei. Das Politikum könne weder auf Prestigefragen noch persönliche reduziert werden. Die sowjetische Regierung habe bekanntlich die gleichen Ansichten über die Art der Tätigkeit von Bundesorganen in Berlin. Es sei im Interesse des Bundeskanzlers, Westberlin zu streichen. Ich antworte, daß die Frage zu hoch gespielt worden sei. Ich könne darin nur den Ausdruck des schlechten Willens der DDR sehen. Der Bundeskanzler könne in jede Stadt der Welt reisen, außer Peking, und jetzt soll ihm offenbar Westberlin verboten werden. Dies komme nicht in Frage. Gromyko meinte, es handele sich nicht um ein Verbot, aber es würde das Treffen belasten. Ob ich den Menschen leicht würde erklären können, daß wegen Westberlin das Treffen gescheitert sei, was ich bejahte. Er gehe davon aus, daß beide Seiten das Treffen wollten, also müsse es auch zustande kommen können. Er ging nicht auf meine Frage ein, wie er über einen dritten oder neutralen Ort denke, sondern meinte, man solle den Donnerstag abwarten und sehen, was Sahm und Schüßler vereinbaren.[5] Man

---

[1] Hat Staatssekretär Harkort am 11. März 1970 vorgelegen.
[2] Das Gespräch fand am 10. März 1970 statt.
[3] Zur Erklärung des Ministerrats der DDR vom 9. März 1970 vgl. Dok. 103, Anm. 4.
[4] Zum Schreiben des Bundeskanzlers Brandt vom 8. März 1970 an den Vorsitzenden des Ministerrats, Stoph, vgl. Dok. 103, Anm. 3.
[5] Am 12. März 1970 fand ein weiteres Gespräch zwischen Ministerialdirektor Sahm, Bundeskanzleramt, und dem Stellvertreter des Leiters des Büros des Ministerrats, Schüßler, in Ost-Berlin statt. In dem anschließend veröffentlichten Kommuniqué hieß es: „Die mit der technischen und protokollarischen Vorbereitung des Treffens zwischen dem Vorsitzenden des Ministerrats der Deutschen Demokratischen Republik, Willy Stoph, und dem Bundeskanzler der Bundesrepublik Deutschland, Willy Brandt, beauftragten Delegationen einigten sich heute entsprechend einem Vorschlag der Regierung der DDR, daß das Treffen am 19. März 1970 in Erfurt stattfindet." Vgl. BULLETIN 1970, S. 355.
Staatssekretär Ahlers, Presse- und Informationsamt, erklärte dazu am 12. März 1970 im Deutschen Fernsehen: „Zum erstenmal seit mehr als zwanzig Jahren hat es heute eine Art gesamtdeutsches Kommuniqué gegeben. [...] Dieses Verhandlungsergebnis ist das Resultat gemeinsamer Anstrengungen beider Seiten, die bei der Vorbereitung des Treffens entstandenen Meinungsverschiedenheiten zu überwinden und diese Begegnung zustande zu bringen. Sie soll dem Zweck dienen, die Beziehungen zwischen den beiden Staaten in Deutschland zu entspannen und nach Möglichkeit eine Erleichterung für die deutsche Bevölkerung zu erreichen. Die Bundesregierung begrüßt diese

solle beide am besten einsperren, ohne Wasser und Brot, aber dann werde der Vertreter der DDR unschuldig leiden. Man müsse doch einen Ausweg finden. Hatte Gelegenheit, ihm etwas über die Realitäten auf unserer Seite in Westberlin zu sagen. Bundeskanzler sei nach wie vor Berliner Bürger. Er sei Bundeskanzler, wo immer er sei, ob in Ost- oder Westberlin. Genau wie Gromyko überall sowjetischer Außenminister sei, ob in Moskau oder New York.

Ich hatte den Eindruck, daß Gromyko das Gespräch nicht besonders angenehm war, obwohl er sich betont Mühe gab, persönlich und milde zu sein.

Nachdem er auch in der vorangegangenen Sitzung der Delegationen kaum oder nur ohne Nachdruck auf meine Angriffe gegen die DDR eingegangen ist, verstärkt sich der Eindruck, daß auf sowjetischer Seite eine gewisse Skepsis gegen die Haltung der DDR entwickelt wird, die natürlich nicht öffentlich sichtbar werden darf und auch nicht expressis verbis zugegeben werden würde.[6]

[gez.] Bahr

VS-Bd. 10069 (Ministerbüro)

Fortsetzung Fußnote von Seite 448

Entwicklung. Sie hofft, daß sie der Beginn einer besseren Phase der Lage in Deutschland sein möge. Selbstverständlich wird der Bundeskanzler bei der Vorbereitung der Reise nach Erfurt die Mitglieder des Bundeskabinetts und die Vorsitzenden der Bundestagsfraktionen, also auch den Vorsitzenden der Fraktion der CDU/CSU, zu Rate ziehen." Vgl. BULLETIN 1970, S. 355.

6 Staatssekretär Bahr, Bundeskanzleramt, z. Z. Moskau, informierte Bundeskanzler Brandt am 11. März 1970 ergänzend: „Habe Grund zu der Annahme, daß Moskau davon ausgeht, daß Treffen Brandt-Stoph am 16. stattfindet, und Ostberlin hat wissen lassen, daß man a) einen räsonablen Standpunkt vertreten solle; b)in der Frage der Journalisten entgegenkommend sein solle; c) das Treffen in einer Weise erwarte, daß es nicht das erste und letzte sei; d) es für eine gute Idee halte, Kommissionen auf Ministerebene für die Fortsetzung zu akzeptieren. a) bis c) wurde gestern abend positiv beantwortet, Äußerung zu d) steht noch aus. Dies macht natürlich auch den Handlungsspielraum Ostberlins sichtbar. Erbitte Draft ihres Statements." Vgl. den Drahtbericht Nr. 364; VS-Bd. 502 (Büro Staatssekretär); B 150, Aktenkopien 1970.

112

Staatssekretär Bahr, Bundeskanzleramt, z. Z. Moskau, an Bundesminister Scheel

Z B 6-1-11209/70 geheim
Fernschreiben Nr. 365
Citissime

Aufgabe: 11. März 1970, 18.00 Uhr[1]
Ankunft: 11. März 1970, 17.28 Uhr

Nur für Bundesminister und Staatssekretär[2]
Delegationstelegramm Nr. 18

Gestrige Verhandlung[3] wurde in der Reihenfolge der sowjetischen Thesen auf der Grundlage unserer das eigene Papier berücksichtigenden Stellungnahme geführt.[4]

I. – Thesen zum GV-Vertrag –

– zu Punkt 1 – Einigungen erscheint möglich

– zu Punkt 2 –, 1. Absatz

Einigungen erscheint möglich. Grundlage sowjetischer Vorschlag 2. Absatz

Unser Vorschlag, den Hinweis auf Erweiterung kultureller etc. Beziehungen aus diesem Zusammenhang zu lösen und in das zweite Papier (Absichtspapier) aufzunehmen, wurde im Prinzip angenommen.

– Zu Punkt 3 – habe ich darauf hingewiesen, daß wir bei der Grenzfrage weder das Datum vom 1.1.1970 noch die Erwähnung der Oder-Neiße-Grenze und der Grenze zwischen DDR und BRD akzeptieren können. Unsere Formulierung, – alle – Grenzen zu achten, mache besondere Erwähnung einzelner Grenzen überflüssig. Vorgeschlagenes Datum erscheine mir willkürlich und zweckmäßigerweise durch Datum des Vertragsabschlusses zu ersetzen, ohne dies in einem Artikel zu erwähnen. Gromyko bezeichnete beide Punkte als unverzichtbar. Deutete jedoch in der Datumsfrage flexible Haltung an.

– Zu Punkt 4 – Gromyko ist nicht bereit, unserer Formulierung zu folgen, daß „– nach – der Regelung der Beziehungen zwischen den beiden Staaten in Deutschland sich auch die internationale Rolle der DDR normalisieren" werde.

Er wies dies als unannehmbare Vorbedingung zurück und bemerkte, die Beziehungen würden sich im Verlauf der Zeit regeln, wenn wir sofort anerkennen, daß die Gleichberechtigung beider Staaten zwei Ebenen habe:

a) im Verhältnis untereinander,

b) im Verhältnis der DDR zu Drittstaaten.

---

[1] Hat Legationsrat I. Klasse Hallier am 11. März 1970 vorgelegen, der handschriftlich vermerkte: „Nr. 4 liegt BM vor."

[2] Günther Harkort.

[3] Für das Gespräch des Staatssekretärs Bahr, Bundeskanzleramt, mit dem sowjetischen Außenminister Gromyko am 10. März 1970 in Moskau vgl. Dok. 104. Vgl. dazu auch Dok. 106.

[4] Für das sowjetische Arbeitspapier vom 6. März 1970, für das Arbeitspapier der Bundesregierung vom 5. März 1970 und für die Änderungsvorschläge des Staatssekretärs Bahr, Bundeskanzleramt, vom 6. März 1970 vgl. Dok. 97.

Zu b) müßten wir davon Abstand nehmen, der internationalen Anerkennung der DDR (z. B. Aufnahme in die UNO) noch Schwierigkeiten zu machen.

Ich akzeptierte a) unter Hinweis auf den Nachholbedarf der DDR. Wir hätten wohl bemerkt, daß er in Ostberlin korrekte Bezeichnung der BRD gebraucht hätte im Gegensatz zu seinen Gesprächspartnern dort.[5] Zu b) dürften von keiner Seite zeitliche Vorbedingungen erhoben werden. Gromyko sprach darauf von einem synchronen Prozeß. Es soll versucht werden, dafür eine Formulierung zu finden. Er deutete an, daß sich dies auch auf die Beziehungen der BRD zu sozialistischen Ländern auswirken werde. Ich unterstrich erneut, daß wir keinerlei Verpflichtungen für die Beziehungen der DDR zu Drittländern übernehmen können.

– Zu Punkt 5 – Gromyko ist nicht bereit, die Erwähnung der „Rechte und Pflichten" aus früher geschlossenen Verträgen zu akzeptieren. Nach anfänglichem Beharren auf sowjetischem Vorschlag scheint Einigung möglich, indem wir weder die Rechte noch die Pflichten erwähnen, sondern uns nur auf die früher geschlossenen Verträge beziehen. Gromykos Argumentation mit Artikel 103 UNO-Satzung[6] – „wir werden Ihnen doch nicht Ihre Rechte aus dem NATO-Vertrag sanktionieren" – schien auch ihm selbst nicht sehr überzeugend zu sein.

II. – Thesen zur Absichtserklärung –

– Zu Punkt 6 – ich bin auf unseren Vorschlag vom 5.3. zurückgegangen und habe die Erwähnung Berlins gefordert. Gromyko hat dies abgelehnt mit dem Bemerken, daß die mit dem GV erstrebte Entspannung natürlich auch Westberlin umspanne. Zumal die Grenzen Westberlins jedermann bekannt seien. Die Erwähnung Berlins wäre jedoch in diesem Vertrag wegen der Rechte der Vier Mächte nicht möglich. Habe betont, daß es auf sowjetischer Seite keinen Zweifel darüber geben dürfe: Bundesregierung betrachtet befriedigende Berlin-Regelung als zwingenden Teil des gesamten Komplexes. Dagegen habe ich die sowjetische Formulierung, die GV-Verträge als einheitliches Ganzes zu betrachten, aufgegriffen und akzeptiert. Es bleibt die Meinungsverschiedenheit, daß wir den Vertrag mit der DDR im weiteren Rahmen sehen als die GV-Verträge mit den übrigen sozialistischen Ländern.

– Zu Punkt 7 – Ich sagte Gromyko, daß wir die Verpflichtung der Nichteinmischung in innere Angelegenheiten der DDR nicht annehmen könnten. Führende DDR-Funktionäre (DE 206 vom 9.3.) seien derselben Meinung. Gegenstand wurde nicht weiter verfolgt.

– Zu Punkt 8 – Gromyko ließ ein gewisse Verständnis für unseren Formulierungswunsch erkennen.

– Zu Punkt 9 – keine Veränderungen.

– Zu Punkt 10 – wurde an den Redaktionsausschuß verwiesen. Hinzuzufügen ist, daß Gromyko meine Anregung, die Erwähnung der Wiedervereinigung außerhalb des Vertrages, z. B. durch einen Briefwechsel oder eine einseitige Er-

---

[5] Zum Besuch des sowjetischen Außenministers Gromyko vom 24. bis 27. Februar 1970 in Ost-Berlin vgl. Dok. 76, Anm. 3.
[6] Für Artikel 103 der UNO-Charta vom 26. Juni 1945 vgl. Dok. 33, Anm. 23.

klärung zu regeln, mit der Bemerkung erwidert hat, er habe dem uns bekannten sowjetischen Standpunkt „jetzt" nichts hinzuzufügen.

III. Aus der mit großer Sachlichkeit und in sehr angenehmer Atmosphäre geführten Diskussion hat sich klarer als zuvor herausgestellt, daß

a) die Sowjetunion an einem GV-Abkommen interessiert ist,

b) daß sie bis jetzt keine Absicht erkennen läßt, uns in den kritischen Fragen entgegenzukommen.

IV. Zur weiteren Prozedur akzeptierte Gromyko jetzt die Möglichkeit eines gemeinsamen Arbeitspapiers, auf Grund dessen beide Regierungen ihre Überlegungen anstellen sollten. Es ist jedoch nicht zu erwarten, daß dieses Papier bereits eine Übereinstimmung in allen Fragen ergeben wird, so daß in einigen Punkten die divergierenden Ansichten enthalten sein werden.

V. Redaktionsausschuß ist 15 Uhr hiesiger Zeit zusammengetreten.[7]

[gez.] Bahr

VS-Bd. 10069 (Ministerbüro)

113

Staatssekretär Duckwitz, z.Z. Warschau, an Bundesminister Scheel

Z B 6-1-11216/70 VS-vertraulich Aufgabe: 11. März 1970, 19.00 Uhr[1]
Fernschreiben Nr. 120 Ankunft: 11. März 1970, 20.35 Uhr
Citissime

Nur für Minister und Staatssekretär[2]

Betr.: Deutsch-polnische Gespräche

Delegationsbericht Nr. 9

I. Zu Beginn heutiger Sitzung nahm ich nochmals zu gestrigen Ausführungen von Winiewicz[3] Stellung. Ich wiederholte, daß wir einen Gewaltverzicht für geeignet hielten, den Prozeß der Normalisierung unserer Beziehungen einzuleiten, ein Abkommen aber nicht auf einen reinen Gewaltverzicht beschränken woll-

---

[7] Vgl. dazu den gemeinsamen Arbeitstext des Redaktionsausschusses vom 11. März 1970; Dok. 114.

[1] Hat Vortragendem Legationsrat Schönfeld am 12. März 1970 vorgelegen, der handschriftlich vermerkte: „Bu[ndes]ka[nzler]a[mt] u[nd] Moskau wurden unterrichtet. Herrn MD Dr. Ruete übersandt."
Hat Ministerialdirektor Ruete am 12. März 1970 vorgelegen, der die Weiterleitung an Ministerialdirigent Lahn und Referat II A 5 verfügte.
Hat Lahn am 12. März 1970 vorgelegen.
Hat Vortragendem Legationsrat I. Klasse von Alten vorgelegen.

[2] Günther Harkort.

[3] Zum Gespräch vom 10. März 1970 vgl. Dok. 107.

ten. Beide Seiten sollten ihre Entwürfe im Licht der beiderseitigen Stellungnahmen überdenken. Ich wies erneut hin auf die Rechte und Verantwortlichkeiten der Vier Mächte in bezug auf Berlin und Deutschland als Ganzes einschließlich seiner Grenzen. Bei meinem Hinweis auf unsere Bereitschaft, die territoriale Integrität Polens zu respektieren, unterbrach W. mit der Frage, ob wir entsprechend der Formulierung des damaligen Außenministers Brandt auf dem Nürnberger Parteitag[4] bereit seien, sie zu respektieren und „anzuerkennen". Dies bejahte ich mit dem Bemerken, wenn hier ebenso wie in dieser Äußerung der Vorbehalt gemacht würde, daß dies bis zur endgültigen Festlegung der Grenzen Deutschlands in einer friedensvertraglichen Regelung gelte. Im übrigen bejahte ich auf die entsprechende Frage von W. vom Vortag grundsätzlich die Zuständigkeit der Bundesrepublik zu bindenden Vereinbarungen mit Polen über die Grenzfrage. Das Problem liege jedoch darin, welchen Inhalt diese Vereinbarungen unter den gegenwärtigen Umständen haben könnten.

W. ging nochmals auf meine Ausführungen der Vortage ein. Er polemisierte gegen unsere Ansicht, wir seien verpflichtet, im Rahmen der deutschen Gesetzgebung die persönlichen Rechte und Pflichten von Deutschen, die in den unter polnische Verwaltung gestellten Gebieten leben oder lebten, zu definieren und zu sichern, sowie gegen die in Artikel 116 Grundgesetz enthaltene Definition des Begriffs „Deutscher"[5]. Polen weise alle Ansprüche kategorisch zurück, deutsche Staatsangehörigkeit auf alle Bewohner des deutschen Reichsgebiets von 1937 auszudehnen. Recht der Handelsvertretung auf Fürsorge könne nur für „Staatsangehörige der Bundesrepublik" erörtert werden, die sich mit polnischem Visum vorübergehend in Polen aufhielten.

Zum Potsdamer Abkommen führte W. nochmals aus, schon die auf Dauer angelegte Umsiedlung deutscher Bevölkerung beweise Endgültigkeit der Grenzziehung. Endgültige Markierung der Grenze wäre lediglich aufgeschoben worden, weil damals rasche Friedensregelung erwartet wurde. Polen werde niemals und mit niemanden über Änderungen der Grenze diskutieren. Unsere Anerkennung der Grenze müsse verbindlich sein für alle künftigen Vereinbarungen, die im Zusammenhang mit diesem Problem geschlossen werden, einschließlich der Übereinkünfte über Frieden und Sicherheit in Europa.

Der polnische Entwurf[6] komme in Artikel II unserer Konzeption des Gewaltverzichts entgegen.

Zu meiner Frage nach den polnischen Vorstellungen über weitere Schritte der Normalisierung bemerkte er, dies könne Gegenstand des weiteren Meinungs-

---

[4] Zur Rede des SPD-Vorsitzenden Brandt am 18. März 1968 vgl. Dok. 107, Anm. 7.
[5] Artikel 116 des Grundgesetzes vom 23. Mai 1949: „1) Deutscher im Sinne dieses Grundgesetzes ist vorbehaltlich anderweitiger gesetzlicher Regelung, wer die deutsche Staatsangehörigkeit besitzt oder als Flüchtling oder Vertriebener deutscher Volkszugehörigkeit oder als dessen Ehegatte oder Abkömmling in dem Gebiete des Deutschen Reiches nach dem Stande vom 31. Dezember 1937 Aufnahme gefunden hat. 2) Frühere deutsche Staatsangehörige, denen zwischen dem 30. Januar 1933 und dem 8. Mai 1945 die Staatsangehörigkeit aus politischen, rassischen oder religiösen Gründen entzogen worden ist, und ihre Abkömmlinge sind auf Antrag wieder einzubürgern. Sie gelten nicht als ausgebürgert, sofern sie nach dem 8. Mai 1945 ihren Wohnsitz in Deutschland genommen haben und nicht einen entgegengesetzten Willen zum Ausdruck gebracht haben." Vgl. BUNDESGESETZBLATT 1949, S. 15 f.
[6] Für den polnischen Entwurf vom Februar 1970 vgl. Dok. 141.

austausches sein. Allerdings hätten auf die weitere Normalisierung auch Probleme Einfluß, die nicht nur mit unseren bilateralen Beziehungen zusammenhängen.

In meiner Antwort wies ich darauf hin, daß nach Artikel 16 Grundgesetz niemand deutsche Staatsangehörigkeit entzogen werden dürfe[7]; andererseits sei niemand gezwungen, sie zu behalten. Konsularische Schutzbefugnisse strebten wir für zeitweilig in Polen anwesende Bürger der Bundesrepublik an.

Abschließend stimmte W. zu, daß beide Seiten ihre Standpunkte, besonders in der Grenzfrage, noch einmal sorgfältig überprüfen sollten. Er hoffe, daß die dritte Gesprächsrunde ebenso nützlich und sachlich sein werde, wie die beiden ersten. Die Entschiedenheit des polnischen Standpunktes in der Grenzfrage werde allerdings unverändert bleiben.

II. Die Gespräche sollen 22. April in Warschau fortgesetzt werden entsprechend einem persönlichen Wunsch von W. Tagungsort soll indessen zunächst noch nicht bekannt gegeben werden.[8]

Folgende Presseverlautbarung wurde vereinbart:

„Während der Begegnungen hat ein sachlicher Meinungsaustausch in Fragen der Grundsätze der Normalisierung der gegenseitigen Beziehungen stattgefunden.

Der Meinungsaustausch wird in der zweiten Aprilhälfte d. J. fortgesetzt."

[gez.] Duckwitz

VS-Bd. 8954 (II A 5)

---

[7] Artikel 16, Absatz 1 des Grundgesetzes vom 23. Mai 1949: „Die deutsche Staatsangehörigkeit darf nicht entzogen werden. Der Verlust der Staatsangehörigkeit darf nur auf Grund eines Gesetzes und gegen den Willen des Betroffenen nur dann eintreten, wenn der Betroffene dadurch nicht staatenlos wird." Vgl. BUNDESGESETZBLATT 1949, S. 3.

[8] Die dritte Runde der Gespräche mit Polen über eine Verbesserung des bilateralen Verhältnisses fand vom 22. bis 24. April 1970 in Warschau statt.

114

Arbeitstext des Redaktionsausschusses

Geheim 11. März 1970[1]

1

(1) Die UdSSR und die BRD betrachten es als wichtiges Ziel ihrer Politik, den internationalen Frieden aufrechtzuerhalten und die Entspannung zu erreichen.
(2) Sie bekunden ihr Bestreben, die Normalisierung der Lage in Europa zu fördern und gehen hierbei von der in diesem Raum bestehenden realen Lage und der Entwicklung friedlicher Beziehungen zwischen allen europäischen Staaten aus.[2]

2

(1) Die UdSSR und die BRD werden sich in ihren gegenseitigen Beziehungen sowie in Fragen der Gewährleistung der europäischen und internationalen Sicherheit von den Prinzipien und Zielen der Organisation der Vereinten Nationen leiten lassen.
(2) Demgemäß werden sie ihre Streitfragen ausschließlich mit friedlichen Mitteln lösen und übernehmen die Verpflichtung, sich in Fragen, die die europäische Sicherheit berühren sowie in ihren bilateralen Beziehungen gemäß Art. 2 der Charta der Vereinten Nationen[3] der Drohung mit Gewalt oder der Anwendung von Gewalt zu enthalten.

3

(1) Die BRD und die UdSSR erheben keine Gebietsansprüche gegen irgend jemand und werden solche Ansprüche auch in Zukunft nicht erheben.
(2) Sie verpflichten sich, die territoriale Integrität aller Staaten in Europa zu respektieren.

---

[1] Der Arbeitstext wurde am 11. März 1970 von Botschaftsrat I. Klasse Peckert, Moskau, und dem Abteilungsleiter im sowjetischen Außenministerium, Falin, erstellt. Vgl. dazu den Drahtbericht Nr. 368 des Staatssekretärs Bahr, Bundeskanzleramt, z. Z. Moskau, vom 12. März 1970; VS-Bd. 4626 (II A 4); B 150, Aktenkopien 1970.
Botschafter Allardt, Moskau, leitete den Arbeitstext zusammen mit „abweichenden Vorstellungen der deutschen Seite" und „abweichenden Vorstellungen der sowjetischen Seite" in Form einer Synopse am 12. März 1970 an das Auswärtige Amt. Dazu erläuterte er: „Die Thesen 1 bis 4 sind als Teil eines späteren GV-Vertrages gedacht. Die Thesen 5 bis 11 sind Absichtserklärungen, deren formale Fixierung noch nicht näher erörtert worden ist. Die mit ‚Arbeitstext' bezeichnete mittlere Kolumne ist von der Redaktionsgruppe ad referendum vereinbart. Die Seitenkolumnen geben bereits formulierte Ansichten beider Delegationen wieder, über die noch keine Lösung erzielt werden konnte." Vgl. den Schriftbericht Nr. 273; VS-Bd. 4620 (II A 4); B 150, Aktenkopien 1970.
Ministerialdirektor Ruete leitete den Schriftbericht von Allardt mit Begleitvermerk vom 13. März 1970 an Staatssekretär Duckwitz und Bundesminister Scheel weiter und regte an, „eine Ausfertigung dem Herrn Bundeskanzler zu übermitteln".
Hat Duckwitz und Scheel am 14. März 1970 vorgelegen. Vgl. VS-Bd. 4620 (II A 4); B 150, Aktenkopien 1970.
Die in den Seitenkolumnen der Synopse formulierten abweichenden Vorschläge beider Seiten werden in den Anmerkungen 2, 4, 5, 6, 7 und 8 wiedergegeben.
[2] Zu Satz (2) abweichende Vorstellung der Bundesrepublik: „Anstatt ‚reale Lage' ‚gegenwärtige Lage'."
[3] Zu Artikel 2 der UNO-Charta vom 26. Juni 1945 vgl. Dok. 12, Anm. 5.

(3) Sie achten die heute bestehenden Grenzen aller Staaten in Europa, einschließlich der Oder-Neiße-Grenze und der Grenze zwischen der BRD und der DDR, und betrachten sie auch in Zukunft als unverletzlich.[4]

4

(1) Das Abkommen zwischen der BRD und der UdSSR berührt nicht die früher geschlossenen zweiseitigen und mehrseitigen Verträge beider Seiten.

5

(1) Die BRD und die UdSSR sind sich darin einig, daß
- der Abschluß von GV-Abkommen der BRD mit der UdSSR, Polen und der ČSSR –
- die Regelung der Beziehungen einschließlich eines GV zwischen der BRD und der DDR (vgl. Ziff. 6)[5]

ein einheitliches Ganzes bilden.[6]

6

(1) Die BRD erklärt ihre Bereitschaft, mit der DDR ein Abkommen zu schließen (vgl. Ziffer 5), das die gleiche verbindliche Kraft haben wird, wie die Abkommen mit den anderen sozialistischen Ländern.

(2) Sie bekundet die Bereitschaft, ihre Beziehungen zur DDR auf der Grundlage der völligen Gleichberechtigung und Nichtdiskriminierung zu regeln.[7]

7

(1) Es besteht Einvernehmen darüber, daß die mit der Ungültigkeit des Münchener Abkommens verbundenen Fragen in Verhandlungen zwischen der BRD und der ČSSR in einer beide Seiten befriedigenden Weise geregelt werden sollen.

---

[4] Zu Satz (3) schlug die Bundesregierung vor: „Präzisierung der Grenzen setzt Zustimmung der sow[jetischen] Seite zum Wiedervereinigungsvorbehalt voraus."
[5] An dieser Stelle Fußnote in der Vorlage: „Die in Klammern gesetzten Worte entfallen, falls sich unsere Vorstellungen durchsetzen."
[6] Die Bundesregierung schlug als Ergänzung zu Satz (1) vor: „die Entspannung und Stabilisierung der Lage in und um Berlin".
[7] Zu Punkt 6) schlug die Bundesrepublik die Formulierung vor: „(1) Die BRD erklärt ihre Bereitschaft, ihre Beziehungen zur DDR – einschließlich eines GV – auf eine vertragliche Grundlage zu stellen. (2) Jedes Abkommen zwischen der BRD und der DDR muß die gleiche Verbindlichkeit haben, wie Abkommen, die jeder von ihnen mit Drittstaaten schließt. (3) Die BRD bekundet die Bereitschaft, ihre Beziehungen zur DDR auf der Grundlage der völligen Gleichberechtigung und Nichtdiskriminierung zu regeln."
Zu Punkt 6) schlug die UdSSR die Formulierung vor: „(1) Die BRD erklärt ihre Bereitschaft, mit der DDR ein entsprechendes Abkommen (Vertrag) zu schließen, das die gleiche völkerrechtliche Kraft haben wird wie die Abkommen mit anderen sozialistischen Ländern. (2) Die BRD bekundet ihre Bereitschaft, ihre Beziehungen zur DDR auf dem Grundsatz der völligen Gleichberechtigung, der Nichtdiskriminierung und der Nichteinmischung in Angelegenheiten, die (entweder) a) zu der inneren Kompetenz jedes der beiden Staaten gehören, (oder) b) sich in der inneren Kompetenz eines jeden der beiden Staaten befinden, sowie auch nach dem Grundsatz der gegenseitigen Respektierung der souveränen Rechte in ihren Beziehungen zu dritten Staaten zu gestalten."

8

(1) Die UdSSR und die BRD bekunden ihre Bereitschaft im Zuge der Entspannung in Europa und im Interesse der Verbesserung der Beziehungen zwischen den europäischen Ländern, insbesondere der BRD und der DDR, Schritte zu unternehmen, die sich aus ihrer entsprechenden Stellung ergeben, um den Beitritt der BRD und der DDR zur Organisation der Vereinten Nationen und zu deren Sonderorganisationen zu fördern.

9

(1) Die BRD und die UdSSR werden ihre gegenseitigen wirtschaftlichen, wissenschaftlich-technischen, kulturellen und sonstigen Beziehungen im Interesse beider Seiten und der Festigung des Friedens in Europa fortentwickeln.

10[8]

11

(1) Die BRD und die UdSSR begrüßen den Plan einer Konferenz über Fragen der Festigung der Sicherheit und Zusammenarbeit in Europa und werden alles von ihnen Abhängende für die Vorbereitung und erfolgreiche Durchführung dieses Planes tun.

VS-Bd. 4620 (II A 4)

---

[8] Die UdSSR schlug einen Punkt 10) mit der Formulierung vor: „(1) Die UdSSR und die BRD betrachten den Vertrag über die Nichtverbreitung von Kernwaffen als einen wichtigen Bestandteil der Anstrengungen der Staaten zur Festigung des internationalen Friedens und der Verringerung der Gefahr eines Krieges. (2) Demgemäß hat die UdSSR das Ratifikationsverfahren für diesen Vertrag, der jetzt in Kraft getreten ist, in der Erwartung abgeschlossen, daß dieser Vertrag in nächster Zeit auch von den anderen Staaten, die ihn unterzeichnet haben, ratifiziert wird. (3) Die Regierung der BRD erklärt ihrerseits, daß sie die sich aus dem Vertrag über die Nichtverbreitung von Kernwaffen ergebenden Verpflichtungen strikt erfüllen und Maßnahmen zur baldigen Ratifizierung des Vertrages ergreifen wird."
Dazu abweichende Vorstellung der Bundesrepublik: „Lehnt besondere Erwähnung des NV-Vertrags ab."

115

Staatssekretär Bahr, Bundeskanzleramt, z. Z. Moskau, an Bundeskanzler Brandt

12. März 1970[1]

Lieber Willy Brandt,

vielen Dank für Deine Mitteilung. Schade, daß es mit der Woche in Amerika nicht klappt, aber die Umstände sind wohl stärker. Vielen Dank auch für Dein Angebot, daß ich mit meiner Frau dann länger bleiben könnte; aber dies werden wir uns aus finanziellen Gründen wohl verkneifen.

Zur Lage hier:

Ich hatte Gromyko gegenüber fallen lassen, daß es vielleicht gut wäre, wenn ich noch in Moskau bin, während Du Dich mit Stoph triffst[2]; daß dies aber etwas schwierig wäre wegen meiner Terminüberlegungen, wenn er die ganze nächste Woche weg ist[3]. Er hatte darauf sofort gesagt, daß Falin mir zur Verfügung stünde. Nun hat er heute früh anrufen lassen und mir durch Falin die Mitteilung übermittelt, daß er, unmittelbar nach seiner Rückkehr aus Prag, am Sonnabend, dem 21., für eine Verhandlung zur Verfügung steht.[4] Dies finde ich in jeder Beziehung eine großartige Geste. Ich habe einen unbezweifelbaren Grund, hier zu bleiben; wir haben erstmalig eine Sonnabend-Sitzung, die – in Kenntnis der verschiedenen Terminüberlegungen – die letzte dieser Runde, mit einem gewissen Zwang, zum Abschluß zu kommen; ich entnehme daraus aber ebenso, daß man mit Deinem Stoph-Treffen rechnet. Sollte sich das dennoch zerschlagen, so wird meine Anwesenheit hier eine gute Gelegenheit geben, unsere Argumente und unsere Haltung unverfälscht direkt an die sowjetische Spitze zu tragen. Du wirst verstehen, daß ich seit dieser Mitteilung sehr fröhlich bin.

Um die Sache voll auszuschöpfen, wäre ich dankbar, wenn ich, so schnell es irgend geht, über den Ablauf verständigt werde. Es hat einen ungeheuren Eindruck gemacht, daß die Herren hier einige Sachinformationen früher bekamen als aus Ostberlin. Sie rechnen mit der Information durch Ostberlin nicht vor Dienstag[5] abend.

Man kann jetzt mit ziemlicher Sicherheit sagen, daß die Verständigung über die Inhalte des Abkommens da ist. Eine Sicherung unseres Wiedervereinigungsvorbehalts ist nach meinem jetzigen Eindruck zu schaffen, der Rest sind Formulierungsfragen, in denen ich zwar unsere Positionen halte, die aber für uns nicht von größerer Bedeutung sind.

---

1 Durchdruck.
 Hat Bundeskanzler Brandt am 13. März 1970 vorgelegen.
2 Zu den Gesprächen des Bundeskanzlers Brandt mit dem Vorsitzenden des Ministerrats, Stoph, am 19. März 1970 in Erfurt vgl. Dok. 124.
3 Der sowjetische Außenminister Gromyko hielt sich vom 16. bis 21. März 1970 in der ČSSR auf.
4 Für das Gespräch des Staatssekretärs Bahr, Bundeskanzleramt, mit dem sowjetischen Außenminister Gromyko am 21. März 1970 in Moskau vgl. Dok. 125.
5 17. März 1970.

Schwierigkeiten liegen noch im zweiten Teil der Absichtserklärungen, die nicht Teil des Abkommens sein sollen. Wenn ich dabei in zwei Punkten mit nicht-identischen Auffassungen oder abweichenden Formulierungen zurückkomme, halte ich dies, gerade vor der Amerika-Reise[6], sogar für erwünscht. Obwohl sechs Wochen Verhandlungen für westliche Begriffe eine ziemlich lange Zeit darstellen, ist dies nach hiesigen Begriffen fast einem Par-force-Ritt zu vergleichen; angesichts der sehr voneinander entfernten Ausgangspositionen vielleicht nicht einmal ganz falsch.

Falls ich den Entwurf Deines Statements für Stoph bekomme, würde ich ihn redigieren unter dem Gesichtspunkt der Moskauer Empfindlichkeiten bzw. des Wunsches, möglichst viel Kopfnicken hier zu erreichen, selbst wenn es nicht öffentlich artikuliert wird.

Hat sich eigentlich bei Dieter je etwas gerührt?

Ich drücke Dir die Daumen.

Herzlichen Gruß

Dein E. B.

P.S.: Gwischiani hat Allardt heute gesagt, daß Interesse an Vorbereitung Handelsvertrag bestünde. (Dauert mind[estens] 6 Monate.) Aus Anlaß der Unterzeichnung sei de Gaulle gekommen[7] bzw. Gromyko in Rom gewesen[8]. Er würde auch ganz gerne mal Spitzenmanager hier sehen. Schätzt nur Mommsen so hoch.

Archiv der sozialen Demokratie, Depositum Bahr, Box 429 B

---

[6] Bundeskanzler Brandt und Staatssekretär Bahr, Bundeskanzleramt, hielten sich vom 4. bis 11. April 1970 in den USA auf. Vgl. dazu Dok. 151, Dok. 153 und Dok. 156.
[7] Staatspräsident de Gaulle hielt sich vom 20. Juni bis 1. Juli 1966 in der UdSSR auf. Vgl. dazu AAPD 1966, I, Dok. 204.
[8] Der sowjetische Außenminister Gromyko besuchte vom 21. bis 23. April 1966 Italien.

116

Aufzeichnung des Ministerialdirektors Ruete

II A 1-82.00/0-485/70 geheim 12. März 1970[1]

Betr.: Völkerrechtliche Anerkennung der DDR;
  hier: Brauchbarkeit der Gedanken Wehners[2]

I. Die verschiedenen Äußerungen Wehners zum vorstehenden Thema ergeben zusammengesetzt eine interessante Konzeption, die im wesentlichen auf folgenden Punkten beruht:

1) Die völkerrechtliche Anerkennung der DDR durch die Bundesrepublik als Ergebnis innerdeutscher Verhandlungen kommt unter zwei Bedingungen in Frage:

a) Umfassende vertragliche Regelung, die zu einem geregelten Miteinander führt (d.h. sie müßte eine wesentliche Verbesserung des innerdeutschen Verhältnisses und der Freizügigkeit im innerdeutschen Verkehr bringen).

b) Zustimmung der Bevölkerung der DDR in einer „einwandfrei eigenen Entscheidung".

2) Die Befragung der Bevölkerung in der DDR braucht nicht im Zuge freier gesamtdeutscher Wahlen, sondern kann durch Abstimmung über einen Vertrag BRD/DDR vorgenommen werden (Hinweis auf Saarabstimmung[3]).

3) Die Kontrolle der Abstimmung muß nicht unbedingt durch eine internationale Kommission durchgeführt werden, vielmehr könnte die Beobachtung etwa durch internationale Pressevertreter genügen.

II. Dieses Konzept würde es gestatten, in innerdeutschen Verhandlungen die Aufnahme völkerrechtlicher Beziehungen durch einen Generalvertrag anzubie-

---

[1] Ablichtung.
Die Aufzeichnung wurde von Vortragendem Legationsrat I. Klasse van Well und Legationsrat von Braunmühl konzipiert.

[2] Der SPD-Fraktionsvorsitzende Wehner erklärte in einem Interview: „Ich habe in der Debatte über die Regierungserklärung vom Dezember 1966 vertreten, daß Nichtanerkennung in dem völkerrechtlichen Sinne keine absolute Angelegenheit ist; daß wir eine Lage herbeiführen helfen müssen, in der es durchaus denkbar ist, daß wir diese Nichtanerkennung modifizieren oder völlig ändern." Vgl. DER SPIEGEL, Nr. 5 vom 26. Januar 1970, S. 24.
In einem Interview mit dem NDR und WDR am 28. Februar 1970 führte Wehner aus: „Ich habe immer gesagt, immer sage ich Ihnen das, daß ich der Meinung bin, wenn es nichts anderes gibt, kann auch einmal unter Umständen in Jahren oder, je nachdem, eine Situation sein, in der man völkerrechtlich anerkennen darf bzw. völkerrechtlich anerkennen muß. [...] Aber nie kann Anerkennung oder Nichtanerkennung ein Dogma sein." Es könne eine Situation sein, „in der wir sagen, bitte, die Menschen drüben im anderen Teil Deutschlands wollen in einem eigenen Gemeinwesen leben. Das kann doch in Jahren oder Jahrzehnten so sein. Wenn wir sicher sein können, daß das ihre eigene freie Entscheidung ist, dann haben wir miteinander darüber zu reden, wie wir es miteinander halten wollen." Vgl. AdG, S. 15311.

[3] Das zwischen Frankreich und der Bundesrepublik im Rahmen der Pariser Verträge vom 23. Oktober 1954 vereinbarte „Saarstatut", das eine „Europäisierung" des Saargebiets im Rahmen der Westeuropäischen Union vorsah, wurde von der Bevölkerung des Saargebiets in einer Volksabstimmung am 23. Oktober 1955 abgelehnt.

ten, wenn dieser in beiden Teilen Deutschlands einer Volksabstimmung unterworfen wird.

Die Vor- und Nachteile eines solchen Vorschlags sind nach erster Prüfung wie folgt zu beurteilen:

1) Vorzüge

a) Er würde in einer für uns verfassungsmäßigen Weise den Weg zu einer innerdeutschen Regelung freimachen, der durch die Ostberliner Forderung nach völkerrechtlicher Anerkennung hoffnungslos blockiert ist.

b) Er würde in sachgerechter und für Ostberlin schwer ablehnbarer Form die völkerrechtliche Anerkennung an eine substantielle Verbesserung des innerdeutschen Verhältnisses binden. Da die völkerrechtliche Anerkennung langfristig vielleicht ohnehin nicht vermeidbar ist, würde sie hier zu ihrem höchsten Tauschwert eingesetzt.

c) Der Wert der Anerkennung wäre nicht bereits mit dem Angebot verbraucht, da ihr Wirksamwerden an die Zustimmung der Bevölkerung in der DDR gebunden ist.

d) Der Vorschlag würde deshalb auch die außenpolitische Absicherung der Verhandlungen erleichtern: Wir könnten argumentieren, daß erst nach Zustimmung der Bevölkerung der Weg für die wichtigsten Konsequenzen in den Außenbeziehungen frei ist.

e) Falls er verwirklicht würde, erhielte ein innerdeutscher Generalvertrag als Übergangsregelung durch die Volksabstimmung eine unmittelbare Legitimation durch das ganze deutsche Volk und damit ein konstitutionelles Element. Dieses Sonderverfahren könnte bei entsprechendem Inhalt des Vertrages einen viel stärkeren Ausdruck besonderer Beziehungen und eine viel stärkere gemeinsame Plattform für die künftige Entwicklung in Deutschland abgeben als eine formale Feststellung des Sondercharakters ohne entsprechende Substanz.

f) Wenn an einem innerdeutschen Vertrag als vorläufige Regelung (die Fortgeltung des Wiedervereinigungsvorbehalts beider Verfassungen[4] und der Vier-Mächte-Verantwortung müßte natürlich klargestellt werden) die Bedingung der Zustimmung der Bevölkerung in einer – wenn auch schwach – kontrollierten Form geknüpft wird, so würde dies dokumentieren, daß einmal das Verfassungs-Referendum vom 6. April 1968[5] kein gültiges Plebiszit zugunsten einer endgültigen Sezession der DDR war und daß zum anderen auch weitere und weiter gehende Entscheidungen in der deutschen Frage nur mit Zustimmung der Bevölkerung – in kontrollierter Form – wirksam werden können. Darin läge ein gewisser Vorbehalt des Selbstbestimmungsrechts, den wir im übrigen weiterhin einseitig aufrecht erhalten könnten.

g) Psychologisch könnte die Tatsache, daß wir menschliche Erleichterungen erwirkt und der Bevölkerung in der DDR eine eigene Entscheidung ermöglicht

---

[4] Zu den entsprechenden Bestimmungen des Grundgesetzes vom 23. Mai 1949 und der Verfassung der DDR vom 6. April 1968 vgl. Dok. 12, Anm. 13.
[5] Am 6. April 1968 wurde die Verfassung der DDR in einer Volksabstimmung mit 94,49% der Stimmen angenommen.

haben, dort den Eindruck eines einseitigen „Abschreibens" vermeiden und vielleicht sogar gesamtdeutsch orientierte Kräfte stärken.

h) In der Bundesrepublik könnte die innenpolitische Auseinandersetzung durch die Klarstellung entschärft werden, daß der innerdeutsche Generalvertrag einschließlich der völkerrechtlichen Anerkennung der DDR nur bei Zustimmung einer eindeutigen Mehrheit der wahlberechtigten Bevölkerung der BRD wirksam würde.

k) In taktischer Hinsicht würde der Vorschlag die propagandistische Wirksamkeit der Ostberliner Anerkennungsforderung unterlaufen. Der DDR würde eine Ablehnung schwer fallen, zumal sie selbst bereits eine Volksabstimmung in Westdeutschland über Ulbrichts Vertragsentwurf[6] vorgeschlagen hatte.

l) Der Vorschlag würde wahrscheinlich unsere Position in der Ostpolitik insgesamt stärken.

2) Bedenken und Nachteile

a) Wir würden den wichtigen, wiederholt bekräftigten Grundsatz der Bundesregierung aufgeben, daß eine völkerrechtliche Anerkennung der DDR nicht in Betracht kommen könne. Die Rechtfertigung mit der eigenen Entscheidung der Bevölkerung in der DDR ist problematisch, wenn die Alternative der zur Abstimmung gestellten Frage so begrenzt und die Kontrolle der Abstimmung so schwach ist.

b) Ein von uns gebilligtes Abstimmungsergebnis in der DDR könnte eine Scheinlegitimation entwickeln, deren Wirkung weit über den Gegenstand der Abstimmung hinaus reichen könnte. Jedenfalls würde die DDR-Propaganda es so nutzen.

c) Die Legitimationswirkung der Abstimmung würde möglicherweise unseren Anspruch schwächen, die Option für eine spätere Ausübung des Selbstbestimmungsrechts zu erhalten.

d) In taktischer Hinsicht könnte das bedingte Angebot völkerrechtlicher Anerkennung trotz des Hinweises auf die Bedingung (Zustimmung der DDR-Bevölkerung) gegebenenfalls eine Rückkehr zu dem Standpunkt erschweren, eine völkerrechtliche Anerkennung sei wegen der objektiven Bedingungen in Deutschland nicht möglich.

e) Die Möglichkeit einer Volksabstimmung in der Bundesrepublik ist verfassungsrechtlich problematisch.

3) Abwägung der Vor- und Nachteile

Wenn auch die Tragweite der einzelnen hier erwähnten Punkte noch näher geprüft werden muß, läßt sich bereits folgendes sagen:

a) In sachlicher Hinsicht kommt es entscheidend auf den erreichbaren Inhalt des Vertrages an. Je mehr sachliche Verbesserung im Verhältnis beider Teile Deutschlands er bringt, desto eher wäre der Preis der völkerrechtlichen Anerkennung vertretbar, desto mehr wäre es gerechtfertigt, die Zustimmung der Be-

---

[6] Zum Schreiben des Staatsratsvorsitzenden Ulbricht vom 17. Dezember 1969 an Bundespräsident Heinemann sowie zum „Entwurf für einen Vertrag über die Aufnahme gleichberechtigter Beziehungen zwischen der Deutschen Demokratischen Republik und der Bundesrepublik Deutschland" vgl. Dok. 12, Anm. 11.

völkerung in der DDR als eigene Entscheidung zu werten, desto stärker würde im Ergebnis die Überwindung der völligen Trennung gegenüber der Formalisierung der Spaltung im Vordergrund stehen.

In Verhandlungen würden wir wahrscheinlich vor die schwierige Entscheidung gestellt, ob das erreichbare Minimum an Verbesserungen Anerkennung und Abstimmung rechtfertigt. Hinsichtlich der Anerkennung würde sich diese Lage jedoch in jedem Fall ergeben, und einer Abstimmung könnten wir gegebenenfalls unsere Zustimmung vorher versagen.

b) Der Wert des Vorschlags liegt vor allem in seiner taktischen Bedeutung. Ostberlin würde sich auf eine – wenn auch nur schwach – kontrollierte Volksabstimmung wahrscheinlich nicht einlassen. Selbst bei der völlig gelenkten Volksabstimmung über den DDR-Verfassungsentwurf gab es seinerzeit in der SED Auseinandersetzungen über die Risiken eines solchen Unternehmens. Mit einer Ablehnung würde die DDR jedoch ein auch für östliche Betrachtung relativ unverdächtig erscheinendes Angebot zur Aufnahme völkerrechtlicher Beziehungen zurückweisen und gleichzeitig Zweifel an dem Eigenstaatsbewußtsein und der Zuverlässigkeit der eigenen Bevölkerung offen zugeben.

Unter diesen Umständen könnte ein vertraulicher Hinweis auf die Möglichkeit eines solchen öffentlichen Vorschlags der DDR zu denken geben, ob es weise ist, sich weiter allein auf die völkerrechtliche Anerkennung zu vertiefen. Auch bei den Sowjets würde ein solcher Hinweis möglicherweise seine Wirkung nicht verfehlen, da der Gedanke an eine kontrollierte Abstimmung in einem kommunistischen Land unkalkulierbare Präzedenzwirkungen entfalten könnte.

III. Vorschlag:

1) Die vorstehenden Überlegungen sollten in die Vorbereitungsarbeiten für das Treffen Bundeskanzler/Stoph[7] einbezogen werden.

2) Es könnte sich schon jetzt empfehlen, diese Überlegungen bei den Gewaltverzichtsgesprächen mit den Sowjets zu benutzen. Diese Aufzeichnung sollte deshalb Staatssekretär Bahr in Moskau zur Verfügung gestellt werden.

Hiermit über den Herrn Staatssekretär[8] dem Herrn Minister[9] vorgelegt, mit der Bitte um Kenntnisnahme und um Zustimmung, daß Doppel dieser Aufzeichnung dem B[undes]K[anzler]A[mt] und der Botschaft Moskau für Staatssekretär Bahr übermittelt werden.[10]

Ruete

VS-Bd. 4476 (II A 1)

[7] Zu den Gesprächen des Bundeskanzlers Brandt mit dem Vorsitzenden des Ministerrats, Stoph, am 19. März 1970 in Erfurt vgl. Dok. 124.
[8] Hat Staatssekretär Duckwitz am 13. März 1970 vorgelegen.
[9] Hat Bundesminister Scheel am 9. April 1970 vorgelegen.
[10] Ministerialdirigent Lahn vermerkte am 14. April 1970: „Der Herr Minister hat den Vorschlag gebilligt, die anliegende Bezugsaufzeichnung dem Bundeskanzleramt als Unterlage für die Vorbereitung der weiteren Gespräche mit Ostberlin und Moskau zur Kenntnis zu bringen. Ich schlage deshalb vor, daß der Herr Staatssekretär sie mit einem Begleitschreiben Herrn Staatssekretär Bahr übermittelt." Für den Begleitvermerk vgl. VS-Bd. 4476 (II A 1); B 150, Aktenkopien 1970.
Dazu handschriftlicher Vermerk des Staatssekretärs Duckwitz vom 16. April 1970: „Übergeben an StS Bahr."
Für die Stellungnahme des Staatssekretärs Bahr, Bundeskanzleramt, vom 17. April 1970 vgl. Dok. 162.

117

Gespräch des Botschafters Roth mit dem Abteilungsleiter im amerikanischen Außenministerium, Hillenbrand, in Washington

II B 2-84.00-907/70 VS-vertraulich 12. März 1970[1]

Niederschrift des Gedankenaustausches der deutschen Delegation unter Leitung von Botschafter Roth mit Mr. Hillenbrand im State Department am 12. März 1970

Mr. *Hillenbrand* eröffnete das Gespräch mit der Bitte um Interpretation der Erklärung von Botschafter Grewe[2], wonach MBFR der Hauptpunkt für eine KSE sein müßte.[3]

Botschafter *Roth* erklärte, daß es zur Frage MBFR – KSE noch keine Position des Kabinetts gebe. Sowohl das Auswärtige Amt wie das Bundesministerium der Verteidigung seien an MBFR lebhaft interessiert. Der Bundessicherheitsrat habe diese beiden Häuser beauftragt, ein Arbeitspapier zu entwerfen[4], das möglichst noch vor der Ministerkonferenz der NATO in Rom[5] dem Ständigen NATO-Rat unterbreitet werden solle.[6] Dieses Papier werde voraussichtlich auch prozedurale Vorschläge enthalten. Der Bundeskanzler beabsichtige, bei seinem Besuch in Washington hierüber mit dem Präsidenten[7] zu sprechen.[8] Das Gleiche habe der Verteidigungsminister vor, wenn er ein paar Tage eher in Washington sein werde.[9]

Es sei beabsichtigt, zu MBFR den Gedanken einer Serie von Konferenzen, von Verhandlungsphasen (auch etwa mit einer „Helsinki-Phase"[10] beginnend) einzuführen und vorzuschlagen, nach einer ersten Phase zur Einsetzung einer Arbeitsgruppe zu gelangen. Diese solle also nicht, wie im britischen Vorschlag[11], an erster, sondern an zweiter Stelle vorgesehen werden.[12]

---

[1] Ablichtung.
Die Gesprächsaufzeichnung wurde von Botschafter Roth am 24. März 1970 an Staatssekretär Duckwitz weitergeleitet.
Hat Duckwitz am 27. März 1970 vorgelegen. Vgl. den Begleitvermerk; VS-Bd. 4565 (II B 2); B 150, Aktenkopien 1970.

[2] Zu den Ausführungen des Botschafters Grewe, Brüssel (NATO), vom 24. Februar 1970 vgl. Dok. 80, besonders Anm. 1.

[3] Dieser Absatz wurde von Staatssekretär Duckwitz hervorgehoben, der handschriftlich vermerkte: „Privater Vorschlag."

[4] Zur Sitzung des Bundessicherheitsrats vom 6. März 1970 vgl. Dok. 94.

[5] Zur NATO-Ministerratstagung am 26./27. Mai 1970 in Rom vgl. Dok. 240 und Dok. 244.

[6] Für die Aufzeichnung vom 16. April 1970 vgl. Dok. 160.

[7] Richard M. Nixon.

[8] Bundeskanzler Brandt hielt sich vom 4. bis 11. April 1970 in den USA auf. Vgl. dazu Dok. 151, Dok. 153 und Dok. 156.

[9] Bundesminister Schmidt hielt sich vom 7. bis 11. April 1970 in den USA auf. Vgl. dazu Dok. 146.

[10] Vom 17. November bis 22. Dezember 1969 fanden in Helsinki Vorgespräche zwischen den USA und der UdSSR über die Begrenzung der strategischen Waffen (SALT) statt.

[11] Zum britischen Vorschlag einer „standing commission" vgl. Dok. 80, Anm. 7.

[12] Der Passus „Phase zur Einsetzung ... vorgesehen werden" wurde von Staatssekretär Duckwitz hervorgehoben, der dazu handschriftlich vermerkte: „Poln[ischer] Vorschlag."

Wesentlich sei der Gedanke, eine Reihe von Konferenzen zum Thema der europäischen Sicherheit ins Auge zu fassen. Im übrigen sei das Thema MBFR zu wichtig, als daß es infolge eines engen Junktims mit einer KSE dann notleidend werden könnte, falls die KSE notleidend werden sollte.

Das Thema MBFR, an dem in Europa das Interesse wachse, sei komplex. Die Brüsseler Studien über MBFR-Modelle[13] hätten zu der wenig förderlichen Erkenntnis geführt, daß die Modelle, die man für negotiabel halte, unsere Sicherheit beeinträchtigten, während die Modelle, die die westliche Sicherheit nicht beeinträchtigten, kaum negotiabel seien.

Die Einstellung der Sowjets zu MBFR, nach der Mr. *Hillenbrand* sich erkundigte, ist nach Botschafter *Roth* bekanntermaßen abwartend. Das sollte den Westen nicht davon abbringen, Moskau mit dem Problem zu konfrontieren und zu einer Stellungnahme zu bringen.

Mr. *Hillenbrand* berichtete sodann über die Positionen verschiedener Länder zu dem Thema ESK. Die Italiener strebten einen Zeitplan an. Die Franzosen (Schumann) neigten dazu, sich auf die deutsche Frage zu konzentrieren. Nach amerikanischer Auffassung müßten andere Sicherheitsüberlegungen (SALT, MBFR) ebenfalls aufgenommen werden. Die rumänischen[14], britischen und polnischen Vorschläge[15] prozeduraler Art stünden in einem gewissen Zusammenhang: Während die Rumänen eine vorbereitende Konferenz vorschlügen, neigten die Briten und Polen zu einer ständigen Kommission.

Man sehe in Washington den deutschen Vorstellungen (Arbeitspapier) mit Interesse entgegen.

Der amerikanische Präsident strebe nach einer Überprüfung der Frage auf breiter Basis. Diese sei noch nicht fertiggestellt. Das werde zu berücksichtigen sein, wenn es zu von Brosio und anderen gewünschten frühen, wenn auch informellen, Gesprächen komme. Bis zum Abschluß der Überprüfung bleibe die amerikanische Position so, wie sie in der Ministerkonferenz der NATO im letzten Dezember formuliert worden sei.[16]

Botschafter *Roth* ergänzte, daß in Frankreich Interesse aufkomme, mit uns über MBFR zu sprechen.

Auf Mr. *Hillenbrands* Hinweis, daß man sich auf das italienische Projekt vorbereiten sollte, und daß sich Schwierigkeiten ergeben könnten, wenn in SALT, MBFR, Ost-West-Gesprächen keine Erfolge abzusehen seien, erwiderte Bot-

---

13 Vgl. dazu Dok. 96.
14 Ministerialdirigent Lahn vermerkte am 13. März 1970, der rumänische Botschafter Oancea habe am 9. März 1970 dem Parlamentarischen Staatssekretär Dahrendorf mitgeteilt, daß die rumänische Regierung zur Vorbereitung einer Europäischen Sicherheitskonferenz eine Vorkonferenz mit Vertretern der Außenministerien „aller interessierten europäischen Länder" für nützlich halte. Oancea habe ausgeführt: „Die Vorbesprechung sollte ohne Tagesordnung erfolgen; die Tagung könnte in Rumänien oder an jedem anderen Ort stattfinden; alle interessierten Länder Europas könnten teilnehmen und auch ‚andere Länder, die an der Sicherheit Europas interessiert' sind. Damit könnte man ein Gespräch zwischen den Blöcken vermeiden." Vgl. VS-Bd. 4548 (II B 2); B 150, Aktenkopien 1970.
15 Vgl. dazu die Ausführungen des polnischen Stellvertretenden Außenministers Winiewicz vom 7. Februar 1970; Dok. 41, Anm. 3.
16 Zur NATO-Ministerratstagung am 4./5. Dezember 1969 in Brüssel vgl. AAPD 1969, II, Dok. 388.

schafter *Roth*, daß Bonn sich auf die Möglichkeit langsamer Entwicklungen und auch von Rückschlägen einstelle.

VS-Bd. 4565 (II B 2)

118

Gespräch des Staatssekretärs Bahr, Bundeskanzleramt, mit dem sowjetischen Außenminister Gromyko in Moskau

Geheim 13. März 1970[1]

Protokoll über das 9. Gespräch Staatssekretär Bahrs mit Außenminister Gromyko am 13. März 1970

Teilnehmer auf sowjetischer Seite: Außenminister Gromyko, Botschafter Falin, Herr Tokowinin, Herr Krascheninikow, Herr Kusmitschow, Herr Smirnow (als Dolmetscher).

Teilnehmer auf deutscher Seite: Staatssekretär Bahr, Botschafter Dr. Allardt, BR I Dr. Peckert, LR I Dr. Stabreit, LR I Dr. Eitel, LR von Treskow, Herr Weiß (als Dolmetscher).

Gesprächsdauer: 10.30–13.00 Uhr.

Außenminister *Gromyko* eröffnete das Gespräch, in dem er darauf hinwies, daß unsere Vertreter Gelegenheit gehabt hätten, zusammenzukommen und einige Gedanken zu formulieren.[2] Es sei verabredet worden, daß wir diese Gedanken noch einmal überprüften, und er wolle vorschlagen, daß Staatssekretär Bahr als erster das Wort ergreife.

Staatssekretär *Bahr* antwortete, er wolle zunächst die Gelegenheit benutzen, seine Genugtuung darüber auszudrücken, daß die gestrige Zusammenkunft zwischen Vertretern der BRD und der DDR[3] zu einem positiven Ergebnis geführt habe. Das sei eine gute Sache. Manchmal sei die erste Hürde die schwierigste. Es gebe zwar noch genug Hürden, aber es sehe so aus, als ob die Sache in einen guten Lauf komme. Es sei augenscheinlich, daß viele Seiten zu diesem Ergebnis beigetragen hätten, und er sehe der nächsten Woche mit Zuversicht entgegen.

Außenminister *Gromyko* entgegnete, auch die sowjetische Seite bewerte die Vereinbarung positiv. In der Politik seien jedoch wie im Sport die letzten Zentimeter die schwersten.

---

[1] Durchdruck.
[2] Vgl. dazu den gemeinsamen Arbeitstext des Redaktionsausschusses vom 11. März 1970; Dok. 114.
[3] Zum Gespräch des Ministerialdirektors Sahm, Bundeskanzleramt, mit dem Stellvertreter des Leiters des Büros des Ministerrats, Schüßler, am 12. März 1970 in Ost-Berlin vgl. Dok. 111, Anm. 5.

Staatssekretär *Bahr* meinte hierauf, er fasse das nicht im sportlichen Sinne auf. Hier dürfe niemand erster sein. Es sei ein seltener Fall, in dem beide Arm in Arm durchs Ziel gehen müßten.

Außenminister *Gromyko* bemerkte, es sei im allgemeinen eine gute Sache.

Staatssekretär *Bahr* fuhr dann fort, wir wollten nun zu unserer Arbeit kommen. Unsere Mitarbeiter hätten gute Arbeit geleistet. Wenn er sich das erste Blatt ansehe, dann habe er nur eine einzige Bitte. Er wolle statt der „realen" Lage die „gegenwärtige Situation" oder auch die „gegenwärtige Lage" sagen. Dies sei keine große Sache. Es entspräche der Tatsache, daß wir die Normalisierung der Lage in Europa fördern wollten und dies nicht nur bedeute, daß wir von der realen Lage im territorialen Sinne ausgingen – obwohl das auch gemeint sei, – sondern wir wollten auch alles, was darüber hinaus gehe, die Atmosphäre, die politischen Beziehungen zwischen den Staaten etc. verbessern. Dem würden wir besser gerecht werden, wenn wir von der „gegenwärtigen" Lage sprächen. Dies sei im Deutschen etwas umfassender als die „reale" Lage.

Zur zweiten Seite habe er keine Bemerkungen zu machen.

Was die dritte Seite anbetreffe, so hätten wir noch die Schwierigkeit, über die wir bereits das letzte Mal[4] gesprochen hatten. Er, Staatssekretär Bahr, betrachte es als großen Fortschritt, daß wir uns im ersten, zweiten und eigentlich auch im dritten Satz geeinigt hätten. Das sei der eigentliche Kern der Sache. Ungelöst sei die Frage, ob man die Grenzen an Oder und Neiße und zwischen BRD und DDR hineinschreibe. Dazu sei er bereit unter der Voraussetzung, daß wir uns über die Idee des von ihm vorgeschlagenen Briefes einigen könnten.

Was Blatt 4 anbetreffe, so sei sein Vorschlag, die „Rechte und Pflichten" herauszulassen und sich schlicht auf „frühere Verträge" zu beziehen.

Wir hätten hier einen Punkt, den über die wirtschaftlich-technischen und kulturellen Beziehungen, herausgenommen und nach hinten in die Absichtserklärungen getan. Darüber seien wir uns wohl einig gewesen. (An dieser Stelle warf BR I Dr. Peckert ein, die Punkte seien neu geordnet worden, und zwar wie folgt: Punkt 1: wie bisher, Punkt 2: Frage der Gestaltung der Beziehungen auf der Grundlage der Prinzipien und Ziele der UNO, Punkt 3: Frage der Grenzen, Punkt 4: Früher geschlossene Verträge (früher Punkt 5)).

Das seien die Punkte, die in ein Abkommen hereingehörten. Alles, was jetzt von Punkt 5 an komme, würde in den zweiten Teil gehören und Absichtserklärung sein.

Außenminister *Gromyko* antwortete hierauf, es sei ihm nicht klar, warum wir vor der Vokabel „real" Angst hätten. Gemeint sei doch die Lage, die real bestehe. Das drücke den politischen Grundgedanken konkreter aus. Das Adjektiv „gegenwärtig" stehe diesem Gedanken sehr nahe, aber „real" sei doch schon so in den politischen Sprachgebrauch übergegangen und gegen niemanden gerichtet. Es sei gewissermaßen neutral. Deshalb hätte die sowjetische Seite gern von der „realen" Lage gesprochen und sehe hier kaum einen Grund, gegen diese Vokabel Einwände zu erheben.

---

[4] Für das Gespräch des Staatssekretärs Bahr, Bundeskanzleramt, mit dem sowjetischen Außenminister Gromyko am 10. März 1970 vgl. Dok. 104. Vgl. dazu auch Dok. 106 und Dok. 112.

Über die Verschiebung des Absatzes bezüglich der wirtschaftlich-technischen und kulturellen Beziehungen habe man bereits gesprochen. Hier beständen keine Einwände.

Jetzt komme ein wichtiger Punkt, über den wir noch nicht zu Ende gesprochen hätten: Die Frage der Grenzen. Für die sowjetische Seite sei es unakzeptabel, dem Akt der Unterzeichnung noch andere Akte anzuschließen. Damit werde die Sache kompliziert. Die sowjetische Seite schlage ja auch nicht vor, daß sie einen Brief an die Bundesregierung schreibe, daß von nun an die BRD oder die DDR und die BRD auf ihre Vorstellungen und Auffassungen bezüglich der Zukunft der deutschen Staaten verzichten sollen. Er habe bereits versucht, Staatssekretär Bahr darzulegen, warum das eine nicht mit dem anderen zusammengehe. Das wäre so, als würden wir bei der Unterzeichnung des NV-Vertrages Erklärungen über die Zukunft der Atomwaffenentwicklung in beiden Staatensystemen abgeben. Obwohl die Sowjetunion den Kampf für die vollständige atomare Abrüstung führe, ginge das nicht. Das sei eine Seite. Eine andere Seite sei jedoch folgende: Staatssekretär Bahr sage, er könne die Erwähnung der Oder-Neiße-Grenze und der Grenze zwischen DDR und BRD nicht akzeptieren, wenn kein Brief geschrieben würde. Die sowjetische öffentliche Meinung würde jedoch die Nichterwähnung nicht verstehen. Obwohl die allgemeine Formel an sich eine positive Form habe, würde man sie konkreter fassen wollen. Die sowjetische Seite wünsche nicht, daß zu einem so wichtigen Akt, wie es das in Aussicht genommene Abkommen zwischen unseren Staaten sei, zusätzliche Dokumente angeschlossen würden. Zusätzliche Dokumente könnten neue Dokumente nach sich ziehen. Kaum sei das Abkommen unterschrieben, würden dann schon Schritte unternommen, die einen Schatten darauf werfen würden. Wenn unsere Position in dieser Sache aufrichtig und ehrlich sei, wenn wir meinten, was wir sagten, dann sollten wir in dieser Frage konsequent bleiben. Staatssekretär Bahr sage, in der Verfassung der DDR[5] und der BRD stehe dieses und jenes. Dort sollten wir es lassen und weder bestätigen noch dementieren. Gingen wir in diese Frage noch tiefer hinein, so begäben wir uns in einen Dschungel. Für das sowjetische Volk sei eine allgemeine algebraische Formel ohne konkrete Erwähnung der Grenzen nicht akzeptabel. Wenn das hilfreich sei, könne man die Grenzen in Klammern setzen. Sowjetischerseits wolle man, daß wir unsere Vorstellungen noch einmal überprüften und nachdächten. Wir sollten darin nichts sehen, was die Sowjetunion nicht im Sinne habe. Mit der Erwähnung beider Grenzen trage man nur einen Teil von dem vor, was erfaßt werde. Weder die sowjetische Führung noch die sowjetische öffentliche Meinung könnten sich mit einer allgemeinen algebraischen Formel zufrieden geben. Die sowjetische Seite habe weiter vorgetragen, daß es zweckmäßig wäre, die Unverletzbarkeit der Grenzen als eine der „Hauptbedingungen des Friedens" zu bezeichnen. Man habe auch noch den Vorschlag gehabt, für die Grenzen auf den 1.1.1970 abzustellen. Man könne jedoch auch von den „am Tage des Abschlusses des Abkommens bestehenden Grenzen" sprechen.

Was den Punkt 4 anbetreffe, so spreche die Sowjetunion in ihren anderen Verträgen meist davon, daß die „Verpflichtungen" aus Verträgen mit dritten Staa-

---

5 Für den Wortlaut der Verfassung der DDR vom 6. April 1968 vgl. GESETZBLATT DER DDR 1968, Teil I, S. 201–222.

468

ten nicht berührt würden. Doch scheine ihm, daß es auch so gehen würde, wenn Staatssekretär Bahr es so wolle.

Staatssekretär *Bahr* entgegnete, er wolle ein paar Bemerkungen zu dem machen, was Außenminister Gromyko gesagt habe. Was die Vokabel „real" anbetreffe, so handele es sich im Deutschen um ein Fremdwort. Sie sei zu einem Modewort geworden. Wir sprächen normalerweise bei uns nicht von „Realität", sondern von „Wirklichkeit". Er wolle jedenfalls in der deutschen Fassung auch eine deutsche Vokabel drin haben.

Außenminister *Gromyko* warf ein, dies sei so nahe, daß kaum ein Unterschied bestehe.

Staatssekretär *Bahr* wandte sich dann erneut Punkt 3 (Frage der Grenzen) zu. Hier komme es ihm sehr darauf an, daß zwischen uns keine Mißverständnisse bestünden. Er sehe keinen Unterschied in der Sache. Er wolle auch nicht mehr darüber diskutieren, daß die sowjetische Regierung in einer Reihe von bilateralen Verträgen eine Bestimmung drin habe, daß diese Verträge im Falle der Wiedervereinigung außer Kraft treten. Auch wolle er nicht mehr auf die Frage zurückkommen, ob sich die Politik der Sowjetunion mit dem Abschluß dieses Abkommens ändere. Auf diese seine Fragen habe er nie eine Antwort erhalten. Eine Diskussion darüber wäre sehr interessant.

Der Minister habe über die sowjetische öffentliche Meinung, die mit algebraischen Formeln nichts anfangen könne, gesprochen. Das verstehe er. Nur bitte er um Verständnis dafür, daß auch wir eine öffentliche Meinung hätten, auf die wir Rücksicht nehmen müßten. Die Frage der ausdrücklichen Erwähnung beider Grenzen in dem Abkommen sei eine Frage der öffentlichen Meinung zu Hause. Es gebe keine Meinungsverschiedenheiten in der Sache. Mehr als „alle Grenzen" könne man nicht sagen. Die Erwähnung täte unserer öffentlichen Meinung etwas weh. Nun könne man sagen: „Es tut ihr ganz gut, wenn sie gezwungen wird, das zu verdauen." Aber für uns sei das etwas schwierig. Man müßte wissen, wie man ihr das verständlich macht. In Wirklichkeit gehe es bei seinem Brief noch um etwas anderes. Er, Staatssekretär Bahr, gehe davon aus, wenn wir ein Abkommen abschlössen, daß nicht am Tage danach eine Diskussion entstehen dürfe, was damit gemeint sei. Das sei geradezu ein Kernpunkt, und er meine damit folgendes: Wir fingen hier an, eine Aussöhnung zu versuchen, die es bisher zwischen dem größeren Teil des deutschen Volkes und den sowjetischen Völkern nicht gegeben habe. Dieser Versuch dürfte nicht bereits am Anfang durch Mißtrauen belastet werden, d.h. diese Versöhnung könne in der Sache nicht zustande kommen, wenn es in der BRD den Verdacht gebe, daß von seiten der Sowjetunion das Buch der Geschichte, was das Problem der Wiedervereinigung Deutschlands anbetreffe, zugemacht werde. Wenn das so wäre, würde neues Mißtrauen entstehen. Nun sei er froh zu hören, daß der Minister mehrfach – und auch heute – erklärt habe, man solle das doch lassen, an den Zielen brauche sich nichts zu ändern. Wenn das doch sei, dann solle man es auch in eine Form bringen, die keinen Grund zum Zweifel lasse. Er habe dann weiter gesagt, die Sowjetunion habe sich in entsprechender Weise der DDR gegenüber geäußert. Warum geschehe das nicht auch gegenüber uns. Darauf habe der Minister gesagt, die Frage der Vereinigung beider Teile Deutschlands dürfe nicht ausdrücklich in das Abkommen, obwohl es nach seiner, Staatssekretär Bahrs,

469

Auffassung genauso dort hineingehöre, wie in den Freundschaftsvertrag mit der DDR.⁶ Niemand habe doch damit gemeint, daß die Freundschaft mit der Wiedervereinigung aufhöre. Seine Intention sei, Mißtrauen auszuschließen, zu vermeiden. Er wolle nicht eine Bestätigung der Sowjetunion für unsere Ziele. Diese Ziele seien nicht zur Deckung zu bringen. Dabei seien wir uns jedoch klar, daß es keine Hintergedanken gebe. Was wir wirklich brauchten, sei eine Formulierung – egal in welcher Form – die unzweideutig klar mache, daß es über diese Frage keine Meinungsverschiedenheiten gebe und geben könne. Er, Staatssekretär Bahr, sehe nicht die Gefahr, daß bei einem solchen Brief die Leute darauf schauen würden, denn wir würden ihn gar nicht veröffentlichen. Er bitte hier darum, daß die sowjetische Seite noch einmal darüber nachdenke. Den Vorschlag mit den Klammern halte er nicht für gut. Wenn schon, dann sollte man es richtig machen.

Was die Grenzen anbetreffe, so würde er die Formel der „heute bestehenden Grenzen", die mit dem Datum des Abkommens zusammenfallen würde, akzeptieren. Wenn der Minister den Satz über die „Erhaltung des Friedens" drin haben wollte, so halte er das aus dem System heraus nicht für richtig. Doch sei dies im Grunde genommen keine Frage.

Außenminister *Gromyko* entgegnete, Staatssekretär Bahr müsse verstehen, daß diese Frage für die sowjetische Seite unannehmbar sei. Er habe versucht, sie von allen Seiten zu beleuchten. Abkommen sei Abkommen, und man dürfe nicht die Aufmerksamkeit auf andere Dokumente lenken. Das würde die Leute in gewisser Weise desorientieren. Er hoffe, daß Staatssekretär Bahr dieses noch einmal überdenke.

Der sowjetischen Seite scheine weiter, daß die Frage der Aufnahme in die UNO in den ersten Teil gehöre. Das sei eine Frage, zu der beide Vertragsseiten ihre Meinung äußerten. Die BRD und die DDR seien an dieser Frage interessiert, aber eben auch die Sowjetunion auf Grund ihrer Rolle in der UNO. Er lenke die Aufmerksamkeit auf diesen Punkt in der Hoffnung, daß wir unsere Meinung überdächten. Die Formulierung unserer Vertreter hätten mehrere Varianten erbracht, und er wolle die Frage stellen, ob wir uns bereits entschieden hätten.

Staatssekretär *Bahr* erwiderte, er sei dafür, diesen Punkt im zweiten Teil zu lassen. Er gehöre dahin, denn man sei in den ersten vier Punkten ganz systematisch geblieben und habe ganz ausschließlich über unsere bilateralen Abkommen gesprochen. Nichts befände sich darin, was andere Staaten betreffe. Im zweiten Teil formulierten wir Thesen, die andere Staaten, in der Hauptsache die DDR, beträfen. Diese Frage habe unmittelbar mit dem GV zwischen der BRD und der SU nichts zu tun. Was die Formulierung anbetreffe, so würde er folgendes äußern: (Staatssekretär Bahr verlas Punkt 8 des Arbeitstextes.) Dies sei im wesentlichen sein Vorschlag.

Außenminister *Gromyko* erwiderte, er glaube, daß wir auf dieser Grundlage zu einer Vereinbarung kommen könnten. Die Frage sei einfach. Wir könnten auf

---

6 Vgl. dazu Artikel 5 des Vertrags vom 20. September 1955 über die Beziehungen zwischen der DDR und der UdSSR sowie Artikel 7 des Vertrags vom 12. Juni 1964 über Freundschaft, gegenseitigen Beistand und Zusammenarbeit zwischen der DDR und der UdSSR; Dok. 44, Anm. 4.

Grund unserer Stellung, die sowjetische Seite auf Grund ihrer Stellung zur Lösung beitragen.

Was unseren Punkt 4 anbetreffe, so wolle er fragen, ob es nicht zweckmäßig sei, von „Abkommen und Verträgen" zu sprechen.

Staatssekretär *Bahr* erklärte, er sehe hier für uns keinen Unterschied.

Außenminister *Gromyko* hielt an dieser Stelle einen Exkurs über den Unterschied zwischen Verträgen und Abkommen und zitierte in diesem Zusammenhang Artikel 102 der UNO-Satzung.[7]

Staatssekretär *Bahr* wandte sich dann Punkt 5 zu. Hier bliebe die Hauptdifferenz, daß er es gern sehen würde, wenn dort auch die Entspannung oder Stabilisierung der Lage in oder um Berlin aufgeführt würde. Der Minister habe gesagt, er wolle das nicht. In diesem Falle müßten wir uns nur klar sein, daß die Bundesregierung dieses als zum Komplex dazugehörig betrachte. Dies sei ein Punkt. Ein zweiter Punkt sei folgendes: Wir brauchten einen Passus, durch den klar werde, daß es in der Frage der Beziehungen zwischen der BRD und der DDR nicht nur um einen GV gehe. In diesem Falle gehe es um mehr, nämlich um eine umfassende Regelung der Beziehungen zwischen der BRD und der DDR. Hier befinde er, Staatssekretär Bahr, sich in der seltenen Lage der Übereinstimmung mit Herrn Ulbricht. Wir hielten es in der Tat – wie er – für nötig, die Beziehungen zwischen beiden Staaten zu regeln. Ein Artikel dieser Regelung sei der GV. Dieser Gedanke sei auch logisch, denn, wenn wir nur den GV regeln würden, müßten, da es bis jetzt überhaupt keine staatlichen Beziehungen mit der DDR gebe, schon bei dem ersten Abkommen alle wesentlichen Fragen zwischen den beiden Staaten erfaßt werden, die ihr Verhältnis untereinander regelten. Wenn es eine Regelung der übrigen Beziehungen im Verhältnis der BRD zur DDR nicht gebe, dann läge hierin ein Unterschied zu den Beziehungen mit den übrigen Staaten, und damit sei eine Verletzung des Prinzips der Gleichberechtigung gegeben. Man müßte neben vielen Fragen darüber sprechen, wie die Vertretungen, die man in Bonn und Ost-Berlin eröffnen wolle, aussähen, ob beide Staaten in die UNO gingen, etc. Er, Staatssekretär Bahr, unterschätze nicht die Schwierigkeiten, zu einer Vereinbarung mit der DDR zu kommen. Man dürfe sie aber auch nicht überschätzen. Alle wesentlichen Fragen würden jedoch mit dem GV auftauchen. Das liege in der politischen Logik der Sache. Wenn man einen Teilsektor regele und zwei oder drei andere Sektoren ungeregelt lasse, dann ändere sich auch die Lage nicht so sehr. Dann habe man auf einem Sektor einen Stopp der Auseinandersetzung, auf anderen Sektoren gehe die Auseinandersetzung weiter. Dies könne nicht unser Interesse sein. Man könnte einwenden, daß die Fassung „Regelung der Beziehungen" ein zeitlich unbegrenzter Begriff sei. Wenn ein solcher Verdacht bestehe, könne man ihn ausräumen und wie folgt formulieren: „Auf der Basis eines Vertrages, der die Beziehun-

---

[7] Artikel 102 der UNO-Charta vom 26. Juni 1945: „1) Every treaty and every international agreement entered into by any Member of the United Nations after the present Charter comes into force shall as soon as possible be registered with the Secretariat and published by it. 2) No party to any such treaty or international agreement which has not been registered in accordance with the provisions of paragraph 1 of this Article may invoke that treaty or agreement before any organ of the United Nations." Vgl. CHARTER OF THE UNITED NATIONS, S. 696 f.

gen reguliert." Man könnte das auch machen, in dem man bei Ziffer 5 und 6 darauf verweist, daß sie sich ergänzen.

An dieser Stelle wurde eine Pause von 5 Minuten eingelegt.

Außenminister *Gromyko* fuhr fort, man habe die Idee gehabt, diese Bestimmung zu formulieren, damit es klar werde, daß die Verträge als Komplex gedacht seien. Er schlage folgendes vor: Er sehe, daß es sich um einen einfachen Gedanken handele, zu dem nun dieses oder jenes hinzukomme. Wir sollten die Bestimmung ganz fallen lassen. Die Aufgabe einer Entspannung gelte für ganz Europa. Darin sei auch eine Entspannung in und um Berlin enthalten. Darüber seien wir uns einig, Was die Entwicklung der Beziehungen zwischen der BRD und der DDR anbetreffe, so vertrete Staatssekretär Bahr den Gedanken, daß es sich nicht nur um einen GV handeln dürfe. Der Umfang der Fragen, die durch ein Abkommen zwischen beiden deutschen Staaten gedeckt würden, werde so sein, wie es beide Seiten haben wollten. Wie es jetzt scheine, sehe es so aus, als stelle die BRD die Frage der beiderseitigen Beziehungen breiter. Wie der Vertrag schließlich aussehen werde, hänge davon ab, wie der Meinungsaustausch weiter verlaufe. Hier könnten wir zwei Wochen über Formulierungen nachdenken, ohne einen Abschluß zu finden. Was die Frage der „Komplexität" anbetreffe, so werde das an der realen Lage nichts ändern. Unsere Ziele gälten für ganz Europa, für jedes Teilchen.

Staatssekretär *Bahr* warf ein, dies sei ein genialer, hervorragender Vorschlag. Er gebe zu erwägen, ob man nicht den ganzen zweiten Teil weglassen sollte.

Außenminister *Gromyko* antwortete, dies sei ein geradezu revolutionärer Vorschlag. Was darum den Punkt, der sich mit den Beziehungen zwischen der BRD und der DDR beschäftige, anbelange (Punkt 6), so sollten wir keine Angst haben. Die Sowjetunion unterhalte mit ihren Freunden in der DDR enge Kontakte. Diese Freunde würden es ihm, dem Minister, nicht glauben, wenn er sage, daß man darüber nicht gesprochen habe. Was wir hier vereinbarten, werde den Verlauf der Verhandlungen zwischen der BRD und der DDR erleichtern. Hier gehe es nicht um das Abkommen, sondern wir wollten nur eine Verständigung erreichen. Er würde es für vernünftig halten, wenn man auf seiten der BRD, bevor man alle anderen Fragen der Beziehungen mit der DDR in Betracht ziehe, in einem feierlichen Akt eine Erklärung über die völkerrechtliche Anerkennung abgäbe. Bezogen auf unser Abkommen stelle sich diese Frage jedoch nicht. Wir suchten hier eine Formulierung, die das Problem möglichst schmerzlos löse. Diese Fragen würden in unseren Beziehungen mit der DDR wieder hochkommen. Hier gehe es jedoch um eine möglichst elastische Formel. Er wolle jedoch noch einmal darauf hinweisen, daß die sowjetischen Thesen die Verhandlungen mit der DDR nicht erschweren, sondern erleichtern würden.

Staatssekretär *Bahr* antwortete, davon gehe er aus. Andererseits habe er geglaubt, den Worten des sowjetischen Botschafters in Bonn[8] Glauben schenken zu dürfen. Mit diesem habe er mehrmals gesprochen und ihm gesagt: „Wenn ich Ihre Papiere lese, so ist dort immer von ‚völkerrechtlich verbindlicher Grundlage', niemals von ‚völkerrechtlicher Anerkennung' die Rede." Der habe darauf gesagt, daß dies stimme. Er, Staatssekretär Bahr, habe darauf dem Botschafter

---

[8] Semjon Konstantinowitsch Zarapkin.

gesagt, das sei sehr wichtig. Der Botschafter wisse doch auch, daß eine völkerrechtliche Anerkennung der DDR nicht in Betracht käme. Der Botschafter habe ihm darauf geantwortet, daß die Sowjetunion dies in der Tat wisse. Er, Staatssekretär Bahr, habe hierauf seinerseits geantwortet, wenn die Sowjetunion das von uns verlange, dann gehe nichts mehr. Er sei bisher nach dem Gang der Verhandlungen ganz sicher, daß die Sowjetunion ernsthaft ein Ergebnis wünsche und keine unnötigen Barrieren aufrichte. Wenn also sein Vorschlag nicht akzeptabel sei, den ganzen zweiten Teil wegzulassen, was ihn enttäusche, weil er geglaubt habe, hier echten revolutionären Geist vorzufinden, dann sollten wir doch überlegen, ob man nicht Punkt 5 in einer Form, die keinen Widerspruch errege, mit hineinnehme. Beide Seiten sollten zur Kenntnis nehmen, daß die beiden Staaten ihr Verhältnis umfassend regeln wollen. Dies könne nicht sehr schwer sein. Die Frage des Verhältnisses der beiden deutschen Staaten untereinander sei der letzte Punkt, der schwierig sei. In diesem Punkt erkläre die Bundesregierung gegenüber der Sowjetunion, wie sie ihre Politik verstehe. Sein Vorschlag sei folgender: (Staatssekretär Bahr verlas Punkt 6 des Arbeitstextes, nunmehr Punkt II 5). Dieses sei der von ihm vorgeschlagene Text, nach dem beide Staaten untereinander gleich seien. Verträge, die sie untereinander schlössen, würden genauso verbindlich sein, wie Verträge, die sie mit dritten Staaten schlössen. Er werde dies sozusagen als sein „Ei des Kolumbus" bezeichnen. (Einwurf Gromykos: Ein kleines Ei!) Antwort Bahrs: „Wenn ich ein Huhn wäre, warum sollte ich mir damit weh tun, ein großes Ei zu legen?"

Außenminister *Gromyko* bemerkte hierzu, daß das Wort „völkerrechtlich" fehle, ebenso wie die Vokabel „souverän", von der man in Bonn, nicht aber hier in Moskau rede.

Staatssekretär *Bahr* antwortete hierauf, von der Vokabel „souverän" sollten wir nicht sprechen, wenn wir uns nicht streiten wollten. Ihm gehe es um die Vokabel „völkerrechtlich". Die Frage sei, ob man sie hineinnehmen sollte. Ohne daß er dabei Hintergedanken habe, sei er nicht dafür. Warum dies so sei? Wir schlössen mit anderen Staaten Abkommen und Verträge auf reiner Regierungsebene. Ja, es gebe reine Abkommen zwischen Behörden, die alle keinen völkerrechtlichen Charakter hätten. Wenn z.B. die Bundesbahn mit den italienischen Staatsbahnen eine Übereinkunft über die Zahl der einzusetzenden Züge treffe, so sei dies kein völkerrechtliches Abkommen. Handele es sich um ein Abkommen über die Einführung des Farbfernsehens, so sei dies vielleicht schon zweifelhaft. Welcher Art auch immer die Abkommen seien, sie müßten in jedem Falle verbindlich sein. Seine Formulierung sage doch nur folgendes, daß Abkommen zwischen der BRD und der DDR die gleiche Verbindlichkeit haben müßten, wie die Abkommen mit den anderen sozialistischen Ländern. Wenn es sich also bei dem Abkommen mit einem Drittstaat um ein völkerrechtliches Abkommen handele, dann müsse auch das Abkommen mit der DDR völkerrechtlich sein. Handele es sich nur um ein Abkommen darüber, wieviel Züge beiderseits verkehren sollten, dann sei es eben nicht völkerrechtlich. Er müsse eine Formulierung haben, die den Anschein vermeide, als sei es geradezu ein Charakteristikum der Beziehungen beider deutscher Staaten, daß sie nur völkerrechtliche Abkommen schließen könnten. Gleichberechtigung heiße Gleichberechtigung. Aber es dürfe nicht eine Formulierung sein, die es so erscheinen ließe, als sei das Verhältnis zwischen beiden deutschen Staaten geradezu überstaatlich.

473

Außenminister *Gromyko* erwiderte hierauf, man müsse diese Formulierung ergänzen. Es gehe nicht nur darum, verbindliche Abkommen, sondern völkerrechtlich verbindliche Abkommen zu schließen. Er, Staatssekretär Bahr, müsse der Tatsache Rechnung tragen, daß, wenn zwei Staaten Abkommen miteinander schlössen, diese völkerrechtliche Abkommen seien.

Staatssekretär *Bahr* bestritt dies. Wenn wir mit der DDR ein Abkommen abschlössen, demzufolge stillgelegte Gleisstränge wieder in Betrieb genommen werden sollten, so sei dies ein Verwaltungsabkommen, kein völkerrechtliches Abkommen.

Außenminister *Gromyko* erwiderte hierauf, daß dies nichts ändere. Auch die Sowjetunion habe Hunderte von Abkommen zwischen sowjetischen und fremden Verwaltungen. Aber die sowjetischen Behörden träten dann als Vertreter der Sowjetunion mit allen Attributen des souveränen Staates auf. Die Ebene, auf der man das Abkommen geschlossen habe, ändere daran gar nichts. Die Rechtswissenschaft sei doch bei den Deutschen immer geachtet worden. Welche Grundlage, außer einer völkerrechtlichen, könne es hier geben. Außerdem könne man nicht umhin, die souveränen Rechte zu erwähnen. (Außenminister Gromyko verlas hierauf den sowjetischen Entwurf.[9])

Die Frage der Einmischung in die inneren Angelegenheiten werde so oder so noch aufkommen. Er gebe Staatssekretär Bahr zu, daß in der von ihm vorgeschlagenen Formel ein positiver Sinn liege. Aber was die sowjetische Seite vorschlage, sei keine Wiederholung, sondern ein Zusatz. Der Bundeskanzler habe von „Souveränität" gesprochen. Es könne für uns nicht zwei Arten von Politik geben. Er, der Minister, bäte uns, darüber noch einmal nachzudenken. Wenn wir Einwände dagegen erheben sollten, so werde das für unsere Seite nicht sehr günstig sein.

Staatssekretär *Bahr* antwortete hierauf, er werde sich den Punkt noch einmal durch den Kopf gehen lassen. Er wolle jedoch hier ganz klar machen, daß seine Formulierung die einzige Form sei, in der die Bundesregierung jetzt bereit sei, über Beziehungen mit Drittländern zu sprechen. Was die souveränen Rechte der DDR auf ihrem Territorium angehe, so könne man sich diesen Punkt noch einmal überlegen. Die Frage der Nichteinmischung werde die DDR in Verhandlungen aufwerfen, und es werde hierzu lange Diskussionen geben. Man werde dann überlegen, was der eine bzw. andere tun oder aber nicht tun dürfe, und es habe seinen Grund, wenn er sage, daß dieser Aspekt hier nicht fixiert werden könne.

Außenminister *Gromyko* wandte sich dann der Frage des Münchener Abkommens zu. Er erklärte, die sowjetische Seite habe hier bloß die Frage genannt, ohne auf die Folgen im einzelnen einzugehen, die dann den konkreten Verhandlungen vorbehalten bleiben sollten.

Staatssekretär *Bahr* antwortete, er sei der Auffassung gewesen, daß man sich geeinigt hätte. (Staatssekretär Bahr verlas Punkt 7 – jetzt II 6 – des Arbeitstextes.)

Außenminister *Gromyko* erklärte, nein, es sei von deutscher Seite lediglich vorgeschlagen worden, die sowjetische Seite solle sich diesen Text einmal überle-

---

[9] Für das sowjetische Arbeitspapier vom 6. März 1970 vgl. Dok. 97.

gen. Sei die Bundesregierung der Meinung, daß das Münchener Abkommen noch in Kraft sei?

Staatssekretär *Bahr* antwortete, dies sei nicht der Fall. Die Bundesregierung habe mehrfach erklärt, daß das Münchener Abkommen nicht mehr in Kraft sei.[10]

Außenminister *Gromyko* entgegnete, wenn das Abkommen nicht gültig sei, wann sei es dann gültig gewesen, gestern oder vorgestern?

Staatssekretär *Bahr* erklärte hierzu, er wolle zur Frage des Zeitpunkts seine ganz persönliche Meinung äußern. Das Münchener Abkommen sei von Anfang an Unrecht, aber zunächst gültig gewesen. Im März 1939 sei Hitler in die restliche Tschechoslowakei einmarschiert. Spätestens damit sei das Abkommen tot gewesen. Wir stritten uns jetzt eigentlich über die Frage, was zwischen dem Herbst 1938 und dem Herbst 1939 geschehen sei. Dies sei im Grunde genommen nicht würdig für erwachsene Menschen. Wie Mitglieder der Bundesregierung mehr als einmal ausgesprochen hätten, bestehe keine Meinungsverschiedenheit darüber, daß das Abkommen ungültig sei. Wir sollten aber dem Erfindungsgeist der Verhandelnden nicht vorgreifen, die dafür mit Prag eine Formel finden würden.

Außenminister *Gromyko* antwortete, er glaube, daß wir in den Verhandlungen mit der ČSSR Schwierigkeiten bekommen würden, denn in dieser Frage müsse Klarheit bestehen. Er schlage jetzt vor, eine Pause in den Verhandlungen einzulegen. Er selbst müsse in die ČSSR fahren.[11] Der Genosse Falin werde jedoch hier sein. Er, der Minister, wolle dem Staatssekretär gern am Wochenende nach seiner Rückkehr, oder, wenn wir das für zweckmäßig hielten, am übernächsten Dienstag[12] zur Verfügung stehen.

Staatssekretär *Bahr* entgegnete hierauf, seine Vorstellung sei folgende: Er würde das jetzt noch gern heute oder morgen durchgehen. Dann könnten unsere Mitarbeiter in der nächsten Woche sehen, was noch zu polieren sei. Man könne weiter sehen, ob wir schon den Text eines Kommuniqués vorbereiten könnten. Wir würden dann am Samstag nachmittag zusammenkommen[13] und sehen, ob wir uns in den drei Punkten, in denen wir nicht einig seien, einigen könnten. Dann würden wir mit verschiedenen Texten unseren Regierungen berichten. Er beabsichtige, am 22. März nach Bonn zurückzukehren, und wir könnten dann auf dem üblichen Weg vereinbaren, wann man sich wieder zusammensetze.

---

[10] Vgl. dazu die Note der Bundesregierung vom 25. März 1966 (Friedensnote): „Die Bundesregierung ist der Auffassung, daß das Münchener Abkommen aus dem Jahre 1938 von Hitler zerrissen wurde und keine territoriale Bedeutung mehr hat. Sie erhebt daher, wie sie mehrfach erklärt hat, gegenüber der Tschechoslowakei keine territorialen Ansprüche; sie betont, daß dies die verantwortliche Darstellung der deutschen Politik ist." Vgl. BULLETIN 1966, S. 329.
Vgl. dazu ferner die Regierungserklärung des Bundeskanzlers Kiesinger vom 13. Dezember 1966 vor dem Bundestag: „Die Bundesregierung verurteilt die Politik Hitlers, die auf Zerstörung des tschechoslowakischen Staatsverbandes gerichtet war. Sie stimmt der Auffassung zu, daß das unter Androhung von Gewalt zustandegekommene Münchener Abkommen nicht mehr gültig ist." Vgl. BT STENOGRAPHISCHE BERICHTE, Bd. 63, S. 3662.

[11] Der sowjetische Außenminister Gromyko hielt sich vom 16. bis 21. März 1970 in der ČSSR auf.

[12] 24. März 1970.

[13] Für das Gespräch des Staatssekretärs Bahr, Bundeskanzleramt, mit dem sowjetischen Außenminister Gromyko am 21. März 1970 in Moskau vgl. Dok. 125.

Außenminister *Gromyko* erwiderte, er sehe heute leider keine Möglichkeit, den Staatssekretär noch einmal zu sehen. Möglicherweise würde es jedoch morgen, am Samstag, gehen, und er schlage als Zeitpunkt 15.30 Uhr vor.[14]

VS-Bd. 4625 (II A 4)

119

Aufzeichnung der Vortragenden Legationsrätin Finke-Osiander

II A 5-82.00-94.20-488/70 geheim 13. März 1970[1]

Betr.: Deutsch-polnische Gespräche;
hier: Zweite Gesprächsrunde in Warschau vom 9. bis 11.3.1970

I. Die zweite Runde der deutsch-polnischen Gespräche wurde vom 9. bis 11. März in Warschau durchgeführt.
Im Gegensatz zur ersten Gesprächsrunde[2] fand täglich nur eine Plenarsitzung vormittags statt (insgesamt drei), um den Delegationen mehr Zeit zur internen Vorbereitung zu geben. Staatssekretär Duckwitz und stellvertretender Außenminister Winiewicz führten als Delegationsleiter am 10. März nachmittags außerdem ein Gespräch unter vier Augen. Auf polnischen Wunsch traf Frau Finke-Osiander am 11. März vor der Plenarsitzung zu einer gesonderten Besprechung mit Botschafter Dobrowolski (Stellvertretender Leiter der Westeuropaabteilung) zusammen, wobei die polnische Seite Stellungnahmen zu einigen in der ersten Runde angeschnittenen Themen übergab (Liste des Deutschen Roten Kreuzes von Härtefällen der Familienzusammenführung; Kosten von Verwandtenbesuchen in Polen; Unterlagen zu polnischer Beschwerde betreffend Radio Free Europe).[3] Der polnische Delegationsleiter gab am 10. März ein Frühstück

---

[14] Am 14. März 1970 fand ein Gespräch zwischen Staatssekretär Bahr, Bundeskanzleramt, und dem Abteilungsleiter im sowjetischen Außenministerium, Falin, in Moskau statt. Vgl. dazu Dok. 120.

[1] Ministerialdirektor Ruete notierte am 13. März 1970 auf einem beigefügten Vermerk: „Anliegend wird eine zusammenfassende Aufzeichnung von Frau VLR Finke-Osiander über die zweite Runde der deutsch-polnischen Gespräche über den Herrn Staatssekretär dem Herrn Minister zur Kenntnisnahme vorgelegt." Vgl. VS-Bd. 8954 (II A 5); B 150, Aktenkopien 1970.
Hat Staatssekretär Duckwitz am 14. März 1970 vorgelegen.
Hat Bundesminister Scheel am 16. März 1970 vorgelegen.

[2] Die erste Runde der Gespräche mit Polen über eine Verbesserung des bilateralen Verhältnisses fand vom 4. bis 6. Februar 1970 in Warschau statt.

[3] Staatssekretär Duckwitz, z. Z. Warschau, berichtete über das Gespräch der Vortragenden Legationsrätin Finke-Osiander mit dem Stellvertretenden Abteilungsleiter im polnischen Außenministerium, Dobrowolski, am 11. März 1970: „1) Familienzusammenführung: Zu den 120 Härtefällen, die ich Winiewicz übergeben hatte, übermittelte Botschafter Dobrowolski Übersicht zum Sachstand: Danach haben 11 Familien (34 Personen) inzwischen Ausreisegenehmigung erhalten; 55 Familien (196 Personen) können mit Erteilung Ausreisegenehmigung rechnen; die Anträge von 52 Familien (183 Personen) könnten nach geltenden Richtlinien nicht positiv entschieden werden, zwei Familien (sechs Personen) sollen angeblich keinen Ausreiseantrag gestellt haben. Auf Anfrage stellte Dobrowolski in Aussicht, uns über ‚geltende Richtlinien' zu unterrichten. Frau Finke-Osiander wies darauf

in Schloß Jablonna, der deutsche Delegationsleiter ein Frühstück am 11. März in der Residenz des Leiters unserer Handelsvertretung.⁴

Die polnische Seite war ebenso wie bei der ersten Runde um sorgfältige protokollarische Betreuung und um eine gute Gesprächsatmosphäre bemüht.

II. Im Mittelpunkt dieser Gesprächsrunde stand die Erörterung der von beiden Seiten vorgelegten Abkommensentwürfe⁵ zur Behandlung der Grenzfrage. Dabei zeigte sich, daß zur Zeit die Konzeptionen beider Seiten nicht vereinbar sind.

1) Herr Winiewicz erläuterte den polnischen Entwurf eines „Abkommens zwischen der Volksrepublik Polen und der Bundesrepublik Deutschland über die Grundlagen zur Normalisierung der gegenseitigen Beziehungen", der auf eine endgültige Anerkennung der Oder-Neiße-Linie als polnischer Westgrenze abstellt. Er berief sich hierbei auf das Potsdamer Abkommen und führte aus, daß dieses Abkommen in bezug auf die deutsch-polnische Grenze einen Friedensvertrag vorweggenommen habe. Diese polnische Auffassung stützte er u. a. darauf, daß im Potsdamer Abkommen die unter polnischer Verwaltung gestellten Gebiete als „former German territories" bezeichnet werden⁶, daß die vereinbarte Aussiedlung der deutschen Bevölkerung⁷ die Absicht der beteiligten Mächte zu einer endgültigen Gebietsübertragung an Polen verdeutliche und daß Polen seit über 25 Jahren ununterbrochen die Souveränität über diese Gebiete ausübe. Das Potsdamer Abkommen – das in der Erwartung konzipiert wurde, daß eine endgültige Friedensregelung bald folgen würde – habe im Grunde für diesen Friedensvertrag nur noch die endgültige Markierung der Grenze im Gelände offen gelassen. Ein solcher Friedensvertrag sei bis heute nicht zustande gekommen, jedoch sei zwischen Polen und der DDR inzwischen ein Abkommen über die Grenzmarkierung (Görlitzer Abkommen) geschlossen worden. Es gehe nunmehr darum, daß auch die Bundesrepublik Deutschland diese Grenze bestätige.

Winiewicz legte dar, daß nach polnischer Auffassung eine endgültige Regelung der Grenzfrage Grundlage der Normalisierung der Beziehungen sein müsse, weil die Grenzfrage in der Vergangenheit immer erneut Gegenstand von Kon-

Fortsetzung Fußnote von Seite 476

hin, daß wir im Laufe der Gespräche gesamten Komplex der mit Umsiedlung zusammenhängenden Fragen noch eingehend erörtern möchten. 2) Die Erleichterung von Verwandtenbesuchen: Dobrowolski nahm Bezug auf von uns vorgetragenes Anliegen, den Zwang zum Umtausch von DM 30.- pro Aufenthaltstag in Polen bei Verwandtenbesuchen zu lockern. Er übergab hierzu eine Aufstellung der polnischen Militärmission in Berlin, wonach pro Gesamtzahl von rund 9 000 erteilten Einreisevisa im Jahre 1969 3 600 Personen Gebührenermäßigungen erhalten hätten. Wieweit dies Verwandtenbesuche betrifft, geht aus Aufstellung nicht hervor. Frau Finke-Osiander verwies darauf, daß unser primäres Anliegen generelle Erleichterung von Verwandtenbesuchen sei, während Kostenfrage lediglich zusätzliches Erschwernis für begrenzten Personenkreis (z. B. Rentner) bilde. 3) Radio Free Europe: Dobrowolski übergab angekündigtes Material zu der polnischen Beschwerde betreffend Radio Free Europe." Vgl. den Drahtbericht Nr. 121; VS-Bd. 8954 (II A 5); B 150, Aktenkopien 1970.

⁴ Heinrich Böx.
⁵ Für den Entwurf der Bundesregierung vom 2. März 1970 vgl. Dok. 85.
  Für den polnischen Entwurf vom Februar 1970 vgl. Dok. 141.
⁶ Vgl. dazu Abschnitt IX des Kommuniqués vom 2. August 1945 über die Konferenz von Potsdam (Potsdamer Abkommen); Dok. 12, Anm. 26.
⁷ Vgl. dazu Abschnitt XIII des Kommuniqués vom 2. August 1945 über die Konferenz von Potsdam (Potsdamer Abkommen): „Nachdem die Drei Regierungen die Frage unter allen Gesichtspunkten geprüft haben, erkennen sie an, daß die Umsiedlung der deutschen Bevölkerung oder Teile derselben, die in Polen, der Tschechoslowakei und Ungarn zurückgeblieben sind, nach Deutschland durchgeführt werden muß. Sie sind sich darin einig, daß Umsiedlungen, die stattfinden, in geordneter und humanitärer Weise erfolgen sollen." Vgl. DzD II/1, S. 2121.

flikten gewesen sei. Es gehe darum, für die Zukunft die Möglichkeit eines solchen Konflikts auszuschließen.

Die polnische Berufung auf das Potsdamer Abkommen veranlaßte die deutsche Delegation, auch den abweichenden deutschen Rechtsstandpunkt noch einmal ausführlich darzulegen. Herr Duckwitz führte aus, daß die in Potsdam über Deutschland gefaßten Beschlüsse, an denen weder eine polnische noch eine deutsche Regierung beteiligt waren, in wesentlichen Punkten den Stempel der Vorläufigkeit trugen und gerade auch im Hinblick auf die Grenzfrage unter dem ausdrücklichen Vorbehalt einer Friedensregelung gefaßt wurden. Deshalb könnten wir die polnische Auffassung nicht anerkennen, daß diese Beschlüsse bereits eine Friedensregelung für Deutschland darstellten, die von der Bundesrepublik Deutschland nur noch der Ordnung halber anerkannt werden müßte. Die Bundesregierung sei entschlossen, den Weg zur Normalisierung der Beziehungen zwischen der Bundesrepublik Deutschland und Polen zu beschreiten. Sie müsse hierbei jedoch einerseits den Rechten und Verantwortlichkeiten der Vier Mächte Rechnung tragen, die sich auf Berlin und Deutschland als Ganzes beziehen und die auch die endgültige Festlegung der Grenzen Deutschlands umfassen. Sie sei andererseits gebunden an das Grundgesetz der Bundesrepublik Deutschland, das alle Verfassungsorgane verpflichtet, die nationale und staatliche Einheit des deutschen Volkes zu wahren.[8]

In seiner Stellungnahme zum polnischen Entwurf legte er dar, daß der polnische Entwurf der Vier-Mächte-Verantwortung und der ausstehenden umfassenden Friedensregelung nicht ausreichend Rechnung trage und für uns in der vorliegenden Form schwerlich annehmbar sei.

2) Staatssekretär Duckwitz erläuterte den deutschen Entwurf eines Vertrages über die „Grundsätze der gegenseitigen Beziehungen", der über den Gewaltverzicht hinaus die Verpflichtung beider Partner vorsieht, ihre „territoriale Integrität in den Grenzen ihres gegenwärtigen Besitzstandes" zu respektieren. Er ging auf die Vorteile und Möglichkeiten ein, die nach unserer Auffassung unter den gegebenen Umständen für beide Seiten im Abschluß einer Vereinbarung über Gewaltverzicht liegen.

In seiner Stellungnahme zum deutschen Entwurf betonte der stellvertretende polnische Delegationsleiter[9] mit großem Nachdruck, daß unser auf der Konzeption des Gewaltverzichts beruhender Entwurf für die polnische Seite nicht annehmbar sei, weil er die Grenzfrage offenhalte. Auch die von uns vorgeschlagene Formulierung zur Grenzfrage gehe nicht über einen Gewaltverzicht hinaus. Er wendete sich in diesem Zusammenhang entschieden gegen den Begriff „Besitzstand".

Zur Frage des Friedensvertragsvorbehalts erklärte Herr Winiewicz, der Hinweis auf eine Friedensregelung sei in der Form, wie sie in unserem Entwurf enthal-

---

8 Zu den entsprechenden Bestimmungen des Grundgesetzes vom 23. Mai 1949 vgl. Dok. 12, Anm. 13.
9 Die Wörter „der stellvertretende polnische Delegationsleiter" wurden von Staatssekretär Duckwitz hervorgehoben. Dazu Fragezeichen.
Das Wort „Delegationsleiter" wurde von Bundesminister Scheel durchgestrichen, der handschriftlich vermerkte: „Sicher Außenminister."

ten sei, für die polnische Seite nicht annehmbar, weil er den in den letzten 25 Jahren geschaffenen Zustand erneut in Frage stelle. Er schloß jedoch nicht grundsätzlich aus, Formulierungen zu suchen, die unseren Belangen in bezug auf Berlin und Deutschland als Ganzes Rechnung tragen.

Hinsichtlich der Rechte und Verantwortlichkeiten der Vier Mächte erklärte Winiewicz, daß nach polnischer Auffassung diese Rechte einer deutsch-polnischen Vereinbarung in der Grenzfrage nicht entgegenstünden, zumal die Bereitschaft der Vier Mächte vorauszusetzen sei, eine deutsch-polnische Verständigung in dieser Frage zu fördern.

3) Im Ergebnis dieser Diskussion zeigte sich, daß die beiderseitigen Grundkonzeptionen zur Zeit soweit auseinandergehen, daß eine Einigung auf der Basis der vorliegenden Entwürfe nicht möglich erschien. Beide Seiten beschränkten sich daher auf die allgemeine Erläuterung ihrer Standpunkte. Sie bezeichneten diesen offenen Meinungsaustausch als nützlich, weil er zur besseren Kenntnis der beiderseitigen Positionen beigetragen habe.

4) Vor Eröffnung eines Meinungsaustauschs zum Komplex Gewaltverzicht – Grenzfrage verwies Staatssekretär Duckwitz in der ersten Plenarsitzung[10] nochmals grundsätzlich darauf, daß wir die Grenzfrage als erstes, aber nicht als einziges Thema der Gespräche betrachten, und daß parallel auch konkrete Fortschritte in anderen bilateralen Fragen angestrebt werden sollten.

Der polnische Delegationsleiter betonte zum Abschluß dieser Gesprächsrunde die polnische Bereitschaft, in der nächsten Gesprächsrunde die Möglichkeiten solcher Fortschritte zu erörtern.

Eine entsprechende Bereitschaft deutete die polnische Seite auch mit der gesonderten Besprechung an, die auf polnischen Vorschlag am 11. März zwischen Botschafter Dobrowolski und Frau Finke-Osiander geführt wurde. Dabei übergab die polnische Seite Stellungnahmen zu der von uns in der ersten Gesprächsrunde übermittelten Liste von 120 Härtefällen der Familienzusammenführung, zur Frage der Kosten der Verwandtenbesuche in Polen sowie Material zur polnischen Beschwerde über Radio Free Europe. (Zu letztem Punkt folgt gesonderte Aufzeichnung.)[11]

---

[10] Zum Gespräch des Staatssekretärs Duckwitz mit dem polnischen Stellvertretenden Außenminister Winiewicz am 9. März 1970 in Warschau vgl. Dok. 102.

[11] Ministerialdirigent Lahn vermerkte am 26. März 1970 zu den polnischen Beschwerden gegen die Tätigkeit des Senders „Radio Free Europe", das durch den Stellvertretenden Abteilungsleiter im polnischen Außenministerium, Dobrowolski, übergebene Material enthalte „einerseits eine allgemeine Begründung der polnischen Beschwerde und andererseits Auszüge aus Sendungen von ‚Radio Free Europe'. 1) In der allgemeinen Begründung wird ausgeführt, daß ‚Radio Free Europe' offiziell eine private Institution sei, tatsächlich jedoch von der CIA finanziert werde. Ziel von RFE sei, die Bevölkerung der einzelnen osteuropäischen Länder aufzuwiegeln und die in diesen Ländern bestehenden Regierungen zu stürzen. [...] Die Haupttätigkeit von RFE sei eine direkte Einmischung in die inneren Angelegenheiten Polens und anderer sozialistischer Länder sowie in deren Beziehungen zueinander und zu dritten Staaten, darunter auch zur Bundesrepublik Deutschland." Lahn führte weiter aus: „Insgesamt gesehen wirken die übermittelten Beispiele jedoch nicht sehr gewichtig und überzeugend, wenn man sie etwa dem Ton der massiven Polemik gegenüberstellt, die in Rundfunk und Presse Polens und anderer kommunistischer Länder gegenüber politischen Persönlichkeiten und Verhältnissen in der Bundesrepublik Deutschland üblich ist. [...] Das Material erscheint nicht so gewichtig, daß eine Intervention auf hoher Ebene angemessen wäre." Vgl. Referat II A 5, Bd. 1354.

III. Es wurde vereinbart, die Gespräche am 22. April fortzusetzen.[12]

In dem Vier-Augen-Gespräch der beiden Delegationsleiter hat Herr Winiewicz aus persönlichen arbeitstechnischen Gründen gebeten, auch die dritte Runde in Warschau durchzuführen.

Es wurde vereinbart, die Presse wie folgt zu unterrichten:

„Während der Begegnungen hat ein sachlicher Meinungsaustausch in Fragen der Grundsätze der Normalisierung der gegenseitigen Beziehungen stattgefunden.

Der Meinungsaustausch wird in der zweiten Aprilhälfte d. J. fortgesetzt."

IV. Das Ergebnis dieser Gesprächsrunde läßt sich wie folgt zusammenfassen:

Der polnischen Seite ist an einem erfolgreichen Abschluß der Gespräche gelegen. Sie hat jedoch sowohl in den Plenarsitzungen wie in dem Gespräch der Delegationsleiter mit großem Nachdruck betont, daß sie eine klare Einigung in der Grenzfrage anstrebt, die durch künftige Vereinbarungen nicht mehr in Frag gestellt werden kann. Die polnische Delegation hat keinen Zweifel daran gelassen, daß unser Vorschlag, die Grenzfrage in Form eines Gewaltverzichts zu behandeln, für sie nicht annehmbar ist.

Die polnische Seite hat andererseits grundsätzlich nicht die Möglichkeit ausgeschlossen, eine von ihr angestrebte Grenzvereinbarung so zu formulieren, daß sie der Vier-Mächte-Verantwortung und unseren Belangen im Hinblick auf Berlin und auf Deutschland als Ganzes Rechnung trägt.

Sie hat ferner Bereitschaft erkennen lassen, parallel zur Grenzfrage auch andere Fragen der bilateralen Beziehungen zu erörtern. Dies gilt insbesondere auch für Fragen der Familienzusammenführung und sonstige humanitäre Probleme. Wie weit die Bereitschaft zu polnischem Entgegenkommen auf diesen und anderen Gebieten reicht, wird im weiteren Verlauf der Gespräche zu prüfen sein.

Anlage

Zusammenfassung des Referats V 1 der von beiden Seiten zur Frage der rechtlichen Auswirkungen des Potsdamer Abkommens vertretenen Auffassungen.[13]

[Finke-Osiander]

VS-Bd. 8954 (II A 5)

---

[12] Die dritte Runde der Gespräche mit Polen über eine Verbesserung des bilateralen Verhältnisses fand vom 22. bis 24. April 1970 in Warschau statt.

[13] Dem Vorgang beigefügt. Für die undatierte Aufzeichnung des Referats V 1 vgl. VS-Bd. 8954 (II A 5); B 150, Aktenkopien 1970.

120

Aufzeichnung des Staatssekretärs Bahr, Bundeskanzleramt, z. Z. Moskau

II/1-30.100-Ge 1312/70 geheim 14. März 1970[1]

Betr.: Gespräch mit Falin[2] am 14.3.70 in der Botschaft, von 15.30 bis 17.25 Uhr

Anwesend: Als Dolmetscher die Herren Armbruster und Smirnow.
Es wurden keine Notizen gemacht.

1) Ich habe Falin über zeitliche Dispositionen auf unserer Seite unterrichtet. Wir müßten am kommenden Sonnabend[3] zum Abschluß dieser Runde kommen. Es gibt auf sowjetischer Seite noch keine zeitlichen Vorstellungen darüber, wann Gromyko und ich zusammenkommen, um das Ergebnis der Prüfung durch die Regierungen zu besprechen. Habe ad referendum geäußert, daß die Intentionen als erledigt gelten könnten, falls Regierungen zustimmend von ihnen Kenntnis nehmen.

2) Zum Thema der Beziehungen zwischen der DDR und Drittstaaten äußerte Falin, er könne in diesem Rahmen zugeben, daß es sich dabei um das für die DDR wichtigste Problem handle. Man habe hier und anderswo zum Teil den Eindruck, daß wir dies wissen und als Hebel benutzen wollen, um die DDR zu unzumutbaren Zugeständnissen zu bringen. Habe darauf hingewiesen, daß wir eine Generalbereinigung wünschen, aber durchaus nicht ausschließen können, daß z. B. die Drei Mächte sich auch weiterhin weigern, die DDR anzuerkennen. Dies dürfe unsere Vereinbarung nicht stören und verhindern. Falin nickte. Im übrigen hätten wir den entscheidenden Schritt mit der Bezeichnung der DDR als Staat getan[4], ohne daß dies oder anderes von der DDR honoriert worden sei. Wir hätten kein Vertrauen. Dies wäre anders, wenn es um ein entsprechendes Abkommen zwischen uns und der SU ginge, durch das sich die SU verpflichtet, die DDR zu einer vernünftigen Haltung zu bringen. In der Sache gehe es um einen Waffenstillstand, für den die andere Seite nicht die Vorbedingung erheben dürfe, daß z. B. die 5. Division (Sektion Ausland) einseitig zum Beweis unseres guten Willens vor Verhandlungsbeginn ihr Feuer einstelle. Es gehe nur so, daß die Feuereinstellung auf beiden Seiten vollständig und gleichzeitig vereinbart wird. Falin brachte das Bild von den Familien, deren Angehörige darüber streiten, wer am Zerwürfnis schuld sei. Er stimmte zu, daß eine Verständigung nur

---

[1] Ablichtung.
Hat Staatssekretär Duckwitz vorgelegen, der die Weiterleitung an Ministerialdirektor Ruete verfügte.
Hat dem Vertreter von Ruete, Ministerialdirigent Lahn, am 24. März 1970 vorgelegen, der die Weiterleitung an Referat II A 4 verfügte.
[2] Der sowjetische Außenminister Gromyko mußte wegen einer Erkältung das Gespräch absagen. Vgl. dazu den Drahtbericht Nr. 385 des Staatssekretärs Bahr, Bundeskanzleramt, z. Z. Moskau, vom 14. März 1970; VS-Bd. 4626 (II A 4); B 150, Aktenkopien 1970.
[3] 21. März 1970.
[4] Vgl. dazu den deutschlandpolitischen Teil der Regierungserklärung des Bundeskanzlers Brandt vom 28. Oktober 1969; Dok. 28, Anm. 17.

möglich sei, wenn beide Seiten darauf verzichten, über das Ausmaß der Schuld in der Vergangenheit zu streiten.

Im Verlaufe der Erörterung dieses Punktes fügte Falin die Argumentation ein, daß man hier eine Formulierung in dem Papier brauche, auch zur Beruhigung der Leute, die mißtrauisch der Auffassung seien, daß die Bundesrepublik über Gleichberechtigung rede, aber sich praktisch entgegengesetzt verhalte.

3) Zur Frage der Nichteinmischung in die inneren Angelegenheiten erklärte er im Verlaufe der Diskussion, daß er absolut sicher sei, dies werde eine der Hauptfragen der DDR sein. Hier müsse man zwischen Propaganda und dem Verhältnis zweier souveräner Staaten unterscheiden. Er brachte das Beispiel der jährlichen Senatsresolution zur Befreiung der Ukraine u. a. Staaten (sie wollen uns sogar des armenischen Rundfunks berauben), auf die man sich mit einem Lächeln zu reagieren gewöhnt habe. Ich machte darauf aufmerksam, daß dies eine neue Haltung der DDR erfordere. Er sagte: Die DDR muß entsprechende Verpflichtungen übernehmen. Ich habe diesen Punkt mit der Bemerkung beendet, daß dieser Komplex in dem Gespräch des Kanzlers mit Stoph[5] sicher eine Rolle spielen und wir Ende nächster Woche sehen würden, ob sich daraus eine Formulierung für uns ergibt.

4) Ich warf das Thema des Briefes auf. Es sei schwer zu verstehen, warum die SU nicht bei diesem Abkommen in irgendeiner Form eine Bestätigung ihrer bisherigen Deutschland-Politik wiederholen kann. Falin erklärte, daß er nun die Bedeutung dieser Frage für uns sehe und die Argumente seinem Minister vortragen werde. Es sei nicht einfach, weil in diesem Punkt sehr viele und verschiedene Interessen kulminieren.

5) Er akzeptierte den Wegfall der NV-These. Er verstünde es so, daß wir diesen Punkt nicht aufgeführt haben wollten, aber keine Meinungsverschiedenheit in der Sache hätten. Dies bestätigte ich. Auf seine Frage nach einer öffentlichen Äußerung nach Inkrafttreten des Vertrages[6] habe ich es für möglich erklärt, daß der Bundeskanzler im Rahmen seiner Amerika-Reise eine Gelegenheit findet, diesen Gedanken öffentlich auszudrücken.[7]

[Bahr]

VS-Bd. 4621 (II A 4)

---

[5] Zu den Gesprächen des Bundeskanzlers Brandt mit dem Vorsitzenden des Ministerrats, Stoph, am 19. Mai 1970 in Erfurt vgl. Dok. 124.
[6] Der Nichtverbreitungsvertrag vom 1. Juli 1968 trat am 5. März 1970 in Kraft.
[7] Bundeskanzler Brandt führte am 10. April 1970 vor dem „National Press Club" in Washington zum Nichtverbreitungsvertrag vom 1. Juli 1968 aus: „Die Bundesrepublik Deutschland hält sich an diesen Vertrag, und wir sind darum bemüht, daß sobald wie möglich ein Verifikationsabkommen zwischen Euratom und der Wiener Internationalen Atomenergiebehörde zustande kommt. Davon hängt die Ratifizierung ab." Vgl. BULLETIN 1970, S. 462.

121

Aufzeichnung des Botschafters Emmel

17. März 1970[1]

Betr.: Deutsch-polnische Wirtschaftsverhandlungen; Gespräch Staatssekretär Arndt und Dg III C mit Vizeminister Karski in Warschau am 15. und 16. März 1970

Anlage: eine Presseverlautbarung[2]

I. Ergebnis

Polen glaubt nicht, daß der derzeitige Stand der Verhandlungen den Abschluß eines langfristigen Abkommens zuläßt. Die Verhandlungen sollen fortgesetzt werden, vor ihrem Abschluß jedoch das bisher übliche Jahresprotokoll aufgrund des alten Abkommens aus dem Jahre 1963[3] in Kraft gesetzt werden. So kommt Polen in den Genuß der bei den derzeitigen Verhandlungen erweiterten Liberalisierung und der erhöhten Kontingente, sofort und unabhängig von dem Fortgang der Verhandlungen über den langfristigen Vertrag.[4]

II. Verlauf

Polen honoriert nicht die erheblichen Zugeständnisse, die von deutscher Seite gerade in jüngster Zeit auf dem Gebiet der Liberalisierung und der Kooperation gemacht worden sind. Während der Verhandlungen hat Polen seine Forderungen immer höher geschraubt und stets neue Schwerpunkte herausgestellt. Zur Zeit sind es folgende:

a) De jure-Voll-Liberalisierung und Überführung in Länderliste B[5]

(wir: Ziel, De facto-Liberalisierung innerhalb der Laufzeit des Abkommens, d.h. fünf Jahre, zu vollenden mit gewissem Rest von Kontingenten aus wichtigen Gründen)

b) Automatische Freistellung der Kooperation von mengenmäßigen Beschränkungen

(wir: bei „beiderseitigem Interesse" und „auf Vorschlag der Gemischten Kommission")

---

[1] Ablichtung.
Hat Legationsrat I. Klasse Henze am 17. März 1970 vorgelegen, der die Aufzeichnung an Staatssekretär Duckwitz weiterleitete.
Hat Duckwitz am 17. März 1970 vorgelegen.

[2] Dem Vorgang beigefügt. Vgl. VS-Bd. 8954 (II A 5).
Für den Wortlaut vgl. BULLETIN 1970, S. 368.

[3] Für den Wortlaut der Vereinbarungen vom 7. März 1963 zwischen der Bundesrepublik und Polen über den Warenverkehr und den Seeschiffahrtsverkehr vgl. BUNDESANZEIGER, Nr. 64 vom 2. April 1963, S. 1–3.

[4] Dieser Satz wurde von Staatssekretär Duckwitz durch Ausrufezeichen hervorgehoben.

[5] Nach Paragraph 10, Absatz 1, Satz 2 des Außenwirtschaftsgesetzes vom 28. April 1961 war die Einfuhr von Waren genehmigungspflichtig, deren Ursprungsland nicht auf den beigefügten Länderlisten A oder B aufgeführt war oder die nicht in den Warenlisten enthalten waren. Die Mitgliedstaaten des Warschauer Pakts waren auf den Länderlisten nicht aufgeführt. Vgl. dazu BUNDESGESETZBLATT 1961, Teil I, S. 484.

c) Polen wünscht Wiederaufnahme der Gespräche über Punkte, die bereits als erledigt gegolten haben, z. B. GATT-Meistbegünstigung, Kohlelieferungen und Berlin-Brief.

d) In dem Kreditbrief heißt der entscheidende, vom Kabinett gebilligte Passus wie folgt:

„Beide Regierungen sind sich darin einig, daß jeweils vor Ende eines Jahres im Lichte der Entwicklung der gegenseitigen Beziehungen geprüft wird, inwieweit eine Bürgschaftsregelung für weitere Ausfuhrkredite und ungebundene Finanzkredite etwa in Höhe der Summe für 1970 angebracht ist".

Polen verlangt Umwandlung in „im Lichte der Entwicklung der gegenseitigen wirtschaftlichen Beziehungen".

e) Polen ist enttäuscht, daß die Sowjetunion einen 1,2 Mrd.-Kredit zu einem Zinssatz von 6,25% erhalten hat.[6] Polen hatte irrtümlich angenommen, daß es mit Hilfe der Regierung einen ähnlichen Zinssatz erhalten würde.

III. Beurteilung

Es handelt sich um wesentliche Unterschiede der Auffassungen, bei denen Polen versucht, sein auf Planung beruhendes System auf unser Wirtschaftssystem zu übertragen. Selbst wenn man den polnischen Wünschen folgen wollte, müßte man Kabinettsentscheidungen (Kreditbrief, De jure-Liberalisierung) und Verordnungen (Überführung in Liste B) herbeiführen. Nach Auffassung des BMWi müßte auch der Wirtschaftsausschuß des Bundestages gehört werden. Ganz abgesehen von den damit verbundenen grundsätzlichen Entscheidungen fordert die Prozedur eine längere Zeit, so daß dem polnischen Vorschlag auf Abschluß eines Jahresprotokolls, wie es auch in den vergangenen Jahren üblich war, zugestimmt werden sollte.

Offen bleiben die Fragen der Bürgschaften für die Kredite. Mir scheint, daß die Erhöhung der Bürgschaften für den Hermesplafond für die Frist von einem Jahr auch ohne Kreditbrief in einem Jahresprotokoll vorgenommen werden und daß man bei dem ungebundenen Finanzkredit eher zurückhaltend sein sollte.

Eine De jure-Voll-Liberalisierung ist bisher durch das Kabinett mehrfach abgelehnt worden, weil uns damit ein wichtiges Kompensationsmittel gegenüber dem gelenkten Außenhandel der Staatshandelsländer verlorengeht. Schließlich geht die Forderung auf automatische Freistellung der Kooperation von Einfuhrbeschränkungen über das hinaus, was Polen auch mit Frankreich und Italien vereinbart hat.

Der Eindruck kann nicht beseitigt werden, daß Polen zwar immer behauptet, wirtschaftliche und politische Verhandlungen zu trennen, hier aber aus politischen Gründen auf die deutsche Seite einen Druck ausübt, der anders unverständlich ist. Die Reihe der deutschen Konzessionen, wie z. B. Gewährung der Meistbegünstigung, Erhöhung der Kontingente, Ausweitung der Liberalisierung, Bürgschaften für umfangreiche Kredite und Eröffnung der Möglichkeiten weiterer Bürgschaften für Kredite über die Laufzeit des Abkommens (fünf Jahre) sowie die bevorzugte Behandlung der Kooperationsgüter, wie sie Polen be-

---

[6] Zu den Verträgen vom 1. Februar 1970 mit der UdSSR über die Lieferung von Erdgas und Röhren vgl. Dok. 23, Anm. 1.

reits mit den Franzosen und Italienern vereinbart hat, sollten für den Abschluß eines langfristigen Vertrages ausreichend sein.

IV. Zusammenfassung

Möglichst baldiger Abschluß des Jahresprotokolls.[7] Fortsetzung der Verhandlungen über das langfristige Abkommen nach weiterer Abstimmung mit den Ressorts. Bei den unmittelbar bevorstehenden Verhandlungen mit Ungarn[8] und der Tschechoslowakei[9] sollte alles versucht werden, auf der Basis der den Polen angebotenen Konzessionen langfristige Verträge zu vereinbaren, wie es bereits mit Rumänien geschehen ist. Da die derzeitigen deutschen Konzessionen größer sind als im Falle der Rumänienverhandlungen im letzten November[10], sollte den Rumänen die erweiterte Konzession, wo immer es möglich ist, durch Briefwechsel oder Noten nachträglich ebenfalls eingeräumt werden.

Hiermit dem Herrn Minister weisungsgemäß direkt für die heutige Kabinettssitzung vorgelegt.

gez. Dr. Emmel

VS-Bd. 8954 (II A 5)

---

[7] Am 13. Mai 1970 unterzeichneten Botschafter Emmel und der Leiter der polnischen Handelsvertretung in Köln, Piątkowski, die Warenlisten und Briefwechsel, die den Warenverkehr zwischen beiden Staaten für das Jahr 1970 regelten. Für den Wortlaut vgl. BUNDESANZEIGER Nr. 127 vom 16. Juli 1970, S. 1 f.

[8] Die Verhandlungen mit Ungarn über den Abschluß eines Abkommens über den Warenverkehr sowie die wirtschaftliche und wissenschaftlich-technische Zusammenarbeit begannen am 7. April 1970. Vgl. dazu Dok. 160.

[9] Vom 26. Mai bis 12. Juni 1970 fanden in Prag Verhandlungen statt, die mit der Paraphierung eines Abkommens über den Warenverkehr und die Kooperation auf wirtschaftlichem und wissenschaftlich-technischem Gebiet mit einer Gültigkeit vom 1. Januar 1970 bis 31. Dezember 1974 sowie eines Protokolls mit den Ein- und Ausfuhrlisten für das Jahr 1970 endeten. Vgl. BULLETIN 1970, S. 823. Für den Wortlaut des Langfristigen Abkommens vom 17. Dezember 1970 über den Warenverkehr und die Kooperation auf wirtschaftlichem und wissenschaftlich-technischem Gebiet vgl. BUNDESANZEIGER, Nr. 1 vom 5. Januar 1971, S. 1–4. Für den Wortlaut des Warenprotokolls für 1970 vgl. Referat III A 6, Bd. 426.

[10] Vom 4. bis 21. November 1969 führte Botschafter Emmel in Bukarest Verhandlungen im rumänischen Außenhandelsministerium, die mit der Paraphierung eines Abkommens über den Warenverkehr und die Erweiterung der wirtschaftlichen Zusammenarbeit für den Zeitraum vom 1. Januar 1970 bis zum 31. Dezember 1974 abgeschlossen wurden. Gleichzeitig wurde ein Warenprotokoll für das Jahr 1970 vereinbart. Vgl. dazu den Drahtbericht Nr. 4245 des Botschafters Emmel, z. Z. Bukarest, vom 21. November 1969; Referat III A 6, Bd. 421.
Für den Wortlaut des Abkommens vom 22. Dezember 1969 vgl. BUNDESANZEIGER, Nr. 71 vom 16. April 1970, S. 2 f.

122

Botschafter Allardt, Moskau, an Bundesminister Scheel

Z B 6-1-11315/70 geheim   Aufgabe: 18. März 1970, 23.00 Uhr[1]
Fernschreiben Nr. 411   Ankunft: 18. März 1970, 23.39 Uhr

Nur für Bundesminister und Staatssekretär[2]

Betr.: Unterrichtung der Botschaftergruppe über die Gespräche mit Gromyko

Ich habe heute die drei Botschafter[3] über letzte Gespräche und Terminabsprachen kurz unterrichtet und dabei in Unkenntnis dortigen Sprachgebrauchs (s. DB Brüssel-Natogerma Nr. 334 vom 17.3.1970[4]) auf Frage nachdrücklich betont, daß wir nach wie vor in der ersten Runde, d. h. dem Meinungsaustausch, seien und erst nach der vorgesehenen Konsultation der Regierungen zu übersehen sei, ob Verhandlungen zum Ziele eines Vertragsabschlusses sinnvoll seien.

Französischer Botschafter, dem ich auf Frage nach einem Kommuniqué erwiderte, auch darüber solle noch gesprochen werden, erwiderte: „Kein noch so gesprächiges Kommuniqué kann so beredt sein wie die Pressenotiz, daß der sowjetische Außenminister mehr als dreißig Stunden mit Herrn Bahr und Ihnen verhandelt hat. Ich kann mich keiner Nachricht der letzten Jahre erinnern, die die französische Öffentlichkeit so beschäftigt wie diese lapidare Mitteilung. Nimmt man dann noch hinzu, daß Gromyko, kaum aus Prag zurückgekehrt[5], sich selbst am Samstag nachmittag wieder mit Ihnen zusammensetzen wird[6], bedarf es wirklich keines Kommuniqués mehr."

Nichts kann das tiefe, auch in wiederholten bilateralen Gesprächen der letzten Wochen mehr und mehr zu Tage tretende Mißtrauen und die damit verbundene Unruhe der französischen Regierung unseren Moskauer Gesprächen gegenüber treffender und schärfer charakterisieren als diese Bemerkung. Ich meine, daß sie sehr ernst genommen werden sollte.

[gez.] Allardt

VS-Bd. 4621 (II A 4)

---

[1] Hat Vortragendem Legationsrat Schönfeld am 19. März 1970 vorgelegen, der handschriftlich vermerkte: „Über Herrn D I Herrn D II mit der Bitte um Übernahme."
Hat dem Vertreter von Ministerialdirektor Ruete, Ministerialdirigent Lahn, am 19. März 1970 vorgelegen.
Hat Lahn erneut am 24. März 1970 vorgelegen, der die Weiterleitung an Referat II A 4 verfügte.

[2] Georg Ferdinand Duckwitz.

[3] Jacob D. Beam (USA), Roger Seydoux (Frankreich) und Duncan Wilson (Großbritannien).

[4] Korrigiert aus: „13.3.1970".
Zum Drahtbericht des Botschafters Grewe, Brüssel (NATO), vgl. Dok. 87, Anm. 12.

[5] Der sowjetische Außenminister Gromyko hielt sich vom 16. bis 21. März 1970 in der ČSSR auf.

[6] Für das Gespräch des Staatssekretärs Bahr, Bundeskanzleramt, mit dem sowjetischen Außenminister Gromyko am 21. März 1970 in Moskau vgl. Dok. 125.

123

Aufzeichnung des Ministerialdirigenten Oncken

Pl-82.07-138/70 VS-vertraulich 19. März 1970

Betr.: Aufnahme von Beziehungen zur VR China

Bezug: Aufzeichnung vom 17. März 1970 – Pl-82.05-124/70 geheim[1]

I. 1) Der Planungsstab hatte mit der Aufzeichnung vom 1. Oktober 1969 – Pl-82.07-662/69 VS-vertraulich[2] – vorgeschlagen,

„die Bundesregierung sollte ihre Bereitschaft erklären, zu allen Staaten einschließlich der kommunistischen Staaten Asiens und unter ihnen besonders der VR China, volle diplomatische Beziehungen aufzunehmen. Diese Bereitschaft sollte als Teil der deutschen Friedenspolitik, als Beweis der deutschen Unparteilichkeit im sowjetisch-chinesischen Konflikt, als normaler diplomatischer Vorgang, unabhängig von den Rückwirkungen auf dritte Staaten, und als Folge der sich abzeichnenden neuen asiatischen Situation ‚nach Vietnam' dargestellt werden."

2) Gegen die prinzipiellen Überlegungen, die diesem Vorschlag zu Grunde liegen, bestehen keine Einwände. Ich habe freilich Bedenken gegen eine generelle Erklärung dieser Art und rege an, das o. a. Petitum des Planungsstabes nur in Richtung Peking weiterzuverfolgen. Eine generelle Erklärung würde im Falle des sehr aggressiven Regimes in Nordvietnam die Beziehungen zu Südvietnam und zu den USA, deren psychologisches Vietnam-Engagement noch stark ist, und im Falle Nordkoreas unsere Beziehungen zu Südkorea, zu den USA und Japan unnötig strapazieren. Eine indirekte Erwähnung der Mongolischen Volksrepublik wäre möglich; gleichwohl scheint es zweckmäßig, von ihr abzusehen, da ein solcher Schritt notwendig die Frage nach sich ziehen würde, warum wir auf eine Adressierung unserer Erklärung an die anderen kommunistischen Länder in Ostasien, nämlich Nordvietnam und Nordkorea, verzichteten.

3) Bei der Aufnahme des Falles „Peking" sollte die Problematik „Taiwan" gewiß nicht übersehen werden. Ziel unserer Bemühungen sollte daher zunächst weniger die Aufnahme diplomatischer Beziehungen zu Peking als die Herstellung amtlicher Beziehungen mit Peking sein, d. h. der Versuch, eine Normalisierung der beiderseitigen Beziehungen einzuleiten. Hierfür spricht folgendes:

---

[1] Ministerialdirigent Oncken faßte die Ergebnisse der Tagung der Atlantic Policy Advisory Group der NATO (APAG) vom 9. bis 13. März 1970 in Brüssel zusammen: „Der Konsensus ging dahin, daß mit einer Fortdauer des sowjetisch-chinesischen Gegensatzes zu rechnen sei; ein großer militärischer Konflikt sei jedoch nicht wahrscheinlich, desgleichen nicht ein gegen chinesische Nukleareinrichtungen gerichteter ‚preemptive strike' der Sowjets. Für die NATO habe der sowjetisch-chinesische Gegensatz in seiner derzeitigen Form eher Vor- als Nachteile; gleichwohl sei es nicht unproblematisch, ihn aktiv ausnutzen zu wollen. Nichteinmischung und Unparteilichkeit sollten als grundlegende politische Verhaltensregel für die Allianz gelten. Andererseits solle dies nicht allzu offen deutlich gemacht werden. Die Sowjetunion könne daraus folgern, daß sie ‚freie Hand' habe. Eine im Prinzip offenere Politik China gegenüber erscheine angezeigt." Vgl. VS-Bd. 11582 (Planungsstab); B 150, Aktenkopien 1970.

[2] Für die Aufzeichnung des Ministerialdirektors Bahr vgl. AAPD 1969, II, Dok. 305.

487

a) In der Bezugsaufzeichnung, die die Analyse des chinesisch-sowjetischen Verhältnisses durch die APAG (Atlantic Policy Advisory Group der NATO) wiedergab, war darauf hingewiesen worden, daß das Fortbestehen des chinesisch-sowjetischen Antagonismus für den Westen (damit auch für uns) günstig sei. Die APAG-Analyse hatte ferner das westliche Interesse angedeutet, sich die Option gegenüber Moskau und Peking offenzuhalten und zu diesem Zweck die Beziehungen zu beiden Ländern auf einen paritätischen Stand zu bringen. Diese Überlegungen gelten insbesondere auch für die Bundesrepublik, die im Unterschied zu anderen westlichen Ländern keine amtlichen Beziehungen zu Peking unterhält. Unsere in der Frage des Verhältnisses zu China eher passive Haltung könnte – dies kam bereits in der o. a. Aufzeichnung des Planungsstabs vom 1.10.1969 zum Ausdruck – die folgenden Nachteile haben:

- Sie wird unter Umständen (in der Öffentlichkeit? in Moskau?) als Parteinahme gegen Peking fehlinterpretiert;
- sie bringt uns mit Sicherheit in der deutschen Frage neben der sowjetischen auch die chinesische Gegnerschaft ein; dies kommt wiederum der von Peking als Parteigängerin Moskaus stets angegriffenen DDR zugute.

b) Gewiß würde die Sowjetunion die Herstellung amtlicher deutscher Beziehungen zu Peking mit Mißbehagen zur Kenntnis nehmen. Daß sich eine Belastung unseres Verhältnisses zur Sowjetunion ergibt, möchte ich jedoch bezweifeln.[3] Die Frage einer Verhärtung ihrer Haltung uns gegenüber hängt von anderen Faktoren ab, die unmittelbar mit der sowjetischen Einschätzung der Entwicklung des Kräfteverhältnisses in Zentraleuropa zu tun haben. Im übrigen würde eine Kontaktaufnahme zu Peking durch unsere Bemühungen um eine Auflockerung unseres Verhältnisses zu Moskau in einem gewissen Umfang abgedeckt. Dies legt folgenden Schluß nahe:

Die Frage einer Beziehungsaufnahme zu Peking sollte auch unter Berücksichtigung der Frage geprüft werden, ob die Tatsache des derzeitigen sowjetischen Interesses an einer Regelung der Beziehungen zu uns es nicht erleichtern würde, gerade zum jetzigen Zeitpunkt eine Aufwertung unserer Beziehungen zu Peking in Aussicht zu nehmen.

c) Gewiß steht fest, daß ein solcher Entschluß die Aussichten für eine substantielle Verbesserung unserer Beziehungen zu China nicht unmittelbar ändern würde. Ganz abgesehen davon, daß ungewiß ist, ob die Chinesen auf unsere Fühler überhaupt eingehen, steht das chinesische Interesse außer Zweifel, sich in der Deutschland-Frage die Möglichkeit offen zu halten, Moskau den Vorwurf einer sowjetisch-amerikanischen Kollusion zu machen. Auf der anderen Seite steht aber auch fest:

Ein Verzicht auf Beziehungen zu China bringt uns in der Deutschland-Frage noch weniger ein. Es besteht ein elementares Interesse auf unserer Seite, alles zu tun, um sowjetische Kräfte, die gegen uns frei werden könnten, an anderer Stelle zu binden. Eine solche Möglichkeit ist uns im Falle des Chinakontaktes gegeben.

---

[3] Der Passus „Verhältnisses ... bezweifeln" wurde von Staatssekretär Duckwitz hervorgehoben. Dazu Fragezeichen.

d) Eine solche Politik würde im übrigen nicht im Widerspruch zu den Intentionen unserer Ostpolitik stehen; sie wäre vielmehr geeignet, diese insofern zu ergänzen, als sie das Interesse der Sowjetunion an Kontakten zu uns unter Umständen stärken würde.

II. Entsprechend wird vorgeschlagen:

Die Bundesregierung sollte – nach vorangegangener Unterrichtung der in der China-Frage aufgeschlossener gewordenen Amerikaner – ihre Bereitschaft erkennen lassen, zu Peking amtliche Beziehungen aufzunehmen. Von einem demonstrativen Akt, von einer Erklärung wäre zunächst zweckmäßigerweise abzusehen. Erfahrungsgemäß ist es für die „gesichtsbewußten" Chinesen leichter, auf derartige Fühler einzugehen, wenn vor der Weltöffentlichkeit nicht der Eindruck entsteht, über die chinesische Außenpolitik würde von dritter Seite verfügt. Dieser Hinweis gilt um so mehr, als die Chinesen uns bekanntlich den Vorwurf machen, wir hätten ein 1964 mit ihnen geführtes Gespräch[4] von uns aus abgebrochen.[5]

Hiermit über den Herrn Staatssekretär[6] dem Herrn Bundesminister[7] vorgelegt.

Oncken

VS-Bd. 11571 (Planungsstab)

124

Aufzeichnung des Bundeskanzlers Brandt

35040 Ko 6/14 geheim   **21. März 1970**[1]

Betr.: Vier-Augen-Gespräch mit Stoph in Erfurt am 19. März 1970

I. Nach dem Essen Donnerstag mittag kam es zu einem Gespräch, an dem auf Stophs Seite Winzer und die beiden DDR-Staatssekretäre[2], auf meiner Seite Franke und zeitweise Ahlers teilnahmen. Folgendes wurde behandelt:

---

[4] Im Jahr 1964 endeten Gespräche zwischen Vertretern der Volksrepublik China und der Bundesrepublik über ein Warenabkommen, die in Bern und London geführt wurden, ergebnislos. Vgl. dazu AAPD 1964, II, Dok. 206 und Dok. 236.

[5] Dieser Satz wurde von Staatssekretär Duckwitz hervorgehoben. Dazu vermerkte er handschriftlich: „Stimmt leider."

[6] Hat Staatssekretär Duckwitz am 20. März 1970 vorgelegen.

[7] Hat Bundesminister Scheel am 9. April 1970 vorgelegen, der handschriftlich vermerkte: „Wir haben diese Bereitschaft schon erkennen lassen. Ohne erkennbares Zeichen. Man müßte einen Kanal ausfindig machen!"

[1] Ablichtung.
Hat Staatssekretär Duckwitz vorgelegen, der handschriftlich vermerkte: „S[eite] 5." Vgl. Anm. 14. Zu den Gesprächen in Erfurt vgl. auch BRANDT, Begegnungen, S. 490–500.

[2] Michael Kohl und Günter Kohrt.

1) St. fragte nach dem Freistellungs- („Handschellen"-) Gesetz.[3] Dieses Hindernis müßte beseitigt sein, bevor er zu dem zweiten Treffen in die Bundesrepublik kommen könnte.

Ich erklärte, das Gesetz sei in gewisser Hinsicht bereits als obsolet zu betrachten. Unabhängig davon hätte ich mich bei den Vorsitzenden der Koalitionsfraktionen[4] vergewissert, daß die Bereitschaft zur Aufhebung des Gesetzes gegeben sei.[5]

2) St. bat darum, den gegen ihn aus München gestellten Strafantrag „vom Tisch zu bringen", bevor er zum Gegenbesuch komme. Seine Seite habe sich mit der bei uns gegebenen Rechtslage vertraut gemacht.

Ich erklärte, daß ein Gast der Bundesregierung bei uns sicher sei und keine Schwierigkeiten zu befürchten brauche.

St.: Er müsse trotzdem darum bitten, daß die Angelegenheit vorher geklärt werde (Staatsanwaltschaft Bonn?).

3) Als die TTD-Reisepapiere zur Sprache kamen, wies ich auf die bevorstehende Neuregelung im Rahmen der NATO[6] hin, die einen praktischen Wegfall bedeuten werde.

St. begrüße dies und wies darauf hin, daß der Text dieser Dokumente in der DDR als besonders diskriminierend empfunden werde.

4) Ich unterrichtete St. über die bei uns beschlossene Neuregelung betr. Flaggen und Hymnen.[7]

5) Anscheinend improvisiert, tatsächlich jedoch als Vorgriff auf seine Nachmittagsrede[8], fragte St., ob wir uns nicht gleich auf den Austausch von Botschaftern verständigen könnten. Dann kämen wir zu den geordneten Formen des Verkehrs miteinander, deren Fehlen auch ich bedauert hätte.

St. fügte eine Wendung ein, daß er in diesem Zusammenhang nicht auf „völkerrechtliche Anerkennung" bestehe.

Er machte auch Bemerkungen darüber, daß es gegenwärtig verschiedene Kanäle gebe, auf denen Mitteilungen zwischen den beiden Seiten – nicht immer zuverlässig – befördert würden und daß er nicht sicher sei, ob Leute, die sich auf mich beriefen, dazu wirklich autorisiert seien.

6) Eine Bemerkung, die ich darüber machte, daß Egon Franke bei weiteren Kontakten eine wichtige Rolle zu spielen haben würde, veranlaßte St. zu einem

---

[3] Für den Wortlaut des Gesetzes vom 29. Juli 1966 über die befristete Freistellung von der deutschen Gerichtsbarkeit vgl. BUNDESGESETZBLATT 1966, Teil I, S. 453 f.

[4] Herbert Wehner (SPD) und Wolfgang Mischnick (FDP).

[5] Das Gesetz vom 29. Juli 1966 über die befristete Freistellung von der deutschen Gerichtsbarkeit wurde am 15. Mai 1970 aufgehoben. Vgl. dazu BUNDESGESETZBLATT 1970, Teil I, S. 493.

[6] Zur Suspendierung der TTD-Regelung am 26. März 1970 vgl. Dok. 129.

[7] Am 12. März 1970 beschloß das Kabinett die Aufhebung einer am 4. November 1959 ergangenen Richtlinie des Bundes und der Länder, die das Zeigen der DDR-Flagge im Bundesgebiet untersagte. Vgl. dazu den Runderlaß Nr. 1333 des Staatssekretärs Harkort vom 1. April 1970; Referat II A 1, Bd. 1127.

[8] Für den Wortlaut der Erklärung des Vorsitzenden des Ministerrats, Stoph, am Nachmittag des 19. März 1970 in Erfurt vgl. BONN UND OSTBERLIN, S. 136–146.
Für den Wortlaut der Erklärung des Vorsitzenden des Ministerrats, Stoph, am Vormittag des 19. März 1970 in Erfurt vgl. NEUES DEUTSCHLAND vom 20. März 1970, S. 1–4.

starken Vorbehalt: Dies würde sehr schwierig werden. Nicht wegen der Person von Herrn Franke, sondern wegen der Bezeichnung, die dessen Ministerium führe[9] und der Rolle, die es in den zurückliegenden Jahren gespielt habe.

Ich betone, daß jede Seite selbst bestimmen müsse, wer sie bei welcher Gelegenheit vertrete.

(Am Abend kam dieser Gegenstand wieder auf. Bei der Besprechung des Kommuniqué-Entwurfs hatte Kohl gegenüber Sahm beanstandet, daß Frankes Ministerium – bei ihm selbst und bei Weichert – erwähnt würde. Stoph stimmte dann nach einigem Zögern meinem Vorschlag zu, auf die Erwähnung der Ministerien sowohl bei Winzer wie bei Franke und entsprechend bei den Beamten zu verzichten.)

II. Das eigentliche Vier-Augen-Gespräch fand in der Zeit zwischen 18.30 und 20.30 statt. Folgende Punkte kamen zur Sprache:

7) St. beschäftigte sich in ziemlich allgemeinen Wendungen mit der Frage, was man „konkret" für die Sicherung des Friedens tun könne. Er wandte sich scharf gegen ideologische Verwischungen und gegen die Konvergenz-Theorie.

8) St. fragte, ebenso wie während der Mittagspause in bezug auf den Botschafter-Austausch, ob wir uns nicht gleich auf eine Erklärung einigen wollten, gemeinsam die Mitgliedschaft in den Vereinten Nationen zu beantragen.

Ich bezog mich auf den Schluß meiner Ausführungen in der Nachmittagssitzung: Beziehungen, Kommunikation, Abbau von Diskriminierungen.[10]

9) St. beschwerte sich darüber, daß die Bundesregierung weiterhin aktiv sei, um andere Staaten an Verbindungen mit der DDR zu hindern. Dies gelte nicht nur für diplomatische Beziehungen, sondern auch für wirtschaftliche Vertretungen. Er erwähnte einen Erlaß des Bundesaußenministers vom Ende vergangenen Jahres[11] und sagte, er könnte mit einer erheblichen Dokumentation über die Tätigkeiten unserer Auslandsvertretungen aufwarten. So habe sich einer unserer Botschafter in Afrika ereifert, damit Fluglinie der DDR ein Recht auf Zwischenlandung verweigert würde.

Auf meine Frage, ob nicht die DDR bestrebt gewesen sei und auch jetzt noch bestrebt sei, die Normalisierung unserer Beziehungen zu Staaten des Warschauer Paktes zu erschweren, gab St. dies ohne Zögern lächelnd zu.

10) St. bat mich zu prüfen, ob wir nicht unsere Haltung wegen der Mitgliedschaft der DDR in der Weltgesundheits-Organisation ändern könnten.[12]

Bei der ECE hätten wir unsere Haltung aufgelockert[13], aber es wäre logischer, aus dem halben Schritt einen ganzen zu machen.[14]

---

[9] Das Bundesministerium für Gesamtdeutsche Fragen wurde am 5. November 1969 in Bundesministerium für innerdeutsche Beziehungen umbenannt.

[10] Für den Wortlaut der Erklärung des Bundeskanzlers Brandt am Nachmittag des 19. März 1970 in Erfurt vgl. BONN UND OSTBERLIN, S. 146–156.

[11] Vgl. dazu den Runderlaß des Bundesministers Scheel vom 30. Oktober 1969; AAPD 1969, II, Dok. 337.

[12] Zur Frage einer Mitgliedschaft der DDR in der WHO vgl. Dok. 147.

[13] Zur Frage einer Beteiligung der DDR an der Arbeit der ECE vgl. Dok. 136.

[14] Der Passus „St. bat mich ...zu machen" wurde von Staatssekretär Duckwitz hervorgehoben.

Mit einigem Nachdruck äußerte sich St., in Verbindung mit den Verkehrsfragen, über CIM und CIV[15]. Wenn wir hier zu einer vernünftigen Regelung kämen, erreichten wir auch die von uns befürworteten durchgehenden Tarife.

Im Laufe des Abends sprach mich St. auch noch wegen der Konvention an, die die Verhinderung der Verschmutzung der Ostsee[16] zum Ziele hat. Auch hier bat er darum, wir möchten unseren Standpunkt überprüfen.

11) St. meinte, man sollte die festgefahrenen Verkehrsverhandlungen wieder in Gang bringen. Er würde empfehlen, jetzt je einen Teilvertrag – für Bahn, Straße und Binnenschiffahrt – abzuschließen. Für den Luftverkehr seien die Voraussetzungen für ein Abkommen ja noch nicht gegeben.

12) St. kritisierte unsere Haltung beim Weltpostverein.[17] Wenn wir unsere Haltung änderten, könnten wir auch zu der Pauschal-Regelung gelangen, die für benachbarte Länder mit starkem Postaustausch vorgesehen sei.

13) Als in diesem Zusammenhang Berlin zur Sprache kam, bedauerte St., daß ich dieses Thema in meiner Eröffnungsrede[18] relativ breit behandelt hätte. Mit einer gewissen Heftigkeit wies er darauf hin, daß es hier grundsätzliche Gegensätze gebe und seine Seite nicht daran denke, mit uns Verträge zu schließen, in denen Berlin-Klauseln enthalten seien.

Es gab einen Wortwechsel wegen der Anwesenheit von Bundestagsausschüssen in West-Berlin[19] und wegen der obligaten DDR-Proteste bei Berlin-Besuchen von Regierungsmitgliedern. Ich fragte, warum man zum Beispiel am vorausgegangenen Sonnabend protestiert habe, als Horst Ehmke eine Rede auf dem Landesparteitag der Berliner SPD hielt. St.: Der Protest ergebe sich daraus, daß sich Ehmke für die Zugehörigkeit West-Berlins zum Bund eingesetzt habe.[20]

---

[15] Korrigiert aus: „CIF".
Zur Mitgliedschaft der DDR in der Berner Union vgl. Dok. 109, Anm. 9.

[16] Vom 3. bis 5. September 1969 fand in Visby eine Tagung der Ostseeanlieger mit dem Ziel einer Vereinbarung über die Verhinderung der Verschmutzung der Ostsee statt. Dazu vermerkte Legationsrat I. Klasse Eitel am 14. Oktober 1969, während die Bundesrepublik nur eine Expertendelegation aus dem Bundesministerium für Verkehr entsandt habe, seien Polen, die UdSSR und die DDR durch Stellvertretende Minister vertreten worden. Entgegen der ursprünglichen Absicht, nur eine Abmachung der zuständigen Seeverwaltungsbehörden zu erzielen, sei schließlich ein Regierungsabkommen unterzeichnet worden. Daraufhin sei die Delegation der Bundesrepublik abgereist, ohne zu unterzeichnen: „Eine Zeichnung des Protokolls verbietet sich, da es 1) die drei östlichen Delegationen (einschließlich DDR) durchgehend als Regierungsdelegationen ausweist; 2) von den beteiligten ‚Staaten' spricht; 3) die Konferenz trotz unserer Beanstandungen als nützlich bezeichnet. [...] Der Konferenzausgang bedeutet für die BRD eine diplomatische Niederlage. 1) Eine DDR-Regierungsdelegation nahm an einer internationalen Konferenz, an der neben Finnland ebensoviel westliche wie östliche Ostseeanlieger vertreten waren, gleichberechtigt teil. 2) Durch Nicht-Zeichnung des Protokolls befindet sich die BRD, nicht die DDR, in der Isolierung. 3) Das von den übrigen Teilnehmern gezeichnete Protokoll übernimmt weitgehend östliche Positionen (vgl. oben b.) 4) Der BRD fällt die undankbare Aufgabe zu, gegen die in dem Protokoll vorgesehenen weiteren Konsultationen, die ja voraussichtlich von den gleichen Voraussetzungen wie das Protokoll ausgehen, zu agitieren." Vgl. Referat I A 6, Bd. 196.

[17] Vom 1. Oktober bis 14. November 1969 fand in Tokio der XVI. Weltpostkongreß statt. Vgl. dazu Dok. 28, Anm. 12.

[18] Für den Wortlaut der Erklärung des Bundeskanzlers Brandt am Vormittag des 19. März 1970 in Erfurt vgl. BULLETIN 1970, S. 377–381.

[19] Am 19. März 1970 fand in Berlin (West) eine Sitzung des Wirtschaftsausschusses des Bundestages statt.

[20] Bundesminister Ehmke erklärte am 14. März 1970 auf dem Landesparteitag der SPD in Berlin (West), daß der Bundeskanzler das Recht habe, nach Berlin (West) zu kommen. Es sei absurd, Berlin

14) Neben diesen harten und unversöhnlichen Erklärungen standen andeutende Äußerungen wie die, daß man „ohne Lärm" das eine und andere praktisch regeln könne.

Eine Äußerung von Stoph mußte ich so verstehen, daß die Ost-Berliner Seite ursprünglich davon ausgegangen sei, ich würde zu einem Treffen in Ost-Berlin von West-Berlin kommen bzw. dorthin zurückkehren. Dies sei durch die pressemäßige bzw. propagandistische Behandlung auf unserer Seite unmöglich geworden.

St. sagte sinngemäß, er verstehe nicht, wie bei uns gewisse technische Fragen behandelt würden. Manchmal habe er den Eindruck, wir würden „Idioten" bzw. Experten ohne politischen Verstand verhandeln lassen. Bei den Post-Gesprächen habe er sagen lassen, seine Seite „nehme zur Kenntnis", daß Beträge von der West-Berliner Post an die Bundespost abgeführt worden seien. Er habe geglaubt, hiermit einen nützlichen Hinweis gegeben zu haben, aber die Reaktion sei entgegengesetzt gewesen.

15) Regelungen der West-Berliner Post mit der DDR müßten direkt erfolgen. Ich wisse ja noch aus meiner Zeit als Bürgermeister, daß sich der tägliche Postwagen durchaus bewährt habe. Er verstehe die zuständigen Herren in West-Berlin häufig nicht; noch 1968/69 hätten sie beispielsweise Telefonverbindungen nach Skandinavien gekappt, um sie auf dem Wege über Westdeutschland neu zu etablieren.

Wenn von Vorleistungen gesprochen werde, wolle er auch einmal auf das tatsächliche Entgegenkommen hinweisen, das die DDR bei der Abfertigung des Güterverkehrs von und nach West-Berlin zeige. Es gebe auf seiner Seite solche, die aus gegebenem Anlaß immer wieder zu „Gegenmaßnahmen" geneigt seien. Wir sollten versuchen, uns auszumalen, was es bei dem heutigen Volumen des Warenverkehrs bedeuten würde, wenn auch nur „nach Vorschrift" abgefertigt werden würde.

16) St. machte allgemeine Ausführungen darüber, daß es wünschenswert sei, den Handel zwischen den beiden Staaten auszuweiten. Wenn man sich vergegenwärtige, wie viele Güter vor dem Krieg zwischen den Gebieten der beiden heutigen Staaten ausgetauscht wurden, könne man sich eine Vorstellung von den in Zukunft gegebenen Möglichkeiten machen.

17) St. erwähnte das Gespräch, das Walter Hesselbach kürzlich in Thüringen mit dem stellvertretenden Präsidenten der DDR-Staatsbank[21] geführt hat. St. schien – irrtümlicherweise – davon auszugehen, daß ich Hesselbach beauftragt bzw. gebeten hatte, dieses Gespräch – über das ich anschließend eine Aufzeichnung erhalten habe – zu führen.

Fortsetzung Fußnote von Seite 492
    (West) als „Seuchengebiet" zu behandeln und darum herum zu fahren. Ehmke begrüßte das bevorstehende Treffen des Bundeskanzlers mit dem Vorsitzenden des Ministerrats und sprach die Hoffnung aus, daß es „zu weiteren Aktionen gemeinsamer deutscher Vernunft" komme. Er hob hervor, daß es kein Arrangement in Europa ohne Vereinbarung über Berlin geben könne. Die Frage der Zufahrtswege nach Berlin und die Bindungen von Berlin (West) an die Bundesrepublik seien eine Realität auch der neuen Lage. Vgl. den Artikel „Kabinettsitzung mit Bahr – Vorbereitung auf Erfurt"; FRANKFURTER ALLGEMEINE ZEITUNG vom 16. März 1970, S. 4.
    Vgl. dazu ferner den Artikel „Protest gegen Ehmke-Aufenthalt in Westberlin"; NEUES DEUTSCHLAND vom 14. März 1970, S. 7.
21 Helmut Dietrich.

Unter Berufung hierauf und auf andere nicht näher gekennzeichnete „Kontakte" meinte er, ihm sei der Eindruck vermittelt worden, daß ich auf innenpolitische Schwierigkeiten Rücksicht zu nehmen habe und deshalb beispielsweise in der Frage der Anerkennung mich nur zögerlich verhalten könne. Ihm sei auch der Eindruck vermittelt worden, ich könnte meinen, die DDR sei an der Ablösung der jetzigen Bundesregierung interessiert; Strauß sei ihr lieber. Dies sei ganz und gar nicht so.

Ich habe, wie schon während des Mittags-Gesprächs, darauf hingewiesen, daß man Dinge, die durch den einen oder anderen Kontakt, unter Umständen auch durch selbstbestallte Mittelsmänner und Wichtigtuer, übermittelt werden, vorsichtig werten müsse. Im übrigen sei die Mehrheit für die gegenwärtige Bundesregierung natürlich nicht breit, aber ihre Position sei fest. Unsere innenpolitischen Probleme könnten und wollten wir außerdem nicht zum Gegenstand von Erörterungen mit der DDR machen, sondern hierüber würde bei uns zu Hause entschieden.

18) Zum Thema Kontakte fragte ich dann, ob es nützlich sein könnte, wenn Herr von Berg zur Vorbereitung des nächsten Treffens eine offiziöse Verbindungsaufgabe übernähme. (Ich hatte von Berg selbst erst am Morgen dieses Tages im Zug nach Erfurt persönlich kennengelernt.) Von Berg sei mit Spangenberg, Ehmke und Ahlers gut bekannt.

St. überlegte seine Antwort etwas und sagte dann, er werde auf diesen Punkt möglicherweise bei unserem zweiten Treffen zurückkommen. Da ich schon Ehmke erwähnt hätte, könnte er sich vorstellen, daß ein Kontakt zwischen diesem und Kohl der Sache dienlich sein könne. Auch hierüber sollte seiner Meinung nach später gesprochen werden.

19) Im Rahmen dieses Vier-Augen-Gesprächs erfolgte die Verständigung darüber, daß das zweite Treffen in Kassel am 21. Mai 1970 stattfinden soll.[22] Die technischen Vorbereitungen sollen wieder durch die Herren Sahm und Schüßler getroffen werden.

20) Wir besprachen auch das zu veröffentlichende Kommuniqué und vereinbarten, daß dessen materieller Teil folgenden Wortlaut haben sollte:

„Eingedenk ihrer Verantwortung für den Frieden legten beide Seiten ihre Auffassungen hinsichtlich einer Normalisierung der Beziehungen zwischen der Deutschen Demokratischen Republik und der Bundesrepublik Deutschland dar.

Der Vorsitzende des Ministerrats der DDR und der Bundeskanzler der BRD gehen von der Notwendigkeit aus, gleichberechtigte Beziehungen zwischen der Deutschen Demokratischen Republik und der Bundesrepublik Deutschland auf der Grundlage der Nichtdiskriminierung, der Unverletzlichkeit der Grenzen beider Staaten und der Achtung ihrer territorialen Integrität herzustellen."[23]

Kohl hatte in den zweiten Absatz noch einen Passus über „auf der Grundlage des Völkerrechts" bzw. „entsprechend den Prinzipien des Völkerrechts" hineinbringen wollen. St. erklärte sich jedoch mit der hier wiedergegebenen Fassung

---

[22] Zu den Gesprächen des Bundeskanzlers Brandt mit dem Vorsitzenden des Ministerrats, Stoph, am 21. Mai 1970 in Kassel vgl. Dok. 226.
[23] Vgl. BULLETIN 1970, S. 386.

einverstanden. Ich hatte ihm im übrigen gesagt, ich sei mir darüber im klaren, daß Verträge, wenn sie zwischen uns zustande kämen, dieselbe Rechtskraft wie gegenüber anderen Staaten haben, also völkerrechtswirksam sein müßten.

21) Bei Ende dieses Gesprächs stellen wir beide fest, daß es nützlich gewesen sei, sich zu „beriechen". St. fügte hinzu, wenn sonst über Vier-Augen-Gespräche berichtet werde, stimme das fast nie, denn es seien eigentlich wegen der Dolmetscher immer sechs oder acht Augen, „aber wir brauchen ja keinen Dolmetscher".

22) Am späten Abend ließ mich St. um ein zusätzliches Vier-Augen-Gespräch bitten. Dabei ging es noch einmal um das Kommuniqué. Er sagte, er müsse doch darauf bestehen, daß in den zweiten Absatz des oben wiedergegebenen materiellen Teils hinter das Wort „Integrität" eingefügt werde: „entsprechend den Prinzipien des Völkerrechts".

Ich lehnte dies ab, indem ich darauf hinwies, daß er mich überfordere, denn hierdurch würde der Eindruck erweckt werden, als hätten wir uns über die „völkerrechtliche Anerkennung" im Sinne der Vorstellungen der DDR verständigt. St. sagte darauf, daß dann der gesamte materielle Teil des Kommuniqués gestrichen werden müßte. Meinen Vorschlag, jedenfalls den ersten Absatz stehenzulassen, lehnte er ab. Ich sagte, daß ich in meinen Äußerungen sinngemäß auf das bereits Vereinbarte zurückkommen würde.

Brandt[24]

VS-Bd. 4497 (II A 1)

125

Gespräch des Staatssekretärs Bahr, Bundeskanzleramt, mit dem sowjetischen Außenminister Gromyko in Moskau

Geheim   21. März 1970[1]

Protokoll über das 10. Gespräch Staatssekretär Bahrs mit Außenminister Gromyko am Samstag, den 21. 3. 1970

Teilnehmer auf sowjetischer Seite: Außenminister Gromyko, Stellvertretender Außenminister Semjonow, Botschafter Falin, Herr Tokowinin, Herr Kusmitschow, Herr Smirnow (Dolmetscher).

Teilnehmer auf deutscher Seite: Staatssekretär Bahr, Botschafter Allardt, Botschaftsrat I. Kl. Dr. Peckert, Legationsrat I. Kl. Dr. Stabreit, Legationsrat I. Kl. Dr. Eitel, Legationsrat von Treskow, Herr Weiß (Dolmetscher).

Gesprächsdauer: 19.00 bis 22.00 Uhr.

[24] Paraphe.

[1] Durchdruck.
Vgl. dazu auch BAHR, Zeit, S. 312 f.

Außenminister *Gromyko* erklärte, er sei bereit anzuhören, welche neuen Gesichtspunkte der Staatssekretär aus Bonn mitgebracht habe. Zu einigen Fragen habe man ja bereits ganz ausführlich gesprochen. Wenn er den Staatssekretär richtig verstanden habe, so wolle er nach dem heutigen Gespräch wieder abreisen und es solle dann eine Pause in den Gesprächen eintreten.

Staatssekretär *Bahr* erwiderte, er wolle sich zunächst herzlich dafür bedanken, daß der Minister ihn noch so spät am Abend empfangen habe. Er wisse, was es bedeute, nach einer anstrengenden Reise[2] noch Zeit zu einem solchen Gespräch zu finden.

Was den Film anbetreffe, von dem er in der letzten Sitzung berichtet habe, daß seine bevorstehende Übergabe Gegenstand von Verhandlungen mit sowjetischen Vertretern sei, so wolle der Bundeskanzler ihn der sowjetischen Seite ohne jede Verhandlung schenken. Wenn es dem Minister recht sei, werde der Film in den Tagen nach Ostern dem sowjetischen Botschafter in Bonn übergeben.[3]

Außenminister *Gromyko* antwortete, er nehme diese Mitteilung mit Genugtuung entgegen; der Botschafter werde den Film annehmen. Er selbst werde die sowjetische Regierung von dieser Geste informieren.

Staatssekretär *Bahr* fuhr dann fort, er wolle ein paar Bemerkungen über die Begegnung der Regierungschefs in Erfurt[4] machen und sich dabei auf einige allgemeine Fragen beschränken. Falls der Minister Fragen habe, sei er selbstverständlich bereit, diese zu beantworten. Wir hätten mit Befriedigung festgestellt, daß beide Regierungschefs unabhängig voneinander gleiche Worte zur Kennzeichnung des Treffens benutzt hätten. Beide hätten gesagt, das Treffen sei nützlich gewesen.[5] Dies sei ein deutsches Wort, das inhaltsreich sei. Es bedeute, daß beide Seiten der Auffassung seien, daß das Treffen notwendig und gut war. Wir wollten die ganze Vorgeschichte vergessen. Er glaube auch, das Treffen habe eines gezeigt, was er in vielen Gesprächen versucht habe klarzumachen: daß nämlich die Menschen in beiden Staaten Deutschlands in einem besonderen Gefühl füreinander stünden. Dies habe das Treffen ganz sicher gezeigt, denn auf dem Wege nach Buchenwald, wo der Bundeskanzler mit dem Außenminister der DDR[6] in einem Wagen gefahren sei[7] – der Besuch sei auf Wunsch des

---

[2] Der sowjetische Außenminister Gromyko hielt sich vom 16. bis 21. März 1970 in der ČSSR auf.
[3] Bundesminister Scheel überreichte am 15. April 1970 in Anwesenheit des Staatssekretärs Bahr, Bundeskanzleramt, dem sowjetischen Botschafter Zarapkin anläßlich des 100. Geburtstag Wladimir Iljitsch Lenins ein Filmfragment aus dem Bundesarchiv Koblenz, das Szenen aus der Oktoberrevolution und Darstellungen Lenins zeigte. Für die Gesprächsaufzeichnung vgl. Ministerbüro, Bd. 471.
[4] Zu den Gesprächen des Bundeskanzlers Brandt mit dem Vorsitzenden des Ministerrats, Stoph, am 19. März 1970 vgl. Dok. 124.
[5] Bundeskanzler Brandt erklärte am 20. März 1970 vor dem Bundestag: „Es wird zumindest einige Tage brauchen, die Erfahrungen und Erkenntnisse, die ich in Erfurt gesammelt habe, auszuwerten. Aber eines möchte ich doch von vornherein feststellen: Die Reise nach Erfurt war richtig, sie war notwendig, und sie war nützlich." Vgl. BT STENOGRAPHISCHE BERICHTE, Bd. 72, S. 2089.
Der Vorsitzende des Ministerrats, Stoph, erklärte am 19. März 1970 in einem Interview auf die Frage nach der Beurteilung des Treffens mit Bundeskanzler Brandt: „Ich halte es für nützlich. Die gegensätzlichen Auffassungen sind offen zutage getreten. [...] Ich halte das Treffen für nützlich, weil wir immer dafür waren und sind, daß nicht durch Revanchepolitik Gefahren heraufbeschworen werden." Vgl. NEUES DEUTSCHLAND vom 20. März 1970, S. 2.
[6] Otto Winzer.
[7] Bundeskanzler Brandt legte im ehemaligen Konzentrationslager Buchenwald einen Kranz nieder.

Bundeskanzlers zustande gekommen –, habe sich gezeigt, daß die Menschen beiden freundlich zugewinkt hätten. Hier habe keiner einen Vorteil gehabt. Die Bekundungen der Zustimmung waren für beide gleichmäßig verteilt. Der Vorsitzende des Ministerrats, Stoph, habe zu Anfang des Gesprächs unter vier Augen gesagt: „Dies ist wirklich ein Gespräch unter vier Augen; wir brauchen keine Dolmetscher!" Es sei seine, Staatssekretär Bahrs, tiefe Überzeugung, daß Politik nur dann gut sei, wenn sie sich in Übereinstimmung mit dem Gefühl der Menschen, der Völker, befinde. Nicht aus Eigensinnigkeit, sondern weil es der realen Lage entspreche, habe er wiederholt gesagt, es müsse auch diese Tatsache des besonderen Verhältnisses der beiden deutschen Staaten in den Worten, die wir fänden, sich ausdrücken. Er glaube, daß es gut wäre, wenn der Minister diesen Tag in der DDR als Beweis dafür nähme, daß das, was er, Staatssekretär Bahr, in diesem Zusammenhang gesagt habe, nicht nur ehrlich, offen, war, sondern auch diktiert von dem Wunsch und dem Willen, zu einem Ergebnis zu kommen, das über die nächsten Jahre hinaus für lange Zeit trage. Er füge hinzu, in vollem Bewußtsein, was er an anderer Stelle am 13. Februar[8] gesagt habe, und hier zu unterstreichen wünsche:

Wir müßten darauf achten, daß der Prozeß, den wir einleiteten, jede Minute unter voller Kontrolle bleibe. Und er wiederholte dies: Hier hätten wir ein gemeinsames Interesse. Die Bundesregierung sei bereit, alles was ihr möglich sei, dazu beizutragen. Der Minister werde informiert sein, daß die Bundesregierung im Bundestag u. a. mit dem Argument angegriffen worden sei, daß die Politik der Bundesregierung dazu führen werde, die besondere Rolle der Sowjetunion – oder Vorherrschaft, wie dort gesagt wurde – unter den sozialistischen Staaten anzuerkennen. Der Bundeskanzler habe gesagt, wir würden unsere Politik unbeirrt von solchen oder anderen Angriffen fortsetzen. Er, Staatssekretär Bahr, würde sich freuen, wenn diese seine soeben gemachten Ausführungen in ihrer vollen Bedeutung verstanden würden.

Was wiederum Erfurt anbetreffe, so habe man fürchten können, daß dieses erste Treffen der Chefs beider deutscher Staaten nach dem Kriege in einer Atmosphäre der Verkrampfung des Unverständnisses verlaufe. Dies sei glücklicherweise nicht der Fall gewesen. Die Atmosphäre sei manchmal etwas steif, stets jedoch sachlich und menschlich in Ordnung gewesen. Wir erzählten nichts aus Gesprächen unter vier Augen, aber er könne sagen, daß in dem Gespräch unter vier Augen zwischen Bundeskanzler Brandt und Herrn Stoph weitgehende Übereinstimmung erzielt wurde, die sich im letzen Moment nicht im Kommuniqué[9] niedergeschlagen habe.

Wenn er zusammenfassen solle, wo die Schwierigkeiten und die Möglichkeiten lägen, so könne er sagen, daß Einverständnis darüber bestanden habe, daß man eine Normalisierung zwischen beiden Staaten anstrebe. Es habe auch Einverständnis darüber bestanden, daß gleichberechtigte Beziehungen hergestellt werden sollten, daß die Diskriminierung aufhören müsse, daß die Unverletzlichkeit der Grenzen zwischen beiden Staaten gegeben sein müsse und daß die

---

[8] Vgl. dazu das Gespräch des Staatssekretärs Bahr, Bundeskanzleramt, am 13. Februar 1970 mit Ministerpräsident Kossygin in Moskau; Dok. 54.
[9] Für den Wortlaut des Kommuniqés über das Treffen des Bundeskanzlers Brandt mit dem Vorsitzenden des Ministerrats, Stoph, am 19. März 1970 in Erfurt vgl. BULLETIN 1970, S. 386.

beiderseitigen Beziehungen unter Achtung der territorialen Integrität zu gestatten seien. Nicht mehr einig sei man sich über zwei Dinge gewesen, nämlich, ob man sagen solle „auf völkerrechtlicher Grundlage" und ob man die praktischen Fragen nach oder vor den Grundfragen regeln solle. In diesem Punkt sei man nicht weitergekommen. Er hoffe, daß inzwischen klar geworden sei, daß beides nur gleichzeitig gehe. Er brauche die Inhalte mit der Form drumherum. Auch die Form brauche er, aber die Form allein gehe nicht. Beides müsse gleichzeitig geschehen, wofür es auch ein gewisses Verständnis zu geben scheine.

Leider habe es der Vorsitzende des Ministerrats abgelehnt, eine Kommission einzusetzen, die das zweite Treffen hätte vorbereiten und einige Formfragen klären können. Herr Stoph habe gesagt, das würde bedeuten, daß man den zweiten Schritt vor dem ersten mache. Er habe seinerseits vorgeschlagen, Botschafter auszutauschen. Der Bundeskanzler habe darauf gesagt, das gehe nicht, denn es würde bedeuten, den vierten Schritt vor dem dritten zu tun. Der Bundeskanzler habe seinerseits den Vorschlag gemacht, man solle einer Kommission in Ostberlin und in Bonn permanente Arbeitsmöglichkeiten geben, d. h. eine Art Behörde einrichten. Der Vorsitzende des Ministerrats habe dies als zu früh abgelehnt. Herr Stoph habe dann vorgeschlagen, daß beide Staaten ihre Aufnahme in UNO beantragten. Das habe wiederum der Bundeskanzler als ein wenig zu früh abgelehnt. Es gebe in einer Reihe von Fragen sachliche Meinungsverschiedenheiten, in einer Reihe von Fragen zeitliche Meinungsverschiedenheiten und in einer weiteren Reihe von Fragen Anknüpfungspunkte, über die man sicher jetzt schon sprechen könnte. Der Vorsitzende des Ministerrats habe den Bundeskanzler auf die noch immer unbefriedigende Regelung für Reisen von DDR-Bürgern in NATO-Länder aufmerksam gemacht. Der Bundeskanzler habe dem Vorsitzenden des Ministerrats erklärt, daß diese für ihn sicher unbefriedigende Regelung suspendiert werde.[10] Der Vorsitzende des Ministerrats habe geäußert, daß er mit dem Freistellungsgesetz[11] nicht besonders zufrieden sei. Das Gesetz sei seinerzeit im Zusammenhang mit dem beabsichtigten Redneraustausch[12] gemacht worden. Die Bundesregierung werde dafür sorgen, daß dieses Gesetz falle.[13] Herr Stoph habe darauf aufmerksam gemacht, daß die Fahne der DDR bis heute nicht in der BRD gezeigt werden dürfe. Die Bundesregierung werde die nötigen Voraussetzungen schaffen, daß wir nicht erst bis zu den Olympischen Spielen in München warteten, bevor insoweit eine Normalisierung eintrete.[14]

---

10 Zur Suspendierung der TTD-Regelung am 26. März 1970 vgl. Dok. 129.
11 Für den Wortlaut des Gesetzes vom 29. Juli 1966 über die befristete Freistellung von der deutschen Gerichtsbarkeit vgl. BUNDESGESETZBLATT 1966, Teil I, S. 453 f.
12 Am 26. März 1966 schlug die SED in einem Schreiben an die „Delegierten des Dortmunder Parteitages der SPD und alle Mitglieder und Freunde der Sozialdemokratie in Westdeutschland" einen Redneraustausch vor. Nachdem sich am 26. Mai 1966 Beauftragte beider Parteien zunächst auf den 14. Juli 1966 (Karl-Marx-Stadt) und den 21. Juli 1966 (Hannover) als Termine für Veranstaltungen geeinigt hatten, sagte die SED am 29. Juni 1966 den Redneraustausch ab. Vgl. dazu AAPD 1966, II; Dok. 222.
13 Das Gesetz vom 29. Juli 1966 über die befristete Freistellung von der deutschen Gerichtsbarkeit wurde am 15. Mai 1970 aufgehoben. Vgl. dazu BUNDESGESETZBLATT 1970, Teil I, S. 493.
14 Zur Neuregelung der Bestimmungen bezüglich des Zeigens von DDR-Staatssymbolen in der Bundesrepublik vgl. Dok. 124, Anm. 7.

Es habe dann eine Meinungsaustausch über praktische Fragen, z. B. Verkehr und Handel, stattgefunden. Man habe gesagt, daß es möglich sei, eventuell mehrere Verträge zu schließen, über die Eisenbahn, über die Wasserwege etc. Im Grunde genommen seien dies untergeordnete Fragen. Wir würden in den nächsten Wochen sehr genau analysieren, was beide gesagt hätten und die Punkte zusammenfassen, in denen ein Verständnis möglich sei.

Der Vorsitzende des Staatsrats, Walter Ulbricht, habe gestern gesagt, daß es nützlich sei, den Meinungsaustausch fortzusetzen. Er habe auch nicht sehr schöne Ausführungen gemacht, z. B., daß es bei uns Kriegsverbrecher gebe etc.[15] Es sei auf die Dauer nicht schön, wenn man beschimpft werde. Wenn man nicht antworte, entstehe der Eindruck, als fühle man sich schuldig. Wir würden aber trotzdem diesen Weg fortsetzen.

Außenminister *Gromyko* antwortete hierauf, er habe einige Fragen:

Seine erste Frage sei allgemeinen Charakters. Könne er die Mitteilung des Staatssekretärs so interpretieren, daß die Bundesregierung und besonders der Bundeskanzler mit dem Treffen in Erfurt zufrieden seien?

Staatssekretär *Bahr* antwortete, es hätte noch besser sein können; man hätte vielleicht noch die Einigung für ein paar sachliche Fragen in das Kommuniqué aufnehmen können. Aber die Tatsache, daß man auf diese Weise miteinander gesprochen habe, beurteile man bei uns positiv, ebenso wie die Tatsache, daß ein zweites Treffen vereinbart worden sei.[16]

Außenminister *Gromyko* stellte dann folgende Frage: Aus der Mitteilung Staatssekretär Bahrs gehe hervor, daß einige Vorschläge der DDR kein Ergebnis gehabt hätten. Sehe der Staatssekretär in diesen Fragen eine Bewegung in Richtung auf eine Lösung in absehbarer Zukunft?

Staatssekretär *Bahr* entgegnete, erstens wolle er folgendes sagen: Nicht nur die Bundesregierung habe einige Vorschläge der DDR abgelehnt, sondern die DDR habe auch einige Vorschläge der Bundesregierung abgelehnt. Die Vorschläge der Bundesregierung seien nicht so weitgehend und vorwiegend proceduraler Art gewesen. Es sei offensichtlich, daß man, wenn man sich über wichtige Fragen einigen wolle, eine Kommission haben müsse, die Vorbesprechungen durchführe. Gipfeltreffen könnten keine Detailfragen lösen.

Vielleicht sei dies falsch, aber nach den Informationen, die er, der Staatssekretär, besitze, und die sicher nicht vollständig seien, glaube er, daß auf seiten der DDR der Wunsch bestanden habe, sich eine Vorstellung über das ganze Tableau zu verschaffen und ein wenig Zeit zu gewinnen. Wir könnten in Kassel über Kommissionen reden. Wahrscheinlich werde man sich in Kassel über die Fragen, die die Kommissionen bearbeiten sollten, verständigen. Es würde eine

---

[15] Staatsratsvorsitzender Ulbricht erklärte am 20. März 1970 in Suhl: „Solange aber die Regierung der westdeutschen Bundesrepublik den Status quo in Europa und insbesondere die Grenzen der DDR und an der Oder-Neiße noch nicht in völkerrechtlichen Verträgen anerkannt hat, solange in der westdeutschen Bundeswehr Hitleroffiziere den Ton angeben und hier eine allgemeine revanchistische Orientierung besteht, fehlt friedlich klingenden Worten die reale Basis." Vgl. NEUES DEUTSCHLAND vom 21. März 1970, S. 4.

[16] Zu den Gesprächen des Bundeskanzlers Brandt mit dem Vorsitzenden des Ministerrats, Stoph, am 21. Mai 1970 in Kassel vgl. Dok. 226.

große Sache sein, wenn man sich in Kassel darüber einigen könnte, daß die Kommissionen den einen oder andern Vertragsentwurf in Arbeit nähmen.

Die zweite Frage, die Außenminister Gromyko gestellt habe, sei gewesen, ob er glaube, daß eine Annäherung möglich sei. Er glaube, daß eine Annäherung in der Frage der Entwicklung gleichberechtigter Beziehungen möglich sei, auch, daß man dann die Frage der Aufnahme in die UNO ins Auge fassen werde. Die Öffentlichkeit in der BRD sei darauf überhaupt nicht vorbereitet. Hier werde aber das gelten, was wir hier besprochen hätten.

Die andere Frage sähe er im Augenblick als noch viel schwieriger an. Die DDR sei so fixiert, so konzentriert auf die Vokabel „völkerrechtlich", und dies sei eine Vokabel, auf die wir umgekehrt, negativ, genauso fixiert seien. Wenn er hier etwas völlig außerhalb das Protokolls sagen dürfe: Ihm komme das manchmal etwas kindisch vor. Wesentlich sei der Inhalt, über den man sich verständigen könne. Wenn wir dann den Vertrag fertig hätten, dann sollten die Völkerrechtler kommen und sagen, wie sie ihn nennen wollten. Jedenfalls hätten wir festgestellt, daß unsere Freunde in der DDR ebenso gute Juristen hätten wie wir, aber auch, daß Juristen manchmal sehr hinderlich seien.

Außenminister *Gromyko*: „Ich nehme diese Mitteilung zur Kenntnis! Sie werden nicht erwarten, daß ich meinerseits einen Kommentar gebe."

Staatssekretär *Bahr* fuhr dann wie folgt fort: Wir hätten noch einmal die Texte überprüft.[17] Unsere Mitarbeiter seien in Kontakt miteinander gewesen. Wenn er richtig verstanden habe, seien wir über Punkt 1) und über Punkt 2) einig.

Bei Punkt 3) lagen die Hauptschwierigkeiten. Er, Staatssekretär Bahr, könne dazu nur wiederholen, daß in irgendeiner Form klar werden müsse, daß die Perspektive für die bisher von beiden Seiten in Deutschland vertretenen Ziele offen bleiben müsse. Zu diesem Punkt habe er eigentlich eine Äußerung des Ministers erwartet, in welcher Form man dies tun könne.

Zu Punkt 4) scheine Einigkeit zu bestehen.

Zu Punkt 5), dem ersten Punkt der Intentionen, wolle er zurückkehren auf den Text, der im Redaktionskollegium ins Auge gefaßt wurde, daß nämlich die Gewaltverzichtsabkommen ein einheitliches Ganzes bilden und man, was die BRD angehe, auf Ziffer 6) verweise.

Bei Ziffer 6) hätten wir eigentliche Schwierigkeiten gehabt. Er, Staatssekretär Bahr, habe gesagt, daß die Bundesregierung, um deren einseitige Erklärung es sich hier handele, bereit sei, mit der DDR Abkommen über die Gestaltung ihrer Beziehungen einschließlich des Gewaltverzichts zu schließen, die die gleiche verbindliche Kraft haben würden, wie Abkommen, die beide Länder mit dritten Staaten schlössen. Eine entsprechende Erklärung habe der Bundeskanzler gegenüber dem Vorsitzenden des Ministerrats abgegeben. Die Bundesregierung sei bereit, ihre Beziehungen mit der DDR auf der Grundlage der vollen Gleichberechtigung und Nichtdiskriminierung zu regeln. Nach wie vor seien wir nicht in der Lage, das Wort „völkerrechtlich" einzufügen. Das liege an den nach wie vor bestehenden Rechten der Vier Mächte. Wir seien nicht in der Lage, etwas über

---

17 Vgl. dazu den gemeinsamen Arbeitstext des Redaktionsausschusses vom 11. März 1970; Dok. 114. Vgl. dazu ferner die Leitsätze vom April 1970 für einen Vertrag mit der UdSSR; Dok. 196.

500

die Beziehungen zu dritten Staaten zu sagen, aber das sei kein wesentliches Problem, da diese Frage durch die Entwicklung gelöst würde.

Der Minister habe auf die Frage der Nichteinmischung in die inneren Angelegenheiten hingewiesen. Hier könnten wir folgendes sagen (und dies habe auch der Bundeskanzler zum Vorsitzenden des Ministerrats gesagt):

„Die Bundesregierung geht davon aus, daß beide Staaten in Deutschland das respektieren, was in der Kompetenz jeder der beiden Regierungen auf dem jeweiligen Territorium geregelt ist."

Dies sei kein Geheimnis.

Wenn er richtig verstanden habe, sei man sich über die Punkte 7), 8), 9) und 10) einig. Wenn man sich jetzt auch noch über die Punkte 6) und 3) einig werden könne, könnten wir uns dem Kommuniqué zuwenden.

Einwurf *Falin*: „Es gibt noch eine Frage zu München[18], Punkt 7" (Staatssekretär Bahr verlas den Text zu Punkt 7).

Außenminister *Gromyko*: „Auf diese Formulierung können wir uns nicht einigen!" Er, der Minister, habe noch folgende Frage zum Grenzartikel. Sei die Bundesregierung damit einverstanden, daß man konkret die zwei Grenzen erwähne, von denen hier gesprochen worden sei?

Staatssekretär *Bahr* antwortete hierauf, er habe von der Form gesprochen, in der für uns die Perspektive offen bleiben müsse. Wenn wir uns hier über diese Fragen verständigten, dann könnten wir auch beide Grenzen erwähnen.

Außenminister *Gromyko* entgegnete, er wolle eine Anwort haben, ob wir bereit seien, die Grenzen konkret und ohne jedwelche Bedingungen zu erwähnen.

Staatssekretär *Bahr* sagte hierauf, er habe dazu folgende Auffassung: Wenn wir von „allen Grenzen" sprächen, meinten wir auch alle. Die Bundesregierung brauche zu dem Zwecke, daß es keinerlei Meinungsverschiedenheit über die Auslegung gebe, eine Verständigung über die Form, in der eine spätere Lösung der deutschen Frage möglich bleibe, und damit eine Verständigung darüber, daß die Verfolgung der Ziele beider deutscher Staaten nicht als Verletzung des Abkommens angesehen werde.

Die Frage der ausdrücklichen Erwähnung beider Grenzen sei für die sowjetische Seite eine Frage der öffentlichen Meinung, die sich nicht mit algebraischen Formulierungen abfinden könne (Einwurf *Gromykos*: „ganz richtig").

Staatssekretär *Bahr*: Genau das gleich gälte jedoch für uns. Was für die sowjetische öffentliche Meinung ein Vorteil sei, sei für unsere öffentliche Meinung eine Erschwerung. Für die Bundesregierung nämlich, obwohl sich in der Sache nichts ändere. Wir können die beiden Grenzen erwähnen, wenn wir eine Form fänden, in der ein Auseinanderklaffen der Auslegung des Abkommens ausgeschlossen würde.

Außenminister *Gromyko* erwiderte, um welche Auslegung es sich denn handeln solle. Man würde das Abkommen so auslegen, wie es geschrieben, formuliert, sei. Was die UNO-Satzung anbetreffe, so hätten dort über ihre Auslegung 35

---

[18] Für den Wortlaut des Münchener Abkommens vom 29. September 1938 vgl. ADAP, D, II, Dok. 675.

501

Staaten 35 verschiedene Meinungen. Wenn im Abkommen stehe, daß die Grenzen unverletzlich seien, ja, dann seien sie eben unverletzlich. Welche deutsche Frage meine der Staatssekretär überhaupt? Es gäbe Dutzende von Versionen, die hier gemeint sein könnten: die Frage der deutschen Staaten, die Frage der Sicherheit, die Frage des internationalen Friedens etc. Solle man denn jetzt in der Diskussion wieder zurückgreifen? Die sowjetische Seite schlage auch nicht vor, daß ein Punkt in das Abkommen aufgenommen werde, nach dem kein Politiker der BRD oder der DDR darüber nachdenken dürfe, wie er sich die Zukunft der europäischen Staaten, also auch der beiden deutschen Staaten, in 50 oder 100 Jahren vorstelle. Die sowjetische Seite schlage nicht vor, die Gedanken der Menschen in Fesseln zu schlagen, die sich für die Zukunft der deutschen Staaten interessierten. Staatssekretär Bahr schlage demgegenüber vor, wir müßten, wenn wir die Grenzen erwähnten, die sog. „deutsche Frage" in Angriff nehmen.

Staatssekretär *Bahr* antwortete hierauf, die Antwort sei einfach. Der Minister solle ihm schreiben, was er soeben gesagt habe, daß nämlich jeder Politiker frei sein werde, das zu sagen, was er denke.

Gromyko: „Aber warum denn, das ist doch gar nicht nötig!"

Staatssekretär *Bahr* entgegnete, der Minister wisse doch, worum es ihm ginge. Er wolle, daß es darüber keine Meinungsverschiedenheiten gebe. Für die Stellung der Bundesregierung brauche er das auf einem Stück Papier. Er habe dazu einen Brief vorgeschlagen.

Außenminister *Gromyko* sagte hierauf: „Also Sie haben keine weiteren Vorschläge hinsichtlich dessen, was Sie damals gesagt haben. Das ist eine sehr wichtige Bestimmung für uns. Jeder Mensch hat dann das Recht zu fragen, worum es sich hier handelt." Es habe den Zweiten Weltkrieg gegeben, und dieser habe neue Grenzen geschaffen. Alle sowjetischen Menschen glaubten, daß die Grenzen beachtet und nicht verletzt würden. Die deutsche Seite aber geniere sich, die Grenzen zu erwähnen. Das sei keine einfache Frage.

Staatssekretär *Bahr* entgegnete, die Frage sei falsch gestellt. Wenn die Bundesregierung „alle Grenzen" sage, dann meine sie auch alle Grenzen und es sei nicht erlaubt, an ihren Worten Zweifel anzumelden. Hier gehe es um die sowjetische und um die westdeutsche öffentliche Meinung.

Außenminister *Gromyko* fuhr fort, nach den Erklärungen in Bonn handele es sich oft um unsere Grenze, gleichzeitig solle es aber auch wieder keine Grenze sein. Man möge doch bitte auch einmal mit sowjetischen Augen auf das Abkommen schauen. Die sowjetische Seite wolle glauben, daß wirklich alle Grenzen gemeint würden. Wenn sie davon nicht überzeugt wäre, gäbe es keine Grundlage für unser Gespräch. Aber wenn wirklich alle Grenzen gemeint seien, warum solle man dann nicht einige erwähnen. Eine Erwähnung würde alle Art von Zweifeln und Bedenken aus der Welt schaffen.

Wenn zwei Seiten miteinander Verhandlungen führten, spreche jede Seite für sich. Aber jede Seite solle sich auch in Gedanken in die Lage des Partners versetzen, um ihn zu verstehen. Wenn zwischen den Gedanken der Bundesregierung, dem, was sie aus dem Abkommen herauslesen wolle und dem, was sie sage, keine Kluft bestehe, warum habe man dann eigentlich Angst vor einer Erwähnung?

502

Staatssekretär *Bahr* erwiderte, hier gehe es nicht um Inhalte, sondern um die öffentliche Meinung in der Sowjetunion und in der Bundesrepublik. Wenn er sich in den Minister hineinversetzen sollte, würde er sich bemühen, auch den Punkt 6 zu sehen. Hier sei klar gesagt, daß die Bundesrepublik Deutschland die territoriale Integrität der DDR bestätigen solle, es sei außerdem gesagt, daß wir auch mit Polen einen Gewaltverzichtsvertrag abschließen wollten. Beide Staaten seien genannt und die Grenzen, um die es gehe, seien erfaßt. Der Minister wolle es doppelt genäht haben. Das verstehe er. Aber warum sollten wir es denn dreifach nähen. Es sei doch schon jetzt doppelt im Abkommen drin.

Außenminister *Gromyko*: „Wieviel Mal soll es denn genäht werden?"

Staatssekretär *Bahr*: „Einmal und solide."

Außenminister *Gromyko* stellte hierauf die Frage, ob der Staatssekretär bestreiten wolle, daß zweimal fester genäht sei als einmal und dreimal fester als zweimal.

Staatssekretär *Bahr* antwortete, das möge richtig sein, doch wollten wir hier keine Materialverschwendung treiben.

Außenminister *Gromyko* entgegnete, er habe jedenfalls dem Staatssekretär die sowjetische Meinung von vielen Seiten illustriert und man solle ihn richtig verstehen. Die sowjetische Seite habe nicht das Ziel, ihn in eine schwirige Lage zu versetzen. Aber sie dürfe hier kein Abkommen unterzeichnen, bei dem dann später Fragen kämen, was denn das eigentlich für ein Abkommen sei, in dem keine konkreten Grenzen erwähnt würden; was denn mit den Grenzen sei.

Staatssekretär *Bahr*: „Es gibt keine abstrakten Grenzen, Grenzen sind immer konkret."

Außenminister *Gromyko* erklärte dann, es gebe einen Punkt, daß wir alle Fragen komplex betrachteten. Es sollte Klarheit darüber bestehen, daß die Bundesregierung nicht mit einem sozialistischen Staat ein Abkommen abschließen, andere sozialistische Staaten aber aussparen könne. Das sei eine Chimäre. Die Bundesrepublik könne keine Keile zwischen die sozialistischen Länder treiben. Wenn solche Klarheit bestehe, dann sei das gut. Das nenne man dann einen „Komplex". Wenn diese These selbstverständlich sei, brauchten wir sie auch nicht niederzuschreiben. Das Leben selbst werde sie zeigen. Wenn wir Wert darauf legten, den Artikel beizubehalten, dann sollte er keine konkreten Hinweise auf einzelne Länder enthalten. Alle sozialistischen Länder hätten in dieser Frage den gleichen Standpunkt.

Was sodann den Artikel über die Prinzipien der Beziehungen zwischen der Deutschen Demokratischen Republik und der Bundesrepublik Deutschland anbetreffe, so wollten wir hier nicht eine alles umfassende Formulierung ausarbeiten. Wir wollten keineswegs alle Fragen, die darin steckten, anschneiden. Aber wenn es gelänge, in gewissen wichtigen Fragen zu einer einheitlichen Meinung zu kommen, so wäre das etwas Positives und könnte zu einer Einigung zwischen der Bundesrepublik Deutschland und der Deutschen Demokratischen Republik beitragen.

(Botschafter *Falin* verlas nunmehr Punkt 6)

Außenminister *Gromyko* fuhr fort, er könne diese Formulierung nicht annehmen, auch sogar der Form nach nicht. Wahrscheinlich habe der Staatssekretär selbst damit gerechnet, daß die sowjetische Seite ihn nicht annehmen werde. Er enthalte kein Wort über die Beziehungen zu Drittländern und stelle einen Schritt rückwärts dar.

Staatssekretär *Bahr* antwortete, er sei nicht dieser Auffassung. Wir seien einen Schritt weitergegangen (Anm.: Er verwies auf den letzten Satz von Punkt 6). Soweit seien wir das letzte Mal nicht gewesen. Er wolle dazu folgendes sagen: Etwas abweichend von diesem Text habe er davon gesprochen, daß das Abkommen zwischen den beiden deutschen Staaten die gleiche verbindliche Kraft haben werde wie Abkommen, die jeder von ihnen mit dritten Staaten schließe.

Außenminister *Gromyko*: „Welche verbindliche Kraft soll es denn sein? Welches Zugeständnis wird denn hier gemacht?" Selbstverständlich müsse das Abkommen verbindlich sein. Was fehle, seien die Beziehungen von Bundesrepublik Deutschland und Deutscher Demokratischer Republik mit Drittländern. Seien denn andere Staaten eine Provinz, oder seien Bundesrepublik Deutschland und Deutsche Demokratische Republik Provinzen. Auch sie würden ihre Beziehungen zueinander gestalten! Welche Art von Beziehungen sollten es sein? Der Staatssekretär höre nicht gern „auf völkerrechtlicher Grundlage". Vergeblich (russ.: naprasno)? Diese Worte hätten nie die Beziehungen gestört und Kriege hervorgerufen. Im Gegenteil. Nähmen wir eine andere Formulierung, etwa „auf der Grundlage, die in der normalen Staatenpraxis eingenommen wird".

Staatssekretär *Bahr* entgegnete, was er hier über die gleiche verbindliche Kraft gesagt habe, sei nicht so selbstverständlich. Denn die Deutsche Demokratische Republik habe bis in die letzten Tage gesagt, daß wir sie bevormunden wollten, daß wir den Alleinvertretungsanspruch aufrechterhielten. Hier werde klargestellt, daß das Verhältnis ein solches der Gleichberechtigung sei und Verträge zwischen beiden Teilen die gleiche Verbindlichkeit wie Verträge jeder Seite mit dritten Staaten haben sollten. Wenn der Minister dies für selbstverständlich halte, könne man es ja auch streichen. Auch die beiden Regierungschefs hätten im übrigen darüber gesprochen. Der Minister könne den Standpunkt vertreten, daß es sich um eine Selbstverständlichkeit handle, aber auch dann handle es sich um einen Fortschritt, da dies bisher eben nicht selbstverständlich gewesen sei. Über die Beziehungen zu Drittstaaten könne die Bundesregierung nichts sagen. Er wolle hinzufügen, daß auch darüber in Erfurt gesprochen worden sei. Der eine habe gesagt: „Und Ihr richtet dort Barrieren auf", der andere habe gesagt: „Und ihr richtet dort Barrieren auf!" – dann hätten beide gelacht. Das sei wirklich ein Punkt, wo alles im richtigen Zeitpunkt und gleichzeitig geschehen müsse. Es würde sich im Laufe der Zeit ergeben, wenn wir praktische Fortschritte machten.

Außenminister *Gromyko* erwiderte, die Bundesregierung sei dagegen zu sagen, daß die Deutsche Demokratische Republik und Bundesrepublik Deutschland ihre Beziehungen mit Drittländern wie üblich in internationalen Beziehungen entwickelten.

Staatssekretär *Bahr* erwiderte, was es denn nütze, wenn wir das hier machten. Wenn wir heute nach Warschau gingen, um mit Polen diplomatische Beziehungen aufzunehmen, würde man uns entgegenhalten, daß man erst noch die und die Fragen regeln müsse.

Außenminister *Gromyko*: „Sie vergessen den Alleinvertretungsanspruch!"

504

Staatssekretär *Bahr* entgegnete, diese Frage sei geregelt. Der Bundeskanzler habe gesagt, daß niemand den anderen nach außen vertreten könne. Das sei jetzt auch in Erfurt gesagt worden.

Außenminister *Gromyko* sagte hierauf, das habe ja gerade die Deutsche Demokratische Republik vorgeschlagen. Aber die Praxis der Bundesrepublik Deutschland sei anders.

Staatssekretär *Bahr* erwiderte, dann seien wir uns ja einig. Wenn wir eine Kommission hätten, könnten wir darüber reden.

Außenminister *Gromyko* antwortete, auch in diesem Punkt sei die Position des Staatssekretärs in keinem Schritt vorangekommen. Er habe sogar einen Schritt zurück getan. Das Wort „völkerrechtlich" akzeptiere er nicht, auch nicht die „übliche Praxis der internationalen Beziehungen", er habe Angst zu erwähnen, auf welcher Grundlage die deutschen Staaten ihre Beziehungen zu Drittstaaten regeln sollten.

An dieser Stelle trat eine Pause von 15 Minuten ein.

Außenminister *Gromyko* fuhr nach der Pause fort, man sei wohl zum Ende des Gesprächs gekommen. Wenn man sich nichts weiter zu sagen habe, dann würden wir uns jetzt über die Termine verständigen, wie wir das bisherige Ergebnis den Regierungen vorlegen sollten, damit sich diese ein Bild verschaffen könnten, und wie weiter prozediert werden solle.

Was die Frage der Generalkonsulate anbetreffe, so betrachte die sowjetische Seite diesen Vorschlag als positiv. Man solle diese Frage jedoch nicht in das Kommuniqué aufnehmen. Der Staatssekretär könne ja jederzeit eine Erklärung abgeben, daß eine diesbezügliche Vereinbarung getroffen worden sei.

Außenminister Gromyko übergab sodann einen sowjetischen Entwurf für Punkt 6, der von Herrn Weiß verlesen und übersetzt wurde.

Staatssekretär *Bahr* äußerte hierzu, die „Beziehungen zu Drittländern" müßten da sicher weg. Die anderen Formulierungen müsse man sich einmal ansehen. Wir wollten das heute nicht machen. Über die Vokabel „völkerrechtlich" habe er bereits gesprochen. Vielleicht könne man da etwas finden. Er müsse es sich noch einmal ansehen.

Es begann sodann die Diskussion über den Entwurf eines Kommuniqués in einer von der sowjetischen Seite abgeänderten Fassung.

Staatssekretär Bahr erklärte, er habe nichts gegen den ersten Absatz. Der zweite Absatz solle eine Form bekommen, die sich sachlich darauf beschränke, zu beschreiben, was wir machten. Er würde vorschlagen, das Kommuniqué mit dem Wort „soll" enden zu lassen.

(Staatssekretär Bahr verlas das Kommuniqué.)

Alle Leute wüßten, daß wir das im Interesse der Entspannung machten. Wenn wir etwas vom Inhalt sagten, dann bäte er auch um Aufnahme eines Passus über die Atmosphäre, die er als gut, offen und sachlich bezeichnen würde.

Außenminister *Gromyko* antwortete, wenn wir hier nicht sagten, daß dies für die Entspannung und auf der Grundlage der wirklichen Lage geschehen sei, dann solle man das Kommuniqué lieber weglassen. Die sowjetische Seite wolle kein Kommuniqué, das nichts sage. Das sei dann ein bloßes Stück Papier.

505

Staatssekretär *Bahr* entgegnete, er sei ja nicht dagegen, das Kommuniqué anzureichern, aber warum sage man dann nichts über die Atmosphäre?

Außenminister *Gromyko* entgegnete, in diesem Kommuniqué sei nichts rein Sowjetisches drin. Es verwende sogar unsere eigenen Worte. Über die Atmosphäre könne ja jeder etwas Einseitiges sagen.

Staatssekretär *Bahr* schlug vor, man könne dies ja mündlich hinzufügen, und außerdem „im Interesse der Entspannung".

Außenminister *Gromyko* meinte, man müsse wenigstens einen Satz sagen, sonst benötige man kein Kommuniqué. Es sei schon besser, dann überhaupt keines zu machen. Anscheinend sei die Zeit noch nicht reif, irgendwelche Dokumente mit einem gemeinsamen Satz zu beschließen.

Staatssekretär *Bahr* erwiderte, er hätte nichts dagegen gehabt, insoweit den Inhalt der Besprechungen wiederzugeben, wenn wir fertig geworden wären. Dies gelte auch von der „wirklichen Lage" in Europa. Er wisse aber nicht, warum das jetzt, wo nur gesagt werde, daß wir weitermachen würden, schon gesagt werden solle.

Außenminister *Gromyko* meinte, warum es denn schlecht sei zu sagen „Im Interesse des Friedens ...".

Staatssekretär *Bahr*: Sagen wir „im Interesse der Entspannung und Festigung des Friedens in Europa".

Außenminister *Gromyko* erwiderte, er sehe nicht, warum wir uns hier überhaupt über diese Frage stritten. Wir sollten es doch lieber ganz lassen. Wenn der Staatssekretär auch in der „wirklichen Lage" etwas Schlechtes sehe, dann solle man es eben ganz lassen. Schließlich handele es sich um Worte des Bundeskanzlers. Für die sowjetische Seite sei dies das Minimum des Minimums.

Staatssekretär *Bahr* schlug vor, man solle doch folgende Formulierung wählen: „ ... soll weitergeführt werden im Interesse der Entspannung der in Europa bestehenden Lage".

Außenminister *Gomyko*: „Lassen wir es."

Staatssekretär *Bahr* entgegnete, „in diesem Raum" sei im Deutschen unmöglich.

Außenminister *Gromyko* erwiderte, man spreche doch nicht über Asien. Von ihm aus könne man auch sagen „des erwähnten Raumes".

In der folgenden Diskussion einigte man sich auf die in der Anlage beigefügte Fassung des Kommuniqués.[19]

Staatssekretär *Bahr* erläuterte sodann, die nächste Kabinettssitzung werde am Mittwoch[20] stattfinden, doch sei dies sicher nicht die letzte, auf der man sich mit den Moskauer Gesprächen befassen werde. Dann trete die Osterpause ein. Dann fahre der Bundeskanzler in die USA.[21] Der Außenminister werde eine Woche vor und eine Woche nach Ostern Ferien machen.

---

[19] Dem Vorgang nicht beigefügt. Vgl. Anm. 22.
[20] 25. März 1970.
[21] Bundeskanzler Brandt hielt sich vom 4. bis 11. April 1970 in den USA auf. Vgl. dazu Dok. 151, Dok. 153 und Dok. 156.

Außenminister *Gromyko* erwiderte, auch die sowjetische Seite benötige Zeit, um ausführliche Überlegungen anstellen zu können (sowj.: razobrat'sja). Auch die sowjetische Seite habe jetzt ein präzises Bild über die deutschen Vorstellungen.

Staatssekretär *Bahr* erwiderte, man könne sich in der zweiten Hälfte April in Verbindung setzen, um einen Termin zu vereinbaren. Wir würden nicht von Papieren sprechen.

Außenminister *Gromyko* entgegnete, das sei richtig, denn wir hätten hier keine gemeinsamen Papiere. Sollten die Schwierigkeiten überwunden werden, dann sollten wir auch entscheiden, ob wir ein vorläufiges Dokument anfertigen. Man könne auch ein „namenloses" Dokument machen.

Staatssekretär *Bahr* antwortete, wenn die Regierungen sich eine Meinung gebildet hätten, könnten wir zusehen, ob wir Formulierungen für unsere Gedanken fänden. Wenn das klappe, könne man beschließen, daß man das gleich in Artikel eines Abkommens umsetzt.

Es wurde abschließend vereinbart, für das Kommuniqué eine Sperrfrist von 12 Uhr MEZ (am 22.3.) für das Radio, für die Presse bis zum 23.3. früh zu setzen.[22]

VS-Bd. 4625 (II A 4)

126

Bundeskanzler Brandt an Präsident Nixon

22. März 1970

Sehr geehrter Herr Präsident!

Heute ist Staatssekretär Bahr von seinen Sondierungsgesprächen in Moskau zurückgekehrt.[1] Er wird Ihren Botschafter[2] – ebenso wie den Frankreichs[3] und Großbritanniens[4] – persönlich eingehend unterrichten.

Ich möchte, daß Sie vorweg schon meinen Haupteindruck erfahren:

Bei einigen Annäherungen sind wir in mehreren Punkten noch auseinander. Es hat den Anschein, als ob die sowjetische Seite mindestens die erste Runde der

---

[22] Das Kommuniqué lautet: „In der Zeit vom 30. Januar bis 18. Februar und 3. bis 21. März 1970 fand in Moskau zwischen einer Delegation der UdSSR unter der Leitung von Andreij Gromyko und einer Delegation der Bundesrepublik Deutschland unter Leitung von Staatssekretär Egon Bahr ein Meinungsaustausch über Fragen statt, die mit der Absicht beider Seiten zusammenhängen, ein Gewaltverzichtsabkommen zwischen der Bundesrepublik Deutschland und der UdSSR zu schließen. Die beiden Delegationen werden nunmehr ihren Regierungen das Ergebnis des Meinungsaustausches vorlegen, damit diese entscheiden, in welcher Form die Erörterung der genannten Fragen im Interesse der Entspannung – ausgehend von der in Europa bestehenden wirklichen Lage – weitergeführt werden soll." Vgl. BULLETIN 1970, S. 400.

[1] Staatssekretär Bahr, Bundeskanzleramt, hielt sich vom 3. bis 16. und am 20./21. März 1970 in der UdSSR auf.

[2] Kenneth Rush.

[3] François Seydoux.

[4] Roger Jackling.

Vierer-Gespräche über Berlin[5] abwarten will, ehe sie sich über ihre weiteres Vorgehen schlüssig wird. Ich habe jedenfalls keinen Zweifel, daß sie die Berlin-Gespräche und unsere Erkundigungen in Ostberlin, Moskau und Warschau als Einheit sieht.

Über die Begegnung, die ich am vergangenen Donnerstag mit dem ostdeutschen Ministerpräsidenten Stoph in Erfurt hatte[6], ist Ihr Botschafter unterrichtet worden. Eine zusätzliche Beurteilung wird auf dem normalen Wege übermittelt werden.

Die vielen Zeichen der Verbundenheit, die mir von den Menschen im anderen Teil Deutschlands gegeben wurden, kann ich nicht unterbewerten. Man darf sie aber auch nicht überbewerten. Man muß sogar damit rechnen, daß diejenigen Kreise im Osten, die um die Konsolidierung der DDR fürchten, erneut zurückschrecken werden.

In sachlicher Hinsicht ist das Ergebnis mager, obwohl ich selbst nicht mit mehr als mit einer zweiten Begegnung – diesmal im Mai in der Bundesrepublik Deutschland[7] – gerechnet hatte. Die ostdeutsche Seite beharrte, auch im persönlichen Gespräch, mit penetranter Entschiedenheit auf ihrer Deutung der Anerkennungsfrage. Sie konzentrierte sich fast völlig auf die formale Regelung der Beziehungen und zeigte so gut wie keine Bereitschaft, auf die realen Fragen einzugehen. Trotzdem möchte ich die Möglichkeit nicht ausschließen, daß sich im weiteren Verlauf einige Auflockerungen erreichen lassen könnten.

Besonders kompromißlos zeigte sich mein Gesprächspartner in bezug auf Berlin. Um so wichtiger ist es, daß in den bevorstehenden Gesprächen der Drei Mächte mit der Sowjetunion mit großem Nachdruck darum gerungen wird, daß die östliche Seite die zwischen West-Berlin und der Bundesrepublik gewachsenen Beziehungen zur Kenntnis nimmt.

Mir liegt daran, daß wir wegen unserer Kontakte mit Osteuropa und mit der DDR in sehr enger Fühlung bleiben.

Den Präsidenten der Französischen Republik[8] und den Königlich Britischen Premierminister[9] habe ich in gleicher Weise unterrichtet.

Ich freue mich auf unsere bevorstehenden Besprechungen in Washington[10] und danke Ihnen für die Möglichkeit, mich einige Tage zuvor in Camp David erholen zu können.

Genehmigen Sie, Herr Präsident, den Ausdruck meiner ganz ausgezeichneten Hochachtung

Willy Brandt[11]

Willy-Brandt-Archiv, Bestand Bundeskanzler, Box 60

[5] Die Vier-Mächte-Gespräche über Berlin begannen am 26. März 1970. Vgl. dazu Dok. 135.
[6] Zu den Gesprächen vom 19. März 1970 vgl. Dok. 124.
[7] Zu den Gesprächen des Bundeskanzlers Brandt mit dem Vorsitzenden des Ministerrats, Stoph, am 21. Mai 1970 in Kassel vgl. Dok. 226.
[8] Georges Pompidou.
[9] Harold Wilson.
[10] Bundeskanzler Brandt hielt sich vom 4. bis 11. April 1970 in den USA auf. Vgl. dazu Dok. 151, Dok. 153 und Dok. 156.
[11] Paraphe.

127

Aufzeichnung des
Vortragenden Legationsrats I. Klasse van Well

II A 1-83.10-729^II/70 geheim 22. März 1970[1]

Betr.: Berlin-Gespräche der Vier Mächte

I. Im Rahmen der Vorbereitungen für die am 26. März beginnenden Vier-Mächte-Gespräche[2] haben uns die Alliierten am Freitagabend[3] Entwürfe für die einleitenden Erklärungen der drei Botschafter (Anlage 1–3)[4] sowie ein Papier über das westliche Verhandlungskonzept (Anlage 4)[5] übergeben. Die Papiere sind von den alliierten Vertretern in der Bonner Vierergruppe ausgearbeitet worden. Der deutsche Vertreter hatte in einer Sitzung der Vierergruppe am 21. März eine erste Gelegenheit zur Stellungnahme. Eine Reihe seiner Änderungsvorschläge sind in der jetzigen Fassung der Texte berücksichtigt.

II. Wie sich aus den Texten ergibt, verfolgen die drei Alliierten in den Berlin-Gesprächen folgende Ziele:

– Verbesserung des zivilen Zugangs nach Berlin auf der Grundlage der Vier-Mächte-Verantwortung;

– Verbesserung der innerstädtischen Verbindungen, namentlich größere Freizügigkeit des Personen- und Güterverkehrs in ganz Berlin und seiner näheren Umgebung;

– Respektierung der wirtschaftlichen, finanziellen und rechtlichen Verbindungen zwischen Berlin (West) und der Bundesrepublik durch die Sowjetunion einschließlich des Rechts der Bundesregierung zur Wahrnehmung der konsularischen[6] und kommerziellen Interessen West-Berliner Bürger und Firmen;

– Abbau der West-Berlin diskriminierenden Maßnahmen in den Warschauer-Pakt-Staaten.

Irgendwelche Änderungen des Vier-Mächte-Status Berlins werden von den Westmächten abgelehnt. Ihrer Meinung nach würden die im günstigsten Fall erreichbaren Verbesserungen das nicht rechtfertigen. Auch Mitsprache- bzw. Kontrollrechte der Sowjets in West-Berlin wollen sie nicht zulassen.

Als Gegenleistung des Westens wird in erster Linie eine Reduktion der politischen Bundespräsenz in West-Berlin ins Auge gefaßt. Dem sowjetischen Streben nach einer ständigen politischen Präsenz in West-Berlin wollen die Westmächte nicht entsprechen. Eine Erweiterung der kommerziellen Vertretung der

---

[1] Die Aufzeichnung wurde von Vortragendem Legationsrat I. Klasse van Well und Legationsrat I. Klasse Bräutigam konzipiert.
[2] Vgl. dazu Dok. 135.
[3] 20. März 1970.
[4] Dem Vorgang beigefügt. Für den Entwurf der Erklärungen der Botschafter Jackling (Großbritannien), Rush (USA) und François Seydoux (Frankreich) vgl. VS-Bd. 4480 (II A 1).
[5] Dem Vorgang beigefügt. Vgl. VS-Bd. 4480 (II A 1).
[6] Dieses Wort wurde von Staatssekretär Duckwitz hervorgehoben. Dazu vermerkte er handschriftlich: „Kulturellen?"

Sowjets in West-Berlin soll nur bei substantiellen Zugeständnissen in anderen Bereichen in Betracht gezogen werden. Im übrigen hoffen die Westmächte darauf, daß etwaige Konzessionen der Bundesregierung zugunsten der DDR (z.B. Freigabe der Außenbeziehungen der DDR) auch den Berlin-Verhandlungen nutzbar gemacht werden können.

III. In der gestrigen Sitzung der Vierergruppe erläuterte der deutsche Vertreter noch einmal die in unserem Arbeitspapier zur Berlinfrage[7] (Anlage zum Brief des Bundeskanzlers an Nixon, Pompidou und Wilson vom 25. Februar 1970[8]) niedergelegte Position: Die Vier Mächte sollten, solange eine gemeinsame Verwaltung ganz Berlins nicht möglich ist, die in den einzelnen Sektoren geschaffenen Gegebenheiten respektieren. Die alliierten Vertreter sahen sich auf Grund ihrer Instruktionen nicht in der Lage, jetzt darauf einzugehen. Der französische Vertreter erklärte, die alliierten Regierungen würden mit einem solchen Schritt nicht nur die politische Eingliederung Ostberlins in die DDR akzeptieren (was sie sich bisher geweigert hätten zu tun), sondern auch den Boden des Vier-Mächte-Status verlassen. Der amerikanische Vertreter bezeichnete den deutschen Vorschlag als interessant. Er schloß nicht aus, daß eine Verständigung mit den Sowjets auf einer solchen Grundlage vielleicht im weiteren Verlauf der Verhandlungen erwogen werden könne. Eine Entscheidung von so weittragender Bedeutung könne jedoch nur nach eingehender Prüfung aller Aspekte, einschließlich der rechtlichen, und nur bei einer ermutigenden Entwicklung der Vier-Mächte-Verhandlungen in Betracht gezogen werden. Auch der britische Vertreter meinte, daß eine Respektierung der Gegebenheiten in beiden Teilen Berlins unter bestimmten Umständen ein wünschenswertes Ziel werden könnte. Man müsse aber bedenken, daß damit wesentliche auf den Vier-Mächte-Vereinbarungen beruhende Rechte aufgegeben würden.

Bei der Erörterung der Verhandlungsziele zeigte sich, daß die französische Regierung in der Frage der Diskriminierung West-Berlins weiterhin einen restriktiven Standpunkt einnimmt. Es geht den Franzosen vor allem darum, eine Präjudizierung des politischen Status Berlins zu vermeiden. Deshalb möchten sie die westliche Forderung nach Abbau der Diskriminierung strikt auf den Handelsbereich beschränkt wissen. Um so mehr ist bei dieser Ausgangslage die französische Bereitschaft zu begrüßen, das Recht des Bundes zur Wahrnehmung der konsularischen und kommerziellen Interessen West-Berlins zu unterstützen. Diese Position trägt unseren praktischen Bedürfnissen weitgehend Rechnung und dürfte gegenüber den Sowjets eher durchzusetzen sein als ein inhaltlich nicht präzisiertes und darum vor allem politisch wirkendes Vertretungsrecht.

Die alliierten Positionen in der Frage des Zugangs und des innerstädtischen Verkehrs entsprechen im wesentlichen unseren Wünschen. Parallele Verhandlungen der beiden deutschen Seiten über technische Zugangsverbesserungen (im Auftrag der Vier Mächte) werden ausdrücklich befürwortet.

In den jetzt vorgelegten Texten zeigt sich wieder die Tendenz der Alliierten, der Sicherung der Zugangswege in den Verhandlungen den Vorrang einzuräumen.

---

[7] Für das Arbeitspapier der Bundesregierung vom 25. Februar 1970 vgl. Dok. 75.
[8] Für das Schreiben des Bundeskanzlers Brandt an Präsident Nixon vgl. Dok. 76.

Dies hat vor allem psychologische Gründe, da für die westlichen Regierungen und die öffentliche Meinung in den westlichen Ländern das Zugangsproblem immer im Vordergrund gestanden hat. Wir sollten unsererseits der Prioritätenfrage kein zu großes Gewicht beimessen. Bei der Ausgangslage beider Seiten wird eine Verständigung über die Verbindungen Berlin – Bund ganz von selbst in den Mittelpunkt der Verhandlungen rücken.

Die Entwürfe für die Erklärungen der drei westlichen Botschafter und das Papier über das alliierte Verhandlungskonzept werden hiermit über den Herrn Staatssekretär[9] dem Herrn Minister[10] mit der Bitte um Zustimmung vorgelegt. Sie sind mit dem als Anlage beigefügten Schreiben auch dem Chef des Bundeskanzleramts, dem Staatssekretär des Bundesministeriums für innerdeutsche Beziehungen und dem Senator für Bundesangelegenheiten des Landes Berlin übermittelt worden.[11]

Da das Gespräch der vier Botschafter bereits am 26. März 1970 stattfindet und die Erklärungen der Botschafter den drei Regierungen auf hoher Ebene zur Genehmigung vorliegen, müssen etwaige deutsche Änderungsvorschläge spätestens am 24. März vorgebracht werden.

van Well

VS-Bd. 4480 (II A 1)

128

Botschafter Böx, Warschau, an Staatssekretär Duckwitz

VS-vertraulich   23. März 1970[1]

Sehr geehrter Herr Staatssekretär,

die Terminierung unserer Kurierverbindung bringt es mit sich, daß ich Ihnen erst jetzt die von Ihnen gewünschte Stellungnahme zum Stand und Fortgang der deutsch-polnischen Gespräche vorlegen kann.

1) In zwei Gesprächsrunden[2] haben wir vergeblich versucht, unsere Interpretation der Potsdamer Beschlüsse[3] durchzusetzen.

---

[9] Hat Staatssekretär Duckwitz am 23. März 1970 vorgelegen.

[10] Hat Bundesminister Scheel im Durchschlag am 31. März 1970 vorgelegen.

[11] Dem Vorgang beigefügt. Für das Schreiben des Staatssekretärs Duckwitz vom 22. März 1970 an Bundesminister Ehmke, Staatssekretär Wetzel, Bundesministerium für innerdeutsche Beziehungen, sowie den Senator für Bundesangelegenheiten des Landes Berlin, Grabert, vgl. VS-Bd. 4480 (II A 1); B 150, Aktenkopien 1970.

[1] Privatdienstschreiben.
Hat Staatssekretär Duckwitz vorgelegen.

[2] Die erste Runde der Gespräche mit Polen über eine Verbesserung des bilateralen Verhältnisses fand vom 4. bis 6. Februar 1970 in Warschau statt.
Die zweite Runde der Gespräche mit Polen über eine Verbesserung des bilateralen Verhältnisses fand vom 9. bis 11. März 1970 in Warschau statt.

2) Damit ist im Grunde unserem Vorschlag, ein Abkommen über einen Gewaltverzicht und die Respektierung der polnischen Westgrenze abzuschließen, der Boden entzogen. Ein solcher Vertrag könnte für die polnische Seite nur dann interessant sein, wenn unsere Interpretation der Potsdamer Beschlüsse unbestritten wäre.

3) Dem polnischen Vorschlag einer endgültigen und auch für alle zukünftigen Vereinbarungen geltenden Anerkennung der polnischen Westgrenze kann die Bundesregierung aus politischen und rechtlichen Gründen nicht zustimmen.

4) Andererseits ist davon auszugehen, daß die polnische Führung auf der endgültigen Anerkennung der Grenze bestehen wird. Aus Gründen der Innen- und Blockpolitik kann sie nicht anders. Sie hat für ihre Haltung die volle Rückendeckung des sozialistischen Lagers. Es dürfte kaum einem Zweifel unterliegen, daß ein Scheitern der deutsch-polnischen Gespräche an der Grenzfrage Fortschritte in der Entspannung und Normalisierung der Beziehungen gegenüber anderen sozialistischen Staaten behindert, wahrscheinlich verhindert, ein Erfolg jedoch neue Möglichkeiten eröffnet. Das gilt ganz besonders für unser Verhältnis zur ČSSR und Ungarn.

5) Die Bundesregierung könnte dem Gedanken einer Anerkennung politisch nähertreten, wenn dieser Schritt Teil eines die deutschen Forderungen berücksichtigenden package deal wäre und rechtlich unter gewissen Vorbehalten erfolgte.

6) Der von polnischer Seite vorgelegte Vertragsentwurf[4] bietet dafür gewisse Ansatzpunkte:

a) Ein Abkommen über die Grundlagen der Normalisierung ist soweit abgesteckt, daß die deutschen Gegenforderungen vertraglich abgesichert werden könnten und ihre Erfüllung nicht nur vom guten Willen des Partners abhängt.

b) Der Entwurf berücksichtigt das Potsdamer Abkommen, trotz bestrittener Interpretation. Dieses Faktum ist wahrscheinlich, wie aus in allgemeiner guter Quelle zu erfahren ist, auf sowjetischen Einfluß zurückzuführen. Moskau soll aus Weltmachts- und Mitteleuropagründen daran interessiert sein, die Potsdamer Beschlüsse unbeschädigt im Interesse ihrer Politik anwenden zu können. An ihnen sollen alle Abkommen gemessen werden, die die Bundesrepublik mit Staaten des sozialistischen Lagers abschließt, sofern sie diese berühren.

7) Es empfiehlt sich daher, vom polnischen Entwurf auszugehen und ihn modifiziert zur Diskussion zu stellen.

8) Den Anregungen Dr. Sahms kann ich mit folgenden Änderungen und Ergänzungen zustimmen:

a) In der Bezeichnung des Vertrages entfällt das Wort „die Grundlagen". Das Abkommen sollte über die Normalisierung der Beziehungen geschlossen werden.

b) Zu Präambel 2 a): das Wort „angestammt" sollte entfallen. Der Verlust der Heimat müßte generell angesprochen werden;

Fortsetzung Fußnote von Seite 511

3 Für den Wortlaut des Kommuniqués vom 2. August 1945 über die Konferenz von Potsdam (Potsdamer Abkommen) vgl. DzD II/1, S. 2101–2148.

4 Für den polnischen Entwurf vom Februar 1970 vgl. Dok. 141.

c) Nach Präambel (8) wäre der Bezug auf die Rechte und Verantwortlichkeiten der Vier Mächte im Wortlaut Entwurf b (5) einzufügen.
d) Als Artikel (1) sollte der sogenannte Gewaltverzicht genommen werden, da er generelle Verhaltensregeln enthält.
e) Grenzartikel in der Form von Sahm.
f) Artikel (3) muß die Absicht der Normalisierung definitiver ansprechen. Er könnte etwa lauten: „Die Volksrepublik Polen und die Bundesrepublik Deutschland werden in Anwendung der Bestimmungen dieses Vertrages ihre gegenseitigen Beziehungen normalisieren und zu diesem Zweck unverzüglich Verhandlungen einleiten, in denen die weiteren Schritte, einschließlich der Aufnahme diplomatischer Beziehungen, vereinbart werden sollen."
9) Der Vertrag in obiger Form hätte den Vorteil, daß er
a) sich in das allgemeine Bemühen der Bundesregierung einordnet, mit den sozialistischen Staaten Gewaltverzichtsabkommen abzuschließen;
b) nur die Bundesrepublik, nicht Gesamtdeutschland bindet;
c) die Vorbehaltsrechte der Vier Mächte nicht berührt;
d) als Abkommen über die Normalisierung das Odium eines Grenzabkommens abschwächt;
e) trotzdem den Forderungen des sozialistischen Lagers ein erhebliches Stück entgegenkommt.
Im Rahmen einer Kurierreise werde ich mich am 9. und 10. April in Bonn aufhalten. Ich nehme an, daß dann die entscheidende Phase für die Vorbereitungen der dritten Gesprächsrunde[5] erreicht ist, und stehe zu Ihrer Verfügung.
Mit verbindlichen Empfehlungen

Ihr sehr ergebener
Heinrich Böx

VS-Bd. 8956 (II A 5)

---

[5] Die dritte Runde der Gespräche mit Polen über eine Verbesserung des bilateralen Verhältnisses fand vom 22. bis 24. April 1970 statt.

129

Runderlaß des Ministerialdirigenten Lahn

II A 1-85.50/1 (TTD)-880/70 VS-vertraulich   Aufgabe: 23. März 1970

Betr.: TTD-System[1]

Bezug: Teilrunderlaß vom 18. Juni 1969 – II A 1-85.50/1 (TTD)-1960/69 VS-v[2]

I. Die drei für das Allied Travel Office in Berlin (ATO) verantwortlichen Mächte USA, Großbritannien und Frankreich haben mit Zustimmung der Bundesregierung und des NATO-Rats beschlossen, das TTD-System zu suspendieren. Sie wollen damit zur Verbesserung der Atmosphäre bei den am 26.3. beginnenden Vier-Mächte-Gesprächen über Berlin[3] beitragen. Die Suspendierung des TTD-Systems soll an diesem Tage in Kraft treten und bekannt gemacht werden.

Einwohner der DDR können somit künftig in die NATO-Staaten reisen, ohne im Besitz eines TTD zu sein. Gleichzeitig mit der Erteilung seiner Zustimmung zur Suspendierung des TTD-Systems hat der NATO-Rat jedoch folgendes beschlossen:

„a) NATO governments should continue to the best of their powers to refuse visas to GDR officials who wish to attend meetings of international organizations at the governmental level as official representatives of the GDR.

b) In order to avoid the suspension of the TTD system being interpreted as a change in the position of the governments of the Alliance toward East Germany, member governments should not issue visas in East German passports, but on separate pieces of paper."

Für sämtliche Einwohner der DDR mit Ausnahme des unter a) bezeichneten Personenkreises wird also vom 26.3. an die Regelung gelten, die bisher nur für Altersrentner und einige Ausnahmefälle angewandt wurde.

II. Bitte die Regierung des Gastlandes auf die Suspendierung des TTD-Systems aufmerksam machen sowie ihr die unter I a) und b) aufgeführten Regelungen mit der Bitte um vertrauliche Behandlung mitteilen und etwa folgendes erklären:

a) Wir danken der Regierung des Gastlandes für die Unterstützung, die sie dem TTD-System in der Vergangenheit gewährt hat.

b) Wir hoffen, daß die Suspendierung des Systems von der DDR und der UdSSR durch angemessene Gegenleistungen in der Berlinfrage honoriert wird.

c) Wir wären der Regierung des Gastlandes dankbar, wenn sie bis zum Zustandekommen des von der Bundesregierung angestrebten geordneten Verhältnisses zwischen den beiden Teilen Deutschlands für die Einreise von DDR-Bewohnern ins Gastland weiterhin ähnliche Regelungen treffen würde wie die NATO-Staa-

---

[1] Zur Frage einer Neufassung der TTD-Regelung vgl. Dok. 1.
[2] Mit Schriftlaß vom 18. Juni 1969 übermittelte Ministerialdirektor Ruete ein Arbeitspapier der Bonner Vierergruppe über die Liberalisierung des Verfahrens für die Ausgabe von TTD. Vgl. dazu VS-Bd. 4288 (II A 1); B 150, Aktenkopien 1969.
[3] Vgl. dazu Dok. 135.

ten. (Außer dem Gastland lehnen auch zahlreiche andere nicht zur NATO gehörende Staaten eine Visierung des DDR-Passes bisher ab.)

[gez.] Lahn

VS-Bd. 4530 (II A 1)

130

Aufzeichnung des Ministerialdirigenten Lahn

II A 1-83.12/0-903/70 VS-vertraulich 24. März 1970[1]

Betr.: Gespräch mit der DDR
hier: Weiteres Procedere in Kassel[2]: außenpolitischer Bereich – Präsentation des Gegenentwurfs eines Vertrags zwischen den beiden deutschen Staaten

I. 1 a) Stoph hat in Erfurt[3] – wie zu erwarten war – in den Mittelpunkt die Forderung der DDR nach völkerrechtlicher Anerkennung, nach Gleichbehandlung, Nichtdiskriminierung im internationalen Bereich und der Herstellung völkerrechtlicher Beziehungen zwischen Ostberlin und Bonn gestellt.
Stoph hat diese Forderungen bei seinem Bericht über die Erfurter Begegnung vor der Volkskammer der DDR am 21. März mehrfach wiederholt.[4] Ulbricht tat das gleiche auf einer Großkundgebung in Suhl am 20.3., auf der er sich mit dem Erfurter Treffen auseinandersetzte.[5]

b) Stoph und Ulbricht haben unzählige Male auf den Vertragsentwurf[6] hingewiesen, den die DDR der Bundesrepublik zur Regelung der Beziehungen zwischen den beiden deutschen Staaten unterbreitet hat.

2) Wir haben in Erfurt

a) der Forderung Stophs nach völkerrechtlicher Anerkennung der DDR kein kategorisches Nein entgegengesetzt;

b) vielmehr den Staatscharakter der DDR erneut bestätigt;

---

[1] Ablichtung.
Die Aufzeichnung wurde von Vortragendem Legationsrat Lücking konzipiert.
[2] Zu den Gesprächen des Bundeskanzlers Brandt mit dem Vorsitzenden des Ministerrats, Stoph, am 21. Mai 1970 vgl. Dok. 226.
[3] Zu den Gesprächen des Bundeskanzlers Brandt mit dem Vorsitzenden des Ministerrats, Stoph, vom 19. März 1970 vgl. Dok. 124.
[4] Für den Wortlaut des Berichts des Vorsitzenden des Ministerrats, Stoph, vom 21. März 1970 an die Volkskammer vgl. NEUES DEUTSCHLAND vom 22. März 1970, S. 3 f.
[5] Zu den Ausführungen des Staatsratsvorsitzenden Ulbricht vgl. Dok. 125, Anm. 15.
[6] Zum Schreiben des Staatsratsvorsitzenden Ulbricht vom 17. Dezember 1969 an Bundespräsident Heinemann sowie zum „Entwurf für einen Vertrag über die Aufnahme gleichberechtigter Beziehungen zwischen der Deutschen Demokratischen Republik und der Bundesrepublik Deutschland" vgl. Dok. 12, Anm. 11.

c) durch die Feststellung, daß keiner der beiden deutschen Staaten den anderen im Ausland vertreten könne, zumindest implizite der DDR das Recht auf Zugang zum internationalen bilateralen und multilateralen Bereich zuerkannt;

d) den Vertragsentwurf der DDR haben wir zwar nicht akzeptiert, die Notwendigkeit der Regelung der Beziehungen zwischen der DDR und der Bundesrepublik auf vertraglicher Basis haben wir aber grundsätzlich anerkannt.

II. 1) Unsere bisherigen Bemühungen, der DDR den Zugang zum internationalen bilateralen und multilateralen Bereich solange zu verwehren, bis eine befriedigende Regelung der Verhältnisse zwischen den beiden deutschen Staaten gefunden ist oder sich zumindest abzeichnet, sollten wir fortsetzen. (Die Erfurter Gespräche lassen den Schluß zu, daß die DDR die Stärke unserer Position im internationalen Bereich vielleicht noch höher bewertet als wir selbst es tun.)

2) Solange wir bei generellen Feststellungen bleiben – wie der Bereitschaft zum Abschluß eines Gewaltverzichtsabkommens, zu Verhandlungen auf der Grundlage der Gleichberechtigung und Nichtdiskriminierung, zum Respekt der Grenzen, zur Nichteinmischung in die inneren Angelegenheiten etc. –, wirkt unsere Position im Hinblick auf die präzisen Forderungen der DDR letztlich defensiv.

3) Unser Ziel sollte es sein, die Frage der völkerrechtlichen Anerkennung der DDR, die wir durch einen acte de volonté der Regierung und des Parlaments – wie es sich die DDR offenbar vorstellt – nicht lösen können, durch konkrete eigene Initiative aus dem Zentrum der Diskussion herauszuziehen und sie auf den zweiten Platz zu verweisen.

III. 1) Da wir davon ausgehen müssen, daß die DDR nicht davon ablassen wird, auf ihren Vertragsentwurf als Verhandlungsbasis zu verweisen, sollten wir uns – nachdem das Gespräch mit Ostberlin in Gang gekommen ist – in Kassel nicht auf generelle Erwiderungen beschränken, sondern den konkreten Forderungen der DDR durch Vorlage eines (bereits konzipierten) Gegenentwurfs begegnen.

2) Verhandlungen auf der Grundlage des Vertragsentwurfs der DDR sind für uns – aus sachlichen und taktischen Gründen – nicht akzeptabel. So wie sich die Kontakte mit Ostberlin entwickelt haben, erscheint es insbesondere aus taktischen Erwägungen nunmehr geboten, daß wir nicht länger zögern, unsere in einem Gegenentwurf präzisierten Vorstellungen als Verhandlungsgrundlage auf den Tisch zu legen. Wir können nichts mehr dadurch gewinnen, daß wir mit unserem Vertragsentwurf noch weiter zurückhalten und den Ostberliner Forderungen lediglich mit Argumenten begegnen, die mehr oder weniger allgemeinen Charakter haben.[7]

3) Nach den grundsätzlich von unserer Seite bezüglich des Staatscharakters der DDR und der Vertretungsbefugnis der beiden deutschen Staaten im internationalen Bereich getroffenen Feststellungen wird sich unsere Position in der Welt mit einiger Überzeugungskraft in Zukunft nur noch dann vertreten lassen, wenn wir auf eine konkrete Initiative Bonns zur Regelung des besonderen Verhältnisses zwischen den beiden Staaten in Deutschland zu verweisen vermögen.

---

[7] Der Passus „daß wir mit ... weiter zurückhalten" wurde von Staatssekretär Duckwitz hervorgehoben. Dazu vermerkte er handschriftlich: „r[ichtig]."

4) Auch unsere Verhandlungsposition gegenüber der DDR wird dadurch nicht verbessert, daß wir weiter mit einer Darlegung unserer konkreten Vorstellungen zurückhalten. Im Gegenteil: Die Gefahr eines Versandens der Gespräche erscheint größer, wenn wir nicht konkret durch Vorlage eines Gegenentwurfs reagieren, sondern uns weiter – unter Ablehnung einer Diskussion des DDR-Entwurfs – auf grundsätzliche Erklärungen zu den einzelnen Forderungen beschränken.

IV. Aus diesen Überlegungen schlägt Abteilung II vor, daß die Vorbereitungen der Gespräche in Kassel darauf konzentriert werden, der DDR den Gegenentwurf eines Vertrages zur Regelung der Beziehungen zwischen den beiden Staaten in Deutschland zu präsentieren.

Sollte es nicht für zweckmäßig erachtet werden, der DDR bereits in Kassel den Gegenentwurf eines Vertrages zu präsentieren, so dürfte es zweckmäßig sein, unseren Standpunkt zumindest in Form eines Katalogs zu fixieren, der diejenigen Positionen wiedergibt, welche nach unserer Auffassung bei einer vertraglichen Regelung der Beziehungen zwischen den beiden Staaten in Deutschland Berücksichtigung finden müssen.[8]

Hiermit dem Herrn Staatssekretär[9] mit dem Vorschlag vorgelegt, die Zustimmung des Herrn Ministers herbeizuführen und die Aufzeichnung dem Bundeskanzleramt zur Kenntnis zu bringen.[10] Abteilung V hat mitgezeichnet. Abteilung I hat Kenntnis.[11]

Lahn

VS-Bd. 4497 (II A 1)

---

[8] Für den Entwurf vom 9. Mai 1970 von Leitsätzen für ein Abkommen zwischen der Bundesrepublik und der DDR vgl. Dok. 200.

[9] Hat Staatssekretär Duckwitz am 24. März 1970 vorgelegen, der handschriftlich vermerkte: „Dem Herrn Minister zuzuleiten."
Hat Legationsrat I. Klasse Hallier am 25. März 1970 vorgelegen, der handschriftlich vermerkte: „Obige Vorlage wurde B[undes]m[inister] mit F[ern]s[chreiben] Nr. 03 am 24.3. übermittelt mit dem Zusatz, daß, falls bis 1.4.70 keine gegenteilige Weisung eingeht, Aufz[eichnung] dem B[undes]k[anz]ler]a[mt] zur Kenntnis gebracht werde."

[10] Hat Vortragendem Legationsrat Schönfeld am 2. April 1970 vorgelegen, der handschriftlich für Ministerialdirigent Lahn vermerkte: „Der Herr Staatssekretär bittet um die Vorlage eines Schreibens an B[undes]m[inister] Ehmke, mit dem diese Aufz[eichnung] an Bu[ndes]ka[nzler]amt weitergeleitet wird."
Hat Lahn am 2. April 1970 erneut vorgelegen.

[11] Dieser Satz wurde von Ministerialdirigent Lahn handschriftlich hinzugefügt.

131

Aufzeichnung des Ministerialdirektors Frank

I A 1-80.05/2   24. März 1970[1]

Betr.: Großbritannien, die Europäischen Gemeinschaften und die politische Zusammenarbeit

I. Außenminister Harmel hat am 12. März Minister Thomson über den Verlauf der Beratungen der Sechs am 6. März[2] unterrichtet und ihm dabei das in Fotokopie beiliegende Papier übergeben.[3] Die britische Stellungnahme hierzu wurde dem Auswärtigen Amt am 20. März zugeleitet (Anlage).[4] Darin

– kommt die Sorge zum Ausdruck, daß die Sechs in der Frage der politischen Zusammenarbeit Tatsachen schaffen könnten, die für London möglicherweise nicht ohne Problematik wären;

– wird der Wunsch geäußert, möglichst früh an der Vorbereitung der Vorschläge für die politische Zusammenarbeit beteiligt zu werden;

– wird die Auffassung wiederholt, daß die Beratungen über politische Zusammenarbeit, die außerhalb der Institutionen der EG geführt werden, ein neues Ziel anvisieren. Großbritannien müsse daher von Anfang an beteiligt werden, um eine konstruktive Rolle bei der Diskussion dieses neuen Bereichs der Zusammenarbeit übernehmen zu können.

Intensität und Beharrlichkeit Londons in der Frage der Beteiligung an den Vorbereitungen gemäß Ziffer 15 des Haager Kommuniqués[5] sind nicht neu. Schon Außenminister Stewart hatte bei der WEU-Ministerratstagung im Januar 1970[6] sicherzustellen versucht, daß Großbritannien an allen Schritten in Richtung auf eine Koordinierung der europäischen Außenpolitik beteiligt werde. Er ging nach dem Haager Kommuniqué („in der Perspektive der Erweiterung") davon aus, daß auf diesem Gebiet keine Entscheidungen ohne britische Beteiligung gefällt würden. Noch deutlicher hat inzwischen Minister Thomson den britischen

---

[1] Die Aufzeichnung wurde von Vortragendem Legationsrat I. Klasse Müller konzipiert.
Hat Vortragendem Legationsrat I. Klasse Müller am 31. März 1970 vorgelegen, der handschriftlich vermerkte: „H[errn] Holthoff für Gesprächsvorschlag Rom (Teil III)."
Hat Legationsrat I. Klasse Holthoff am 6. April 1970 vorgelegen, der handschriftlich vermerkte: „Erl[edigt]."
Hat Müller erneut am 31. März 1970 vorgelegen.

[2] Zur EG-Ministerratstagung am 6. März 1970 in Brüssel vgl. Dok. 101.

[3] Dem Vorgang beigefügt. In der Aufzeichnung hieß es: „Conformement au paragraphe 15 du communiqué de La Haye, les six ministres des affaires étrangères poursuivront, d'ici la fin du mois de juillet, la préparation d'un rapport contenant des suggestions sur la manière de faire progresser l'unification politique. […] Ils porteront les conclusions de leurs travaux à la connaissance des états candidats puisque leur travail se fait dans la perspective de l'élargissement. Les états candidats seront sollicités de donner leur avis et leur accord éventuel sur les conclusions auxquels auront abouti les six." Vgl. Referat I A 1, Bd. 748.

[4] Dem Vorgang beigefügt. Vgl. Referat I A 1, Bd. 748.

[5] Zu Ziffer 15 des Kommuniqués der Konferenz der Staats- und Regierungschefs der EG-Mitgliedstaaten am 1./2. Dezember 1969 in Den Haag vgl. Dok. 11, Anm. 13.

[6] Die WEU-Ministerratstagung fand am 9./10. Januar 1970 in Brüssel statt.

Standpunkt dargelegt. Bei seinen Besuchen in Luxemburg vom 12.–14. März und in Den Haag am 19. März forderte er:
- bis Ende Juli 1970 volle Information über Beratungen der Sechs;
- ab diesem Zeitpunkt Konsultation mit London vor Beschlüssen zur Ausführung der Ziffer 15;
- zu einem möglichst frühen Zeitpunkt will London unabhängig vom Stand der Beitrittsverhandlungen als gleichberechtigter Partner in Fragen der politischen Zusammenarbeit beteiligt werden.

Im Foreign Office wird auf Arbeitsebene ebenso wie in dem Papier der britischen Botschaft die Ansicht vertreten, daß der EG-Beitritt und die in Ziffer 15 des Haager Kommuniqués ins Auge gefaßte politische Zusammenarbeit zwei voneinander getrennte Dinge sind. Die politische Zusammenarbeit ist danach nicht an den Beitritt gekoppelt; sie ist etwas Neues für die Sechs wie für die anderen interessierten Staaten; an ihr müssen daher alle interessierten Staaten von vornherein gleichberechtigt teilnehmen können. Es spricht im übrigen für eine gewisse Unsicherheit der britischen Vorstellungen, wenn in dem Papier erneut auf diese Trennung zwischen Beitritt und politischer Zusammenarbeit verwiesen, andererseits aber die volle und gleichberechtigte Beteiligung an den Diskussionen der Sechs zur Implementierung der Ziffer 15 vom Beginn der Beitrittsverhandlungen an gefordert wird.

II. Nach unserer Auffassung könnten folgende Gründe die britische Haltung bestimmen:

London hofft, daß die Stimmung für den EWG-Beitritt, die zur Zeit mit 19% einen Tiefstand erreicht hat, sich wieder bessern wird, wenn die Verhandlungen erst begonnen haben. Es gibt aber keine Gewähr dafür, daß dies eintritt und wie weit es trägt. Zwar besteht kein Grund, am fortdauernden Beitrittswillen der britischen Regierung zu zweifeln, aber es muß angenommen werden, daß ihr Verhandlungsspielraum erheblich eingeengt ist. Andererseits lassen wiederholte Äußerungen des französischen Staatspräsidenten[7] erkennen, daß Frankreich entschlossen bleibt, Großbritannien bei den Verhandlungen einem harten „Test" zu unterwerfen.

Frankreich befindet sich dabei in einer starken Position, da es seine fünf Gemeinschaftspartner darauf verpflichtet hat, die Einigung über die Agrarpolitik der Gemeinschaft und ihre Agrarfinanzierung zur Grundlage der Beitrittsverhandlungen zu machen.

Diese Sachlage zwingt dazu, sich mit der Möglichkeit eines Scheiterns der Verhandlungen auseinanderzusetzen.

Ein Scheitern der Verhandlungen aus diesem Grunde hätte aber nicht weniger ernste Wirkungen als ein Scheitern infolge französischen Vetos. Psychologisch erschwerend wäre vor allem, daß ein britisches „Nein" zur EWG-Agrarpolitik und ihrer Finanzierung das ohnedies unpopulärste Element der EWG träfe. Es bestünde die Gefahr, daß die Agrarverfassung der Gemeinschaft, und mit ihr die Gemeinschaft selbst, gesprengt würde.

---

[7] Georges Pompidou.

In London werden diese Gefahren sicher erkannt. Das verstärkte britische Drängen auf frühzeitige volle Beteiligung an der politischen Zusammenarbeit könnte u. a. darauf zurückzuführen sein. Von ihrem Standpunkt aus gesehen wäre es legitim und verständlich, wenn sich die britische Regierung ihre Teilhabe an der politischen Zusammenarbeit vor einem eventuellen Scheitern der Beitrittsverhandlungen sichern wollte. Sie könnte solchenfalls auch ohne EWG-Beitritt an der europäischen Einigung teilnehmen und die politischen Folgen, die das Scheitern der Verhandlungen für ihr eigenes Land hätte, mildern. Ihre frühzeitige Beteiligung an der politischen Zusammenarbeit würde mit anderen Worten den Zwang für die britische Regierung vermindern, in den Beitrittsverhandlungen zum Erfolg zu kommen.

III. Für die deutsche Seite ergibt sich eindeutig, daß der Versuch, Großbritannien in der Frage der politischen Zusammenarbeit entgegenzukommen, eine doppelte Gefahr birgt. Wenn der französische Widerstand unüberwindlich bleibt, könnte ein neuer Konflikt entstehen, an dem die politische Zusammenarbeit ebenso scheitert wie schon 1962.[8] Wenn Frankreich andererseits nachgibt und Großbritannien frühzeitig zur politischen Zusammenarbeit zuläßt, verschlechtern sich die Aussichten der Beitrittsverhandlungen und damit die Aussichten für die Fortentwicklung, ja den Bestand der Europäischen Gemeinschaft.

Diese Überlegungen führen zu dem Schluß, daß die Beteiligung Großbritanniens an der politischen Zusammenarbeit ihren Anreiz als „Prämie" auf das Gelingen der Beitrittsverhandlungen behalten muß.[9] Dazu sollten wir die Vorarbeiten zur politischen Zusammenarbeit energisch vorantreiben.

Aus deutscher Sicht ist hier noch zu vermerken, daß wir grundsätzlich der britischen Maximalforderung, so verständlich sie aus britischer Sicht ist, nicht nachgeben können. Der Auftrag der Regierungschefs sagt eindeutig, daß die sechs Außenminister Vorschläge für die europäische politische Zusammenarbeit ausarbeiten sollen, wobei die Formulierung „in der Perspektive der Erweiterung" bedeutet, daß die Teilnahme der EG-Beitrittskandidaten nicht erschwert werden darf.[10] Die Tagung vom 6. März hat gezeigt, daß auch Frankreich gewillt ist, in diesem Geist an die Arbeiten zur Implementierung der Ziffer 15 heranzugehen. Auch Schumann hat zugestanden, daß die Reaktion der Beitrittskandidaten auf die von den Sechs ausgearbeiteten Vorschläge zu berücksichtigen sei. Es wäre somit sichergestellt, daß die Beitrittskandidaten[11] nicht damit konfrontiert werden, die Vorschläge der Sechs telles quelles anzunehmen oder aber auf Mitwirkung verzichten zu müssen. Der Auftrag der Re-

---

[8] Auf der Tagung des EWG-Ministerrats am 17. April 1962 in Paris weigerten sich die Vertreter Belgiens und der Niederlande, dem vorliegenden Vertragsentwurf über eine Europäische Politische Union zuzustimmen, solange Großbritannien noch nicht der EWG beigetreten sei. Vgl. dazu BDFD I, S. 879–881.

[9] Zu dem Passus „ihren Anreiz ... behalten muß" vermerkte Staatssekretär Harkort handschriftlich: „Scheint mir etwas konstruiert."

[10] Der Passus „daß die Teilnahme ... erschwert werden darf" wurde von Staatssekretär Harkort hervorgehoben. Dazu vermerkte er handschriftlich: „M. E. die zu enge französische Auslegung."

[11] Großbritannien, Dänemark und Irland stellten am 11. Mai 1967 Beitrittsanträge zur EWG; Norwegen folgte am 21. Juli 1967. Vgl. dazu BULLETIN DER EWG 6/1967, S. 12 f. und S. 14 f. sowie BULLETIN DER EWG 9-10/1967, S. 12.

gierungschefs an die Außenminister gemäß Ziffer 15 war ein Kompromiß. Die politische Realität gebietet es, ihn nicht zu gefährden. Im übrigen würde dies alles die Sechs nicht daran hindern können, einstimmig je nach Verlauf der Beitrittsverhandlungen den Grad der Beteiligung Großbritanniens an der politischen Zusammenarbeit neu zu bestimmen.

Der naheliegende Gedanke, Großbritannien den Weg nach Europa durch ein rasches Entgegenkommen in der Frage der politischen Zusammenarbeit zu erleichtern, erscheint also nach alledem als ein Trugschluß. Insbesondere sollten wir keinesfalls unsere Hand einer neuen Operation „der Fünf" (Italien, Benelux und die Bundesrepublik) zu solchen Zwecken leihen, wie sie sich in jüngsten Äußerungen von niederländischer Seite wieder andeutet.

Der Auftrag an die sechs Außenminister lautet in erster Linie, Vorschläge für die politische Einigung Europas auszuarbeiten; die Beteiligung der Beitrittskandidaten ist dabei eine Frage zweiter Ordnung. Wir sollten verhindern, daß diese Frage die Beratungen noch einmal zum Scheitern bringt.

Hiermit über den Herrn Staatssekretär[12] dem Herrn Minister mit der Bitte um Billigung vorgelegt.

Frank

De Beaumarchais hat mir am 18.3. in Paris gesagt, daß man nach Fertigstellung der Vorschläge der Sechs an eine Verhandlungsrunde über diese Vorschläge mit den Beitrittskandidaten denken könne. Eine Beteiligung an der eigentlichen „Zusammenarbeit" komme erst nach erfolgreichem Beitritt in Frage. Bis dahin habe man ja die WEU.[13]

Referat I A 1, Bd. 748

---

[12] Hat Staatssekretär Duckwitz am 24. März 1970 vorgelegen.
Hat Staatssekretär Harkort am 25. März 1970 vorgelegen, der handschriftlich vermerkte: „Sicher – erst Bericht der Sechs; dann aber kommt der entscheidende Punkt, an dem wir zwischen der französischen und der ital[ienischen]/niederl[ändischen] Position zu wählen haben; dann kommt die ganze Ziff[er] 15, wie ich fürchte, unvermeidlich zum Stillstand."
[13] Dieser Absatz wurde von Ministerialdirektor Frank handschriftlich hinzugefügt.

132

Botschafter von Hase, London, an das Auswärtige Amt

Z B 6-1-11416/70 geheim Aufgabe: 24. März 1970, 22.15 Uhr[1]
Fernschreiben Nr. 546 Ankunft: 24. März 1970, 22.42 Uhr

Betr.: Besprechung der Verteidigungsminister Großbritanniens und der BRD in London

Die Arbeitsbesprechung zwischen Verteidigungsminister Healey und Verteidigungsminister Schmidt begann mit einem einstündigen Vier-Augen-Gespräch zwischen den Ministern. Gleichzeitig besprachen in zwei getrennten Gruppen die Mitarbeiterstäbe der Minister den gleichen Themenkreis. In der anschließenden gemeinsamen Besprechung wurde zusammenfassend berichtet.

1) Thema MRCA[2]

Der Themenkreis umfaßte technische Problem sowie die Aufteilung der Teilarbeitsgebiete. Die Minister kamen überein, nur die zweisitzige Version des MRCA weiterzuentwickeln. Das Flugzeug erfüllt die britischen und deutschen Forderungen. Eine Verminderung der Entwicklungskosten wird durch diese Entscheidung erreicht. Die derzeitigen Produktionskosten von 13,9 Mio. DM pro Flugzeug könnten sich geringfügig vermindern, da nur eine Version weiterentwickelt wird. Auslieferung der ersten Produktionsflugzeuge zwischen September 1976 oder bis Mitte 1977. Es soll versucht werden, weitere Verzögerungen zu verhindern, da RAF und Luftwaffe bereits zu diesem Zeitpunkt dringend Ablösemodelle benötigen. Die italienische Beteiligung an der Entwicklung und der Übernahme der Kosten soll in politischen Gesprächen geklärt werden. Die Minister erwarten eine 15-prozentige Beteiligung von Italien und werden in jedem Fall die auf Großbritannien und die BRD entfallenden Kosten zu gleichen Teilen aufteilen. Minister Schmidt betonte finanzielle Schwierigkeiten, die von BRD ursprünglich genannte Zahl von 600 Flugzeugen einzuhalten, die deutsche Abnahme hängt von den Finanzen ab, werde jedoch 420 Stück nicht überschreiten. Entscheidungen über den Beginn der Entwicklungsphase sollen bis Mitte Mai vorliegen.[3] Veröffentlichung nur durch IPZ[4], BMVtdg.

---

[1] Hat Ministerialdirektor Frank vorgelegen, der die Weiterleitung an Ministerialdirigent von Staden verfügte.
Hat von Staden vorgelegen, der die Weiterleitung an die Referate I A 1 und I A 5 verfügte.
Hat Vortragenden Legationsräten I. Klasse Müller und Wimmers am 26. März bzw. 1. April 1970 vorgelegen.

[2] Zum Projekt eines Multi-Role Combat Aircraft (MRCA) vgl. Dok. 86, Anm. 5.

[3] Das Bundesministerium der Verteidigung teilte am 22. Juli 1970 mit: „Das Programm der Entwicklung und Produktion eines Mehrzweckkampfflugzeuges (MRCA), das von der Bundesrepublik Deutschland, Italien und Großbritannien gemeinsam durchgeführt wird, hat das Stadium der Entwicklung erreicht. Die Ergebnisse der Systemdefinitionsphase, die am 1. Mai 1969 begann, sind von den beteiligten Regierungen bewertet und als zufriedenstellend befunden worden. Es wurde beschlossen, mit der ersten Teilphase der Entwicklung des Flugzeugs zu beginnen." Vgl. VS-Bd. 1914 (201); B 150, Aktenkopien 1970.

[4] Informations- und Pressezentrum.

2) Militärpolitik

Die Minister tauschten ihre Ansichten über folgende Punkte aus:

2.1) Mutual balanced force reductions

Beide Seiten befürworten grundsätzlich beiderseitige Verringerung der Streitkräfte, wobei das Gleichgewicht der Kräfte nicht gestört werden darf. NATO-Rat in Rom[5] soll Reykjavik-Vorschläge[6] aufnehmen und intensivieren. Vor entsprechenden Verhandlungen sollte der Westen einen präzisen Vorschlag nicht bekanntgeben, um die SU zu veranlassen, die Ernsthaftigkeit ihrer Absichten darzulegen.

2.2) US-force reductions in Europe

Die Minister wollen das Mögliche tun, um weitere Truppenreduzierungen der USA in Europa zu verhindern.

2.3) SALT

Die Ergebnisse der SALT-Gespräche werden sorgfältig beobachtet, um Absichten der SU bei einer möglichen Europäischen Sicherheitskonferenz daraus abzuleiten.

2.4) European defence co-operation

Mr. Healey begrüßte den deutschen Vorschlag zu einer engeren Zusammenarbeit auf dem Ausbildungsgebiet[7] und will bis Mitte des Jahres englische Vorschläge dazu machen. Vorschläge über eine logistische Zusammenarbeit wurden für Ende des Jahres vorgesehen.

2.5) Frankreich und die NATO

Es soll versucht werden, durch persönliche Kontakte vorzufühlen, welche Möglichkeiten bestehen, Frankreich wieder enger an das Bündnis heranzuführen.

2.6) Lage Mittelmeer

Die Entwicklung im Mittelmeer wurde ausführlich diskutiert.

[gez.] Hase

VS-Bd. 2758 (I A 5)

---

[5] Zur NATO-Ministerratstagung am 26./27. Mai 1970 in Rom vgl. Dok. 240 und Dok. 244.
[6] Zur Erklärung der NATO-Mitgliedstaaten vom 25. Juni 1968 („Signal von Reykjavik") vgl. Dok. 80, Anm. 3.
[7] Vgl. dazu das deutsch-britische Gespräch über Verteidigungsfragen am 16. Januar 1970; Dok. 27.

133

Staatssekretär Duckwitz an Bundeskanzler Brandt

I B 4-82.00-90.09-171/70 geheim 25. März 1970[1]

Sehr geehrter Herr Bundeskanzler,

am 23. und 24. März 1970 haben Herr Wischnewski und Herr Gehlhoff in Algier die Gespräche mit dem algerischen Außenminister Bouteflika über die künftige Gestaltung der deutsch-algerischen Beziehungen fortgesetzt. Diese Gespräche, die sehr freimütig verliefen, haben den Eindruck des Auswärtigen Amts bestätigt, daß die algerische Regierung auf eine langfristige und enge Zusammenarbeit mit uns großen Wert legt, andererseits auf eine baldige Aufnahme voller Beziehungen mit der DDR aber nicht verzichten will oder kann. Außenminister Bouteflika bot in den Gesprächen mehrfach die sofortige und bedingungslose Wiederaufnahme der diplomatischen Beziehungen mit uns an, wobei unter „bedingungslos" zu verstehen ist, daß eine Vereinbarung über wirtschaftliche Zusammenarbeit mit uns nicht Gegenstand eines Kommuniqués über die Wiederherstellung der Beziehungen ist, daß aber andererseits Algerien sich seine Entscheidungsfreiheit mit Bezug auf die DDR vorbehält. Nachdrücklich erklärte Herr Bouteflika, daß, sollte Bonn auf seinen Vorschlag nicht eingehen, die Verantwortung für den Zustand des Abbruchs von Stund an ausschließlich bei der Bundesregierung liege.

Ohne daß es zu einer formellen Absprache gekommen wäre, ist es den beiden deutschen Gesprächspartnern doch gelungen, den algerischen Außenminister davon zu überzeugen, daß eine algerische Anerkennung der DDR im gegenwärtigen Zeitpunkt unsere Bemühungen, mit der DDR zu einem Modus vivendi zu gelangen, außerordentlich stören und erschweren würde. Herr Wischnewski wie Herr Gehlhoff sind mit dem festen Eindruck von Algier abgereist, daß eine Anerkennung der DDR durch Algerien vor dem 21. Mai nicht zu erwarten ist, daß dieses Ergebnis aber durch gewisse Gesten abgesichert werden müßte. In Anknüpfung an Ihren in Tunis gegenüber Herrn Bouteflika gegebenen Hinweis[2], daß man über einen Beginn einer intensiveren Zusammenarbeit ohne große Formalitäten sprechen könne, haben beide Seiten in den Gesprächen in Algier ihr Interesse daran bekundet, daß derartige Gespräche demnächst beginnen sollten. In Übereinstimmung mit dem Urteil von Herrn Wischnewski hält es das Auswärtige Amt deshalb für geboten, der algerischen Seite möglichst schon in den nächsten Tagen unsere grundsätzliche Bereitschaft zu solchen Gesprächen anzukündigen. Hierdurch würden wir den Algeriern unsere Ernst-

---

[1] Durchdruck.
Der Entwurf wurde von Ministerialdirigent Gehlhoff am 25. März 1970 über Ministerialdirektor Frank an Staatssekretär Duckwitz „mit der Bitte um Zustimmung und Zeichnung" geleitet.
Hat Frank am 25. März 1970 vorgelegen.
Hat Duckwitz am 25. März 1970 vorgelegen, der handschriftlich vermerkte: „Originalbrief an St[aats]s[ekretär] Bahr zur Übermittlung an den Bundeskanzler übergeben." Vgl. den Begleitvermerk; VS-Bd. 2793 (I B 4); B 150, Aktenkopien 1970.
[2] Für das Gespräch des Bundeskanzlers Brandt mit dem algerischen Außenminister Bouteflika am 8. Januar 1970 in Tunis vgl. Dok. 4.

haftigkeit hinsichtlich der langfristigen Zusammenarbeit dartun und zugleich das Risiko einer Anerkennung der DDR noch vor dem 21. Mai auf ein Minimum beschränken.

Ich möchte Sie deshalb um Ihre Zustimmung bitten, daß der algerischen Seite unsere grundsätzliche Bereitschaft mitgeteilt wird.

Für die spätere Entwicklung im deutsch-algerischen Verhältnis steht die Bundesregierung meines Erachtens vor folgender Situation: Die volle Anerkennung der DDR durch Algerien einige Wochen nach dem 21. Mai zeichnet sich ab, weil Algerien als eines der „sozialistischen" arabischen Länder nicht bereit ist, in der Deutschlandfrage noch eine hinhaltende Position einzunehmen oder gar einseitig für uns zu optieren. Unter dem Gesichtspunkt der Zusammenarbeit zwischen Westeuropa und den Maghrebländern sowie der Sicherheit im westlichen Mittelmeer spricht vieles dafür, daß wir unsere Präsenz in Algerien wiederherstellen, selbst wenn es dort einen zweiten deutschen Botschafter geben wird. Die Auswirkungen einer solchen Entscheidung auf unsere künftigen Verhandlungen mit dem Osten und auf unsere Position in der übrigen Welt werden schwerwiegend sein.

Bei dieser Lage möchte ich dafür plädieren, daß ein Versuch unternommen wird, mit der algerischen Regierung die Wiederaufnahme der diplomatischen Beziehungen noch vor dem 21. Mai zu erreichen, die Anerkennung Ostberlins durch Algerien aber bis nach diesem Datum hinauszuschieben. Sollten Sie diesem Vorschlag nicht zustimmen oder sollte er in Algier nicht durchzusetzen sein, würde sich als Alternative ergeben, daß alsbald nach dem 21. Mai die mehr oder minder gleichzeitige Aufnahme diplomatischer Beziehungen Algeriens mit Bonn und mit Ostberlin von uns akzeptiert wird, oder daß wir zu einer härteren Linie in der Anerkennungsfrage zurückkehren.[3]

Mit aufrichtigen Empfehlungen

Ihr sehr ergebener
gez. Duckwitz

VS-Bd. 2793 (I B 4)

---

[3] Vortragender Legationsrat Redies notierte am 1. April 1970: „Auf dem Schreiben des Herrn Staatssekretärs hat der Herr Bundeskanzler, wie mir Herr Sanne mitteilte, folgendes vermerkt: 1) Ich bin dafür, die Gespräche über Wirtschaftsfragen etc. aufzunehmen. Dies habe ich heute (26.3.1970) auch H. J. W. (Herrn Wischnewski) gesagt. 2) Über die Vorschläge im letzten Absatz über die Beziehungen zu Algerien muß – unter Federführung des Außenministers – nach Ostern entschieden werden. Die Vorsitzenden der Koalitionsfraktionen bzw. aller drei Fraktionen müssen in die Meinungsbildung einbezogen werden."
Dazu vermerkte Bundesminister Scheel handschriftlich: „Ich bitte um Einberufung einer Besprechung zunächst der Koalitionsfraktionen mit B[undes]M[inister] Ehmke, St[aats]S[ekretär] Duckwitz und mir."
Vgl. dazu ferner die Besprechung am 15. April 1970; Dok. 164.

134

**Gesandter Baron von Stempel, Moskau,
an Bundesminister Scheel**

Z B 6-1-11461/70 geheim
Fernschreiben Nr. 453

Aufgabe: 26. März 1970
Ankunft: 26. März 1970, 18.31 Uhr

Nur für Minister und StS[1]

Die deutsch-sowjetischen Verhandlungen haben zum Zeitpunkt ihrer Unterbrechung nach 14 Sitzungen von insgesamt über 40 Stunden Dauer einen Punkt erreicht, über den hinaus nur grundsätzliche politische Entscheidungen der beiden Regierungen führen können.

1) Das sowjetische Verhandlungsziel ist ein Vertrag, der der Konsolidierung der sowjetischen Positionen in Europa an der bisher schwächsten Stelle, der Elbe, dienen soll. Die Tatsache, daß die beiden deutschen Staaten auch nach 25 Jahren füreinander nicht Ausland sind, gibt der Bundesregierung besondere Einflußmöglichkeiten auf die DDR, den wichtigsten Satelliten der Sowjetunion. Diese sollen durch einen Vertrag zwischen der BRD und der SU entscheidend geschwächt, die interne und die internationale Position der DDR entsprechend gefestigt werden.

2) Ein wichtiges deutsches Verhandlungsziel ist dagegen, im Zuge einer Aussöhnung mit Osteuropa eben diese gesamtdeutsche Kommunikation aufrechtzuerhalten.

3) Hinter den sowjetischen Forderungen

a) der Respektierung der Grenzen unter besonderer Hervorhebung der Grenze zur DDR und an der Oder und Neiße,

b) des Abschlusses völkerrechtlicher Verträge mit der DDR,

c) der Nichtdiskriminierung der DDR gegenüber Drittstaaten und zwischenstaatlichen Organisationen,

d) der Zustimmung zur Aufnahme beider deutscher Staaten in die UNO,

e) der Nichteinmischung in innere Angelegenheiten der DDR

steht das Ziel, die Wiedervereinigung Deutschlands und damit das Selbstbestimmungsrecht der Deutschen zu entaktualisieren. Das Thema von der staatlichen Einheit Deutschlands soll von der Politik in die Philosophie, vom Aktionsprogramm dieser in das Wunschdenken einer späteren Generation transformiert werden. Das hat Gromyko ganz deutlich ausgedrückt.

4) Diese sowjetische Position erscheint auch dann für die Bundesregierung nicht akzeptabel, wenn man zugeben muß, daß die Herstellung der Einheit Deutschlands gegenwärtig nicht möglich ist. Wir können uns (abgesehen von politischen

---

[1] Hat Staatssekretär Harkort am 28. März 1970 vorgelegt, der die Weiterleitung an Ministerialdirektor Ruete verfügte.
Hat dem Vertreter von Ruete, Ministerialdirigent Lahn, am 31. März 1970 vorgelegt, der die Weiterleitung an Referat II A 4 verfügte.

Überlegungen) weder unter verfassungsrechtlichen (Präambel und Art. 146)[2] noch unter vertragsrechtlichen (Deutschlandvertrag Art. 7)[3] Gesichtspunkten dazu verpflichten, die Wiedervereinigung nicht mehr anstreben zu dürfen. Wäre dieses Wollen vertragswidrig, würde aus dem Gewaltverzichtsvertrag keine Befriedigung des deutsch-sowjetischen Verhältnisses, sondern eine nicht absehbare Reihe von sowjetischen Ingerenzen in unsere inneren Angelegenheiten hervorgehen.

5) Würden wir uns gegenüber der Sowjetunion zur Nichteinmischung in die inneren Angelegenheiten der DDR verpflichten, könnte sich dies als eine untragbare und höchst gefährliche Hypothek erweisen. Auf die Auffassung der Rechtsabteilung (Drahterlaß Nr. 225 vom 12.3.70) wird hingewiesen.

6) Für Gromyko reduziert sich die Respektierung der Grenzen, die er mit fast beschwörenden Worten von der Bundesrepublik fordert, in ihrer politischen Substanz auf die Grenze zwischen der Bundesrepublik und der DDR. Was die Sowjetunion gegenüber der Bundesrepublik Deutschland an Interventionsrechten aus der UNO-Satzung[4] aufzugeben bereit ist, gewinnt sie für den einzigen politisch relevanten Fall aus Vertrag, wenn sie uns dazu bringen kann, die Grenze zur DDR ohne Wiedervereinigungsvorbehalt zu respektieren. So wie die Sowjetunion die Grenzgarantie will, ist das Verschwinden dieser Grenze im Fall der Wiedervereinigung der vollzogene, die Politik auf dieses Ziel hin der angedrohte Bruch des Gewaltverzichtsvertrags in seiner wichtigsten Bestimmung.

7) Diese sowjetische Position gibt zweifellos nicht das letzte Wort wieder, das Gromyko in diesen Fragen zu sagen hat. Er hätte das sowjetische Prestige kaum in dieser langen Gesprächsrunde engagiert, wenn er am Schluß nichts zu bieten hätte als Forderungen, deren Unannehmbarkeit ihm zweifellos bekannt ist. Er hat geduldig und beharrlich sondiert, was die Ostpolitik der neuen Bundesregierung zu geben bereit ist. Es versteht sich, daß er in diesem Stadium substantielle sowjetische Konzessionen noch nicht anzudeuten bereit war.

8) Es steht zu erwarten, daß am Anfang der nächsten Gesprächsrunde das fruchtlos gewordene Suchen nach weichen Stellen fortgesetzt und der Gesprächsverlauf damit belastet wird, wenn wir die Gesprächspause nicht dazu nutzen, auf diplomatischen Wege klarzustellen, was für uns nicht negotiabel ist. Dies rechtzeitig und unmißverständlich zu tun, würde den sowjetischen Partei- und Regierungsspitzen die Beschlußfassung über das weitere Vorgehen erleichtern und damit den Verhandlungen selbst förderlich sein. Wenn wir, etwa nach der Rückkehr des Bundeskanzlers aus Washington[5], diese Klarstellung vornehmen würden, käme diese noch rechtzeitig, um von der zu den Leninfeiern in

---

[2] Zur Präambel des Grundgesetzes vom 23. Mai 1949 vgl. Dok. 12, Anm. 13.
Artikel 146 des Grundgesetzes vom 23. Mai 1949: „Dieses Grundgesetz verliert seine Gültigkeit an dem Tage, an dem eine Verfassung in Kraft tritt, die von dem deutschen Volke in freier Entscheidung beschlossen worden ist." Vgl. BUNDESGESETZBLATT 1949, S. 19.

[3] Zu Artikel 7 des Vertrags vom 26. Mai 1952 über die Beziehungen zwischen der Bundesrepublik Deutschland und den Drei Mächten in der Fassung vom 23. Oktober 1954 (Deutschland-Vertrag) vgl. Dok. 16, Anm. 4.

[4] Vgl. dazu Artikel 53 und 107 der UNO-Charta vom 26. Juni 1945; Dok. 12, Anm. 4.

[5] Bundeskanzler Brandt hielt sich vom 4. bis 11. April 1970 in den USA auf. Vgl. dazu Dok. 151, Dok. 153 und Dok. 156.

Moskau⁶ versammelten politischen Prominenz des Ostblocks zur Kenntnis und zur Grundlage neuer Koordinationen genommen zu werden.

[gez.] Stempel

VS-Bd. 4621 (II A 4)

135

Drahterlaß des Ministerialdirigenten Lahn

II A 1-83.10-580/70 geheim Aufgabe: 27. März 1970, 20.33 Uhr[1]
Fernschreiben Nr. 1259 Plurex

– Für Botschafter o. V. i. A. –

Betr.: Eröffnung der Vier-Mächte-Gespräche über Berlin am 26. März 1970

Die Verbündeten haben uns absprachegemäß heute über die Eröffnungssitzung unterrichtet.

I. Die vier Botschafter gaben zu Beginn der Sitzung Statements ab.[2] Die Texte der von den drei alliierten Botschaftern abgegebenen Erklärungen folgen mit Schrifterlaß.[3] Ihr wesentlicher Inhalt:

1) Amerikanischer Botschafter:

Die Vier-Mächte-Gespräche über Berlin finden gleichzeitig mit den Gesprächen zwischen der Bundesregierung und der ostdeutschen Regierung, mit den deutsch-sowjetischen Gewaltverzichtsgesprächen, mit den SALT und anderen Gesprächen statt. Berlin-Gesprächen kommt in diesem Rahmen besondere Bedeutung für Frieden und Sicherheit in Europa zu. Für die Erleichterung der Lage der Berliner Bevölkerung ist zunächst an folgende konkrete Möglichkeiten zu denken:

a) Größere Freizügigkeit zwischen West- und Ostberlin sowie zwischen den Westsektoren und dem an sie angrenzenden ostdeutschen Territorium.

b) Wiederherstellung der Telefonverbindungen zwischen West- und Ostberlin.

c) Praktische Maßnahmen zur Gewährleistung des Verkehrs zwischen den Westsektoren und Westdeutschland.

---

6 Vom 21. bis 23. April 1970 fanden in Moskau Feierlichkeiten anläßlich des 100. Geburtstags Wladimir Iljitsch Lenins statt.
1 Der Drahterlaß wurde von Vortragendem Legationsrat Lücking konzipiert.
  Drahterlaß an die Botschafter Allardt, Moskau; Freiherr von Braun, Paris; Grewe, Brüssel (NATO); von Hase, London; Pauls, Washington; Schnippenkötter, Genf (Internationale Organisationen).
2 Für den Wortlaut der Erklärungen vom 26. März 1970 der Botschafter Jackling (Großbritannien), Rush (USA) und François Seydoux (Frankreich) vgl. VS-Bd. 4480 (II A 1).
3 Mit Schrifterlaß vom 3. April 1970 übermittelte Vortragender Legationsrat Lücking den Wortlaut der Erklärungen vom 26. März 1970 der Botschafter Jackling (Großbritannien), Rush (USA) und François Seydoux (Frankreich). Vgl. VS-Bd. 4480 (II A 1); B 150, Aktenkopien 1970.

d) Beendigung der Diskriminierung der Wirtschaft und der Einwohner der Westsektoren durch die osteuropäischen Staaten, insbesondere Lösung des Problems der Einbeziehung Berlins in entsprechende Abkommen und des konsularischen Schutzes.

Für die USA ist die Erhaltung des Status für Gesamtberlin ein sehr wichtiges Anliegen. Im Interesse der Lebensfähigkeit der Westsektoren haben die Westmächte mit dem Berlin-Status zu vereinbarende wirtschaftliche, soziale und kulturelle Bindungen sowie eine gewisse Rechtseinheit zwischen ihren Sektoren und der Bundesrepublik Deutschland gestattet. Die Berlin betreffenden Bestimmungen des Grundgesetzes haben sie jedoch suspendiert.[4]

2) Britischer Botschafter:

Berlin bleibt ein Besatzungsgebiet. Die oberste Gewalt der Alliierten in den Sektoren kann nicht in Frage gestellt oder verwässert werden. Zwischen den innerdeutschen Gesprächen und den Berlin-Verhandlungen besteht eine Interdependenz. Die von der DDR praktizierten Behinderungen des Berlin-Verkehrs beeinträchtigen die Lebensfähigkeit Berlins und erhöhen die Spannung in Europa und der Welt. Der Frage der Sicherung des freien Zugangs nach Berlin gebührt Priorität. Die Drei Mächte sind bereit, detaillierte Vorschläge für eine reibungslose Abwicklung des Verkehrs zwischen der Bundesrepublik Deutschland und Berlin zu machen. Im übrigen muß das Verhältnis Berlins zum Osten verbessert, die innerstädtischen Beziehungen müssen normalisiert werden.

3) Französischer Botschafter:

„L'état de la ville divisée présente ... un caractère quasi scandaleux." Man muß pragmatisch, konstruktiv an die Dinge herangehen und

a) die Härten mildern, welche die Teilung der Stadt für die Berliner mit sich bringt,

b) den freien Zugang zur Stadt sicherstellen und

c) die Hindernisse abbauen, welche Fortschritte in den Wirtschaftsbeziehungen zwischen der Stadt und den Staaten im Osten beeinträchtigen.

Nach Auffassung der französischen Regierung bleiben die Rechte und Verantwortlichkeiten der Vier Mächte für Berlin und Deutschland unerschütterlich (inébranlables). Die Protokolle aus dem Jahre 1944[5] und die Erklärungen vom 5.6.1945[6] stellen die Fundamente des Status von Berlin dar. Von seiten der Drei Mächte oder mit ihrer Zustimmung ist in Berlin später nichts geschehen, was

---

[4] Vgl. dazu das Schreiben der Drei Mächte vom 12. Mai 1949; Dok. 12, Anm. 19.

[5] Vgl. dazu die Vereinbarung vom 12. September 1944 zwischen Großbritannien, den USA und der UdSSR über die Besatzungszonen in Deutschland und die Verwaltung von Groß-Berlin (Londoner Protokoll), der Frankreich am 26. Juli 1945 beitrat; DOKUMENTE DES GETEILTEN DEUTSCHLAND, Bd. 1, S. 25–27.
Vgl. dazu gleichfalls das Abkommen vom 14. November 1944 zwischen Großbritannien, der UdSSR und den USA über Kontrolleinrichtungen in Deutschland (Londoner Abkommen), dem Frankreich am 1. Mai 1945 beitrat; DOKUMENTE DES GETEILTEN DEUTSCHLAND, Bd. 1, S. 29–32.

[6] Für den Wortlaut der Berliner Deklaration vom 5. Juni 1945 in Anbetracht der Niederlage Deutschlands und der Übernahme der obersten Regierungsgewalt vgl. DOKUMENTE DES GETEILTEN DEUTSCHLAND, Bd. 1, S. 20.

dem Status der Stadt widerspricht. Die französische Regierung hat darüber gewacht, daß der Status nicht beeinträchtigt wurde. Aus diesem Grunde fühlt sie sich sehr stark und verlangt, daß die Vier-Mächte-Rechte und -Verantwortlichkeiten respektiert werden.

4) Die Alliierten haben uns über die Ausführungen Abrassimows wie folgt unterrichtet:

Abrassimow habe gesagt, die Tatsache dieses Vier-Mächte-Treffens zeige schon, daß zwischen den Vier Mächten Einverständnis darüber bestehe, daß die Lage West-Berlins anormal sei und Aufmerksamkeit verdiene. Es sei zu hoffen, daß bei den Vier-Mächte-Gesprächen Gegensätze abgebaut würden, die teilweise gefährlichen Charakter trügen und in der Vergangenheit wiederholt Anlaß zu schweren Sorgen gegeben hätten. Auf diese Weise könne auch der Bevölkerung West-Berlins geholfen werden.

Die Haltung der Sowjetunion zu West-Berlin sei bekannt. Die Sowjetunion sehe die West-Berlin-Frage im Zusammenhang mit den gegenwärtigen Bemühungen um eine Verbesserung der internationalen Lage. Bei der Schlacht um Berlin seien vor 25 Jahren 300 000 sowjetische Soldaten gefallen. Es sei unbefriedigend, daß ein Vierteljahrhundert nach Kriegsende noch immer ein Besatzungsregime in West-Berlin existiere. Da dies nun aber einmal so sei und keine anderen gemeinsamen Rechtsgrundlagen vorlägen, könne man heute die Lage West-Berlins nur auf der Grundlage des Potsdamer Abkommens und der anderen Vier-Mächte-Vereinbarungen beurteilen.

Niemand könne leugnen, daß West-Berlin weder zur BRD noch zur DDR gehöre, sondern von den drei Westmächten sowie einem Senat regiert werde und somit eine selbständige politische Einheit sei. Es gäbe aber Bemühungen, diesen Zustand zu ändern. Dies sei der Grund für die immer wieder entstehenden Spannungen, deren Zentrum ausschließlich in West-Berlin liege. Es bestehe daher weder ein politischer noch ein rechtlicher Grund, bei den Vier-Mächte-Gesprächen auch andere Fragen als das West-Berlin-Thema zu erörtern. Eine der Aufgaben der Vier-Mächte-Gespräche werde es vielmehr sein, aus West-Berlin zu entfernen, was mit den Vier-Mächte-Vereinbarungen unvereinbar sei. Ferner müßten neue Konzeptionen entwickelt werden, die der tatsächlichen Lage West-Berlins angemessen seien. Nach Auffassung der Sowjetunion hätten politische Demonstrationen und andere gegen die DDR, die Sowjetunion sowie sonstige sozialistische Staaten gerichtete illegale Aktivitäten in West-Berlin mit der Lebensfähigkeit der Stadt und dem Recht der Bevölkerung zur Wahl ihres sozialen Systems nichts zu tun. Da West-Berlin innerhalb der DDR liege und nur unter Inanspruchnahme der Verbindungswege der souveränen DDR mit der Außenwelt verkehren könne, müßten die rechtmäßigen Interessen der DDR strikt respektiert werden. Die Regierung der DDR sei bekanntlich immer bereit gewesen, mit West-Berlin gutnachbarliche Beziehungen zu unterhalten und gemeinsam interessierende Fragen auf einer für beide Seiten befriedigenden Basis zu lösen.

Man sage manchmal, die gegenwärtigen unbefriedigenden Verhältnisse in West-Berlin seien eine Realität. Es werde versucht, illegale Aktivitäten, die von den revanchistischen Kreisen der BRD organisiert würden, als Teil des Status von

West-Berlin zu bezeichnen. Man wolle, daß die Vier Mächte dies akzeptierten und damit Unrecht den Anschein von Recht gäben. Solche Versuche seien zum Scheitern verurteilt. Die Organisatoren der illegalen Aktivität könnten zu ihrer Rechtfertigung nicht einen einzigen Buchstaben der Vier-Mächte-Vereinbarungen anführen. Was Recht und was Unrecht ist, ergebe sich nur aus den Vier-Mächte-Vereinbarungen. An ihnen müßten die Vier Mächte ihre Maßnahmen messen.

Keine der Verletzungen des Status von West-Berlin hätten neues Recht geschaffen. Eine Rechtsverletzung, auch wenn sie noch so oft erfolge, begründe kein neues Recht. Auch im täglichen Leben begründeten illegale Akte, deren Strafverfolgung zufällig unterbleibe, für den Rechtsbrecher nicht das Recht zur Wiederholung. Wenn man eine andere Haltung einnehmen wollte, bestünde von vornherein keine Aussicht für eine Einigung bei den Vier-Mächte-Gesprächen.

Die zwei Jahrzehnte, in denen West-Berlin als selbständige politische Einheit existiert habe, seien voller gefährlicher Komplikationen gewesen, die teilweise Rückwirkungen auf die internationale Lage gehabt hätten. Diese Komplikationen hätten niemandem geholfen, am wenigsten der Bevölkerung West-Berlins.

Die vier Botschafter stünden heute am Anfang. Bei den späteren Treffen werde man im Detail die einzelnen Positionen miteinander vergleichen müssen. Die drei westlichen Botschafter hätten in ihren Ausführungen zwar schon bestimmte Punkte angesprochen. Es sei aber heute noch kein Anlaß, so weit ins Detail zu gehen. Erst müsse man sich über eine Tagesordnung einigen. Ohne eine Tagesordnung würden die Gespräche ziellos verlaufen.

Auf der Tagesordnung sollte die Verbesserung der Verhältnisse in West-Berlin stehen. Eine derart allgemeine Formulierung würde dem Wunsch aller Teilnehmer Rechnung tragen, Komplikationen in West-Berlin jetzt und in Zukunft zu vermeiden. Im Rahmen einer so formulierten Tagesordnung könnten alle Teilnehmer ihre Ansichten und Vorschläge unterbreiten. Die Gespräche sollten nicht in einen endlosen Gedankenaustausch ausarten. Die Vertreter der Vier Mächte sollten sich nicht in die Lage von Forschern begeben, die ohne Wegweiser wandern. Sie sollten prüfen, wo ihre Ansichten übereinstimmen, Meinungsverschiedenheiten beseitigen, wo dies möglich ist, und praktische Schritte unternehmen, um die Lage zu verbessern.

II. 1) Der amerikanische Vertreter in der Vierergruppe, dessen Botschafter bei den Vier-Mächte-Gesprächen den Vorsitz innehatte, unterrichtete uns außerdem wie folgt:

Die erste Sitzung habe preliminären und exploratorischen Charakter getragen. Die Atmosphäre sei gut, entspannt und frei von Polemik gewesen. Abrassimows Eröffnungserklärung müsse als verhältnismäßig milde formuliert bezeichnet werden. Erwartungsgemäß ziele die sowjetische Seite allerdings von vornherein darauf ab, die Verhandlungen auf West-Berlin zu beschränken. Nach sowjetischer Auffassung dürfe die Tagesordnung nur aus einem einzigen Wort bestehen, nämlich: „West-Berlin". Auch im übrigen hätten Abrassimows Ausführungen keine wesentlich neuen Gesichtspunkte gebracht: Neben dem Hinweis auf die Souveränität der DDR stünde wie üblich die Qualifizierung West-Berlins als einer „selbständigen politischen Einheit" sowie die Verurteilung der sogenannten illegalen Aktivitäten in der Stadt.

2) Auf die Suspendierung des TTD-Systems[7] seien die Sowjets in ihren Gesprächen mehrfach zurückgekommen. Sie hätten argumentiert, bei der alliierten Entscheidung handele es sich nur um eine halbe Maßnahme. Das ganze Allied Travel Office müsse abgeschafft werden. Die Sowjets hätten sich bemüht, dem alliierten Schritt den Charakter eines echten Entgegenkommens von westlicher Seite abzusprechen, auf das die Sowjetunion mit Gegenkonzessionen antworten müsse. Die Alliierten hätten dagegen den Sowjets nachdrücklich dargelegt, daß sie die Suspendierung des TTD-Systems als eine wirkliche Konzession gegenüber der anderen Seite betrachteten.

3) Die Amerikaner hätten den Sowjets vor Beginn der Sitzung den Entwurf eines Pressekommuniqués übergeben. Die Sowjets hätten versucht, anstelle von „Berlin" als Verhandlungsort die Bezeichnung „West-Berlin" durchzusetzen. Abrassimow wollten sie in dem Abschlußkommuniqué als Botschafter der Sowjetunion in der DDR bezeichnet wissen und die drei westlichen Botschafter als solche in der BRD. Die Alliierten lehnten diese Forderung ab. Ebensowenig gaben sie dem sowjetischen Drängen nach, in das Kommuniqué einen Passus darüber aufzunehmen, daß auf der nächsten Sitzung die Tagesordnung fixiert werden solle.[8] In dieser Frage hat sich insbesondere der französische Botschafter zum Sprecher der Drei Mächte gemacht.

4) Das Mittagessen habe spät begonnen und spät geendet. In den Tischgesprächen hätten sich keinerlei neue Gesichtspunkte ergeben. Der größte Teil der Zeit sei durch die Übersetzungen in drei Sprachen in Anspruch genommen worden.

III. Diese Informationen sind ausschließlich zu Ihrer eigenen Orientierung bestimmt. Die Alliierten haben mit den Sowjets strengste Vertraulichkeit der Gespräche vereinbart. Wie lange sich die Sowjets an diese Absprache halten werden, bleibt abzuwarten. Die Alliierten möchten aber unbedingt vermeiden, daß die ersten Indiskretionen von westlicher Seite kommen.

Lahn[9]

VS-Bd. 4480 (II A 1)

---

[7] Zur Suspendierung der TTD-Regelung am 26. März 1970 vgl. Dok. 129.
[8] Im Kommuniqué vom 26. März 1970 hieß es: „1) La première séance de l'échange de vues entre les Ambassadeurs des quatre puissances a eu lieu le 26 mars 1970 dans le bâtiment précédemment occupé par le Conseil de contrôle allié. [...] 4) Les premières réunions seront consacrées à l'examen des points de vue. 5) Les quatre Ambassadeurs se sont mis d'accord pour que les séances gardent le caractère confidentiel et pour que leur déroulement reçoive le minimum de publicité, selon l'accord réalisé. 6) Les Ambassadeurs sont convenus de se réunir à nouveau le 28 avril 1970." Vgl. LA POLITIQUE ETRANGÈRE, 1970, I, S. 115.
[9] Paraphe.

136

Aufzeichnung des Ministerialdirektors Frank

I B 1-80.24/10-1-715/70 VS-vertraulich 31. März 1970[1]

Betr.: VN/Wirtschaftskommission für Europa (ECE)
hier: Beteiligung der DDR (Verfahrensfragen)

I. 1) Der DDR soll bei der am 13. April 1970 beginnenden 25. Jahresversammlung der ECE[2] die Möglichkeit gegeben werden, hinter eigenem Namensschild (ohne Stimmrecht und ohne Statusregelung) teilzunehmen. Der Exekutivsekretär[3] soll bei Beginn der Sitzung eine für Osten und Westen noch tragbare Erklärung abgeben, die die Anwesenheit der DDR aufgrund seiner Einladung rechtfertigt. Danach soll unmittelbar in die Tagesordnung der Jahresversammlung eingetreten werden.

Die Teilnahme der DDR soll mit unseren Schutzmächten und den NATO-Partnern am 1. und 2. April vorbesprochen werden.[4] Dabei werden die Verbündeten gebeten werden, gemeinsam mit uns jedem Versuch der DDR, ihre in dieser Form hingenommene Teilnahme an der ECE auszuweiten, nachhaltig entgegenzuwirken.

2) Der Bundeskanzler hat diesem Verfahren zugestimmt. Zu entscheiden ist jedoch noch die Frage, ob und gegebenenfalls in welcher Form die Vertreter der ECE-Staaten in Genf vor der 25. Jahresversammlung der ECE durch uns über das Vorgehen bezüglich der DDR unterrichtet werden sollen.

3) Auszugehen ist davon, daß der Exekutivrat seine auf der Jahresversammlung der ECE abzugebende Mitteilung über die Teilnahme der DDR vorher mit Ver-

---
[1] Die Aufzeichnung wurde von Vortragendem Legationsrat I. Klasse von Hassell konzipiert. Hat Bundesminister Scheel am 3. April 1970 vorgelegen.
[2] Die 25. Jahresversammlung der ECE fand vom 14. bis 25. April 1970 in Genf statt.
[3] Janos Stanovnik.
[4] Vortragender Legationsrat Lücking notierte am 1. April 1970, er habe „im Rahmen der Bonner Vierergruppe die drei Verbündeten von der Entscheidung der Bundesregierung unterrichtet, dem Vorschlag des ECE-Exekutiv-Sekretärs betreffend eine Beteiligung der DDR unter bestimmten Bedingungen gegenüber eine positive Haltung einzunehmen". Der amerikanische Vertreter habe erklärt, „unsere Argumentation sei zu fein gesponnen, als daß sie von der internationalen Presse aufgegriffen werden könnte. […] Auf amerikanischer Seite habe man die von uns der DDR gegenüber im internationalen Bereich verfolgte Linie dahingehend interpretiert, daß wir die Frage der Deblockierung der Außenbeziehungen der DDR als ein ‚package deal' in die Verhandlungen mit Ostberlin einbringen möchten. Man habe dies für eine sehr gute Politik gehalten. Nun müsse man sich jedoch die Frage stellen, ob wir durch die Entscheidung bezüglich der ECE nicht von diesem Grundprinzip abgingen. Jedenfalls bestünde die ernstzunehmende Gefahr, daß wir auch z.B. in der WHO unsere Position nicht mehr glaubwürdig verteidigen könnten und somit der Wert, den unsere Position im internationalen Bereich gegenüber der DDR darstellte, allmählich zerbröckele. Der britische und französische Sprecher schlossen sich dieser amerikanischen Stellungnahme an." Vgl. VS-Bd. 4474 (II A 1); B 150, Aktenkopien 1970.
Staatssekretär Duckwitz teilte Botschafter Schnippenkötter, Genf (Internationale Organisationen), am 6. April 1970 mit: „Die Schutzmächte waren übereinstimmend der Auffassung, daß die Angelegenheit sehr eilbedürftig sei und von ihren Vertretern in Genf mit uns beraten werden müßte. Die vorgesehene Erörterung im Kreis der NATO-Wirtschaftsexperten in Brüssel hielten sie für unzweckmäßig. Von dieser ist daher abgesehen worden." Vgl. den Drahtbericht Nr. 1426; VS-Bd. 2764 (I B 1).

tretern der ost- und westeuropäischen Staaten und mit Herrn Zachmann absprechen muß. Andernfalls wäre keine Sicherheit gegeben, daß nach der Mitteilung des Exekutivsekretärs nicht Herr Zachmann seinerseits versucht, seine Anwesenheit in einer Erklärung zu unterstreichen und dabei in einer für den Westen nicht annehmbaren Weise zu begründen. Eine Diskussion wäre dann kaum zu vermeiden.

II. 1) Für die Unterrichtung der ECE-Staaten über die Teilnahme der DDR an der 25. Jahresversammlung kann

a) auf eine ausdrückliche Unterrichtung der Vertreter der ECE-Staaten durch uns verzichtet werden;

b) Botschafter Schnippenkötter beauftragt werden, die Vertreter der ECE-Staaten einschließlich der osteuropäischen Staaten zu unterrichten, und zwar
– mündlich
– oder schriftlich (mit Verbalnote oder Memorandum).

Die Unterrichtung von Herrn Zachmann sollte in jedem Fall dem Exekutivsekretär der ECE überlassen bleiben.

2) Bei dem Verzicht auf Unterrichtung der ECE-Vertreter durch uns (Vorgehen nach II 1 a) kommt die Tatsache, daß es sich um eine freiwillige Vorleistung der Bundesrepublik Deutschland handelt, kaum zum Ausdruck. Allerdings dürfte der Exekutivsekretär der ECE sich bei seinen Vorgesprächen zur Vorbereitung seiner Mitteilung an die Jahresversammlung über die Anwesenheit des DDR-Vertreters auf das grundsätzlich bereits gegebene Einverständnis der Bundesrepublik Deutschland berufen müssen. Er könnte hierum bei unserer Einverständniserklärung ausdrücklich gebeten werden.

3) Bei einer Unterrichtung der ECE-Vertreter durch uns, insbesondere bei einer schriftlichen Unterrichtung (zweite Variante des Vorgehens nach II 1 b), wird die entscheidende Rolle, die dem Entschluß der Bundesrepublik Deutschland zukommt, unterstrichen.

Die schriftliche Unterrichtung der ECE-Vertreter durch uns bringt die Gefahr einer schriftlichen Erwiderung der osteuropäischen Staaten mit sich. Damit wird dem Osten die Möglichkeit gegeben, entgegen unserer ursprünglichen Planung einer Auseinandersetzung um den Charakter der Teilnahme der DDR zu eröffnen. Eine öffentliche Diskussion der Teilnahme noch vor Beginn der 25. Jahresversammlung wird sich dann schwer vermeiden lassen. Die politische Bedeutung der Teilnahme würde damit noch verstärkt.

4) Nach Auffassung der Abteilung I ist es deshalb zweckmäßig, die ECE-Vertreter nur mündlich zu unterrichten. Botschafter Schnippenkötter sollte angewiesen werden, bei ständigem Kontakt mit unseren drei Hauptverbündeten als erstes den Vertreter der Sowjetunion[5] und anschließend den Exekutivsekretär der ECE zu unterrichten, damit letzterer danach seine Vorbereitungen treffen kann. Botschafter Schnippenkötter sollte dann die Unterrichtung der anderen ECE-Vertreter durchführen, wobei der Unterrichtung der restlichen osteuropäi-

---

5 Soja Wassiljewna Mironowa.

schen Staaten und der nicht bereits in der NATO unterrichteten ECE-Vertreter besondere Aufmerksamkeit zu widmen ist.⁶

III. 1) Bei mündlicher Unterrichtung durch Botschafter Schnippenkötter soll dem Vertreter der Sowjetunion gesagt werden:

a) daß wir uns entschlossen haben, die Teilnahme der DDR in der vorgesehenen Form hinzunehmen, um damit unser Bemühen um Entspannung deutlich zu machen und die sachliche Zusammenarbeit zwischen Ost und West zu fördern;

b) daß wir mit dem östlichen Verständnis für dieses Bemühen rechneten und daher davon ausgingen, daß auch die Sowjetunion bereit sei, diese Regelung zu unterstützen (d. h. keine Erörterung des Status der DDR, keine einleitende Erklärung des DDR-Delegierten (möglicherweise des Stellvertretenden Außenministers Stibi), unmittelbarer Eintritt in die sachliche Arbeit nach Ankündigung der DDR-Anwesenheit durch den ECE-Exekutivsekretär);

c) daß das Vorgehen auch mit unseren Verbündeten abgesprochen ist, die uns in unserem Bemühen um Entspannung unterstützen und jeden Versuch der DDR, die Entspannung durch die Art ihres Auftretens in der ECE zu gefährden, zusammen mit uns nachdrücklich unterbinden werden. Wenn der Osten und die DDR nicht bereit wären, die abgesprochene Form der Teilnahme der DDR zu gewährleisten, sei es besser, auf die Teilnahme der DDR ganz zu verzichten;

d) daß eine Diskussion der Teilnahme der DDR in der Öffentlichkeit den Erfolg der gefundenen Lösung gefährde. Vor der Jahresversammlung würde durch eine öffentliche Diskussion die Zulassung der DDR erschwert. Nach Beginn der ECE-Jahresversammlung würde die öffentliche Diskussion die Möglichkeit einer fruchtbaren Weiterentwicklung in der ECE belasten.

2) Anschließend an die Unterrichtung des sowjetischen Vertreters bei der ECE wäre der ECE-Exekutivsekretär von unserer Bereitschaft und den vorhergehenden Gesprächen zu unterrichten. Der Exekutivsekretär sollte hierbei gebeten werden, eine Mitteilung über die Anwesenheit des Vertreters der DDR mit den hauptbeteiligten östlichen und westlichen Delegationen vorzubereiten. Dabei sollte der Exekutivsekretär ausdrücklich auf die Gefahren einer Diskussion des Problems in der Öffentlichkeit hingewiesen werden.

3) Der Exekutivsekretär sollte ferner gebeten werden, Herrn Zachmann zu unterrichten und dabei unsere Auffassung wie folgt darzustellen:

a) daß die Bundesregierung im Hinblick auf die in Erfurt⁷ begonnenen innerdeutschen Gespräche und um ihr ständiges Bemühen um Entspannung zu verdeutlichen, bereit sei, die Teilnahme der DDR an der Jahresversammlung der ECE in der abgesprochenen Form hinzunehmen;

b) daß die Bundesregierung davon ausgehe, daß die formelle Teilnahmeregelung nicht Anfang, sondern nur Abschluß der innerdeutschen Gespräche sein könne, und daß daher zur Zeit jede Diskussion in der ECE oder an anderer Stelle über die Teilnahmeform zu vermeiden sei;

---

⁶ Der Passus „Nach Auffassung ... zu widmen ist" wurde von Bundesminister Scheel hervorgehoben. Dazu vermerkte er handschriftlich: „Ja!"
⁷ Zu den Gesprächen des Bundeskanzlers Brandt mit dem Vorsitzenden des Ministerrats, Stoph, am 19. März 1970 vgl. Dok. 124.

c) daß die Bundesregierung daher davon ausginge, daß auch Herr Zachmann bei der von Botschafter Schnippenkötter bereits unterrichteten und einverstandenen Vertretung der Sowjetunion und bei den anderen östlichen Vertretern, sich dafür einsetzen würde, daß das vorgesehene Vorgehen in der ECE nicht gestört und auch nicht durch Diskussionen in der Öffentlichkeit erschwert wird.

Vorsorglich sollte der Exekutivsekretär darauf aufmerksam gemacht werden,

d) daß in der WHO[8] sich eine der ECE vergleichbare Lösung nicht anbietet. Die Regelung der Mitwirkung der DDR in der WHO wäre ein Teil der Gesamtlösung, die für den Bereich der Internationalen Organisationen noch gefunden werden müßte. Diese Gesamtlösung könne nur Schluß und nicht Anfang der innerdeutschen Gespräche bilden.

Dieser Abschluß sollte nicht gefährdet werden. Die Bundesregierung würde deshalb jedem vorhergehenden Versuch einer Statusänderung der DDR in internationalen Organisationen gemeinsam mit ihren Freunden mit allem Nachdruck entgegentreten. Dies gilt insbesondere auch für einen Antrag im ECOSOC auf Änderung des Status der DDR in der ECE. Der von der Bundesregierung in der ECE gezeigte gute Wille sollte zu einer einvernehmlichen Lösung bei den innerdeutschen Gesprächen beitragen. Nach Auffassung der Bundesregierung solle nun auch die DDR den Erfolg der Gespräche von Kassel[9] nicht durch fruchtlose (für die DDR zudem von einer innerdeutschen Regelung aussichtslose) Diskussionen um die Mitgliedschaft in der ECE und in der WHO in Frage stellen.

4) Schließlich wären die verbleibenden östlichen Vertreter und die westlichen Vertreter in geeigneter Form von uns über den Gesamtkomplex mündlich zu unterrichten. Besondere Aufmerksamkeit wäre dabei der Unterrichtung der Vertreter der nicht der NATO angehörenden Staaten zu widmen.

Allgemein sollte betont werden, daß wir überzeugt wären, die Hinnahme der Anwesenheit der DDR in der ECE-Jahresversammlung stelle keine rechtliche Veränderung ihres Status dar. Wir seien uns aber der politisch optischen Bedeutung dieser Anwesenheit natürlich bewußt. Wir wären jedoch zu der mit der Hinnahme verbundenen „Vorleistung" bereit, um unseren guten Willen zu dokumentieren. Wir hofften damit, die innerdeutschen Gespräche und die Entspannung zwischen West und Ost zu fördern. Wir bäten, uns in diesem der europäischen Zusammenarbeit dienenden Bemühungen zu unterstützen und mit uns darauf hinzuwirken, daß es bei dem vereinbarten Vorgehen bleibt und eine Diskussion in der Öffentlichkeit vermieden wird.

IV. Die Anwesenheit des Vertreters der DDR auf der Jahresversammlung der ECE wird voraussichtlich in der Presse große Aufmerksamkeit finden. Für die Bundesregierung ist es aber wesentlich, den Pressewiderhall nach Möglichkeit abzuschwächen. Ferner muß dafür Sorge getragen werden, daß nicht der Eindruck entsteht, als ob die Bundesregierung von der Entwicklung in der ECE

---

[8] Zur Frage einer Mitgliedschaft der DDR in der WHO vgl. Dok. 147.
[9] Zu den Gesprächen des Bundeskanzlers Brandt mit dem Vorsitzenden des Ministerrats, Stoph, am 21. Mai 1970 vgl. Dok. 226.

überrascht oder überrollt worden wäre. Botschafter Schnippenkötter sollte daher kurz vor der Jahresversammlung geeignete Pressevertreter in Genf durch ein Hintergrundsgespräch über die Bereitschaft der Bundesregierung, die Anwesenheit der DDR in der ECE-Jahresversammlung hinzunehmen, unterrichten. Eine entsprechende Sprachregelung wird im übrigen auch in Bonn für die Presse vorzubereiten sein.

Abteilung I wird diesbezüglich, zusammen mit den anderen beteiligten Abteilungen und dem Referat L 4, das Erforderliche veranlassen.[10]

Mit der Bitte, dem vorgeschlagenen Verfahren zuzustimmen, dem Herrn Staatssekretär[11] vorgelegt.

Abteilung II und III haben mitgezeichnet.

gez. Frank

P.S.: Der Herr Bundesminister ist noch davon zu unterrichten, daß wir zur Unterrichtung der ECE-Mitglieder die mündliche Form der Demarche wählen wollen.

VS-Bd. 2764 (I B 1)

---

[10] Staatssekretär Duckwitz wies Botschafter Schnippenkötter, Genf (Internationale Organisationen), am 6. April 1970 an, „unverzüglich mit den Vertretern von Großbritannien, Frankreich und den USA in Genf das weitere Vorgehen in der ECE zu erörtern". Anschließend solle Schnippenkötter der Ständigen Vertreterin der Sowjetunion bei den Internationalen Organisationen in Genf, Mironowa, den Entschluß der Bundesregierung mitteilen. „Über das Gespräch mit dem sowjetischen Vertreter sollten Sie anschließend den ECE-Exekutivsekretär unterrichten und bitten, Herrn Zachmann nicht einzuladen, aber zu verständigen, daß wir und die hauptbeteiligten östlichen und westlichen ECE-Mitglieder nicht widersprechen würden, wenn er auf der Jahresversammlung hinter dem Namensschild Platz nimmt und sich ohne Stimmrecht an der Sachdebatte beteiligt. [...] Der ECE-Exekutivsekretär sollte von Ihnen gebeten werden, die hauptbeteiligten östlichen und westlichen Delegationen über die Anwesenheit des Vertreters der DDR zu unterrichten (der Text hierfür ist von Ihnen mit den Vertretern der USA, Großbritanniens und Frankreichs vorzubereiten)." Vgl. den Drahtbericht Nr. 1426; VS-Bd. 2764 (I B 1); B 150, Aktenkopien 1970.

[11] Hat Staatssekretär Duckwitz am 31. März 1970 vorgelegen.

137

Botschaftsrat Mikesch, Guatemala, an das Auswärtige Amt

I B 2-82.00/00-91.16   Aufgabe: 31. März 1970, 16.10 Uhr
Fernschreiben Nr. 28   Ankunft: 31. März 1970, 22.20 Uhr
Citissime

Botschafter Graf von Spreti heute um 12 Uhr 25 Ortszeit von vermutlichen Guerilleros auf offener Straße entführt, wahrscheinlich um Freigabe verhafteter Guerilleros von Regierung zu erpressen.[1] Außenminister[2] und Innenminister[3] wurden fernmündlich verständigt. Polizei hat mit Nachforschungen sofort begonnen.

Werde Außenministerium Sachverhalt schriftlich mitteilen und Erwartung aussprechen, daß alles in den Kräften der Regierung Stehende getan wird, um Botschafter zu befreien.

[gez.] Mikesch

Referat I B 2, Bd. 556

---

[1] Seit 1962 kämpften verschiedene Guerillabewegungen gegen die guatemaltekische Regierung. Neben Sprengstoffanschlägen und bewaffneten Überfällen kam es immer häufiger zu Entführungen prominenter Persönlichkeiten, mit denen die Freilassung gefangener Guerilleros sowie die Zahlung von Lösegeld erreicht werden sollte. Am 28. August 1968 wurde der amerikanische Botschafter in Guatemala, Mein, von FAR-Mitgliedern erschossen, als er sich seiner Entführung widersetzte. Vom 28. Februar bis 1. März 1970 hielten die FAR den guatemaltekischen Außenminister, Fuentes Mohr, in ihrer Gewalt. Der Außenminister wurde, ebenso wie eine Woche später ein amerikanischer Diplomat, im Austausch gegen gefangene FAR-Mitglieder freigelassen. Vgl. dazu den Artikel „Die Chronik der Entführungen"; FRANKFURTER ALLGEMEINE ZEITUNG vom 6. April 1970, S. 2.
[2] Alberto Fuentes Mohr.
[3] Manuel Francisco Sosa Avila.

138

Gespräch des Bundeskanzlers Brandt
mit dem indonesischen Außenminister Malik

Z A 5-45.A/70   1. April 1970[1]

Der Herr Bundeskanzler führte am 1. April 1970 ein Gespräch mit dem indonesischen Außenminister Malik.[2]

1) Nach Austausch der üblichen Höflichkeitsbezeugungen eröffnete Minister *Malik* das Gespräch mit einem kurzen Bericht über seinen jüngsten Besuch in Moskau.[3] Er hob die angenehme Atmosphäre im politischen Gedankenaustausch hervor, gleichzeitig aber auch die abwartende Haltung der Sowjetregierung in dem Indonesien am meisten auf der Seele liegenden Problem, der Umschuldung. Mit dem Hinweis darauf, daß die Bundesrepublik Deutschland selbst noch nicht endgültig zu dem Abs-Plan[4] Stellung genommen habe, erbaten sich die Russen „Bedenkzeit" für ihre eigene Entscheidung.

2) Daraufhin übergab der Herr *Bundeskanzler* einen Brief für Präsident Suharto, der, wie er sagte, die Entscheidung der Bundesregierung enthalte.[5] Abgesehen von dieser Entscheidung sei die Bundesregierung bestrebt, zwei Interessen miteinander zu vereinen:

a) eine optimal günstige Lösung für Indonesien zu erreichen,

b) den Pariser Klub[6] zusammenzuhalten.

Die deutsche Delegation habe Weisungen erhalten, die sie dazu ermächtigten, alle Lösungen einschließlich des Abs-Planes zu akzeptieren, selbst wenn einer der Staaten des Pariser Klubs seine Zustimmung dazu verweigere. Dabei wäre freilich noch festzustellen, ob die volle Annahme des Abs-Planes durch einen Teil des Pariser Klubs tatsächlich im ganzen gesehen die beste Lösung darstelle. Dies werde sich am 7. April in Paris zu erweisen haben.[7]

---

[1] Die Gesprächsaufzeichnung wurde von Dolmetscher Poetzelberger gefertigt.
[2] Der indonesische Außenminister Malik hielt sich vom 31. März bis 2. April 1970 in der Bundesrepublik auf.
[3] Der indonesische Außenminister Malik hielt sich vom 21. bis 25. Februar 1970 in der UdSSR auf.
[4] Der nach dem Aufsichtsratsvorsitzenden der Deutschen Bank, Abs, benannte Plan sah eine langfristige Umschuldung durch Tilgung der Schulden Indonesiens in 30 gleichbleibenden Jahresraten bei Streichung der Zinsforderungen vor. Die Auslandsschulden Indonesiens betrugen 1970 ca. 2,5 Mrd. Dollar. Vgl. dazu die Aufzeichnung des Referats III B 7 vom 13. Januar 1970; Büro Staatssekretär, Bd. 180.
[5] Bundeskanzler Brandt teilte in dem undatierten Schreiben mit, die Bundesregierung setze alles daran, „um auf der Grundlage einer für Indonesien möglichst günstigen Regelung eine Übereinkunft herbeizuführen, die, wenn irgend möglich, alle Mitglieder des ‚Pariser Clubs' umfaßt. Um alle diesem Ziel dienenden Verhandlungsmöglichkeiten ausschöpfen zu können, ist die deutsche Delegation ermächtigt, allen zweckmäßig erscheinenden Vorschlägen einschließlich des ‚Abs-Planes' zuzustimmen." Vgl. Referat III B 7, Bd. 608.
[6] Als „Pariser Klub" wurden die wichtigsten Gläubigerstaaten Indonesiens bezeichnet: Australien, die Bundesrepublik, Frankreich, Italien, Japan, die Niederlande und die USA.
[7] Auf der Konferenz der sieben wichtigsten Gläubigerstaaten Indonesiens wurde keine Einigung über die Frage der Zinstilgung erreicht. Vortragender Legationsrat Jungfleisch bemerkte zur Haltung Frankreichs, Großbritanniens und Italiens, sie ließen „keine Neigung erkennen, sich dem Abs-Plan

Es werde gewiß noch zähe Verhandlungen geben, worauf sich die Bundesrepublik eingestellt habe. Auch die deutschen Gespräche in Moskau, in ihren Ansätzen nicht entmutigend, erforderten viel Geduld. Der deutsche Staatssekretär[8] habe dort dreißig Stunden lang verhandelt. Es sei interessant, den Komplex der etwa gleichzeitig laufenden Gespräche in Moskau, Warschau und Erfurt[9] vergleichend zu überschauen. In Moskau habe er das Gefühl gehabt, daß die Russen die Stellung der BRD in der westlichen Allianz als Faktum akzeptierten und gegenüber der westlichen Wirtschaftsgemeinschaft einen politisch eher indifferenten Standpunkt einnähmen. Man müsse der Entwicklung illusionslos, aber nicht pessimistisch entgegensehen, doch werde sie Zeit brauchen, wie der Austausch von Gewaltverzichtserklärungen zeige.

Wir können keinen Separatfrieden, sondern nur ein Friedensabkommen in europäischem Rahmen schließen. In Ermangelung unmittelbarer Erfolge müsse zunächst versucht werden, die Konfrontation durch etwas anderes zu ersetzen – irgendeine Form der „Kooperation". Man habe keine Illusionen, aber auch keine Alternative, als behutsam einen Beitrag zum Fortschritt zu leisten.

3) Minister *Malik* sagte darauf, daß nach seiner Auffassung die russische Einstellung zu den Problemen eher als optimistisch zu bezeichnen wäre. Man sei sich jedoch auch hier im klaren, daß die Dinge ihre Zeit brauchten. Der russische Optimismus erstrecke sich indes nicht auf das China-Problem, und auch die Lage in Nahost werde als äußerst kompliziert angesehen. Letztendlich werde – nach russischer Auffassung – die Haltung der USA von entscheidender Bedeutung sein.

4) Der Herr *Bundeskanzler* warf hier ein, daß der holländische Außenminister Luns sich nach Rückkehr von seiner Nahost-Reise sehr pessimistisch geäußert habe.[10]

5) Dann berichtete Außenminister *Malik* aus eigener Anschauung über das Treffen in Djidda[11] und sagte, daß sich bei den Teilnehmern zwei Richtungen unterscheiden ließen:

Eine Gruppe, die sich enger an die Sowjetunion anschlösse, und eine zweite, die Moskau nicht besonders nahe stände. Beide Lager würden jedoch zu Gesprächen bereit sein, falls und sobald Israel seine Truppen zurückzöge. Eine „Zug um

Fortsetzung Fußnote von Seite 539
    im Sinne der deutschen Vorstellungen zu nähern". Vgl. die Aufzeichnung vom 8. April 1970; Referat III B 7, Bd. 609.
    Erst auf einer Zusammenkunft am 23./24. April 1970 in Paris wurde eine Schuldenregelung festgelegt. Diese sah vor, daß Indonesien seine Schulden in 30 gleichen Jahresraten zurückzahlen sollte, wobei die aufgelaufenen Kontraktszinsen in 15 gleichen Jahresraten, beginnend am 1. Januar 1985, zu entrichten waren. Vgl. dazu die Aufzeichnung des Vortragenden Legationsrats I. Klasse Herrmann vom 27. April 1970; Referat III B 7, Bd. 609.

8 Egon Bahr.
9 Zu den Gesprächen des Bundeskanzlers Brandt mit dem Vorsitzenden des Ministerrats, Stoph, am 19. März 1970 in Erfurt vgl. Dok. 124.
10 Der niederländische Außenminister Luns hielt sich vom 21. bis 25. März 1970 im Libanon auf. Nach seiner Rückkehr wurde in der Presse berichtet, daß Luns geäußert habe, „er betrachte die Lage in dem Gebiet jetzt weniger hoffnungsvoll als vor seiner Reise". Luns habe die Auffassung vertreten, „daß die ganze Welt durch den Konflikt zwischen Israel und den arabischen Staaten gefährdet würde, falls es im Nahen Osten zu einer weiteren Eskalation der Auseinandersetzung kommen würde". Vgl. den Artikel „Luns pessimistisch"; FRANKFURTER ALLGEMEINE ZEITUNG vom 31. März 1970, S. 6.
11 Vom 23. bis 26. März 1970 fand in Djidda eine Konferenz der Außenminister von 22 islamischen Staaten statt.

Zug"-Lösung könne herbeigeführt („arrangiert") werden, wenn die vier Großmächte ihren Einfluß geltend machten und auf die Beteiligten Druck ausübten, eine solche Lösung anzunehmen. Mit der Guerilla-Bewegung sei allerdings ein weiterer, die Dinge außerordentlich komplizierender Faktor aufgetreten, der zu einer baldigen Entscheidung dränge, wolle man nicht zusehen, daß sich die Situation mit der Zeit verschlimmere.

6) Der Herr *Bundeskanzler* sprach daraufhin von dem Besuch des jordanischen Premierministers in Bonn, der eine Botschaft von Hassouna überbracht hatte.[12] Offenbar sei niemand bereit, den ersten Schritt zu tun. Zudem sähen sich die USA angesichts der veränderten Lage in Kambodscha[13] neuen Schwierigkeiten ausgesetzt.

7) Außenminister *Malik* verwies in diesem Zusammenhang darauf, daß die nur 40 000 Mann starke Armee Kambodschas in sich gespalten sei und zum Teil mit dem Vietcong sympathisiere. Alles hinge nun von der kambodschanischen Bevölkerung ab. Wenn diese die neue Regierung stütze, so daß sie ihre Stellung behaupten könne, würde sich der Vietcong zu einem Rückzug aus Kambodscha bewegen lassen. Daher läge es nahe, eine Anerkennung der neuen Regierung durch andere Staaten zu befürworten.

8) Sodann kam die Rede auf das Gipfeltreffen der bündnisfreien Länder in Addis Abeba[14] und die vorbereitende Konferenz in Colombo[15], an der Indonesien teilnahm. Man sei bestrebt gewesen, sagte Malik, die Tagesordnung auf möglichst wenige Punkte zu beschränken. Strittig seien vor allem: 1) die Kriterien der Bündnisfreiheit, 2) die Rolle der „Befreiungsfronten" und 3) der Ort der Zusammenkunft.

Hier sprach der *Bundeskanzler* die guten Beziehungen Indonesiens zu Jugoslawien an, das eine Einigung vor dem Zeitpunkt der nächsten UN-Versammlung[16] befürworte und zu fördern bemüht sei, und brachte dann das Gespräch wieder auf das spezifische Problem Indonesiens, die Umschuldungsfrage, zurück.

9) Hierzu erklärte Außenminister *Malik*, daß es für Indonesien neue Komplikationen geben werde und die bisherigen Erfolge in der Stabilisierung der allge-

---

[12] Vgl. dazu das Gespräch des Bundesministers Scheel mit Ministerpräsident Talhouni am 29. Januar 1970, bei dem die Frage humanitärer Hilfe an die palästinensischen Flüchtlinge im Mittelpunkt stand; VS-Bd. 10091 (Ministerbüro); B 150, Aktenkopien 1970.
[13] Anfang März 1970 kam es in Phnom Penh zu Protestkundgebungen gegen die Anwesenheit von Truppen der Demokratischen Republik Vietnam (Nordvietnam) und Einheiten des Vietcong auf kambodschanischem Gebiet. Nachdem Verhandlungen über einen Abzug dieser Truppen gescheitert waren, proklamierte die kambodschanische Nationalversammlung am 18. März 1970 den Ausnahmezustand. Präsident Sihanouk, der sich seit dem 6. Januar 1970 im Ausland aufhielt, wurde für abgesetzt erklärt, da er sich angeblich nicht ausreichend für den Abzug aller fremden Truppen eingesetzt hatte. In den folgenden Tagen kam es zu Zusammenstößen zwischen Anhängern von Sihanouk und Regierungstruppen, während Einheiten des Vietcong auf Phnom Penh vorzurücken begannen. Ende März unternahmen Truppen der Republik Vietnam (Südvietnam) erste Operationen auf kambodschanischem Gebiet. Seit dem 29. April 1970 führten auch amerikanische Streitkräfte militärische Operationen in Kambodscha durch. Vgl. dazu die Aufzeichnung des Kanzlers I. Klasse Kalscheuer, Phnom Penh, vom 20. Mai 1970; Referat I B 5, Bd. 540.
[14] Die Konferenz der blockfreien Staaten fand vom 8. bis 10. September 1970 in Lusaka statt.
[15] Am 23./24. März 1970 fand in Colombo eine Konferenz von Staatssekretären der Außenministerien von acht süd- und südostasiatischen Staaten statt.
[16] Die XXV. UNO-Generalversammlung fand vom 15. September bis 17. Dezember 1970 statt.

meinen Lage und vor allem der Wirtschaft wieder in Frage gestellt würden, falls der Pariser Klub zu keiner Entscheidung noch in diesem Jahr käme. Herr Malik fügte hinzu, daß Indonesien außerdem für 1970/71 noch mehr (zusätzliche) Kapitalhilfe nach dem Vorbild anderer Staaten (Erhöhung von 500 auf 600 Mio.) erwarte.

Hierauf erwiderte der Herr *Bundeskanzler*, daß er bei allem Verständnis für die besondere Lage Indonesiens keine festen Versprechungen machen könne und erteilte Herrn MD Herbst das Wort. (Diese Antwort des Herrn Bundeskanzlers bezog sich offenbar auf den zweiten Teil der Erklärung des indonesischen Außenministers, während dieser sie vor allem auf die Entscheidung im Pariser Klub bezogen verstand. In diesem auf sprachlichen Verständigungsschwierigkeiten beruhenden Irrtum wurde Herr Malik durch die anschließenden Darlegungen von Herrn Herbst scheinbar bestärkt, der in seinen Ausführungen dem Sinne nach einschränkend sagte, daß die Bundesregierung innerhalb der ihr gesetzten Grenzen ihr Bestes tun werde. Diese Ausführungen dürfen hier angesichts der viel genaueren Eigenaufzeichnungen des Herrn MD Herbst übergangen werden.)

10) Die darauf eintretende Gesprächsstockung überbrückte der Herr Bundeskanzler mit einem Hinweis auf die in Indonesien neu eingeführten Methoden in der Landwirtschaft. Herr *Malik* bestätigte deren probeweise Durchführung vor allem auf Java, die jedoch auf keine einheitliche Formel zu bringen sei, da in den verschiedenen Teilen Indonesiens der Boden eine unterschiedliche Behandlung erfordere.

11) Anschließend brachte Herr Malik eine mögliche Steigerung der deutschen Investitionstätigkeit in Indonesien – nach dem Abschluß des Kapitalschutzabkommens[17] – zur Sprache.

Herr *Herbst* bezeichnete die Aussichten hierfür als günstig, da das System der Bundesgarantien allgemein zu funktionieren beginne, sobald ein solches Kapitalschutzabkommen mit einem Staat bestehe.

12) Der Herr *Bundeskanzler* leitete nun zum Abschluß des Gespräches über, in dem er sein Bedauern darüber zum Ausdruck brachte, daß er seine geplante Reise nach Indonesien im vorigen Jahr wegen Krankheit absagen mußte, daß er noch immer den Wunsch hätte, Indonesien einmal zu besuchen, dies aber die Notwendigkeit der Reise in eine Reihe anderer Länder nach sich ziehen würde. Eine solche Reise würde ihn aber naturgemäß von den innenpolitischen Pflichten, denen er sich im besonderen Maße zu widmen versprochen habe, allzu weit entfernen. Doch werde dafür zunächst Herr Außenminister Scheel Anfang Mai (auf dem Wege zu den Konsultationsgesprächen in Tokio[18], von wo er mit dem Herrn Bundespräsidenten zurückkehren werde) nach Indonesien kommen.[19]

Das Gespräch endete mit den üblichen Höflichkeitsbezeugungen.

Bundeskanzleramt, AZ: 221-30 100 (56), Bd. 34

17 Für den Wortlaut der Abkommen vom 27. August 1970 zwischen der Bundesrepublik und Indonesien über Kapitalhilfe vgl. BUNDESANZEIGER, Nr. 226 vom 4. Dezember 1970, S. 1 f.
18 Für das Gespräch des Bundesministers Scheel mit dem japanischen Außenminister Aichi am 14. Mai 1970 in Tokio vgl. Dok. 204.
19 Bundesminister Scheel hielt sich vom 7. bis 10. Mai 1970 in Indonesien auf.

139

Gesandter Baron von Stempel, Moskau, an Bundesminister Scheel

Z B 6-1-11499/70 geheim
Fernschreiben Nr. 474

Aufgabe: 1. April 1970, 17.35 Uhr[1]
Ankunft: 1. April 1970

Nur für Minister und Staatssekretär[2]

Betr.: Deutsch-sowjetische Gespräche

Bezug: DB Nr. 453 vom 26.3.1970 II B 2-81.-339/70[3]

Im Bezugsbericht hat die Botschaft angeregt, gegenüber der sowjetischen Seite noch während der gegenwärtigen Verhandlungspause auf diplomatischem Wege klarzustellen, welche der bei den bisherigen Gesprächen als unverrückbar bezeichneten deutschen Positionen auf Grund zwischenzeitlicher Überlegungen und Konsultationen weiterhin als nicht negotiabel betrachtet werden müssen. Dies würde den weiteren Verhandlungen förderlich sein. Die Frage, in welchen Punkten wir uns unter keinen Umständen von unseren Grundpositionen abbringen lassen dürfen, läßt es notwendig erscheinen, den Hintergrund einiger sowjetischer Forderungen zu beleuchten (Punkt 3 ff.):

1) Die deutsch-sowjetischen Gespräche dienen dazu:

a) unser Verhältnis zur Sowjetunion auf eine tragfähige Grundlage zu stellen;

b) Verhandlungen mit anderen osteuropäischen Staaten zu ermöglichen, die einer analogen Zielsetzung dienen.

Fahren sich die Verhandlungen mit der Sowjetunion fest, dürften wir auch im übrigen Osteuropa schwerlich weiterkommen. Alleingänge werden dort seit der ČSSR-Krise nicht geduldet und auch nicht mehr gewagt. Unsere Gespräche mit der Sowjetregierung haben eine „Sesam-öffne-Dich-Funktion" für Verhandlungen mit Warschau, Prag und Ostberlin. Dies ist jedoch eine Nebenwirkung, nicht ihr Hauptzweck. Wir verhandeln in Moskau nicht in erster Linie, um uns ein Alibi[4] für die anderen Verhandlungen zu besorgen.

2) Entscheidend für unsere gesamte Ostpolitik ist es, ob es uns gelingt, das Verhältnis zur Sowjetunion – auf die Dauer – erträglich zu gestalten. Scheinlösungen würden das bilaterale Verhältnis eher beeinträchtigen.

3) Der bisherige Gesprächsverlauf hat u.a. gezeigt, daß die Sowjetunion auch in bilateralen deutsch-sowjetischen Fragen den Einfluß des Deutschlandproblems auf den Gesamtzusammenhang der Ost-West-Auseinandersetzung sorgfältig berücksichtigt.

---

[1] Hat Vortragendem Legationsrat Schönfeld am 1. April 1970 vorgelegen, der handschriftlich vermerkte: „Herrn D II i. V. mit der Bitte um Übernahme."
Hat Ministerialdirigent Lahn am 2. April 1970 vorgelegen, der die Weiterleitung an Referat II A 4 verfügte.
[2] Georg Ferdinand Duckwitz.
[3] Für den Drahtbericht des Gesandten Baron von Stempel, Moskau, vgl. Dok. 134.
[4] Die Wörter „ein Alibi" wurden von Ministerialdirigent Lahn unterschlängelt.

Sie geht dabei davon aus, daß eine Veränderung des Kräftegleichgewichts nicht im derzeitigen sowjetischen Interesse liegt. Die deutsche Spaltung ist Teil dieses zu bewahrenden Gleichgewichts. Die Zugehörigkeit der Bundesrepublik zur NATO wurde nicht einmal in Form vorsichtiger Sondierungen in Zweifel gezogen.

Sie geht ferner davon aus, daß das ungelöste deutsche Problem ein reiches Instrumentarium bietet, auf das Ost-West-Verhältnis einzuwirken. Sie ist nicht daran interessiert, sich dieses Instrumentariums zu begeben.

Während für die Bundesrepublik das Verhältnis zur Sowjetunion von größter Bedeutung ist, stellt für die Sowjetunion das Verhältnis zur Bundesrepublik nur einen – wenn auch wichtigen – Teilaspekt einer auf globale Interessenwahrung ausgerichteten Politik dar.

4) Wir werden infolgedessen sorgfältig prüfen müssen, welche sowjetischen Vorstellungen uns Scheinlösungen anbieten, die nicht dazu bestimmt sind, das deutsch-sowjetische Verhältnis zu regeln, sondern von Moskau instrumental gesehen werden, um die jeweilige politische Großwetterlage des Ost-West-Verhältnisses auf unsere Kosten zu beeinflussen.

5) Unter diese Kategorie von Scheinlösungen fällt die sowjetische Forderung, wir sollten uns verpflichten,

a) die Grenze zur DDR in pointierter Weise zu respektieren und

b) uns nicht in die inneren Angelegenheiten der DDR einzumischen.

Zu 5 a):

Die Respektierung, die die Sowjets für die Grenze zwischen BRD und DDR fordern, ist letztlich erheblich stärker als die uns gleichfalls abgeforderte Respektierung der Oder-Neiße-Grenze. Diese steht unter dem Vorbehalt des Friedensvertrages und des Deutschlandvertrages, während die „Zonengrenze" durch keinen Vorbehalt eingeschränkt wäre. Ihre gegenüber der Sowjetunion ausgesprochene Respektierung würde rechtlich eine neue Lage schaffen und den Sowjets einen Titel geben, den sie bisher nicht besaßen.

Zu 5 b):

Über das Verbot der Einmischung in die inneren Angelegenheiten der DDR würde sich bei böswilliger Auslegung – die wir nicht ausschließen können – mit jedem Sonntagsredner oder Artikelschreiber ein Vertragsbruch konstruieren lassen.[5] Als Folge würden die Sowjets den Rechtsschein für Repressalien sowohl durch sich selbst als Vertragspartner, wie auch durch die DDR als dem durch die Einmischung Geschädigten gewinnen. Dabei kann dahingestellt bleiben, wie sich diese Repressalien manifestieren würden, ob lediglich verbal oder aber in handfesten Maßnahmen, etwa gegenüber dem Berlinverkehr.

6) Aus dem sowjetischen Forderungskatalog mag manches unter dem Gesichtspunkt negotiabel sein, daß es sich um Teilsubstitute eines Friedensvertrages nach einem Krieg handelt, den wir verloren haben. Wir werden dabei auch bereit sein müssen, um der Regelung unserer Beziehungen zur Sowjetunion willen Opfer zu bringen. Wir dürfen aber nichts akzeptieren, was dem eigentlichen

---

[5] Dieser Satz wurde von Ministerialdirigent Lahn hervorgehoben. Dazu vermerkte er handschriftlich: „Nein."

Ziel unserer Verhandlungen, nämlich der Verbesserung unseres Verhältnisses zur Sowjetunion und zu Osteuropa, zuwiderläuft. Das ist jedoch dann der Fall, wenn Scheinlösungen akzeptiert würden, die als jederzeit aktivierbare Kriseninstrumente für die weltweite Ost-West-Auseinandersetzung gedacht sind.

Unter diesem Gesichtspunkt erscheint nicht negotiabel,

a) daß wir die Grenze zur DDR ohne Wiedervereinigungsvorbehalt vertraglich respektieren;

b) daß wir die Nichteinmischung in die inneren Angelegenheiten der DDR global zusagen, ohne die politische – friedliche, aber aktive – Auseinandersetzung um die gemeinsame deutsche Vergangenheit, Gegenwart und Zukunft ausdrücklich und zweifelsfrei auszunehmen.[6]

[gez.] Stempel

VS-Bd. 4621 (II A 4)

140

Gespräch des Staatssekretärs Bahr, Bundeskanzleramt, mit dem rumänischen Ersten Stellvertretenden Außenminister Macovescu in Paris

2. April 1970[1]

Streng vertraulich!

Betr.: Gespräch mit dem stellvertretenden rumänischen Außenminister Macovescu am 2.4.70

Das Gespräch fand in der Residenz des deutschen Botschafters in Paris statt. Es dauerte drei Stunden.

Teilnehmer: Minister Macovescu, Ministerialdirigent Celac, II. Sekretär Pârvu, Staatssekretär Bahr, Botschafter von Braun, VLR I Dr. Sanne.

1) Zunächst unterrichtete der *Staatssekretär* Herrn Macovescu über den Stand unseres Meinungsaustausches mit Moskau, Warschau und Ostberlin. Dabei unterstrich er die Versuche der SU, für andere Staaten des Warschauer Paktes mitzusprechen.

Herr *Macovescu* erwiderte, er sei über unsere Moskauer Gespräche durch den sowjetischen Botschafter in Bukarest[2] oberflächlich unterrichtet worden. Er ha-

---

[6] Dieser Absatz wurde von Ministerialdirigent Lahn hervorgehoben. Dazu Fragezeichen.

[1] Die Gesprächsaufzeichnung wurde von Vortragendem Legationsrat I. Klasse Sanne, Bundeskanzleramt, am 7. April 1970 gefertigt.
Hat Staatssekretär Bahr, Bundeskanzleramt, am 13. April 1970 vorgelegen, der die Weiterleitung an Bundesminister Ehmke verfügte.
Hat Ehmke am 14. April 1970 vorgelegen.

[2] Alexander Wassiljewitsch Bassow.

be aus dessen Worten mit Befriedigung die aufsteigende Tendenz der Ergebnisse herausgehört. Die Ausführungen des Staatssekretärs seien eine wertvolle Präzisierung und zusätzliche Perspektive.

Was Ostberlin angehe, so glaube auch er, daß das Erfurter Treffen[3] ohne unsere Moskauer Gespräche nicht zustande gekommen wäre.

Was Polen anbelange, scheine es heute trüber auszusehen als [im] Dezember. Damals habe Breschnew versucht, die Polen zu bremsen und die DDR in den Vordergrund zu schieben. Tatsächlich sei Polen heute zurückgefallen. Er frage sich nach den Gründen. Liege es an der Verhandlungstaktik Warschaus? Liege es an der Materie, die vielleicht komplizierter sei als die in Moskau? Oder betreibe die polnische Regierung ein kompliziertes diplomatisches Spiel?

Der *Staatssekretär* bestätigte, daß auch uns die Gründe der kompromißlosen polnischen Haltung nicht ganz klar seien. Vielleicht seien die Polen einfach enttäuscht, daß es ihnen nicht gelungen sei, sich an die Spitze der Entwicklung zu setzen. Sie hätten inzwischen wohl erkannt, daß die Gespräche in Moskau ihr eigenes Gewicht haben, und daß die deutsch-polnische Frage nur ein Teil des Gesamtproblems sei.

Herr *Macovescu* behauptete, die Polen hätten Angst, beiseite geschoben zu werden. Sie fürchteten, in einem bestimmten Zeitpunkt zu einem bestimmten Arrangement gezwungen zu werden.

Auf die Erwiderung des *Staatssekretärs*, dann sei ihr jetziger dogmatischer Standpunkt gar nicht zu verstehen, ging *Macovescu* nicht ein. Statt dessen stellte er die rhetorische Frage, ob wir uns schon einmal darüber Gedanken gemacht hätten, daß Warschau und Ostberlin unseren Dialog mit Moskau stören wollten. In Warschau gebe es jedenfalls zwei sich bekämpfende Richtungen. Einmal die Dogmatiker und zweitens die, die Angst hätten, wir könnten uns zurückziehen und Polen würde dann vollends hinterherhinken.

2) Auch bei diesem Treffen galt die Hauptsorge Macovescus der Konferenz über die Sicherheit Europas. Er schien außerordentlich besorgt. Die Sowjetunion, einst Urheber der Idee[4], sei jetzt gegen ihre Verwirklichung.

Der *Staatssekretär* erzählte Herrn Macovescu, was in Moskau über KSE gesprochen worden sei. Er könne höchstens in der Tatsache, daß Gromyko ihm nie einen Zeitpunkt für die Konferenz genannt habe, ein Zeichen verminderten sowjetischen Interesses erblicken. Im übrigen sei Gromyko mit Nachdruck für den Konferenzgedanken eingetreten.

Macovescu bestand auf seiner Meinung. Den Sowjets – und nicht nur ihnen – gehe es wie dem Zauberlehrling. Ursprünglich hätten sie die Idee als ein bestimmtes politisches Manöver lanciert. Dies sei zunächst auch in gewissem Maße gelungen. Aber sie hätten nicht erwartet, daß die Idee von so vielen aufgegriffen werden würde. Jetzt versuchten sie, gemeinsam mit den daran interessierten Kräften in den USA, die KSE beiseite zu schieben.

---

[3] Zu den Gesprächen des Bundeskanzlers Brandt mit dem Vorsitzenden des Ministerrats, Stoph, am 19. März 1970 vgl. Dok. 124.
[4] Zum Vorschlag einer Europäischen Sicherheitskonferenz vgl. Dok. 7, Anm. 2.

Am 11.5. solle eine Außenminister-Konferenz des Warschauer Paktes stattfinden.[5] Dort werde eine neue Propaganda-Erklärung zur KSE veröffentlicht werden. Tatsächlich aber gehe es darum, alle Paktstaaten auf eine Linie zu bringen. (Am 12.5. sei dann eine RGW-Tagung[6], am 14.5. werde der 15. Jahrestag der Gründung des Warschauer Paktes gefeiert.) Zwischen Außenminister-Treffen und dem NATO-Ministerrat (26.–28. Mai)[7] beabsichtige Gromyko nach Paris zu fahren.[8] Als selbsternannter Sprecher des Warschauer Paktes werde er mit dem selbsternannten NATO-Sprecher reden.

Herr Macovescu fuhr fort: Sie kennen den Troika-Vorschlag, nach dem ein Ausschuß aus Vertretern Polens, Belgiens und Finnlands die Konferenz vorbereiten soll.[9] Wir lehnen das kategorisch ab. Wir haben unseren Vorschlag einer Vorkonferenz aller europäischen Staaten als eine Testfrage eingebracht. Unsere eigenen Verbündeten lehnen das ab. Warum? Weil sie eben nicht die Sicherheit wollen!

Von Ihnen verlangen wir nicht ein Ja oder Nein zur Vorkonferenz. Aber wir möchten, daß Sie das Problem in seiner Gesamtheit sehen. Die SU ist darauf aus, die Konferenz zu vertagen. Wenn sie überhaupt stattfindet, soll sie nach sowjetischen Willen nur eine allgemeine Deklaration verabschieden. Machen Sie dieses Spiel nicht mit! Die SU will weder Ihre noch unsere Sicherheit!

Die ČSSR hat uns gezeigt, daß wir eine neue Sicherheit aufbauen müssen, die nicht auf den Blöcken ruht. Der Bundeskanzler hat sich Notizen gemacht, als ich im Juli mit ihm sprach.[10] Wir waren uns einig: Je weiter wir die Blöcke zur Auflösung bringen, desto wichtiger wird ein neues System, das ihren Platz einnimmt.

Der *Staatssekretär* versicherte Herrn Macovescu, daß die Bundesregierung noch immer dieser Meinung sei. An einer Konferenz von Block zu Block würden wir nicht teilnehmen. Kossygin habe ihn nach seinen Vorstellungen über die Auflösung der Blöcke gefragt, und zwar nicht im negativen Sinne.[11] Seine Antwort sei gewesen, daß man sehr vorsichtig sein müsse, damit die Entwicklung nicht außer Kontrolle gerate.

3) Es wurde vereinbart, dieses Treffen ebenso geheimzuhalten wie bisher. Für den Fall, daß die französische Regierung den Besuch des rumänischen Ministers in der Residenz des deutschen Botschafters bemerkt haben und eine Frage stellen sollte, wurde die Botschaft ermächtigt, lediglich die Tatsache zu bestä-

---

5 Die Konferenz der Außenminister der Warschauer-Pakt-Staaten fand am 21./22. Juni 1970 in Budapest statt. Zu den Ergebnissen vgl. Dok. 276, Anm. 4 und 5.
6 Die Tagung des Rats für Gegenseitige Wirtschaftshilfe fand vom 12. bis 14. Mai 1970 in Warschau statt.
7 Zur NATO-Ministerratstagung am 26./27. Mai 1970 in Rom vgl. Dok. 240 und Dok. 244.
8 Der sowjetische Außenminister Gromyko hielt sich vom 1. bis 5. Juni 1970 in Frankreich auf.
9 Botschafter Löns, Wien, berichtete am 26. März 1970, er habe den finnischen Botschafter in Wien „nach der angeblichen Bildung einer Dreier-Gruppe mit Vertretern Polens, Belgiens und Finnlands zur Vorbereitung einer ESK" gefragt: „Maekinen sagte mir, daß tatsächlich ein solcher Vorschlag von Warschau mit Unterstützung Moskaus gemacht worden sei. Die finnische Regierung habe jedoch den Vorschlag als unrealistisch abgelehnt." Vgl. den Drahtbericht Nr. 194; Referat II B 2, Bd. 107295.
10 Für das Gespräch des Bundesministers Brandt mit dem rumänischen Ersten Stellvertretenden Außenminister Macovescu am 4. Juni 1969 vgl. AAPD 1969, I, Dok. 188.
11 Für das Gespräch des Staatssekretärs Bahr, Bundeskanzleramt, mit Ministerpräsident Kossygin am 13. März 1970 in Moskau vgl. Dok. 54.

tigen. Beiderseits wurde der Wunsch geäußert, die Kontakte fortzusetzen. Herr Macovescu wird sich vom 12.–14.4. in Rom, vom 20.–24.4. in Bern und vom 11.–16.5. in Kopenhagen aufhalten.

Archiv der sozialen Demokratie, Depositum Bahr, Box 442

141

Aufzeichnung des Ministerialdirigenten Lahn

II A 5-82.00-94.20-612/70 geheim   2. April 1970[1]

Betr.: Deutsch-polnische Gespräche;
hier: Richtlinien für die dritte Gesprächsrunde[2]

I. In der zweiten Gesprächsrunde[3] konnte eine Einigung über die Behandlung der Grenzfrage auf der Basis der beiderseitigen Entwürfe nicht erzielt werden. Der von uns vorgelegte Entwurf, der von einer Gewaltverzichtsvereinbarung ausgeht, ist von polnischer Seite nachdrücklich abgelehnt worden. Die polnische Seite beharrt auf einem Grenzabkommen, in dem sich die Bundesrepublik Deutschland ausdrücklich verpflichten soll, auch auf etwaige friedliche Bestrebungen zur Änderung der Grenze zu verzichten.

Theoretisch bestehen für das weitere Procedere zur Behandlung der Grenzfrage zwei Möglichkeiten:

Wir können

a) versuchen, unseren Entwurf einer Gewaltverzichtsvereinbarung zu verbessern, um damit vielleicht den polnischen Vorstellungen näherzukommen;

b) prüfen, ob und unter welchen Voraussetzungen wir auf den polnischen Wunsch eingehen können, eine Vereinbarung zur Grenzfrage zu schließen;

II. Wenn entgegen den bisherigen Verhandlungsergebnissen ein erneuter Versuch empfohlen wird, in der bevorstehenden Gesprächsrunde zunächst die Alter-

---

[1] Die Aufzeichnung wurde von Vortragender Legationsrätin Finke-Osiander konzipiert.
Am 2. April 1970 leitete Ministerialdirigent Lahn sie über Staatssekretär Duckwitz an Bundesminister Scheel und regte an, „diese Überlegungen mit dem Herrn Bundeskanzler zu erörtern und die für die Weiterführung der Gespräche erforderlichen Entscheidungen herbeizuführen". Andere Abteilungen seien an der Aufzeichnung „wegen der Eilbedürftigkeit nicht beteiligt worden, zumal es zunächst nur um die politische Grundsatzentscheidung geht. Im übrigen geht die Aufzeichnung von den bisherigen Ergebnissen in Moskau aus und hängt somit von deren Bewertung ab."
Hat Duckwitz am 2. April 1970 vorgelegen.
Hat laut Vermerk des Legationsrats I. Klasse Hallier vom 3. April 1970 Scheel vorgelegen. Vgl. den Begleitvermerk; VS-Bd. 8955 (II A 5); B 150, Aktenkopien 1970.
[2] Die dritte Runde der Gespräche mit Polen über eine Verbesserung des bilateralen Verhältnisses fand vom 22. bis 24. April 1970 in Warschau statt.
[3] Die zweite Runde der Gespräche mit Polen über eine Verbesserung des bilateralen Verhältnisses fand vom 9. bis 11. März 1970 in Warschau statt.

native unter a) noch einmal zur Debatte zu stellen, so liegt diesem Versuch folgende Überlegung zugrunde:

Der Entwurf einer Vereinbarung über Gewaltverzicht, den wir in der zweiten Gesprächsrunde in Warschau vorgelegt haben, bleibt hinter den im Rahmen der Gespräche in Moskau für ein deutsch-sowjetisches Gewaltverzichtsabkommen in Aussicht genommenen Formulierungen zur Grenzfrage zurück. Dieser den Polen sicher nicht unbekannte Sachverhalt ist geeignet, den schon aus den Wirtschaftsverhandlungen (Kreditbedingungen)[4] bestehenden Verdacht der Polen zu bestärken, daß wir sie im Vergleich mit der Sowjetunion als zweitrangige Partner behandeln. Sowohl aus Fairneß gegenüber den Polen wie auch, um die Möglichkeit einer deutsch-polnischen Vereinbarung über Gewaltverzicht erschöpfend zu testen, sollten wir Warschau nochmals eine verbesserte Gewaltverzichtsvereinbarung anbieten, die der mit Moskau angestrebten gleichwertig ist.

III. Auf Grund des von der polnischen Delegation in den ersten beiden Gesprächsrunden zur Grenzfrage vertretenen Standpunkts zur Grenzfrage müssen wir damit rechnen, daß auch ein optimal gestalteter Gewaltverzicht dem polnischen Anliegen in der Grenzfrage nicht genügt. Die polnische Seite betont, daß sie in einer endgültigen Regelung der Grenzfrage die unerläßliche Voraussetzung für eine dauerhafte deutsch-polnische Verständigung sieht. Ein Gewaltverzicht, der in der Grenzfrage nicht mehr enthalten kann, als in den Vereinbarungen mit Moskau vorgesehen ist, entkräftet nicht den Argwohn Warschaus, daß wir über die Köpfe der Polen hinweg die Einigung mit der Sowjetunion suchen („Rapallo-Komplex"[5]). Er zerstreut ebensowenig die polnischen Befürchtungen, daß künftige Bundesregierungen die Grenze erneut in Frage stellen könnten („Locarno-Komplex"[6]). Insofern berücksichtigt er nicht ausreichend die traumatische polnische Erfahrung ungewisser Grenzen und läßt weiterhin das militärische Bündnis mit der Sowjetunion als entscheidende Garantie der polnischen Grenze erscheinen.

Wenn die polnische Seite auch unseren verbesserten Gewaltverzichtsentwurf ablehnt, werden die deutsch-polnischen Gespräche an einem – auf der Basis unserer bisherigen Verhandlungsrichtlinien nicht überwindbaren – toten Punkt angelangt sein. Ein solches Ergebnis könnte sich bereits am zweiten Tag der nächsten Gesprächsrunde herausstellen. Daher sollte schon jetzt geklärt werden, ob die Bundesregierung bereit ist, notfalls das Scheitern der deutsch-polnischen Gespräche in Kauf zu nehmen oder ob sie gegebenenfalls auch den Abschluß einer Grenzvereinbarung in Erwägung ziehen will (s. Alternative b unter I).

---

[4] Zu den Verhandlungen zwischen der Bundesrepublik und Polen über den Abschluß eines Wirtschaftsabkommens vgl. Dok. 121.

[5] Im Vertrag von Rapallo vom 16. April 1922 verzichteten das Deutsche Reich und die Russische Sozialistische Föderative Sowjetrepublik auf ihre gegenseitigen Forderungen, die aus dem Ersten Weltkrieg resultierten, und beschlossen die Aufnahme diplomatischer Beziehungen sowie eine Meistbegünstigung im Handelsverkehr. Für den Wortlaut vgl. REICHSGESETZBLATT 1922, Teil II, S. 677 f.

[6] In den Verträgen vom 16. Oktober 1925 zwischen Belgien, Deutschland, Frankreich, Großbritannien, Italien, Polen und der Tschechoslowakei (Verträge von Locarno) verzichteten Deutschland, Belgien und Frankreich auf eine gewaltsame Revision der deutsch-belgischen und der deutsch-französischen Grenze. Mit Polen und der Tschechoslowakei schloß Deutschland Schiedsverträge, verzichtete aber nicht ausdrücklich auf eine gewaltsame Grenzrevision. Für den Wortlaut der Verträge vgl. REICHSGESETZBLATT 1925, Teil II, S. 976–1009.

Eine Entscheidung der Bundesregierung in dieser Frage müßte möglichst bald getroffen werden.

IV. Als Anlage 1 ist eine Synopse beigefügt, die den polnischen (Spalte 1) und den deutschen Entwurf (Spalte 2) einem möglichen deutschen Vorschlag für den Entwurf eines Arbeitspapiers (Spalte 3) gegenüberstellt, das wir in der nächsten Gesprächsrunde zur Diskussion stellen könnten. Diese Synopse ist zunächst nur für den internen Gebrauch gedacht; sie bedürfte vor evtl. Übergabe an die Polen der Überarbeitung. Als Anlage 2 ist der in Spalte 3 aufgeführte deutsche Vorschlag gesondert beigefügt. In der Spalte 3 ist nach Moskauer Vorbild der Versuch unternommen worden, von einem formulierten Vertragstext abzugehen und lediglich einen „Beitrag" für fünf „Leitsätze", die in ein Arbeitspapier aufgenommen werden könnten, niederzulegen. Dieses Verfahren hat den Vorteil,

a) daß man zunächst einmal die Frage, in welcher Reihenfolge „GV-Artikel" und „Grenz-Artikel" im Vertrag erscheinen sollen, ausklammern kann;

b) daß man in ihm auch Punkte aufführen kann, die am Ende im Abkommenstext selbst gar nicht mehr erscheinen; während die Bestimmungen der bisherigen Vertragsentwürfe z. T. interdependent waren, eine Veränderung einer Bestimmung somit auch die Anpassung anderer Vertragsbestimmungen erforderlich machte, können in einem Arbeitspapier gewisse „Merkposten" – so etwa der Vier-Mächte-Vorbehalt, Friedensvertragsvorbehalt, – zunächst ohne Rücksicht auf die vorgeschlagene Grenzformel erhalten bleiben, die dann je nach dem Inhalt der letztlich akzeptierten Formel modifiziert, gestrichen oder in den Vertrag übernommen werden.

Der Vorschlag in Spalte 3 hält sich sachlich im Rahmen der Moskauer Ergebnisse und übernimmt weitgehend dort gefundene Formulierungen, insbesondere auch in der Grenzfrage.

Die einzige Ausnahme ist die zweite Alternative zur Formulierung eines Grenzartikels (Verpflichtungsformel) auf S. 4 der Synopse.[7] Dieser Artikel geht über den bisher von uns angebotenen Gewaltverzicht in der Grenzfrage hinaus. Er beinhaltet praktisch eine materielle Vorwegnahme eines Friedensvertrages unter Aufrechterhaltung des für uns unverzichtbaren formalen Vorbehalts einer endgültigen Regelung in einem Friedensvertrag.

Da wir zunächst die Möglichkeiten eines deutsch-polnischen Gewaltverzichts erschöpfend testen wollen, sollte er in unserem den Polen zu übermittelnden Arbeitspapier nicht von vornherein aufgeführt werden, sondern – unter der Voraussetzung, daß sich die Bundesregierung grundsätzlich dafür entscheidet, auch die Möglichkeit einer Grenzvereinbarung in die Gespräche einzubeziehen (Alternative b unter I) – erforderlichenfalls im Laufe der Gesprächsrunde „nachgeschoben" werden.

Es muß daher geprüft werden, ob die Bundesregierung diesen Alternativvorschlag für akzeptabel hält und den deutschen Delegationsleiter[8] ermächtigen will, ihn in die Gespräche einzuführen.

---

[7] An dieser Stelle Fußnote in der Vorlage: „In Anlage 2 vgl. S. 5."
[8] Georg Ferdinand Duckwitz.

Anhand dieses Vorschlags müßte die polnische Bereitschaft geprüft werden, einen Friedensvertragsvorbehalt zu akzeptieren. In den bisherigen Gesprächen hat sich die polnische Seite hierzu nicht eindeutig festgelegt. Von unserer Seite müßte nachdrücklich klargestellt werden, daß wir eine Grenzvereinbarung ohne einen solchen Vorbehalt nicht in Betracht ziehen können. Auf Grund der Haltung unserer Alliierten zur Grenzfrage ist davon auszugehen, daß sie einer materiellen deutsch-polnischen Verständigung in der Grenzfrage ihre Zustimmung zwar nicht verweigern würden, daß sie sich jedoch gegen eine Aufgabe oder Schwächung des Friedensvertragsvorbehalts wenden würden, die ihre Rechte und Verantwortlichkeiten in bezug auf Deutschland und Berlin als Ganzes, einschließlich einer endgültigen Regelung der Grenzfrage, beeinträchtigen müßten. Auch wir haben ein dringendes eigenes Interesse, eine Erosion des Friedensvertragsvorbehalts zu vermeiden, um die Grundlagen unserer Deutschland- und Berlin-Politik nicht in Frage zu stellen. (Zur Bedeutung des Friedensvertragsvorbehalts vergleiche Aufzeichnung des Planungsstabes vom 7. November 1969 – Pl 83.00–739/69 geh.[9], insbesondere S. 3–5).

V. Falls die Bundesregierung sich für Alternative b) entscheidet, ergibt sich folgende Lage, von der die einzuschlagende Verhandlungstaktik beeinflußt wird:

Die Bundesregierung wird eine Grenzvereinbarung innenpolitisch – wenn sie eine auch von polnischer Seite nicht gewünschte Kampfabstimmung vermeiden will – nur vertreten können, wenn die polnische Regierung durch substantielle Zugeständnisse ihren erklärten Versöhnungswillen verdeutlicht. Die polnische Seite hat in den bisherigen Gesprächen Verständnis für diesen Zusammenhang anklingen lassen; wie weit dieses Verständnis reicht, bedarf jedoch noch näherer Klärung, die in der kommenden Gesprächsrunde angestrebt werden müßte.

1) Unter den denkbaren polnischen Konzessionen wären wegen des unmittelbaren Zusammenhangs mit der Grenzfrage insbesondere Maßnahmen zugunsten der in Polen zurückgebliebenen Deutschen wichtig.

Die Möglichkeit zu einer eingehenden Erörterung dieses Problemkreises bieten die von Herrn Winiewicz in der zweiten Gesprächsrunde vorgetragenen Vorwürfe gegen Artikel 116 GG[10] und das deutsche Staatsangehörigkeitsgesetz[11] (Inanspruchnahme polnischer Staatsangehöriger als deutsche Staatsangehörige), auf die wir eine ausführliche Erwiderung in Aussicht gestellt haben.[12] In einer ersten kurzen Erwiderung haben wir schon darauf verwiesen, daß die deutsche Staatsangehörigkeit laut Gesetz nicht entzogen werden darf[13], daß aber andererseits jedem freisteht, auf sie zu verzichten. In einer eingehenden und unpole-

---

[9] Für die Aufzeichnung des Vortragenden Legationsrats Fischer vgl. AAPD 1969, II, Dok. 351.
[10] Für Artikel 116 des Grundgesetzes vom 23. Mai 1949 vgl. Dok. 113, Anm. 5.
[11] Artikel 1, Absatz 1 des Gesetzes vom 22. Februar 1955 zur Regelung von Fragen der Staatsangehörigkeit legte fest, daß die Personen, denen die deutsche Staatsangehörigkeit auf Grund der Verordnung vom 4. März 1941 über die Deutsche Volksliste und die deutsche Staatsangehörigkeit in den eingegliederten Ostgebieten in der Fassung vom 31. Januar 1942 verliehen worden sei, deutsche Staatsangehörige geworden seien, „es sei denn, daß sie die deutsche Staatsangehörigkeit durch ausdrückliche Erklärung ausgeschlagen haben oder noch ausschlagen". Vgl. BUNDESGESETZBLATT 1955, Teil I, S. 65.
[12] Vgl. dazu das Gespräch des Staatssekretärs Duckwitz mit dem polnischen Stellvertretenden Außenminister Winiewicz am 11. März 1970 in Warschau; Dok. 113.
[13] Vgl. dazu Artikel 16, Absatz 1 des Grundgesetzes vom 23. Mai 1949; Dok. 113, Anm. 7.

mischen Erläuterung sollten wir noch einmal unseren Standpunkt darlegen und daran anschließend unsere Anliegen vortragen:

a) Die Familienzusammenführung zu beschleunigen.

b) Nach Möglichkeit darüber hinaus Personen, die außer der polnischen auch die deutsche Staatsangehörigkeit beanspruchen können, auch dann ein Optionsrecht einzuräumen und ihnen auf Wunsch die Umsiedlung in die Bundesrepublik Deutschland zu ermöglichen, wenn sie nicht engste Verwandte hier haben.

c) Durch geeignete Maßnahmen – insbesondere Erleichterung von Verwandtenbesuchen – diesem Personenkreis das Gefühl der Isolierung zu nehmen, das nach den vorliegenden Erfahrungen das treibende Motiv für die Mehrzahl der Umsiedlungswünsche ist.

Wir sollten deutlich machen, daß es uns nicht darum geht, generell den fraglichen Personenkreis als „Deutsche" in Anspruch zu nehmen, sondern darum, humanitäre Probleme zu lösen, die durch Kriegs- und Nachkriegsverhältnisse entstanden sind. Wir sollten auch sehr behutsam mit vorhandenem Zahlenmaterial operieren. (Z.B. dürfte einerseits ein Teil der vom Deutschen Roten Kreuz erfaßten 250 000 Umsiedlungsanträge nicht mehr aktuell sein, andererseits ist wahrscheinlich, daß potentielle Umsiedlungsbewerber zum Teil wegen der zu befürchtenden Folgewirkungen – wie Verlust des Arbeitsplatzes, der Wohnung, des Hofes – bisher von der Antragstellung abgesehen haben.)

Für die nähere Prüfung dieses ganzen Fragenkreises könnte – wenn die polnische Seite zustimmt – die Bildung einer Unterkommission im Rahmen der Gespräche angeregt werden.

2) Ein Grenzabkommen wäre innenpolitisch für die Bundesregierung weiter leichter zu vertreten, wenn sich damit sichtbare Verbesserungen der allgemeinen deutsch-polnischen Beziehungen verbinden.

Der polnische Delegationsleiter hat sich in der zweiten Gesprächsrunde bereit erklärt, die Möglichkeit zu konkreten Fortschritten in den bilateralen Beziehungen zu erörtern. Hieran anknüpfend sollten wir in der bevorstehenden Runde klären, ob die polnische Seite bereit ist,

a) diplomatische Beziehungen aufzunehmen. Zu dieser Frage hat die polnische Seite bereits erklärt, daß sie diplomatische Beziehungen vorläufig noch nicht für möglich hält. Wir sollten trotzdem dieses Petitum wiederholen.

b) gegebenenfalls für eine Übergangszeit den Handelsvertretungen politische Befugnisse zu geben und konsularische Beziehungen aufzunehmen.

c) den allgemeinen Reiseverkehr zwischen beiden Ländern zu ermöglichen, (bisher keine Touristenreisen für Deutsche nach Polen möglich).

d) die kulturellen und wissenschaftlichen Beziehungen zu entwickeln.

VI. Eine materielle Vorwegnahme eines Friedensvertrages in bezug auf die deutsch-polnische Grenze sollte ferner voraussetzen, daß Polen ausdrücklich auf Reparationsforderungen verzichtet. Ein solcher Verzicht ist von Polen in einer Erklärung vom 24.8.1953 gegenüber der DDR bereits in einer auf ganz Deutschland bezogenen Formulierung angesprochen worden.[14] Es wäre jedoch wün-

---

[14] In der Erklärung hieß es: „Mit Rücksicht darauf, daß Deutschland seinen Verpflichtungen zur Zahlung von Reparationen bereits in bedeutendem Maße nachgekommen ist und daß die Verbesserung

schenswert, hierzu nochmals eine ausdrückliche Klärung herbeizuführen, daß Polen keine Reparationsforderungen gegenüber der Bundesrepublik Deutschland zu stellen beabsichtigt. (Der Verzicht auf Reparationen müßte nicht Wiedergutmachungsleistungen zugunsten individueller polnischer Opfer nationalsozialistischen Unrechts – analog den mit westlichen Staaten getroffenen Vereinbarungen – ausschließen.)

Die grundsätzliche polnische Auffassung zur Reparationsfrage sollte sondiert werden. Hinsichtlich der Form eines Reparationsverzichts wäre es wahrscheinlich zweckmäßig, diesen Verzicht nicht in den Vertragstext selbst aufzunehmen, da dann möglicherweise ein entsprechender deutscher Verzicht (Vertreibungsschäden!) erforderlich werden könnte. Wahrscheinlich wäre ein polnischer Brief zu dieser Frage oder eine Bekräftigung der Erklärung von 1953 ausreichend.

VII. Zur Vervollständigung der vorstehenden Überlegungen sollten auch die außenpolitischen Wirkungen eines wie immer gearteten Vertragsabschlusses zwischen der Bundesrepublik Deutschland und Polen in Rechnung gestellt werden, zumal sie auch für die innenpolitische Beurteilung eine erhebliche Rollen spielen können und müssen.

1) Die Möglichkeiten einer Normalisierung der Beziehungen zwischen dem deutschen und dem polnischen Volk werden auf absehbare Zeit stark beeinträchtigt bleiben, wenn es nicht gelingt, zu einer Verständigung in der Grenzfrage zu gelangen.

2) Der Ausgang dieser Gespräche wird die Entwicklung unserer Beziehungen zu anderen osteuropäischen Staaten in erheblichen Maße positiv oder negativ beeinflussen können.

3) Ebenso ist mit einem entsprechenden positiven oder negativen Echo in der freien Welt einschließlich unserer Verbündeten zu rechnen.

4) Wenn es nicht gelingt, die deutsch-polnischen Gespräche zu einem erfolgreichen Abschluß zu führen, wäre es jedenfalls wünschenswert, daß eine mangelnde Einigung zur Grenzfrage nicht einseitig uns zur Last gelegt werden kann. Insofern wäre es günstiger, eine Verhandlungssituation herbeizuführen, in der wir Bereitschaft zeigen, über einen reinen Gewaltverzicht hinauszugehen, gleichzeitig aber auch polnisches Entgegenkommen erwarten müssen.

Die Bundesregierung wird jeden angestrebten Vertragsabschluß mit Polen innenpolitisch vertreten müssen. Was innenpolitisch möglich und vertretbar ist, kann von hier aus nicht ausreichend beurteilt werden, sondern muß von der Bundesregierung entschieden werden. Unter außenpolitischen Gesichtspunkten wäre es jedoch sehr erwünscht, daß eine solche Entscheidung bald herbeigeführt wird.

[Lahn][15]

Fortsetzung Fußnote von Seite 552

der wirtschaftlichen Lage Deutschlands im Interesse seiner friedlichen Entwicklung liegt, hat die Regierung der Volksrepublik Polen den Beschluß gefaßt, mit Wirkung vom 1. Januar 1954 auf die Zahlung von Reparationen an Polen zu verzichten, um damit einen weiteren Beitrag zur Lösung der deutschen Frage im Geiste der Demokratie und des Friedens, in Übereinstimmung mit den Interessen des polnischen Volkes und aller friedliebenden Völker zu leisten." Vgl. den Artikel „Erklärung der Regierung der Volksrepublik Polen zur deutschen Frage"; NEUES DEUTSCHLAND vom 25. August 1953, S. 1.

15 Verfasser laut Begleitvermerk. Vgl. Anm. 1.

[Anlage 1][16]

I.	II.
Polnischer Entwurf	Deutscher Entwurf
übergeben Ende Februar 1970	übergeben Anfang März 1970

Vertrag zwischen der Volksrepublik Polen und der Bundesrepublik Deutschland über die Grundlagen zur Normalisierung der gegenseitigen Beziehungen

Vertrag über die Grundsätze der gegenseitigen Beziehungen zwischen der Bundesrepublik Deutschland und der Volksrepublik Polen

(1) Die Volksrepublik Polen und die Bundesrepublik Deutschland

in Erwägung, daß ein Vierteljahrhundert seit der Beendigung des Zweiten Weltkrieges vergangen ist;

in Gedenken der besonders schmerzlichen Leiden, die der Nazismus dem polnischen Volk und anderen Völkern Europas angetan hat;

in dem Bestreben, in ihren gegenseitigen Beziehungen den Abgrund, der infolge der Naziverbrechen, die dem polnischen Volk angetan wurden ...[17], zuzuschütten;

in Berücksichtigung der Notwendigkeit, die Folgen des Zweiten Weltkrieges durch die Bundesrepublik Deutschland, als einen der beiden deutschen Staaten, die auf den Trümmern des Deutschen Reiches entstanden sind, anzuerkennen;

geleitet von dem Willen, ihre gegenseitigen Beziehungen zu normalisieren und zur Festigung des Friedens und der internationalen Sicherheit in Europa gemäß der Satzung der Vereinten Nationen beizutragen;

in der Überzeugung, daß die Unantastbarkeit der festgelegten und be-

Die Bundesrepublik Deutschland und die Volksrepublik Polen

im Hinblick darauf, daß einem geordneten und guten Verhältnis zwischen ihnen nach dem unheilvollen durch das nationalsozialistische Regime ausgelösten Krieg und seinen Folgen für beide Völker eine hervorragende Bedeutung zukommt;

in der Überzeugung, daß eine Entspannung der Beziehungen zwischen den Staaten den Wünschen der Völker entspricht;

in der Absicht, zur Schaffung einer festen Grundlage für Frieden und Sicherheit in Europa beizutragen;

---

[16] Die in der Vorlage dreispaltige Synopse wurde von Legationsrat von Treskow am 2. April 1970 gefertigt. Die dritte Spalte enthielt den in Anlage 2 wiedergegebenen Entwurf der Bundesregierung vom 2. April 1970.
[17] Auslassung in der Vorlage.

stehenden Grenzen die Grundvoraussetzung für die Sicherheit des Friedens und der internationalen Sicherheit darstellt;

gewillt, die Grundlagen zur Entwicklung der friedlichen und guten Beziehungen zwischen den beiden Staaten zu schaffen;

unter Berücksichtigung der Bestimmungen des Potsdamer Abkommens vom 2. August 1945, die die Grenzen Polens betreffen[18];

eingedenk dessen, daß das Verbot der Anwendung von Gewalt oder Androhung von Gewalt in den internationalen Beziehungen insbesondere gegen die politische Unabhängigkeit oder territoriale Integrität der Staaten unteilbar ist und überzeugt, daß eine Bekräftigung dieses Grundsatzes zwischen der Bundesrepublik Deutschland und der Volksrepublik Polen sich günstig auf die Situation in Europa auswirken wird;

unbeschadet der Rechte und Verantwortlichkeiten der Französischen Republik, der UdSSR, der Vereinigten Staaten von Amerika und des Vereinigten Königreichs von Großbritannien und Nordirland;

in dem Bewußtsein, daß eine Friedensregelung für Deutschland aussteht;

haben beschlossen, das vorliegende Abkommen abzuschließen:

sind auf dieser Grundlage wie folgt übereingekommen:

(2) Die Bundesrepublik Deutschland anerkennt als endgültig die bestehende Westgrenze der Volksrepublik Polen, die in Übereinstimmung mit dem Potsdamer Abkommen von 1945 von der Ostsee unmittelbar westlich von Swinoujscie und von dort entlang den Fluß Oder bis zur Einmündung der westlichen Neiße und die westliche Neiße entlang bis zur tschechoslowakischen Grenze, was auch einen Teil des ehemaligen Ostpreußen und das Gebiet der ehemaligen Freien Stadt Danzig umfaßt, verläuft.

Die Bundesrepublik Deutschland erklärt, daß sie keine territorialen Forderungen stellt und auch in der Zukunft in keiner Form territoriale oder sonstige Forderungen hinsichtlich der an Polen im Potsdamer Ab-

Die Bundesrepublik Deutschland und die Volksrepublik Polen respektieren ihre beiderseitige territoriale Integrität in den Grenzen ihres gegenwärtigen Besitzstandes.

---

[18] Vgl. dazu Abschnitt IX des Kommuniqués vom 2. August 1945 über die Konferenz von Potsdam (Potsdamer Abkommen); Dok. 12, Anm. 26.

kommen übertragenen Gebiete stellen wird und anerkennt, daß diese Gebiete sich unter der souveränen Staatshoheit der Volksrepublik Polen befinden und deren integralen Bestandteil darstellen.

Die Bestimmungen der Punkte 1 und 2 dieses Artikels sind für alle zukünftigen Vereinbarungen, eingeschlossen die Vereinbarungen, die den Frieden und die Sicherheit in Europa betreffen, verbindlich.

(3) Die Volksrepublik Polen und die Bundesrepublik Deutschland verpflichten sich, jegliche Schritte, die gegen die Souveränität, territoriale Integrität oder Unabhängigkeit der anderen Seite gerichtet wären, zu unterlassen.

Die Bundesrepublik Deutschland und die Volksrepublik Polen werden in ihren gegenseitigen Beziehungen die in Artikel 2 der Satzung der Vereinten Nationen[19] niedergelegten Grundsätze uneingeschränkt anwenden.

Sie werden sich daher jeglicher Anwendung oder Androhung von Gewalt gegeneinander enthalten und alle zwischen ihnen noch nicht endgültig geregelten und alle sich noch ergebenden Fragen ausschließlich mit friedlichen Mitteln lösen.

(4) Die Volksrepublik Polen und die Bundesrepublik Deutschland werden aufgrund der Bestimmungen dieses Abkommens weitere Schritte zur Normalisierung ihrer gegenseitigen Beziehungen unternehmen.

Die Vertragschließenden Parteien werden sich gemeinsam darum bemühen, alle weiteren Fragen, die einer Regelung bedürfen, im Wege beiderseitiger Verhandlungen zu lösen, um auf diese Weise ihre gegenseitigen Beziehungen fortschreitend zu entwickeln.

(5)

(6) Dieses Abkommen bedarf der Ratifizierung und tritt in Kraft am Tage des Austausches der Ratifikationsurkunden, der in ...[20] erfolgt.

Dieser Vertrag bedarf der Ratifizierung. Er tritt am Tage nach dem Austausch der Ratifikationsurkunde in Kraft.

---

[19] Zu Artikel 2 der UNO-Charta vom 26. Juni 1945 vgl. Dok. 12, Anm. 5.
[20] Auslassung in der Vorlage.

[Anlage 2]

2. April 1970

Deutscher Vorschlag für den Entwurf eines Arbeitspapiers

Beide Seiten sind sich darin einig, in einem „Vertrag zwischen der Bundesrepublik Deutschland und der Volksrepublik Polen über die gegenseitigen Beziehungen" die sie interessierenden Fragen auf Grundlage der folgenden Leitsätze zu regeln:

1

1) Beide Seiten lassen sich von dem Wunsch leiten, die Grundlagen für die Entwicklung guter und friedlicher Beziehungen zwischen der Bundesrepublik Deutschland und der Volksrepublik Polen zu schaffen und ihre gegenseitigen Beziehungen zu normalisieren.

2) Überzeugt, daß eine Entspannung der Beziehungen zwischen den Staaten den Wünschen der Völker entspricht, betrachten es beide Seiten als ein wesentliches Ziel ihrer Politik, zur Entspannung in Europa und zur Erhaltung des Friedens in der Welt beizutragen.

3)[21] Beide Seiten bestätigen, daß das Abkommen die Rechte und Verantwortlichkeiten der Französischen Republik, der UdSSR, der Vereinigten Staaten von Amerika und des Vereinigten Königreichs von Großbritannien und Nordirland für Deutschland als Ganzes nicht berührt.

4)[22] Beide Seiten handeln in dem Bewußtsein, daß eine Friedensregelung für Deutschland noch aussteht.

2

Erste Alternative („Moskauer Grenzformel")

1) Die Bundesrepublik Deutschland und die Volksrepublik Polen erheben keine Gebietsansprüche gegeneinander und werden sie auch in Zukunft nicht erheben.

2) Sie sehen die Unverletzlichkeit der Grenzen als eine Hauptbedingung des Friedens an und verpflichten sich daher, die territoriale Integrität aller Staaten in Europa zu respektieren.

3) Sie achten die heute bestehenden Grenzen – einschließlich der Oder-Neiße-Grenze – und betrachten sie auch in Zukunft als unverletzlich.

Zweite Alternative („Verpflichtungsformel")

1) Die Bundesrepublik Deutschland und die Volksrepublik Polen betrachten die westliche Grenze der Volksrepublik Polen als unverletzlich.

2) Die Bundesrepublik Deutschland wird sich dafür einsetzen, daß die Grenze im Falle der Bildung der im „Potsdamer Abkommen" vorgesehenen gesamtdeutschen Regierung oder sonstiger Deutschland als Ganzes betreffenden Regelun-

---

[21] An dieser Stelle Fußnote in der Vorlage: „Kann entfallen, falls es bei der ‚Moskauer Grenzformel' bleibt."
[22] An dieser Stelle Fußnote in der Vorlage: „Kann entfallen, falls es bei der ‚Moskauer Grenzformel' bleibt."

gen als Grenze zwischen der Volksrepublik Polen und Deutschland bestätigt wird.

Dritte Alternative („Kambodscha-Formel")[23]

1) Die Bundesrepublik Deutschland und die Volksrepublik Polen erheben keine Gebietsansprüche gegeneinander.

2) Sie erkennen die Unverletzlichkeit der heute bestehenden Grenzen – einschließlich der Oder-Neiße-Grenze – an und verpflichten sich, die territoriale Integrität aller Staaten in Europa zu respektieren.

3

1) Die Bundesrepublik Deutschland und die Volksrepublik Polen werden sich in ihren gegenseitigen Beziehungen sowie in Fragen der Gewährleistung der Sicherheit in Europa und in der Welt von den in Artikel 2 der Satzung der Vereinten Nationen niedergelegten Grundsätzen und Zielen der Organisation der Vereinten Nationen leiten lassen.

2) Demgemäß werden sie alle ihre Streitfragen ausschließlich mit friedlichen Mitteln lösen und übernehmen die Verpflichtung, sich in Fragen, die die europäische Sicherheit berühren sowie in ihren gegenseitigen Beziehungen gemäß Artikel 2 der Satzung der Vereinten Nationen der Drohung mit Gewalt oder der Anwendung von Gewalt zu enthalten.

4

Erste Alternative

Beide Seiten werden unverzüglich gemeinsam weitere Schritte zur Normalisierung ihrer gegenseitigen Beziehungen einleiten.

Zweite Alternative (Sahm)

Beide Seiten werden unverzüglich Verhandlungen einleiten, um weitere Schritte zur Normalisierung ihrer gegenseitigen Beziehungen – einschließlich der Aufnahme diplomatischer Beziehungen – zu unternehmen.

5

Das Abkommen zwischen der Bundesrepublik Deutschland und der Volksrepublik Polen berührt nicht die früher geschlossenen zweiseitigen und mehrseitigen Verträge und Abkommen beider Seiten.

VS-Bd. 8955 (II A 5)

---

[23] Mit Schreiben vom 29. September 1967 übermittelte Bundeskanzler Kiesinger Präsident Sihanouk folgende Erklärung über die Anerkennung der Grenzen von Kambodscha: „La République Fédérale d'Allemagne déclare son respect sans aucune réserve de la souveraineté, de l'indépendance et neutralité et de l'intégrité territoriale du Cambodge dans les limites de ses frontières actuelles. Conformément aux principes de sa politique de paix et à sa réputation générale de violence, elle reconnaît l'inviolabilité de ces frontières." Vgl. den Drahterlaß Nr. 59 des Staatssekretärs Schütz an die Vertretung in Phnom Penh; Referat I B 5, Bd. 333.

142

Botschafter Limbourg, Athen, an das Auswärtige Amt

Z B 6-1-11516/70 VS-vertraulich Aufgabe: 2. April 1970, 13.00 Uhr[1]
Fernschreiben Nr. 114 Ankunft: 2. April 1970, 13.09 Uhr

Betr.: Panzer „Leopard" für Griechenland[2]

Auf Erlaß (Draht) Nr. 54 vom 1.4.1970 AZ: III A 4[3]

Ankündigung, daß mit einer Ausfuhrgenehmigung für Panzer „Leopard" nach Griechenland nicht zu rechnen sei, gibt mir Anlaß zu folgenden grundsätzlichen Bemerkungen:

Die Konsequenzen, die innerhalb des Europarats aus den innenpolitischen Verhältnissen des Landes gezogen wurden[4], waren auch deutscherseits von der Feststellung begleitet, die Rolle Griechenlands als NATO-Partner werde hiervon nicht berührt. Eine Änderung der deplorablen innenpolitischen Situation ist nicht abzusehen, die geopolitische Stellung Griechenlands im Mittelmeerraum gewinnt jedoch ständig an Bedeutung. Beide Bereiche sollten klar getrennt bleiben.

Der Verzicht auf Lieferung des Panzers „Leopard" nach Griechenland bedeutet zunächst die Schlechterstellung eines NATO-Partners, der aus eigener Kraft Anstrengungen unternimmt, sein Verteidigungspotential zu stärken. Er wird, abgesehen von dem Entgang wirtschaftlichen Nutzens, eine weitere Einschränkung unserer politischen Einflußmöglichkeiten nach sich ziehen. Er ist zudem geeignet, neutralistischen Strömungen innerhalb des Regimes Auftrieb zu geben. Schließlich sollte bei einer endgültigen Entscheidung im Auge behalten werden, daß unter den übrigen NATO-Partnern hinsichtlich der Lieferung von Rüstungsgütern keine einheitliche Linie befolgt wird und daher mit Sicherheit angenommen werden kann, daß sich andere darum bemühen werden, an die deutsche Stelle zu treten.

Frankreichs Interesse an dieser Angelegenheit ist beispielsweise hinreichend bekannt.[5]

[gez.] Limbourg

VS-Bd. 8774 (III A 4)

---

[1] Hat Vortragendem Legationsrat Königs am 6. April 1970 vorgelegen.
[2] Botschafter Limbourg, Athen, berichtete am 5. März 1970, ein Mitglied des bayerischen Landtages habe ihm erklärt, „daß der Chef der Logistik der Streitkräfte, Admiral Soubassakos, ihm ‚den Auftrag erteilt' habe, der F[irm]a Krauss Maffei das offizielle Angebot auf Lieferung von 120 Leopard-Panzern zu machen. Er sei gebeten worden, die Firma zur alsbaldigen Äußerung über Lieferungsmöglichkeit, Lieferungsfrist und Lieferpreis aufzufordern." Vgl. den Drahtbericht Nr. 88; VS-Bd. 8774 (III A 4); B 150, Aktenkopien 1970.
[3] Vortragender Legationsrat Königs teilte der Botschaft in Athen mit, es sei „nicht damit zu rechnen, daß die Bundesregierung die Ausfuhr des Panzers ‚Leopard' nach Griechenland genehmigt. Die Firma Krauss Maffei ist unterrichtet." Vgl. VS-Bd. 8774 (III A 4); B 150, Aktenkopien 1970.
[4] Zum Austritt Griechenlands aus dem Europarat vgl. Dok. 43, Anm. 6.
[5] Ministerialdirektor Herbst teilte Botschafter Limbourg, Athen, am 9. April 1970 mit: „Die NATO-Verteidigungshilfe für Griechenland wiederaufzunehmen, ist, wie ich glaube, heute und in abseh-

143

Aufzeichnung des Staatssekretärs Duckwitz

St.S. 261/70   3. April 1970[1]

Heute suchten mich auf meinen Wunsch auf:

1) Der Apostolische Nuntius, Erzbischof Bafile, dem ich zunächst den Dank der Bundesrepublik übermittelte für die Bemühungen des Apostolischen Nuntius in Guatemala[2], die Freilassung unseres Botschafters von seinen Entführern zu erwirken.[3] Da nach unserer Kenntnis eine unmittelbare Verbindung zwischen dem Nuntius und der Entführergruppe FAR[4] besteht, wären wir dankbar, wenn der Nuntius seine Bemühungen fortsetzen würde mit dem Ziel, die Entführer von ihren unsinnigen Forderungen abzubringen, die sie an die guatemaltekische Regierung gestellt hätten. Da die Regierung diese Forderungen abgelehnt habe, sei das Leben von Graf Spreti in erhöhter Gefahr. Auch der jetzt verkündete Ausnahmezustand sei nicht geeignet, unsere Besorgnisse zu zerstreuen. Ganz im Gegenteil.

Ich habe den Nuntius außerdem gebeten, seinen Kollegen in Guatemala City zu bitten, in seiner Eigenschaft als Doyen des Diplomatischen Corps bei der guatemaltekischen Regierung vorstellig zu werden und darauf hinzuweisen, daß nach der Entführung des Grafen Spreti und den vorangegangenen Entführungen[5] das Leben jedes einzelnen Diplomaten in Guatemala bedroht sei. Dies müsse zu ernsthaften Belastungen zwischen der guatemaltekischen Regierung und den Regierungen, die in Guatemala akkreditiert sind, führen. Dem Nuntius komme daher in seiner Eigenschaft als Doyen in dieser Situation eine besondere Bedeutung zu.

Erzbischof Bafile zeigte volles Verständnis für unsere Besorgnisse und versprach, sich über Rom mit seinem Kollegen in Guatemala in Verbindung zu setzen, um diesen zu bitten, in der oben angedeuteten Form bei der guatemaltekischen Regierung vorstellig zu werden.

2) Der guatemaltekische Botschafter Gándara, dem ich zunächst meine Enttäuschung darüber zum Ausdruck brachte, daß die optimistischen Mitteilungen, die er mir noch gestern nachmittag gemacht habe, sich nicht als richtig erwiesen

---

Fortsetzung Fußnote von Seite 559
    barer Zukunft nicht möglich. Hiergegen bestanden im Parlament und in der Öffentlichkeit schon in der Vergangenheit ernste Bedenken, die sich eher noch verstärkt haben. Unter diesen Umständen, die man mit dem Blick auf die veränderte militärische Lage im Mittelmeer bedauern mag, halte ich es – in Übereinstimmung mit Staatssekretär Harkort – auch für ausgeschlossen, daß die Bundesregierung etwa der Ausfuhr des Panzers vom Typ ‚Leopard' nach Griechenland zustimmen würde." Vgl. den Schrifterlaß; VS-Bd. 8774 (III A 4); B 150, Aktenkopien 1970.

[1] Hat Vortragendem Legationsrat I. Klasse Hofmann am 7. April 1970 vorgelegen.
[2] Gerolamo Prigione.
[3] Zur Entführung des Botschafters Graf von Spreti, Guatemala, vgl. Dok 137.
[4] Fuerzas Armadas Revolucionarias.
[5] Vgl. dazu Dok. 137, Anm. 1.

hätten.[6] Die Regierung[7] habe entgegen seinen Mitteilungen ein Sondergesetz, das der Regierung die Freilassung der in Guatemala im Gefängnis befindlichen Partisanen ermöglichen sollte, nicht vorgelegt, da ihrer Ansicht nach die Zustimmung des Parlaments zu einem solchen Gesetz nicht zu erreichen sei. Außerdem habe sie erklärt, daß sie sich aus verfassungsrechtlichen und politischen Gründen nicht in der Lage sehe, den Forderungen der Partisanen zu entsprechen. Ich bäte um Aufklärung über diesen Widerspruch.

Botschafter Gándara zeigte sich weitgehend uninformiert und erklärte, er habe mir die gestrige Mitteilung aufgrund eines Telefongesprächs mit seinem Außenminister[8] gemacht. Die Lage müsse sich inzwischen so entscheidend geändert haben, daß die Regierung der Vorlage eines solchen Gesetzes keine Aussicht auf Erfolg beimessen konnte. Aus dem Grunde sei der ursprüngliche Plan wahrscheinlich fallengelassen worden.

Die neuen Forderungen der Partisanen (Entlassung von 24 Partisanen und Zahlung von 700 000 $)[9] waren dem Botschafter unbekannt. Auch hier machte ich ihn auf Widersprüche aufmerksam, die zwischen unserem gestrigen Gespräch und dieser Mitteilung bestünden, insbesondere seine Behauptung, daß außer[10] den 14 Partisanen, deren Freilassung aus den Gefängnissen gefordert worden sei, sich nunmehr keine Partisanen mehr in guatemaltekischen Gefängnissen aufhielten. Anscheinend seien inzwischen zehn neue hinzugekommen. Der Botschafter konnte sich diesen Widerspruch ebenfalls nicht erklären und versprach, der Angelegenheit nachzugehen. Im übrigen habe der Außenminister ihm mitgeteilt, daß er, der Botschafter, mit weiteren Mitteilungen seiner Regierung nicht rechnen könne, bevor nicht etwas Definitives zu berichten sei. Auf meine diesbezügliche Frage gab er zu, daß dies sowohl negativ wie auch positiv gedeutet werden könne.

Ich erklärte ihm, daß ich mich mit dieser Mitteilung nicht abfinden könne, daß wir wünschten, schon im Interesse der Beruhigung der deutschen Öffentlichkeit, genau zu wissen, welche Schritte seine Regierung aufgrund der neuen Sachlage nun zu unternehmen gedächte. Auch der Ausnahmezustand könne uns nicht beruhigen, denn er ermögliche vermutlich ein aktives Vorgehen der Polizei oder des Militärs gegen die Partisanen, was wiederum zu desperaten Kurzschlüssen, deren Opfer Graf Spreti sein könnte, führen würde. Der Botschafter sah

---

[6] Staatssekretär Duckwitz vermerkte am 2. April 1970, der guatemaltekische Botschafter Gándara habe ihm mitgeteilt, daß eine Sondersitzung des Parlaments einberufen worden sei. Dem Parlament solle ein Gesetz zur Annahme vorgelegt werden, „das die Freilassung der bereits verurteilten Partisanen mit sofortiger Wirkung ermöglicht. Es handele sich hier um eine ‚lex Graf Spreti'. An der Annahme dieses Gesetzes sei nicht zu zweifeln." Gándara führte weiter aus, daß es nach Ansicht seiner Regierung ausgeschlossen sei, „daß Graf Spreti etwas passiert. Bisher sei noch jede von den Partisanen gefangengenommene Geisel nach Zahlung des entsprechenden Lösegeldes oder Freilassung von Partisanen unbeschädigt freigelassen worden." Vgl. Referat I B 2, Bd. 556.

[7] Korrigiert aus: „Das Parlament".

[8] Alberto Fuentes Mohr.

[9] Botschaftsrat Mikesch, Guatemala, teilte am 3. April 1970 mit, daß die von den Entführern für die Erfüllung ihrer Forderungen gesetzte Frist am 4. April 1970 um 15 Uhr Ortszeit ablaufe. Vgl. dazu den Drahtbericht Nr. 42; Referat I B 2, Bd. 556.

[10] Korrigiert aus: „mit".

dies ein und versprach, sich noch heute in Guatemala zu erkundigen, welche Möglichkeiten seine Regierung sehe, mit den Entführern zu einer Übereinkunft zu gelangen. Die Verantwortung, so hob ich nachdrücklich hervor, liege ausschließlich bei der guatemaltekischen Regierung, die für den Schutz und das Leben der dort akkreditierten Diplomaten verantwortlich sei.

Es war in diesem Zusammenhang bezeichnend, daß der Botschafter mich mit unschuldiger Miene fragte, ob seine Regierung bereits an uns herangetreten sei mit dem Ziel, daß wir uns an der Zahlung des Lösegelds beteiligen sollten. Ich habe ihm daraufhin erwidert, daß dies nicht der Fall sei und ein solches Ansinnen auch von uns abgelehnt werden müsse. Ich könne mir nicht vorstellen, daß die Regierung von Guatemala nicht über einen Betrag von 700 000 $ verfüge.

Botschafter Gándara versicherte abschließend noch einmal, daß seine Regierung selbstverständlich alles tun werde, was ihr überhaupt möglich sei, um Graf Spreti so bald wie möglich zu befreien. Ich erwiderte ihm, daß wir von diesem Bestreben seiner Regierung zwar überzeugt seien, uns aber daran liege zu erfahren, welche Schritte seine Regierung zu ergreifen gedenke. Die Aufregung in der deutschen Öffentlichkeit sei sehr erheblich, und es könne nicht ausbleiben, daß bei einem schlechten Ausgang dieses Falles die Beziehungen zwischen unseren beiden Ländern stark belastet würden.

Abschließend versprach der Botschafter, mich sofort zu unterrichten, sobald er neue Nachrichten von seiner Regierung habe.

Hiermit dem Herrn Minister[11] nach Rückkehr vorgelegt.

Duckwitz

Referat I B 2, Bd. 556

---

[11] Hat Bundesminister Scheel vorgelegen.

144

Ministerialdirektor Hoppe, z.Z. Guatemala, an Bundesminister Scheel

Fernschreiben Nr. 46
Citissime

Aufgabe: 4. April 1970, 02.13 Uhr[1]
Ankunft: 5. April 1970, 03.25 Uhr

Auch für Bundesminister, Staatssekretär[2] und D I[3]

Unterstelle, daß dem Herrn Bundeskanzler hiesiger Drahtbericht 45 vom 4. April vorliegt.[4]

Halte Reise Bundeskanzlers nach Guatemala im gegenwärtigen Augenblick für nicht nützlich.

Empfehle andererseits:

1) Sofortiger Appell des Herrn Bundeskanzlers an Regierungschefs aller in Guatemala akkreditierten Länder, in geeignet erscheinender Weise bei hiesiger Regierung für Freigabe Botschafter Graf Spreti vorstellig zu werden. Hiesige Diplomatenliste liegt in Bonn vor (wiederholtes kollektives Vorgehen hiesigen diplomatischen Corps blieb wirkungslos).

2) Da der Herr Bundeskanzler sich zur Zeit in den USA aufhält[5], dürfte gemeinsamer Appell Nixon–Brandt besonders wirkungsvoll sein. Vatikan und darüber hinaus U Thant sollten besonders angesprochen werden. Telefongespräch Bundeskanzler/Staatspräsident[6] könnte nützlich sein, wenn es durch USA-Presse und Botschaft Publizität erhält.

3) Da Staatspräsident offensichtlich in starker Abhängigkeit von Militärs steht und nicht mehr gewillt scheint, sich über das im Bezugsdrahtbericht erwähnte Maß hinaus einsetzen zu wollen, sollte amerikanische Regierung dafür gewonnen werden, durch Entsendung geeignet erscheinender hoher Militärpersönlichkeit auf hiesige Generalität einzuwirken, ohne daß dies nach außen in Erscheinung tritt. Nach meinem bisherigen Eindruck ist von Einschaltung hiesigen amerikanischen Botschafters[7] wenig zu erwarten, da er zwar der Botschaft einer

---

[1] Hat Vortragendem Legationsrat Schönfeld am 6. April 1970 vorgelegen, der handschriftlich vermerkte: „Herrn D I mit der Bitte um Übernahme."
Hat Ministerialdirektor Ruete vorgelegen, der die Weiterleitung an Referat I B 2 verfügte.
[2] Georg Ferdinand Duckwitz.
[3] Paul Frank.
[4] Ministerialdirektor Hoppe, z.Z. Guatemala, berichtete über ein Gespräch mit Staatspräsident Mendez Montenegro, in dem er auf den völkerrechtlichen Standpunkt der Bundesregierung hingewiesen habe, wonach Leben und Unversehrtheit des Botschafters Graf von Spreti unter allen Umständen zu schützen seien. Der Staatspräsident habe erklärt, er habe Hoffnung auf Kontakte mit den Entführern und eine Lösung des Falls. Ihm sei am Abend des Vortags ein zusätzlicher Zeitraum zur Erfüllung der Forderungen der Entführer eingeräumt worden. Für eine Zusammenfassung des Drahtberichts Nr. 45 vgl. die am 21. April 1970 veröffentlichte Dokumentation der Bemühungen um eine Freilassung von Spreti; BULLETIN 1970, S. 506.
[5] Bundeskanzler Brandt hielt sich vom 4. bis 11. April 1970 in den USA auf. Vgl. dazu Dok. 151, Dok. 153 und Dok. 156.
[6] Julio César Mendez Montenegro.
[7] Nathaniel Davis.

von Washington gegebenen Weisung zufolge Zusammenarbeit angeboten hat, im übrigen aber nur daran interessiert zu sein scheint, Weiterbestand jetziger Regierung, der durch die Entführungsaffaire gefährdet ist, zu sichern.

4) Falls guatemaltekische Regierung nicht in der Lage sein sollte, angedeutete Kontakte in den nächsten zwei Tagen erfolgversprechend zu konkretisieren, schlage ich vor, Regierung durch Androhung direkter Kontaktaufnahme mit Entführern unter Druck zu setzen. Auch Nuntius[8] bat mich dringend, nicht mehr viel Zeit verstreichen zu lassen und baldmöglichst starke Pressionen auszuüben.

5) Vorsorglich bitte ich schon jetzt um Prüfung, in welcher Höhe Bundesregierung gegebenenfalls Lösegeld zu zahlen bereit ist.[9]

[gez.] Hoppe

Referat I B 2, Bd. 556

145

Botschafter Freiherr von Ungern-Sternberg, Brüssel, an das Auswärtige Amt

Z B 6-1-11566/70 VS-vertraulich Aufgabe: 6. April 1970, 20.00 Uhr[1]
Fernschreiben Nr. 120 Ankunft: 6. April 1970, 20.32 Uhr
Citissime

Betr.: Rückkehr Frankreichs in die WEU[2]

Bezug: Drahterlaß Nr. 835/865 vom 3. April 1970 – AZ: II A 7-87.20[3]
      Anruf von VLR I Dr. Müller

Die Formulierung, die Davignon in Rom für die Lösung der WEU-Krise vorgeschlagen hat, lautet wie folgt: „Les Etats membres conviennent qu'ils ne discuteront pas, à l'U.E.O.[4], des problèmes techniques ou économiques qui se rap-

---

[8] Gerolamo Prigione.
[9] Botschafter Pauls, Washington, teilte am 5. April 1970 im Auftrag des sich z. Z. in den USA aufhaltenden Bundeskanzlers Brandt mit, daß die Bundesregierung „bereit sei, finanzielle Verpflichtungen zu übernehmen, wenn […] Freilassung damit herbeigeführt werden kann". Vgl. den Drahtbericht Nr. 746; Referat I B 2, Bd. 556.

[1] Hat Vortragendem Legationsrat I. Klasse Müller am 7. April 1970 vorgelegen, der die Weiterleitung an Legationsrat I. Klasse von Magnus verfügte.
Hat Magnus am 17. April 1970 vorgelegen, der handschriftlich vermerkte: „In Papieren berücksichtigt."
[2] Zum französischen Fernbleiben von den Sitzungen der WEU vgl. Dok. 86, Anm. 25.
[3] Mit Drahtbericht Nr. 865 berichtete Botschafter Freiherr von Braun, Paris, daß der französische Außenminister Schumann am 2. April 1970 erklärt habe, „Frankreich wünsche seinen Platz im Rat der WEU wieder einzunehmen". Vgl. Referat I A 1, Bd. 667.
[4] Union de l'Europe Occidentale.

portent à l'élargissement des Communautés européennes, ni des questions politiques qui y sont directement liées."

Wie mir Davignon sagte, sind sowohl die Franzosen wie auch die Italiener bereit, diese Formel als Grundlage für die Rückkehr Frankreichs in die WEU zu akzeptieren. Sie wird heute allen Mitgliedstaaten zur Kenntnis gebracht mit der Bitte, der belgischen Regierung möglichst bis Ende dieser Woche mitzuteilen, ob sie ihr zustimmen. Sofern diese Umfrage ein positives Ergebnis hat, wird Harmel vermutlich zu Beginn der kommenden Woche diesen Vorschlag zur Lösung der WEU-Krise auf schriftlichem Wege übermitteln und dabei zum Ausdruck bringen, daß der letzte Teil der Formel („... ni des questions politiques qui y sont directement liées") sich nicht auf Fragen bezieht, die die politische Einigung Europas zum Gegenstand haben.[5] Solche Fragen könnten also weiterhin im Rahmen der WEU erörtert werden. Diese Erläuterung, mit der sowohl die Franzosen wie die Italiener einverstanden sind, entspricht dem besonderen Wunsch der Engländer.[6]

[gez.] Ungern-Sternberg

VS-Bd. 2698 (I A 1)

146

Gespräche des Bundesministers Schmidt in Washington

Geheim   7. April 1970[1]

I. Dolmetscheraufzeichnung über das Gespräch zwischen Bundesminister Schmidt und dem amerikanischen Verteidigungsminister Laird am 7. April 1970.[2] Beginn: 10.45 [Uhr]. Außerdem anwesend: Colonel Pursley (Adjutant Minister Laird). Dolmetscher: Freudenstein.

Bundesminister *Schmidt* lud Minister Laird zunächst zu einem Besuch bei der Bundeswehr ein, damit dieser sich einen persönlichen Eindruck von dem – in der amerikanischen Presse immer wieder negativ beurteilten – Leistungsstand der Bundeswehr verschaffen könne.

---

[5] Der belgische Außenminister Harmel übermittelte Bundesminister Scheel am 14. April 1970 den Text mit dem französischen Außenminister Schumann abgesprochenen Kompromißformel, die die Rückkehr Frankreichs in den Ministerrat der WEU ermöglichen sollte. Vgl. dazu Referat I A 1, Bd. 667.
Ministerialdirektor Frank vermerkte dazu am 16. April 1970: „Wir können der Formel zustimmen. Sie ist eine Verbesserung des ursprünglichen Vorschlags und dürfte unter den gegebenen Umständen die beste der möglichen Lösungen sein." Vgl. Referat I A 1, Bd. 667.
[6] Frankreich nahm ab 1. Juni 1970 wieder an den Sitzungen der WEU teil.
[1] Die Aufzeichnung wurde am 17. April 1970 vom Bundesministerium der Verteidigung an Botschafter Roth weitergeleitet.
Hat Roth am 20. April 1970 vorgelegen.
[2] Bundesminister Schmidt hielt sich vom 4. bis 11. April 1970 in den USA auf.

Minister *Laird* hielt dies für eine sehr nützliche Anregung und schlug vor, diesen Gedanken mit einem ohnehin anstehenden Besuch bei den amerikanischen Truppen in Deutschland zu verbinden. Vorläufig vorgesehener Zeitpunkt: nach dem 15.6.1970.[3]

Minister Laird kam sodann auf die Tatsache zu sprechen, daß Bundesminister Schmidt in letzter Zeit sehr häufig in der Presse erwähnt werde. Hierzu bemerkte Bundesminister *Schmidt*, daß in dem von ihm verfaßten Artikel an einer wichtigen Stelle das für die korrekte Wiedergabe seiner Gedanken wesentliche Wort „startling" durch Druckfehler weggelassen worden sei.[4] Da es sich hier um eine Erwähnung des Offset-Problems handelte, knüpfte er die Bemerkung an, daß diese Frage seines Erachtens nicht allzu vordringlich sei, da das z.Z. laufende Abkommen noch für weitere 15 Monate gelte.[5]

Minister *Laird* gab demgegenüber zu bedenken, daß der Druck bestimmter amerikanischer Kreise bisher zwar noch nicht zur Bildung einer Kongreßmehrheit zugunsten eines amerikanischen Truppenabzugs geführt habe, daß jedoch manche europäischen Meinungsäußerungen Wasser auf die Mühlen der Befürworter eines US-Truppenabzugs seien.

Auf die Frage von Bundesminister *Schmidt*, ob auch seine eigenen Meinungsäußerungen hierunter fielen, meinte Minister *Laird*, mitunter sei dies der Fall. Im übrigen gäbe es für das Offset-Problem eine ganze Reihe möglicher Lösungen (beispielsweise die Übernahme der Kosten für deutsches Personal bei den US-Truppen), die einer Diskussion wert wären.

Bundesminister *Schmidt* gab zu bedenken, daß diese Frage wohl doch – obwohl man sie ernst nehmen müsse – besser erst nach den amerikanischen Wahlen im November[6] in Angriff genommen werden sollte.

Minister *Laird* widersprach dieser Auffassung: Erstens müsse der nächste Haushalt spätestens im Dezember 1970 eingebracht werden[7], und zweitens werde das Offset-Problem kein inneramerikanisches Wahlthema von Bedeutung sein.

---

[3] Zum Gespräch des amerikanischen Verteidigungsministers mit Bundesminister Schmidt am 12. Juni 1970 vgl. Dok. 272.

[4] Bundesminister Schmidt schrieb in dem Artikel, daß eine verringerte militärische Präsenz der USA in Europa weder durch eine gemeinsame Anstrengung der Europäer noch durch Bemühungen der Bundesrepublik allein wettgemacht werden könne: „Lack of money, manpower and popular support would preclude such a solution – quite apart from the grave political effects it would have in the East as well as in the West. By the same token, continued German payments for continued American presence offer no feasible way out. We have reached the end of the buildup phase of our armed forces. There are no longer any large arms orders that we might place in the United States, so further offset agreements are going to be difficult. Budgetary contributions, on the other hand, would have to come out of the German defense budget; we would mend one hole by opening up another." Vgl. den Artikel „Bonn and the U.S. Presence"; THE WASHINGTON POST vom 2. April 1970, S. 14.

[5] Die Bundesrepublik und die USA schlossen am 9. Juli 1969 das Abkommen über einen Devisenausgleich für die Zeit vom 1. Juli 1969 bis 30. Juni 1971. Für den Wortlaut vgl. Referat III A 5, Bd. 682. Vgl. dazu auch AAPD 1969, II, Dok. 224.

[6] In den USA fanden am 3. November 1970 Wahlen für das Repräsentantenhaus sowie Teilwahlen für den Senat und die Gouverneursämter statt.

[7] Präsident Nixon brachte am 29. Januar 1971 im Kongreß den Haushaltsentwurf für das am 1. Juli 1971 beginnende Finanzjahr 1971/72 ein.

Beide Minister kamen zu der Auffassung, daß – abgesehen von Diskussionen in NATO-Gremien – eine bilaterale deutsche/amerikanische Gruppe möglicherweise ab August 1970 das Offset-Problem untersuchen könnte, wobei jedoch unter allen Umständen jedes Aufsehen vermieden werden müsse.

Minister *Laird* bestätigte, daß ein amerikanischer Truppenabzug, der nur zu einer Umdislozierung unter Aufrechterhaltung der Gesamtstärke der US-Truppen führe, keine finanzielle Einsparung bedeute. Sollte es also zu einem Abzug kommen, so würde dies mit dem Ziel einer Umstrukturierung der amerikanischen Streitkräfte (weniger aktive Verbände, mehr Reserveeinheiten) geschehen (d. h. also: Auflösung von Verbänden. Dies ist m. E. in erheblichem Umfange von Laird beabsichtigt. H[elmut] S[chmidt]).

Zum Thema der von Generalsekretär Manlio Brosio angestrebten baldigen Behandlung der von Präsident Nixon zur Diskussion gestellten Punkte[8] fragte Bundesminister *Schmidt*, ob Minister Laird mit dem Beginn der Diskussion hierüber noch im Laufe dieses Monats einverstanden sei (Bundeskanzler Brandt und er selbst seien für eine Vertagung bis zum Gespräch Brandt/Nixon[9] eingetreten).

Minister *Laird* bejahte diese Frage und bemerkte, daß die amerikanische Regierung im Gegensatz zum Vereinigten Königreich für eine möglichst umfassende Diskussion sei.

Bundesminister *Schmidt* teilte diese Auffassung, sprach allerdings die Befürchtung aus, daß durch diese Diskussion möglicherweise Dinge aufgerollt würden, an denen man besser nicht rühre (Büchse der Pandora). Auf deutscher Seite bestehe nicht das geringste Interesse daran, daß etwa die Strategie der flexiblen Reaktion[10] in Frage gestellt oder an eine Wiedereinführung von Konzeptionen wie „massive Vergeltung"[11] oder „Stolperdraht-Strategie"[12] gedacht werde.

Bundesminister Schmidt stellte nach Erwähnen eines früheren Gesprächs vom Sommer 1969 mit Minister Laird[13] und dessen Gedanken einer Strategie der

---

[8] Vgl. dazu die Ausführungen des Präsidenten Nixon vom 18. Februar 1970; Dok. 86, Anm. 20.

[9] Für die Gespräche des Bundeskanzlers Brandt mit Präsident Nixon am 10./11. April 1970 in Washington vgl. Dok. 153.

[10] Der Ausschuß für Verteidigungsplanung der NATO stimmte am 12. Dezember 1967 in Brüssel dem vom Militärausschuß vorgelegten strategischen Konzept MC 14/3 („flexible response") zu. Danach sollten begrenzte Angriffe zunächst konventionell und, falls notwendig, mit taktischen Nuklearwaffen abgewehrt werden. Lediglich bei einem Großangriff sollte das strategische nukleare Potential zum Einsatz kommen. Vgl. dazu den Drahterlaß Nr. 4782 des Ministerialdirektors Ruete vom 18. Dezember 1967; VS-Bd. 2386 (I A 1); B 150, Aktenkopien 1967. Vgl. dazu ferner AAPD 1967, III, Dok. 386.

[11] Am 14. Dezember 1956 verabschiedete der NATO-Ministerrat in Paris die Politische Direktive CM (56) 138. Auf der Tagung des NATO-Ministerrats am 2./3. Mai 1957 wurden die entsprechenden Durchführungsbestimmungen MC 14/2 „Overall Strategic Concept for the Defense of the North Atlantic Area" und MC 48/2 „Measures to Implement the Strategic Concept" für ein Konzept der „massiven Vergeltung" („massive retaliation") gebilligt. Für die Kommuniqués vgl. NATO FINAL COMMUNIQUÉS, S. 101–107. Für den deutschen Wortlaut vgl. EUROPA-ARCHIV 1957, S. 9560–9571 sowie S. 9855f.

[12] Vgl. dazu Dok. 86, Anm. 21.

[13] Der SPD-Fraktionsvorsitzende Schmidt hielt sich vom 9. bis 12. Juli 1969 in den USA auf und traf am 10. Juli 1969 den amerikanischen Verteidigungsminister Laird. Vgl. dazu den Drahtbericht Nr. 1505 des Botschafters Pauls, Washington, vom 4. Juli 1969; Ministerbüro, Bd. 293.

„1½ Kriege" als Konsequenz von Lairds damaliger Überprüfung[14] (Minister Laird hielt dieses Schlagwort für unglücklich, da zu kondensiert) die Frage, ob die US-Regierung nunmehr erneut ihre militärische Gesamtkonzeption überprüfe.

Minister *Laird* gab zu verstehen, daß grundsätzliche Entscheidungen erst in einem Jahr (je nach Ausgang der SALT-Gespräche) fällig seien. Zur Zeit sei noch nicht zu überblicken, wie die amerikanische Reaktion auf sowjetische Rüstungstendenzen (SS-9, SS-11, Polaris-ähnliche U-Boote, ABM) aussehen werde. In einem Jahr werde man sich jedoch über die Wege zur Aufrechterhaltung des strategischen Gleichgewichts klar werden müssen, wobei schwere Entscheidungen nicht zu umgehen sein würden. In diesem Zusammenhang schlug Minister Laird vor, auf der NPG-Sitzung in Venedig auch solche Themen wie das unerwartete Anwachsen des sowjetischen SS-9-Potentials zu behandeln.[15] Zu der Frage von Bundesminister Schmidt nahm er insofern spezifisch Stellung, als er auf den amerikanischen jährlichen Planungszyklus verwies, in dessen Rahmen jedoch in diesem Jahr einige langfristig bedeutsame Entscheidungen ausgeklammert würden.

Bundesminister *Schmidt* brachte sein Verständnis hierfür zum Ausdruck, betonte jedoch, daß eine Rückkehr zur Strategie der massiven Vergeltung oder zu einer Stolperdraht-Konzeption für die deutsche Seite undiskutabel sei. Ferner brachte er seine Besorgnis darüber zum Ausdruck, daß die bisherigen NATO-Studien über „relativ force capabilities" und MBFR bisher recht unproduktiv gewesen seien. Vielleicht seien sie auf einer zu niedrigen oder allzu militärfachlich orientierten Ebene geführt worden?

Minister *Laird* erklärte, auch auf amerikanischer Seite teile man diese Besorgnis, jedoch seien manche der Studien für die amerikanische Regierung nicht uninteressant gewesen.

Bundesminister *Schmidt* sagte zum Thema MBFR, er habe schon vor 12 Jahren diesen Gedanken befürwortet, sei jedoch damals im Pentagon auf völlige Verständnislosigkeit gestoßen.[16] Demgegenüber bahnten sich jetzt einseitige Truppenreduzierungen an. Die deutsche Seite befürworte deshalb eine eindeutige Stellungnahme der NATO bei der bevorstehenden Ministerratssitzung in Rom

---

[14] Der amerikanische Verteidigungsminister Laird teilte auf einer Pressekonferenz am 16. Oktober 1969 in Washington mit, „im Haushaltsjahr 1971 werde die Struktur der US-Streitkräfte so ausgelegt sein, daß die general purpose forces die Fähigkeit hätten, einen ‚major war' zu führen und gleichzeitig ausreichende Unterstützung im Falle eines ‚bushfire war' zu leisten (‚1½-war plan')". Militärattaché Trebesch, Washington, teilte dazu ergänzend mit: „Der Finanzrahmen für das Haushaltsjahr 1969 sah noch die Fähigkeit vor, gleichzeitig zwei ‚major wars' zu führen; diejenige für 1970 berücksichtigte dagegen diese Fähigkeit schon nicht mehr." Vgl. den Drahtbericht Nr. 2248 vom 20. Oktober 1969; Referat I A 5, Bd. 353.

[15] Die 7. Ministersitzung der Nuklearen Planungsgruppe fand am 8./9. Juni 1970 in Venedig statt. Vgl. dazu Dok. 260.

[16] Am 22. März 1958 schlug der SPD-Abgeordnete Schmidt vor dem Bundestag die Schaffung einer atomwaffenfreien Zone vor, bestehend aus Polen, der Tschechoslowakei, der DDR und der Bundesrepublik. Aus diesem atomwaffenfreien Gebiet sollte später eine Zone entwickelt werden, „aus der Schritt für Schritt und in gleichen Prozentsätzen die stationierten Kräfte der Sowjets wie auch der Amerikaner abgezogen werden". Die zurückbleibenden nationalen Armeen der vier Staaten könnten „durch internationale Verabredung in einem angemessenen Verhältnis zueinander begrenzt werden". Vgl. BT STENOGRAPHISCHE BERICHTE, Bd. 40, S. 1047.

zugunsten von Gesprächen über MBFR als Gegengewicht zu den sowjetischen Vorschlägen für eine Europäische Sicherheitskonferenz.[17]

Minister *Laird* hielt einen baldigen Beginn von Studien über dieses Thema ebenfalls für angebracht. Bundesminister *Schmidt* unterstrich jedoch nochmals den deutschen Vorschlag, in Rom über MBFR zu sprechen. Minister *Laird* vertrat die Auffassung, daß der Westen für Gespräche über MBFR mit dem Osten noch nicht ausreichend vorbereitet sei – völlig im Gegensatz zu dem guten Stand der amerikanischen Vorbereitungen für die SALT-Gespräche. Auf die Zwischenfrage von Bundesminister Schmidt stellte er fest, die amerikanische Seite sei mit einer ganzen Reihe von Denkmodellen in die SALT-Gespräche eingetreten. Er hielt die jetzt beginnenden NATO-Untersuchungen zur Überprüfung von force levels und Strategie (Brosio-Exercise)[18] für dringend, die bis zum Dezember abgeschlossen sein sollten. Als eine erste, unmittelbare und vorläufige Reaktion stimmte Bundesminister *Schmidt* dieser zeitlichen Vorstellung zu. Er stellte ferner (auch im Namen von Minister Healey) fest, daß eine Inangriffnahme der Diskussion über MBFR den Druck der öffentlichen Meinung auf manche europäische Regierung verringern könnte, deshalb solle man damit nicht bis nach Dezember 1970 warten. Bundeskanzler Brandt werde dieses Thema vermutlich in seinen Gesprächen mit Präsident Nixon anschneiden.

Bundesminister Schmidt schnitt sodann das Thema MRCA[19] an, und er stellte fest, daß bisher alles programmgemäß verlaufe mit Ausnahme einer Änderung des geplanten Umfangs der Beschaffung dieses Flugzeuges: Nach seiner Beurteilung der für den Bundeswehr-Haushalt in dem fraglichen Zeitraum verfügbaren Mittel könne sich die BRD keine 700 MRCA leisten. Er habe deshalb mit Minister Healey vereinbart, daß zwar pro Land nur gut 400 Flugzeuge beschafft würden, im übrigen werde das Programm jedoch unverändert fortgeführt.[20] Damit ergebe sich jedoch für die deutsche Luftwaffe das Problem eines Lückenfüllers für das entstehende Defizit an Flugzeugen. Zum Teil komme hierfür eine denkbare Erdkampfversion des deutsch/französischen Neuen Schulflugzeugs[21] in Frage, für den Rest komme möglicherweise ein amerikanisches Flugzeug wie die Phantom in Frage. Eine Angabe über den voraussichtlichen Preis des MRCA unter Berücksichtigung der jüngsten Entwicklung (auf diesbezügliche Frage Lairds) machte Minister Schmidt nicht.

Bundesminister Schmidt kam sodann auf die Frage des Wehrpflichtgedankens in der Bundesrepublik und seine Bestrebungen um die Wehrgerechtigkeit zu

---

17 Zur NATO-Ministerratstagung am 26./27. Mai 1970 in Rom vgl. Dok. 240 und Dok. 244.

18 Das Projekt einer „Studie der Verteidigungsprobleme des NATO-Bündnisses in den siebziger Jahren" beruhte „auf einer Initiative des NATO-Generalsekretärs als Reaktion auf die Ankündigung einer amerikanischen nationalen Studie über die Verteidigungsprobleme der siebziger Jahre". Die Studie sollte bis Dezember 1970 abgeschlossen sein, so daß sie „Einfluß auf die US-Haushaltsplanung des Finanzjahres 71/72 haben" konnte. Vgl. die Aufzeichnung des Legationsrats Ederer vom 14. Mai 1970; VS-Bd. 4546 (II B 1); B 150, Aktenkopien 1970.

19 Zum Projekt eines Multi-Role Combat Aircraft (MRCA) vgl. Dok. 86, Anm. 5.

20 Zum Gespräch des Bundesministers Schmidt mit dem britischen Verteidigungsminister Healey am 24. März 1970 in London vgl. Dok. 132.

21 Am 1. Mai 1969 vereinbarten Bundesminister Schröder und der französische Verteidigungsminister Messmer eine Zusammenarbeit bei der Entwicklung eines Strahl-Schulflugzeugs, das in der zweiten Hälfte der siebziger Jahre zum Einsatz kommen sollte. Vgl. dazu BULLETIN 1969, S. 480.

sprechen. In dem im Juni vorzulegenden Verteidigungsweißbuch[22] würden vier oder fünf verschiedene Modelle zu dieser Frage angeboten werden, die jedoch alle von einer gleichbleibenden Gesamtstärke der Bundeswehr (rd. 460 000 Mann) ausgingen. Nach Vorlage dieses Weißbuchs solle eine Kommission ernannt werden, die sich mit dieser Frage - jedoch mit dem grundsätzlichen Ziel einer Beibehaltung der Wehrpflicht - befassen solle. Eine Entscheidung sei nicht vor 1971 oder 1972 zu erwarten. Er befürchte aber, daß ohne rechtzeitige Gegenmaßnahmen der Druck der öffentlichen Meinung gegen die Wehrpflicht immer stärker würde. Andererseits könne die Bundesrepublik in dem auch für die überschaubare Zukunft zu erwartenden Zustand der Überbeschäftigung nicht in einem solchen Umfang mit der Privatwirtschaft konkurrieren, daß an eine reine Berufsarmee gedacht werden könnte.

Minister *Laird* führte zu diesem Thema aus, daß man in den USA gleichzeitig mit dem Antrag auf Ausdehnung der Wehrpflicht für weitere drei Jahre durch Verbesserungen in der Besoldung der unteren Dienstgradgruppen hoffe, nach diesen drei Jahren auf die Einberufung von Wehrpflichtigen verzichten zu können.[23] Eine Wehrdienstdauer von weniger als zwei Jahren sei nach allen einschlägigen amerikanischen Studien militärisch unwirtschaftlich.

Bundesminister *Schmidt* unterstrich gegenüber diesen militärischen Erwägungen die Bedeutung des psychologischen Elements (Beeinträchtigung der Motivation der Wehrpflichtigen, wenn nicht alle Wehrpflichtigen eingezogen werden können und dadurch das Gefühl der ungerechten Benachteiligung sich ausbreitet). Auf die Bemerkung von Minister *Laird*, gerade auch auf dem Kriegsschauplatz in Vietnam bewährten sich Wehrpflichtige mindestens ebenso gut wie Freiwillige, gab Bundesminister *Schmidt* zu bedenken, daß diese Faktoren natürlich auch von der gesamten Entwicklung der Situation der Jugend in den Großstädten (in Deutschland ebenso wie in den USA) abhänge. In Deutschland werde man möglicherweise das Problem der Wehrpflicht durch eine Kombination von Berufsheer britischer Art mit einem Milizsystem (ähnlich wie in der Schweiz, jedoch nicht mit so extrem kurzer Wehrdienstdauer)[24] zu lösen versuchen. Hinweis: Potential der Bundeswehr inzwischen immerhin auf 1,2 Mio. Mann bei Mobilmachung angewachsen.

Auf eine Frage von Minister *Laird* nach der Entwicklung auf dem Gebiet der Gewinnung von Zeitfreiwilligen und Berufssoldaten bemerkte Bundesminister *Schmidt*, hier bestünden zwar noch Schwierigkeiten, jedoch zeichneten sich auch Fortschritte ab, die durch Umschichtungen im Verteidigungshaushalt (¾ Mrd. DM) noch verstärkt werden sollten. Er erwähnte in diesem Zusammen-

---

[22] Für das am 14. Mai 1970 vorgelegte „Weißbuch 1970 zur Sicherheit der Bundesrepublik und zur Lage der Bundeswehr" vgl. BT ANLAGEN, Bd. 139, Drucksache VI/765.

[23] Präsident Nixon legte dem Kongreß am 23. April 1970 einen Gesetzesentwurf über eine Reform des Wehrdienstes vor. In seiner Rede legte er dar, Ziel der Regierung sei es, die Wehrpflicht gänzlich abzuschaffen. Um dies zu erreichen, solle sie aber zunächst über den ursprünglich vorgesehenen Zeitraum, d. h. den 1. Juli 1971, hinaus beibehalten werden. Gleichzeitig solle mehr Wehrgerechtigkeit sowie eine höhere Besoldung erreicht werden. Vgl. PUBLIC PAPERS, NIXON 1970, S. 394–398.

[24] Die Schweiz unterhielt ein Milizheer mit allgemeiner Wehrpflicht vom 20. bis zum 50. Lebensjahr. Einer Rekrutenausbildung von 17 Wochen folgte die Ausbildung der Reservisten von jährlich drei Wochen für acht bis zwölf Jahre (Auszug), zwei Wochen jährlich für drei Jahre (Landwehr) und einer Woche jährlich für zwei Jahre (Landsturm).

hang auch, daß er nach seinem letzten Gespräch mit seinem französischen Kollegen Debré den Eindruck gewonnen habe, daß man auch in Frankreich aus dem gleichen Motiv, nämlich vollständige Einberufung jeden Jahrgangs, an eine erhebliche Verkürzung der Wehrdienstdauer (wahrscheinlich auf zwölf Monate) denke.[25] Er knüpfte hieran die Bemerkung an, daß sich in dem gleichen Gespräch deutlich abgezeichnet habe, daß auch Frankreich über einen möglichen amerikanischen Truppenabzug ernstlich besorgt sei.

Minister *Laird* stellte daraufhin zur Diskussion, ob nicht gerade deshalb eine französische Beteiligung an MBFR-Studien unbedingt anzustreben sei. Auf die Gegenfrage von Bundesminister *Schmidt*, auf welcher Ebene der NATO-Militärstruktur eine solche Beteiligung erfolgen solle, vertrat Minister *Laird* die Auffassung, daß wegen der französischen Haltung in der Frage der militärischen Integration[26] wohl nur eine auch für die französische Seite akzeptable Mitarbeit im Nordatlantikrat in Frage komme. Bundesminister *Schmidt* sprach sich dafür aus, die strategische Analyse im politischen Apparat der NATO, d.h. unter dem Dach des Council vorzunehmen, damit den Franzosen die Beteiligung möglich sei.

Die von Bundesminister *Schmidt* gestellte Frage nach einer angeblichen Lagerung von amerikanischen B-Waffen auf dem Hoheitsgebiet der Bundesrepublik wurde von Minister *Laird* zunächst spontan und dann auch nach Rückfrage durch seinen Adjutanten eindeutig verneint.

Bundesminister *Schmidt* erwähnte sodann die nach Informationen deutscher Stellen bisher sehr schleppende Beteiligung der deutschen Industrie als Unterlieferanten bei der Phantom-Beschaffung (bisher statt der zugesagten Aufträge in Höhe von $ 125 Mio. nach vorliegenden Informationen nur $ 3,7 Mio. vergeben).

Minister *Laird* sagte zu, sich darum kümmern zu wollen.

Abschließend erwähnte Bundesminister *Schmidt* die Möglichkeit, daß er in Gesprächen in Washington, D.C., in den nächsten Tagen auf das Vorhandensein eines bisher nicht ausgenutzten deutschen Guthabens von $ 1,3 Mrd. verweisen werde.

Minister *Laird* betonte erneut die Wichtigkeit der Frage des Lastenausgleichs innerhalb des Bündnisses für die USA, für die es hier in erster Linie um ein Haushaltsproblem gehe. Wahrscheinlich werde Präsident Nixon Bundeskanzler Brandt auf diese Frage ansprechen.

Ende des Gespräches: 12.05 Uhr

II. Aufzeichnung über die während des Gesprächs Bundesminister Schmidt/ Minister Laird zwischen den Delegationen (ISA) geführten Gespräche ergab, soweit die gleichen Punkte berührt wurden, keine Abweichungen.

Zusätzlich wurde auch über Südostasien gesprochen. Dazu stellte Dr. Warren *Nutter* (Assistant Secretary und Leiter ISA) fest, daß sich die militärische Situation in Südvietnam laufend verbessere. Der zahlenmäßige Einsatz von Trup-

---

[25] Zum Gespräch des Bundesministers Schmidt mit dem französischen Verteidigungsminister Debré am 20. Januar 1970 in Paris vgl. Dok. 29, Anm. 12.

[26] Frankreich schied am 1. Juli 1966 aus der militärischen Integration der NATO aus.

pen aus Vietnam[27] nehme laufend ab, die militärischen Fähigkeiten der Südvietnamesen machten gute Fortschritte.

Die Situation in Kambodscha wurde als nicht ungünstig angesehen, während Laos auch einem nur mäßigen Druck nicht standhalten könnte. Die US-Regierung habe deshalb schon 1962 entschieden, sich in diesem Land niemals militärisch zu engagieren.[28]

III. Gespräch Bundesminister Schmidt/Botschafter Pauls/Dr. Sommer mit Mr. Henry Kissinger und Mr. Helmut Sonnenfeldt (beide members of National Security Council) am 7.4. mittags.

Im Verlaufe des zwanglos geführten Gesprächs unterstrich *Kissinger* die Bedenken, die schon Laird wegen der sowjetischen Fortschritte auf dem Feld SS-9 und SS-11 in bisherigen IRBM-Stellungen und U-Booten ausgedrückt hatte. Die sowjetischen U-Boote seien schneller als die amerikanischen. Ich gewann den Eindruck, daß das Weiße Haus und Kissinger keine klare Vorstellung davon hatten, ob die Sowjets bei SALT eine einheitliche Strategie verfolgen und worauf diese abziele. Ähnlich wie bei Laird kam die Besorgnis zum Ausdruck, daß die tatsächliche strategische Rüstung der Sowjetunion auf Überlegenheit abziele.

Zu MBFR: Kissinger sagte offen, das Weiße Haus habe darüber noch nicht genug nachgedacht. Er bekenne sich schuldig und wolle jetzt seine Schularbeiten nachholen. „Das können wir doch evtl. gemeinsam untersuchen?" Er war von meinen Argumenten für MBFR-Angebot per Sommer 1970 nicht unbeeindruckt, behielt sich jedoch endgültige Meinungsbildung ausdrücklich vor. Antwortete auf meine Erwähnung der Richardson-Rede[29]: „Wir lassen 100 Blumen blühen."[30]

Unaufgefordert äußerte er uneingeschränktes Vertrauen in den Bundeskanzler und seine Ostpolitik, die gewiß die Bündnistreue der Bundesrepublik nicht in Frage stellen werde. Fügte aber hinzu, er sehe keine wesentlichen Ergebnisse und deshalb die Gefahr eines psychologischen Rückschlages in der BRD voraus, möglicherweise erst im Verlauf von zwei Jahren. Ich habe demgegenüber klargemacht, daß Bundeskanzler Brandt sich ein „No"-Ergebnis leisten kann, während er sich den Verzicht auf den Versuch keineswegs hätte leisten können.

---

27 Zu diesem Wort vermerkte Botschafter Roth handschriftlich: „Nord?"
28 Am 23. Juli 1962 einigten sich Birma, Frankreich, die Demokratische Republik Vietnam (Nordvietnam), Großbritannien, Indien, Kambodscha, Kanada, Polen, die Republik Vietnam (Südvietnam), die USA und die Volksrepublik China auf eine Erklärung, in der sie sich verpflichteten, die Neutralität Laos' zu respektieren und keine Truppen auf seinem Territorium einzusetzen. Für den Wortlaut der Erklärung über die Neutralität von Laos und des zugehörigen Protokolls vgl. EUROPA-ARCHIV 1962, D 399–405.
29 Der Staatssekretär im amerikanischen Außenministerium, Richardson, führte am 20. Januar 1970 in einer Rede in Chicago aus, daß die USA ihre Truppen nicht übereilt abziehen sollten, um nicht Europas Vertrauen in Amerikas Bündnistreue zu erschüttern. Ziel der amerikanischen Politik sollte es sein, ausgewogene Truppenreduzierungen sowohl in West- als auch in Osteuropa auszuhandeln: „This, we are convinced, is a constructive approach much more specifically directed at a concrete issue generating tension than the Warsaw Pact's vague proposal for a European security conference." Vgl. DEPARTMENT OF STATE BULLETIN, Bd. 62, 1970, S. 158.
30 Dieser Satz wurde von Botschafter Roth hervorgehoben. Dazu Ausrufezeichen.
Die Formel „Laßt hundert Blumen blühen" wurde vom Vorsitzenden der Volksrepublik China Mao Tse-tung am 2. Mai 1956 in geschlossener Sitzung der Obersten Staatskonferenz geprägt. Vgl. dazu OST-PROBLEME 1957, Heft 20, S. 698.

Habe Kissinger über Umfang der Kriegsbundeswehr unterrichtet; die Zahl war ihm genauso wenig geläufig gewesen wie Laird und einer Reihe von US-Senatoren und Abgeordneten, im Gespräch mit denen dieser Punkt ebenfalls erwähnt worden ist.

IV. Notiz über Gespräch Bundesminister Schmidt/Außenminister Rogers am 7.4. nachmittags (Dauer: etwa dreiviertel Std.)

Anwesend: Mr. James S. Sutterlin, Country Director Germany im Bureau of European Affairs; Mr. John H. Morse, Deputy Assistant Secretary for European and NATO-Affairs beim Assistant Secretary for International Security Affairs (ISA); Botschafter Pauls.

Das Gespräch betraf im wesentlichen MBFR. Minister *Schmidt* nannte drei Gründe für eine gegenseitige wünschenswerte Konkretisierung des wesentlichen Angebots insbesondere durch den NATO Council im Mai in Rom:

1) Mutually Balanced Force Reduction sei bei allen Besorgnissen wegen Asymmetrie unendlich viel besser als einseitige „Unbalanced Force Reduction" nur der amerikanischen Seite. Deswegen sei MBFR auch auf längere Sicht ein prinzipielles Ziel.

2) Bezüglich der aktuellen Situation erlaube ein MBFR-Vorstoß des Westens der amerikanischen Administration gegenüber dem Senat das Argument der Notwendigkeit, die eigene „bargaining position" nicht zu zerstören.

3) Für die öffentliche Meinung in Westeuropa von Norwegen bis Italien sei es nötig, mit einem substantiierten Prozedurvorschlag des Westens der psychologischen Wirkung der sowjetischen ESK-Propaganda entgegenzutreten.

Minister *Rogers* sprach sich allgemein und ohne Einschränkung (insoweit Gegensatz zu Laird) positiv über MBFR aus. Die Rede seines Stellvertreters Richardson in Chicago habe die Politik der Regierung ausgedrückt.

Ich habe, ohne meinem Kollegen Scheel vorgreifen zu wollen, betont, daß MBFR besser im politischen, nicht im militärischen Apparat der NATO vorbereitet werden solle. *Rogers* stimmte zu.

V. Auf Einladung des Armed Services Committee (Verteidigungsausschüsse von Senat und Repräsentantenhaus) hatte ich am 7.4. nachmittags im Kapitol Gelegenheit zum Gespräch mit etwa 35 Parlamentariern.

Anwesend u.a.: Mr. Mendel Rivers (Vorsitzender), Senatoren Tower und Symington, stellvertretender Verteidigungsminister Packard und der Speaker des Repräsentantenhauses, McCormack (zeitweise), sowie Botschafter Pauls.

Sehr freundliche Atmosphäre, keine kritischen Fragen. Gelegenheit für mich, einige Ausführungen über die deutschen Verteidigungsanstrengungen zu machen. Ich lud die Abgeordneten und Senatoren ein, bei passender Gelegenheit die BRD zu besuchen und sich vom Einsatzwert der Bundeswehr zu überzeugen.

VI. Mr. Richardson, stellvertretender Außenminister, erklärte mir in einem Gespräch am 7.4. abends seine volle Zustimmung zu einer westlichen MBFR-Initiative. Diese sollte nach seiner Ansicht auf der NATO-Ministertagung in Rom erfolgen. Er habe zwar nicht das entscheidende Wort zu sprechen, hoffe aber, daß es gelingen werde, die amerikanische Administration in diesem Sinne mit

573

zuziehen. Es sei gut, wenn Bundeskanzler diesen Vorschlag gegenüber Präsident Nixon deutlich anspreche.

VS-Bd. 4545 (II B 2)

147

Aufzeichnung des Ministerialdirektors Frank

I B 1-81.10/6-769/70 VS-vertraulich 7. April 1970[1]

Betr.: Weltgesundheitsorganisation (WHO);
hier: Aufnahmeantrag der DDR[2]

I. 1) Die DDR hat nunmehr formell Aufnahme in die Weltgesundheitsorganisation (WHO) beantragt. Der Antrag ist bei der WHO fristgerecht für die Behandlung in der am 5. Mai 1970 in Genf beginnenden Weltgesundheitsversammlung eingegangen.[3] Die Weltgesundheitsversammlung kann diesen Antrag mit einfacher Mehrheit der abstimmenden WHO-Mitglieder annehmen.

Ferner kann der Generaldirektor der WHO[4] einen sich um die Mitgliedschaft bewerbenden Staat bereits als Beobachter einladen. Aus besonderer Quelle liegt eine Nachricht vor, daß in der DDR hierfür bereits eine größere Delegation zusammengestellt wird.

2) Die Aufnahme in die WHO hätte zur Folge, daß die DDR zu allen Konventionen, Konferenzen und Organisationen Zugang hat, bei denen die Mitglieder der Sonderorganisationen der Vereinten Nationen beitrittsberechtigt sind (Wiener Formel[5]). Dies gilt insbesondere für die:

Welthandelskonferenz (UNCTAD),

Entwicklungsprogramm der Vereinten Nationen (UNDP),

Organisation für industrielle Entwicklung (UNIDO).

Die Aufnahme in die anderen Sonderorganisationen der Vereinten Nationen bedarf zwar bei diesen einer qualifizierten Mehrheit (meist 2/3), dürfte sich aber kaum aufhalten lassen. Zu der institutionellen Verflechtung des gesamten VN-Bereichs kommt dabei materiell hinzu, daß ein erheblicher Teil der von den Sonderorganisationen durchgeführten Entwicklungsaufgaben aus Mitteln des UNDP – dem, wie gesagt, die DDR ohne Abstimmung beitreten kann – gespeist

---

[1] Die Aufzeichnung wurde von Vortragendem Legationsrat I. Klasse von Hassell konzipiert.
[2] Die DDR beantragte am 17. März 1970 die Aufnahme in die WHO. Für den Wortlaut des Schreibens des Außenministers der DDR, Winzer, an den Generaldirektor der WHO, Candau vgl. AUSSENPOLITIK DER DDR, Bd. XVIII, S. 997.
[3] Die 23. Weltgesundheitsversammlung fand vom 5. bis 22. Mai 1970 in Genf statt.
[4] Marcolino Gomes Candau.
[5] Für Artikel 48 des Wiener Übereinkommens vom 18. April 1961 über diplomatische Beziehungen (Wiener Formel) vgl. Dok. 52, Anm. 7.

werden. Es ist daher damit zu rechnen, daß nach Aufnahme in die WHO noch vor Beginn der XXV. VN-Vollversammlung im Herbst des Jahres[6] die DDR noch in eine Reihe anderer VN-Sonderorganisationen Aufnahme findet. Der Generalsekretär der Vereinten Nationen[7] wird unter diesen Umständen kaum noch die Möglichkeit haben, bei östlichem Druck der DDR den Beobachter-Status bei den Vereinten Nationen zu verweigern.

II. 1) Ob die Mehrheit der Weltgesundheitsversammlung den Aufnahmeantrag der DDR in die WHO ablehnt oder ihm stattgibt, kann mit Sicherheit nicht vorausgesagt werden. 1968 wurde der Antrag der DDR mit 59 gegen 18 Stimmen bei 27 Enthaltungen zurückgewiesen.[8] Wenngleich ein wesentliches Argument – nämlich der internationale Zweifel an dem Staatscharakter der DDR – nicht mehr geltend gemacht werden kann, besteht bei energischem Verteidigen unserer Position die Hoffnung, daß die Weltgesundheitsversammlung den Antrag der DDR nochmals – wenn auch mit geschwächter Mehrheit – zurückweist.

2) Unsere Bereitschaft zur Hinnahme der Teilnahme der DDR an der ECE-Jahresversammlung[9] ist geeignet, unsere politische Argumentation gegen die Aufnahme der DDR in die WHO zu verstärken. Unser Bemühen um innerdeutsche und europäische Zusammenarbeit wird dadurch sichtbar gemacht. Wir können glaubwürdig den Vorschlag aus dem Jahre 1968 zur Gründung eines gesamtdeutschen Gesundheitsamtes[10] wieder aufgreifen. Der dokumentierte Wille zur Zusammenarbeit rechtfertigt die Bitte an die Weltgesundheitsversammlung, den auf Entspannung gerichteten Bestrebungen eines ihrer Mitglieder nicht durch eine politische Entscheidung entgegenzuwirken. Die weltweite Fachorganisation kann glaubwürdig gebeten werden, der politischen Entwicklung im europäischen Bereich nicht vorzugreifen.

III. Abteilung I hält bei energischem Einsatz ein Verhindern der Annahme des Aufnahmeantrags der DDR in die WHO noch für möglich. Deshalb glaubt Abteilung I, daß das Risiko einer Niederlage in der WHO und das Risiko einer Verschlechterung des Verhandlungsklimas für Kassel[11] in Kauf genommen werden sollten. Dementsprechend schlägt Abteilung I vor, auf der diesjährigen Weltgesundheitsversammlung mit allem Nachdruck, aber mit Argumenten der Entspannung gegen die Aufnahme der DDR in die WHO zu kämpfen und unsere

---

[6] Die XXV. UNO-Generalversammlung fand vom 15. September bis 17. Dezember 1970 statt.
[7] Sithu U Thant.
[8] Vgl. dazu die Aufzeichnung des Ministerialdirektors Frank vom 16. Mai 1968; AAPD 1968, I, Dok. 164.
[9] Der Generalsekretär der ECE, Stanovnik, schlug im März 1970 vor, der DDR die Teilnahme an der vom 14. bis 25. April 1970 in Genf stattfindenden 25. Tagung der ECE ohne formelle Regelung ihres Status zu ermöglichen. Der Vertreter der DDR sollte an Sachdebatten teilnehmen, sich aber nicht an Abstimmungen beteiligen. Ministerialdirektor Frank vermerkte dazu am 24. März 1970: „Die Teilnahme der DDR in der ECE in der vorgeschlagenen Form sollte von uns hingenommen werden. Ein Widerspruch gegen diese Teilnahme läge nicht auf dem mit den Erfurter Gesprächen eingeschlagenen Weg. Die Hinnahme der Teilnahme ist eine politisch optisch wirksame ‚Vorleistung', um für die Fortsetzung der innerdeutschen Gespräche in Kassel ein gutes Klima herbeizuführen. Unmittelbare rechtliche Auswirkungen sind mit einer Teilnahme der DDR an der ECE mit ungeklärtem Status nicht verbunden". Vgl. VS-Bd. 4474 (II A 1); B 150, Aktenkopien 1970. Vgl. dazu auch Dok. 136.
[10] Vgl. dazu Dok. 109, Anm. 12.
[11] Zu den Gesprächen des Bundeskanzlers Brandt mit dem Vorsitzenden des Ministerrats, Stoph, am 21. Mai 1970 in Kassel vgl. Dok. 226.

Position hierfür durch eine weltweite Demarche vorzubereiten. Für die Demarche werden in der Anlage Drahterlasse vorgelegt[12], die nach dem Verhalten der WHO-Mitgliedstaaten bei der Weltgesundheitsversammlung 1968 unterschiedlich gefaßt sind. Die Erlasse sollten, insbesondere um ihrer Durchführung den unerläßlichen Nachdruck zu verleihen, von dem Herrn Staatssekretär gezeichnet werden.

Mit der Bitte, diesem Vorgehen zuzustimmen und die beigefügten Erlasse zu zeichnen[13], über den Herrn Staatssekretär[14] dem Herrn Minister[15] vorgelegt.

Frank

VS-Bd. 2766 (I B 1)

148

Ministerialdirektor Hoppe, z. Z. Guatemala, an Bundesminister Scheel

Fernschreiben Nr. 54	**Aufgabe: 7. April 1970**
Citissime mit Vorrang	**Ankunft: 7. April 1970**

Für BM, StS[1] und D I[2]

Auf Nr. 51 vom 7. April 1970 – Prot 2[3]

Gräfin von Spreti lehnt es unter dem Druck des Diplomatischen Corps in Abänderung ihrer ursprünglichen Haltung ab, Verstorbenen im Nationalpalast aufzubahren und dort am Sarg Auszeichnung anzunehmen, obwohl Protokoll bereits entsprechend unterrichtet ist. Erbitte Weisung, ob die Entscheidung der Gräfin respektiert werden muß oder ob auf Aufbahrung[4] in Nationalpalast und auf Annahme der Auszeichnung bestanden werden soll. Bei letzterem allerdings öffentlicher Eklat durch Fernbleiben der Witwe und von ihr öffentlich erklärte Ablehnung dieser Maßnahme zu befürchten.

Soeben unterrichtet mich Außenminister[5], der über Protokollchef gegen meinen Willen von Meinungsumschwung der Witwe des Botschafters erfahren hat, daß

---

12 Dem Vorgang nicht beigefügt.
13 Dazu vermerkte die Sekretärin des Staatssekretärs Duckwitz, Berner, am 7. April 1970: „Von Herrn StS D[uckwitz] im Original unterschrieben und ab an Telko. 15.30 [Uhr]."
14 Hat Staatssekretär Duckwitz am 8. April 1970 vorgelegen.
15 Hat Bundesminister Scheel am 20. April 1970 vorgelegen.

1 Georg Ferdinand Duckwitz.
2 Paul Frank.
3 Botschafter Schwarzmann informierte die Botschaft in Guatemala, daß Bundesminister Scheel an den Trauerfeierlichkeiten für Botschafter Graf von Spreti, der am 6. April 1970 tot aufgefunden worden war, teilnehmen werde. Vgl. dazu den Drahterlaß Nr. 51; Referat Prot 2, Bd. 1449.
4 Korrigiert aus: „Aufbewahrung".
5 Alberto Fuentes Mohr.

die hiesige Regierung die Ablehnung der vorgesehenen Aufbahrung im Nationalpalast und der Auszeichnung als Ergebnis eines Druckes, nämlich des hiesigen Diplomatischen Corps interpretieren würde, der den Interessen unserer beiden Länder nur schaden könnte. Insbesondere würde eine negative Haltung unsererseits als wenig freundlich gegenüber dem hiesigen Staatspräsidenten[6] interpretiert werden, der von der Annahme der Auszeichnung durch unsere Regierung bereits unterrichtet worden sei.

Er deutete an, daß möglicherweise das gesamte Programm und die Teilnahme der hiesigen Regierung bei der Verabschiedung des toten Botschafters in Frage gestellt sei. Er empfahl dringend, unsere Zusage aufrechtzuerhalten und Gräfin von Teilnahme an Auszeichnung zu dispensieren.[7]

[gez.] Hoppe

Referat I B 2, Bd. 556

149

Gespräch des Bundesministers Scheel mit Ministerpräsident Rumor in Rom

Z A 5-52.A/70   8. April 1970[1]

Aufzeichnung über eine ca. einstündige Unterredung zwischen dem italienischen Ministerpräsidenten, Herrn Mariano Rumor, und dem Herrn Bundesminister des Auswärtigen am 8. April 1970 um 20 Uhr im Palazzo Madama in Rom, bei der von deutscher Seite MD Dr. Frank, Gesandter Dr. Steg und LR I Dr. Hallier, von italienischer Seite Botschafter Luciolli und der Kabinettschef von Ministerpräsident Rumor anwesend waren.

Nach der Begrüßung sprach Ministerpräsident *Rumor* dem Herrn Minister das Beileid der italienischen Regierung zur Ermordung von Graf Spreti aus.[2]

Der Herr *Minister* dankte für die Anteilnahme und unterrichtete Herrn Rumor über seine bevorstehenden Reisepläne und die Maßnahmen der Bundesregierung im Zusammenhang mit den Ereignissen in Guatemala.

---

[6] Julio César Mendez Montenegro.
[7] Botschafter Schwarzmann teilte der Botschaft in Guatemala am 7. April 1970 mit: „Annahme eines posthum verliehenen Ordens hängt von der Zustimmung der Familie des zu Ehrenden ab. Wenn Gräfin Spreti weiterhin Ordensverleihung unter obwaltenden Umständen glaubt ablehnen zu sollen, respektiert Auswärtiges Amt diese Haltung. Das gleiche gilt bezüglich Entscheidung der Gräfin wegen Aufbahrung." Vgl. den Drahterlaß Nr. 58; Referat Prot 2, Bd. 1449.
Ministerialdirektor Hoppe, z. Z. Guatemala, berichtete am 7. April 1970, daß Gräfin von Spreti der Aufbahrung des Botschafters im Nationalpalast sowie der Ordensverleihung zugestimmt habe. Diese fand am 9. April 1970 statt. Am 10. April 1970 fand in Anwesenheit des Bundesministers Scheel ein Requiem statt. Vgl. dazu den Drahtbericht Nr. 58; Ministerbüro, Bd. 311.

[1] Die Gesprächsaufzeichnung wurde von Dolmetscherin Bouverat am 27. April 1970 gefertigt.
[2] Zur Ermordung des Botschafters Graf von Spreti, Guatemala, vgl. Dok. 148.

Anschließend berichtete der Herr Minister über seine Gespräche mit Außenminister Moro.³ In einem Vier-Augen-Gespräch habe er zunächst die nach Osten und Westen gerichtete Europa-Politik der Bundesregierung erläutert: Initiativen zur Anbahnung von Gesprächen mit Moskau, Warschau und der DDR und Verhandlungen der westlichen Alliierten mit der Sowjetunion in Berlin. Alle Initiativen beruhten auf der Grundlage der festen Bindungen innerhalb der Europäischen Gemeinschaft und seien gestützt auf die durch die Allianz gewährleistete Sicherheit. Der jetzige Stand der Dinge erlaube keine endgültigen Schlüsse über die Frage, ob man in absehbarer Zeit zu wirklichen Ergebnissen kommen könne. Die Bundesregierung glaube jedoch, daß alle Möglichkeiten zur Förderung der Entspannung in Europa genutzt und damit ein Beitrag zu einer europäischen Friedensordnung geleistet werden sollte, an der sich alle europäischen Länder beteiligen könnten. Damit wäre ein Schritt getan, um zwischen West- und Osteuropa zu einer Art von Kooperation zu kommen. Dies sei die einzige Politik, mit der die eigenen nationalen Probleme der Deutschen gelöst werden können. Heute sehe man die Dinge nicht mehr nationalstaatlich, sondern im Rahmen einer europäischen politischen Entwicklung. Dabei gelte es, die folgenden fundamentalen Grundsätze zu verteidigen:

1) Selbstbestimmungsrecht des deutschen Volkes,

2) Wahrung der Einheit der Nation,

3) Berücksichtigung der internationalen Verpflichtungen von den Potsdamer Vereinbarungen⁴ über den Deutschlandvertrag bis zu den Bündnisverpflichtungen, d. h. es könne mit keinem Land ein Gewaltverzichtsabkommen abgeschlossen werden, wenn dadurch das politische Ziel der Einigung der Deutschen aufgegeben werden müßte. Dieses Ziel müsse als legitimes Ziel aufrechterhalten und von den Partnern respektiert werden. Auch könne kein Gewaltverzichtsabkommen ohne Garantie der Position Berlins unterzeichnet werden, wobei nicht nur der freie Zugang, sondern auch die Bindungen zwischen der Bundesrepublik und Berlin gewährleistet werden müßten.

Ministerpräsident *Rumor* dankte für die Ausführungen des Herrn Ministers, die auch aus der Sicht der italienischen Regierung voll zufriedenstellend seien. In seine Regierungserklärung vom Vortage habe er im übrigen einen deutlichen Hinweis über den Versuch der deutschen Regierung, zu einem Gespräch mit den osteuropäischen Ländern zu kommen, aufgenommen.⁵ Er sei überzeugt, daß die Gespräche lang und schwierig sein würden. Es erschiene ihm unvorsichtig, wenn man sich davon schnelle und sichere Ergebnisse erwartete, er glaube je-

---

³ Für das Gespräch des Bundesministers Scheel mit dem italienischen Außenminister Moro am 8. April 1970 in Rom vgl. die Gesprächsaufzeichnung vom 30. April 1970; VS-Bd. 10091 (MB); B 150, Aktenkopien 1970.

⁴ Für den Wortlaut des Kommuniqués vom 2. August 1945 über die Konferenz von Potsdam (Potsdamer Abkommen) vgl. DzD II/1, S. 2101–2148.

⁵ Am 7. April 1970 würdigte Ministerpräsident Rumor „als positive Elemente der weltpolitischen Entwicklung die SALT-Gespräche sowie die Gespräche der ‚Bundesrepublik Deutschland und der UdSSR, Polens und Ostdeutschlands' [...]. Italien unterstütze diese Initiativen und wolle auch von sich aktiv werden, um zusammen mit den Verbündeten die europäische Entspannung zu fördern." Vgl. den Drahtbericht Nr. 361 des Botschafters Lahr, Rom, vom 13. April 1970; Referat I A 4, Bd. 404.

doch, daß man die Anstrengungen bis an die Grenze des Möglichen fortsetzen sollte.

Italien schätze in ganz besonderer Weise einen Aspekt der Darlegungen des Herrn Ministers, und zwar die Versicherung, daß die Kontakte mit dem Osten von der Bundesrepublik als Teil der Europäischen Gemeinschaft und der Atlantischen Allianz angeknüpft würden. Dadurch lasse sich ein gewisser Argwohn verscheuchen, der in einigen Teilen der Welt in der Presse zutage getreten sei, wonach die gegenwärtige deutsche Ostpolitik, wenn nicht zu einer Verschiebung in der politischen Situation, so doch zu einer Schwächung der Verbindung mit der Europäischen und der Atlantischen Gemeinschaft, „an die wir alle glauben", führen könnte. Dieser Punkt sei seiner Auffassung nach wichtig für ganz Europa, besonders aber für sein eigenes Land, um so mehr als man sich in einer für die Ost-West-Beziehungen „außerordentlich interessanten Phase" befinde, um einen Euphemismus zu verwenden. Italien sei besonders besorgt wegen der Lage im Mittelmeer (Präsenz der sowjetischen Flotte, arabisch-israelischer Konflikt, Sicherheitsprobleme für die Nordküste Afrikas: Ägypten und Libyen). Man lege daher sehr großen Wert auf die Solidarität mit der Bundesrepublik im Rahmen der EWG und des Atlantischen Bündnisses.

Was die Frage der deutschen Wiedervereinigung betreffe, sei er – Rumor – sicher, daß sie nur im Rahmen einer umfassenderen Vereinbarung gelöst werden könne; es liege aber auf der Hand, daß ohne den Versuch, mit der anderen Seite ins Gespräch zu kommen, ein derartiger Rahmen nicht geschaffen werden könne. Er teile daher die Hoffnungen des Herrn Ministers auf Erfolge in dieser Richtung.

Der Herr *Minister* dankte für die verständnisvolle Haltung der italienischen Regierung und berichtete weiter über den Verlauf der dreieinhalbstündigen Vormittagssitzung im italienischen Außenministerium. Dabei seien die Mittelmeerprobleme ausführlich behandelt worden. Er halte die italienischen Vorschläge für sehr nützlich.

In bezug auf die technologische Zusammenarbeit – Standortfrage des Großbeschleunigers[6] – sei er mit seinem italienischen Kollegen darin einig, daß die Dinge in aller Ruhe von neuem durchdacht werden sollten. Man sollte dabei nur von objektiven Kriterien ausgehen und die „regionalen Leidenschaften" ausschließen.

Was die Gaszentrifuge betreffe, habe die niederländische Regierung Italien ja zur Teilnahme zu günstigen Bedingungen eingeladen, da man großen Wert darauf lege, daß Italien sich von Anfang an beteilige.[7]

Im Zusammenhang mit der Weinmarktordnung habe er Außenminister Moro dargelegt, für wie wichtig die Bundesregierung eine Verabschiedung des Februar-Pakets[8] halte, damit die weitere europäische Entwicklung nicht wegen

---

[6] Zur Frage des Standorts des geplanten europäischen Protonengroßbeschleunigers vgl. Dok. 30, Anm. 16.

[7] Zur Frage einer Beteiligung Italiens an dem deutsch-britisch-niederländischen Projekt einer Gasultrazentrifuge vgl. Dok. 177.

[8] Zur EG-Ministerratstagung vom 5. bis 7. Februar 1970 in Brüssel vgl. Dok. 42.

eines einzigen Problems blockiert werde.⁹ Er – Scheel – habe versprochen, alles zu tun, um eine Einigung zu ermöglichen.

Der Herr Minister brachte dann das Gespräch auf das Farbfernsehen und erinnerte daran, daß sich inzwischen – nach der Einigung mit Spanien¹⁰ – 14 europäische Länder für das PAL-System entschieden hätten.

Ein weiteres Thema, über das er ausführlich mit Außenminister Moro gesprochen habe, sei die Europäische Sicherheitskonferenz im Zusammenhang mit den Strukturveränderungen der NATO. Ein möglicher Truppenabzug der Amerikaner brauche nicht zwangsläufig zu einer Schwächung Europas führen, sie müsse aber in Verbindung mit dem Vorschlag für eine ausgewogene Truppen- und Rüstungsreduzierung gesehen werden. Diese Frage werde bei der kommenden NATO-Ratstagung in Rom eingehend erörtert werden.¹¹ Es müsse dafür Sorge getragen werden, daß im Falle der Einberufung einer Europäischen Sicherheitskonferenz auch wirklich über die Sicherheit Europas gesprochen werde und nicht etwa über alle anderen Fragen mit Ausnahme der Sicherheit.

Im übrigen müßte man überlegen, wie die bilateralen deutsch-italienischen Gespräche fortgesetzt werden könnten, besonders auch auf dem Gebiet der politischen Kooperation in Europa, wo die Vorschläge der italienischen und der deutschen Regierung sich nützlich ergänzten.

Ministerpräsident *Rumor* antwortete, er werde nur die für ihn wichtigsten Punkte aus den Ausführungen des Herrn Ministers herausgreifen:

Zur wissenschaftlich-technischen Zusammenarbeit teile er die Einstellung, mit der der Herr Minister an die Probleme herangehe. Dies gelte sowohl für den Großbeschleuniger wie für [die] Gaszentrifuge.

Allerdings könne er nicht verschweigen, daß Italien bereits seit langer Zeit seine Kandidatur für den Standort des Großbeschleunigers angemeldet habe. Sicher werde man die Frage weiter erörtern müssen. Er sei etwas alarmiert gewesen, über die – nach den Presseberichten – „fast ultimative Form", in der die Bundesrepublik versucht habe, ihren Standpunkt durchzusetzen. Er glaube, daß dies nicht die richtige Art und Weise sei, zu einer Lösung zu gelangen.

Ein weiterer Punkt, über den er mit dem Herrn Minister in „äußerster Offenheit" sprechen möchte, sei die Frage der europäischen Weinmarktordnung. Es handle sich hierbei um eine für Italien lebenswichtige Frage. Dabei denke er nicht so sehr an den angekündigten „Marsch auf Rom" von einhundertzwanzigtausend Weinbauern, sondern an die wirtschaftliche Lage der ärmeren Gebiete Mittel- und Süditaliens. Er bitte die deutsche Seite sehr, zu einer Lösung im Sinne des Pakets vom 6. und 7. Februar beitragen zu wollen.

In der Frage des Farbfernsehens sei bisher noch keine Lösung herbeigeführt worden. In dem Ende 1970 ablaufenden Fünfjahresplan habe Italien das Farbfernsehen ausgeklammert, weil es eine zu große finanzielle Belastung mit sich gebracht hätte. Im Rahmen des nächsten Fünfjahresplans (1971–1976) sei die Einführung jedoch in Aussicht genommen. Die italienische Regierung habe mit

---

9 Zur Einigung über die gemeinsame Marktordnung für Wein vgl. Dok. 179, besonders Anm. 3.
10 Zur Einführung des PAL-Systems in Spanien vgl. Dok. 24, Anm. 3.
11 Zur NATO-Ministerratstagung am 26./27. Mai 1970 in Rom vgl. Dok. 240 und Dok. 244.

großer Aufmerksamkeit die beiden rivalisierenden Systeme PAL und SECAM untersucht. Eine Entscheidung könne erst nach langer Überlegung getroffen werden. Er – Rumor – glaube aber, daß PAL „eine gute Chance" habe. Mehr könne er im Moment nicht sagen.[12]

Die Europäische Sicherheitskonferenz müsse seiner Auffassung nach im Rahmen der jeweiligen Blöcke gut vorbereitet werden. Auf einer solchen Konferenz müßte in der Tat über die Sicherheitsfragen gesprochen werden und nicht nur über allgemeine Themen. Man dürfe sich nicht in die „Falle eines Meinungsaustausches" hineinziehen lassen, der in bezug auf die Sicherheit Europas keine Fortschritte bringe, jedoch eine bestimmte Politik Osteuropas legitimieren würde.

In diesem Zusammenhang müsse auch die Garantie der Sicherheit Europas durch die NATO-Länder betrachtet werden. Er – Rumor – sei besorgt wegen der amerikanischen Tendenz, Truppen aus Europa abzuziehen, eine Besorgnis, die auch den Worten des Herrn Ministers zu entnehmen sei. Er sei sich im klaren darüber, daß es sich dabei für die USA im wesentlichen um eine Frage des Budgetgleichgewichts handele, man sollte aber auf europäischer Seite – wie er es selbst wiederholt in Gesprächen mit Nixon[13] im vergangenen Jahr und bei Begegnungen mit anderen amerikanischen Persönlichkeiten getan habe – jede Anstrengung unternehmen, um nicht nur einen Ersatz für die möglicherweise abzuziehenden Truppen zu finden, sondern nach allen Kräften einen Truppenabzug überhaupt zu verhindern. Es gehe nicht einmal so sehr um die materielle Sicherheit als vielmehr um die psychologische Sicherheit. Wenn die europäischen Länder das Gefühl hätten, daß die Amerikaner sich aus Europa zurückzögen, würde sich eine große und gefährliche Unsicherheit verbreiten.

Was das deutsch-italienische Verhältnis betreffe, so würde er eine stärkere Systematisierung der beiderseitigen Beziehungen begrüßen.

Der Herr *Minister* unterstrich, daß er die Auffassung Rumors über die Zusammenarbeit zwischen Italien und Deutschland teile. Es sei seit seiner Amtsübernahme sein Wunsch, die Zusammenarbeit mit Italien zu intensivieren. Sein Besuch in Rom sei die Einleitung dazu.

Er wisse, daß die Frage der Weinmarktordnung für Italien von essentieller Bedeutung sei. Andererseits habe er Moro dargelegt, für die deutsche Außenpolitik sei die Weiterentwicklung der europäischen Einigung nach dem Impuls von Den Haag[14], der ja mit italienischer Mitwirkung zustande gekommen sei, ebenfalls sehr wichtig. Moro habe sich mit ihm einverstanden erklärt. Die Dinge lägen nunmehr im wesentlichen in den Händen der Landwirtschaftsminister. Schwierigkeiten bestünden noch in der Frage der Rechtsgrundlage und in einigen technischen Punkten. Er werde sich gerne dafür einsetzen, daß bei entsprechendem Entgegenkommen von italienischer Seite bis zum 20. April eine Lösung herbeigeführt werde.

---

[12] Zur Einführung des PAL-Systems in Italien vgl. Dok. 239.
[13] Präsident Nixon hielt sich am 27./28. Februar 1969 in Italien auf.
[14] Zu Ziffer 15 des Kommuniqués der Konferenz der Staats- und Regierungschefs der EG-Mitgliedstaaten am 1./2. Dezember 1969 in Den Haag vgl. Dok. 11, Anm. 13.

Was den Großbeschleuniger betreffe, so habe er Rumors Worten entnommen, daß dieser ebenfalls Kenntnis von den fraglichen Presseäußerungen habe, die jedoch die Haltung der Bundesregierung in der Standortfrage nicht richtig wiedergegeben hätten. Er – der Herr Minister – habe Moro dargelegt, daß sich viele Kandidaten mit mehr oder weniger wirksamen Mitteln um einen eigenen Standort beworben hätten, was ja nicht illegitim sei. Auch die Bundesregierung habe einen Standort in Deutschland angemeldet, wobei sie ein Argument vorbringen könne, für das die Partner sicher alle Verständnis hätten: In der Vergangenheit sei die BRD bei der Verteilung der europäischen Organisationen – aus Gründen, die sich aus der damaligen Lage ergeben hätten – etwas zu kurz gekommen. Dies erkläre den Wunsch, jetzt eine größere europäische Einrichtung auf deutschem Boden anzusiedeln, wodurch auch etwas zur Belebung des Europagedankens getan werden könnte. Er glaube, daß man dieses Problem in aller Ruhe von neuem überdenken sollte. Im übrigen seien die Physiker in der Zwischenzeit zu der Überzeugung gelangt, daß der Großbeschleuniger heute ohnehin etwas anders gebaut werden sollte als ursprünglich geplant.

Ministerpräsident *Rumor* dankte dem Herrn Minister für seine Präzisierungen und unterstrich noch einmal die essentielle Bedeutung der Weinmarktordnung für seine Regierung. Das noch strittige Problem der Rechtsgrundlage sei ihm zwar im einzelnen nicht bekannt, aber selbst in Italien, das sich „die Mutter des Rechts" nenne, gelte der Grundsatz „Politik geht vor Recht". –

Die Standortfrage Doberdò müsse auch im Zusammenhang mit den wirtschaftsgeographischen Gegebenheiten in dem genannten Gebiet gesehen werden, das infolge des Krieges sein Hinterland verloren habe.[15]

Abschließend wurde die Frage eines Termins für den in Aussicht genommenen Besuch von Bundeskanzler Brandt in Rom besprochen, ohne daß man sich auf einen festen Zeitpunkt einigen konnte.[16]

Ministerbüro, Bd. 471

---

[15] Die Stadt Doberdò lag in der Provinz Triest in unmittelbarer Nähe der jugoslawischen Grenze. Botschafter Lahr, Rom, bemerkte zum italienischen Wunsch, den Großbeschleuniger in Doberdò zu bauen: „Der italienische Standort befindet sich in so unmittelbarer Nähe zur jugoslawischen Grenze, daß bereits eine Erweiterung des Durchmessers des Projektes auf drei Kilometer auf Schwierigkeiten stoßen dürfte. [...] Wenngleich Doberdò als wirtschaftliches Notstandsgebiet im Unterschied zu Mailand und Turin in letzter Zeit wenig Unruhe und Agitation erlebt hat, wird man die politische Lage in diesem Raum allein wegen der wirtschaftlichen Gegebenheiten keineswegs als stabil ansehen können. Der Ort Doberdò hat einen kommunistischen Bürgermeister". Vgl. die Aufzeichnung vom 11. März 1970; Referat I A 6, Bd. 246.

[16] Bundeskanzler Brandt hielt sich vom 12. bis 14. Juli 1970 in Italien auf. Für das Gespräch mit Ministerpräsident Rumor am 14. Juli 1970 in Rom vgl. Dok. 307.

150

Staatssekretär Duckwitz an die Botschaft in Washington

II B 1-81.14-27/70 streng geheim Aufgabe: 8. April 1970, 16.08 Uhr[1]
Fernschreiben Nr. 1472 Plurex
Cito

Betr.: SALT-Konsultation im NATO-Rat am 7. April 1970

I. Zur Unterrichtung ihrer Alliierten hat die Regierung der Vereinigten Staaten ihre derzeitige Beurteilung der Möglichkeiten, strategische Waffen zu begrenzen, und der damit verbundenen Probleme, am 4. April in den NATO-Hauptstädten schriftlich übergeben. Auf dieser Grundlage fand am 7. April die jüngste SALT-Konsultation im NATO-Rat statt.

II. Es ergab sich dabei die übereinstimmende Überzeugung, daß die amerikanische Rücksichtnahme auf die Interessen der Alliierten, die sich bereits in der Häufigkeit der Konsultation ausdrückt, sich weiterhin auch in der Formulierung der amerikanischen Verhandlungsposition für die strategischen Gespräche mit der sowjetischen Regierung deutlich niederschlägt.

Für die europäischen NATO-Partner ist dabei von besonderem Interesse:

1) Trotz sowjetischen Widerstandes werden die Amerikaner darauf beharren, daß die sowjetischen Mittelstreckenraketen in die SALT-Gespräche eingeschlossen werden.

2) Trotz dahingehender sowjetischer Bestrebungen werden die Amerikaner weiterhin die Aufnahme folgender Themen in die SALT-Gespräche ablehnen:

a) Begrenzung der Patrouillenbereiche von Polaris-Unterseebooten und strategischen Bombern;

b) Einschluß von taktischen Flugzeugen in die Kategorie der zu begrenzenden strategischen Waffen;

c) Weitergabeverbot von strategischen Waffensystemen an Dritte.

3) Mit den Verbündeten werde konsultiert werden, falls die sowjetische Regierung sich hinsichtlich der Themen in den Ziffern 1 und 2 insistent zeigen sollte; ansonsten seien während der Wiener Phase[2] Konsultationen in geeignet erscheinenden Zeitabständen vorgesehen.

III. Deutscherseits wurde die Hoffnung ausgedrückt, daß die SALT-Gespräche zu einem Maximum an Begrenzung strategischer Waffen bei minimaler Gefährdung der Sicherheit des Bündnisses führten.

---

[1] Der Drahterlaß wurde von Vortragendem Legationsrat I. Klasse Menne konzipiert.
  Ein Durchdruck wurde an Oberst Steiff, Bundesministerium der Verteidigung, weitergeleitet.
  Hat Ministerialdirigent Lahn am 8. April 1970 vorgelegen.
  Hat Botschafter Roth am 13. April 1970 vorgelegen.
[2] Vom 17. November bis 22. Dezember 1969 fanden in Helsinki Vorgespräche zwischen den USA und der UdSSR über eine Begrenzung der strategischen Waffen statt. Vgl. dazu Dok. 6.
  Es wurde vereinbart, die Gespräche zunächst am 16. April 1970 in Wien wiederaufzunehmen und später in Helsinki fortzusetzen.

IV. Hervorzuheben ist die vom britischen Vertreter³ übermittelte Präferenz seiner Regierung, Einsparungen – wenn schon als unumgänglich beurteilt – im Interesse der Bündnissicherheit eher auf dem Gebiet strategischer Waffen als bei der Stationierung amerikanischer Truppen in Europa zu suchen.

V. Sie werden gebeten, für Aufnahme der mit diesem Erlaß übermittelten Informationen in die Gesprächsunterlagen des Herrn Bundeskanzlers und des Bundesministers der Verteidigung⁴ Sorge zu tragen.

Duckwitz⁵

VS-Bd. 3602 (II B 1)

151

Staatssekretär Duckwitz, z. Z. Washington, an das Auswärtige Amt

Z B 6-1-11664/70 geheim   Aufgabe: 10. April 1970, 00.30 Uhr¹
Fernschreiben Nr. 798   Ankunft: 10. April 1970, 07.00 Uhr

Betr.: Bundeskanzlerbesuch²
hier: Erstes Delegationsgespräch am 10. April³

I. Während der Bundeskanzler ein Gespräch unter vier Augen (ohne Dolmetscher) mit dem amerikanischen Präsidenten führte⁴, fand im Kabinettsraum des Weißen Hauses das erste Gespräch zwischen den beiden Delegationen statt. Dauer: 1 Stunde 40 Minuten. Auf amerikanischer Seite nahmen u. a. teil:
Außenminister Rogers, stellvertretender Außenminister Richardson, Professor Kissinger, Ambassador Rush, Assistant Secretary Hillenbrand, der Leiter der Abteilung für internationale Sicherheitsangelegenheiten im Pentagon, Nutter, der Direktor der Abrüstungsbehörde, Smith.

---

3 Alan Pemberton-Piggot.
4 Bundeskanzler Brandt und Bundesminister Schmidt hielten sich vom 4. bis 11. April 1970 in den USA auf. Vgl. dazu Dok. 146, Dok. 151, Dok. 153 und Dok. 156.
5 Paraphe.

1 Hat Botschafter Roth am 13. April 1970 vorgelegen, der die Weiterleitung an Referat II B 2 verfügte.
Hat Vortragendem Legationsrat I. Klasse Mertes am 18. April 1970 vorgelegen, der die Weiterleitung an Vortragenden Legationsrat I. Klasse Pommerening und Vortragenden Legationsrat Graf zu Rantzau verfügte.
Hat Pommerening am 22. April 1970 vorgelegen.
Hat Rantzau vorgelegen.
2 Bundeskanzler Brandt hielt sich vom 4. bis 11. April 1970 in den USA auf.
3 Zum zweiten deutsch-amerikanischen Regierungsgespräch am 11. April 1970 in Washington vgl. Dok. 156.
4 Zum Gespräch des Bundeskanzlers Brandt mit Präsident Nixon am 10. April 1970 vgl. Dok. 153.

10. April 1970: Duckwitz an Auswärtiges Amt 151

II. Hauptthema dieses Gesprächs waren Ost-West-Fragen:
1) Staatssekretär Bahr unterrichtete die amerikanische Delegation ausführlich über die deutsch-sowjetischen Gespräche.
Er hob dabei besonders hervor, daß
- die Gespräche in Moskau und in Warschau, die innerdeutschen Gespräche und die Vier-Mächte-Gespräche über Berlin in einem inneren Zusammenhang[5] zu sehen seien,
- keine Vereinbarung und kein Arrangement getroffen werden würde, durch das die Vier-Mächte-Rechte hinsichtlich Berlins und Deutschlands als Ganzem berührt würden.

Die Gespräche würden wohl Ende April oder in der ersten Maihälfte fortgesetzt werden. Ihre Aussichten seien noch durchaus offen.
Die amerikanische Delegation war an dieser Unterrichtung offensichtlich sehr interessiert. Rogers fragte,
- wieviele Stunden die Gespräche in Anspruch genommen hätten, an wievielen Gesprächen Gromyko persönlich teilgenommen und wie weit er sich aktiv beteiligt habe,
- ob es Ideen oder Vorschläge gegeben habe, die intern auf einer Seite einen schriftlichen Niederschlag gefunden hätten und ob der anderen Seite etwa non-papers zur Verfügung gestellt worden seien,
- ob über Handelsfragen gesprochen worden sei oder irgendwelche kommerziellen sowjetischen Interessen erkennbar geworden seien,
- welche Rolle China in den Gesprächen gespielt habe,
- ob Gromyko eine Verbindung zu den deutsch-polnischen Gesprächen und den innerdeutschen Gesprächen hergestellt habe,
- ob er den Gedanken einer gegenseitigen Truppenreduzierung (MBFR) angesprochen habe.[6]

2) Staatssekretär Duckwitz gab eine eingehende Unterrichtung über die deutsch-polnischen Gespräche. Rogers fragte, ob über eine deutsche Anleihe gesprochen worden sei. Hillenbrand fragte, ob die Polen diese Gespräche nicht in einem inneren Zusammenhang mit den deutsch-polnischen Wirtschaftsverhandlungen[7] sähen, und ob die Sowjets nach unserer Beurteilung die deutsch-sowjetischen Gespräche zu bremsen versuchten. MDg Robert gab einen kurzen Überblick über den Stand der deutsch-polnischen Wirtschaftsverhandlungen.

3) Auf Vorschlag von Rogers sprach der Direktor der Abrüstungsbehörde Smith über SALT. Er erklärte, daß er gegenwärtig nicht über die in der NATO-Ratssitzung am 7. April[8] durch Botschafter Farley gegebene Unterrichtung hinaus-

---

[5] Die Wörter „inneren Zusammenhang" wurden von Vortragendem Legationsrat I. Klasse Mertes hervorgehoben. Dazu vermerkte er handschriftlich: „Nicht Junktim."
[6] Der Passus „keine Vereinbarung und ... (MBFR) angesprochen habe" wurde von Vortragendem Legationsrat I. Klasse Mertes angeschlängelt. Dazu vermerkte er handschriftlich für Referat II A 4: „Was war unsere Antwort?"
[7] Zu den Verhandlungen zwischen der Bundesrepublik und Polen über den Abschluß eines Wirtschaftsabkommens vgl. Dok. 121.
[8] Vgl. dazu Dok. 150.

585

gehen könne. Er hoffe, in der nächsten Konsultation im NATO-Rat am 14. April mehr sagen zu können.[9] Er deutete an, daß die amerikanische Position gegenwärtig noch nicht weiter festgelegt sei, als wir wüßten.

Smith erklärte erneut die Bereitschaft der amerikanischen Regierung, den Konsultationsprozeß in der NATO fortzusetzen, während die SALT sich weiter entwickelten. Die amerikanische Seite würde auch gern die bilateralen deutsch-amerikanischen Gespräche fortführen, wenn wir sie für nützlich hielten. Der Bundesverteidigungsminister[10] begrüßte diese Erklärung und unterstrich das besondere deutsche Interesse an der Frage der IR/MRBMs.

Der Bundesverteidigungsminister fragte nach der voraussichtlichen Entwicklung der sowjetischen Haltung. Aus der von Rogers und Smith gegebenen Antwort wurde deutlich, daß die amerikanische Seite kein klares Bild hat. Man habe, wie Smith sagte, bisher nur „die erste Haut von der russischen Zwiebel abgezogen". Rogers meinte, es gebe in der sowjetischen Führung erhebliche Auseinandersetzungen über SALT.

4) Rogers sagte, von einer gegenseitigen Truppenreduzierung (MBFR) zwischen Ost und West in Europa seien wir wohl noch weiter entfernt als von SALT-Ergebnissen. Richardson hob hervor, daß die amerikanische Regierung eine NATO-Initiative zu MBFR grundsätzlich unterstütze; er bezog sich dabei auf das Dezember-Kommuniqué des NATO-Ministerrats.[11] Die Form einer westlichen Initiative könne Gegenstand der kommenden Mai-Sitzung des NATO-Ministerrats[12] sein; im einzelnen bestehe hierüber auf amerikanischer Seite intern noch keine volle Klarheit. Die schwierigste Frage sei aber, zu einer Vereinbarung welchen Inhalts der Westen sich bereitfinden könne. Hier gebe es, auch bei der internen Erörterung mit den amerikanischen militärischen Stellen, noch sehr schwierige Probleme zu lösen. Richardson stellte zur Erwägung, den westlichen Vorschlag „recht konservativ" zu gestalten und mit „eingebauten Sicherungen" zu versehen, um auch für den Fall einer plötzlichen Annahme durch die Sowjets gewappnet zu sein. Dabei müsse den geographischen Entfernungen der Sowjetunion und der USA von Mitteleuropa besonders Rechnung getragen werden. (Kissinger warf hier scherzend ein, man müsse die Zahl der von den Supermächten abzuziehenden Truppen mit der geographischen Entfernung der anderen Supermacht von Mitteleuropa multiplizieren, um eine brauchbare Grundlage für MBFR zu erlangen.)

Der Bundesverteidigungsminister setzte sich mit Nachdruck für die Fortentwicklung des MBFR-Konzepts durch die NATO ein. Rogers stimmte zu; auch die Russen hätten seit der Dezember-Sitzung des NATO-Ministerrats einiges Interesse gezeigt; das Thema könne auf der Mai-Sitzung einen guten Teil der Beratungen in Anspruch nehmen und Gegenstand einiger neuer Anregungen sein. Deutsche Vorschläge hierzu wären sehr nützlich.

5) Staatssekretär Duckwitz schilderte unsere Eindrücke von der polnischen Haltung zur Europäischen Sicherheitskonferenz. Rogers interessierte sich dafür,

---

[9] Vgl. dazu Dok. 159.
[10] Helmut Schmidt.
[11] Vgl. dazu Ziffer 5 der Erklärung der NATO-Mitgliedstaaten vom 5. Dezember 1969; Dok. 83, Anm. 3.
[12] Zur NATO-Ministerratstagung am 26./27. Mai 1970 in Rom vgl. Dok. 240 und Dok. 244.

ob die Briten mit uns über ihren Vorschlag einer Ständigen Kommission[13] gesprochen hätten.

Der Bundesverteidigungsminister wies darauf hin, daß die deutsche Seite an dem Zustandekommen von MBFR sehr viel mehr interessiert sei als an den Verfahrensfragen im Hinblick auf eine ESK. Staatssekretär Bahr warnte vor einer Verbindung zwischen MBFR und ESK.

6) Hinsichtlich der deutsch-sowjetischen Luftverkehrsverhandlungen bezog sich Staatssekretär Duckwitz auf unsere Note vom 11.2.70[14], unterstrich die große Bedeutung, die wir der Angelegenheit beimäßen und erkundigte sich nach dem Stand der amerikanischen Überlegungen im Lichte unserer Vorstellungen.

Hillenbrand antwortete, es handele sich um ein sehr schwieriges technisches Problem. Die Drei Mächte wären nach wie vor der Ansicht, daß die Sowjets die Luftkorridore benutzen sollten. Die Angelegenheit werde so rasch wie möglich (under urgent study) geprüft, dabei würden unsere Interessen mit in Rechnung gestellt.

III. Nach Abschluß der Erörterung von Ost-West-Fragen wurde gegen Ende des Gesprächs kurz über andere Probleme gesprochen:

1) Lage in Südostasien:

Zu Vietnam sagte Rogers, der Präsident werde Donnerstag[15] vor der Öffentlichkeit über die Fortführung seiner Vietnamisierungspolitik sprechen.[16] Diese habe ziemlich gute Erfolge gebracht. Nordvietnam stehe jetzt vor ernsten Problemen.

Die militärische Lage in Laos sei etwas besser als erwartet, dies könne sich aber schnell ändern. Nordvietnam könne Laos jederzeit überrennen. Die Sowjets hätten bisher kein Interesse an einer internationalen Behandlung des Problems gezeigt. Nixon habe Kossygin jetzt aber einen zweiten sehr energisch formulierten Brief geschrieben. Wenn die Lage sich verschlechtern sollte, würden die USA eine größere diplomatische Anstrengung unternehmen, um Bemühungen um eine multilaterale Lösung in Gang zu bringen.

Zu Kambodscha erläuterte Rogers, die amerikanische Politik folge dem Grundsatz, so wenig wie möglich öffentlich zu tun; damit würde nur der entgegengesetzte Effekt erzielt. Die Berichte gäben noch kein klares Bild über die Lage. Die militärischen Vorgänge würden darin zweifellos übertrieben dargestellt. Man wisse auch nicht, inwieweit Sihanouk wirklich von China unterstützt werde. Die amerikanische Seite sei bemüht, sich aus den Auseinandersetzungen[17] herauszuhalten und andere asiatische Länder, z.B. Indonesien, zu ermuntern, sich einzuschalten. Ein neues amerikanisches Engagement in Kambodscha

---

13 Zum britischen Vorschlag einer Ständigen Kommission zur Vorbereitung einer Europäischen Sicherheitskonferenz vgl. Dok. 80, Anm. 7.
14 Zur Note der Bundesrepublik an die Drei Mächte vgl. Dok. 34, Anm. 9.
15 16. April 1970.
16 Präsident Nixon führte am 20. April 1970 im Rundfunk aus, daß seit 8. Juni 1969 115 500 amerikanische Soldaten aus der Republik Vietnam (Südvietnam) abgezogen worden seien. Bis April 1971 sollten weitere 150 000 Mann abgezogen werden. Dieser Abzug werde durch den verstärkten Einsatz südvietnamesischer Soldaten ermöglicht. Vgl. PUBLIC PAPERS, NIXON 1970, S. 373–377.
17 Zur Situation in Kambodscha vgl. Dok. 138, Anm. 13.

würde der Stellung Nixons hierzulande erheblichen Abbruch tun. Andererseits müsse die nordvietnamesische Regierung in Unsicherheit darüber gehalten werden, wie die USA und Südvietnam im Falle eines nordvietnamesischen Angriffs auf Kambodscha reagieren würden.

Zur Lage in Südostasien allgemein meinte Rogers, die amerikanische Regierung beurteile sie günstiger, als sie nach außen hin zu erkennen gebe.

2) Lage in Nahost:

Rogers sagte, daß die amerikanische Regierung die Unterstützung der arabischen Staaten, die ohnehin nur bescheiden gewesen sei, infolge der jüngsten militärischen Vorgänge weitgehend verloren habe. So habe auch der israelische Angriff auf eine Schule[18] einen neuen empfindlichen Rückschlag gebracht. Die Entscheidung Nixons, keine „Phantoms" an Israel zu liefern, sei völlig richtig gewesen. Israel könne jederzeit einen Krieg gegen die arabischen Staaten gewinnen, wenn es dazu kommen sollte.

Auch die sowjetische Regierung sei über die Lage im Nahen Osten ziemlich beunruhigt. Bei den an die VAR gelieferten sowjetischen SAM-3 handele es sich um Defensivwaffen. Es hätte mit sowjetischen Waffenlieferungen an die VAR „viel schlechter kommen können". Mit der Lieferung der Raketen übernähmen die Sowjets jetzt freilich das Risiko, vermehrtes russisches Personal in der VAR einsetzen zu müssen.

[gez.] Duckwitz

VS-Bd. 4549 (II B 2)

---

[18] Am 8. April 1970 bombardierten israelische Kampfflugzeuge ägyptischen Angaben zufolge eine Schule in Nordägypten. Nach israelischen Angaben wurden jedoch ausschließlich militärische Objekte getroffen. Vgl. dazu den Artikel „Bericht über zivile Luftangriffsopfer in Ägpyten"; NEUE ZÜRCHER ZEITUNG, Fernausgabe vom 10. April 1970, S. 3.

152

Botschafter Böx, Warschau, an das Auswärtige Amt

Z B 6-1-11643/70 VS-vertraulich   Aufgabe: 10. April 1970, 12.30 Uhr[1]
Fernschreiben Nr. 153   Ankunft: 10. April 1970, 14.20 Uhr
Citissime

Im Anschluß an Nr. 151 vom 9.4.1970[2]

Betr.: Gespräche über gegenwärtigen Stand der deutsch-polnischen Beziehungen

3) Botschafter sozialistischer Länder

Aus Gesprächen mit ihnen muß ich entnehmen, daß

a) polnische Regierung ihre Partner ausführlich über den Stand der deutsch-polnischen Beziehungen informiert;

b) die SU Warschau eingehend über deutsch-sowjetische Gespräche unterrichtet. Die sowjetische Führung scheint diese Informationen so zu steuern, daß diejenigen Kräfte in Polen ermutigt werden, die die Lösung der deutsch-polnischen Probleme in einem Global-Arrangement des gesamten Blocks mit der Bundesrepublik unter Führung Moskaus wünschen. Besonderes Aufsehen scheint angeblich russisches Vorbringen verursacht zu haben, daß StS Bahr in Moskau endgültige Anerkennung Zugehörigkeit Ostpreußens zur Sowjetunion ohne Friedensvorbehalt angeboten hat.[3] Im polnischen Außenministerium ist Botschafter eines sozialistischen Landes anhand Text Potsdamer Protokolle[4] nachgewiesen worden, daß – wenn Vorbehalte überhaupt gelten – sie gleichermaßen auf Ostpreußen wie auf polnische Westprovinzen angewandt werden müßten. Mit Bitterkeit habe man sich geäußert, daß sich Bonn gegenüber der mächtigeren SU viel entgegenkommender als gegenüber dem viel schwächeren Polen verhalte und unter diesen Auspizien angeblich geheiligte Prinzipien über Bord werfe.

4) Botschafter westlicher Staaten

Aus Gesprächen westlicher Botschafter mit Staatspräsident Spychalski und Außenminister Jędrychowski geht hervor, daß die Beurteilung über den Ausgang der deutsch-polnischen Gespräche in der polnischen Führung uneinheitlich ist.

a) Staatspräsident Spychalski hat sich im ganzen negativ geäußert und tadelnd darauf hingewiesen, daß die Bundesregierung ihre wirtschaftliche Stärke als

---

[1] Hat Legationsrat I. Klasse Hallier am 10. April 1970 vorgelegen, der den Drahtbericht an Bundesminister Scheel weiterleitete.
Hat Scheel vorgelegen.
[2] Botschafter Böx, Warschau, berichtete über Gespräche mit dem Kandidat des ZK der PVAP, Rakowski, und dem Mitglied des Politbüros der PVAP, Loga-Sowiński, die er am 7./8. April 1970 geführt habe. Beide Gesprächspartner hätten sich sowohl zum Stand des Verhältnisses zwischen der Bundesrepublik und Polen enttäuscht geäußert. Vgl. VS-Bd. 4538 (II A 2); B 150, Aktenkopien 1970.
[3] Der Passus „daß StS Bahr ... angeboten hat" wurde von Bundesminister Scheel hervorgehoben. Dazu vermerkte er handschriftlich: „Bitte Stellungnahme."
[4] Für den Wortlaut des Kommuniqués vom 2. August 1945 über die Konferenz von Potsdam (Potsdamer Abkommen) vgl. DzD II/1, S. 2101–2148.

ein politisches Druckmittel verwende. Wenn bislang noch kein Wirtschaftsvertrag zustande gekommen sei, so fraglos deshalb, weil die deutsche Verhandlungsdelegation hoffe, über wirtschaftliche Konzessionen politische Vorteile einhandeln zu können.[5] Er glaube nicht, daß in den politischen Gesprächen eine befriedigende Lösung für das Grenzproblem gefunden werde.

b) Jędrychowski hat sich positiver geäußert. Er räumte ein, daß eine Formel für die Regelung Oder-Neiße-Frage gefunden werden müsse, die auch der deutschen Seite Rechnung trage. Er scheint danach etwas von der extremen Haltung des polnischen Vertragsentwurfs[6] abzurücken. Jędrychowski ist darauf aufmerksam gemacht worden, daß, wenn es zu keiner Einigung zwischen der polnischen und deutschen Regierung käme, der Eindruck entstehen könne, Polen habe die Hürden mit Absicht so hoch gesetzt, daß sie von der Bundesregierung nicht genommen werden können.

5) Zu Stand deutsch-sowjetischer Gespräche habe ich nicht Stellung nehmen können, da eine Sprachregelung oder Unterrichtung nicht erfolgt ist.[7] Diese Lücke macht sich unangenehm bemerkbar. Meine polnischen Gesprächspartner glauben mir nicht, wenn ich meine Unwissenheit vorbringe. Für sie erscheint es selbstverständlich, daß sich das deutsch-polnische Verhältnis im Zusammenhang mit den Beziehungen zu Moskau gestaltet und sich die Tätigkeit der HV in diesem Rahmen hält.

Gelegentlich bekomme ich Hinweise über den Stand der Gespräche Bonn–Moskau von bestimmten NATO-Botschaftern.

[gez.] Böx

VS-Bd. 8955 (II A 5)

---

[5] Zu den Verhandlungen zwischen der Bundesrepublik und Polen über den Abschluß eines Wirtschaftsabkommens vgl. Dok. 121.
[6] Für den polnischen Entwurf vom Februar 1970 vgl. Dok. 141.
[7] Der Passus „da eine Sprachregelung ... nicht erfolgt ist" wurde von Bundesminister Scheel hervorgehoben. Dazu vermerkte er handschriftlich: „Was ist das?"

153

Aufzeichnung des Bundeskanzlers Brandt

BK II/1-30104-Am2/2/70 geheim
11. April 1970[1]

Betr.: Gespräche mit Präsident Nixon in Washington am 10. und 11. April 1970

A. Vier-Augen-Gespräch am 10.4.1970, 10.30–12.20 Uhr

1) Nixon: Wichtig sei nicht, ob wir in allen Einzelheiten übereinstimmten, sondern die Gewißheit, daß uns gemeinsame Interessen und Zielvorstellungen verbänden. Hiervon ausgehend, könnten wir in freimütiger Aussprache voneinander lernen.

2) N.: Welches meine Hauptargumente gegen einen wesentlichen Abbau der amerikanisch-militärischen Präsenz in Europa und gegen eine Stolperdraht-Doktrin[2] seien?

Ich verwies in erster Linie auf die politisch-psychologischen Faktoren. Auch darauf, daß die von uns gemeinsam für notwendig gehaltenen Bemühungen um Entspannung der Verankerung im effektiven Bündnis bedürfen. Dies gelte insbesondere auch für etwa möglich werdende Verhandlungen über beiderseitige ausgewogene Truppenbegrenzungen (MBFR). Die langfristige Perspektive könnte anders aussehen, wenn sich die Ost-West-Beziehungen wesentlich verbessern sollten.

3) N.: Er habe mit Interesse gelesen, was ich im Zusammenhang mit meiner Reise über die künftigen Beziehungen zwischen EWG und USA gesagt hätte.[3] Es habe sich nichts daran geändert, daß die USA – vornehmlich aus politischen Gründen – am britischen Beitritt interessiert seien. Wie ich mir eine engere Verbindung mit den USA vorstelle.

Ich unterrichtete N. über die Konsequenzen der Haager Gipfelkonferenz, einschließlich der in Aussicht genommenen Belebung der politischen Zusammen-

---

[1] Ablichtung.
Ministerialdirigent Ritzel übermittelte die Aufzeichnung am 13. April 1970 an Vortragenden Legationsrat I. Klasse Hofmann und teilte dazu mit: „Diese Aufzeichnung ist für Herrn Bundesminister Scheel persönlich bestimmt; der Herr Bundeskanzler bittet darum, sie nicht in den Geschäftsgang zu geben." Vgl. das Begleitschreiben; VS-Bd. 10096 (Ministerbüro); B 150, Aktenkopien 1970.
Hat Scheel am 14. April 1970 vorgelegen, der handschriftlich vermerkte: „S. 3, 8, 9." Vgl. Anm. 9 und 19.
Zum Besuch des Bundeskanzlers Brandt vom 4. bis 11. April in den USA vgl. Brandt, Begegnungen, S. 379–385.

[2] Vgl. dazu Dok. 86, Anm. 21.

[3] Bundeskanzler Brandt erklärte am 4. April 1970 in einem Interview mit der „Stuttgarter Zeitung", daß die wirtschaftliche Zusammenarbeit zwischen den USA und den Europäischen Gemeinschaften genauso wichtig sei „wie die politische und militärische Zusammenarbeit. Deshalb müssen wir uns um Methoden bemühen, wie wir Komplikationen, die den freien Handelsverkehr über den Atlantik hinweg beeinträchtigen könnten, möglichst schon im Vorfeld ausräumen." Vgl. Bulletin 1970, S. 438.
Ergänzend dazu schlug Brandt am 4. April 1970 in einem Interview mit der „Westfälischen Rundschau" vor, „zwischen EWG und USA eine Verbindungsstelle zu schaffen, bei der die strittigen Fragen mit einer gewissen Regelmäßigkeit besprochen werden könnten". Vgl. Bulletin 1970, S. 439.

arbeit.[4] Um zwischen der erweiterten EWG und den USA Interessenkonflikte zu vermeiden oder möglichst sachlich auszutragen, sollten wir einen Kontaktausschuß anstreben. Ich sei jedoch nicht legitimiert, für die EWG zu sprechen. Wir müßten auf zu vermutende französische Vorbehalte Rücksicht nehmen und sollten schon aus diesem Grunde zunächst nur ad-hoc-Besprechungen in Aussicht nehmen.

N. stimmte diesem Gedanken zu und gab – auch zu anderen Punkten des Gesprächs – zu erkennen, daß ihm an einer weiteren Verbesserung des Verhältnisses zu Frankreich gelegen ist und daß er der „wirtschaftlichen Orientierung" Pompidous eine gewisse Bedeutung beimißt.

4) N. berichtete über die amerikanischen Überlegungen zu den demnächst in Wien aufzunehmenden SALT[5]: Grundlegende Veränderung seit der Kuba-Krise[6]. Damals 10:1-Verhältnis bei den strategischen Waffen, heute relatives Gleichgewicht. Wir könnten uns darauf verlassen, daß die USA nichts vereinbaren würden, was die Sicherheitsinteressen der NATO gefährde. Im übrigen sei es möglich, daß man statt zu einem umfassenden Abkommen zu Teilvereinbarungen gelangen werde.

5) Betr. MBFR legte ich dar, weshalb wir es für richtig halten, das „Signal von Reykjavik"[7] auf der NATO-Sitzung in Rom Ende Mai[8] wieder aufzunehmen, anzureichern bzw. zu qualifizieren.

N. widersprach dem nicht, fügte aber hinzu, daß es sich um „mehr als Propaganda" handeln müsse. Wir sollten im Rahmen der NATO, aber auch bilateral[9], unverzüglich mit der inhaltlichen Durchdringung dieser Problematik beginnen.

6) N.: Woran die Russen in den Gesprächen mit uns in erster Linie interessiert seien? Ob sein Eindruck richtig sei, daß sich wirkliche Fortschritte noch nicht abzeichnen?

Ich berichtete kurz über unseren Eindruck von den Gesprächen in Moskau. Neben anderen Faktoren spiele vielleicht eine Rolle, daß die SU erkannt habe, daß sie eine Entlastung ihrer Beziehungen zu den USA und zu Westeuropa nicht an der Bundesrepublik vorbei erreichen könne. Ob wir nach den exploratorischen Gesprächen in eigentliche Verhandlungen eintreten könnten, sei noch nicht zu beantworten. Wir würden mit Washington bzw. mit den Drei Mächten in engem Kontakt bleiben.

---

[4] Zu Ziffer 15 des Kommuniqués der Konferenz der Staats- und Regierungschefs der EG-Mitgliedstaaten am 1./2. Dezember 1969 in Den Haag vgl. Dok. 11, Anm. 13.

[5] Vom 17. November bis 22. Dezember 1969 fanden in Helsinki Vorgespräche zwischen den USA und der UdSSR über eine Begrenzung der strategischen Waffen statt. Vgl. dazu Dok. 6.
Es wurde vereinbart, die Gespräche zunächst am 16. April 1970 in Wien wiederaufzunehmen und später in Helsinki fortzusetzen.

[6] Am 14. Oktober 1962 stellte die amerikanische Regierung anhand von Aufklärungsflügen über Kuba fest, daß auf der Insel Abschußbasen errichtet und Raketen sowjetischen Ursprungs stationiert worden waren. Am 22. Oktober 1962 verhängten die USA eine Seeblockade. Am 27. Oktober 1962 erklärte sich die UdSSR zum Abtransport der Raketen bereit, der am 9. November 1962 begann. Zum Briefwechsel zwischen Ministerpräsident Chruschtschow und Präsident Kennedy, mit dem die Krise beigelegt wurde, vgl. FRUS 1961–1963, VI, S. 165–233.

[7] Zur Erklärung der NATO-Mitgliedstaaten vom 25. Juni 1968 vgl. Dok. 80, Anm. 3.

[8] Zur NATO-Ministerratstagung am 26./27. Mai 1970 vgl. Dok. 240 und Dok. 244.

[9] Die Wörter „aber auch bilateral" wurden von Bundesminister Scheel hervorgehoben. Dazu vermerkte er handschriftlich: „Vor Rom wohl kaum möglich!"

7) N.: Er würde volles Verständnis dafür haben, wenn wir zu dem Ergebnis kommen sollten, die Oder-Neiße-Linie anzuerkennen. Sie sei nun einmal zu einem Faktum geworden. Er würde es begrüßen, wenn humanitäre Maßnahmen zugunsten der noch in Polen lebenden Deutschen erreicht werden könnten.

8) Auf die DDR bezogen, war N. in erster Linie an persönlichen Eindrücken vom Erfurter Treffen[10] interessiert. Ob es denkbar sei, daß die DDR-Regierung gegebenenfalls auch unabhängig von Moskau entscheide?

9) Zu Berlin sagte N., dies sei für ihn ein Punkt, an dem kein Nachgeben möglich sei. Es befriedige ihn, daß ich dies als ein absolutes Erfordernis bezeichne. Wie wir sei er der Meinung, daß es neben der „Freiheit West-Berlins" vor allem auf die Sicherung der Zufahrtswege ankomme.

10) N. kam dann auf die US-Truppen in Europa zu sprechen. Er sei – sinngemäß: im wesentlichen – gegen einen Abbau. Aber er müsse mir offen sagen, daß er es mit einem nicht unerheblichen innenpolitischen Druck zu tun habe.

Das Thema „Offset" erwähnte N. nur in einem Nebensatz.

Ich bezog mich auf N.s Kongreß-Botschaft vom 18. Februar[11] und befürwortete die von Brosio angeregte Diskussion der strategischen und prinzipiellen Fragen im Rahmen des NATO-Rates. Die bilateralen Zahlungs- bzw. Ausgleichsprobleme sollten wir rechtzeitig vor Ablauf des gegenwärtig laufenden Abkommens[12] regeln. An einem Vakuum oder an Verhandlungen unter Zeitdruck könne uns beiden nicht gelegen sein.

N. pflichtete mir bei, daß es – auch wegen der Gleichgewichts-Problematik im Westen – unrealistisch wäre, im Falle von mehr als marginalen Veränderungen der US-Präsenz eine Ausweitung der Bundeswehr zu erwarten. Wir würden in der weiteren Entwicklung um qualitative Verbesserungen bemüht bleiben, keinesfalls aber eine Kompensation für abgezogene US-Divisionen bieten können.

11) N. sprach über die Lage in Asien: Dem Verhältnis zu Japan messe er große Bedeutung bei. In Vietnam werde er sich an die Politik halten, die er angekündigt habe[13] – die Russen seien dabei nicht hilfreich.

Zur VR China gebe es, abgesehen von den Botschaftergesprächen in Warschau[14], auch einige andere Kontakte. Die Chancen, zu einer gewissen Verbesserung der Beziehungen zu gelangen, seien nicht ganz negativ zu beurteilen. Allerdings könne keine Rede davon sein, Taiwan preiszugeben.

---

[10] Zu den Gesprächen des Bundeskanzlers Brandt mit dem Vorsitzenden des Ministerrats, Stoph, am 19. März 1970 in Erfurt vgl. Dok. 124.

[11] Zum Bericht des Präsidenten Nixon vom 18. Februar 1970 an den Kongreß vgl. Dok. 86, Anm. 20.

[12] Zum Devisenabkommen vom 9. Juli 1969 vgl. Dok. 146, Anm. 5.

[13] In seinem Bericht vom 18. Februar 1970 an den Kongreß bekräftigte Präsident Nixon seine Ankündigung, daß die USA unter drei Voraussetzungen verstärkt Truppen aus der Republik Vietnam (Südvietnam) abziehen würden: Erstens müßte es zu einem deutlichen Abflauen der Aktivitäten des Vietcong und der Truppen der Demokratischen Republik Vietnam (Nordvietnam) auf südvietnamesischen Boden kommen. Zweitens müßte die nordvietnamesische Regierung echte Bereitschaft zu Verhandlungen zeigen. Als dritte Voraussetzung nannte Nixon eine verstärkte Kampfbereitschaft der südvietnamesischen Streitkräfte, die zunehmend Aufgaben von amerikanischen Truppen übernehmen sollten. Vgl. PUBLIC PAPERS, NIXON 1970, S. 116–190.

[14] Seit 1958 fanden in unregelmäßigen Abständen Gespräche zwischen dem chinesischen Botschafter in Warschau und seinem amerikanischen Kollegen statt.

N. stimmte vorbehaltlos zu, daß wir aufgrund unserer Interessenlage nicht daran dächten, der SU den Eindruck zu vermitteln, als wollten wir ihr auf dem Wege über Peking Schwierigkeiten bereiten. Ich hätte in der Regierungserklärung vom Oktober 1969 gesagt, daß wir an möglichst normalen Beziehungen nach allen Seiten interessiert seien[15], aber dies bedeute nicht, daß wir in der gegenwärtigen Lage wegen einer Institutionalisierung unserer Beziehungen zu Peking aktiv werden wollten.

12) Zur Nahost-Krise ergab sich nichts Neues. N. betonte, die USA würden Israel nicht im Stich lassen, sich aber trotz aller Schwierigkeiten um verbesserte Beziehungen zu den arabischen Staaten bemühen. Ich erläuterte unsere Haltung.

N.: Was wir tun könnten, um die Situation im Mittelmeerraum positiv zu beeinflussen? Ob ich nicht auch meine, daß wir – dreißig Jahre nach dem Bürgerkrieg – versuchen sollten, Spanien an die westliche Zusammenarbeit heranzuführen?

Ich betonte, wir sollten Frankreich nach Möglichkeit darin unterstützen, seine Rolle im Mittelmeer zu spielen. Hierbei spiele, woran wir mitwirken wollten, die Zusammenarbeit mit den Maghreb-Staaten eine nicht unwesentliche Rolle. Italien falle leider wegen seiner innenpolitischen Schwäche weitgehend aus. Betr. Spanien müsse man die psychologischen Hindernisse in einer Reihe der europäischen Staaten sehen. Mit einem behutsamen „Heranführen" sei ich einverstanden; dem entspreche auch unsere Politik in der EWG.

Betr. Griechenland bat ich N. – unter Hinweis auf die z.Z. laufenden Prozesse –, auf die Machthaber in Athen im mäßigenden Sinne einzuwirken. N. sagte dies zu – „ohne Publizität".

B. Gespräch bei Tisch am 10.4.1970 abends

13) Ich betonte unser Interesse an weiterer technologischer Zusammenarbeit.

N. dankte dafür, daß wir im vergangenen Jahr wegen der Zusammenarbeit auf dem Gebiet der Umweltfragen[16] so positiv reagiert hätten.

14) Wegen der Konsequenzen aus der Ermordung von Botschafter Spreti in Guatemala[17] und anderen Übergriffen vereinbarten wir, daß die beiden Außenmi-

---

[15] Am 28. Oktober 1969 führte Bundeskanzler Brandt vor dem Bundestag aus: „Wir unterstreichen die grundsätzliche Bereitschaft, mit allen Staaten der Welt, die unseren Wunsch nach friedlicher Zusammenarbeit teilen, diplomatische Beziehungen zu unterhalten und die bestehenden Handelsbeziehungen zu verstärken." Vgl. BT STENOGRAPHISCHE BERICHTE, Bd. 71, S. 31.

[16] Am 10. April 1969 regte Präsident Nixon vor dem NATO-Ministerrat in Washington an, einen neuen Apparat für die politischen Konsultationen des Westens zu schaffen und vermehrten Gebrauch von den bereits bestehenden Institutionen zu machen. Darüber hinaus sollten neue Themen wie Umweltfragen diskutiert werden: „I strongly urge that we create a committee on the challenges of modern society, responsible to the deputy ministers, to explore ways in which the experience and resources of the Western nations could most effectively be marshaled toward improving the quality of life of our peoples". Vgl. PUBLIC PAPERS, Nixon 1969, S. 275. Für den deutschen Wortlaut der Rede vgl. EUROPA-ARCHIV 1969, D 230–234.

[17] Vgl. dazu Dok. 148.

nister[18] prüfen sollten, wie man einander bei Gegenmaßnahmen unterstützen könne.[19]

C. Vier-Augen-Gespräch am 11.4.1970 vormittags

15) Ich brachte den Gedanken vor, im Falle des Abschlusses von Abkommen mit den östlichen Partnern zwischen den Drei Mächten und uns eine Erklärung über reaffirmation bzw. reassurance der gemeinsamen Politik auszuarbeiten.[20]
N. sagte, er halte dies für einen guten Gedanken. Vielleicht sollte man auch eine Zusammenkunft zu viert ins Auge fassen.
N. unterstrich, daß er Vertrauen zu unserer Politik habe und wisse, daß wir nicht daran dächten, bewährte Freundschaften aufs Spiel zu setzen. Wir müßten allerdings damit rechnen, daß es in Frankreich und England – auch hier und da in den USA – einige Unsicherheit geben könne. (In diesem Zusammenhang erwähnte N., was McCloy einige Tage zuvor in New York erzählt hatte, der Schah von Persien[21] habe gesagt, zwischen der Bundesrepublik und Frankreich komme es unweigerlich zu einem Wettlauf nach Moskau.) Wesentlich sei unser Einverständnis, daß wir in allen Ost-West-Fragen in engem Kontakt bleiben müssen.

16) N. kam auf die EWG-Problematik zurück und bat mich, ihm den von mir für wahrscheinlich gehaltenen Zeitplan zu entwickeln.

17) Betr. Nahost und Mittelmeer unterstrich N. seine Äußerungen vom Vortage zu Israel, den arabischen Staaten und Spanien.

18) N. kam noch einmal auf die Bedeutung Japans zurück und begrüßte es, daß auch wir gute Beziehungen zu Tokio unterhalten.

19) Betr. Maßnahmen zum Schutz von Diplomaten kamen wir zusätzlich überein, den Außenministern nahezulegen – und befreundete Staaten dazu einzuladen –, daß die Warn- und Abkehrvorkehrungen an gefährdeten Orten zusammengefaßt werden und daß man sich in konkreten Fällen um ein solidarisches Verhalten bemüht.

Ich empfahl N., auch die Sowjetunion auf die Problematik hinweisen zu lassen.

[Brandt]

VS-Bd. 10096 (Ministerbüro)

---

[18] Walter Scheel bzw. William P. Rogers.
[19] Der Passus „vereinbarten wir ... unterstützen könne." wurde von Bundesminister Scheel hervorgehoben. Dazu vermerkte er handschriftlich: „Fühlung aufnehmen!"
[20] Willy Brandt notierte dazu im Rückblick: „Im Zusammenhang mit unseren Abkommen mit östlichen Partnern sollte nach meiner Meinung zwischen den Drei Mächten und uns eine Erklärung über die feierliche Bestätigung der gemeinsamen Politik ausgearbeitet werden. Dieser Gedanke wurde später gegenstandslos, da man die Verklammerung zwischen unseren bilateralen Verträgen und dem Vier-Mächte-Abkommen über Berlin für ausreichend hielt." Vgl. BRANDT, Begegnungen, S. 383.
[21] Mohammed Reza Pahlevi.

154

Aufzeichnung des Staatssekretärs Duckwitz

St.S. 350/70 geheim 13. April 1970

Betr.: Deutsch-sowjetische Luftverkehrsverhandlungen

Wunschgemäß wurde dieses Thema in der Delegationssitzung am Freitag, dem 10. April 1970, mit der amerikanischen Delegation besprochen.[1] Auf meinen einleitenden Vortrag, in dem ich besonderen Wert auf die Beantwortung der Note der Bundesregierung vom Februar[2] legte, erwiderte Under-Secretary Hillenbrand, daß die amerikanische Regierung bedaure, daß die Antwort so lange habe auf sich warten lassen. Die Alliierten seien der Ansicht, daß durch die Weigerung der Russen, die Korridore zu benutzen, ernste Probleme aufgeworfen würden. Die Alliierten könnten sich nicht ohne weiteres damit abfinden, daß die Russen über dem Gebiet der DDR nicht die anerkannten Korridore benutzten, und es sei anzunehmen, daß die Antwort der Alliierten auf unsere Note negativ ausfallen werde. Man werde sich jedoch Mühe geben, die Antwort baldmöglichst fertigzustellen.[3]

In einem späteren vertraulichen Privatgespräch mit Hillenbrand erklärte mir dieser, daß der bisher unüberwindlichste Widerstand von den Franzosen käme. In den USA seien die Ansichten geteilt. Während das State Department eher zum Einlenken neige, vertrete das Pentagon ebenfalls eine harte Linie.

Hillenbrand empfahl, taktisch folgende Linie einzuschlagen: Mit einer negativen Antwort der Alliierten muß gerechnet werden. Diese negative Antwort sollte sodann Anlaß zu einem erneuten Gespräch zwischen der Bundesrepublik und der Sowjetunion geben. Die Sowjetunion müßte bei dieser Gelegenheit darauf hingewiesen werden, daß es den Alliierten unmöglich sei, auf die Forderung einzugehen, die Korridore nicht zu benutzen. Die Sowjetregierung werde daher gebeten, auf diese Forderung zu verzichten. Tut sie dies nicht – und damit muß gerechnet werden –, sollten wir uns erneut an die Alliierten wenden, ihnen den Beschluß der Sowjetregierung übermitteln und um eine Revision des alliierten Standpunkts ersuchen. Diese Revision könnte möglicherweise darin bestehen, daß man einen Kompromißvorschlag macht, nach dem die Flugzeuge der Aeroflot eine bestimmte Strecke, vielleicht 50 bis 100 km, vor dem Einflug in das Gebiet der Bundesrepublik im Korridor fliegen. Wenn hierdurch wenigstens teilweise die Forderung der Alliierten erfüllt werde, halte er es nicht für ausge-

---

[1] Zum deutsch-amerikanischen Regierungsgespräch am 10. April 1970 in Washington vgl. Dok. 151.
[2] Zur Note der Bundesrepublik vom 11. Februar 1970 an die Drei Mächte vgl. Dok. 34, Anm. 9.
[3] Am 15. Mai 1970 übergab Staatssekretär Harkort dem sowjetischen Botschafter Zarapkin ein Aide-mémoire. Darin wurde ausgeführt, die Drei Mächte hätten der Bundesregierung mitgeteilt, „daß sie die Genehmigung zur Aufnahme des Flugverkehrs von der Einflugstelle bis Frankfurt unter der Voraussetzung erteilen würden, daß die Flugzeuge der Aeroflot nach einer Landung in Berlin-Schönefeld die bestehenden Flugkorridore unter den gleichen Bedingungen benutzen wie die Flugzeuge der Drei Mächte". Vgl. den Drahterlaß Nr. 446; VS-Bd. 8351 (III A 4); B 150, Aktenkopien 1970.

schlossen, die Franzosen zu einer Änderung ihres bis jetzt eindeutigen Standpunktes zu bewegen.

Hiermit dem Herrn Minister[4] vorgelegt.

Duckwitz

VS-Bd. 502 (Büro Staatssekretär)

155

Aufzeichnung des Ministerialdirigenten Lahn

II A 5-82.00-94.20-669/70 geheim   13. April 1970[1]

Betr.: Deutsch-polnische Gespräche;
   hier: Besprechung beim Herrn Bundeskanzler am 14.4.1970[2]

1) Stand: Die polnische Regierung hat in den zwei Gesprächsrunden klargemacht, daß sie in erster Linie ein Grenzabkommen mit uns wünscht und daß die Vereinbarungen über Gewaltverzicht und die Entwicklung der künftigen Zusammenarbeit nicht im Mittelpunkt ihres Interesses stehen. Von der Regelung der Grenzfrage hängt alles Weitere ab, ihr sind alle anderen Fragen untergeordnet.

Es hat sich gezeigt, daß wir mit einem reinen GV-Angebot nicht weiterkommen. Unser Konzept, auf Gewaltanwendung und -androhung als alleinigen Vertragszweck zu verzichten und damit ein Grenzabkommen (Achtung der bestehenden Grenzen) zu verbinden, befreit die Polen noch nicht von der Besorgnis, daß wir dennoch eine Grenzänderung, d.h. die Rückgewinnung der deutschen Ostgebiete, anstreben.

Nach polnischer Auffassung ist die Oder-Neiße-Linie die endgültige polnische Westgrenze. Sie werde als solche von der überwiegenden Mehrheit der Staaten anerkannt. Schon das Potsdamer Abkommen habe von „former German territories"[3] und der „Aussiedlung"[4] der Deutschen gesprochen. – Der sonst entge-

---

[4] Hat Bundesminister Scheel am 19. April 1970 vorgelegen.

[1] Hat Legationsrat I. Klasse Hallier am 20. April 1970 vorgelegen, der handschriftlich vermerkte: „Über Leiter B[üro] St[aats]s[ekretär] Herrn D II."
Hat Vortragendem Legationsrat Schönfeld am 20. April 1970 vorgelegen.
Hat dem Vertreter von Ministerialdirektor Ruete, Ministerialdirigent Lahn, erneut am 21. April 1970 vorgelegen, der die Weiterleitung an Referat II A 5 verfügte.
Hat Vortragendem Legationsrat I. Klasse von Alten am 22. April 1970 vorgelegen, der handschriftlich vermerkte: „Herrn VLR I Burchard – Z B 9 – wie bespr[ochen]."
Hat Burchard am 23. April 1970 vorgelegen, der handschriftlich vermerkte: „Herrn Vortragendem Legationsrat I. Klasse von Alten nach Kenntnisnahme zurückgesandt."

[2] Vgl. dazu Dok. 158.

[3] Vgl. dazu Abschnitt IX des Kommuniqués vom 2. August 1945 über die Konferenz von Potsdam (Potsdamer Abkommen); Dok. 12, Anm. 26.

[4] Vgl. dazu Abschnitt XIII des Kommuniqués vom 2. August 1945 über die Konferenz von Potsdam (Potsdamer Abkommen); Dok. 119, Anm. 7.

genstehende Wortlaut stört die Polen nicht; man verweist auf den Zeitablauf von 25 Jahren und auf die die polnische These stützende normative Kraft des Faktischen.

2) Unsere Haltung:

Wenn wir das Verhältnis zu Polen verbessern und normalisieren und nicht alle sich jetzt bietenden Chancen wieder verschütten wollen, müssen wir uns zur Grenzfrage deutlicher erklären. Der Zusammenhang zwischen dem Grenzproblem und dem GV braucht nicht gelöst zu werden, da beide Fragen im selben Vertrag behandelt werden können, doch soll die Grenzfrage verselbständigt und in den Vordergrund (vor den GV) gestellt werden.

Eine „endgültige vorbehaltlose Anerkennung" der heutigen polnischen Westgrenze, d. h. für alle Zukunft, können wir nicht vollziehen wegen

a) Potsdamer Abkommen;

b) Grundgesetz[5];

c) Deutschland-Vertrag[6];

d) fehlende Legitimation, da keine gemeinsame Grenze.

Dennoch aber kann die BRD die Achtung und Unverletzlichkeit der Grenze aussprechen und bekräftigen und sich eventuell auch hinsichtlich ihres Verhaltens bei einer künftigen friedensvertraglichen Regelung binden.

3) Vorschlag

Wir bieten der polnischen Seite einen Vertrag an, der sich aus folgenden Elementen zusammensetzt:

a) Bezeichnung als „Vertrag zwischen der BRD und der VRP zur Regelung der beiderseitigen Beziehungen"

b) Präambel:

– Text im großen und ganzen wie die vorliegenden Vertragsentwürfe[7]; Kompromisse sind hier vielleicht möglich.

– Mit der Begründung, die Vergangenheit ruhen zu lassen und den Blick in die Zukunft zu richten; kein „Schuldbekenntnis" von uns; kein Hinweis auf die Naziverbrechen; auch eine ausgewogenere Formel ist möglichst zu vermeiden; sie fehlt auch in dem Freundschaftsvertrag der SU mit der DDR von 1964[8] und dem Grenzvertrag Polens mit der DDR von 1950[9].

– Kein spezieller Hinweis auf die Rechte und Pflichten der Vier Mächte.

---

[5] Zu den entsprechenden Bestimmungen des Grundgesetzes vgl. Dok. 12, Anm. 13.

[6] Vgl. dazu Artikel 7, Absatz 1 des Vertrags vom 26. Mai 1952 über die Beziehungen zwischen der Bundesrepublik Deutschland und den Drei Mächten in der Fassung vom 23. Oktober 1954 (Deutschland-Vertrag); Dok. 16, Anm. 4.

[7] Für die Entwürfe eines Abkommens zwischen der Bundesrepublik und Polen vgl. Dok. 141.

[8] Für den Wortlaut des Vertrags vom 12. Juni 1964 zwischen der DDR und der UdSSR über Freundschaft, gegenseitigen Beistand und Zusammenarbeit vgl. DzD IV/10, S. 717–723.

[9] Für den Wortlaut des Abkommens vom 6. Juli 1950 zwischen der DDR und Polen über die Markierung der festgelegten und bestehenden Staatsgrenze (Görlitzer Abkommen) vgl. DzD II/3, S. 249–252.

– Dagegen Feststellung, daß die von den Parteien geschlossenen oder die sie betreffenden internationalen Verträge oder Abkommen von diesem Vertrag unberührt bleiben. (Salvatorische Klausel)

c) Als Art. I (oder II) eine Grenzregelung, wie sie in den anliegenden Punkten 1–4 (nicht Abs. 5) niedergelegt ist.

Nur für den Fall, daß dies nicht genügen sollte, könnte die „Verpflichtungs-formel" als Abs. 5 nachgeschoben werden.

d) Als Art. II (oder III) eine GV-Regelung, wie sie früher unter Hinweis auf die Prinzipien des Art. 2 der VN-Satzung[10] vorgeschlagen wurde.

e) Als Art. III (oder I) die Vereinbarung, die gegenseitigen Beziehungen weiter zu entwickeln, zu fördern und zu normalisieren, wie bereits früher formuliert.

f) Als Art. IV die Ratifikationsklausel.

4) Bemerkungen:
– Ein solcher Entwurf könnte auch für die Polen attraktiv sein, trüge er doch dem Wunsche Rechnung, die Grenzfrage nicht nur beiläufig anzusprechen, sondern ihrem Wunsche entsprechend in den Vordergrund zu rücken.
– Durch die etwas pleonastische Aussage (vgl. Punkte 1–4) in der Grenzfrage machten wir deutlich, was wir von der polnischen Westgrenze halten; nicht nur unverletzlich und unantastbar, sondern für alle überschaubare Zukunft unabänderlich.
– Dennoch stünde unsere Aussage unter dem Vorbehalt des Potsdamer Abkommens und des Deutschland-Vertrages, was der polnischen Seite nicht verschwiegen werden dürfte. (Keine differierenden Interpretationen)
– Der Hinweis auf das Unberührtbleiben der bestehenden Verträge in der Präambel ist daher unabdingbar, da sonst die Grenzformel selber mit einem Vorbehalt versehen werden müßte.

5) Verhandlungstaktik:
– Es dürfte sich empfehlen, den Polen nur die Elemente eines solchen Entwurfs nacheinander zu präsentieren, vielleicht nur zuerst die Präambel oder nur den Grenzartikel.
– Die Reihenfolge der Artikel, die aus optischen Gründen nicht gleichgültig ist (auch wegen der Vertragsbezeichnung), sollte später ausgehandelt werden.
– Nicht alles, worüber Einvernehmen erzielt wird, muß im Vertrag niedergelegt werden. Das gilt insbesondere über die Tragweite der Salvatorischen Klausel in der Präambel.
– Die Reparationsfrage sollte von uns nicht angeschnitten werden. Falls die Polen sie aufbringen, ist entsprechende Einlassung vorbereitet. (s. Anlage)
– Die Frage der Familienzusammenführung sollte dagegen erwähnt werden: Ein polnisches Entgegenkommen in dieser Frage würde sich auf die öffentliche Meinung in Deutschland günstig auswirken und dem Vertragswerk zu einer breiteren Zustimmung verhelfen, woran auch Polen gelegen ist.

---

10 Zu Artikel 2 der UNO-Charta vom 26. Juni 1945 vgl. Dok. 12, Anm. 5.

– Wir sollten ferner greifbare Verbesserungen in den Beziehungen zwischen beiden Staaten anstreben, die deutlich machen, daß auch die polnische Seite in Verbindung mit der Grenzregelung bereit ist, die bilateralen Beziehungen zu normalisieren. Deshalb sollten wir in den Verhandlungen zur Sprache bringen:

a) Aufnahme diplomatischer Beziehungen, zumindest aber Ausstattung der Handelsvertretungen mit konsularischen Rechten,

b) Entwicklung des kulturellen Austauschs,

c) Erleichterung des Reiseverkehrs.

6) Konsultation:

Eine Unterrichtung unserer drei westlichen Verbündeten sollte erst nach der nächsten Gesprächsrunde vorgenommen werden.

Hiermit über den Herrn Staatssekretär[11] dem Herrn Bundesminister[12] mit der Bitte um Zustimmung zu diesen Punkten und der Weiterleitung an das Bundeskanzleramt vorgelegt.

Lahn

Anlage

1) Die Bundesrepublik Deutschland und die Volksrepublik Polen stellen fest, daß die Oder-Neiße-Linie (in ihrem gegenwärtigen Verlauf) die Westgrenze Polens bildet.

2) Sie erheben keine Gebietsansprüche gegeneinander und werden sie auch in Zukunft nicht erheben.

3) Sie sehen die Unverletzlichkeit der Grenzen als eine Hauptbedingung des Friedens an und verpflichten sich daher, die territoriale Integrität aller Staaten in Europa zu respektieren.

4) Sie achten die heute bestehenden Grenzen und betrachten sie auch in Zukunft als unverletzlich.

Falls erforderlich, könnte als Abs. 5 folgende Verpflichtungsformel hinzugefügt werden:

5) Die Bundesrepublik Deutschland wird sich dafür einsetzen, daß die gegenwärtige Westgrenze Polens im Falle der Bildung einer gesamtdeutschen Regierung oder sonstiger Deutschland als Ganzes betreffenden Regelungen als Grenze zwischen der Volksrepublik Polen und Deutschland bestätigt wird.[13]

VS-Bd. 8955 (II A 5)

---

[11] Die Wörter „über den Herrn Staatssekretär" wurden von Vortragendem Legationsrat Schönfeld gestrichen. Dazu vermerkte er handschriftlich: „Der Eilbedürftigkeit halber Doppel für Herrn St.S. entnommen und Doppel für Bundeskanzleramt weitergeleitet."

[12] Hat Bundesminister Scheel am 14. April 1970 vorgelegen, der handschriftlich vermerkte: „Hierzu folgt Brief an St.S."
Hat Staatssekretär Duckwitz am 19. April 1970 vorgelegen, der handschriftlich vermerkte: „Erhalten."

[13] Zu diesem Absatz vermerkte Bundesminister Scheel handschriftlich: „Punkt 5 kann nicht Grundlage von Erörterungen sein. Von Punkt 4 kann höchstens der erste Teil von ‚Sie' bis ‚Grenzen' als Teil von Punkt 2 übernommen werden. Punkt 1 macht Schwierigkeiten!"

156

Botschafter Pauls, Washington, an Bundesminister Scheel

Z B 6-1-11690/70 geheim   Aufgabe: 13. April 1970, 20.00 Uhr[1]
Fernschreiben Nr. 807   Ankunft: 14. April 1970, 02.43 Uhr

Für BM, StS[2], D II

Im Anschluß an DB 798 vom 10.4.70 – II A 6-82.20-91.36-483/70 geheim[3]

Betr.: Bundeskanzlerbesuch[4]
    hier: Zweites Delegationsgespräch am 11. April 1970

1) Am 11. April, vormittags, fand im Kabinettsraum des Weißen Hauses das zweite Delegationsgespräch statt, während der Bundeskanzler und der amerikanische Präsident ein weiteres Gespräch unter vier Augen[5] führten. Dauer des Delegationsgesprächs 45 Minuten. Auf amerikanischer Seite nahmen u. a. teil: Außenminister Rogers; Verteidigungsminister Laird; Unterstaatssekretär Volcker, Schatzministerium; stellvertretender Unterstaatssekretär Samuels, State Department; Botschafter Rush; Assistant Secretary Hillenbrand; der wissenschaftliche Berater des Präsidenten, DuBridge.

2) Botschafter Rush unterrichtete die deutsche Delegation über den Stand der Vier-Mächte-Gespräche über Berlin. Seine Mitteilungen hielten sich im wesentlichen im Rahmen der Unterrichtung, die die Botschaft bereits erhalten hatte (DE Plurex 1259 vom 27.3.70 – II A 1-83.10-580/70 geh.[6]). Rush hob als bemerkenswert hervor, daß Abrassimow von der Drei-Mächte-Verantwortung für West-Berlin gesprochen habe. Er unterstrich, daß die Berlin-Gespräche als Testfall für die Absichten der Sowjets im größeren Ost-West-Zusammenhang – (er nannte SALT, die Vorbereitung einer eventuellen Europäischen Sicherheitskonferenz und die deutsche Ostpolitik einschl. der innerdeutschen Gespräche) – anzusehen seien. Die Sowjets hätten als nächsten Gesprächsort Potsdam vorgeschlagen. Amerikanischerseits stehe man diesem Gedanken nicht ablehnend gegenüber, die Briten seien reservierter. Auf jeden Fall müsse jede Publizität vermieden werden.

Hillenbrand fragte, welche Gegenleistungen der Westen gegebenenfalls für sowjetische Zugeständnisse anzubieten hätte. Staatssekretär Bahr beantwortete die Frage mit dem Hinweis auf das den Amerikanern bekannte deutsche Posi-

---

[1] Hat Vortragendem Legationsrat Schönfeld am 14. April 1970 vorgelegen, der handschriftlich vermerkte: „Herrn D II mit der Bitte um Übernahme."
Hat dem Vertreter des Ministerialdirektors Ruete, Ministerialdirigent Lahn, vorgelegen, der die Weiterleitung an Referat II A 6 verfügte.
[2] Hat den Staatssekretären Duckwitz und Harkort am 14. bzw. 15. April 1970 vorgelegen.
[3] Staatssekretär Duckwitz, z. Z. Washington, berichtete über das erste deutsch-amerikanische Regierungsgespräch am 10. April 1970. Vgl. Dok. 151.
[4] Bundeskanzler Brandt hielt sich vom 4. bis 11. April 1970 in den USA auf.
[5] Zum Gespräch des Bundeskanzlers Brandt mit Präsident Nixon am 11. April 1970 vgl. Dok. 153.
[6] Für den Runderlaß des Ministerialdirigenten Lahn vgl. Dok. 135.

tionspapier[7] und auf den inneren Zusammenhang zwischen den Vier-Mächte-Gesprächen über Berlin und den deutsch-sowjetischen Gesprächen. Er deutete an, daß in einem späteren Stadium eine intensivere Beteiligung der deutschen Behörden an den Vier-Mächte-Gesprächen zweckmäßig werden könnte.

Außenminister Rogers wies darauf hin, daß die amerikanische Regierung die Berlin-Frage in keiner Weise mit den SALT verbinde, bei denen es lediglich darum gehe, daß Amerikaner und Sowjets ihre Rüstungsausgaben einschränken wollten. Die SALT würden gegenwärtig mit keinem anderen Ost/West-Thema verbunden. In einem späteren Stadium könnte sich vielleicht eine gewisse Verbindung ergeben, z.B. wenn das allgemeine Ost/West-Klima sich infolge der SALT bessern würde. Die Alliierten würden voll konsultiert werden.

Der Bundesminister der Verteidigung[8] meinte, die Moskauer Gespräche würden nicht fortgesetzt werden können, wenn in den Berlin-Gesprächen keinerlei Fortschritte erzielt würden. Außenminister Rogers war derselben Ansicht und fügte hinzu, daß dann auch die Pläne für eine Europäische Sicherheitskonferenz scheitern würden. Staatssekretär Bahr ergänzte, daß er dies Gromyko gesagt habe.[9]

3) Es wurden dann Fragen der wissenschaftlichen und technologischen Zusammenarbeit erörtert. Dr. Dubridge erklärte, daß diese Zusammenarbeit traditionell gut sei und betonte die Nützlichkeit des Gespräches, das er am Vortage mit Staatssekretär von Dohnanyi geführt habe. Er ging dann darauf ein, daß die engen Beziehungen zwischen den USA und der Europäischen Gemeinschaft auch in einer umfassenden wissenschaftlich-technischen Zusammenarbeit zum Ausdruck kommen müßten. Die Weltraumforschung könne dabei eine bedeutende Rolle spielen. Die gemeinsame Entwicklung von Anwendungssatelliten sei anzustreben. Allerdings müsse man sich darüber klar sein, daß man beim Bau von Kommunikationssatelliten [mit] einem weiten Feld kommerzieller Interessen konfrontiert sei. Die europäischen Sorgen vor Restriktionen bei der Zurverfügungstellung von Trägerkapazitäten durch die USA seien verständlich. Jedoch könne man erwarten, daß sie durch befriedigende Vereinbarungen ausgeräumt werden. Das europäische Interesse am Space-Shuttle-System sei bekannt. Die USA hätten eine partnerschaftliche Beteiligung angeboten und sähen nun der Antwort entgegen.[10]

Staatssekretär von Dohnanyi betonte das Interesse der Bundesrepublik an einer engen wissenschaftlich-technologischen Zusammenarbeit der USA mit der Europäischen Gemeinschaft. Die Bundesrepublik sei bereit, unter gewissen Bedingungen das Angebot der USA, am Space-Shuttle-System mitzuarbeiten, anzunehmen. Die Europäer sollten nicht gleichmäßig an allen Arbeiten beteiligt werden. Vielmehr solle Europa einen fest abgegrenzten Teil des Post-Apollo-Programms zur eigenen Entwicklung und Produktion erhalten. Als besonders geeignet käme das „Space-Tug" in Betracht. Europa müsse uneingeschränkten Zu-

---

[7] Für das Arbeitspapier der Bundesregierung vom 25. Februar 1970 vgl. Dok. 75.
[8] Helmut Schmidt.
[9] Vgl. dazu das Gespräch des Staatssekretärs Bahr, Bundeskanzleramt, mit dem sowjetischen Außenminister Gromyko am 10. März 1970 in Moskau; Dok. 104.
[10] Zum amerikanischen Angebot einer Zusammenarbeit auf dem Gebiet der Weltraumforschung vgl. Dok. 86, Anm. 3.

gang zur friedlichen Nutzung des Space Shuttles und der Space Station erhalten. In der Zeit bis zur Fertigstellung des Space Shuttle müsse Europa ein möglichst umfassender Zugang zum gegenwärtigen Trägersystem der USA eingeräumt werden, und zwar auch zum Transport von Satelliten, die in wirtschaftlichem Wettbewerb zu amerikanischen stünden.

Die USA hätten bei der Verwirklichung des Post-Apollo-Programms zwar die größeren Investitionen zu tragen, ein solches Entgegenkommen wäre jedoch ein wichtiger Beitrag zu einer noch engeren Zusammenarbeit und damit zur Festigung der atlantischen Gemeinschaft für die Zukunft. Staatssekretär von Dohnanyi regte an, seine Vorschläge zu studieren und meinte, es wäre gut, wenn möglichst bald auf „management level" die europäische Beteiligung am Post-Apollo-Programm näher erörtert werde.

4) Der Unterstaatssekretär im Schatzministerium, Volcker, schnitt das Thema der International Development Association (IDA) an. Es stünden 1–2 Monate schwieriger Verhandlungen bevor, dann werde man hoffentlich Lösungen gefunden haben.[11] Man hoffe auf eine sehr aufgeschlossene Haltung (most sympathetic attitude) der deutschen Regierung. Volcker bezog sich auf die mit Bundesfinanzminister Möller geführten Gespräche[12] und sagte, er hoffe auf eine baldige „gute" deutsche Stellungnahme.

5) Nach Abschluß ihres Gesprächs unter vier Augen übernahmen der Bundeskanzler und der Präsident für wenige Minuten den Vorsitz der beiden Delegationen. Die beiden Regierungschefs äußerten ihre Zufriedenheit über den Verlauf der sehr bedeutsamen (Nixon) und nützlichen (Bundeskanzler) Gespräche. Ein enger Kontakt zwischen den beiden Regierungen sei gerade in der gegenwärtigen Phase der internationalen Politik von besonderer Bedeutung.

Nixon unterstrich die besondere Schlüsselrolle der Bundesrepublik nicht nur in der Geographie, sondern auch hinsichtlich der Lebensfähigkeit Europas. Er wies auf die besondere Wichtigkeit enger Konsultationen im Hinblick auf die Ostpolitik beider Länder hin (SALT, deutsche Gespräche mit Moskau, Warschau und der DDR). Er wünsche ein Abkommen über die Begrenzung der strategischen Waffen; man werde aber gleichzeitig die Allianz erhalten und das gegenseitige Vertrauen der Verbündeten stärken.

Abschließend betonte der amerikanische Präsident, das deutsch-amerikanische Verhältnis habe 20 Jahre lang den Frieden in Europa erhalten und werde ihn

---

[11] Zu den Verhandlungen über die für 1972 vorgesehene dritte Aufstockung des Kapitals der International Development Association vgl. Dok. 86, Anm. 44.
Das Direktorium der IDA verabschiedete am 21. Juli 1970 Empfehlungen über die Höhe und die Modalitäten der Aufstockung. Ministerialrat Koinzer, Bundesministerium für Wirtschaft, vermerkte dazu: „Die Höhe des Aufstockungsvolumens entspricht nahezu vollständig den deutschen Vorstellungen. Während sich die USA, Großbritannien, Kanada, die Niederlande und die skandinavischen Länder sowie mit geringerer Intensität auch Italien und Japan für eine jährliche Aufbringung von 1 Mrd. $ einsetzten, hatte die Bundesrepublik ein Aufstockungsvolumen in Höhe von 800 Mio. $ pro Jahr vorgeschlagen. Andere Länder wie Frankreich, Österreich, Belgien und Australien waren für eine wesentlich niedrigere Aufstockung eingetreten. Als sich in einem späteren Stadium der Verhandlungen auch Frankreich bereitfand, ein Aufstockungsvolumen von 800 Mio. $ zu akzeptieren, schlug Präsident McNamara als Kompromiß eine Einigung auf dieser Grundlage vor." Vgl. das Schreiben vom 6. August 1970; Referat III B 1, Bd. 915.
[12] Bundesminister Möller hielt sich vom 4. bis 11. April 1970 in den USA auf.

für weitere 20 Jahre bewahren können, wenn die Freundschaft zwischen den beiden Ländern bewahrt werde.

[gez.] Pauls

VS-Bd. 2745 (I A 5/II A 6)

157

Aufzeichnung des Ministerialdirigenten Robert

III A 6-85.00-94.28   14. April 1970[1]

Betr.: Deutsch-ungarische Wirtschaftsverhandlungen

1) Am Dienstag, den 7. April d. J., begannen in Bonn Wirtschaftsverhandlungen unter Leitung von Dg III C[2] und Direktor Mádái vom ungarischen Außenhandelsministerium. Ziel der Verhandlungen ist der Abschluß eines längerfristigen Abkommens über den Warenverkehr und die wirtschaftliche und wissenschaftlich-technische Zusammenarbeit beider Länder. Der Warenverkehr für das Jahr 1970 soll in einem besonderen Protokoll zu dem Abkommen geregelt werden.

2) Der Warenverkehr zwischen der Bundesrepublik Deutschland und der Ungarischen Volksrepublik war in den Jahren 1965–1968 durch deutsche Ausfuhrüberschüsse gekennzeichnet, die im Jahre 1967 ihren höchsten Stand erreicht hatten. In dem Bestreben, einen Ausgleich des deutsch-ungarischen Saldos herbeizuführen, hatte die ungarische Regierung die deutschen Importe bereits im Jahre 1968 erkennbar eingeschränkt. Die ungarischen Ausfuhren nach der Bundesrepublik Deutschland konnten dagegen, begünstigt durch die autonomen Kontingentserhöhungen im Jahre 1969[3], um 30% gesteigert werden. Damit erzielte Ungarn im Jahre 1969 bei einem Gesamtvolumen von rd. 757 Mio. DM erstmalig einen Ausfuhrüberschuß von rd. 49 Mio. DM. Der Anteil der ungarischen Agrarausfuhren in die Bundesrepublik Deutschland betrug im Jahre 1969 rd. 45% der Gesamtausfuhren.

3) Die von ungarischer Seite als Verhandlungsgrundlage vorgetragenen Wünsche wurden bereits von Außenhandelsminister Biró gelegentlich seines Besuchs in Bonn am 18. März d. J. zur Sprache gebracht.[4] Ihre Überprüfung in Ressort-

---

[1] Die Aufzeichnung wurde von Vortragendem Legationsrat I. Klasse Klarenaar und Handelsrat Güntner konzipiert.

[2] Egon Emmel.

[3] Für den Wortlaut des Zweiten Protokolls vom 27. Februar 1969 zum Abkommen vom 10. November 1963 zwischen der Bundesrepublik und Ungarn über den Waren- und Zahlungsverkehr und über die Errichtung von Handelsvertretungen vgl. BUNDESANZEIGER, Nr. 81 vom 30. April 1969, S. 1–3.

[4] Botschafter Emmel notierte, die ungarischen Gesprächspartner hätten den Wunsch geäußert nach einem „langfristigen Vertrag mit einer Liberalisierung, die Sicherheit für die künftigen wirtschaftlichen Beziehungen bietet. Sie wünschen eine Veränderung des zur Zeit nicht gleichwertigen Warenaustausches. Deutsche Kredite kommen voraussichtlich nicht in Frage, da ausdrücklich darauf hingewiesen wurde, daß zur Zeit viele Kreditmöglichkeiten bestehen, die bisher nicht ausgenutzt

besprechungen am 26. März und 6. April d.J. ergab folgende Verhandlungsschwerpunkte:

a) Abkommensentwurf

- Keine Revisionsklausel unter ausdrücklicher Erwähnung unserer Verpflichtungen gegenüber den EG.
  Hierzu ist unsererseits eine Konsultationsklausel vorgesehen, wie Frankreich und Italien sie mit Ungarn vereinbart haben.
- Zusage der vollen Liberalisierung der Einfuhren während der Geltungsdauer des Abkommens.
  Unsererseits ist hierzu eine Zusage im Abkommenstext vorgesehen, daß wir die stetige Ausweitung der Einfuhrmöglichkeiten und einen möglichst weitgehenden Abbau der noch bestehenden mengenmäßigen Beschränkungen vornehmen, dies jedoch ohne Zusicherung eines Endzeitpunktes; hierzu vertraulicher Briefwechsel mit einer Bemühensklausel für die Vertragsdauer unter Vorbehalt eines harten Warenkerns; außerdem Zusage einer AMLA[5]-Erweiterung um voraussichtlich rd. 1200 Positionen.
- Beseitigung aller Beschränkungen für die Einfuhr von Kooperationswaren; unsererseits ist die Freistellung der Einfuhren aus Kooperationsgeschäften, die im beiderseitigem Interesse liegen, von mengenmäßigen Beschränkungen vorgesehen.
- Übergang zur de-jure-Liberalisierung.
  Dies wurde ungarischerseits bislang nur andeutungsweise vorgebracht. Unsererseits ist eine solche Zusage nicht möglich.
  Das vorgesehene längerfristige Abkommen muß außerdem eine Klausel über die Einbeziehung von Berlin und eine Preisklausel enthalten. In den Vorgesprächen am 18. März d.J. hat die ungarische Seite im übrigen zu erkennen gegeben, daß sie die Frage einer Kreditgewährung nicht stellen wird.

b) Warenprotokoll für 1970

Gewerblicher Sektor:

Die ungarischen Einfuhrkontingents- bzw. Liberalisierungswünsche belaufen sich auf insgesamt rd. 213 Mio. DM und liegen damit doppelt so hoch wie die 1969 vereinbarten 81 Kontingente, die 106 Mio. DM betrugen. Das BMWi rechnet mit Kontingentszusagen bzw. Liberalisierungsmöglichkeiten in Höhe von rd. 180 Mio. DM. Mit harten Verhandlungen ist bei Kontingenten und Lohnveredelung für Textil- und Lederwaren zu rechnen.

Die ungarische Seite soll im Hinblick auf die 1969 nur um 4,5% gestiegene deutsche Ausfuhr (dagegen Einfuhrsteigerungen aus Ungarn 29,5%) und die weitgehende deutsche Bereitschaft zur Liberalisierung unserer Einfuhren um entsprechende Gegenleistungen ersucht werden, damit insbesondere auch die Ausfuhrmöglichkeiten für deutsche Konsumgüter nach Ungarn verbessert werden.

Fortsetzung Fußnote von Seite 604
  wurden. Sie bitten um Unterstützung im GATT für ihren Aufnahmeantrag und in Brüssel für ihre Sorgen bei den Ausfuhren von Lebendvieh." Vgl. Referat III A 6, Bd. 429.
5 Ausschreibung mit laufender Antragstellung.

Agrarsektor:

Von den Agrareinfuhren aus Ungarn entfallen etwa 60% auf Marktordnungswaren.

Im Jahre 1969 betrug der Einfuhrwert der Kontingente und der autonomen Aufstockungen 60 Mio. DM. Hinzu kommen ungarische Aufstockungswünsche für 1970 in Höhe von 16,6 Mio. DM. Damit ergeben sich Gesamtkontingentswünsche für 1970 in Höhe von 76,6 Mio. DM.

Das BML schätzt, daß eine Erhöhung der Einfuhrkontingente um 6 bis 7 Mio. DM vorgenommen wird. Schwierige Verhandlungen sind bei Einfuhrwünschen für Wein, Paprika, Obst- und Gemüsekonserven zu erwarten.[6]

Die deutschen Ausfuhrwünsche auf dem Agrarsektor bleiben gegenüber dem Kontingent für 1969 unverändert.

Hiermit dem Herrn Staatssekretär[7] mit der Bitte um Kenntnisnahme vorgelegt.

Robert

Referat III A 6, Bd. 431

---

[6] Vortragender Legationsrat I. Klasse Klarenaar notierte am 18. September 1970: „Nach mehrmals unterbrochenen Verhandlungen wurde das langfristige deutsch-ungarische Abkommen über den Warenverkehr und die Zusammenarbeit auf wirtschaftlichem und technischem Gebiet am 16. des Monats […] paraphiert. Mit diesen Verhandlungen liefen solche über den Warenverkehr für das Jahr 1970 einher, die am 7. September des Jahres zur Unterzeichnung eines entsprechenden Briefwechsels führten. Das langfristige Abkommen hat eine Geltungsdauer vom 1. Januar 1970 bis 31. Dezember 1974. Es sieht eine wesentliche Steigerung des Warenverkehrs, fortschreitende Liberalisierung der Einfuhren und eine Vereinfachung des Einfuhrverfahrens vor." Vgl. Referat III A 6, Bd. 431.
Für den Wortlaut des Langfristigen Abkommens vom 27. Oktober 1970 zwischen der Bundesrepublik und Ungarn über den Warenverkehr und die Zusammenarbeit auf wirtschaftlichem und technischem Gebiet vgl. BUNDESANZEIGER, Nr. 218 vom 24. November 1970, S. 3 f.

[7] Hat Staatssekretär Harkort am 16. April 1970 vorgelegen.

158

Aufzeichnung des Ministerialdirigenten Lahn

II A 5-82.00-94.20-686/70 geheim   15. April 1970[1]

Betr.: Deutsch-polnische Gespräche;
       hier: Besprechung beim Herrn Bundeskanzler am 14.4.1970

Bezug: a) Aufzeichnung vom 13.4.1970 – II A 5-82.00-94.20-669/70 geh.[2] –
       b) Besprechung beim Herrn Staatssekretär am 14.4.1970

In der Besprechung bei dem Herrn Bundeskanzler ist beschlossen worden, in der Anlage zu der vorgenannten Aufzeichnung den Punkt 5 zu streichen und stattdessen die „Salvatorische Klausel" nach dem Moskauer Modell einzufügen. Durch diese Klausel sollen unsere rechtlichen Vorbehalte in der Form zum Ausdruck gebracht werden, daß die getroffenen Vereinbarungen die von beiden Seiten früher mit Dritten geschlossenen Verträge unberührt lassen. Hierbei soll besonders an den Deutschland-Vertrag gedacht sein.

Durch diese Klausel wird zunächst nur etwas Selbstverständliches gesagt. Auf diese Selbstverständlichkeit ausdrücklich hinzuweisen, könnte in Moskau genügen, weil es dort prinzipiell um Gewaltverzicht geht, der vom Deutschland-Vertrag, vom Potsdamer Abkommen oder von den Rechten der Drei Mächte nicht tangiert werden kann. Im Verhältnis zu Polen dagegen ist eine substantielle Äußerung zur Grenzfrage notwendig und in den Ziffern 1) und 2) auch enthalten. Die Vorbehalte berühren daher den Inhalt der Erklärung und müssen in ihrer Bedeutung eindeutig sein.

Insofern reicht die in Moskau verwandte Formel hier nicht mehr aus. Mindestens drei Interpretationen sind denkbar:

– Die Formel bedeutet, daß wegen Artikel 7 des Deutschland-Vertrages[3] die Grenze erst in einem Friedensvertrag festgelegt werden kann, die Grenzfrage also trotz Ziffer 1) und 2) offen bleibt. Dies entspräche unserer herkömmlichen Auffassung, ist aber für Polen nicht akzeptabel.

– Die Formel bedeutet, daß der Deutschland-Vertrag der in Ziffer 1) und 2) ausgesprochenen endgültigen Anerkennung der Oder-Neiße-Grenze nicht entgegensteht. Diese Auslegung würde Polen wünschen; sie würde bei uns innenpolitisch jedoch auf stärksten Widerstand stoßen.

– Soweit die Bundesregierung rechtlich in der Lage ist, sich zur Grenzfrage zu erklären, hat sie dies in Ziffer 1) und 2) getan; eine Friedensregelung, wie sie Art. 7 des Deutschland-Vertrages anspricht, bleibt notwendig; damit soll aber nicht ausgedrückt werden, daß bei dieser Regelung die Grenzfrage materiell neu aufzurollen ist. Diese Auslegung ist von uns gewollt; sie entspricht unse-

---

[1] Die Aufzeichnung wurde von Vortragendem Legationsrat I. Klasse von Alten konzipiert.
[2] Für die Aufzeichnung des Ministerialdirigenten Lahn vgl. Dok. 155.
[3] Zu Artikel 7 des Vertrags vom 26. Mai 1952 über die Beziehungen zwischen der Bundesrepublik Deutschland und den Drei Mächten in der Fassung vom 23. Oktober 1954 (Deutschland-Vertrag) vgl. Dok. 16, Anm. 4.

ren rechtlichen Überlegungen ebenso wie dem polnischen Wunsch nach gesicherten Grenzen.

Wir müssen mithin gegenüber der polnischen Seite wie gegenüber der deutschen Öffentlichkeit klarstellen, welche Interpretation gemeint ist. Dennoch wird sich nicht verhindern lassen, daß hierüber Streit entsteht. Es sollte daher von vornherein eine Formulierung gewählt werden, die nur die dritte Interpretation zuläßt. Es wird daher vorgeschlagen, für die „Salvatorische Klausel" im Verhältnis zu Polen etwa folgenden Wortlaut zu wählen:

„4) Die vorstehenden Feststellungen lassen das Erfordernis unberührt, die Grenzen Deutschlands in einer friedensvertraglichen Regelung zu bestätigen."

Ob außerdem noch die in Moskau verwandte Formel an dieser oder anderer Stelle eingefügt werden sollte, wäre zu erwägen, ist aber wohl nur von sekundärer Bedeutung.

Innen- und außenpolitisch dürfte die hier vorgeschlagene Formel nicht schwieriger durchzusetzen sein als die in Moskau gewählte Formulierung, weil auch letztere im gleichen Sinne erläutert werden müßte, das Ergebnis also dasselbe ist, im Gegenteil dürfte sie wegen ihrer Eindeutigkeit weniger Anlaß zu Kontroversen geben. Ob die polnische Seite sie akzeptiert, muß zwar erprobt werden. Dies gilt jedoch für jede Klausel. Grundsätzlich haben die Polen ihre Bereitschaft angedeutet, uns in der Formulierung entgegenzukommen. Jedenfalls dürfte es leichter sein, notfalls von dieser Formulierung wieder abzurücken, als sie nachträglich einzuführen.

Hiermit dem Herrn Staatssekretär mit der Bitte zum Zustimmung vorgelegt.

Referat V 1 hat mitgezeichnet. Ein mit der Mitzeichnung verbundener Vermerk von Referat V 1 wird anliegend gleichfalls vorgelegt.[4]

Lahn

VS-Bd. 8955 (II A 5)

---

[4] Dem Vorgang nicht beigefügt.
Vortragender Legationsrat I. Klasse von Schenck stellte in der Aufzeichnung vom 15. April 1970 fest: „Die vorgesehenen Ziffern 1 und 2 implizieren – auch wenn sie das Wort ‚anerkennen' vermeiden – eine Anerkennung der Oder-Neiße-Linie als völkerrechtlich gültiger Westgrenze Polens durch die Bundesrepublik Deutschland. Die darin liegende Entscheidung wird verfassungsrechtlich und innenpolitisch von der Bundesregierung entsprechend vertreten werden müssen. Es wird nicht möglich sein, den vorgesehenen Text dahin zu interpretieren, daß er noch keine völkerrechtliche Anerkennung der Oder-Neiße-Grenze bedeute. Offen würde lediglich bleiben, ob und wie weit ein wiedervereinigtes Deutschland an den von der Bundesrepublik geschlossenen Grenzvertrag gebunden sein wird. Die in der Bezugsaufzeichnung unter Ziffer 3 auf Seite 3 skizzierte ‚salvatorische Klausel' würde Polen gegenüber keinen rechtswirksamen Vorbehalt der Bundesrepublik dahin bedeuten, daß die Anerkennung der Oder-Neiße-Grenze noch unter dem Vorbehalt einer Friedensregelung stehe." Vgl. VS-Bd. 8956 (II A 5); B 150, Aktenkopien 1970.

159

Aufzeichnung des Botschafters Roth

II B 1-81.14-31¹/70 streng geheim   16. April 1970¹

Betr.: Gespräche über die Begrenzung strategischer Waffen (SALT)

I. Die der Wiener SALT-Phase² vorgeschalteten Konsultationen im NATO-Rat fanden mit dessen Sitzung am 14. April 1970 ihren Abschluß.
Botschafter Smith, der Leiter der amerikanischen SALT-Delegation, teilte mit, Gesprächsziel der amerikanischen Seite sei ein Abkommen zur umfassenden Begrenzung strategischer Waffen, das mit der amerikanischen und der Sicherheit der Verbündeten vereinbar sei.
Hierzu werde den Sowjets zunächst vorgeschlagen werden:
– Begrenzung der landgestützten Interkontinentalraketen (ICBM) und der Polaris- usw. -Raketen (SLBM) auf eine Gesamtzahl nahe dem jetzigen Bestand (innerhalb der Begrenzung soll die Ersetzung auszuscheidender ICBM und SLBM – in beiden Fällen aber nur durch SLBM – gestattet sein);
– Einfrieren der Mittelstreckenraketen (IR/MRBM) auf dem derzeitigen Stand;
– Verbot der Verlegung von ICBM- und IR/MRBM-Rampen und Verbot beweglicher landgestützter ICBM und IR/MRBM;
– Beschränkung der Raketenabwehr (ABM) auf einen niedrigen Stand und auf den Schutz der nationalen Entscheidungszentrale (hierzu Inspektionen von Flugzeugabwehrstellungen an Ort und Stelle);
– Verbot der Mehrfachgefechtsköpfe (hierzu Inspektionen an Ort und Stelle);
– Verbot landgestützter, V 1-ähnlicher Raketen und Begrenzung der seegestützten, V 1-ähnlichen Raketen (SLBM);
– Begrenzung strategischer Bomber (B 52, Bison, Bär) auf den derzeitigen Stand;
– Erfassung und Begrenzung von Rampen für die Forschung, Entwicklung, Erprobung und Ausbildung an strategischen Raketen sowie von Rampen für Weltraumraketen.

Soweit nicht Inspektionen an Ort und Stelle vorgeschlagen würden, sei Verifizierung mit eigenen Mitteln (Satelliten) vorgesehen.
Moratorien würden z. Z. nicht vorgeschlagen werden.
Die sowjetischen Vorschläge, vorgeschobene leichte Flugzeuge und die Patrouillenbereiche von strategischen Bombern oder Unterseebooten zu begrenzen und

---

1 Die Aufzeichnung wurde von Vortragendem Legationsrat I. Klasse Menne konzipiert.
  Hat Vortragendem Legationsrat I. Klasse Hofmann vorgelegen.
2 Vom 17. November bis 22. Dezember 1969 fanden in Helsinki Vorgespräche zwischen den USA und der UdSSR über eine Begrenzung der strategischen Waffen statt. Vgl. dazu Dok. 6.
  Es wurde vereinbart, die Gespräche zunächst am 16. April 1970 in Wien wiederaufzunehmen und später in Helsinki fortzusetzen.

die Weitergabe strategischer Waffen zu verbieten, würden weiterhin zurückgewiesen werden.

Im weiteren Verlauf der Gespräche, aber erst nach erneuter Konsultation mit den Verbündeten, werde den Sowjets auch die Erörterung von Verringerungen strategischer Waffen vorgeschlagen werden: In diesem Zusammenhang „würde die amerikanische Seite bereit sein", auch die Verringerung der Mittelstreckenraketen zu fordern.

II. Angesichts der Zielsetzungen der amerikanischen Position
– möglichst umfassende Begrenzung an strategischen Waffen zu erreichen,
– sicherzustellen, daß die SALT die Abschreckungskapazität und damit die Sicherheit des Bündnisses unberührt lassen und
– die spezifischen Belange ihrer europäischen Verbündeten zu berücksichtigen,

werden die Verbündeten für die Eröffnung der SALT nicht zu befürchten brauchen, daß ihre Interessen beeinträchtigt werden. Für den weiteren Verlauf der Gespräche und insbesondere für den Fall, daß sowjetischer Widerstand wesentliche Elemente der amerikanischen Eröffnungsposition, d. h. für Europa insbesondere den Einschluß der IR/MRBM, gefährdet, ist mit erneuter Konsulation zu rechnen; für den IR/MRBM-Komplex ist sie zugesagt.

Die ungewöhnlich weitgehende Konsultation fand allgemeine Anerkennung, besonders angesichts der hohen Geheimhaltungsbedürftigkeit der Materie.

Hiermit über den Herrn Staatssekretär[3] dem Herrn Minister mit der Bitte um Kenntnisnahme vorgelegt.

In Vertretung
Roth

VS-Bd. 3602 (II B 1)

---

[3] Hat Staatssekretär Duckwitz am 16. April 1970 vorgelegen.

160

Aufzeichnung des Referats II B 2

II B 2-81.30/2-910/70 VS-vertraulich   16. April 1970[1]

Betr.: Beiderseitige ausgewogene Truppenverminderung (MBFR)

Arbeitspapier

= deutsche Vorlage im NATO-Rat vom 16.[2] April 1970[3]

I. Die Bundesregierung geht wie ihre Verbündeten davon aus, daß der feste Zusammenhalt des NATO-Bündnisses die Voraussetzung von Sicherheit und Frieden in Europa ist.

Die Bundesregierung weiß sich mit ihren Verbündeten aber auch darin einig, daß es zur Erhaltung und Sicherung des Friedens eines ständigen Bemühens bedarf, die allmählich abklingende Atmosphäre des Kalten Krieges durch eine Phase der Diskussion und, wo möglich, auch der Verhandlung zwischen West und Ost zu ersetzen.

Das Bemühen, durch Diskussion und Verhandlung Spannungen zu mindern, ihre Ursachen zu erkennen und durch Vereinbarungen abzubauen, wird immer wieder durch die Tatsache erschwert, daß in Mitteleuropa zwischen der Ostgrenze Frankreichs und der Westgrenze der Sowjetunion mehr als zwei Millionen Soldaten stehen, wovon sich allein auf dem deutschen Gebiet in der Bundesrepublik und der DDR über 1,3 Millionen befinden. Aus diesem Grund strebt der Westen im Rahmen seiner Entspannungspolitik vor allem die Verminderung der Truppenstärken auf beiden Seiten an, die in gleicher Weise Ausdruck von Mißtrauen wie Anlaß zur Furcht sind.

II. Hauptkriterien

1) Das Problem der Asymmetrie der militärischen Konfrontation

Die in diesem Zusammenhang angestellten bündnisinternen Untersuchungen und Modellstudien haben bestätigt, daß zwischen den beiden Bündnissystemen deutliche Asymmetrien bestehen.

– Auf Grund der ungleichen geographischen Lage kann sich die NATO in Westeuropa nur auf ein Gebiet mit geringer Tiefe stützen. Der Warschauer Pakt dagegen besitzt ein in sich geschlossenes Landmassiv großer Ost-West-Ausdehnung mit allen sich hieraus ergebenden strategischen und logistischen Vorteilen.

---

[1] Ablichtung.
  Hat Legationsrat I. Klasse Alexy am 24. April 1970 vorgelegen, der handschriftlich vermerkte: „Die englische Übersetzung erscheint mir ziemlich mies zu sein."
  Hat Vortragendem Legationsrat Rückriegel am 27. April 1970 vorgelegen.
  Hat Vortragendem Legationsrat I. Klasse Behrends vorgelegen.
[2] Korrigiert aus: „17."
[3] Eine englische Fassung des Arbeitspapiers wurde am 9. April 1970 an die Ständige Vertretung bei der NATO in Brüssel übermittelt. Vgl. VS-Bd. 4552 (II B 2); B 150, Aktenkopien 1970.
  Zur Tagung des Ständigen NATO-Rats am 16. April 1970 in Brüssel vgl. Dok. 166.

– Hinsichtlich der konventionellen Stärke besitzt der Warschauer Pakt eine deutliche zahlenmäßige Überlegenheit an präsenten Streitkräften.
– Im nuklearen Bereich verfügt die NATO zwar nach dem derzeitigen Erkenntnisstand über eine größere Variationsbreite und Lagerhaltung von Kernwaffen für den taktischen Einsatz.
– Eine einzigartige Überlegenheit besitzt der Warschauer Pakt in Europa hinsichtlich der Anzahl der Mittelstreckenraketen sowie des Detonationswertes der dafür bereitstehenden nuklearen Gefechtsköpfe.

Ein Ausgleich dieser Asymmetrien sollte vordringlich im Zuge der Anfangsstadien einer MBFR angestrebt werden.

2) Kriterien für MBFR

Die Untersuchungen haben darüber hinaus eine Reihe von Hauptkriterien erbracht, die in jedem Falle bei einer MBFR berücksichtigt werden müßten:
– Ausgewogene beiderseitige Streitkräfteverminderungen sind vor allem von Bedeutung für Mitteleuropa, weil hier die militärische Konfrontation am massivsten ist.
– Fremde stationierte sowie einheimische Streitkräfte sollen gleichzeitig vermindert werden.
– In die Verminderung werden von Beginn an konventionelle und organisch zugeordnete nukleare Bewaffnung einbezogen.
– Um die Aufrechterhaltung der beiderseitigen Sicherheit zu gewährleisten, ist eine Streitkräfteverminderung in Stufen zu vollziehen.
– Eine ausreichende Kontrolle der Einhaltung von Vereinbarungen im Reduzierungsraum sowie angemessene einseitige Überwachungsmöglichkeiten der an den Reduzierungsraum anschließenden Gebiete müssen gewährleistet sein.
– Zusätzliche Maßnahmen zur Erschwerung von Überraschungsangriffen und zur Sicherung ausreichender Warnzeiten müssen in Betracht gezogen werden, um vor allem den geographischen Vorteil des Warschauer Pakts zu mildern.

Die bisherigen Studien haben somit erfolgreich eine Urteilsgrundlage geschaffen, auf die das Bündnis sein weiteres Vorgehen stützen kann.

Nach Ansicht der Bundesregierung sollten diese Untersuchungen fortgesetzt werden. Der Zeitpunkt scheint jedoch gekommen, eine politische Entscheidung zu treffen.

III. 1) Die Regierung der Bundesrepublik Deutschland hat sich auf hoher politischer Ebene eingehend mit der Frage der MBFR befaßt. Sie ist unter Würdigung der Ergebnisse der bisher in der NATO geleisteten Vorarbeiten zu der Auffassung gelangt, daß es angebracht ist, die Politik der MBFR auf politischer Ebene entschieden weiterzuentwickeln mit dem Ziel, auf der Ministerkonferenz der NATO im Mai 1970[4] ein konkretes Gesprächsangebot an die Mitglieder des Warschauer Paktes zu richten. Dies erscheint notwendig, um
– eindeutig klarzustellen, daß die Frage eines ausgewogenen Abbaus der militärischen Konfrontation in Europa ein integrierender Bestandteil jeder Dis-

---

[4] Zur NATO-Ministerratstagung am 26./27. Mai 1970 in Rom vgl. Dok. 240 und Dok. 244.

kussion über die europäische Sicherheit ist, gleichviel in welchem Forum sie stattfindet;
- der Gefahr vorzubeugen, daß der Gedanke der MBFR in der Diskussion über die europäische Sicherheit in den Hintergrund gedrängt wird;
- der Gefahr entgegenzuwirken, daß in der Öffentlichkeit und bei internationalen Beobachtern der Eindruck entsteht, der Gedanke der MBFR stagniere und die NATO verfolge ihn nicht entschieden weiter;
- den vagen Vorschlägen der Warschauer-Pakt-Staaten über mögliche Themen der Diskussion über europäische Sicherheit einen konkreten, wohlbegründeten und überzeugenden Vorschlag der NATO-Staaten entgegenzusetzen. Schon ein Beginn von Erörterungen zwischen Ost und West über MBFR würde einen Fortschritt für die europäische Sicherheit darstellen.

2) Ein solcher konkreter Vorschlag der NATO sollte sich nicht auf die Wiederholung der bisher nicht positiv beantworteten Appelle der Bündnispartner beschränken, sondern einen deutlichen Schritt nach vorne tun, was insbesondere durch die Aufführung der von der NATO für die MBFR als wesentlich erkannten Hauptkriterien geschehen könnte.

Den Entwurf einer entsprechenden Erklärung als Anhang zum Kommuniqué unterbreitet die Bundesregierung in der Anlage A.[5]

IV. 1) Wenn auch die bis jetzt allianz-intern entwickelten Modelle noch nicht als konkrete Verhandlungsgrundlage dienen können, so haben sie doch durch die Herausarbeitung der wesentlichen Kriterien eine gemeinsame Urteilsgrundlage des Bündnisses erbracht, die Gegenstand und Rahmen exploratorischer Gespräche sein könnte. In dieser Phase erscheint es der Bundesregierung auch zweckmäßig, dem Beispiel zu folgen, welches die Vereinigten Staaten bei den SALT-Kontakten gesetzt haben, d.h. mit sicheren Kriterien, jedoch ohne Modellvorstellungen an solche Gespräche heranzugehen, um zunächst einmal die Vorstellungen der anderen Seite zu ergründen.

Die Bundesregierung hielte es daher für zweckmäßig, wenn sich der Ministerratstagung zunächst eine Phase bilateraler exploratorischer Gespräche zwischen an solchen Kontakten interessierten einzelnen Mitgliedern des Bündnisses und des Warschauer Paktes auf der Grundlage gemeinsamer Kriterien anschlösse, um die Interessenlage der Staaten des Warschauer Paktes zu erkunden.

2) Sollten Explorationen dieser Art, so wie die Entwicklung bilateraler Kontakte zwischen West und Ost auch auf anderen Gebieten die Hoffnung auf Erfolg einer West-Ost-Konferenz begründen, so sollten die Staaten des Nordatlantischen

---

5 Dem Vorgang beigefügt. In dem Entwurf einer Erklärung der Außenminister der NATO-Mitgliedstaaten über beiderseitige ausgewogene Truppenverminderungen hieß es: „Beiderseitige Truppenverminderungen sollen auf Gegenseitigkeit beruhen und nach Umfang und zeitlichem Ablauf ausgewogen sein; beiderseitige Truppenverminderungen sollen mit den lebenswichtigen Sicherheitsinteressen beider Seiten vereinbar sein und das Kräfteverhältnis in Europa nicht zum Nachteil einer Seite verändern; [...] in beiderseitige Truppenverminderungen sollen von Anfang an stationierte und einheimische Streitkräfte einbezogen werden; beiderseitige Truppenverminderungen sollen sowohl die konventionelle wie die nukleare Bewaffnung umfassen; eine ausreichende Kontrolle der Einhaltung von Vereinbarungen über beiderseitige Truppenverminderungen im Reduzierungsraum sowie angemessene einseitige Überwachungsmöglichkeiten der an den Reduzierungsraum anschließenden Gebiete müssen gewährleistet sein". Vgl. VS-Bd. 1522 (II A 7); B 150, Aktenkopien 1970.

Bündnisses das Thema MBFR als Hauptberatungsgegenstand einer ersten Konferenz über Fragen der europäischen Sicherheit benennen. Anderen Staaten sollte es unbenommen bleiben, ihrerseits andere Themen für eine solche Konferenz vorzuschlagen.

3) Auf dieser ersten Konferenz sollte das Thema MBFR allgemein behandelt werden mit dem Ziel, eine Arbeitsgruppe einzusetzen, die sich im einzelnen mit dem Thema zu befassen und konkrete Vorschläge auszuarbeiten hätte. An der Arbeitsgruppe sollten alle jene Regierungen sich beteiligen können, deren Truppen und/oder deren Gebiet durch eine Verminderung unmittelbar oder durch Verifikationsmaßnahmen mittelbar berührt werden. Neutrale Staaten könnten als Beobachter zugelassen werden.

4) Die Ergebnisse der Untersuchungen der Arbeitsgruppe wären dann einer zweiten Konferenz über Fragen der europäischen Sicherheit zur Beratung und zur Beschlußfassung über das weitere Verfahren vorzulegen.

VS-Bd. 1522 (II A 7)

161

Aufzeichnung des Staatssekretärs Bahr, Bundeskanzleramt

St.S. 30100/Ge 2/12/70 geheim   **17. April 1970**

Dem Herrn Bundeskanzler[1] über den Herrn Bundesminister[2]

Betr.: GV-Abkommen mit Moskau

Für die nächste Gesprächsrunde in Moskau[3] muß die Bundesregierung ihre Haltung zu folgenden strittigen Fragen festlegen:

A. Beziehung BRD/DDR

Innerhalb der Grundsätze, die nicht im Abkommen erscheinen, haben die Sowjets zuletzt folgende Formulierung vorgeschlagen:

„1) Die BRD erklärt ihre Bereitschaft, mit der DDR ein Abkommen zu schließen, das die gleiche verbindliche völkerrechtliche Kraft haben wird wie Abkommen, die jeder von ihnen mit Drittländern schließt.

2) Sie bekundet ihre Bereitschaft, ihre Beziehungen zur DDR auf der Grundlage der völligen Gleichberechtigung, der Nichtdiskriminierung, der Respektierung der Unabhängigkeit und der Selbständigkeit jedes der zwei Staaten in Angelegenheiten, die ihre innere Kompetenz in ihren entsprechenden Grenzen, sowie ihre Beziehungen zu Drittländern betreffen, zu gestalten."

---

[1] Hat Bundeskanzler Brandt am 19. April 1970 vorgelegen, der Bundesminister Ehmke um Rücksprache bat.
[2] Hat Bundesminister Ehmke am 18. April 1970 vorgelegen.
[3] Die dritte Runde der Gespräche mit der UdSSR über einen Gewaltverzicht fand vom 12. bis 22. Mai 1970 in Moskau statt.

Sie haben also auf die Formel „Souveräne Rechte" und „Nichteinmischung" verzichtet. Sie verlangen weiterhin, daß von „völkerrechtlicher Kraft" und von „Beziehungen zu Drittländern" gesprochen wird.

Wie immer die sowjetische Regierung ihr Eigeninteresse in diesen beiden Fragen definieren mag, für die DDR haben sie Priorität. Da die SU ihren wichtigsten Verbündeten nicht desavouieren kann und ihn außerdem von sich abhängig halten will, muß sie mindestens in einer der beiden Fragen ein für die DDR befriedigendes Ergebnis erzielen. Wenn das richtig ist, müssen wir uns entscheiden, in welcher von beiden wir Konzessionen machen wollen.[4]

Unserer bisherigen, in den Regierungserklärungen[5] festgelegten Haltung entspräche es, das Wort „völkerrechtlich" auf jeden Fall zu vermeiden, da es unseren Argumenten „eine Nation" und „nicht Ausland" den Boden entziehen würde. Die Beziehungen der DDR zu Drittländern wollen wir dagegen auf die Dauer ja gar nicht verhindern. Es fällt uns lediglich aus taktischen Gründen schwer, dies jetzt zu erklären. Wenn wir also in einer der beiden Fragen nachgeben müßten, dann sollte das in der letzteren geschehen, zumal nach dem bisherigen Verlauf der Verhandlungen anzunehmen ist, daß die Sowjetunion auch weiterhin mit aller Härte hierauf bestehen wird.[6]

Den Sowjets könnte erklärt werden:

Der Begriff „völkerrechtlich" ist für die BRD unannehmbar; die Verbindlichkeit des Vertrages mit der DDR kann auf andere Weise, z.B. durch Hinterlegung bei den Vier Mächten, dokumentiert werden.

Die BRD ist bereit, die sowjetische Formulierung über „Beziehungen zu Drittländern" zu akzeptieren. Sie stellt aber ausdrücklich fest, daß ihre so definierte Haltung erst mit dem Inkrafttreten der angestrebten vertraglichen Regelung der Beziehungen zwischen DDR und BRD wirksam werden und auch danach nicht völlig unbeeinflußt vom praktischen Verhalten der DDR bleiben kann.

B. Präzisierung der Grenzen/Deutschland-Vorbehalt

Die SU beharrt nach wie vor darauf, im Abkommen die Oder-Neiße-Linie und die Grenze zwischen BRD und DDR gesondert zu nennen. Wir haben uns bisher auf den Standpunkt gestellt, dies gehe nur, wenn die Sowjets in irgendeiner Form die Legitimität unseres Strebens nach der staatlichen Einheit Deutschlands bestätigen. An sich ist keine der beiden Positionen logisch.

Die SU hat in ihren Verträgen mit der DDR den Wiedervereinigungsvorbehalt unterschrieben[7]; außerdem besteht sie auf ihren Rechten in bezug „auf Deutschland als Ganzes". Wir unsererseits könnten uns auf eben diese Haltung der SU

---

[4] Der Passus „muß sie mindestens … Konzessionen machen wollen" wurde von Bundesminister Ehmke angeschlängelt.

[5] Für die Regierungserklärung des Bundeskanzlers Brandt vom 28. Oktober 1969 vgl. BT STENOGRAPHISCHE BERICHTE, Bd. 71, S. 20–34.
Für die Regierungserklärung des Bundeskanzlers Brandt zum Bericht über die Lage der Nation im gespaltenen Deutschland vom 14. Januar 1970 vgl. BT STENOGRAPHISCHE BERICHTE, Bd. 71, S. 839–847.

[6] Dieser Satz wurde von Bundesminister Ehmke durch Fragezeichen hervorgehoben.

[7] Vgl. Artikel 6 des Vertrags vom 20. September 1955 über die Beziehungen zwischen der DDR und der UdSSR sowie für Artikel 10 des Vertrags vom 12. Juni 1964 über Freundschaft, gegenseitigen Beistand und Zusammenarbeit zwischen der DDR und der UdSSR; Dok. 44, Anm. 5.

(und natürlich auf unsere Westverträge[8]) berufen, wenn wir zeigen wollten, daß der GV-Vertrag kein „Wiedervereinigungsverbot" enthält. Innenpolitisch erscheint es aber nötig, darüber hinauszugehen. Wir sollten deshalb weiter versuchen, die Entgegennahme eines Briefes (Anlage 1[9]), mindestens aber eine Protokollnotiz durchzusetzen.[10]

C. Berlin

Die SU hat unsere Forderung, daß die „Entspannung und Stabilisierung der Lage in und um Berlin" ein Teil des einheitlichen Ganzen unserer Abkommen mit den WP-Staaten sein muß, nicht akzeptiert. Sie ist offensichtlich auch nicht bereit, diesen Punkt innerhalb der Grundsätze zu regeln.[11]

Da die Position Berlin für uns sachlich unverzichtbar ist, sollten wir die Sowjets mit dem größten Nachdruck darauf hinweisen, daß die BRD keinen der GV-Verträge in Kraft setzen wird, bevor in den Vierer-Gesprächen über Berlin nicht eine befriedigende Regelung erreicht worden ist. Die Äußerungen des Bundeskanzlers dazu in den USA[12] und vor dem Deutschen Bundestag[13] sind heranzuziehen.[14] U.U. könnte der Bundeskanzler, darauf gestützt, einen Brief an Kossygin schreiben.

D. Münchener Abkommen

Unsere von Gromyko schon vorübergehend akzeptierte Formel sollten wir, trotz seiner versteiften Haltung, weiter verteidigen.[15]

E. NV-Vertrag

Es ist wahrscheinlich, daß die SU unserem Wunsch nach völliger Streichung Rechnung tragen wird. Die Formulierung des Bundeskanzlers in den USA[16] liegt vor.[17]

---

[8] Für den Wortlaut der Pariser Verträge vom 23. Oktober 1954 vgl. BUNDESGESETZBLATT 1955, Teil II, S. 213–576.

[9] Dem Vorgang beigefügt. Für den „Vorschlag eines Briefwechsels über Verhältnis GV-Abkommen zum Streben nach Einheit" vgl. Archiv der sozialen Demokratie, Depositum Bahr, Box. 429A.

[10] Dieser Satz wurde von Bundesminister Ehmke durch Häkchen hervorgehoben.

[11] Zu diesem Satz vermerkte Bundesminister Ehmke handschriftlich: „Und in Art. 2? Territoriale Integrität?"

[12] Bundeskanzler Brandt führte am 10. April 1970 vor dem National Press Club in Washington aus: „Auf der Grundlage einer Konzeption umfassender Gewaltverzichtsabkommen haben wir die Gespräche mit Moskau, Warschau und Ostberlin begonnen. Sie stehen in einem engen sachlichen und zeitlichen Zusammenhang miteinander – auch mit dem wichtigen Gespräch über Berlin, das die drei Westmächte mit der Sowjetunion aufgenommen haben." Vgl. BULLETIN 1970, S. 462.

[13] Bundeskanzler Brandt erläuterte am 15. April 1970 vor dem Bundestag, „welches große Gewicht die Bundesregierung auf die Verhandlungen der Drei Mächte mit der Sowjetunion über Berlin legt. Die Situation in der Mitte Europas kann nicht entspannt werden, wenn nicht auch die Situation in und um Berlin möglichst befriedigend geregelt wird. Dabei wissen wir, daß die unmittelbare Verantwortung dafür bei den Vier Mächten liegt und bleiben muß. Aber das Interesse der Bundesregierung an einer Berlin-Regelung ist stark genug, um die Erklärung zu wiederholen, daß es für uns bei den Fragen der Entspannung mit Moskau, mit Warschau, mit Ost-Berlin und um Berlin um eine Einheit geht." Vgl. BT STENOGRAPHISCHE BERICHTE, Bd. 72, S. 2127.

[14] Dieser Satz wurde von Bundesminister Ehmke durch Häkchen hervorgehoben.

[15] Dieser Satz wurde von Bundesminister Ehmke durch Häkchen hervorgehoben.

[16] Für die Ausführungen des Bundeskanzlers Brandt am 10. April 1970 in Washington vgl. Dok. 120, Anm. 7.

[17] Dieser Satz wurde von Bundesminister Ehmke durch Häkchen hervorgehoben.

Als Anlage außerdem der in der Rechtsabteilung des Auswärtigen Amtes gefertigte Entwurf eines Abkommens[18], wie er dem gegenwärtigen Stand des Meinungsaustausches entsprechen würde. Ich bin nicht dafür, ihn vor Abschluß des Meinungsaustausches der sowjetischen Seite vorzulegen.[19]

Bahr

Archiv der sozialen Demokratie, Depositum Bahr, Box 429 A

162

Staatssekretär Bahr, Bundeskanzleramt, an Staatssekretär Duckwitz

StS 35014 Ko6/23/70 geheim 17. April 1970[1]

Lieber Herr Duckwitz,

zu der mir übermittelten Aufzeichnung vom 12. März (II A 1-83.00/0-485/70 geh.)[2] betreffend völkerrechtliche Anerkennung der DDR möchte ich Ihnen danken. Ich finde die dort entwickelten Gedanken hochinteressant.

Was die Sache angeht, so wäre ich dankbar, die Auffassung Ihrer sachkundigen Mitarbeiter zu folgenden Überlegungen kennenzulernen:

Die völkerrechtliche Anerkennung der DDR durch die BRD ist nicht möglich[3], solange die Vorbehaltsrechte der Vier Mächte für Deutschland als Ganzes und Berlin in Kraft sind. Daraus würde sich ergeben:

a) Es ist theoretisch denkbar, daß alle Staaten der Welt die beiden Staaten in Deutschland völkerrechtlich anerkennen, die völkerrechtliche Anerkennung zwischen den beiden Staaten in Deutschland aber ausbleibt.

b) Die völkerrechtliche Anerkennung zwischen den beiden Staaten in Deutschland wird erst möglich, wenn die deutschen Souveränitätsrechte, die heute bei

---

[18] Dem Vorgang beigefügt. Für den „Entwurf eines deutschen Alternats" vom 3. April 1970 für einen Vertrag mit der UdSSR über einen Gewaltverzicht vgl. Archiv der sozialen Demokratie, Depositum Bahr, Box 429A.

[19] Der Passus „Amtes gefertigte Entwurf ... sowjetischen Seite vorzulegen" wurde von Bundesminister Ehmke angeschlängelt.

[1] Das Schreiben wurde laut handschriftlichem Vermerk der Sekretärin des Staatssekretärs Duckwitz, Berner, vom 17. April 1970 Duckwitz von Staatssekretär Bahr, Bundeskanzleramt, übergeben.
Hat Staatssekretär Duckwitz am 17. April 1970 vorgelegen, der die Weiterleitung über Ministerialdirigent Lahn an Vortragenden Legationsrat I. Klasse van Well verfügte.
Hat Lahn am 20. April 1970 vorgelegen.
Hat van Well vorgelegen.

[2] Für die Aufzeichnung des Ministerialdirektors Ruete vgl. Dok. 116.

[3] Der Passus „Die völkerrechtliche Anerkennung ... ist nicht möglich" wurde von Vortragendem Legationsrat I. Klasse van Well hervorgehoben. Dazu vermerkte er handschriftlich: „Doch."

den Siegermächten sind⁴, durch einen Friedensvertrag auf die beiden Staaten in Deutschland übertragen werden.

In einem der letzten Gespräche hatte Gromyko geäußert, er habe eigentlich eine Anerkennung von mir erwartet, da er die völkerrechtliche Anerkennung der DDR durch die Bundesrepublik nicht verlangt habe.⁵ Ich habe erwidert, daß ich dies wohl bemerkt hätte, ihn dennoch nicht loben könne, weil ich immer davon ausgegangen sei, daß die sowjetische Regierung unseren Meinungsaustausch ernst meint; im Hinblick auf die Rechte der Vier Mächte und der dementsprechend von der Bundesregierung vorgenommenen Festlegung, daß die völkerrechtliche Anerkennung der DDR nicht in Frage komme, würde eine entsprechende sowjetische Forderung nur ein Zeichen dafür sein können, daß man in Moskau nicht mehr an die Erreichbarkeit eines Gewaltverzichtsabkommens glaube. Es hat dazu kein sowjetisches Gegenargument gegeben.⁶

Mit freundlichen Grüßen

Bahr

VS-Bd. 4477 (II A 1)

163

Aufzeichnung des Ministerialdirigenten Lahn

II A 1-83.10-685/70 geheim   17. April 1970¹

Betr.: Berlin-Gespräche der Vier Mächte;
hier: Französische Haltung

Bezug: Brief des französischen Außenministers an Bundesminister Scheel vom 7. April 1970

In seinem Brief an Bundesminister Scheel vom 7. April 1970 (Anlage 1)² greift der französische Außenminister Schumann zwei Aspekte der Berlin-Frage auf,

---

⁴ Der Passus „die deutschen Souveränitätsrechte ... Siegermächten sind" wurde von Vortragendem Legationsrat I. Klasse van Well hervorgehoben. Dazu vermerkte er handschriftlich: „BRD ist für sich souverän. DDR ebenfalls. Vorbehaltsrechte beziehen sich nur auf Gesamtdeutschland u[nd] Berlin, nämlich Wiedervereinigung u[nd] Friedensvertrag mit Deutschland. Getrennt können wir unser Verhältnis gestalten (nur Konsultationen der Drei Mächte wegen Deutsch[land]vertrag). Wir üben jedoch bei Anerkennung der DDR zulässige Souveränität der BRD aus."
⁵ Für das Gespräch des Staatssekretärs Bahr mit dem sowjetischen Außenminister Gromyko am 13. März 1970 vgl. Dok. 118.
⁶ Für den Entwurf eines Antwortschreibens vom 16. Juni 1970 vgl. Dok. 270.
¹ Die Aufzeichnung wurde von Vortragendem Legationsrat I. Klasse van Well und von Legationsrat I. Klasse Bräutigam konzipiert.
² Dem Vorgang beigefügt. Vortragender Legationsrat I. Klasse Hofmann notierte am 9. April 1970, daß der französische Botschafter François Seydoux anläßlich der Übergabe des Schreibens ausgeführt habe, „daß die französische Regierung bezüglich der Berlin-Gespräche mit Sorge erfüllt sei. Es müsse alles getan werden, um den Vier-Mächte-Status der Stadt zu wahren. Eine Verbesserung

die die französische Regierung bei den Vorbereitungen der Vier-Mächte-Gespräche besonders beschäftigen. Es sind dies:
- die Rückwirkungen, die eine Anerkennung bzw. Aufwertung der DDR für Berlin haben würde,
- die Wahrnehmung der auswärtigen Interessen Berlins.

1) Die französische Regierung ist besorgt, daß eine zunehmende Anerkennung der DDR und vor allem ihre Teilnahme am internationalen Verkehr die Stellung der Drei Mächte in Berlin negativ beeinflussen würde. Offenbar fürchtet man in Paris, daß die DDR den Druck auf den freien Teil der Stadt in Zukunft eher noch verstärken werde. Um einer solchen Entwicklung entgegenzuwirken, möchte die französische Regierung die Berlin-Gespräche vor allem dazu benutzen, den Vier-Mächte-Status zu festigen bzw. neu zu beleben. Daraus erklärt sich die zweifelnde Frage Schumanns, ob es nötig sei, die Beteiligung der DDR an einer den zivilen Berlin-Verkehr betreffenden Zugangsregelung ins Auge zu fassen. Paris wünsche einen solche Beteiligung nicht und möchte verhindern, daß die sowjetische Mitverantwortung auf den Zugangswegen durch Zusicherungen der DDR ersetzt wird.

Diese Auffassung führt logischerweise dazu, daß auch eine direkte Beteiligung der Bundesrepublik an einer Zugangsregelung in Paris nicht für wünschenswert angesehen wird. Die Verhandlungen über die Grundsatzfragen sollen, so meint man in Paris, den Vier Mächten vorbehalten bleiben, während die beiden deutschen Seiten, wenn überhaupt, nur für die Durchführung einer Vier-Mächte-Regelung und zur Regelung technischer Einzelheiten herangezogen werden sollen.

Wir stimmen mit der französischen Regierung grundsätzlich darin überein, daß sich die Vier-Mächte-Verantwortung auch auf den zivilen Zugang erstreckt. Wir würden deshalb eine verbesserte Zugangsregelung, die die Vier Mächte auf dieser bisherigen Rechtsgrundlage abschließen, begrüßen, auch wenn die beiden deutschen Seiten nicht daran beteiligt sind. Daß dies gelingt, ist aber mehr als fraglich. Nach den bisherigen sowjetischen Äußerungen ist zu erwarten, daß die Sowjetunion hinsichtlich des zivilen Berlinverkehrs auf die Zuständigkeit der DDR verweisen wird. Die Westmächte haben es bisher abgelehnt, direkt mit der DDR über den Berlin-Zugang zu verhandeln. An dieser Haltung werden sie jedenfalls vorerst festhalten, schon um die Sowjetunion nicht aus ihrer Verantwortung zu entlassen. Dies liegt auch in unserem Interesse (weil es unsere Position gegenüber der DDR stärkt). Wir sind allerdings der Meinung, daß die Verhandlungen an dieser Frage nicht scheitern sollten. Um einen Ausweg offen zu lassen, scheint es uns richtig, daß die Möglichkeit innerdeutscher Verhandlungen über den zivilen Berlinverkehr nicht von vornherein ausgeschlossen wird. Dafür wäre zu gegebener Zeit ein Mandat der Vier Mächte wünschenswert, weil damit die Fortgeltung der Vier-Mächte-Verantwortung klargestellt würde und auch die Verhandlungen selbst günstig beeinflußt werden könnten. Ob die Sowjets darauf eingehen werden, ist eine andere Frage. Wahrscheinlich streben

---

Fortsetzung Fußnote von Seite 618
der rechtlichen Stellung der DDR müsse in bezug auf Berlin auf alle Fälle vermieden werden. Die französische Regierung befürchtet, daß andernfalls die Position des Westens entscheidend geschwächt werden würde." Vgl. VS-Bd. 4480 (II A 1); B 150, Aktenkopien 1970.

619

sie in der Zugangsfrage Verhandlungen zwischen der DDR und dem Berliner Senat an, was für den Westen und uns nicht annehmbar sein kann.

2) Hinsichtlich der Vertretung Berlins im Ausland kommt dagegen die französische Regierung unserem Standpunkt entgegen. Nachdem sie bisher in dieser Frage einen äußerst restriktiven Standpunkt eingenommen hatte, erklärt sich Außenminister Schumann jetzt damit einverstanden, daß die Ausübung des konsularischen Schutzes durch die Bundesregierung und die Einbeziehung Berlins in die Handelsverträge der Bundesrepublik im Rahmen der Vier-Mächte-Gespräche behandelt werden. Dieses Zugeständnis bedeutet zwar nicht, daß die Franzosen bereit wären, das Recht der Bundesregierung zur Wahrnehmung der auswärtigen Interessen Berlins (niedergelegt im Schreiben der drei Hohen Kommissare an den Bundeskanzler vom 26.5.1952 in der Fassung vom 23.10. 1954[3]) gegenüber der Sowjetunion in vollem Umfange zu vertreten. Die von Frankreich vorgeschlagene Formel trägt aber den praktischen Bedürfnissen weitgehend Rechnung. Der Katalog konsularischer Aufgaben ist in der Wiener Konsularkonvention[4] so umfassend umschrieben, daß die Bundesregierung auf handelspolitischem, wirtschaftlichem, finanziellem und kulturellem Gebiet sowie in allen Rechtsfragen und Paßangelegenheiten für Berlin und seine Bürger tätig werden könnte.

Es kommt hinzu, daß das Vertretungsrecht der Bundesregierung für Berlin in der übrigen Welt nicht in Frage gestellt wird. Wir haben auch bisher keinen Anlaß anzunehmen, daß die Franzosen dieses Recht generell einschränken wollen bzw. restriktiv interpretieren. In den Vier-Mächte-Verhandlungen geht es allein um die Frage, wieweit dieses Recht gegenüber der Sowjetunion durchgesetzt werden kann.

In der Frage der Einbeziehung Berlins in die Verträge des Bundes will Paris weiterhin nur die Handelsabkommen zur Sprache bringen, obwohl sich z. B. im kulturellen und wissenschaftlich-technischen Bereich das gleiche Problem stellt. Es erscheint jedoch nicht unbedingt notwendig, jetzt den Versuch zu unternehmen, bei den Franzosen eine umfassendere Formel durchzusetzen. Sollte sich in den Vier-Mächte-Gesprächen eine Einigung in der Frage der Handelsabkommen abzeichnen, so dürfte sich wahrscheinlich eine entsprechende Lösung auch für andere Abkommen erreichen lassen, soweit diese nicht rein politischer Natur sind. Zunächst dürfte es genügen, daß die Grundsatzfrage mit den Sowjets erörtert wird.

Abteilung II schlägt vor, den Brief des französischen Außenministers im oben dargelegten Sinne zu beantworten. Ein entsprechender Entwurf wird hiermit über den Herrn Staatssekretär[5] dem Herrn Minister[6] vorgelegt.[7] Wegen der Be-

---

3 Zum Schreiben der drei Hohen Kommissare McCloy, Kirkpatrick und François-Poncet an Bundeskanzler Adenauer vgl. Dok. 11, Anm. 11.

4 Für den Wortlaut des Wiener Übereinkommens vom 24. April 1963 über konsularische Beziehungen vgl. BUNDESGESETZBLATT 1969, Teil II, S. 1597–1703.

5 Hat Staatssekretär Duckwitz am 20. April 1970 vorgelegen.

6 Die Aufzeichnung wurde laut handschriftlichem Vermerk des Vortragenden Legationsrats Wilke Bundesminister Scheel am 30. April 1970 mündlich vorgetragen und von ihm genehmigt.

7 Dem Vorgang beigefügt. Für das Schreiben des Bundesministers Scheel vom 30. April 1970 vgl. Dok. 192.

deutung der Angelegenheit wird angeregt, auch die Zustimmung des Herrn Bundeskanzlers einzuholen. Ein entsprechendes Schreiben ist beigefügt.[8]

Lahn

VS-Bd. 4480 (II A 1)

164

Aufzeichnung des Ministerialdirigenten Gehlhoff

I B 4-82.00-90.09-237/70 geheim   17. April 1970[1]

Betr.: Deutsch-algerische Beziehungen

Am 15. April hat zwischen dem Herrn Bundeskanzler, dem Bundesminister des Auswärtigen und Bundesminister Ehmke eine Besprechung über die künftige Gestaltung der deutsch-algerischen Beziehungen stattgefunden. Das Ergebnis dieser Besprechung hat mir der Herr Bundesminister am 16.4. wie folgt mitgeteilt:

1) Auf das Angebot des algerischen Außenministers[2] zur Wiederaufnahme der diplomatischen Beziehungen bei mehr oder weniger gleichzeitiger Aufnahme diplomatischer Beziehungen zwischen Algier und Ostberlin[3] soll nicht eingegangen werden.

2) Es soll angestrebt werden, in Verhandlungen mit der algerischen Seite zu erreichen, daß bis auf weiteres der Status quo (keine diplomatischen Beziehun-

---

[8] Dem Vorgang beigefügt. Vortragender Legationsrat I. Klasse Hofmann vermerkte am 30. April 1970, er habe sich wegen des Schreibens mit Vortragendem Legationsrat I. Klasse van Well in Verbindung gesetzt: „Herr van Well teilte mit, daß der Inhalt des Schreibens an den französischen Außenminister mit Herrn Sahm und Herrn StS Bahr abgestimmt sei und nach deren Auffassung eine förmliche Vorlage zur Zustimmung an den Herrn Bundeskanzler nicht erforderlich sei. Auf meine Frage, was dann der Brief an den Herrn Bundeskanzler für einen Sinn haben solle, erklärte Herr van Well, er werde eine Kopie des Briefes an den französischen Außenminister auf ‚Arbeitsebene‘ an das BKA leiten. Die Vorlage des Briefes […] selbst an den Herrn Bundeskanzler sei nicht erforderlich. Der Brief könne abgehen. Ich werde deshalb den Brief am 1. Mai 1970 Herrn Botschafter von Braun zur Weitergabe übergeben." Vgl. VS-Bd. 4480 (II A 1); B 150, Aktenkopien 1970.

[1] Durchdruck.
Die Aufzeichnung wurde laut Begleitvermerk von Ministerialdirektor Frank am 21. April 1970 an die Staatssekretäre Harkort und Duckwitz sowie an Bundesminister Scheel weitergeleitet. Hat Harkort am 23. April 1970 und laut Vermerk des Legationsrats I. Klasse Hallier vom 30. April 1970 Scheel vorgelegen. Vgl. VS-Bd. 2794 (I B 4); B 150, Aktenkopien 1970.
Hat Duckwitz am 25. April 1970 vorgelegen, der handschriftlich für Frank vermerkte: „In einem halben Jahr stehen wir vor dem genau gleichen Problem – hoffentlich nicht mit einer gleich unbefriedigenden Lösung."
Hat Gehlhoff erneut am 28. April 1970 vorgelegen, der die Weiterleitung an Vortragenden Legationsrat Redies verfügte.
Hat Redies am 28. April 1970 vorgelegen.

[2] Abdul Aziz Bouteflika.

[3] Vgl. dazu das Schreiben des Staatssekretärs Duckwitz vom 25. März 1970 an Bundeskanzler Brandt; Dok. 133.

gen mit uns, keine volle Anerkennung der DDR) aufrecht erhalten wird. Gleichzeitig soll den Algeriern der Ausbau der wirtschaftlichen Beziehungen angeboten und hierüber konkret verhandelt werden.

Sollten die Algerier in den Verhandlungen ankündigen, daß sie diplomatische Beziehungen mit Ostberlin aufzunehmen gedächten, soll ihnen geantwortet werden, daß sie in der Gestaltung ihrer Außenbeziehungen selbstverständlich frei seien, daß aber auch die Bundesregierung für sich beanspruche, ihre Außenbeziehungen im Lichte ihrer eigenen Interessen zu gestalten; sie werde deshalb im Falle der Aufnahme diplomatischer Beziehungen zwischen Algier und Ostberlin ihre eigenen Interessen zu wahren wissen.[4]

Der Herr Bundesminister erläuterte hierzu, daß in diesem Falle die Verwirklichung neu vereinbarter Projekte der Kapitalhilfe nicht in Frage komme.

gez. Gehlhoff

VS-Bd. 2794 (I B 4)

165

Aufzeichnung des Ministerialdirektors Oncken

Pl 83.00-213/70 VS-vertraulich   17. April 1970

Betr.: Verhandlungen mit Polen über die Oder-Neiße-Linie;
      hier: Stettin-Frage

I. 1) Es dürfte unserer Gesprächsführung mit Polen über die Oder-Neiße-Linie zugute kommen, wenn wir uns bei unseren internen Überlegungen auch davon leiten ließen, daß im Potsdamer Abkommen die Formulierung über den Verlauf der Demarkationslinie im Gebiet von Stettin unklar festgelegt ist und die polnische Position in diesem Punkt erhebliche Schwächen, vor allem auch psychologischer Natur, aufweist.

2) Im Potsdamer Abkommen heißt es:

„daß bis zur endgültigen Festlegung der Westgrenze Polens die früher deutschen Gebiete östlich der Linie, die von der Ostsee unmittelbar westlich von Swinemünde und von dort die Oder entlang bis zur Einmündung der westlichen Neiße und die westliche Neiße entlang ... unter die Verwaltung des polnischen Staates kommen"[1]

---

[4] Zur Aufnahme diplomatischer Beziehungen zwischen Algerien und der DDR am 20. Mai 1970 vgl. Dok. 211.

[1] Zu Abschnitt IX des Kommuniqués vom 2. August 1945 über die Konferenz von Potsdam (Potsdamer Abkommen) vgl. Dok. 12, Anm. 26.

Das Görlitzer Abkommen (6. Juli 1950) geht von der Formulierung des Potsdamer Abkommens aus.

Ein Blick auf die Karte zeigt, daß Stettin hiernach nicht auf polnischem Gebiet liegen würde, da die Oder in das Stettiner Haff direkt einmündet und Stettin westlich der Oder liegt.

3) Entsprechend gehörte Stettin nach Kriegsende zunächst zur sowjetischen Besatzungszone (die polnische Verwaltung mußte sich im Laufe des Sommers 1945 auf sowjetische Veranlassung zweimal zurückziehen; die Sowjets ließen im Sommer 1945 den Verbleib von 84000 Deutschen zu). Stettin wurde erst am 19. November 1945 – zusätzlich mit einem 850 qkm großen Hinterland – auf Grund von Sonderverhandlungen mit der Sowjetunion dem polnisch verwalteten Teil Pommerns angegliedert.

4) Selbst wenn man davon ausginge, daß sich die Linie „unmittelbar westlich von Swinemünde" unmittelbar westlich von Stettin fortsetzen sollte, dann wäre die Inbesitznahme des 850 qkm großen Hinterlandes mit der Aussage des Potsdamer Abkommens („unmittelbar westlich") nicht in Einklang zu bringen.

II. 1) In der Stettin-Frage liegt ein Anhaltspunkt für die Zweckmäßigkeit einer endgültigen formalen Regelung erst in einem Friedensvertrag vor (wobei man dialektisch die Möglichkeit ins Auge fassen könnte, „wenn schon Oder-Neiße-Linie, dann wirklich die Oder-Neiße-Linie").

2) Dieser Punkt besitzt auch innenpolitische Bedeutung, da er von Gegnern einer Anerkennung der Oder-Neiße-Linie bei der zu erwartenden öffentlichen Auseinandersetzung so gut wie sicher aufgegriffen werden wird.

Hiermit über den Herrn Staatssekretär[2] dem Herrn Bundesminister[3] vorgelegt.

Oncken

VS-Bd. 11573 (Planungsstab)

---

[2] Hat Staatssekretär Duckwitz am 20. April 1970 vorgelegen.
[3] Hat Bundesminister Scheel am 21. April 1970 vorgelegen.

166

Botschafter Grewe, Brüssel (NATO), an das Auswärtige Amt

Z B 6-1-11778/70 VS-vertraulich
Fernschreiben Nr. 456
Citissime

Aufgabe: 17. April 1970, 13.15 Uhr
Ankunft: 17. April 1970

Auf Schrifterlaß vom 9.4. – II A 7-81.05-1554/70 VS-v[1] und Plurex Nr. 1599 vom 15.4. – II B 2[2] und Nr. 205 vom 15.4. – II A 3[3], und Plurex Nr. 1611 vom 16.4. – II B 2[4]

Betr.: Ost-West-Verhandlungen
hier: Vorbereitung der NATO-Ministerkonferenz Rom 1970[5]

I. Der NATO-Rat befaßte sich wie vorgesehen am 16. April mit der Frage, wie das Problem der Ost-West-Verhandlungen auf der NATO-Frühjahrskonferenz berücksichtigt werden soll.

Brosio forderte den Rat auf, aus den verschiedenen im Politischen Ausschuß vorgebrachten Vorschlägen zur Prozedur nunmehr unter politischen Gesichtspunkten eine Auswahl zu treffen.

Die Diskussion konzentrierte sich schließlich auf ein sehr allgemein gehaltenes Kommuniqué-Schema des belgischen Botschafters[6] und auf den Inhalt unseres mit Bezugserlaß vom 9.4. übermittelten Arbeitspapiers.

1) Der belgische Kommuniquévorschlag enthält folgende Punkte:

---

[1] Zur Übermittlung des Arbeitspapiers und der Erklärung vgl. Dok. 160.

[2] Vortragender Legationsrat I. Klasse Mertes übermittelte als Runderlaß den Drahtbericht Nr. 951 des Botschafters Freiherr von Braun, Paris, vom 13. April 1970. Vgl. dazu Referat II B 2, Bd. 107295.
In dem Drahtbericht informierte Braun über Unterredungen des französischen Außenministers Schumann mit dem finnischen Sonderbotschafter Enckell. Dieser habe Schumann „für die Vorbereitung der Konferenz über Europäische Sicherheit ein neues Projekt unterbreitet, das er aber ausdrücklich – wenn auch wohl nicht ganz zutreffend – als seine persönliche Idee bezeichnet habe: Man solle die Vorbereitung einer Vorkonferenz den in Helsinki akkreditierten Botschafter der interessierten Länder übertragen." Vgl. Referat II B 2, Bd. 107295.

[3] Ministerialdirigent Lahn unterrichtete die Ständige Vertretung bei der NATO in Brüssel, daß die Bundesregierung nach wie vor der Idee einer Konferenz positiv gegenüberstehe, die sich „mit substantiellen Fragen der europäischen Sicherheit, also vor allem MBFR, befaßt und die bekannten Voraussetzungen wie sorgfältige Vorbereitungen usw. erfüllt". Eine Konferenz, deren Aufgabe „sich darauf beschränkt, eine Standing Commission ins Leben zu rufen, entspräche nicht unseren Vorstellungen. Sie würde vor allem der Sowjetunion alle vorwiegend im Prozeduralen liegenden Vorteile bringen, ohne sie zu Konzessionen in der Substanz zu veranlassen. Dagegen könnte in einem weiteren Stadium, also nach Fortschritten in den gegenwärtigen bilateralen und multilateralen Ost-West-Gesprächen, durchaus [...] an sondierende multilaterale Gespräche gedacht werden, zu deren Themen künftige Konferenzen über europäische Sicherheit gehören würden. Eine Behandlung der MBFR auf einer ersten Konferenz, an der von vornherein nur die Staaten teilnehmen, die es angeht, würde den Gedanken der KES nicht ersetzen können. Sie würde vielmehr das Blockdenken fördern und gerade im Westen Verstimmung bei denen hervorrufen, die von den Gesprächen ausgeschlossen würden." Vgl. VS-Bd. 4595 (II A 3); B 150, Aktenkopien 1970.

[4] Staatssekretär Duckwitz übermittelte Korrekturen, die in das Arbeitspapier und den Entwurf zum Kommuniqué „als endgültige Vorlagen der Bundesregierung im NATO-Rat umgehend einzubringen" seien. Vgl. VS-Bd. 4551 (II B 2); B 150, Aktenkopien 1970.

[5] Zur NATO-Ministerratstagung am 26./27. Mai 1970 in Rom vgl. Dok. 240 und Dok. 244.

[6] André de Staercke.

624

a) Beschreibung der gegenwärtigen politischen Lage unter Berücksichtigung der Entwicklung seit Dezember 1969 (SALT, Berlin-Sondierungen, deutsche Gewaltverzichtsgespräche).

b) Beurteilung der gegenwärtigen Lage: es sei noch kein Fortschritt erzielt, jedoch könne die Lage zu Fortschritten führen (oder: es sei zu begrüßen, wenn sie zu Fortschritten führe).

c) Bezeichnung möglicher Verhandlungsthemen: ausgewogene beiderseitige Truppenverminderung; Gewaltverzicht, der zu einem „code de bonne conduite" ausgebaut werden könnte; Erweiterung des östlichen Vorschlags auf Verstärkung wirtschaftlicher Beziehungen durch Einbeziehung kultureller und vor allem zwischenmenschlicher Kontakte gemäß Ziffer 11 der Ministererklärung vom 5.12.1969.[7]

d) Erklärung, daß die Allianz verhandlungsbereit sei. Wenn die andere Seite sich bereit zeige, die vom Westen für wichtig gehaltenen substantiellen Themen zu diskutieren, könne man sich bereit erklären, gemeinsam mit ihr nach den besten Verhandlungsmethoden zu suchen.

Wie zu erwarten, fand dieser vage Kommuniquévorschlag bei fast allen Delegationen spontane Sympathie, weil er den Vorstellungen der Warschauer-Pakt-Mächte weit entgegenkommt und wegen seiner mangelnden Präzision alle prozeduralen Möglichkeiten offenhält. Allerdings entspann sich sogleich eine Diskussion über die Frage, inwieweit die in Ziffer 14 der Dezembererklärung geforderten Fortschritte[8], die erst umfassende Verhandlungen rechtfertigen würden, bereits vorlägen.

Die Vertreter der Niederlande[9], Italiens[10], der Türkei[11], Griechenlands[12], der USA und Portugals erklärten mehr oder weniger entschieden, daß derartige Fortschritte noch nicht zu beobachten seien.

2) Die Überlegungen unseres Arbeitspapiers über beiderseitige ausgewogene Truppenverminderung (MBFR) führten, da sie präzise formulierte operative Vorschläge enthielten, zu unterschiedlichen Stellungnahmen:

a) Zur Substanz:

Am negativsten äußerten sich der amerikanische und französische Botschafter[13]. Botschafter Ellsworth bezweifelte, daß MBFR als solche zu einer Entspannung führen könnten, da die Allianz lediglich ein Gleichgewicht auf niedrigerer Ebene anstrebe. MBFR könnten nur das Ergebnis von Entspannungsbemühungen sein, eine These, der der britische Botschafter[14] sofort widersprach. Der

---

[7] Ziffer 11 der Erklärung des NATO-Ministerrats vom 5. Dezember 1969: „Allied governments consider that not only economic and technical but also cultural exchanges between interested countries can bring mutual benefit and understanding. In these fields more could be achieved by freer movement of people, ideas, and information between the countries of East and West." Vgl. NATO FINAL COMMUNIQUÉS, S. 231. Für den deutschen Wortlaut vgl. EUROPA-ARCHIV 1970, D 81.
[8] Für Ziffer 14 der Erklärung des NATO-Ministerrats vom 5. Dezember 1969 vgl. Dok. 80, Anm. 5.
[9] Hendrik N. Boon.
[10] Carlo de Ferrariis Salzano.
[11] Muharrem Nuri Birgi.
[12] Phedon Annino Cavalierato.
[13] François de Tricornot de Rose.
[14] Bernard Burrows.

französische Botschafter betonte, daß die Frage der Truppenverminderung die Sicherheit aller Mitgliedstaaten berühre. Man dürfe keine Entscheidung treffen, bevor die Stellungnahme der Militärs vorläge. Er berief sich sogar auf den Militärausschuß! Im übrigen müsse das Thema im Zusammenhang mit der Studie über die Verteidigung in den 70er Jahren[15] gesehen werden. Im Unterschied zu SALT, denen sorgfältig detaillierte Vorbereitungen vorausgegangen seien, sei dies bei MBFR nicht der Fall.

Nicht ganz so entschieden, aber ebenso deutlich distanzierten sich die Vertreter der Türkei und Griechenlands von einem verstärkten MBFR-Signal. Der türkische Botschafter sah in unserer Feststellung, daß die militärische Konfrontation in Mitteleuropa am intensivsten sei, eine Unterschätzung der Konfrontation an der Südostflanke. Der griechische Botschafter befürchtete, daß eine Reduktion im Mittelabschnitt den Druck an den Flanken verstärken würde.

Am positivsten äußerten sich die Botschafter Kanadas[16] und der Niederlande; auch der italienische, dänische[17] und norwegische Botschafter[18] brachten ihr Wohlwollen zum Ausdruck. Der britische Vertreter zeigte sich zurückhaltender.

Der kanadische Botschafter forderte bei dieser Gelegenheit erneut, daß MBFR nicht, jedenfalls nicht gleich am Anfang, zu einer Korrektur der bestehenden Asymmetrien benutzt werden sollten. Entsprechend nach dem von den Amerikanern bei SALT eingeschlagenen Verfahren sollte man zunächst zu sondieren versuchen, wieweit die andere Seite zu gehen bereit sei.

b) Prozedur

Unsere Vorschläge zur Verhandlungsprozedur (Ziffer IV[19] des Arbeitspapiers) riefen mehr Widerspruch hervor.

Amerikanischer Botschafter meldete generellen Vorbehalt gegen unsere Prozedurvorschläge an, insbesondere auch gegen die Verbindung von MBFR und KES.

Kanadischer Botschafter begrüßte Konzentration unseres Vorschlages auf MBFR, betonte jedoch, daß dieses Thema eine bessere Chance in einer Konferenz haben würde, die sich nur aus den direkt betroffenen Staaten zusammensetzen würde. Was die von uns vorgeschlagenen bilateralen Explorationen anlangt, vertrat er die Auffassung, daß die Nützlichkeit der bilateralen Kontakte jetzt erschöpft sei. Explorationen müßten nunmehr systematisch, und das bedeute multilateral, betrieben werden. Als einzige Vorstufe zu einer solchen multilateralen Exploration durch die acht betroffenen Länder (USA, UK, Kanada, Frankreich, Belgien, Niederlande, Luxemburg, Bundesrepublik) regte er an, daß die Außenminister in Rom einen oder zwei Mitgliedstaaten der Allianz beauftragten, der östlichen Seite das in Rom zu beschließende Verhandlungsangebot zu übermitteln. Zweck dieses Schrittes sei in erster Linie zu verhüten, daß es

---

[15] Zum Projekt einer Studie der Verteidigungsprobleme des NATO-Bündnisses in den siebziger Jahren vgl. Dok. 146, Anm. 18.
[16] Ross Campbell.
[17] Henning Hjorth-Nielsen.
[18] Georg Kristiansen.
[19] Korrigiert aus: „VI".

wiederum nur bei einem mehr oder minder vagen „Signal"[20] bleibe. Im Kommuniqué brauche darüber lediglich gesagt werden, „the Ministers have authorised a direct approach to the East".

Britischer Botschafter schloß sich in zwei Punkten der kanadischen Auffassung an, er äußerte Vorbehalte gegen weitere bilaterale Explorationen und sprach sich ebenfalls für eine Beschränkung von MBFR-Verhandlungen auf die direkt betroffenen Staaten aus.

Niederländischer, italienischer und dänischer Vertreter meldeten Bedenken gegen begrenzte Explorationsmandate an.

II. Einige Delegationen, die unserem Vorschlag bisher noch zurückhaltend gegenüberstanden, können möglicherweise im Laufe der weiteren Beratungen für unser Projekt gewonnen werden, insbesondere Türken und Griechen, denen das Thema im Grunde genommen gleichgültig ist, solange sie aus dem Spiel bleiben. Ernsthafte Schwierigkeiten sehe ich für unsere Initiative voraus, falls die in der gestrigen Diskussion zutage getretene Konvergenz zwischen Amerikanern und Franzosen sich zu einer gemeinsamen Front gegen das MBFR-Projekt konsolidieren sollte. Es dürfte sich demgegenüber empfehlen, sich zunächst nicht auf die prozeduralen Vorschläge in Ziffer IV unseres working paper zu versteifen, weil wir damit auch diejenigen Regierungen in die Opposition treiben würden, die mit der Substanz unserer Position (MBFR als Hauptverhandlungsangebot) übereinstimmen. Der Text unseres Deklarationsentwurfs würde diese Taktik erleichtern, da er die speziellen Prozedurvorschläge aus Teil IV des working paper nicht erwähnt.

Der Rat wird die Diskussion am 23. April fortsetzen.[21] Ich wäre dankbar, wenn ich bis dahin mit Weisungen über die weitere Verhandlungsführung versehen werden könnte.[22]

[gez.] Grewe

VS-Bd. 4552 (II B 2)

---

[20] Am 25. Juni 1968 gaben die NATO-Mitgliedstaaten in Reykjavik eine Erklärung ab, in der sie ihre Bereitschaft zu Gesprächen über gegenseitige Truppenreduzierungen bekundeten („Signal von Reykjavik"). Vgl. dazu Dok. 80, Anm. 3.

[21] Gesandter Gnodtke, Brüssel (NATO), teilte am 23. April 1970 mit, daß der Ständige NATO-Rat am Vortag „über die bis zur Frühjahrsministerkonferenz in Rom zu unternehmenden Schritte auf dem Gebiet der ausgewogenen beiderseitigen Truppenverminderung beraten habe. Der Politische Ausschuß auf Gesandtenebene sei beauftragt worden, den „MBFR-Bericht für die Minister [...] so schnell wie möglich, erforderlichenfalls auf Kosten der Gründlichkeit der Analyse, fertigzustellen". Darüber hinaus habe sich der Ständige NATO-Rat vorbehalten, „die für die Ministerkonferenz vorgesehene politische Initiative auf dem Gebiet der MBFR selbst und unabhängig von dem Arbeiten des Politischen Ausschusses auf Gesandtenebene weiter vorzubereiten". Vgl. den Drahtbericht Nr. 490; VS-Bd. 4552 (II B 2); B 150, Aktenkopien 1970.

[22] Botschafter Roth wies die Ständige Vertretung bei der NATO in Brüssel am 21. April 1970 an, weiter auf die Ausarbeitung einer gemeinsamen Erklärung aller NATO-Staaten hinzuwirken: „Die Bundesregierung legt großen Wert darauf, daß eine solche Erklärung von den Ministern im Mai verabschiedet wird; Sie werden gebeten, dieses Interesse nachdrücklich hervorzuheben. Das bedeutet jedoch nicht, daß wir bereit sind, über unsere Formulierungen im einzelnen zu sprechen. Wir würden es begrüßen, wenn sich die Diskussion über unsere Initiative auf den Text des Erklärungsentwurfs konzentrieren könnte, da eine solche Erklärung das konkrete Ergebnis der nächsten Ministerkonferenz sein soll." Vgl. den Drahterlaß Nr. 1706; VS-Bd. 4552 (II B 2); B 150, Aktenkopien 1970.

167

Bundeskanzler Brandt an den Ersten Sekretär des ZK der PVAP, Gomułka

20. April 1970[1]

Sehr geehrter Herr Erster Sekretär,

in diesen Tagen werden die Besprechungen zwischen Regierungsvertretern der Volksrepublik Polen und der Bundesrepublik Deutschland fortgesetzt.[2] Es ist fast ein Jahr her seit der Rede, durch die Sie, sehr geehrter Herr Erster Sekretär, ein Zeichen gegeben und auf meine Ausführungen auf dem Parteitag der Sozialdemokratischen Partei Deutschlands Bezug genommen haben.[3]

Als die Besprechungen begannen[4], habe ich in einem Brief an den Ministerpräsidenten der Volksrepublik Polen dargelegt[5], in welchem Zusammenhang und mit welchem Ziel von seiten der Bundesrepublik Deutschland diese Besprechungen geführt werden sollen. Ich habe mir keine Illusionen über die Schwierigkeiten gemacht und bin heute weder erstaunt noch enttäuscht, daß Widerstände von vielen Seiten sichtbar werden.

Wenn ich mich heute an Sie wende, so geschieht das, um Sie wissen zu lassen, daß ich unbeirrt an dem Ziel festhalte, einen Grundstein für ein sachliches und gutes Verhältnis zwischen der Bundesrepublik Deutschland und der Volksrepublik Polen legen zu wollen.

Ich wäre dankbar, wenn Sie und die Regierung der Volksrepublik Polen die Vorschläge der deutschen Delegation unter diesem Gesichtspunkt prüfen würden. Sie entsprechen den Möglichkeiten, die die Bundesrepublik Deutschland hat, solange die Vier Mächte für eine nicht absehbare Zeit die bekannten Vorbehaltsrechte haben. Sie entsprechen auch den politischen Gegebenheiten innerhalb der Bundesrepublik Deutschland.

---

[1] Durchdruck.
Eine Fotokopie des Schreibens wurde laut handschriftlichem Vermerk der Sekretärin des Staatssekretärs Bahr, Bundeskanzleramt, Kirsch, am 24. April 1970 an Bundesminister Scheel geleitet.

[2] Die dritte Runde der Gespräche mit Polen über eine Verbesserung des bilateralen Verhältnisses fand vom 22. bis 24. April 1970 statt.

[3] Am 17. Mai 1969 führte der Erste Sekretär des ZK der PVAP, Gomułka, aus: „In seiner Rede auf dem SPD-Parteitag in Nürnberg erklärte Willy Brandt am 16.3.68: ,... ich bin außerhalb der Diskussion von mehr als einem Genossen gefragt worden, was ich mit meiner Bemerkung zur Oder-Neiße-Linie gemeint habe. Ich wiederhole den betreffenden Satz: ‚Daraus ergibt sich', so sagte ich, ,die Anerkennung bzw. Respektierung der Oder-Neiße-Linie bis zur friedensvertraglichen Regelung.' Das heißt, wir wollen Gewaltverzicht und Aussöhnung mit Polen. Wir wollen das auch vor dem Friedensvertrag, wenn es möglich ist. Wir wollen und und wir können keine der bestehenden Grenzen in Europa gewaltsam ändern. Das gilt auch für die innerdeutsche Grenze. Das gilt auch für die Oder-Neiße-Linie, die übrigens nicht die Grenze der Bundesrepublik Deutschland ist.'" Vgl. EUROPA-ARCHIV 1969, D 318. Für die Ausführungen des SPD-Vorsitzenden Brandt vom 18. März 1968 vgl. PARTEITAG DER SPD 1968, S. 250.

[4] Die erste Runde der Gespräche mit Polen über eine Verbesserung des bilateralen Verhältnisses fand vom 4 bis 6. Februar 1970 statt.

[5] Zum Schreiben des Bundeskanzlers Brandt an Ministerpräsident Cyrankiewicz vom 31. Januar 1970 vgl. Dok. 37, Anm. 1.

Ich bin überzeugt, daß die Möglichkeiten groß genug sind, um zu einer Verständigung zu kommen. Dabei sehe ich historisch und politisch, auch ohne jede Überschätzung des Gewichtes unserer beiden Staaten, welche entscheidende Rolle für die Entspannung zwischen Ost und West unserer Verständigung zukommt.

Mit vorzüglicher Hochachtung
gez. Willy Brandt

Archiv der sozialen Demokratie, Depositum Bahr, Box 387

168

Botschafter Schnippenkötter, Genf (Internationale Organisationen), an das Auswärtige Amt

Z B 6-1-11808/70 VS-vertraulich Aufgabe: 20. April 1970, 10.15 Uhr
Fernschreiben Nr. 383 Ankunft: 20. April 1970, 15.52 Uhr
Cito

Faktoren und Wertungen der westlichen und der östlichen Bemühungen, die Frage der Beteiligung von DDR-Vertretern an der 25. Jahresversammlung der ECE[1] anders zu handhaben als in den früheren Jahren:[2]

I. Der polnische Antrag zur Tagesordnung und der Resolutionsvorschlag[3] waren nicht eigentlich Reaktionen auf das westliche Vorgehen.[4] Polen wäre genauso

---

[1] Die 25. Jahresversammlung der ECE fand vom 14. bis 25. April 1970 in Genf statt.
[2] In der Economic Commission for Europe (ECE) war Deutschland zunächst durch die Besatzungsmächte vertreten. Die Bundesrepublik wurde am 21. Februar 1956 selbständiges Mitglied der ECE. Der DDR wurde dieser Status nicht zuerkannt, da die Mehrheit der ECE-Mitgliedstaaten sie nicht als souveränen Staat anerkannte. Es wurde jedoch einem DDR-Vertreter die Möglichkeit eingeräumt, als „Berater der sowjetischen Besatzungsmacht" in der ECE und in ihren Ausschüssen mitzuarbeiten. In den „Hinweisen für Delegierte und Experten bei ECE-Veranstaltungen zu Fragen der Deutschland- und Berlin-Politik" vom Januar 1969 wurde dazu ausgeführt: „Der andere Teil Deutschlands macht allerdings von den ihm zustehenden Möglichkeiten seit Jahren keinen Gebrauch mehr, weil er auf volle Zulassung besteht." Vgl. Referat III A 3, Bd. 114.
Vgl. dazu ferner Dok. 52 und Dok. 136.
[3] Botschafter Schnippenkötter, Genf (Internationale Organisationen), berichtete am 16. April 1970: „In der nicht öffentlichen Nachmittagssitzung (14.4.) der Delegationsleiter kündigte der polnische Delegierte erwartungsgemäß an, daß er beabsichtige, im Plenum die Erweiterung der Tagesordnung um den Punkt ‚Offizielle Teilnahme der DDR an der 25. ECE-Jahresversammlung' zu beantragen. Einen dazugehörigen Resolutionsentwurf habe er dem ECE-Sekretariat bereits zugeleitet." Der polnische Antrag wurde am 15. April 1970 mit 16 gegen 11 Stimmen abgelehnt. Vgl. den Drahtbericht Nr. 373; Referat I C 1, Bd. 507.
[4] Botschafter Schnippenkötter, Genf (Internationale Organisationen), übermittelte am 10. April 1970 den Wortlaut des mit den Drei Mächten abgesprochenen Vorschlags zur Frage einer Beteiligung der DDR an der ECE-Jahresversammlung. Es solle eine Teilnahme unter der Bezeichnung „Deutsche Demokratische Republik" erlaubt werden, allerdings ohne Stimmrecht. Die Namen ihrer Vertreter sollten in der Liste der Teilnehmer unter der Bezeichnung „Ebenfalls anwesend" aufgeführt werden. Eine solche Teilnahme finde unter folgender Bedingung statt. „It is understood that these

vorgegangen, wenn sich der Westen, wie gewohnt, rein defensiv verhalten hätte. Seit der letztjährigen ECE-Versammlung[5] – so der polnische Botschafter[6] – ist „so viel geschehen", daß in jedem Fall anders als früher agiert werden müßte.

In östlicher Sicht sollte es einen Zwischengewinn geben, nämlich die von der Kommission zu beschließende „Einladung" der DDR durch den Exekutivsekretär. Sie sollte als Vorstufe für den im Juli dieses Jahres angestrebten ECOSOC-Beschluß über ECE-Vollmitgliedschaft der DDR verstanden werden.[7]

Dieses Konzept vertrug sich aus einer Reihe von Gründen nicht mit dem westlichen, so nahe sich beide Seiten beim Aushandeln der praktischen Modalität auch gekommen waren. Stanovnik jedenfalls, von beiden Seiten über den den Sowjets gemachten westlichen Vorschlag unterrichtet und auch über die Haltung der DDR im Bilde, nahm weiterhin aktiven Anteil an der Beratung der Einzelheiten. Er glaubte vier Tage vor Beginn der Jahresversammlung fest daran, daß das Arrangement unter Dach und Fach sei.

Es kann sein, daß diese seine Beurteilung gut fundiert war und daß sich die östliche Haltung erst später wieder von dem Punkt der möglichen Einigung wegbewegt hat. Es könnte auch sein, daß beide Seiten sich nur oberflächlich, nicht aber im Essentiellen angenähert hatten und daß daher die fortwirkenden fundamentalen Gegensätze durchbrechen mußten.

II. Zu den politischen Faktoren, die schließlich sowohl zur Erledigung des westlichen Vorschlags wie zur Ablehnung der polnischen Anträge geführt haben, rechne ich folgende:

1) Die drei Westmächte haben ihre aus der Besatzungszeit stammende Position des Artikel 10 der terms of reference[8] sehr stark ausgespielt. Das war die „Sollbruchstelle", obwohl die diesbezügliche Warnung nur eine diplomatische Vorsorge sein sollte.

2) Die Sowjetunion nahm die in der Warnung steckende, auf die DDR bezügliche Revitalisierung des besatzungsrechtlichen Artikels nicht hin. Sie wollte den Anschein vermeiden, als hielte sie den anderen deutschen Staat nicht für souverän.

Fortsetzung Fußnote von Seite 629

    arrangements will apply only to the 25th session of the commission, and not to meetings of its subsidiary bodies, and would not constitute a precedent for meetings of any other U.N. bodies". Vgl. den Drahtbericht Nr. 341; VS-Bd. 4474 (II A 1); B 150, Aktenkopien 1970.
    Ministerialdirektor Frank teilte am 16. April 1970 mit, daß „die Sowjetunion den ihr von uns und den drei Westmächten unterbreiteten Vorschlag nach anfänglichem Zögern abgelehnt" habe. Vgl. den Runderlaß Nr. 1642 vom 16. April 1970; Referat I C 1, Bd. 507.

[5] Die 24. Jahresversammlung der ECE fand vom 9. bis 23. April 1969 in Genf statt.

[6] Włodzimierz Natorf.

[7] Der Wirtschafts- und Sozialrat der UNO lehnte am 13. Juli 1970 die Zulassung der DDR zur ECE ab. Botschafter Schnippenkötter, Genf (Internationale Organisationen), berichtete dazu am 17. Juli 1970: „Nach der ECE- und der WHO-Jahresversammlung haben wir im ECOSOC nunmehr zum dritten Mal in diesem Jahr einen Antrag auf Zulassung der DDR zu einem VN-Gremium ausmanövriert. [...] In allen drei Fällen ist es gelungen, den östlichen Vorstoß abzuwehren und auch einen Propagandaerfolg der DDR zu vereiteln. Diese Erfahrungen zeigten, daß uns bei gleichem Effekt mehrere taktische Möglichkeiten zur Verfügung stehen. Das angereicherte Instrumentarium erlaubt uns, unser Vorgehen elastischer zu gestalten und dem jeweiligen Gremium anzupassen wie auch auf die aktuellen deutschlandpolitischen Bedürfnisse abzustellen." Vgl. den Drahtbericht Nr. 770; Referat I C 1, Bd. 507.

[8] Für Artikel 10 der Statuten der ECE vom 28. März 1947 in der Fassung vom 15. Dezember 1955 vgl. Dok. 52, Anm. 6.

3) Die anderen Kommissionsmitglieder von Ost und West hatten mehr oder weniger deutliche Vorbehalte gegen eine privilegierte Rolle der Deutschlandmächte in der ECE.

4) Die Polen waren durch vorab feststehende Weisungen auf ein bestimmtes Vorgehen fixiert. Ihr Spielraum bestand lediglich darin, die Anträge aufzuschieben, nicht darin, sie aufzugeben.

5) Die DDR war wegen ihrer zu Kassel[9] befolgten Taktik, extreme Positionen zu beziehen, nicht kompromißbereit. Außerdem strebte sie in der ECE mehr als nur praktische Mitarbeit an.

6) Die Solidarität in beiden Gruppen war eher ein Element der Konfrontation als der Einigung. Sie war in der östlichen Gruppe durch die Haltung der Sowjetunion leicht gemacht. Die Solidarität in der westlichen war durch die Haltung der Westmächte etwas erschwert, erwies sich aber dennoch als stark genug.

III. Hinzu kommen weitere Umstände, die das Auseinanderklaffen beider Seiten stärker begünstigt haben als ihre Annäherung.

1) Für die Abwicklung der verschiedenen Phasen der Aktion war die Zeit äußerst knapp. Dies hat es wohl auch unmöglich gemacht, die Bedeutung einer diskreten Behandlung des rechtlichen Hintergrunds hinreichend und allseitig klarzumachen.

2) In den Hauptstädten hat keine[10] diplomatische Vorbereitung stattgefunden, was sich besonders bei den drei Westmächten und einigen NATO-Partnern nachteilig auswirkte.

3) Der kalandare Zufall, daß die 25. Jahresversammlung in die Zeit zwischen die Treffen von Erfurt[11] und Kassel fiel, war kein Vorteil für unsere Initiative.

IV. Für uns haben die Vorgänge m. E. folgende Bedeutung erlangt:

1) Ein Arrangement unterhalb der Schwelle regulärer Mitgliedschaft oder sonstiger Statusänderungen hat sich – jedenfalls unter den obwaltenden Umständen – als möglich erwiesen.

2) Wir haben uns nicht wie früher rein defensiv verhalten, sondern Motive und Ziel unserer Initiative als Bestandteil unserer Deutschland- und Osteuropapolitik selbst vorgetragen.

3) Es hat sich gezeigt, daß die drei westlichen Deutschlandmächte im Hinblick auf die DDR zur Zeit keine Position aufzugeben beabsichtigen und dies auch ohne „Gegenleistung" nicht für politisch angebracht halten.

V. Auf die Rolle der verschiedenen Mächte bei den Vorgängen möchte ich in Anschlußberichten näher eingehen.[12]

[gez.] Schnippenkötter

VS-Bd. 4474 (II A 1)

---

[9] Zu den Gesprächen des Bundeskanzlers Brandt mit dem Vorsitzenden des Ministerrats, Stoph, am 21. Mai 1970 in Kassel vgl. Dok. 226.
[10] Korrigiert aus: „eine".
[11] Zu den Gesprächen des Bundeskanzlers Brandt mit dem Vorsitzenden des Ministerrats, Stoph, am 19. März 1970 in Erfurt vgl. Dok. 124.
[12] Vgl. Dok. 169.

169

**Botschafter Schnippenkötter, Genf
(Internationale Organisationen), an das Auswärtige Amt**

Z B 6-1-11819/70 VS-vertraulich   Aufgabe: 20. April 1970, 16.30 Uhr
Fernschreiben Nr. 385   Ankunft: 20. April 1970, 17.13 Uhr

Im Anschluß an Drahtbericht Nr. 383 vom 20.4.70 über „Faktoren und Wertungen"[1]

Das Verhalten der übrigen westlichen ECE-Mitglieder[2] während der Geschehnisse verdient eine besondere Würdigung:

1) Bei allem wirkte sich psychologisch nachteilig aus, daß sie über die Bemühungen erst relativ spät ins Bild gesetzt wurden, nämlich, als die Verhandlungslinie mit den drei Westmächten schon im großen festgelegt war. Von den Sondierungen Stanovniks hatte sich vorher so gut wie nichts herumgesprochen. Die internen deutschen Überlegungen waren vollends unbekannt geblieben. Die äußerste Zeitknappheit war mißlich. Demgegenüber war das Maß an Verständnis und die Bereitschaft, das Vorgehen so oder so zu unterstützen, eindrucksvoll. Klimatische Besonderheiten, wie sie Botschafter Grewe in seinem Drahtbericht 431 vom 14.4. von der Reaktion seiner Kollegen im NATO-Rat wiedergibt, waren in Genf nicht zu verzeichnen.

Es wurde von manchen westlichen Freunden anerkannt, daß wir unsere Position gegenüber dem Osten jedenfalls psychologisch äußerten. Eine reine Defensivtaktik wäre ihnen – weil im Widerspruch zu uns selbst und zu ihrem eigenen politischen Empfinden – unbehaglich gewesen. Nicht alle haben erkannt, warum trotz der Verwandtschaft des reduzierten polnischen Resolutionsentwurfs mit dem westlichen Arrangement-Vorschlag die polnischen Anträge abgelehnt werden sollten, zumal die von den drei Deutschlandmächten beanspruchte Sonderrolle dem allgemeinen Verständnis von den Befugnissen der Kommission als Ganzem zuwiderlief.

2) Keiner der Vertreter der NATO-Verbündeten stellte in Genf die Forderung, daß der NATO-Rat eingeschaltet werden müsse. Es wurde nicht einmal danach gefragt. Das von unserer NATO-Vertretung berichtete Problem ist daher wohl

---

[1] Vgl. Dok. 168.
[2] Botschafter Schnippenkötter, Genf (Internationale Organisationen), berichtete am 20. April 1970, bei den Drei Mächten sei die Initiative der Bundesrepublik auf Mangel an Unterrichtung, Warnungen, Bedenken und „auf eine gute Portion legalistischen Denkens, sogar aus dem sonst wegen seines Pragmatismus gerühmten London", gestoßen. Zwar sei es gelungen, die Unterstützung der amerikanischen, der britischen und der französischen Delegation zu gewinnen, „jedoch um den Preis einer starken Hervorkehrung der Stellung als ‚Deutschlandmächte'". Die Drei Mächte strebten nach einer Vereinbarung mit der UdSSR und zeigten keine Bereitschaft zur Einräumung neuer Rechte oder Entscheidungsbefugnisse an den Exekutiv-Sekretär der ECE, Stanovnik. Es gebe keine wesentlichen Unterschiede zwischen den Positionen der Drei Mächte, „obschon die Engländer in der Methode flexibler waren als die recht starren (mit Weisungen stets nachhinkenden) Franzosen und die etwas rigorosen Amerikaner". Schnippenkötter zog daraus den Schluß, daß Konsultationen, „die eine nicht unbeträchtliche, wenn auch nur ‚praktische' Änderung der Politik zum Gegenstand haben, [...] offenbar nur nach politischer Vorbereitung auf hoher Ebene in den Hauptstädten erfolgreich sein" können. Vgl. den Drahtbericht Nr. 386; VS-Bd. 4474 (II A 1); B 150, Aktenkopien 1970.

in erster Linie aus dem Selbstverständnis der Ständigen Vertreter im NATO-Rat zu begreifen. Ob darin auch Regierungsbesorgnisse wegen unserer Politik mitschwingen, vermag ich von Genf aus nicht zu beurteilen, jedenfalls könnte ich es nicht bestätigen. Kennzeichnend ist wohl auch, daß in der Bonner Vierergruppe von einer Einschaltung der NATO-Wirtschaftsberater abgeraten worden sein soll.

Aus Genfer Sicht mag die Opportunität dieses Ratschlags auf sich beruhen. In jedem Falle wäre es jedoch förderlich gewesen, unsere Absichten durch unsere eigenen Botschafter in den Hauptstädten der NATO-Länder erläutern zu lassen. Die Unterrichtung fremder Regierungen auf indirektem Weg über deren eigene Vertreter statt durch unseren eigenen Dienst ist, ob es sich um Genf oder um Brüssel handelt, wenig vorteilhaft.

3) Das war ganz besonders im italienischen Fall spürbar. Mein italienischer Kollege[3] war durch eine Bemerkung des Briten[4], ob er denn wirklich von den Stanovnik-Sondierungen gar nichts wahrgenommen habe, gereizt. Die Berichterstattung nach Rom mag außerdem wenig verständig gewesen sein. Sicher ist, daß die Italiener, als nicht zu den Deutschlandmächten gehörig, in solchen Situationen – auch in Genf – besondere Empfindlichkeit zeigen. Dennoch hinterließ die italienische Auffassung hier mehr Eindruck einer „commedia dell'arte" (so ein sehr angesehener europäischer Kollege).

Es ist um so bemerkenswerter, daß die Solidarität der NATO-Verbündeten ohne Ausnahme (Island nahm an der Tagung nicht teil) und des Western Caucus insgesamt bis auf die Neutralen (Jugoslawien ist in diesem Punkt zur anderen Seite zu zählen) erhalten blieb. Dazu hat freilich auch die Bedrohung des Konsenz-Prinzips durch die Polen, wohl zum ersten Mal in 25 Jahren, beigetragen. Hiervon wird jedoch die sachliche Arbeit in der ECE kaum betroffen werden.

[gez.] Schnippenkötter

VS-Bd. 4474 (II A 1)

[3] Georgio Smoquina.
[4] Eugene Melville.

170

Botschafter Böx, Warschau, an das Auswärtige Amt

Z B 6-1-11821/70 VS-vertraulich Aufgabe: 20. April 1970, 17.00 Uhr[1]
Fernschreiben Nr. 167 Ankunft: 20. April 1970, 17.56 Uhr
Citissime

Betr.: Gespräch mit Vizeaußenminister Winiewicz

1) Erster Teil des Gesprächs bezog sich auf Ablauf der nächsten Gesprächsrunde.[2] Winiewicz ist daran interessiert, mit StS Duckwitz ein, wie er es nannte, „heart to heart talk" zu führen. Schlägt 22., 10 Uhr 30, Außenministerium vor.[3] An gesellschaftlichen Ereignissen ist nur Frühstück im Schloß Jablonna, 23.4., vorgesehen. Von Reise ins Land oder sonstigen Veranstaltungen war nicht die Rede.

2) Winiewicz brachte das Gespräch auf innenpolitische Lage in der Bundesrepublik und Einordnung des deutsch-polnischen Dialogs in Bemühungen der Bundesrepublik, Beziehungen mit sozialistischen Staaten zu verbessern.

a) Zum ersten Punkt führte er aus, daß in Polen der Eindruck entstanden sei, daß sich Kräfte in Bundesrepublik polarisierten und über Problem Oder-Neiße-Grenze auch von verantwortlichen Politikern mit sehr viel mehr Zurückhaltung gesprochen würde als noch vor einiger Zeit. Versuche, CDU-Mitglieder nach Polen einzuladen, seien bislang fehlgeschlagen. Zwar hätten Betroffene sich außerordentlich bedankt, ihr Interesse bekundet, aber eine Annahme der Einladung erst für die zweite Hälfte des Jahres in Aussicht gestellt. Man frage sich, ob das mit den massierten Landtagswahlen Mittsommer[4] zusammenhänge.

b) Aus Gesprächsführung war erkennbar, daß Winiewicz vielleicht mehr als bislang erkannt hat, daß Einbringung Vorbehalte in Vertragstext zur Normalisierung der Beziehungen weder Manöver ist, um ein zu änderndes Provisorium aufrechtzuerhalten, noch als formalistisches Denken zu interpretieren ist. Eine nicht unerhebliche Rolle bei dieser Einsicht scheint dabei das Gespräch der Vier Mächte über Berlin zu spielen.

c) Winiewicz ließ klar erkennen, daß Gleichzeitigkeit Gespräche mit Polen, DDR, Sowjetunion und über Berlin bilateralen Charakter des deutsch-polnischen Dialogs beeinträchtige oder ihn in seinem Fortschritt hemmen könne. Mehrfach wies er daraufhin, daß das Angebot Gomułkas vom 17. Mai 1969[5] als ein reines

---

[1] Hat Staatssekretär Duckwitz am 21. April 1970 vorgelegen.
 Hat Vortragendem Legationsrat Schönfeld vorgelegen, der die Weiterleitung an die Staatssekretäre Duckwitz und Harkort verfügte und handschriftlich vermerkte: „Herrn D II m[it] d[er] B[itte] um Übernahme."
[2] Die dritte Runde der Gespräche mit Polen über eine Verbesserung des bilateralen Verhältnisses fand vom 22. bis 24. April 1970 in Warschau statt.
[3] Zum Gespräch des Staatssekretärs Duckwitz mit dem polnischen Außenminister Winiewicz am 22. April 1970 vgl. Dok. 178.
[4] Am 14. Juni 1970 fanden in Niedersachsen, Nordrhein-Westfalen und im Saarland Landtagswahlen statt.
[5] Zum Vorschlag des Ersten Sekretärs des ZK der PVAP, Gomułka, für ein Grenzabkommen vgl. Dok. 14, Anm. 7.

bilaterales Angebot zu Verhandlungen gedacht gewesen sei. Polen habe, lange bevor Initiativen auf anderen Gebieten ergriffen worden wären, seine Bereitschaft bekundet, zu einer Verhandlungslösung der beiderseitigen Probleme zu kommen. Er frage sich, warum die Bundesrepublik das Verhältnis zu Polen nicht weiterhin rein bilateral und mit der ursprünglichen Priorität behandele.

3) Winiewicz äußerte sich auch zum weiteren Verlauf der Verhandlungen. Nach Äußerungen verantwortlicher Politiker in Bonn war ihm klar, daß deutsche Delegation kaum in Lage sein würde, für Grenzproblem eine den polnischen Vorstellungen entsprechende Lösung mitzubringen. Er sprach wieder davon, daß Verhandlungen zwar nicht hinausgezogen werden sollten, aber doch wohl eine bestimmte Zeit dauern müßten. Nachdem zwei Völker soweit voneinander entfernt gelebt hätten, könne man sie nicht schnell zueinander führen. Aber um günstige Voraussetzungen für die Fortführung der Gespräche zu schaffen, müßten zumindest Teilerfolge vorweisbar sein. Das wäre auch für ihn von einer nicht zu unterschätzenden Bedeutung.

Ihm wäre es sehr wichtig, wenn auf dem Gebiete der Wirtschaftsverhandlungen Fortschritte erzielt werden könnten, die von ihm als Beweis des guten Willens Bundesregierung verwendet werden könnten. Nachdem befriedigende Regelung aller wirtschaftlichen Fragen mit Frankreich und Italien gelungen sei, verstünde es Öffentlichkeit nicht, warum Verhandlungen mit Bundesrepublik steckengeblieben seien. Ich habe ihm deutschen Standpunkt dargelegt und auch Meinung geäußert, daß bei gutem Willen Abschluß der Verhandlungen herbeigeführt werden könnte, und zwar in einem beiderseitig befriedigenden Sinne.

4) Aus diesem Zusammenhang heraus sprach Winiewicz über Schritte zur Normalisierung. Ich hatte darauf verwiesen, daß der Leiter der polnischen Handelsmission in Köln wegen der Inhaftierung eines polnischen Staatsbürgers interveniert habe, ebenso wie das Außenhandelsministerium gegenüber der deutschen Handelsvertretung im gleichen Falle einen Protest abgegeben hatte.[6] Wir hatten uns veranlaßt gesehen, aufgrund dieses Präzedenzfalles auf die Behinderung von zwei deutschen Staatsangehörigen hinzuweisen, die wegen angeblich illegalen Fotografierens in einer polnischen Stadt festgehalten würden. Die polnische Seite habe durch ihr Vorgehen einen Präzedenzfall für einen de facto Rechtsschutz geschaffen, dem wir uns anschließen könnten.

Winiewicz war offensichtlich mit dem Vorgehen des Außenhandelsministeriums nicht einverstanden. Er betonte aber, daß, wenn ein Wirtschaftsvertrag abgeschlossen und damit ein Erfolg erzielt sei, praktische Schritte für die Erteilung

---

[6] Ministerialdirigent Lahn notierte am 13. April 1970, der Leiter der polnischen Handelsvertretung, Piątkowski, habe ihn aufgesucht, um über den Fall des zwei Tage zuvor wegen des Verdachts geheimdienstlicher Tätigkeit verhafteten Beauftragten der polnischen Binnenschiffahrt in der Bundesrepublik, Pieterwas, zu sprechen: „Piątkowski erklärte mir, daß er mit allem Nachdruck die Freilassung dieses Polen verlange und hilfsweise beantrage, mit dem Verhafteten sofort sprechen zu können, zumindest bäte er um die Angabe der Haftgründe." Vgl. Referat V 4, Bd. 1527.
Vortragender Legationsrat I. Klasse Gans, Warschau, berichtete am 13. April 1970, der Abteilungsleiter im polnischen Außenhandelsministerium, Struś, habe ihn wegen der Verhaftung Pieterwas' zu einem Gespräch gebeten: „Struś legte in höherem Auftrag gegen die Verhaftung Protest ein und verlangte 1) Auskunft über den Verhaftungsgrund, 2) sofortige Entlassung, mindestens jedoch, daß ein Beamter der Handelsvertretung der Volksrepublik Polen in Köln unverzüglich Pieterwas besuchen könne." Vgl. Referat V 4, Bd. 1527.

konsularischer Befugnisse auch vor dem Abschluß eines politischen Abkommens möglich wären.⁷

Zum Abschluß des Gesprächs betonte Winiewicz, daß trotz mancher Pressekritik seine Haltung sich nicht verändert habe. Man gehe von seiten der polnischen Delegation mit demselben guten Willen, derselben Offenheit an die nächste Gesprächsrunde heran, auch mit der Bereitschaft, die gegenseitige Argumentation zu vertiefen und die Positionen noch genauer zu definieren.

6) Für Winiewicz gibt es kein Zurück mehr auf dem eingeschlagenen Wege. Ein Scheitern der Gespräche würde nicht den Status quo ante wiederherstellen, sondern einen wesentlich darunterliegenden schaffen. Zum Abschluß sagte er, daß er zum Erfolg verurteilt sei.

[gez.] Böx

VS-Bd. 8955 (II A 5)

171

Gesandter Blomeyer-Bartenstein, Paris, an das Auswärtige Amt

Z B 6-1-11842/70 geheim   Aufgabe: 21. April 1970, 19.00 Uhr¹
Fernschreiben Nr. 1028   Ankunft: 21. April 1970

Für BMVtg Bonn Fü S II 4

Betr.: 1) Äußerungen Präsident Pompidous zur politischen Entscheidung über den Einsatz von taktischen Atomwaffen
2) Französische militärische Folgerungen

1) Am 19.3.70 besuchte Präsident Pompidou die Ecole supérieure de guerre (französische FüAk²). Es wurde ihm ein Planspiel vorgeführt, bei welchem die 1. französische Armee, auf deutschem Boden, mit großem Einsatz taktischer Atomwaffen³ (Pluton) operieren sollte.

Der Präsident soll die Übung abgebrochen und den anwesenden französischen Generälen und Stabsoffizieren unmißverständlich klargemacht haben, daß auch der Einsatz taktischer Atomwaffen von seiner politischen Entscheidung abhän-

---

⁷ Zum Vorschlag der polnischen Regierung vom 23. April 1970 zur Übertragung der konsularischen Befugnisse an die beiderseitigen Handelsvertretungen vgl. Dok. 191.
¹ Hat Ministerialdirigent von Staden am 22. April 1970 vorgelegen, der die Weiterleitung an Referat I A 1 verfügte.
Hat Legationsrat I. Klasse Nipperdey am 22. April 1970 vorgelegen.
Hat Vortragendem Legationsrat Racky vorgelegen.
² Führungsakademie.
³ Der Passus „Planspiel vorgeführt ... Atomwaffen" wurde von Legationsrat I. Klasse Nipperdey hervorgehoben. Dazu vermerkte er handschriftlich: „Sic!"

gig sei. Gleichzeitig ließ er durchblicken, daß er diese Entscheidung nicht „ohne weiteres" fällen würde, z. B. wohl kaum, bevor sich nicht die NATO zu diesem Mittel entschlossen hätte.

2) Die französischen militärischen Kreise wurden von dieser Aussage unangenehm getroffen. Da sie bisher dazu geneigt haben, die taktischen Atomwaffen als Superartillerie dem Entscheidungsbereich der Armee zugehörig zu betrachten und ihre Theorien, insbesondere auch für die Art und Weise, wie das Corps de Bataille die Absichten des Feindes abtasten soll, mit Einsatz der taktischen Atomwaffen geplant und die Heeresdivisionen dementsprechend organisiert haben, sind sie nun der Ansicht, daß all diese Fragen neu überdacht werden müssen. Das Fehlen u. a. einer konventionellen Divisionsartillerie ebenso wie einer „gepanzerten Faust" der Division würde es dem Heer mit der derzeitigen Organisation (Division 67) außerordentlich schwer machen, seine Aufträge ohne Einsatz von taktischen Atomwaffen zu erfüllen.

Anmerkungen des Militärattachés[4]:

Beim Einsatz des französischen Corps de Bataille auf deutschem Boden und in Zusammenarbeit mit NATO-Großverbänden dürfte die pompidousche Aussage nur sekundäre Bedeutung haben, da die Entscheidung analog zu der der Verbündeten ausfallen müßte. Wesentlich erscheint eher, daß sich das französische Heer Gedanken machen muß, wie andere Aufgaben zunächst mit konventionellen Mitteln in Angriff genommen werden können, d. h. ob die derzeitige Organisation und insbesondere die dabei in Kauf genommenen konventionellen und zahlenmäßigen Schwächen noch vertretbar sind. Möglicherweise wird die für Juni in Deutschland geplante Übung Vulcaine 70-2 bereits Anzeichen für neue Überlegungen bringen.

Milattstab[5] Paris wird die Angelegenheit hier weiter verfolgen.

[gez.] Blomeyer-Bartenstein

VS-Bd. 2674 (I A 1)

---

[4] Egon Siegler von Eberswald.
[5] Militärattachéstab.

172

Gespräch des Bundesministers Scheel
mit dem spanischen Außenminister López Bravo in Madrid

Z A 5-A.50/70 VS-vertraulich   22. April 1970[1]

Der spanische Außenminister Gregorio López Bravo empfing am 22. April 1970 um 17.10 Uhr Bundesaußenminister Walter Scheel zu einem Gespräch unter vier Augen in Palacio Viana.[2]

Minister *López Bravo* leitete das Gespräch mit der Bemerkung ein, daß Spanien ein kleines und armes Land sei, das Deutschland nur drei Dinge bieten könne: Verständnis, Freundschaft und bedingungslose Treue zu dieser Freundschaft. Er sei bereit, über jede Frage zu sprechen.

Der *Bundesaußenminister* bedankte sich und stelle eine Reihe von Fragen zu folgendem: Militärische und politische Lage am Mittelmeer; Beziehungen zwischen Spanien und den Vereinigten Staaten; Verteidigungspolitik der NATO; die Lage im Nahen Osten.

Darauf erwiderte *López Bravo* folgendes: „Spanien ist auf allen Gebieten rückständig. Sie haben heute morgen meine beiden Vorgesetzten kennengelernt.[3] Sie werden verstehen, wenn ich Franco als genial bezeichne. Ich gebrauche diese Bezeichnung ‚genial' allerdings nur privat, ich würde so etwas niemals in der Öffentlichkeit sagen. Sie haben auch Carrero Blanco kennengelernt. Er ist ein Admiral und er sieht alles vom militärischen Standpunkt aus. Das erschwert ihm wohl manchmal eine politisch zweckmäßige und realistische Sicht der Probleme. Sie sehen, ich rede sehr offen mit Ihnen. Vielleicht muß ich eines Tages um politisches Asyl in Deutschland ersuchen und, falls die Statuten Ihrer Partei es erlauben, würde ich mich als Aspirant bei der FDP bewerben.

Die NATO ist ein veraltetes Instrument. Ihre Schlagkraft ist gegen eine etwaige Aggression aus dem Nordosten Europas gerichtet. Ich fürchte allerdings, die Gefahr für unseren Kontinent droht vom Mittelmeerraum her, da Europa gerade an seiner Mittelmeerflanke verletzlich ist. Eine Gefahr liegt meines Erachtens besonders in folgenden Faktoren: Vertreibung der US-Streitkräfte aus Libyen[4], Sowjetisierung der arabischen Länder im Nahen Osten, die Krise in Griechenland, die zweideutige Haltung Algeriens, die innere Krise in Tunesien (ich erinnere an den äußerst inopportunen Prozeß gegen Ben Salah[5]), die Schwäche Italiens als ein Land, das große Verantwortung zu übernehmen hätte.

---

[1] Die Gesprächsaufzeichnung wurde von Dolmetscherin Engling am 27. April 1970 gefertigt.
[2] Bundesminister Scheel hielt sich am 22./23. April 1970 in Spanien auf.
[3] Bundesminister Scheel führte am 22. April 1970 in Madrid ein Gespräch mit Staatschef Franco. Themen waren die Lage im Nahen Osten sowie die Ostpolitik der Bundesregierung. Vgl. dazu VS-Bd. 10091 (Ministerbüro); B 150, Aktenkopien 1970.
[4] Am 23. Dezember 1969 vereinbarten Libyen und die USA, daß alle amerikanischen Streitkräfte „bis spätestens 30. Juni 1970" aus Libyen abgezogen und der Stützpunkt Wheelus übergeben werden sollte. Vgl. den Drahtbericht Nr. 222 des Legationsrats I. Klasse Louis, Tripolis, vom 24. Dezember 1969; Referat I B 4, Bd. 413.
[5] Der tunesische Wirtschafts-, Planungs- und Erziehungsminister Ben Salah wurde am 8. September 1969 seiner Ämter im Bereich der Wirtschafts- und Sozialpolitik enthoben, blieb aber Erziehungs-

Ich war kürzlich bei Nasser.⁶ Er ist ein Mann von außerordentlichem persönlichem Charme, der weiß, daß er nichts und niemanden hinter sich hat. Er ist auch sicher, daß er den Krieg gegen Israel nicht gewinnen kann. Er träumt von der Annexion Libyens, wobei ihm die geopolitischen, rassischen und religiösen Probleme des Sudan als Vorwand dienen würden. In Libyen tun wir Spanier, was wir können, um ein Eindringen der Sowjetunion zu verhindern. Aus Gründen, die alles andere als kommerzieller Natur sind, verkaufen wir Übungsflugzeuge und schicken Fluglehrer nach Libyen oder bilden libysche Piloten bei uns aus. Wenn der Kommunismus in Ägypten noch nicht größere Erfolge erzielt hat, so liegt es daran, daß die materialistische und atheistische Philosophie dem arabischen Wesen nicht entspricht. Andererseits hat Ägypten zu hohe Hypotheken bei der Sowjetunion aufgenommen. Die sowjetische Flotte ist bereits in Alexandrien. Was mir Sorge bereitet ist, daß Nasser nicht entschlossen genug an die Probleme herangeht.

Ich glaube, eine Konferenz der Anrainerstaaten des westlichen Mittelmeers wäre sehr nützlich. Wir müssen verhindern, daß sich die Sowjetunion des Stützpunktes Wheelus in Libyen bemächtigt und über Mers el Kebir in Algerien verfügt. Zu dieser Konferenz – einer Art rhetorischem Pakt – sollten folgende Länder geladen werden: Italien (das ist allerdings schwierig wegen Moro), Frankreich, Spanien, Marokko, Algerien, Tunesien und möglichst auch Libyen. Die Vereinigten Staaten sind mit diesem Vorschlag einverstanden. Sie hätten gerne die ausdrückliche Billigung seitens der Bundesrepublik Deutschland."

Der Herr *Bundesaußenminister* bekundete sein Interesse an diesem Vorschlag, wollte aber im Augenblick noch nichts Definitives dazu sagen. Er wies darauf hin, daß bei der Ministerratskonferenz der NATO, die im Mai in Rom stattfindet, auch politische Gespräche geführt werden.⁷ Es handelt sich dabei um sehr konkrete Fragen, besonders im Zusammenhang mit einer etwaigen europäischen Sicherheitskonferenz. Die USA würden wahrscheinlich spätestens 1971/72 einseitig ihre Truppenkontingente in Europa verringern. Nixon leiste zwar hinhaltenden Widerstand, werde sich aber auf die Dauer dem Druck des Kongresses beugen müssen. Man müsse versuchen, die Spannungen so zu verringern, daß eine Truppenreduktion auf beiden Seiten ermöglicht werde. Außerdem müßten die europäischen Länder einen größeren Teil der Verantwortung innerhalb der NATO übernehmen. Das läge auch im Interesse der USA. Frankreich bleibe allerdings aus ideologischen (nicht aus politischen!) Gründen nach wie vor der NATO entfremdet. Daher müßten die europäischen Länder sich über die zukünftige Sicherheitsstruktur Gedanken machen. Das läge auch im Interesse Spaniens.

In bezug auf den sogenannten rhetorischen Pakt sage Bundesminister Scheel folgendes: „Der Gedanke, zu einer Stabilisierung der Lage im Mittelmeer durch eine Konferenz der Länder des Maghreb und des nördlichen Mittelmeers beizu-

---

Fortsetzung Fußnote von Seite 638
    minister. Bei einer Regierungsumbildung am 7. November 1969 verlor er auch dieses Ministeramt. Ben Salah wurde des Hochverrats angeklagt und am 24. Mai 1970 zu zehn Jahren Zwangsarbeit verurteilt. Vgl. dazu den Schriftbericht Nr. 566 des Botschaftsrats Barte, Tunis, vom 11. Juni 1970; Referat I B 4, Bd. 567.
6 Der spanische Außenminister López Bravo hielt sich vom 19. bis 22. Januar 1970 in der VAR auf.
7 Zur NATO-Ministerratstagung am 26./27. Mai 1970 in Rom vgl. Dok. 240 und Dok. 244.

tragen, scheint mir sehr gut. Es ist auch richtig, daß Spanien seinen großen Einfluß in den arabischen Ländern belebt. Ebenso ist es richtig, daß Frankreich seinen Einfluß in Nordafrika erneuert. Ich habe allerdings Bedenken bei einer multilaterialen Aktion so verschiedener Länder, wie Frankreich, Italien und Spanien einerseits und Algerien andererseits. Ich weiß offengestanden nicht, was ich von der Lage in Algerien und von einer Persönlichkeit wie beispielsweise Bouteflika denken soll. Wir wollen unsererseits auch alles tun, um zu einer Stabilisierung der Situation beizutragen. Wir haben gute Beziehungen zu Frankreich und Italien, wir wollen die zu Italien auch noch mehr intensivieren. Wir haben gute Beziehungen zu Marokko und Tunesien, doch ist Algerien ein ganz besonderes Problem. Ich habe die Absicht, die wirtschaftlichen Beziehungen zu normalisieren, doch weiß ich nicht, ob das mit den arabischen Absichten übereinstimmt. Es ist auch schwer, weil wir keine diplomatischen Beziehungen zu Algerien haben[8] und weil Algerien ein Land ist, das sich selber als sozialistisch bezeichnet und dessen Haltung schwer durchschaubar ist. Jedenfalls verdienen Ihre Zielsetzungen unsere Unterstützung. Ich frage mich, wie weit die Regierung eigenständig handeln kann und bis zu welchem Grade sie abhängig ist. Ich frage mich auch, welche Folgen eine Stärkung der militärischen Position Libyens durch die Lieferung von Kriegsmaterial haben wird. Frankreich liefert technisch hochentwickelte Flugzeuge.[9] Wer fliegt diese Flugzeuge? Ägypter? Und wenn die Ägypter sie nicht fliegen können? Werden nicht Militärberater aus der Sowjetunion das Vakuum ausfüllen?"

Darauf erwiderte der *spanische Außenminister*: „Wir liefern den Libyern Flugzeuge des Typs F 5, das sind keine sehr guten Maschinen, doch sind sie technisch sehr viel einfacher zu handhaben als die Mirage und F 4, die von den Franzosen geliefert werden. Wir wollen dieses Vakuum, von dem Sie eben sprachen, unsererseits auffüllen. Wenn die Sowjets in Libyen eindringen, kommen sie von dort nach Tunesien und über Tunesien nach Algerien. Sorge bereitet mir auch Marokko. Marokko ist ein mittelalterliches und schwaches Königreich. Ich fliege am 4. und 5. Mai nach Marokko.[10] Ich werde auch Kontakt zu Bouteflika, der übrigens ein guter Freund von mir ist, auch wenn ich ihn nicht verstehe, aufnehmen."

Dann sprach López Bravo den Herrn Bundesaußenminister auf die beiden Fragen Tajo-Segura[11] und PAL[12] an.

---

[8] Nach Bekanntgabe der Aufnahme diplomatischer Beziehungen zwischen der Bundesrepublik und Israel am 12. Mai 1965 brach Algerien am 14. Mai 1965 die diplomatischen Beziehungen ab.

[9] Zur Lieferung von Kampfflugzeugen des Typs Mirage durch Frankreich an Libyen vgl. Dok. 31, Anm. 1.

[10] Der spanische Außenminister López Bravo hielt sich vom 4. bis 6. Mai 1970 in Marokko auf.

[11] Im Jahr 1966 begann die spanische Regierung mit Planungen für ein Projekt, das die Wasserversorgung des wasserarmen Segurabeckens im Südosten Spaniens durch die Ableitung eines Teils des Wasserüberschusses des Tajo-Einzugsgebietes sicherstellen sollte. Am 11. Dezember 1968 wandte sich die spanische Regierung mit der Bitte um eine deutsche Kapitalhilfe von 275–300 Mio. DM für das Projekt an die Bundesregierung. Während die Bundesminister Eppler und Strauß dies ablehnten, beabsichtigte das Auswärtige Amt, „im Fall eines positiven Ausgangs der Projektprüfung eine Kapitalhilfe von 25 Mio. DM für 1970 vormerken zu lassen". Vgl. die Aufzeichnung des Ministerialdirigenten Herbst vom 8. April 1969; Referat III A 5, Bd. 864.

Die beteiligten Ressorts einigten sich schließlich darauf, daß für die erste Ausbaustufe des spanischen Bewässerungsprojekts ein deutscher Finanzierungsbeitrag von 200 Mio. DM gewährt würde, der in der Höhe von 40 Mio. DM aus Mitteln der Kapitalhilfe und in Höhe von 160 Mio. DM durch

Herr Minister *Scheel* antwortete darauf, er habe sein Möglichstes getan, um den Kredit an Spanien so auszurüsten, daß er den spanischen Erwartungen entspreche. Er kenne kein anderes Land, in dem ein solches Projekt größere Rentabilität verspreche, als Spanien. Daher sei er überzeugt, daß dieser Kredit erfreuliche und große wirtschaftliche Folgen haben werde. Die Bundesrepublik böte einen Kredit von 200 Mio. DM zu einem gemischten Zinssatz von 6,1 v. H. Dieser Zinssatz läge sogar noch unter dem von den Spaniern erwarteten. Er habe im letzten Augenblick mit seinem Kollegen, dem Finanzminister[13], telephoniert, um von der Bundesregierung einen Kredit von 40 Mio. zu einem niedrigen Zinssatz zu erhalten.

Minister Scheel gab seiner Freude darüber Ausdruck, daß die spanische Regierung sich für das PAL-Farbfernsehen entschieden habe. Dieses sei eine politisch wichtige Entscheidung, da auf diese Weise die Übertragung der Fernsehprogramme innerhalb Europas erleichtert würde.

Der *spanische Außenminister* bestätigte noch einmal die Haltung der spanischen Regierung zu der PAL-Entscheidung und fragte, wann die endgültigen Verhandlungen zu dem Tajo-Segura-Projekt aufgenommen werden könnten. Die Spanier seien in der Lage, sofort eine Delegation nach Deutschland zu entsenden.

Der Herr *Bundesaußenminister* konnte darauf noch keine Antwort geben, versprach aber, sich sofort nach seiner Rückkehr nach Terminmöglichkeiten zu erkundigen. Es wurde dann gemeinsam beschlossen, die PAL- und die Tajo-Segura-Entscheidungen im Abschlußpressekommuniqué[14] zu erwähnen.

VS-Bd. 10091 (Ministerbüro)

Fortsetzung Fußnote von Seite 640
einen bundesverbürgten Ungebundenen Finanzkredit der Kreditanstalt für Wiederaufbau aufgebracht werden sollte. Für den Wortlaut des Abkommens vom 24. Juni 1970 zwischen der Bundesrepublik und Spanien über eine Teilfinanzierung des Bewässerungsvorhabens Tajo-Segura vgl. Referat III A 5, Bd. 865.
[12] Zur Einführung des PAL-Systems in Spanien vgl. Dok. 24, Anm. 3.
[13] Alex Möller.
[14] Für das Kommuniqué vom 23. April 1970 vgl. Referat I A 4, Bd. 393.

173

Aufzeichnung des Ministerialdirigenten Lahn

II A 1-83.10-733/70 geheim 22. April 1970[1]

Betr.: Vorbereitung der nächsten Berlin-Sitzung der Vier Mächte am 28. April 1970[2]

Die alliierten Vertreter in der Bonner Vierergruppe haben uns gestern nachmittag die Entwürfe der Erklärungen übermittelt, die die Botschafter in der nächsten Berlin-Sitzung am 28. April 1970 abgeben wollen.[3] Diese Texte sind von den alliierten Vertretern in Bonn ausgearbeitet worden und liegen jetzt den Regierungen zur Billigung vor. Verschiedene Änderungs- und Ergänzungsvorschläge des deutschen Vertreters sind in den Texten berücksichtigt.

Die Westmächte wollen am 28. April ihre Wünsche zur Verbesserung des Zugangs und des innerstädtischen Verkehrs darlegen, während die Erörterung der Diskriminierung West-Berlins im Osten und der Verbindungen zwischen Berlin und dem Bund der folgenden Sitzung vorbehalten bleiben soll. Die Auseinandersetzung mit den sowjetischen Forderungen wollen die Alliierten erst beginnen, nachdem sie ihre eigene Position umfassend dargelegt haben.

Die Textentwürfe der drei Alliierten sind aufeinander abgestimmt. Der französische Botschafter (der den Vorsitz führt), wird die alliierte Position zum innerstädtischen Verkehr, der britische Botschafter die Position in der Zugangsfrage behandeln, während der zuletzt sprechende amerikanische Botschafter den westlichen Standpunkt zusammenfassen wird.

Zu einzelnen Punkten der Entwürfe ist folgendes zu bemerken:

1) Sämtliche Texte gehen von dem Fortbestehen der Vier-Mächte-Verantwortung für ganz Berlin und auf den Zugangswegen aus. Allerdings hat das State Department darauf gedrungen, daß den Sowjets vorerst keine Vier-Mächte-Erklärung über den Berlinzugang vorgeschlagen wird. In Washington fürchtet man, daß ein solcher Vorschlag eine sowjetische Zurückweisung provozieren würde und die Westmächte dann schlechter dastünden als bisher.

Die Briten teilen diese Befürchtung nicht. Über diesen Punkt finden zur Zeit noch bilaterale Besprechungen zwischen den Regierungen statt. Wir rechnen damit, daß sich die Briten schließlich den amerikanischen Einwendungen beugen werden. Auch wir halten diese Bedenken für begründet.

2) Aus den gleichen Gründen hat das State Department der britischen Absicht widersprochen, den Sowjets die Errichtung eines Vier-Mächte-Kontrollmechanismus für die Zugangswege (z. B. analog der Luftsicherheitszentrale in Berlin) vorzuschlagen. In diesem Punkt scheinen die Amerikaner jedoch nachzugeben. Wir haben uns für den Vorschlag ausgesprochen, weil dies ein Weg sein könnte,

---

[1] Die Aufzeichnung wurde von Vortragendem Legationsrat I. Klasse van Well und von Legationsrat I. Klasse Bräutigam konzipiert.
[2] Zum zweiten Vier-Mächte-Gespräch über Berlin vgl. Dok. 193.
[3] Für das von den Botschaftern Jackling (Großbritannien), Rush (USA) und François Seydoux (Frankreich) überreichte Schreiben vgl. VS-Bd. 4480 (II A I).

die Verantwortung der Sowjets für den Zugang nach Berlin neu zu verankern. Gewisse Anzeichen während der Sondierungsphase deuten jedenfalls auf ein sowjetisches Interesse an diesem Gedanken hin.

3) Für die Schwierigkeiten auf den Zugangswegen wird im britischen Entwurf die unberechtigte Machtanmaßung der DDR-Behörden verantwortlich gemacht. Die von Ostberlin angeordneten Restriktionen und Auflagen seien, wie es in der Erklärung heißt, mit einer normalen Verkehrsregelung nicht zu vereinbaren. Es sei Sache der Vier Mächte, diese Schwierigkeiten zu erörtern und Empfehlungen auszusprechen, wie sie beseitigt werden könnten.

4) Ergänzend zu der britischen Erklärung schlagen die Amerikaner folgende Grundsätze für den Verkehr auf den Zugangswegen vor:
- Der Zugang für alle soll erleichtert werden. Die Regelung soll sich auf solche Maßnahmen beschränken, die für eine ordnungsgemäße Verkehrsabwicklung erforderlich sind.
- Die Kontrolle von Personen und Gütern soll nur der Identifizierung dienen.
- Der Verkehr darf nicht aus politischen Motiven behindert oder verzögert werden.
- Die Verkehrsregelung soll dem Standard gutnachbarlicher Beziehungen entsprechen und an dem Ziel ausgerichtet sein, die soziale und wirtschaftliche Entwicklung Berlins zu fördern und der Stadt den höchstmöglichen Beitrag zum wirtschaftlichen und kulturellen Austausch in Europa zu ermöglichen.

5) Zur Verbesserung des innerstädtischen Verkehrs werden in dem französischen Entwurf folgende Maßnahmen vorgeschlagen:
- Grundsätzlich freier Zugang für West-Berliner nach Ostberlin. Über die Modalitäten kann zwischen den Vier Mächten gesprochen werden.
- Schaffung zusätzlicher Sektorenübergänge sowie Wiedereröffnung von U-Bahnstationen in Ostberlin;
- Öffnung des Teltow-Kanals[4] von Westen her,
- Erleichterung des Nachbarschaftsverkehrs zwischen West-Berlin und seiner näheren Umgebung aus religiösen, humanitären, familiären, kulturellen und touristischen Gründen (dieser Vorschlag geht auf unsere Anregung zurück);
- freier Zugang nach Steinstücken[5] durch Gebietsaustausch.

Nach Auffassung von Abteilung II tragen die alliierten Entwürfe den deutschen Interessen Rechnung. Insgesamt gesehen sind die westlichen Positionen klar und überzeugend dargelegt, aber auch so nuanciert formuliert, daß das sowjetische Interesse an den westlichen Vorstellungen weiter genährt werden dürfte.

Die alliierten Entwürfe werden hiermit über den Herrn Staatssekretär[6] dem Herrn Minister[7] mit der Bitte um Zustimmung vorgelegt. Das Bundeskanzler-

---

[4] Innerstädtische Wasserstraße zwischen Spree und Havel, die Ost-Berlin, Berlin (West) und den Regierungsbezirk Potsdam durchlief.
[5] Steinstücken war eine zum Verwaltungsbezirk Zehlendorf (amerikanischer Sektor) gehörende Exklave von Berlin (West).
[6] Hat Staatssekretär Harkort am 23. April 1970 vorgelegen.
[7] Die Aufzeichnung wurde laut handschriftlichem Vermerk des Vortragenden Legationsrats Wilke vom 30. April 1970 Bundesminister Scheel mündlich vorgetragen und von ihm genehmigt.

643

amt, das Bundesministerium für innerdeutsche Beziehungen und der Senator für Bundesangelegenheiten des Landes Berlin beim Bund[8] haben die Texte und diese Aufzeichnung unmittelbar erhalten.

Lahn

VS-Bd. 4480 (II A 1)

174

Abkommen zwischen der Bundesrepublik und Polen (Entwurf)

22. April 1970[1]

Beide Seiten sind sich darin einig, in einem „Vertrag zwischen der Bundesrepublik Deutschland und der Volksrepublik Polen über die gegenseitigen Beziehungen" die sie interessierenden Fragen auf der Grundlage der folgenden Leitsätze zu regeln:

Präambel

(1) Beide Seiten lassen sich von dem Wunsche leiten, die Grundlagen für die Entwicklung friedlicher und guter Beziehungen zwischen der Bundesrepublik Deutschland und der Volksrepublik Polen zu schaffen und ihre gegenseitigen Beziehungen zu normalisieren.

(2) Überzeugt, daß eine Entspannung der Beziehungen zwischen den Staaten den Wünschen der Völker entspricht, betrachten es beide Seiten als ein wesentliches Ziel ihrer Politik, zur Entspannung in Europa und zur Erhaltung des Friedens in der Welt beizutragen.

(3) Beide Seiten sind sich bewußt, daß das Abkommen die Rechte und Verantwortlichkeiten der Französischen Republik, der UdSSR, der Vereinigten Staaten von Amerika und des Vereinigten Königreichs von Großbritannien und Nordirland für Deutschland als Ganzes nicht berührt.

Grenze

(1) Die Bundesrepublik Deutschland und die Volksrepublik Polen sind sich darüber einig, daß die Oder-Neiße-Linie die Westgrenze Polens bildet.

(2) Sie achten die heute bestehenden Grenzen, erheben keine Gebietsansprüche gegeneinander und werden sie auch in Zukunft nicht erheben.

(3) Sie sehen die Unverletzlichkeit der Grenzen als eine Hauptbedingung des Friedens an und werden daher die territoriale Integrität aller Staaten in Europa respektieren.

---

[8] Horst Grabert.

[1] Der Entwurf eines Abkommens zwischen der Bundesrepublik und Polen über eine Verbesserung des bilateralen Verhältnisses wurde von Staatssekretär Duckwitz am 22. April 1970 in Warschau dem polnischen Stellvertretenden Außenminister Winiewicz übergeben. Vgl. dazu Dok. 175.

(4) Die von beiden Seiten geschlossenen oder sie betreffenden internationalen Verträge und Abkommen bleiben von diesem Vertrag unberührt; die in ihm getroffenen Vereinbarungen über die Westgrenze Polens werden in einer Friedensregelung für ganz Deutschland zu bestätigen sein.

Gewaltverzicht

(1) Die Bundesrepublik Deutschland und die Volksrepublik Polen werden sich in ihren gegenseitigen Beziehungen sowie in Fragen der Gewährleistung der Sicherheit in Europa und in der Welt von den in den Artikeln 1^2 und 2^3 der Satzung der Vereinten Nationen niedergelegten Zielen und Grundsätzen der Organisation der Vereinten Nationen leiten lassen.

(2) Demgemäß werden sie alle ihre Streitfragen ausschließlich mit friedlichen Mitteln lösen und sich in Fragen, die die europäische Sicherheit berühren, sowie in ihren gegenseitigen Beziehungen der Drohung mit Gewalt oder der Anwendung von Gewalt enthalten.

Verzicht auf materielle Forderungen

Beide Seiten werden gegeneinander keine Forderungen erheben, die aus dem Zweiten Weltkrieg herrühren.

Normalisierung der Beziehungen

Die Bundesrepublik Deutschland und die Volksrepublik Polen werden unverzüglich diplomatische und konsularische Beziehungen miteinander aufnehmen und gemeinsam weitere Schritte zur Normalisierung ihrer gegenseitigen Beziehungen einleiten.

Referat II A 5, Bd. 1358

---

[2] Artikel 1 der UNO-Charta vom 26. Juni 1945: „The Purposes of the United Nations are: 1) To maintain international peace and security, and to that end: to take effective collective measures for the prevention and removal of threats to the peace, and for the suppression of acts of aggression or other breaches of the peace, and to bring about by peaceful means, and in conformity with the principles of justice and international law, adjustment or settlement of international disputes or situations which might lead to a breach of the peace; 2) To develop friendly relations among nations based on respect for the principle of equal rights and self-determination of peoples, and to take other appropriate measures to strengthen universal peace; 3) To achieve international cooperation in solving international problems of an economic, social, cultural, or humanitarian character, and in promoting and encouraging respect for human rights and for fundamental freedoms for all without distinction as to race, sex, language, or religion; and 4) To be a center for harmonizing the actions of nations in the attainment of these common ends." Vgl. CHARTER OF THE UNITED NATIONS, S. 676.

[3] Zu Artikel 2 der UNO-Charta vom 26. Juni 1945 vgl. Dok. 12, Anm. 5.

175

**Staatssekretär Duckwitz, z. Z. Warschau,
an Bundesminister Scheel**

Z B 6-1-11860/70 geheim   Aufgabe: 22. April 1970, 19.05 Uhr[1]
Fernschreiben Nr. 171   Ankunft: 22. April 1970, 20.36 Uhr
Citissime

Für Minister, Staatssekretär[2] und D II[3]

Delegationsbericht Nr. 12

Betr.: Deutsch-polnische Gespräche

I. Dritte Gesprächsrunde[4] wurde heute vormittag mit kurzem Vier-Augen-Gespräch beider Delegationsleiter und anschließender dreistündiger Plenarsitzung beider Delegationen eröffnet.

Zu Beginn Plenarsitzung übermittelte Winiewicz Beileid zur Ermordung Graf Spretis.[5]

Die Sachgespräche leitete Winiewicz mit dem Vorschlag ein, im Rahmen dieser Gesprächsrunde zwischen den Sachverständigen beider Delegationen die Themen

– Staatsangehörigkeitsfragen und

– Erweiterung der Befugnisse der Handelsvertretungen zu erörtern. Zu beiden Themen wolle polnische Seite ihren Standpunkt erläutern.

Anschließend trug Winiewicz in längerer, vorbereiteter Erklärung noch einmal bekannten polnischen Standpunkt zur Grenzfrage vor. Diese Erklärung brachte nichts neues.

Wichtigste Punkte:

– Behandlung der Grenzfrage im Rahmen eines Gewaltverzichts sei für polnische Seite nicht annehmbar; die Endgültigkeit der polnischen Westgrenze dürfe weder heute noch künftig in Frage gestellt werden;

– Bundesrepublik sei durch Potsdamer Abkommen verpflichtet, die dort bereits endgültig festgelegte Oder-Neiße-Grenze anzuerkennen[6];

– Polen stelle Forderung auf Anerkennung nicht, weil es um die Sicherheit seiner Grenze fürchte, sondern weil Anerkennung bestehenden Zustands durch

---

[1] Hat Vortragendem Legationsrat Schönfeld am 23. April 1970 vorgelegen, der handschriftlich vermerkte: „Herrn D II i. V. m[it] d[er] B[itte] u[m] Übernahme."
Hat Ministerialdirigent Lahn am 24. April 1970 vorgelegen, der die Weiterleitung an Referat II A 5 verfügte.

[2] Hat Staatssekretär Harkort am 24. April 1970 vorgelegen.

[3] Hans Ruete.

[4] Die dritte Runde der Gespräche mit Polen über eine Verbesserung des bilateralen Verhältnisses fand vom 22. bis 24. April 1970 in Warschau statt.

[5] Zur Ermordung des Botschafters Graf von Spreti, Guatemala, vgl. Dok. 148.

[6] Vgl. dazu Abschnitt IX des Kommuniqués vom 2. August 1945 über die Konferenz von Potsdam (Potsdamer Abkommen); Dok. 12, Anm. 26.

deutsche Öffentlichkeit Voraussetzung für Normalisierung deutsch-polnischen Verhältnisses sei;
- am Ende eines auf dieser Basis eingeleiteten Normalisierungsprozesses würden nach polnischer Auffassung diplomatische Beziehungen stehen;
- Polen negiere nicht die Vier-Mächte-Verantwortung. Zur Frage deutsch-polnischer Grenze hätten sich jedoch Vier Mächte bereits verbindlich geäußert. Die einseitigen Verpflichtungen der Bundesrepublik Deutschland könnten nicht Gegenstand dieser Gespräche sein. Daher könne Polen nicht die Gesichtspunkte anerkennen, mit denen Bundesregierung einer verbindlichen Äußerung zur polnischen Westgrenze ausweichen wolle.

Winiewicz erklärte abschließend, daß polnische Seite unverändert ihren in zweiter Gesprächsrunde[7] vorgelegten Entwurf[8] als geeignete Grundlage der weiteren Gespräche ansehe.

Ausführlichkeit und Dezidiertheit, mit der Winiewicz polnischen Standpunkt zur Grenzfrage wiederholte, vermittelte Eindruck, daß er hier unter ausdrücklicher Weisung stand.

Im Verlauf seiner Ausführungen ging Winiewicz auch kurz auf wirtschaftliche Beziehungen ein. Er betonte deren Bedeutung und bedauerte, daß die letzten Monate hier einen Rückschritt gebracht hätten.

Ich beschränkte mich zu dieser Erklärung im wesentlichen auf kurze Erwiderung zu einzelnen Punkten. Dabei betonte ich insbesondere, daß auch wir die bei den Wirtschaftsverhandlungen eingetretenen Schwierigkeiten bedauerten.[9] Die tiefere Ursache dieser Schwierigkeiten liege in den unterschiedlichen Wirtschaftssystemen beider Länder. Wir hofften dennoch, daß sich die offenen Fragen bald in gemeinsamen Bemühungen überwinden ließen.

Zur Frage diplomatischer Beziehungen erklärte ich, daß wir in Verbindung mit Abschluß eines Abkommens über die gegenseitigen Beziehungen Aufnahme diplomatischer Beziehungen wünschten. Als Übergangslösung bis dahin sei Erweiterung der Kompetenzen der Handelsvertretungen denkbar.

Der Einführung unseres Arbeitspapiers[10] stellte ich zwei Vorbemerkungen voran, in denen ich einerseits Behauptungen einiger Presseorgane zurückwies, die Erfolgsabsichten der Bundesregierung bei deutsch-polnischen Gesprächen anzweifelten, und andererseits der Unterstellung entgegentrat, Bundesregierung messe Warschauer Gesprächen weniger Bedeutung bei als deutsch-sowjetischen.

Anschließend übergab und erläuterte ich unsere neuen Vorschläge.

Ich unterstrich, daß Bundesregierung vor Parlament und deutscher Öffentlichkeit die in Arbeitspapier enthaltenen weitreichenden Vereinbarungen zur Grenzfrage nur vertreten könne, wenn damit klare Fortschritte in allgemeinen Beziehungen verbunden würden.

---

[7] Die zweite Runde der Gespräche mit Polen über eine Verbesserung des bilateralen Verhältnisses fand vom 9. bis 11. März 1970 in Warschau statt.
[8] Für den polnischen Entwurf vom Februar 1970 vgl. Dok. 141.
[9] Zu den Verhandlungen zwischen der Bundesrepublik und Polen über den Abschluß eines Wirtschaftsabkommens vgl. Dok. 121.
[10] Für den Entwurf der Bundesregierung vom 22. April 1970 vgl. Dok. 174.

647

Winiewicz dankte in vorsichtig reservierter Form kurz für Übermittlung unserer Vorschläge. Eine positive Stellungnahme könne er nicht mit Sicherheit in Aussicht stellen, da unsere Vorschläge erheblich von polnischen Vorstellungen abwichen. Er hoffe, uns noch in dieser Gesprächsrunde erste Stellungnahme übermitteln zu können. Polnische Seite behalte sich spätere eingehende Stellungnahme vor.[11]

II. Für heute nachmittag ist eingehendes Vier-Augen-Gespräch beider Delegationsleiter vorgesehen.[12] Morgen vormittag sollen gemäß polnischem Vorschlag in Arbeitsgruppen Staatsangehörigkeitsfragen und Befugnisse der Handelsvertretungen erörtert werden.[13] Nächste Plenarsitzung ist für morgen nachmittag geplant.[14]

[gez.] Duckwitz

VS-Bd. 8955 (II A 5)

---

[11] Vgl. dazu das Gespräch des Staatssekretärs Duckwitz mit dem polnischen Stellvertretenden Außenminister Winiewicz am 8. Juni 1970; Dok. 262.

[12] Zum Gespräch des Staatssekretärs Duckwitz mit dem polnischen Stellvertretenden Außenminister Winiewicz am 22. April 1970 vgl. Dok. 178.

[13] Staatssekretär Duckwitz, z. Z. Warschau, berichtete am 23. April 1970, die polnische Seite habe in Expertengesprächen den Abschluß eines ‚provisorischen Konsularabkommens' vorgeschlagen. Dieses sehe „materiell nahezu volle konsularische Kompetenzen und entsprechenden Status der Handelsvertretungen vor, so u. a. Befugnisse zu Rechtsschutz, Visen- und Paßerteilung, Urkundentätigkeit, Fürsorge sowie Seerechtskompetenzen. [...] Über politische und kulturelle Befugnisse Handelsvertretungen sollte nach polnischer Auffassung vor Aufnahme diplomatischer Beziehungen ‚nichts Schriftliches' formuliert werden, etwas anderes seien mündliche Vereinbarungen oder unwidersprochene gegenseitige Mitteilungen." Die Handels- und Konsularvertretungen sollten Kontakte zum Außen- und Außenhandelsministerium sowie zu allen Zentral- und Lokalverwaltungen des Gastlandes unterhalten können. Vgl. den Drahtbericht Nr. 178; VS-Bd. 8955 (II A 5); B 150, Aktenkopien 1970.

[14] Zum Gespräch des Staatssekretärs Duckwitz mit dem polnischen Stellvertretenden Außenminister Winiewicz am 23. April 1970 vgl. Dok. 180.

176

Aufzeichnung des Botschafters Roth

II B 3-81.00/5-739/70 geheim   23. April 1970[1]

Betr.: Verifikationsabkommen EURATOM/IAEO;
hier: Expertenbesprechungen am Rande der Ministerratssitzung in Luxemburg am 21. April 1970[2]

1) Die Gruppe der hohen Beamten, die am 21. April 1970 „am Rande der Ministerratssitzung" in Luxemburg zusammengetreten ist, hat keine Einigung erzielt.

Die französische Delegation hat den Entwurf eines Ratsbeschlusses vorgelegt (Anlage 1)[3], der nach französischer Darstellung nur die Fixierung des Status quo der EURATOM-Kontrollpraxis für Frankreich, nach der gemeinsamen Auffassung der Fünf jedoch eine über den Status quo weit hinausgehende Lösung Frankreichs aus der EURATOM-Kontrolle für den zivilen Bereich bedeutet. Der französische Entwurf läuft auf eine juristische Umschreibung der französischen Forderungen hinaus, die sich bei italienischen Sondierungen bereits herauskristallisiert hatten (vgl. FS-Bericht Eurogerma Brüssel Nr. 922 vom 14. April 1970 geh.[4]).

Die Delegation der Fünf erklärten deshalb, sie könnten den französischen Entwurf nicht billigen.

Die belgische Delegation legte nachmittags einen Entwurf vor (Anlage 2)[5], in dem der Versuch gemacht ist, den französischen Wünschen und den Interessen der Fünf Rechnung zu tragen. Die Italiener machten einen ähnlichen Versuch (Anlage 3).[6]

Die französische Delegation erklärte in der anschließenden Diskussion, die sich zunehmend verschärfte, die belgischen und italienischen Entwürfe seien für Frankreich nicht akzeptabel. Die französische Delegation ließ auch deutlich erkennen, daß die französische Regierung die Annahme ihrer Forderungen gleichzeitig mit der Verabschiedung des gemeinsamen Mandats (durch das die

---

[1] Die Aufzeichnung wurde von Vortragendem Legationsrat I. Klasse Pfeffer konzipiert.
[2] Zur EG-Ministerratstagung am 20./21. April 1970 in Luxemburg vgl. Dok. 179.
[3] Dem Vorgang beigefügt. Vgl. VS-Bd. 4574 (II B 3).
[4] Botschafter Sachs, Brüssel (EG), teilte mit, Frankreich habe in nicht-offiziellen Gesprächen mit Italien eine Einschränkung der EURATOM-Kontrollbefugnisse gefordert: „Statt der dem europäischen Vertrag zuwiderlaufenden Alternativen (freiwillige Unterwerfung oder weitgehende Trennung und Spaltung des EURATOM-Kontrollsystems) werde Frankreich möglicherweise ohne prinzipielle Stellungnahme der Mandatserteilung zustimmen, wenn der Bereich der einer Kontrolle nicht unterliegenden militärischen Anlagen bzw. Verwendung im Benehmen mit den Partnerstaaten erweitert werden könnte. Von der Kontrolle auszunehmen wären demnach die sog. ‚gemischten Anlagen', die ebenso militärischen wie nicht-militärischen Zwecken dienten. [...] Damit würden drei von vier Brennelementfabriken (mit der Ausnahme Caderache) und beide Reprocessing-Anlagen der EURATOM-Kontrolle entzogen, die Einheitlichkeit der Kontrolle könnte dagegen gewahrt werden." Vgl. VS-Bd. 4574 (II B 3); B 150, Aktenkopien 1970.
[5] Dem Vorgang beigefügt. Vgl. VS-Bd. 4574 (II B 3).
[6] Dem Vorgang beigefügt. Vgl. VS-Bd. 4574 (II B 3).

Kommission ermächtigt werden soll, in Vorverhandlungen mit der IAEO wegen des Verifikationsabkommens EURATOM/IAEO einzutreten) durchsetzen will (Junktim). Von den Sprechern der Fünf ist verschiedentlich darauf hingewiesen worden, daß ein solches Junktim sachlich nicht gerechtfertigt sei und das Mandat verschleppe.

2) Auf Vorschlag des belgischen Vorsitzenden einigte sich die Beamtengruppe, die Frage zu vertagen und sich am Rande der nächsten Ministerratssitzung[7] am Montag, den 11. Mai 1970, in Brüssel erneut zu treffen. Gleichzeitig wurde Einigkeit darüber erzielt, daß die Frage auf die Tagesordnung der nächsten Ministerratssitzung gesetzt und in jedem Fall, also ohne Rücksicht auf den Ausgang der nächsten Expertensitzung, am 12. Mai im Ministerrat behandelt werden sollte.[8]

3) Wir werden die Zeit bis zum 11. Mai zur intensiven Vorbereitung nutzen müssen. Mit der italienischen, niederländischen und belgischen Delegation ist vereinbart, daß auf diplomatischem Wege nach einer Auswegformel gesucht werden soll, die dem französischen Interesse und dem Interesse der Fünf gerecht wird. Der belgische Entwurf ist nach unserer Ansicht eine gute Ausgangsbasis. Die Bundesregierung könnte als zusätzliche Konzession anbieten, daß sie ihren Vorbehalt gegenüber der Vereinbarung zwischen der Kommission und Frankreich aus dem Jahre 1965[9] aufhebt; in der Vereinbarung ist der (kontrollierte) zivile vom (unkontrollierten) militärischen Bereich in einer für Frankreich vorteilhaften Weise abgegrenzt worden. Über die französischen Wünsche könnte im einzelnen aber erst nach Verabschiedung des Mandats, also parallel zu den Vorverhandlungen mit Wien, gesprochen werden.

Wir müssen aber auch für den Fall Vorsorge treffen, daß Frankreich am 11. Mai, wie am 21. April, auf seiner Maximalposition besteht, d.h. seine frühere Zusage, den Fünf keine Hindernisse in den Weg zu legen, nicht bedingungslos einlösen will, sondern einen „Kaufpreis" für seine Stimmenthaltung bei der Verabschiedung des Mandats verlangt. Nach unserer Ansicht ist ein solcher „Kaufpreis" nicht gerechtfertigt (vgl. Aufzeichnung I A 6 vom 16. April 1970 – I A 6-82.19-220[I]/70 geh.[10]).

---

[7] Zur EG-Ministerratstagung am 11./12. Mai 1970 in Brüssel vgl. Dok. 202.
[8] Zur Erörterung der Frage eines Verifikationsabkommens auf der EG-Ministerratstagung am 11./12. Mai 1970 in Brüssel vgl. Dok. 210, Anm. 4.
[9] Botschafter Harkort, Brüssel (EWG/EAG), berichtete am 17. Februar 1965, die EURATOM-Kommission und die französische Regierung hätten sich auf ein Verfahren geeinigt, durch das dem „gemischten Charakter" der französischen Anlagen Rechnung getragen und „jede Einmischung in die Operationsplanung für die nationale Verteidigung vermieden, trotzdem aber die Erreichung der in Artikel 77 des Vertrages für die Überwachung vorgesehenen Ziele gewährleistet" würde. Vgl. den Drahtbericht Nr. 297; VS-Bd. 2514 (I A 6); B 150, Aktenkopien 1965.
[10] Ministerialdirektor Frank führte zu eventuellen Zugeständnissen an die französische Regierung aus: „Zwischen der Ausweitung des nicht kontrollierten Bereichs in Frankreich und der Verifikationsfrage ist keinerlei sachlich zu begründender Zusammenhang gegeben. Auch bei Beibehaltung des gegenwärtigen Zustandes würde die Kontrolle des in den sog. gemischten Anlagen vorhandenen Kernmaterials nach Inkrafttreten des Verifikationsabkommens genausowenig verifiziert werden, wie dies bei den Kontrollen in rein zivilen Anlagen der Fall sein würde, da die Verifizierung der EURATOM-Kontrollen in Frankreich als Nichtunterzeichner des Nichtverbreitungsvertrages und als Kernwaffenstaat sowieso gar nicht vorgesehen ist. [...] Das bisherige auf die Bedürfnisse Frankreichs und dessen Interesse als Kernwaffenstaat wahrende Verfahren bei gemischten Anlagen hat sich in

Wir haben nun folgende Möglichkeiten vor uns:

a) Annahme einer Kompromißformel für den Ratsbeschluß, die Frankreich befriedigt und die Interessen der Fünf nicht verletzt, und Verabschiedung des Mandats (optimale Lösung);

b) Annahme der französischen Maximalforderungen bei Verabschiedung des Mandats (inakzeptabel wegen der Rückwirkungen auf EURATOM; „ungerechtfertigter Kaufpreis");

c) Ablehnung der französischen Maximalforderungen durch die Fünf und Blokkierung des Mandats durch Frankreich (inakzeptabel wegen der Mandatsblockkierung);

d) Überstimmung Frankreichs nach Artikel 101 des EURATOM-Vertrages[11] (problematisch wegen Luxemburger Kompromiß über Mehrheitsbeschlüsse[12] und Rückwirkung auf Abstimmungsmodalitäten nach britischem Beitritt).

Unsere Bemühungen sollten sich auf a) konzentrieren.

Die Bundesregierung wird sich aber auch entscheiden müssen, ob sie notfalls zusammen mit Italien, Belgien, Holland und Luxemburg von der Möglichkeit d) Gebrauch machen will.

Wird diese Frage positiv entschieden, müßte in Rom, Brüssel, Den Haag und Luxemburg sondiert werden, ob dort die Bereitschaft besteht, im äußersten Fall am 11./12. Mai oder am 8./9. Juni[13] gemeinsam mit uns Frankreich zu überstimmen. Beim Besuch des luxemburgischen Außenministers in Bonn am 30. April hätte der Bundesminister Gelegenheit, diese Frage Herrn Thorn persönlich zu stellen.

Die Haltung der fünf Regierungen muß nach meiner Ansicht vor dem erneuten Zusammentreten der Beamtengruppe am 11. Mai auf einen Nenner gebracht sein.

Abteilung I hat mitgezeichnet.

Fortsetzung Fußnote von Seite 650

der Vergangenheit bewährt. Es zu ändern, besteht kein Anlaß". Vgl. VS-Bd. 2855 (I A 6); B 150, Aktenkopien 1970.

11 Artikel 101 des EURATOM-Vertrags vom 25. März 1957: „Die Gemeinschaft kann im Rahmen ihrer Zuständigkeit Verpflichtungen durch Abkommen und Vereinbarungen mit einem dritten Staat, einer zwischenstaatlichen Einrichtung oder einem Angehörigen eines dritten Staates eingehen. Die Abkommen und Vereinbarungen werden von der Kommission nach den Richtlinien des Rates ausgehandelt; sie werden von der Kommission mit Zustimmung des Rates abgeschlossen; dieser beschließt mit qualifizierter Mehrheit. Jedoch werden Abkommen und Vereinbarungen, deren Durchführung keine Mitwirkung des Rates erfordert und im Rahmen des betreffenden Haushaltsplans möglich ist, von der Kommission allein ausgehandelt und abgeschlossen; die Kommission hat lediglich den Rat hierüber ständig zu unterrichten." Vgl. BUNDESGESETZBLATT 1957, Teil II, S. 1074.

12 Seit der EWG-Ministerratstagung vom 28./29. Juni 1965 lehnte Frankreich das Prinzip der Mehrheitsentscheidungen, das mit Beginn der dritten Stufe des Gemeinsamen Markts (1. Januar 1966) gelten sollte, ab und verfolgte eine „Politik des leeren Stuhls". Die Krise konnte auf der Ministerratstagung am 28./29. Januar 1966 in Luxemburg durch einen Kompromiß beigelegt werden, der vorsah, daß sich die EWG-Mitgliedstaaten zunächst bemühen sollten, Lösungen einvernehmlich zu finden. Mehrheitsbeschlüsse sollten erst nach Ablauf einer „angemessenen Frist" getroffen werden können. Vgl. dazu AAPD 1966, I, Dok. 25.

13 Zur Erörterung der Frage eines Verifikationsabkommens auf der EG-Ministerratstagung am 8./9. Juni 1970 in Luxemburg vgl. Dok. 210, Anm. 4.
Zur EG-Ministerratstagung vgl. auch Dok. 259.

Hiermit über den Herrn Staatssekretär[14] dem Herrn Bundesminister[15] mit der Bitte um Entscheidung zum viertletzten Absatz[16] vorgelegt. Es wird vorgeschlagen, dem Bundeskanzleramt einen Durchdruck der Vorlage zuzuleiten.[17]

Roth

VS-Bd. 4574 (II B 3)

177

Aufzeichnung des Ministerialdirigenten Gehlhoff

I A 6-82.47-94.J-B-915/70 VS-vertraulich 23. April 1970[1]

Betr.: Verhandlungen über eine Beteiligung Italiens und Belgiens an der deutsch-britisch-niederländischen Zusammenarbeit auf dem Gebiet der Urananreicherung mittels Gaszentrifugen

I. Am 15. April 1970 fanden in Den Haag Verhandlungen zwischen den Niederlanden, Großbritannien und der Bundesrepublik auf der einen Seite und Italien und Belgien auf der anderen Seite über eine belgische und italienische Beteiligung an der Zusammenarbeit der Drei statt. Vorsitzender der Verhandlungsrunde war der für Kernenergiefragen zuständige Generaldirektor im niederländischen Wirtschaftsministerium, Wansink. Die italienische Delegation wurde von dem Präsidenten der italienischen Atomenergiebehörde, Prof. Salvetti, die belgische Delegation von einem engen Mitarbeiter von Wissenschaftsminister Lefèvre, M. De Meulder, geführt. Die deutsche Delegation bestand aus VLR I Ungerer und Regierungsdirektor Loosch (BMBW). Grundlage der Verhandlungen war das Belgien und Italien am 1. April übermittelte Memorandum der Drei.[2] Sowohl von belgischer und italienischer Seite wurde dieses Memorandum als Ausgangspunkt der Verhandlungen gebilligt. Die italienische Delegation kritisierte an den in dem Memorandum enthaltenen Vorschlägen vor allem folgende Punkte:

1) Italien wünscht, im Gemischten Ausschuß der Regierungsvertreter von Anfang an gleichberechtigt vertreten zu sein und nicht nur, wenn Italien betreffende Fragen besprochen werden.

---

[14] Hat Staatssekretär Harkort am 23. April 1970 vorgelegen, der die Weiterleitung an Ministerialdirektor Ruete verfügte.
Hat Ruete am 11. Mai 1970 vorgelegen.
[15] Hat Bundesminister Scheel am 30. April 1970 vorgelegen.
[16] An dieser Stelle wurde von Botschafter Roth gestrichen: „und mit dem Vorschlag der Vorlage beim Herrn Bundeskanzler".
[17] Dieser Satz wurde von Botschafter Roth handschriftlich eingefügt.

[1] Die Aufzeichnung wurde von Vortragendem Legationsrat I. Klasse Ungerer konzipiert.
Hat Legationsrat I. Klasse Marks am 27. April 1970 vorgelegen.
[2] Für den Wortlaut vgl. VS-Bd. 2866 (I A 6).

2) Italien wünscht sowohl ein Partner der Anreicherungsgesellschaft als auch des Generalunternehmers (der die Zentrifugen entwickelt und herstellt) zu sein.

3) Aufträge, die von den beiden Gesellschaften an die Industrie vergeben werden, sollten allein nach wirtschaftlichen und technischen Kriterien erteilt werden.

Die Italiener unterstrichen, daß sie bereit seien, dem Regierungsabkommen[3] sofort beizutreten. Der Aushandlung eines besonderen Regierungsabkommens zwischen den Drei und Italien bzw. Belgien bedürfe es nicht. Die finanzielle Beteiligung sollte am Sozialprodukt der Mitgliedsstaaten bemessen werden. Dementsprechend käme eine Beteiligung von rund 10 % für Italien und 5 % für Belgien in Betracht. Wenn Italien nur eine Beteiligung an der Anreicherungsgesellschaft geboten würde, sei nicht auszuschließen, daß Italien nicht mehr daran interessiert sei, sich an der Zusammenarbeit der Drei zu beteiligen.

Die belgische Delegation erklärte sich ebenfalls bereit, dem Regierungsabkommen sofort beizutreten. Sie verlangte des weiteren eine gleichberechtigte Beteiligung am Gemischten Regierungsausschuß, erklärte sich mit den Vorschlägen über eine Beteiligung an der Anreicherungsgesellschaft einverstanden, wobei sie dieselben Möglichkeiten wie Italien erhalten wollte, und betonte ihr Interesse, an den Aufträgen beteiligt zu werden, die der Generalunternehmer vergibt.

Beide Delegationen stellten die Frage, wie hoch ihr Gesellschafteranteil an den beiden Gesellschaften bemessen sei und welche „Eintrittsgebühr" die Drei verlangten.

Von der niederländisch-britisch-deutschen Delegation wurden konkrete Zahlen für eine Beteiligung am Gesellschaftskapital der beiden Organisationen sowie über die Höhe der „Eintrittsgebühr" nicht genannt. Dem italienischen Drängen auf sofortigen Beitritt zum Regierungsabkommen wurde entgegengehalten, daß die Verhandlungen der Drei parallel zu entsprechenden Gesprächen der interessierten Industrien geführt wurden. Deshalb sei es wichtig, Aufschluß darüber zu erhalten, wie die beiden zukünftigen Partner sich das weitere Verfahren auf industrieller Seite vorstellen.

Von italienischer und belgischer Seite wurde darauf erwidert, daß die Bildung entsprechender Industriegruppen in wenigen Wochen abgeschlossen sein könne. Die Italiener fügten hinzu, daß sich die Gruppe für den Generalunternehmer anders zusammensetzte als die für die Anreicherungsgesellschaft.

Der Wunsch der Belgier und Italiener, gleichberechtigt im Gemischten Ausschuß vertreten zu sein, wurde vom Vorsitzenden der Delegation der Drei unter der Voraussetzung bejaht, daß die anderen Beteiligungsmodalitäten zufriedenstellend geregelt werden.

Auf die italienische Kritik, daß in dem Memorandum keine sofortige Beteiligung am Generalunternehmen vorgesehen sei, wurde erwidert, daß die im Memorandum benutzte Formulierung eine solche Möglichkeit offen gelassen habe. Im übrigen versprach die Delegation der Drei den Belgiern und Italienern, in

---

[3] Das Abkommen zwischen der Bundesrepublik, Großbritannien und den Niederlanden über die Zusammenarbeit bei der Entwicklung und Nutzung des Gaszentrifugenverfahrens zur Herstellung angereicherten Urans wurde am 4. März 1970 in Almelo unterzeichnet. Für den Wortlaut vgl. BUNDESGESETZBLATT 1971, Teil II, S. 930–949.

Bälde genaue Angaben über die Höhe der möglichen Kapitalbeteiligung der „Eintrittsgebühr" zu übermitteln.

II. Im Anschluß an die Verhandlungen mit den Belgiern und Italienern wurde auf trilateraler Ebene folgendes weitere Verfahren vereinbart:

1) Die britische Delegation erarbeitet den Entwurf eines Memorandum of Understanding, das die Grundzüge der industriellen Beteiligung der Belgier und Italiener enthalten soll.

2) Die deutsche Delegation erarbeitet den Entwurf eines Regierungsabkommens zwischen den Drei und Belgien und Italien.

3) Diese Entwürfe werden am 20. Mai bei einem trilateralen Treffen in Bonn geprüft.[4]

4) Der Entwurf des Memorandum of Understanding wird sodann den Industriegruppen der Drei zugeleitet, die am 16. Juni in London Gelegenheit zu einer Erörterung dieses Entwurfs mit den Regierungsvertretern der Drei erhalten.[5]

5) Daraufhin werden beide Entwürfe den Belgiern und Italienern zugeleitet.[6] Verhandlungen hierüber sollen getrennt aufgenommen werden, wobei die Verhandlungen mit den Italienern auf italienische Einladung in Rom stattfinden würden.[7]

III. Mit den Verhandlungen in Den Haag ist ein weiterer wichtiger Schritt auf eine Beteiligung Belgiens und Italiens hin getan worden. Die Verhandlungen selbst standen nicht immer unter einem günstigen Stern, da die italienische

---

[4] Während der Besprechung kam es zu längeren Diskussionen, v. a. über den Teil des von der Bundesrepublik gefertigten Entwurfs eines Abkommens, der sich mit der Teilnahme Italiens am Gemischten Regierungsausschuß beschäftigte. Die britische Delegation stellte zur Diskussion, „ob es aus rechtlichen und politischen Gründen nicht besser sei, anstatt einer italienischen Beteiligung am Gemischten Ausschuß mit beschränkten Rechten einen neuen Regierungsausschuß der vier Partner vorzusehen, in dem Italien mit vollen Rechten vertreten wäre und der im Vergleich zu dem trilateralen Regierungsausschuß, der weiter bestehen würde, weniger umfassende Funktionen hätte. Diese Lösung würde den Eindruck vermeiden, die Italiener seien im Regierungsausschuß nur als Junior-Partner vertreten. Es wurde vereinbart, einen neuen Abkommensentwurf zu erstellen, der alternativ zwei Lösungen vorsieht." Vgl. die Aufzeichnung des Vortragenden Legationsrats I. Klasse Ungerer vom 25. Mai 1970; VS-Bd. 2736 (I A 4); B 150, Aktenkopien 1970.

[5] In der Besprechung vom 16. Juni 1970 wurde „deutlich, daß insbesondere die Industrie-Vertreter nicht bereit sind, den neu beitretenden Staaten die gleiche Stellung einzuräumen wie den Gründungsmitgliedern. Als Grund für diese Haltung wurde geltend gemacht, daß sowohl Italien wie Belgien zur Technologie der Gasultrazentrifuge nichts beizutragen haben." Vor allem die Frage, wie Italien und Belgien im Gemischten Regierungsausschuß vertreten sein sollten, war umstritten. Während Großbritannien die Begrenzung der Rechte Italiens im Vertrag festlegen wollte, war von deutscher Seite „ein in sich geschlossener Vertrag vorgesehen, der möglichst keinen Bezug auf das schon abgeschlossene Dreierabkommen haben sollte, so daß aus dem Vertrag selbst die ‚Diskriminierung' Italiens nicht zu ersehen ist". Der Entwurf der Bundesrepublik wurde schließlich als Grundlage der weiteren Überlegungen akzeptiert. Vgl. die Aufzeichnung des Ministerialdirigenten Robert vom 22. Juni 1970; Referat I A 6, Bd. 374.

[6] Der Entwurf des Memorandum of Understanding und der Entwurf des Abkommens zwischen der Bundesrepublik, den Niederlanden und Großbritannien auf der einen Seite und Italien bzw. Belgien auf der anderen Seite über eine Zusammenarbeit auf dem Gebiet der Urananreicherung mittels Gasultrazentrifuge wurden am 5. August 1970 in Rom bzw. Brüssel übergeben. Vgl. dazu den Drahtbericht Nr. 805 des Gesandten Steg, Rom, vom 6. August 1970 sowie den Drahtbericht Nr. 331 des Botschaftsrats I. Klasse Heimsoeth, Brüssel, vom 7. August 1970; Referat I A 6, Bd. 374.

[7] Die Verhandlungen zwischen der Bundesrepublik, Großbritannien und den Niederlanden auf der einen Seite und Italien auf der anderen Seite über eine Beteiligung am Projekt einer Gasultrazentrifuge fanden am 18./19. Januar 1971 in Rom statt.

Delgation sehr aggressiv operierte und der Verhandlungsspielraum der niederländisch-britisch-deutschen Delegation insofern eingeschränkt war, als man den Belgiern und Italienern feste Zahlen noch nicht nennen wollte. Auch die Verhandlungsführung der trilateralen Delegation ließ zu wünschen übrig.

Bei den weiteren Verhandlungen wird es zwar nicht möglich sein, auf den italienischen Wunsch einzugehen, dem in Almelo unterzeichneten Regierungsabkommen der Drei beizutreten, da ein formaler Beitritt in diesem Abkommen nicht vorgesehen ist. Über den Inhalt eines Regierungsabkommens zwischen den Drei und den beiden anderen dürfte es jedoch kaum Schwierigkeiten geben, zumal die Drei sich dem Wunsch der Italiener und Belgier kaum widersetzen können, gleichberechtigt im Regierungsausschuß vertreten zu sein.

Etwas schwieriger dürfte die Frage einer sofortigen Beteiligung der Italiener und Belgier am Generalunternehmen sein. In diesem Punkt hatten sich die Niederländer und Briten bisher für eine in Etappen vorzunehmende Beteiligung (deferred membership) ausgesprochen, während wir uns für eine sofortige, wenn auch beschränkte Partnerschaft (initial membership) eingesetzt hatten. Wir halten nach wie vor unsere Auffassung für[8] die realistischere, vor allem unter politischen Gesichtspunkten. Bei den nächsten trilateralen Besprechungen wird es darauf ankommen, die Niederländer und Briten davon zu überzeugen, daß die Belgier und Italiener Gelegenheit erhalten sollten, von Anfang an beim Generalunternehmer mitzuwirken, was die Möglichkeit einschließen sollte, sich an Angeboten für Ausschreibungen des Generalunternehmers zu beteiligen.

Wenn diese beiden Zugeständnisse gemacht werden, dürfte es möglich sein, eine angemessene „Eintrittsgebühr" zu verlangen sowie die Kapitalbeteiligungen auf ein Maß zu beschränken, das den Drei auch bei späterer Teilnahme anderer europäischer Staaten einen bestimmenden Einfluß auf die beiden Organisationen erhält.

Hiermit dem Herrn Staatssekretär[9] mit der Bitte um Kenntnisnahme vorgelegt.

i. V. Gehlhoff

VS-Bd. 2866 (I A 6)

---

[8] Korrigiert aus: „als".
[9] Hat Staatssekretär Harkort am 24. April 1970 vorgelegen, der die Weiterleitung an Referat I A 6 verfügte.

178

Staatssekretär Duckwitz, z. Z. Warschau, an Bundesminister Scheel

Z B 6-1-11883/70 geheim Aufgabe: 23. April 1970, 14.00 Uhr[1]
Fernschreiben Nr. 176 Ankunft: 23. April 1970, 16.11 Uhr
Citissime

Nur für Minister, Staatssekretär[2], D II[3], D III[4]

Zum erstenmal seit Beginn der Polengespräche behandelte gestern Vize-Außenminister Winiewicz in längeren Ausführungen und großer Eindringlichkeit in einem Vier-Augen-Gespräch die handelspolitische Situation zwischen der Bundesrepublik und Polen.[5] Er gab offen zu erkennen, daß der derzeitige unbefriedigende Zustand und die starke polnische Enttäuschung nicht ohne Rückwirkungen auf unsere politischen Gespräche sein können. Anderseits werde eine befriedigende Lösung der noch offenstehenden wirtschaftlichen Probleme zweifellos einen günstigen Einfluß auf den Fortgang dieser Gespräche haben. W. betonte in diesem Zusammenhang das starke Interesse, das Gomułka an der Entwicklung der deutsch-polnischen Wirtschaftsbeziehungen nähme, und zitierte G., der ihm noch vor wenigen Tagen gesagt habe: „Ein politischer Ausgleich ist ohne befriedigende Handelsbeziehungen nur von geringem Wert. Wir wollen beides, besonders im Verhältnis zur Bundesrepublik."

Winiewicz erinnerte an die Reise polnischer Industrieller im September/Oktober in die Bundesrepublik.[6] Die aus diesem Anlaß geführten Gespräche seien erfolgreich gewesen und hätten zu gesundem Optimismus Anlaß gegeben. Seitdem sei nichts geschehen. Polen sei nach wie vor kooperationswillig. Die Voraussetzungen seien günstig. Die durch den Mangel an Arbeitskraft in der Bundesrepublik entstandenen Probleme für die deutsche Industrie könnten, besonders auf dem Gebiet der Maschinen-Industrie, durch eine Kooperation mit polnischen industriellen Werken, bereits bestehenden oder auch neuen, gelöst werden. Die bei dieser Form der Zusammenarbeit, sozusagen für deutsche Rechnung, hergestellten Güter sollten ohne zollmäßige Belastungen in die Bundesrepublik eingeführt werden können.

Die polnische Regierung sei dabei, so fuhr W. fort, den im Jahre 1971 beginnenden Fünfjahresplan auszuarbeiten. Es sei ein ehrgeiziger Plan, der einen Kapitalaufwand von insgesamt 5 Mrd. Dollar erfordere. Die Verhandlungen mit England und Italien seien sehr zufriedenstellend verlaufen, auch die Verhandlungen mit Frankreich verliefen günstig. Da aber die polnischen Techniker seit je-

---

1 Hat Ministerialdirigent Lahn am 28. April 1970 vorgelegt, der die Weiterleitung an Referat II A 5 verfügte.
2 Günther Harkort.
3 Hans Ruete.
4 Otto-Axel Herbst.
5 Staatssekretär Duckwitz hielt sich vom 22. bis 24. April 1970 in Warschau auf.
6 Vom 19. bis 30. Oktober 1969 besuchte eine polnische Delegation unter Leitung des Stellvertretenden Außenhandelsministers Ostrowski die Bundesrepublik.

her einer Zusammenarbeit mit der deutschen Industrie den Vorzug gegeben hätten – W. führte verschiedene Gründe für die Tradition auf –, sei man in erster Linie an einer polnisch-deutschen Kooperation interessiert. Es wäre unter jedem Gesichtspunkt zu bedauern, wenn die Bundesrepublik eine politisch wie wirtschaftlich gleichbedeutende Chance ungenutzt lasse. Daß Polen eine solche Kooperation auch mit anderen Ländern durchführen und sich die notwendigen Kredite auch aus anderen Quellen beschaffen könne, sei sicher.[7] Die Entschlossenheit, den Fünfjahresplan termingemäß durchzuführen, zwinge die Regierung jedoch, auf eine baldige Entscheidung zu dringen. Er, W., könne nur hoffen, daß sich die Bundesrepublik, Polens natürlicher Partner[8], der von seiner Regierung gewünschten Mitarbeit nicht entziehen werde.

Auf die schwierige Frage der Kredite ging W. nicht weiter ein. Er bemerkte nur, daß die Laufzeit (Fünfjahresplan) und die Zinshöhe entscheidend seien.

Auch die Schwierigkeiten, die sich im gegenseitigen Warenaustausch ergeben haben und noch ergeben, berührte W. nur kurz. Polen sei Vollmitglied im GATT und habe als solches das Recht, in den Genuß aller Vorteile dieser Mitgliedschaft zu kommen. Seine Regierung müsse daher auch auf einer Voll-Liberalisierung polnischer Exporte in die Bundesrepublik bestehen. Was Frankreich und Italien könnten, müsse auch für die Bundesrepublik möglich sein. Schließlich seien ja alle drei Länder EWG-Mitglieder, so daß die deutschen, mit den EWG-Bestimmungen begründeten Vorbehalte wenig plausibel erschienen.

Der bisherige Verlauf unserer politischen Gespräche hat mir den Eindruck vemittelt, daß die Polen z.Z. „mauern". Es gibt hierfür verschiedene Anhaltspunkte, über die ich mir mündliche Berichterstattung vorbehalten möchte. Es ist durchaus denkbar, sogar wahrscheinlich, daß das Aufwerfen der Frage der deutsch-polnischen Wirtschaftsbeziehungen entgegen der bisher geübten Praxis dem Wunsch entspringt, den Fortgang der politischen Gespräche und ein Eingehen der Polen auf unsere Gedanken und Vorschläge in eine engere Verbindung mit unserer Beteiligung an dem polnischen Fünfjahresplan zu bringen als dies bisher der Fall war. Auch der allgemein schlechte Zustand der polnischen Wirtschaft legt diesen Gedanken nahe.

Ich bitte, diesen Bericht auch dem Herrn Bundeskanzler vorzulegen.

[gez.] Duckwitz

VS-Bd. 8955 (II A 5)

---

[7] Dieser Satz wurde von Ministerialdirigent Lahn durch Fragezeichen hervorgehoben.
[8] Die Wörter „Polens natürlicher Partner" wurden von Ministerialdirigent Lahn hervorgehoben. Dazu Ausrufezeichen.

179

Drahterlaß des Staatssekretärs Harkort

III A 2-84.03/7 – I A 2-81.50/4   23. April 1970[1]
Fernschreiben Nr. 1793 Plurex   Aufgabe: 24. April 1970, 18.39 Uhr

Betr.: Wichtigste Ergebnisse der Ratstagung der EG vom 20.–22. 4. 70[2]

I. Mit der nach außergewöhnlich schwierigen Verhandlungen am frühen Morgen des 22. April erzielten Einigung über die Weinmarktordnungen für Tafel- und Qualitätswein[3] sind die im Anschluß an die Haager Gipfelkonferenz[4] begonnenen Verhandlungen zur Vollendung der Gemeinschaft erfolgreich abgeschlossen worden.

Das Gesamtpaket bestehend aus

1) der Finanzregelung:

– Verordnungen zur Agrarfinanzierung (Übergangsregelung und Endregelung)[5];

– Beschluß zur Ersetzung der Finanzbeiträge der Mitgliedstaaten durch eigene Einnahmen (ratifizierungsbedürftig)[6];

– Beschluß über mehrjährige finanzielle Vorausschau[7];

– Entschließung zur Beherrschung der Agrarmärkte[8];

---

[1] Drahterlaß an die Botschaften in Brüssel, Den Haag, London, Luxemburg, Paris, Rom und Washington.
Der Drahterlaß wurde von Vortragendem Legationsrat I. Klasse Poensgen konzipiert.
Hat Ministerialdirektor Frank und Ministerialdirigent Robert am 24. April 1970 vorgelegen.

[2] Die EG-Ministerratstagung fand am 20./21. April 1970 in Luxemburg statt.

[3] Am 6. Februar 1970 beschloß der EG-Ministerrat Grundzüge über die gemeinsame Marktorganisation für Wein. Vgl. dazu Dok. 42, besonders Anm. 11.
Nach grundsätzlicher Einigung am 21. April 1970 verabschiedete der EG-Ministerrat am 28. April 1970 eine Verordnung zur Festlegung ergänzender Vorschriften für die gemeinsame Marktorganisation für Wein, die dem Inhalt der Entschließung vom 6. Februar 1970 rechtsverbindliche Form gab. Damit wurde der freie Warenverkehr für Wein zum 1. Juni 1970 eingeführt. Ferner wurde eine Verordnung zur Festlegung ergänzender Vorschriften für Qualitätsweine bestimmter Anbaugebiete erlassen. Für die Verordnungen vgl. AMTSBLATT DER EG, Nr. L 99 vom 5. Mai 1970, S. 1–25. Vgl. ferner BULLETIN DER EG 6/1970, S. 59–63.
Schließlich beschloß der EG-Ministerrat am 26. Mai 1970 acht Durchführungsverordnungen, die die Einzelheiten für die gemeinsame Marktorganisation für Wein regelten. Vgl. dazu BULLETIN DER EG 7/1970, S. 52 f.

[4] Die Konferenz der Staats- und Regierungschefs der EG-Mitgliedstaaten fand am 1./2. Dezember 1969 in Den Haag statt. Vgl. dazu AAPD 1969, II, Dok. 385.

[5] Für die Verordnungen des EG-Ministerrats vom 21. April 1970 zur Festlegung ergänzender Vorschriften für die Finanzierung der gemeinsamen Agrarpolitik sowie über die Finanzierung der gemeinsamen Agrarpolitik vgl. AMTSBLATT DER EG, Nr. L 94 vom 28. April 1970, S. 9–18.

[6] Für den Beschluß des EG-Ministerrats vom 21. April 1970 über die Ersetzung der Finanzbeiträge der Mitgliedstaaten durch eigene Mittel der Gemeinschaften vgl. BUNDESGESETZBLATT 1970, Teil II, S. 1262–1279.

[7] Für den Beschluß des EG-Ministerrats vom 21. April 1970 über die mehrjährige finanzielle Vorausschau vgl. AMTSBLATT DER EG, Nr. L 94 vom 28.4.1970, S. 23.

– Entschließung zur Regelung bestimmter Übergangsprobleme bei der Umstellung des bisher geltenden Finanzierungssystems[9];

2) dem Vertrag zur Änderung der Gemeinschaftsverträge in bezug auf die Haushaltsbefugnisse des Europäischen Parlaments (ratifizierungsbedürftig)[10];

3) der Regelung des Tabaksektors:
– Verordnung zur Schaffung einer Marktorganisation für Rohtabak[11];
– Entschließung betreffend die Verbrauchssteuer auf Tabakwaren außer den Umsatzsteuern[12];
– Entschließung betreffend die staatlichen Handelsmonopole für Tabakwaren[13];

4) der Weinmarktregelung:
– Verordnung betreffend Marktorganisation für Tafelwein;
– Verordnung betreffend Marktorganisation für Qualitätswein;
– Grundsatzbeschlüsse betreffend die wesentlichsten Fragen für den Erlaß von Durchführungsverordnungen insbesondere in bezug auf die Preisgestaltung;

ist verabschiedet worden. Der Vertrag zur Änderung der Haushaltsbefugnisse des Europäischen Parlaments ist unterzeichnet worden. Die Weinmarktordnungen bedürfen nach Prüfung durch die Rechts- und Sprachensachverständigen noch der formalen Billigung. Das Ratifizierungsverfahren bezüglich der Schaffung eigener Einnahmen und der Verstärkung der Haushaltsbefugnisse des Europäischen Parlaments kann anlaufen. Die wesentlichsten französischen Bedingungen für die Eröffnung der Beitrittsverhandlungen sind erfüllt. Alles spricht dafür, daß auch der im Haag beschlossene Zeitplan für den Beginn der Verhandlungen eingehalten werden kann.

Die Einigung über die Weinmarktregelung und die formelle Verabschiedung des Gesamtpakets ist eine ebenso bedeutsame wie zukunftsweisende Entscheidung für die Gemeinschaft. Sie war nur möglich, weil alle Partner mit dem ernsten Willen verhandelt haben, die Ergebnisse der Haager Gipfelkonferenz zu verwirklichen. Kompromisse waren daher für alle Delegationen unausweichlich; insgesamt aber ist eine Regelung gefunden wurden, die unter Berücksichtigung der besonderen Interessenlage jedes Mitgliedstaats in einzelnen Bereichen die Gemeinschaft als Ganzes ein gutes Stück voranbringt. Mit dem erfolgreichen Abschluß der stets in guter Atmosphäre geführten Verhandlungen ist zugleich

---

Fortsetzung Fußnote von Seite 658

8 Für die Entschließung des EG-Ministerrats vom 21. April 1970 betreffend eine bessere Beherrschung der Agrarmärkte vgl. AMTSBLATT DER EG, Nr. C 50 vom 28. April 1970, S. 2.

9 Für die Entschließung des EG-Ministerrats vom 21. April 1970 betreffend die Probleme der Staatskassen beim Übergang vom System der Erstattung zum System der direkten Finanzierung vgl. AMTSBLATT DER EG, Nr. C 50 vom 28. April 1970, S. 2 f.

10 Für den Wortlaut des Vertrags vom 22. April 1970 zur Änderung bestimmter Haushaltsvorschriften der Verträge zur Gründung der Europäischen Gemeinschaften und des Vertrags zur Einsetzung eines gemeinsamen Rates und einer gemeinsamen Kommission der Europäischen Gemeinschaften vgl. BUNDESGESETZBLATT 1970, Teil II, S. 1282–1313.

11 Für die Verordnung des EG-Ministerrats vom 21. April 1970 über die Errichtung einer gemeinsamen Marktorganisation für Rohtabak vgl. AMTSBLATT DER EG, Nr. L 94 vom 28. April 1970, S. 1–8.

12 Für die Entschließung des EG-Ministerrats vom 21. April 1970 betreffend die Verbrauchssteuer auf Tabakwaren außer den Umsatzsteuern vgl. AMTSBLATT DER EG, Nr. C 50 vom 28. April 1970, S. 1.

13 Für die Entschließung des EG-Ministerrats vom 21. April 1970 betreffend die staatlichen Handelsmonopole für Tabakwaren vgl. AMTSBLATT DER EG, Nr. C 50 vom 28. April 1970, S. 2.

auch die seit der Haager Gipfelkonferenz spürbare europäische Dynamik erhalten geblieben. Dies ist zugleich eine wichtige Voraussetzung für die Verwirklichung jener Aufgaben, denen sich die Gemeinschaft im Zuge ihrer Vertiefung und Erweiterung nunmehr voll zuwenden kann.

Das bei den Verhandlungen um die Weinmarktregelung erreichte Ergebnis berücksichtigt im materiellen Bereich eine Reihe wichtiger deutscher Forderungen ganz oder teilweise. So konnte insbesondere durchgesetzt werden:
- Eine Qualitätsweinregelung, die in bezug auf die Anreicherung und die Festlegung des Mindestalkoholgehalts den nationalen Regelungen weitgehend Rechnung trägt;
- die Naßzuckerung bis 1979 entsprechend dem deutschen Weingesetz[14];
- der Verschnitt von Rotwein mit Drittlandswein;
- verschärfte Deklarationsbestimmungen;
- eine Katastrophenklausel für den Fall besonders schlechter Ernten;
- Verbesserung der Interventionsbestimmungen durch stärkere Differenzierung bei den einzelnen Weinsorten.

Dort, wo im materiellen Bereich deutsche Forderungen nicht durchgesetzt werden konnten, wie z.B. in der für den deutschen Weinbau wichtigen Frage des Verschnitts, konnten aber doch Lösungen gefunden werden, die noch tragbar sind. So konnten die ursprünglichen Vorstellungen unserer Partner bei der Festlegung des Höchstalkoholgehalts nach Anreicherung noch in unserem Sinne verbessert werden, wenn auch bei Weißwein ein Verbot des Verschnitts mit Weißwein aus anderen Zonen nicht verhindert werden konnte. Soweit die Auswirkungen der Beschlüsse im Preisbereich (Orientierungspreis, Auslösungspreis für die Intervention, Referenzpreis für den Drittlandshandel) überhaupt schon überschaubar sind, so können die hier gefundenen Lösungen nicht ganz befriedigen, weil sie insgesamt von einem nach deutscher Auffassung zu hohen Preisniveau ausgehen. Eine Ablehnung der preislichen Vorstellungen aller unserer Partner und der Kommission hätte aber eine Einigung über das Gesamtpaket unmöglich gemacht. Es wird daher darauf ankommen, bei der Ausarbeitung der Durchführungsverordnungen und ihrer späteren Implementierung dafür Sorge zu tragen, daß die etwaigen negativen Auswirkungen der jetzt gefundenen Preisregelung sich in vertretbaren Grenzen halten. Das gilt insbesondere für die finanziellen Konsequenzen (erhöhte Produktion durch überhöhte Preise und damit Gefahr umfangreicher Interventionen), und das gilt in bezug auf den Drittlandshandel, der durch eine hohe Inlandsproduktion, gepaart mit einer restriktiven Außenhandelsregelung, zusätzlich beeinträchtigt werden kann. Eine Einflußnahme auf die weitere Entwicklung in diesem Bereich ist möglich, weil die Preise bisher nur für einzelne Weine, auch nur zunächst für ein Jahr, festgesetzt sind und eine Reihe von wichtigen Kriterien bei den Durchführungsverordnungen noch nicht beschlossen sind.

Die ursprüngliche deutsche Forderung, die lebensmittelrechtlichen Vorschriften der Weinmarktregelung als Richtlinien und nicht als unmittelbar in den Mit-

---

14 Für das Gesetz vom 16. Juli 1969 über Wein, Dessertwein, Schaumwein, weinhaltige Getränke und Branntwein aus Wein (Weingesetz) vgl. BUNDESGESETZBLATT 1969, Teil I, S. 781–813.

gliedstaaten geltende Verordnung zu verabschieden, wurde angesichts der entschiedenen Ablehnung aller unserer Partner und der Kommission fallengelassen, allerdings unter dem Vorbehalt, daß hierdurch kein Präjudiz für künftige Fälle geschaffen würde.

Die Weinmarktregelung und mit ihr die von Italien besonders geforderte Liberalisierung des Warenverkehrs tritt am 1. Juni in Kraft, wobei den Regierungen eine zusätzliche Frist zur Implementierung dieser Regelung bis zum 15. Juni eingeräumt wird.

II. Das Europäische Parlament hatte im Zusammenhang mit der Übertragung von Haushaltsbefugnissen auf das EP verlangt, das Recht zu erhalten, im Falle schwerwiegender Einwände den gesamten Entwurf des Haushaltsplans ablehnen zu können, damit neue Haushaltsvorschläge unterbreitet werden.

Der Rat lehnte eine erneute Behandlung des Vertragsentwurfs über die Haushaltsbefugnisse ab, nahm aber eine Mitteilung der Kommission entgegen, neue Vorschläge auf diesem Gebiet zu unterbreiten (nach Ratifizierung, spätestens aber innerhalb von zwei Jahren). Der Rat wird dann diese Vorschläge prüfen.

III. Zur Vorbereitung einer gemeinsamen Verhandlungsgrundlage für die Beitrittsverhandlungen verabschiedete der Rat auf der Grundlage seiner bisherigen Erörterungen und neuerer Beiträge der Kommission abschließend die Grundsatzpapiere der Ständigen Vertreter zu den Übergangsmaßnahmen sowie den EGKS-Fragen. Zur Frage des inneren Zusammenhangs zwischen der Erweiterung der Gemeinschaften einerseits und der Schaffung einer Wirtschafts- und Währungsunion andererseits wurde zwischen Rat und Kommission Einvernehmen darüber erzielt, bereits die Grundlinien des Ausbaus zur Wirtschafts- und Währungsunion in die Verhandlungen einzubringen; dabei würde von den Antragstellern erwartet werden, daß sie diese Orientierungen übernehmen.

Rat wird auf kommenden Tagungen im Mai und Juni Grundsatzpapiere zu folgenden Punkten behandeln: EURATOM; institutionelle Fragen; Verhandlungsverfahren; Anpassung der Finanzregelung an eine erweiterte Gemeinschaft. Er wird schließlich die gemeinsame Verhandlungsbasis für die Gespräche mit den anderen EFTA-Staaten gemäß Ziffer 14 des Kommuniqués von Den Haag[15] sowie die Haltung der Gemeinschaft zur Frage der wirtschaftlichen und monetären Lage Großbritanniens vorbereiten müssen.

Harkort[16]

Referat I A 2, Bd. 1524

---

[15] Ziffer 14 des Kommuniques über die Konferenz der Staats- und Regierungschefs der EG-Mitgliedstaaten am 1./2. Dezember 1969 in Den Haag: „Sobald die Verhandlungen mit den beitrittswilligen Staaten eröffnet sind, werden mit den anderen EFTA-Mitgliedstaaten, die diesen Wunsch äußern, Gespräche über ihr Verhältnis zur EWG eingeleitet." Vgl. EUROPA-ARCHIV 1970, D 44.
[16] Paraphe vom 24. April 1970.

180

Staatssekretär Duckwitz, z.Z. Warschau,
an Bundesminister Scheel

Z B 6-1-11891/70 geheim
Fernschreiben Nr. 180
Citissime

Aufgabe: 23. April 1970, 23.00 Uhr[1]
Ankunft: 23. April 1970, 23.21 Uhr

Delegationsbericht Nr. 16

Nur für Minister, Staatssekretär[2], D II[3]

I. In Plenarsitzung heute nachmittag gab Winiewicz vorläufige kritische Stellungnahme zu unserem Arbeitspapier[4] ab.

Er hob folgende Punkte hervor:

Unser Vorschlag erfülle nicht alle Bedingungen, die polnische Seite für Normalisierung der Beziehungen erforderlich halte. Dies gelte vor allem für Grenzfrage. Insbesondere sei Vorbehalt der Bestätigung in Friedensregelung nicht annehmbar. Angesichts Ungewißheit über Charakter solchen Vertrages würde dies einen Rückschritt bedeuten, der neue Unsicherheit schaffe. Zu diesem Punkt werde ich ergänzend mündlich berichten.

Die polnische Seite halte daher an ihrem Entwurf[5] fest, der eine auch für künftige Abmachungen verbindliche Regelung vorsehe. Dies müsse auch für den von uns unterstellten Fall gelten, daß es zu künftigen Vereinbarungen betreffend Gesamtdeutschland komme.

Winiewicz erhob ferner Einwendungen gegen den Vier-Mächte-Vorbehalt. Die polnische Seite respektiere die Rechte der Großmächte, wolle ihnen aber weder die Stellung eines „Superareopags" einräumen, noch neue Unsicherheit bezüglich der in Potsdam bereits eindeutig festgelegten polnischen Westgrenze[6] in Kauf nehmen.

Zur Präambel betonte Winiewicz, daß die polnische Seite mit Rücksicht auf die polnische Öffentlichkeit eine Bezugnahme auf die Vergangenheit für erforderlich halte.

Winiewicz wandte sich dagegen, daß unser Arbeitspapier eine Verpflichtung zur Aufnahme diplomatischer Beziehungen vorsehe. Er bezog sich auf seine Ausführungen in der ersten Gesprächsrunde[7] und betonte nochmals sehr nachdrücklich, daß die Frage diplomatischer Beziehungen von den Verpflichtungen gegenüber den Verbündeten Polens mit beeinflußt werde. Die volle Normalisie-

---

[1] Hat Ministerialdirigent Lahn vorgelegen.
[2] Günther Harkort.
[3] Hans Ruete.
[4] Für den Entwurf der Bundesregierung vom 22. April 1970 vgl. Dok. 174.
[5] Für den polnischen Entwurf vom Februar 1970 vgl. Dok. 141.
[6] Vgl. dazu Abschnitt IX des Kommuniqués vom 2. August 1945 über die Konferenz von Potsdam (Potsdamer Abkommen); Dok. 12, Anm. 26.
[7] Die erste Runde der Gespräche mit Polen über eine Verbesserung des bilateralen Verhältnisses fand vom 4. bis 6. Februar 1970 in Warschau statt.

rung der Beziehungen müsse auch die Entwicklung der Beziehungen zwischen der Bundesrepublik Deutschland und anderen sozialistischen Staaten, insbesondere die Beziehungen zwischen den beiden deutschen Staaten, berücksichtigen.

Zum Abschluß betonte Winiewicz, die polnische Seite sei zu einer erschöpfenden Stellungnahme noch nicht in der Lage; eine eingehende Analyse würde aber Kritik wahrscheinlich noch vertiefen. Polnische Seite glaube, daß ihr Entwurf alle für Normalisierung wichtigen Elemente enthalte. Er empfahl, polnischen Standpunkt noch einmal eingehend zu studieren.

Beharrliche Wiederholung bekannter polnischer Auffassungen durch Winiewicz veranlaßte auch mich, unseren Standpunkt noch einmal zusammenfassend zu erläutern. Ich unterstrich, daß man sich unterschiedliche Beurteilung rechtlicher Bedeutung Potsdamer Abkommens durch beide Seiten vor Augen halten müsse, um Gehalt unserer Vorschläge zu würdigen. Bundesregierung werde in Arbeitspapier skizzierte Grenzvereinbarung nicht ohne Einverständnis der drei Westmächte und nicht ohne gesetzliche Zustimmung Deutschen Bundestages schließen können. Diesen beiden Voraussetzungen trage Inhalt unseres Arbeitspapiers Rechnung.

II. Gesprächsverlauf bestätigte Eindruck, daß polnische Seite zur Zeit „mauert" und sich dem Eingehen auf unsere Vorschläge bewußt entzieht.

Dies kann zum Teil durch Fehlen politischer Direktiven angesichts Abwesenheit Führungsspitze von Warschau bedingt sein[8], könnte aber auch mit zeitlicher und sachlicher Rücksichtnahme auf Fortgang unserer Gespräche mit Moskau und Ost-Berlin zusammenhängen.

[gez.] Duckwitz

VS-Bd. 8955 (II A 5)

---

[8] Eine polnische Delegation unter der Leitung des Ersten Sekretärs des ZK der PVAP, Gomułka, nahm an den Feierlichkeiten anläßlich des 100. Geburtstag Lenins vom 21. bis 23. April 1970 in Moskau teil.

181

Aufzeichnung des
Vortragenden Legationsrats I. Klasse von Alten

II A 5-82.00-94.20-757^I/70 geheim   24. April 1970[1]

Betr.: Sondersitzung des Auswärtigen Ausschusses des Bundestages über die Gespräche mit Warschau am 24.4.1970

Einleitend dankte der Ausschußvorsitzende, Abgeordneter Dr. Schröder, dem Herrn Minister, daß er zu dieser kurzfristig anberaumten Sitzung erschienen sei. Der Ausschuß sei durch verschiedene Pressemeldungen „alarmiert" worden.

Abg. Bach: Es handele sich insbesondere um eine Meldung des NDR-Korrespondenten über angebliche Weisungen an Staatssekretär Duckwitz, durch die die Oder-Neiße-Linie praktisch anerkannt werde.[2] Es heiße, daß die Weisungen einen Satz enthielten, der feststelle, daß die Oder-Neiße-Grenze die Westgrenze Polens sei[3]. Dies stehe im Widerspruch zu den Erklärungen des Herrn Ministers im Ausschuß, daß die Frage in der Substanz offengehalten werden müsse.

Herr Minister: Es sei verständlich, aber für die Regierung nicht angenehm, daß es so viele Spekulationen um die bei den Verhandlungen verwandten Weisungen, Entwürfe usw. gebe. Teilweise handele es sich um Indiskretionen; teilweise würden falsche Texte oder Texte, die am falschen Schnittpunkt ansetzten, verwandt. Dies erschwere die Verhandlungsführung.

Wir versuchten, Indiskretionen zu verhindern. Er appelliere an die Mitglieder des Ausschusses, solche Indiskretionen nicht nur nicht zu verwenden, sondern auch gegenüber der Presse ihrerseits auf Zurückhaltung und Rücksichtnahme hinzuwirken.

---

[1] Hat Ministerialdirigent Lahn vorgelegt, der die Weiterleitung an Staatssekretär Duckwitz verfügte und handschriftlich vermerkte: „(Es handelt sich um ein Gedächtnisprotokoll.)"
Hat Duckwitz am 25. April 1970 vorgelegt, der handschriftlich vermerkte: „W[ieder]v[orlage] zur Besprech[un]g mit dem Minister."
Hat Bundesminister Scheel am 29. April 1970 vorgelegen.

[2] Am 22. April 1970 berichtete der Korrespondent des NDR in Warschau, Zimmerer, anläßlich der Wiederaufnahme der Gespräche zwischen Staatssekretär Duckwitz und dem polnischen Stellvertretenden Außenminister Winiewicz: „In dem Vertragsentwurf, den Duckwitz diesmal mitbringt, heißt es: ‚Die Bundesregierung und die Regierung der Volksrepublik Polen stellen fest, daß die Oder-Neiße-Linie die Westgrenze Polens ist. Die Bundesrepublik Deutschland wird die Integrität des polnischen Territoriums auch künftig achten. Bestehende Verträge werden hiervon nicht berührt.'"
Vgl. den Drahterlaß Nr. 101 des Ministerialdirigenten Lahn an Staatssekretär Duckwitz, z.Z. Warschau; VS-Bd. 8955 (II A 5); B 150, Aktenkopien 1970.
Duckwitz teilte am gleichen Tag Bundesminister Scheel mit, daß Zimmerer bereits am 18. April 1969 in die Bundesrepublik gereist sei. Da kein Teilnehmer der Delegation der Bundesrepublik mit dem Journalisten gesprochen habe, könne die Indiskretion nicht in Warschau erfolgt sein. Duckwitz betonte, es sei „für den Verlauf der Verhandlungen außerordentlich unglücklich und für unsere Sache gefährlich, wenn unsere Vorschläge und Überlegungen in der Öffentlichkeit und damit auch der polnischen Seite bereits bekannt werden, bevor wir sie der polnischen Seite übergeben haben. Es fällt schwer, eine solche Meldung nicht als Versuch zu bewerten, die deutsch-polnischen Gespräche zu stören, wenn nicht zu sabotieren." Vgl. den Drahtbericht Nr. 170; VS-Bd. 8955 (II A 5); B 150, Aktenkopien 1970.

[3] Die Wörter „Oder-Neiße-Grenze die Westgrenze Polens sei" wurden von Staatssekretär Duckwitz durch Ausrufezeichen hervorgehoben.

Bei den Gesprächen mit Warschau handele es sich immer noch um Sondierungen über die Elemente der beiderseitigen Beziehungen. Zu diesen Elementen gehörten

- die Grenzfrage;
- die von uns zu machenden Vorbehalte;
- die künftige Gestaltung der Beziehungen;
- die humanitären Probleme.

Dabei sei auch zu prüfen, welche Elemente in Verträgen und welche in Nebenabreden zu behandeln seien. Beide Seiten machten hierzu – mündlich wie schriftlich – Formulierungsversuche. Staatssekretär Duckwitz verhandele zur Zeit noch.

Auch soweit die in die Presse gelangten Texte zutreffend seien, könnten sie nicht isoliert beurteilt werden. Unter anderem würde in ihnen ja nur eines der genannten Elemente, nämlich die Grenzfrage, behandelt.

Er stelle dazu fest:

- Wir können nur für die Bundesrepublik Deutschland sprechen.
- Die Grenzen unserer Verhandlungsfähigkeit müssen klar zum Ausdruck gebracht werden.
- Die Bundesrepublik hat keinerlei territoriale Forderungen an Polen.
- Die deutsche Frage als Ganzes bedarf einer internationalen Lösung.

Abg. Leisler Kiep: Er habe vor allem den ersten Teil der Ausführungen des Ministers sehr ernst genommen. Er sehe darin einen Versuch zur Gemeinsamkeit. Die CDU habe sich dafür oft ausgesprochen. Stimmen aus dem Regierungslager erleichterten dies jedoch nicht.

Wenn sich ständig Fragen erhöben, sei dies ein Zeichen, daß die Informationspolitik der Regierung zu Fragezeichen und zu Verwirrung Anlaß gäbe; auch bei den Verhandlungspartnern im Osten. Die Regierung stehe offenbar vor dem Dilemma, den durch ihre eigenen Ankündigungen hervorgerufenen Effekt abbauen zu müssen. Insofern bestehe die Gefahr, daß das Ergebnis der Gespräche nicht Verbesserung, sondern Verhärtung der Beziehungen sei.

Herr Minister: Das von ihm Vorgetragene sei die Meinung der Bundesregierung, sei der Rahmen der Weisungen für Staatssekretär Duckwitz. Er habe insoweit nichts zurückzunehmen, was er im Ausschuß jemals gesagt habe.

Er sei nicht verantwortlich für einzelne Äußerungen einzelner Politiker; es sei zweifellos so, daß eine schlechte Verhandlungslage entstehe, wenn die öffentliche Meinung sich mit einzelnen Äußerungen von Mitgliedern des Regierungslagers, die in Nuancen voneinander abwichen, so stark auseinandersetze. Er teile insofern die von Herrn Leisler Kiep vorgetragene Sorge.

Abg. Mattick: Es ist für die Bundesregierung schwierig, in dieser Verhandlungsphase eine solche Diskussion zu führen.

Er habe ein gewisses Verständnis dafür, daß die Opposition einzelne Punkte aufgreife. Im Auswärtigen Ausschuß habe man immer Kooperation mit der Regierung geübt. Wenn die Regierung, wie sie dies tue, den Ausschuß ständig informiere, müsse sie ihren Verhandlungsspielraum auch ausschöpfen können.

Er halte es für abwegig, einzelne Meldungen so aufzugreifen, wie dies hier geschehe. Die Regierung habe nach jedem Verhandlungsabschnitt gründlich den Ausschuß informiert und er könne keine Abweichung von dem bisher Gesagten feststellen.

Abg. Kliesing: Er verstehe den Minister so, daß die veröffentlichten Texte nur einen Ausschnitt darstellten und mit den tatsächlichen Texten nicht wörtlich übereinstimmten.

Sei die verwandte Formel mit den drei Westmächten abgestimmt?

Wie verhalte es sich mit den Meldungen über einen Brief des Bundeskanzlers an Gomułka?[4]

Herr Minister: Es existiere kein Brief. Er könne nur das Dementi von Herrn Böx bestätigen.

Mit den Westmächten fänden regelmäßige Konsultationen statt, wenn auch nicht über jede einzelne Formulierung. Vor allem erfolge dies jeweils nach Rückkehr der Delegation.

Auf erneute Frage von Herrn Kliesing: Die Formulierungen hätten den Westmächten zuvor nicht vorgelegen.

Abg. Gradl: Er verstehe den Minister so, daß die Spekulationen und Meldungen der Verhandlungslage nicht dienten, weil sie die Erwartungen der Gegenseite steigerten. Wenn solche störenden Aussagen erfolgten, müsse dem nachgegangen werden. Wenn aber z. B. StS Dahrendorf gestern als persönliche Meinung geäußert habe, die Oder-Neiße-Grenze solle anerkannt werden, könne sich die Regierung über Fragen nicht wundern.

Herr Minister: Nachforschungen nach der Quelle der Indiskretionen seien schwierig. So sei festgestellt, daß der fragliche Korrespondent Zimmerer sich zu dem betreffenden Zeitpunkt nicht in Warschau aufgehalten habe.

Mit den Parlamentarischen Staatssekretären sei das so eine Sache: Sie seien einerseits freie Abgeordnete, andererseits Regierungsmitglieder. Dies führe zu Schwierigkeiten. Aus seiner Kenntnis der Vorstellungen von Herrn Dahrendorf könne er aber sagen, daß die Nachrichtengebung mit Sicherheit unterschlagen habe, daß Dahrendorf eine solche Anerkennung nur aufgrund einer Volksabstimmung[5] für möglich halte. Er werde mit ihm noch sprechen.

Abg. Bach: Herr Minister weise mit Recht darauf hin, daß nicht soviel diskutiert werden solle, aber die Meldungen seien nun einmal veröffentlicht. Er sei froh zu hören, daß sie nicht stimmten.

Herr Minister: Es handele sich um herausgegriffene, in falsche Zusammenhänge gestellte und nicht wörtliche Formulierungen.

Abg. Bach: Wenn es aber tatsächlich heiße, daß festgestellt werde, die Oder-Neiße-Linie sei die polnische Westgrenze, so sei dies die Festschreibung der Oder-Neiße-Linie.

---

[4] Für das Schreiben des Bundeskanzlers Brandt vom 20. April 1970 an den Ersten Sekretär des ZK der PVAP, Gomułka, vgl. Dok. 167.

[5] Dieses Wort wurde von Staatssekretär Duckwitz hervorgehoben. Dazu Fragezeichen.

Herr Minister: In den Gesprächen mit Warschau können die Grenzen Gesamt-Deutschlands nicht geregelt werden.[6] Diese Frage sei jetzt nicht lösbar. Sie stehe unter den Vorbehalten vom Potsdamer Abkommen[7] bis zum Deutschlandvertrag[8]. Die Gesamtlösung könne nur in einem Friedensvertrag erfolgen.

Abg. Czaja: Störungen könnten durch Klarheit vermieden werden. Frage:

1) Könne der Minister sagen, daß die zitierte Feststellung hinsichtlich der polnischen Westgrenze nach Sinn und Wortlaut nicht zutreffe? Welche, wie der Minister sage, entscheidenden Teile, fehlten?

2) Wenn es eine solche Feststellung gebe – welche Regelung könne die Bundesregierung hinsichtlich der gesamtdeutschen Grenzen treffen?

3) Wolle die Bundesregierung einen entscheidenden Schritt in Richtung einer Anerkennung der Oder-Neiße-Linie tun?

Der Herr Minister bezieht sich auf seine gemachten Ausführungen über den Weisungsrahmen und die Elemente der Beziehungen. Zur dritten Frage könne er jetzt keine Erklärung abgeben, weil dies zur Zeit niemanden nütze. Er schlage vor, den Komplex nach Rückkehr von Staatssekretär Duckwitz erneut aufzugreifen.

Vorsitzender Dr. Schröder: Mittwoch, 29.4., 10.00 Uhr (im Zusammenhang mit der Erörterung der Gespräche in Moskau).

Abg. Mende: Er wolle nur noch darauf hinweisen, daß es hinsichtlich der Anerkennung in den Parteien keine einheitliche Meinung gebe. Die Auffassungen der Herren Dahrendorf und Blumenfeld deckten sich zum Beispiel. Im übrigen müsse die Regierung jedes Abkommen dem Bundestag zur Ratifizierung vorlegen. Es sei also in ihrem Interesse, einen Text zu finden, der auf Zustimmung rechnen könne. Der Herr Minister stimmt dem zu.

Alten

VS-Bd. 8955 (II A 5)

---

[6] Dieser Satz wurde von Staatssekretär Duckwitz durch Fragezeichen hervorgehoben.
[7] Vgl. dazu Abschnitt IX des Kommuniqués vom 2. August 1945 über die Konferenz von Potsdam (Potsdamer Abkommen); Dok. 12, Anm. 26.
[8] Vgl. dazu Artikel 7, Absatz 1 des Vertrags vom 26. Mai 1952 über die Beziehungen zwischen der Bundesrepublik und den Drei Mächten in der Fassung vom 23. Oktober 1954 (Deutschland-Vertrag); Dok. 16, Anm. 4.

182

Aufzeichnung des Ministerialdirigenten Lahn

II A 1-83.10-758/70 geheim   24. April 1970[1]

Betr.: Vorbereitung der nächsten Berlinsitzung der Vier Mächte am 28.4.1970[2]

Bezug: Aufzeichnung vom 22.4.1970 – II A 1-83.10-733/70 geheim[3]

1) In der heutigen Sitzung der Vierergruppe ist Übereinstimmung erzielt worden, jetzt nicht bei den Sowjets – jedenfalls in diesem Stadium der Gespräche – auf eine ausdrückliche Bestätigung der Vier-Mächte-Verantwortung auf den Zugangswegen zu drängen. Von dem Vorschlag einer Vier-Mächte-Erklärung über den Berlinzugang wird deshalb abgesehen werden.

Dagegen haben sich die Amerikaner – wenn auch zögernd – einverstanden erklärt, daß der britische Botschafter[4] den Gedanken eines ständigen Vier-Mächte-Kontrollmechanismus für die Zugangswege in genereller Form erwähnt. Der Hinweis auf die Berliner Flugsicherheitszentrale ist jedoch in diesem Zusammenhang entfallen. Der amerikanische Vertreter erklärte dazu, daß diese Institution als Modell für eine Kontrollinstanz betreffend den Landzugang wenig geeignet sei.

Die neue Fassung des entsprechenden Passus in der britischen Rede[5] (Ziffern 11 und 12) hat folgenden Wortlaut:

„We should like to ensure that the improved atmosphere which we are all aiming to create by means of our present talks, is not disturbed in future by difficulties over access to Berlin, as has often happened in the past. From this point of view, it could perhaps be to our common advantage to create between us some form of continuously operating mechanism which would facilitate the smooth flow of persons and goods by surface routes and which would be designed to deal quickly and effectively with any complications or impediments affecting surface traffic between Berlin and the Federal Republic of Germany."

Abteilung II sieht keine Bedenken gegen die neue Formulierung.

2) Auf französische Anregung sind die Alliierten ferner übereingekommen, von den Sowjets ausdrücklich die Aufhebung des Visumszwangs[6] zu fordern. Der entsprechende Passus in der britischen Rede (Ziffer 13) lautet jetzt:

---

[1] Die Aufzeichnung wurde von Vortragendem Legationsrat I. Klasse van Well und Legationsrat I. Klasse Bräutigam konzipiert
[2] Zum zweiten Vier-Mächte-Gespräch über Berlin vgl. Dok. 193.
[3] Für die Aufzeichnung des Ministerialdirigenten Lahn vgl. Dok. 173.
[4] Roger Jackling.
[5] Für den Entwurf vom 24. April 1970 der Erklärung des britischen Botschafters Jackling beim zweiten Vier-Mächte-Gespräch über Berlin am 28. April 1970 vgl. VS-Bd. 4480 (II A 1).
[6] Am 11. Juni 1968 erließ die DDR Regelungen für den Reise- und Transitverkehr zwischen der Bundesrepublik und der DDR bzw. Berlin (West). Dazu gehörten u. a. die Einführung der Paß- und Visapflicht sowie eines Mindestumtausches von 10 DM pro Person und Tag gegen Mark der DDR im Verhältnis 1:1. Für die Fünfte Durchführungsbestimmung vom 11. Juni 1968 zum Paßgesetz der

„The Four Powers should bring about the elimination of these restrictions and should restore the normal functioning of traffic. The three Allies consider that the requirement for travellers to and from Berlin to hold visas, which was imposed as recently as June 1968, is a particular example of the difficulties placed in the way of unimpeded movement of persons. In our view the lifting of this requirement would contribute substantially to improving the situation."
Der deutsche Vertreter unterstützte den neuen Text.

3) In der Sitzung der Vierergruppe wurde auch die Frage angeschnitten, ob es zweckmäßig sei, daß die Alliierten am 28. April wieder die Forderung nach Wiederherstellung des innerstädtischen Telefonverkehrs erheben. Die Tendenz ging dahin, diesen Punkt in geeigneter Form zu erwähnen. Man will aber zunächst die Entwicklung der innerdeutschen Postgespräche bis Montag[7] abwarten.[8] Der deutsche Vertreter behielt sich eine Stellungnahme vor.

4) Die übrigen Änderungen, die heute morgen in der Vierergruppe erörtert wurden, sind im wesentlichen stilistischer Art oder dienen der Klarstellung der westlichen Positionen. Der amerikanische Entwurf ist im State Department etwas gestrafft worden, wobei auch die Hinweise auf Berlin als Symbol der Isolierung eliminiert worden sind.[9] Dem dürfte das Motiv zugrundeliegen, die Lage Berlins nicht in zu schwarzen Farben darzustellen, weil sich das auf die westliche Verhandlungsposition nachteilig auswirken könnte.

Uns scheinen diese Überlegungen berechtigt.

Hiermit über den Herrn Staatssekretär[10] dem Herrn Minister[11] mit der Bitte um Zustimmung vorgelegt. Das Bundeskanzleramt, das Bundesministerium für innerdeutsche Beziehungen und die Vertretung des Landes Berlin beim Bund haben diese Aufzeichnung unmittelbar erhalten.

Lahn

VS-Bd. 4480 (II A 1)

Fortsetzung Fußnote von Seite 668
DDR vom 15. September 1954 sowie der übrigen Anordnungen vgl. GESETZBLATT DER DDR, Teil II, S. 331–334.
Vgl. dazu auch AAPD 1968, I, Dok. 187.

7 27. April 1970.
8 Zur Vereinbarung vom 29. April 1970 zwischen dem Bundesministerium für Post- und Fernmeldewesen und dem Ministerium für Post- und Fernmeldewesen der DDR vgl. Dok. 189.
9 Für die Entwürfe vom 18. bzw. 25. April 1970 der Erklärung des amerikanischen Botschafters Rush beim zweiten Vier-Mächte-Gespräch über Berlin am 28. April 1970 vgl. VS-Bd. 4480 (II A 1).
10 Hat Staatssekretär Harkort am 24. April 1970 vorgelegen.
11 Vortragender Legationsrat I. Klasse van Well vermerkte dazu am 30. April 1970 handschriftlich: „Nach Vortrag vom H[errn] Min[ister] gebilligt." Er verfügte die Weiterleitung an Legationsrat I. Klasse Bräutigam.
Hat Bräutigam am 4. Mai 1970 vorgelegen.

183

Staatssekretär Duckwitz, z. Z. Warschau, an Bundesminister Scheel

Z B 6-1-11905/70 geheim
Fernschreiben Nr. 183
Citissime

Aufgabe: 24. April 1970, 17.10 Uhr[1]
Ankunft: 24. April 1970, 18.49 Uhr

Delegationsbericht Nr. 18

Nur für Minister, Staatssekretär[2], D II[3]

In meinem heutigen Vier-Augen-Gespräch mit Vize-Außenminister Winiewicz erklärte dieser einleitend, daß, wie er bereits in der gestrigen Plenarsitzung ausgeführt habe[4], eine gründliche Prüfung unserer Vorschläge[5] noch nicht stattgefunden habe und er sich daher nur generell äußern könne. Er hoffe, daß diese Prüfung in etwa zwei Wochen beendet sei. Das Ergebnis werde uns dann mitgeteilt werden.[6] Soviel könne er allerdings heute schon sagen, daß er nach einer heute morgen stattgefundenen Konferenz mit Gomułka und Cyrankiewicz die strikte Weisung erhalten habe, sich bei den weiteren Gesprächen an den polnischen Entwurf[7] als Diskussionsgrundlage zu halten.

Für die weiteren Überlegungen sei es auch wichtig, sich darüber klar zu sein, daß die Volksrepublik Polen einen bilateralen Vertrag mit der Bundesrepublik abschließen wolle, der sich ausschließlich auf das Verhältnis dieser beiden Staaten zueinander beziehe. Sollte dieser Vertrag auf Schwierigkeiten stoßen, die sich aus Abkommen eines der beiden Partner mit einem dritten Land oder mit dritten Ländern ergeben, so sei es Angelegenheit des betreffenden Landes, diese Schwierigkeiten aus dem Wege zu räumen. Aus seinen weiteren Ausführungen ging klar hervor, daß er hiermit den Deutschland-Vertrag meinte und es uns überläßt, die Zustimmung der Alliierten zu einem eventuellen Grenzabkommen mit den Polen herbeizuführen. Andererseits betonte er noch einmal, daß die polnische Regierung die im Deutschland-Vertrag verankerten Rechte der Alliierten in keiner Weise in Frage stellen möchte.

Mit großem Nachdruck wiederholte Winiewicz die polnische These, daß dieser Vertrag die Grenzfrage endgültig und für alle Zukunft lösen müsse. Die polnische Regierung fürchte nicht so sehr ein neues Rapallo[8] als ein neues Locarno[9]. Gomułka komme in seinen Gesprächen immer wieder auf dieses Problem zu-

---

[1] Hat Ministerialdirigent Lahn am 27. April 1970 vorgelegen.
[2] Hat Staatssekretär Harkort am 25. April 1970 vorgelegen.
[3] Hans Ruete.
[4] Vgl. dazu Dok. 180.
[5] Für den Entwurf der Bundesregierung vom 22. April 1970 vgl. Dok. 174.
[6] Vgl. dazu das Gespräch des Bundesministers Scheel mit dem polnischen Stellvertretenden Außenminister Winiewicz vom 8. Juni 1970; Dok. 251.
[7] Für den polnischen Entwurf vom Februar 1970 vgl. Dok. 141.
[8] Zum Vertrag von Rapallo vom 16. April 1922 vgl. Dok. 141, Anm. 5.
[9] Zu den Verträgen von Locarno vom 16. Oktober 1925 vgl. Dok. 141, Anm. 6.

rück. Es sei eine Art Trauma. Im übrigen sei Gomułka nach wie vor die treibende Kraft einer Aussöhnung zwischen Polen und den Deutschen und habe erst kürzlich wieder erklärt, daß er in seinem Alter (Gomułka ist 65 Jahre) sich zum Ziel gesetzt habe, seine Arbeit für das polnische Volk durch einen deutsch-polnischen Vertrag zu krönen (to crown his work).

In meiner Erwiderung setzte ich Winiewicz noch einmal auseinander, weshalb der polnische Entwurf in dieser Form für uns nicht akzeptabel sei. Ich schlösse die Möglichkeit, einiges aus diesem Vertrag zu übernehmen, durchaus nicht aus, und ich schlüge deshalb vor, daß beide Parteien versuchen sollten, die Gedankengänge des polnischen Entwurfs mit denen der von uns jetzt überreichten Vorschläge einer Prüfung auf eine mögliche Kombination zu unterziehen. Vielleicht sei dies ein gangbarer Weg, um weiterzukommen. Allerdings sei es zweckmäßig, wenn wir, bevor wir uns einer solchen Arbeit unterzögen, die endgültige Stellungnahme der polnischen Seite zu unseren jetzt überreichten Vorschlägen erhalten könnten. Winiewicz zeigte sich diesem Gedanken nicht abgeneigt, bat jedoch inständig, darauf Rücksicht zu nehmen, daß die Absätze 1 und 2 des Paragraphen I des polnischen Vorschlags von Gomułka handschriftlich konzipiert worden seien.

Zu der Frage der Aufnahme diplomatischer Beziehungen äußerte sich Winiewicz wie in der gestrigen Sitzung zurückhaltend. Eine solche Vereinbarung müsse zu gegebener Zeit „in die Landschaft passen". Damit meine er, daß sich dieser Schritt letztlich in die internationale Situation einfügen müsse, wobei er unter anderem auf unsere Gespräche mit der DDR und auf die Bahrschen Gespräche in Moskau verwies. Ein günstiger Augenblick müsse abgewartet werden, um diesen Schritt zu vollziehen. Er könne genausogut vor der Unterzeichnung unseres Abkommens, gleichzeitig mit der Unterzeichnung oder aber auch nach der Unterzeichnung eintreten. Er könne sich heute unmöglich schon festlegen.

Winiewicz kam sodann noch einmal auf die Notwendigkeit eines baldigen Abschlusses eines Handelsabkommens zu sprechen und betonte, daß die gestern besprochenen Erweiterungen der Funktionen der beiderseitigen Handelsvertretungen[10] sofort mit dem Abschluß dieses Wirtschaftsabkommens in Kraft treten könnten. Er müsse nochmals darauf hinweisen, daß ein Nichtzustandekommen des Handelsabkommens negative Rückwirkungen auf unsere politischen Gespräche haben müsse.

Die von mir vorsichtshalber angeschnittene Frage der Reparationen beantworte Winiewicz mit den Worten: Das ist kein Problem. This question is solved. Er fügte allerdings hinzu, daß die polnische Regierung sich vorbehalte, auf die Frage der Wiedergutmachung zu einem späteren Zeitpunkt zurückzukommen.

Ich übermittelte abschließend Herrn Winiewicz die Einladung, die nächste Delegationssitzung in Bonn stattfinden zu lassen. Er akzeptierte meinen Vorschlag. Ferner bedankte er sich für die ihm übermittelte persönliche Einladung, Bonn aufzusuchen. Im Augenblick sehe er allerdings keine Möglichkeit, aber er werde

---

[10] Vgl. dazu Dok. 178.

später gern davon Gebrauch machen. Die nächste Runde der Gespräche soll in der ersten Juni-Woche in Bonn stattfinden.[11]

[gez.] Duckwitz

VS-Bd. 8955 (II A 5)

184

Botschafter von Hase, London, an das Auswärtige Amt

Z B 6-1-11917/70 VS-vertraulich Aufgabe: 24. April 1970, 19.44 Uhr[1]
Fernschreiben Nr. 739 Ankunft: 24. April 1970, 21.19 Uhr
Citissime

Betr.: Innerdeutsche Kontakte;
 hier: Abschluß von Vereinbarungen über Post- und Eisenbahnfragen

I. Leiter des Western European Department[2] legte heute nach Ankündigung am Vorabend im Gespräch mit Mitarbeiter britische Sorge über die Modalitäten einer angeblich vor Unterzeichnung stehenden Postvereinbarung zwischen Bonn und Ostberlin[3] dar.

Nach britischen Informationen aus Bonn hätten die lange schwebenden innerdeutschen Postverhandlungen jetzt ein Stadium erreicht, in dem die andere Seite angeboten habe, zur Unterzeichnung einer Postvereinbarung nach Bonn zu kommen. Soweit die Briten unterrichtet seien, handele es sich bei dieser Vereinbarung, was ihre Formulierung, ihre Phraseologie und ihre Formalitäten anlange, um einen zwischenstaatlichen interministeriellen Vertrag im klassischen Sinne; dies sei auch das Ergebnis der Prüfung durch den Rechtsexperten des Foreign Office.

Die britische Regierung wolle in keiner Weise unsere Politik, die mit derartigen Vereinbarungen sicher den Boden für das Kasseler Gespräch[4] vorbereiten wolle, behindern oder hemmen. Sie sei sich auch bewußt, daß wir eine solche Postvereinbarung (eine Eisenbahnvereinbarung habe offenbar fast das gleiche Stadium erreicht) als innerdeutsche Verwaltungsvereinbarung qualifizieren würden. Angesichts von Formulierungen, wie sie in zwischenstaatlichen Abma-

---

[11] Die vierte Runde der Gespräche mit Polen über eine Verbesserung des bilateralen Verhältnisses fand vom 7. bis 11. Juni 1970 statt.

[1] Hat Vortragendem Legationsrat I. Klasse Wimmers am 29. April 1970 vorgelegen, der die Weiterleitung an Vortragenden Legationsrat Haferkamp verfügte.
 Hat Haferkamp am 29. April 1970 vorgelegen.

[2] Thomas Brimelow.

[3] Zur Vereinbarung vom 29. April 1970 zwischen dem Bundesministerium für Post- und Fernmeldewesen und dem Ministerium für Post- und Fernmeldewesen der DDR vgl. Dok. 189.

[4] Zu den Gesprächen des Bundeskanzlers Brandt mit dem Vorsitzenden des Ministerrats, Stoph, vom 21. Mai 1970 vgl. Dok. 226.

chungen üblich sind, werde es aber nach einer Unterzeichnung nicht mehr verstanden werden, wenn der Westen in den zwischenstaatlichen Organisationen (Weltpostverein oder ähnliche VN-Sonderorganisationen) die selbständige und volle Mitgliedschaft Ostberlins zu verhindern oder zumindest auf eine Berücksichtigung der innerdeutschen besonderen Lage hinzuwirken suche. Es könne vielmehr zu einem „Schneeballeffekt" für alle Internationalen Organisationen, besonders im Rahmen der VN kommen, mit dem der Westen in der Anerkennungsfrage die Initiative an den Osten verlieren würde.

Die zweite, die Briten besonders beunruhigende Implikation der vorgesehenen Postvereinbarung betreffe Berlin. Ostberlin verlange die Einbeziehung Berlins in einer Form, die gänzlich der Berlin-Politik des Ostens entgegenkomme, während die Bundesregierung eine einseitige Erklärung über Berlin – unter Berücksichtigung der alliierten Rechte und Verantwortlichkeiten – abgeben wolle. Wenig glücklich erscheine in diesem Zusammenhang, daß für die Unterzeichnung der Postvereinbarung der 27.4.1970 im Gespräch sei, also der Tag vor dem Beginn der zweiten Runde der alliierten Viererbesprechungen über Berlin.[5] Falls es zur Unterzeichnung am 27.4. komme, sei den drei Verbündeten die Kraft des Arguments genommen, auf die besondere Lage und die westlichen Rechte im Berlinverkehr zu bestehen, wenn die Sowjets unter Hinweis auf ein am Vortage signiertes Abkommen der Bundesregierung mit Ostberlin feststellen könnten, daß diese Fragen in die Zuständigkeit der beiden deutschen Staaten fielen, die bereits entsprechende Verträge verhandelten bzw. abgeschlossen hätten.

Insgesamt vermißten die Briten, bei aller Unterstützung unseres politischen Zieles, in diesem Fall eine genaue Koordinierung unserer Maßnahmen, besonders was die Wahl des Zeitpunktes betreffe. Mitarbeiter verhielt sich zunächst rezeptiv, machte aber Vorbehalt, auf die Angelegenheit nach Unterrichtung der Zentrale zurückzukommen. Britische Botschaft Bonn dürfte das Thema ebenfalls aufgreifen.

II. Ich wäre für Unterrichtung über die Angelegenheit, besonders über die bisher erfolgte Konsultation mit den Verbündeten dankbar, die mich ggf. zur Gesprächsführung mit der britischen Regierung in Stand setzt.

[gez.] Hase

VS-Bd. 2743 (I A 5)

---

[5] Zum zweiten Vier-Mächte-Gespräch über Berlin am 28. April 1970 vgl. Dok. 193.

185

Staatssekretär Duckwitz, z. Z. Warschau, an Bundesminister Scheel

Z B 6-1-11921/70 geheim
Fernschreiben Nr. 186
Citissime

Aufgabe: 24. April 1970, 21.30 Uhr[1]
Ankunft: 24. April 1970, 23.10 Uhr

Delegationsbericht Nr. 20
Nur für Minister, Staatssekretär[2], D II[3]

In heutiger abschließender Plenarsitzung nahm ich zu gestern von Winiewicz vorgetragener Kritik[4] unseres Arbeitspapiers[5] Stellung. Dabei führte ich insbesondere aus:

Die polnischen Einwände gegen den Hinweis auf Vier-Mächte-Verantwortung schienen uns nicht ganz verständlich. Nach dem in den Gesprächen dargelegten Standpunkt polnischer Regierung gründet Polen doch gerade seinen Anspruch auf Oder-Neiße-Grenze und deren Anerkennung durch BRD auf die in Potsdam von beteiligten Mächten getroffenen Entscheidungen. Trotz unterschiedlicher Beurteilung rechtlicher Bedeutung Potsdamer Abkommens sei zwischen BRD und Polen unstreitig, daß vier Siegermächte 1945 in Deutschland besondere Befugnisse in Anspruch genommen und Entscheidungen getroffen haben, die sich auf ganze Lage Deutschlands und Frage der deutsch-polnischen Grenze bis heute auswirkten. Ein Hinweis hierauf in angestrebter deutsch-polnischer Vereinbarung erschiene mir deshalb logisch. BRD sei im übrigen vertraglich gegenüber drei Westmächten verpflichtet, deren noch bestehende Rechte und Verantwortlichkeiten zu respektieren. Hieran werde sich auch durch ein deutsch-polnisches Abkommen nichts ändern können.

Ebenso schiene es mir nicht zutreffend, daß Ziffer 4 des Grenzfrage behandelnden Abschnittes unseres Arbeitspapiers für Westgrenze Polens „Unsicherheit" bewirken würde. Tatsache, daß sowohl Polen als BRD mannigfache vertragliche Bindungen eingegangen seien, die durch zwischen ihnen zustandekommenden bilateralen Vertrag nicht aufgehoben werden könnten, gelte für beide Seiten. Es handele sich daher keineswegs um einseitigen Vorbehalt, den BRD für sich in Anspruch nehmen würde. Ebenso sei Tatsache unbestritten, daß im Potsdamer Abkommen vorgesehene Friedensregelung[6] bisher nicht zustandegekommen sei. Feststellung, daß deutsch-polnische Grenzvereinbarung in Friedensregelung „zu bestätigen sein werde", dürfte auch im Interesse Polens und Sicherheit Westgrenze Polens liegen.

---

1 Hat Ministerialdirigent Lahn am 27. April 1970 vorgelegen.
2 Hat Staatssekretär Harkort am 25. April 1970 vorgelegen.
3 Hans Ruete.
4 Zum Gespräch des Staatssekretärs Duckwitz mit dem polnischen Stellvertretenden Außenminister Winiewicz am 23. April 1970 in Warschau vgl. Dok. 180.
5 Für den Entwurf der Bundesregierung vom 22. April 1970 vgl. Dok. 174.
6 Vgl. dazu Abschnitt IX des Kommuniqués vom 2. August 1945 über die Konferenz von Potsdam (Potsdamer Abkommen); Dok. 12, Anm. 26.

Im polnischen Entwurf⁷ (Artikel 1 Ziffer 3) vorgesehene Klausel, die Grenzvereinbarung als verbindlich für schlechthin „alle zukünftige Vereinbarungen" erklärte, sei so abstrakt und weitgehend, daß sich kaum in einem völkerrechtlichen Vertrag Präzedenzfall finden werde. Eine so weitgehende Klausel schiene mir über rechtliche Möglichkeiten der BRD hinauszugehen. Ziffer 4 des Abschnittes zur Grenzfrage unseres Arbeitspapiers enthalte demgegenüber einfachere und klarere Aussage, die beiderseitigen rechtlichen Möglichkeiten und politischen Interessen entspreche.

Zum Abschluß meiner Ausführungen unterstrich ich nochmals, daß wir wiederholt und nachdrücklich vorgetragenen polnischen Standpunkt in unsere Überlegungen einbeziehen würden. Wir müßten aber auch Verständnis polnischer Regierung für unsere Situation erwarten. Nur wenn wir uns gegenseitig näher kämen, könnten wir zum Ziel gelangen.

Winiewicz stellte in kurzer Erwiderung Prüfung der von mir vorgetragenen Gesichtspunkte in Aussicht. Er bat, auch unsererseits polnischen Vorschlag und polnische Kritik an unserem Arbeitspapier nochmals zu durchdenken. Als zentralen polnischen Gesichtspunkt unterstrich er erneut, daß Grenzfrage ein für alle Male zum Abschluß gebracht werden müßte.

Abschließend wurde folgendes Pressekommuniqué vereinbart: „Beide Seiten haben einen weiteren sachlichen Meinungsaustausch über die Normalisierung der Beziehungen zwischen den beiden Staaten und über die Grundsätze, aufgrund deren sie erfolgen sollte, vorgenommen.

Das nächste Treffen zwischen beiden Seiten wird in der ersten Junihälfte stattfinden. Tagungsort der vierten Begegnung wird Bonn sein."

[gez.] Duckwitz

VS-Bd. 8955 (II A 5)

---

⁷ Für den polnischen Entwurf vom Februar 1970 vgl. Dok. 141.

186

Aufzeichnung des Ministerialdirektors Groepper

V 2-80 SL 4-94.13-478/70 geheim 27. April 1970[1]

Betr.: Jugoslawische Wiedergutmachungsforderungen

Die von Abteilung V im Zusammenwirken mit Abteilung II und dem Bundesministerium der Finanzen vorbereitete Kabinettvorlage ist am 24. April in der Direktorenbesprechung unter Vorsitz von Herrn Staatssekretär Harkort erörtert worden. Dabei wurde beschlossen, die Entscheidung über die Haltung der Bundesregierung nicht auf dem Wege einer normalen Kabinettvorlage mit großer Streuung der Unterlagen herbeizuführen, sondern als außerordentlichen Punkt auf die Tagesordnung der Kabinettsitzung am 30. April zu setzen. Die Mitglieder des Bundeskabinetts sollen die Unterlage, die ursprünglich als Anlage zur Kabinettsache vorbereitet war, als Memorandum rechtzeitig vor der Kabinettsitzung erhalten. Um zu vermeiden, daß der Inhalt der Anlage weiteren Kreisen bekannt wird, soll das Memorandum als „geheim" eingestuft werden.[2]

Außerdem sollen die Staatssekretäre der an der Chefbesprechung vom 29. April im Bundeskanzleramt teilnehmenden Ressorts das Memorandum gesondert erhalten.[3]

In den Anlagen werden die an die Mitglieder des Bundeskabinetts sowie an die genannten Staatssekretäre zu richtenden Anschreiben[4] hiermit dem Herrn Staatssekretär[5] mit der Bitte um Genehmigung und Unterzeichnung vorgelegt.[6]

Groepper

---

[1] Die Aufzeichnung wurde von Vortragendem Legationsrat I. Klasse Rumpf konzipiert.
Hat Legationsrat I. Klasse Henze am 29. April 1970 vorgelegen, der handschriftlich vermerkte: „In der Besprechung am 29.4. im B[undes]K[anzler]A[mt] wurde beschlossen, eine interministerielle Arbeitsgruppe unter Vorsitz von VLR I Prof. Rumpf einzusetzen."

[2] Am 27. April 1970 übermittelte Staatssekretär Duckwitz das Memorandum an die Bundesminister. Er erläuterte dazu: „Das Bundesministerium der Finanzen hat den in Abschnitt I und II enthaltenen Ausführungen zugestimmt, gegen die Ausführungen in Abschnitt III und IV jedoch starke Bedenken geltend gemacht. Die Angelegenheit ist besonders dringlich, da die deutsche Verhandlungsdelegation bei den bevorstehenden Konsultationen mit der jugoslawischen Regierung (4.– 6. Mai) erwarten muß, von der jugoslawischen Seite erneut auf die Wiedergutmachungsfrage angesprochen zu werden, und in der Lage sein sollte, nunmehr die bereits wiederholt angekündigte Entschließung der Bundesregierung mitzuteilen." Vgl. das Begleitschreiben; VS-Bd. 5759 (V 2); B 150, Aktenkopien 1970.

[3] Zur Übermittlung an Ministerialdirektor Ehrenberg, Bundeskanzleramt, Staatssekretär Schäfer, Bundesministerium des Innern, Parlamentarischen Staatssekretär Reischl, Bundesministerium der Finanzen, Parlamentarischen Staatssekretär Arndt, Bundesministerium für Wirtschaft, und Staatssekretär Auerbach, Bundesministerium für Arbeit und Sozialordnung, vgl. das Schreiben des Staatssekretärs Duckwitz vom 27. April 1970; VS-Bd. 5759 (V 2); B 150, Aktenkopien 1970.

[4] Dem Vorgang beigefügt. Vgl. Anm. 2 und 3.

[5] Hat Staatssekretär Duckwitz am 28. April 1970 vorgelegen.

[6] Mit Rundschreiben vom 30. April 1970 informierte Staatssekretär Duckwitz die Bundesminister über das Ergebnis der Besprechung am 29. April 1970: „1) Ministerialdirektor Dr. Féaux la Croix vom Bundesministerium der Finanzen soll mit der Führung von Expertengesprächen mit einer jugoslawischen Delegation beauftragt werden. In diesen Gesprächen soll sich die deutsche Seite streng an die Erörterung von Wiedergutmachungsleistungen für typisch nationalsozialistisches Unrecht im Sinne der deutschen Gesetzgebung halten und sich in keine Erweiterung des Themas für Natio-

[Anlage]

Memorandum

Betr.: Jugoslawische Wiedergutmachungsforderungen

I. Die jugoslawische Regierung verfolgt seit etwa 3–4 Jahren mit erhöhtem Nachdruck Wiedergutmachungsforderungen gegen die Bundesrepublik Deutschland, die sie schon früher, insbesondere seit 1962, geltend gemacht hatte. Aufgrund des Protokolls vom 16.10.1956 und der dazu gehörigen Vereinbarungen (Bundesanzeiger vom 15.1.1957 S. 1 ff.)[7] hatte Jugoslawien einen Gesamtbetrag von 300 Mio. DM erhalten. 240 Mio. DM davon waren als Darlehen (99 Jahre) zur Abgeltung aller Ansprüche, die nicht unter die Einzelvereinbarungen fallen, bestimmt. Die später geltend gemachten Wiedergutmachungsansprüche sind bisher – mit Ausnahme einer Pauschalzahlung von 8 Mio. DM für überlebende Opfer pseudomedizinischer Menschenversuche[8] – stets mit der Begründung abgelehnt worden, daß eine Regelung dieser Ansprüche gegen Artikel 5 Abs. 2 des Londoner Schuldenabkommens vom 27.2.1953[9] verstoßen würde. Im übrigen wurde der jugoslawischen Regierung bedeutet, daß die Bundesrepublik nicht allein in Anspruch genommen werden könne, während Jugoslawien zwei deutsche Staaten anerkenne. Bei der Wiederaufnahme der diplomatischen Beziehungen Anfang 1968 ist diese Haltung durch einen Kabinettsbeschluß bekräftigt worden.[10]

Fortsetzung Fußnote von Seite 676

nalgeschädigte, Partisanen und Widerstandskämpfer einlassen. 2) Es soll ein interministerieller Arbeitskreis unter Federführung des Auswärtigen Amts, Referat V 7, gebildet werden, der die allgemeinen rechtlichen und politischen Fragen prüft, die durch das Problem der Wiedergutmachung gegenüber den Staaten des Ostblocks gestellt werden." Da der von Duckwitz geplante Besuch vom 4. bis 6. Mai 1970 in Belgrad verschoben worden sei, brauche „das Thema der jugoslawischen Wiedergutmachungsforderungen nicht mehr in der Kabinettssitzung am 30. April erörtert zu werden. Wegen der nach wie vor bestehenden Dringlichkeit ist jedoch vorgesehen, es auf der Sitzung des Bundeskabinetts am Mittwoch, dem 6. Mai 1970, außerhalb der Tagesordnung zu erörtern, um die Zustimmung der Bundesregierung zur Aufnahme von Expertengesprächen mit Jugoslawien herbeizuführen." Vgl. VS-Bd. 5759 (V 2); B 150, Aktenkopien 1970.

Am 6. Mai 1970 beschloß das Kabinett, Verhandlungen mit Jugoslawien gemäß Punkt 1 der Ergebnisse der Ressortbesprechung vom 29. April 1970 aufzunehmen. Vgl. dazu den Drahterlaß Nr. 149 des Vortragenden Legationsrats Linsser vom 15. Mai 1970 an Botschafter Jaenicke, Belgrad; VS-Bd. 5759 (V 2); B 150, Aktenkopien 1970.

7 Für den Wortlaut des Gemeinsamen Protokolls vom 10. März 1956 zwischen der Bundesrepublik und Jugoslawien über wirtschaftliche und finanzielle Angelegenheiten, der Vereinbarung vom 10. März 1956 über die Regelung von Ansprüchen auf Entschädigung für nicht realisierbare Restitutionen und von Ansprüchen gegen die deutsche Verrechnungskasse sowie des Abkommens vom 10. März 1956 über die Regelung der jugoslawischen Nachkriegshandelsschulden vgl. BUNDESANZEIGER, Nr. 9 vom 15. Januar 1957, S. 1–4.

8 Am 25. April 1961 verpflichtete sich die Bundesrepublik, einen Betrag von 1,75 Mio DM an Jugoslawien als Globalentschädigung für die Opfer von Menschenversuchen während der nationalsozialistischen Gewaltherrschaft zu zahlen. Der Betrag wurde am 7. September 1963 auf 8 Mio DM aufgestockt. Für den Wortlaut der Vereinbarungen zwischen dem Bundesministerium der Finanzen und dem jugoslawischen Finanzministerium vgl. Referat V 2, Bd. 356.

9 Für Artikel 5, Absatz 2 des Abkommens vom 27. Februar 1953 über deutsche Auslandsschulden (Londoner Schuldenabkommen) vgl. Dok. 14, Anm. 5.

10 Zum Kabinettsbeschluß anläßlich der Aufnahme diplomatischer Beziehungen mit Jugoslawien am 31. Januar 1968 vgl. Dok. 99, Anm. 10.

Seit Sommer 1969 hat Jugoslawien seine Wiedergutmachungsforderungen in verstärkter Weise geltend gemacht. Der jugoslawische Außenminister Tepavac brachte sie gegenüber dem damaligen Bundesaußenminister und heutigen Bundeskanzler zur Sprache.[11] In einem vom jugoslawischen Botschafter dem Leiter der Abteilung II des Auswärtigen Amts übergebenen Aide-mémoire vom 16. 9. 1969 wurden die jugoslawischen Forderungen auf 2 Mrd. DM beziffert.[12] Aus der Begründung dieser Forderung ist klar zu ersehen, daß die jugoslawische Regierung, die von mehr als 950 000 Menschenopfern durch die deutsche Besatzung spricht, von einer ganz anderen Definition der wiedergutmachungspflichtigen Tatbestände ausgeht als der deutsche Gesetzgeber und die Bundesregierung.

Da jedoch die jugoslawische Regierung sich besonders darauf berief, daß die Bundesrepublik in der Vergangenheit mit mehreren westlichen Staaten Verträge über globale Wiedergutmachungsleistungen geschlossen hat, und sich über „Diskriminierung" beklagte, sah sich das Auswärtige Amt nach einer Ressortbesprechung Ende Juli 1969 veranlaßt, den gesamten Fragenkomplex zu überprüfen. Im Anschluß an die Ressortbesprechung wurde auch das Bundesarchiv beauftragt, das hier vorhandene Material daraufhin zu sichten, was deutscherseits zur Aufklärung der den jugoslawischen Forderungen zugrundeliegenden Tatbestände beigetragen werden könne und wieweit sich deutsche Gegenforderungen begründen lassen.[13]

---

[11] Der jugoslawische Außenminister besuchte vom 27. bis 29. Juli 1969 die Bundesrepublik. In einem Gespräch mit Bundesminister Brandt am 28. Juli 1969 regte Tepavac die Aufnahme von Expertengesprächen über Wiedergutmachung an. Brandt erklärte dazu, vor den Bundestagswahlen am 28. September 1969 könne eine Entscheidung des Kabinetts zur Aufnahme von Verhandlungen nicht mehr erreicht werden. Anschließend werde er sich aber dafür einsetzen, „das Problem der Wiedergutmachung so bald wie möglich in Angriff zu nehmen". In einem zweiten Gespräch am 28. Juli 1969 führte Brandt ergänzend aus, „daß es nicht gut wäre, wenn er persönlich dem jugoslawischen Besucher mehr versprechen würde, als er zu halten in der Lage sei. Für irgendwelche Verhandlungen brauche er das ‚grüne Licht' des Kabinetts, das jetzt nicht zu erhalten sei. Er betrachte die Tatsache der Diskussion selbst als Fortschritt in der Angelegenheit und möchte drei Punkte herausstellen: 1) Unsererseits würde alles geschehen, um uns in der Sache vorzubereiten. 2) Er, der Bundesminister, würde seine eigene politische Verpflichtung seinen Kabinettskollegen klarmachen [...] 3) Er möchte vorschlagen, daß, wenn die jugoslawische Regierung im Besitz irgendwelcher Statistiken oder anderer Unterlagen zum Thema des nationalsozialistischen Unrechts sei, würden wir bereit sein, diese Unterlagen in Empfang zu nehmen und zu prüfen, ohne jedoch damit irgendein Obligo einzugehen." Vgl. Referat II A 5, Bd. 1345.

[12] Am 18. September 1969 notierte Ministerialdirektor Ruete, der jugoslawische Botschafter Čačinović habe ihm ein Aide-mémoire übergeben, „in dem die jugoslawischen Reparationsforderungen nach Umfang und Motivierung im einzelnen erläutert werden". Er, Ruete, habe dazu erklärt, der Standpunkt der Bundesrepublik sei der jugoslawischen Regierung bekannt: „Erst die kommende Bundesregierung könne sich mit dem Fragenkomplex befassen." Vgl. VS-Bd. 4456 (II A 5); B 150, Aktenkopien 1969.
Für den Wortlaut des Aide-mémoires vgl. Referat II A 5, Bd. 1351.

[13] In der Ressortbesprechung am 22. Juli 1969 stellte Ministerialdirigent Sahm fest, die „bisherige Argumentation für die Ablehnung der jugoslawischen Forderungen sei brüchig geworden". Es bestand Einigkeit, daß vor einer etwaigen Aufnahme von Gesprächen zunächst folgende vier Punkte zu klären seien: „1) Wie ist die Wiedergutmachungsfrage im Verhältnis zwischen Jugoslawien und Italien geregelt worden? 2) Welche Kriterien sind bei der Befriedigung der entsprechenden Forderungen von zwölf westeuropäischen Staaten zugrunde gelegt worden? 3) Wie ist die jugoslawische Forderung nach dem vorhandenen deutschen Archivmaterial zu beurteilen? 4) Welches Material ist über vergleichbare deutsche Gegenforderungen vorhanden, die ein moralisches Gegengewicht gegen die jugoslawische Forderung bilden könnten?" Mit der Beantwortung der Punkte 3 und 4 wurde das Bundesarchiv beauftragt. Vgl. die Anlage zum Schreiben des Ministerialdirigent Sahm vom 30.

II. Bei der vom Auswärtigen Amt und dem Bundesministerium der Finanzen gemeinsam durchgeführten Prüfung der wiedergutmachungs- und reparationspolitischen Grundsatzfragen wurde besonderes Augenmerk auf die präjudiziellen Auswirkungen gerichtet, die Wiedergutmachungsleistungen an Jugoslawien haben können:

1) Die Prüfung hat ergeben, daß bei strenger Auslegung des Artikels 5 des Londoner Schuldenabkommens auch die Regelung von Entschädigungsforderungen, die sich nur auf typisch nationalsozialistische Verfolgungsmaßnahmen gründen, unter das Regelungsverbot des Londoner Schuldenabkommens fallen, da es sich um Forderungen handelt, die aus dem Zweiten Weltkrieg herrühren. Zwar haben frühere Bundesregierungen inzwischen in zwölf Verträgen mit Staaten der westlichen Welt Entschädigung im Gesamtvolumen von 1 Mrd. DM geleistet, weil sie sich in Anbetracht der zu entschädigenden Tatbestände aus moralisch-humanitären Gründen besonders verpflichtet fühlten. In den Westabkommen ist der Personenkreis, zu dessen Gunsten die Globalbeträge geleistet wurden, ausdrücklich beschränkt auf solche ausländische Staatsangehörige, die aus Gründen der Rasse, des Glaubens oder der Weltanschauung von nationalsozialistischen Verfolgungsmaßnahmen betroffen worden sind und die durch diese Maßnahmen Schäden an Freiheit oder Gesundheit erlitten haben; dazu kommen die Hinterbliebenen der infolge dieser Verfolgungsmaßnahmen Umgekommenen. Es ist jedoch nicht zu verkennen, daß eine Befriedigung der jugoslawischen Wiedergutmachungsforderungen, auch wenn sie sich in dem gleichen Rahmen hielte, die bereits in den Westabkommen liegende Einschränkung der Sperrwirkung des Artikels 5 des Londoner Schuldenabkommens in spektakulärer Weise wiederholen würde. Vermutlich könnte es dann nicht bei dieser einen Wiederholung bleiben. Vielmehr müßte damit gerechnet werden, daß auch andere osteuropäischen Staaten bei entsprechenden Forderungen, für die sie bereits Unterlagen sammeln, unter Berufung auf das Beispiel Jugoslawien eine gleiche Behandlung verlangen würden. Eine Gesamtregelung der Wiedergutmachungsfrage in den Grenzen des § 1 BEG[14] (also ohne Berücksichtigung der Widerstandskämpfer und Partisanen, der Zwangsarbeiter und der sogenannten Nationalgeschädigten) im Verhältnis zu Osteuropa würde voraussichtlich an die 200–400 Mio. DM erfordern, wogegen nach Auffassung des Bundesministeriums der Finanzen die Wiedergutmachung sämtlicher Personenschäden in Osteuropa einen Aufwand von schätzungsweise 11–20 Mrd. DM, und allein für Polen 5–8 Mrd. DM erfordern würde.

2) Erhebliche Weiterungen wären insbesondere zu befürchten, wenn wir jugoslawischen Vorstellungen entsprechend den Kreis der Entschädigungsberechtigten über die von typisch nationalsozialistischen Verfolgungsmaßnahmen im Sinne

Fortsetzung Fußnote von Seite 678

Juli 1969 an das Bundeskanzleramt und die Bundesministerien der Finanzen, des Innern, der Justiz, für Verteidigung sowie für Vertriebene, Flüchtlinge und Kriegsbeschädigte; Referat II A 5, Bd. 1351.

14 Paragraph 1, Absatz 1 des Gesetzes vom 29. Juni 1956 zur Entschädigung für Opfer der nationalsozialistischen Verfolgung (Bundesentschädigungsgesetz): „Opfer der nationalsozialistischen Verfolgung ist, wer aus Gründen politischer Gegnerschaft gegen den Nationalsozialismus oder aus Gründen der Rasse, des Glaubens oder der Weltanschauung durch nationalsozialistische Gewaltmaßnahmen verfolgt worden ist, und hierdurch Schaden an Leben, Körper, Gesundheit, Freiheit, Eigentum, Vermögen, in seinem beruflichen oder in seinem wirtschaftlichen Fortkommen erlitten hat (Verfolgter)." Vgl. BUNDESGESETZBLATT 1956, Teil I, S. 563.

des § 1 BEG Betroffenen hinaus um die sogenannten Nationalgeschädigten erweitern würden. Während dieses Problem im Westen keine Rolle spielte, und auch in Jugoslawien nur verhältnismäßig sehr wenige Menschen aus Gründen ihrer Nationalität geschädigt worden sind, müßte im Osten, besonders von polnischer Seite, mit derartigen Forderungen gerechnet werden, weil polnische Staatsangehörige in besonders großem Umfang ihrer Nationalität wegen geschädigt worden sind. Eine Gesamtentschädigung der Nationalgeschädigten in Osteuropa würde schätzungsweise zusätzlich 400–2000 Mio. DM erfordern. Würde man diese Gruppe einbeziehen, so käme damit auch das Problem der Zwangsarbeiter und Widerstandskämpfer zur Sprache. Deren Entschädigung würde aber einen entscheidenden Einbruch in die Schranke des Artikels 5 des Londoner Schuldenabkommens zur Folge haben.

Berichte aus Jugoslawien und Erhebungen des Bundesarchivs lassen nun in der Tat erkennen, daß der jugoslawischen Regierung an Wiedergutmachung für die verhältnismäßig kleine Zahl von echten NS-Verfolgten im Grunde nur wenig gelegen ist, um so mehr dafür aber an Zahlungen zugunsten ehemaliger Partisanen, Widerstandskämpfer und Opfern von Repressalien, d.h. an allgemeinen Reparationen für Personenschäden. Über die Abgrenzung der verschiedenen Gruppen von Geschädigten würde vermutlich zwischen der deutschen und der jugoslawischen sowie später auch der polnischen Rechtsauffassung kein Einvernehmen zu erzielen sein. Würden wir jedoch die von der anderen Seite angewandten Kriterien annehmen, so würde, wie bereits im vorstehenden Absatz betont, die bisher mühsam verteidigte Grenze zwischen Wiedergutmachung und Reparationen verwischt und das Regelungsverbot des Artikels 5 des Londoner Schuldenabkommens untergraben werden. Davon abgesehen könnten sich aber auch Rückwirkungen auf die innerdeutsche Gesetzgebung zeigen, die in Artikel VI BEG-SG[15] eine bisher auch von der höchstrichterlichen Rechtsprechung restriktiv ausgelegte Legaldefinition des Begriffs des Nationalgeschädigten enthält.

3) Würden wir im Verhältnis zu Jugoslawien und später zum Ostblock die Grenze zwischen Entschädigung für typisches NS-Unrecht und allgemeinen Personenschäden überschreiten, müßte schließlich auch mit Nachforderungen der westlichen Staaten gerechnet werden, die sich bisher mit der Einschränkung auf die Wiedergutmachung typisch nationalsozialistischer Verfolgung zufrieden gegeben haben.

4) Selbst wenn aber die Entschädigung an Jugoslawien in dem engen Rahmen der Wiedergutmachung typischer NS-Verfolgung gehalten werden könnte, müßte mit verstärkten Ansprüchen solcher Verfolgter gerechnet werden, die erst nach dem 31. Dezember 1965 ihre osteuropäische Heimat verlassen haben und nach der geltenden Regelung des BEG-SG nicht anspruchsberechtigt sind (sogenannte „Post-65"-Fälle).[16] Diese Gruppe könnte sich mit gutem Grunde un-

---

[15] Artikel VI des Zweiten Gesetzes vom 14. September 1965 zur Änderung des Bundesentschädigungsgesetzes (BEG-Schlußgesetz) regelte den Entschädigungsanspruch von Personen, die während der nationalsozialistischen Gewaltherrschaft aus Gründen ihrer Nationalität geschädigt wurden („Nationalgeschädigte"). Für den Wortlaut vgl. BUNDESGESETZBLATT 1965, Teil I, S. 1337f.

[16] Das Gesetz vom 29. Juni 1956 zur Entschädigung für Opfer der nationalsozialistischen Verfolgung (Bundesentschädigungsgesetz) sah Entschädigungen für Opfer vor, die mit Stichtag des 1. Oktober 1953 ihre Heimat verlassen oder den Status von Flüchtlingen bzw. Staatenlosen hatten. Vgl. dazu

gerecht behandelt fühlen, wenn sie leer ausgeht, während ihre Schicksalsgenossen in Jugoslawien ohne Rücksicht auf einen Stichtag oder eine Auswanderung nach dem Westen Entschädigung erhalten. Genaue Statistiken liegen für diesen Personenkreis nicht vor, jedoch sollen allein in Israel bereits 30000 derartige Anträge durch eine Verfolgtenorganisation registriert sein. Das finanzielle Gesamtvolumen einer Regelung der sogenannten Post-65-Fälle würde schätzungsweise 50 bis 200 Mio. DM betragen.

5) Daß es sich bei den in den vorangehenden Absätzen dargelegten Möglichkeiten der Auslösung weiterer Forderungen nicht um Spekulationen handelt, wird durch eine am 4. März angenommene Resolution der Menschenrechtskommission der UNO zur Frage der Kriegsverbrecher und der Wiedergutmachung bestätigt, die auf einem polnisch-sowjetischen Entwurf fußt und gegen nur 2 Stimmen (USA und Großbritannien) bei 9 Stimmenthaltungen angenommen wurde. Die Resolution fordert außer der Bestrafung von Kriegsverbrechern, daß der Generalsekretär der UNO einen Bericht über die Maßstäbe vorlegen solle, welche zur Bestimmung von Wiedergutmachungsleistungen an „Opfer von Kriegsverbrechen" anzulegen sind.[17] Der sowjetische Delegierte erklärte in seiner einführenden Ansprache, eine gerechte Entschädigung aller Nazi-Opfer „ohne Unterschied des Wohnortes" sei dringend erforderlich.[18]

6) Unter innenpolitischen Gesichtspunkten kann schließlich die Frage der deutschen Gegenforderungen im Verhältnis zu Jugoslawien und später auch den anderen Ostblockstaaten nicht übersehen werden. Würde die Bundesregierung Jugoslawien eine über die Wiedergutmachung typischen NS-Unrechts hinausgehende Entschädigung zugestehen, ohne deutsche Gegenforderungen anzumelden, bestünde die Gefahr, daß Ostblockstaaten, insbesondere Polen, denen gegenüber die Gegenforderungen ein sehr viel größeres Gewicht haben, darin ein

---

Fortsetzung Fußnote von Seite 680
die Paragraphen 4, 150 und 160; BUNDESGESETZBLATT 1956, Teil I, S. 563 f. und S. 585 f.
Für Verfolgte, die nach dem 1. Oktober 1953 und bis spätestens 31. Dezember 1965 die osteuropäischen Staaten verlassen hatten („Post-fifty-three-Fälle"), wurde durch Artikel V des Zweiten Gesetzes vom 14. September 1965 zur Änderung des Bundesentschädigungsgesetzes (BEG-Schlußgesetz) ein Sonderfonds in Höhe von 1,2 Mrd. DM geschaffen. Vgl. dazu BUNDESGESETZBLATT 1965, Teil I, S. 1335–1337.
Somit bestand für Opfer, die erst nach dem 31. Dezember 1965 die osteuropäischen Staaten verlassen hatten, kein Anspruch auf Entschädigung („Post-sixty-five-Fälle").

17 In dem Entwurf der UNO-Menschenrechtskommission vom 4. März 1970 für eine Resolution der UNO-Generalversammlung hieß es: „The General Assembly [...] Requests the Secretary-General to continue, in the light of the comments and observations submitted by Governments, the study of the question of the punishment of war crimes and crimes against humanity, and also of the criteria for determining compensation to the victims of such crimes in order to submit a report on this question to the General Assembly at its twenty-sixth session." Vgl. UNITED NATIONS ECONOMIC AND SOCIAL COUNCIL, Official Records: 48th Session, Supplement No. 5: Commission on Human Rights, Report on the 26th Session (24 February – 27 March 1970), New York 1970, S. 91.

18 Botschafter Böker, New York (UNO), berichtete am 6. März 1970, der sowjetische Delegierte Tarassow habe betont, daß „eine gerechte Entschädigung aller Naziopfer ohne Unterschied des Wohnsitzes" dringend erforderlich" sei. Er habe ferner ausgeführt: „In der Bundesrepublik Deutschland seien 200000 Kriegsverbrecher auf freiem Fuß, darunter Lübke, Oberländer etc., die sogar staatliche Pensionen empfängen, sowie 15000 Gestapo-Mitglieder und 30000 Bedienungsmannschaften der KZ's. Viele Kriegsverbrecher hätten Schlüsselpositionen in Wirtschaft, Verwaltung und Bundeswehr, General Kielmansegg sogar in der NATO inne." Der von der UNO-Menschenrechtskommission angenommene Resolutionsentwurf, so Böker, diene „der Untermauerung der Forderung der osteuropäischen Staaten [...], die Bundesrepublik Deutschland müsse Wiedergutmachungen leisten, unabhängig von Verjährungsfristen, Bestehen diplomatischer Beziehungen oder bereits erbrachter Reparationen." Vgl. den Drahtbericht Nr. 210; Referat V 4, Bd. 1188.

Präjudiz für unsere Haltung sehen und die Erörterung von Gegenforderungen ebenfalls ablehnen würden.

7) Zusammenfassend ist demnach unter reparations- und wiedergutmachungsrechtlichen und -politischen Gesichtspunkten festzustellen, daß die Erfüllung der jugoslawischen Forderungen eine Kettenreaktion von Forderungen anderer Staaten und Organisationen auslösen könnte, die in letzter Konsequenz die schützende Schranke des Londoner Schuldenabkommens für den gesamten Bereich der Personenschäden einreißen würde. Damit wäre aber auch die Wirkung dieser Schranke auf dem Gebiet der Sachschäden aufs höchste gefährdet.

III. Für die Aufnahme von Verhandlungen über die Wiedergutmachungsansprüche Jugoslawiens sprechen andererseits folgende Erwägungen:

1) Wir haben mit verschiedenen westlichen Staaten globale Wiedergutmachungsverträge geschlossen, mit denen die Bundesregierung zur Verbesserung der allgemeinen politischen Beziehungen zu diesen Ländern beitragen und auch einer moralischen Verpflichtung gerecht werden wollte. Nachdem sich die Beziehungen zu Jugoslawien in den letzten Jahren durch die Wiederaufnahme diplomatischer Beziehungen und den Abschluß verschiedener Abkommen, unter anderem über Gastarbeiter, immer mehr normalisiert haben und die Bundesrepublik bestrebt ist, diese Normalisierung fortzusetzen, können wir Jugoslawien die Erfüllung des Verlangens nach Gleichbehandlung mit den Weststaaten auf die Dauer nicht verweigern. Auch der Einwand, Jugoslawien erkenne zwei deutsche Staaten an und könne daher nicht nur von uns Wiedergutmachung verlangen, kann heute, nachdem die Bundesregierung selbst vom Alleinvertretungsanspruch abgerückt ist, nur noch als Begrenzung der Höhe der zu leistenden Wiedergutmachung, nicht aber mehr als prinzipielles Hindernis betrachtet werden.

2) Wie im Verhältnis zu den westlichen Staaten muß auch im Verhältnis zu Jugoslawien der moralische Aspekt der Wiedergutmachung gewürdigt werden. Ohne Berücksichtigung dieser moralischen Verpflichtung wird sich das Verhältnis zu Jugoslawien nicht endgültig normalisieren lassen.

3) Es kann für uns in dieser Lage nur darauf ankommen, die auf uns zukommende Belastung in einem unseren bisherigen Wiedergutmachungsleistungen an Dritte und unserer Leistungsfähigkeit entsprechenden Rahmen zu halten. Hier läßt sich der Spruch „Doppelt gibt, wer schnell gibt" auch dahingehend auslegen, daß ein unnötiges Verzögern den politischen Effekt mindert, und schon dadurch die Kosten in die Höhe treibt.

Da wir andererseits im Rahmen unserer Ostpolitik ohnehin auf die Dauer mit größeren wirtschaftlichen Leistungen mindestens in der Form langfristiger Kredite rechnen müssen, ist die Stützung, die die Volkswirtschaft dieser Länder durch Wiedergutmachungsleistungen erfährt, für uns auch von allen anderen politischen Folgen abgesehen nicht ohne positive Aspekte. Wir werden angesichts der Höhe der zu erwartenden Beträge schon aus eigenen wirtschafts- und finanzpolitischen Erwägungen heraus die zu erbringenden Summen in einer volkswirtschaftlich sinnvollen Weise aufschlüsseln müssen.

Diese Überlegung darf jedoch nicht dazu verführen, hier etwa grundsätzlich in den Begriffen eines wirtschaftspolitischen „Generalplans" zu denken. Denn ei-

682

nerseits werden es gerade die osteuropäischen Länder ablehnen, diese moralisch-politischen Leistungen als „Wirtschaftshilfe" in Empfang zu nehmen. Auch muß daran liegen, den politisch-moralischen Charakter von Wiedergutmachungsleistungen hervorzuheben, der durch eine „wirtschaftliche" Einkleidung verdunkelt und in seinen politischen Effekten gemindert würde. Hinzu kommt, daß wir nur bei genauer Bezeichnung des Verwendungszwecks mit befreiender Wirkung zahlen und zu einer wirklich abschließenden Regelung kommen. Andererseits entbinden uns diese generellen Überlegungen nicht von der Notwendigkeit, die in den einzelnen Ländern sehr verschiedenen Verhältnisse nach ihren Besonderheiten zu beurteilen und zu behandeln.

IV. Wenn die Bundesregierung es demnach aus politischen und moralischen Gründen für erforderlich hält, sich auf Verhandlungen über jugoslawische Wiedergutmachungsforderungen einzulassen und das darin liegende Risiko auf sich zu nehmen, muß sie darauf bedacht sein, es so eng wie möglich zu begrenzen. Unter dieser Voraussetzung wird dem Kabinett folgender Beschluß vorgeschlagen:

1) Der jugoslawischen Regierung wird die Bereitschaft der Bundesregierung erklärt, in Verhandlungen über ein Wiedergutmachungsabkommen nach dem Muster der westlichen Wiedergutmachungsabkommen einzutreten und zunächst auf beiden Seiten Experten dafür zu benennen;

2) die deutsche Delegation muß dabei streng darauf bedacht sein, daß die Verhandlungen und ihr Ergebnis sich auf Tatbestände beschränken, die als typisches NS-Unrecht im Sinne der deutschen Gesetzgebung anzusehen sind; eine ins einzelne gehende Untersuchung der Fälle sollte jedoch unterbleiben;

3) sollte sich im Laufe der Verhandlungen ergeben, daß die jugoslawische Regierung über diese Tatbestände nur unzulängliches Material besitzt oder es an nennenswerten Tatbeständen dieser Art fehlt, könnte die deutsche Delegation ermächtigt werden, Jugoslawien zur Abgeltung seiner Forderungen eine Pauschale anzubieten, die aus politischen Gründen etwas großzügiger bemessen werden könnte. Der Rechtsgrund der deutschen Entschädigung muß aber auf die Wiedergutmachung typischen NS-Unrechts beschränkt werden.

V. Der Herr Bundesminister der Finanzen[19] hat den Abschnitten I und II dieser Vorlage zugestimmt. Gegen ihre Abschnitte III und IV hat er jedoch Bedenken geäußert.

Mit dem Auswärtigen Amt ist der Bundesminister der Finanzen aber der Meinung, daß die Erörterung des Gesamtproblems – und mit ihm der deutsch-jugoslawischen Wiedergutmachungsfrage – nicht länger aufgeschoben werden sollte.

VS-Bd. 5759 (V 2)

---

[19] Alex Möller.

187

Aufzeichnung des Staatssekretärs Bahr, Bundeskanzleramt

27. April 1970

Streng vertraulich/persönlich!

Dem Herrn Bundeskanzler[1] über den Herrn Bundesminister[2]

Die Rücksprachen mit dem Besucher[3] ergeben folgendes Bild:

1) Die politischen Vorentscheidungen sind gefallen, die zu einer Verstärkung der Position Breschnews geführt haben. Neben den bekannten Umbesetzungen kann mit einer Reihe weiterer Personalveränderungen an der Spitze gerechnet werden. Dies soll sich in mindestens zwei Etappen im Frühsommer und im Spätherbst im Zusammenhang mit dem Parteitag im November[4] in zivilen Formen unter dem Gesichtspunkt der Verjüngung abspielen. Es wäre damit zu rechnen, daß davon u. a. Podgornyj, Kossygin, Suslow und (insofern herausfallend) Schelepin betroffen werden.

Breschnew ist entschlossen, auch direkte Richtlinien für die Regierungsarbeit, insbesondere die Außenpolitik, zu geben.

Seine Einstellung zu einem Ausgleich mit der Bundesrepublik ist positiv. Das gleiche gilt für Gromyko, dessen Position stärker werden soll. Es ist offensichtlich, daß Breschnew auch in absehbarer Zeit außenpolitische Erfolge wünscht. Es ist klar, daß die SU zeitlich für Vereinbarungen mit der Bundesrepublik die Vorhand behalten will.

2) In diesem Zusammenhang ist eine wichtige ZK-Sitzung in der ersten Mai-Woche vorgesehen, deren Zustandekommen in der letzten Woche noch nicht sicher war. Dies führte zu der Anregung, daß meine Reise möglichst auf die zweite Mai-Woche[5] verschoben wird. Jedenfalls nicht später (Kassel[6]). Man rechnet etwa mit einem Bedarf von zehn Tagen, in denen der Meinungsaustausch positiv abgeschlossen werden sollte, so daß dann den Regierungen ein zustimmungsfähiges Konzept für die Eröffnung von Verhandlungen vorgelegt werden kann.

Die Experten sind angewiesen, alternativ Papiere bis zum Ende dieser Woche für die noch offenen drei Punkte vorzubereiten.

3) Man geht in Moskau davon aus, daß in Kassel zur Fortsetzung der Besprechungen zwischen beiden Regierungen eine Arbeitsebene beschlossen wird. Diese Überlegungen des Bundeskanzlers sei schon für Erfurt[7] vernünftig gewesen.

---

[1] Hat Bundeskanzler Brandt am 28. April 1970 vorgelegen.
[2] Hat Bundesminister Ehmke vorgelegen.
[3] Vermutlich Walerij W. Lednew.
[4] Der XXIV. Parteitag der KPdSU fand vom 30. März bis 9. April 1971 statt.
[5] Staatssekretär Bahr, Bundeskanzleramt, hielt sich vom 10. bis 23. Mai 1970 in Moskau auf.
[6] Zu den Gesprächen des Bundeskanzlers Brandt mit dem Vorsitzenden des Ministerrats, Stoph, am 21. Mai 1970 in Kassel vgl. Dok. 226.
[7] Zu den Gesprächen des Bundeskanzlers Brandt mit dem Vorsitzenden des Ministerrats, Stoph, am 19. März 1970 in Erfurt vgl. Dok. 124.

Ich wurde auch bestätigt in meinem weiteren Hinweis, daß in Kassel die politische Entscheidung gefällt werden müsse, Fragen der Form und des Inhalts parallel zu behandeln. Man hofft, daß der Charakter von Kassel bereits den einer Verhandlung annehmen wird.

Mit Ulbricht ist in diesem Sinne in Moskau gesprochen worden.[8]

Dabei wurde ausdrücklich gedankt für die umfassende und schnelle Information über den Standpunkt Bonns vor Erfurt und in Erfurt. Es hat in dem Führungsgremium Aufsehen erregt, daß bis zur letzten Woche aus Ost-Berlin keine Information gegeben wurde über den Punkt der zeitweiligen Einigung zwischen Bundeskanzler und Stoph. Die Überlegung, daß eine derartige Information nur von Stoph oder Brandt stammen könne, hat zu dem Ergebnis geführt, Ulbricht, d. h. Ost-Berlin insgesamt, gegenüber die Tatsache zu verschweigen, daß diese Zwischenphase von Erfurt Moskau bekannt ist.

4) Ein Brief Brandts an Breschnew würde in die Situation passen. Von der Tatsache eines solchen Briefes würden auf sowjetischer Seite maximal drei Personen unterrichtet. Nach Moskauer Ansicht sollte er keine Rolle für den Abschluß der jetzt anstehenden Verhandlungsthemen spielen, sondern über den Tag hinausreichende allgemeine Fragen behandeln.

In Moskau ist informell auch die Möglichkeit eines Treffens zwischen Brandt und Breschnew überlegt worden. Mein Hinweis, daß es dafür zur Zeit keinen sachlichen Grund gibt, wurde positiv aufgenommen. Man sehe diese Frage seriös, d. h. längerfristig, vielleicht im nächsten Jahr. Aber erst, wenn man die grundsätzliche Einstellung hier weiß, kann man sich dort darauf einstellen und ein derartiges Treffen anvisieren, das nicht in Moskau stattzufinden brauche. Formal gibt es wohl noch eine sowjetische Besuchsschuld in Bonn.

5) Breschnew sieht, daß ein Ausgleich mit der BRD auch eine befriedigende Lösung für West-Berlin verlangt. Auch darüber ist mit Ulbricht gesprochen worden. Es gibt dazu noch keine ausgearbeiteten Vorstellungen. Abrassimow sind keine neuen Instruktionen für den 28.4.[9] gegeben worden. Es gibt auch Überlegungen darüber, ob es eine Möglichkeit gibt, Zugeständnisse eher der BRD als den USA zu geben. Ich halte es für denkbar, daß Gromyko, sich abermals um 180° drehend, in dem Meinungsaustausch das Gespräch über Berlin wieder aufnimmt. Man sieht jedenfalls in Moskau noch nicht, daß die Vierer-Verhandlungen über Berlin auch nur annähernd so schnell zu einem Ergebnis kommen, wie die bilateralen zwischen der SU und der BRD und möglicherweise zwischen Polen und der BRD. Der Abschluß mit der SU wird sich jedenfalls positiv für die ebenfalls nicht kurzfristigen Verhandlungen zwischen Ost-Berlin und Bonn auswirken.

6) Es ist an der Zeit, im Lichte dieser Informationen im kleinsten Kreis unser Positionspapier für Moskau zu erörtern. Die gefundene Position muß dann mit dem Außenminister abgestimmt und dem Kabinett mitgeteilt werden.

---

[8] Der Staatsratsvorsitzende Ulbricht nahm an den Feierlichkeiten anläßlich des 100. Geburtstags Lenins vom 21. bis 23. April 1970 in Moskau teil.
[9] Zum zweiten Vier-Mächte-Gespräch über Berlin am 28. April 1970 vgl. Dok. 193.

Auf dem normalen Wege über unsere Botschaft in Moskau sollte dem sowjetischen Außenministerium mitgeteilt werden, daß ich ab 11. Mai gesprächsbereit bin.

Vor der Abreise sollte eine informelle Mitteilung an Kissinger gehen, dem ich auch ein Wort über Warschau sagen möchte.

Bahr[10]

Archiv der sozialen Demokratie, Depositum Bahr, Box 434

188

Drahterlaß des Staatssekretärs Duckwitz

II A 5-82.00-94.20-772/70 geheim Aufgabe: 27. April 1970, 20.04 Uhr[1]
Fernschreiben Nr. 1813 Plurex

I. Dritte Runde deutsch-polnischer Gespräche fand vom 22.–24. April in Warschau statt.

Gesprächsatmosphäre war unverändert gut. Sie reflektierte nicht den in letzter Zeit verschärften Tenor der polnischen Presse. Allerdings bestätigten polnische Gesprächspartner am Rande des Gesprächs indirekt, daß Opposition innenpolitischer Gegner einer deutsch-polnischen Annäherung in Polen sich verschärft habe. Nachteilig wirkt sich in diesem Zusammenhang offenbar aus, daß Verhandlungen über längerfristiges Wirtschaftsabkommen bisher nicht zum Abschluß gebracht werden konnten.

II. Bei den Gesprächen mit Warschau handelt es sich nach wie vor um Sondierungen über die Elemente der beiderseitigen Beziehungen. Zu diesen Elementen gehören u. a.

– die Grenzfrage;
– die von uns zu machenden Vorbehalte;
– die künftige Gestaltung der Beziehungen;
– humanitäre und sonstige Folgeprobleme der Vergangenheit.

Wir haben ein neues Arbeitspapier in die Gespräche eingeführt, das versucht, Grundsätze für die Entwicklung der Beziehungen zwischen beiden Ländern zu definieren.[2] Dabei handelt es sich noch nicht um einen Vertragsentwurf. Daher

---

10 Paraphe.

1 Drahterlaß an die Botschaften in London, Paris und Washington.
  Der Drahterlaß wurde von Vortragender Legationsrätin Finke-Osiander konzipiert.
  Hat Ministerialdirigent Lahn am 27. April 1970 vorgelegen.
  Hat den Vortragenden Legationsräten I. Klasse von Alten und von Schenck am 27. April 1970 vorgelegen.

2 Für den Entwurf der Bundesregierung vom 22. April 1970 vgl. Dok. 174.

geht es im Gespräch zwischen beiden Delegationen auch noch nicht darum, einzelne Formulierungen auszuhandeln.

Im Mittelpunkt öffentlichen Interesses steht Bemühen um Annäherung beiderseitiger Standpunkte in der Grenzfrage. In deutscher Presse hierüber erschienene Meldungen berücksichtigen kaum Gesamtrahmen der Gespräche; sie sind auch sachlich nicht ganz zutreffend.

Unser Arbeitspapier enthält zur Grenzfrage Vorstellungen, die polnischem Standpunkt entgegenkommen und ausdrücken, daß wir Oder-Neiße-Grenze nicht in Frage stellen, daß aber bestehende Rechtslage und unsere vertraglichen Verpflichtungen berücksichtigt werden müssen. Unsere Vorschläge gehen davon aus, daß

- wir nur für Bundesrepublik Deutschland sprechen können;
- unsere Handlungsfähigkeit durch Rechte und Verantwortlichkeiten der Vier Mächte und durch unsere Verpflichtungen aus dem Deutschland-Vertrag begrenzt wird;
- bilaterale Abmachungen eine Friedensregelung für Deutschland als Ganzes nicht ersetzen.

Polnische Delegation hat sich zu unseren Vorschlägen bisher nur vorläufig und eher kritisch geäußert; sie hat sich eingehende Stellungnahme vorbehalten. Trotz zurückhaltender offizieller Reaktion gibt es verschiedene Anzeichen dafür, daß unsere Vorschläge in Warschau immerhin mit großem Interesse geprüft und als Zeichen ernsthaften Verständigungswillens der Bundesregierung gewertet werden.

III. Im Rahmen dieser Gesprächsrunde wurden Erweiterung Befugnisse beiderseitiger Handelsvertretungen sowie Probleme der Staatsangehörigkeit und der Familienzusammenführung besprochen.

Polnische Seite hat vorgeschlagen, Handelsvertretungen mit vollen konsularischen Befugnissen auszustatten. Vereinbarung hierüber soll unabhängig von Wirtschaftsverhandlungen ausgehandelt werden, jedoch Bestandteil des Wirtschaftsabkommens bilden.

Während Polen Aufnahme konsularischer Beziehungen als bilaterale Angelegenheit behandelt, gab polnische Delegation erneut zu erkennen, daß Polen hinsichtlich Zeitpunktes Aufnahme diplomatischer Beziehungen Rücksicht auf seine Verbündeten nehmen müsse.

IV. Fortführung der Gespräche ist für erste Juni-Hälfte in Bonn[3] vereinbart. Für kommende Gesprächsrunde hat polnische Seite eingehende Stellungnahme zu unserem Arbeitspapier in Aussicht gestellt. Polnische Seite verwies darauf, daß Prüfung unserer Vorschläge einige Zeit erfordere. Wahrscheinlich möchte Warschau auch Fortgang unserer Gespräche mit Moskau und Ost-Berlin abwarten.

Bisherige polnische Äußerungen lassen erwarten, daß es schwierig bleiben wird, unterschiedliche Standpunkte insbesondere in Grenzfrage zu überbrücken. Wir rechnen in deutsch-polnischen Gesprächen weiterhin damit, daß Annäherung beiderseitiger Standpunkte längere Zeit erfordern wird.

3 Die vierte Runde der Gespräche mit Polen über eine Verbesserung des bilateralen Verhältnisses fand vom 7. bis 11. Juni 1970 statt.

V. Hiesige Botschafter der Drei Mächte[4] werden in nächsten Tagen eingehend über Verlauf dieser Gesprächsrunde und deutsche Vorschläge unterrichtet.

Duckwitz[5]

VS-Bd. 8955 (II A 5)

189

Runderlaß des Staatssekretärs Duckwitz

II A 1-85.55-1350/70 VS-vertraulich Aufgabe: 28. April 1970, 20.34 Uhr[1]
Fernschreiben Nr. 1832 Plurex

Betr.: Postvereinbarung zwischen Bundesrepublik Deutschland und DDR

Am 29.4. wird voraussichtlich in Bonn eine „Vereinbarung über die Berechnung und Verrechnung der im Post- und Fernmeldeverkehr zwischen der Bundesrepublik Deutschland und der DDR gegenseitig erbrachten Leistungen" unterzeichnet werden.[2]

Zur Regelung der Sprache:

1) Es handelt sich um eine Verwaltungsvereinbarung auf Ressortebene (Inkrafttreten nach Unterzeichnung durch Abteilungsleiter), die gemäß dem Sche-

---

[4] Roger Jackling (Großbritannien), François Seydoux (Frankreich) und Kenneth Rush (USA).
[5] Paraphe.
[1] Der Runderlaß wurde von Vortragendem Legationsrat I. Klasse van Well konzipiert.
  Hat Ministerialdirigent Lahn am 28. April 1970 vorgelegen.
  Hat dem Vortragenden Legationsrat I. Klasse von Schenck am 28. April 1970 vorgelegen, der handschriftlich bemerkte: „Mit den Zusatzvorschlägen l[au]t anliegender Durchschrift."
  Am 28. April 1970 regte Schenck an, folgende Änderungen in den Runderlaß aufzunehmen: „1) Der Ziffer 1 sollte als zweiter Absatz angefügt werden: ‚Bei der Abfassung des Vertrages ist unsererseits bewußt darauf hingewirkt worden, durch gewisse formale Abweichungen dieses innerdeutschen Abkommens auch rein äußerlich von internationalen Abkommen abzuheben. Dies zeigt sich in der Überschrift, in der Einleitung (§§ statt Artikel) und bei der Schlußformel des Abkommens mit der DDR.' 2) Es sollte erläutert werden, warum Berlin nicht besonders erwähnt wird und wie dies sie Bundesrgierung begründet." Vgl. VS-Bd. 4532 (II A 1); B 150, Aktenkopien 1970.
[2] Die Vereinbarung zwischen dem Bundesministerium für das Post- und Fernmeldewesen und dem Ministerium für Post- und Fernmeldewesen der DDR wurde am 29. April 1970 unterzeichnet. Darin gewährleisteten beide Seiten „die Durchführung des grenzüberschreitenden Post- und Fernmeldeverkehrs nach Maßgabe ihrer Möglichkeiten, mindestens jedoch im bestehenden Umfange". Zur Verbesserung des gegenseitigen Fernmeldeverkehrs sollten zusätzliche Fernsprech- und Telexleitungen geschaltet werden. Ferner wurde festgelegt: „Die ab 1. Januar 1967 gegenseitig erbrachten Leistungen werden nach Pauschalsätzen abgegolten." Über eine Abgeltung der bis zum 31. Dezember 1966 erbrachten Leistungen sollten Verhandlungen aufgenommen werden. In einem ebenfalls am 29. April 1970 unterzeichneten Protokoll verpflichtete sich die Deutsche Bundespost bis 1973, jährlich eine Pauschale von 30 Mio. DM an die Deutsche Post der DDR zu überweisen. Die noch ausstehenden Beträge für die Jahre 1967 bis 1969 sollten unter Anrechnung der bereits von der Bundespost am 24. Oktober 1968 und 25. Februar 1969 gezahlten Beträge in Höhe von insgesamt 22 Mio. DM binnen 14 Tagen geleistet werden. Vgl. ZEHN JAHRE DEUTSCHLANDPOLITIK, S. 135.

ma innerdeutscher Abmachungen keine völkerrechtliche Anerkennung impliziert. Die Vereinbarung ist mit den Drei Mächten konsultiert.

Bei der Abfassung des Vertrages ist unsererseits bewußt darauf hingewirkt worden, durch gewisse formale Abweichungen dieses innerdeutsche Abkommen auch rein äußerlich von internationalen Abkommen abzuheben. Dies zeigt sich in der Überschrift, in der Einteilung (Paragraphen statt Artikel) und bei der Schlußformel des Abkommens mit der DDR.

2) Die Vereinbarung regelt zwischen den beiden Staaten in Deutschland einen Teilbereich postalischer Sonderbeziehungen auf der Grundlage des Nicht-Auslands-Verkehrs. Internationale Postverträge werden zwischen ihnen nicht in Kraft gesetzt.

3) Durch zusätzliche Schaltungen im innerdeutschen Postverkehr wird erstmals einvernehmlich auf dem Gebiet der menschlichen Erleichterungen ein wenn auch kleiner Schritt getan. Wir rechnen mit entsprechenden Auswirkungen auf den postalischen Verkehr in Berlin.

4) Beide Seiten stimmen überein, daß es sich hier um einen Testfall für die vertragliche Regelung der Beziehungen handelt mit positiven Auswirkungen auf Kassel.[3]

5) Unsere finanziellen Leistungen im Rahmen dieser Vereinbarung entsprechen den tatsächlichen Mehrleistungen der DDR-Post aufgrund der unterschiedlichen Intensität der postalischen Verkehrsströme in Deutschland.

Nur für Natogerma: Bitte NATO-Rat entsprechend unterrichten.

Nach Abschluß der Vereinbarung Löschung als VS.

Duckwitz[4]

VS-Bd. 4532 (II A 1)

[3] Zu den Gesprächen des Bundeskanzlers Brandt mit dem Vorsitzenden des Ministerrats, Stoph, am 21. Mai 1970 in Kassel vgl. Dok. 226.
[4] Paraphe.

190

**Aufzeichnung der
Vortragenden Legationsrätin Finke-Osiander**

II A 5-82.00-94.20-792/70 geheim 30. April 1970

Betr.: Deutsch-polnische Gespräche;
hier: Sitzung des Auswärtigen Ausschusses am 29.4.1970

Bezug: Vermerk über die Sondersitzung des Auswärtigen Ausschusses vom 24.4.1970[1]

In Abweichung von der ursprünglich vorgesehenen Tagesordnung war die Sitzung des Auswärtigen Ausschusses am 29. April überwiegend dem nachträglich auf die Tagesordnung gesetzten Punkt „Bericht der Bundesregierung über die Gespräche in Warschau" gewidmet. Das Auswärtige Amt war durch den Herrn Minister und durch Herrn Staatssekretär Duckwitz vertreten.

Einleitend berichtete Staatssekretär Duckwitz über den Verlauf der dritten Gesprächsrunde in Warschau vom 22. bis 24. April.

Entgegen dem Eindruck, den die polnische Presse in letzter Zeit hätte erwecken können, sei die Gesprächsatmosphäre unverändert gut gewesen. Ein gewisses Handikap für den Gesprächsverlauf habe sich aus der Abwesenheit der politischen Führung in Warschau[2] ergeben; dadurch sei die Einholung politischer Direktiven seitens der polnischen Delegation beeinträchtigt gewesen.

Die deutsche Delegation habe neue Vorschläge in Form von Arbeitspapieren übermittelt.[3] Dabei handele es sich nicht um Vertragsentwürfe. Man befände sich unverändert in dem Vorstadium von Sondierungsgesprächen.

Unsere Arbeitspapiere seien von polnischer Seite zwar kritisch aufgenommen, unter Vorbehalt jedoch als ein Eingehen auf die polnischen Argumente gewertet worden. Die polnische Antwort stehe noch aus. Sie solle in der nächsten Sitzung erfolgen.[4]

Weitere Gesprächsthemen seien die Erweiterung der Befugnisse der Handelsvertretungen, Erleichterungen im Reiseverkehr und Staatsangehörigkeitsfragen gewesen.

Die polnische Seite habe im übrigen den – von uns geteilten – Wunsch betont, die Verhandlungen über ein längerfristiges Wirtschaftsabkommen bald zu einem erfolgreichen Abschluß zu führen. Zwischen den politischen Gesprächen und den Wirtschaftsverhandlungen bestehe kein Junktim. Es gebe aber natürlich atmosphärische Auswirkungen beider Bereiche aufeinander.

---

[1] Für die Aufzeichnung des Vortragenden Legationsrats I. Klasse von Alten vgl. Dok. 181.
[2] Eine polnische Delegation unter der Leitung des Ersten Sekretärs des ZK der PVAP, Gomułka, nahm an den Feierlichkeiten anläßlich des 100. Geburtstag Lenins vom 21. bis 23. April 1970 in Moskau teil.
[3] Für den Entwurf der Bundesregierung vom 22. April 1970 vgl. Dok. 174.
[4] Vgl. dazu das Gespräch des Bundesministers Scheel mit dem polnischen Stellvertretenden Außenminister Winiewicz vom 8. Juni 1970; Dok. 251.

Auf eine Frage (Guttenberg) bestätigte Staatssekretär Duckwitz, daß auch die Fragen der Familienzusammenführung behandelt werden.

Der Abgeordnete Kliesing erneuerte unter Bezugnahme auf eine Äußerung des Herrn Ministers in der Fragestunde des Bundestages am 29. April[5] die Bitte, dem Ausschuß die der polnischen Seite übermittelten Texte zur Verfügung zu stellen.

Der Herr Minister bat um Verständnis dafür, daß wir ein diplomatisches Arbeitspapier, zu dem sich die polnische Seite noch nicht einmal verbindlich geäußert habe, nicht im Text zur Verfügung stellen könnten.

Er erläuterte jedoch den Inhalt dieses Arbeitspapiers wie folgt: Das Arbeitspapier enthalte verschiedene Elemente, die sich mit dem Gesamtkomplex der deutsch-polnischen Beziehungen befaßten. Hierzu gehörten die Grenze, der Gewaltverzicht, die Vorbehalte, die Gestaltung der künftigen Beziehungen. Daneben gehöre zu diesen Elementen die Regelung humanitärer Probleme, ohne daß dies unbedingt Bestandteil eines Vertrages sein müsse.

Hinsichtlich der Grenze enthalte das Arbeitspapier folgende Punkte:

1) Feststellung des jetzigen Zustandes, daß die Oder-Neiße-Linie die Westgrenze bildet.

2) Die Feststellung, daß beide Partner keine Gebietsansprüche gegeneinander stellen werden.

3) Die Formulierung, daß die Unverletzlichkeit des Territoriums eine Grundbedingung des Friedens ist, und daß die Bundesrepublik Deutschland und Polen daher sowohl die eigene wie die territoriale Integrität anderer Staaten respektieren.

4) Die Feststellung der unveränderten Gültigkeit von internationalen Verträgen, die bestehen und die wir eingegangen sind.

Die Annahme dieser Vorschläge durch Polen werde schwierig werden. Ebenso sei es für die Bundesregierung schwierig, Formulierungen zu diskutieren, bevor Polen sich auch nur geäußert habe.

Der Abgeordnete Guttenberg eröffnete die Diskussion und führte aus, daß die Feststellung unter 1) juristisch bedeute, daß die Grenze nicht länger offen gehalten werde. Diese Feststellung widerspreche der bisherigen Haltung der Bundesregierung.

Sie führe zur Mehrdeutigkeit im Hinblick auf den Friedensvertragsvorbehalt.

Die Feststellung der polnischen Westgrenze führe indirekt auch zur Anerkennung der polnischen Ostgrenze. Dies könne weder in unserem noch im polnischen Interesse liegen. Schließlich bedeute die Feststellung der „Unantastbarkeit der Grenzen" eine Festlegung auch für die Zukunft. Im sowjetischen Ver-

---

5 Am 29. April 1970 führte Bundesminister Scheel im Bundestag über die Gespräche des Staatssekretärs Duckwitz mit dem polnischen Stellvertretenden Außenminister Winiewicz in Warschau aus, „daß die Bundesregierung noch nicht in Vertragsverhandlungen eingetreten ist, sondern daß lediglich ihre Gedanken und Überlegungen in formlosen Arbeitspapieren ihren Niederschlag gefunden haben, die ich hier im einzelnen aus verständlichen Gründen nicht erläutern kann. Aber ich darf jetzt schon ankündigen, daß im Auswärtigen Ausschuß, wie in der letzten Sitzung dort vereinbart, auch über die letzte Gesprächsrunde eingehend berichtet werden kann." Vgl. BT STENOGRAPHISCHE BERICHTE, Bd. 72, S. 2424.

ständnis schließe das auch friedliche Änderungsbemühungen aus. Jeder, der diese Grenze nicht anerkenne, würde gegen diesen Vertrag verstoßen.

Er gelange daher zum Ergebnis, daß es sich um eine in sich widersprüchliche Formulierung handele, die schwere Nachteile für uns in sich schließe.

Er stelle die Frage, ob die Bundesregierung den Boden der bestehenden internationalen Verträge verlasse.

Der Minister verneinte die Frage. Die bestehenden vertraglichen Verpflichtungen würden im Gegenteil noch einmal ausdrücklich festgelegt.

Die Vorschläge der Bundesregierung enthielten keine Verpflichtungen, die etwa künftige Entscheidungen deutscher Gremien präjudizieren.

Die polnische Ostgrenze könnten und wollten wir nicht festlegen.

Abgeordneter Professor Hallstein vertrat die Auffassung, daß die Formel über territoriale Forderungen doch künftige Entscheidungen einer internationalen Konferenz über Deutschland präjudiziere.

Der Herr Minister und Herr Staatssekretär Bahr betonten demgegenüber, daß die Bundesrepublik zwar sich selbst verpflichte, daß künftige gesamtdeutsche Organe – die die Bundesregierung im Auge habe – nach Ansicht der Bundesregierung nicht präjudiziert werden und nicht präjudiziert werden sollten.

Der Abgeordnete Kliesing hielt die Betonung des Unterschieds zwischen der Bundesrepublik einerseits und gesamtdeutschen Organen andererseits für nicht relevant, da solche gesamtdeutschen Organe Rechtsnachfolger der jetzt in beiden Teilen Deutschlands bestehenden Organe sein würden.

Er bezeichnete die Behauptung, bestehende Verträge würden nicht berührt, als unzutreffend. Tatsächlich würden die beabsichtigten Vereinbarungen die bestehenden Verträge obsolet machen.

Die Abgeordnete Frau Kalinke wendete sich dagegen, daß offenbar im Hinblick auf die Grenzfrage weitreichende Vereinbarungen getroffen würden, ohne daß gleichzeitig eine Regelung der Probleme der Familienzusammenführung, der Eigentumsfragen und anderer Rechtsfragen erfolge.

Der Herr Minister erläuterte hierzu noch einmal, daß es zur Zeit noch nicht um den Abschluß von Vereinbarungen gehe, und daß auch nach dem Verständnis der Bundesregierung über alle zu regelnden Komplexe insgesamt verhandelt werden müsse.

Der Abgeordnete Czaja verwies darauf, daß es bisher keine völkerrechtliche Festlegung der polnischen Westgrenze gebe, auf die sich die Feststellung, daß die Oder-Neiße-Linie die Westgrenze Polens bilde, beziehen könne.

Er fragte, wie diese Feststellung mit Art. 7 Abs. 1 des Deutschland-Vertrages[6] zu vereinbaren sei.

Er bezweifelte, daß die Bundesrepublik legitimiert sei, solche vertraglichen Verpflichtungen in bezug auf die Grenze einzugehen. Die Formel, daß angeblich

---

[6] Für den Wortlaut des Artikels 7, Absatz 1 des Vertrags vom 26. Mai 1952 über die Beziehungen zwischen der Bundesrepublik und der Drei Mächten in der Fassung vom 23. Oktober 1954 (Deutschland-Vertrag) vgl. Dok. 16, Anm. 4.

bestehende Verträge nicht berührt würden, schaffe einen Dissens, der ein Nichtigkeitsgrund für Verträge sei.

Er stellte ferner die Frage, ob außer zum Thema Grenze der polnischen Seite Papiere auch zu anderen uns interessierenden Themen übermittelt worden seien.

Der Herr Minister verwies zu dieser letzteren Frage erneut darauf, daß in diesen Gesprächen der Gesamtkomplex der Beziehungen erörtert werde.

Zur Frage der Vereinbarkeit mit Art. 7, 1 des Deutschland-Vertrages betonte er, daß die vorgeschlagenen Formulierungen mit dem Deutschland-Vertrag vereinbar seien. Andernfalls würden auch unsere Verbündeten einem deutsch-polnischen Abkommen nicht zustimmen.

Der Abgeordnete Bartsch ging auf die humanitären Fragen ein und bedauerte die in der Öffentlichkeit weit verbreitete Unkenntnis über die Zahl der noch in Polen lebenden Deutschen und ihre Sorgen.

StS Duckwitz erläuterte hierzu, daß die Bundesregierung von den verfügbaren Bruttozahlen ausgehe, wonach noch etwa 1 Mio. Deutsche in Polen leben, während beim Deutschen Roten Kreuz etwa 270 000 noch offenstehende Umsiedlungswünsche vorliegen, von denen 100 000 Fälle der Familienzusammenführung in engerem Sinne betreffen.

Der Abgeordnete Mattick verwies darauf, daß die Bundesregierung von dem von allen Parteien bekräftigten Verständnis für den Wunsch des polnischen Volkes nach gesicherten Grenzen ausgehe. Er regte an, die Bundesregierung um Erläuterung der Gründe zu bitten, warum sie den Versuch mache, zur Verständigung mit Polen zu gelangen.

Der Herr Minister erläuterte hierzu, daß wir angesichts der Bemühungen der beiden Weltmächte z. B. im Rahmen der SALT-Gespräche kein Hindernis sein könnten und wollten für den Abbau der internationalen Spannungen. In unserem wohl verstandenen Interesse läge es vielmehr, an diesen Bemühungen unserer Verbündeten mitzuwirken.

25 Jahre nach dem Zweiten Weltkrieg sei es an der Zeit, Grundlagen für einen dauerhaften Frieden in Europa zu schaffen und Probleme zu regeln, die schließlich nicht ohne unser Zutun entstanden seien.

Es sei auch nicht sinnvoll, so zu tun, als hätten wir eine Chance etwas zu erreichen, wenn wir von den Grenzen von 1937 ausgehen.

Zum Abschluß der Sitzung stellte der Ausschußvorsitzende[7] fest, daß weitere elf Wortmeldungen vorlägen und stellte das weitere Procedere zur Diskussion.

Der Abgeordnete Achenbach verwies darauf, daß es erforderlich sei, das Gewicht der Vorschläge der Bundesregierung sorgfältig zu prüfen. Er hielte den Streit über endgültig oder nicht endgültig nicht für sehr sinnvoll. Wenn wir eine Regelung nach 25 Jahren wollten, dann müsse vielmehr sehr sorgfältig überlegt werden, welche Opfer wir bringen könnten und was wir dafür fordern müßten.

Der Abgeordnete Gradl unterstützte dies mit dem Hinweis, daß es nicht so sehr um die Frage gehe, ob es sich um Verhandlungen oder um Sondierungsgesprä-

---

[7] Gerhard Schröder.

che handele, sondern darum, in welche Richtung die Bundesregierung sich festlege.

Es wurde beschlossen, daß der Ausschußvorsitzende mit den Obleuten der drei Parteien im Ausschuß prüfen soll, ob das Thema auf der nächsten ordentlichen Sitzung am 4. Juni weiter behandelt oder ob eine Sondersitzung einberufen werden soll.

Finke-Osiander

VS-Bd. 8956 (II A 5)

191

Aufzeichnung des Vortragenden Legationsrats I. Klasse von Schenck

V 1-80.22/1-94.20-499/70 VS-vertraulich 30. April 1970

Betr.: Deutsch-polnische Gespräche in Warschau vom 22.–24. April 1970
hier: Übertragung konsularischer Befugnisse auf die beiderseitigen Handelsvertretungen

I. Auf polnischen Vorschlag fand am 23. April 1970 vormittags im polnischen Außenministerium eine Besprechung statt, an der auf polnischer Seite die Herrn Zawadzki, Direktor der Rechtsabteilung; Miskiewicz, stellvertretender Direktor der Konsularabteilung; Dobrowolski, Botschafter und Leiter der Westeuropaabteilung; Gierlowski, Dolmetscher;

auf deutscher Seite Botschafter Dr. Böx, Frau VLR Dr. Finke-Osiander, LR I Buring, VLR I Dr. von Schenck teilnahmen.

Herr Zawadzki eröffnete die Besprechung mit der Erklärung, die polnische Regierung sei bereit, konsularische Beziehungen zur BRD in der Form aufzunehmen, daß die wesentlichen konsularischen Befugnisse den beiderseitigen Handelsvertretungen übertragen würden. Die Handelsvertretungen würden dementsprechend künftig die Bezeichnung „Handels- und Konsularvertretungen" führen können.

Ergänzend trug Herr Miskiewicz vor, daß den Handelsvertretungen im einzelnen folgende Funktionen übertragen werden könnten:

– Wahrung der Interessen des Entsendestaates.

– Schutz natürlicher und juristischer Personen des Entsendestaates, wobei auf deutscher Seite der Personenkreis genau umschrieben werden müsse; es könne sich nach polnischer Auffassung nur um natürliche Personen, die einen Paß der Bundesrepublik und ein polnisches Visum aufzuweisen hätten, und um juristische Personen handeln, die ihren Sitz in der Bundesrepublik hätten.

- Sichtvermerksbefugnisse, und zwar auch zur Erteilung von Visen an Staatsangehörige dritter Staaten. Das Verfahren werde auch für Touristen erleichtert werden können.
- Betreuung verhafteter eigener Staatsangehöriger, insbesondere auch Sprech- und Besuchserlaubnis.
- Standesamtliche Befugnisse.
- Notarielle Beurkundungsbefugnisse.
- Ausstellung von Leichenpässen und allen anderen Arten von Bescheinigungen.
- Rechtshilfe im Rahmen der Haager Konvention von 1954[1].
- Erbschaftsangelegenheiten, insbesondere Eröffnung von Testamenten und Erbverträgen sowie Nachlaßsicherung.
- Seemannsamtliche Befugnisse, wobei davon ausgegangen werden könne, daß Polen für sich ebenso wenig wie die Bundesrepublik disziplinarische Befugnisse gegenüber den Besatzungen fremder Schiffe in Anspruch nehme. Zur Ausübung der seemannsamtlichen Befugnisse könne eine deutsche „Konsularagentur" in einer polnischen Hafenstadt errichtet werden.
- Für das zu vergrößernde Personal der beiderseitigen Handels- und Konsularvertretungen würden entsprechende Immunitäten und Privilegien vereinbart werden können. Auch bei der Beschaffung weiterer Räumlichkeiten würde die polnische Seite behilflich sein.
- Die Handels- und Konsularvertretungen würden die Erlaubnis erhalten, mit allen Behörden des Empfangsstaates zu verkehren, die deutsche Vertretung würde sich künftig sowohl an das Außenhandelsministerium als auch an das Außenministerium wenden können.
- Was die Form der abzuschließenden Vereinbarungen anbelange, so könne nach polnischer Auffassung ein Briefwechsel in Betracht kommen. Die Unterzeichnung werde – unabhängig von dem Fortgang der politischen Gespräche – zugleich mit der des Wirtschaftsabkommens erfolgen können. Anders verhalte es sich mit einer Tätigkeit der beiderseitigen Vertretungen auf politischem und kulturellem Gebiet; darüber werde zwischen StS Duckwitz und Vizeaußenminister Winiewicz gesprochen werden müssen.

Wir dankten unsererseits für diese Vorschläge und baten darum, sie auch in schriftlicher Form zu erhalten. Dies wurde uns von den polnischen Herren zugesagt.

Im Verlauf der Besprechung kam auch zur Sprache, daß kürzlich der Leiter der polnischen Handelsvertretung in Bonn, Herr Piątkowski, im Auswärtigen Amt bei Herrn MDg Dr. Lahn erschienen ist und gegen die Verhaftung eines polnischen Delegierten für Binnenschiffahrtsfragen in Duisburg, der nicht zum Personal der polnischen Handelsvertretung gehört, Protest eingelegt hat.[2] Herr Zawadzki räumte ein, daß dadurch ein – für das polnische Außenministerium

---

[1] Für den Wortlaut der Konvention vom 14. Mai 1954 zum Schutz von Kulturgut bei bewaffneten Konflikten vgl. BUNDESGESETZBLATT 1967, Teil II, S.1235–1315.
[2] Zum Gespräch vom 13. April 1970 vgl. Dok. 170, Anm. 6.

selbst überraschender – Präzedenzfall geschaffen worden sei, auf den sich die deutsche Handelsvertretung berufen könne. Er bitte nur darum, daß wir von den entsprechenden Möglichkeiten einer Intervention beim polnischen Außenministerium einen „maßvollen" Gebrauch machen möchten.

II. Herr Staatssekretär Duckwitz hat mich beauftragt, die polnischen Vorschläge innerhalb der Abteilung V zur Sprache zu bringen.

Da die polnische Delegation angedeutet hat, daß Verhandlungen über die Übertragung konsularischer Befugnisse auf die Handelsvertretungen auf polnischer Seite von Herrn Zawadzki geführt werden würden, ist der Herr Staatssekretär der Auffassung, daß unsere Delegation von Herrn D V oder Herrn Dg V geleitet werden sollte.

Zu überlegen ist im übrigen, ob wir den Polen vorschlagen sollen, die Verhandlungen in Bonn zu führen.[3]

Hiermit über Herrn Dg V[4] Herrn D V[5] mit dem Vorschlag vorgelegt, die Federführung bei der weiteren Behandlung dieser Angelegenheit zuständigkeitshalber dem Referat V 2 zu übertragen.

Die Referate V 2, V 3, V 4, V 5, V 6, II A 2 und II A 5 sowie das Büro Staatssekretär haben Durchdruck erhalten.

Schenck

VS-Bd. 5794 (V 1)

---

[3] Zu den Verhandlungen vom 6. bis 9. Juli 1970 in Warschau vgl. Dok. 262, Anm. 16.
[4] Hat Ministerialdirigent von Keller am 4. Mai 1970 vorgelegen.
[5] Hat Ministerialdirektor Groepper am 4. Mai 1970 vorgelegen, der handschriftlich vermerkte: „Dg V, ich bitte Sie, unsere Delegation zu leiten."
Hat Ministerialdirigent von Keller am 4. Mai 1970 erneut vorgelegen, der die Weiterleitung an die Referate V 1 und V 2 sowie die Wiedervorlage am 20. Mai 1970 verfügte.
Hat Vortragendem Legationsrat I. Klasse von Schenck am 4. Mai 1970 vorgelegen.
Hat Vortragendem Legationsrat I. Klasse Hoffmann am 4. Mai 1970 vorgelegen.

192

Bundesminister Scheel an den französischen Außenminister Schumann

Geheim 30. April 1970[1]

Sehr geehrter Herr Kollege,
haben Sie verbindlichsten Dank für Ihren Brief zur Berlinfrage, den mir Botschafter Seydoux am 9. April übermittelt hat.[2] Bevor ich auf einzelne Probleme eingehe, möchte ich Ihnen noch einmal versichern, daß die Bundesregierung den Berlin-Gesprächen der Vier Mächte außerordentliche Bedeutung beimißt. Sie ist sich dabei bewußt, daß die Stabilisierung der Lage Berlins mit ihren eigenen Bemühungen um einen Modus vivendi in Deutschland auf das engste verknüpft ist. Um so mehr liegt mir daran, daß die Bundesregierung und die Regierungen der Drei Mächte in allen Berlin betreffenden Fragen ihre Positionen sorgfältig aufeinander abstimmen.

In der Zugangsfrage stimme ich mit Ihnen darin überein, daß die Rechte und Verantwortlichkeiten der Vier Mächte auch den zivilen Verkehr auf den Zugangswegen zwischen Berlin und der Bundesrepublik umfassen. Die Bundesregierung würde es daher begrüßen, wenn auf dieser Grundlage eine Sicherung des freien Zugangs und eine Verbesserung der heute bestehenden Kontrollverfahren gefunden werden könnte. Leider haben wir jedoch Anlaß anzunehmen, daß die Sowjetunion in dieser Frage auf die Zuständigkeit der ostdeutschen Regierung verweisen wird. Ob sie im weiteren Verlauf der Verhandlungen darauf beharren wird, bleibt abzuwarten. Ich darf Ihnen aber versichern, daß die Bundesregierung die Bemühungen der Drei Mächte um eine Bekräftigung der Vier-Mächte-Verantwortung auf den Zugangswegen nachdrücklich unterstützen wird. Um diese Bemühungen nicht zu beeinträchtigen, haben wir vorerst davon abgesehen, die mit dem Berlinverkehr zusammenhängenden Fragen in die innerdeutschen Verkehrsverhandlungen mit einzubeziehen. Grundsätzlich sind wir allerdings der Meinung, daß die Möglichkeit innerdeutscher Verhandlungen über die technische Abwicklung des Berlinverkehrs zu einem späteren Zeitpunkt auch im Interesse der Drei Mächte liegen kann, zumal die sowjetische Haltung in der Zugangsfrage die Bemühungen der Drei Mächte sehr erschweren, wenn nicht zunichte machen könnte. In einer solchen Situation wäre ein Mandat der Vier Mächte für Verhandlungen der beiden deutschen Seiten wünschenswert.

Was die Vertretung Berlins nach außen anbetrifft, so geht die Bundesregierung davon aus, daß diese gemäß dem Schreiben der drei Hohen Kommissare an den Bundeskanzler vom 26. Mai 1952 in der Fassung vom 23. Oktober 1954[3] durch die Bundesbehörden sichergestellt bleiben muß und dies auch von der Sowjetunion respektiert werden sollte. Sie hat mit Befriedigung zur Kenntnis genommen, daß die französische Regierung bereit ist, zunächst die Frage des konsu-

---

[1] Durchschlag als Konzept.
[2] Für das Schreiben des französischen Außenministers Schumann vgl. VS-Bd. 4480 (II A 1). Zur Übergabe vgl. Dok. 163, Anm. 2.
[3] Zum Schreiben der Drei Mächte vgl. Dok. 12, Anm. 19.

larischen Schutzes und die Einbeziehung Berlins in die Abkommen des Bundes auf dem Gebiet der Wirtschaft im Rahmen der Vier-Mächte-Gespräche zur Sprache zu bringen. Diese Fragen sind nicht nur von großer praktischer Bedeutung für die Lebensfähigkeit der Stadt, sondern reflektieren auch im Bereich der Außenbeziehungen die bestehenden Verbindungen zwischen Berlin (West) und dem Bund, über die, wie wir meinen, eine Verständigung mit der Sowjetunion gesucht werden muß.

Ich bin mit Ihnen, sehr geehrter Herr Kollege, darin einig, daß die von Ihnen angeschnittenen Fragen im Rahmen der Vorbereitungen für die nächsten Berlin-Gespräche eingehend konsultiert werden sollten. Der deutsche Vertreter in der Bonner Vierergruppe steht dazu jederzeit zur Verfügung. Darüber hinaus möchte ich anregen, daß wir unsere Positionen später noch einmal überprüfen, falls der weitere Verlauf der Verhandlungen das angezeigt erscheinen läßt.

Ehe ich diesen Brief schließe, möchte ich Ihnen noch herzlich danken für die öffentliche Unterstützung, die Sie der Ostpolitik der Bundesregierung am 28. April in Ihrer Rede vor der Nationalversammlung gegeben haben.[4] Ich sehe darin ein Zeichen des Vertrauens und der europäischen Solidarität, die unsere beiden Länder verbindet.

Genehmigen Sie, Herr Außenminister, den Ausdruck meiner ganz ausgezeichneten Hochachtung.

gez. Scheel

VS-Bd. 4480 (II A 1)

---

[4] Der französische Außenminister Schumann erklärte: „C'est ici que je voudrais dissiper une grave confusion. Quand le Chancelier Brandt en 1970 cherche à négocier avec Moscou ou avec Varsovie un accord fondé sur la renonciation à l'usage de la force, voire sur la reconnaissance des frontières de l'Allemagne, une sorte de rappel du subconscient historique, ou parfois un retour offensif de la mémoire collective, suscitent chez les anciennes victimes du pangermanisme, en Europe occidentale et notamment en France, une sourde inquiétude ou une angoisse avouée. [...] Voulons-nous la détente, c'est-à-dire l'établissement de relations pacifiques et le développement d'échanges mutuellement avantageux entre tous les pays européens, malgré la dissemblance de leurs régimes économiques et politiques? Assurément oui. Peut-on concevoir la détente ainsi définie sans la transformation des rapports germano-soviétiques? Evidemment non. Le rapprochement de ces deux réponses nous conduit à souhaiter et, dans le mesure de nos moyens, à favoriser les efforts déployés par Bonn pour remplir la condition sans laquelle notre propre politique d'ouverture serait frapée de précarité." Vgl. LA POLITIQUE ÉTRANGÈRE 1970, I, S. 142.

193

Aufzeichnung des Ministerialdirigenten Lahn

II A 1-83.10-795/70 geheim   30. April 1970[1]

Betr.: Berlin-Gespräch der Vier Mächte vom 28. April 1970

Bezug: Aufzeichnung vom 22.4.1970 II A 1-83.10-733/70 geheim[2]
Aufzeichnung vom 24.4.1970 II A 1 83.10-758/70 geheim[3]

Die Alliierten haben uns gestern in der Bonner Vierergruppe über das zweite Berlin-Gespräch der Vier Mächte vom 28. April 1970 unterrichtet.

1) Die drei westlichen Botschafter[4] gaben die vorbereiteten und mit uns konsultierten Erklärungen ab (siehe Bezugsaufzeichnungen).

2) Die Erklärung des sowjetischen Botschafters wurde von den Alliierten wie folgt zusammengefaßt:

Abrassimow habe zunächst seine Befriedigung zum Ausdruck gebracht, daß sich die Vier Mächte über das Ziel der Verhandlungen einig seien: Nämlich die Lage West-Berlins zu verbessern und die Spannungen abzubauen.

a) Ausgangspunkt der gemeinsamen Bemühungen könnten nur die Vier-Mächte-Vereinbarungen über Berlin sein. Ursprünglich habe man das Problem West-Berlin nicht voraussehen können. Wirtschaftlich sei Berlin mit seiner Umgebung verbunden, politisch von Anfang an Teil der sowjetischen Besatzungszone gewesen und dann Hauptstadt der DDR geworden. Erst allmählich sei der westliche Teil der Stadt abgetrennt worden. Jetzt könnten West-Berlin und die DDR nicht mechanisch wieder zusammengeführt werden. Nach Lage der Dinge müßten sie für lange Zeit nebeneinander existieren. Die Sowjetunion wünsche, daß diese Ko-Existenz friedlich und fruchtbar werde.

In West-Berlin bestehe das Besatzungssystem der Drei Mächte fort. Die Sowjetunion und die DDR seien unter diesen Umständen bereit, West-Berlin als selbständige politische Einheit anzusehen. Auch die Bundesrepublik müsse akzeptieren, daß West-Berlin (das inmitten der DDR liege) nicht zur politischen Struktur der Bundesrepublik gehöre. Die krankhafte Spekulation von der territorialen Zugehörigkeit West-Berlins zur Bundesrepublik müsse ein Ende haben.

b) Im normalen Leben West-Berlins gebe es keine Probleme. Die Sowjetunion und ihre Verbündeten behinderten nicht die Beziehungen West-Berlins zum Osten, ja, sie hätten sogar Vorschläge zu ihrer Intensivierung gemacht. Daß sich diese Beziehungen nicht in der wünschenswerten Weise entwickelt hätten, sei

---

[1] Die Aufzeichnung wurde von Vortragendem Legationsrat I. Klasse van Well und Legationsrat I. Klasse Bräutigam konzipiert.
[2] Für die Aufzeichnung des Ministerialdirigenten Lahn vgl. Dok. 173.
[3] Für die Aufzeichnung des Ministerialdirigenten Lahn vgl. Dok. 182.
[4] Roger Jackling (Großbritannien), François Seydoux (Frankreich) und Kenneth Rush (USA).

nicht Schuld der Sowjetunion. Die Beziehungen West-Berlins zum Westen seien durch einen hohen Handelsaustausch gekennzeichnet, was man wohl als Beweis für ein normales Verhältnis nehmen könne. Von einer Isolierung West-Berlins könne daher keine Rede sein.

c) Die Verbindungen West-Berlins mit der Außenwelt führten bekanntlich über die Verkehrswege der DDR, deren souveräne Rechte beachtet werden müßten. Die Schwierigkeiten auf den Zugangswegen seien allein dadurch entstanden, daß die Bundesrepublik diese Rechte mißachtet habe. Um solche Schwierigkeiten für die Zukunft auszuschließen, müßte den von der Bundesrepublik organisierten illegalen Aktivitäten in West-Berlin ein Ende gesetzt werden. Das gelte für

– die Tätigkeit der NPD;

– die Herstellung von Waffen;

– die Rekrutierung bzw. Einziehung von Soldaten für die Bundeswehr;

– den Aufenthalt politischer Persönlichkeiten der Bundesrepublik in West-Berlin (namentlich des Bundespräsidenten und des Bundeskanzlers), die zudem noch in alliierten Militärflugzeugen unter Mißbrauch der Luftkorridore nach Berlin reisten;

– die Sitzungen des Parlaments der Bundesrepublik und seiner Fraktionen.

Auch die Westmächte hätten in ihrem Aide-mémoire vom August 1969 zugegeben, daß diese Aktivitäten unterbunden werden sollten.[5]

d) Zur Lösung der jetzt zur Erörterung stehenden Probleme seien zwei nach Form und Inhalt verschiedene Vereinbarungen denkbar:

1. Alternative

Ein umfassender formeller Vertrag, in dem der Status West-Berlins als selbständige politische Einheit definiert wird und der zu einer tiefgreifenden Verbesserung der Situation führen soll.
(Die Franzosen haben diesen Vorschlag im Sinne einer Übergangslösung bis zur Fixierung des Status West-Berlins als selbständige politische Einheit verstanden; der Gesamtzusammenhang spricht jedoch für die vorstehende englische Version).

2. Alternative

Eine „mehr allgemeine" Vereinbarung mit dem Ziel, eine Atmosphäre der Entspannung in West-Berliner Angelegenheiten zu schaffen und aufrechtzuerhalten. Eine solche Vereinbarung solle ein gegenseitiges Verständnis („mutual understanding") einiger wesentlichen Aspekte der Probleme herbeiführen und

---

[5] In dem am 6./7. August 1969 von den Botschaftern der Drei Mächte in Moskau, Beam (USA), Roger Seydoux (Frankreich) und Wilson (Großbritannien) übergebenen Aide-mémoire wurde u. a. ausgeführt: „With regard to Mr. Gromyko's assertions that federal activities in Berlin caused frictions, we are aware of objections the USSR had raised against these activities. It is our understanding that the Federal Government might be willing to make certain compromises in the question of these activities if the Soviets and the East Germans were to show a constructive attitude toward problems arising from the divison of the city and from the discriminatory treatment of the economy of the Western sectors of Berlin." Vgl. AAPD 1969, II, Dok. 255.

(nach französischer Meinung: oder) allgemeine Grundsätze festlegen, von denen sich die Parteien bei der Behandlung der Probleme leiten lassen.

Bei der zweiten Alternative sollten, so habe Abrassimow hinzugefügt, die Bereiche abgesteckt werden, in der sich ihre Standpunkte angenähert hätten. Dabei müßten die „legitimen Interessen der Parteien" berücksichtigt werden und die Vorteile, die beide Seiten aus einem solchen Übereinkommen ziehen, ausgewogen sein.

e) Abrassimow habe schließlich noch die Frage gestellt, wie die Forderung der Westmächte auf freien Zugang zu verstehen sei und auf welche Dokumente sie sich dabei stützten. Die sowjetische Seite sei bereit, westliche Vorschläge zu diesem Punkt entgegenzunehmen.

Bei dem sich anschließenden Mittagessen sei Abrassimow noch einmal auf die Zugangsfrage eingegangen und habe gesagt, ein für die Sowjetunion verbindliches Abkommen über den zivilen Zugang gebe es nicht. Das Kommuniqué der vier Außenminister vom 20. Juni 1949 habe lediglich den bis 1948 (Blockade) bestehenden Zustand wiederhergestellt.[6] Alles, was die Sowjetunion heute in dieser Frage tun könne, sei eine Geste.

f) In der kurzen Diskussion, in der keine Sachfragen zur Sprache kamen, beschwerte sich Abrassimow über die Presse-Indiskretionen vor dem Beginn der Sitzung und forderte noch einmal strikte Vertraulichkeit der Gespräche.

g) Die Frage der Tagesordnung für die künftigen Sitzungen sei von Abrassimow zweimal angesprochen worden, er habe aber nicht insistiert.

3) Erste Bewertung

Die Alliierten waren übereinstimmend der Meinung, daß die sowjetische Erklärung ohne Schärfe und stellenweise mit einer gewissen Konzilianz formuliert sei. Amerikaner und Briten neigen zu einer vorsichtig positiven Beurteilung und sehen in einzelnen Punkten der Erklärung konstruktive Ansatzpunkte für die weiteren Gespräche. Die Franzosen sind in ihrem Urteil zurückhaltender. Sie meinen, daß die sowjetische Haltung in den Sachfragen unverändert hart sei.

Uns scheinen folgende Punkte wesentlich:

– Die zweite von Abrassimow erwähnte Alternative könnte ein geeigneter Rahmen für die Lösung der praktischen Probleme sein. Die grundsätzlichen Meinungsverschiedenheiten, die jetzt kaum zu beheben sind, könnten in einem solchen Übereinkommen ausgeklammert bleiben.

– Die „legitimen Rechte und Interessen der DDR" werden zwar erwähnt, aber keineswegs in den Vordergrund geschoben. Die Hinweise wirken eher als das für die Sowjets notwendige Minimum.
Über eine etwaige Beteiligung der DDR an einem Berlin-Arrangement bzw. einer Zugangsregelung gibt die Erklärung keinen Aufschluß.

---

6 Vom 23. Mai bis 20. Juni 1949 fand in Paris eine Konferenz der Außenminister der Vier Mächte, Acheson (USA), Bevin (Großbritannien), Schuman (Frankreich) und Wyschinskij (UdSSR), statt. Sie bestätigten die Gültigkeit der am 4. Mai 1949 in New York getroffenen Vereinbarung, die Berlin-Blockade zum 12. Mai 1949 zu beenden. Für den Wortlaut des Kommuniqués vom 20. Juni 1949 vgl. EUROPA-ARCHIV 1949, S. 2327 f.

– In der Frage des zivilen Zugangs haben die Sowjets ihre Mitverantwortung nicht ausdrücklich bestritten. Daß Abrassimow die Westmächte zu konkreten Vorschlägen und zur Darlegung der Rechtslage aufforderte, ist ermutigend.
– Auf die innerstädtischen Probleme ging Abrassimow mit keinem Wort ein.

Eine eingehende Analyse bleibt vorbehalten.

Hiermit über den Herrn Staatssekretär[7] dem Herrn Minister[8] mit der Bitte um Kenntnisnahme vorgelegt. Die Texte der Erklärungen der drei alliierten Botschafter sind beigefügt.[9] Der sowjetische Text ist uns auch diesmal – unter Hinweis auf eine Absprache mit den Sowjets – nicht zur Verfügung gestellt worden.

Lahn

VS-Bd. 4480 (II A 1)

---

[7] Hat Staatssekretär Duckwitz am 30. April 1970 vorgelegen.
[8] Hat laut Vermerk des Legationsrats I. Klasse Hallier vom 6. Mai 1970 Bundesminister Scheel vorgelegen.
[9] Dem Vorgang beigefügt. Für den Wortlaut der Erklärungen vom 28. April 1970 vgl. VS-Bd. 4480 (II A 1).